A
COMPREHENSIVE DICTIONARY

A
COMPREHENSIVE DICTIONARY, ENGLISH AND MARATHI

BABA PADMANJI.

GYAN

Published by

Gyan Publishing House
5, Ansari Road
Daryaganj, New Delhi-110002
Phone: 011-47034999, 9811692060
E-mail: books@gyanbooks.com

Distribution Network
gyanbooks.com
India, USA, Canada, UK, Australia, France

ISBN : 978-81-212-9518-5 (PB)
First Published, 1870

2nd Impression 2023

Printed at: Gyan Press, Delhi.

A COMPREHENSIVE DICTIONARY
Author: BABA PADMANJI

A

COMPREHENSIVE DICTIONARY,

ENGLISH AND MARATHI.

BY

BABA PADMANJI.

"If it be wise for the rulers of a country to understand the language and appreciate the feelings of its people, it is important that they should have a similar knowledge of their rulers. It is only by such means that the two classes can live happily."—*Speech of His Excellency Sir John (now Lord) Lawrence at the opening of the Vice-Regal Darbar at Lahore.*

New Edition.

IMPROVED AND ENLARGED.

1870.

TO THE

REVD. JOHN WILSON, D.D., F.R.S.

The first edition of this Dictionary was dedicated to you ten years ago; and it is with renewed pleasure I inscribe your name in this Volume as an expression of warm personal regard and admiration of the distinguished gifts and graces bestowed upon you by the Great Head of the Church, and consecrated with such self-sacrificing devotion to His cause in this Country.

BABA PADMANJI.

PREFACE.

THE first edition of the "Compendium of the English and Marathi Dictionary" has not only been successful in gaining a favourable reception from the public, but it has also been the means of giving an impulse to the preparation of works of a similar nature both for the Marathi and Gujarati-speaking sections of the community. This gratifying result and the rapid sale of the work, as well as the increasing demand for it, have induced the Editor to undertake the preparation of the present volume.

The alterations from the first edition are chiefly the following :—

1. The insertion of a large number of additional words, and a still larger number of significations.

2. The insertion of the etymology of such words as are derived from Latin and Greek roots.

3. The insertion of definitions, explanations or synonyms of such English words as have more than one signification, and also of the most important words of single significations.

4. "The collection into families or groups of all words which are derived from the same root, and which begin with the same syllable, and have affinity in signification as well as in etymology, placing first what may be called the head of the family or group, and arranging under it the other derivatives in alphabetical order."

5. Illustrations, amplifications, and applications of words.

6. Prepositions used idiomatically with substantives, adverbs, &c. are placed after them in brackets.

7. Much useful information, not to be found in ordinary dictionaries, is given in brackets.

8. The insertion of the genders of the Marathi words.

The Editor has drawn largely upon the labours of others. The English definitions are chiefly from Webster's Dictionary, the latest edition of which came to his hand while nearly two-thirds of this volume were in manuscript.

For this valuable help he is indebted to the Revd. A. Hazen, of the American Mission, who generously gave him his own copy when no other was procurable in Western India. The Editor at once made up his mind to explore the rich mine of literary wealth contained in it. The old edition of Webster he had hitherto used was given up, and the reconstruction of what had been already prepared was commenced with the help of the new one. Every word, with its etymology, definitions, applications and examples had to be reconsidered and re-written; new words and new significations had to be inserted, and new terms in Marathi had to be sought. This was by no means an easy task. It took him more than two years to arrive at the point from which he had gone back. He went through upwards of 114,000 leading words and perhaps tenfold that number of significations, and a mass of useful information, selecting from them as much as he thought of service to the Anglo-Marathi student. The name of Webster is a sufficient guarantee for the accuracy of the definitions given in this work.

The plan of collecting words in their alphabetical order under each etymological head is borrowed from the popular school dictionary of Dr. Reid.

A list is affixed of the more important of the other works which have been consulted for this Dictionary. Among these special mention must be made of the excellent works of Major Candy and J. T. Molesworth, Esquire. These must form for all future generations the basis for the labours of the Anglo-Marathi Lexicographer. Much valuable help has also been derived from the learned dictionaries of Monier Williams, Dr. Forbes, and Professor Wilson. To these authors, and to the authors of the various other excellent works from which he derived so much profit, the Editor begs to make the most ample acknowledgments.

The Editor's labours have not been light. He has had to exercise his own judgment in the selection and admission of words. Much independent research has been made to amplify and illustrate the significations. The whole has been twice written over with his own hand, excepting about one-half of the rough copy. These labours were commenced in 1864, and have been continuously carried on, with the exception of two short intervals, to the date of this Preface, in the midst of various other labours and many disadvantages.

It is not pretended that this Dictionary is free from inaccuracies. While trying to avoid the errors of others, he may have fallen into errors of his own. With regard to the errors, he begs to quote the words of the father of English Lexicography, which are in unison with his own sentiments and experiences: "If he whose design," says Dr. Johnson, "includes whatever language can express, must often speak of what he does not understand; he will sometimes be hurried by eagerness to the end, and sometimes faint with weariness under a task, which Scaliger compares to the labours of the anvil and the mine; what is obvious is not always known, and what is known is not always present; sudden fits of inadvertency will surprise vigilance, slight avocations will seduce attention, and casual eclipses of the mind will darken learning; and the writer shall often in vain trace his memory at the moment of need for that which yesterday he knew with intuitive readiness, and which will come uncalled into his thoughts to-morrow." This extract is not arrayed against criticism. On the contrary, candid criticism is respectfully solicited, to correct the errors of this work and to make it more worthy of the patronage of the public.

In conclusion the Editor begs gratefully to acknowledge the very liberal pecuniary help he has received, through his constant friend the Revd. Dr. Murray Mitchell, from the Free Church Glasgow Students' Missionary Association. The good members of this Association having come to understand, through Dr. Mitchell, the avocations of the Editor, resolved to send him help, and for three years generously contributed towards the support of their Christian brother in India, by which means he has been enabled to devote a considerably larger portion of his time, than would otherwise have been possible, to the preparation of this work.

The same tribute of gratitude is due to another benefactor, now in England, whose name, the writer regrets, cannot be given without his permission. This much the author presumes to say of his patron, that it was by his offer of a prize for a Marathi essay many years ago, that an impulse to the literary labours of the writer of these lines was first given. Had it not been for two liberal donations from that gentleman, and the regular contributions of the Glasgow Students' Association, this work would probably not have seen the light of day, at least not so soon.

The Editor is also under great obligations to the Poona Free Church Mission and to the Native Congregation, whose servant he is, for the ample time indulgently placed at his disposal, without which he could have hardly carried this work through the press in a manner satisfactory to himself.

This Volume has been well and carefully printed at the "Bombay Education Society's Press," and the Editor here begs to give his thanks to the Superintendents and Readers of that large and useful establishment for many valuable suggestions during the progress of the printing, and for the watchful care, commendable patience, and exemplary assiduity bestowed on the difficult task of ensuring accuracy to the details of the book.

And now, unto God, the only Wise, the Editor ascribes all glory and praise. He has mercifully vouchsafed unto him the health and the means needful for the commencement, continuance, and completion of the humble labours of His unworthy servant. May He graciously own them, and render them instrumental in the spread of the everlasting and glorious Gospel of His Son through the length and breadth of Maharashtra!

BABA PADMANJI.

Poona, February 1870.

प्रस्तावना

ह्या आवृत्तींत जे मुख्य फेरफार केले आहेत ते येणेंप्रमाणें :—

१. इंग्लिश मूळ शब्द व शब्दार्थ यांची संख्या वाढविली आहे.

२. इंग्लिश शब्दाची इंग्लिश भाषेंत व्याख्या केली आहे. ह्याविषयीं जे नेम पाळले आहेत ते असे :—(१) ज्या इंग्लिश शब्दाला एकच अर्थ आहे त्याची व्याख्या इंग्रेजींत केली नाहीं; परंतु (२) जे विशेष महत्वाचे एकार्थी शब्द आहेत त्यांची पूर्ण व्याख्या किंवा स्पष्टीकरण इंग्रेजींत केलें आहे. उ० Anger, Anxiety, Corporation, Dysentery, Evangelist, Ordeal, Reformation, Tradition हे शब्द पाहावे; (३) गणित, भूगोल, व्याकरण, रसायन शास्त्र इ० विषयींतील पारिभाषिक शब्दांची इंग्रेजी व्याख्या दिली नाहीं; (४) एकवेळ मूळशब्दाचें इं० व्या० केल्यावर त्यापासून निघालेल्या शब्दाचें त्यांत नवा अर्थ आल्याखेरीज पुनः व्या० केलें नाहीं.

३. मराठीं पर्यायशब्द देतांना जे नेम पाळले आहेत ते असेः— (१) प्रथम सोपी व्याख्या किंवा सोपा शब्द दिला आहे, नंतर त्याहून कठीण व्यवहारांतील संस्कृत शब्द दिला आहे, क्वचित ग्रंथांतील उंची सं० श० दिला आहे. मुलांस व ज्यांची स्वभाषा मराठी नव्हे अशा शिकणारांस सुलभ पडण्या करितां पहिली योजना केली आहे, व भाषांतर करणारे व ग्रंथ वगैरे लिहिणारे यांस प्रसंगीं सहाय मिळावें म्हणून दुसरी योजना केली आहे. (२) जेथें मराठी उपशब्द मिळाला नाहीं तेथें संस्कृत श० घातला आहे व जेथें तोही मिळत नाहीं तेथें हिंदुस्थानी घातला आहे व त्यापुढें (*H.*) किंवा *Hind.* ही खूण केली आहे; परंतु अशीं उदाहरणें फार थोडीं सांपडतील. (३) प्रत्येक मूळ शब्दाला तीन पर्यंत उपशब्द देण्याचा साधारण नियम धरला आहे, क्वचित चार पांचही दिले आहेत. (४) उपसर्ग लागून जे अर्थ फिरतात त्यांस मात्र एकच पर्याय श० दिला आहे.

४. कित्येक ठिकाणीं इंग्लिश मूळ शब्दाचे कांहीं विशेष अर्थ केवळ इंग्रजींत मात्र दिले आहेत. इतिहास, न्यायशास्त्र, मानसशास्त्र, ईश्वरविद्या, व्यवहारशास्त्र, शस्त्रविद्या इ० विषयांचे किंवा त्यांच्या संबंधाचे बहुत शब्द ग्रंथांतरीं आढळतात; परंतु त्यांची व्याख्या साधारण लहानशा इंग्रजी कोशांत सांपडत नाहीं, व सांपडली असतां फारच संक्षिप्त असते. तथापि ज्यांचा अभ्यास विशेष झाला असतो त्यांस त्याची माहिती असण्याचें अगत्य आहे, व अशांस केवळ इंग्रजी अर्थ समजला पुरे, कारण त्याचें मराठी करण्याचें त्यांस सामर्थ्य असतें.

उ० Bull, Countermarch, Deacon, Demurrage, Elder, Father, Lord, Presbytery, Substitute इ० पाहा. कित्येक इंग्लिश शब्द फार सुलभ असल्या कारणानें त्यांचें मराठी दिलें नाहीं. उ० Fat, Election पाहा; पण असे फार थोडे सांपडतील.

५. इं० शब्दाचे अर्थ स्पष्ट दिसण्या करितां किंवा त्याची वाक्यांत कशी योजना करावी हें समजण्याकरितां इ० उदाहरणें दिलीं आहेत. त्यांचें भाषांतर मराठींत क्वचित केलें आहे. व्याक्यरूप उ० पेक्षां शब्दरूप उ० पुष्कळ आहेत.

६. इं० श० चे लाटिन, ग्रीक व संस्कृत धातु अर्थसहित दिले आहेत; व जे शब्द दुसऱ्या भाषांशीं मिळतात किंवा त्यांपासून उत्पन्न झाले आहेत त्यांच्या पुढें त्या त्या भाषेच्या नांवाचें प्रथमाक्षर घातलें आहे, किंवा दुसरी कांहीं खूण केली आहे (किली पाहा).

७. बहुतकरून प्रत्येक शब्दाच्या संबंधानें कांहीं तरी विशेष माहिती सांपडती व नवे अर्थ निघतात, अशा प्रकारची माहिती व अर्थविस्तार ह्या कोशांत पुष्कळ सांपडतील. ते फार शोध व श्रम करून मिळविले आहेत. उ० Duty, Evidence, Cut, Age, Land, Milk, Name, इ० पाहा.

आणखी कांहीं गोष्टी इं० प्रस्तावनेवरून समजतील.

ह्याप्रमाणें ह्या कोशांतील मुख्य विषयांचें संक्षिप्त वर्णन आहे. हें पुस्तक बहुत दोषांनीं भरलें असेल यांत संशय नाहीं; तरी ह्याचे गुण दोष ह्याचा बराच काळ वापर केल्याशिवाय समजणार नाहींत. ग्रंथकर्त्यापासीं बहुत विद्या नाहीं. जें अल्पस्वल्प विद्याधन व बुद्धिधन त्यापासीं आहे त्याच्या भांडवलावर लोकहितार्थ हा व्यापार केला आहे. त्याला कोणी विद्वानानीं ह्या कार्यांत सहायही केलें नाहीं. ग्रंथाच्या आरंभीं असें सहाय मिळावें म्हणून पैसा खर्चून वर्त्तमानपत्रांतून जाहिराती दिल्या होत्या, परंतु त्यांजकडे कोणी लक्ष दिलें नाहीं, त्यामुळें जें कांहीं करायाचें होतें तें एकट्यासच केवळ पुस्तकांच्या सहायानें व स्वतांच्या शोधानें करावें लागलें. जसें कित्येकांपासीं शास्त्री व पंडित यांचें मंडळ असतें तसेंही ह्याच्या पासीं नव्हतें. पुस्तककर्त्यास जें निवांत स्थळ व चित्तस्वास्थ्य असावें तेंही सर्वदा ह्याला मिळालें नाहीं. जें सर्व कांहीं आरंभापासून शेवट पर्यंत केलें तें उघड्या जागीं, जेथें बहुत मनुष्यांची वरदळ असायाची व जेथें अनेक व्यत्यय यायाचे तेथें झालें. तथापि ग्रंथकर्त्यानें आपल्याकडून होतील तितके श्रम व शोध करण्यांत कांहीं कसर केली नाहीं. कारण जें सर्व आपण करितों, तें हलकें असो, भारी असो, लहान असो, थोर असो, त्याचा जबाब ईश्वरास द्यावा लागेल. अशा मनोभावानें हा उद्योग केला आहे, तो ईश्वर सफळ करो.

हा कोश उघडण्याची किल्ली.

१. (१) एका मूळ शब्दापासून निघालेलें सर्व संयुक्त शब्द त्या मूळ शब्दाच्या खालीं दिले आहेत व ते त्याला [-] ह्या खुणेनें जोडले आहेत. याचीं उदाहरणें दर पृष्ठावर सांपडतील. कोठें कोठें अशा प्रकारचे शब्द पुत्रपौत्रादि परंपरे प्रमाणें एकापासून एक निघाले आहेत. त्या ठिकाणीं जो शब्द शेवटीं दिला असतो तो त्याच्या मागल्या शब्दासीं जोडलेला आहे, असें समजावें उ० High पाहा. याचे सर्व संयुक्त शब्द दिल्यावर शेवटीं -man हा शब्द दिला आहे तो Highman असा समजूं नये तर त्याच्या मागें जो way (Highway) हा शब्द आहे त्यापासून निघालेला आहे म्हणून तो Highwayman असा वाचावा. (२) जो शब्द मूळ शब्दाच्या गोतांतला असून संयुक्त शब्द नव्हे तो त्या मूळ शब्दा खालींच दिला आहे. त्याच्या मागें [.—] ही खूण घातली आहे. उ० Hospitable याच्या खालचा Host हा शब्द पाहा. (३) संयुक्त शब्द तोडतांना किंवा मूळ शब्दासीं जोडतांना जेथें "स्पेलिंग" बदलतें तेथें शिकणारास भ्रम न पडावा म्हणून त्याचा संक्षेप न करितां तो संपूर्ण घातला आहे. उ० Lustre, Lustrous, Luxury, Luxurious । हे । शब्द पाहावे. (४) कित्येक संयुक्त शब्द मूळ शब्दास एक अक्षर जोडण्यानें उत्पन्न होतात. अशांचा संक्षेप न करितां शिकणाराच्या सोई करितां ते सगळेच दिले आहेत. उ० Brawn, Bulk हे शब्द पाहा. त्यांस – y लावली असतां Bulky आणि Brawny हे शब्द दर्शवितां आले असते पण तसें केलें नाहीं. (५) मूळ शब्दाखालीं जे शब्द घेतले आहेत त्यांचा कोठें कोठें हस्तदोषानें किंवा प्रमादानें क्रमविपर्यास झाला आहे. तसाच कंपाजिटरांच्या हातानेंही कित्येक शब्द संक्षिप्त असावे ते सगळेच जुळले गेले आहेत तरी तेणेंकडून त्यांच्या अर्थात कांहीं अंतर पडलें नाहीं.

२. लाटिन व ग्रीक शब्दापासून उत्पन्न झालेलें अथवा त्याच्या संबंधी जे शब्द इंग्लिश भाषेत आहेत त्यांचा धातु किंवा व्युत्पत्ति त्या त्या शब्दा पुढेंच कुंडलींत सांगितली आहे. लाटिन धातूचा निर्देश कोणत्याही खुणेनें केला नाहीं. ग्रीक धातूला *Gr.* हीं अक्षरें व संस्कृत धातुला *Skr.* हीं अक्षरें घातलीं आहेत. लाटिन व ग्रीक उपसर्ग (*con, pro, dis* इ०) बहुतेक ठिकाणीं गाळून त्यांच्या जागीं ही [-] खूण घातली आहे. कित्येक ठिकाणीं वरच्या एका मूळ शब्दाच्या धातूंत उपसर्ग दाखविल्यावर त्याचे खालचे शब्दांतील धातूचा तोच उपसर्ग पुनः दिला नाहीं. उ० Circuit इ० पाहा. त्याची व्युत्पत्ति सांगतांना *circum* हा उपसर्ग घातला आहे, पण त्याच्या मागून Circumbent, Circumambulate इ० जे पंधरा मूळ शब्द येतात, त्यांचा धातू सांगतांना तो सोडला आहे. परंतु जे मूळ शब्द संयुक्त आहेत व ज्यांचा धातु दुसऱ्या ठिकाणीं सांपडण्या जोगा आहे, त्यांचा धातु पुनः दर्शविला नाहीं; Intemperate, Prejudge हे शब्द ह्या नियमा खालीं मोडतात. (२) ज्य मूळ शब्दांचा धातुनिर्देश केवळ एका अक्षरानें कुंडलींत केला आहे तो शब्द त्या भाषेचा आहे असें समजावें; उ० Enamel हा शब्द शुद्ध फ्रेंच आहे व Fistula हा शुद्ध लाटिन आहे. (३) ज्या शब्दा-

पुढें ही [*] खूण आहे ते इंग्लिश किंवा आंगलोसाक्सन आहेत. इतर भाषेपासून उत्पन्न झालेले अथवा ज्यांचा इतर भाषेसीं संबंध आहे असे शब्द त्या त्या भाषेच्या नांवाच्या प्रथमाक्षरांनीं अंकित केले आहेत. त्या खुणांचें व दुसऱ्या संक्षिप्त चिन्हांचें स्पष्टीकरण निराळेंच केलें आहे तें पाहावें.. (४) इंग्लिश नामाची खूण [*n*] सोडली आहे परंतु जेथें तें क्रियापद वगैरे पासून वेगळें दाखवायाचें आहे तेथें ती घातली आहे. Participle Adjective याची खूण *p. a.* हीही कित्येक ठिकाणीं गाळली आहे.

३. क्रियापद वगैरेस जे उपसर्ग वाक्यरचनेंत लागतात ते त्या शब्दाच्या शेवटीं कोंडींत [ ] घातले आहेत. जेथें उभयविध (म्ह० सकर्मक किंवा अकर्मक) क्रियापद आलें आहे तेथें जे उपसर्ग घातले आहेत ते त्यांतून कोणत्या रूपास लागतात हें बहुधा स्पष्ट केलें नाहीं, तें विद्यार्थ्यानें समजून घ्यावें.

४. उदाहरणांतील मूळ शब्द त्याच्या प्रथम अक्षरावरून मात्र दर्शविला आहे. परंतु जेथें त्याची योजना बहुवचनांत केली आहे अथवा जेथें त्याला कांहीं प्रत्यय लावला आहे तेथें तो सर्व तिर्कस अक्षरांनीं लिहिला आहे. उ० MANGO व MANTLE हे शब्द पाहा.

५. ज्या नामापुढें लिंगाची खूण नाहीं तें पुल्लिंग समजावें.

६. जेथें दोन किंवा अधिक शब्दांस एकच क्रियापद लागलें आहे तेथें प्रत्येक शब्दाच्या मध्यें [–] ही खूण घातली आहे. जसें मक्ता– इजारा घेणें.

७. करणें हें क्रियापद संक्षेपानें क. असें लिहिलें आहे.

८. प्रत्येक नवा अर्थ अर्धविराम चिन्हानें [;] दर्शविला आहे.

९. द्विबिंदु चिन्हाच्या पुढें [:] जें वाक्य किंवा वाक्यार्द्ध आहे तें त्याच्या मागल्या अर्थाचें उदाहरण आहे असें समजावें.

१०. एका शब्दाचें किंवा अनेक स्फुट शब्दांचें उदाहरण कुंडलींत ( ) घातलें आहे.

११. ;— ह्या खुणांच्या पुढें जे शब्द किंवा वाक्य आलें आहे त्याचा संबंध मूळ शब्दाशीं आहे असें समजावें व तो शब्द त्यास लावून त्याचा अर्थ ग्रहण करावा. जसें GOVERNOR ह्या शब्दाखालीं ;— of a district याचा अर्थ मामलेदार असा दिला आहे तो Governor of a district इतक्या वाक्याचा समजावा.

भग्न पृष्ट कटि ग्रीव स्तब्ध दृष्टिरधोमुखं
कष्टेन लिखितं ग्रंथं यत्नेन प्रतिपालयेत्.

ABBREVIATIONS.

ह्या कोशांतील संक्षिप्त चिन्हें.

n. noun.
a. adjective.
pr. pronoun.
v. verb transitive.
v. c. verb common.
v. i. verb intransitive.
—i. verb intransitive.
—t. verb transitive.
prep. preposition.
pl. plural.
p. a. participle adjective.
m. f. masculine and feminine.
m. f. c. masculine, feminine and neuter.
in comp. in composition.
fr. from.
contr. contracted.

---

* Anglo-Saxon.
Ar. Arabic.
Arch. Architecture.
D. Danish or Dutch.
F. French.
Gael. Gaelic.
Ger. or *Germ.* German.
Gr. Greek.
Gun. Gunnery.
Heb. Hebrew.
H. or *Hind.* Hindustani.
Icel. Icelandic.
Ir. Irish.
It. Italian.
L. Latin.
O. E. Old English.
Per. Persian.
Prov. Provincial.
Sac. His. Sacred History.
Skr. Sanskrit.
Sp. Spanish.
Sw. Swiss.
Tur. Turkish.
Vul. Vulgar.
W. Welsh.

Arch. Architecture.
Arith. Arithmetic.
Bot. Botany.
Chem. Chemistry.
Com. Commerce.
Episcop. Episcopal.
Geom. Geometry.
Gram. Grammar.
Hist. History.
Legisl. Assemb. Legislative Assembly.
Mach. Machinery.
Math. Mathematic.
Mech. Mechanic.
Med. Medicine.
Metaph. Metaphysics.
Mil. Military.
Myth. Mythology.
Naut. Nautical Science.
Phil. Philosophy.
Phys. Physics.
Print. Printing.
Rhet. Rhetoric.
R. C. Ch. or *Rom. Cath. Ch.* Roman Catholic Church.
Scrip. Scripture.
Theo. Theology.
Gen., Ex., Rom., &c., denote the names of the books of the Bible—as, Genesis, Exodus, Romans.

The sources to which the Editor is indebted for the materials of this Dictionary.

Webster's Dictionary of the English Language, new edition, 1864; *Reid's* Dictionary, 1863; *Hyde Clark's* Dictionary, 2nd edition; *Richardson's* Dictionary, new edition; *Candy's* English and Marathi Dictionary; *Molesworth's* Marathi Dictionary, new edition; *Forbes'* Hindustani-English English-Hindustani Dictionary, new edition; *Reeves'* Canarese Dictionary new edition; English and Tamil Dictionary; *Williams'* English-Sanskrit Dictionary; *K. S. Talekar's* School Dictionary; *Goldstücker's* Sanskrit Dictionary; *Wilson's* Glossary of Judicial and Revenue Terms; the Holy Bible, English, Marathi, and Sanskrit; the Penal Code, English and Marathi; *Birdwood's* Products of Bombay; Treatise on Anatomy, English and Marathi; Treatise on Chemistry, English and Marathi; Materia Medica, English and Marathi; *Jerdon's* Birds of India; Field Exercise, English and Hindustani; Institutes of Manu, Sanskrit and English; &c., &c.

ENGLISH AND MÁRAṬHÍ DICTIONARY.

A, the first letter of the alphabet. *A*, an article set before nouns of the singular number, is rendered by एक, एखादा; as denoting proportion, दर, प्रति: he gets ten rupees *a* month; as a prefix, पासून, कडे, आंत, वर (*a*verse, *a*bed, *a*back, *a*foot).

AARONICAL *a.* relating to Aaron the Jewish high-priest आहरोनाच्या याजकपणा संबंधी. Aaron was the head of the Jewish priesthood.

ABACK* *ad.* पाठीमागें.

ABAFT* *ad.* गलबताच्या मागल्या भागीं, वरामाकडे.

ABANDON *v. F.* forsake entirely टाकणें, सोडून देणें, त्याग करणें: to a. a hopeless enterprise; renounce सोडणें, स्वसत्ता त्याग करणें: to a. one's own house to his creditor; one's self to -चा छंद-नाद लागणें: to a. one's self to intemperance. -ED टाकलेला, सोडलेला, त्यक्त; —a country, town, house, उद्दस्त, उजाड, ओस; irreclaimably wicked देवाधर्मानें टाकलेला, निसवलेला; extremely wicked अधर्मी, कोडगा, अतिदुष्ट. -MENT टाकणें *n*, विसर्जन *n*, परित्याग; स्वसत्तानिवृत्ति *f*; बायको, लेंकरूं इ० टाकणें.

ABASE *v.* (*-basis*, base) humble नमवणें, नीच -मानभंग -पाणउतारा क.; one's self हलकेपणा घेणें. -MENT *n.* मानभंग, मानखंडण *n*, पाणउतारा.

ABASH *v.* लाजवणें, ओशाळा क., खालीं पाहायास लावणें; to be abashed ओशाळा होणें, फजीत पावणें. -MENT ओशाळगत *f*, फजिती *f*.

ABATE *v. F.* lessen कमी क., उतरणें (zeal, pride, strength, courage, demand, &c.); remove काढून टाकणें (a nuisance); remit सूट -माफी देणें (a tax).—*i.* थमणें, कमी होणें, उतरणें; be defeated नामंजूर होणें: a writ *abates*. -MENT कमी करणें *n*, न्यूनीकरण *n*; उतार, ओसर *f*, सूट *f*, बाद *f*.

ABBA (*Syriac*) father बाप; a religious superior महंत.—ABBESS, governess of a nunnery मठाधिकारिण *f*.—ABBEY, monastery of persons of either sex, secluded from the world and devoted to religion and celibacy मठ.—ABBOT, superior of an abbey मठाध्यक्ष, महंत.

ABBREVIATE *v.* (*-brevis*, short) संक्षेप क.; *Math.* reduce to lower terms, as a fraction अपवर्त्तन क.—ABBREVIATION संक्षेप; character used for abbreviating संक्षेपचिन्ह *n*, गळंत *n*, गळांत *n*: N. for North; *Math.* संक्षेप, भाजणी *f*.

A B C, the alphabet, मूलवर्ण, ओनामा.

ABECEDARIAN ओनामा शिकविणारा, ओनाम्या.

ABDICATE *v.* (*-dicere*, to say) give up right or claim to -चा दावा -सत्ता सोडणें; resign an office before the term of service has expired पद *n*. -अधिकार सोडणें; *Law*, disinherit वारसा तोडणें.—*i.* टाकून जाणें, टाकणें, सोडणें.—ABDICATION पद सोडणें *n*, सत्तानिवृत्ति *f*; परित्याग.

ABDOMEN, the lower belly पोट *n*, उदर *n*, ओंटी *f*.—ABDOMINAL *a.* उदरसंबंधी.—ABDOMINOUS *a.* मोठ्या पोटाचा, ढेऱ्या, ढोल्या.

ABDUCT *v.* (*-ducere*, to lead) take away surreptitiously or by force कपटानें किंवा जबरीनें नेणें: the child was secretly abducted. -ION, *Law*, the taking and carrying away of a child, a ward, a wife, &c., either by fraud, persuasion, or open violence लेंकरूं, दिमतींतलें मनुष्य,

बायको इत्यादिकांस कपटानें, मनावून, अथवा जुलमानें नेणें.

ABED* *ad.* बिछान्यांत.

ABERRANCE, ABERRANCY (*-errare*, to wander) सत्य -सन्मार्ग सोडून जाणें *n*, विचलन *n*. -ABERRATION, *Astron.* ग्रहांचें विचलन *n*; *Opt.* किरणांचें प्रसरण *n*; *Med.* चित्तविभ्रंश.

ABET* *v.* incite to a criminal act फूस देणें, पाठपुरावा क. -TOR फूस देणारा, वाईट कामांत मदत करणारा.

ABEYANCE *F.* expectation of law कायद्याची अपेक्षा *f*, विलंब; suspension तहकुबी *f*, महकुबी *f*.

ABHOR *v.* (*-horrere*, to bristle) hate extremely अत्यंत द्वेष क., ओंगळ मानणें. -RENCE तिटकारा, वीट, अतिद्वेष, ओकारी *f*. -RENT *a.* ओंगळ, ओखटा; inconsistent विपरीत, विरुद्ध, उलटा: slander is a. to all ideas of justice.

ABIDE* *v.* wait for वाट पाहणें, तिष्ठणें; endure सोसणें, सहन क.: I cannot a. his impertinence; remain firm under टिकणें, निभणें.—*i.* dwell राहणें, वस्ती क.; remain stable स्थिर -अचळ राहणें.—ABODE राहणें *n*, वस्ती *f*, निवास, वास; dwelling राहण्याची जागा *f*, घर *n*.

ABILITY, see under ABLE.

ABJECT *a.* (*-jacere*, to throw) mean नीच, हलका, पाजी. -ION, पाजीपणा, अधमपणा.

ABJURE *v.* (*-jurare*, to swear) renounce upon oath शपथ वाहून सोडणें: to a. allegiance to a prince; renounce with solemnity निश्चयानें -खरोखर सोडणें -परित्याग क.: to a. errors.—*i.* शपथ घेऊन देशत्याग क. —ABJURATION शपथपूर्वक त्याग; निश्चयपूर्वक त्याग.

ABLATION (*-latio*, a carrying) हिरावणें *n*, अपहरण *n*, अपहार. —ABLATIVE, *Gram.* पंचमी विभक्ति *f*, सतिसप्तमी *f*.—*a.* नेणारा, अपहारक.

ABLE* *a.* having ability of any kind समर्थ, शक्तिवान्: a man is a. to perform military service; skilful कुशल: she is a. to play on the piano; competent लायक, योग्य, क्षम: an illegitimate son is not a. to take by inheritance; to be a. -ता येणें: he is a. to walk. As a termination expressing 'admitting of,' 'susceptible of,' rendered in Sanskrit by the future pass. part.; thus 'eatable' खाद्य. -BODIED, *a.* आंगचा बळकट, प्रबलशरीर.—ABILITY शक्ति *f*, सामर्थ्य *n*; —of mind बुद्धिवैभव *n*; आंवाका, बुद्धि *f*, योग्यता *f*, लायकी *f*; कुशलता *f*, प्रवीणता *f*.—ABLY *ad.* हुशारीनें, कौशल्यानें, ससामर्थ्य.

ABLUENT *a.* (*-luere*, to wash) मळकाढणारा, स्वच्छकारी.—ABLUTION धुणें *n*; — of the body स्नान *n*, अंघोळ *f*.

ABNORMAL *a.* (*-norma*, rule) कायद्या बाहेरचा, क्रमबाह्य.

ABOARD* *ad.* गलबतावर, गलबतांत: to go a. गलबतावर चढणें.

ABODE, See under ABIDE.

ABOLISH *v.* (*-olere*, to grow) make void रद्द क., मोडणें (laws, customs); destroy विध्वंस-उच्छेद क., नाहींसा क.—ABOLITION मोड, लोप; खंडन *n*, भंग, उच्छेद. -IST उच्छेद -भंग कर्त्ता.

ABOMINATE *v.* (*-omen*, to deprecate as ominous) hate in the highest degree, as if with religious dread मनापासून -ईश्वरभीति धरून त्रास क. -वीट मानणें: to a. all impiety.—ABOMINABLE *a.* त्रास येण्याजोगा, अतिद्वेष्य. — ABOMINATION, detestation मनापासून त्रास, तिटकारा; the object of detestation द्वेषविषय, अतिद्वेषपात्रवस्तु *f*; that which causes pollution विटाळविणारी वस्तु *f*.

ABORIGINES *pl* (*L.*) the first inhabitants of a country मूळचे राहणारे लोक, भूमे *pl*,

मूळप्रजा *f.*—ABORIGINAL *a.* मूळचा, प्रथमचा (tribes).

ABORTION (*-oriri,* to rise) act of miscarrying पोटचें पडणें *n,* दुवेत *n,* गर्भपतन *n,* गर्भस्राव; immature product of an untimely birth अपूर्णकाळीं जन्मलेला गर्भ, गोळा; —of a beast गाभटणें *n* ; to procure a. पोट पाडणें -जिरवणें ; to suffer a. पोट पडणें -जिरणें.—ABORTIVE *a.* काल पूर्ण होण्यापूर्वीं जन्मलेला, अकालज, अकालजन्मा ; गर्भस्रावी (medicine); that does not succeed निरर्थक, व्यर्थ, निष्फल, फलरहित ; [an a. flower is one which falls without producing fruit].

ABOUND *v.i.* (*-unda,* a wave) be in great plenty रेळचेळ -पुष्कळ -विपुल होणें -असणें ; be very prevalent पुष्कळ होणें (Rom. v. 20). —ABUNDANCE विपुलता *f,* महामुरी *f,* पुष्कळपणा.—ABUNDANT *a.* -LY *ad.* पुष्कळ, बहुल, प्रचुर.

ABOUT* *prep.* around सभोंवता, भोंवताली : bind them a. thy neck ; near in place जवळ, आसपास (Numb. xvi. 24) ; near to, in time जवळ, सुमोर (Matth. xxi. 3); near to, in action: on the point of लागास, अगदीं बेतात, तयारींत, in comp. उन्मुख (Acts xxvii. 30) ; near to the person अंगावर, पाशीं, जवळ, समीप: is your snuff-box a. you ?; relating to आंत, मध्यें (Luke ii. 49) ; in compass घेरास, चौफेर : two yards a. the stem; on account of विषयीं : he did not say a word a. you; near to in number सुमारें, न्यूनाधिक (Ex. xxxii. 28).—*ad.* circularly चक्कर, गिरगिरां ; nearly अदमासें, सुमारास, अडनाड; in comp. एक : a. a mile मैल एक ; here and there चहुंकडे, आजूबाजू, इकडे तिकडे (1 Tim. v. 13) ; circuitously फेऱ्यानें, गर्का मारून–घेऊन ; to go a. कामास प्रवर्त्तणें, करूं पाहणें; to bring a. तडीस–शेवटास -सिद्धीस नेणें.

ABOVE* *prep.* & *ad.* higher in place वर, वरतीं, उपरी ; more in quantity शिवाय, वर, उपर ; higher in rank विशिष्ट, श्रेष्ठ ; superior to अति, बाहेर (a. man's power, a. comprehension); too proud for अधिक, वर : this man is a. mean actions हा मनुष्य नीच कर्में करण्याच्या वर आहे; ह्या० नीचकर्मैं करणारा नव्हे ; in heaven वर, आकाशांत, अंतरिक्षीं. -BOARD *ad.* निष्कपटानें. -CITED, -MENTIONED, -NAMED, -SAID, *a.* पूर्वीं -वरतीं सांगितलेला, पूर्वोक्त, सदर्हू, मशारनिल्हे, मिनहू.

ABRADE *v.* (*-radere,* to scrape) चोळवटणें, घासटणें.—ABRASION घर्षण *n,* मर्दन *n.*

ABREAST* *ad.* side by side खांद्यास खांदा लागेल असें, एकाच दिशेस ऊर करून : two men rode a.; opposite समोर, सन्मुख : a ship a. of Malabar Point.

ABRIDGE *v.* (*-brevis,*short) shorten कमी-संक्षेप क.; diminish कमी-न्यून क. (labour); cut off छेदणें, तोडणें, अंतरविणें, मुकविणें : to a. one of his rights.—ABRIDGMENT संक्षेपणें *n,* संक्षेपण *n* ; epitome सारसंग्रह, तात्पर्यग्रंथ ; न्यूनता *f,* कमीपणा.

ABROAD* *ad.* at large मोकळा, मोकळेपणीं ; widely विस्तारानें : a tree spreads its branches a.; beyond the bounds of a country देशांतरीं, परदेशांत ; out of the house घराबाहेर ; beyond the limits of a camp छावणीच्या -गोटाच्या बाहेर ; in the open air उघड्यावाऱ्यांत ; before the public at large लौकिकांत (Mark i. 45); to get a. बट्कर्णी होणें; a sojourner a. प्रवासी.

ABROGATE *v.* (*-rogare,* to ask) annul by an authoritative act रद्द क., मोडणें (laws, customs).

ABRUPT *a.* (*-rumpere,* to break) broken [by] विलग, तुटलेला ; steep कडा तुटलेला (rocks, precipices); fig. sudden एकाएकींचा, आकस्मिक ; an a. entrance बेधडक-

धडक्याचें आंत जाणें *n*; unconnected तुटका, असंबंध (style, address); an a. person धसकट मनुष्य; a. manners बेमुरवतीची चाल *f*. -LY *ad.* अकस्मात्, सूचना केल्यावाचून.

ABSCESS (*-cedere,* to go away) पुवानें भरलेलें क्षत *n.* -ला फोड.

ABSCOND *v.i.* (*-condere,* to lay up) secrete one's self दडून -लपून राहणें, पवबारा ह्मणणें; Used esp. of persons who secrete themselves to avoid a legal process; hide लपणें, दडणें.

ABSENCE (*-esse,* to be) state of being absent गेरहाजिरी *f,* परोक्षता *f*; want जवळ नसणें *n,* अभाव: in the a. of law; inattention to things present गाफिली *f,* समाधि *f,* असावधपणा; in the a. of परोक्ष, नसतां, पाठीमागें.—ABSENT *a.* not present गेरहजीर, परोक्ष, अविद्यमान; heedless असावध, गाफील, भ्रमिष्ट, भांब्या: an a. man is uncivil to the company; to be a. देहावर नसणें [in, from].—*v.* keep away न येणें, गेरहाजीर असणें; withdraw उठून-निघून जाणें: he *absented* himself from the company.—[from] -EE गेरहाजर माणूस.

ABSOLVE *v.* (*-solvere,* to loose) acquit of a crime निरपराध ठरविणें, दोषमोचन क.; free from a promise वचन -भाक सोडणें —परत देणें.—ABSOLUTE *a.* complete संपूर्ण, केवल, समग्र; positive खचीत, निभ्रांत (a declaration); unconditional बिन अडीचा, संकेतहीन (a promise); despotic मुखत्यार (a government); an a. prince सम्राट्, अधिराज; unlimited अमर्याद; self-existent स्वतंत्र, स्वयंभू: God is a.; *Gram.* a clause independent क्रियापदा शिवाय असलेला (कर्त्ता—वाक्य); *Chem.* pure निरा, शुद्ध (alcohol). -LY *ad.* अगदीं, सर्वशः; आपल्या इच्छे प्रमाणें; निक्षून, निखालस.—

ABSOLUTION, *Civil Law,* acquittal निरपराधी ठरविणें *n,* दोषमुक्ति *f*; *Rom. Cath. Ch.* a remission of sins pronounced in favor of one who makes due confession पापमोचन *n,* पापाची सुटका *f* —क्षमा *f.*

ABSORB *v.* (*-sorbere,* to suck in) शोषणें, शोषून घेणें; engross wholly गुंग -निमग्न -चूर क.; in comp. -होणें: he is *absorbed* in study. -ENT *a.* शोषक, शोषणारा.—*n Physiol.* a vessel which imbibes, as the lacteals रसायनी *f*; *Med.* a substance used to absorb acidity in the stomach, as chalk शोषक औषध *n* -द्रव्य *n.* —ABSORPTION शोषणें *n,* प्राशन *n*;—of mind निमग्नता *f,* गुंगी *f*;—into the Deity मोक्ष, कैवल्य *n,* मुक्ति *f.*

ABSTAIN *v. i.* (*-tenere,* to hold) वांचून-शिवाय राहणें, वर्ज क.: to a. from luxuries.—ABSTINENCE, forbearance from any action वर्जणें *n,* भोगत्याग, निर्भोग; restraint of the passions इंद्रियें स्वाधीन ठेवणें *n,* इंद्रियनिग्रह; fasting उपास, निराहार.— ABSTEMIOUS *a.* (*-temetum,* wine) sparing in diet बाताबेतानें जेवणारा -पिणारा, मिताहारी; devoted to abstinence मितभोगाचा (day); sparingly used बेतानें सेवन करण्याचा (a diet) [in].

ABSTRACT *v.* (*-trahere,* to draw) काढून घेणें; -operation of the mind मनांत वेगळा करणें; consider by itself एकादी वस्तु एक वेगळीच मनांत आणणें; reduce सारांश काढणें; purloin दुसऱ्याच्या मालांतून चोरून घेणें: to a. goods from a parcel.— *a.* विशेष पदार्थापासून निराळा -पृथक्; an a. idea अमुक पदार्थाचा वरचा गुण असें मनात न आणितां केवळ त्या गुणाची कल्पना *f*; abstruse समजायास कठीण, गूढ; *Gram.* साधित (terms).— *n* निष्कर्ष, निर्यास; in the a., without reference to particular persons or things संबंधभावरहित, पृथक्भाव धरून; संक्षेप, सारांश;

inventory याद *f*, 'आबिस्त्राक्ट' *n.* -ION सार काढणें *n*; absence of mind अनवधान *n*, दुर्लक्ष्य *n*; separation from worldly objects वैराग्य *n*; contemplating separately in the mind विवेक, पृथकरण *n*.

ABSTRUSE *a.* (-*trudere*, to thrust) hidden गुप्त, लपविलेला; difficult to comprehend समजायास कठीण, दुर्ज्ञेय, गूढ, गहन: a. points in philosophy.

ABSURD *a.* (-*surdus*, deaf) opposed to reason विचार-बुद्धिविरुद्ध, असमंजस, विवेकशून्य; logically contradictory अयुक्तिक, हेंगाड, सर्वाबद्ध.

ABUNDANCE, See under ABOUND.

ABUSE *v.* (-*uti*, to use) make an ill use of भलत्या कामीं लावणें, असत् उपयोग क., विपरीत व्यवहार क.; deceive फसविणें, प्रतारणा क.; revile शिवीगाळ देणें, निंदणें; pervert the meaning of -चा विपरीत अर्थ करणें (words) [in].—*n.* कुव्यवहार, असत् विनियोग; corrupt practice दुराचार, बदअमल: *abuses* of government; शिव्यागाळी *f pl*, निंदा *f*, निर्भर्त्सना *f*; विपरीतार्थ, भलत्याच ठिकाणीं शब्दाची योजना *f*.—ABUSIVE *a.* शिव्यांचा, निंदात्मक -पर; विपरीत, उलटा (acceptation); शिव्या देणारा, निंदक, &c.

ABYSS (*Gr.* -*bussos*, bottom) bottomless depth अगाध -अतल विवर *n*; hell नरक; immeasurable space अपरिमेय अवकाश: in the a. of light; illimitable mass of water अगाध डोह.

ABYSSINIAN *a.* हबशी देशा संबंधी.—*n.* हबशी लोक *pl*, -मनुष्य, हबशी; हबशी भाषा *f*.

ACACIA (*L.*)—the shrub बाभळ *f*;—the drug बाभळीचा गोंद: fragrant a. शिरस.

ACADEMY (*Gr. academia*) [a garden near Athens, belonging to a person named Academus, where Plato and his followers held their philosophical conferences; the school of philosophy of which Plato was the head]; society for the promotion of science or art विद्या अथवा कला-यांची वृद्धि करणारी मंडळी *f*, पंडितसमूह; a place of education पाठशाळा *f*.—ACADEMICAL *a.* पाठशाळेसंबंधी, विद्यामठसंबंधी (courses).—ACADEMIAN विद्वज्जनमंडळीचा सभासद.

ACANTHA (*Gr. akè*, point; *anthos*, a shoot) कांटा; *Anat.* पाठीचा कणा -कांटा.

ACCEDE *v. i.* (-*cedere*, to yield) मान्य -कबूल होणें [to].—ACCESS, coming to पावणें *n*, येणें *n*, आगमन *n*; approach वाट *f*, मार्ग, प्रवेश; admission येण्याची परवानगी *f*, मोकळीक *f*; *Law*, admittance to sexual commerce संभोगाची मोकळीक *f*; increase वृद्धि *f* (a. of territory); paroxysm भरतें *n.* [to]. -ARY, -ORY, *a.* जोडलेला, जास्ती; सहकारी; in a bad sense, साग्या, मिलाफी, साथी: B was a. to the felony; contributing उपयोगी, उपयुक्त; additional अधिक, शिवाय, खेरीज [to].—IBLE *a.* जाण्यास -यायास सोपा, सुगम (an a. town, a mountain). -IBILITY यायाची योग्यता *f*, शक्यता *f*, सोयी *f*, गमनीयता *f*.—ION, See ACCESS, sig. first and last.

ACCELERATE *v.* (-*celer*, swift) hasten त्वरा क., लवकर होईसें क.; increase the speed of गति वाढविणें: to a. the growth of a plant.—ACCELERATION वेगवर्द्धन *n*, गतिवृद्धि *f*.

ACCENT (-*canere*, to sing) a modulation of the voice in speaking स्वरभेद, उच्चारण *n*; stress on certain syllables स्वर, आघात, जोर; a mark to direct the modulation of the voice (′) आघातचिन्ह *n*, स्वरचिन्ह *n*; acute a. उदात्त; circumflex a. स्वरित; grave a. अनुदात्त, प्लुत. *m*, *n*; an a. at the right hand of a number expresses a minute of a degree कला *f*; two accents, a second विकला *f*; *or pl* स्वर *f*, ध्वनि *f*, वाणी *f*; peculiar tone स्वर, गळा. —*v.* स्वर देऊन बोलणें -वाचणें.

-ED *p. a.* आघाताची खूण दिल्हेला—केलेला, त्वरित.

ACCEPT *v.* (*-capere,* to take) take with a consenting mind, as an offer आदरून घेणें, मानून घेणें, स्वीकारणें; agree to मान्य -कबूल होणें [of]; *Com.* receive as obligatory and promise to pay सचकारणें, पटविणें (a bill of exchange). -ABLE *a.* मान्य करायाजोगा, मान्य; agreeable पसंत, आवडता (present). -ANCE घेणें *n,* ग्रहण *n,* स्वीकार ; —of a bill of exchange (हुंडीचा) सचकार;—accepted bill of exchange पटवलेली हुंडी *f.* -ATION प्रीतिपूर्वक स्वीकार, स्वीकार, स्वीकरण *n* : this is a faithful saying, and worthy of all a., that Christ Jesus came into the world to save sinners (1 Tim. i. 15); sense in which a word is understood or generally received अर्थ, रूढीचा अर्थ, रूढि *f* : a term is to be used according to its usual a. -ED. *p. a.* घेतलेला, गृहित ; सचकारलेला, &c.

ACCESS, See under ACCEDE.

ACCIDENT (*-cadere,* to fall) event that takes place without one's foresight or expectation योग, संयोग, दैवयोग ; by rare a. कर्मधर्मसंयोगानें ; evil a. अवचट *n* ; a property of a thing which is not essential to it आगंतुक धर्म, म्ह० पदार्थाच्या उत्पत्तीस आवश्यक नसतां त्यावर असणारा गुण; —as *whiteness* in paper. -AL *a.* आगंतुक, स्वाभाविक नव्हे तें : songs are a. to play; अकल्पित, आकस्मिक (an a. visit).—*n.* आगंतुक धर्म. -LY *ad.* अकल्पित, आगंतुक धर्मानें, दैववशात्.—ACCIDENCE व्याकरणाच्या मूलतत्वांचें पुस्तक *n.*

ACCLAMATION (*-clamare,* to cry aloud) जयजयकार, गजर.

ACCLIVITY (*-clivus,* ascent) चढाव, चढ *f.* —ACCLIVOUS *a.* चढणीचा, चढता, चढावाचा.

ACCOMMODATE *v.* (*-commodare,* to make fit) जमविणें, मेळ बसविणें; supply with conveniences बेगमी -सोयी क., गरज चालविणें : to a. a friend with a loan; reconcile मिलाफ क., जम -जुवा घालणें -घालून दाखविणें (differences).—*a.* लायक, योग्य: means a. to the end.—ACOMMODATING *p. pr. & a.* दुसऱ्याची सोयी पाहाणारा, उपकारी. — ACCOMMODATION मेळ, संयोजन *n* ; मिलाफ, समेट ; सुखसामग्री *f* ; loan उसणवारी *f* ; *pl,* chiefly applied to lodgings राहण्याची-बिऱ्हाडाची -जाग्याची सोय *f* ; application of a writer's language, on the ground of analogy, to something not originally referred to or intended अर्थ बसविणें.

ACCOMPANY *v.* (See COMPANY) -च्या बरोबर -संगें-संगतीं जाणें. —*i.* संगतीं -सोबतींत असणें, संगतीं राहणें [by,with].—ACCOMPANIMENT बरोबर असणारी भूषणाची वस्तु *f* ; the subordinate part गौणभाग ; *Music,* harmony स्वरांचा मेळ, एकताल.

ACCOMPLICE (*-complex*) *Law,* दुष्कर्मांत सोबती, साग्या, सामील, कुकर्मसहचारी : A was an a. with B in the murder of C.

ACCOMPLISH *v.* (*-complere,* to fill up) भरणें ; पूर्ण -पुरा क. (time); fulfil शेवटास-तडीस नेणें, पूर्ण क. (prophecy); execute फेडणें, उगवणें (a vow); adorn or furnish with whatever may serve to render a person or thing complete, &c. भूषित-निपुण-मंडित क. -ABLE *a.* साधायाजोगा, साध्य ; भरायाचा. -ED *p. a.* तडीस नेलेला, सिद्ध, समापित ; मिळविलेला, संपादित ; पूर्ण-खरा केलेला ; गुणी, गुणवान्, संपन्न, निपुण, तरबेत. -MENT तडीस नेणें *n* ;—of one's object कृतकृत्यता *f,* शेवट, समाप्ति *f* ; संपादणूक *f,* संपादन *n* ; attainment संपादलेला गुण, शोभा *f,* अलंकार *pl* ; कळाकुसरी *f pl.*

ACCORD *v.* (*-cor,* the heart) make to agree मिळवणें, जमवणें ; bring to an agreement

समजूत पाडणें -घालणें, मन मिळवणें ; settle तोडजोड क. : to a. suits ; concede देणें : to a. to one due praise.—*i.* मिळणें, जमणें : my heart *accords* with my tongue ; harmonize एकतालाचा -स्वराचा होणें [with].—*n.* मेळ, एकोपा; एकचित्त *n* (Acts i. 14); of one's own a. आपखुशीनें ; स्वरमेळ, स्वरैक्य *n* ; will इच्छा *f*, खुशी *f*, मन *n* ; *Law*, तोडजोड *f*, समजी *f*, समजूत *f*; consent सम्मति *f*, अनुमोदन *n*. -ANCE, agreement with a person जमाव, बनाव; conformity with a thing सारखेपणा, सादृश्य *n* [with]. -ANT *a.* मिळणारा, माफक, बेताचा. -ING *a.* agreeing जमणारा, बेताचा; to प्रमाणें, बरहुकूम, अनुसार, अनुरूप, यथापरत्वें (in comp. श्रमानुसार, यथान्याय, आज्ञानुरूप, वयोपरत्वें) : our zeal should be a. to knowledge. -LY *ad.* प्रमाणें, बरहुकूम.

ACCOST *v.* (*costa*, rib) come to the side of -च्या बाजूस येणें ; speak to बोलणें, हटकणें.

ACCOUCHEUR *F.* a man who assists women in child-birth प्रसवकारी वैद्य.

ACCOUNT (See COUNT) a reckoning मोजणें *n*, गणना *f*; a detached written or printed statement of debts and credits in pecuniary transactions, and also of other things subjected to a reckoning or review लेखी हिशेब, हिशेब; narrative कथा *f*, हकीकत *f*, वृत्तांत : an a. of the city of Poona; a statement and explanation or vindication of one's conduct with reference to judgment thereon हिशेब, जाबसा ; value योग्यता *f*, किंमत *f*: estimation हिशेब, खिजगणती *f*: they are nothing in his a.; abstract a. अडावा ; current a. चालता हिशेब ; rough a. कच्चा हिशेब, खर्डा ; to balance an a. शिलक -झाडा काढणें ; to clear a. बाकी पूज करणें ; to call to a. झाडा मागणें -घेणें ; to have an a. with खातें असणें; to put to the a. of हिशेबीं -खर्चीं लिहिणें -मांडणें ; a. of bad debts बुडीत खातें *n* ; on any a. कांहीं झालें तरीं ; on a. of मुळें, एतदर्थ.—*v.* reckon गणणें, मानणें, लेखणें (Gal. iii. 6) ; मोजणें, लेखणें, -विषयीं मत बाळगणें (Heb. xi. 9).—*i.* to, with हिशेब -झडती -जाब देणें : an officer must a. *to* or *with* the treasurer *for* money received; for, give reason कारण सांगणें : idleness *accounts* for poverty ; for, be responsible जबाबदार होणें: we must a. for the use of our opportunities. -ABLE *a.* मोजबा देणारा, जबाब देणारा [for]. -ABLENESS, -ABILITY, जबाबदारी *f*, मोसबेदारी *f*. -ANT हिशेबी, गणक ; keeper of accounts मुत्सद्दी, हिसाबनवीस, 'अकौंटंट.' -BOOK हिशेबाची वही *f*, खातेवही *f*, चोपडी *f*, वही *f*.

ACCREDIT (*-credere*, to believe) खरेपणा देणें, आब्रू -मान देणें -आणणें : to a. an envoy, is to receive him in his public character, and give him credit and rank accordingly [to] ; send with credentials, as an envoy दस्तऐवज देऊन पाठविणें.

ACCRUE *v. i. F.* चढणें, लाभणें, पदरीं येणें.

ACCUMULATE *v.* (*-cumulare*, to heap) रास क. (earth, stones) ; collect or bring together सांचविणें, सांठविणें (wealth).—*i.* सांचणें, सांगणें ; increase वाढणें : public evils a.;—as water तुंबणें ;—as business जमणें, तुंबणें.—ACCUMULATED सांठवलेला, संचित, संगृहित.—ACCUMULATION सांठवणें *n*, सांठा, संचय, संग्रह.—ACCUMULATIVE *a.* गोळा होणारा, जमणारा.

ACCURACY (*-cura*, care) exactness टापटीप *f*, सुतीपणा, रेखलेपणा: the a. of ideas is conformity to truth ; correctness खरेपणा, यथायोग्यता *f* : the value of testimony depends on its a.—ACCURATE *a.* बिनचूक (an account); बेताबाताचा, सुती, टापटिपेचा (a measure) ; शुद्ध, यथार्थ, बरोबर (an expression); precise ठास, ठाम : one body may not have an a. influence with another [in].—LY *ad.* सुतानें, ठाम, ठास; बिनचूक, अचूक: a writing a. copied.

ACCURSED *p. a.* (See CURSE) doomed to destruction शाप दिलेला, शापित (Josh.v.17); execrable शाप देण्यास योग्य, शापपात्र (Josh. vi. 18).

ACCUSE *v.* (-*causa*, cause) दोष लावणें, दोषारोप क.;—falsely आळ -बालंट घेणें [of].—ACCUSED दोष लावलेला, आरोपित; ज्यावर बालंट आलें तो, अभिशप्त.—ACCUSABLE *a.* दोष लावण्यास योग्य, दूषणीय.—ACCUSER दोष ठेवणारा -लावणारा, वादी; आळ घेणारा, अपवादक. —ACCUSATION दूषण देणें *n*; a charge दोषारोप, अभियोग; आळ घेणें *n*; तुफान *n*, बालंट *n*, आळ; the declaration containing a charge दोषारोपाचा लेख, अपवाद, लेखपत्र *n* (Matth. xxvii. 37).—ACCUSATIVE CASE द्वितीया विभक्ति *f*, कर्म *n*.

ACCUSTOM *v.* (See CUSTOM) सवयी -सराव लावणें, राबता पाडणें -घालणें, अभ्यासाखालीं पाडणें [to]. -ED सराव लावलेला, राबलेला, अभ्यस्त.—*a.* नित्यांतला, परिपाठांतला.

ACE (*as*, a unit, single point)—on a card एका, एक्या; on a die पौ, पव; a particle कण, रती *f*, लेश, छदाम.

ACERB *a.* (*acerbus*) sour, bitter and harsh आंबट, तुरट;—fig. of temper कडवा, कठोर, दाष्ट. -ITY *n*, अंबटाई *f*, तुरटाई *f*, खाष्टीपणा, कठोरपणा.

ACHE* *n.* वेदना *f*, दुःख *n*.—*v. i.* be in pain दुखणें: the head *aches*; suffer grief दुःख -क्लेश सोसणें: the heart aches.

ACHIEVE *v. F.* साधणें, सर करणें. -MENT *n.* साधणूक *f*, संपादणी *f*; a noble exploit महत्कर्म *n*, मोठें काम *n*, मर्दुमीचें काम *n*. —ACHIEVABLE *a.* साध्य.

ACID *a.* (*acidus*, sour) अंबट, तुरटांबट.—*n.* अंबट पदार्थ; *Chem.* क्षार उत्पन्न करणारा पदार्थ. -ITY, -NESS. अंबटपणा, अम्लता *f*. -IFY *v.* अंबट क. -ULATE *v.* अंबूस -अंबसर क. -ULOUS *a.* अंबूस, किंचित अम्ल.

ACKNOWLEDGE *v.* (see KNOW) admit कबूलमान्य क.: to a. the being of a God; own with particular regard जाणणें, आदरणें: in all thy ways a. God; confess, as implying a consciousness of guilt अपराध पदरीं घेणें, अंगीं लावून घेणें (Ps. li. 3); own with gratitude उपकार मानणें, आभारी होऊन कबूल क.;—a letter पोंच कळविणें.—ACKNOWLEDGMENT जाणणें *n*; कबूली *f*, मान्यता *f*; आदर, पावत्याची पावती *f*; उपकार मानणें *n*, उपकारस्मरण *n*, कृतज्ञता *f*; note of hand दस्तऐवज, रोखा.

ACME *Gr.* height or crisis of anything कळस, शिखर *n*, पराकाष्ठा *f*; *Med.* भर.

ACONITE (*Gr. akoniton*) बचनाग.

ACORN* ओक झाडाचें फळ *n*, किंवा बीज *n*.

ACORUS—*Med.* कोळिंजन *n*.

ACOUSTIC *a.* (*Gr. akouein*, to hear ध्वनीशास्त्र -श्रवण संबंधी. — ACOUSTICS, the science of sound ध्वनिशास्त्र *n*.

ACQUAINT *v.* (-*cognitus*) make fully known जाणविणें, अनुभवास आणून देणें, ओळख करून देणें; inform कळविणें, जाहिर क., बातमी देणें; —one's self ओळख -माहीत करून घेणें (Job xxii. 21) [with]. -ED ओळखीचा, परिचयाचा; to be a. with ओळख असणें; माहितगार, वाकबगार. -ANCE परिचय, ओळख *f*; a person or persons well known ओळखीचा मनुष्य, किंवा-चीं मनुष्यें *n pl*; a. by sight तोंडओळख *f*; bowing a. रामरामी *f*, सलामी *f*; to have a slight a. with पोंहची ओळखणें.

ACQUIESCE *v. i.* (-*quies*, rest) rest satisfied संतुष्ट असणें: to a. in the dispensations of Providence; concur upon conviction खातरी झाल्यावर मान्य होणें, अनुमोदन देणें: to a. in an opinion.—ACQUIESCENCE *n*, संतोष, परितोष, मान्यता *f*, अनुमति *f*; an a. in the allotments of Providence ईश्वरेच्छानुवृत्ति *f*. — ACQUIESCENT *a*. कबूल -मान्य होणारा, राजी, कबूल; संतुष्ट, तृप्त.

ACQUIRE *v*. (-*quærere*, to seek for) मिळविणें, संपादणें, जोडणें (a title, estate, learning, skill, &c.) [by, of, from, for].—ACQUISITION मिळविणें *n*, संपादन *n*; that which is acquired लाभ, प्राप्ति *f*; उपार्जित द्रव्य *n*; *pl* attainments उपार्जित गुण.—ACQUIRABLE *a*. मिळविण्याजोगा, साध्य, लभ्य.—ACQUIRED मिळविलेला, संपादित, उपार्जित.

ACQUIT *v*. (-*quietus*, quiet) clear from a charge of guilt दोषारोपापासून मुक्त क.; set free from debt, obligation, &c. सोडवणूक -सुटका -मोकळीक क.; to a. one's self आपलें काम बरावर बजावणें [of]. -TAL, *Law*, निरपराधी ठरणें *n*, दोषमोचन *n*, उघडा माथा. -TANCE ऋणमुक्तता *f*; deed of a. फारखत *f*, सोडचिठी *f*.

ACRE* ४८४० औरस चौरस इंग्लिश यार्डीचें मेज *n*.

ACRID *a*. (*acer*) तिखट, झणझणीत, प्रखर (salts, temper).— ACRIMONY खवचटपणा; fig. डंख, दंश.—ACRIMONIOUS *a*. खवचट, कटु, तीक्ष्ण, lit. fig.—ACRITUDE झणझणीतपणा, कडूपणा; तिखटपणा, तीक्ष्णता *f*.

ACROAMATIC, -AL, (*Gr. akroaomai*, to hear) designed only to be heard ऐकायाचा; ऐकून शिकायाचा (doctrines).

ACRONYCAL *a*. (*Gr. akros*, extreme; *nux*, night) सूर्यास्ताबरोबर उगवून सूर्योदया बरोबर मावळणारा (a star).

ACROSPIRE (*Gr. -speira*, a spire) मोड, कोंब. —ACROSPIRED *a*. मोड फुटलेला -आलेला, मोडाचा.

ACROSS* *prep*. (*a* and *cross*) crosswise आडवा; from side to side वरून, पार; —noting passage वरून: a bridge is laid a. a river; intersecting आडवा, मधून: a line passing a. another.

ACROSTIC (*Gr. akros*, extreme; *stichos*, order) एक प्रकारची कविता आहे, तिच्या प्रत्येक ओळीचीं पहिलीं अथवा शेवटलीं अक्षरें क्रमानें वाचलीं असतां एखादा शब्द उत्पन्न होतो, प्रथमाक्षरबंधकविता *f*.

ACT *v.i.* (*agere*, to do) exert power सत्ता चालविणें, कर्तृत्व -क्रिया -गुण चालणें -लागू होणें: the stomach *acts* upon food; be in action काम-क्रिया क. -चालणें, चेष्टा -खेळ होणें; behave चालणें, वागणें; to a. up to राखणें, पाळणें, प्रमाणें क.: he has *acted* up to his engagement [with, by.]—*i*. perform सोंग आणणें, संपादणी क.; feign सोंग -मिष घेणें; play बतावणी क.: to a. the hero.—*n*. exercise of power क्रिया *f*, चेष्टा *f*; deed काम *n*, कृत्य *n*; an exploit महत् कार्य *n*, -कर्म *n*; decree कायदा, ठराव, 'आक्ट;' part of a play अंक; a state of real existence स्थिति *f*, अस्तित्व *n*. -IVE *a*. having the power of acting काम -कार्य करण्यास शक्तिमान, क्रियाशक्त: the a. powers of the mind; busy उद्योगी, कामसू: an a. officer; practical कार्यरूप, व्यवहारात्मक: the a. duties of life; nimble जलद, चपळ: an a. animal; *Gram*. a. verb सकर्मक, कर्त्तरि; a. voice परस्मैपद *n*; a. medicine जलाल -जाज्वल्य औषध *n*; a. quicksilver जितापारा. -IVELY *ad*. चपळाईनें; उद्योगीपणानें, निरालस्यपूर्वक; सकर्मक अर्थानें, सकर्मक. -IVENESS, -IVITY चपळाई *f*; उद्योगीपणा, व्यवसाय; active life प्रवृत्ति *f*. -ION व्यापार, क्रिया *f*; कार्य *n*: the a. of heat; motion गति *f*, हालचाल *f*; deed काम *n*, कृत्य *n*; conduct वर्त्तन *n*, चाल *f*, वर्त्तणूक *f*; *Law*, suit खटला, मोकद्दमा; claim दावा; battle लढाई *f*; gesture बतावणी *f*, हावभाव *pl*. -ABLE *a*. तक्रारीचा, अदालती, खटला करण्याजोगा: to call a man thief is a.—ACTOR कर्त्ता, करणारा; सोंग आणणारा, नर्त्तक, नट, नाटकी; *Law*, advocate in civil courts वकील.—ACTRESS सोंगाडीण *f*,

नटी *f*, नर्त्तकी *f*.—ACTUAL *a*. real खरा, वास्तविक; present विद्यमान, हल्लींचा (situation). -LY *ad*. कर्मत:, कार्यत:, खरेपणीं, वस्तुगत्या.—ACTUARY, a registrar नोंदणारा, फडणीस.— ACTUATE *v*. चालविणें, प्रवृत्त क.: men are *actuated* by motives.

ACUTE *a*. (*acuere*, to sharpen) अणीदार, तीक्ष्णाग्र, नोकदार; ingenious तीक्ष्ण -कुशाम-बुद्धि; penetrating तीक्ष्ण, तिखट (a sight); *Geom*. a. angle लघुकोन; a. accent उदात्त-स्वर; *Med*. an a. disease जोराचा -शीघ्र परिणामी रोग. -NESS बोचरेंपण *n*, तीक्ष्णता *f*, कुशाग्रबुद्धि *f*; तिखटपणा, तेजी *f*.—ACUMEN तीक्ष्ण -शीघ्रबुद्धि *f*.

ADAGE (-*agere*, to lead) an old saying वडि-लांची ह्मण *f*.

ADAMANT (*adamas*) a very hard stone वज्र *n*; diamond हिरा; loadstone लोह-चुंबक. -INE *a*. वज्रासारखा कठीण, वज्रमाय; a. frame वज्रदेह.

ADAMIC *a*. आदामाचा.—ADAM'S APPLE, a species of citron एक जातीचें महाळुंग आहे; the projection in the throat घाटी *f*, कंठमणि.

ADAPT *v*. (-*aptare*, to fit) बेताचें क., जम -जुवा बसविणें. -ATION जुळणी *f*, उपयुक्तता *f*. -ED जुळलेला, योग्य. -ABLE *a*. योग्य, संयोजनीय.

ADD *v*. (-*dare*, to give) join जोडणें, लावणें, मिळवणें; up मिळवणी क., मिळवणें.—*i*. संख्या वाढविणें. -ITION मिळविणें *n*, जोडणी *f*; increase वृद्धि *f*, जोड *f*; *Math*. मिळवणी *f*, बेरीज *f*; compound a. विविधमिळवणी *f*; *Law*, title किताब, किताबत *f*: J. Smith, *Esq*. -AL *a*. अधिक, जोडलेला; शिवाय, खेरीज, वाढीचा, जास्ती. -LY *ad*. अणखी, अणीक.—ADDENDUM, ADDENDA, *pl* (*L*.) जें मिळवायाचें किंवा अधिक घालायाचें तें, परिशिष्ट *n*.

ADDER* a venomous serpent एकजातीचा वि-खारी सर्प; a serpent सर्प.

ADDICT (-*dicere*, to say) छंदास -नादीं लागणें, आसक्त होणें: he is *addicted* to intemperance. Used sometimes in a good sense: he is *addicted* to commerce. -EDNESS नाद, छंद, आसक्ति *f*, व्यसन *n*. -ED नादीं लागलेला, सक्त, आसक्त.

ADDLE, ADDLED,* *a*.—of the brains पोकळ, कल्पनाशून्य;—of eggs उमळलेला, उगळ-लेला.—ADDLE-HEADED *a*. बुद्धिशून्य, गयाळ, ठणठणपाळ.

ADDRESS *v*. (-*dirigere*, to direct) speak to बोलणें, हटकणें, संबोधून बोलणें; to a. a superior विनंती -अर्ज क.; —respectfully आहो जाहो ह्मणणें; prepare तयार क.: he *addressed* his men to fight;—one's self for प्रवृत्त -उद्युक्त होणें, कंबर बांधणें; direct words शब्दांची-भाषणाची योजना क., बोलणें लावणें; put on a direction पत्ता लिहिणें; direct in writing, as a letter पत्र लिहिणें-पाठविणें; court लग्ना करितां आर्जव क.; consign to the care of दिम्मतीस पाठवणें -देणें: the ship was *addressed* to a merchant in Bombay.—*n*. बोलणें *n*, भाषण *n*; petition अर्जी *f*, अर्ज; message of respect मानाचा निरोप, मानपत्र *n*; dexterity चातुर्य *n*, युक्ति *f*, ओज *f*; *pl* लग्ना करितां स्त्रीचा समाचार -ची बरदास्त *f*; manner of speaking to another बोलण्याची ढब *f*; direction of a letter पत्राचा पत्ता; name, title, &c., of the person addressed मायना.

ADDUCE *v*. (-*ducere*, to lead) bring forward पुढें क. -आणणें, लावणें: a witness was *adduced* to prove the fact; cite बोलण्यांत आणणें, उपन्यास क. (a reason, an argument, &c.)—ADDUCED पुढें उभा केलेला -आणलेला, उपन्यस्त.

ADEPT *n*. & *a*. (-*apisci*, *Skr*. *âp*, to pursue) पटाईत, वस्ताद, प्रवीण, निपुण, पुरा.

Adequate *a.* -ly *ad.* (*-æquus,* equal) sufficient पुरा, पुरता ; equal to तुल्य, समान ; proportionate बराबर, योग्य; that is barely a. चुटपूट, जितक्यास तितका, तावन्मात्र [to].

Adhere *v. i.* (*-hærere,* to stick) चिकटणें, डकणें ; remain fixed बिलगून -लगटून -जडून अवलंबून -धरून राहणें : men a. to a party. —**Adherent** चिकटून असणारा मनुष्य, अनुयायी, आश्रयी, अनुंषगी, अवलंबी.—*a.* चिकटणारा ; बिलगून असणारा, in comp. परायण, सक्त, निष्ठ.— **Adherence, Adhesion,** चिकटणें *n,* लगटणें *n,* अनुषंग; आसक्ति *f,* एकनिष्ठता *f.*—**Adhesive** *a.* चिकटणारा, चिकण, चिकट. -ness चिकटपणा, चिकटाई *f,* धर.

Adieu *F.* शेवटचा सलाम, -आशीर्वाद, 'देव तुमचें बरें करो' अशा प्रकारचें शेवटल्या भेटीचें भाषण *n.*

Adjacent *a.* (*-jacere,* to lie) लगत्याचा, जवळचा, समीपस्थ : a field a. to the highway. —**Adjacency** लगत *f,* लगता, समीपता *f.*

Adjective (*-jacere,* to throw) विशेषण *n,* गुणवाचक *n.* -ly *ad.* विशेषणाच्या अर्थानें, विशेष्यरूपानें.

Adjoin *v.* (*-jungere,* to join) जोडणें [to].— *i.* लगत -जवळ -पास असणें. -ing *a.* जवळचा, शेजारचा, संसक्त.—**Adjunct** *n.* & *a.* जें कशास तरी लागून -जोडलेलें असतें तें *n,* अनुषंगिक गुण -वस्तु *f* -धर्म ; *Gram.* an indicatory affix to verbs अनुबंध ; *Metaph.* a quality of the body or the mind गुण ; as *color* in the body ; *thinking* in the mind. -ion मिळविणें *n,* संयोजन *n,* जोडलेली वस्तु *f.*

Adjourn *v. F.* तहकूब क., दुसऱ्या दिवसा पर्यंत -बैठकी पर्यंत ठेवणें [from, to, for].—*i.* तहकूब होणें. -ment तहकुबी *f,* महकुबी *f.*

Adjudge *v.* (*-judicare,* to judge) दंडास नेमणें, शिक्षा सांगणें ; award मनसुबी -निवाडा करून देवविणें [to].—**Adjudicate** *v. i.,* See **Adjudge** [upon, from].

Adjunct, See under **Adjoin.**

Adjure (*-jurare,* to swear) शपथ -ग्वाही घालणें [by].

Adjust *v.* (*-justus,* just) put in order सुधारणें, ताळ्यावर आणणें, नीट क. (affairs, schemes); make exact बराबर-सोयीचा क., बसता क.: to a. a garment to the body; settle तोडजोड पाडणें, -क., चुकवणें (accounts, differences, &c.); bring to a true relative position, as the parts of an instrument लावणें, बसवणें (a telescope). -ment सुधारणूक *f,* निटावणी *f,* दुरुस्ती *f* ; तोडजोड *f;* लावणें *n,* बसवणें *n.*

Adjutant (*-juvare,* to help) an officer whose business it is to assist the superior officers by receiving and communicating orders, &c. सैन्याचा कारभारी, नकीब, 'आजिटन.'

Ad libitum *ad.* (*L.*) मनास येईल तसें, मनसोक्त.

Administer *v.* (*-ministrare,* to serve) afford गरज पुरविणें ;—medicine देणें, पाजणें, चारणें ; manage वहिवाटणें, चालवणें ;—justice न्याय क. ;—alms घालणें, वाढणें ;—an oath देणें, घालणें.— *i.* contribute अनुकूल होणें, सहाय होणें : a fountain *administers* to our comfort ; *Law,* perform the office of administrator वहिवाट क. : B *administers* the estate of D. — **Administration** देणें *n,* समर्पण *n* ; सेवा *f,* काम *n*; वहिवाट *f,* कारभार, कार्य *n,* निर्वाह ; अमल, कारकीर्द *f* ; rigorous a. करडा अमल ; executive government राज्यकारभारमंडळी *f* ; — of the law धर्माधिकरण *n.*—**Administrator** (*L.*) कारभारी; —of a government राज्यकारभार चालवणारा, सचिव ; officiator in divine rites आचार्य ;—of the law न्यायाधीश, धर्माधिकारी ; to an estate वहिवाट चालविणारा, वकील ; one who manages the property of an intestate मृत्युपत्र केल्याशिवाय मरण पावले-

त्याच्या मालमत्तेचा वहिवाटदार, मृतद्रव्यनिरूपणाधिकारी; tutor, curator बालाधिकारी, बालद्रव्याधिकारी.—ADMINISTRATRIX कारभारीण *f*; वहिवाटदारीण *f*.

ADMIRAL *F.* commander-in-chief of a fleet आरमाराचा सरदार, अमीर उल्बहार; the ship which carries the admiral ज्यावर तो सरदार असतो तें गलबत *n*. -TY त्या सरदाराचें काम *n*, -हुद्दा; त्या कामाची मंडळी *f*, सामुद्रकार्याधिकारी; त्या कामदाराची कचेरी *f*.

ADMIRE *v.* (*-mirari*, to wonder) regard with wonder आश्चर्य -कौतुक -प्रशंसा वाटणें, -क.; regard with love आवडणें, स्नेहदृष्टीनें पाहणें [for].—ADMIRATION विस्मय *n*, आश्चर्य *n*; point of a. आश्चर्य चिन्ह *n*.—ADMIRABLE *a.* उत्तम; आश्चर्य मानण्याजोगा.—ADMIRABLY *ad.* उत्तम रीतीनें, आश्चर्य वाटायाजोगा.

ADMIT *v.* (*-mittere*, to send) suffer to enter आंत घेणें, प्रवेश होऊं देणें; give evidence of a right of entrance प्रवेश करण्याचा हक्क -अधिकार देणें: a ticket *admits* one into a playhouse; receive as true खरें मानणें, ग्रहण करणें: the argument is *admitted*; be capable of योग्य -शक्ति -अवाका असणें: the words do not a. of such a construction. -TANCE, ADMISSION, प्रवेश, आंत जाण्याची मोकळीक *f*, -परवानगी *f*; स्वीकार.—ADMISSIBLE *a.* आंत येऊं देण्याजोगा, येऊं द्यायाचा; घेण्याजोगा, ग्राह्य, पत्करण्याजोगा.

ADMONISH *v.* (*-monere*, to warn) reprove with mildness कान उघडणें, तोंडची शिक्षा -निषेध क. (2 Thess. iii. 15); advise उपदेश -बोध क., शिकविणें (Col. iii. 16); direct सूचना -ताकीद देणें, प्रबोधित क. (Heb. viii. 5) [for, of].—ADMONITION कानउघडणी *f*, निषेध; उपदेश, बुद्धिवाद; ताकीद *f*, सूचना *f*.

ADO* (*a* & *do*) bother खटपट *f*, दगदग *f*, कष्ट *pl*; bustle गोंधळ, कोलाहल; with much a. मारून कुटून; 'much a. about nothing' डोंगर पोखरून उंदीर काढणें.

ADOLESCENCE, -CY (*adolescere*, to grow up) वाढती दशा *f*, पराई *f*; youth यौवन *n*, जवानी *f*.—ADOLESCENT *a.* वाढते -चढते पराईचा, यौवन.

ADOPT *v.* (*-optare*, to choose) take into one's family as son and heir दत्तक घेणें, मांडीवर घेणें;— a measure, custom, आदरणें, ग्रहण क.; select and take निवडून घेणें: which mode will you a.? -ION दत्तक घेणें *n*, दत्तकग्रहण *n*; of a name नामग्रहण *n*, आदर, स्वीकार; ceremonies of a. दत्तविधान *n*. -IVE *a.* पोसणा -दत्तक घेणारा: an a. father, a. son; पत्करणारा.

ADORE *v.* (*-orare*, to pray) worship with profound reverence पुजणें, भजणें; love intensely परम प्रीति -लोभ क.: the people a. their prince [for].—ADORABLE *a.* पूज्य, वंद्य, सेव्य, अर्चनीय; सन्माननीय, प्रीतिपात्र.—ADORATION पूजन *n*, भजन *n*, पूजा *f*, अर्चा *f*, आराधना *f*, वंदन *n*; भक्ति *f*, प्रेम *n*.

ADORN *v.* (*-ornare*, to deck) भूषित क., शृंगारणें, शोभविणें (body, speech, virtue, doctrine) [with]. -ED *a.* साजरा, अलंकृत, मंडित. -ING, -MENT, अलंकारणें *n*, अलंकारभूषण *n*, शोभा *f* (1 Pet. iii. 3).

ADOWN* *prep.* (*a* & *down*) खालीं, वरून; downward उतरत.

ADRIFT* *ad.* वाहता, मोकळेपणीं, तरता, इतस्ततः; to be a., lit. fig. तरंगणें, वाहणें; to cast a. ओघावर टाकणें; fig. वाऱ्यावर टाकणें; to get a., lit. ओघांत पडणें; fig. वाऱ्यावर पडणें. As an *a.* it always follows its noun: the boat was a.

ADROIT *a.* *F.* skilful कुशल, चतुर, सुगर; active चपळ, हुशार. -NESS कौशल्य *n*, सुगराई *f*, दक्षता *f*; हुशारी *f*, पटाईतपणा.

ADULATION (*adulari*, to flatter) खुशामत *f*, हांजी हांजी *f*.—ADULATORY *a.* खुशामतीचा, आर्जवाचा, अतिप्रशंसक.

ADULT *a.* (*-olere*, to grow) वयांत -पणांत आलेला; प्रौढ, पोक्ता; to be a. वयांत येणें.—

n. पोक्ता माणूस, झाड *n*, इ० [*Law*, this term is applied to males after the age of fourteen, and to females after twelve].

Adulterate *v.* (*-alter*, other) भेळ -मिसळ-हीण घालून बिघडणें (coins &c.).—**Adulteration** अशुद्धिकरण *n*, मिश्रण *n*.—**Adultery**, violation of the marriage vow व्यभिचार, जारकर्म *n*;—of the male परस्त्रीगमन *n*, परदार *n*; — of the female शिंदळकी *f*; idolatry मूर्तिपूजा *f* (Jer. iii. 9).—**Adulterer** व्यभिचारी, जारकर्मी; मूर्तिपूजक (Ezek. xxiii. 45).—**Adulteress** व्यभिचारिणी *f*, जारिणी *f*.—**Adulterine** व्यभिचारांत जन्मलेलें लेंकरूं *n*, जारज *c*, अठरा धान्याचें कोडबुळें *n*.

Adumbrate *v.* (*-umbra*, shade) छाया उतरणें -काढणें.—**Adumbration** प्रतिछाया काढणें *n*, प्रतिछाया *f*.

Adust *a.* (*-urere*, to burn) जळून गेलेला, दग्ध, रुक्ष.

Advance *v. F.* bring forward पुढें आणणें, —क.; promote पदवीस चढविणें, वाढविणें, सरफराजी क., रूपास -उदयास आणणें; improve सुधारणें, अधिक चांगला क., संवृद्धि क., propose उद्द -उपक्रम काढणें; supply beforehand अगाऊ देणें; lend उसणें देणें.— *i.* move forward पुढें येणें; — daringly, boldly, सरसावणें; against -वर चढून जाणें -येणें, चाल क.; make progress in any respect गुणानें -ज्ञानानें -वयानें -महत्वानें वाढणें; in, raise in rank पदवीस चढणें.—& -**ment** पुढें येणें *n*, अग्रगमन *n*, चढवणें *n*, वर्द्धन *n*, बढती *f*, सरफराजी *f*; additional profit जास्ती नफा; in a. पुढें, मोहरे; अगाऊ, आगप; a. guard बिनी *f*. —**Advanced** पुढें केलेला -आणलेला &c.; in life वयस्क, वयातीत; a plant in growth जोगावलेला.

Advantage *F.* gain फायदा, लाभ, अर्थ; superiority over वर्चस्व *n*, आधिक्य *n*: the a. of a good constitution; to have the a. of थाप -छाप असणें; to obtain an a. over आपला दरारा -वर्चस्व चढविणें, जिंकणें; opportunity सवड *f*, संधि *f*, अवकाश: the general took a. of the enemy's negligence; convenience सोय *f*, अनुकूलता *f*; students enjoy great a. for improvement.—*v.* लाभणें, साधणें (Luke ix. 25).—**Advantageous** *a.* सोयीचा, उपयुक्त; नफ्याचा, लाभदायक, -प्रद. -**ly** *ad.* सोयीवार, नफेवार, हित होईल अशा रीतीनें.

Advent (*-venire*, to come) येणें *n*, आगमन *n*; [the first or second coming of Christ; a season of devotion including four Sundays before Christmas.]—**Adventitious** *a.* accidental बाहेरून नवा आणलेला, आगंतुक; *Med.* not hereditary आईबापा पासून न जडलेला (disease).—**Adventure** *F.* a chance दैवयोग, दैवगति *f*; enterprise जोखीम *n*, धोक्याचें काम *n*; remarkable occurrence चरित्र *n*, चमत्कारिक घडलेली गोष्ट *f*: a. of one's life; [a thing sent to sea at the risk of the person sending it].—*v.* जोखिमांत घालणें; दैवावर घालणें, -ठेवणें.—*i.* जोखीम अंगावर घेणें.—**Adventurer** दैवावर भरवसा ठेवून उद्योग करणारा, मोठा उद्योगी.—**Adventurous** *a.* अचाट उद्योगी, साहसी, खटपट्या. -**ly** *a.* जोखीम सोसून, साहसपूर्वक.

Adverb (*-verbum*, a word) क्रियाविशेषण *n*, अव्यय *n*. -**ial** *a.* क्रियाविशेषण संबंधी; क्रियाविशेषणाच्या अर्थाचा, क्रियाविशेषणरूप. -**ly** *ad.* क्रियाविशेषणाच्या अर्थानें, -रूपानें.

Adverse *a.* (*-vertere*, to turn) counteracting आडवा, उलटा, विपरीत (winds); opposing desire वांकडा, अननुकूल, विपरीत, प्रतिकूल (circumstances) [to]. -**ly** *ad.* आडवा, उलटा; शत्रुबुद्धया, विरोधपूर्वक.—**Adversary** वैरी, शत्रु; antagonist वादी,

प्रतिस्पर्धी.—ADVERSITY विपत्ति *f*, संकट *n*, दुर्दैव *n*; season of a. आपत्काल.

ADVERSARIA (*L.*) गबाळग्रंथ, बाड *n*.

ADVESPERATE *v. i.* (-*vesper*, evening) draw towards evening सांजळणें.

ADVERT *v. i.* (-*vertere*, to turn) लक्ष -मन देणें -लावणें, डोळा -नजर असणें -ठेवणें [to]. -ENCE, -ENCY, लक्ष *n*, अवधान *n*, ध्यान *n*. -ENT *a*. सावध, लक्षदेणारा.—ADVERTISE *v.* inform जाणविणें, निवेदन क.; give public notice of जाहिर क., दवंडी पिटविणें, वर्त्तमानपत्रांतून जाहिर क. इ० [in, for]. -MENT जाहिर क. *n*, सूचना *f*; वर्त्तमान *n*, समाचार; —in the public papers जाहिरात *f*, जाहिरनामा. —ADVERTISER जाणवणारा, खबरदेणारा; समाचारपत्र *n*.

ADVISE *v.* (-*videre*, to see) counsel मसलत-सल्ला देणें, बुद्धिवाद क.; inform कळविणें, खबर देणें: the merchants were *advised* of the risk; deliberate विचार पाहणें, मसलत क. —*i.* विचार -मसलत क.; with दुसऱ्याशीं विचार क., सल्ला घेणें.—ADVICE मसलत *f*, सल्ला, उपदेश; bad a. कुमंत्र, कुबोध; good a. हितोपदेश; *pl* खबर *f*, बातमी *f*; *advices* from emissaries at foreign courts अखबार *f*; commercial a. पेंठ *f*.—ADVISABLE *a.* prudent योग्य, उचित, लायक.—ADVISEDLY *ad.* विचारपूर्वक, बुद्धिपुरस्सर, मनन करून.—ADVISER मसलत -अकल -बुद्धिवाद सांगणारा; political a. मंत्री, अमात्य; spiritual a. गुरु; in a bad sense कुमंत्री, गुरु.—ADVISORY *a.* मसलत सांगण्याच्या अधिकाराचा (council).

ADVOCATE *v.* (-*vocare*, to call) plead in favour of दुसऱ्याचा पक्ष धरून बोलणें; —in the court वकिली क.—*n.* पक्ष धरून बोलणारा, वकील; defender कैवारी, प्रतिपादक; Christ, considered as an intercessor for His people मध्यस्थ, अनुवादक (1 John ii. 12).—ADVOCACY मध्यस्थि *f*, वकिली *f*, इ०.

ADZE* तासणी *f*, वाकस *n*.

AERIAL *a.* (*aër*, air) belonging to the air वायुसंबंधी, आकाशीय (regions); consisting of air वायुरूप -मय (particles); produced by air वायु पासून उत्पन्न झालेला, वायुज (honey); inhabiting the air आकाशात राहणारा, नभस्थ (songsters); frequenting the air आकाशगामी; placed in the air उंच, अंतरिक्षस्थ (flight).—AERIFORM *a.* वातरूप, वायुरूपी.—AERIFY *v.* आंत वारा सोडणें, -भरणें; वाऱ्यानें भरणें; वायुरूप क.— AEROLITE (*Gr.* -*lithos*, stone) हवेंतून पडलेला धोंडा, उल्का *f*. — AEROLOGY वायुविद्या *f*, -विवरण *n*.— AEROMETER (*Gr.* -*metron*, measure) वायुमापक यंत्र *n*.— AERONAUT (*Gr.* -*naus*, ship) विमानांत बसून आकाशांत फिरणारा, आकाशचर.—AERONAUTICS आकाशसंचारविद्या *f*.—AEROSTATION (*Gr.* -*statos*, placed) वायुमापन करण्याची विद्या *f*, वायुमापनविद्या *f*; विमानांत बसून फिरणें *n*, आकाशयान *n*.

AFAR* *ad.* (*a* & *far*) at a distance दूर, लांब; to a distance दूर पर्यंत; from a. लांबून, दुरून; a. off दूरचा, दूरस्थ.

AFFABLE *a.* (-*fari*, to speak) courteous बोलण्यास घळबळीत, सुजन; usually applied to superiors.—AFFABLY *ad.* भलमाणसाईनें, हळबळीतपणानें, सौजन्यपूर्वक.—AFFABILITY बोलण्यांत घळघळीतपणा, भलेपणा, सौजन्य *n*.

AFFAIR (-*facere*, to make) business काम *n*, कार्य *n*; confused a. भानगड *f*; a delicate a. नाजूक काम *n*; a pressing a. निकडीचें काम *n*; engagement of troops कचाकची *f*, चकमक *f*, फाटफूट *f* [an a. of honor, duel].

AFFECT *v.* (-*facere*, to make) act upon -वर कार्य -गुण लागणें -क. -चालणें, विकार उत्पन्न होणें: cold *affects* the body; move the passions वेधणें, सद्गदित क., गहिंवर आणणें: *affected* with grief; make a show of

डौल दाखविणें, दंभ क.: to a. friendship; aim at इच्छा धरून डोळा ठेवणें, अभिलाषपूर्वक दृष्टि ठेवणें : this proud man *affects* imperial sway; love प्रीति -आवड क.; tend to by affinity or disposition स्वाभाविक गुणानें वळणें -कलणें : the drops of every fluid a. a spherical form. -ED ज्यावर लागू झालेला तो, गुण लागलेला ; गळा भरून -दाटून आलेला, सद्गदित ; to be a. तडतड तोडणें (पोटांत) ; not natural, आणलेला कृत्रिम, वरकर्मी, डौलाचा ; a. kindness मिथ्योपचार; given to false show अकडबाज, मिजाजी ;—esp. of females नखरेबाज, गमजेखोर. -EDLY *ad.* अकडीनें, डौलानें, नटून थटून. -ING कळवळा -करुणा उत्पन्न करणारा, वेधक (address). -ATION तोरा, डौल, अकड *f*, स्तोम *n*;—esp. of females नखरा, विलास, ठाम.— AFFECTION, fondness आवड *f*; love स्नेह, प्रेम *n*, ममता *f*, माया *f*; disengagedness of the affections मनसुटका *f*; empty a. कोरडी ममता *f*; true a. ओली ममता *f*; maternal a. पोटची आग *f*; overflowing a. प्रेम, पान्हा, गहिंवर; paternal a. पुत्रलोभ, वात्सल्य *n*; platonic a. पाकदोस्ती *f*; single a. अनन्यभाव; conjugal a. दंपत्यस्नेह; to pretend great a. for तोंडात तोंड घालणें; attribute गुण ;—of the mind मनोधर्म-भाव-विकार, मनोभावना-वृत्ति *f*; —of the body विकार, रोग; propensity कल, झोंक, ओढ *f*; rheumatic a. वातरोग [for, towards]. -ATE *a.* माया करणारा, ममताळु ; ममतेचा, करुणेचा (countenance). -LY *ad.* आवडीनें, प्रेमानें.

AFFIANCE (*-fides*, trust) the marriage contract वाग्निश्चय, लग्नाचा ठराव, -करार; trust विश्वास, भरवसा. —*v.* वाग्निश्चय करणें; भरवसा देणें.

AFFIDAVIT (*L.*) शपथेवर जबानी *f*, क्रियापत्र *n*.

AFFILIATE *v.* (*-filius*, a son) adopt दत्तक घेणें; receive into a society मंडळींत घेणें.

AFFINITY (*-finis*, limit) relationship by marriage सोयरीक *f*, शरीरसंबंध, पालव, पदर; resemblance सारखेपणा, सादृश्य *n*; relation संबंध; *Chem.* attraction आकर्षण *n* [to, for].

AFFIRM *v.* (*-firmare*, to make firm) कायम -बहाल क.: the court *affirmed* the judgment; assert positively निश्चयानें बोलणें, -सांगणें.—*i.* testify under affirmation प्रतिज्ञापूर्वक सांगणें, -साक्ष देणें; निश्चयानें -खातरीनें सांगणें. -ABLE *a.* कायम -खरा करायाजोगा [of]. -ATION, that which is asserted जें खचीतपणें सांगितलें तें *n*; confirmation निश्चय, दृढीकरण *n*; *Law*, प्रतिज्ञेवर सांगणें *n*, प्रतिज्ञेवरची जबानी *f*.— -ATIVE *a.* आहेपणाचा, अस्तिपक्षाचा; पक्षानुकूल, निर्णायक. — *n.* होयपक्ष, अस्तिपक्ष; word expressing affirmation होकार, होकाराचा शब्द.

AFFIX *v.* (*-figere*, to fix) add at the end शेवटास जोडणें, -बसविणें; attach लावणें, आरोपणें : names *affixed* to ideas.—*n.* *Gram.* a syllable or letter added at the end of a word प्रत्यय.

AFFLATUS (*L.*) a blast of wind वाऱ्याचा झटका *n*; communication of divine knowledge, or the power of prophecy वारें *n*, घुमारा, अवसर; subject of a. (देवाचें) झाड *n*; *Med.* a term applied to a current of air which strikes the body and produces disease वारा, झटका, झपाटा.

AFFLICT *v.* (*-fligere*, to strike) give pain दुःख -क्लेश -पीडा -त्रास देणें; strike down हाणून पाडणें [by, with]. -ED दुःखित, पीडित; a. with disease रोगपीडित; an a. person दुःखाचा प्राणी; to comfort the a. रडल्याचें आसू पुसणें. -ION पीडा *f*, क्लेश, दुःख *n*; partner in a. समदुःखी, दुःखाचा सोबती. -IVE *a.* क्लेशकारक, दुःखकर.

AFFLUENCE (*-fluere*, to flow) plenty पुष्कळपणा, समृद्धि *f*, महामुरी *f*, abundance of

property संपत्ति *f*, दौलत *f*.—AFFLUENT *a*. द्रव्यवान्, श्रीमान्.—AFFLUX वाहवण *n*, वाहणी *f*.

AFFORD *v*. (-*aforare*, to value) yield उत्पन्न -पीक देणें : the earth *affords* grain; grant देणें : a good life *affords* consolation in old age; expend with profit or without loss खर्चण्याचें सामर्थ्य असणें : a man can a. a sum yearly in charity; sell with profit or without loss विकण्याचें सामर्थ्य असणें : A can a. rice at a lower price than B.

AFFRAY *F. Law*, the fight of two or more persons, in a public place, to the terror of others तंटा, दंगा, मारामारी *f*; a tumultuous quarrel कलागत *f*, भांडण *n*.—AFRAID भ्यालेला, भयभीत; to be a. of -ला भिणें, -चें भय वाटणें; to be a. शंका असणें.

AFFRIGHT* *v*. भय दाखविणें [with, by].

AFFRONT *v*. (-*frons*, front) offend by some manifestation of disrespect, as would be done by crossing a person's path in *front* तोंडावर अपमान -अवज्ञा क. —*n*. तोंडावर अपमान -अप्रतिष्ठा *f*.

AFFUSE *v*. (-*fundere*, to pour) ओतणें, घालणें, धार सोडणें. — AFFUSION ओतणें *n*, अभिषेक.

AFIELD* *ad*. (*a* & *field*) शेतांत, शेतास.

AFIRE* *ad*. (*a* & *fire*) जळत, जळत असतां.

AFLOAT* *ad*. (*a* & *float*) तरंगतां, तरंगत असतां, वाहतां; moving हालत, चालत; पसरत, फांकत, उडत (बातमी इ०).

AFOOT * *ad*. (*a* & *foot*) पायीं, पायानें; in action चालू, सुरू : a design is a.; to set a. उठवणें, आरंभणें, मांडणें.

AFORE * *prep*. before पुढें, समोर.—*ad*. पूर्वी, गतकाळीं.

AFRAID, See under AFFRAY.

AFRESH* *ad*. (*a* & *fresh*) नव्यानें, दुसऱ्यानें, फिरून.

AFRICAN *a*. आफ्रिकेचा, आफ्रिके संबंधी. —& AFRIC आफ्रिकेंतला मनुष्य, काफ्री.

AFRONT* *ad*. (*a* & *front*) पुढें, समोर, मोहरे.

AFT * *ad*. (*Skr. apa*) गलबताच्या मागल्या बाजूस; fore and a. गलबताच्या एका शेवटा पासून दुसऱ्या शेवटा पर्यंत.

AFTER* *ad*. मग, पश्चात्, नंतर.—*prep*. behind in place पाठीमागें, मागून; immediately a. मागोमाग, लागोपाठ, पाठोपाठ; later in time मागून, नंतर : a. supper; following पाठीमागें, पाठीवर; in pursuit of पाठीमागें, शोधार्थ; according to प्रमाणें, सारखा, अनुरूप (Rom. viii. 13); in imitation of वाणी, परी, अनुलक्षून, पाहून : to make a thing a. a model; to inquire a. पुसणें, समाचार घेणें, विचारपूस क.— *a*. पाठीमागचा, उत्तर, पश्चिम; a. ages पुढचे लोक *pl*, पुत्रपौत्रादि, वंशपरंपरा *f pl*; a. all शेवटीं, निदानीं, सर्व गोष्टींचा विचार करून पाहतां; a. dinner भोजनोत्तर. -BIRTH वार *f*, गर्भवेष्टन *n*, जार *m*, *n*. -CROP एकाच वर्षांतलें दुसरें पीक *n*, पश्चिमधान्य *n*, गिमवस *f*. -GAME काल होऊन गेल्यावरचा उपाय -युक्ति *f*, उत्तरोपाय. -HOURS *pl* काम झाल्यावरची वेळ *f*. -INGS *pl* पिळून काढलेलें दूध *n*. -MATH एकाच ऋतूंतली गवताची दुसरी फूट *f*. -MOST *ad*. सर्वांच्या पाठीमागचा. -NOON *n*., *a*. दोन प्रहरानंतरचा वेळ, तिसरा प्रहर, उतरती वेळ *f*. -PAINS *pl* बाळंत झाल्यावरचें दुःख *n*, जरायुवेदना *f*. -THOUGHT मागून सुचलेली बुद्धि *f*, -कल्पना *f*, -विचार, पश्चात् विचार. -WARD, -WARDS, *ad*. मागून, मागाहून, नंतर.

AGAIN * *ad*. another time दुसरेंदा, अणखी; once more पुनः, पुनरपि; a. and a. पुनःपुनः, वारंवार; as much a. अणखी, इतका, दुप्पट; back पुनः, परत, माघारीं-रा.—AGAINST *prep*. in opposition to विरुद्ध, आडवा, प्रतिकूल;

I act a. him; opposite to समोर, सन्मुख: a ship is a. the mouth of a river; in provision for लक्षून, धोरण धरून, साठीं, करितां: one should store up money a. misfortune; bearing upon -शीं, -ला: he leans a. a wall.

Agape* *ad.* (*a* and *gape*) तोंड -आ पसरून.

Agate (*Gr. achates*) गोमेद, अकीक.

Age (*ævum*) whole duration of a being आयुष्य *n*; that part of the duration of a being which is between its beginning and any given time वय *n*, उमर *f*, शीण *f* (Luke iii. 23); period of time काळाची ठेप *f*;—of the world युग *n*, कल्प; lapse of ages कालगति; generation पिढी *f*; seniority वडीलपण *n*; old age म्हातारपण *n*, वृद्धत्व *n* (Gen. xviii. 11); imbecility of old a. म्हातारचळ; maturity प्रौढदशा *f*, भरज्वानी *f*, यौवन *n* (John ix. 21); that is of mature a. वयस्क; that is of a. व्यवहारप्राप्त, व्यवहारज्ञ; that is under a. अप्राप्तकाल; to come of a. वयांत येणें; century शतक *n*, शेंकडा; the time of life for conceiving children गर्भधारणकरण्याचें वय *n* (Heb. xi. 11).—*v. i.* म्हातारा होणें.—**Aged** *a.* म्हातारा, वृद्ध, वयस्क; a. and infirm जखड; contemptuously थेरडा; middle a. पोक्ता, मध्यम वयस्क; the a. म्हातारे *pl*, वृद्ध मनुष्यें *pl*.

Agent (*agere*, to act) one who has the power to act कर्त्ता; a factor गुमास्ता, मुनीम; a. with full powers कुलकारभारी; *Com.* अडत्या; an active power or cause व्यापारक: heat is a powerful a.—**Agency** कर्तृत्व *n*; गुमस्तेगिरी *f*, वकिली *f*; अडत *f*; instrumentality हात, मारफत *f*, द्वार *n*.

Agglomerate *v.* (*-glomus*, a ball of yarn) गोळा -पिंड क.—*i.* गोळा -पिंड होणें.

Aggrandize *v.* (*-grandis*, grand) make great or greater in power, rank, or honor बढती क., वाढविणें, थोरपणा देणें: to a. a family; enlarge मोठा -विस्तृत क.; पसरणें, वाढवणें; applied to things. **-ment** बढती *f*, सरफराजी *f*, भरभराट.

Aggravate *v.* (*-gravis*, heavy) make worse अधिक वाईट क. (the evils of life); to be *aggravated* विकोपास जाणें; enhance अधिक जड -कठीण क. (a crime); give coloring to in description मीठमिरची लावून -बतावणी करून सांगणें: to a. circumstances. —**Aggravation** पीडन *n*, प्रकोपन *n* (of pain or grief); अतिशयोक्ति *f* (of features).

Aggregate *v.* (*-grex*, flock) एकवट -एकत्र क. —*a.* एकवट केलेला, समुच्चित, राशीकृत.— *n.* एकूण जमा *f*, एकंदरी *f*; समुदाय, समूह. **-ly** *ad.* एकंदर, एकवट.—**Aggregation** एकगोळा, एकपुठा.

Aggress *v. i.* (*-gradi*, to go) make a first attack आगळीक -कज्जा -कुरापत काढणें. **-ion** आगळीक *f*, कुरापत *f*. **-or** कुरापत्या, आगळीक काढणारा, चढाई करून जाणारा.

Aggrieve *v.* (*-gravis*, heavy) give sorrow to दुःख -क्लेश देणें; oppress गांजणें, जाचणें [by].

Aghast* *a.* or *ad.* struck with horror घाबरा झालेला, भिऊन गेलेला, भयव्याकुल; struck with amazement विस्मयाकुल, चकभूल.

Agile *a.* (*agere*, to act) चपळ, चंचल, सुटसुटीत.—**Agility** अंगचपळाई *f*, चलाखी *f*, सुटसुटीतपणा.

Agist *v. F.* चारणावळ घेऊन चारणीस घेणें.

Agitate *v.* (*agitare*, to drive) stir violently हालवणें, खळबळविणें: to a. water in a vessel; discuss घोळणें, वाटाघाट क.; घुसळणें (a question); —the mind घाबरा -व्याकुल -व्यग्र क.; क्षोभविणें [with, by, for]. —**Agitation** हालवणें *n*, खळबळ *f*; हैराणगत *f*, तळमळ *f*, संताप; वाटाघाट *f*.

Agnail* नखुरडें *n*.

Agnate *a.* (*-nasci*, to be born) *Law*, akin by the father's side गोत्रज, पितृकुलाचा. —**Agnation** गोत्रसंबंध.

Ago* *ad.* पूर्वी, मागें, गतकालीं; a month a. एक महिना झाला; a while a. आतां, तुक्का; long a. फार दिवस झाले. -ING चालता, चालू.—**Agog** *ad. F.* हुरहुरलेला, उत्कंठित दशेंत; to be all a. हुरहुरणें; to set a. चढीं देणें, भर देणें -घालणें.

Agony *n.* (*Gr. agon,* contest) extreme pain of body or mind अतिव्यथा *f,* तीव्रवेदना *f,* माणांत दुःख *n;* a. of death अंतस्ताप; the sufferings of our Savior in the garden of Gethsemane आमचा तारणारा येशू ख्रीस्त यानें गेथ्सेमेनी बागेंत जें माणांत दुःख सोसिलें तें (Luke xxii. 44).—**Agonize** *v.* त्रास -दुःख देणें, हाल क. [by, with].— *i.* तळमळणें, कळवळणें; at कुंथणें, अति यत्न करणें.—**Agonizing** *a.* ऊरफोडीचा, अट्टाहासीचा; कळवळ्याचा, अलुक्यापिलुक्याचा.

Agrarian *a.* (*ager,* a field) काळी संबंधी, बिराइती, शेतजमीन संबंधी.

Agree *v. i.* (*-gratus,* pleasing) be of one mind सम्मत -एकमत होणें, एकविचार होणें: all the parties a.; to, in, on, concur अनुमत-सम्मत-रुकार देणें; with, stipulate खंड करार क.; with, suit मिळणें, जमणें, मेळ पडणें; with, be adapted in its effects सोसणें, झिरणें, मानणें: the same food does not a. with every constitution; resemble सारखा असणें -उतरणें: the picture does not a. with the original; *Gram.* correspond in gender, number, case, or person, लिंग, वचन, विभक्ति, यांप्रमाणें असणें. -ABLE *a.* suitable जमाचा, मिलाफाचा, बेताचा, समर्पक, संभूत, अनुसार -री: the practice of virtue is a. to the law of God and our own nature; pleasant मनासारखा, प्रिय, आवडता, मनोरम (manners; fruit a. to the taste); in pursuance of प्रमाणें, अनुरूप, बरहुकूम, माफक: a. to the order of the day. -NESS मेळ, उपयुक्तता *f,* अनुकूलता *f;* आवडतेपणा, गोडी *f,* रम्यता *f;* सारखेपणा, तुल्यता *f.* -ABLY *ad.* प्रमाणें, बरहुकूम, अन्वयें, अनुसार: सुखानें, सुखरूपें.—**Agreed** *a.* मान्य, अनुमत *n,* सम्मत *n* (Amos iii. 8); संकेतित, ठरलेला: the terms were a. to, or upon. -MENT बनाव, एकोपा, जुळणी *f;* अनुमत *n,* सम्मत *n; Law,* करार, बोली *f;* मिलाफ, जम; see the verb; agreements and engagements करारमदार, कौलकरार; a. for a year सालबोली *f;* written a. करारनामा, कौलनामा; — of different books, statements, एकवाक्यता *f,* ताळा, उतारा; *Gram.* concord सामानाधिकरण्य *n.*

Agriculture (*ager,* a field, *cultura,* cultivation) शेतकी *f,* कृषिकर्म *n;* farming शेतपोत *n,* शेतभाती *f.*—**Agricultural** *a.* शेतकामाचा, कृषिकर्मसंबंधी.—**Agriculturist** शेतकाम करणारा, शेतकरी, कुळंबी.

Aground * *ad.* (*a* and *ground*) जमिनीस -तळास लागून -टेंकून (जहाज इ०); to be a. लागणें, लागून असणें.

Ague *F.* chillness थंडी *f,* सरदी *f; Med.* intermittent fever attended by hot and cold fits हिंवताप, शीतज्वर; shivering fit कुडकुडी *f,* हुडहुडी *f.* -CAKE, enlargement of the spleen produced by ague कीलू *f.* -SPELL *n,* हिंवतापाचा मंत्र, तोडगा.

Ah, *int.* (*âh, Skr. â, âh*) exclamation, expressive of contempt हांहां! छी!; of exultation हा! आहा!; of compassion हाय, हाय, हाहा!; as under great pain हायहूय, हुंहुं.—**Aha** *int.* (*Skr. hâ, ahaha*) आहाहा, हाहा.

Ahead* *ad.* (*a* and *head*) पुढें, मोहरे; to get a. पुढारणें [of]; headlong अविचारानें, अनिवारपणानें.

Aid *v.* (*-juvare,* to help) मदत -कुमक क.— *n.* सहाय *n,* मदत *f,* उपकार.

AIDE-DE-CAMP *F.* an officer selected by a general officer to assist him in his military duties नकीब.

AIL* *v.* दुःख -इजा देणें : what ails thee ? तुला काय झालें ! -MENT दुःख *n,* चालतें बोलतें दुखणें *n,* विकृति *f.*

AIM *v. i.* (*æstimare,* to value) point with a missive weapon नेमणें, रोखणें ; attempt to reach -कडे धोरण-लक्ष्य-रोख असणें-ठेवणें : to a. at distinction.—*t.* point, as a weapon नेम धरणें, शिस्त बांधणें.— *n.* नेम, शिस्त *f;* point aimed at टिपण *n,* निशाण *n:* he missed his a.; purpose मतलब, आशय; unerring a. अचूकसंधान *n.*

AIR (*aër*) the fluid which we breathe and which surrounds the earth वायु; particular state of the atmosphere as respects heat, cold, &c. हवा *f;* any aëriform body वायुरूप पदार्थ; as a humor of the body वात, वायु; vital a. प्राणवायु ; a light breeze झुळूक *f,* मंदवायु ; publicity उघडीक *f,* पुकारा ; mien मुद्रा *f,* चर्या *f,* ढब *f;* general aspect ठेव *f,* डौल, घाट, रंग; tune ताल, राग; *pl* अकड *f,* पत्राज *f;* in the a. अंतरिक्षांत, अधांतरीं ; to sniff the a. वारा घेणें -पिणें ; to take the a. वारा -हवा खाणें, सहल करणें ; फुटणें. —*v.* expose to the air वाऱ्यांत -वाऱ्यावर घालणें, ऊन देणें (clothes); expose to heat, fire, उनांत -विस्तवावर सुकविणें (linen). -BLADDER, -BAG, वायूनें भरलेली पिशवी *f.* -GUN दारू शिवाय हवेच्या दाबानें उडणारी बंदूक *f.* -HOLE झरोका. -INESS हवाशीरपणा. -ING सहल *f,* हवाखायास फिरणें *n.* -PUMP *n.* a machine for exhausting the air from vessels वाताकर्षक यंत्र *n.* -TIGHT *a.* हवा आंत न शिरे असा गच्च बसविलेला, वाताभेद्य.— AIRY *a.* वायुमय -रूपी ; वायूचा, वायुसंबंधी ; हवाशीर, हवादार ; पोकळ, वावकळ, शून्य ; रंगेल, मौजी.

AISLE (*ala,* wing) सभामंडपाच्या दोहीं बाजूचें दालन *n.*

AKIN *a.* (*a* and *kin*) related by blood नातलग, आप्त ; partaking of the same properties समान, एकजातीय, सहधर्मक : envy and jealousy are near a. [to].

ALABASTER (*Gr. alabastron*) एकजातीचा नरम व पांढरा संगमरवर पाषाण.—*a.* आलाबास्त्राचा केलेला ; आलाबास्त्रा सारखा.

ALACRITY (*alacer,* lively) उत्साह, हौस *f:* the soldiers advanced with a. to meet the enemy.

ALARM *F.* a summons to arms हत्यारबंद होण्यास बोलावणें *n;* sudden surprise with fear धस *n,* दचका, धसका : we felt an a. *at* the cry of Fire ! ; a cry of danger भयाचा ध्वनि, हूल *f:* to sound an a.; [a mechanical contrivance for awakening persons from sleep, or rousing their attention].— *v.* भयाची खबर देऊन हुशार क.; भिवविणें, भय दाखविणें (an army); कमरबंद क.; to sound the alarm हूल क. -BELL, -GUN, -POST, भयसूचक घंटा *f* -तोफ *f* -स्थान *n.* (हुलीचा नगारा, जंघट इ०). -CLOCK इशारत देणारें घड्याळ *n.* -ING भीति उत्पन्न करणारा, भयप्रद. -IST भय भाकणारा, भयभाक्या.

ALAS, *int.* (*-lassus,* weary) हायहाय !, हाहा !

ALB (*albus,* white) धर्मोपदेशकाचा पांढरा झगा. —ALBUGINOUS *a.* अंड्यांतील पांढऱ्या बिलासारखा.— ALBUGO डोळ्यांतलें फूल *n,* कवडा.— ALBURNUM झाडांच्या आंतल्या व बाहेरल्या सालीच्या मधली साल *f,* मध्यत्वक् *f;* नवें किंवा कोंवळें लाकूड *n.*—ALBUM, a book for inserting autographs (मित्रादिकांचे) हस्तलेख रक्षण करून ठेवायाचें पुस्तक *n.*

ALBEIT* *ad.* (*all, be, it*) जरीं, यद्यपि.

ALCHEMY *Ar.* किमया *f,* रसायण *n.*— ALCHEMICAL *a.* किमयासंबंधी.—ALCHEMIST किमयागार, रसायणी.

ALCOHOL *Ar.* दारूचा अर्क, मद्यार्क.

ALCORAN *Ar.* कुराण *n.*

ALCOVE *Ar.* दिवाणखान्यातील गादीची अथवा बागांतील बसायाची जागा *f.*

ALDERMAN* शहरच्या लोकांनीं नेमलेल्या मंडळीचा कारभारी अथवा फौजदार.

ALE* एक प्रकारची दारू *f*, बोझा. -HOUSE कलालाचें दुकान *n.*

ALEMBIC *Ar.* दारू -अर्क काढण्याचें यंत्र *n*, भबकारा.

ALERT *a.* (*-regere*, to lead straight) watchful सावध, जागता; upon the a. टेहळणीवर; nimble चपल, चलाख. -NESS सावधगिरी *f*, चपळाई *f.*

ALEXANDRINE, (from *Alexander*) बारा अक्षरांचें एक वृत्त आहे.

ALGEBRA *Ar.* बीजगणित. -ICAL *a.* बीजगणित संबंधी. -IST बीजगणित जाणणारा, बीजगणिती.

ALIAS *ad.* (*L.*) otherwise उर्फ: Simon a. Smith.—*n.* दुसरें नांव *n.*

ALIBI (*L.*) elsewhere दुसऱ्याजागीं, अन्यत्र [*Law*, when a person, on trial for a crime, shows that he was in another place at the same time when the act was committed, he is said to prove an *alibi*; the plea or defense under which this proof is made.]

ALIEN *a.* (*alienus*, another) विदेशी; adverse विरुद्ध: principles a. to our religion. -ATE *v.* transfer to another, as property or right दुसऱ्याच्या हातीं देणें -हवालीं क.; estrange प्रीति -मन उठवणें, स्नेह तोडणें, विरजण घालणें: to a. a man from the friends of his youth. —*a.* मन उडालेला, विरक्त, विमनस्क. -ATION एकाकडून दुसऱ्याकडे देणें *n.* -करणें *n*; वैमनस्य *n*, विरक्ति *f.*

ALIGHT* *v.* get down उतरणें, खालीं येणें (गाडी, घोडा वगैरे वरून); descend and settle उतरून बसणें -राहणें -ठरणें [from, upon.]

ALIKE* *a.* (*a* and *like*) एकसारखा, सारखा, समान.—*ad.* एकाच रीतीनें, तसाच, सारखा.

ALIMENT (*alere*, to feed) पौष्टिक अन्न *n*, आहार, खुराक. -AL *a.* पौष्टिक, पोषक, पुष्ट. -ARY *a.* खाण्याचा, खाद्यसंबंधी (substances.)—ALIMONY, allowance made to a wife out of her husband's estate, or income for her support, upon her divorce or separation from him, or during a suit for the same बायको नवऱ्यापासून वेगळी झाल्यावर तिला जें पोटासाठीं मिळतें तें *n*, जीतरोटी *f.*

ALIQUANT *a.* (*alius*, other, *quantus*, how great) सशेष विषम भाजक: 5 is an a. part of 16.

ALIQUOT *a.* *L.* निश्शेष भाजक: 5 is an a. part of 15.

ALIVE* *a.* (*a* and *live*) जीवंत, सजीव; in a state of action चालता, जागृत, चालू, जागता: to keep the process a.; cheerful उल्लासी, आनंदी: the company were all a.; all a. गजबजीत, जागता: the city was all a.; having susceptibility ग्राहक, ग्रहणपात्र: he is a. to Nature's laws; of all living, in all the world, सर्व माणसांपेक्षां, सगळ्या जगांत: he was the proudest man a.

ALKALI *Ar.* एक क्षार आहे ज्याच्या योगानें पदार्थाचा अंबटपणा जातो; क्षार, खार.—ALKALINE *a.* क्षाराच्या गुणाचा, क्षारगुणक.

ALL * *a.* अवघा, सगळा, सर्व; a. without exception, a. whatsoever झाडून, सगळा, यावत्.—*n.* the whole number सर्व, अवघा समुदाय; a. along मुळापासून; a. at once एकाएकीं; a. alone केवळ, एकला; a. through भर (in comp. दिवसभर); at a. कांहींच, किमपि; one's all सर्वस्व.—*ad.* अगदीं, सर्व; a. one एकूण एक; a. hollow अगदीं, सफा: to beat one a. hollow.

ALLAY * *v.* make quiet विझविणें, उपशमन -थंड क.: to a. civil commotions, tumult

of the passions; mitigate हलका -नरम क., शमवणें (grief or pain); repress रग मोडणें -उतरणें [by, with].

ALLEGE *v.* (*-legare,* to send) affirm निश्चयपूर्वक -खचीत बोलणें-सांगणें, इकरार क. (a fact); produce, as an argument, plea, or excuse निमित्त -कारण -सबब सांगणें: to a. the authority of a judge [against].—**ALLEGEABLE** *a.* सांगण्याजोगा, वचनीय.—**ALLEGATION** खचीतपणें सांगणें *n*, निश्चितकथन *n*, इकरार; निमित्त *n*, कारण *n*, प्रमाण *n*.

ALLEGIANCE (*-ligare,* to bind) प्रजाधर्म, राजसेवा *f*, बंदगी *f*.

ALLEGORY (*Gr. allos,* other, *agora,* assembly) a figurative sentence or discourse, in which the principal subject is described by another subject resembling it in its properties and circumstances दृष्टांतरूप कथा *f*, रूपक *n*, अप्रस्तुत प्रशंसालंकार.—**ALLEGORICAL** *a.* दृष्टांतरूप, लाक्षणिक.

ALLELUIA *Heb.* परमेश्वराची स्तुति कर अशा अर्थाचा शब्द, 'हालेलुया.'

ALLEVIATE *v.* (*-levis,* light) हलका-नरम-कमी क., शमवणें (pain, care, punishment, a burden, &c.).—**ALLEVIATION** उपशमन *n*, शांति *f*.

ALLEY *F.* a walk in a garden बागेंत फिरण्याची वाट *f*, उपवन मार्ग; a narrow passage आळी *f*, गल्ली *f*, बोळ.

ALLIANCE, See under **ALLY**.

ALLIGATION (*-ligare,* to bind) एकत्र बांधणें *n*, संयोजन *n*; *Arith.* मिश्रगणित *n*.

ALLIGATOR (*-lacerta,* lizard) मगर, सुसर, नक्र.

ALLITERATION (*-litera,* letter) the repetition of the same letter at the beginning of two or more words immediately succeeding each other, or at short intervals प्रास, अनुप्रास.

ALLOT * *v.* distribute by lot चिट्या टाकून वाटून देणें, distribute in portions विभाग करून वाटणें, वांटणी करणें, वांटणें; give देणें: let every man be contented with that which Providence *allots* to him [to].—वांटणें *n*, वांटणी *f*; thing allotted वांटा; that which is assigned by the act of God भोग, अन्नोदक *n*, दाणापाणी, शेर, भोगतृत्व *n*.

ALLOW *v.* (*-locare,* to place) give देणें: to a. a servant his liberty; admit मान्य -कबूल क. (a claim); permit परवानगी देणें, साहणें, -ऊं देणें: to a. a son to be absent; deduct मजुरा -वजपा घालणें -धरणें: to a. a sum for tare; approve, justify, पसंत -मंजूर क. (Luke xi. 48). **-ABLE** *a.* मानायाजोगा, ग्राह्य; lawful मोकळीक देण्याजोगा, उचित, योग्य: a certain degree of freedom is a. among friends. **-ANCE** परवानगी *f*; दरमहा, वेतन *n*; food allowed सिधा, भत्ता, शेर; a portion appointed रतीब, चंदी *f*; indulgence सूट *f*, माफी *f*; admission अंगिकार, मान्यता *f*; *Com.* customary deduction from the gross weight of goods वजपा; annual a. वर्षासन *n*; extra a. खेरीज मुशारा: monthly a दरमहा; for the maintenance of temples देवस्थान *n*.

ALLOY *v. F.* reduce the purity of by mixing with a less valuable substance हीण घालून बिघडविणें, हीण घालणें, हीणकस क.; corrupt बिघडणें, कलंक लावणें, विरजण घालणें.—*n.* हीण *n*, भेळ *f*; न्यूनता *f*, विरजण *n*. **-ED** हिणकट केलेला, हिणकस, खोटसाळ, मिसळीचा, सकलंक, डागील.

ALLSPICE शितळचिनी *f*, कंकोळ *n*.

ALLUDE *v.* (*-ludere,* to play) बोलण्याचें धोरण असणें, सुचविणें, लक्ष्य -धोरण ठेवून बोलणें [to]. —**ALLUSION** -कडे बोलण्याचें

धोरण *n*, इंगित *n*, सूचना *f*, इशारत *f*.—ALLUSIVE *a*. सूचनेचा, सांकेतिक, व्यंगोक्तीचा.

ALLURE *v*. *F*. attempt to draw to मन वळविण्याचा यत्न क.; entice मोहणें, भुलवणें, गूळखोबरें देणें [by, to, with]. -MENT मथर्णे *n*, मोहन *n*; लालूच *f*, खाऊ, आमिष *n*.

ALLUVIUM, ALLUVION (-*lavare*, to wash) *Law*, gradual increase of earth on a shore, or bank of a river, by the force of water, as by a current or by waves मळी *f*, होर *f*. [The owner of the land thus augmented has a right to the alluvial earth].—ALLUVIAL *a*. मळीचा, मळईचा; मळीच्या जमिनीचा.

ALLY *v*. (-*ligare*, to tie) connect by marriage सोयरीक -शरीरसंबंध क., घर जोडणें; —by treaty or league सख्यसंबंध क.; कट -जूट क.; form a relation between by similitude सारखेपणा वरून संबंध जोडणें -क. [to, with]. —*n*. तहाच्या योगानें मित्र झालेला राजा; जुटींतला राजा -लें संस्थान *n*; मित्र, सहकारी.—ALLIANCE सोयरिकीचें नातें *n*, शरीरसंबंध; राजामध्यें परस्पराचा एकोपा-बनाव, सख्यसंबंध; जूट *f*, संधि *f*, संगनमत *n*, the persons allied जूट *f*.

ALMANAC *Ar*. पंचांग *n*.

ALMIGHTY* *a*. & *n*. (*all* and *mighty*) सर्वसमर्थ -शक्तिमान; सर्वशक्तिमान ईश्वर, परमेश्वर.—ALMIGHTINESS अनंतशक्ति *f*, सर्वसामर्थ्य *n*.

ALMOND *F*.—the nut बदाम *m*, *n*; —the tree बादामी *f*; बादाम *f*; — the kernel बादामगोळा; *pl* the glands of the throat अमृतकला *f pl*.

ALMOST* *ad*. (*all* and *most*) बहुतकरून, प्रायः, अवळ;—best rendered by other constructions: my work is a. done माझें काम संपत आलें आहे: it is a. ten o'clock दाहा वाजायास आले: he had a. reached the village तो गांवाजवळ पोंचला होता.

ALMS* भीक *f*, भिक्षा *f*, धर्म. -MAN भिक्षोपजीवी.— ALMONER भिक्षेचा कारभारी, भिक्षाध्यक्ष.—ALMONRY धर्मपोई *f*, अन्नसत्र *n*.

ALOE *L*. कोरफड *n*, *f*.— *pl Med*. the inspissated juice of several species of aloe एलिया, बोळ.— ALOESWOOD, a precious wood अगरू *n*.

ALOFT* *ad*. (*a* and *loft*) उंच, वर, वरतें; at the mast-head डोलावर.

ALONE *a*. (*all* and *one*) solitary एकटा, एकला (Gen. ii. 18); to let a. असूं देणें, राहूं देणें, जाऊं देणें, वाटेस न जाणें: let me a. for that मला त्याविषयीं विचारूं नको -बोलूं नको.—*ad*. वेगळा, एकटा.

ALONG* *ad*. by the length लगतीनें, बाजूनें; forward पुढें: let us walk a.; get a. चल, नीघ; all a. दोनीं शेवटें धरून, पहिल्या पासून, साद्यंत, वाटभर; in company मिळून, संगतीनें; with बरोबर, सहवर्त्तमान, सहित.—*prep*. बाजूनें. -SIDE *ad*. जवळून, बाजूनें.

ALOOF* *ad*. & *prep*. (*all* and *off*) कांहींसा -अमळसा दूर: stand a.

ALOPECY (*Gr*. *alopex*, fox) केंस झडण्याचा रोग, चाई *f*, उंदरी *f*.

ALOUD* *ad*. (*a* and *loud*) मोठ्या स्वरानें, मोठ्यानें.

ALPACA *Sp*. a camel-like beast उंटासारखें एक जनावर आहे; cloth made of the wool of the alpaca त्याच्या केशाचें कापड, 'आलपाका.'

ALPHA (*Gr*.) the first letter in the Greek alphabet ग्रीक वर्णमालेचें पहिलें अक्षर *n*; beginning प्रथम, आदि, मूळ, आरंभ (Rev. i. 8). -BET मूलवर्ण *pl*, अक्षरमाला *f*. -ICAL *a*. अक्षरानुक्रमाचा, वर्णक्रमानुसारी.

ALREADY* *ad*. (*all* and *ready*) पूर्वींच, मागें; —best rendered by चुकणें: मीं सांगून चुकलों I have told you a.

ALSO* *conj*. likewise तसेंच, तद्वत; too ही, पण, देखील.

Altar (*altus*, high) an elevated place on which gifts and sacrifices are offered to some deity वेदि *f*, स्थंडिल *n*; in Christian churches, the communion table प्रभुभोजनाचें मेज *n*.

Alter *v*. (*alter*, another) change entirely फिरवणें, रूपांतर क., बदलणें; make some change in कांहीसा -थोडासा फेरफार क.—*i*. पालटणें, बदलणें, फिरणें. -able *a*. बदलायाचा,-जोगा, फेरफार करण्याजोगा, परिवर्त्तनीय. -ation पालट, विकार; अधिकउणें *n*, न्यूनाधिक्य *n*.—Altercate *v. i*. contend in words तोंडास तोंड देणें, वाग्युद्ध क.; dispute with zeal, heat, or anger निकरानें भांडणें, तकरार क.—Altercation झटपट *f*, हंबेतुंबे *f*, कटकट *f*, कलागत *f*; controversy विवाद, तकरार *f*, वाद.—Alternate *a*. being or acting by turns आळीपाळीचा, पर्यायाचा, एकांत्रा.—*n*. पाळीपाळीनें घडणारा; a substitute बदली.—*v*. आळीपाळीनें -वारगीपारगीनें क.; change reciprocally -चा परस्पर पालट -फेरमुबदला क.—*i*. आळीपाळीनें घडणें, -होणें; -च्या एका आड एक होणें -येणें. -ly *ad*. आळीपाळीनें, आलटून पालटून.— Alternative *n*. choice between two things दोन गोष्टींतून एकीची निवड *f*, विकल्प, इलाज, आवडनिवड *f*; [the word cannot be applied to more than *two* things; when one thing only is offered, it is said there is no a.].

Although* *conj*. (*all* and *though*) however जरी, यद्यपि; notwithstanding तरी, तथापि.

Altitude (*altus*, high) उंची *f*, उच्चत्व *n*; —of a heavenly body उन्नति *f*, उन्नतांश.

Altogether* *ad*. (*all* and *together*) अगदीं, केवळ, निस्तुक, निःशेष.

Alum (*alumen*) फटकी *f*, तुरटी *f*. -inous *a*. फटकीचा, स्फटीमय.

Alumnus (*alere*, to nourish) pupil, as of a university महाविद्यालयाचा विद्यार्थी.

Always* *ad*. perpetually नित्य, सर्वदा, सर्वकाल: God is a. the same; continually निरंतर, अखंड, सदा (John viii. 29); regularly at stated intervals नेमलेल्या वेळीं, नित्य नेमानें (2 Sam. ix. 10).

Amain* *ad*. (*a* and *main*) with force जोरानें, बळ करून; suddenly एकाएकीं, एकदम.

Amalgam (*Gr*. -*malassein*, to soften) compound of mercury with another metal पारदमिश्रधातु *f*; a compound of different things मिश्रण *n*, मिसळ *f*. -ate *v*. पारा आणि दुसरी धातूची मिसळ क.; मिश्र क. [with].—*i*. मिळणें, जमून जाणें. -ation पारदान्यधातुमिश्रण *n*; मिसळ *f*.

Amanuensis (-*manus*, hand) दुसरा सांगत असतां लिहिणारा, लेखक, मदतनीस, अन्यकथितलेखक.

Amaranth (*Gr*. -*marainein*, to decay)—globe a. गुलमखमल *f*; yellow a. आबोली *f*; the plant आबोलें *n*; eatable a. तांदुळजा; hermaphrodite a. राजगिरा; round-headed a. माठ; *Poet*. न कोमणारें फूल *n*, अम्लान पुष्प *n*. -ine *a*. आबोलीचा, -सारखा &c.

Amass *v*. (-*massa*, a heap) गोळा -रास -संचय क., जोडणें (a treasure); collect in great numbers सांठविणें, मिळवणें (words or phrases).

Amatory *a*. (*amare*, to love) शृंगाराचा, शृंगारिक; causing love मोह उत्पन्नकरणारा, मोहक (potions).

Amaze *v*. (*a* and *maze*) confound with fear घाबरविणें, व्याकुल क., पांचावर धारण बसविणें; astonish चकभूल -चक -विस्मित क.; to be *amazed* तोंडांत बोट घालणें [with, by]. -ment घाबरेपणा; त्रेधा *f*, गडबड *f*, तिरपीट *f*; चकभूल *f*, आश्चर्य *n*, विस्मय *n*.—Amazingly *ad*. विस्मय वाटायाजोगा, अद्भुत; excessively अतोनात, अजब, अतिशय: a. covetous अतिलुब्ध.

Amazon (*Gr*. -*mazos*, the breast) पटाईत बायको *f*, शूरविक्रमा *f*.

AMBASSADOR, see EMBASSADOR.

AMBER *Ar.* a mineral highly electric तृणग्राहीमणि, तैलस्फटिक. -GRIS an animal perfume अंबर.

AMBIDEXTER *n.* & *a.* (*ambo*, both, *dextra*, the right hand) ज्याचे दोनी हात सारखे कामास लागतात तो, उभयहस्तकुशल, सव्यसाची; one equally ready to act on either side दोन्ही पक्षांकडला, द्विपक्षपाती, दोहों मांडवांचा वऱ्हाडी, दोहों दरडीवर हात ठेवणारा; *Law,* a juror who takes money from both parties for giving his verdict दोनी पक्षांकडून लांच खाणारा पंच.

AMBIENT *a.* (*amb,* around, *ire,* to go) वेढणारा, वेष्टक.

AMBIGUITY (*ambiguus*) दुटप्पीपणा, दुग्धा *f, m,* संदेहार्थ.— AMBIGUOUS *a.* दोन अर्थांचा, द्व्यर्थी, दुटप्पी, भ्रांतिवट, संदिग्ध.

AMBITION (*ambire*, to go around) a desire of preferment, honor, superiority, or power हौस *f*, महत्त्वेच्छा *f*, तृष्णा *f*, उत्कृष्टपदवांच्छा *f*, राज्यलोभ [for, of].— AMBITIOUS *a.* हौसदार, महत्त्वेच्छु, दीर्घसंधानी; महत्त्वेच्छेचा (style).

AMBLE *v. i.* (*ambulare,* to walk) सात्रकचालीनें चालणें.—*n.* सात्रकचाल *f*, टाकणचाल *f*.

AMBROSIA (*L. Skr. mri,* to die) *Myth.* food of the gods देवाचें अन्न *n* -खाद्य *n*, देवान्न *n*.—AMBROSIAL *a.* अमृतासारखा, अमृततुल्य, अमृतोपम ; मधुर, सुवासिक.

AMBUSH *F.* ambuscade दबा धरण्याची जागा *f*; troops posted in a concealed place, for attacking by surprise दबा धरून राहिलेली फौज *f*; act of attacking an enemy unexpectedly from a concealed station दबा धरून हला क. *n.* —AMBUSCADE दबा धरण्याची जागा *f*, दडण *f*.

AMELIORATE *v.* (-*melior*, better) बरें क., सुधारणें [by].—*i.* बरें -नीट होणें, सुधरणें. —AMELIORATION सुधारणूक *f*.

AMEN *Heb.* so be it तथास्तु, स्वस्ति.

AMENABLE *a.* (*F.* -*mener*, to lead) मोसबेदार, जबाबदार [to]; submissive आज्ञांकित, हुकमी.

AMEND *v.* (-*menda*, a fault) चूक काढणें, शुद्ध क. ;—as moral conduct सुधारणें, ताळ्यावर -वाटेवर आणणें ; supply a defect दुरुस्त क., सुधारणें [by, with].—*i.* सावरणें, नीट होऊं लागणें, निटावणें. -MENT शोधन *n*, शोध; दुरुस्ती *f*, सुधारणा *f*, सावर; *Law,* शोध. AMENDS *pl* recompense केलेलें कर्म निस्तरणें *n*, प्रतिफल *n* ; compensation वजपा, मोबदला ; *v.* to make *amends* निस्तरणें.

AMENITY (*amœnus,* pleasant) जाग्याची रमणीयता *f*; रम्यता *f*, प्रियता *f*.

AMERCE *v.* (-*merces,* wages) द्रव्यदंड क., दंड करणें [in].

AMERICAN *a.* अमेरिका खंडांतला.—*n.* अमेरिकेंत राहणारा मनुष्य.

AMETHYST (*Gr. amethustos,* without drunkenness) a precious stone याकूत.

AMIABLE *a.* (*amare,* to love) प्रीतीस योग्य, प्रीतिपात्र, भला.—AMIABILITY भलेपणा, प्रियता *f*.—AMIABLY *ad.* भलेपणानें, प्रीतिपूर्वक.

AMICABLE *a.* (*amicus,* friend) मित्रपणाचा, मैत्रीचा, गोडीचा.—AMITY मैत्री *f*, सख्य *n*, स्नेह;— between nations संधि, सलुका, दोस्ती *f*.

AMID, AMIDST, * *prep.* among मध्यें, माजीं ; in the midst मध्यभागीं, मध्यवर्ती, मध्यें ; surrounded by घेरलेला, मध्यें, वेष्टित : a. the waves.

AMISS *a.* (*a* and *miss*) अयोग्य, अनुचित : it may not be a. to ask advice. —*ad.* वाकडें, अन्यथा, भलतें (James iv. 3.)

AMITY, see under AMICABLE.

AMMONIAC (*Ammon,* a title of Jupiter) नवसागर.

AMMUNITION (-*munire,* to fortify) दारूगोळा, युद्धसाहित्य *n*.

AMNESTY (*Gr. amnestos,* forgotten) gene-

ral pardon of the offenses of subjects against the government सरमाफी *f*, राजक्षमा *f*; the proclamation of such pardon सरमाफीचा जाहिरनामा, माफीनामा, क्षमापत्र *n* [for].

Among, Amongst, *prep.** मध्यें, आंत; from a. पैकीं; making part of the number of -च्यांतला, -च्या मधून (Luke i. 28).

Amorous *a.* (*amor,* love) inclined to love कामेच्छु, सकाम, स्त्रीलंपट, इष्कबाज; enamored भुललेला, रत, मोहित; relating to love इष्की, शृंगाराचा, शृंगारिक.

Amorphous *a.* (*Gr. -morphè,* shape) ज्यास नियमित आकार नाहीं तो; without crystallization in the ultimate texture of a solid substance जो स्फटिकरूप नाहीं तो; anomalous नियमास सोडून, विलक्षण.

Amount *v. i.* (*-mons,* mountain) go up वर जाणें -चढणें; come in the whole एकंदर होणें, भरणें: the interest on the several sums *amounts* to ten rupees; be equivalent निघणें, अर्थ -हासल निघणें: the testimony of these witnesses *amounts* to very little.—*n.* sum total जमा *f*, रकम *f*, बेरीज *f*; original a. असल जमा *f* -बाब *f*; adventitious a. असबाब *f*, अजबाब जमा *f*; the result हांशील *n*, फळ *n*, सार *n*, अर्थ.

Amphibious *a.* (*Gr. amphi,* on both sides, *bios,* life) जमिनीवर व पाण्यांत राहणारा, जलस्थलवासी; adapted for living on land or water जमिनीवर किंवा पाण्यांत राहण्याजोगा; of a mixed nature मिसळीचा, भेळीचा (a breed).

Amphibology (*Gr. -logos,* discourse) दुटप्पी बोलणें *n*, द्व्यर्थक भाषण *n*.

Amphisbæna (*Gr.-bainein,* to go) महाडूळ *n*, दुतोंडें *n*.

Amphitheatre (*Gr. amphi,* about, *theatron,* theatre) अर्धचंद्राकार रंगशाला *f* -तालीमखाना.

Ample *a.* (*amplus,* wide) लांबरुंद, प्रशस्त, अघळपघळ (room); abundant पुष्कळ, पुरून उरेसा, चळचळीत: a. provision; a. justice प्रशस्तन्याय; liberal उदार, प्रशस्त (promises); diffusive सविस्तर, पाल्हाळाचा: an a. narrative.—**Amplify** *v.* (*-facere,* to make) enlarge विस्तारणें, वाढविणें; treat copiously पाल्हाळ करून -फुगवून -वाढवून -लांबवून सांगणें [on].—*i.* वाढणें, विस्तारणें; on, upon विस्तारानें सांगणें, विस्तारणें.—**Amplification** विस्तार, वृद्धि *f*; पाल्हाळ, अर्थवाद, तांडव *n*. —**Amplitude,** extent लांबीरुंदी *f*, विस्तीर्णता *f*; greatness मोठेपणा, महत्त्व *n*: the a. of the earth; capacity आकलनशक्ति *f*, धारणशक्ति *f*, आवांका: a. of the mind; abundance घळघळीतपणा, विपुळता *f*, प्रचुरत्व *n*.—**Amply** *ad.* प्रशस्तपणानें; विस्तारानें, सविस्तर; घळघळीत, सढळपणानें.

Amputate *v.* (*amb,* about, *putare,* to prune)— a limb अंगछेदन क., अंग कापणें. —**Amputation** अंगछेदन *n*.

Amulet *Ar.* ताईत, तोडगा, तापाचा दोरा, यंत्र *n*, वगैरे.

Amuse *v. F.* entertain agreeably रंजवणें, रमवणें, करमणूक क.; one's self रमणें, रतणें; keep in expectation नादीं लावणें, भुलथाप देणें; deceive फसविणें [with]. **-ment** रंजन *n*, रमणूक *f*, विनोद; that which amuses गमत *f*, मौज *f*, तमाशा. —**Amusing** रमवणारा, मौजेचा, कौतुकाचा, मनोरंजक.

An *art.* कोणता तरी एक, एखादा.

Anabaptist (*Gr. ana,* again, *baptizein,* to baptize) one who denies the validity of infant baptism, and who of course maintains that those who have been baptized in their infancy ought to be baptized again प्रौढपणीं मात्र बाप्तिस्मा करावा व ज्याचा बालपणीं बाप्तिस्मा झाला

असेल त्याला पुनः बाप्तिस्मा द्यावा असें मत बाळगणारा, पुनर्जलसंस्कारमतावलंबी.

Anachronism (*Gr. -chronos,* time) कालगणनेंत चूक *f,* कालगणनाविपर्यय, कालविरोध.

Anagram (*Gr.-gramma,* letter) transposition of the letters of a name, by which a new word is formed नांवाचीं अक्षरें फिरवून त्यांपासून नवा शब्द करणें *n,* नामाक्षरविपर्याससिद्धशब्द : *William Noy* may be turned into *I myol in law.*

Analogy (*Gr. -logos,* proportion) agreement or likeness between things in some circumstances or effects, when the things are otherwise entirely different सारखेपणा, सादृश्य *n,* उपमा *f.*—**Analogical** *a.* सादृश्यतेवर स्थापिलेला, उपमान.—**Analogous** *a.* सारखा, सदृश, अनुरूप.

Analyze *v.* (*Gr. -luein,* to loose) resolve into its elements -चीं तत्वें निराळीं क.—**Analysis** मूलतत्वीकरण *n,* मूलतत्वविवेचन *n,* पृथक्कृति *f*; a brief, methodical illustration of the principles of a science सार *n* : वेदांतसार.

Anapest (*Gr.-paiein,* to strike) a metrical foot containing two short syllables and one long सगण.

Anarchy (*Gr. -archè,* government) want of government अंधाधुंदी *f,* अराज्य *n,* बदअमल ; political confusion बंडाळी *f,* झोटिंगपाच्छाई *f*; confusion धांदल *f,* गोंधळ, घोंटाळा.—**Anarchical** *a.* बेबंद, अराजक, अंधाधुंदीचा, निर्नायकीचा.

Anasarca (*Gr. -sarx,* flesh) dropsy of the cellular tissue नळगूत *n.*

Anathema (*Gr.*) an ecclesiastical curse वाळीत *n,* बहिष्काराभिशाप ; person or thing anathematized शापित मनुष्य किंवा वस्तु *f.*

Anatomy (*Gr. -temnein,* to cut) doctrine of the structure of an organized substance, learned by dissection; art of dissecting the different parts of any organized body शरिरव्यवच्छेदनविद्या *f;* fig. act of dividing anything व्यवच्छेदन *n*; a skeleton सांपळा.—**Anatomical** *a.* शारीरशास्त्र संबंधी.—**Anatomist** शरीरव्यवच्छेदनकर्त्ता. —**Anatomize** *v.* शरीरव्यवच्छेदन क.; पृथक्करण क.

Ancestor (*-cedere,* to go) a forefather वडील, पूर्वज, पितर ; *pl.* वाडवडील *pl,* बापदादे *pl* ; acquired by one's *ancestors* वडिलोपार्जित ; through one's *ancestors* वडिलोवडलीं ; to abuse one's *ancestors* सात -बेताळीस पिढ्या उद्धरणें.—**Ancestral** *a.* वडिलांचा, पैत्र ; descending from *ancestors* वडील परंपरागत.— **Ancestry,** lineage कुल -वृद्धपरंपरा *f,* पितर *pl,* वाडवडील *pl;* birth or honorable descent कुलीनता *f,* खानदानी *f.*

Anchor *n.* (*anchora*) an iron instrument for holding a ship or other vessel at rest in water नांगर, लंगर ; that which gives stability धीर, आधार, आश्रय (Heb. vi. 19).—*v.* नांगरणें, नांगर टाकणें ;—for a season बंदर-ओरवा क.; fix or fasten बसविणें, अडविणें : to a. the cables of a suspension bridge. **-age** गलबतें नांगरण्याची जागा *f,* नांगरवाडा ; duty imposed on a ship for anchoring in a harbor खुटवा. **-ing** नांगरणी *f;* mooring ओरवा.

Anchorite (*Gr. ana,* up, *choros,* place) a hermit वनवासी, तपस्वी, गोसावी ; Brahman of the third order वानप्रस्थ.

Ancient *a.* (*ante,* before) old जुना, पुरातन, प्राचीन (authors) ; of great age वयोवृद्ध, जुना, पुरातन (forest); known from ancient times जुना, प्राचीन -जुन्या काळा पासून ठाऊक असलेला : the a. continent.—*n. pl* very old men वृद्ध मनुष्यें ; *pl* governors, rulers, &c. अधिकारी, सत्ताधीश (Is. iii. 14); God is called the "Ancient of Days," पुराणपुरुष, from His eternal existence (Dan. vii. 9). **-ly** *ad.* जुन्याकाळीं, पूर्वी प्राचीनकाळीं.

And *conj*. आणि, व; a. so forth इत्यादि, वगैरे.

Anecdote (*Gr. -didonai,* to give) an incident of private life कुळकट *n*, कुळकथा *f*; a particular or detached incident or fact of an interesting nature फुरडुकें *n*, चुटका.

Anew* *ad*. (*a* and *new*) over again पुनः, पुनरपि; in a new form नव्यानें, पुनः : to create a.

Angel,* a messenger जासूद, दूत, चार; a spiritual being, employed by God to communicate His will to man दूत, दिव्यदूत, ईश्वराचा दूत (Heb. i. 14); an evil spirit दुष्टआत्मा, भूत *n* (Rev. ix. 11); a. of death (Hindu term) यमदूत; recording a. चित्रगुप्त. -ic, -al, *a*. दुताचा, दुतासंबंधी.

Anger (*angere,* to choke) a strong passion or emotion of the mind excited by a real or supposed injury to, or intent to injure, one's self or others राग, क्रोध, कोप; to vent a. upon -वर रागें भरणें.— *v*. enrage राग आणणें; smart खिजवणें, चिडवणें, खाजवणें.—**Angry** *a*. रागावलेला, क्रुद्ध, कोपायमान: God is a. with the wicked every day; to be a. रागें भरणें; to become a. रागावणें; showing anger रागीट, क्रोधाचा, क्रोधयुक्त (words); inflamed, as a sore खिजविलेला, विकोपास गेलेला; red लाल (hue); stimulated प्रदीप्त, चेतलेला (appetite).—**Angrily** *ad*. रागानें, रागें भरून.

Angle (*angulus,* a corner) कोपरा, कोन; fishing tackle गळ; *Geom*. कोन;— acute a. लघुको.; obtuse a. विशाळको.; right a. काटको.; rectilineal a. वक्ररेषाको.; contiguous a. समीपको.; external a. बाह्यको.; oblique a. लघुको.; vertical *angles* समोरासमोरचे कोन.—**Angular** *a*. कोनाचा, सकोन.—**Angle** *v*. गळ टाकणें, गळानें मासे धरणें; use some bait गूळखोबरें दाखविणें.—*n*. गळ.—**Angler** गळकरी, गळानें मासे धरणारा.

Anglican *a*. (*Angli,* the Angles, a German tribe) इंग्लंड देशाचा -संबंधी.—**Anglicize** *v*. make English इंग्लिश लोकांच्या चाली वगैरेचें रूप देणें; render conformable to the English idiom इंग्लिश भाषेच्या चाली प्रमाणें रूप देणें -लिहिणें.—**Anglicism** इंग्लिश भाषेची शैली *f* -पद्धती *f*.

Anguish (See **Anger**) extreme pain;—of body शरीरपीडा *f*, यातना *f*;—of mind मनस्ताप, मनोवेदना *f*.

Animadvert *v*. (*animus,* mind, *advertere,* to turn to) मन लावणें, विचार क.; remark by way of criticism or censure गुणदोष दाखवून बोलणें, दोष ठेवून -काढून बोलणें, बोल लावणें [upon]. —**Animadversion,** बोल, दोषारोपक भाषण *n*.

Animal (*anima,* breath; *Skr. an,* to breathe; *anil,* wind) an organized living being endowed with sensation and the power of voluntary motion सदेह प्राणी, प्राणी, शरीरी, जीव; an irrational being हेवान, पशु; a rational a. सुबुद्ध प्राणी.—*a*. प्राण्यासंबंधी, जीवसंबंधी, जीव (in comp.); consisting of the flesh of animals मांसाचा, मांस in comp. (food). -cule लहान प्राणी, जीवजंतु, क्षुद्रजंतु. -cular *a*. क्षुद्रजंतुसंबंधी.—**Animate** *v*. give natural life to -ला जीव देणें, सजीव -सचेतन क.: the soul *animates* the body; heighten the powers or effects of -स रंग जीव आणणें (a lyre); give spirit चेव आणणें, उचल -उठावणी क., प्रोत्साहन क. [with, by].—*a*. सजीव, सचेतन; उत्तेजित; रसिक.—**Animation** सजीव क. *n*; उचल *f*, उठावणी *f*, उत्तेजन *n*; पाणी *n*, तेज *n*, जीव; रंग, उत्साह. —**Animosity,** active enmity वैर *n*, अतिशत्रुत्व *n*, द्वेष, अदावत *f*.

Anise (*anisum*) शेपू *f*, बडीशेप *f*

Ankle* (पायाचें) मणगट *n*, गोंफा. -bone पायाचा डोळा, घोटा, खुबा.

Annals *n. pl* (*annus*, year) दरवर्षाचा-प्रतिवार्षिक इतिहास -वृत्तांत; relation of events in chronological order कालानुक्रमाप्रमाणें इतिहास; periodical publication, containing records of discoveries &c. विद्येसंबंधी शोधाचें वगैरे नियमित काळीं निघणारें पुस्तक *n*.

Annats *pl* (*annus*, year) प्रथम फल *n*, नवधान्य *n*.

Anneal * *v*. heat in order to fix colors रंग स्थिर करण्यासाठीं (कांच वगैरे) तापविणें; temper glass कांच नरम क.

Annex *v*. (*-nectere*, to tie) connect जोडणें; unite at the end शेवटास जोडणें, दुमाल्यास लावणें; add as a smaller thing to a greater मोठ्या वस्तूस लहान वस्तु जोडणें, सामील क., मिळवणें: to a. a province to a kingdom; connect जोडणें: to a. a penalty to a prohibition. -ation जोडणें *n*, संयोग; नवीन देश -प्रांत (स्वराज्यास) जोडणें *n*, खालसा क. *n*.

Annihilate *v*. (*-nihilum*, nothing) reduce to nothing नाहींसा क., लय क.; destroy the form or peculiar distinctive properties of नाश -उच्छेद -भंग क.: to a. a forest.—Annihilation क्षय, लय; नाश, विध्वंस, भंग, फन्ना.

Anniversary (*annus*, year, *versum*, to turn) a day celebrated as it returns each year वर्षाचा दिवस, प्रतिवार्षिक दिवस, वर्षी *f*; a. of a birth वाढदिवस;—of a death मृततिथि *f*, वर्षी *f*;—of the incarnation of a Hindu deity जयंति *f*; the act of celebration वाढदिवस पाळणें *n*, जयंतीचा उत्साह.—*a*. प्रतिवर्षाचा, प्रतिवार्षिक (a feast).

Annotate *v. i.* (*-nota*, mark) make marks टिपण -विवरण क.; comment टीका -भाष्य क. [upon].—Annotation टीका *f*, भाष्य *n*; टिपण *n*, विवरण *n*.—Annotator टीकाकार, भाष्यकार.

Announce *v*. (*-nunciare*, to report) publish जाहीर -प्रसिद्ध -विदित क.: the birth of the Lord Jesus Christ was *announced* by an angel; declare by judicial sentence न्यायाचा ठराव जाहीर क. [to]. -ment खबर देणें *n*, निवेदन *n*, घोषणा *f*; advertisement जाहिरात *f*; publication प्रसिद्धि *f*.

Annunciate, See Announce.—Annunciation,— of the Virgin Mary कुमारी मारयाहिला निरोप आल्याचा दिवस.

Annoy *v*. (*-nocere*, to hurt) त्रास -उपद्रव -तसदी देणें, छळणें [by]. -ance इजा *f*, तसदियां *f*, नड *f*, त्रास, उपद्रव.

Annual *a*. (*annus*, year) coming yearly वार्षिक, सालाबाद, दरसाल (a feast); lasting only one year एक वर्ष मात्र वांचणारा, एकवर्षजीवी (a plant); performed in a year एक वर्षांत केलेला -करायाचा -होणारा, वार्षिक (the motion of the earth).—*n*. a small book published yearly वार्षिक पुस्तक *n*; a plant that lives but one summer एक वर्ष वांचणारें झाड *n*. -ly *ad*. वर्षाचे वर्षास, दरसाल, सालोसाल, प्रतिवर्षी.—Annuity, a sum of money, payable yearly, to continue for a given number of years, for life, or for ever, साल *n*, वर्षासन *n*, वार्षिक वेतन *n*, तहाहयात वर्षासन *n*. [Governments often borrow money upon annuities; that is, for a certain sum advanced on loan, the government contracts to pay the lender a specific sum, for life, or for a term of years.]

Annul (*-nullus*, none), See Abrogate.

Annular *a*. (*annulus*, ring) वाळ्याच्या -कड्याच्या आकाराचा, वलयाकार, कंकणाकृती.

Annunciate, See under Announce.

Anodyne (*Gr*. *-odunè*, pain) दुःख कमी करणारें औषध *n*, दुःख उपशामक औषध *n*.

Anoint *v.* (*-ungere*) pour oil upon -वर तेल ओतणें; smear over with oil or unctuous substances चोपडणें, माखणें, तैलाभ्यंग क.; daub लेथडणें, भरवणें, चोपडणें (John ix. 6); consecrate, esp. a king, priest, or prophet by unction, or the use of oil तैलाभिषेक क.; — the eyes अंजन घालणें [with]. -ed माखलेला, चोपडलेला, अनुलिप्त; अभिषेक केलेला, अभिषिक्त: our blessed Lord Himself, who united in his own person the threefold character of king, priest, and prophet, was distinguished by the name of the Messiah, which, in the Hebrew language (*Gr. Christos*), signifies *the anointed.*

Anomaly (*Gr. -homalos,* even) deviation from the common rule अनियम, व्यभिचार: *oxen,* the plural of *ox,* is an a. in grammar.— Anomalous *a.* नियमविरुद्ध, असंप्रदायी, विलक्षण, विधिभंजक.

Anon* *ad.* quickly लागलाच, लवकर, तत्क्षणीं; again पुन:, अणखी; ever and a. वरचेवर, नेहमी.

Anonymous *a.* (*Gr. -onoma,* name) बिननांवाचा, निनांवी, अनामक (a pamphlet, petition).

Another *a.* (*an* and *other*) not the same दुसरा, निराळा, वेगळा, अन्य, इतर, अंतर; (in comp. भाषांतर); one more अणखी एक: grant one request, they will ask a.; any other दुसरा कोणी, अणीक: let a. man praise thee, and not thy own mouth.

Answer* *v.* speak in return to परतून-उलटून बोलणें; respond to उत्तर-जाब देणें; satisfy पुरवणें, निर्वाह क.: money *answereth* all things; refute उत्तर देणें, उत्तर देऊन खंडण क. (a pamphlet); act in return उलटून -परतून क.,-देणें, प्रतिकार क.: the enemy *answered* our fire; to, bear a due proportion to, प्रमाणानें असणें,-होणें, बेतास उतरणें: the success does not a. our expectation.— *i.* उत्तर-जाब देणें -क.: there is none to a.; be accountable जाब-हिशेब देणें: we cannot a. to God for our sins; for, vindicate दोष उडवणें: a man cannot a. for his friend; solve, as a proposition in mathematics उलगडणें; to, suit with जुळणें, गांठ पडणें (Prov. xxvii. 19); echo प्रतिध्वनि होणें -उठणें: the voice seems to fly away, and a. at a great distance; stand as opposite or correlative बरोबरीचा असणें: allegiance in the subject *answers* to protection on the part of the prince; effect the object intended लागू पडणें, कामीं पडणें: gypsum *answers* as a manure on a dry soil; to a. to a call ओ -हजीर ह्मणणें;—back saucily उलटी -फेर गोष्ट सांगणें.—*n.* उत्तर *n,* जाब; प्रतिउत्तर *n,* उलटजबाब; दोषखंडन *n*; पडसाद, प्रतिध्वनि; उलगडा, किल्ली *f,* उत्तर *n.* -able *a.* उत्तर देण्याजोगा; मोसबेदार, धनी; जुळण्याजोगा, जमण्याजोगा, योग्य, अनुसारी. See the verb.

Ant * मुंगी *f*; black a. मुंगळा, मुंगळी *f*; red a. चांचड *n*; white a. वाळवी *f,* उधई *f*; swarm of ants हुरण *n*; train of वऱ्हाड *n,* साईर *f.*

Antagonist *n. & a.* (*Gr. -agonistes,* combatant) विरोधी, प्रतिपक्षी; [*Anat.* a muscle which acts in opposition to another].

Antarctic *a.* (*Gr. -arctos,* bear) दक्षिण ध्रुवाकडचा -संबंधी; a. circle दक्षिण ध्रुववृत्त *n.*

Ante *prep.* (*L.*) पूर्वीं, मागें, अगोदर.

Antecedent (*-cedere,* to go) मागला -पूर्वीची गोष्ट *f* -ला -चा विषय; *Gram.* the noun to which a relative refers तत्पद *n,* वाच्य *n*; *Logic,* the first of two propositions in an enthymeme प्रतिज्ञावाक्य *n*; *Math.* the first of two terms of a ratio प्रमाणांतलें पहिलें पद *n,* अग्रपद *n*; the *antecedents* of a person or matter पूर्ववृत्तांत -वृत्त *n,*

प्राक्‌संबंध.—*a.* पूर्वीचा, मागला, अग्रगामी; प्राक्‌संबंधी.

Antechamber दिवाणखान्यांत जाण्याची खोली *f*, सदरेची खोली *f*, पडदालन *n*.

Antedate *v.*(*ante* and *date*) date before the real time खऱ्या मितीच्या अगोदर तारीख घालणें.— *n.* पूर्वींची तारीख *f*.

Antediluvian (*-diluvium,* deluge) one who lived before the Flood जलप्रलया पूर्वीचा रहिवासी.— *a.* जलप्रलया पूर्वीचा; in Noah's time नोहाच्या वेळचा.

Antelope हरण, मृग; black a. काळवीट.

Antemetic *a.* (*anti* and *emetic*) उलटी बंद-करणारा, वांतिशामक.— *n.* वांतिशामक औषध *n.*

Antennæ *pl* (*L.*) the feelers of an insect किड्याच्या मिशा *f pl*, -चे तंतू *pl*, -ची सोंड *f*.

Antepenult (*-pæne,* almost, *ultimus,* last) शब्दाच्या शेवटील दोन वर्ण सोडून जो वर्ण तो, उपांत्यवर्णापूर्वीचा वर्ण. -imate *a.* उपांत्यवर्णापूर्वीचा.

Anterior *a.* (*L.*) before in time पूर्वींचा, अगोदरचा; in front पुढला, अग्रवर्त्ती [to].

Anthem (*Gr. -thonè,* sound).

Anther (*Gr. anthos,* a flower) the tip of the stamen in a flower फुलांतील केसरावरची गोळी *f*, परागकोश.—Anthology, discourse on flowers फुलांवर व्याख्यान *n*, पुष्पविद्या *f*; collection of flowers पुष्पसंग्रह; a garland पुष्पहार; a collection of beautiful passages from authors ग्रंथांतील सुंदर वेंच्यांचा गुच्छ.

Anthropopathy (*Gr. anthropos,* man, *pathos,* suffering) ascription of human passions to the Suprome Being मनुष्याचे विकार देवास लावणें *n* -वर आरोपणें *n.*

Anthropophagi *pl* (*Gr. -phagein,* to eat) मनुष्यभक्षक, नरभक्षक. — Anthropophagy नरभक्षण *n.*

Antic *a.* (*antiquus*) मस्करीचा, थट्टेचा, माकड-चेष्टेचा.—*n.* a buffoon मस्कऱ्या, भंड; चाळे *pl.*

Antichrist (*Gr. anti,* against, *Christ*) a great adversary of Christ ख्रीस्तविरोधी. See 1 John ii. 18; 2 Thess. ii.

Anticipate *v.* (*-capere,* to take) take before the proper time वेळे अगोदर घेणें, अगाऊ घेणें, अपकर्षण क.; take before another अवली -अघाडी साधणें, -मारणें; foretaste पूर्वभोग -पूर्वानुभव घेणें; have a previous impression of होन्यांत -धोरणांत -लक्षांत येणें, अगा असणें: to a. the evils of.—Anticipation अपकर्षण *n*, अप्राप्तकालग्रहण *n*; अवली *f*, अगपाई *f*: the a. of the joys of heaven; अगा *f*, होरा.

Anti-climax (*anti* and *climax*) a sentence in which the ideas fall or become less important and striking at the close सारालंकार विपक्ष:

> And thou, Dalhousie, thou great god of war,
> Lieutenant-colonel to the Earl of Mar.

Antidote (*Gr. anti,* against, *didonai,* to give) remedy against poison विषावरचें औषध *n*, प्रतिविष *n*, विषभंजक *n*, जेहरमोहरा; whatever tends to prevent mischievous effect वस्ताद, धगड, गोहां.

Antimony (*Gr. -monos,* alone) सुरम्याचा धातु; sulphuret of a. खरा सुरमा.

Antinomy (*Gr. -nomos,* law) a contradiction between two laws दोन नियमांत परस्पर विरोध; a law or other thing opposite विरुद्ध नेम.—[Antinomian, one of a sect who were charged with maintaining that, under the Gospel dispensation, the moral law is of no use or obligation.]

Antipathy (*Gr. -pathos,* suffering) स्वाभाविक द्वेष, वैर *n*, विषमभाव; contrariety in the properties of matter वैगुण्य *n.*

Antiphrasis (*Gr. -phrasis,* way of speaking) the use of words in a sense opposite to their proper meaning विपरीत लक्षणा *f*; as when a court of justice is called a *court of vengeance.*

Antipodes *pl* (*Gr.* *-podos,* foot) the people who live on the opposite side of the globe, and whose feet are, of course, directly opposite to the feet of those who live on this side परस्पराभिमुखपादलोक *pl.*

Antiquate *v.* (*antiquus,* old) माजी-रद्द-निरुपयोगी क.— **Antiquated** *p. a.* जुना झालेला; माजी, रद्द, बातल (law, words).— **Antiquarian** *a.* relating to antiquity, or to antiquaries प्राचीनकाळ संबंधी, अथवा प्राक्कालिक द्रव्यसंग्रह संबंधी ; [a technical term for a large-sized drawing paper measuring 56 by 38 inches]. — *n.* one versed in antiquities प्राचीन काळच्या वस्तूंचा जाणता -शोध करणारा, प्राचीनकालिक द्रव्यसंग्रही.—**Antique** *a.* ancient जुना, प्राचीनकाळचा ; of old fashion जुन्या चालीचा; See **Antic**. — **Antiquity**, ancient times प्राचीनकाळ : the people of old times जुन्या काळचीं माणसें *n pl,* वाडवडील *pl* ; ancientness जुनेपणा, प्राचीनत्व *n* ; *pl* remains of ancient times प्राचीनकाळची अवशेष वस्तु *f,* कृत्यें *n pl* (coins, inscriptions, weapons, manners, &c.).

Antispasmodic *a.* (*Gr.* *-span,* to draw) resisting convulsions अंगग्रहनाशक.—*n.* अंगग्रहनाशक औषध *n.*

Antithesis (*Gr.-thesis,* a setting) opposition of words or sentiments occurring in the same sentence अर्थान्तरन्यास : when our vices *leave us,* we flatter ourselves we *leave them.*

Antitype (*Gr.* *-tupos,* type) प्रतिबिंब मूळ *n,* बिंब *n,* दर्शक विषय, आदर्श : the Paschal lamb, in Scripture, is the type, of which Christ is the a.

Antler *F.* हरणाच्या शिंगाची शाखा *f,* मृगशिंगशाखा *f.*

Anus (*L.*) the orifice of the alimentary canal गांड *f,* मलद्वार *n,* गुद *n.*

Anvil* ऐरण *f* ; to be on the a. घाटत असणें.

Anxiety (*angere,* to cause pain) concern or solicitude respecting some event, future or uncertain, which disturbs the mind, and keeps it in a state of painful uneasiness काळजी *f,* चिंता *f,* फिकीर *f,* घोर.—**Anxious** *a.* solicitous काळजी लागलेला, चिंतातुर, उद्विग्न ; काळजी धरून करणारा -चालणारा;—app. to persons ; accompanied with anxiety काळजीचा, दगदगीचा (labor) ; उत्सुक, उत्कंठित : a. to please ; *for,* desirous इच्छु (in comp. as कल्याणेच्छु) [for, about]. **-ly** *ad.* काळजीनें, काळजी धरून.

Any* *a.* one out of many कोणीही, कोणताही ; some कांहीं ; a. how, a. wise भलतासा, कसेंही, कसेंतरी ; a. one भलता, हरकोणी ; a. thing कांहींही ; a. where कोठेंही ; a. more अणखी, शिवाय.

Aorta (*L.*) great artery of the heart रक्ताशयाची (काळजाची) मोठी धमनी *f.*

Apace* *ad.* (*a* and *pace*) जलदी, सत्वर, शीघ्रगतीनें. -

Apart *ad.* (*a* and *part*) separately, as to place एकीकडे, एकेबाजूस, दूर (Matth. xiv. 13); in a state of distraction, as to purpose, use, or character अलग, पृथक, वेगळा, उद्देशानें अ० उपयोगार्थ निवडून काढलेला (Ps. iv. 3); in two or more parts निरनिराळा, वेगळाला : consider the two propositions a. **-ment,** a room खोली *f,* कोठडी *f,* women's a. अंतःपुर *n,* जनाना *f*; divisions of building खण, घई *f*: as दुघई having two *apartments.*

Apathy (*Gr.* *-pathos,* suffering) want of feeling जाड्य *n,* मांद्य *n,* बेपर्वा *f,* विराग.—**Apathetic** *a.* जड, मंद ; free of passion विरागी, बेपर्वेचा.

Ape* (*Skr. kapi*) a kind of monkey माकड, वानर, प्लवंग ; one who imitates servilely,

in allusion to the manners of the ape नकल्या.— *v.* वानरासारखी नकल क., ठेवण -धाटणी उतरणें -साधणें.— Apish *a.* माकड-चेष्टा, नकल्या; मर्कटस्वभावाचा.

Aperient (*aperire,* to open) सुखाचा ढाळ, सौम्यरेचक *n.*— *a.* रेचक, ढाळक.— Aperture भोंक *n,* रंध्र *n,* खिंड *f.*

Apetalous *a.* (*Gr. -petalon,* leaf) पाकळी-शिवाय, पुष्पपत्ररहित, दलहीन.

Apex (*L.*) शिखर *n,* अग्र *n,* कळस, अणी *f;* mark of a long syllable दीर्घ अक्षराची खूण *f.*

Aphelion (*Gr. -helios,* the sun) point of a planet's orbit which is most distant from the sun कोणत्याही ग्रहाच्या कक्षेंतील सूर्यापासून अतिदूर बिंदु, उच्च *n.*

Aphorism (*Gr. -horos,* a limit) a precept or principle expressed in a few words सूत्र *n,* वाक्य *n,* वचन *n,* नियम, ह्मण *f.*

Apiary (*apis,* a bee) मधमाशा राखून ठेवण्याचें घर *n,* मधुमक्षिकालय *n.*

Apiece* *ad.* (*a* and *piece*) एकएकास, प्रत्ये-कास, एकएकाच्या वांटयास: here is an orange a.; each by itself एकएकास, दर-एकास: they cost a shilling a.

Apocalypse (*Gr. -kaluptein,* to cover) re-velation प्रगटविणें *n,* प्रगटीकरण *n;* name of the last book in the New Testament प्रगटविण्याचें पुस्तक *n,* प्रगटविणें *n.*

Apocope *Gr.* शेवटच्या अक्षराचा लोप, अंत्य-वर्णलोप.

Apocrypha (*Gr. -krutein,* to hide) books whose authenticity, as inspired writings, is not admitted, and which are there-fore not considered a part of the sacred canon of the Scripture ज्यास ईश्वरप्रेरित ह्मणण्यास कांहीं प्रमाण नसल्यावरून ज्यांची गणना ख्रिस्ती शास्त्राच्या संहितेंत केली नाहीं अशीं कित्येक पुस्तकें आहेत. यहुदी लोकांनी जेव्हां आपलीं धर्मपुस्तकें प्रसिद्ध केलीं तेव्हां त्यास ईश्वरप्रणित शास्त्रसंहिता असें नांव दिलें, व जीं पुस्तकें अप्रसिद्ध राहिलीं त्यास "शास्त्रसंहिताबाह्य" असें नांव दिलें.— Apocryphal *a.* अप्रसिद्ध; शास्त्रसंहिता-बाह्य; बनावट, खोटा. See the noun.

Apogee (*Gr. -ge,* the earth) that point in the orbit of the moon which is at the greatest distance from the earth उच्च *n.*

Apology (*Gr. -logos,* word) something said or written in defense of what ap-pears to others wrong दोषनिवारक भाषण *n,* -लेख; an excuse माफीची विनंति *f* [for].— Apologize *v.* माफी मागणें, चुकलों ह्मणणें [for].

Apologue (*Gr. -logos,* speech) कल्पित गोष्ट *f,* कहाणी *f.*

Apoplexy (*Gr. -plexis,* striking) a sudden disorder of the brain सुनबहिरी रोग, अर्धांग *n,* पक्षघात, सन्यास.—Apoplectic *a.* सुनबहिरी रोगाचा, पक्षघाती.

Apostasy (*Gr. -stenai,* to stand) departure from one's faith, principles, or party स्वमत -पक्षत्याग.—Apostate ज्यानें आपल्या धर्माचा -मताचा -पक्षाचा -मंडळीचा त्याग केला आहे तो, स्वधर्म -पक्षत्यागी.—*a.* स्वमत -स्वपक्ष-त्यागी, पतित.— Apostatize *v.* स्वधर्म -पक्ष-त्याग क.

Apostle (*Gr. -stellein,* to send) a person deputed to execute some important business गुमास्ता, मुतालीक; one of the twelve disciples of Christ sent forth to preach the Gospel प्रेषित.—Apostolic, -al *a.* प्रेषित संबंधी; delivered or taught by the Apostles प्रेषितानीं सांगितलेला -आज्ञापिलेला, प्रेषितस्थापित -उक्त (rules, doctrines).

Apostrophe (*Gr. -strophè,* a turning) a turning away from the real auditory and addressing an absent or imaginary one कांहीं बोलणें चाललें असतां मध्येंच

बवळ नाहींत त्यांस किंवा कल्पित श्रोत्यांस संबोधून बोलणें *n*, संबोधितान्यसंबोधन *n*; *Gram.* contraction of a word by the omission of a letter or letters शब्दाचा संक्षेप; the mark (') used to denote that a word is contracted शब्दाच्या संक्षेपाची एक खूण आहे; as *call'd* for *called.*

Apothecary (*Gr. -thekè,* chest) one who prepares and sells drugs for medical purposes औषधें तयार करून विकणारा, गांधी, 'पातिकेरी.'

Apotheosis (*Gr. -theos,* god) act of elevating a mortal to the rank, and placing him among the number of gods देवत्व देणें *n*, देवगणांत जागा देणें *n*, देवगणप्रविष्टीकरण *n*.

Appall *v.* (*-pallere,* to look pale) भय-धाक -दहशत घालणें -बसविणें [by].— *i.* दहशत इ० बसणें.

Apparatus (*-parare,* to prepare) things for any art or trade provided as means to some end साज, सरंजाम, संच.

Apparel (do.) dress पोषाक, वस्त्रें *pl.* —*v.* पोषाक घालणें, वस्त्रें नेसविणें; embellish अलंकार -भूषण घालणें, भूषित -मंडित क.

Apparent *a.* (*-parere,* to come forth) visible to the eye डोळ्यास दिसता, दृष्टिगोचर; plain स्पष्ट, उघड, व्यक्त; seeming दिसण्यांत मात्र खरा, दर्शनी; heir a. युवराज. -ly *ad.* उघड, स्पष्ट; बाहेरून दिसायास, दिसण्यांत मात्र.— **Apparition,** visibility दृष्टिगोचरता *f*; the thing appearing दृश्यवस्तु *f*; a ghost भूत *n*, छाया *f*, संबंध; *Astron.* the first appearance of a star or other luminary after having been obscured उदय.—**Appear** *v. i.* be in sight दृष्टीस पडणें, दिसणें (Gen. i. 9); stand in presence of -च्या समोर उभें राहणें, हजीर -रुजू होणें (2 Cor. v. 10); be manifest समजणें, प्रगट होणें (1 John iii. 2); be clear प्रमाणानें -पुराव्यानें सिद्ध होणें (Rom. vii. 13); seem भासणें, वाटणें, -वरून दिसणें (Matth. vi. 16). -ance दिसणें *n*, दर्शन *n*; आविर्भाव, प्रादुर्भाव, उद्भव; उमग; हाजिरी *f*; आभास; आकार, रूप *n*; पोकळ डौल, सोंग *n*; phenomenon चमत्कार: an a. in the sky; *Law,* कोर्टापुढें हजीर होणें *n*; mien चर्या *f*, ढब *f*, डौल; to save *appearances* फड राखणें -संभाळणें, फड संपादणें क. [to, from, in].

Appeal *v. i.* (*appellare,* to call upon) *Law,* remove a cause from an inferior to a superior judge or court वरच्या न्यायाधिशाकडे खटलें नेणें, "अपील" क.; refer to another for the decision of a question controverted तिऱ्हाईताकडे नेणें, पंचाच्या निवाड्यावर सोपणें; call on one for aid मदतीस बोलावणें.—*n.* अपील *n*; साक्ष *f*; साक्षीस बोलावणें *n*.—**Appellant** अपील करणारा. — *a.* अपिलासंबंधी.

Appear, See under **Apparent.**

Appease *v.* (*-pax,* peace) शांतवणें, सांत्वन क. [by].

Appellation (See **Appeal**) नाम *n*. संज्ञा *f*.

Appellative सामान्य नाम *n*.—*a.* सामान्य.

Append *v.* (*-pendere,* to hang)—to टांगून -लगटून देणें, अवलंबणें; add जोडणें, लावणें. -age जें दुसऱ्या वस्तूस -गोष्टीस जोडलें असतें तें *n*, अनुषंगी पदार्थ, उपांग *n*, दुमाला? -ant *a.* टांगलेला; जोडलेला, लगत्याचा, संबंधी. —**Appendix** ग्रंथाची पुरवणी *f*, शेषसंग्रह.

Appertain *v.* (See **Pertain**) See **Belong** [to].

Appetence, -cy, (*-petere,* to seek) fixed and strong natural longing वासना *f*, इच्छा *f*.—**Appetite,** desire इच्छा *f*, वासना *f*, कामना *f*; hunger भूक *f*, क्षुधा *f*.

Applaud *v.* (*-plaudere,* to clap the hands) टाळ्या वाजवून शाबासकी देणें, वाहवा क.; commend वाखाणणें, स्तुति -प्रशंसा क.—**Applause** शाबासकी *f*, वाहवा *f*.

APPLE * एक फळ आहे;—of the eye पुतळी *f*, डोळ्यांतली बाहुली *f*; a. of one's eye नाकाचा बाल, जिवाचा कलिदा; to prize as the a. of one's eye सातांकाळजाच्या पलीकडे ठेवणें.

APPLY *v*. (*-plicare*, to fold) place ठेवणें; put लावणें; bring or carry नेणें; use for a particular purpose कामास -उपयोगास लावणें; incline लावणें, वळवळणें, मन लावणें: a. thy heart unto instruction;—as an epithet लावणें, ठेवणें.—*i*. लागणें, लागू होणें; make request विनंती -अर्जी क.— APPLICABLE *a*. लावायाजोगा, लायक, लागू पडण्याजोगा.—APPLICABILITY लायकी *f*, लावायाची योग्यता *f*, लाग.—APPLICANT योजणारा, प्रयोजक; मागणारा, याचक; अर्जदार.—APPLICATION लावणें *n*, योजणें *n*, प्रयोग, योजना *f*;— the thing applied लावलेली वस्तु *f*, लेप वगैरे; मन -लक्ष्य लावणें *n*, व्यासंग, अभिनिवेश, अभ्यास; अर्ज, अर्जी *f*; प्रार्थना *f*; याचना *f*.

APPOINT *v*. (*-punctum*, a point) establish नेमणें, स्थापणें; decree ठरविणें, विधान क.; equip सज्ज -तयार क.; nominate अधिकारावर नेमणें -योजणें;—a time वायदा क. [to]. —*i*. ठरविणें, नेमणें (2 Sam. xvii. 14). -ED स्थापित, नेमलेला; सोपून दिलेला, नियुक्त; an a. duty नियोग; a. time कालावधि, वायदा. -EE नेमलेला मनुष्य. -MENT नेमणें *n*; कामावर नेमणूक *f*, योजना *f*; stipulation ठराव, संकेत; decree नियम, विधि *f*; सज्जा, सरंजाम, सामग्री *f*; post जागा *f*, असामी *f*; allowance मुशारा.

APPORTION (*-portio*, portion) विभागून -वांटून देणें.

APPOSITE *a*. (*-ponere*, to put) योग्य, समर्पक, लायक, युक्त [to]. -LY *ad*. प्रसंगानुसार, यथोचित.—APPOSITION, *Gram*. the state of two nouns put in the same case without a connecting word between them एकविभक्तिकता *f*; act of adding मिळविणें *n*.

APPRAISE *v*. (*-pretiare*, to prize) मोल लावणें, किंमत ठरवणें: to a. goods [at, for].

APPRECIATE *v*. (do.) value किंमत क.; मोल -गुण जाणणें; one who knows how to a. गुणज्ञ, मर्मज्ञ, गुणग्राही.

APPREHEND *v*. (*-prehendere*, to seize) धरणें, पकडणें; conceive in the mind समजणें, उमजणें, बोध होणें; entertain fear of -ची भीति बाळगणें; entertain suspicion of -चा संशय-अंदेशा धरणें.—APPREHENSIBLE *a*. मनात येण्याजोगा, बोधगम्य, उपलभ्य, ग्राह्य.—APPREHENSION धरणें *n*; पकड *f*, धरपकड *f*; समज, उमज, ग्रह, बुद्धि *f*; वहमा, संदेह, शंका *f*, अभिप्राय, बुद्धि *f*, मत *n*; conception कल्पना *f*.— APPREHENSIVE *a*. समजणारा; quick of understanding लवकर समजणारा, तैलबुद्धि; भयभीत, भयशंकित; संशययुक्त.

APPRENTICE *n*. (do.) one bound for a time to learn an art or trade करारी विद्यार्थी -चेला -शागिर्द, संकेतपत्रबद्ध विद्यार्थी.— *v*. करारनाम्यानें बांधून विद्या किंवा धंदा शिकायास ठेवणें -घालणें [to]. -SHIP विद्यार्थीपणा, शागिर्दी *f*; शागिर्दपणाची मुदत *f*.

APPRIZE *v*. *F*. See INFORM [of].

APPROACH *v*. *i*. (*-propiare*, to draw near) —in place जवळ येणें-जाणें;—in time काळवेळ जवळ येणें (Heb. x. 25); approximate जवळ येणें, सारखा -बरोबरीस उतरणें: it *approaches* to his character.—*n*. जवळ येणें *n*, आगमन *n*; एकाद्या घराकडे जाण्याचा मार्ग [*pl* works thrown up by besiegers to protect them in their advances towards a fortress]. -ABLE *a*. जवळ जायाजोगता, अभिगम्य, गम्य. -ING *a*. जवळ येणारा; near at hand जवळचा, उपस्थित, आसन्न.

Approbation (see **Approve**) मान्य करणें *n*; अनुमोदन *n*; approval पसंती *f*, मान्यता *f*; to meet the a. of मनास -मर्जीस येणें.—**Approbatory** *a*. अनुमोदक.

Appropriate *v*. (*-proprius*, one's own) set apart for -करितां वेगळा -नांवानें काढून ठेवणें; claim or use, as by an exclusive right दुसऱ्यास वर्जून आपणच हक्कानें आपला -खासगत क.: let no man a. the use of a common benefit; to a. unlawfully डल्ला मारणें, खाणें, गिळंकृत क.; assign to some particular use विशेष कामाकडे योजणें -लावणें [to].— *a*. See **Proper**.—**Appropriation** उपयोग, विनियोग; काढून ठेवलेला पैसा;—fraudulent तनाखोरी *f*, हरामखोरी *f*.

Approve *v*. (*-probare*, to prove) be pleased with आवडणें, पसंत -मान्य होणें; commend वाखाणणें, स्तुति क. (Ps. xlix. 13); sanction officially मंजूर -कायम क. [of]. -**ed** पसंत, मंजूर केलेला; मान्य (Acts ii. 22); पटलेला (2 Tim. ii. 15).

Approximate *v*. (*-proximus*, nearest) जवळ नेणें [to].— *i*. जवळ येणें.—*a*. जवळ, समीप.—**Approximation**, See **Approach**.

Appurtenance (*-pertinere*, to reach to) जें नेहमी दुसऱ्यास लागून असतें तें, आनुषंगिक.

Apricot (*præcox*) एक फळ आहे, अलबुर्क *Ar*.

April (*Aprilis*) इंग्रजी वर्षाचा चवथा महिना, चैत्र-वैशाख.

A priori (*-prior*, former) *Logic*, reasoning à p. is that which deduces consequences from definitions formed, or principles assumed, or which infers effects from causes previously known कारणावरून कार्याची सिद्धि *f*, किंवा अनुमान *n*.

Apron (*Ir*.) कामाच्या वेळीं आंगावरचीं पांघुरणें मळूं नयेत ह्मणून जें मळवस्त्र पुढून बांधतात तें *n*; वर्गांत बसतांना पाऊस धूळ वगैरे लागूं नये ह्मणून जें कातडें पायावर घेतात तें *n*.

Apropos *ad*. *F*. प्रसंगानुरूप, प्रसंगवशात्; to come a. प्रसंगास येणें.

Apt *a*. (*apere*, to fit) योग्य, यथोचित; liable जोगा, जोगता, शील : a. to break फुटण्याजोगा, भंगशील; — of persons, inclined -शील, -लु : a. to sleep निद्रालु; ready तयार: men are a. to slander others; quick हुशार, चपळ, पटु; qualified लायक, उपयोगी, कामाचा [for, to]. -**itude** योग्यता *f*, उपयोग; ओढ *f*, प्रवृत्ति *f*, कल; सुजाणपण *n*, पटुत्व *n*, चणचणीतपणा. -**ly** *ad*. ठीक, यथायोग्य; हुशारीनें, चातुर्यानें.

Aquatic *a*.(*aqua*, *Skr*. *ap*, water) पाण्याचा, पाण्यासंबंधी, in comp. जल: a. animal जलजंतु; inhabiting water पाण्यांत राहणारा, जलस्थायी; frequenting water जलचर.—*n*. पाण्यातील वनस्पति *f*, जलवनस्पति *f*.—**Aqueous** *a*. पाण्याच्या गुणाचा, जलरूप; made by means of water पाण्यानें केलेला (solution).—**Aqueduct** नळ, नहर, सारणी *f*.—**Aquafortis**, nitric acid आगपाणी *n*.—**Aquarius** कुंभरास -शि *f*.

Aquiline *a*. (*aquila*, an eagle) गरुडासारखा, गृध्राकार; hooked अंकडीदार, वक्र; that has an a. nose गरुडनाक्या.

Arabic *a*. आरबी.— *n*. आरबी भाषा *f*.

Arable *a*. (*arare*, to plough) लागवड करण्यासारखी (जमीन), जिराईत; a. land नांगरलेली -लागवडीची जमीन *f*.

Arbiter (*L*.) *Law*, तिऱ्हाईत, मध्यस्थ, पंच.—**Arbitrable** *a*. depending on the will इच्छाधीन; determinable ठराव करण्याजोगा, निर्णनीय.—**Arbitrary** *a*. absolute स्वतंत्र, मुखत्यार; मनास येईल तसा, ऐच्छिक; capricious लहरी; not governed by any fixed rules बेकायदा, बेबंद.—**Arbitrarily** *ad*. मनास येईल तसें, मनःपूत.—**Arbitrate** *v*. पंचाईत -मनसुबी क.—**Arbitration** तिऱ्हाइती *f*, मनसुबी *f*, लवादी *f*, पंचाईत *f*, मध्यस्थी *f*; निर्णय, विचार.—**Arbitrator** तिऱ्हाईत, पंच.

Arbor (*arbor,* a tree) वेल किंवा फांद्या पसरून केलेली छाया *f*, गुफा *f*, पर्णमंडप. -**eous** *a.* वृक्षसंबंधी ; growing on trees झाडावर वाढणारा : moss is a. -**ous** *a.* झाडांचा केलेला, वृक्षमय, झाडांचा (roof).

Arc (*arcus,* a bow) segment of a circle परिघाच्या वर्तुलाचा भाग, कौंस. -**ade**, a series of arches मंडपश्रेणी *f*.—**Arch** कमान *f*, मेहराब *f*; the vault of heaven नभोमंडल *n.* See **Arc**.— *v.* कमानदार क.— *a.* (*Gr. archos,* chief) cunning धूर्त, बिलंद, अट्टल, हरसाल; chief मुख्य, प्रधान, श्रेष्ठ. -**angel** पहिल्या प्रतीचा दूत, महादूत. -**bishop** मुख्य धर्माध्यक्ष, सरपाद्री. -**deacon** बिशप पाद्रीचा सहकारी. -**duke** युरोपांत कित्येक मांडलिक राजांची पदवी आहे.—**Archer** (*arcus,* a bow) तीरकमानवाला, तिरंदाज, धनुर्धर.— **Archery** धनुर्विद्या *f*, तिरंदाजी *f*.—**Archetype** (*Gr. -tupos,* a form) मूलप्रत *f*, असल *n*.— **Archipelago** (*Gr. -pelagos,* sea) ज्यांत बहुत बेटें असतात असा समुद्र किंवा जलाशय, 'आर्किपिलेगो.' —**Architect** (*Gr. tekton,* workman) professor of the art of building घर वगैरे बांधण्याची विद्या जाणणारा, शिल्पशास्त्री. -**ure** शिल्पशास्त्र *n*; workmanship कारागिरी *f*, रचना *f*, घटना *f*: the formation of the first earth being a piece of divine a.

Archives *pl* (*Gr. archè,* government) दफतरखाना, जुने लेख ठेवण्याची जागा *f*, दफतर *n*.

Arctic *a.* (*Gr. arktos,* a bear) उत्तर ध्रुवाकडील.

Ardent *a.* (*ardere,* to burn) hot or burning जलाल, कडक, उष्ण, तलख, चणचणीत (spirits, fever); having the appearance of fire विस्तवा सारखा लाल (eyes); zealous हौसदार, उत्सुक, उत्कंठित. -**ly** *ad* उत्साहानें, उत्कंठेनें, कडकावून [in, for]. — **Ardency**, **Ardor**, आंच *f*, तलखाई *f*; आग *f*, गरमी *f*; हौस *f*, उत्साह.

Arduous *a.* (*arduus,* high) ऊंच (paths); difficult कठीण, मेहनतीचा, दुर्घट (task). -**ly** *ad.* मेहनतीनें, श्रमपूर्वक.

Area (*L.*) any plane surface, as the floor of a room, of a church or other building, or of the ground मोकळी जागा *f*; *Geom.* superficial contents of a figure क्षेत्रफळ *n*, गर्भ; sunken space around the basement of a building अंगण *n*; [*Med.* disease of the hair, in which it changes color, but does not fall off].

Arefy *v.* (*arere,* to be dry, *facere,* to make) सुकवणें, वाळवणें.

Arena (*arena,* sand) area in the central part of an amphitheatre, in which the gladiators fought and other shows were exhibited रंगभूमि *f*, मल्लभूमि *f*, तालीमखाना; fig. any place of public contest अंगण *n* (in comp. रणांगण *n*); the middle of a temple or other enclosed place चौक; [sand in the kidneys]. -**ceous** *a.* रेतीचा, रेंवाळ, रेंवट.

Argent *a.* (*argentum,* silver) रुप्याचा, रौप्य; रुप्यासारखा चकचकीत (fields).

Argil (*argilla,* white clay) कुंभारमाती *f*, पांढरी माती *f*. -**laceous** *a.* चिकणमातीचा.

Argonaut (*-nauta,* a sailor) आर्गो नामक गलबतांत बसून सोनेरी लोंकर शोधायास जे गेले होते त्यांतील एक असामी. -**ic** *a.* आर्गोनाट संबंधी (story).

Argue *v.* (*arguere,* discuss) घाटणें, मथणें, वादविवाद क.: the counsel *argued* the cause before a full court; prove सिद्ध क., कारण-प्रमाण दाखवणें : the order visible in the universe *argues* a divine cause; persuade by reasons कारणें दाखवून खातरी क., मन वळवणें : to a. a man into different opinions.— *i.* reason वाद क., तकरार घेणें : A *argues* in favor of a measure; with वाद -वादविवाद क.: you may a. with your

friend without convincing him ; idle or empty *arguing* काथाकूट *f*. —ARGUMENT, a reason offered in proof, to induce belief, or convince the mind प्रमाण *n*: a convincing a. of the existence of a Deity; the subject of a discourse भाषणाचा-संवादाचा विषय; controversy वाद, विवाद; abstract of a discourse, writing, &c. सार *n*. -AL *a*. वादसंबंधी, वादाचा. -ATIVE *a*. वादाचा, वादात्मक; given to argument वादी, तकरारी.

ARID *a*. (*arere*, to be dry) रखरखीत, रुक्ष, शुष्क: an a. waste. -ITY रखरखाट, रुक्षता *f*.

ARIES (*L*.) मेषरास *f*.

ARIGHT* *ad*. (*a* and *right*) नीट रीतीनें, नीट, बरोबर.

ARISE* *v. i.* ascend वर चढणें: a cloud *arose*; come above the horizon उगवणें, उदय पावणें -होणें; come up from one's bed or place of repose उठणें, निजून उठणें, बसल्या आग्यावरून उठणें; originate उत्पन्न-उद्भव होणें; come into action उद्युक्त-प्रवृत्त होणें, उठणें; be visible दिसणें, उठणें: the waves a.

ARISTOCRACY (*Gr*. *aristos*, best, *kratos*, strength) a form of government, in which the supreme power is vested in the principal persons of a state थोर लोकांचें राज्य *n*, कुलीनवर्ग प्रभुत्व *n*, उमराई हुकुमत *f*; the nobility or chief persons of a state बडेलोक *pl*, उमराव.—ARISTOCRAT, one who favors aristocracy बडे लोकांच्या राज्याचा पक्षधारी. -IC, -ICAL *a*. बडे लोकांच्या राज्यासंबंधी; बडे लोकांचा, उमरावांचा, उमराई (pride, manners).

ARITHMETIC (*Gr*. *arithmos*, number) गणित *n*, अंकगणित *n*, हिशेब *pl*;— of fractions अपूर्णांक ग.;—of integers पूर्णांक ग.;—of known quantities व्यक्त ग.;—of unknown quantities अव्यक्त ग. -AL *a*. गणित संबंधी, हिशेबाचा; गणितानुसार. -LY *ad*. गणिता प्रमाणें, हिशेबानें.—ARITHMETICIAN गणित्या, गणक, हिशेबी.

ARK (*arca*, a chest) पेटी *f*; a repository कोष, कोश; the large floating vessel in which Noah and his family were preserved during the deluge जलप्रलयाच्या वेळीं नोहा व त्याचें कुटुंब यांचें जींत रक्षण झालें ती नौका *f* (Gen. vi.).

ARM,* the limb of the human body which extends from the shoulder to the hand बाहु, हात;—from the shoulder-joint to the elbow भुजदंड, दंड;—from the elbow to the wrist हात; the branch of a tree फांदी *f*, फांदडा, स्कंध;— of the sea खाडी *f*, समुद्राचा फांटा; navigable a. तरती खाडी *f*;— of a garment बाही *f*; fig. power सामर्थ्य *n*, बल *n* (Is. liii. 1);—of a math. figure भुज.— FUL, —of grass, &c. कवळ *f*, वेंग *f*, आडव *f*. -PIT बगल *f*, कक्ष *f*.

ARM *v*. (*arma*, arms) furnish with arms हत्यारबंद-सज्ज क. [with, against, for].—*i*. हत्यारबंद होणें.— *n*. *pl* हत्यारें *n pl*, शस्त्रें *n pl*; exploits of war युद्धाच्या कथा *f*; to be in a. लढाईस उठणें; to be under a. हत्यारबंद होऊन लढाईस तयार असणें. —ARMADA *Sp*. लढाऊ गलबतांचा समुदाय. —ARMAMENT (*armare*, to arm) force equipped for war सेनाभार, फौजबंदी *f*.—ARMISTICE लढाईची तहकुबी *f*, अवहार. — ARMOR, defensive arms for the body चिलखत *n*, कवच *n*; iron covering of ships of war लढाऊ गलबतांचे लोखंडी पत्रे *pl*. -ER maker of arms हत्यारें करणारा. -IAL *a*. शस्त्रसंबंधी.—ARMORY हत्यारें ठेवण्याची जागा *f*, शस्त्रागार *n*, शिलेखाना; a collection of arms शस्त्रसंग्रह -समूह. —ARMY फौज *f*, लश्कर *n*, सैन्य *n*; invading a. परचक्र *n*; a host समुदाय, सैन्य *n*.

Armillary *a.* (*armilla*, a bracelet) कंकणाकृति.

Aroma (*L.*) सुगंध, सुवास. -tic *a.* सुगंधित, सुवासिक; spicy मसाल्याचा, मसालेदार.—*n*, सुगंध द्रव्य *n.*

Around* *ad.* (*a* and *round*) circularly गरगरा, चक्रवत्; on every side आजूबाजूस, असमंतात्.—*prep.* भोंवतालीं, सभोंवतीं.

Arouse* *v.* (*a* and *rouse*) जागा -जागृत -प्रबोधित क., चेतवणें, चेव आणणें.

Arrack *Ar.* दारू *f.*

Arraign* *v.* दोषारोपाचा जाब देण्यास कोर्टापुढें उभा क.

Arrange *v.* *F.* put in order व्यवस्थेनें रचणें, मांडणें, जुळणें; settle व्यवस्था -बंदोबस्त क. -ment रचणें *n*, &c.; व्यवस्था *f*, बंदोबस्त; the state of being in order क्रम; settlement regular and systematic तोडजोड *f*, निकाल; classification वर्गीकरण *n*, वर्गावर्गी *f*, विल्हेवारी *f* : the Linnæan a. of plants.

Array* *v.* place in order रचणें, रांगेनें -क्रमानें -व्यवस्थेनें उभें क. -बसविणें; deck पोशाकाचा थाटमाट क., अलंकृत क.; *Law*, set in order as a jury, for the trial of a cause खटल्याच्या चौकशी करितां जुरीस व्यवस्थेनें बसविणें.—*n.* रचना *f*, क्रम;— of troops सेनारचना *f*, विहू, व्यूह ; थाटमाट, बनाव, पोषाक.

Arrear *F.* बाकी *f*, शिलक *f* : the *arrears* of pay चढलेला पगार.

Arrest *v.* (*-restare*, to stay back) थांबवणें, अटकाव -स्तंभन क.; *Law*, take, seize, or apprehend by authority of law सरकारी हुकुमानें धरणें -पकडणें [for, in].—*n.* कैद *f*, नजरकैद *f* -बंदी *f*, अटकाव; an issue of a. पकड समान *n;* [a. of judgment, *Law*, the stopping of a judgment after verdict for legal cause.]

Arrive *v.* (*-ripa*, bank of a river) come in progress by water, or by travelling on land पोंहचणें, पावणें; reach a point by progressive motion पर्यायानें येऊन पोंहचणें, पावणें : to a. at a conclusion [from, at]. —Arrival पोंहचणें *n*, आगमन *n.*

Arrogate *v.* (*-rogare*, to ask) नसता अभिमान -आढ्यता बाळगणें, पोम दाखविणें : the pope *arrogated* dominion over kings.—Arrogant *a.* अहंकारी, गर्विष्ठ, मगरूर.—Arrogance, -cy, गर्व, अभिमान, मगरुरी *f.*

Arrow* तीर, बाण; the feathered end of an a. पिस *n;* practising a. तुक्का; barbed a. अकडीदार तीर. -root तवकील *f.*

Arsenal *Ar.* दारूगोळा वगैरे ठेवायाची जागा *f*, तोफखाना, दारूखाना.

Arsenic (*arsenicum*) सोमल, सोमलखार; sulphuret of a. हरताळ; red sulphuret of a. मनशीळ; white oxide of a. शंख्या -फटक्या सोमल. -al, Arsenious, *a.* सोमलाचा.

Arson (*ardere*, to burn) the malicious burning of a dwelling-house or outhouse of another man दुसऱ्यानें घर जाळण्याचा अपराध.

Art (*ars*) employment of means to accomplish some desired end युक्ति *f*, हिकमत *f*; a system of rules serving to facilitate the performance of certain actions कला *f*; skill कसब *n*, हुन्नर *f*, जुगुत *f*: man has the a. of managing his business to advantage; cunning युक्ति *f*, कावा, कपट *n*; fine *arts* मानसिकश्रमसाध्यकला *f pl* (गायन, कविता इ०); mechanical *arts* शारीरश्रमसाध्यकला *f pl* (शिवणें, भांडीं घडणें इ०). -ful *a.* कलेनें केलेलें, कृत्रिम; skilful निपुण, चतुर; cunning कावेबाज, धूर्त्त, कारस्थानी. -ist कारागीर, शिल्पी, हुन्नरबाज; professor of the liberal arts शिल्पशास्त्री. -less *a.* void of art अनाडी, मूर्ख; guileless साधा,

भोळा, निष्कपट, गरीब.—ARTIFICE कसब *n*, कृति *f*, in a bad sense डाव, पेंच, फटवण *f*. —ARTIFICER कारागिर, शिल्पकार.— ARTIFICIAL *a*. कृतीनें केलेला, कृत्रिम, काल्पनिक; खोटा, कपटाचा; cultivated लागवडीचा, लावलेला (grasses).

ARTERY (*arteria*) one of the vessels or tubes which convey the blood from the heart to all parts of the body धमनी *f*, नाडी *f*.— ARTERIAL *a*. धमनी संबंधी, नाडीचा (action); contained in an artery धमनींतला, नाडीगत (blood).

ARTICLE (*artus*, a joint) *Gram*. one of the parts of speech उपपद *n*; a single clause of an account कलम *n*, बाब *f*, रकम *f*; a point of faith श्रद्धाविषय, सिद्धांत; a particular commodity जिन्नस *f*, चीज *f*; precise point of time क्षण, समय: in the a. of death;—in a magazine, newspaper मासिक वगैरे पुस्तकांतील किंवा वर्त्तमानपत्रांतील निबंध, कलमवार मजकूर, 'आर्टिकल' *n*; particular one of various things नग, डागिना; *pl*.—of war लढाईचे कायदे *pl*.—*v*. stipulate ठराव -करार क.; draw up in articles कलमबंदी क. — ARTICULATE *a*. jointed सांधलेला, संधियुक्त; distinctly uttered साफ, स्पष्ट, वागिंद्रिययुक्त (sound.) —*v*. सांधे जोडणें, सांध्यानें जोडणें; स्पष्ट उच्चार क., मनुष्यासारखे शब्द सांधून बोलणें. -LY *ad*. कलमवार; स्पष्ट उच्चारानें, व्यक्त.—ARTICULATION सांधा, संधि; *Botany*, कांडें *n*, पेर *n*; स्पष्ट उच्चार.

ARTILLERY *F*. offensive weapons of war फेंकून मारायाचीं युद्धोपयोगी शस्त्रें *pl* (1 Sam. xx. 40); gunnery तोफेची विद्या *f*; ordnance तोफखाना; great guns मोठाल्या तोफा *f pl*; body of gunners गोलंदाज *pl*.

As* *conj*. similar to सारखा, प्रमाणें, जसा, तसा: ye shall be a. gods; do a. you are bidden; while जेव्हां, तेव्हां, असतां: he trembled a. he spoke; in the sense of proportion जसजसा, तसतसा, जितका तितका; for instance असें, उदाहरणार्थ; a. if जसें काय, जणू काय; a. far a., a. to त्याविषयीं; a. well ही, सुद्धां; शिवाय; a. yet अजून, अद्याप.

ASAFŒTIDA (*-fœtidus*, fetid) हिंग;—the tree हिंगाचें झाड *n*; fine bright a. हिराहिंग.

ASCEND *v. i.* (*-scandere*, to mount) चढणें, वर जाणें, lit., fig.; as a star उगवणें, उदय होणें; rise, fig. उदय होणें, नावारूपास चढणें [up, upon, from, to].—*t*. वर चढणें, चढणें. -ANT, superiority वरचढ *f*, वर्चस्व *n*; ancestor पूर्वज; *Astron*. उच्च *n*.—*a*. क्षितिजावर, उदयंगत; वर्चस्वी, उत्तम, प्रबल. -ANCY चढ, शह, उपर *f*, प्राबल्य *n*, प्राधान्य *n*. —ASCENSION चढणें *n*, आरोहण *n*; उदय;— to heaven स्वर्गारोहण *n*; right a. विषुवांश. -DAY, the anniversary of our Savior's ascension into heaven after His resurrection आमचा तारणारा मरून उठल्यावर आकाशांत सदेह चढून गेला त्याच्या स्मरणार्थ (कित्येक ख्रिस्ती मंडळ्या) जो दिवस पाळतात तो, "वर जाण्याचा दिवस."—ASCENT चढणें *n*, आरोहण *n*; the way by which one ascends चढाव, चढण *f*, *n*; the means of ascending चढण्याचे उपाय; a. and descent चढ उतार; steep a. उभासूळ.

ASCERTAIN *v*. (*-certus*, certain) खचीत क.; find out for a certainty by trial अजमासून खचीत क.: to a. the purity of a metal. -ABLE *a*. निर्धार करायाचा -जोगा, निर्धारणीय. -ED निर्धार केलेला, निर्णित, निश्चित. -MENT निर्धार क. *n*; शोध; निर्णय.

ASCETIC (*Gr. askein*, to exercise) one who practises undue rigor and self-denial in religious things विरक्त, तापसी; Hindu *ascetics* गोसावी, बैरागी, वानप्रस्थ.— *a*. विरक्त, तपोनिष्ठ.

ASCRIBE *v*. (*-scribere*, to write) attribute, as a cause -कडे कारण लावणें, आरोपणें, ठेवणें: losses are often to be *ascribed* to impru-

dence; attribute as a quality गुण लावणें -देणें : to a. perfection to God.—Ascribable *a.* लावायाजोगा, आरोपणीय.—Ascription *n*, आरोपणें *n*, आरोपण *n*, आरोप.

Ash * एक झाड आहे; आश झाडाचें लांकूड *n*.

Ashamed *a.* (*a* and *shamed*) affected by shame ओशाळा,लज्जित; confused by guilt, or a conviction or consciousness of some wrong or impropriety हिरमुसून गोंधळलेला [of].

Ashes * *pl* earthy or mineral particles of combustible substances remaining after combustion राख *f*, रक्षा *f*, भस्म *n* ; the remains of the human body when burnt चिताभस्म *n*.—Ashy *a.* राखेचा, भस्माचा ; ash-colored भस्मरंगी ; filled with ashes राखेनें भरलेला.

Ashore *ad.* (*a* and *shore*) on shore किनाऱ्यावर ; to the shore कांठाकडे, तडीस; on the land adjacent to water पाण्या जवळच्या जमिनीवर : the captain of the ship remained a.; on the ground भूमीवर -किनाऱ्यावर चढलेला : the ship was driven a.

Asian *a.* (*Gr. asia,* eastern land ; *Skr. ushac,* aurora) आशियाचा.—Asiatic आशिया खंडांतला मनुष्य. —*a.* आशीया खंडसंबंधी.

Aside *ad.* (*a* and *side*) on, or to one side एकीकडे, बाजूस, आडबाजूस ; out of the way रस्त्याच्या बाहेर, मार्ग सोडून; to set a. रद्द -नामंजूर क.

Asinine, see under Ass.

Ask* *v.* (*Skr. ish,* to desire) request मागणें, विनंती क. : a. counsel of God: require मागणें : what price do you a.? inquire of विचारपूस क.; put a question पुसणें, विचारणें (John ix. 21).

Askance, Askant, Askew, *D.*, Aslant *a.* (*a* and *slant*) तिरकस, आडवा, ओझरता ; to look a. काण्या डोळ्यानें पाहणें.

Asleep* *ad.* (*a* and *sleep*) झोंप लागलेला, निद्रिस्त.

Aslope* *ad.* ढाळता, उतरता.

Asp (*aspis*) एक विखारी सर्प आहे.

Asparagus (*L.*) नागदवण *f* (एक झाड आहे).

Aspect (*-spicere,* to look) look आकार, डौल, कटाक्ष, रूप *n* ; particular appearance of the face चेहरा, मुद्रा *f*, वदन *n* ; severe a. कठोर मुद्रा *f*; position तोंड *n*, लक्ष्य *n*, अभिमुख *n*, रोख : a house has a southern a.; *Astr.* the situation of one planet or star with respect to another दृष्टि *f*, दशा *f*.

Asperity (*asper,* rough) खरबरीतपणा ; harshness of sound कर्कशपणा ; sourness अंबटपणा ; moral ruggedness कर्कशपणा, कडुस्वभाव ; sharpness तीक्ष्णता *f*, तिखटपणा, कडकपणा.

Asperse *v.* (*-spargere,* to scatter) कुभांडवेणें, काजळी लावणें (a character).— Aspersion तुफान *n*, अपवाद ; a sprinkling शिंपडणें *n*, शिंचन *n*.

Aspire *v.i.* (*-spirare,* to breathe) desire with eagerness उमेद -आशा धरणें [to, after] ; ascend चढणें. —Aspiring *a.* आशा धरणारा, उमेदवार ; हौसदार, महत्वाकांक्षी.—Aspirant *a.* इच्छु, अर्थी : विद्यार्थी, धनेच्छु.—Aspirate *v.* जोरानें उच्चार क., महाप्राणोच्चार क. : we a. the words *horse* and *house.* —*n.* जोराच्या उच्चाराचा वर्ण, महाप्राण वर्ण. —*a.* जोराच्या उच्चाराचा, महाप्राणाचा.— Aspiration जोराचा उच्चार, महाप्राण ; आशा *f*, आस *f*, लालसा ; दम, उमेद *f*, हाव *f*.

Asquint *ad.* See Askance.

Ass (*asinus*) गाढव *m*, *n* ; a stupid fellow गाढव, गद्दा, ढ.—Asinine *a.* गाढवाचा, गर्दभसंबंधी ; गाढवाच्या गुणाचा.

Assail *v.* (*-salire,* to leap) assault हल्ला क., घाला घालणें [with, for] ; attack morally

आब्रूवर हल्ला क. -ABLE *a.* हल्ला करण्याजोगा, आक्रमणीय. -ANT हल्ला करणारा.

ASSASSIN *F.* one who kills, or attempts to kill, by surprise or secret assault मारेकरी, गुप्तघाल्या. -ATE *v.* घाल्यानें -दग्यानें मारणें -जीव घेणें. -ATION गुप्तघात.

ASSAULT *v.* (*See* ASSAIL) हल्ला क.—*n.* a violent onset with physical means, as blows, weapons, &c, हल्ला, उचल *f*; *Law*, a. and battery मारामार *f*, दंडपारुष्य *n*; a violent onset with moral means, as words, arguments, &c. आब्रूवर हल्ला क.

ASSAY *v.* *F.* परीक्षा क., कसोटीस लावणें [with, for].—*i.* यत्न क.: he *assayed* to go. —*n.* परीक्षा *f*, पारख *f*; of coin नाण्याची पारख *f*, नाणकपरीक्षा *f*; the substance to be assayed परीक्षेची वस्तु *f*; attempt यत्न, प्रयत्न. -ER, -MASTER धातूची परीक्षा करणारा, पोतदार.

ASSEMBLE *v.* (-*simul*, together) bring together एकत्र आणणें, एकवटणें; convene बोलावून जमवणें, मिळवणें.— *i.* जमा -गोळा होणें; एकत्र जमणें -मिळणें -येणें [at, in, for, together].—ASSEMBLAGE जमाव, मेळा, समुदाय.—ASSEMBLY जमाव, मेळा, जमात *f*; a heterogeneously composed a. पंचमिसळ *f*; a religious society convened मंडळी *f*, धर्मसभा *f*; a legislative body राजसभा *f*, राजकार्याची सभा *f*; an a. of the learned पट्टी *f*. [*Mil.* a beat of the drum or sound of the bugle as a signal to troops to assemble]. -ROOM सभागृह *n*.

ASSENT *v.i.* (-*sentire*, to think) संमत -रुकार -अनुमत देणें.—*n.* रुकार, होकार, संमत *n* [to].

ASSERT *v.* (-*serere*, to join together) affirm खचीतपणीं -प्रतिज्ञेनें बोलणें; maintain स्थापणें, प्रतिपादन क.: a system of doctrine, &c. उपपादन -उपपत्ति क., कैवार घेणें. -ION उपपादन *n*; ज्याविषयीं खातरीचें भाषण केलें तें; positive declaration निश्चित वाक्य *n*; position advanced प्रतिज्ञा *f*, पक्ष, मत *n*; संभाळ, रक्षण *n*: a. of our rights.

ASSESS *v.* (-*sedere*, to sit) set, fix, or charge a certain sum upon, as a tax पट्टी -कर बसवणें; fix the value of, for the purpose of taxation कर बसविण्या करिता किंमत ठरवणें; fix ठरवणें: to a. damages. -MENT पट्टी बसवणें *n*; सरकारी पट्टी *f*, कर; जुरीनें नुकसानीची किंमत -अजमास ठरविणें *n*. -OR पट्टी बसवणारा; जमाबंदी करणारा; one who sits by another, as next in dignity सभासद; an assistant and adviser मदतनीस, "आसेसर"; कर बसविण्या करिता जिनगीची किंमत ठरविणारा, "आसेसर."

ASSETS *pl* (-*satis*, enough) property of a deceased person, subject by law to the payment of his debts and legacies मैयताचें कर्ज वगैरे फेडण्यापुरती त्याची जिंदगी *f*, मैयत जिंदगी *f*, जायदाद *f*; effects of an insolvent debtor or bankrupt, applicable to the payment of his debts नादार मनुष्याची पुंजी *f*; entire property of all sorts, belonging to a merchant or to a trading association व्यापाऱ्याची किंवा व्यापाराच्या मंडळीची पुंजी *f*, भांडवल *n*, ठोकमाल.

ASSEVERATE *v.* (-*severus*, serious) शपथपूर्वक बोलणें.—ASSEVERATION शपथपूर्वक भाषण *n*.

ASSIDUITY (-*sedere*, to sit) उद्योग, व्यासंग, अभ्यास.—ASSIDUOUS *a.* उद्योगी, व्यासंगी, व्यवसायी; performed with constant diligence or attention झटून -लक्ष्य लावून केलेला (labor); attentive सावध, हुशार [at].

ASSIGN *v.* (-*signare*, to mark out) नेमून -लावून देणें (a limit); appoint for a particular purpose विशेष कामाकरितां नेमणें, नियोजणें; allot नांवानें वांटा काढून ठेवणें;

Law, make over to another दुसऱ्याच्या स्वाधीन क. -सोपणें; transfer to, and vest in, certain persons, called *assignees,* for the benefit of creditors सावकारांस वाटून देण्याकरितां (जिंदगी) मुखत्यारांच्या स्वाधीन क.;—a reason कारण लावणें -सांगणें [to]. -EE, a person to whom an assignment is made तैनाती; a person deputed by another मुखत्यार, वकील; नादार जिंदगीची व्यवस्था करणारा, मुतालीक, 'असैनी.' -MENT —of land जाहगीर *f*; on the revenues वरात *f*, तनखा *f*.

ASSIMILATE *v.* (*-similis,* like) सारखा -सादृश क.; convert into a like substance समपदार्थ क.: food is *assimilated* by conversion to animal substances.—*i.* सारखा होणें; जिरणीस पडणें, पचणें.—ASSIMILATION सारखा करणें *n*, समीकरण *n*; सारखेपणा, समता *f*, अनुगुण;—of food परिपक्वता *f*, विपाक.

ASSIST *v.* (*-sistere,* to stand) मदत क. -ANCE सहाय *n*, कुमक *f*, मदत *f*. -ANT मदतनीस, हस्तक.— *a.* मदतीचा, सहायकारी -कारक.

ASSIZE, ASSIZES *pl* (*-sedere,* to sit) tribunal न्यायसभा *f*, अदालत *f*; statute for determining weight or price निरखाचा कायदा; market rate बाजार निरख -भाव.— *v.* कायद्यानें दर -भाव ठरवणें -नेमणें; कराचा दर ठरवणें.

ASSOCIATE *v.* (*-sociare,* to join) join in company, as a friend संगत -सोबत करून देणें, जूट घालून देणें: to a. others *with* us in business; unite in the same mass मिळवणें: particles of matter *associated* with other substances.— *i.* संगत -सहवास क. -होणें: congenial minds are disposed to a.— *a.* संयुक्त; joined in interest or purpose मिलाफी, सामील, एकचित्त; confederate संगनमति; संगती, जोडीचा: an a. judge.—*n.* सोबती, भागीदार, साथी; a. in crime साग्या.—ASSOCIATION संयोग क. *n*, संयोजन *n*; connection गाठ *f*, प्रसंग, संबंध; संगत *f*, सोबत *f*; union संगम; union of persons in a company or society for some particular purpose सभा *f*, मंडळी *f*: a. for the advancement of science; a benevolent a.

ASSORT *v.* (*-sors,* lot) मत -वर्ग लावणें; to furnish with all sorts सर्व प्रकार पुरविणें. -ING विल्हेवारी *f*. -MENT मत लावणें *n*, वर्गीकरण *n*; variety of the same kind एकाच जातीचा निरनिराळा प्रकार, थर: an a. of goods.

ASSUAGE *v.* (*-suavis,* sweet) soften हलका -उपशम क. (pain, grief); mitigate शमवणें, थंडावणें, शांतवणें.— *i.* उपशमन -शांत होणें; उतार पडणें, ओसरणें (Gen. viii. 1). -MENT समाधान *n*, प्रशमन *n*; उतार.

ASSUME *v.* (*assumere,* to take) take upon one's self आपणाकडे घेणें, अंगिकारणें; take for granted, or without proof प्रमाणावांचून घेणें; take in appearance वेष धारण क., मिथ्याग्रह क.: to a. the garb of humility.—ASSUMING मगरूर, अभिमानी, आढ्यतेचा. — ASSUMPTION आपणाकडे घेणें *n*, स्वीकरण *n*; प्रमाणा वांचून घेणं *n*, प्रमाणव्यतिरिक्तग्रहण *n*; false a. मिथ्याग्रहण *n*; the thing supposed प्रमाणा वांचून सिद्ध मानलेली गोष्ट *f*, कल्पना *f*; *Logic* प्रतिज्ञा *f*;—of a disguise वेषधारण *n*; taking a person up into heaven स्वर्गारोहण *n*; [*Rom. Cath. and Gr. Churches,* a festival in honor of the ascent of the Virgin Mary into heaven.]

ASSURE *v.* (*-securus,* secure) make sure खचीत क.; render confident by a promise, declaration, or other evidence खातरी क., भरवसा देणें; embolden धैर्य -दिलासा देणें; insure तोटयाची हमी भरणें [to, for,

against]. —ASSURANCE अभयवचन *n*; अभयदान *n*, अभयप्रमाण *n*; promise भाक *f*, प्रतिज्ञा *f*, वचन *n*; firm persuasion दृढनिश्चय, निर्धार, धडा (Heb. x. 22); intrepidity धारिष्ट *n*: brave men meet danger with a.; impudence धिटाई *f*; trust in self उमेद *f*, दम, भरवसा; testimony of credit निशा *f*, खातरी *f*; तोटयाची हमी *f*. —ASSURED खातरी झालेला, निश्शंक, निभ्रांत. -LY *ad*. निश्चयपूर्वक, निःसंदेह, निश्चयें, खचित.

ASTERISK (*Gr*. *aster*, star) फुली *f*, चौफुली *f* [*].—ASTERISM नक्षत्रगण.

ASTERN* *ad*. (*a* and *stern*) गलबताचे पिछाडीस.

ASTEROIDS (*Gr*. *aster*, star, *eidos*, form) मंगल आणि बृहस्पति यांच्या कक्षेमध्यें जे उपग्रह आहेत त्यांतला एक.

ASTHMA (*Gr*.) दमा, श्वास, धाप *f*.—TIC *a*. दम्याचा *n*, दम्यासंबंधी; affected by asthma धापकरी.

ASTONISH *v*. (*-tonare*, to thunder at) strike dumb with sudden fear, terror, surprise, or wonder चकित -विस्मित -दंग क. [with, by, at]. -ING *a*. विस्मित करणारा, चमत्कारिक, आश्चर्यकारक. —MENT आश्चर्य *n*, विस्मय *n*, अचंबा.

ASTOUND, see ASTONISH.

ASTRAY* *ad*. (*a* and *stray*) आडवाटेनें, वाट चुकून: before I was afflicted I went a. (Ps. cxix. 67); to go a. बहकणें; to lead a. बहकावणें.

ASTRIDE * *ad*. (*a* and *stride*) दोहींकडे पाय टाकून -ठेवून, घोडेबसणी.

ASTRINGENCY (*-stringere*, to bind) तुरटपणा, स्तंभक गुण.—ASTRINGENT *a*. binding स्तंभक (medicines).—*n*. स्तंभक औषध *n*.

ASTROLOGY (*Gr*. *aster*, star, *logos*, a discourse) art of judging of the influences of the stars, and of foretelling future events by their position and aspects प्रश्नमुहूर्त्त ज्योतिषविद्या *f*, दैवप्रश्न, फलज्योतिष *n*.—ASTROLOGER शकुन्या, गणक, दैवज्ञ.—ASTROLOGICAL *a*. फलज्योतिष संबंधी.

ASTRONOMY (*Gr*. *aster*, star, *nomos*, a law) the science which treats of the celestial bodies ज्योतिषशास्त्र *n*, खगोलविद्या *f*.—ASTRONOMER ज्योतिषी, खगोलवेत्ता.—ASTRONOMICAL *a*. ज्योतिष विद्येसंबंधी. -LY खगोल विद्येप्रमाणें, ज्योतिषशास्त्रानुसार.

ASTUTE *a*. (*astutus*, cunning) शहाणा, धूर्त्त, चतुर [in].

ASUNDER *ad*. (*a* and *sunder*) वेगळा, अलग, पृथक; in comp. वि: विछिन्न.

ASYLUM (*Gr*. *-sulon*, plunder) a place of retreat थारा, आश्रय, ठाव; an institution for the protection of the unfortunate अनाथगृह *n*, धर्मशाळ *f*.

AT *prep*. near to जवळ, पाशीं; noting time क्षणींच; towards कडे: to aim an arrow a. a mark; a. the house घरीं; a. the minute क्षणीं; a. this time तत्क्षणीं; a. last शेवटीं; a. least निदान; a. leisure रिकाम्या वेळीं; a. most फार केलें तर; a. night रात्रीं, रात्री; a. once एकदम; एकाएकीं; एकदां; a. pleasure खुशी प्रमाणें; a. present तूर्त, हल्लीं; a. random बेशिस्त; a. sight दर्शनी, देखत; a. the well विहिरीवर; a. war लढाईत गुंतलेला, लढाईवर; a. hand हाताशीं, हाजर; a. all times सर्वदा, हरघडीं.

ATHEISM (*Gr*. *-theos*, god) disbelief or denial of the existence of a God नास्तिकमत *n*, निरीश्वर वाद.—ATHEIST नास्तिक.

ATHIRST *a*. (*a* and *thirst*) तान्हेला, तृषार्त.

ATHLETE (*Gr*. *aethlos*, contest) पेहेलवान, जेठी, मल्लयोद्धा.—ATHLETIC *a*. पहिलवानाचा, मल्ल-

क्रीडासंबंधी; vigorous धट्टाकट्टा, जोरकस; a. exercise कसरत *f*.

ATHWART* *a*. (*a* and *thwart*) आडवा, मध्यें.—*ad*. उफराटा, गैरशिस्त, अन्यायानें.

ATLAS (*Gr*.) नकाशांचें पुस्तक *n*.

ATMOSPHERE (*Gr*. *atmos*, vapor, *sphaira*, sphere) whole mass of aëriform fluid surrounding the earth वातावरण *n*, मेघमंडळ *n*.—ATMOSPHERICAL *a*. वातावरण वाय्वावरण संबंधी.

ATOM (*Gr*. *atomos*, uncut) an *ultimate*, indivisible particle of matter परमाणु, अणु, fig. anything extremely small लव, लेश; अतिसूक्ष्म पदार्थ. -IC, -AL *a*. परमाणूचा, परमाणुमय; परमाणुसंबंधी; सूक्ष्म, फार बारीक. -ISM, the doctrine of atoms; a system which, assuming that atoms are endued with gravity and motion, accounted for the origin and formation of all things परमाणुवाद.

ATONE *v*. (*at one*) make reparation, compensation, amends, or satisfaction for an offense or a crime निस्तरणें, भरून देणें, बदला देणें. -MENT मिलाफ,समेट (Rom. v.11); निस्तरणें *n*, निष्कृति *f*; *Theol*. the expiation of sin made by the obedience and personal sufferings of Christ प्रायश्चित्त *n* [for].

ATRABILARIAN, ATRABILARIOUS, *a*. (*atra bilis*, black bile) affected with melancholy, which the ancients attributed to the black bile उदास, उदासवृत्तीचा.

ATRAMENTOUS *a*. (*ater*, black) शाईसारखा, काळा.

ATROCIOUS *a*. (*atrox*, cruel) अतिदुष्ट, घोर. -NESS उग्रता *f*, क्रूरता *f*, घोरपणा.—ATROCITY महापाप *n*, अतिदोष, घोरकर्म *n*.

ATTACH *v*. *F*. tie बांधणें; take by legal authority जप्त क., टांच लावणें;—to, win the heart of मन ओढणें, प्रीति -स्नेह जोडून घेणें; connect with जोडणें, लावणें; adhere चिकटणें; fig. apply लावणें, आरोपणें [to, for]. -ED जप्त केलेला, जप्त; स्नेही, अनुरक्त, तत्पर, परायण, आसक्त; जडीव, लावलेला; युक्त, संलग्न, आरोपित. -MENT जप्ति *f*; a. after judgment पक्की जप्ति *f*; प्रीति *f*, स्नेह, निष्ठा *f*, आसक्ति *f*.

ATTACK *v*. *F*. assault चढून -चालून जाणें, हल्ला क.;— insidiously गुप्तघाला घालणें; suddenly छापा घालणें; begin a controversy with (शब्दांनीं अथवा लिहिण्यानें) वाद -भांडण चालू क. ; to a. in front आघाडीमारणें [with].—*n*. हल्ला, घाला;—of a band of robbers दरवडा; first invasion चढाई *f*, उचल *f*.

ATTAIN *v*. (*-tenere*, to hold) gain मिळवणें, संपादणें; equal बरोबरी क.—*i*. reach पोंचणें, पावणें (Acts xxvii. 12); come or arrive, by an effort of mind संपादन -प्राप्त होणें (Ps. cxxxix. 6) [to,by]. -ABLE *a*. मिळवायाजोगा, प्राप्य; येण्याजोगा, आगम्य; संपादायाजोगा, साध्य. -MENT संपादणूक *f*, प्राप्ति *f*, उपलब्धि *f*; that which is attained लाभ, सिद्धि *f*; difficult of a. दुर्लभ; easy of a. सुलभ.—*pl* संपादित गुण.

ATTEMPER, -ATE *v*. (*-temperare*, to soften) moderate by mixture मिसळ घालून माफक क. : to a. heat by a cooling mixture; soften नरम -हलका क. : to a. rigid justice with clemency; regulate कायद्यात ठेवणें : a mind well *attempered* with kindness and justice; adapt सम -जुना बसविणें : arts *attempered* to the lyre.

ATTEMPT *v*. (*-tentare*, to touch) try यत्न -उद्योग क.; attack हल्ला क. : to a. the enemy's camp. —*i*. यत्न क. — *n*. यत्न, उद्योग; हल्ला.

ATTEND *v*. (*-tendere*, to stretch) be united to जडून -लागून असणें : a cold *attended*

with fever; go or stay with बरोबर जाणें किंवा राहणें; serve सेवा -चाकरी -खिजमत क.; be present हजीर -समीप -जवळ असणें; await बरोबर येणें -राहणें: happiness or misery *attends* us after death;—as a physician औषध देणें; शोध -समाचार घेणें.—*i.* listen ऐकणें, लक्ष्य देणें (Ps. lxxxvi. 6); on, upon, wait on भक्ति -चाकरी -सेवा -शुश्रूषा क. [to, upon, on]. -ANCE हाजर असणें *n*, सेवा करणें *n* &c.; ध्यान *n*; अवधान *n*; चाकरी *f*, परिचर्या *f*, सेवा *f*; हजिरी *f*; retinue जिल्लीब *f*. -ANT हुजऱ्या, खिदमतगार, अनुचर.—*a.* बरोबर असणारा.—ATTENT, -IVE *a.* सावधान, तत्पर, एकचित्त. -ION, लक्ष्य *n*, चित्त *n*, मन *n*;—to one object एकाग्रता *f*; act of civility बरदास्त *f*, ताजीम *f*, तवाजू *f*, समाचार, आगतस्वागत *n*: a. to a stranger.

ATTENUATE *v.* (*-tenuare,* to make thin) बारिक -पातळ -कृश क.; break into very minute parts फोडून बारिक तुकडे -चुरा क.—ATTENUATION बारीक करणें *n*, कृशीकरण *n*.

ATTEST *v.* (*-testis,* witness) साक्ष देणें -घालणें; give proof of -चा दाखला -चें प्रमाण देणें: the ruins of Palmyra a. its ancient magnificence; call to witness साक्षीस ठेवणें. -ATION साक्ष *f*, प्रमाण *n*.

ATTIRE * *v.* पोषाक घालणें, वस्त्र नेसवणें. —*n.* पोशाक, वेष, लिभास.

ATTITUDE (*aptus,* suited) posture ठाणमाण *n*, आसन *n*; position स्थान *n*, अवस्था *f*.

ATTORNEY *F.* one who is legally appointed by another to transact any business for him मुखत्यार, मुनीम; a. at law वकील; power of a. वकिलातनामा, मुखत्यारपत्र *n*.

ATTRACT *v.* (*-trahere,* to draw) ओढून घेणें, आकर्षण क.; allure मोहणें, भुलवणें [from, to, by, with]. -ION आकर्षण *n*; मोहन *n*, प्रलोभन *n*; a. of gravitation गुरुत्वाकर्षणशक्ति *f*; capillary a. केशाकर्षण *n*; *pl* मोहक गुण. -IVE *a.* आकर्षण करणारा, आकर्षक; मोहक.

ATTRIBUTE *v.* (*-tribuere,* to give) consider as belonging -चा आहे असें मानणें -आरोपणें, घालणें (power, quality); give as due यथान्याय देणें: a. to God all the glory of the redemption; impute as a cause लावणें, आरोपणें.—ATTRIBUTION गुण, धर्म. — ATTRIBUTABLE *a.* -कडे लावायाजोगा, आरोपणीय, आरोप्य.—ATTRIBUTIVE *n.* विशेषण *n*. — *a.* वाच्य, विशेषक -LY *ad.* *Gram.* विशेषणरूपानें.

ATTRITION (*-terere,* to rub) झिजणें *n*, घर्षण *n*; waste by a. झीज *f*, घस *f*; *Theol.* grief for sin arising only from fear of punishment or feelings of shame भय -लज्जामूलक पश्चात्ताप.

ATTUNE *v.* (*-tonus,* tune) सूर लावणें -मिळवणें; make accordant जम -मेळ बसवणें [to].

AUBURN (*albus,* white) reddish brown पिंगट, सोनसळा; bright a. गोरा, भुरका, पाडुवर्ण.

AUCTION (*augere,* to increase) लिलाव *n*, लिलाम *n*. -EER लिलाव करणारा -वाला.

AUDACIOUS *a.* (*audere,* to dare) impudent उद्धट, धीट, निर्लज्ज; bold in wickedness दुष्टाई करण्यांत धारिष्टवान -साहसिक; committed with, or proceeding from, daring contempt of law कायद्यास न जुमानून केलेला (crime). —NESS, AUDACITY उद्धटपणा, औद्धत्य *n*; धीटपणा, साहस *n*.

AUDIBLE *a.* (*audire,* to hear) capable of being heard ऐकायास योग्य, श्राव्य; loud enough to be heard ऐकूं येईसा, कर्णगोचर [to].— AUDIBLY *ad.* ऐकूं येईसा, कानीं पडेसा. — AUDIENCE ऐकणें *n*, श्रवण *n*; admittance to a hearing सुनावणीची मुलाखत *f*, कानावर मजकूर घालण्याची

भेट *f*; an assembly of hearers श्रोते *pl*, श्रोतेमंडळी *f*; a. chamber सुनावणीची जागा *f*, दिवाणखाना; श्रोते बसण्याची जागा *f*.—AUDIT *n*. examination तपासणी *f*; a final account हिशेबाची शेवटची तपासणी *f*.—*v*. हिशेब तपासून -रुजू पाहून बार क. -OR हिशेबाची तपासणी करणारा, तजकरनीस; ऐकणारा, श्रोता. -ORY *a*. श्रवण संबंधी; having the power of hearing श्रवणशक्तीचा.—*n*. an assembly of hearers श्रोतेमंडळी *f*; a lecture-room पाठ सांगण्याची जागा *f*, पाठशाला *f*.

AUGER* सामता, बरमा.

AUGHT * किंचित, कांहीं.

AUGMENT *v*. (*augere*, to increase) वाढविणें, वृद्धि क. [by, with]. —*n*. वृद्धि *f*, वाढ *f*; *Gram*. an increase of the quantity of the initial vowel आगम. -ATION वृद्धि *f*, वाढ *f*; *Med*. चढ, भरतें *n*.

AUGUR (*L*.) शकुनपाहणारा, शकुन्याजोशी.—*v*. पूर्वी सुचविणें -दर्शविणें.— *i*. शकुनावरून -चिन्हावरून समजणें -अनुमान क. -ED प्रदर्शित. — AUGURY शकुनविद्या *f*; an omen शकुन.

AUGUST *a*. (*augere*, to increase) majestic प्रतापशाली, प्रभावशाली.—*n*. (from *Augustus*) इंग्रजी सालाचा आठवा महिना,श्रावण भाद्रपद. -NESS प्रताप; magnificence वैभव *n*. -AN *a*. आगस्तस बादशहाचा -च्या वेळेचा (age).

AUNT (*amita*) sister of one's father आत *f*, मावळण *f*; of one's mother मावसी *f*.

AURICLE (*auris*, ear) the external ear कान, कर्ण; one of the two muscular sacs situated at the base of the heart रक्ताशयाचा एक अवयव आहे.—AURICULAR *a*. कानाचा, कर्ण संबंधी; told in the ear कानांत सांगितलेला, गुप्त (confession); known by the sense of hearing कर्णगोचर; a. evidence शब्दप्रमाण *n*; traditional कानोकानीं आलेला, कर्णपरंपरागत (traditions); आरिकल नामक रक्ताशयाच्या अवयवाचा.

AURORA (*L*.; *Skr*. *ushásá*, *auróra*) पहाट *f*, अरुणोदय; a. borealis उत्तरेकडील प्रकाश; a. australis दक्षणेकडील प्रकाश.

AUSPICE *a*. (*avis*, bird, *spicere*, to inspect) पक्ष्याच्या गतीवरून काढलेला शकुन; *pl* कृपादृष्टि *f*, नेकनजर *f*, आश्रय.—AUSPICIOUS *a*. शुभ, श्रेयस्कर; prosperous सभाग्य, यशस्कर (person); favorable प्रसन्न, अनुकूल; an a. moment शुभलग्न *n*.

AUSTERE *a*. (*austerus*) severe करडा, कठोर, खरमरीत, निष्ठुर (master, look); sour आंबटढाण, खट्टा (fruit).—AUSTERITY अंबटपणा, खट्टेपणा; करडेपणा, खरमरीतपणा: *pl* तप *n*, तपश्चर्या *f*, देहदंडन *n*.

AUSTRAL *a*. (*L*.) दक्षिणेचा -कडचा (ocean, land).

AUTHENTIC, -AL *a*. (*Gr*. *authentes*) having a genuine original authority सप्रमाण, प्रमाणसिद्ध; genuine खरा, असल, बित्तीम, (paper, register); trustworthy विश्वासू, खातरीचा (writer). -ATE *v*. खरा क., सप्रमाण -सत्य क.—AUTHENTICITY खरेपणा, असलपणा.

AUTHOR (*auctor*) creator उत्पन्नकर्ता, सृष्टा: God is the a. of the universe; the first mover प्रवर्त्तक; one who writes a book ग्रंथकर्ता -कार. -ESS ग्रंथकरणारी *f*, ग्रंथकर्त्री *f*.

AUTHORITY (do.) legal or rightful power सत्ता *f*, अखत्यार, अधिकार (Matth. xxi. 23); influence वजन *n*, चलती *f*, कदर *f*, भारदस्ती *f*: a magistrate of great a.; testimony साक्ष्य *f*, साक्ष *f*; the Gospels are our a. for the miracles of Christ; credibility खरेपणा, श्रद्धेयता *f*: an historian of no a.; received text आप्तवचन *n*; a precedent मागला दाखला -लेख -उदाहरण *n*; [a decision of a court, an

official declaration, or an opinion, saying, or statement worthy to be taken as a precedent; also a book that contains them, or the name of the author].—AUTHORITATIVE *a.* प्रमाणाचा, सप्रमाण; imperative दबदब्याचा, दराऱ्याचा, धनीपणाच्या डौलाचा. -LY *ad.* प्रमाण सांगून -दाखवून, सप्रमाणतः; दाबानें.— AUTHORIZE *v.* give right to act करण्याची अखत्यारी -मुखत्यारी देणें; make legal कायद्यानें स्थापणें, कायदेशीर क., विध्युक्त क. (a marriage); establish by authority विधि -आचार -प्रमाण -चाल इ० कडून स्थापणें, विहित क.: idioms *authorized* by usage; give authority, credit, reputation, or support to पुष्टीकरण क., पुरवणी क., संभाळणें (a report).

AUTOBIOGRAPHY (*Gr. autos*, self; and *biography*) आपणच आपला लिहिलेला वृत्तांत, आत्मचरित्र *n.*

AUTOCRACY (*Gr. -kratos*, strength) स्वतंत्रशक्ति *f*; एकाच्याच हातांत कुल मुखत्यार, स्वाधिपत्य *n*, मुखत्यारी *f*.—AUTOCRAT मुखत्यार राजा, सम्राट्;—a title assumed by the emperor of Russia.

AUTOGRAPH (*Gr. -graphein*, to write) स्वदस्तूरचा लेख, स्वहस्ताक्षर *n.*

AUTOMATON (*Gr. -maein*, to move) आपोआप चालणारें यंत्र *n*, स्वयंवह यंत्र *n.*

AUTUMN *n.* (*autumnus*) season between summer and winter खरिपाचे दिवस *pl*, शरत्काल; latter half उत्तरार्द्ध; third stage तृतीयावस्था *f*. -AL *a.* शरत्कालाचा.

AUXILIARY *a.* (*auxilium*, aid) सहायकर्त्ता, कुमकेचा.—*n.* साह्यकारक क्रियापद; *pl* foreign troops in the service of a nation at war युद्धप्रवृत्त सरकारच्या सहायार्थ परकी सैन्य *n*, कुमकी लष्कर *n.*

AVAIL *v.* (*-valere*, to be strong) profit फायदा क.; one's self आपला फायदा करून घेणें; aid सहाय क., कामीं -उपयोगीं पडणें: artifices will not a. a sinner in the day of judgment.—*i.* कामास पडणें -येणें: this scheme will not a.—*n.* फायदा, लाभ, फळ *n*; use प्रयोजन *n*, उपयोग; *pl* उत्पन्न *n*, विक्रीचा पैसा. -ABLE *a.* उपयोगी पडण्याजोगा, कामाचा (funds); नफ्याचा, लाभदायक; valid बळकट, प्रबल (plea).

AVALANCHE *F.* डोंगरावरून लोटत येणारी बर्फाची धोंड *f*.

AVARICE (*avarus*) द्रव्यलोभ, लोभ.—AVARICIOUS *a.* धनलोभी, लोभी, कृपण.

AVAUNT *int. F.* चलजा, नीघ.

AVENGE *v.* (*-vindicare*, to revenge) सूड उगवणें [by].—AVENGER सूड उगवणारा; "a. of his people" भक्तकाजकैवारी.

AVENUE (*advenire*, to come to) a passage द्वार *n*, मार्ग; a walk in a park or garden दुतर्फा झाडांचा रस्ता.

AVER *v.* (*-verus*, true) प्रतिज्ञेनें -निश्चयानें सांगणें -बोलणें.

AVERAGE *F.* मध्यप्रमाण *n*, बस्तान *n*, शेरा.—*a.* सरस, मध्यप्रमाणाचा, सरासरीचा.

AVERT *v.* (*-vertere*, to turn) टाळणें, निवारणें, चुकवणें, फिरवणें [from].—AVERSE *a.* disliking कंटाळा -त्रास करणारा; not favorable प्रतिकूल, पाठमोरा, विन्मुख [to].—AVERSION *n*, कंटाळा, त्रास, तिटकारा; प्रतिकूलता *f*, पराङ्मुखता *f* [to, for].

AVIARY (*avis*, bird) पक्ष्यांचा शिकारखाना, पक्षिशाला *f*.

AVIDITY (*avere*, to long) अधाशीपणा, हवेरेपणा, अतिलोभ.

AVOCATION (*-vocare*, to call) कामावरून बोलावणें *n*; the business which calls aside काम *n*, धंदा, बोलावणें *n.*

AVOID *v.* (*-vitare*) shun टाकणें, वर्जणें: a. bad company; *Pleading*, evade टाळणें, चुकवणें; annul रद्द क., खोडणें. -ABLE *a.*

टाळायाजोगा, परिहार्य. -ANCE त्याग, वर्जन *n*; रद्द क. *n*.

AVOIRDUPOIS *a.* & *n.* *F.* साकर, तूप, गवत, दाणा वगैरे तोलण्याचे विलायती वजनाचा, -चें वजन *n*.

AVOUCH *v.* (*-vocare*, to call), See AVER.

AVOW *v.* (*vovere*, to vow) confess frankly कबूल क., पदरीं घेणें; declare openly उघडपणें बोलणें [to]. -AL कबूली *f*,अंगिकार,स्वीकार.

AWAIT *v.* (*a* and *wait*) wait for वाट पाहणें, मार्गप्रतीक्षा क.; be in store for -करितां राखलेला असणें, -च्यासाठीं तयार असणें: a glorious reward *awaits* the good.

AWAKE * *v.* (*a* and *wake*) wake जागा -जागृत क.; put into action, or new life सचेतन क. —*i.* जागा -सावध होणें, उठणें.— *a.* जागृत, सावध, प्रबुद्ध.—AWAKEN *v.* उठवणें, जागा क. -ING जागाकरणारा, प्रबोधक (discourse, dawn).—*n.* जागा करणें *n*, उठवणें *n*; a revival of religion धर्मसंजीवन *n*.

AWARD * *v.* निवाडा -फैसला करून देवविणें.— *n.* निवाडा, फैसला, निर्णय; written a. हुकूमनामा.

AWARE * *a.* watchful सावध, हुशार; apprised माहितगार झालेला, विज्ञापित.

AWAY* *ad.* दूर, लांब; to go a. निघून जाणें; give a. देऊन टाकणें; I cannot a. with it माझ्यानें तें सोसवत नाहीं; a. with चल निघ, चल; to make a. with मारणें, ठार क.

AWE* reverential fear धाक, दरारा, वचक *f*, आदरप्रयुक्त भय *n*. (Ps. iv. 4); to stand in a. of वचकणें. — *v.* influence by reverential fear धाक -जरब बसविणें. -STRUCK *a.* धाक बसलेला, विस्मयाकुल. —AWFUL *a.* धाकाचा, जरबेचा; भयंकर, घोर; worshipful, आदरनीय, पूज्य.

AWHILE* *ad.* (*a* and *while*) काहीं वेळ, अमळ, क्षणभर.

AWKWARD* *a.* —of persons अडाणी, हेंगाडा, अडमूठ, गवत्या; — of things ओबडधोबड, बेढब-डौल; disagreeable नडीचा, गैरसोईचा, अडचणीचा.

AWL* चांभाराची आरी *f*.

AWN* कुसळ *n*, कुसूं *n*.

AWNING *Goth.* चांदणी *f*, छत *n*, चांदवा.

AWRY* *ad.* तिरकस, तिरवा, वांकडा.

AXE, AX* कुऱ्हाड *f*.

AXIOM (*axioma*, that which is thought worthy) a self-evident and necessary truth प्रत्यक्ष प्रमाण *n*; maxim सूत्र *n*, वचन *n*. -ATICAL *a.* प्रत्यक्ष प्रमाण संबंधी.

AXIS (*L.*) AXLE, -TREE कणा, आंस, अक्ष, ध्रुव.

AY* *ad.* होय, बरें, हो.

AYE* *ad.* सर्वदा, सतत, निरंतर.

AZIMUTH *Ar.* समकोण, समांश.

AZURE *a.* *F.* आकाशवर्ण, नीलवर्ण, अस्मानी रंगाचा. — *n.* नीलवर्ण, अस्मानी रंग.

B.

BAA बें *n*.—*v. i.* बेंबावणें.

BABBLE *v.* *Ger.* prate like a child बोबडें बोलणें; talk thoughtlessly बकणें, बडबडणें; make a constant murmuring noise, as a small stream running over rocks खळखळणें. — BABBLER बडबड्या, वाचाळ, जल्पक; a teller of secrets जिभेचा हलका, लुतरा; a bird, Timalia Malcomi कोकाटी *f*; the Bengal b. सातभाई *f*.—BABBLING वटवट *f*, बकबक *f*.

BABE *Ir.* तान्हेंमूल *n*, बाल *n*.—BABY *n.* तान्हेंमूल *n*, अर्भक *n*; a doll बाहुली *f*. — *a.* लहान बाळासारखा, बाल (eyes).

BABEL *Heb.* the name of a city in the land of Shinar, where the confusion of languages took place (Gen. xi. 9) शिनार देशांतील एका शहराचें नांव *n*; तेथें भाषाची भेळमेळ झाली; confusion बलबलपुरी *f*, बलबल *f*.

Baboon माकडांची एक जात आहे.

Bacchanal, -ian *n*. (*Bacchus*, the god of wine) दारूबाज, छाकटा, मद्यपि.—*a*. धामधुमीचा, धुमश्चक्रीचा.—**Bacchanals**, **Bacchanalia** दारू पिण्याचा उत्साह, पानोत्सव.

Bachelor *F*. a man of any age who has not been married अविवाहित पुरुष, बालब्रह्मचारी; person who has taken the first degree in the liberal arts, at a college or university पाठशाळेंतील पहिली पदवी ज्यास मिळते तो; [a young knight].

Back* the upper or hinder part of an animal, from the neck to the loins पाठ *f*, पृष्ठ *f*; a broad high ridge पठार *n*; the part opposed to the front पाठ *f*, पृष्ठभाग: the b. of a book; hinder part of a thing पिछाडी *f*, पाठ *f*: the b. of an army; the thick and strong part of a cutting tool सुरी वगैरे हतेराची पाठ *f*; to turn the b. on one धिक्कारणें; to cast behind the b. विसरणें, क्षमा क. (Is. xxxviii. 17); to plough the b. पाठीवर धोंड -तुळई ठेवणें, काचणें; to bow the b. दबणें, वें ह्मणणें (Rom. xi. 10); behind the b. पाठीमागें, परोक्ष; on the b. of पाठकुळी; to turn the b. on one पाठमोरा होणें, सोडणें; at the b. of, lit. fig. पाठीवर -मागें.—*ad*. पाठीमागें, परत: to go b.; to a former state पहिल्या स्थितीस: to go b. to poverty; away from contact मागें, उलट (Matth. xxviii. 2); behind मागें: to keep b. a part; in return परतून, परत: give b. the money; towards things or times past परत, मागें: to look b. on former ages.—*v*. पाठीवर चढणें, स्वार होणें; strengthen by aid पाठ देणें -राखणें -उचलणें, पाठबळ देणें; cause to retreat माघारीं फिरवणें (oxen); furnish with a b. पाठ क. -लावणें (books); up पाठबळ देणें. माघारा फिरणें -जाणें: a horse refuses to b.—*a*. मागला, मागचा (settlement); उलट, पाठीकडचा (action). -**bite** *v*. censure, slander, reproach, or speak evil of, in the absence of the person traduced चहाडी -चुगली क. -सांगणें. -**biter** चहाड, चहाडखोर. -**bone** पाठीचा कणा -दांडा, पृष्ठास्थि, moral principle धैर्य *n*, दृढनिश्चय *n*. -**door** परसूं *n*, मागलें दार *n*.-**ground** मागली जागा *f*; the space behind the principal figures of a picture, scene, &c. चित्रांच्या मागली जागा *f*; a place of obscurity गल्लीकुचींतली जागा *f*. -**side** मागली बाजू *f*, पृष्ठभाग. -**slide** *v*. सदाचाराचा मार्ग सोडणें, बिथरणें; [turn gradually from the faith and practice of Christianity]. -**slider** पतित, सन्मार्गत्यागी (Prov. xiv. 14). -**stairs** *pl* आडजिना. -**ward** -**wards**, *ad*. पाठमोरा, पाठसामोरा; पाठीकडे -मागें; मागल्या काळाकडे, गतकाळीं; by way of reflection चिंतन -मनन करून; from a better to a worse state बिचलत, बिथरत (in comp.); contrarily उलटया क्रमानें, उलट. -**ward** *a*. unwilling माघार -उलटघेणारा, नाराजी: b. to be slaves; dull मंद, मंदबुद्धि; coming after the usual time मागाहून येणारा, मागस (season); already past गेलेला, गत (year). -**ness** नाखुशी *f*, माघार *f*; ढिलेपणा, सुस्ती *f*. -**water** धरून -कोंडून ठेवलेलें (धरणाचें) पाणी *n*.

Bacon *F*. खारें केलेलें डुकराचें मास *n*; to save one's b. पागोटें बचावणें, अंगसुटका करून घेणें.

Bad *a*. (*Per*. *bad*) wanting good qualities, whether physical or moral वाईट, खराब, ओंगळ; injurious बाधक; unfavorable प्रतिकूल, अनिष्ट; vicious दुष्ट, दुर्गुणी, पापिष्ट; b. is often expressed in comp. by दुर, कु, कत; as दुर्जन, कुपथ, कदन्न; b. coin खोटें नाणें *n*; b. sign दुश्चिन्ह *n*. -**ly** *ad*. वाईट रीतीनें, वाईट. -**ness** दुष्टपणा; वाईटपणा, वावडेपणा, बाधकता *f*, &c.

BADGE* चिन्ह *n*, लक्षण *n*, बिरीद *n*, निशाणी *f*.

BADGER* एक जनावर आहे; a person who is licensed to buy corn in one place, and sell it in another एका ठिकाणीं धान्य विकत घेऊन दुसऱ्या ठिकाणीं विकण्याची ज्याला परवानगी असते तो.—*v.* पाठीस लागणें, जीव-खाणें, त्रास देणें.

BAFFLE *v. F.* elude चुकवाचुकव -टाळाटाळ क.; defeat मोड क., लटपटविणें (a purpose) [by, with].

BAG* sack थैला, पोतें *n*;—of money कसा, पिशवी *f*; sac in animal bodies containing some fluid कोश, पिशवी *f*; two-mouthed b. पडशी *f*; four-mouthed b. झोळणा; b. with pockets चंची *f*, वाटवा; treasure-b. of Government पोतें *n*;—of musk मृगनाभ *f*; waterman's b. मसक *f*; [*Com.* a certain quantity of a commodity, such as it is customary to carry to market in a sack; as a b. of pepper.]—*v.* पिशवींत -पोत्यांत -गवसणींत घालणें; capture लढाईत धरणें (an army); load with bags पिशव्यांचें ओझें लादणें: a bee *bagged* with his honeyed venom.—*i.* झोल -फुगारा येणें. -GAGE, the luggage of an army खेल-खाना, बाजारबुणगें *n*; — of any traveller बाडबिछाना, सामान *n*. -PIPE नागसुरासारखें एक वाद्य आहे, सनई *f* resembles it in sound, but not in appearance.

BAGNIO *It.* bath न्हाणघर *n*, हमामखाना; brothel वेश्यालय *n*.

BAIL *v.* (*bajulare*, to bear a burden) set free on security जामीन घेऊन सोडणें; deliver, as goods in trust, for some special purpose विश्वासावर माल हवालीं क.: to b. goods to a carrier.—*n.* security given for the release of a prisoner जामीनकी *f*; person who procures the release of a prisoner from the custody of the officer arresting him, or from imprisonment, by becoming surety for his appearance in court जामीन; b. for appearance हजीरजामीन, दर्शनप्रतिभू; — for pecuniary surety मालजा०; — for good conduct फैलखातरजा०. -ABLE *a.* जामीन घेण्याजोगा (an offence);—of persons जामीन घेऊन सोडण्याजोगा (a person).

BAILIFF *F.* a sheriff's deputy, appointed to make arrests, collect fines, summon juries, &c. नाझरच्या हाताखालीं एक कामदार आहे, वर्त्तक; overseer or under-servant on an estate कारभारी, चौकसनीस.

BAIT *v. Icel.* put on or in, as on a hook or in an enclosure, to allure fish, fowl, and other animals into human power घास -आमिष लावणें; give portion of food and drink to, upon the road वाटेवर (जनावरास) दाणापाणी देणें.—*i.* कुत्तरओढ -तोडातोड -हाल हाल क.—*n.* आमिष *n*, घास, लालूच *f*; temptation पेंढीचा खडा, प्रतिलोभन *n*, गूळ-खोबरें *n*

BAIZE (perhaps from Base) लोंकरी पट्टु.

BAKE* *v.* भाजणें;—by fire अग्निपुट देणें; by the sun सूर्यपुट देणें; harden by cold थंडीनें कठीण क.: the earth is *baked* by frost.—*i.* भाजणाराचें -भटयाऱ्याचें काम क., भाकरी भाजणें: she washes and *bakes*; dry and harden in heat उष्णतेनें वाळून कठीण होणें, भाजणें: the ground *bakes* in the hot sun.—BAKER भाजणारा, रोटीवाला.—BAKERY रोटी -तंदूरखाना, 'बेकरी' *f*.

BALANCE (*bis*, twice, *lanx*, scale) तराजू *f*, ताजवा; just proportion समतोलपणा: the b. of power; the excess on one side वरतवळा, शिलक *f*: the b. of an account; estimate अजमास; beam of a b. दांडी *f*; dish of a b. पारडें *n*; false b. दीडदांडी *f*; fraudulent turn of a b. in weighing झोका; tongue of a b. कांटा; inclination of an equal b. पासंग *n*;—of an account शिलक बाकी *f*; b. brought forward ओढण *f*; b.) for

or against) on a tradesman's books खाते-बाकी *f*; b. -sheet शिलकबंद; dead b. बुडति बाकी *f*; to settle a b. बाकी पूज क., चुकविणें; b. payable फाजील *f*; a sign of the zodiac तूळरास *f*; an impartial state of the mind in deliberating समान चित्तवृत्ति *f*, विवेचन *n*.—*v*. तोलणें, वजन क.;—an account शिलक -झाडा काढणें -उतरणें, जमाखर्च पाहणें; scales पासंग बांधणें -क.; समतोल क.; अजमास काढणें -पाहाणें: b. the good and evil of things.—*i*. समतोल असणें: the scales b.; hesitate गुटमळणें, नानू क.

Balcony *It*. गच्ची *f*.

Bald *a*. *Sp*. destitute of the natural or common covering सुना, मुंडा, बुचा, उघडा, नागवा; as of the hair टकल पडलेला; inelegant अप्रौढ, असंस्कृत (translation). -HEAD टकल्या. -NESS टकल *n*; बुचेपणा, सुनेपणा. -PATE *n*. टकल *n*, डोई *f*, मुंडमस्तक *n*.—*a*. टकलडोयीचा, टकल्या.

Bale *F*. गड्डा, बस्ता, दिंड *n*; strap of a b. दाटणी *f*; wrapper of a b. बारदान *n*, बासन *n*.—*v*. गड्डा बांधणें; free from water by dipping पाणी उपसणें (a boat)—*n*. अनर्थ, दुःख *n*. -FUL *a*. अनर्थाचा, संकटाचा; destructive नाशकारक (enemies); full of grief दुःखभरित, खिन्न (eyes).

Balk * a ridge of land left unploughed between furrows, or at the end of a field वरळ *f*, खावर्डे *n*; a great beam बहाल *n*; disappointment निराशा *f*, आशाभंग.—*v*. नागरण्यांत वरळ राखणें -सोडणें; टोला देणें, ठकविणें, आशाभंग क.

Ball *Ger*. a round body पिंड, गोळी *f*, गोळा;—of the eye बुबूळ *n*, अक्षिगोल; a bullet गोळी *f*, गोळा;—of the earth पृथ्वीगोल; fire-b. अग्निगोल, उल्का *f*;—of thread गुंडी *f*;— of medicine गुटिका *f*, गोळी *f*; a game चेंडू, कंदूक.—*v*. *i*. घोड्याच्या पायावर बर्फाचे -स्नोचे गोळे होणें: the horse-*balls*.

Ball (*Gr*. *ballein*, to toss) a social assembly for the purpose of dancing नाच, 'बाल.'

Ballad *F*. लावणी *f*, ठुमरी *f*, ग्राम्यगीत *n*. -SINGER शाहीर. -MONGER लावण्या विकणारा.

Ballast *D*. any heavy substance, as stone, iron, &c., placed in the hold of a vessel, to sink it in the water to such a depth as to enable it to carry sufficient sail without oversetting निलीम *f*, निरीम *f*; gravel, broken stone, &c. laid in the bed of a railroad लोखंडी रस्त्यावरली खडी *f*.—*v*. निलीम भरणें; खडी टाकून मजबूत -कठीण क.

Balloon *F*. a bag made of silk or other light material, and filled with hydrogen gas or heated air, so as to rise and float in the atmosphere आकाशयान *n*, विमान *n*, 'बलून'; *Chem*. कांचेचें ग्राहकपात्र *n*.

Ballot *F*. a ball used in voting संमत गुटिका *f*, चिठ्यांनीं संमत देणें *n*.—*v*. *i*. लेखनद्वारा गुप्त संमति देणें.

Balm (*Gr*. *balsamon*) एक सुगंधित झाड आहे; any fragrant ointment सुगंधित उटणें *n*; anything which heals, or which mitigates pain उपशमक औषध *n*.—**Balmy** *a*. सुगंधि;—of slumbers गोड, सुखाचा; उपशमक.— **Balsam** सुगंधिक उटणें *n*; common b. तेरडा.

Baluster *F*. कठड्यांतलागज, गराद *f*.—**Balustrade** कठडा, कठारा.

Bamboo *Malay*. वेळू, वंश, कळक, बांबू; clump of *bamboos* बेट *n*; manna of the b. तवकीर *f*; efflorescence of the b. मेळ.—*v*. बांबूनें मारणें.

Bamboozle *v* (?) फसविणें, धत्तुरा दाखविणें, नखांवोटांवर खेळविणें [Low].

Ban *F*. a public notice जाहीरनामा; interdiction मनाई *f*, निषेध ; a curse श्राप *pl* ; notice of a marriage proposed, or of a matrimonial contract, proclaimed in a church, or other place prescribed by law, that any person may object, if he knows of any kindred between the parties, of any pre-contract, or other just cause why the marriage should not take place लग्नाचा जाहीरनामा.

Band* a fillet पट्टा, पट्टी *f*, बंधन *n* ; means of union between persons लगाबांधा, संबंध ; a company of persons united in any common design, especially a body of armed men जूट *f*, मंडळी *f*, थवा, तांडा ; हत्यारबंद लोकांची टोळी *f*; encompassing belt आटा, आळा, कडें *n* ;—of musical instruments बाजा, नगारखाना ;—of dancing girls and musicians कळवंतणींचा ताफा.— *v*. पट्टीनें बांधणें, वेष्टणें ; जुटणें, जथणें. —*i*. एकहोणें, कट क. -age *n*. पट्टी *f*, बंधन *n*. —*v*. पट्टीनें बांधणें, पट्टी बांधणें.

Bandicoot *Ger*. घूस *f*.

Bandit *It*. दरवडेखोर, लुटारू, वाटमाऱ्या.

Bandy *F*. a club for striking a ball at play दांडू ; — the play इटीदांडूचा खेळ. —*v*. beat to and fro इकडून तिकडे तिकडून इकडे फेंकणें, टोलवाटोलव क. ; exchange अदलाबदल क., देणें घेणें : to b. hasty words. -legged *a*. फेंगड्या पायांचा.

Bane* poison of a deadly quality जालीम विष *n* ; any fatal cause of mischief, injury, or destruction नाशाचें मूळ *n* -घर *n* : vice is the b. of society. -ful *a*. विखारा, विषयुक्त; नाशक, घातक.

Bang *D*. दणका, रपाटा, खणका.— *v*. beat, as with a club दणकावणें, कडकावणें; thump धडका -टक्कर मारणें.

Banian (*Skr. banik*, merchant) वाणी, बनिया ; the Indian fig tree वडाचें झाड *n*, वड; a morning gown कुडती *f*, 'बन्यान' *n*.

Banish *v*. *F*. condemn to exile हद्दपार करण्याची शिक्षा ठरवणें, देशपार क.; drive away हाकून -घालवून देणें, काढून टाकणें ; to b. all offence [from, to]. -ment देशपार क. *n*, देशबहिष्कार.

Bank * a ridge of earth raised above the surrounding level बांध ; side of a watercourse तड, तीर ; shoal भाट, भाटी *f*, लाग ; *Com*. an establishment* for the custody, or the loaning, exchange, or issue, of money, and for facilitating the transmission of funds सावकारी दुकान *n*, पेढी *f*, ठेवपेढी *f*, 'ब्यांक' *f* ; company of persons concerned in a bank पेढीवाले *pl*. -er सावकार, हुंडीवाला. -ing *n*. सावकारी *f*.—*a*. सावकारीचा, ब्यांकेचा (operations). -note, a promissory note issued by a bank पेढीवाल्याची देखतहुंडी *f*, 'ब्यांक नोट' *f*. -rupt (-*ruptus*, broken) दिवाळें निघालेला, नादार. -cy दिवाळें *n*, नादारी *f*.

Banner *F*. a military ensign बावटा, झेंडा ध्वज ; a streamer पताका *f*.

Banquet *F*. a feast मेजवानी *f*, भोजनोत्सव —*v*. मेजवानी क.— *i*. खाण्यापिण्याची चैन -घमंडी क. -ing-room रंगमहाल.

Banter *v*. *F*. ? उपहास -थट्टा क.— *n*. थट्टा *f* मस्करी *f*, विनोद.

Bantling *Ger*. लहान मूल *n*, चिटलिंग *n*.

Baptize *v*. (*Gr. baptein*, to dip in water) administer the sacrament of baptism to -ला बाप्तिस्मा देणें, -चा बाप्तिस्मा क.— **Baptism**, the application of water to a person, as a sacrament or religious ceremony, by which he is initiated into the visible church of Christ ख्रिस्ती

मंडळींत प्रवेश करणारास जो जलसंस्कार करितात तो, 'बाप्तिस्मा.' -AL *a.* बाप्तिस्म्या संबंधी. — BAPTIST बाप्तिस्मा करणारा ; [applied to John, the forerunner of Christ; one who denies the doctrine of infant baptism, and maintains that baptism ought to be administered only to adults or believers by immersing the body in water]. -ERY बाप्तिस्मा देण्याची जागा *f.*

BAR *n. F.* a long piece of wood or metal, used for various purposes, but especially for a hindrance गज ;—of metal कांब *f,* लगड *f*; a barrier अटक *f,* अडकाठी *f*; —of a door अडसर, अर्गळा *f*; of a railing, window गराद *f*; —a bank at the entrance of a harbor नस्त *n,* बारा, दांडा ; place in court where prisoners stand कोर्टांत कैदी उभे राहण्याची कठडेबंद जागा *f*; the railing that incloses the place which counsel occupy in courts कोर्टांत वकील लोक बसण्याची कठडेबंद जागा *f*; [*at the b. of the court,* in open court]; the whole body of lawyers licensed in a court कोर्टांतील सनदी वकिलांची मंडळी *f*; any tribunal न्याय -धर्मसभा *f* : the b. of public opinion. — *v.* अडसर घालणें (a door); अटकाव क., अडविणें : b. the entrance of evil; the statutes b. my right; the laws b. the use of poisoned weapons. -BARRICADE, a fortification made in haste to keep off an attack कच्ची तटबंदी *f.*— BARRIER, a stockade मेढेंकोट, लकडकोट ; a fortress or fortified town on the frontier of a country सरहद्दी वरला किल्ला किंवा तटबंदीचा गांव ; obstruction अडकाठी *f,* अटकाव ; boundary हद्द *f,* मर्यादा *f.*— BARRISTER कोर्टांतला वकील, 'बारिस्तर.'

BARB (*barba,* beard) a crooked point आंकडा, कांटा ; beard कुसूं *n,* कुसळ *n.*— *v.* (तिरास -गळास) अंकडा -उलट कांटा लावणें ; clothe, as a horse, with armor घोड्यास सशस्त्र -सज्ज क. -ER हजाम, न्हावी.

BARBAROUS *a.* (*barbarus*) savage रानटी, जंगली ; cruel निर्दय, क्रूर ; coarse हेंगाडा, अपशब्दाचा. — BARBARIAN रानटी माणूस ; निर्दय, खाटीक.—BARBARISM रानटीपणा ; निर्दयपणा ; भाषेचा अशुद्धपणा ; a b. कानडें *n,* रांगडें *n,* अपशब्द. — BARBARITY रानटीपणा ; क्रूरपणा.

BARD, *Gael.* a poet and singer among the ancient Celts भाट, पोवाडे गाणारा, चारण ; a poet कवि.

BARE* *a.* naked उघडा, नागवा, खुला ; with b. feet अनवाणी ; with the head uncovered from respect बोडका ; unadorned सुना, मुंढा, साधा ; empty रिकामा, रिता (treasury); mere नुस्ता, केवळ (words) ; much worn जीर्ण झालेला, जुना (liveries).— *v.* उघडा नागवा क. (the breast). -BONE *a.* रोडका, सुदामदेव ; to become *barebones* सांपळा वळणें. -FACED *a.* not masked उघड्या तोंडाचा ; shameless निलाजरा, निर्लज्ज. -HEADED बोडका. -LY *ad.* केवळ, मात्र, निस्तूक.

BARGAIN (*barka,* boat) an agreement between parties concerning the sale of property विक्रीचा ठराव; an agreement of any kind कबूलात *f,* बोली *f,* ठराव ; a gainful transaction किफायतीचें काम *n* ; to strike a bargain टाळी देणें, हातावरहात मारणें.—*v.* विकणें, खंडणें : A *bargained* away his farm.— *i.* करार क., ठरावणें [for, with].

BARGE *D.* a pleasure-boat क्रिडानौका *f,* ऐषआरामाची बोट *f*; a large boat for the conveyance of passengers or goods पडाव.

BARK *D.* the rind साल *f,* त्वचा *f*; inner b. अंतर्साल *f*; Peruvian b. एक औषधी आहे. —*v.* साल काढणें, सोलणें.

BARK * कुत्र्याचें भोंकणें *n.*— *v.* भोंकणें ; clamor गलबला -कलकल क.

BARK, BARQUE, *F.* लहान गलबत *n,* 'बारकस' *n.*

Barley * जव, सातू. -corn सातूचा दाणा, जव; about the third part of an inch in length यव. -sugar कोरडी साकर उष्ण करून तिचा रस झाल्यावर तो तसाच निवूं दिला ह्मणजे तिचा जो पिवळा कांचरूप गोळा बनतो तो, 'बार्लिशुगर' *f*.

Barm * सातूच्या दारूवरची साय *f*.

Barn * धान्य, गवत, ताग इ०चें कोठार *n*.

Barnacle *F*. खुबा, खुबडी *f*.

Barometer (*Gr*. *baros*, weight, *metron*, measure) an instrument for measuring the weight of the atmosphere वायुभारमापक यंत्र *n*.

Baron *F*. विलायतेंत एक बडे लोकांची पदवी आहे [*barons* of the exchequer, the five judges who try cases between the king and his subjects relating to the revenue); b. of beef गायीच्या कासेचें मास *n*, गोपृष्ठ भाग. -ess बारन पदवीच्या गृहस्थाची पत्नी *f*. -et बारनच्या खालची एक पदवी आहे.

Barrack *Sp*. शिपाई लोक राहण्याची चाळ *f*, 'बराक' *f*, *n*.

Barrel *F*. wooden cask पीप *n*, पिंप *n*; tube of a gun बंदुकीची नळी *f*.— *v*. पिपांत घालणें -ठेवणें -भरणें.

Barren * *a*. unprolific वांझ, वंध्या; —land नापीक, उखीर; unaffected उदास, निस्पृह (spectators). -ness वांझपणा, वंध्यत्व *n*.

Barricade, See under Bar.

Barrow* a small carriage moved by the hand हातगाडी *f*; a hog डुकर; a mould मातीची रास *f* -चा ढिगार.

Barter *F*. साटेलोटें *n*, मोबदला, विनिमय.—*v*. साटेलोटें क.

Basalt (*basaltes*) एक कठीण काळा पाषाण आहे.

Base (*basis*) the bottom तळ, पाया, बूड *n*;—the pedestal of a statue बैठक *f*, बसक *f*, पात्र *n*;—of a vessel पडघी *f*; *Mus*. the gravest male voice घोर, धुम; *Chem*. the principal element of a compound मिश्रपदार्थांतील मुख्य तत्व *n*; *Geom*. the line constituting that part of a figure on which it is supposed to stand भूमि *f*; *Mil*. a tract of country protected by fortifications, or by natural advantages, from which the operations of an army proceed युद्धप्रसंगीं सैन्याच्या रक्षणार्थ ज्या जागीं तटबंदी करून तेथून पुढें लढाईचें काम चालवितात ती जागा *f*; a rustic play वाघबकरी *f*.—Bass तंतुवाद्याचा खरजसूर, नीचस्वन *f*. -relief, sculpture whose figures do not stand out far from the ground on which they are formed प्रतिछाया *f*.—Bassoon, a wind instrument भोंबारा.—Base *a*. (*basis*) mean हलका, नीच, उणा; of humble birth and low degree हलक्या कुळांत जन्मलेला; of illegitimate birth बटकीच्या पोटचा; low in value उणाख, हीन (metals); illiberal कृपण; not classical असंस्कृत, प्राकृत : b. Latin.

Bashful *a*. *F*. having a downcast look अधोमुख -दृष्टि; very modest लाजाळू, लाजरा, भिडस्त; sheepish मेंग्या, गायतोंड्या.

Basil (*Gr*. *basilikos*, royal) तुळस *f*; sweet b. सबजा; common b. रानतुळस *f*.

Basin *F*. a hollow vessel to hold water, for washing, and for various other uses तस्त *n*; any hollow place containing water हौद, कुंड *n*, खाडी *f*, इ०;—for ships गोदी *f*; a hollow place बसक *f*.

Bask *v*. *D*. ऊन देणें, उनांत ठेवणें.—*i*. उनांत बसणें, ऊन खाणें, तिरपेस बसणें.

Basket *W*. टोपली *f*, पाटी *f*, दुरडी *f*, पेटारा. -hilt, the hilt of a sword to protect the hand खोबळा.

Bass, See under Base.

Bastard *F.* दासीपुत्र, अकरमाशा.—*a.* राखेच्या पोटचा, मंगळीचा ; spurious कृत्रिम, खोटा ; [*Print.* abbreviated, as the half-title on a page preceding the full title-page of a book].

Baste *v. Sw.* cudgel चेंचणें, कुंदीकाढणें ; [sprinkle flour and salt and drip butter or fat on, as on meat in roasting].

Baste *v. F.* sew slightly टाचे मारणें.

Bastinade *F.* सोटेमार, टोणपेमार.— *v.* सोटाळणें, चेंचणें, चोपणें.

Bastile *F.* किल्ला, गढी *f.*

Bastion *F.* बुरूज ; fortress of four *bastions* चौबुरजी *f.*

Bat* a heavy stick दंडूका, सोटा ; in playing a ball दांडू.—**Baton** सोटा, दांडा, गदा *f.*

Bat *O. E.* पाकोळी *f*; wild b. वडवाघूळ *n.* -**fowling** रात्रीं पक्षी धरण्याचा एक प्रकार आहे.

Batch * quantity of bread baked at one time घाणा, भट्टी *f*; any work dispatched at once एकरास *f*, एकहात.

Bate * *v.* abate कमी क., उतरणें ; leave out सोडणें, गाळणें.—*i.* कमी होणें, उतरणें [of].

Bating *prep.* सोडून, वजा करून.

Bath * place to bathe in स्नानाची जागा *f*, न्हाणी *f* ; a house for bathing न्हाणघर *n*, हमामखाना ; immersion in a bath स्नान *n* ; a Hebrew measure एक कैली माप आहे ; [Order of the B., a high order of British knighthood, composed of three classes, viz., Knights Grand Crosses, Knights Commanders, and Knights Companions]; cold b. शीतोदकस्नान *n*; tepid b. कोणजलस्नान *n* ; warm b. कवोष्णजलस्नान *n* ; hot b. उष्णजलस्नान ; shower-b. धारास्नान *n* ; medicated b. औषधी वाफारा ; hot-air b. उष्ण हवेची ऊब *f*.—**Bathe** *v.* न्हाणघरात अंघूळ घालणें, नाहणें ; suffuse with a liquid ओला क., नाहणें, माखणें : her bosom *bathed* in blood.—*i.* अंघूळ क.—**Bathing** अंघूळ *f*, स्नान *n.*

Battalion, See under **Battle**.

Batten * पुष्ट क., खुराक चारून माजवणें ;—land खत घालून सुपीक क.—*i.* पुष्ट होणें, माजणें.—*n.* a piece of board, or scantling, of a few inches in breadth, used for various purposes चिरखाव, कडी *f.*

Batter *v. F.* beat with successive blows दणके देणें, खोमलणें, ठोकणें ; attack with artillery तोफांचा मारा चालविणें. — **Battery** धक्के मारणें *n* ; *Mil.* any place where cannon or mortars are mounted, for battering a fortification or attacking an enemy मोरचा ; disposition of *batteries* मोरचेबंदी *f* ; an apparatus for generating galvanic electricity विद्युत उत्पन्न करण्याचें यंत्र *n* ; *Law,* the unlawful beating of another कायद्याविरुद्ध दुसऱ्यास मारणें. — **Battering ram** धक्का देऊन भिंत वगैरे पाडण्याचें यंत्र *n.*

Battle *n. F.* लढाई *f*, युद्ध *n* ; a drawn b. ज्या लढाईत कोणत्याही पक्षास जय मिळत नाहीं ती, कच्ची लढाई *f* ; a pitched b. ज्या लढाईत सैन्य पूर्वीच बंदोबस्तानें उभें केलेलें असतें ती ; to give b. लढाई देणें, भिडणें ; mingled b. तुमुलयुद्ध ; b.-cry सिंहनाद ; field of b. रणभूमि *f* ; brave in b. रणधीर ; the tumult of b. रणधुमाळी *f*.—*v.* युद्ध क., लढणें, भिडणें [with, for, against]. -**array** सैन्यरचना *f*, व्यूह. -**ment** जंग्याची भिंत *f.* -**axe** परशू, फरशा.—**Battalion** पलटण *n*, *f.*

Bauble *F.* नकली दागिना.

Bawd *F.* कुंटण्या, कुटीण *f.*

Bawl* *v. i.* cry out with a loud, full sound गळा काढून -शिरा ताणून बोलणें, मोठ्यानें ओरडणें ; cry aloud हेल काढून रडणें, बोंबलणें, आक्रोशणें [out, to].— *t.* ओरडून प्रसिद्ध क.—*n.* ओरड *f*, पुकारा.

Bay *a.* (*badius*) dark b. तेलिया, कुमाईत, तेल्याबोर ; chestnut b. लाखी ; light b. सुरंग ; app. to the color of horses.

Bay *F.* आखात *n,* उपसागर. -SALT समुद्राचें मीठ *n.* (also Bow) -WINDOW भिंतीच्या बाहेर आलेली खिडकी *f.*

Bay *v. F.* bark at -वर भोंकणें ; follow with barking भोंकत मागें जाणें -लागणें : to b. the boar.—*i.* भोंकणें.—*n.* शत्रूच्या वेढ्यांत आपली जागा धरून राहणें *n* ; to keep at b. दूर राखणें, जवळ येऊं न देणें.

Bay *F.* तज, लवंगेचें झाड *n* ; the bark of b. दालचिनी *f,* तज *n* ; the leaves of b. लवंगपत्र *n.*

Bayonet *F.* बंदुकीची संगीन *f.*— *v.* संगिनीनें भोंसकणें ; compel or drive by the bayonet संगीन रोखून पुढें चालवणें -हाकून देणें.

Bdellium (*L.*) गुगूळ, देवधूप.

Be* *v.* (*Skr. bhû*) exist असणें ; become होणें : to be large ; remain राहणें, असणें : let the garment *be* as it was made ; be present in a place असणें : where *was* I at the time ? -ING, existence आहेपण *n,* अस्तित्व *n,* स्थिति *f* ; to bring into b. जन्मास घालणें ; that which exists व्यक्ति *f,* वस्तु *f,* भूत *n* : a human b. ; a living existence प्राणी ; Supreme B. परमेश्वर.

Beach (?) समुद्रकांठ -किनारा ; strand वाळवंट *n.*

Beacon* a signal-fire to notify the approach of an enemy शत्रु जवळ आल्याची सूचना करण्यासाठीं पेटवलेला अग्नि ; a conspicuous mark erected on an eminence near the shore, or moored in shoal water, as a guide to mariners नावाड्यांस वाट दाखविण्याची खूण *f* (आकाशदिवा, दीपमाळ *f,* इ०) ; that which gives notice of danger भयसूचक चिन्ह *n.*

Bead* a little ball bored मणी, पोत *f* ;— as used to count prayers जपमाळेचा मणी ; to tell one's *beads* जप क. ; a bubble on spirit मद्यावरचा फुगा ; a drop of sweat घामाचा बिंदु -टिपूस ; a small piece of metal in a fire-arm, used for taking aim माशी *f* ; to draw a b. नेम धरणें -बांधणें ; *Arch.* गोलची *f.* -SMAN दुसऱ्याकरितां प्रार्थना करायास लावलेला मनुष्य, जप्या, अनुष्टानी.

Beadle* a messenger of a court छडीदार, चोपदार ; an inferior parish officer पट्टेवाला, चपराशी ;—of a temple गुरव.

Beak *O.E.* bill of a bird चोंच *f,* चंचु *f* ; anything like a beak, as a promontory of land चंचुरूप -टोकदार वस्तु *f* -पदार्थ ; a process, like the beak of a bird, terminating the fruit in certain plants कित्येक (बदाम, आंबा इ०) फळाचा चंचुरूप भाग.

Beam * any large piece of timber or iron long in proportion to its thickness, and prepared for use सोटा, लाट *f* ; one of the principal horizontal timbers used in buildings तुळई *f,* बहाल *n* ; the width of a vessel गलबताची रुंदी *f* ; the part of a balance from the ends of which the scales are suspended दांडा, दांडी *f* ; pole of a carriage, which runs between the horses दांडा, 'पोल' ; part of a loom तुरी *f* ;—of a draw-well ओकती *f* ; a ray of light किरण *n.*—*v.* किरण पाडणें, प्रकाशणें ; — the countenance टवटवणें, लुसलुसणें [forth].

Bean * घेवडा, वारवा.

Bear* (*Skr. bhri*) *v.* hold up आधार-पुस्ती देणें, पेलणें ; convey वाहणें, नेणें (burdens) ; wear धारण क. (sword, name) ; exercise चालवणें, बाळगणें (sway) ; cherish मनांत वागवणें, धरणें, बाळगणें ; endure साहणें, सोसणें, कंठणें ; be answerable for अंगावर घेणें, पत्करणें (blame, expense) ; bring forward पुढें आणणें -क., देणें : your testimony b. ; carry on

चालवणें, चालू -सुरू ठेवणें : to b. a part in conversation; be capable of योग्य असणें, शक्ति असणें : give his words the most favorable interpretation they will b.; behave वागणें, वर्तणें : hath he *borne* himself penitently?; afford देणें, पुरवणें; bring forth उपजविणें (fruit); give birth to जन्म देणें, प्रसविणें (children); down जिंकणें, मोड क. (an enemy); off दाबांत ठेवणें, आकळणें; out शेवटपर्यंत संभाळणें; through चालवणें, वाहिवाटणें; up आधार देणें; तरता ठेवणें; पडूं न देणें : religious hope *bears* up the mind under sufferings; to b. date तारीख -मिती असणें.—*i.* be patient ऐकून घेणें, साहणें, सोसणें : I cannot b.; produce फळ येणें -लागणें; on, upon, press निकड लावणें, आग्रह क.; succeed शेवटास -सिद्धीस नेणें : to bring matters to b.; have direction कलणें, रोंख असणें : the land *bears* N. by E.; on, upon, relate संबंध असणें : how does this b. on the question; take effect लागू होणें; against लगाव साधणें; with संभाळून घेणें, वागवणें. -ER नेणारा;—of burdens हमाल;—of a palanquin भोई;—of a standard निशाणबरदार; one who assists in carrying a body to the grave प्रेत वाहून नेणारा, खांद्या; [one who holds a check, note, draft, or other order for the payment of a sum of money]; a tree yielding fruit फळ देणारें झाड *n*: a good b. -ING, relation संबंध; behavior वर्तन *n*; direction रोंख, कल, झोंक.

BEAR* आस्वल, रीस; *Astron.* सप्तऋषि. -GARDEN अस्वल -रीसखाना; a rude turbulent assembly वेड्यांचा बाजार; to become a b. वेड्यांचा बाजार पिकणें.

BEARD* hair that grows on the chin, lips, and adjacent parts of the face दाढी *f*;—of corn कुसळ *n*, कूस *n*; barb of an arrow तिराचा उलटा कांटा, अंकडा; [that part of a horse, underneath the lower jaw and above the chin, which bears the curb of a bridle].—*v.* set at defiance दाढी उपटणें, नाकावर पाय देणें; oppose to the face तोंडावर अप्रतिष्ठा क., उलट जाब देणें.

BEAST (*bestia*) any four-footed animal which may be used for labor, food, or sport पशु, चतुष्पद (Prov. xii. 10); horned b. शिंगोटी *f*;—of burden पाठाळ *n*;—of draught वाहीम *n*;—of pasture गुरू *n*, ढोर *n*; as opp. to *man*, any irrational animal पशु, हैवान *m, f, n*. -LY *a.* पशुसारखा, पशुतुल्य, पशूच्या आकाराचा; filthy मळीण.

BEAT* *v.* strike repeatedly मारणें, ठोकणें, बडवणें; pulverize by pounding कुटून भुगा क. (hemp); hammer हतोड्यानें ठोकणें -ठोकून वाढवणें; range over in hunting पारध करतांना फिरणें -हिंडणें; tread, as a path मळणें; thrash झोडणें, मळणी क. (Ruth ii. 17); vanquish जिंकणें, पराजित क.; perplex गोंधळवणें, घोटाळ्यात पाडणें, माथाकूट क.: why should any one b. his head about the Latin grammar; brush, as water or wind थाप -धडक मारणें; back मागें हटविणें; out थकणें; लंघून जाणें;—an alarm नगारा वाजवून भयाची सूचना क.; down मारून -ठोकून -धक्के देऊन पाडणें, विध्वंस क. (a wall); पाण्याच्या ओघानें -धडकेनें अथवा वाऱ्याच्या झटक्यानें पाडणें -दाबणें; किंमत कमी क.; पाडून घेणें (price or value); into मनांत-डोक्यांत भरविणें, ठसवणें; off मागें हटविणें; — the hoof पायीं चालणें; the wing फडफडणें;—time ताल धरणें; up एकाएकीं हला क.; घाबरविणें, भय घालणें : to b. up the enemy's quarters. — *i.* knock ठोकणें, ठोठावणें; move with pulsation उडणें, धडधडणें (heart); dash or fall with force आपटणें, धडकणें (tempests); to b. about धुंडणें, नाना उपायांनीं शोधणें.—*n.* stroke टोला, प्रहार; pulsation धडधडी *f*; धडक *f*; *Mus.* ताल, पावडा; a watchman's b. फेरी *f*;

गस्त *f*; a place of resort फेरी टाकण्याची -जाण्या येण्याची जागा *f*, अड्डा, चवाठा;—of a watch घड्याळाची टकटक *f*, खटखट *f*. -EN ठोकलेला, मारलेला &c.;—a road राबल्याचा, मळलेला, धोपट.

BEATIFY *v.* (*beatus*, happy, *facere*, to make) सुखी क.; regard as happy सुखी मानणें; bless with the completion of celestial enjoyment स्वर्गसुख -मुक्ति देणें; [*Rom. Cath. Church*, declare, by a decree, that a person is received into heaven, and is to be reverenced as blessed, though not canonized]. — BEATIFIC *a.* सुखकर -प्रद. —BEATIFICATION मेलेला मनुष्य मुक्ति पावला असें आज्ञापत्राकडून प्रसिद्ध क.— BEATITUDE स्वर्गसुख *n*, परमसुख *n*; Hindu philosophical terms for b. मुक्ति *f*, सिद्धि *f*, मोक्ष, निर्वाण *n*.

BEAU *F.* अकडबाज, छानछूक. -ISH *a.* छानदार, चट्टीपट्टीचा.

BEAUTY *O. E.* an assemblage of graces or of properties which pleases the sight or any of the other senses, or the mind सौंदर्य *n*, लावण्य *n*, शोभा *f*, सुंदरपणा; a particular grace, feature, ornament, or excellence खुबी *f*, नोक *f*, टूम *f*; a beautiful person सुंदर पुरुष; a beautiful woman सुंदरी *f*, रूपवती *f*. — BEAUTEOUS, BEAUTIFUL *a.* सुंदर, सुदर्शन, रूपवंत. —BEAUTIFY *v.* सुशोभित क., शोभा आणणें.— BEAUTY-SPOT, a patch or spot placed on the face to heighten beauty सौंदर्यवर्द्धक तिलक.

BEAVER* एक जलस्थलचर प्राणी आहे.

BECALM *v.* (*be* and *calm*) स्थिर -शांत क., शमविणें; keep from motion, as a ship by want of wind गति खुंटाविणें, थिरावणें.

BECAUSE *conj.* (*by* and *cause*) कारण कीं, कारण; b. of ज्यामुळें.

BECHANCE *v.* (*be* and *chance*) अकस्मात घडणें -येऊन पडणें, बितणें.—*ad.* अकस्मात, एकाएकीं.

BECK* *v. i.* डोक्यानें किंवा हातानें खूण क., हस्तशिरसंकेत क.—*t.* हाताच्या किंवा डोक्याच्या खुणेनें बोलावणें. —*n.* संकेत, इशारा, सूचना *f*; to be at the b. of अर्धावचनात -कह्यात असणें. -ON *v.* पालवणें, बोलावणें.

BECLOUD *v.* (*be* and *cloud*) मंद -अंधूक क.

BECOME *v. i.* (*be* and *come*) होणें, बनणें.— *t.* शोभणें, साजणें.— BECOMING *a.* शोभणारा, लायक, उचित. -LY *ad.* लायकीनें, साजेसा, शोभेसा.

BED* an article of furniture to sleep or take rest on बिछाना, शय्या *f*, अंथरूण *n*; marriage विवाह: George, the eldest son of his second b.; a plat in a garden वाफा, पाडगा; the bottom of a river, or of any body of water तास *n*, पात्र *n*; a stratum थर;—of straw to ripen mangoes अढी *f*; hold, seat घर *n*, पात्र *n*, खुरशी *f*, बसक *f*: the b. of an engine; foot of a b. पायतें *n*, पायतर *n*; head of a b. उसें *n*; to go to b. निजणें; to put to b. प्रसवविणें; to be brought to b. बाळंत होणें, कोनी निघणें; to make the b. अंथरूण क.— *v.* पेरणें.— *i.* cohabit नांदणें. -DING बिछाना, सुपेती *f*. -CHAMBER निजायाची खोली *f*, शय्यागृह *n*. -FELLOW बिछान्यांतला सोबती, सहशायी. -RID, -RIDDEN *a.* confined to bed by age or infirmity खाटलेकरी. -STEAD पलंग, मंचक, खाटलें *n*;—with a top छप्पर पलंग. -TIME निद्राकाल, निजायाची वेळ *f*.

BEDABBLE *v.* (*be* and *dabble*) भिजविणें, ओलविणें.

BEDAUB *v.* (*be* and *daub*) चिकट पदार्थानें सारवणें, चोपडणें, लिडबिडविणें.

BEDAZZLE *v.* (*be* and *dazzle*) दिपविणें.

BEDECK *v.* (*be* and *deck*) शृंगारणें, शोभविणें.

BEDEW *v.* (*be* and *dew*) दंवानें ओलें क., ओलविणें.

Bedlam (corr. from *Bethlehem*) a mad-house वेड्यांचें इस्पिताळ *n*; a lunatic वेडा मनुष्य, वेडा.— *a.* वेडा.

Bee * मधुमक्षिका *f*, मधमाशी *f*; [an assemblage of persons who meet to engage in united labor for the benefit of an individual or family: a husking b.]; the humble - b. भृंगराज, भृंग; burrowing b. भोंवरा. -garden मधमाशांचें मोहळ ठेवण्याची जागा *f*. -hive मोहळ *n*.

Beef (*bos, bovis,* ox) an animal of the genus *Bos* बैल, गाई *f*, इ०; the flesh of bovine animals गोमांस. — *a.* गोमांसाचा. —Beeves *pl* गुरें *n pl*, बैल *pl*.

Beer * एक मद्य आहे, बोझा *n*, 'बीर.'

Beetle * a heavy mallet मोगरा, ठोकणें *n*; an insect एक सपक्ष कीटक आहे.— *v.* पुढें येणें: the cliff that *beetles* o'er his base. -browed *a.* उंच भोंवयांचा, उन्नतभृकुटी. -headed *a.* मूर्ख, टोणपा, ढ.

Befall *v.* (*be* and *fall*) बितणें, गुदरणें, भिडणें.— *i.* घडणें, होणें.

Befit *v.* (*be* and *fit*) साजणें, शोभणें, ठीक होणें.

Befool *v.* (*be* and *fool*) भोंदणें, छकावणें.

Before *prep.* (*be* and *fore*) in front समोर, पुढें: b. the fire; earlier than पूर्वी, अगोदर (John viii. 58); superior हून, पेक्षां (John i. 5); in presence of हुजूर, समोर: he bowed b. the people; in the power of हातांत, मुखत्यारींत: the world is b. thee; b. the wind, in the direction of the wind वाऱ्यापुढें, वाऱ्याच्या रोखानें -जोरानें. — *ad.* on the fore part पुढें, समोर; earlier पूर्वी, अगोदर. -hand *ad.* अगोदरच, पूर्वीच. — *a.* सुखी, चार पैसे बाळगून. -time *ad.* पूर्वकालचा; पूर्वी.

Befoul *v.* (*be* and *foul*) मळीण -मळकट क., घाण क.

Befriend *v.* (*be* and *friend*) बाजूराखणें, थाप संभाळणें, हात देणें.

Beg *v. Ger.* ask earnestly विनंती -मिन्नत करून मागणें; intreat as charity धर्मार्थ मागणें, भीक मागणें; take for granted प्रमाणाशिवाय मानणें, वादास्तव खरें असें कल्पिणें: to b. the question in debate [of, from, for]. — *i.* भीक मागणें, भिकाऱ्याचा धंदा क. -gar भिकारी, याचक; — by profession झोळीबंद; — of victuals माधुकरी; crowd of *beggars* भिकार *n*; obstinate and troublesome b. खळभट, तेलंगभट; b. - like trick, way, habit भिकारचाळा -खोड *f*.— *v.* भिकेस लावणें, देशधडीस लावणें; exhaust रिता -शून्य क. -liness, meanness भिकारपणा, नीचपणा; extreme poverty कंगाली *f*, गरिबी *f*. -ly *a.* भिकार, कंगाल, कृपण; तुच्छ, हलका; [b. sins, that is those sins which idleness and beggary usually betray men to; such as lying, flattery, &c.]. —*ad.* हलकेपणानें &c. -gary भिक्षुकवृत्ति *f*, कंगाली *f*.

Beget* *v.* (*be* and *get*) procreate, as a father जन्मदेणें; produce as an effect उत्पन्न क.: love is *begot* by fancy [from].

Begin* *v.i.* commence आरंभ होणें; do the first act उपक्रम निघणें: b. every day to repent [by, with, at, upon].—*t.* आरंभणें, चालू क.; उपक्रम काढणें. -ner आरंभ करणारा; a tyro नवशिक्या, नूतन अभ्यासी. -ning आरंभ, प्रारंभ; the first cause आदिकारण *n*, मूल *n* (Rev. i. 8); the rudiments मूलपीठिका *f*.

Begone* *interj.* नीघ, तोंड घेऊन जा, काळें कर.

Begrudge, See **Grudge**.

Beguile* *v.* (*be* and *guile*) impose on मोह -भुरळें घालणें, ठकविणें; elude by craft भुलथाप -झोका देणें, झुलविणें; amuse रमविणें (time) [with].

Behalf* (*be* and *half*) बाजू *f*, तरफ *f*, पक्ष; interest हित *n*, लाभ; on the b. of साठीं, करितां, अर्थ: धर्मार्थ.

Behave* *v.i.* चालणें, वागणें, वर्त्तणें; to b. circumspectly जपून -विचारानें वागणें.—*t.* चालविणें, वागविणें.—**Behavior** वर्त्तणूक *f*, चालचर्या *f*, आचरण *n*; [to be, or to be put, upon one's good b., to be in a state of trial, in which something important depends on propriety of conduct;—during good b., during the integrity and fidelity of official conduct.]

Behead* *v.* (*be* and *head*) डोकें मारणें -उडवणें, शिरच्छेद क.

Behest* आज्ञा *f*, आदेश.

Behind* *prep.* at the back of पाठीमागें, पाठीशीं: b. a door; left after the departure of मागें, पाठीमागें; inferior to in dignity, rank, or excellence उणा (2 Cor. xi. 5); close b. मागोमाग, पाठोपाठ; from b. पाठीमागून.—*ad.* पाठीमागें, पश्चात्; remaining शेष, बाकीचा: there is no evidence b.; past गत, मागचा -ला (Phil. iii. 13).

Behold* *v.* observe with care विलोकणें, निरेखणें, पाहणें: b. the Lamb of God, which taketh away the sin of the world (John i. 29).—*i.* पाहणें, नजर लावणें. **-en** *p. a.* आभारी, उपकारबद्ध.

Behoove* *v.* अगत्य पडणें (Luke xxvi. 46).

Being, See under **Be**.

Belabor *v.* (*be* and *labor*) work carefully upon कमाई -मशागत क.: if the earth *belabored* with culture; beat soundly ठोकणें, खूप मारणें, बडवणें; cudgel सोटाळणें.

Belch* *v.* eject or throw up from the stomach ढेंकरदेणें: eject violently from within आंतून जोरानें बाहेर टाकणें, सुरकांडी मारणें [out, forth].— *n.* ढेंकर.

Beldam *F.* म्हातारडी *f*, थेरडी *f*.

Beleaguer *v. D.* घेरणें, वेढणें, कोंडणें.

Belie* *v.* give the lie to खोटा -लबाड क., खोटेपणा आणणें; calumniate by false reports तुफान घेणें; mimic नकल उतरणें, वाकुल्या दाखवणें.

Believe* *v.* credit upon the authority or testimony of another विश्वासणें, खरा मानणें (Mark ix. 24) [in].— *i.* have a firm persuasion विश्वास भरवसा -असणें -धरणें (John xiv. 1) [in, on]; think वाटणें.—**Believer** विश्वासणारा, विश्वासू; *Theol.* a professor of Christianity ख्रिस्ती.—**Belief**, assent to a proposition or affirmation, or the acceptance of a fact as real or certain, without immediate personal knowledge विश्वास; faith विश्वास, भाव, श्रद्धा *f*; the object of belief श्रद्धाविषय; opinion मत *n*; a tenet मार्ग, धर्म, मत *n*; assurance निशा *f*, खातरी *f*.

Belike *ad.* (*be* and *like*) कदाचित.

Bell* hollow metallic vessel which gives forth a clear, musical, ringing sound on being struck घाट *f*, घंटा *f*;— of a flower फुलाच्या खालची वाटी *f*. **-founder** घंटाकरणारा, घंटाकार. **-man** घांटवाजविणारा, घड्याळजी. **-metal** कांसें *n*.

Belle *F.* छानछूक बायको *f*, चटकचांदनी *f*.

Belles lettres *F.* polite or elegant literature; including especially rhetoric, poetry, history, philology, and criticism अलंकारशास्त्र *n*.

Belligerent *a.* (*bellum*, war, *gerere*, to wage) लढाई चालविणारा (powers); pertaining to war लढाईचा (right).

Bellow* *v.* make a hollow, loud noise, as a bull डरकणें, डरकाळी फोडणें; roar, as the sea in a tempest, or as the wind when violent गर्जना क., सुसाटणें; b. and beat the mouth बोंबमारणें [out].

Bellows *sing & pl* भाता.

Belly * that part of the human body which extends downward from the breast to the thighs पोट *n*, उदर *n* ; the part of anything which resembles the human belly in protuberance or cavity पोट, फुगारा.—*v. i.* झोळ येणें, भोंगळणें. -band घोड्याचा तंग. -god पोटबाबू.

Belong *v. D.* be the property of -चा असणें, सत्तेचा असणें : India *belongs* to Great Britain ; be the proper business of -चें काम असणें ; be appendant -कडचा असणें (Luke ix. 10); be native to जागचा-स्थानचा -देशचा असणें.

Beloved *a.* (*be* and *loved*) आवडता, प्रिय, जिवलग.

Below *prep.* (*be* and *low*) under in place खालीं, खालतीं ; inferior उणा, कमी : one degree b. kings ; unworthy of अयोग्य. *ad.* beneath खालीं ; on the earth भूमीवर, इहलोकीं ; in hell अधोलोकीं, नरकांत ; in a court of inferior jurisdiction कनिष्ठ कोर्टांत, खालच्या अदालतींत.

Belt* पट्टा, कमरपट्टा, कटिसूत्र *n*, मेखला *f*.—*v.* पट्टयानें -मेखलेनें वेष्टणें -बांधणें, कडें घालणें ; [shear, as buttocks and tails of sheep].

Bemoan* *v.* See Bewail.

Bench * a long seat बांक *m f*; [a long table at which mechanics work : a carpenter's b.]; the seat of justice न्यायासन *n*, धर्मासन *n*, ईश्वरी गादी *f*; the persons who sit as judges न्यायाधीश; the court 'कोर्ट' *n*.

Bend* *v.* strain or move out of a straight line वांकडा -वक्र क.; direct रोख लावणें -देणें : b. thine ear ; apply नियोजणें, कामीं लावणें : to b. the mind to study ; subdue जिंकणें, वळवणें ; prepare or put in order by straining ताणून तयार क. (Ps. vii. 12) ; to b. the brow भोंवयास आठी घालणें.—*i.* वांकणें, तीडखाणें, वळणें ; be inclined with interest, or closely निश्चय -संकल्प क.: *bent* on mischief[with, down]; bow in prayer नमणें.—*n.* वांक, मुरडा, वळण *n* ;—of a road वांकण *n*, वळसा.—Bent वांकडेपणा वांक ; inclination कल, झोंक ; declivity उतरण *f* : the b. of a hill ; close application अभिनिवेश : the full b. of the mind.

Beneath * *prep. & ad.* See Below.

Benediction (*bene*, well, *dicere*, to say) the act of blessing आशीर्वाद देणें, स्वस्तिवचन *n* ; invocation of happiness दुवा मागणें; the short prayer which closes public worship मंडळींतल्या ईश्वरभक्तीच्या शेवटचीं अल्प प्रार्थना *f*: to give the b.

Benefaction (*bene*, well, *facere*, to do) उपकार, कल्याण *n* ; a charitable donation दान *n*, धर्मादाय.—Benefactor उपकारकर्त्ता.— Benefactress कल्याणकर्त्री.—Benefice, an ecclesiastical living धर्मादाय, उपाध्याची वृत्ति *f*.—Beneficence लोकोपकार, परोपकार.—Beneficent *a.* परोपकारी. —Beneficial *a.* उपयोगी, हितकारक, लाभजनक [to]; [*Law*, entitled to have or receive benefit : the b. owner of an estate].—Beneficiary *a.* holding some office or valuable possession in subordination to another दुसऱ्याच्या हाताखालचा, पराधीन.—*n.* one who is maintained by charity उपकारजीवी ; one who holds a benefice धर्माध्यापनवृत्तिभागी.

Benefit (*-fieri*, to be made) an act of kindness उपकार : Bless the Lord, O my soul, and forget not all his *benefits* ; profit नफा, फायदा :—of clergy उपाध्याची वृत्ति *f*; public b. लोकोपकार ; for the public ; b. प्रजार्थ.—*v.* हित -कल्याण क.—*i.* हित होणें.

Benevolence (*bene*, well, *volere*, to wish) disposition to do good उपकारबुद्धि *f*, उपकारशीलता *f*, परेच्छा *f* ; good done उपकार. —Benevolent *a.* परोपकारी, परोपकारशील, जनहितेच्छु.

Benighted *a.* (*be* and *night*) रात्रीनें गांठलेला, रात्रीग्रस्त, निशाक्रांत; involved in moral darkness अज्ञान -पाप इ०च्या अंधारानें व्यापलेला, तमोग्रस्त.

Benign *a.* (*benignus*) gracious दयाळु, कृपाळु ; generous उदार; favorable शुभ, अनुकूल: the b. aspects of the seasons; wholesome हितकारक, हितावह (medicine) ; परोपकारीपणा *f*, दया *f*; हितकारकता *f*; शुभ *n*, मांगल्य *n*; सौम्यता *f*.

Benumb* *v.* बहिरा -सुना -गुंग क.: a hand *benumbed* by cold.

Benzoin *Per.* ऊद, लोभानी ऊद, देवधूप.

Bequeath* *v.* give or leave by will मृत्युपत्रांत देणें अथवा ठेवणें; hand down परंपरागत चालू ठेवणें [to].—**Bequest** मृतपत्रांकितदान *n*.

Bereave* *v.* हरवणें, नागवणें, नाडणें [of]. -**ment** वियोग, नागवणूक *f*, नाश.

Berry* बोर, करवंद इ० लहान फल *n*.

Berth* (See **Birth**) a ship's station at anchor नांगरलेल्या गलबताची जागा *f*; place in a ship to sleep in जहाजांत निजायाची जागा *f*; official situation जागा *f*, असामी *f*, काम *n* : he has a good b.; to give the land or any object a wide b., is to keep at a distance from it.

Beryl *Ar.* गोमेद, बिरोजा.

Beseech* *v.* विनंती क., मिन्नत क., पदर पसरणें, मागणें.

Beseem* *v.* (*be* and *seem*) शोभणें, साजणें.

Beset* *v.* (*be* and *set*) set or place on, in, or round जडणें, भरणें : a robe b. with drops of gold; hem in घेरणें, वेढणें : let thy troops b our gates; harass घोटाळ्यांत पाडणें, गोंधळविणें : b. with ills. — **ting** *p. a.* नित्य बराबर असणारा किंवा जाचणारा (a sin).

Beside *prep.* (*be* and *side*) at the side of जवळ, बाजूस, पाशीं : b. him hung his bow; aside from मार्ग सोडून, आड, एकीकडे; over and above शिवाय, खेरीज; to be b. one's self शुद्धीवर नसणें, भानरहीत होणें (Acts xxvi. 24).—, and **Besides**, *ad.* शिवाय, खेरीज : hast thou any here b.? —**Besides** *prep.* शिवाय, खेरीज, अणखी (Gen. xxvi. 1).

Besiege *v.* (*be* and *siege*) वेढा -घेरा घालणें ; beset गरक -ग्रस्त क. [with].

Besmear* v. (*be* and *smear*), See **Bedaub**.

Besom* केरसुणी *f*, झाडणी *f*.— *v.* केरसुणीनें झाडणें.

Besot *v.* (*be* and *sot*) make sottish with drink दारूनें मस्त क.; make dull सुस्त -गुंग क.

Bespangle* *v.* (*be* and *spangle*) टिकल्या लावून शोभवणें, टिकल्यांनीं भूषित क.

Bespatter* *v.* (*be* and *spatter*) soil by spattering शिंतोडे उडवून नासणें ; sprinkle with water पाण्याचा शिडकाव देणें, पाणी शिंपडणें; sprinkle with dirt and water गाळाचे शिंतोड्यांनीं भरणें ; asperse with calumny निंदणें.

Bespeak* *v.* (*be* and *speak*) speak for beforehand अगोदर बोलून -सांगून ठेवणें ; foretell भाकीत क., सुचविणें : he *bespoke* dangers ; speak to -स बोलणें : he thus the queen *bespoke*; indicate by external appearances बाहेरच्या खुणांनीं -लक्षणांनीं दर्शविणें.

Best* *a.* सर्वांहून चांगला, उत्तम, in comp. तम : इष्टतम b. loved ; most correct अतिशुद्ध, अगदीं रास्त.— *n.* पराकाष्ठा *f*: to do one's b.; [to make the b. of, to improve to the utmost ;] to reduce to the least possible inconvenience गोड करून खावें मऊ करून निजावें.

Bestial, See under **Beast**.

Bestir* *v.* (*be* and *stir*) सावध -हुशार क. [one's self].

Bestow * *v.* lay up in store संग्रह क., साठविणें; use कामीं लावणें, खर्चणें (Deut. xiv. 26); give देणें (1 Cor. xiii. 3) [on, upon]; give in marriage लग्न करून देणें, कन्यादान क. -AL, -MENT देणें *n*; donation दान *n*.

Bestride *v.* (*be* and *stride*) stride over ढेंगांत -पायाच्या बेचक्यांत धरणें (a horse); step over ढेंग टाकून पलीकडे जाणें, ओलांडून जाणें (a threshold).

Bet * पण, पैज *f*, प्रतिज्ञा *f*.—*v.* पैज मारणें, पण क.

Betake* *v.* (*be* and *take*) आश्रय धरणें -क.: they b. themselves to submission.

Betel *Malabar.* नागवेल *f*; b. leaf नागवेलीचें पान *n*. -NUT सुपारी *f*.

Bethink* *v.* (*be* and *think*) आठवण क. -देणें [of].—*i.* आठवण क. -होणें -असणें.

Betide * *v. i.* घडणें, वितणें, गुदरणें.— *t.* -वर बितणें इ०.

Betimes* *ad.* (*be* and *times*) seasonably वेळेवारीं, यथाकाळीं; soon लवकर, थोडक्यांत.

Betray *v.*(*-tradere*,to give up) give up treacherously दग्यानें स्वाधीन क., विश्वासानें गळा कापणें (Matth. xvii. 22); violate the confidence of, by disclosing a secret विश्वासघातानें बाहेर पाडणें, दग्यानें फोडणें (गुप्त गोष्ट); disclose, as something intended to be kept secret बाहेर पाडणें, बभ्रा क.: be cautious, lest you b. your ignorance; deceive फसविणें; indicate दर्शविणें, सुचविणें: this river *betrays* its original in its name [to, for].

Betroth* *v.* (*be* and *troth*) contract to any one, in order to a future marriage मुलगा किंवा मुलगी देण्याचें कबूल क., वाग्निश्चय क.; espouse लग्न करतों ह्मणून कबूल क., वाणीनें वरणें, मागणी घालणें (Deut. xx. 7); [nominate to a bishopric, in order to consecration]. -MENT वाग्दान *n*, मागणी *f*; वाग्वरण *n*.

Better *v.* (*Skr. bhadra*) सुधारणें: love *betters* what is best.— *n.* advantage वर्चस्व *n*: to get the b. of an enemy; improvement सुधारणूक *f*; a superior ज्येष्ठ, वरिष्ठ, वडील; — used *pl.* — *a.* having good qualities in a greater degree than another पेक्षां -हून बरा; in comp. तर: महत्तर greater; more advantageous अधिक लाभाचा -सोयीचा (Ex. xiv. 12); more acceptable विशेष मान्य -ग्राह्य (1 Sam. xv. 22); improved in health बरा: the patient is b.; to be b. off, to be in a better condition सुखी -बरा असणें.— *ad.* बरें; more correctly अधिक शुद्ध रीतीनें -शुद्ध.

Between* *prep.* betwixt मध्यें, दरम्यान; shared by two दोघांचा, समाईक; in intermediate relation to मध्यें; from one to another -च्या मध्यें, आंत: if things should go so b. them.

Betwixt* *prep.* मध्यें, दरम्यान; from one to another of -च्या मध्यें -आंत.

Beverage (*bibere*, to drink) पिण्याचा पदार्थ, शरबत, चहा वगैरे.

Bevy *It.* a flock of birds साईर *f*, झुंड *f*; company मंडळी *f*, समुदाय; esp. of ladies.

Bewail* *v. i.* (*be* and *wail*) शोक -विलाप क., हाय हाय क.—*t.* -चा -विषयीं शोक क.

Beware* *v. i.* सावध -हुशार असणें, संभाळणें [of]: of all things in the world we should b. of that folly, by which men please themselves and despise better judgment.

Bewilder *v.* (*be* and *wild*) घाबरविणें, भावविणें, घोटाळ्यांत पाडणें. -MENT चकभूल *f*, भ्रांति *f*, घोटाळा.

Bewitch * *v.* (*be* and *witch*) fascinate मोहणें, भुलविणें; affect by witchcraft मंत्रानें भारणें -मोहणें. -MENT मोहिनी *f*, मोहन *n*, नजरबंदी *f*.

Beyond* *prep.* on the further side of पलीकडे; before पुढें : a thing b. us; out of reach of -च्या मर्यादे -अटोप्या बाहेर : b. expectation; above अधिक, आगळा, वर; to go b. मागें टाकणें, कान कापणें; in a bad sense फसविणें (1 Thess. iv. 6).

Bezel *Chald.* कोंदन *n*, घर *n*.

Bezoar *Per.* विषाचा मोहरा; bovine b. गोरोचन *n*, गोवर्धन.

Bias *F.* a leaning of the mind मनाची ओढ *f*, झोंक, वांक.—*v.* मन वळविणें, मनास गांठ -पीळ देणें.

Bib (*bibere*, to drink) मुलाच्या उरावरचें वस्त्र रक्षणार्थ जें पडवस्त्र बांधतात तें.—**Bibber** मद्यपी wine-b.—**Bibulous** *a.* शोषण करणारा, शोषक.

Bible (*Gr. biblos*, book) the sacred volume, in which are contained the revelations of God, the principles of Christian faith, and the rule of practice ख्रिस्ती शास्त्र *n*, पवित्रशास्त्र *n*, 'बैबल' *n*.—**Biblical** *a.* ख्रिस्ती शास्त्र संबंधी *n*.—**Bibliography** पुस्तकांचा इतिहास, पुस्तकवर्णन *n*.—**Bibliomania** प्राचीन व अपूर्व ग्रंथसंग्रह करण्याचा छंद -नाद -वेड *n*.

Bicipital *a.* (*bis*, twice, *caput*, head) दोन डोक्याचा, द्विमूर्द्ध; having two origins दोन बुडख्यांचा (a muscle).

Bicker *v. i. W.* quarrel तंटा-वाद क., भांडणें; quiver कंपित होणें : the *bickering* flame.

Bicorn *a.* (*bis*, twice, *cornu*, horn) दुशिंग्या, द्विशृंग.

Bid *v.* offer to pay, as for a thing put up at auction लिलावांत किंमत करून मागणें; offer in words बोलणें; to b. one welcome क्षेम बोलणें; to b. farewell शेवटचा निरोप घेणें; to b. defiance धमकीची गोष्ट सांगणें, धाक घालणें; enjoin आज्ञा -ताकीद क., सांगणें (Matth. xiv. 28); invite बोलावणें, पाचारणें (Matth. xxii. 9); to b. beads माळ जपणें; [to b. fair, to offer a good prospect; to make fair promise].—*n.* लिलावांतली मागणी *f*. -**der** लिलावांत मागणारा. -**ding** आज्ञा *f*, ताकीद *f*; आमंत्रण *n*; बोलावणें *n*; मोलानें मागणें *n*, मागणी *f*.

Bide, See **Abide**.

Bidental *a.* (*bis*, twice, *dens*, tooth) दोन दातांचा, द्विदंत.

Biennial *a.* (-*annus*, a year) happening once in two years दोन वर्षांत एकदां होणारा; continuing for two years दोन वर्षे जगणारा, द्वैवार्षिक (plants).—*n.* दोन वर्षे जगणारें झाड *n*.

Bier * मनुष्याचें प्रेत स्मशानांत नेण्याची गाडी *f*, किंवा तिरडी *f*, शववाहन *n*.

Biestings* *pl* चीक, खरवस.

Bifurcated *a.* (-*furca*, fork) बेळक्याचा, दुफांट्याचा, द्व्यग्र.

Big *a. W.* मोठा, स्थूल; pregnant गरोदर, गभार; great with young गाभ; inflated फुगलेला, तटतटीत; to look b. गर्वानें फुगणें.

Bigamist (*bis*, twice, *Gr. gamein*, to marry) दोन बायकांचा नवरा, किंवा दोन नवऱ्यांची बायको *f*.—**Bigamy**, *Law*, एकाच वेळीं दोन नवरे अथवा दोन बायका करण्याचा अपराध.

Biggin *F.* मुलाचें टोपडें *n*.

Bigot *Sp.* a person who is obstinately and unreasonably wedded to a particular religious creed, opinion, practice, or ritual अविचारानें अथवा हट्टानें आपलेंच मत धरून चालणारा मनुष्य, हटवादी -मतवादी मनुष्य. -**ed.** *a.* मतवादी, हटवादी.—**ry** मतवाद, हटवाद.

Bile (*bilis*) a yellow, greenish, bitter, viscid, nauseous fluid secreted by the liver पित्त *n*; ill humor खट्टीमर्जी *f*; to stir one's b. पित्त खवळणें.—**Bilious** *a.* पित्ताचा, पित्तसंबंधी; dependant on an

cess of bile पित्तप्रकृतीचा. — BILIARY *a.* पित्ताचा; conveying the bile पित्तवाहक (duct).

BILGE* protuberant part of a cask पिपाचें पोट *n* -चा फुगा; bulging part of a ship's bottom गलबताचें पोट *n.* -WATER गमत *n,* घमताड *n.*—*v.* गाबड पडणें (गलबताचें).

BILK *v. Ger.* फसविणें, आशाभंग क.

BILL * beak of a bird पक्ष्याची चोंच *f;* note of a bird पक्ष्याचा स्वर.

BILL* कोयती *f,* कोयता, इळा.

BILL *F. Law,* a declaration in writing, expressing some wrong the complainant has suffered from the defendant, or a fault committed by some person against a law फिर्यादीची लेखी जबानी *f,* दोषारोपाचें पत्रक *n;* obligation or security given for money under the hand, and sometimes the seal, of the debtor, without the condition of forfeiture for non-payment रिणकोच्या हातची चिठ्ठी *f* -चा दस्तऐवज; draft of a law कायद्याचा खरडा -मसुदा; an advertisement posted प्रसिद्ध ठिकाणीं लावलेली -चिकटविलेली जाहिरात *f;* account of goods sold or delivered विकलेल्या अथवा दिलेल्या जिनसाची याद *f,* 'बील' *n:* a grocer's b.; any paper containing a statement of particulars तपशीलवार याद *f:* a b. of fare; b. of exchange हुंडी *f;* acceptance of सकार; b. at sight रोकडी हुंडी *f;* b. given in lieu of a b. lost पेंठ *f;* b. payable only to purchaser धनीजोग हुंडी *f;*—to the bearer शहाजोग हुंडी *f;* indorsement of a b. सकार; letter of advice posted to a b. लगत हुंडी *f;* price paid upon a b. हुंडणावळ *f;* rejection of a b. नकार; to present a b. हुंडी लावणें; money paid upon a b. that has been dishonored सकराई *f;* b. of lading भरताडाची याद *f;* b. of mortality मुडदे सुमारी *f;* [b. of health, certificate of healthiness of a ship]; b. of divorce सोडचिठ्ठी *f;* b. of sale खरीदखत *n;* note चिठ्ठी *f,* चकती *f;* ticket authorizing soldiers to lodge in a house शिपायी लोकांस दुसऱ्याच्या घरांत बिऱ्हाड करण्याची परवानगी चिठ्ठी *f.* — *v.* शिपायांस बिऱ्हाडीं ठेवणें.

BILLIARD *a. F.* गोट्यांच्या खेळाचा (room).— BILLIARDS गोट्यांचा खेळ.

BILLION *F.* a million of millions महापद्म; ten *billions* शंकु; a hundred *billions* जलधी.

BILLOW* मोठी लाट *f,* दांडी *f.*—*v.* लाटे सारखें हेलकावणें -तरंगणें.

BIN* कणंग *f,* ठिकी *f.*

BINARY *a.* (*bini,* two by two) दोन, द्वि; double दुहेरी, द्विगुण.

BIND* *v.* (*Skr. bandh*) tie together जखडणें, बांधणें; confine बांधणें, बंधन क.;—the bowels कोठा बंद क., मलावष्टंभ क.;—a book बांधणें; oblige उपकारबद्ध क.; — by promise, vow, duty, &c. वचनानें बांधून घेणें, गळा गोवणें; place under legal obligation to serve चाकरीकरितां कायद्यानें बांधणें: *bound* out to service [to, with, together]; form a border गोट -मगजी लावणें; — a wheel by a tire धांव घालणें -बसविणें; to करार क.; over कोर्टांत हजीर होण्याकरितां मुचलका घेणें. —*i.* कठीण होणें: clay *binds* by heat. -ER पुस्तकाचे पुठ्ठे बांधणारा, 'बुकबैंडर'; bandage पट्टी *f,* आळाबांधा. -ING *a.* बांधणारा; obligatory आवश्यक.— *n.* बांधणें, बंधन *n;* आकलन *n,* निग्रह; मगजी *f,* गोट; बुकाची बांधणी *f,* 'बैंडिंग' *n;* cost of b. बांधणावळ *f.* -WEED, a climbing plant तेड. — BOUND बांधलेला, बद्ध; कर्तव्य.

BINNACLE *F.* गलबताच्या होकायंत्राची पेटी *f.*

BINOCULAR *a.* (*bini,* two and two, *oculus,* eye) दुडोळ्या, द्विनेत्र (animals); pertaining to both eyes दोन डोळ्यांचा (vision);

adapted to the use of both eyes दोन डोळ्यांच्या कामाचा (telescope).

Binomial *a.* (*bis,* twice, *nomen,* name) दोन शब्दांचा -नांवाचा, द्विपद (root).

Biography (*Gr. bios,* life, *graphein,* to write) history of the life and character of a particular person चरित्र *n,* आख्यान *n*; biographical writings in general चरित्राचीं पुस्तकें *n. pl,* चरित्रें *n pl.*— **Biographer** चरित्र वर्णनकरणारा, चरित्रलेखक.

Biped (*bis,* twice, *pedis,* foot) दोन पायांचा प्राणी, द्विपाद.— *a.* दोन पायांचा, द्विपाद.

Bird* पक्षी, पाखरूं *n*; *birds* of the same feather एका माळेचे मणी *pl.* -**lime** पक्षी धरण्याचा चिकोटा.—**Bird'seye** *a.* seen from above, as if by a flying bird उडत्या पक्ष्याप्रमाणें वरून पाहिलेला; general साधारण.

Birth* act of coming into life जनन *n,* जन्म; lineage वंश; extraction कुळी *f,* खाण *f*; a man of noble b. कुलीन, खानदानीचा; condition in which a person is born जन्मस्थिति *f,* जन्म; act of bringing forth जनन *n,* प्रसव, वीण *f*; that which is born वेत *n*; origin उत्पत्ति *f,* आरंभ, मूळ *n*: the b. of an empire; new b., *Theol.* commencement of a religious life नवाजन्म; a former b. पूर्वजन्म; a genius from b. बालसरस्वति *f*; by b. जन्मतः; from b. आजन्म, जन्मारभ्य, जन्मापासून; in b. उपजत; blind from b. उपजत अंधळा, जन्मांध; rich from b. गर्भश्रीमंत; untimely b. अकालजन्म; twice-b. द्विज. -**day** जन्मदिवस; the anniversary of one's birth वाढदिवस, जन्मदिवस;— of a god जयंती *f.* -**place** जन्मदेश -भूमि *f.* -**right,** any right or privilege to which a person is entitled by birth, such as an estate descendible by law to an heir, or civil liberty under a free constitution जन्माधिकार (Heb. xii. 16); primogeniture ज्येष्ठत्व *n,* ज्येष्ठ भाग.

Biscuit (*bis,* twice, *coquere,* to cook) एक प्रकारची वडी सारखी भाकर *f* आहे, 'बिस्कुट' *n.*

Bisect *v.* (-*secare,* to cut) दुभागणें, दुखंडणें [with, by]. -**ion** दुफोड *f,* द्विधाकरण *n.*

Bishop (*Gr. epi,* over, *skopos,* inspector) an overseer देखरेख करणारा, अध्यक्ष; in Episcopal usage, the highest of the three orders of the Christian ministry धर्माध्यक्ष, 'बिशप.' -**ric,** a diocese धर्माध्यक्षाच्या अधिकारांतला प्रांत; office of bishop बिशपाची जागा *f* -चें काम *n.*

Bison (*Gr.*) एक रानटी बैल आहे.

Bissextile (*bis,* twice, *sextus,* sixth) ज्या वर्षीं फेब्रुआरि महिन्यांत अधिक दिवस धरतात तें.

Bit* लगामाची कडी *f.*—*v.* लगाम घालणें.—*n.* a mouthful घास, ग्रास; a small piece तुकडा, शकल *n*; a small instrument for boring भोंक पाडण्याचें एक लहान हत्यार आहे.

Bite* *v.* cut, crush, or seize with the teeth चावणें, डसणें; cause smarting to झोंबणें;—as cold वाजणें, लागणें;— as hot substances झोंबणें, खवखवणें, लागणें;—as speech वेधणें, टोंचणें, झोंबणें; to b. the lips दातओठ खाणें -चावणें; cheat फसविणें; hold fast घट्ट धरणें: the anchor *bites* the ground; to b. in, to eat into metallic plates by means of an acid खाणें; to b. the dust, to fall in the agonies of death मरणाच्या वेदनेनें जमिनीवर पडणें: he made his enemy b. &c.—*n.* डंख, दंश, लचका; घास, ग्रास; टोला, झोंका; a sharper उचल्या, पांढरा परीस.

Bitter* *a.* having a peculiar, acrid, biting taste कडू; calamitous अनर्थाचा, अरिष्टाचा (regret); piercing प्रखर, कडक, कठीण (cold); harsh कठोर, निष्ठुर, कडू (Col. iii. 19); b. enmity हाडवैर *n,* उभा दावा;

mournful खेदाचा, शोकसूचक. -LY *ad.* फारच, अति, रागानें, निकरानें; to censure b. खरडपट्टी काढणें; to weep b. कष्टी होऊन रडणें.

BITTERN *F.* बगळा.

BITUMEN *L.* a substance having a pitch-like odor, and burning readily with a bright flame, without any residue शिलाजित्, दगडफूल?

BIVALVE (*bis*, twice, *valva*, valve) ज्याला दोन शिंपल्याचीं झांकणें आहेत असा जन्तु.—*a.* दुझडपी, द्विकपाट.

BIVOUAC *F.* the watch of a whole army, as in cases of great danger of surprise or attack भयाच्या प्रसंगीं सर्व सैन्याचा पाहरा; an encampment without tents उघडातळ.

BLAB *v. Ger.* गुप्तगोष्ट फोडणें, ओकणें.—*i.* वटवटणें, बडबड क. -BER कानाचा हलका, वाचाळ, बोंबल्यागणेश.

BLACK *a.* destitute of light निस्तेज, प्रकाशहीन; of the color of coal काळा, कृष्णवर्ण; dark अंधारमय, अभ्राच्छादित; gloomy उदास; b. and blue, the dark color of a bruise in the flesh, which is accompanied with a mixture of blue हिरवा निळा, हिरवा पिवळा; [a b. sheep, one in a family or company who is unlike the rest, and makes trouble].—*n.* काळारंग, कृष्णवर्ण; a negro शिद्दी; a black dress, or mourning काळा अथवा दुःखाचा पोशाक; b. and white, in writing or print पांढऱ्यावर काळें क.: I must have that statement in b. and white.—*v.* काळा क.; soil मळवणें.—ART जादू *f.* -BALL a composition for blacking shoes जोडे काळे करायाची शाई *f*; a ball of black color, used as a negative in voting विरुद्ध मत देण्याची काळी गुटिका *f.*—*v.* संमतचिठ्ठीच्या पेटींत काळ्या गोळ्या टाकून निवडून घेतांना (एकाद्यास) वगळणें -वर्जणें. -BOARD शाळेंतील काळा फळा. —CATTLE गुरेंढोरें *pl n.* —COAT पाद्री.—DEATH धाम *f*, जरीमरी *f.*—EARTH काळीमाती *f.* -EN *v.* काळा क., अंधारमय क.; sully, as reputation अब्रूस काळीमा आणणें-लावणें.—*i.* काळा पडणें-पडत जाणें. -EYED *a.* काळ्या डोळ्याचा, कृष्णनयन. -GUARD सोदा, लुच्चा, पाजी. -ISM सोदेशाई *f*, लुच्चेगिरी *f.* -ISH *a.* काळसर. -LEG पांढरापरीस, सोदा. -LEAD मुरदाडशिसें *n.*—MAIL sum paid to robbers to ward off robbing कोंबडीपट्टी *f.*—MONDAY सुटीच्या नंतरचा पहिला सोमवार. -NESS काळेपणा; अंधार; enormity in wickedness अघोर-अतिदुष्टपणा. -SMITH लोहार. -WASH, lotion of calomel and lime-water काळाद्रव; as opposed to whitewash भिंतीस वगैरे देण्याचा काळा-रंग. -WOOD शिसवी लांकूड *n.*

BLADDER * a bag or sac in animals, which serves as the receptacle of some secreted fluid कोठा, आशय, पिशवी *f*; urinary b. मूत्राचा कोठा -पोटला; मूत्राशय; gall-b. पित्ताची पिशवी *f*; a pustule फोड, पुळी *f.*

BLADE* the leaf of any plant पात *n*, पान *n*; the leaf of grass काडी *f* तनसरी *f*; the cutting part of an instrument पान *n*; the scapula खवाटाचें हाड *n*, स्कंधास्थि *f*, *n*; broad part of an oar वल्ह्याचा रुंद भाग; a bright, sharpwitted dashing fellow फरडा, हुशार.— BLADED *a.* पानाचा two-b. दुपानी, दुतलफी.

BLAIN* फोड, व्रण.

BLAME *v. F.* find fault with दोष -शब्द -बट्टा लावणें [for].— *n.* imputation of a fault दोषारोप; fault दोष, अपराध; censure बोल, ठपका. -LESS *a.* निर्दोष, निरपराध. —BLAMABLE *a.* दोष लावायाजोगा, निंद्य, दोषपात्र.

BLANCH *v. F.* take out the color, and make white रंग काढून पांढरा क.; make white by stripping off the peel सोलून पांढरा क.: to b. almonds; *Gardening*, whiten by excluding the light, as the

stalks or leaves of plants छायेखालीं ठेवून पांढरा क.

BLAND *a.* (*blandus*) सौम्य, कोमळ. -ISH *v.* लाडीगोडी लावणें. -MENT लाडीगोडी *f*, मृदु-भाषण *n*; artful caresses आदा, नखरा, विलास, लालित्य *n*.

BLANK *a. F.* of a white or pale color पांढरा, पिठूर: the b. moon; pale from fear फिकट, पिकूट, काळवंडलेला; confused विस्मित, चकित; void कोरा, शून्य, अलिखित (paper, wall); mere केवळ, शुद्ध, निस्ता; b. sheet शुद्धस्फटिक, मूर्ख; empty रिता, रिकामा; b. cartridge सुका तोटा; b. verse मुक्तप्रास: [b. door, a depression in a wall made so as to resemble a door]. —*n.* रिकामी जागा *f*, शून्यस्थल *n*; a lot by which nothing is gained कोरी चिट्ठी *f*, कोरा कागद; [a paper containing the substance of a legal instrument]; point at which aim is taken निशाण *n*.

BLANKET *F.* घोंगडी *f*, धाबळ *f*, 'ब्लांकिट' *n*.

BLASPHEME *v.* (*Gr. blaphis*, damage) speak of the Supreme Being in terms of impious irreverence परमेश्वराविषयीं अनादरपूर्वक भाषण क., देवनिंदा क.; speak reproachfully of God, Christ, or the Holy Spirit देव, ख्रीस्त अथवा पवित्रआत्मा याची निंदा करणें; speak reproachfully of दुसऱ्याची निंदा क. —*i.* देवनिंदात्मक भाषण क.—BLASPHEMER देवनिंदक.—BLASPHEMY देवनिंदा *f*.

BLAST* a gust of wind वाऱ्याचा झपाटा -सनाटा; hot b. झळ *f*, भबका; a forcible stream of air from an orifice वाऱ्याची धार *f*; the sound made by blowing a wind instrument फुंक *f*, फुंकारा; a blight तांबारा, चिकटा; puff श्वास (Job iv. 9); — of an evil eye दृष्ट *f*, दृष्टि *f*;—of a devil झपेट *f*;— of a planet संक्रांतीचें बसणें *n*.—*v.* blight करपविणें, जाळून टाकणें (Gen. xli. 6); strike with a sudden plague मरगीनें हाणणें; rend open by an explosion of gunpowder दारूनें -सुरंगानें उडवणें; cause to fail लटपटवणें, नष्ट-भंग क. (hopes, pride); with infamy कलंक लावणें, बदरंग क. -ER नाशकरणारा; सुरंग्या.

BLAZE* a stream of light and heat आगीचा लोळ, डोंब; to be all in a b. पायाची आग मस्तकास जाणें; expanded light भणभणीत उजेड: the b. of day; white spot on the forehead of a horse मुखपट्टा, नाम; wide diffusion and display आडंबर, पसारा. — *v.* धगधगणें, पेटणें; up भडकणें, पेटणें; mark, as a tree, by chipping off a piece of the bark झाडाच्या अंतर्सालीवर खूण क.; बोभाटा क., गाजवणें [up]. — BLAZON *v.* deck शृंगारणें, सजवणें; make public गाजवणें, दवंडी पिटणें; [explain in proper terms, as the figures on armorial ensigns].— *n.* अडंबर, पसारा; बोभाट, बभ्रा.

BLEACH* *v.* ओप देणें.—*i.* ओप येणें, पांढरा होणें [with].

BLEAK * *a.* desolate and exposed बिन आसऱ्याचा, उघड्या वाऱ्यावरचा; chill सर्द, थंड.

BLEAR* *a.* पिचका, बरबरीत, चिपडा; b.-eyed पिचक्या डोळ्यांचा.

BLEAT* *v.* बेंबें क., बेंबावणें. — *n* बें *n*, ब्यां *n*.

BLEED* *v.* let blood रक्त काढणें, शिरा काढणें -तोडणें; loose, as blood रक्त साडणें; to draw money from one पैका काढणें: they *bled* him freely for this fund. — *i.* रक्त वाहणें -पाझरणें -ओघळणें: the arm *bleeds*; die a violent death जबरीच्या मरणानें -अपघातानें मरणें; loose sap, gum, or juice चीक वाहणें -गळणें -ठिपकणें -द्रवणें; the heart *bleeds* अंतःकरण द्रवतें. — ING रक्त-स्राव, रक्तसांड *f*, शीर काढणें *n*.

BLEMISH* *v. F.* mark with deformity

ऐब -खोड क. -लावणें ; tarnish, as reputation अब्रूस बट्टा -कलंक -लांछन लावणें -आणणें. —*n*. ऐब *n*, खोड *f*, गोम *f* ; बट्टा, दोष.

Blend* *v*. मिळवणें, मिसळणें. —*i*. एकत्र होणें, मिळून -मिसळून जाणें [with].

Bless* *v*. make happy सुखी क. ; invoke a blessing upon आशीर्वाद-दुवा मागणें ; pronounce a wish of happiness to -चें -ला अभिष्ट इच्छिणें -चिंतणें (Rom. xii. 14) ; consecrate by pronouncing a blessing upon आशीर्वाद मागून वाहणें -अर्पणें, पवित्र कर्माकरितां वेगळा ठेवणें (Luke ix. 16) ; praise for benefits उपकारस्तुति क., उपकार आठवून स्तवणें (Ps. ciii. 1) ; esteem happy सुखी मानणें -लेखणें (Jer. iv. 2) ; to b. from -पासून बचावणें -राखणें. -ED *a*. सुखी, धन्य (Luke i. 48) ; imparting happiness सुखदायक -कारक -प्रद (time) ; enjoying spiritual happiness परमार्थसुखभोगी (a saint); heavenly आकाशीय, दिव्य (feet). -EDNESS सुख *n* ; favor of God ईश्वरीकृपा *f*; single b. अविवाहित अवस्था *f*. -ING सुख *n*, कल्याण *n* ; a gift accompanied with the kind wishes of the giver दान *n*, देणगी *f*, वर ; आशीर्वाद ; अभीष्टचिंतन *n*.

Blight* mildew मेकाडा, लाखा ; b. turning the crop to a brick-dust red गेरवा ; —on wheat तांबारा, तांब *f* ; —on zondlá अंगारा, काजळी *f*, चिकटा ;—on rice पीस *f*, *n* ;—on the mango-tree, &c. भिरड.—*v*. चिकटा -टाका -रोग पाडणें.

Blind* *a*. destitute of the sense of seeing अंधळा, अंध ; ignorant अज्ञान, विवेकहीन ; morally depraved भ्रष्ट, अंध (Matth. xiii. 26) ; hidden गुप्त, अदृश्य ; closed बंद, झांकलेला ; b. tumor गांठ *f*; inconsiderate अविचाराचा (approbation); b. from birth जन्मांध ; b. by night रातांधळा ; stone-b. निपट अंधळा [to].—*v*. अंधळा क.; बुद्धिअंध क. ; deceive फसविणें, डोळ्यांत माती घालणें.—*n*. a screen पडदा, अंतरपाट ; something to mislead the understanding फसवणी *f*, हुलकावणी *f*; b. for a bullock झांकणी *f* ;—for a horse अंधारी *f*. -FOLD *a*. डोळे बांधलेला. -LY *ad*. डोळे झांकून, मागें पुढें न पाहतां. -NESS अंधळेपणा, अंधत्व *n* ; अज्ञान *n* ; अविचार, अविवेक. -MAN अंधळा मनुष्य ; [a person who deciphers indistinct addresses of letters in a post-office]. -MAN'S BUFF अंधळी कोशिंबीर *f*. -WORM माहांडूळ *n*.

Blink* *v*. shut out of sight दृष्टिआड लपविणें ; avoid टाळणें, टाळाटाळ क.: to b. the question.—*i*. wink डोळे मिचकावणें, मिटमिट पाहणें ; glimmer, as a lamp मिणमिणणें, टिकटिकणें. —*n*. a glimpse दृष्टिपात, नेत्रकटाक्ष ; मिणमीण *f*, टिकटीक *f*.

Bliss* the highest degree of happiness परमसुख *n* ; heavenly joy स्वर्गसुख *n*, दिव्यानंद. -FUL *a*. आनंदमय, परमसुखमय.

Blister (corrup. of *Plaster*) a thin bladder on the skin, containing watery matter फोड, फुगा; a plaster to raise a blister फोड आणणारें औषध *n*, प्रस्फोटकारी औषध *n*, 'ब्लिस्तर' *n*.—*v*. *i*. फोड उठणें -येणें [up, with].

Blithe* *a*. आनंदी, हौसी, उल्हासी.

Bloat *v*. (?) make turgid, as with water, air, or other means फुगवणें, सुजविणें ; puff up फुगवणें, चढवणें, फुलवणें.—*i*. फोपसणें, फुगणें, तटतटणें. -ED *p*. *a*. फोपशा, फोपस्या. -NESS फुगोसी *f*, फुगवटी *f*.

Blobberlip* (*blobber* and *lip*) बाबरओंठ.

Block *D*. a solid mass of wood ठोकळा, टोणका ;—of stone शिला *f*, धोंड *f* ; the mass of wood on which criminals are beheaded अपराध्याचा शिरच्छेद करायाचा ठोकळा ; chopping-b. of carpenters बाधी *f*, सोकटा ;

the wooden mould in which hats, bonnets, &c. are shaped टोप्या वगैरे करायाचा लाकडी सांचा; a pulley कप्पा, कप्पी *f*; a connected row of buildings चाळ *f*; obstruction बुजविणें *n*, अवरोध; obstacle अडथळा, विघ्न *n*.—*v*. बुजविणें, बंद क., कोंडणें (a road). -HEAD टोणपा, ठोंब्या, मूर्ख.

BLOOD* the fluid which circulates through the arteries and veins of the human body, and of other animals रक्त *n*; relation by natural descent from a common ancestor एका घराण्याचा संबंध, सहोदर संबंध; descent वंश; honorable birth कुलीनता *f*, खानदानी *f*; royal lineage राजवंश; murder खून, हत्या *f*; shedding of blood रक्तपात; temper of mind मनाची तब्यत *f*; [to commit an act in *cold* b. is to do it deliberately, and without sudden passion; *warm* b. denotes a temper inflamed]; a man of spirit तलख मनुष्य; the juice of anything, esp. if red रस, द्रव: the b. of grapes.—*v*. bleed; रक्त काढणें; stain with blood रक्तानें भरणें; inure to blood, as a hound रक्ताची सवई लावणें. -HORSE थळाचा घोडा, उंच जातीचा घोडा. -HOUND एका जातीचा कुत्रा आहे; हा पारधींत घायळ होऊन पळालेल्या जनावराचा त्याच्या रक्ताच्या सड्यावरून माग काढतो. -LET *v*. शीर काढणें. -SHED रक्त पाडणें *n*, रक्तपात; the crime of shedding blood रक्त पाडण्याचा अपराध. -SHOT, -SHOTTEN *a*. रक्तानें भरलेला, रक्तपूर्ण: b. eyes रातड -राते डोळे खारावलेले डोळे. -SUCKER रक्तशोषण करणारा प्राणी; a leech जळू *f*; खुनी, घातकी. -THIRSTY *a*. घातुक, हिंसक. -VESSEL शीर *f*, रक्तवाहिनी *f*. -WOOD पतंगाचें लाकूड *n*.—BLOODY *a*. stained with blood रक्तानें माखलेला, रक्तबोंबाळ; attended with bloodshed रक्तपाताचा, काटाकाटीचा (battle); murderous क्रूर, घातुक. -FLUX रक्ताची हगवण *f*, रक्तातिसार.

BLOOM—blossom मोहर, फूल *n*; the opening of flowers फुलणें *n*, विकास; flowers open विकसित पुष्पें *n pl*; a state of development into beauty, freshness, and vigor नवती *f*, टवटवी *f*, तजेली *f*; [the delicate powdery coating upon certain newly-gathered fruits, as grapes, plums, &c.].—*v*. फुलणें, विकसणें; टवटवणें, लुसलुसणें. -ING *a*. फुलणारा, विकसणारा, टवटवीत, लुसलुशीत (face).—BLOOMY *a*. मोहरानें -फुलांनीं भरलेला, फुलवऱ्याचा; नळनळीत, नवतीचा.

BLOSSOM* the flower of a plant मोहर, फूल *n*; blind b. वायुफूल *n*; [the color of a horse that has white hairs intermixed with sorrel and bay hairs].—*v. i*. फुलणें, फुलास येणें; flourish and prosper उत्कर्ष-भरभराट होणें, आबादान होणें (Is. xxvii. 6).

BLOT *v. Icel*. spot, stain, or bespatter, as with ink बोळा पाडणें, शाईनें भरवणें; tarnish कलंक -डाग लावणें; obliterate पुसून टाकणें: to b. out a word; erase खोडणें [out]. — *n*. बोळा, ठिपका डाग, बट्टा. -TING-PAPER शाई टिपून -शोषून घेणारा कागद, 'बलाटिंग पेपर.'

BLOTCH (do.) a pustule in the skin चकंदा, चकंदळ *n*.

BLOW *Ger*. a stroke टोला, प्रहार:—with the fist बुक्की *f*, ठोंसा; a sudden or severe calamity गहजब, चटका, चेपटा;—in trade घसरा, झोंका; an egg deposited by a fly in flesh सडी *f*; a violent wind झुंजाट -मचंडवारा; at a b. एका तडाक्यानें; to come to *blows* हातघाईस -हातपिटीस येणें.

BLOW* *v. i*. produce a current of air with the mouth फुंकणें, फुंक मारणें; move, as air वाहणें: the wind *blows*; pant धापा देणें; sound वाजणें: the organ *blows*; over वाता-

हत होणें, निष्फळ होणें, पोकळीस जाणें; to b. up उडणें, सुरंगानें -दारूनें उडणें.—*t.* फुंकणें: to b. the fire; वाहविणें, वाऱ्याच्या जोरानें लोटणें: the tempest *blew* the ship ashore; वाजविणें, फुंकणें: b. the trumpet; publish बभ्रा -बोभाट क.;—the nose शिंकरणें; (माशीनें)सडी घालणें; swell by injecting air वारा भरून फुगविणें (bubbles); out मालवणें, विझवणें; up वाऱ्यानें भरणें, वारा भरणें, फुगविणें; फुगविणें, चण्याच्या झाडावर चढविणें: to b. up one with flattery; चेतविणें, पेटविणें, आगीवर तेल ओतणें (a contention); उडविणें (a fort); वाताहत क., निष्फळ क. (a scheme); खणकावणें, खरडपट्टी काढणें, पूजा क.: to b. up a person for some offense; upon लटपटवणें, लथाडवणें. -PIPE फुंकनळी *f*, फुंकणी *f*.—BLOWN *p.a.* फुगलेला; stale शिळा, वासा; tired दमलेला, थकलेला.

BLUDGEON *Ger.* गदा *f.*

BLUE* निळा रंग.—*a.* निळा; low in spirits खिन्न, उदास: to feel b.; extreme अतिशयीत, पराकाष्ठेचा, कडकडीत: his religion ...'twas Presbyterian true b.—*v.* निळा रंग देणें, निळा क.; make blue by beating, as metals, &c. ताव देऊन निळा क. -BOOK [a parliamentary publication, so called from its blue paper covers].—BLUISH *a.* निळासा. -NESS निळिमा *f*, निळारंग.—VITRIOL मोरचूत.

BLUNDER *v.* (see BLEND) mistake grossly from confusion of thought or purpose गोंधळून मोठि चूक क., घसरणें, बहकणें; stumble ठोकर खाणें.—*n.* चूक *f*, भूल *f*, भ्रम. -BUSS एकप्रकारची बंदूक आहे, दमामा; a stupid, blundering fellow टोण्या, ढ, भाेंग्या.

BLUNT *a. Ger.* not sharp बोथट, ठोसर, बोथा (knife); dull in understanding मंद, जड (wits); abrupt in address सडक-धोपटमार्गी (man).—*v.* धार मोडणें -बसवणें, बोथवणें; repress or weaken, any appetite, desire, or power of the mind रग मोडणें: to b. the edge of pain.

BLUR, see BLOT.

BLUSH *v. i. D.* grow red लाल होत जाणें, लालरंगानें फुलणें -खुलणें, लाली चढणें; redden in the face, as from a sense of shame, confusion, or modesty लाजेनें, धांदलीनें अथवा मर्यादेनें काळवंटणें -तोंड -नूर उतरणें.—*n.* लाजेची काळोखी *f*, काळवंडी *f*, लालरंग, लाली *f*; glance ईषद्दर्शन *n*, सकृद्दर्शन *n*; at the first b. सकृद्दर्शनी.

BLUSTER* *v. i.* blow fitfully with violence and noise, as wind सोसो वाहणें, घोंघावणें; talk with noisy violence मोठाल्या गोष्टी सांगणें, ताव झाडणें, पादरधिटाई क.—*n.* सोसाट, सनाटा; पोकळवल्गना *f*, अरेरावकी *f*. -ER अरेराव, तालतोड्या, धटिंगण.

BOA (*L.*) एक मोठ्या सर्पाची जात आहे. CONSTRICTOR एक मोठ्या जातीचा सर्प आहे, त्याची लांबी तीसपासून चाळीस फूट असते.

BOAR* (*Skr. varaha*) रानडुकर.

BOARD* a plank फळी *f*, तक्ता; a table to put food upon जेवण वाढायाचें मेज *n*, जेवायाचें मेज *n*; food अन्न *n*, जेवण *n*; entertainment मेजवानी *f*; a council convened for business, or any authorized assembly or meeting सभा *f*, पंच *pl*, 'बोर्ड'; deck of a vessel गलबताची तक्तपोशी *f*; the side of a ship गलबताची बाजू *f*, बोडद *n*; a table for a game पट, चौपट: a chess-b.; writing-b. पाटी *f*; pasteboard खळीचा पुठा; *pl* the stage in a theatre रंगभूमि *f*; on b. a ship गलबतावर, गलबतांत; to fall overb. गलबताच्या बाजूवरून समुद्रांत -पाण्यांत पडणें.—*v.* तक्तपोशी क., पाटणें (a house); go on board of, as a ship जाहजावर चढणें -जाणें; furnish

with food for compensation पैसे घेऊन जेवायास घालणें; place at board for compensation पैसे देऊन खाणावळींत ठेवणें, खाण्यास ठेवणें: to b. one's horse at a stable. —*i.* पैसे देऊन जेवणें, खाणावळींत जाणें. -ER खाणावळीचा -ळींतला माणूस; लढाईंत जाहजावर चढून जाणारा. -ING-HOUSE खाणावळीचें घर *n.* -ING-SCHOOL जेथें विद्यार्थ्यांची जेवणाची, बिऱ्हाडाची, व शिकण्याची सोयी असते अशी शाळा *f,* 'बोर्डिंग स्कूल' *n.* -WAGES *pl* चाकरांची पोटगी *f.*

BOAST *v. i. W.* vaunt one's self बडीवार -फुशारकी मिरवणें (Eph. ii. 8, 9) [of].—*t.* बडीवारानें दाखविणें, फुशारकीनें मिरवणें; exult in confident expectation फुशारकी बाळगणें.—*n.* बढाइकी *f,* फुशारकी *f,* अभिमान; the cause of boasting अभिमानाचें मूळ *n* -कारण *n,* अभिमानास्पद *n,* अभिमान.

BOAT* a small open vessel नाव *f,* नौका *f,* 'बोट' *f;* any vessel गलबत *n;* a b. from 50 to 60 *kandis'* burden बतेला.—*v.* बोटींतून -वरून नेणें (goods).—*i.* बोटींतून जाणें. -MAN नावाडी, तांडेल. -SWAIN सारंग.

BOBTAIL (*Eng. bob,* short, and *tail*) लांडें शेंपूट *n.*

BODE* *v.* पुढलें सुचविणें, दर्शाविणें.—BODING *a.* शुभाशुभ सूचना *f.*

BODKIN *W.* नाडी ओढायाची सळई *f* -चा दाभण.

BODY* the frame of an animal अंग *n,* शरीर *n,* देह; the main, central, or principal part, as of an animal, tree, army, country, &c. मुख्यभाग, मध्यप्रदेश, पोट *n;* a person मनुष्य, माणूस, जण *c;* a corporation मंडळी *f,* पुष्टा, गट: a clerical b.; a system श्रेणी *f,* माळिका *f,* पद्धत *f:* a b. of laws; a general collection संग्रह, राशी *f,* संहिता *f;* a b. of water जलराशी; any substance distinct from others पदार्थ, द्रव्य *n,* प्रकृति *f:* a metallic b.; *Geom.* a solid figure भरीव आकृति *f; Paint.* thickness जाडी *f;* strength कस, जहाली *f:* wine of a good b. -GUARD हुजरात *f,* हुजूर हशम *f.* -BODIED *a.* संदेह, देही, शरीरी: able-b.—BODILY *a.* शारिराचा, शारिर (defects); शरिरमय (part).—*ad.* कुडीसहीत, सहतनु; entirely अमदीं, तमाम, बिलकूल: to carry away b.

BOG *Ir.* रुतण *f,* रेवण *f,* दलदल *f.* -GY *a.* दलदलीचा, रुतणाचा.

BOGGLE *Gael.* बागुलबावा.—*v. i.* अडखळणें, कांकूं क., वचकणें.

BOIL *v.* (*bullire*) cause to be agitated by the application of heat कढविणें, उकळणें; form, or separate, by boiling or evaporation रवा जमविणें (sugar, salt); subject to the action of heat in a boiling liquid, so as to produce some specific effect, as cooking, cleansing, &c. उकडणें, शिजविणें, उबळणें (meat, clothes).—*i.* खतखतणें, उकळी येणें: the water *boils;* with passion रागाचा कढ येणें, जळणें, खवळणें; be in boiling water उकळणें; away उकळून -कढून -आटून जाणें; over उतून जाणें, ऊत येणें. -ER कढविणारा; a vessel in which anything is boiled कढविण्याचें भांडें *n* (कढई इ०); *Mech.* तापक, 'बोईलर,' वाफेचा डबा. -ING *a.* उकळता: [b. point, the temperature at which a fluid is converted into vapour with the phenomena of ebullition].—*n.* उकळी *f.*

BOIL* गळूं *n,* करट *n,* फोड; blind b. मुर्के गळूं *n.*

BOISTEROUS *a. D.* violent सोसाट्याचा, प्रचंड (storm); turbulent धुमाळीचा, धांगडधिंग्याचा (behavior).

Bold* *a.* daring धीट, साहसी; planned with courage छातीचा, धैर्याचा (design); impudent धिट्ट, धट्ट; daring निर्भय, हिय्येदार; standing prominently out to view ठळठळीत, उभट, ठळक; steep उभ्या चढाचा, उभट (cape). -LY *ad.* धैर्यानें, धिटाईनें, बेधडक. -NESS शूरत्व *n*, शौर्य *n*, हिंमत *f*; धटाई *f*, निलाजरेपणा; assurance विश्वास, धीर; निर्भयपणा, मशास्तपणा.

Bolster* a long pillow उशी *f*; pad गादी *f*, तक्या.— *v.* गादीचा -लोडाचा आधार देणें; support आधार -आश्रय देणें: to b. baseness [up].

Bolt* an arrow तीर, बाण; a strong pin of iron &c. used to fasten something in a place खीळ *f*, अगळ *f*; a shackle बेडी *f*; a thunderbolt वज्र *n*, विजेचा गोल.— *v.* खीळ घालणें, अडसरानें बंद क.; अटकेंत ठेवणें, तागडणें. — *F.* sift चेंचणें; — bran from flour चाळणें; examine as by sifting चाळून पाहणें [out]; [discuss or argue privately, &c. for practice, as cases].— *i.* start forth like a bolt तिराप्रमाणें निघणें, सटकणें: to b. out of the room; fall suddenly like a bolt वज्राप्राय पडणें; spring suddenly aside उधळणें: the horse *bolted* [away, off, out, in].

Bolus (*L.*) गुटिका *f*, गोळी *f* (औषधाची).

Bomb (*Gr. bombos*) *Mil.* कुलपी गोळा. -ARD *v.* कुलपी गोळ्यांचा भडमार क. -MENT कुलपी गोळ्यांचा भडमार.

Bombast (*bombax*, cotton) high-sounding words ढबीचें बोलणें *n*, डौलाचें भाषण *n*. -IC *a.* ढबीचा, डौलाचा.

Bond* that which binds बंद, बंधन *n*; *pl* imprisonment कैद *f*, बंदी *f*; a uniting tie लगाबाधा; an obligation बंद, बंधन *n*; *Law*, a writing under seal by which a person binds himself, his heirs, executors, and administrators, to pay a certain sum on or before a future day appointed खत *n*, रोखा; a b. not expected to be discharged बुडीत खत *n*; b. timbers लग. — *v.* रोखा लिहून देणें. —*a.* दास, बांधलेला. -AGE कैद *f*, बंदी *f*; दासपणा, दास्यत्व *n*; बंधन *n*, आळा. -MAID दासी *f*. -MAN दास.

Bone* a firm hard substance, composing the skeleton in the higher order of animals हाड *n*, अस्थि *f*, *n*; a b. of contention वादाचा विषय [to make no *bones*, to make no scruples.] — **Bony** *a.* हाडाचा, अस्थिमय; strong मजबूत, दृढ.

Bonfire (*F. bon*, good, and *fire*) a fire made as an expression of public joy आनंद झाल्याबदल होळीसारखा अग्नि पेटवितात तो, जयसूचक अग्नि.

Bonnet *F.* बायकांची टोपी *f*.

Bonny *a.* (*bonus*) See **Beautiful**.

Bonus *L. Law*, a premium given for a loan मनोती *f*; [extra dividend to the shareholders of a joint-stock company, out of accumulated profits].

Booby *F.* टोणपा, शुंभ, ढ.

Book* a collection of sheets of paper, or similar material, blank, written, or printed, bound together पुस्तक *n*, वही *f*, 'बुक' *n*; a treatise ग्रंथ; a part of a treatise खंड *n*, पर्व *n*, भाग; a collection of sheets in which accounts are kept वही *f*, चोपडी *f*; without b. आठवण करून, वाचल्या शिवाय, तोंडानें; प्रमाणा शिवाय: a man asserts without b.; in the *books* of -च्या कृपेंत -मर्जीत. — *v.* वहीवर -चोपडीवर मांडून ठेवणें, बार क. -BINDER पुस्तकें बांधणारा, 'बुकबैंडर.' -BINDING बुकें बांधण्याची विद्या *f*. -CASE पुस्तकें ठेवायाचें कपाट *n*. -KEEPER जमाखर्चाचा हिशेब ठेवणारा, हिसाबनीस *n*. -KEEPING वहीचें लिहिणें *n*, जमाखर्ची

लिहिणें *n.* -KNOWLEDGE पुस्तकें वाचून मिळविलेलें ज्ञान *n,* ग्रंथज्ञान *n.* -LEARNED *a.* versed in books; [ignorant of men or of the common concerns of life]. -MATE शाळेंतील सोबती, गुरुबंधु. -OATH शास्त्रावरची शपथ *f.* -SELLER पुस्तकें विकणारा, 'बुकसेलर.' -WORM, a worm that eats holes in books कसर *f*; a close student ग्रंथासक्त, ग्रंथगंड.

BOOM *D.* a hollow roar, as of waves or cannon लाटांची अथवा तोफेची पोकळ गर्जना *f;* a pole set up as a mark to direct seamen how to keep the channel in shallow water समुद्रात जेथें पाणी उसळतें तेथें गलबत नेऊं नये झणून जी काठी पुरतात ती.—*v. i.* गर्जणें.

BOON *n.* (*bonus*) देणगी *f,* वर. — *D.* अर्जी, विनंती *f.*—*a.* (*bonus*) आनंदी, हौसी (companions); bountiful उदार. — BOOR *D.* (*Skr. bhu,* to be) गांवढळ, नांगऱ्या. -ISH *a.* गांवढळ, गव्हार.

BOOT* *v.* लाभणें, नफा होणें. —*n.* नफा, फायदा, लाभ.—BOOTY लूट *f.*

BOOT *T.* चरमीजोडा, जांघे पर्यंत उंच जोडा.

BOOTH *W.* टाहाळ्यांचें छप्पर *n.*

BO-PEEP, a play to amuse children, by keeping behind any object, as a screen, and crying out Bo! कुकडेकू.

BORAX *F.* टांकणखार.

BORDER* the outer edge of anything काठ, कड *f;*—of a country शींव *f,* हद्द *f;* — of a field कुपट *f;* — of cloth धडी *f,* किनारी *f,* काठ; — of tanks, wells पाळ *f,* वरवंडी *f.* — *v.* किनारी -काठ क.; a garment गोट घालणें, मगजी लावणें; be contiguous to लगत -सीमेस लागणें. -ER शिंवशेजारी, लगत्याचा.

BORE* *v.* perforate भोंक -वेज पाडणें; vex छळणें, त्रास देणें.—*i.* भोंक पाडून आंत शिरणें: an auger *bores* well; भोंक पडणें: the timber does not b. well.—*n.* भोंक *n,* रंध्र *n;* the calibre तोफेच्या -बंदुकीच्या तोंडाचा व्यास, मोहरी *f* (*H*); पीडा *f,* व्याध *f,* शल्य *n.* —*Ger.* उंचबळलेली लाट *f,* कल्लोळ *f.*

BOREAS (*L.*) उत्तरेकडील थंड वारा.

BORN *p.p.* (See BEAR) उत्पन्न; to be b. उपजणें, निपजणें; to be b. again is to be regenerated, renewed, having received spiritual life (John iii. 3) पुनः जन्मणें, द्विजत्व पावणें.

BOROUGH* a town or village that sends members to parliament जो गांव पार्लमेंतांत सभासद पाठवितो तो.

BORROW* *v.* take or receive from another on trust, with the intention of returning or giving an equivalent for उसणें घेणें; take from another for one's use दुसऱ्या पासून वापरण्या करितां घेणें (Ex. xii. 35): it is not hard for any man, who hath a Bible in his hands, to b. good words and holy sayings in abundance; but to make them his own is a work of grace only from above.—*Milton.*

BOSOM* the breast of a human being ऊर, छाती *f;* secret thoughts पोट *n,* मन *n* (Job xxxi. 33); embrace मिठी *f,* कवळ *f,* वेंग *f;* the interior आंतला भाग, पोट *n*: b. of the earth; tender affections प्रीति *f,* लळा, प्रेम *n;* part of the dress worn upon the breast पोशाकाचा जो भाग छातीवर असतो तो, पदर, घोळ (Ex. iv. 6); in comp. intimate सलगीचा, जिवलग: b. friend; b. secrets पोटांतील गोष्ट *f.* — *v.* पोटांत -मनांत ठेवणें -राखणें; conceal लपविणें.

BOSS *F.* a knob गेंद, गोंडा, बोंड *n.*

BOTANY (*Gr. botanē,* a plant) वनस्पतिविद्या *f.*—BOTANICAL *a.* वनस्पतिविद्येचा *f* -संबंधी:

b. garden वनस्पतिविद्या शिकण्याचा बाग.—BOTANIST वनस्पतिविद्यावेत्ता.

BOTCH *It.* an ulcerous affection खांडूक *n*; a patch कप्पा, ठिगळ *n*; work done in a bungling manner गोदडशाई काम *n*.—*v.* ओबडधोबड तांगडणें; गोदडशाई काम क., कप्पे देणें.

BOTH* *a.* & *pron.* (*Skr. abha, ubhan,* the two) दोन्ही; without exception of either दोन्ही, उभयतां; the one and the other हें आणि तें.

BOTHER (?) tease त्रास देणें; perplex तारंबळ क. —*n.* उपद्रव, खटपट *f*, उपद्व्याप; तारंबळ *f*, त्रेधा *f*.

BOTTLE *F.* a hollow vessel of glass शिसी *f*, कुपी *f*, 'बाटली' *f*;—of leather बुधला -ली *f* -लें *n*, दबडा; contents of a bottle बाटलीभर पदार्थ, बाटली *f*.—*v.* बाटलींत भरणें. -FRIEND दारू पिण्याचा सोबती. -GLASS बाटलीची कांच *f*. -GOURD दूधभोपळा, कडु.

BOTTOM * the lowest part of anything मूळ *n*, तळ *n*, बूड *n*; base बैठक *f*, पडघी *f*; foundation पाया, आधार, मूळपीठिका *f*; low land formed by alluvial deposits along a river तळ, ठाव, तळाची जमीन *f*; a dale सखल *n*, बदखल *f*, लवण *n*; the keel of a vessel पठार *n*; a ship गलबत *n*; power of endurance पाणी *n*, दम, जीव: a horse of good b; dregs मळ, रेंदाड *n*: the b. of beer; a ball of thread सुताची गुंडी *f*.—*v.* -वर बांधणें -रचणें [on, upon]; तळ लावणें -बसवणें -घालणें; गुंडी क.

BOUGIE *F. Surg.*, a waxed cord or stick बत्ती *f*, वात *f*.

BOUGH * फांदी *f*, शाखा *f*.

BOUNCE *v. i. D.* leap suddenly तटकन -सटकन उसळणें; thump दणकण आपटणें; bully तुच्छ मानणें.—*n.* उसळी *f*; a bold lie धादांत लबाडी *f*.

BOUND (*bunda*) मर्यादा *f*, सीमा *f*, टप्पा.—*v.* मर्यादा क., आळाबांधणें. —*p. p.* बांधलेला, बद्ध.—*a.* destined नेमलेला; going जाणारा [to, for]. -ARY मर्यादा *f*, सीमा *f*, हद्द *f*.

BOUND *F.* उडी.—*v.* उडी मारणें; in dancing पावटा टाकणें.

BOUNTY (*bonus*, good) generosity औदार्य *n*; that which is given liberally उदारपणाचें देणें *n*; [a premium offered or given to induce men to enlist into the public service, or to encourage any branch of industry].—BOUNTEOUS, BOUNTIFUL *a.* उदार हाताचा, सढळ, उदार.

BOUQUET *F.* bunch of flowers फुलांचा झेला -झुबका, तुरा; perfume सुवास, सुगंध.

BOUT *D.* a turn खेप *f*, पाळी *f*; contest कलह, तंटा; conflict झुंज *n*, झोंबी *f*.

BOVINE *a.* (*bos*, ox) गाई संबंधी, गव्य.

BOW* *v.* (*Skr. bhudj*, to be bent) bend वांकविणें, लवविणें; incline वळविणें; subdue जिंकणें, दबविणें; bend, in token of respect नमविणें; incline towards लक्ष्य -चित्त देणें -लावणें.—*i.* वांकणें; नमणें, नमस्कार क. [down].—*n.* नमन *n*, नमस्कार; the prow (गलबताची) नाळ *f*.

BOW* anything bent कमानदार -बांकदार वस्तु *f*; an instrument for shooting arrows धनुष्य *n*, तिरकमटा; —of a saddle खोड *n*; —for cleaning cotton धनुकली *f*. -MAN तिरंदाज, धनुर्धारी. -SHOT बाणाचा टप्पा. -STRING धनुष्याची दोरी *f*, गुण.

BOWEL (*botulus*) an entrail अंतडें *n*; the interior part of anything पोट *n*: the *bowels* of the earth; tenderness कळवळा, कळकळ *f*.—*v.* -चीं अंतडीं काढणें.

BOWER* arbor गुंफा *f*, मंडप; country-seat बंगला.

Bowl* a concave vessel to hold liquors पेला, प्याला, वाटी *f*; —of wood काठवट *f*, पाळें *n*; — of earth खापर *n*; — of a gourd तुंबा; the hollow part of anything पोट *n*;—of a spoon हरडा;— of a *wina* भोपळा;—of a cocoanut shell डोला.

Box* a case of any size पेटी *f*, डबा; a snuff-b. डब्बी *f*; the quantity that a box contains पेटीची मोताद, पेटी *f*; an inclosed place with seats in a theatre नाटकगृहांत पेटी सारखी एक बसायाची जागा असते, 'बाक्स'; a money-chest पैक्याची पेटी *f*; driver's seat on a carriage गाडीवर गाडी हाकणार बसायाची जागा *f*; a present बक्षीस *n*: a Christmas b.; in a b. अडचणींत. — *v*. पेटींत घालणें; गाडीच्या चाकांत डबा बसविणें. — *n*. (?) बुकी *f*, मुष्टि *f*. —*v. i*. ठोसाठोसी क., मुष्टियुद्ध क.—*t*. बुकीनें मारणें; कानशिलांत बुकी मारणें. -ER मुष्टियोद्धा. -ING ठोसाठोसी *f*, बुकलाबुकली *f*; मुष्टियुद्ध *n*.

Boy *Ger*. मुलगा, पोर; *Hindu Law*, a b. under five years of age कुमार; under eight रिपु; from the fifth to the end of the ninth year पौगंड; from the tenth to the sixteenth किशोर; after the end of his minority the youth is termed प्राप्तव्यवहार. -HOOD पोरपण *n*, बालपण *n*. -ISH *a*. पोरकट, पोरकळ.

Brace (*brachia*, the arms) a prop धिरा, टेका; in carpentry कैंची *f*; a bandage ओढण *f*, कसणी *f*; *pl* of a drum कांकर *f*, ओढण *f*; of a cart नाडा, ओढण *f*; a pair जोडी *f*, जोड: a b. of ducks; *Print*. the mark } कंस. — *v*. धिरादेणें; ताणणें, ओढणें; — a drum चढवणें; strengthen बळकट -जिवट क. (the nerves). -LET कडें *n*, करभूषण *n*, चुडा; — of glass बांगडी *f*; seller of glass *bracelets* काजारी.

Brachygraphy (*Gr. brachus*, short, *graphein*, to write) संक्षिप्त अक्षरानीं लिहिण्याची विद्या *f*.

Bracket *f*. (*brachium*, arm) कौंस, कोंडें *n*.

Brackish *a*. *Ger*. खारट, मचूळ, सौळ.

Brad *D*. a kind of nail तुरई *f*.

Brag *D*. See Boast. -GADOCIO अरेराव, शेंदेड शिपाई.

Braid* *v*. गुंफणें, वळणें.—*n*. वेणी *f*.

Brain* the whitish, soft mass which constitutes the anterior extremity of the nervous system in man and other vertebrates, occupying the upper cavity of the skull, and considered to be the centre of sensation and perception मेंदू, मगज, मज्जा *f*; the seat of intellect बुद्धीचें स्थान *n*; the understanding बुद्धि *f*, अक्कल *f*, fancy कल्पना *f*. -LESS *a*. बुद्धिहीन. -PAN कंवटी *f*, कपाल *n*.

Brake *Ger*. an instrument for breaking flax ताग ठेंचण्याचें एक यंत्र आहे: a baker's kneading-trough पीठ मळायाची काठवट *f*; [contrivance for confining refractory horses while the smith is shoeing them]; a large heavy harrow for breaking clods after ploughing गुटाळ *n*; [a piece of mechanism for retarding motion by friction, as of a railway car; a carriage without a body used for breaking in horses].

Bramble* कांटेझाड *n*.

Bran *W*. कोंडा; as remaining in fine flour तांब *f*. -NEW. See Brand-new.

Branch *F*. a bough फांदी *f*, खांदी *f*; ramification शाखा *f*, कोंब; a section अंग *n*, प्रकरण *n*: a b. of knowledge; line of family descent, in distinction from some other line or lines from the same stock पालव, शाखा *f*; minor b. उपांग *n*; a chandelier झुंबर; [*Law*, a warrant or commission

given to a pilot].—*v. i.* फांद्या फुटणें; विभाग -पोटभाग क.; off फांदी -फाटा फुटणें -फैलावणें; out पाल्हाळ क., (भाषणाचा) विस्तार क.; विषयाचे बहुत विभाग क. — *t.* फांद्या -शाखा फोडणें; adorn with needlework representing branches, flowers, or twigs फुलाफांद्याचा कशीदा काढणें -क. -LET लहान फांदी *f*, शिपटी *f*.—BRANCHY *a.* फांद्यांनीं भरलेला; पसरट फांद्याचा.

BRAND* a burning piece of wood कोलीत *n*; a mark made by burning with a hot iron डाग, लास; quality जात *f*: good b. of flour; a mark put upon criminals with a hot iron अपराध्याला डागणीनें जी खूण करितात ती; stigma कलंक, डाग; [a disease in vegetables, by which their leaves and tender bark are partially destroyed, as if burnt]; डागणें, डाग देणें; कलंक लावणें. -ING-IRON डागणी *f*. -NEW *a.* नवा कोरा, घणकोरा.

BRANDY (*burned wine*) एक प्रकारची तलख दारू आहे, 'ब्रांडी.'

BRASS * alloy of copper and zinc पितळ *n*; impudence तिखें *n*, नाक *n*, निलाजरेपणा. -FOIL पितळीपान *n*.—BRASSY *a.* पितळेचा, पितळी; having the color of brass पितळी रंगाचा; hard as brass पितळे सारखा कठीण.—BRAZIER, one who works in brass कांसार; a pan to hold coals शेगडी *f*.—BRAZE *v.* solder with an alloy of brass and zinc पक्का डाक लावणें, पितळेनें साधणें; cover or ornament with brass पितळेनें मढवणें किंवा शृंगारणें; harden to impudence कोडगा-निलाजरा होणें, मुसळ नेसणें.—BRAZEN पितळेचा; also -FACED निलाजरा, कोडगा.

BRAT कारटें *n*, पोरटें *n*, पोर *n*; *brat* and bantling पोरेंबाळें *pl*.

BRAVE *a. F.* of noble or admirable courage शूर, धारिष्टवान; excellent उत्तम, नामी, खासा, उमदा: iron is a b. commodity.—*v.* धैर्यानें गांठणें, शिंगावर घेणें.—BRAVERY शौर्य *n*, धाडस *n*, छाती *f*; उमदेपणा, छानदारी *f*. — BRAVADO (*Sp.*) फुशारकीची धमकी *f*, फुशारकी *f*.— BRAVO (*It.*) मारेकरी. — *int.* शाबास, भले, वाहवा.

BRAWL *v. i. F.* quarrel noisily and indecently कलागत -कटकट क.; make a noise गलबला -गोंगाट क.—*n.* कलागत *f*, कटकट *f*, गोंगाटाचें भांडण *n*. -ER कटकट्या, कलागत्या.

BRAWN *F.* flesh of a boar डुकराचें मांस *n*; salted and preserved flesh of the wild boar रानडुकराचें खारलेलें मांस *n*; the arm बाहु, दंड; muscular strength अंगबल *n*, शरीरबल *n*. — BRAWNY *a.* मांसल, गोंडस; strong बळकट.

BRAY *v. F.* खलणें, कुटणें (Prov. xxvii. 22).—कर्कश शब्दानें बोलणें -वाजवणें -क.—*i.* utter a harsh cry, as an ass गाढवासारखें ओरडणें; make a harsh, grating cry कर्कशनाद क. —*n.* गर्धभध्वनि *f*, खरशब्द.

BRAZEN, See under BRASS.

BREACH* the act of breaking मोडणें *n*, तोडणें *n*, भंग; gap made by breaking खिंड *f*, भगदाड *n*;—violation भंग; of promise प्रतिज्ञाभंग;— of confidence विश्वासघात; a breaking up of amicable relations फूट *f*, तूट *f*, बिघाड.

BREAD* भाकर *f*, रोटी *f*; food अन्न *n*, भाकर *f*, जीवन *n* (Matth. vi. 11).

BREADTH* रुंदी *f*;—of cloth पन्हा.

BREAK* *v.* divide with violence फोडणें, मोडणें; sever by fracture तोडणें (a rope); disclose फोडणें, मनाची गाठ सोडणें (secrets, the mind); infringe मोडणें, भंग क. (a law, promise); interrupt खंड पाडणें, भंग क., मोडणें (sleep); destroy the completeness of विजोड क. (a set); shatter to

pieces चकणाचूर क., तुकडे तुकडे क.; bruise ठेंचणें; weaken, impair, or subdue, as health or the faculties बिघडणें, निर्बळ क.; diminish the force of वेग -रग -बळ मोडणें; tame वठणीस आणणें, वश क. (a colt); make bankrupt मोडणें, दिवाळें काढणें; cashier बरतर्फ क., कामावरून दूर क. -काढणें: I see a great officer *broken*; — the spirits मनोहत -भमाश क.; down दाबून -दडपून टाकणें; in जबरीनें आंत शिरणें: to b. in a door; वठणीस आणणें, रावविणें (a horse); खोड -व्यसन सोडविणें, सुधारणें (one of a habit); off तोडणें (a twig); शेवट क., सोडणें (Dan. iv. 27); open फोडून उघडणें; out फोडून येणें किंवा काढणें, उखळणें: to b. out a pane of glass; over उलंघन क. (a rule); up मोडणें, बरखास्त -विसर्जन क. (the court);—an army रजा देणें, मोडणें;—the back बगाड -पेंकाट मोडणें -बसविणें;—cover झाडींतून -जाळींतून निघणें (game); fast पारणें सोडणें; न्यहारी क.; ground नांगरणें, खणणें, पोखरणें इ०; fig. आरंभ क., पेरणें; गलबताचा नांगर तळापासून सोडविणें;—the heart दुःखानें छाती फोडणें; — a house, *Law*, remove any part of the house or of the fastenings provided to secure it, with violence and a felonious intent घर फोडणें (चोरीच्या इरादानें); — ice तोंडच्या -आरंभींच्या अडचणींतून पार जाऊन आरंभ क.;—jail तुरंगांतून पळून जाणें; —a path वाट फोडणें;—wind पादणें.—

BREAK *v. i.* फुटणें, मोडणें, तुटणें (Matth. ix. 17); open spontaneously फुटणें, उफलणें, उतटणें (a tumor, bubble, seed-vessel); burst forth violently एकदम -जोरानें येणें -पडणें (a storm); तुटणें, निर्बळ होणें: see how he begins to b.; दिवाळें निघणें, पडणीस येणें; change the gait चालण्याची ढब बदलणें: to b. into a run; फूट होणें, बिघाड पडणें; away पळून जाणें; फाकणें, वितुळणें (clouds); down मोडून खालीं पडणें (coach); मोडणें, गळणें, थकणें: he had *broken* down at the outset; forth निघणें, बाहेर पडणें; [in, into] (Is. lviii. 8; xliv. 23); in, upon एकदम आंत येणें -शिरणें -जाणें; loose सुटणें, मोकळा होणें; off तुटणें, तुटून वेगळा होणें -येणें; out सुटणें, बंद तोडणें; (पाणी इ०) उतून निघणें; (आग) भडकून पेटणें -दिसणें; (रोग) उद्भवणें; (पुरळ इ०) उतणें -उठणें -निघणें; up उखळणें, फुटणें: the wreck will b.; with बिघडणें; फाटाफूट होणें; समजूत क. -पाडणें, बोलणें.—

BREAK *n.* खिंड *f*, खिंडार *n*; pause खंड, विराम;—in the weather उघाड, उघाडी *f*; the dawn अरुणोदय, प्रभात *f*; — in a wall भगदाड *n*, खिंडार *n*; [a kind of carriage]. -ABLE *a.* फुटायाजोगा, भंगशील. -AGE फुटीतुटीची सूट *f*. -ER फोडणारा, भंजक; *pl* किनाऱ्यावर -खडकावर आदळून फुटणाऱ्या लाटा. -FAST न्यहारी *f*.—*v.* न्यहारी क. -WATER लाटांचें जोर मोडण्या करितां बांध, भिंत वगैरे जें घालतात तें.

BREAST* the fore part of the body between the throat and the belly उर, छाती *f*; protuberant glands, situated on the front of the chest or thorax in the female of man and of some other mammalia, in which milk is secreted for the nourishment of the young थान *n*, स्तन *n*; fig. the heart मन *n*, पोट *n*; make a clean b. सर्व कबूल होणें -क.; सर्व गूज सांगून मनावरचें ओझें उतरणें. -BONE उराचें हाड *n*, उरोस्थि *n*. -DEEP, -HIGH *a*. छाती इतका, छातीभर. -PLATE उरस्त्राण *n*. -WORK छाती एवढी उंच भिंत *f*.

BREATH* air inhaled and exhaled in the respiration of animals श्वास, दम; the act of breathing naturally or freely दम घेणें *n*, श्वासोश्वास चालवणें *n*; power of respiration

श्वास घेण्याची शक्ति *f;* life जीव, प्राण; time to breathe दम, गम: let me take b.; a single respiration दम; an instant क्षण: he smiles and frowns in a b.; very slight breeze झुळूक *f,* वाऱ्याची लहर *f.*—BREATHE *v.* श्वासोश्वास घेणें -टाकणें -चालणें; live जगणें; inject by breathing फुंकून आंत सोडणें (Gen. ii. 7); utter softly मंजूळ वाणीनें बोलणें; emit, as breath श्वास सोडणें-टाकणें; cause to sound by the breathing फुंकणें, वाजविणें: to b. on the flute; suffer to take breath दम घेऊंदेणें (a horse); put out of breath दमविणें, बेदम क.; — hard दम लागणें -चढणें. -LESS *a.* बेदम, श्रांत; dead मेलेला, मृत (body). -ING श्वासोश्वासाची क्रिया *f,* श्वासोश्वास; inspiration प्रेरणा *f,* संचार; secret prayer गुप्त -मनांतील प्रार्थना *f;* utterance उद्गार, उच्चार; vent श्वास सोडण्याची जागा *f,* उसास; *Gram.* aspiration महाप्राणउच्चार; hard b. महाप्राण; — as practised by the Vedantist प्राणायाम.

BREECH* lower part of the body behind ढुंगण *n;* hinder part of anything पाठीमागला भाग, पश्चाद्भाग; [esp. the part of a cannon or other arm behind the bottom of the bore]; *pl* चोलणा, गुडघी *f;* to wear the b., to usurp the authority of the husband;—said of a wife नवऱ्याच्या डोकीवर मिरें वाटणें -बसणें.

BREED* *v.* procreate उत्पन्न क., जन्म देणें; bring up लाहनाचा थोर क.; educate शिकवून तयार क., तरबेत क.; originate उत्पन्न क.: my quaint habits b. astonishment; be the native place of -ची खाण असणें; give birth to जन्म देणें: a pond *breeds* fish. —*i.* उपजणें (Gen. viii. 17); be formed in parent or dam (उदरांत) बनणें, आकारास येणें: children b. in the matrix; raise a breed ताणा वाढविणें: choose the kind of animal which you wish to b. from; [to b. in and in, to b. from animals of the same stock that are closely related].—*n.* जात *f,* अवलाद *f;*—of cattle ताणा, वाढा. -ING पालण *n,* पोषण *n;* manners माणूसकी *f,* विनय; रीत -शिक्षा -राबता लावणें *n.*

BREEZE *F.* झुळूक *f,* लहर *f,* मंदवायु; balmy b. मंदसुगंधवायु; cool and balmy b. शीतसुगंधवायु; land-b. मतलई *f;* sea-b. समुद्राकडला वारा.

BRETHREN *pl* (See BROTHER) भाऊ, बंधुवर्ग -जन *pl.*

BREVET (*brevis,* short) *Mil.* लष्करी सरदाराची सनद *f;* ही पगारापेक्षां मोठ्या जाग्याची असते.—BREVIARY, an abridgment संक्षेप, सार *n;* a book containing the daily service of the Roman Catholic or Greek Church रोमन क्याथोलिक किंवा ग्रीक मंडळीचें नित्य प्रार्थनापद्धतीचें पुस्तक *n.* — BREVITY, briefness of time अल्पकाळ; संक्षेप, समाहार.

BREW* *v.* seethe शिजवणें; prepare, as a liquor, from malt and hops माल्ट नांवाची दारू क.; plot पिकवणें, धुमसवणें; शिजवणें; बीरदारू करण्याचा धंदा क. -ER यवसाची दारूकरणारा.

BRIBE *F.* a price, reward, gift, or favor bestowed or promised with a view to pervert the judgment or corrupt the conduct of a judge, witness, or other person लांच *m, f,* पानसुपारी *f,* लुचपत *f;* allurement लालूच *f,* खाऊ; sums expended in *bribes* to official persons अंतस्थ *n.*—*v.* लांच देणें, तोंड दाबणें, हात चेपणें; gain by a bribe लांच देऊन मिळविणें. —BRIBERY लांचेचा व्यापार -व्यवहार.

BRICK* वीट *f,* ईट *f;* baked b. पक्की ईट *f;* sun-dried b. कच्ची ईट *f;* [a b. in his hat, used of a person intoxicated].—*v.* वीटबंदी क.; imitate a brick wall on विटांच्या

भिंती सारखी नक्कल क. -BAT इटकूर n.— -CLAY विटा करायाची माती f, विटांची माती f. -DUST इटकर f, n. -KILN विटा भाजण्याची भट्टी f; the mouth of a b. बारा. -LAYER गवंडी. -MAKER कुंभार. -TROWEL करणी f. -WORK इटबंदी f -काम n.

BRIDE* (*Skr. praudha, pri,* to love) a woman recently married नवरी f; a woman contracted to be married नवरी f. -GROOM नवरा. -MAID करवली f. -MAN करवला. -WELL बंदीखाना, तुरंग.

BRIDGE * a way built over water पूल, सेतु; supporter of the strings of a fiddle घोडी f, चौकी f, तारदानी f;—of the nose नाकाचा दांडा.—*v.* -ला -वर पूल बांधणें: to b. a river पूल बांधून रस्ता क.

BRIDLE* instrument with which a horse is governed लगाम m, f, अनीन f; restraint लगाम f, संयम. — *v.* लगाम देणें -घालणें -चढविणें; आकळणें, लगामीं ठेवणें -चालवणें; put one's b. in the jaws of नाकीं वेसण घालणें. -HAND लगामीचा हात. -PATH घोडेवाट f.

BRIEF *a.* (*brevis,* short) short in duration अल्पकालिक; concise संक्षिप्त, लहान, थोडा (tale).—*n.* संक्षेप, समाहार; an abridgment of a client's case, made out for the instruction of counsel on a trial at law वकिलाकरितां तयार केलेलें कुळाच्या खटल्याचें टिपण n; a writ राजाज्ञापत्र n. -LESS *a.* ज्यापासीं कूळ किंवा खटला नाहीं तो (barrister). -LY *ad.* थोडक्यांत, संक्षेपानें.

BRIER * a prickly plant कांटेझाड n; the sweet-brier and the wild-brier रानगुलाब, सदागुलाब.

BRIG *F.* दुकाठी जहाज n.

BRIGADE *F.* a division of troops commanded by a general officer or brigadier ब्रिगेडियर पदवीच्या सरदाराच्या सैन्याची टोळी f; ह्या टोळींत अमूकच संख्या लोक असावे असा नेम नाहीं. — BRIGADIER ब्रिगेड नामक सैन्यभागाचा सर्दार, 'ब्रिगेडीर' साहेब.

BRIGAND *F.* पुंड, बंडकरी, लुटारू. -AGE पुंडाई f, बंडाळी f.

BRIGHT * *a.* (*Skr. bhrâdsh,* to shine) उजळ, चकचकीत, टिपूर, तेजस्वी; clear नितळ, स्वच्छ (wine); having qualities that render attractive मनोरम गुणांचा, मनोहर; sparkling तेजदार, पाणीदार (eyes); sparkling with wit चाणाक्ष्य, तैलबुद्धि: be b. and jovial among your guests; evident स्पष्ट, व्यक्त; b.-eyed दिप्तलोचन. -EN *v.* उजळ क.; तेजोवृद्धि क., उजरणें, make cheerful आनंदित क. — *i.* उजळणें, उजळ होणें; रंगास चढणें, खुलणें; उजरणें. -NESS तेजी f, कांति f, प्रभा f, झिलई f; उजळपणा; बुद्धिसौक्ष्म्य n, सौंदर्य n.

BRILLIANT *a. F.* sparkling with lustre लकलकीत, पाणीदार, तेजोमय; shining तेजशाली, प्रतापशाली (talents).—*n.* a diamond of the first cut or water तरतरा.—BRILLIANCY लकलकी f, तकतकी f, पाणी n, तेज n, ढाळ.

BRIM * rim of any vessel, or other thing कड f, कांठ, तोंड n; the brink पाल f, किनारा, तट. — *v. i.* तंतोतंत -कांठोकाठ भरणें. -FUL *a.* तोंडोतोंड, भरपूर, तुडुंब.

BRIMSTONE * गंधक.

BRINDED, BRINDLED* *a.* बांडा, कसरा (cat, lion).

BRINE* matter saturated with salt मिठवणी f, खार; the sea समुद्र; tears, so called from their saltness आसवें n pl.—*v.* मिठवणींत घालणें, खारणें; mix salt with मीठ मिसळणें -घालणें (hay).

BRING* *v.* fetch आणणें, घेऊन येणें; procure मिळवून -प्राप्त करून देणें: nothing will b. you more honor; influence मन वळविणें; convey नेणें: the water *brings* over with it

some oil; about घडविणें, बघविणें; back परत आणणें -बोलावणें; down खालीं आणणें, उतरणें; नमविणें, गर्वखंडन क., पाणउतारा क. (high looks); forth प्रसविणें, जन्म देणें; उपजविणें; उघडकीस आणणें; forward पुढें -दृष्टोत्पत्तीस आणणें; in चालू क., प्रचारांत आणणें; मर्यादेंत -आटोक्यांत आणणें; मिळकत करूनदेणें, वसूल येणें; मंडळींत-सोबतींत मिळायास मनावणी क.; off दूर नेणें; सुटका मिळविणें; दंडमुक्त क.; on आरंभ करायास लावणें (an action); उत्पन्न क., आणणें (a disease); out उघड क., फोडणें; over पैलतिरीं -कांठास नेणें (passengers in a boat); पलीकडे नेणें (despatches); मन वळविणें, मत फिरविणें; to शुद्धीवर -देहभानावर आणणें (a fainting person); under वश क., जिंकणें; दाबांत ठेवणें; up लहानाचा मोठा क.; प्रतिपाळ क.; शिकविणें, तरबेत क.

Brink *D.* कड *f*, किनारा, तट, कांठ.

Brisk *a. W.* full of liveliness and activity आनंदी, उल्लासी; full of spirit हुशार, चपळ, तलख; — of towns गजबजीत, भरलेला; — of trade तेजीचा, भरभराटीचा; b. fire धगधगीत आग *f*; effervescing, as liquors खतखतणारा, उतणारा. -ness उल्लास, आनंदवृत्ति *f*; चलाखी *f*, तेजी *f*; b. and dulness of trade तेजीमंदी *f*; —of fire धगधगी *f*.

Bristle* रांठकेश, सड.— *v.* केश उभारणें -पिसारणें.—*i.* केश उभे राहणें, कांटा येणें.

British* *a.* ब्रिटन देशाचा, 'ब्रिटिश,' इंग्रजी.— **Briton** ब्रिटन देशचा राहणारा.

Brittle* *a.* ठिसूळ, लवकर मोडणारा; of thread तुटीर, फुसका.

Broach *F.* an awl चांभाराची आरी *f*; a tool for smoothing or enlarging holes in metal धातूंत भोंकें मोठीं किंवा साफ करण्याचें हत्यार; a brooch वस्त्र अडकविण्याचा अंकडा.—*v.* सळईस टोचणें (मांस, भाजण्याकरितां); भोंक तोंड -पाडणें; give out फोडणें, षट्कर्णी क.; open for the first time, as stores फोडणें, उघडणें (कोठी वगैरे).

Broad* *a.* wide रुंद, विस्तीर्ण; open फटफटीत, भणभणीत: b. and open day; fig. extended प्रशस्त: a b., statesman-like, and masterly way; gross निर्भिड, बेमुर्वतीचा (compliment, mirth). -cloth बनात *f*, सकलात *f*. -side, discharge of all the guns on one side of a ship गलबताच्या बाजूवरून सर्व तोफांचा भडमार; side of a ship above the water पाण्याच्या वरली गलबताची बाजू *f*; in printing, a sheet of paper printed on one side only पाठकोरा ताव. -sword रुंद पानाची तरवार *f*. -wise *ad.* आडवा, कडे कडून.

Brocade *Sp.* जर, किनखाब.—**Brocaded** *a.* जरतारी; that has a b. border लफेदार; dressed in brocade जरतारी पोशाक ल्यालेला.

Brocage, See under **Broke**.

Broil *F.* कटकट *f*, कलागत *f*.—*v.* निखाऱ्यावर भाजणें.—*i.* तळतळणें.

Broke *v. i. F.* transact business for another गुमास्त्याचें काम क.; act as procurer कुंटणपणा क. -age दलाली *f*.—**Broker**, an agent गुमास्ता; *Law*, an agent employed to effect bargains and contracts दलाल. -age दलाली *f*, दलालाचें काम *n*; दलालाची दस्तुरी *f*, दलाली *f*.

Broken *p. a.* (See **Break**) फुटलेला, मोडलेला; थकलेला, मोडलेला; वश झालेला, जिंकलेला &c. See **Break**. -hearted भग्नहृदय.

Bronchial *a. Gr.* कंठसंबंधी, कंठ्य.—**Bronchocele** गंडमाळा *f pl*.

Bronze *F.* compound of copper and tin तांब्याचा व कथलाचा मिश्रधातु; a statue, medal, &c. cast in bronze पूर्वोक्त धातूचा ओतीव पुतळा, पदक वगैरे; the color of bronze ह्या धातूचा रंग. — *v.* ब्रांझ धातूचा रंग देणें.

Brooch *F.* a jewel रत्न *n*; ornamental pin for a garment वस्त्राचें अडकण *n.*

Brood * *v.* पाखर घालणें : a hen *broods* her chickens.—*i.* sit on and cover eggs, as a fowl अंडीं उबविणें; sit over and cover young, as a hen her chickens पाखर घालणें; sit quietly उगी -स्तब्ध बसणें; over, on, remain long in anxiety ध्यास धरणें, चिंता करीत बसणें, फिकिरींत असणें.—*n.* hatch वीण *f*, वेत *n*; species generated वाढा, ताणा; offspring संतति *f*, संतान *n.*

Brook * ओढा, ओहळ.

Brook * *v.* सोसणें, सा३णें, पोटांत घालणें.

Broom * besom केरसुणी *f*, झाडू *f*; a shrub एक कांटेझाड आहे. -STICK केरसुणीचा दांडा.

Broth * मांसाचा किंवा दुसऱ्या पदार्थाचा घाटा -रसा.

Brothel *F.* छिनालवाडा, वेश्यालय *n.*

Brother* (*Skr. bhrâtar*) he who is born of the same father and mother with another भाऊ, बंधु; half - b. सावत्र भाऊ; one related closely to another by some common tie or interest, as of rank, profession, membership in a society, toil, suffering, &c.;—used among judges, clergymen, professors of religion, &c. भाऊ, बंधु (in comp. विद्या -धर्म कर्म -गुरुबंधु); one that resembles another in manners or traits of character भाऊ (Prov. xviii. 9). -HOOD भाऊबंदकी *f*, भाऊपणा; an association अखाडा, पंक्ति *f*; a class of men of the same kind, profession, or occupation एका धंद्याचे -पेशाचे लोक. -IN-LAW मेहुणा. -LY *a.* भावाचा; b. love बंधुप्रीति *f*.—*ad.* भावासारखा; affectionately प्रीतीनें, ममतेनें : I speak but b.

Brow* (*Skr. bhrú*) the prominent ridge over the eye भोंवई *f*, भ्रुकुटी *f*; the eyebrow भोंवईचे केश *pl*, भोंवई *f*; forehead कपाल *n*, भाळ *n*, ललाट *n*; general air of the countenance मुखचर्या *f*; edge of a steep place कडा, कड *f*; to knit the *brows* भोंवयांस गांठ देणें. -BEAT *v.* भोंवया चढवून बोलणें : to b. witnesses. -BOUND *a.* मुगुट घातलेला, किरीटधारी, किरीटी. -LESS *a.* निलाजरा.

Brown* उदी -तपकिरी रंग; dark b. घनसावळा; light b. भुरा. — *a.* उदी, तपकिरी, पिंगटवर्ण. — STUDY, thoughtful absent-mindedness विचारांत गुंग होऊन देहभानावर नसणें *n.*

Browse *F.* झाडाचा कोंवळा पाला, कोंवळ्या फांद्या *f pl.*—*v.* कोंवळ्या कोंवळ्या फांद्या -पाला खाणें [on].

Brucina, Brucine *F.* काजऱ्याचा सत्वांश.

Bruise* *v.* crush as drugs, &c. ठेंचणें, चेंचरणें, खरंगटणें; injure, as animals, or vegetables दुखापत क., चेंचरणें.—*n.* दुखापत *f*, खोक *f*, जखम *f.*

Bruit *F.* अफवा *f*, आवई *f*, जनप्रवाद.—*v.* जाहीर -प्रसिद्ध क.

Brumal *a.* (*bruma*, winter) हिंवाळ्याचा, हैम.

Brunette *F.* काळसावळी बायको *f* -मुलगी *f.*

Brunt* heat of an onset झपाटा, तडाखा: the b. of a battle; shock धक्का, धडाका, आघात.

Brush *F.* instrument to rub or clean clothes, lay on colors, &c. कुंची *f*, बोंथ *f*: branches of trees lopped off कवळ *f*; फांट्या *f pl*; thicket of shrubs झुडूप *n*; skirmish चकमक *f*, झटापटी *f*, फाटफूट *f*, bushy tail of a fox कोल्ह्याचें गोंडाळ शेपूट *n.* — *v.* कुंचीनें झाडणें -साफ करणें -रंगविणें इ०; कुंचा -कुंची फिरविणें; touch in passing घसरा देऊन जाणें; up घासपूस क.; उजळणें, उजरणें, उजळणी क. -WOOD झाडी *f*, झुडूप *n*; small branches of trees cut off कवळ *f.*

Brute (*brutus*, stupid) beast पशु, जनावर *n*; brutal person पशुशील मनुष्य, हैवान

—*a*. not having sensation जड, चैतन्यशून्य (earth); irrational बुद्धिहीन, अज्ञान (beast); animal देहसंबंधी, दैहिक, अंग; b. force अंगघटाई *f* -मस्ती *f*; bestial जनावरासारखा (violence); uncivilized रानटी, अडाणी: b. philosopher अरण्यपंडित.—BRUTAL *a*. पशूचा, पशुसंबंधी (nature); पशूसारखा; merciless निर्दय, क्रूर. -ITY पशुपणा, पशुत्व *n*; निर्दयपणा, निष्ठुरता *f*.—BRUTISH *a*. पशूसारखा, पशुतुल्य; निर्दय; रानटी.

BUBBLE *D*. small bladder or vesicle of water or other fluid inflated with air बुडबुडा, फुगा; vain project चटक्याचे मांडे *pl*, भुसकेलड्डू *pl*, पाण्यावरचा बुडबुडा; dishonest speculation ठकबाजीचा व्यापार: the South-Sea b.—*v. i*. बुडबुडे येणें; make a bubbling sound खतखतणें, सळसळणें [up, out].—*t*. ठकविणें, फसविणें.

BUBO (*L*.) बद *n*, वळ.

BUCK *Ger*. male of the fallow-deer काळविट;—of the goat बोकड;—of the sheep मेंढा;—of the rabbit and hare ससा; a gay, dashing young fellow अकडबाज, छानछूक.

BUCKET* पोहरा, डोल, बादला, मोट *f*, इ० प्रकारचें शेंदणें *n*; the large b. of a draw-well मोट *f*.

BUCKLE *F*. an instrument for fastening dress or harness अडकवण *n*, 'बकल' *n*; a curl कुरळ *n*.—*v*. कचकीनें अडकविणें; prepare for action (काम करायास) कंबर बांधणें, कासघालणें.—BUCKLER एक प्रकारची ढाल *f* आहे.

BUD *D*. कळी *f*; a large b. कळा.—*v. i*. कळी येणें -फुटणें.—*t*. पिवंदी क.: the plum and the peach are *budded* on each other.

BUDGEROW ऐषआरामाची एक बंगाली बोट *f* आहे, बजरा.

BUDGET *F*. a bag with its contents (भरलेली) पिशवी *f* -थैली *f*; a stock पुंजी *f*, पोतें *n*, भरणा; papers respecting the finances of the British nation ब्रिटिश राज्याच्या वसूल बासलातीच्या पत्रकांचा इमाल; [to open the b., to lay before a legislative body the financial estimates and plans of the executive government].

BUFFALO *It*. रेडा, टोणगा, हेला; female b. म्हैस *f*.—BUFF म्हशीचें कातडें *n*; military coat made of buff-skin or similar leather म्हशीच्या कातड्याचा लष्करी डगला; [color between light pink and light yellow]; a blow ठोंसा, बुकी *f*.

BUFFET *It*. बुकी *f*, ठोंसा.—*v*. बुकलणें, ठोंसे मारणें; contend against भांडणें, भिडणें; to b. the billow (पाणी -लाट) तोडणें.

BUFFOON *F*. low jester हांडीबाग, भांड; a mimic माध्वी, विदूषक. -ERY मस्करी *f*, थट्टा *f*; माधवीपणा.

BUG *W*. ढेंकूण. -BEAR बागुलबावा, बौ; to make a b. of भोंवा करून सांगणें.

BUGLE *F*. तुतारी *f*, रणशिंग *n*, करणा, 'बिगुल' *n*. (*bugulus*) काळीपोत *f*, कांचेचा काळामणी *f*.

BUILD *v*. construct बांधणें, रचणें, उभारणें; establish पाया घालणें, स्थापणें (reputation, hope); up, increase and strengthen वृद्धि क., स्थिर -दृढ क. (Acts xx. 32); to b. castles in the air मनात मांडे खाणें.—*i*. (घर वगैरे) बांधण्याचा धंदा क.; depend, as on a foundation अवलंबणें, भिस्त -मदार ठेवणें -राखणें. -ER घरबांधणारा, गवंडी, सुतार इ०, शिल्पी. -ING बांधणें *n*; a thing built इमारत *f*, इमला; the art of constructing edifices इमारती बांधण्याची कला *f*, शिल्प *n*.—BUILT *a*. बांधलेला, बंदिस्त.

BULB (*bulbus*) गड्डा, कांदा; —of the eye डोळ्यातलें बुबूळ *n*. -OUS *a*. कांद्याचा, कंदमय.

BULGE* *v*. swell out फोंक -फुगा -पोट येणें; see BILGE.

Bulk *W.* size लांबीरुंदी *f*, परिमाण *n*; the main mass or body मुख्यभाग. — **Bulkiness** मोठेपणा, स्थूलत्व *n*. — **Bulky** *a.* मोठा, रटेल, अवजड.

Bull *Ger.* बैल; a sign of the zodiac वृषभरास *f*; — *a.* in comp. large मोठा, घोड, (in comp. घोडशीर *f*): b. - head. -**dog** एक जातीचा मोठ्याडोक्याचा कुत्रा आहे.—**Bull's-eye** पोलीसच्या शिपायाचें कंदील *n*. — **Bulrush** मोठ्या जातीचा लव्हाळा. — **Bullock** खोंड, गोऱ्हा.

Bull (*bulla*, a seal) an edict of the pope पोपाचें आज्ञापत्र *n*; the seal appended to the edicts of the pope पोपाच्या आज्ञापत्राची मोहर *f*; a blunder चूक *f*, भूल *f*.

Bullet *F.* a small ball गोळी *f*; a shot (बंदुकीची) गोळी *f*.

Bulletin *F.* an official account, as of a battle लढाई वगैरेची सरकारी बातमी *f*; news recently received ताजी बातमी *f*; [an official statement respecting the health of some distinguished personage].

Bullion (*bulla*, bubble) लगडीचें -गट्टाचें सोनें *n*, किंवा चांदी *f*.

Bully (?) गरिबांचा काळ, इमाम दांडगा. — *v.* गुरकावणें, दांडदपट क. -**ing** डरकावणी *f*, दटावणी *f*.

Bulwark *D.* a bastion बुरूज; a means of defence रक्षण *n*, आश्रय [*pl* the sides of a ship above the upper deck].

Bumboat (from *bum*, the buttocks) बंदरांतील जहाजावर सामग्री नेण्याची होडी *f*, 'बाबोट' *f*.

Bump *W.* a thump धप्पा, थडाका, झपाटा; a swelling टेंगूळ *n*, गांठ *f*. — *v.* थडाका मारणें, धाडकन मारणें. — *i.* बगळ्यासारखा आवाज क.

Bumper *F.* a cup filled to the brim or till the liquor runs over तोंडोतोंड भरलेला प्याला, परिपूर्ण पात्र *n*; crowded house at a theatre गच्च -दाट भरलेलें नाटकगृह *n*.

Bunch *D.* a protuberance टेंगूळ *n*; — on a camel's back मदार *f*; a cluster घोंस, घड, जुडगा;—of flowers झेला, झुमका. —*v. i.* टेंगूळ येणें.—*t.* घोंस -झुबका -जुडगा बांधणें.

Bundle * a number of things bound together गाठोडें *n*, बोचकें *n*, मोट *f*; a small b., as of paper &c. पुडका;—as of medicine - powder पुडी *f*; — of grass, sticks जुडी *f*, जुडगा, मोळी *f*, भारा;—of cotton गट्ठा, बिंडा;—of papers तब्लक *f*.—*v.* गाठोडें बांधणें; off उचलबांगडी क.; up गठडी बांधणें.

Bung *W.* stopper of a cask पिपाचा दट्टा.—*v.* दट्टा-गुडदी बसविणें [up]. -**hole** पिपाचें तोंड *n*, पिपांत दट्टा बसविण्याचें भोंक *n*.

Bungle *v.* (?) ओबडधोबड क. -तागडणें -शिवणें. —*n.* अडाणी -अडमूठ काम *n*.

Buoy *F.* a floating mark to point out shoals, anchors, rocks, &c. बोयरा, तरतें *n*. —*v.* तरतें -तरता -तरंगत ठेवणें [up]; mark by buoys बोयऱ्याची निशाणी क. (a channel); support धीर देणें. -**ancy** तरतेपणा, तरण्याची शक्ति *f*, तरणधर्म; vivacity उल्हासवृत्ति *f*. -**ant** *a.* तरता: b. on the flood; bearing up, as a fluid वाहून नेणारा, वहनशील; उल्हासी, आनंदवृत्ती.

Bur *F.* वनस्पतीच्या बिजावरचें खरखरीत किंवा कांट्याचें वेष्टन *n*.

Burden* that which is borne ओझें *n*, भार; that which is grievous, wearisome, or oppressive भार, ओझें *n*, कष्ट *pl*, पीडा *f*, जाच, काच; the contents of a ship भरताड *n*; ship of b. बारकस *n*; — of a favor received आभार *F.*; chorus or refrain पालुपद *n*, ध्रुपद *n*; the main topic मुख्य विषय, अनुवाद: the b. of a prayer; beast

of b. पाठाळ *n.* — *v.* ओझें घालणें -लादणें; जाचणें, काचणें. -SOME दुर्वह, जड, भारी.

BUREAU *F.* a desk with drawers for papers कागद ठेवायाचें खणांचें मेज *n*, 'बिरो'; office where business is transacted कचेरी *f*; department for the transaction of business by a public functionary खातें *n*.

BURGH, See BOROUGH.

BURGLAR *F.* घरफोड्या, भिंतफोड्या, गृहभेदी.—BURGLARY, *Law*, the breaking and entering the dwelling-house of another, in the night-time, with intent to commit felony therein घर फोडण्याचा अपराध, संधिचौर्य *n*.

BURIAL, See under BURY.

BURLESQUE *F.* satire निंदात्मक भाषण *n*; an ironical composition intended to excite laughter हसूं येण्यासारखी नक्कल *f*. — *a.* थट्टेचा, हसण्याजोगा.—*v.* थट्टा क.

BURN* *v.* consume with fire जाळणें; reduce to ashes भस्म -राख क.; injure by fire or heat विस्तवानें किंवा उष्णतेनें खराब क., जाळणें; to b. steel in forging;—food in cookery करपवणें, जाळणें; to b. one's face in the sun उन्हानें तोंड काळवटणें; subject to the action of fire आंच -अग्निपुट देणें; to b. bricks विटा भाजणें; excite animal heat in आग -दाह क.: this fever *burns* me up; cauterize लासणें, भाजणें;—the throat &c. खवखवणें, जाळणें; b., or b. together, as two surfaces of metal, to fuse and unite them by pouring over them a quantity of the same metal in a liquid state कस्तुर क.;— out, up जाळून फस्त क., राख -रांगोळी क.; to b. one's fingers, to get one's self into unexpected trouble, as by interfering in the concerns of others, speculation, &c. शेकणें; [to b. out of house and home, to be driven out from a dwelling, warehouse, &c., by the burning of it].—*i.* आग लागणें, पेटणें (Deut. ix. 15);—a lamp जळणें, तेवणें; जळणें, करपणें (food, in cookery); sparkle चकचकणें: the barge *burned* on the water; with desire हुरहुरणें, सुरसुरणें; be in commotion क्षोभणें, संतापणें, क्षुब्ध होणें;—the mouth, &c., under acrid or pungent tastes पोळणें, फणफणणें;—the body in fever धगधगणें, तलखी क., तापणें; rage with destructive violence जळफळणें; to b. out जळून राख होणें, जळून जाणें.—*n.* जळणें *n*, दहन *n*; a hurt caused by fire चरका, चटका. -ING जळणें *n*; आग *f*, दाह, डोंब.—*a.* फार तापलेला, अतिउष्ण; उग्र, तिखट (scent);—glass सूर्यकांत.

BURNISH *v. F.* polish शिकल क., झिलई देणें (silver); render bright उज्वळ -सोज्वळ क. -ER शिकलगार; the tool that burnishes मोहरा, ओपसळई *f*.

BURROW* बीळ *n*, विवर *n*. — *v.* बीळ करून राहणें [in].

BURSE, BOURSE (*bursa*) an exchange where merchants meet व्यापाऱ्यांचा अड्डा -फड.—BURSAR विद्यालयाचा खजीनदार.—BURSARY, treasury of a college or monastery विद्यालयाचा किंवा मठाचा खजीना; charitable foundation in a university विद्यालयांतील धर्मार्थ नेमणूक *f*.

BURST* *v.* एकदम जोरानें फोडणें -फाडणें उघडणें. — *i.* break open with force जोरानें फुटणें -निघणें; break away सुटून मोकळा होणें;—with laughter हसूं लोटणें; —into tears गहिंवर येणें; [forth, out, away, upon, into].—*n.* फुटणें, स्फोटन *n*; —of applause गजर;—of thunder कडाका, धडाका, भडाड, बार;—of grief, tenderness गहिंवर;—of anger झटका.

BURY* *v.* cover out of sight लपविणें, झांकणें; with earth मातींत पुरणें; inter with funeral ceremonies पुरणें, मूठमाती देणें,

प्रेतक्रिया क.; hide in oblivion विसरणें, पोटांत घालणें (strife) [in, under]. -ING-PLACE प्रेतभूमि *f*, मसणवट *f*.—BURIAL पुरणें *n*, मूठमाती *f*, प्रेतक्रिया *f*.

BUSH *Ger*. झुडूप *n*; close and dense b. जाळी *f*.—BUSHY *a*. झाड्य झुडपाचा; thick like a bush गोंडस, गोंडेदार (tail); full of branches झापळ, निबिड.

BUSHEL *F*. the circle of iron in the nave of a wheel वसूं *n*; a dry measure एक कैली माप (मुंबईच्या फऱ्या इतकें) आहे; a large quantity खंडी *f*, मण, डोंगर.

BUSS *L*. चुंबन *n*, मुका.

BUST *F*. कमरे पासून वरच्या शरिराचें चित्र *n*, मुखवटा.

BUSTARD *F*. माळढोक.

BUSTLE* *v. i*. धांवाधांव क. — *n*. धांवाधांव *f*, गडबड *f*; as of business &c. खटपट *f*, वावर; tumult गोंधळ, घालमेल *f*.—BUSTLER खटपट्या, उलेढाल्या.

BUSY* *a*. engaged for the time in business कामांत गुंतलेला -असलेला, उद्योगांत लागलेला; constantly active उद्योगी, व्यवसायी; restless चपळ, चंचळ (feet); officious लुबरा, लाडा, बुचाकारभारी; — a town गजबजीत [with].—*v*. कामांत लावणें, गुंतवणें. -BODY लुडबुड्या.— BUSINESS, that which occupies the time, attention, or labor of one, as his principal concern काम *n*, कामगिरी *f*, उद्योग; any particular occupation for a livelihood धंदा, उद्योग; traffic व्यापार, देणें घेणें *n*; concern -कडचें काम *n*, खटलें *n*; affair खटला, प्रकरण *n*, गोष्ट *f*.

BUT* *prep. & conj*. except शिवाय, खेरीज, सोडून; nevertheless तरी, पण, परंतु (1 Cor. xiii. 13); that कीं; only केवळ, मात्र (2 Cor. iv. 17).

BUTCHER *F*. one who slaughters animals, or dresses their flesh for market खाटीक, कसाई; a slaughterer कसाब.—*v*. खाटीकपणा क.; खून क., कंदन क.—BUTCHERY खाटीकपणा; कंदन *n*, कतल *f*.

BUTLER *F*. वाकनीस, कोठवळा, 'बुटलेर, बुटनेर.'

BUTT *F*. large end of a thing बुडखा; limit मर्यादा *f*, सीमा *f*;—of a musket दस्ता; mark to be shot निशाण *n*, टिपण *n*; person at whom ridicule, jest, or contempt is directed खेळवणा, विनोदास्पद; push given by the head of an animal टक्कर, हुंदका, ढेमणी *f*; [a short piece of land left unploughed at the end of a field].—*v*. टक्कर -ढुसणी देणें.

BUTTER * लोणी *n*, नवनीत *n*.—*v*. लोणी लावणें, चोपडणें [over]. -FLY फुलपांखरूं *n*, पिंगाणें *n*. -MILK ताक *n*. -TOOTH चौकीचा दांत. -TREE एक झाड आहे त्यापासून लोण्या सारखा पदार्थ मिळतो.—BUTTERY *a*. लोण्यासारखा.—*n*. दूध, ताक वगैरे ठेवायाची खोली *f*; [a room in some colleges where refreshments are sold to the students].

BUTTERIS *F*. instrument for paring the hoof of a horse सुंबतरास.

BUTTOCK *F*. ढुंगण *n*, टिरी *f*.

BUTTON *F*. गुंडी *f*, भुतानें *n*, अडकवण *n*; holding by the b. मगरमिठी *f*;—of wood to fasten doors चिमणी *f*. — *v*. गुंडी अडकविणें, गुंडीनें अडकाविणें [up].

BUTTRESS *F*. टेका, टेकावा, धिरा, पुस्ती *f*.—*v*. टेकावा देणें.

BUXOM* *a*. रंगेल, खुषमीजी.

BUY * *v*. acquire the property, right, or title to, by paying a consideration or an equivalent, usually in money विकत घेणें; procure at a price मोल देऊन घेणें: to b. favor with flattery; off मन वळविणें; पैसा -लाच देऊन आपल्या पक्षाचा क.; out (व्यापारांत) दुसऱ्याची पाती विकत घेणें; on

credit उधार घेणें, उचापत काढणें. -ER विकतघेणारा. -ING खरिदी *f*, क्रय.

BUZZ *O. E. v. i.* गुणगुणणें, गोंगावणें [about]. —*t.* फुसफूस -कुजबूज क. — *n.* गुणगुणाट, घोंघों; कुजबूज *f*, फुसफूस *f*.

BY* *prep.* near to जवळ, पाशीं: sit b. me; past जवळून, वरून: to go b. a church; through कडून, पासून, हातून, नें: a city is destroyed b. fire; to take b. force; b. this time आतां, एव्हां; day b. day दिवसेंदिवस; to sell b. pounds शेरांवर -शेरांवारी विकणें; to pass b. water पाण्यावरून जाणें; to swear b. heaven आकाशाची शपथ वाहणें; to sit b. himself एकटा बसणें; b. and b. अमळशानें; b. day दिवसा; to stand b. जवळ उभें राहणें, धीर -आसरा देणें; one b. one एक एक, एकामागून एक; twenty feet b. forty एका बाजूनें वीस फूट व दुसऱ्या बाजूनें चाळीस, चाळीस फूट लांब व वीस फूट रुंद; [to let go b. the run, to let go altogether; north-west b. west, toward the west from north-west; good-b. is a corruption of *God be with you* (b'w'ye)].

BY *ad.* near जवळ: there was no person b. at the time; gone गेलेला, गत: the procession is gone b.; aside एकीकडे, बाजूस: to lay b.—*n.* also BYE गौणपक्ष, फलितार्थ: upon the b.; b. the b. प्रसंगवशात्, हां, बरीच आठवण झाली इ०.

BY *a.* आड, चोर. -BIDDER लिलावांत मालधन्याच्या वाटची किंमत चढविणारा. -BUSINESS आडकाम *n.* -CORNER आडकोन, चोरकोनाडा. -END स्वार्थ, स्वहित *n.* -GONE *a.* गत, गेलेला.—*n.* गतगोष्ट *f*, गेलेली गोष्ट *f*. -LANE आडगली *f*. -PATH आड -चोरवाट *f*. -STANDER मौज पाहणारा, तमासगीर; idle *bystanders* आलेभाऊ कोलेभाऊ *pl.* -VIEW स्वार्थदृष्टि -बुद्धि *f*. -WAY आडवाट *f*. WORD म्हण *f*.

C.

CAABA *Ar.* ह्या नांवाचा मक्केंत एक दगड आहे, त्याची मुसलमान लोक भक्ति करितात.

CABAL *Heb.* a junto जट, जूट *f*; an intrigue कवटाळ *n*, कूट *n*. — *v.* कट -मसलत क. — CABALA, tradition of the Jews यहुदी लोकांची दंतकथा *f*; secret science गूढ विद्या *f*.

CABBAGE (*caput*, head) a vegetable कोबी *f*, कोई *f*; [cloth purloined by one who cuts out garments].—*v.* बेततांना कापड चोरणें.

CABIN *W.* small room लहान कोठडी *f*; cottage खोपट *n*, झोपडी *f*; any covered place for a temporary residence तंबु, राहुटी, छप्पर वगैरे दोन दिवसांसाठीं आसऱ्याची जागा *f*; apartment in a ship गलबतांतली खोली *f*.

CABINET *F.* closet लहान खोली *f*; private room in which consultations are held मसलतीची खोली *f*, खलबतखाना; select or secret council of a prince or executive government राजमंत्र्यांची निवडक किंवा गुप्तसभा *f*, अष्टप्रधान *pl*, मंत्रिसमूह; a box with drawers and doors; a private box खणाची पेटी *f*, बगणें *n*; close place, where things of value are deposited for safe keeping मोलवान वस्तु सुरक्षीत ठेवण्याची कडीकोट जागा *f*.—COUNCIL मुख्य प्रधानांची सभा *f*. -MAKER सफाईचें लाकडी काम करणारा सुतार.

CABLE *D.* rope or chain by which a ship is anchored लंगर दोर, दोरखंड *n*; a large rope नाडा; [cable's length, the length of a ship's cable, usually 120 fathoms; to pay out, or to veer out the c., to slacken it that it may run out of the ship]; to slip the c., to let it run out लंगर दोर सोडणें.

CACKLE *v. D.* make a noise like a hen or goose हंसनाद क.; giggle हिही करून हसणें.

CACOCHYMY *Gr.* vitiated state of the humors त्रिदोष.

CADAVEROUS (*cadaver*, corpse) प्रेतकळेचा (look); प्रेताचा (scent).

CADENCE (*cadere*, to fall) (बोलतांना किंवा वाचतांना) उतरता स्वर, पात; tone वाणी *f*, स्वर; pause at the end of an air विराम.

CADET *F.* a volunteer in the army, who serves in expectation of a commission लष्करांतील सनदी जागेचा (पगारी) उमेदवार; a military student लष्करी विद्यार्थी.

CAGE *F.* enclosure for birds पिंजरा; place of confinement for criminals कोंडी *f*, पिंजरा.—*v.* पिंजऱ्यांत कोंडणें.

CAJOLE *F.* भोंदणें, फुसलावणें. -BY लाडीगोडी *f*, गुळगुळ थापडी *f*.

CAKE *D.*—of flour भाकर *f*, पोळी *f*; concrete matter ढेंप *f*, डिखळ *f*, वडी *f*; as of dried mud खपला, पोपडा.—*v.* वडी क.—*i.* जमणें, डिखळी होणें.

CALAMITY (*calamitas*, injury of crops) अरिष्ट *n*, संकट *n*, विपत्ति *f*.—CALAMITOUS *a.* हाल अपेष्टेचा, विपत्ति सोसणारा (persons); producing distress दुःखप्रद, अनिष्टकारक.

CALCAREOUS, CALCINE, See under CALX.

CALCOGRAPHY (*calx*, lime, *Gr. graphein*, to write) खडूनें चित्रें काढण्याची अथवा खडूच्या चित्रांसारखीं चित्रें खोदून काढण्याची विद्या *f*.

CALCULATE *v.* (*calculus*, pebble) compute हिशेब क., गणणें; as an eclipse वर्तविणें, पाहणें; adjust by computation बेतानें -हिशेबानें बसविणें -जुळणें, उपयुक्त क.: to c. a system of laws;—roughly अजमासणें, आकारणें [on, upon].—CALCULATION गणना *f*, हिशेब; अदमास, सुमार; *Astron.* गणित *n*, अंकचालन.—*n.*

CALCULATOR गणित करणारा, अजमासणारा, आकारणारा; वर्तविणारा, गणक.

CALCULUS (*L.*) मुतखडा.

CALDRON *F.* हांडा, डेग *f*.

CALENDAR (*calendarium*, account-book) almanac पंचांग *n*; list फेरिस्त *n*, याद *f*; c. month सौर मास.—*v.* कुंदी क.

CALF*—of a cow वासरूं *n*;—of a buffalo रेडकूं *n*; stupid person टोणगा, गाईचा गोऱ्हा; thick part of the leg पायाची पोटरी *f*, पिंडरी *f*.—*v.* विणें, जावपें देणें.

CALIBRE (*F.*) diameter of the bore बंदुकीच्या -तोफेच्या तोंडाचा व्यास; diameter of a round body गोलाचा परिघ -व्यास; compass of mind पोंच, आवाका *f*.

CALICO (from *Calicut*) कापसाचें कापड *n*; printed c. छीट *n*.

CALIF *Ar.* title of the successors of Mahomed खलीफ. — CALIPHATE खलीफाचा अधिकार.

CALIGRAPHY (*Gr. kalos*, fair, *graphein*, to write) कलमसफाई *f*, सुलेखन *n*.

CALIX, CALYX (*L.*) फुलाचें बाहेरलें आच्छादन *n*, पुष्पावरण *n*.

CALL *v.* (*calare*) invite or command to come बोलावणें, पाचारणें; summon by a particular name नांवानें हाक मारणें; name नांव घेणें; designate (कामावर) योजणें, नेमणें; proclaim जाहीर क.; back रद्द क., फिरवणें; for मागणें, हक्कानें मागणें; a crime *calls* for punishment; forth पुढें आणणें (a faculty of the mind); in उगविणें, उगराणी क.; बोलावणें, जमविणें (friends); off वरून फिरवणें -वळविणें (attention); वरून बोलावणें: to c. off workmen from their employment; out युद्धास ये म्हणणें -आमंत्रण देणें; हटकणें, ललकारणें; चाकरीवर बोलावणें (troops); names नांवें बोटें ठेवणें

शिव्या देणें;—in question संशयघेणें; over हजिरी घेणें, नांवनिशी वाचणें; up आठवणें; कामा करितां किंवा वादाकरितां आणणें (a bill before a legislative body).—*i.* हाकमारणें; बोलावणें; make a brief stay उतरणें, राहणें; make a brief visit भेटीस जाणें; on, upon भेटीस जाणें; कर्जाची मागणी क.; प्रार्थना किंवा धांवा क.—*n.* हाक *f*, आरोळी *f*, साद; मागणी *f*; बोलावणें *n*, पाचारणें *n*; requisition प्रयोजन *n*, अवश्यकता *f*; divine vocation ईश्वराचें बोलावणें *n*, ईश्वरीवाणी *f*; short visit भेटीस जाणें *n*, थोडकी भेट *f*, (in humble phraseol.) पाया जवळ येणें; vocation धंदा, रोजगार. -ING बोलावणें *n*, आवाहन *n*; धंदा, उद्योग; a class of persons engaged in any profession एका पेशाचे लोक; ईश्वराचें बोलावणें *n* -काम *n*.

CALLOUS *a*. (*callosus*) hardened बधिर, सुना, बहिरा; unfeeling कोडगा, निलाजरा.

CALM *a*. *F*. not stormy निर्वात, संत; quiet शांत, थंड, निर्वात; चित्ताची स्वस्थता *f*, सीमनस्य *n*.

CALOMEL (*Gr*. *kalos*, fair, *melas*, black) पाऱ्याची मात्रा *f*, रसकापूर.

CALORIC (*calor*, heat) उष्णतेचें बीज *n* -तत्व *n*, —*a*. उष्णतेचा.—CALORIFIC *a*. उष्णताजनक -कारक.

CALUMBA (from *kalumb*, its native name in Mozambique) कलमकाचरी *f*.

CALUMNY (*calumnia*) false accusation of a crime or offense, knowingly or maliciously made or reported to the injury of another बालंट *n*, तुफान *n*, आळ.—CALUMNIATE *v*. तुफान -आळघेणें [by].—CALUMNIATOR बालंटखोर, कुभांडी.—CALUMNIOUS *a*. चुगलीचा, तुफानाचा.

CALX (*L*.) limestone भस्म.—CALCAREOUS *a*. चुन्याचे धर्माचा, चूर्णधर्मक; c. spar सुफेद सुरमा.—CALCINE *v*. भस्म क., मारणें.

CAMBRIC *F*. एक फार तलम तागाचें कापड *n* आहे.

CAMEL* उंट *m*, *n*, सड *f*.—CAMLET उंटाच्या केसाचें वस्त्र *n*; हें आतां केस व रेशीम, किंवा लोकर व सूत यांचें करितात.

CAMELOPARD (*Gr*. *kamelos*, a camel, *pardalis*, leopard) जिराफ नांवाचें एक आफ्रिकेंतलें जनावर आहे.

CAMERA OBSCURA (dark chamber) फोटोग्राफीच्या विद्येंत चित्र काढण्याचें एक यंत्र *n* आहे.

CAMP (*campus*) ground on which tents, huts, &c. are erected for shelter तळ, collection of tents, huts, &c. for shelter, arranged in an orderly manner छावणी *f*; body of persons encamped in the same spot गोट, छावणी *f*.

CAMPAIGN *F*. large open plain मैदान *n*. पटांगण *n*; time that an army keeps the field मोहीम *f*, स्वारी *f*.

CAMPHOR (*camphora*) कापूर, कर्पूर. -ATE *v*. कर्पूरमिश्रित क.—*a*. कापराचा; also -ATED *a*. कर्पूरमिश्रित (liquors, draught). -OIL कापेरल *n*. -TREE कापराचें झाड *n*.

CANAL (*canalis*, a channel) artificial watercourse कालवा, नदीचा पाट; duct in the body for the passage of liquids or solids नळ, नळी *f*, वाहिनी *f*: the alimentary c.

CANCEL *v*. (*cancelli*, lattice) cross and deface the lines of a writing खोडणें, छेकणें, हरताळ चोळणें; annul रद्द क., फांटा देणें.

CANCER (*L*). crab खेकडा; a sign of the zodiac कर्करास *f*; a virulent sore चाळणपुळी *f*.

CANDID *a*. (*candidus*, white) fair मनाचा मोकळा, निष्कपट, प्रांजल; just वाजवी, रास्त, नीट (view).—CANDOR निष्कपटपणा,

सरळभाव, साळसपणा.—CANDIDATE उमेदवार, पदाभिलाषी.

CANDLE (*candela*) मेणबत्ती *f*; luminary उजेड देणारा पदार्थ; [excommunication by inch of c. is a form of excommunication when the offender is allowed time to repent only while a c. burns; sale by inch of c., an auction in which persons are allowed to bid only till a small piece of c. burns out]. -LIGHT मेणबत्तीचा उजेड; अमूक वेळपर्यंत लागतील तितक्या मेणबत्त्या *f pl*. -STICK मेणबत्तीचें घर *n*.

CANDY (*Skr. khand*, a piece, sugar in pieces) साकरपाक. — *v*. साकरेंत पाकविणें; form into crystals साखरेचे खडे -कांडी क.

CANE (*canna*) reed वेत, बांबू, ऊंस ह्यांच्या जातीचें झाड *n*; a walking-stick वेतकाठी *f*, हातांत धरायाची छडी *f*, काठी *f*. — *v*. वेतानें -छडीनें मारणें, चमकावणें; furnish with c. वेत घालणें (chairs); punish with a c. वेताच्या छडीनें मारणें -शासन क.

CANINE *a*. (*canis*, dog) कुत्र्यांचा; having the properties of a dog कुत्र्याच्या गुणांचा, श्वानधर्मक. — CANICULE, the dog-star लुब्धक.

CANISTER (*canistrum*, a basket of reeds) वेताची टोपली *f*, करंडी *f*; चहा, साखर, काफी इ० ठेवायाचा डबा.

CANKER (*cancer*) corroding ulceration पुळी *f*, चाळपुळी *f*; anything that corrodes, corrupts, or destroys कीड *f*, वाळवी *f*, कसर *f*; a disease in trees कीड *f*; a disease of the horse's foot घोड्याच्या पायांतला एक रोग आहे.

CANNIBAL *F*. माणसाचें मासखाणारा मनुष्य, नरभक्षक मनुष्य. -ISM माणसानें माणूस खाणें *n*, नरभक्षण *n*; barbarity रानटीपणा, निर्दयपणा.

CANNON (*canna*, tube) तोफ *f*, नाळ *f*; blank discharge of c. वायबार; c.-ball (तोफेचा) गोळा; range of c.-ball गोळ्याचा टप्पा -मारा. -ADE *v*. तोफेच्या गोळ्यांनीं हल्ला क., -वर तोफमारणें-सोडणें.—*i*. तोफांचा भडिमार क., मारागिरी क.

CANOE *Sp*. होडी *f*, डोणी *f*.

CANON (*L*.) rule कानू, कायदा; rule of doctrine or discipline शास्त्र *n*, सूत्र *n*; authentic books of the Holy Scriptures ख्रिस्ती शास्त्राचीं असल पुस्तकें *n pl*, ख्रिस्तीधर्म शास्त्रसंहिता *f*; [in monasteries, book containing rules of a religious order]; catalogue of saints canonized in the Roman Catholic Church संतावळी *f*; a dignitary of the church ख्रिस्ती मंडळींत एक अधिकारी आहे. -ICAL *a*. शास्त्रसंबंधी; यथाशास्त्र, शास्त्राप्रमाणें; [c. books, those books of the Scriptures which are admitted by the canons of the Church to be of divine origin]. -IZE *v*. संतमाळिकेंत गणणें, अमूक मनुष्य संत झाला असें प्रसिद्ध क.

CANOPY (*conopeum*) छत *n*, छत्र *n*, चांदवा; —of a travelling carriage पिंजरी *f*.

CANT (*cantare*, to sing) whining, hypocritical manner of speech मानभावाचें बोलणें *n*, दांभिक भाषण *n*; vulgar jargon कुभाषा *f*; technical form of speech परिभाषा *f*; secret language spoken by thieves, beggars, &c. चिकारी बोली *f*, नंदभाषा *f*, इ०. -ER तोंडचा ब्रह्मज्ञानी, वाग्वेदांती; रडगाणें सांगून भीक मागणारा. — CANTICLE गीत *n*; *pl* शलमोनाचें गीत *n*, ह्या नांवाचें ख्रिस्ती शास्त्रांत एक पुस्तक आहे. — CANTO काव्याचा भाग, सर्ग.

CANTEEN *F*. vessel used by soldiers for carrying liquors for drink प्यायाचे पदार्थ ठेवायाचें शिपाई लोकाचें एक भांडें *n* आहे; sutler's shop in a garrison फौजेबराबरचें दुकान *n*, 'क्यांटीन' *f*; [a chest containing culinary and other vessels for officers].

Canter (abbrev. of *Canterbury*) चौक-सात्रक चाल *f.*—*v.* चौक चालीनें चालणें.

Canton *F.* जिल्हा, परगणा. -**ment** फौजेची छावणी *f*, लश्कर *n*.

Canvas (*cannabis*, hemp) coarse cloth made of hemp or flax, used for tents, sails of ships, painting, and other purposes ताट *n*, कितान *n*; clear unbleached cloth, used for working tapestry with the needle वेलबुटी काढण्याचें एक जातीचें कापड *n* आहे; sails of a vessel तारवांचीं शिडें *n pl* -अवजारें *n pl*.—*a*. ताटाचा, कितानाचा.

Canvass *v. F.* sift शोध -छडा काढणें -लावणें; debate वाटणें, मथणें, घोळणें (opinion); go through in the way of solicitation समत मागत फिरणें (a district for votes). — *i*. समत मागणें: to c. for a friend.

Cap * part of the dress, made to cover the head टोपी *f*; mark of some rank, office, or dignity, as that of a cardinal पदवी किंवा अधिकार याची एक खूण आहे; the uppermost शिरोभाग, माथा, शिरोमणी; c. of fools मूर्खांचा शिरोमणी; respectful uncovering of the head सन्मानार्थ मस्तक उघडें क. *n*; anything resembling a cap in form टोपण *n*, टोपी *f*, शेंबी *f*.—*v*. शेंबी बसविणें; consummate पूर्ण क., शेवटास पोंचविणें, कळस क.; to c. verses, to name alternately verses beginning with a particular letter भेंडी लावणें. —*i*. सन्मानार्थ डोकें उघडें क.— **Cap-a-pie** *F.* आपादमस्तक, आनखशिख, सर्वांग: he was armed c.

Capable *a*. (*capere*, to take) possessing ability, qualification, or susceptibility शक्तिमान, मानून ध्यायाजोगा: a man c. of lifting heavy weights, a room c. of holding a large number; qualified लायक, योग्य, क्षम: a c. judge [of]. — **Capability** शक्ति *f*, धारणशक्ति *f*, क्षमता *f*, दक्षता *f*, काबिली *f*.

Capacity (*capax*, capable) power of receiving or containing गृहण -धारणशक्ति *f*; extent of room विस्तार, सांटपा, पोट *n*; power of receiving ideas, knowledge, &c. बुद्धीची धाव *f*, पोंच *f*, अवाका, अटोका; ability शक्ति *f*: the c. of blessing the people; profession धंदा, वृत्ति *f*: to work in the c. of masons; *Law*, अधिकार, सत्ता *f*; *Geom.* घनफळ *n* [for].—**Capacious** *a*. विस्तीर्ण, ऐसपैस, प्रशस्त (room); मोठ्या सांटप्याचा (vessel); विशाल, व्यापक (mind).

Cape (*caput*, head) भूशलाका *f*.

Caper (*L.* he-goat) उडी *f*, खिदडा.—*v*. उड्या मारणें, खिदडणें [about].

Capillary *a*. (*capillus*, hair) केशासारखा; fine बारीक, सूक्ष्म; pertaining to capillary tubes सूक्ष्मनाडींचा: c. action.—*n*. सूक्ष्मनाडी *f*.

Capital *a*. (*caput*, head) डोक्याचा; involving the forfeiture of the head or life डोकें किंवा जीव गमावण्याचा: c. punishment देहांतदंड, प्राणांतशिक्षा *f*; chief मुख्य, श्रेष्ठ, प्रधान; c. city राजधानी *f*; c. letter मोठें अक्षर *n*; c. stock भांडवल *n*, पुंजी *f*.—*n*. upper part of a pillar खांबाचा माथा, स्तंभशीर्ष; metropolis राजधानी *f*, मुख्य शहर *n*. -**ist** पुंजीवाला, भांडवलाचा सावकार.—**Capitation**, numeration by the head शिरोगणती *f*; tax upon each head or person डोईपट्टी *f*.—**Capitulate** *v*. कौल मागून शरण जाणें.

Caprice *F.* मनाची लहर *f*, छंद.—**Capricious** *a*. लहरी, छंदिष्ट.

Capricorn (*caper*, goat, *cornu*, horn) मकररास *f*.

Capsize *v*. (prob. f om *cap*, top, and *seize*) पालथा -उलथा -उपडा क.

Capstan *F.* मोठालीं ओझीं उचलण्याचें यंत्र *n*.

Capsule (*capsa*, chest) बोंड *n*, बीजकोश. — **Capsular** *a*. पोकळ, बीजकोशाकार.

Captain (*caput*, head) a head नायक, सरदार; military officer who commands a company 'कपतान'; — of a ship तांडेल, नाखवा; of a body, as of peons, spearsmen, cricketers, rowers, &c. नायक, हवालदार, मुकद्दम;—at the head of a team (a bullock) सर्ज्या; warrior योद्धा, वीर, गाजी.

Captious *a*. (*capere*, to take) apt to catch at faults तकरारी, हुजतखोर, दोषग्राही; fitted to catch धरपकडीचा.

Captivate *v*. (do.) take prisoner युद्धांत पाडाव करून धरणें; charm मोहणें, वश क.—*a*. पाडाव केलेला. — **Captive** लढाईंतला कैदी. —*a*. मोहित, वश. — **Captivity** पाडावपणा, कैद *f*, दास्यत्व *n*, बंधन *n*.—**Captor** युद्धांत धरणारा -मिळविणारा. — **Capture** *v*. लढाईंत धरणें, पाडाव क.—*n*. (a prize) लढाईंत मिळविलेली वस्तु *f*, शिकार *f*, जितद्रव्य *n*.

Car (*carrus*) गाडी *f*; chariot of war रथ, स्यंदन; railway carriage लोखंडी रस्त्यावरली गाडी *f*.

Carabine, **Carbine** *F*. a short gun कराबीन *f*.

Caravan *Ar*. troop of merchants or pilgrims travelling together in the East काफला. -**sary**, -**serai** धर्मशाळा *f*, सराई *f*.

Caraway (*careum*) ओंवा, अजमोदा.

Carbon (*carbo*, coal) शुद्ध -अमिश्रित कोळसा.

Carbuncle (do.) a red gem माणीक *n*, माणकी *f*; a malignant boil गरमीची पुळी *f*;—on the back काळपुळी *f*.

Carcass *F*. corpse मुडदा, मढें *n*, शव *n*;—of a beast पडें *n*; the body, in contempt कलेवर *n*; decaying remains of a thing सापळा, हत्तीचें मढें *n*; frame of a thing unfinished सांगाडा, पिंजरा.

Card *v*. (*cardere*) पिंजणें, पिंजारणें.—*n*. लोकर, ताग, कैंस इत्यादि पिंजण्याचें यंत्र *n*. -**er** पिंजारी.

Card (*charta*) piece of pasteboard or thick paper, prepared for various uses चकती *f*;—for game गंजीफ *n*, पान *n*; visiting c. नांवाची चकती *f*, 'कार्ड' *n*, टिकिट *f*.

Cardamom (*Gr*). इलाचीचें झाड *n*.

Cardinal *a*. (*cardo*, hinge) मुख्य, श्रेष्ठ, विशिष्ट; [c. numbers, one, two, three, &c.; c. virtues, prudence, sobriety, justice, and fortitude; c. points, north, south, east, and west; zenith and nadir; c. signs, Aries, Libra, Cancer, and Capricorn; c. winds, those which blow from the c. points. — *n*. one of the seventy ecclesiastical princes who constitute the pope's council].

Care * charge दिमत *f*, ताबा, हवाला; press of *cares* रगडा; regard निगा *f*, जतन *f*, ओज *f*; anxiety काळजी *f*, चिंता *f*; caution सावधगिरी *f*, हुशारी *f*; take c. खबरदार; with c. जपून, संभाळून; object of anxiety काळजी *f*, काळजीची गोष्ट *f* -चा विषय [about, for].—*v*. चिंता वाहणें, घोर लागणें; mind गुमानणें, जुमानणें: not *caring* to observe the wind. -**ful** *a*. [for, of] provident पुढचें धोरण पाहून चालणारा, दीर्घदर्शी: a c. father; watchful सावध, हुशार; चिंतायुक्त -ग्रस्त. -**fulness** चिंता *f*, काळजी *f*; सावधगिरी *f*. -**fully** *ad*. काळजीनें, जपून, संभाळून; लक्ष्य देऊन, लक्ष्यपूर्वक; दूरवर विचार करून, पुढचें धोरण राखून. -**less** *a*. निकाळजी, बेदरदी, निश्चिंत: he was c. of his charge; निर्धास्त, बेफिकीर, आनंदी: sleep as sound as c. infancy; done or said without care अविचाराचा, बेफामीचा (expression). -**lessness** निकाळजी *f*, बेपरवा *f*; अनास्था *f*, हयगई *f*.

Career *F*. racecourse धावण्याची जागा *f*, धाव *f*; race दौड *f*, धाव *f*; procedure ओळ *f*, वहिवाट *f*, वर्त्तनक्रम.

Caress (*carus*, dear) लाड *f*.— *v*. लाड क., गोंजारणें.

Caret (*carere*, to want) काकपद *n*.

Cargo (*Sp*.) गलबताचें बारदान *n*, भरताड *n*.

Caricature *It*. सोंग *n*, हास्यजनक चित्र *n* -वर्णन *n*, नकल *f*.—*v*. नकल करून दाखविणें.

Caries (*L*.) हाडांचा कुजटपणा.—**Carious** *a*. कुजका, सडलेला (tooth).

Carnal *a*. (*caro*, flesh) दैहिक, इंद्रियविषयक (pleasure); lustful विषयी, कामासक्त, इष्कबाजीचा; c. knowledge संभोग, संग. -**ity** विषयासक्ति *f*, कामासक्ति *f*.—**Carnage** काटाकाटी *f*, कत्तल *f*, कंदन *n*.—**Carnation**, flesh-color मांसरंग; clove-pink गुलनार फूल *n*. — **Carnival** रोमन क्याथोलीक लोकांचा होळीसारखा एक सण आहे.—**Carnivorous** *a*. मांसभक्षक, क्रव्याद; — app. to animals.—**Carnelian** एक मोलवान पाषाण आहे, अकीक.

Carol *It*. song of joy आनंदप्रदर्शक स्तोत्र *n*; devotional song भक्तिगीत *n*.

Carouse *v*. *F*. दारू झोंकणें -पिणें.—*n*. पानोत्सव.

Carp *F*. रोहीमासा.

Carp *v*. (*carpere*) दोष काढणें, तकरार क., फणगडे फोडणें [at]. -**er** तकरारी, हुजतखोर, दोषदर्शी.

Carpenter (*carpentum*, carriage) सुतार. — **Carpentry** सुतारकाम *n*, सुतारकी *f*.

Carpet *F*. जाजम *n*, बिछाईत *n*, बैठक *f*.— *v*. जाजम पसरणें.

Carrion (*caro*, flesh) मुडदार मास.—*a*. मुडदार मासाचा; feeding on carrion मुडदार मास खाणारा.

Carrot *F*. गाजर *n*. — **Carroty** *a*. गाजऱ्या रंगाचा (hair).

Carry *v*. (*carrus*, a car) convey नेणें, वाहणें impel दपटणें, चालविणें, सारणें: revenge will c. him too far; transfer एका जाग्यावरून दुसऱ्या जागीं नेणें: to c. war from Europe into Asia; an account to the ledger; effect साधणें, संपादणें; compel a result घडवून आणणें; obtain possession by force जबरीनें हस्तगत करून घेणें, जिंकणें; the town would have been *carried* in the end; imply फलितार्थानें दाखविणें, पोटीं असणें: it *carried* something of argument in it; behave वागणें, वर्तणें; off घेऊन जाणें, मारणें: to be *carried* off by sickness; on चालविणें, वहिवाटणें (trade); वाढवणें, रूपास आणणें (a design); through निभावणें, शेवटपर्यंत संभाळणें -पोचविणें: grace will c. a man through all difficulties; out शेवटास -सिद्धीस नेणें; to c. coals to Newcastle समुद्रास मीठ वाहणें.—*i*. पुढें लोटणें -चालविणें: a gun *carries* well; [hold up the head;— said of a horse]; on दांडगेपणानें वागणें.— **Carriage** वाहणें *n*, नेणें *n*, नयन *n*; vehicle गाडी *f*; चाल *f*, आचरण *n*; वहिवाट *f*, वलावणी *f*.

Cart* गाडा, गाडी *f*; c.-rope नाडा, मणदोरा; c.-rut चाकरी *f*, गराडी *f*; c.-way गाडेवाट *f*; c.-wright गाड्या करणारा.

Cartel (*charta*, paper) लढाईतील कैद्यांची अदलाबदल करण्याचा करार.

Carthamus (*L*.) a plant कुसुंबा.

Cartouch *F*. a roll of paper, &c. holding a charge for a fire-arm तोटा, 'काडतूस' *n*; the box containing the charge तोसदान *n*; [a ticket of leave or dismission given to a soldier].—**Cartridge** तोटा.

Cartilage (*cartilago*) कोमलास्थि *f*, कुर्चा *f*. *f*.—**Cartilaginous** *a*. कुर्चास्थिमय.

Caruncle (*caro*, flesh) मांसवृद्धि *f*, मस *f*.

Carve* *v*. cut, as wood, stone, &c. in an artistic manner नकसणें, कोरणें, खोदणें;

shape by cutting खोदून घडणें -आकारास आणणें: an angel *carved* in stone; cut into slices फाका -फोडी क.; distribute वांटणें, वाढणें (food); to c. out युक्ति योजणें, बेतणें, बेत क.—*i.* नकसकामाचा धंधा क.; चित्रें खोदणें, कोरणें; for मास कापणें, मासाच्या फोडी क. -ER खोदकामी, नकसकामी, नकाशा; जेवणाच्या वेळीं -पंक्तीवर मास कापणारा; a large table-knife for carving जेवतांना मास कापायाचा सुरा.

CASCADE (*cadere*, to fall) धबधबा, धोत.

CASE *F.* covering, box, or sheath वेष्टन *n*, गवसणी *f*, घर *n*, म्यान *n*; barber's c. धोकटी *f*;—for pens, &c. कलमदान *n*; for needles चंची *f*; a box and its contents पेटी *f*, बारदान *n*: a c. of goods.—*v.* वेष्टणें, लपेटणें, गवसणी घालणें; बारदानांत घालणें. -WORM कोशकिडा, नहावी.

CASE (*cadere*, to fall) condition स्थिति *f*, हवाल *f*, *m*; *Med.* तब्यत *f*, भावना *f*; a state of facts involving a question for discussion प्रकरण *n*, विषय; a cause in court मोकदमा, खटला; *Gram.* विभक्ति *f*; in c. तशांत, तसें असतां; put the c. क्षणभर असें समज, झालेंच तर.—CASUAL *a.* accidental आगंतुक; occasional नैमित्तिक (expenses). -TY अकस्मात् होणारी गोष्ट *f*; mishap अवचट *n*, अपघात; diminution of forces by death, discharge, or desertion मृत्यु, बरतर्फी किंवा फरारी ह्या कारणानीं फौजेची तूट *f*.

CASEMENT *F.* झरोका, खिडकी *f*.

CASH *F.* place where money is kept, or where it is deposited and paid out पेढी *f*; specie रोकड *f*, नगद *f*.—*v.* वटावणें, टके क. (a note).—ACCOUNT नगदी हिशेब. -BOOK खतावणी *f*. -KEEPER पोतनीस, खजिनदार, नगदी गुमास्ता; private c. खासगीवाला.

CASHEW *F.* काजूचें झाड *n*.

CASHIER *v. F.* कामावरून -चाकरीवरून काढणें, बरतरफ क.

CASK *F.* पिप *n*. -ET (जवाहीर वगैरे ठेवण्याचा) डबा, करंडा, संपुट *n*.

CASSIA (*L.*) बाहवा.

CAST *v. D.* throw टाकणें, फेंकणें; throw, as the sight नजरेखालीं घालणें -आणणें, दृष्टि लावणें; throw on the ground, as in wrestling पाडणें, जमीनदोस्त -चीत क.; convict अपराधी ठरविणें; shed गाळणें, टाकणें, साडणें (the skin); emit सोडणें (smell); reject टाकणें, वर्जणें; compute हिशेब -गणना क.; वर्त्तविणें; decide ठरविणें; make to preponderate वजन जास्ती क.; decide by a vote मत घेऊन निकाल -ठराव क.: to c. the balance in one's favor; found ओतणें (cannon); spread out पाडणें: to c. light upon a subject;— anchor नांगर टाकणें -सोडणें; aside निकामी म्हणून टाकणें; away गमावणें, उधळणें, व्यर्थ घालविणें (life); by वर्जणें, वगळणें; down खिन्न क. (Ps. xliii. 5); forth बाहेर टाकणें, ओकणें, सोडणें; off टाकणें, वगळणें; दूर क.; उतरणें, भार उतरणें; up हिशेब -अजमास क.; ओकणें; on हवाला देणें, सोपणें;— young गाभटणें;— in the teeth बोलण्यांत दांत पाडणें; [-off copy, to ascertain how many printed pages will be made by a manuscript, by setting up a portion for trial].—

CAST *v.i.* revolve in the mind मनांत घोळणें, विचार क.; receive form डौलास -आकारास येणें: metal will c.—*n.* टाकणें *n*, प्रक्षेप; distance through which anything is thrown टप्पा; throw of dice डाव; act of casting in a mould ओतणें *n*, ओतणी *f*; shape into which anything is cast घडण *f*, डौल; whatever is cast in a mould सांचा; mien ढब *f*, डौल;— of countenance तोंडघडण *f*; unexpected

advantage घबर्के *n* : [to have the c. of a cart, that is, an opportunity of riding]; touch लकेरी *f*, छटा ; glance नेत्रकटाक्ष. -LING पोटचें पडलेलें *n*, गोळा. -AWAY टाकाऊ जिन्नस *n*, *f* ; a reprobate देवाधर्मानें टाकलेला.—*a*. टाकाऊ, कवडीमाल.

CASTE *Port*. जात *f*, ज्ञात *f* (हिंदूंची).

CASTIGATE *v*. (*castus*, pure) फटके मारून शिक्षा क. ; शिक्षा -दंड क. [with, for].—CASTIGATION शिक्षा *f*, दंड.

CASTLE * fortified residence लढाऊ वाडा -कोट ; fortress किल्ला, गड ; c. in the air मनोराज्य *n*, गगनकुसुम *n*, मनांत मांडे *pl* ; to build c. in the air स्वर्गीं मांडे खाणें.

CASTOR-OIL (corrup. of *Castus* -oil) एरंडेल *n*, एरंडेलतेल *n*.

CASTRATE *v*. (*castrare*) geld खच्ची -खसी क.; take away, as the obscene parts of a writing ग्रंथ, लेख इ०तून बिभत्स भाग काढून टाकणें.

CASUAL, See under CASE.

CASUIST (*casus*, fall) one who studies and resolves cases of conscience कार्याकार्य विचार करणारा, दोषादोषविवेकी, दोषादोषविवेचनविद्या *f*.

CAT * मांजर *n* ; c.-and-dog कुत्र्या मांजरा प्रमाणें भांडखोर ; you have lived a c.-and-dog life ; [to turn a c. in a pan, to make a sudden change of one's party in politics or religion, for the sake of being in the ascendant]. -EYED *a*. मांजरडोळ्या, घारडोळ्या.—CAT'S-PAW, dupe क्रीडामृग, हातखोरणें *n* ; light air मंदवायु, वाऱ्याची झुळूक *f*. —CATGUT, cord made from the intestines of animals तांत *f*.

CATALEPSY (*Gr*. *katalepsis*) sudden suspension of the action of the senses and of volition ताटस्थवायु.

CATALOGUE (*Gr*. *kata*, down, *logos*, word) याद *f*, फेरिस्त *n*.

CATAMÆNIA (*Gr*. -*men*, month) विटाळ, रज, ऋतु.

CATARACT (*Gr*. -*raktos*, a precipice) धबधबा, धोत ;—of the eye डोळ्यांतलें मोतीं *n*, मोतिबिंदु.

CATARRH (*Gr*.-*rhein*, to flow) पडसें *n*, शैत्य *n*.

CATASTROPHE (*Gr*. -*strophè*, a turning) शेवटची गोष्ट *f* -चा परिणाम, वाईट परिणाम, दुष्परिणाम.

CATCH *v*. (*capere*, to take) lay hold on धरणें apprehend धरणें, पकडणें;—in speech कवळणें; धरणें ; communicate लागणें : the fire *caught* the building ; charm रिजविणें, रंजविणें : the soothing art that *catches* the fair ; take by contagion स्पर्शानें -अनुसंयोगानें घेणें -जडणें -लागणें (cold, measles) ; — a song झेलणें ; find सांपडणें : to c. one in the act ; overtake अटपणें, मिळवून घेणें (a companion); at झेलणें ; up हिसकावून घेणें ; झेलणें. — *i*. गुंतणें, अडकणें : a kite *catches* in a tree ; लागणें, जडणें : sickness is *catching*. —*n*. अकडा, अडकवण *n* ; gain शिकार *f*, लाभ ; the whole quantity caught at one time एका खेपेस धरलेले मासे वगैरे.

CATECHISE *v*. (*Gr*. *kata*, down, *echein*, to sound) प्रश्नोत्तर रूपानें शिकविणें.—CATECHISM प्रश्नोत्तरावलिरूप संक्षिप्त ग्रंथ, प्रश्नोत्तरावली *f*. — CATECHIST प्रश्नोत्तरानें शिकविणारा, पाठक. — CATECHUMEN ख्रिस्ती धर्माचीं मूळतत्वें शिकणारा, नवशिक्या.

CATECHU (*L*.) कात ; Areca c. खैर.

CATEGORY (*Gr*. *agora*, assembly) predicament जात *f*, विल्हा ; *Logic*, पदार्थ.—CATEGORICAL *a*. स्पष्ट, निश्चयात्मक.

CATER *v*. *F*. अन्न विकत घेणें, अन्न पुरविणें (for). -ER मोदी, वाकनीस. — CATES पक्वान्न *n*, मिष्टान्न *n*.

CATERPILLAR *O*. *E*. सुरवंट, घुलें *n*.

CATHARIST (*Gr. katharos*, pure) अतिसेावळा, लांकडें -मीठ -विस्तव धुवून घेणारा.—CATHARTIC रेच, ढाळ.—*a.* रेचक, ढाळक.

CATHEDRAL (*Gr. kathedra*, seat) बिशपाची जेथें गादी असते तें देऊळ *n.* —*a.* बिशपाच्या देवळा संबंधी (service); पोप किंवा बिशप याच्या हुकुमाचा (determination).

CATHOLIC *a.* (*Gr. kata*, down, *holos*, whole) universal सर्वांचा, सार्वत्रिक, सामान्य (faith); liberal उदार, प्रशस्तमनाचा, असंकुचित (tastes); pertaining to the Roman Catholics रोमन क्याथोलिक लोकांचा -संबंधी; [c. epistles, the epistles of the apostles which are addressed to all the faithful, and not to a particular church; being those of James, Peter, Jude, and John, also called general epistles.]—*n.* रोमन क्याथोलिक पंथाचा मनुष्य, रो० क्या० पंथानुयायी. — CATHOLICISM सार्वत्रिकपणा; यावत् ख्रिस्ती लोकांचा यथाशास्त्र धर्म; रोमन क्याथोलिक धर्म; मताचा -मनाचा उदारपणा. — CATHOLICON, universal remedy त्रैलोक्यचिंतामणी.

CATTLE (*capitalis*, chief) गुरें *n*, ढोरें *pl*; wealth in c. गोधन *n.*

CAUDLE (*calidus*, warm) सुंठवडा, बाळंतकाढा इ० प्रकारचें उष्णपेय *n.*

CAUL * net or covering for the head मस्तकावर घालायाचें एक जाळें *n* आहे; a membrane covering the greater part of the lower intestines पोटांतला पडदा, अंत्रवेष्टण *n*, सातपुडी *f*; part of the membrane enveloping the fœtus वार *f.*

CAULIFLOWER (*caulis*, stalk) फुलकोबी *f.*

CAUSE (*causa*) that which produces a result कारण *n*, उपाधि; that which is the occasion of an action कारण *n*, हेतु, सबब *f*: c. for rejoicing; action in court खटला, मोकद्दमा; side पक्ष: our c. is just; efficient c. कारक हेतु; originating c. प्रभव; instrumental c. निमित्त *n*; primary c. आदिकारण *n*; relation of c. and effect कार्यकारणभाव; espousing a c. कैवार घेणें; espouser of a c. कैवारी. — *v.* उत्पन्न क.; कारण -निमित्त होणें. -LESS *a.* having no cause अकारण; without just cause निष्कारण, व्यर्थ, विनाकारण. — CAUSAL, *Gram.* प्रयोज्य (धातु). —*a.* कारण संबंधी. -ITY, agency of a c. कारणत्व *n*, साधकत्व *n.*—CAUSATION उत्पन्न करणें *n*, उत्पादन *n.*

CAUSEWAY *F.* बांधाचा रस्ता, धरण *n*, दादर.

CAUSTIC (*Gr. kaiein*, to burn) मास जाळणारें -दाहक औषध *n*, काडीखार, 'कास्टिक' *n.*—*a.* मास जाळणारा, दाहक; sharp मनास लागण्याजोगा, तिखट, खरमरीत, मर्मभेदी (remark). — CAUTERY डाग, दाह [burning by a hot iron is called actual c.; that by caustic medicines, potential c.].—CAUTERIZE *v.* डागणें, डाग देणें.

CAUTION (*cavere*, to take care) prudence in regard to danger सावधगिरी *f*, हुशारी, *f*; security हमी *f*, जामीन; injunction ताकीद *f*, बजावणी *f*, सांगी *f.*—*v.* सावध -हुशार क.; ताकीद देणें, बजावणें [against, upon].—CAUTIOUS *a.* सावध, हुशार [of].

CAVALRY (*caballus*, horse) घोडदळ *n*, तुरुकस्वार *pl.*—CAVALCADE, procession of persons on horseback स्वारी *f.*—CAVALIER स्वार, शिलेदार.

CAVE (*cavus*, hollow) विवर *n*, ढोल *f*, गुहा *f.* —CAVERN दरा, खोरें *n*, गुहा *f.*—CAVITY, hollowness पोकळी *f*; hollow place खाच *f*, खळी *f*, खळगा.

CAVIL *v. i.* (do.) पोकळ -मिथ्यावाद क., वृथादोष काढणें, फणगडे फोडणें [at].— *n.* मिथ्यावाद, वृथादोष, फणगडा [at].

CAW* *v.i.* कावकाव -काका क.

Cease *v.* (*cedere,* to withdraw) come to an end थांबणें, राहणें (Prov. xx. 3); fail कमती येणें, सरणें (Deut. xv. 11) [from]. -**less** *a.* निरंतर, अखंड, सतत. —**Cessation** राहणें *n,* विराम, निवृत्ति *f;* c. of arms लढाईची महकुबी *f.*

Cecity (*cœcus,* blind) अंधळेपणा.

Cedar (*cedrus*) गंधसरू.

Cede *v.* (*cedere*) सोडून देणें, स्वाधीन क., सत्तात्याग क. [to].—**Ceded** सोडून दिलेला, त्यक्त.—**Cession** सोडून देणें *n,* सत्ता -स्वामित्वत्याग; *Law,* voluntary surrender of a person's effects to his creditors in order to avoid imprisonment कैद चुकविण्यासाठीं सावकारास आपल्या कर्जा बदल आपली मालजिनगी स्वसंतोषानें देणें.

Ceil *v.* (*celare,* to cover) छत देणें -मारणें -बांधणें -भरणें; — *n.* चांदवा, छत *n;*—of planks तक्तपोशी *f.*

Celebrate *v.* (*celeber,* famous) extol स्तवणें; honor by solemn rites संस्कार -विधि करून पाळणें: to c. the Lord's Supper; to honor by ceremonies of joy and respect उत्सव -समारंभ क. (a marriage, the birthday of a person).—**Celebrated** *a.* प्रख्यात, नामांकित [for]. — **Celebration** स्तव, कीर्त्तन *n,* स्तुति *f;* पाळणें *n;* उत्सव, समारंभ.—**Celebrity** प्रख्याति *f,* नांव *n,* लौकिक; a person (or thing) of distinction धेंड *n,* प्रस्थान *n;* he (or it) is one of the *celebrities* of the place.

Celerity (*celer,* swift) त्वरा *f,* शीघ्रगति *f,* वेग.

Celestial *a.* (*cœlum,* heaven) दिव्यलोकाचा, स्वर्गीय; aërial अंतराळाचा, आकाशाचा.

Celibacy (*cœlebs,* single) अवरठेपणा, ब्रह्मचर्य *n.*—**Celibate** ब्रह्मचारीपणा, ब्रह्मचर्य *n;* a bachelor अविवाहित पुरुष.

Cell (*cella*) very small and close apartment, as in a prison or a monastery खण, खोली *f;* small cavity खळगी *f,* खळी *f; Organic Structures,* bag containing fluid matter पिशवी *f,* कोश;—in tables of calculation कोष्टक *n,* घर *n.* -**ar** तळघर *n,* भुयार *n;*—of grain पेव *n.* -**ular** *a.* खळग्यांचा, छिद्रमय, मधुकोषाकार.

Cement (*cœmentum*) substance used for making bodies adhere to each other डकवण *n,* खळ *f;* — of mortar गिलावा; — of tin कस्तुर; bond of union बंधन *n,* आळाबांधा.—*v.* सांधणें, जोडणें.—*i.* जडणें, मिळणें सांधणें [with].

Cemetery (*Gr. koiman,* to sleep) मसणवट *f,* स्मशान *n.*

Censer (See **Incense**) धुपाटणें *n.*

Censor (*L.*) inspector of manners and morals धर्माधिकारी; one who is empowered to examine all manuscripts and books, before they are committed to the press, and to see that they contain nothing which is forbidden पुस्तकांची तपासणी करणारा.—**Censurer** दोष पाहणारा. -**ial** *a.* आचारदर्शन संबंधी, धर्माधिकार संबंधी. —**Censure** *v.* (do.) दोष लावणें-काढणें [for]. —*n.* दोष लावणें *n,* दोष.—**Censurable** *a.* दोष लावायाजोगा, निंद्य. — **Census,** official registration of the number of the inhabitants of a country खानेसुमारी *f.*

Cent (*centum, Skr.* शत) शेंकडा, शतक *n;* per c. दर शेंकडा; a copper coin एक तांब्याचें नाणें आहे, शंभर सेंट म्ह० एक डालर. -**age** शेंकड्याचा भाव.—**Centenary** शेंकडा, शतक; a century वर्षशतक *n,* शताब्द *n.*—**Centennial** *a.* शंभराव्या वर्षाच्या दिवसाचा; शंभर वर्षांनीं घडणारा -होणारा (jubilee). — **Centesimal** शतांश.—*a.* शंभरावा.— **Centipede** (*-pes,* foot) घोण *f,* शतपदी *f.* — **Centurion** शंभर शिपायांवरचा सरदार, शत-

पति, 'कपतान.'—CENTURY शेंकडा, शतक *n*; शंभर वर्षें *n pl*.

CENTO (*L.*) composition formed by passages from different authors disposed in a new order खंड काव्य *n*.

CENTRE (*Gr. kentron*, sharp point) middle point मध्य *n*, केंद्र *n*; middle portion मध्यभाग, गर्भी *f*.—*v*. एकत्र जमविणें; मध्यें ठेवणें.—*i*. मध्यें असणें; मध्यें जमणें.—CENTRAL *a*. मधला; मध्यस्थ, मध्यें ठेवलेला.—CENTRIFUGAL *a*. tending to recede from the centre मध्यत्यागी; c. force केंद्र सोडून जाण्याची गति *f*, केंद्रोत्सार गति *f*.—CENTRIPETAL *a*. tending towards the centre केंद्राकडे जाणारा; c. force केंद्राभिसरण गति *f*.

CEPHALIC *a*. (*Gr. kephalè*, head) मस्तकसंबंधी (medicines).

CERE *v*. (*cera*, wax) मेणाविणें.—CERUMEN कानांतला मळ.

CEREAL *a*. (*Ceres*, the goddess of corn and tillage) गहूं, जोंधळे इ० खाद्यधान्यसंबंधी.—*n*. खाद्यधान्य *n*.

CEREBRUM (*L*.) मगजाचा वरचा व मोठा भाग.—CEREBRAL *a*. मज्जा संबंधी.—CEREBELLUM मेंदूचा खालचा व मागला भाग.

CEREMONIAL (*cæremonia*) external form in religion संस्कार, क्रिया *f*, विधि; forms of civility आदरसत्कार, आदरउपचार, शिष्टाचार; outward forms of state दरबारी शिरस्ता, रिवाज; [the order for rites and forms in the R. C. Church, or the book containing the rules prescribed to be observed on solemn occasions].—*a*. संस्कारसंबंधी; ceremonious आदरसत्कारी.—CEREMONIOUS *a*. क्रियाविधीचा, संस्कारसंबंधी: c. part of worship; विधीप्रमाणें; रिवाजप्रमाणें; आदरसत्कार करणारा, आदरमानाचा, कर्मठ, क्रियानिष्ठ.—CEREMONY क्रियाकर्म *n*, विधि; forms of civility शिष्टाचार, आदरसत्कार.

CERTAIN *a*. (*certus*) assured in mind खातरी झालेला, निर्धारित, निःसंदेह; sure खचीत, अचूक, निश्चित (Dan. ii. 45); stated मोजलेला, मापाचा, नियमित (Ex. xvi. 4); some कांहीं; one कोणी एक; a c. person फलाणा, अमका [of]. -LY *ad*. खचीत; निःसंशय, खरोखर, मुकरर, खामोखाम. -TY निश्चय, खातरी *f*; खचीत -खरी गोष्ट *f*.—CERTIFY *v*. testify to in writing खातरीचा लेख -दाखला देणें; give certain information of -ची माहिती करून देणें, कानावर घालणें, विदित क.; verify शाबूत -खराकरून देणें.—CERTIFICATE, written testimony to the truth of any fact लेखी दाखला, दाखला; प्रमाणपत्र *n*. -लेख;—of good character अग्रपत्र *n*, सर्टिफिकिट *n*; — of purification शुद्धिपत्र *n*;—of preëminence अजितपत्र *n*.—CERTITUDE खचीतपणा, निश्चितार्थ, निःसंदेह.

CERULEAN *a*. (*cærulus*) अस्मानी, नीलवर्ण.

CERVICAL *a*. (*cervix*, neck) मानेचा, ग्रीवासंबंधी.

CESAREAN *a*. (*Cæsareus*) pertaining to Cæsar सिजर बादशाहाचा; c. section or operation, *Surg*. an incision made through the parietes of the abdomen and uterus in order to extract the fetus उदर छेदून गर्भ काढणें *n*.

CESSION, See under CEDE.

CETACEOUS *a*. (*cetus*, whale) व्हेल नामक जलजंतूच्या जातीचा.

CHAFE *v*. *F*. excite physical heat or irritation in by means of friction चोळून-घासून उष्णता उत्पन्न क., उब -उबारा आणणें; excite heat in the mind of चिडवणें, खिजवणें; fret and wear by rubbing चोळवटणें, घासटणें.—*i*. तडफडणें, चडफडणें, फुणफुणणें; घासणें, चोळणें [against].—*n*. घर्षणानें उत्पन्न झालेली उष्णता *f*, आग *f*, संताप, मनस्ताप.—CHAFING-DISH शेगडी *f*.

Chaff* फोल, तूस, भूस. — **Chaffy** *a.* भुसाचा; भुस्यासारखा: c. opinions भुसकेलड्‌डु *pl.*

Chaffer* *v.* haggle (व्यापारांत) घिसघिस क.; talk idly बडबड क.

Chagrin *F.* रुसवा, खप्पा मर्जी *f.* —*v.* खट्टू-रुष्ट क., रुसवणें.

Chain (*catena*) a series of connected links or rings सांखळी *f,* शृंखला *f;* a bond बेडी *f,* बंधन *n;* series of things linked together श्रेणी *f,* सांखळी *f,* रांग *f,* माळ *f;* instrument used in measuring land जमीन मोजायाची सांखळी *f;* ही ६६ फूट लांब असती. — *v.* सांखळीनें बांधणें, सांखळणें; बेडी घालणें, दास्यत्वांत-बंदांत ठेवणें; guard with a chain सांखळीनें राखणें -रखवाली क.; unite जोडणें, जडणें, कडींत कडी अडकाविणें [up, together]. -rule मांकळरीति *f.* -shot जंजिरीगोळा, जोडगोळा.

Chair *F.* a moveable seat with a back intended for one person खुरची *f;* seat of justice धर्मासन *n;* — of a professor गुरुपीठ *n;* pulpit व्यासपीठ *n;* presiding officer of an assembly सभाध्यक्ष; sedan नालकी *f;* gig बगी *f;* iron block used on railways to support and secure the rails खुर्ची *f,* घोडी *f;* c. and c. day वृद्धापकाळ, खाटेवर -झोपाळ्यावर बसून राहायाचे दिवस. -man सभाध्यक्ष, सभापति; नालकी उचलणारा, भोई.

Chaise *F.* एक प्रकारची गाडी आहे.

Chaldron *F.* कोळसे जोखायाचें एक वज़न आहे.

Chalice *F.* पेला, पंचपात्र *n.*

Chalk* खडू *f?* 'चाक'; red c. रक्त धातु *f,* सुरंग; French c. बळभ?; [to know c. from cheese, to understand what is going on, or what is for one's interests]. — *v.* खडूनें घासणें; खडूनें खूण क., अंकणें; manure with chalk खडूचें खत घालणें; to c. out अंकणें, बेतणें, बेतून देणें.—**Chalky** *a.* खडूसारखा; खडूचा (water).

Challenge *F.* invitation to a contest of any kind युद्धामंत्रण *n;* act of a sentry in questioning or demanding the counter sign from those who appear at his post ललकारणें *n,* हटकणें *n;* calling upon one to engage in single combat द्वंद्वयुद्धास बोलावणें *n;* claim made of a right दावा सांगणें *n,* दावा; *Law,* claim of a party that certain jurors shall not sit upon him or his cause आपल्या खटल्याची चौकशी करण्यांत अमूक पंच नसावे असें म्हणण्याऱ्या कैदीचा-वादीचा हक्क.—*v.* युद्धास-वादास आमंत्रण क.; मागणें, सत्तेनें मागणें: c. better terms माझ्या खटल्याची चौकशी करण्यांत अमूक पंच नसावे असी वादीनें तकरार क. [to].

Chamber (*camera,* vault) retired room एकांत खोली *f;* a hollow closed place खळी *f,* पोकळी *f:* c. of the eye; place where an assembly meets सदर *f;* assembly सभा *f;* private place where a judge sits to hear and determine cases;—of a mortar खजीना, कोठी *f;* [c. of commerce, a board to protect the interests of commerce, chosen from among the merchants and traders of a city; to sit in *chambers* to hear cases, or do business in chambers, as a judge]. -lain कोठीवाला, वाकनीस दिवाण; a treasurer खजानवीस.

Chameleon *Gr.* सरड, सरडा.

Champagne (from *Champagne* in France) एक प्रकारचें मद्य *n* आहे.

Champaign, See **Campaign.**

Champion (*campus,* field) one who engages in any contest वीर, योद्धा; one who contends in behalf of another in single fight दुसऱ्या करितां द्वंद्वयुद्ध करणारा, एकांगवीर; one who has the acknowledged supe-

riority as prize-fighter, waterman, &c. वस्ताद, धगड, पटाईत.

CHANCE (*cadere*, to fall) casualty दैवघटना *f*; an event which happens without any assigned or definite cause अकस्मात् होणारी गोष्ट *f*: there is no such thing as c.; possibility of an occurrence होण्याचा संभव, संभावना *f*.—*v*. अकस्मात् होणें -घडणें.

CHANCEL (*cancelli*, lattices) (देवळांत) वेदि आणि कठडा यांच्या मधली जागा *f*.

CHANCELLOR (do.) judicial officer of high rank पंडितराव; c. of the exchequer कोशाधीश; c. of a university राजविद्यालयाधिपति.—CHANCERY सदर अदालत *f*.

CHANCRE *F*. चट्टा, उपदंश. See CANCER, CANKER.

CHANDLER *F*. मेणबत्त्या करणारा अथवा मेणबत्त्यांचा व्यापारी; dealer in other commodities, which are indicated by a word prefixed: a corn-c. भुसारी.

CHANDELIER *F*. झुंबर, झाड *n*.

CHANGE *v*. *F*. alter बदलणें, रूपांतर क. (color); exchange अदलाबदल क., पालटणें (clothes); give another kind of money for मोडणें, वटाविणें; become acid अंबणें, नासणें, लागणें: the milk has been *changed* by the weather.—*i*. पालटणें, बदलणें, फिरणें [for].—*n*. रूपांतर *n*, स्थित्यंतर *n*, पालट: a c. of countenance;—of the moon अमावास्या *f*; permutation अदलाबदल *f*;—of garments पोषाक; मोड *f*, खुरदा; balance शिलक *f*, बट्टा, वरतवळा; व्यापाऱ्यांचा अड्डा.—CHANGEABLE *a*. फेरफार करायाजोगा, विकार्य; fickle चंचळ, अस्थिर; क्षणिक बुद्धि; चंचळ (a person).—CHANGER—of money सराफ.

CHANNEL (*canalis*) bed of a stream of water पात्र *n*, तास *n*; — for irrigation पाट, कालवा, सारणी *f*; a strait खाडी *f*; means of passing, conveying, or transmitting मार्ग, द्वार *n*, वाट *f*; a furrow in, as in a column खांचणी *f*.—*v*. कालवा पाडणें; खांचणी पाडणें.

CHANT *v*. (*cantare*) sing गाणें; utter with melodious voice मधुर स्वरानें बोलणें; celebrate in song स्तुति गाणें, गाऊन स्तवणें.—*n*. गायन *n*, गीत *n*; गाण्याच्या स्वरानें म्हणणें *n* -वाचणें *n*.

CHAOS (*Gr*.) an empty, infinite space अनंतपोकळी *f*, आकाश *n*; the rude, confused state, or unorganized condition of matter before the creation of the universe भूतसंकर, अपंचीकृतभूतस्थिति *f*; confusion घोटाळा.—CHAOTIC *a*. अपंचीकृत; घोटाळ्याचा.

CHAP, CHOP* *v*. भेग पाडणें, चिरणें.—*i*. फुटणें, तडतडणें, उतरणें.—*n*. भेग *f*, चीर *f*.—*F*. जबडा, जाभाड *n*, मुसकाड *n*.—बच्चाराम, बच्चाजी. -FALLEN *a*. तोंड उतरलेला, हिमटतोंड्या.

CHAPEL (*capella*, short cloak) a lesser place of worship लहान देऊळ *n*, भजनगृह *n*.—CHAPLAIN, a clergyman who is officially attached to a ship of war, to an army, to some public institution, or to a family, for the purpose of performing divine service धर्मोपदेशक; सरकारी पाद्री, 'चापलेन. -CY चापलेन पाद्रीचा हुद्दा.

CHAPITER (*caput*, head) upper part of a pillar कळस.

CHAPLET *F*. wreath to be worn over the head मुंडावळ *f*, पुष्पमाळा *f*; string of beads used by Roman Catholics in counting prayers जपमाळा *f*; tuft of feathers on a peacock's head मोराच्या डोक्यावरील पिसांचा तुरा, कलगी *f*; a small chapel लहान देऊळ *n*.

CHAPTER (*caput*, head) division of a book पर्व *n*, प्रकरण *n*, अध्याय; assembly of the clergy of a cathedral मोठ्या देवळा

संबंधी धर्मोपदेशकांची सभा *f*; decretal epistle निर्णय -ठरावपत्र *n*, आज्ञापत्र *n*; [organized branch of some society, as that of the Freemasons, &c.].

CHAR *v. Ir.* जाळून कोळसा क. -COAL (लांकडी) कोळसा.

CHAR* रोजकाम *n*, मोलकाम *n*.— *v.* रोजिंदारी क. -WOMAN मोलकरीण *f*.

CHARACTER (*Gr. charassein*, to make sharp) a distinctive mark चिन्ह *n*, खूण *f*; manner of writing or printing लिपि *f*, अक्षर *n*; sum of qualities which distinguish one person or thing from another स्वभाव, धर्मलक्षण *n*; good qualities गुण, सुलक्षण *n*; reputation अब्रू *f*; certificate of the c. of अब्रुपत्र *n*; capacity नातें *n*, अधिकार: in his c. as a judge; a person मनुष्य, पुरुष: a distinguished c.; description वर्णन *n*, हकीकत *f*. -ISTIC खूण *f*, लक्षण *n*.—*a.* योग्य, उचित. -IZE *v.* अंकित -मुद्रित क.; describe by peculiar qualities लक्षण -गुण सांगणें; distinguish the character of भेद पाहणें, गुणभेद दाखविणें [by].

CHARGE *F.* a trust हवाला, जिम्मा *f*; thing intrusted अनामत *f*; commission कारभार, सोपलेलें काम *n*, 'चार्ज'; earnest or impressive command, direction, exhortation, or injunction, as the c. of a judge to a jury ताकीद *f*, आदेश; imposition of rent, tax, &c. on an estate मालमत्तेवर कर -भाडें वगैरे बसविणें; *pl* costs खर्च; contingent c. सरंजामी खर्च; that which is debited in a business transaction खर्च; accusation आरोप, 'चार्ज'; position of a weapon fitted for attack उगारलेल्या हातेराचें ठाण *n*; quantity of powder or shot in a gun बार; attack हल्ला, चाल *f*; to sound the c. नगारा वाजविणें. — *v.* lay on, as a load ओझें -भार घालणें; with, impose on, as a trust हवाला क., सोपणें; बजावून -हडसून सांगणें; as debt नांवीं मांडणें, नांवावर लिहिणें; खर्चीं मांडणें; कर बसविणें: to c. rent on land; आरोपणें, दोष लावणें: to c. a man with crime; to c. home upon माप पदरीं घालणें; load बार भरणें (a gun); घसरणें, चाल -हल्ला क. (an army) [with]. -ABLE *a.* ओझें -भार घालायाजोगा; आरोपणीय; खर्चाचा. —CHARGER, large dish थाळा; war-horse लढाऊ घोडा. — CHARGE' D'AFFAIRES (*F.*) वहिवाटदार, चौथ्या मताचा कारभारी -प्रधान.

CHARIOT *F.* रथ, स्यंदन;— of the gods विमान *n*. -EER रथहाकणारा, सारथी.

CHARITY (*carus*, loved) love प्रीति *f*; liberality to the poor गरिबांवर उपकार, धर्मवासना *f*; alms भिक्षा *f*, धर्म; generosity उदारपणा, औदार्य *n*; act of benevolence परोपकार, धर्मकृत्य *n*; disposition which inclines men to put the best construction on words and actions of their fellowmen दुसऱ्याचें बोलणें व चालणें याविषयीं प्रीतिदृष्टया विचार करण्याची बुद्धि *f* [to]. —CHARITABLE *a.* दयाळू; दानधर्मी; परोपकारी, कृपादृष्टि; दानधर्माचा, धर्माचा, धर्मार्थ (institution).

CHARLES'S WAIN * सप्तर्षि *pl*, खाटलें बाजलें *n*.

CHARM (*carmen*, *Skr. casman*, a laudatory song) a magic spell चेटक *n*, मंत्र; anything worn for its supposed efficacy on the wearer, in averting ill or securing good fortune ताईत, दोरा, यंत्र *n*, इ०; that which fascinates मोहक पदार्थ; *pl* सौंदर्य *n*, शोभा *f*, कांति *f* [for].—*v.* मोहणें, भारणें; subdue by some secret power वश क.; allay शमविणें; delight मनरंजन क. -ED भारलेला, अभिमंत्रित; उल्लासित, रंजित. -ER चेटकी, मंत्री; मोहक, मनोहर. -ING *a.* मनोरंजक.

CHARNEL-HOUSE (*caro, carnis*, flesh) देव-

ळातील अथवा देवळाजवळचें मसण *n*, स्मशान *n*; यांत मेलेल्याच्या अस्थि ठेवतात.

Chart (*charta*, a leaf of paper) पट, नकाशा : an historical c.; समुद्रकिनाऱ्याचा नकाशा. -ER, writing bestowing privileges सनद *f*; special privilege विशेष अधिकार; immunity माफी *f*; letting a vessel by special contract मखत्यानें गलबत भाड्यानें देणें. —*v*. सनद देऊन काईम क.; गलबत भाड्यानें देण्या घेण्याचा मखता. -ERED *a*. सनदी; मक्त्याचा.

Chase *v. F.* hunt पारध क.; pursue पाठीस लागणें; away, off, हाकून लावणें.—*n*. पाठलाग, लगट *f*; that which is hunted पारध *f*, शिकार *f*; open hunting-ground रमणा, मृगयाभूमि *f*. -GUN गलबताच्या समोरच्या बाजूची तोफ *f*.

Chasm (*chasma*) fissure भेग *f*, चीर *f*; gap भगदाड *n*; void space पोकळी *f*, पोकळजागा *f*.

Chaste *a*. (*castus*, pure) pure from unlawful sexual intercourse शुद्ध, पाक; —of females सती *f*, पतिव्रता *f*;— of language शुद्ध, निर्दोष.—CHASTITY निर्मलता *f*, शुद्धता *f*; साध्वीपणा, पातिव्रत्य *n*; भाषणाची शुद्धता *f*.—TREE निरगुडी *f*.

Chasten, **Chastise** *v*. (*castigare*, to punish) शासनासाठीं किंवा सुधारणुकेसाठीं फटके मारून किंवा दुसऱ्या कोणत्या रीतीनें दुःख देणें; correct or purify चुक्या नीट क., शुद्ध क. [with, for]. -MENT शिक्षा *f*, शासन *n*. See the verb.

Chat *v. F.* talk in a light and familiar manner बाता कुटणें; talk without form or ceremony खळबळीतपणें बोलणें. — *n*. गप्पा *f pl*, गपाष्टक *n*, गोष्टिश्राद्ध *n*.—TER *v. i.* utter sounds which somewhat resemble language, but are inarticulate and indistinct किलबिल क.; prate वटवट -बडबड क.; — as a monkey किचकिच क.; make a noise by collision, as the teeth करकरणें. -BOX गप्पीदास, वाजती घाट *f*, फकाड्या, घणघणघंटा *f*.

Chateau (*F.*) castle गढी *f*, लढाऊवाडा; country-seat बंगला.

Chattel *F. Law*, every kind of property except the freehold मालमत्ता *f*; personal c. जंगम मालमत्ता *f*; real c. स्थावर मिळकत *f*; goods and *chattels* अजबाब *f*.

Cheap* *a*. bearing a low price in the market सवंग, स्वस्त; being of small value थोडक्या मोलाचा, हलका; common साधारण; c. as dirt पैशा पायली. -EN *v*. मोल क.-विचारणें; स्वस्त क., पाडून घेणें. -LY *ad*. सस्तेवार, सवंगाईनें; थोडक्या मोलानें. -NESS सवंगाई *f*, सस्ताई *f*.

Cheat* *v*. ठकविणें, फसविणें.—*n*. ठकवण *f*, फसवण *f*; a person who cheats ठक, फसवणारा.

Check *F.* a stop महकुबी *f*, मोडा, अटकाव, अवरोध; restraint दपटशाई *f*, दाब, 'चक'; a mark put against items, as names, &c. in going over a list खूण *f*, निशाणी *f*; order for money, drawn on a banker, payable on sight सावकारावर देखत चिठ्ठी *f*, 'चेक'; kind of checkered cloth चित्रविचित्र कापड *n*, चित्राचें कापड *n*; a term at chess शह. — *v*. दाबांत ठेवणें, आकलणें; याद वाचतांना नांवावर -रकमेवर खूण क.; compare with a counterpart, as an account रुजवात घेणें, ताळा मिळवून पाहणें, मुकाबला क.; rebuke ठपका देणें, 'चक' देणें.—*i*. थांबणें विराम पावणें [at]; interfere नडणें, आडवा येणें. -ER *v*. चित्रविचित्र क.; फुली -चौकटी -घरें पाडणें. -MATE मात *f*.

Cheek* गाल, कानसल *n*. -BONE कपोल *n*, फलक *n*.

Cheer *F.* countenance and its expression मुखवृत्ति *f*, मुख *n*; spirits धीर, धैर्य *n*; mirth उल्हास, आनंद; entertainment मेज.

वानी *f*; provisions prepared for a feast मिष्टान्नें *n pl*; applause वाहवा *f*, शाबसकी *f*; outward expression of good spirits or gaiety, by shouting गजर.—*v.* उल्लासित -खुश क. ; धीर -आश्वासन देणें; गजर करून सलाम -सलामी क. : to c. a ship.—*i.* आनंदी -उल्लासित होणें [by, with]. -FUL *a.* हास्यमुख, प्रफुल्लवदन; उल्लासी, आनंदी. -FULNESS आनंदी स्वभाव, उल्लासवृत्ति *f*. -LESS *a.* उदास, असुखी.—CHEERY *a.* आनंदी, उल्लासी ; tending to promote cheerfulness आनंदकारक, आल्हादमद.

CHEESE* चक्कादहीं *n*, पनेर.

CHEMISTRY *Ar.* science which treats of the composition of substances, and of the changes which they undergo रसायनविद्या *f* -शास्त्र *n*.—CHEMICAL *a.* रसायनविद्ये संबंधी; रसायनविद्येनें केलेला. -LY *ad.* रसायनशास्त्रानुसार.—CHEMIST रसायनवेत्ता.

CHERISH *v.* (*carus*, dear) treat with tenderness and affection लालनपालन क. ; indulge बाळगणें, धरणें, राखणें (virtue, ill-will). -ER पाळणारा, पोषक, पाळक.

CHERRY (*cerasus*) एक फळ आहे.—*a.* चेरी फळासारखा लाल (lips, cheeks).

CHERUB *Heb.* दिव्यदूतांचा एक वर्ग आहे त्यांतील एक, 'करूब' ; [a beautiful child].

CHERUP, CHIRRUP, *v. i.* पक्ष्यासारखा शब्द क. —*t.* urge on by making a short shrill sound बारीक व तुटक शब्द करून (घोडा, बैल इ० स) पुढें चालवणें.

CHESS *F.* बुदबळांचा खेळ. -BOARD बुदबळांचा पट. -MAN बुदबळ *n*.

CHEST (*cista*) a large box पेटी *f*, हडपा; the thorax छाती *f*, वक्षस्थल *n*. -FOUNDERED *a.* उरीं भरलेला (a horse).

CHESTNUT (*castanea*) एक फळ आहे; चेस्नट झाड *n*.—*a.* तांबडाचोर (घोडा).

CHEVALIER (*F.*) शिलेदार.

CHEW* *v.* masticate चघळणें, चर्वण क.; meditate चिंतणें, कल्पिणें, योजणें (revenge); to c. the cud रवंथ क.

CHICANE *F.* न्यायांत -वादांत छक्केपंजे *pl*, डावपेच *pl*.—CHICANERY फसविण्याची युक्ति *f*, घालमेल *f*.

CHICKEN* कोंबडी इ० चें पिलूं, 'चिकण,' 'चिकीन' *n*. -HEARTED *a.* भितरा, भेकड. -POX कांजण्या *f pl*.

CHIDE * *v.* धमकावणें, निषेधणें, बोल लावणें.—*i.* भांडणें, कला -कलागत क.

CHIEF *a. F.* highest in office मुख्य, अग्रेसर (priest); most eminent in any quality or action मुख्य, प्रधान (topic). — *n.* सरदार, नाईक, अधिपति; commander in c. सेनापति. -LY *ad.* मुख्यत्वें करून, विशेषें करून. -TAIN सरदार, नाईक; सेनापति.

CHILBLAIN* a blain produced by cold जळवात, पादस्फोट.

CHILD * a son or a daughter लेंकरूं, मूल *n*, बाळ *n*; a young person मूल *n*, पोर *n*; one who exhibits the character of a very young person पोर *n*, पोरबुद्धीचा; *pl* descendants संतानें *n*, *pl* वंशज; one who, by character or practice, shows signs of relationship to another लेंकरूं *n* : a c. of God, a c. of the devil; to be with c. गरोदर असणें. -HOOD बालपण *n*, लेंकूरपण *n*. -ISH *a.* पोरकट, पोर स्वभावाचा; मुलाचा; c. understanding बालबुद्धि *f*. -LESS *a.* ज्याला संतान नाहीं तो, अनपत्य, अपत्यहीन. -LIKE *a.* मुलासारखा, बालसदृश ; मुलास योग्य ; meek नम्र,लीन ; submissive आज्ञांकित. -BEARING, -BIRTH बाळंतपण *n*, प्रसूति *f*.

CHILL* *a.* moderately cold थंड, सरद; affected by cold थंडावलेला, कुडकुडी भरलेला; formal कोरड्या आदरमानाचा, निःस्नेह; dispirited हिरमूस झालेला, धैर्य खच-

लेला.—*n.* थंडी *f*, सरदी *f*; हिरमोड.—*v.* थंड-सरद क.; मोडणें, पाणी ओतणें.—CHILLY *a.* थंड, सरद.

CHIME (*campana*, bell) harmonious sound of bells, or of other musical instruments घांटांचा किंवा दुसऱ्या वाद्यांचा एकनाद; pleasing correspondence of proportion, relation, or sound सुमेळ, एकताळ.— *v. i.* एकनाद होणें; जमणें, मेळबसणें; jingle खळखळणें, झणझणणें.

CHIMERA (*Gr. chimaira*, goat) वृथा वासना *f* -कल्पना *f* -पदार्थ (जसें वाळूचें तेल, सशाचें शिंग इ०).—CHIMERICAL *a.* अकल्पित, असंभाव्य (projects).

CHIMNEY (*caminus*) धुराडें *n*, धारें *n*; दिव्याच्या वातीवर जी कांचेची नळी ठेवतात ती *f*. -SWEEPER धुराडें झाडणारा.

CHIN * हनुवटी *f*, हनु *f*. -COUGH *D.* डांग्या खोकला.

CHINA चिनई मातीचें भांडें *n*. -ROOT चोबचिनी *f*. -ROSE सेवंती *f*.— CHINESE *a.* चिनदेशासंबंधी.—*n.* चीन देशचा मनुष्य; चिनी लोक *pl*; चिनी भाषा *f*.

CHINE *F.* जनावराच्या पाठीचा कणा.—*v.* कण्याचे तुकडे क., कणा कापणें.

CHINK* चीर *f*, सांध *f*, फट *f*.—*v.* चिरणें, भेगलणें.

CHINK *v.* छणछण वाजविणें.—*i.* छणछण वाजणें.

CHINTZ *Hind.* छीट *n*.

CHIP *v. Ger.* तासणें, ढलपी काढणें. —*i.* तुकडे तुकडे होणें, तुकडे निघणें. —*n.*—of wood धलपा, ढपला, ढपली *f*; — of stone कपचा, कपरा; *pl* काटकूट *f*, सालपा.

CHIROLOGY (*Gr. cheir*, hand, *logos*, speech) करपल्लवी भाषा *f*.—CHIROMANCY (*Gr. manteia*, power of divination) सामुद्रिक *n*, हस्तलक्षणविद्या *f*. — CHIROMANCER सामुद्रिक पाहणारा.

CHIRP *v. Ger.* चिंवचिंव -चूंचूं क.

CHISEL (*secare*, to cut) टांकी *f*, किंकरें *n*, विंधणें *n*.—*v.* विंधण्यानें चिरणें -फोडणें -खोदणें, टांकी मारणें.

CHIT* sprout कोंब, अंकूर; child पोर *n*, बाळ *n*, चिटलिंग *n*.

CHITCHAT (See CHAT) वटवट *f*, गप्पा *f pl*, बाता *f pl*.

CHIVALRY *F.* cavalry तुरुकस्वार *pl*; knighthood सरदार बहादरी *f*; character of knight सरदार बाहदराची चाल *f*, (आदर, शौर्य, इ०). —CHIVALROUS *a.* सरदार बाहदरीचा; शूर, पराक्रमी.

CHIVES *pl* (*cepa*, onion) केशर, पुष्पकेशर; एक लहान कांद्याची जात आहे.

CHOICE, See under CHOOSE.

CHOIR (*chorus*) band of singers गाणाऱ्यांचा ताफा, फड, गायकगण; part of a church appropriated to the singers देवळांत गाणारांचा ताफा बसण्याची जागा *f*. See CHANCEL.

CHORUS (*L.*) गाणाऱ्यांची मंडळी *f*; part of a song in which the company join the singer पालुपद *n*, ध्रुपद *n*. — CHORAL *a.* गाणाऱ्या मंडळींतला; फडांत गायलेला.

CHOKE* *v.* suffocate गुदमारणें, दम कोंडणें; block up बुजविणें, कोंदणें, भरणे; check, as growth, expansion, progress, &c. वाढ -विस्तार खुंटविणें.—*i.* श्वास कोंडणें, गुदमरणें; अडकणें, घुसमटणें: the words *choked* in his throat.

CHOLER (*Gr.*) bile पित्त *n*; anger राग, पित्त *n*. — CHOLERA MORBUS मोडशी *f*; Asiatic c. पटकी *f*, जरीमरी *f*, महामारी *f*. — CHOLERIC *a.* पित्तानें भरलेला; पित्तप्रकृतीचा, तामसी, तापट; indicating anger क्रोधदर्शक, रागाचा (speech).

CHOOSE* *v.* निवडून घेणें, निवडणें [from].—*i.* पसंत क.; exercise the power of choice निवडून घेण्याची सत्ता चालविणें: I can not c. but pity her.—CHOSEN *a.* निवडलेला. —CHOICE निवडणें *n*, निवड *f*; option खुशी *f*, मर्जी *f*; discrimination निवडण्याची बुद्धि *f*, विचार, तारतम्य *n*; thing chosen निवडलेली -निवडक वस्तु *f*; he is sick of his own c.; best part of anything उत्तमांश, शेलका पदार्थ; to make a c. of पसंत क., निवडून घेणें [from].—*a.* निवडक, असल, शेलका; frugal मितव्ययी, बेतानें खर्च करणारा: to be c. of time; deliberately chosen विचारानें -बुद्ध्या निवडलेला (word).

CHOP *v. D.* cut into pieces तुकडे तुकडे -खंडें क., साकटणें [up]; off, sever by one or more blows छाटणें, तोडणें; up, devour greedily गपागपा खाणें.—*n.* खांडणें *n*, फोड *f*, तोड *f*; खंड *n*, खांड *n*; slice of meat मांसखंड *n*, सागुतीचा रवा.—CHOPPING-BLOCK सकोटण.—CHOPPING-KNIFE सुरा.

CHOP, See CHAP.

CHORD (See CORD) string of a musical instrument तार *f*, तंतु; harmony in notes स्वरांचा मेळ, स्वरऐक्य *n*; *Geom.* ज्या *f*.

CHRIST (*Gr. christos*, anointed) अभिषिक्त; THE ANOINTED; —an appellation given to the Savior of the world, and synonymous with the Hebrew MESSIAH ख्रीस्त. — CHRISTEN *v.* give a name and apply water to, as a religious ceremony, in the name of, and according to the precept of, Christ नांव ठेवून बाप्तिस्मा देणें; give a name नांव ठेवणें, बारसें क. -DOM यावत् ख्रिस्ती देश; यावत् ख्रिस्ती लोक *pl*.—CHRISTIAN, one who professes to believe, or is assured to believe, in the religion of Christ ख्रिस्ती धर्मावर आपला विश्वास आहे असें म्हणणारा, ख्रिस्ती; one whose inward and outward life is conformed to the doctrines of Christ ख्रिस्ताच्या उपदेशाप्रमाणें ज्याचा विचार व आचार आहे तो, ख्रिस्ती; one who is born in a Christian country or of Christian parents ख्रिस्ती देशांत किंवा ख्रिस्ती आईबापां पासून जन्मलेला, ख्रिस्ती. — *a.* ख्रिस्ता संबंधी; ख्रिस्ती धर्म संबंधी (doctrine); professing Christianity ख्रिस्तीधर्मावलंबी, ख्रिस्तीधर्मानुसारी, ख्रिस्ती (people); pertaining to the church ख्रिस्ती मंडळी संबंधीचें (court); [c. name, the name given in baptism, as distinct from the family name, or surname]. -ITY ख्रिस्ती धर्म. -IZE *v.* ख्रिस्ती क., ख्रिस्ती धर्मांत आणणें; imbue with Christian principles ख्रिस्ती मतानी युक्त -व्याप्त क. (philosophy). — CHRISTMAS ख्रिस्ताचा जन्मदिवस पाळण्याचा सण, नाताल; ता० २५ डिसेंबर. -BOX नातालाचें बक्षीस *n*; नातालाचें बक्षीस ठेवण्याची पेटी *f*.—CHRISTOLOGY ख्रिस्ता विषयीं किंवा ख्रिस्ताच्या उपदेशाविषयीं संवाद -संभाषण *n*.

CHRONICAL *a.* (*Gr. chronos*, time) काळाचा, काळा संबंधी; according to time काळाप्रमाणें, काळानुसार (method); continuing for a long time बहुकाल राहणारा, दीर्घकालिक; c. disease अंगांत रेवलेला -फार दिवसांचा जडलेला -जुनाट रोग.—CHRONICLE, historical register in order of time कालक्रमानुसार इतिहास; a history बखर *f*, वृत्तांत; *pl* two canonical books of the Old Testament ह्या नांवाचीं ख्रिस्ती शास्त्रांत दोन पुस्तकें आहेत, कालवृत्तांत. — *v.* इतिहासांत लिहून ठेवणें; दफ्तरांत लिहिणें -मांडणें. —CHRONOLOGY, science which treats of measuring or computing time by regular divisions or periods, and which assigns to events or transactions their proper dates कालगणनविद्या *f*. —CHRONOLOGIST कालगणनविद्यावेत्ता.—CHRONOLOGICAL *a.* कालगणनविद्ये संबंधीं; कालानु-

क्रमा प्रमाणें. —CHRONOMETER कालमापकयंत्र *n*, घटीयंत्र *n*.—CHRONOGRAM, CHRONOGRAPH (*Gr. -graphein*, to write) inscription in which the date is expressed by some of the letters: "*My Dictionary was Conceived, Composed, and Carried out after much Labor, Inquiry, and Industry,*" which gives the date MDCCCLII.

CHRYSALIS (*Gr. chrusos*, gold) किड्याची कोशस्थिति *f*.

CHRYSOLITE *Gr.* (*-lithos*, stone) a precious stone लसण्या.

CHUB* एक नदीमत्स्य आहे. -BY *a*. चब माशासारखा; गुबगुबीत. -FACED *a*. गालफुग्या.

CHUCK *v*. (*imit.*) खुटखुट करून बोलावणें [under].—*n*. कोंबडीचा खुटखुट शब्द.—CHUCKLE *v*. गालच्या गालीं हासणें. See CHUCK.

CHUM *F*. बिऱ्हाडाचा सोबती; —a word used in colleges.

CHUMP (?) ठोकळा, ओंडा.

CHUNAM *Hind*. चुना.

CHURCH (*Gr. kuriakon*, the Lord's house), a building set apart for Christian worship ख्रिस्ती भजनस्थान *n* -भजनालय *n*, ख्रिस्ती देऊळ *n*; a formally organized body of Christian believers worshiping together ख्रिस्ती मंडळी *f*, एकाच देवळांत -ठिकाणीं शिरस्त्याप्रमाणें मिळून भजन करणारी मंडळी *f*; a body of Christian believers, observing the same rites, and acknowledging the same ecclesiastical authority ख्रिस्ती मंडळी *f*: the Presbyterian c.; the collective body of Christians, or those who acknowledge Christ as the Savior of mankind सार्वत्रिक ख्रिस्ती मंडळी *f*; the aggregate of religious influences in a community लोकांत धर्माचें वजन *n* -चा अधिकार: to array the power of the c. against some form of moral evil.—*v*. संकट, दुःख इ॰ पासून ईश्वरानें सोडविलें किंवा रक्षिलें म्हणून त्याचा उपकार मानण्यासाठीं देवळांत जाणें. -MAN पुरोहित, याजक; [an Episcopalian]. -WORK मंडळीचें काम *n*; work carried on slowly ढिलें -दिरिंगाचें काम *n*. -YARD देवळाच्या लगतचें कबरस्थान *n*.

CHURL* a rustic गव्हार, गांवढळ; a miser चिकू, लोभी; ill-bred man दाष्ट, तुसडा.

CHURN* दहीं घुसळण्याचें भांडें *n*.—*v*. घुसळणें, मंथणें. -ING मंथणें *n*, मंथन *n*, घुसळण *n*. -ING-ROPE रवीची दोरी *f*, मांजरी *f*. -STAFF रवी *f*, मंथा *f*.

CHYLE (*Gr. chulos*, juice) a milky juice formed in the stomach by digestion अन्नरस.—CHYME, food after it has undergone the action of the stomach पक्वाशयांत पचलेलें अन्न *n*.

CHYMISTRY, *See* CHEMISTRY.

CICATRIX (*L.*) माव *f*, वण, चटा.—CICATRIZE *v*. माठेसा क., खपली धरेसा क.—*i*. माठणें.

CICERONE (*It.*) one who shows strangers the curiosities of a place (कोणत्याही ठिकाणचे) परक्यास अपूर्व पदार्थ दाखविणारा.

CILIARY *a*. (*cilia*, eyelashes) पापण्यांचा.

CILICIOUS *a*. (*cilicium*, haircloth) केशांचा केलेला, अथवा केशमय, लोममय.

CIMETER, See SCIMETER.

CIMMERIAN *a*.(*Cimmerius*) सिमेरी लोकांचा(हे लोक सर्वदा अंधारांत राहत अशी कथा आहे); अतिकाळा; c. darkness सतत अंधार, अंधार गुडूप.

CINCTURE (*cinctura*) पट्टा, कमरबंद, मेखला *f*.

CINDER (*cinis*, ashes) ember कोळपलेला कोळसा, निखारा, फुपाटा; particle of matter remaining after combustion, in which fire is extinct पदार्थाचा जळून राहिलेला भाग, राख *f*.—CINEREOUS *a*. राखेसारखा; having the color of the ashes of wood भस्मवर्ण. — CINERITIOUS *a*. भस्माकार: भस्मवर्ण.

Cinnabar *Per.* हिंगूळ, रससिंदूर.

Cinnamon *Heb.* दालचिनी *f*.

Cion, See Scion.

Cipher *Ar.* an arithmetical character [0] शून्य *n*, पूज्य *n*, पूज *n*; a person of no worth कवडीमाल मनुष्य; an intertexture of letters, as the initials of a name अक्षरांचें परस्परात गुंतविणें; a private alphabet गूढ लिपि *f*.— *v*. गूढ लिपीनें लिहिणें; खूण क.—*i*. हिशेब क.

Circle (*circus*) plane figure, bounded by a single curve line वर्तुल *n*, मंडल *n*; ring कडें *n*; orb गोल; compass घेर; coterie मंडळ *n*, मंडळी *f*; a series ending where it begins चक्र *n*, गाडा, फेरा; form of argument in which two or more unproved statements are used to prove each other गिरकांड्याचें बोलणें *n*, गिरकांडा, चर्पटपंजरी *f*; territorial division मंडल *n*. — *v*. वेढा घालणें, वेष्टणें; move around प्रदक्षिणा क., गरका घालणें, गरगरा फिरणें; — in कोंडणें, चक्रव्यूहांत घालणें.—*i*. गरगरा फिरणें.—Circular *a*. वाटोळा, वर्तुळ; repeating itself फेरीचा, गिरकांड्याचा lit. fig. (reasoning); mean नीच, हलका; addressed to a number of persons having a common interest: a c. letter याद *f*, यादी *f*, 'सर्क्युलर' *n*, प्रसिद्धिपत्र *n*. — *n*. बहुतांस पाठवायाचें पत्र *n*, वटहुकूम इ०, सर्क्युलर *n*. — Circulate *v. i*. वाटोळें फिरणें; pass from place to place, or from person to person एका जागयाहून दुसऱ्या जागीं फिरणें, हातोहात फिरणें -चालणें, भ्रमणें : money *circulates*; a story *circulates*.—*t*. फिरवणें, चालवणें, चालू क. (a report, bills of credit).— Circulation फिरवणें *n*, परिभ्रमण *n*, अभिसरण *n*; — of the blood रक्ताभिसरण *n*; transmission पाठविणें *n*, पोंचविणें *n*, एका ठिकाणाहून दुसऱ्या ठिकाणीं पाठविणें *n*; currency चलन *f*; extent to which anything circulates प्रसार, विस्तार, फैलावा : the c. of a newspaper.

Circuit (*circum*, around, *ire*, to go) act of moving or revolving around फिरणें *n*, फेरा, परिभ्रमण *n*; regular or appointed journeying from place to place in the exercise of one's calling, as of a judge, &c. फेरी *f*; tract of country visited by judges न्यायाधिशाच्या फेरीचा प्रांत; that which encircles anything कडें *n*, वाळा, वाळी *f*, अंगठी *f*; circumference परिधि, परीघ; space inclosed within a circle मंडळांतली जागा *f*, क्षेत्र *n*. -ous *a*. घेऱ्याचा, फेऱ्याचा, वांकडा (road, manner).

Circumambient *a*. (*-ambire*, to go about) वेष्टक, परिवेष्टक : the c. heaven.

Circumambulate *v. i*. (*-ambulare*, to walk, वळसा घालणें -मारणें, सभोंवतां फिरणें.

Circumcise *v*. (*-cædere*, to cut) सुंता क.; *Scrip*. put off the sins of -चें पाप घालविणें, पवित्र क.—Circumcision, act of cutting off the prepuce or foreskin of males, and the internal labia of females सुंता *f*, सुनत *f*.

Circumference (*-ferre*, to bear) measure round about परिधि, परिमाण *n*, घेरमेज; external surface of a sphere घेर, परिधि.

Circumflex *a*. (*-flectere*, to bend) wave of the voice embracing both a rise and fall on the same syllable स्वरित (स्वर).

Circumjacent *a*. (*-jacere*, to lie) आसपासचा, भोंवर प्रदेशाचा (countries).

Circumlocution (*-loqui*, to speak) use of a number of words to express an idea, when a suitable term is not at hand लांबच लांब बोलणें *n*, द्राविडी प्राणायाम.

Circummured *a*. (*-murus*, wall) भिंतीनें वेढलेला.

Circumnavigate *v.* (*-navigare*, to navigate) गलबतांत बसून प्रदक्षिणा क.

Circumpolar *a.* (*circum*, round, and *polar*) ध्रुवाजवळचा.

Circumscribe *v.* (*-scribere*, to write, to draw) हद्द -मर्यादा क. -बांधणें, आळा घालणें.

Circumspect *v.* (*-spicere*, to look) सावध, चौकस, पगदस्त. -ion सावधगिरी *f*, हुशारी *f*.

Circumstance (*-stare*, to stand) condition of things surrounding or attending an event संबंध, अनुबंध, आगंतुक धर्म; one of the things surrounding, &c. गोष्ट *f*, पीठिका *f*, प्रकरण *n*; condition in regard to worldly estate अवस्था *f*, दशा *f*; in easy *circumstances* खुशाल, जेऊन खाऊन -चार पैसे बाळगून खुशाल -सुखी, घरचा सुखी. —Circumstantial *a.* आगंतुक; attending आनुषंगिक; particular तपशिलाचा, सविस्तर; [c. evidence, that which is obtained from circumstances, which necessarily or usually attend facts of a particular nature, from which arises presumption].

Circumvallation (*-vallum*, rampart) *Mil.* कोटबंदी *f*.

Circumvent *v.* (*-venire*, to come) फसवणें, छकवणें. -ion पेचपाच, ठकबाजी *f*.

Circumvolution (*-volvere*, to roll) प्रदक्षिणा *f*, आवृत्ति *f*; thing rolled round another पिळा, वेष्टण *n*.

Circus (*L.*) कुस्ती *f*, घोड्याची कसरत *f*, दांडपट्टा वगैरे खेळण्याची जागा *f*, रमणा, अंगण *n*; company of performers in a circus रमण्यांत खेळणारी मंडळी *f*, अखाडा.

Cistern (*cista*, box) artificial reservoir for holding water, beer, or other liquids खजिना, हौद, टाकी *f*; a natural reservoir कुंड *n*, टाकी *f*, टाकें *n*.

Cite *v.* (*citare*) summon अधिकारानें बोलावणें, बोलावणें; quote ग्रंथांतून वगैरे काढणें; call, or name in support, proof, or confirmation of प्रमाणास्तव किंवा पुराव्यासाठीं बोलावणें -सांगणें -दाखवणें -नांव घेणें इ० : the imperfections which you have *cited*.—Citation बोलावणें *n*, तलब *f*, अवतरण *n*, नांव सांगणें *n*.— Citatory *a.* बोलावण्याच्या अधिकाराचा.

Citron (*citreum*) महाळुंग *n*, तोरंजन *n*.—Citrine *a.* महाळुंगी रंगाचा, पिवळा.

City (*civis*, citizen) शहर *n*, नगर *n*.— *a.* शहरी, नागरिक.—Citadel गढी *f*, बालेकिल्ला. —Citizen, one who enjoys the freedom and privileges of a city शहरची स्वतंत्रता व हक्क भोगणारा मनुष्य, महाजन; inhabitant of a city शहरांत राहणारा, नगरवासी. -ship नगरजनाधिकार, महाजनकी *f*.

Civet *F.*—the animal जवादी मांजर *n*;—the perfume obtained from it जवादी मांजराची कस्तूरी *f*.

Civic *a.* (*civis*, citizen) शहरसंबंधी.— Civil *a.* शहरसंबंधी; not military दिवाणी, मुलकी, 'सिविल'; relating to an organized community लोक संबंधी; civilized सुधरलेला (society); courteous सभ्य, शिष्ट, बोलून चालून चांगला; a c. man बोलून चालून भला -सभ्य माणूस; relating to rights and remedies sought by action or suit वादानें मिळवायाचे हकाचा -उपायांचा, c. architecture घरें, वाडे, देवळें इ० बांधण्याचा विद्या *f*; [c. death, that which cuts off a man from civil society, or its rights or benefits, as banishment, outlawry, as distinguished from natural death].— engineering पूल, कालवे, लोखंडी रस्ता इ० बांधण्याची विद्या *f*; c. law देशाचा कायदा; c. list राजाचा खासगत खर्च किंवा त्या खर्चास जो पैका लागतो तो; c. war

राज्याची आपसांत लढाई *f*; c. year सरकारी वर्ष *n*, व्यावहारिक वर्ष *n*.

CIVILIAN *a*. (do.) one skilled in civil law मुलकी कायदे जाणणारा; student of the civil law मुलकी कायदे शिकणारा; one whose pursuits are those of a civil life मुलकी -गांवखात्याचें काम पाहणारा, 'सिविल्यन.' —CIVILITY सभ्यता *f*, शिष्टता *f*; *pl* आदरसत्कार, शिष्टाचार.—CIVILIZE *v*. माणूसकींत आणणें, रीतभात शिकविणें, सुधारणें.—CIVILIZATION सुशिक्षितावस्था *f*, सुधारणूक *f*.—CIVILLY *ad*. सभ्यतेनें, शिष्टाचारानें; in a manner relating to private rights खासगत हकाच्या रीतीनें; not naturally, but in law कायद्यानें (defunct).

CLACK *v. i. F.* clink टकटकणें, खटखटणें; let the tongue run लबलब -चुरचूर बोलणें, वटवट क.—*n*. टकटक *f*, वटवट *f*.

CLAIM *v. i.* (*clamare*, to call) demand as due हकानें मागणें, दावा सांगणें.—*n*. दावा, हक. -ANT दावासांगणारा; person who has a right to claim अधिकारी, दावेदार, वारीस; subsequent c., *i.e.*, heir, successor उत्तराधिकारी.

CLAMOR (*L*.) great outcry आरोळी *f*, आरड *f*; loud and continued noise गलबला; गवगवा, पुकारा.—*v*. गोंगाटानें कानठळें बसाविणें -डोकें उठविणें. -OUS *a*. बोभाट्या, गलबल्या.

CLAIRVOYANT (*F*.) one who discerns objects not present to the senses पाहण्या.

CLAM * *v*. चिकटविणें. -MY *a*. चिकट, चिकचिकीत.

CLAMBER *v. Ger*. मोठ्या प्रयासानें -हातपाय टेकून चढणें [up].

CLAMP *D*. piece of wood to strengthen anything जोरपट्टी *f*, पट्टी *f*, अडू.—*v*. जोरपट्टी मारणें -देणें.

CLAN *Ir*. collection of families united under a chieftain एका मुख्याच्या अधिकारा खालचीं कुळें *n pl*; tribe वंश, घराणें *n*; clique जूट *f*, जूग *n*.

CLANDESTINE *a*. (*clam*, secretly) चोरीचा, सादीकोंदीचा (marriage). -LY *ad*. नकळत, चोरून, लपून छपून.

CLANG, CLANK *Ger*. खळखळाट, ठणठण *f*. —*v*. खणखणणें, घणघणणें, झणाणणें.

CLAP * *v*. strike with a quick motion झटकन -तडकन मारणें; thrust, drive, or put, in a hasty manner लगबगीनें -अचानक मध्यें घुसविणें -ढकलणें -घालणें; applaud with the hands टाळ्या पिटणें -वाजविणें.—*v. i.* झटकन मिळून जाणें -मिटणें -बंद होणें: the doors around me *clapped*; टाळ्या वाजविणें; in, into झटकन -चपळाईनें आंत शिरणें: shall we c. into it.—*n*. दणका, तडाखा; — of the hands टाळी *f*; — of thunder गडगडाट.—*F*. परमा, प्रमेह *n*.

CLARET *F*. एक मद्य *n* आहे.

CLARIFY *a*. (*clarus*, clear, *facere*, to make) शोधणें, मळी काढणें, छाटणें.—*i*. निवळ होणें, निवळणें.

CLASH *v. D.* एकमेकावर आपटणें -आदळणें.—*i*. आदळून वाजणें, दणाणणें; interfere मध्यें -आड येणें -पडणें, नडणें [against, with].—*v*. धक्का, तडाखा, घासाघास *f*; विरोध, द्वंद्व *n*.

CLASP *Ir*. catch फासा, अडकवण *n*; close embrace आलिंगन *n*, मिठी *f*, मगरमिठी *f*.—*v*. फास्यानें अडकवणें -बंद क.; कवटाळणें, आलिंगणें; inclose and hold in the hand मुठींत धरणें [round]. -KNIFE बंद करायाचा सुरा.

CLASS (*classis*) group of individuals ranked together as possessing common characteristics प्रत *f*, वर्ग: the educated c.; number of pupils learning the same lesson वर्ग; order of animate or inanimate objects जात *f*, प्रत *f*, जिन्हा, वर्ग.—*v*. प्रत लावणें; वर्गांत घालणें, वर्ग क. -IC, -ICAL

a. अव्वल -पहिल्या प्रतीचा; अव्वल प्रतीच्या ग्रंथकारांचा; ग्रीक आणि लाटीन लोकांचा (ground); ग्रीक आणि लाटीन ग्रंथकारांचा; chaste शुद्ध, प्रांजल, संस्कृत (style). -IC पहिल्या प्रतीचा ग्रंथ; comm. used of the Greek and Latin authors; one learned in the classics आद्यग्रंथनिपुण. -IFY *v.* जात -मत -वर्ग लावणें. -IFICATION वर्गीकरण *n,* विल्हेवारी *f,* मतबंदी *f.*

CLATTER *v. D.* make rattling sounds खट-खट -घडघड वाजणें; prate वटवट -बडबड क.

CLAUSE (*claudere,* to shut) an article क-लम *n,* बाब *f*; portion of a sentence वा-क्याचा भाग, वाक्यांग *n.*

CLAVICLE (*clavis,* key) collar-bone सरी *f.*

CLAW* sharp, hooked nail, as of a beast or bird नखी *f,* नख *n*; whole foot of an animal armed with hooked nails पंजा; — of a crab नांगी *f,* नांगडा; anything resembling the claw of an animal, as the curved and forked end of a hammer for drawing nails हतोडी वगैरेची नांगी *f.*—*v.* नखानें फाडणें -तोडणें, बोचकरणें; tickle गुदगुली क.; relieve, as by scratching, from some uneasy sensation खाजविणें; flatter खुषामत क.

CLAY* a tenacious kind of earth चिकण-माती *f,* शाडू *f*; earth माती *f,* काळी *f*; the human body कुडी *f,* माती *f*; potter's c. कुंभारमाती *f.*—CLAYEY *a.* चिकणमाती-चा; चिकणमाती सारखा; c. grounds शा-डवट जमीन *f,* काळीजमीन *f.*

CLEAN* *a.* free from dirt साफ, स्वच्छ, नि-र्मळ; without defects निकोप, चोख, सरळ (timber); free from awkwardness सरळ, नीट, सुती; adroit कुशाळ, पटाइत, हुशार (boxer); complete पुरा, पुरता; free from restraint बिन अटकेचा, निर्विघ्न: a c. leap over a fence; free from moral defilement स्वच्छ, निर्दोष, निष्पाप (Ps. li. 10): free from ceremonial defilement शुद्ध; free from polluting or loathsome disease निरोगी, अलिप्त, शुद्ध (Lev. xiii. 6). — *ad.* अगदी, साफ, पार (Josh. iii. 17); dexterously चतुराईनें. — *v.* शुद्ध -निर्मळ -साफ क., गाळ काढणें. -ING शुद्धीकरण *n*; afterbirth of cows, ewes, &c. वार *f.* -LINESS शुद्धता *f,* स्वच्छता *f*; neatness of person or dress नीटनेटकेपणा, चाकपाकी *f.* -LY *a.* स्वच्छ राहाण्याच्या सवयीचा, स्वच्छ; निर्दोष, शुद्ध; शुद्धकरणारा, शोचक; हुशार, च-तुर.—*ad.* ठाकठिकीनें, नीटनेटकेपणानें: he was c. dressed. — CLEANSE *v.* स्वच्छ -साफ क.; दोषमुक्त क.: the blood of Jesus Christ *cleanseth* us from all sin (1 John i. 7).

CLEAR *a.* (*clarus*) free from opaqueness नितळ, निवळ (stream); bright चकचकीत, तेजस्वी; as used of the moonbeams पिठूर; plain स्पष्ट, उघड (idea); discriminating भेद-तारतम्य पाहणारा; serene शांत, प्रसन्न (aspect); audible ऐकूं येईसा, स्पष्ट; without mixture निर्भेळ, स्वच्छ (water, sand); free from defect निखोड, निकोप (timber); unblemished निर्दोष, निष्कलंक; net ठोक, ठळक (profit); free from obstacle निर्विघ्न, मोकळा, निर्भय (way): five pounds would set me c.; they got c. of our ship.—*ad.* उघड रीतीनें, स्पष्ट; अगदी, साफ: to cut a piece c. off.—*v.* स्वच्छ -निवळ -साफ -चकचकीत क. (the sight); स्पष्ट-उघड क.: to c. a knotty point; साफ -मोकळा -ऐकूं येईसा क. (the voice); भेळ -मिसळ -केरकचरा काढणें, चोख क. (liquors); साफ क., झाडझुडपें -दगड -रान वगैरे अडचणी काढून मोकळा क. (land from trees; a road); justify निर्दोष -दोषमुक्त क. -ठरविणें; leap or pass by, or over, without touching or failure अलग -अचानक उडून -उडी मारून जाणें (a ditch); make a gain or

profit beyond expenses and charges खर्च भागून -जाऊन नफ्यात पाडणें; to c. a ship at the custom-house गलबताची दाखलेचिठ्ठी वगैरे काढून -दाखवून तें बंदरांतून हकारण्याची परवानगी मिळवणें; to c. a ship for action, or to c. for action गलबताच्या वरच्या मजल्यावरचें अडचणीचें सामन काढून लढाईची तयारी क.; to c. the land किनाऱ्यापासून गलबत अफाट समुद्रावर नेऊन धोक्याच्या पलीकडे जाणें. — *i.* — away, up, off उजळ -निवळ होणें, खुलणें: stay till the weather *clears* up; मोकळा होणें, बिनघोर होणें; *Banking,* हिशेबाचा उलगडा क. [from]. -ANCE साफ करणें *n,* विशोधन *n;* गलबताची दाखलेचिठ्ठी *f,* गलबत हकारण्याची परवानगी *f;* निवळ नफा; शिलक झाडा;—of a debt फडशा. -LY *ad.* उघड, प्रत्यक्ष, साफ &c. See the adj. -SIGHTED *a.* मर्मज्ञ, तार्किक, दूरदर्शी.

CLEAVE* *v.* split फोडणें, चिरणें; विभागणें.—*i.* open naturally फुटणें; चिरणें; उकलणें, भेगलणें: the ground *cleaves* by frost. —CLEFT चीर *f,* भेग *f;* piece made by splitting चिरोटी *f.*

CLEAVE * *v. i.* stick चिकटणें, डसणें; adhere with strong attachment प्रीतीनें -स्नेहानें जडणें -जवळ राहणें (Gen. ii. 24); suit जुळणें, जमबसणें [to, together].

CLEMENT *a.* (*clemens,* mild) सौम्य, शीतळ; मायाळू.—CLEMENCY दयाळूपणा, क्षमाशीलता *f;*— of the elements सौम्यता *f,* शितळाई *f.*

CLENCH, see CLINCH.

CLERGY (*clericus*) body of men set apart, and consecrated by due ordination, to the service of God in the Christian church दीक्षा पावलेली ख्रिस्ती धर्मोपदेशक मंडळी *f* -समूह, पाद्रीलोक; *pl* body of ecclesiastics, as distinguished from the laity वैदिक मंडळी *f.* -MAN दीक्षा पावलेला ख्रिस्ती धर्मोपदेशक, पाद्री.—CLERICAL *a.* पाद्री लोकांसंबंधी; relating to a clerk कारकुनाचा, कारकुनी (mistake, work).—CLERK धर्मोपदेशक, पाद्री; scholar विद्वान, पंडित; penman लेखक, कारकून; accountant मुत्सद्दी; assistant of a clergyman धर्मोपदेशकाचा सहकारी, उपपुरोहित.

CLEVER* *a.* expert चतुर, शहाणा, हुशार; showing skill in the doer चतुराईचा (speech); handsome देखणा, रूपवान्. -LY *ad.* चतुराईनें. -NESS चातुर्य *n,* कौशल्य *n,* दाक्षिण्य *n.*

CLEW * ball of thread सुताची गुंडी *f;* (also CLUE) thread that is used to guide a person in a labyrinth धागदोरा; that which guides one in anything of a doubtful or intricate nature मुद्दा, पत्ता, सुधावा [to].—*v.* सूत्रानें -धाग्यानें वाट दाखविणें; raise the sails दोरीनें शिडें चढविणें.

CLICK *v. D.* टिकटिकणें.—*n.* टिकटिक *f.*

CLIENT (*cliens*) a dependant आश्रित; one who employs a lawyer वकिलाचें कूळ *n,* वकिलाची असामी *f.*

CLIFF * कडा, पाहाड. — CLIFT कडा, पहाड; a cleft डोंगराचा खोलगा, दरा *m, f.*

CLIMATE (*Gr. clima,* slope) a region देश, प्रदेश; condition of a place in relation to the various phenomena of the atmosphere, as temperature, moisture, &c., esp. as they affect animal life or man हवापाणी *n,* हवा *f.*—CLIME देश, प्रदेश.

CLIMAX (*Gr.* ladder) a figure in rhetoric, in which a sentence rises as it were step by step in importance, force, or dignity उत्तरोत्तर वृद्धि *f,* सारालंकार; the highest point कळस, सीमा *f.*

CLIMB* *v.* rise laboriously प्रयासानें चढणें; ascend by means of the hands and feet

हातापायांनीं -हातपाय टेकून चढणें [up, long]. —*n.* चढणारा; a plant that creeps and rises by labor ताणा, वेल.

CLINCH *v. F.* grasp मुठींत आवळणें; a nail खिळा वळविणें, बोळविणें, उमळणें; — (also CLENCH) the fist मूठ वळणें; render firm दृढ क. (argument). — *n.* कबज *n*; pun श्लेषालंकार, द्व्यर्थ वाक्य *n.*

CLING* *v.* adhere closely चिकटणें, बिलगणें;—for protection कासेस लागणें.

CLINICAL *a.* (*Gr. clinè,* bed) अंथरुणाचा; अंथरून धरून राहणारा, दुखणेकरी; [c. baptism, that administered to persons on a sick-bed; c. lecture, a discourse delivered at the bedside of the sick, or from notes taken at the bedside, by a physician, with a view to practical instruction in the healing art; c. medicine, that part of medicine which is occupied with the investigation of diseases at the bedside].

CLINK *D.* See CLICK.

CLIP* *v.* cut off, as with shears or scissors कातरणें, भादरणें; curtail लांडा -तोकडा क., काटणें. [off]. -PER कातरणारा; a vessel एका जातीचें जलद चालणारें जहाज *n.* -PING कातरणें *n*, भादरणी *f*, छाटणी *f*, काटणी *f*; that which is clipped off छाटछूट *f.*

CLOAK (*cloca*) कफणी *f*; that which conceals पडदा, झांकण *n*; disguise सोंग *n*; सबब *f.*—*v.* कफणीनें झांकणें; पडदा घालणें, झांकणें, लपविणें [in, with].

CLOCK* घड्याळ *n.*

CLOD * a lump, esp. of earth ढेंकूळ *n*; earth माती *f*; body of man as compared to his soul मातीची काया *f*, स्थूलदेह; dolt ठोंब्या, जोत्या. -PATE धोंडा, टोणपा.

CLOG *v. W.* encumber as with a burden लोढणें -खोडा घालणें; load, esp. with something that sticks fast (चिकट पदार्थ) लादणें; obstruct बंद क., बुझवणें (a tube); perplex गोंधळविणें.—*n.* लोढणें *n*; fig. लोढणें *n*, (गळ्यात) घोंगडें *n* -मशीद *f*, (पायांत) बेडी *f*, वेध; a wooden shoe खडाव *f.* -GY *a.* चिकचिकीत, चिडचिडीत.

CLOISTER *v.* (*claudere,* to shut) monastery मठ; arcade मंडप.—*v.* मठांत कोंडणें.

CLOSE *v.* (do.) shut बंद क. (the eyes); conclude आटपणें, पुरा क. (a bargain); encompass वेढणें, घेरणें (Jonah ii. 5).—*i.* coalesce मिटणें, मिळूनजाणें: wounds c.; समाप्त होणें, संपणें: the debate *closed*; on, upon बनणें, जुगणें; with कबूल होणें; करार क.: to c. with an enemy.—*n.* manner of ending समाप्तीचा प्रकार, शेवट; समाप्ती *f*, अखेर *f*, शेवट; *F.* enclosed place आवार *n*, रमणा.—*a.* shut fast घट्ट, गच्च; of c. texture धनगट; pent up कोंडलेला; secret गुप्त; confined कोंडलेला, कोंडमाऱ्याचा (air); not communicative आतल्या गांठीचा, खोल मनाचा (behavior); niggardly चिकण, लोभी (man); dense घट्ट, दाट (metal); near जवळचा, निटक: stand c. to the wall; intimate सलगीचा, घसणीचा; strict सुती, रेखलेला; c. translation यथामूल-असल बरहुकूम भाषांतर; careful सावध, हुशार; c. observer बारिकपाहणारा; nearly equal बराबर, सम (vote, contest); to feel c. and confined उकडणें; to be c. and sultry उगडगणें; [c. communion, with Baptists, communion in the Lord's Supper, restricted to those who have received baptism by immersion.—*ad.* गच्च, दाट, अडच; पाठोपाठ, मागोमाग; लक्ष्य -मन लावून. -FISTED *a.* बद्धमुष्टि, चिकट, लोभी. -LY *ad.* See CLOSE *ad.*—CLOSET एकांत खोली *f*; अपूर्व पदार्थ किंवा कांहीं सामान ठेवायाची जागा *f* -खण, इ०.

CLOT* गुठळी *f*, डिखळ *f*;—of hair जटा *f*; —of blood रक्तगुल्म *n*.—*v. i.* गोठणें, साखळणें, डिखळी होणें. -TY *a.* जटेचा, जटा वळलेला; डिखळीचा, गोठलेला.

CLOTH* कापड *n*, वस्त्र *n*; a piece of cloth कापडाचा तुकडा, फडका; profession धंदा, पेशा.—CLOTHE *v.* put garments upon वस्त्रें नेसविणें; furnish with raiment वस्त्र पुरविणें, कापड -कपडे देणें; invest, as with a garment अधिकारमंडित क., सत्ता देणें.—*i.* वस्त्र नेसणें -पांघरणें [in, with].—CLOTHES *pl* पांघरुणें *n pl*, वस्त्रप्रावर्ण *n*, चिरगूट पांघरूण *n*; bed-clothes बिछान्याचीं कापडें *n pl*.—CLOTHIER कापडकरणारा; one who sells cloth कापडविक्या, कापडकरी.—CLOTHING वस्त्र *n*, पांघरूण *n*.

CLOUD* collection of visible vapor, or watery particles, suspended in the atmosphere ढग, मेघ, अभ्र *n*; a volume of smoke, or flying dust, resembling vapor धूम्रमेघ, रजोमेघ; a dark vein or spot on a lighter material शुभ्र पदार्थावरली काळी शीर -डाग -ठिपका; obscurity काळोखी *f*, बौळ *n*: c. of sorrow, of war; great crowd भीड *f*, दाटी *f*; cirro-cumulus c. बौं *n*; cirro-stratus c. खर *f*.—*v.* आभाळ -अभ्रें आणणें; काळोखी आणणें; कलंक लावणें; variegate with colors चित्रविचित्र -बांडा क.: a *clouded* marble.—*i.* अभ्र येणें, मेघाच्छादित होणें, ढगानीं काळा होणें. -LESS *a.* निरभ्र, निवळ, स्वच्छ.—CLOUDY *a.* मेघाच्छादित (sky); मेघाचा, मेघमय; निस्तेज, तेजहीन (diamond); गूढ, गहन (business); दुर्मुखलेला, उदास (countenance).

CLOUT* patch ठिगळ *n* (Josh. ix. 5); cloth for any mean use फडकें *n*, सुडकें *n*, पोतेरें *n*.—*v.* ठिगळ लावणें; तांगडणें, ओबडधोबड रीतीनें जडणें; [*clouted* cream, clotted cream, *i. e.* cream obtained by warming new milk].

CLOVE (*clavus*, nail) लवंग *f*;—of ginger, garlic, कुडें *n*, कळी *f*.

CLOVEN *a.* (See CLEAVE) चिरलेला; c.-footed द्विशफ.

CLOWN (*colonus*, husbandman) शेतकरी; ill-bred man गांवढळ मनुष्य, गव्हार; buffoon भंड, माधवी. -ISH *a.* खेडेगांवचा, गांवढळ.

CLOY *v.* (*clavus*, nail) ओकारी येई पर्यंत खायाला घालणें, वीट आणणें, मिठी बसविणें (with).

CLUB *D.* सोटा, सोडगा, गदा *f*.—* association of persons for the promotion of some common object, as literature, science, politics, good fellowship, &c. जूट *f*, मंडळी *f*, अखाडा; share of expense at club मंडळीच्या खर्चाचा वांटा -हिस्सा -भाग.—*v. i.* जुटीनें -मिळून काम क.; वर्गणी -पट्टी देणें.—*t.* जूट मिळविणें, मथणें, जथणें, एकहोणें; वर्गणी क. (expenses) [together].

CLUCK *v.* call as a hen खुटखुट क.

CLUE, See CLEW.

CLUMP *Ger.* shapeless mass of wood ठोकळा; cluster of shrubs झुडूप *n*, बेट *n*, झाडी *f*.

CLUMSY *a. Ger.* without grace of shape, manners, &c. ओबडधोबड, भसाडा, अडाणी; ill-made अडाणी रीतीनें केलेला (verse).

CLUSTER* bunch घड, घोंस, गुच्छ; collection पुंजका, थवा.—*v. i.* घोंस -घड येणें -लागणें; थवा -पुंठा जमणें [together].

CLUTCH* *v.* seize धरणें, मुठींत धरणें; clinch मूठ आवळणें.—*i.* धरणें [at].—*n.* कबज *n*, डाव; to be in the *clutches* of -च्या तावडींत -दाढेंत -कबजांत सांपडणें.

CLYSTER (*L.*) बस्तींत घालायाचें औषध *n*. -PIPE बस्तीची नळी *f*.

Coach *F.* गाडी *f,* रथ; slow c. शितळचंद; [special tutor, who assists in preparing one for examinations (cant, Camb. Univ.)]. -BOX गाडीहाकणाराची बसायाची जागा *f,* 'कोचबाक्स' *n.* -MAN गाडीहाकणारा, सारथी, 'कोचमेन.'

Coadjutant मदतनीस, सहकारी.

Coagulate *v.* (*cogere,* to drive together) गोठविणें, विरजवणें.—*i.* गोठणें, सांखुळणें, विरजणें, डिखळी होणें.—Coagulation सांखळा.

Coal * कोळसा; mineral c. खाणींतील -दगडी कोळसा; a live c. निखारा; [to carry *coals,* to submit to insult or degradation]; to carry *coals* to Newcastle समुद्रास मीठ वाहणें. -FIELD जेथें जमिनींत कोळसे आहेत तो प्रदेश, कोळशाचें शेत *n.*—Collier कोळशे खणणारा; कोळशाचा व्यापारि; कोळशाचें बारकस *n.*—Colliery कोळशे खणायाची जागा *f;* कोळशाचा व्यापार.

Coalesce *v.* (*-alescere,* to grow up) मिळून जमून -एकत्र वाढणें, संवृद्धि होणें; unite जमणें, गोठणें : vapors c.; unite in society मंडळींत -लोकांत मिळणें, गोत मिळणें.—Coalescence, Coalition एकत्र वाढणें *n,* संवृद्धि *f;* समागम, संयोग.

Coarse *a.* (?) rough जाडा, भरडा, ठोसर (bread, cloth, hair); rude दांडगा, असभ्य (manners); of diet ताककण्याचा; of work done भरड, वेठीचा; of things gen. ढोबळ, रटाला.

Coast (*costa,* rib) समुद्रकांठ -किनारा -तीर: the c. is clear, the danger is over.—*v.* कांठानें -कांठाजवळून गलबत हाकारणें. -ER कांठाजवळून हाकारणारा; कांठाजवळून जाणारें गलबत *n,* कांठचें गलबत *n.*

Coat *F.* upper garment अंगरखा, डगलें *n;* habit or vesture of an order of men लिभास; layer थर; — of the eye नेत्रपटल *n;*—of varnish रोगणाचा हात; of a bulbous sort पापुद्रा; external covering, as the fur or hair of a beast, the skin of serpents, and the wool of sheep लंव *f,* केश, सर्पाची कात *f,* मेंढराची लोकर *f,*इ० प्रकारचें आच्छादन *n;* a c. of mail कवच *n.*—*v.* झाकणें; लेप -हात देणें; अस्तर घालणें -देणें (a ceiling). -ING झाकण *n,* आच्छादन *n;* हात, लेप, लिंपण *n;* अस्तर *n;* cloth for coats अंगरख्याचें-डगल्याचें कापड *n* : an assortment of *coatings.*

Coax *v. W.* लाडीगोडी लावणें, फुसलाविणें, पोटांत शिरणें.

Cobble *v. D.* botch बसातसा सांधणें, तांगडणें (shoes); make clumsily आडमूठपणानें क.; [up]. — Cobbler जोडे सांधणारा; आडमुठ्या, नाकसबी, झोडणारा.

Cobra de Capello (*Port.*) नाग.

Cobweb* कोळ्याचें जाळें *n,* कोलिष्टक *n.*

Cocculus indicus (*L.*) काकफळ *n.*

Coccyx (*L.*) माकडहाड *n.*

Cochineal (*coccum,* berry) किरमिजी रंगाचा किडा, लाक्षा *f.*

Cock* कोंबडा; spout तोटी *f;* weathercock वाऱ्याची गति समजण्याचें यंत्र *n;* leader पुढारी, नाक *n;* cockcrow कोंबडे आरवणी *f,* पहाट *f:* he goes till the first c.; part of a gunlock बंदुकीचा घोडा; projecting corner of a hat टोपीची बिनी *f.*—*F.* a small conical pile of hay कोनाकार गवताची गंजी *f;* [room at the top of the house].—*v.*—the ears उभा क., टवकारणें;—the nose मुरडणें; —the gun घोडाचढवणें; तोटीलावणें; कोनाकार गंजी रचणें.—*i.* नटत नटत -कोंबड्यासारखें तोऱ्यानें चालणें. -ADE टोपीला जी फीत लावतात ती *f.* -ATOO काकाकवा. -CROWING कोंबडे आरवणी *f,* कोंबडे पहाट *f.* -FIGHT कोंबड्यांचें झूज *n.* -HORSE *a.* raised or lifted up, as one is on horseback घोड्याच्या पाठीवर उचललेला; lofty in feeling दिमाखा-

चा, तोऱ्याचा : our c. peasantry. -ING कोंबड्यांचें झुंझ *n.* -ROACH झुरळ *n*, बागुरडा. -SCOMB कोंबड्याची कलगी *f* -शेंडी *f*; a fop अकडबाज, कुर्रेबाज; एक फूल आहे. -SURE *a.* to be c. पण भोगणें, मनांत बाळगून असणें.

COCOA *Sp.*—the palm नारळी *f*, माड ;—the fruit नारळ ; [a kind of beverage].

COD *Ger.* एक मासा आहे.—शेंग *f.*

CODE (*codex*, book) कायद्याचा संग्रह -संहिता *f.*—CODICIL मृत्युपत्राची पुरवणी *f.*

CODLE, CODDLE *v.* (?) parboil अर्धकच्चा शिजविणें ; treat with tenderness लाड क.

COEFFICACY (*co* and *efficacy*) दोन अथवा अधिक वस्तूंच्या क्रियेचा प्रभाव. — COEFFICIENT *a.* *Arith.* वेळाप्रकाशक, गुणक. COEQUAL *a.* & *n.* समतोलाचा, समान.

COERCE *v.* (*-arcere*, to press together) दाबांत ठेवणें ; बलात्कार -बळजोरी क. [by, with].—COERCION दाब, निग्रह ; बळजोरी *f.*—COERCIVE *a.* बलात्कारी, प्रतिरोधी, जबरीचा (power).

COESSENTIAL *a.* समभाव, समतत्व.

COETERNAL *a.* समनित्य, समस्थायी.

COEVAL *a.* (*ævum*, lifetime) एकवयाचा, समवयस्क.

COEXIST *v.* दुसऱ्या बरोबर एकाकाळीं असणें. -ENCE एककालित्व, सहजीवन *n.* -ENT *a.* एककालिक, सहजीवी.

COFFEE *F.*—the berry बुंद ;—the infusion कावा, 'काफी' *f.* -HOUSE कावाखाना.

COFFER *F.* chest संदूक *f*, पेटी *f*; funds पुंजी *f*, भांडवल *n*, पैका. — COFFIN प्रेताची पेटी *f*, शवभाजन *n* ; paper case used by grocers वाण्याचा पुडा -पुडी *f.*

COG *W.* a boat लहान होडी *f* ; tooth on a wheel दाता, दात. —*v.* फसविणें.—*t.* फुसलावणें, मठारणें.

COGENCY (*cogere*, to force) जोर, बळकटी *f* ; urgency निकड *f*, जरूरी *f.*—COGENT *a.* बळकट, दृढ ; आग्रहाचा, अगत्याचा.

COGITATE *v. i.* (*co* and *agitate*) विचारांत असणें, मनांत घोळविणें [on, upon]. — COGITATION ध्यान *n*, मनन *n*, विचार.—COGITATIVE *a.* विचार करण्याच्या शक्तीचा ; ध्यानपर, मननशील.

COGNATE (*-nasci*, to be born) allied by blood सहजात, सगोत्र; allied सारखा, सदृश, सम (character).

COGNITION (*-noscere*, to get a knowledge of) जाणणें *n*, ज्ञान *n*, प्रबोध; object known जाणलेला विषय, ज्ञात वस्तु *f.*—COGNIZABLE *a.* जाणण्याजोगा, ज्ञेय ; fitted to be a subject of judicial investigation चौकशी करण्याजोगा, सरकारांत दाद लागण्याजोगा.—COGNIZANCE जाणणें *n*, ज्ञान *n*, समज ; चौकशी *f*, पूसवाज *f* ; right to take notice of and determine a cause चौकशी करण्याचा अधिकार ; badge worn by a retainer or dependant, to indicate the person or party to which he belonged निशाणी *f*, बिरीद *n.* —COGNIZANT, See COGNIZABLE [of].

COHABIT *v.* (*-habitare*, to dwell) एकत्र राहणें, सहवास क. ; live as husband and wife नवऱ्या बायकोच्या नात्यानें राहणें. -ATION सहवास, एकत्रवास ; नवऱ्या बायकोचा सहवास -ची नांदणूक *f.*

COHEIR (*cohæres*) भागीदार, हमवारीस, वतनभाऊ, अंशहर [with, to].

COHERE *v.* (*-hærere*, to stick) लकटून -चिकटून असणें ; be well connected संयुक्त -संलग्न असणें.— COHERENCE, -CY संयोग, संलग्नता *f*, संदर्भ, संबंध, ताळ, धर.— COHERENT *a.* लगटून असणारा, संलग्न ; संगतवार, सुसंगत, संदर्भाचा.—COHESION लगटून असणें *n*, संलग्नत्व *n* ; पूर्वापार संगति *f* ; attraction

of c. स्नेहाकर्षण *n.*—COHESIVE *a.* चिकट, स्निग्ध. -NESS चिकटपणा, धर, स्नेह.

COIL *v.* (-*legere*, to collect) वेटाळणें, वेटाळें क. [round].—*n.* वेटाळा; *coiled* mass पेंडकें *n*, गुंडी *f*; turmoil गलबला, गोंगाट.

COIN (*cuneus*, wedge) पाचर *f*, लगड *f*; piece of metal on which certain characters are stamped, making it legally current as money नाणें *n*, शिक्का; corner कोन.—*v.* नाणें -शिक्का पाडणें; invent रचणें, योजणें, बनावणें (a word). -AGE नाणें पाडणें *n*; नाणें *n*; cost of coining money नाणें पाडणावळ *f*; नवी युक्ति *f*, बनावट *f*. -ER टांकसाळ्या; नवे शब्द करणारा.

COINCIDE *v.* (-*cadere*, to fall) मिळणें, जुळणें, मेळबसणें; concur संमत -अनुमत मिळणें [with].—COINCIDENCE मेळ, बनाव, जम; एकमत *n*, सम्मति *f*.—COINCIDENT *a.* मिळणारा, मिलाफाचा.

COITION (-*ire*, to go) coming together संग, संगम, संयोग; copulation संग, संभोग मैथुन *n*.

COJUROR (-*juror*) पडसाक्षी, प्रतिसाक्षी.

COKE (akin to *cake*) शुद्ध केलेला खाणींतील कोळसा.

COLANDER (*colare*, to strain) वेळणी *f*, चाळणी *f*.

COLD* *a.* deprived of heat थंड; chilly सरद; to be c. सरदणें; having cold qualities थंड, शीतळ, शीतधर्मक (plants); wanting in ardor निरुत्साह, निश्चित, उदास; to be c. towards मनांत सरद होणें; dull थंड, मंद (business); in c. blood, without passion थंड्या पोटानें: he was killed in c. blood; chaste शुद्ध, चोख. — *n.* थंडी *f*, हींव *n*; कुडकुडी *f*, हींव *n*; catarrh पडसें *n*, शैत्य *n*, सरदी *f*. -LY *ad.* थंडाईनें; अनास्थेनें, पोटागी वांचून. -NESS थंडपणा; थंडी *f*, गारठा; उदासी *f*, जाड्य *n*, मांद्य *n*; निस्नेह, अवनिषा *f*, निष्ठुरपणा; शुद्धता *f*, निष्कामभाव. -BLOODED, -HEARTED *a.* निर्दय, कठीण मनाचा, पाषाणहृदय.

COLIC (See COLON) पोटशूल.—*a.* पोटदुखीचा.

COLLAPSE *v.* (-*labi*, to fall) दोहों बाजूंनीं पडणें -दबणें, चेमटणें, चेपणें (a tube); close by falling together मिटणें, पाकुळणें.—COLLAPSION चेपटी *f*, चोप.

COLLAR (*collum*, neck) गळेबंद, गळपट्टी *f*; dog's c. कुत्र्याचा पट्टा; to slip the c. मोकळा होणें; गळा मोकळा क.—*v.* नरडी धरणें, गळेबंदास धरणें. -BONE सरी *f*, जत्रु *f*, कंठास्थि *f*.

COLLATE *v.* (*conferre*, *collatum*, to bear) compare critically पडताळून पाहणें, मुकाबला क.; gather and place in order, as the sheets of a book for binding जुळणें, लावणें, रचणें; to, place in a benefice धर्माध्यापकाची वृत्ति देणें; bestow देणें, समर्पणें (with).—*i.* धर्माध्यापकाच्या वृत्तीवर योजणें. —COLLATION पडताळा, रुजु मुकाबला; धर्माध्यापकाची वृत्ति देणें *n*, समर्पण *n*; जुळणी *f*, रचना *f*; repast फराळ.

COLLATERAL *a.* (-*latus*, side) on the side of बाजूवरचा; adjacent शेजारचा, पडोशाचा; descending from the same stock, but not one from the other सगोत्र, शाखासंबंधाचा, बाजूच्या नात्याचा: the children of brothers are c. relations.—*n.* तेढ नातलग; [security given in addition to a principal promise or bond).

COLLEAGUE (-*legere*, to gather) कामाचा सोबती, साथी.

COLLECT *v.* (do.) gather जमा -गोळा क., एकवटणें; gather from premises तर्क -अनुमान क.; to c. moneys वसूल -उगवा क.;

as hay, corn, fruits कापणी -ओढा क.; to c. one's self शुद्धीवर -भानावर येणें. [from, together]. — *i.* जमा -गोळा होणें, जमणें. — *n.* सारमार्थना *f*, संक्षिप्त प्रार्थना *f*. -ION जमविणें *n*; जमा *f*, संग्रह, साठा; थवा, जमाव; उग्राणी *f*, उकळणी *f*; contribution वर्गणी *f*; the sum collected जमा *f*, महसूल; अनुमान *n*. -IVE *a*. सामुदायिक, एकत्र मिळालेला; अनुमानाचा, तर्काचा; *Gram.* समुदायवाचक -दर्शक (noun); tending to collect मिळण्याजोगा. -LY *ad.* एकवट, एकंदर. -OR जमा करणारा, एकवटणारा; [one who makes a business of collecting works of art, objects in natural history, and the like] उग्राणी करणारा; तहसीलदार, 'कलेक्टर.'

COLLEGE (do.) collection, body, or society of men invested with certain rights or engaged in common pursuits मंडळी *f*, अखाडा; society of scholars incorporated for purposes of study or instruction विद्वज्जनसमूह; a high school पाठशाळा *f*, 'कालेज' *n*, *f*; — for religion मठ, आश्रम. —COLLEGIAN विद्वज्जनसमूहांतला असामी; कालेजांत राहणारा. — COLLEGIATE *a*. पाठशाळेचा, कालेजा संबंधी, कालेजांतला (studies).—*n*. See COLLEGIAN.

COLLET (*collum*, neck) कोंदण *n*.

COLLIDE *v. i.* (*-lædere*, to strike) धक्का -धडका लागणें, थडकणें [with]. —COLLISION एकमेकाचा धक्का, टक्कर *f*; state of opposition अडथळा, अटकाव; clashing चकमक *f*.

COLLIER, See under COAL.

COLLOQUY (*-loqui*, to speak) संभाषण *n*, भाषण *n*.—COLLOQUIAL *a*. बोलाचालीचा, भाषण संबंधी; a c. phrase भाषणसंप्रदायिक वाक्य *n*.

COLLUDE *v.* (*-ludere*, to play) फसवणीचा कट -जूट क. [with].—COLLUSION कूट *n*, संगनमत *n*, कट.

COLOCYNTH (*colocynthis*) कडू वृंदावण *n*, कवंडळ *n*. -INE कंवडळाचें सत्व *n*.

COLON (*Gr.*) द्विबिंदु चिन्ह *n*, अपूर्ण विरामचिन्ह *n*; that part of the large intestines which extends from the cœcum to the rectum नळ, नस.

COLONEL *F*. पलटणीचा मुख्य सरदार, 'कर्नल.' -CY, -SHIP कर्नेलाची पदवी *f* -जागा *f* -चा हुद्दा.

COLONNADE (*columna*, column) खांबांची रांग *f*, स्तंभावली *f*.

COLONY (*colere*, to cultivate) settlement formed in a foreign land by a mother-country स्वदेशांतून परदेशांत जाऊन घातलेलें ठाणें *n*; नवी वस्ती *f*, वसात *f*; the country colonized वसातीचा -ठाण्याचा देश. — COLONIAL *a*. वसातीच्या -ठाण्या संबंधी.—COLONIST वसातींतला मनुष्य.

COLOR (*L.*) hue or appearance of bodies to the eye रंग, वर्ण; any hue as distinguished from white रंग; paint रंग, लेप; pretext बाहणा, निमित्त *n*; kind जात *f*; *pl* बावटा.—*v.* रंगदेणें, रंगविणें; निमित्त -बाहणा सांगणें; render plausible मीठमिरची लावणें.—*i.* रंगचढणें, लालहोणें; blush लाजणें. -ED *a*. रंगदिलेला, रंगीत.

COLT* a young horse शिंगरूं *n*; a young foolish fellow घोडगा, घोडा.

COLUMBO, See CALUMBA.

COLUMN (*columna*) a round pillar खांब, स्तंभ; anything resembling a column स्तंभाकार वस्तु *f*, गोल; a body of troops drawn up in files with a narrow front फौजेची कतार *f*, भोगव्यूह; a line of figures कोष्टक *n*;—of a page काना, मोड *f*, अर्धपृष्ठ *n*. -AR *a*. अर्धपृष्ठाकार; स्तंभाकार.

COLURE (*Gr. kolouros*, docktailed) याम्योत्तरवृत्त *n*.

Coma (*Gr.*) झांप *f*, झापड *f*. -tose, -tous *a*. रोगानें झापड पडलेला, अतिशय निद्राग्रस्त.

Comate (-*mate*) सोबती, सवंगडी.

Comate (*Gr. comè*, hair of the head) केशाचा; केशाच्छादित; केशासारखा.

Comb* instrument with teeth for separating, cleansing, and adjusting hair, wool, flax, or for keeping the hair in its place फणी *f*, कंगवा; crest of a cock शिरगीर *f*; top of a wave लाटेचा शेंडा; cells in which bees store their honey मधुकोश.—*v.* विंचरणें;—wool पिंजणें, पिंजरणें. —*i.* पांढरा फेस येऊन लाट फुटणें.

Combat *v. F.* fight with -शीं लढणें; oppose विरोध -प्रतिरोध क.—*n.* लढाई *f*, युद्ध *n*; engagement of no great magnitude लहानशी लढाई *f*, फाटफूट *f*. -ant लढाई करणारा, योद्धा, वीर.

Combine *v.* (-*binus*, double) जोडणें.—*i.* एकहोणें, मिळणें; जुटणें, मथणें [with, together].—Combination एकत्र क. *n*, संमिलन *n*; कट, जूट *f*; *Math.* एकीकरण *n*, संयोग *n*.

Combustible *a.* (-*urere*, to burn) जळायासारखा, दहनीय; easily kindled लवकर पेटायाजोगा; irascible शीघ्रकोपी, तापट.—*n.* लवकर जळणारा पदार्थ.—Combustibility दाह्यत्व *n*, शीघ्र दहनीयत्व *n*.—Combustion जळणें *n*, पेटणें *n*, दहन *n*.

Come* *v.* move hitherward येणें; approach जवळ येणें; happen घडणें; arrive at some state पावणें, पोंचणें, येणें (Job. xiv. 21); appear दिसणें, येणें: the butter does refuse to c.; — in the imperative चल, चला: c., let us go; c., c. चलचल, उशीर लावूं नको; to c. यायाचा, येणार, पुढील; about घडणें; पोचणें, पावणें: how did these things c. about? बदलणें: the wind will c. about; again परतून येणें; after मागून येणें; मिळवायास येणें: to c. after a book; at पोचणें, मिळविणें: to c. at true knowledge of ourselves; अंगावर चढून -चालून येणें; away निघणें, सुटणें, वेगळा होणें; c. away नीघ, चल; by मिळविणें;— down with, देण्या करितां अमानत ठेवणें; — home अंगीं लागणें; मनास -विचारास येणें; in मान्य होणें; वश होणें; प्रचारात -रुढींत आणणें -येणें: silken garments did not c. in till late; in for हिस्सा मागण्या करितां येणें; into मिळणें; मान्य होणें: to c. into a scheme; of वंशांत -कुळांत जन्मणें; off निभावणें, पार पडणें, होणें; on पुढें येणें, खुलणें, उठणें, रंगास चढणें; over पक्षास मिळणें; पार जाणें; उतून जाणें; out प्रसिद्ध होणें, फुटणें, लौकिकांत येणें; परिणाम -शेवट होणें: how will this affair c. on? out with फोडणें, बभ्रा क.; short उणा -कमी पडणें (Rom. iii. 23); to मान्य होणें; एकंदर मिळून होणें -भरणें: the taxes c. to a large sum; शुद्धीवर -भानावर येणें; to pass घडणें, होणें; up चढणें; उगवणें; मोड फुटणें; रुढींत येणें; up to -पर्यंत -पल्यास येणें; up with अटपणें, मिळवून घेणें; upon हल्ला क., अंगावर चढून जाणें.

Comedy (*Gr. komos*, a jovial festivity) हास्यरस प्रधान नाटक *n*.—Comedian प्रहसन नाटकें रचणारा.—Comic *a.* हास्यकर; प्रहसन नाटक संबंधी.

Comely* *a.* handsome सुरेख, सुबक, सुरूप; becoming योग्य, लायक.—Comeliness सुरेखपणा, लावण्य *n*.

Comet (*Gr. komè*, hair) धूमकेतु, शेंडेनक्षत्र *n*. -ary *a.* धूमकेतु संबंधी.

Comfit (-*facere*, to make) कोरडा मुरब्बा; some of the Native comfits are साखरचणा, काजूगोळा, एलचीदाणा. — *v.* मुरब्बा घालून ठेवणें.

Comfort (-*fortis*, strong) धीर -आश्वासन देणें; शांतवन -समाधान क.—*n.* consolation

समाधान *n*, शांतवन *n*; state of quietness चैन *n*, आराम; *Law*, support आधार, थारा, आश्रय. -ABLE *a*. शांति -समाधानकारक; स्वस्थ, सुखरूप; निष्काळजीचा, खाऊन पिऊन सुखी (circumstances). -ER शांतवन करणारा; *Scrip*. the Holy Spirit पवित्र आत्मा (John xiv. 26); a knit woolen tippet, long and narrow एक ऊर्ण वस्त्र *n* आहे.

COMIC, See under COMEDY.

COMMA (*Gr*. segment) स्वल्पविरामचिन्ह *n*.

COMMAND *v*. (-*mandare*) order with authority आज्ञा -हुकूम क.; exercise supreme authority over अधिकार -सत्ता -हुकुमत चालविणें; have within a sphere of influence, control, or vision आटोप्यांत -रोख्यांत -माऱ्यांत -नजरे खालीं ठेवणें; enforce by moral influences मन वळविणें.—*n*. आज्ञा *f*, हुकूम; सत्ता *f*, हुकुमत *f*; control अधिकार, प्रभुत्व *n*; ability to control सत्ता चालविण्याचें सामर्थ्य *n*, वजन *n*; body of troops under the command of a particular officer तैनात *f*. -ANT सरदार, नायक. -ER आज्ञा करणारा; सेनापति;—of a garrison किल्लेदार;—of a vessel नाखोदा. -IN-CHIEF मुख्य सेनापति, बखशी, 'चिफ' साहेब. -ING *a*. अधिकाराचा, सत्तेवाईक. -MENT आज्ञा *f*, हुकूम; अधिकार, सत्ता *f*; [*Scrip*. one of the ten laws given by God to the Israelites at Mount Sinai].

COMMEMORATE *v*. (-*memorare*, to mention) स्मरणोत्सव क.: the Lord's Supper is designed to c. the sufferings and dying love of our Savior. — COMMEMORATION स्मरणोत्सव, स्मारक क्रिया *f*.—COMMEMORATIVE *a*. स्मरणोत्सव करण्या जोगा, स्मरणीय.

COMMENCE *v*. *F*. See BEGIN [by, with, at, from].

COMMEND *v*. (See COMMAND) commit, intrust, or give in charge for care or preservation सोंपणें, हवालणें, निरवणें (Rom. xvi. 1); present as worthy of confidence or regard शिफारस -तारिफ -भलावण करून दाखविणें; praise स्तुति-तारीफ क.; commend to the kind reception of भलावण क.: c. me to my brother [for]. -ABLE *a*. तारीफ करण्याजोगा, स्तुत्य, प्रशंसनीय. -ATION स्तुति *f*, स्तव; message of affection or respect प्रीतीचा -सलामीचा निरोप; letter of c. भलावण *f*. -ATORY *a*. स्तुतिकारक; भलावणीचा, शिफारसीचा. — *n*. स्तुति *f*, तारीफ *f*.

COMMENSALITY (-*mensa*, table) पंक्तिभोजन *n*, सहभोजन *n*.

COMMENSURATE *v*. (-*mensurare*, to measure) सारख्या मानाचा -परिमाणाचा क.— *a*. सारख्या परिमाणाचा, समपरिमाण; equal सारखा, बरोबर [to].—COMMENSURABILITY समपरिमानता *f*, समानता *f*.—COMMENSURABLE *a*. सारख्या मापानें मोजायाजोगा.

COMMENT *v. i*. (-*meminisse*, to call to mind) write notes on the works of an author, with a view to illustrate his meaning टीका -व्याख्या क.; make remarks, observations, or criticisms on a book or writing, or on actions, events, or opinions चर्चा -टीका क. [on].—*n*. टीका *f*, भाष्य *n*, टीप्पण *n*; चर्चा *f*, प्रवाद. -ARY टीका *f*, टिकेचें पुस्तक *n*; memoir of particular transactions चरित्र *n*, बखर *f*. -ATOR टीकाकार, भाष्यकार.

COMMERCE (-*merx*, merchandise) extended trade व्यापार, उदीम; social intercourse व्यवहार, लोकसंसर्ग, दळणवळण *n*; carnal intercourse of the sexes सुरत *n*, संभोग. —*v. i*. व्यवहार ठेवणें, दळणवळण राखणें.—COMMERCIAL *a*. व्यापार संबंधी, सौदागरी (advantage); व्यापार चालविणारा, उदमी; व्यापाऱ्यांचा (houses).

COMMINGLE *v*. (*con* and *mingle*) एकमेळ-गोळा क., मिसळणें.

Comminute *v.* (*-minuere,* to lessen) चूर्ण क., बारीक पूड क.; grind दळणें, फोडणें, चावणें इ० : to c. food with the teeth.

Commiserate *v.* (*-misereri,* to pity) दया क. -येणें, दुःख वाटणें, कींव येणें.

Commit *v.* (*-mittere,* to send) intrust हवालणें, सोपणें; deposit ठेवणें (a body to the grave); do करणें : tenants c. no treason; to c. to memory पाठ क.; to c. a bill कमिटीकडे (कायद्याचा खरडा) विचार करून अनुमत द्यायास सोपणें [to]. -ment सोपणें *n*, गुजरणें *n*, निरवणें *n*.—*n*. तुरंगांत पाठविणें *n*, 'कमीट' क. *n*; तुरंगांत पाठविण्याचें मुखत्यारपत्र *n* -वारंट *n*; कमिटीकडे हवालणें *n*, कमिटीवर हवाला; doing, as of a crime करणें *n*, करणी *f*. -tee पंच *pl*, 'कमिटी' *f*.

Commissary (do.) commissioner मुनीम, कारभारी; officer whose business it is to provide food for the army लष्कराचा कोठीवाला, मोदी, कारखाननीस, 'कमिसेरी.'

Commission (do.) करणें *n*; a warrant, usually in writing मुखत्यारनामा; authority given मुखत्यारी *f*, सनद *f*; company of persons joined in the exercise of some duty नेमलेले कारभाऱ्यांची -पंचाची मंडळी *f*, 'कमिशन' *n*; acting under authority of, or on account of, another गुमास्तेगिरी *f*; thing to be done as agent for another दुसऱ्याकरितां करायाचें काम *n*, सोपलेलें काम *n*, दुसऱ्याची कामगिरी *f*; brokerage 'कमिशन' *n*, दलाली *f*. — *v*. अखत्यार -सनद देणें; मुखत्यार देऊन पाठविणें. -er मुनीम, अमीन, 'कमिशनर.'

Commodious *a.* (*-modus,* mode) सोयीचा, उपयोगी, उपयुक्त.—**Commodity** जिन्नस, सौदा; staple c. पोक्ता जिन्नस.

Commodore *Sp*. जहाजांच्या तुकडीचा अधिकारी [leading ship in a fleet of merchantmen, which carries a light in her top to conduct the other ships.]

Common (*-munus,* service) belonging equally to more than one साधारण, सामान्य, बहुतांचा; belonging to the public लोकांचा, सार्वजनिक, सर्वांचा; usual नित्याचा, साधारण, परिपाठाचा; ordinary सामान्य, हलके मतीचा; a c. woman कसबीण *f*; c. gender सामान्य लिंग *n*; c. hall शहरची -गांवची चावडी *f*; c. law लोकाचार, रिवाज, दस्तूर; c. noun, सामान्य नाम *n*; c. verb उभयविध क्रियापद *n*; c. prayer, liturgy of the Protestant Episcopal Church, which all its clergy are enjoined to use, under a penalty साधारण प्रार्थना *f*; c. sense अक्कल *f*; in c. समाईक. [to]. — *n*. open public ground मैदान *n*, सार्वजनिक जागा *f*.—*pl* साधारण लोक *pl*; the lower house of parliament पार्लमेंटांत लोकांनीं नेमलेल्या प्रतिनिधींची सभा *f*; provisions अन्नसामुग्री *f*, शिधासाहित्य *n*. —*v*. सहभोजन क., एका ठिकाणीं जेवणें; एका जाग्यावर दुसऱ्या बरोबर हक्क असणें. -alty साधारण लोक *pl*, जे उमराव -बडे लोक नाहींत ते लोक *pl*. -ly *ad*. बहुतकरून, बहुधा, प्रायः. -place निरनिराळ्या विषयास लागू पडेल असा साधारण विचार; a customary remark सर्वांच्या तोंडची गोष्ट *f*.— *a*. सर्वांच्या तोंडचा, साधारण. -place book स्मरणवही *f*. -wealth लोकसत्ताक राज्य *n*; the public जनलोक *pl*, लोक *pl*.

Commotion (*-movere,* to move) agitation खळबळ *f*; popular tumult गडबड *f*, बंडाळी *f*; disorder of mind संताप, क्षोभ.

Commune *v. i.* (*communis,* common) converse together familiarly संभाषण क., एकमेकाशीं स्नेहभावानें बोलणें; receive the communion प्रभुभोजन घेणें [with].—**Communicable** *a*. सांगण्याजोगा; capable of being given by one to another देण्याजोगा, एकानें दुसऱ्यास देण्याजोगा.—**Communicate** *v*. bestow देणें; give, as information बातमी देणें -कळविणें, विदित क.; par-

take of the Lord's Supper प्रभुभोजन घेणें. [to, with, by].—COMMUNICATION निवेदन *n*; संभाषण *n*; बोलचाल *f*; means by which intercourse is maintained रस्ता, मार्ग; बातमी *f*, खबर *f*; intercourse व्यवहार, दळणवळण *n*; देणें *n*, दान *n*, समर्पण *n*.—COMMUNICATIVE *a*. मोकळ्या मनाचा, सांगण्यास -शिकविण्यास -बोलण्यास मोकळा.—COMMUNION दळणवळण *n*, रहाळ *f*; mutual intercourse in religious worship or in doctrine and discipline भक्ति करण्यात सहवास: [body of Christians having one common faith and discipline]; celebration of the Lord's Supper प्रभुभोजनोत्सव.—COMMUNITY (See COMMON) common possession समाईक सत्ता *f* -धनीपणा; society मंडळी *f*; the public लोक *pl*.

COMMUTE *v*. (*-mutare*, to change) अदलाबदल क.; exchange one penaltyfor another of less severity मोठी शिक्षा बदलून हलकी शिक्षा क. [for].

COMPACT *v*. (*-pacisci*, to make an agreement) make close घट्ट -दाट क.; unite firmly घट्ट जोडणें.—*a*. घट्ट, सदृढ, घन; not diffuse अटोपसार (discourse); pithy खिचट, कसदार.—*n*. करार, प्रतिज्ञा *f*, संकेत.

COMPAGES *sing & pl* (*L*.) structure of many parts united सांगाडा.

COMPANY (*-panis*, bread) association of persons मंडळी *f*, टोळी *f*, थवा; society सोबत *f*, संगत *f*; good c. साधुसमागम; corporation व्यापाऱ्यांची मंडळी *f*, 'कंपनी' *f*; partners in a firm पातीदार; subdivision of a regiment सैन्याची टोळी *f*, 'कुंपनी' *f*.—*v.i.* सोबत-संगत धरणें.—COMPANION सोबती, गडी; partner साथी, भागीदार. -SHIP सोबत *f*, सहवास.

COMPARE *v*. (*-par*, equal) estimate one thing by another ताडून पाहणें; liken उपमा देणें; *Gram*. विशेषणाच्या कोटि लावणें: *black, blacker* [with, to, together].—COMPARABLE *a*. तुलना करण्याजोगा, उपमेय, तुलनीय.—COMPARATIVE *a*. estimated by comparison ताडून मोजलेला, सापेक्ष; having the power of comparing ताडून पाहण्याचा (faculty); expressing a greater or less degree of the quality विशेषणाची तुलनाकोटि दाखविणारा.—COMPARISON मिळवून पाहणें *n*, तुलना *f*; *Rhet*. सादृश्य *n*, उपमा *f*; *Gram*. विशेषणाच्या किंवा क्रियाविशेषणाच्या कोटीचें रूप चालविणें *n*: *soon, sooner, soonest*; to stand a c. with पडोशास उतरणें.

COMPART *v*. (*-partire*, to share) विभागणें, भाग क. -MENT विभाग;—of a building, purse, case, &c. खण, पूड *n*, घर *n*.

COMPASS (*-passus*, pace) circuit घेरा, गरका; boundary मर्यादा *f*, सीमा *f*; capacity विस्तार, साठपा, पोट *n*; mariner's c. होकायंत्र *n*; *pl* वर्तुळ काढण्याचें यंत्र *n*, 'कंपास.'—*v*. घेरा -वळसा -प्रदक्षिणा घालणें; surround वेढणें, वेष्टणें; besiege वेढा घालणें; obtain मिळविणें; intend बेत क. [with].

COMPASSION (*-pati*, to suffer) a sensation of sorrow excited by the distress of another दया, करुणा *f*, कींव *f* [for]. -ATE *a*. दयाळू, मायाळू, करुणाकर.

COMPATIBLE *a*. (do.) जमाया -जुळायाजोगा, उपयुक्त [with].—COMPATIBILITY योग्यता *f*, उपयुक्तता *f*, संभावना *f*.

COMPATRIOT (*com* and *patriot*) स्वदेशी, एकदेशवासी.

COMPEER (*com*, and *par*, equal) बरोबरीचा, सोबती.

COMPEL *v*. (*-pellere*, to drive) जबरी क.; urge आग्रह क.; take by force जबरीनें घेणें; overpower जिंकणें, पाडणें: easy sleep their

weary limbs *compelled* [by].—COMPULSION जबरी क. *n* ; जबरी *f*, जुलूम ; आग्रह. —COMPULSORY *a*. बलात्कारी, जुलमाचा ; आग्रहाचा, आवश्यक.

COMPELLATION (*compellere*, to bring together) टोपण नांव *n*, उपचारिक नांव *n*.

COMPEND (*-pendere*, to weigh) सार *n*, संक्षेप, सारांश. -IUM सारसंग्रह. -IOUS *a*. संक्षिप्त, सारसंग्रही.

COMPENSATE *v*. (do.) make equal return to भरून देणें ; be equivalent बरोबर होणें -असणें : the pleasures of life do not c. the miseries.—COMPENSATION नुकसानी भरून देणें *n* ; नुकसानी *f*, नुकसानी बदल दिलेला पैसा ; मोबदला, वजपा.

COMPETE *v*. (*-petere*, to seek) बरोबरी -स्पर्धा -चढाओढ क. — COMPETITION एका वस्तूचा पुष्कळांस अभिलाष, चढाचढी *f*, स्पर्धा *f*, बरोबरी*f*.—COMPETITOR चढाओढ करणारा, प्रतिस्पर्धी, प्रतियोगी.—COMPETENT *a*. adequate पुरेसा, सोयीचा ; rightly belonging सत्तेचा, सत्तेवाईक [to]; fit लायक, योग्य (witness). —COMPETENCE, -CY पुरतेपणा, परिपूर्ति *f* ; लायकी *f* ; means of subsistence sufficient to furnish the necessaries and conveniences of life, without superfluity त्यागभोगा पुरता पैका, निर्वाहा पुरतें धन *n*, उपजीविका *f*.

COMPILE *v*. (*-pilare*, to deprive of hair) अनेक लेख किंवा पुस्तकें यांतून (वेंचे) घेऊन एकत्र जुळणें -ग्रंथ रचणें. — COMPILATION एकत्र करणें *n*, जुळणें *n* ; ग्रंथरचना *f*, संग्रहग्रंथ.—COMPILER रचणारा ; पुस्तक रचणारा -कर्त्ता, व्यास.

COMPLACENT *a*. (*-placere*, to please) प्रसन्न, संतुष्ट. — COMPLACENCY संतोष, प्रसन्नता *f*, सौमनस्य *n* ; आनंदाचें कारण *n*, आनंद हेतु ; civility सभ्यता *f*, सभ्यपणा.

COMPLAIN *v. i.* (*-plangere*, to bewail) शोक क., दुःख दाखविणें ; find fault दोष लावणें -काढणें [of] ; make a formal assertion of injuries गाऱ्हाणें -गिल्ला सांगणें, फिर्याद क. -ठोकणें [of, to]. -ANT गाऱ्हाणें करणारा ; *Law*, फिर्यादी, पूर्ववादी. —COMPLAINT विलाप, काकळूत *f*, दुःख *n* ; कागाळी *f*, फिर्याद *f*, गिल्ला ; पूर्वपक्ष, अभियोग, वाद ; cause of complaint गाऱ्हाणें *n* ; गिल्ला ; malady रोग, दुखणें *n*, दरद ; usually app. to disorders not violent.

COMPLAISANT *a*. (See COMPLACENT) सभ्य, भला, बोलून चालून गोड.—COMPLAISANCE सभ्यता *f*, माणूसकी *f*, भलाई *f*.

COMPLEMENT (*-plere*, to fill) that which fills up भर *f*, भरती *f* ; something added for ornamentation आभरण *n* ;—of a segment पीठ *n* ;—of an arc कोटि *f*.

COMPLETE *v*. (do.) accomplish पुरा -पूर्ण -समाप्त क. ; fulfil भरणें.—*a*. पुरा, पूर्ण, सार्थत [in]. -LY *ad*. अगदीं, पूर्णत्वेंकरून, पुरा.— COMPLETION पूर्णता *f*, पुरतेपणा ; realization प्रचीति *f*, खरेपणा, पूर्णता *f* : all the divine predictions receiving their c. in Christ.

COMPLEX *a*. (*-plectere*, to twist) composed of two or many parts अनेक भागांचा, संकीर्ण (idea); complicated घोटाळ्याचा, गुतागुंतीचा (process).—COMPLEXION घोटाळा, गुतागूत *f* ; color of the skin अंगवर्ण ; particularly of the face मुखराग, मुखचर्या *f* ; general appearance रूप *n*, रंग. — COMPLEXITY घोटाळा, गुतागूत *f*, संकीर्णता *f*.

COMPLIANCE, See under COMPLY.

COMPLICATE *a*. See COMPLEX.

COMPLIMENT (See COMPLETE) स्तुतीचें -आदराचें भाषण *n* ; *pl* सलाम, रामराम ; give my c. आमचा सलाम -रामराम सांगा [to]. — *a*. सत्कारयुक्त भाषण क., ताजीम देणें. -ARY *a*. आदरसत्काराचा, औपचारिक.

Comply *v.* (*-plicare,* to fold) मान्य -कबूल क. [with].— **Compliance** रुकार, मान्यता *f*; disposition to yield to others वश हो-ण्याचा स्वभाव, नरम स्वभाव.

Component *a.* (*-ponere,* to put) अंशभूत, अवयवभूत.—*n.* अंग *n*, भाग.

Compose *v.* (do.) form by uniting two or more things अनेक वस्तु एकत्र मिळवून क., जोडणें; constitute करणें, घडणें, बनवणें; originate करणें, रचणें (a book); adjust जुळणें, रचणें, व्यवस्थित क.; quiet शमविणें, शांत क.; settle तोडपाडणें, समेट क. (feuds); *Print.* अक्षरांचे खिळे जुळणें, 'कंपोज' क. — **Composed** *a.* शांत, संत. — **Composite** *a.* मिश्रित, मिश्र. —**Composition** बनावणी *f*, रचना *f*; invention or combination of the parts of any literary work or discourse प्रबंध, निबंध, ग्रंथ ;— of a piece of music स्वरबंध; अक्षरांचे खिळे जुळणें *n*; combination संयोग: the elementary c. of bodies; that which is formed by putting together; as a chemical, literary, musical c. मिश्रण *n*, रसायण *n*, कवन *n*, पदरचना *f*, इ०; mutual agreement to terms समजी *f*, समेट; adjustment of a debt तोडजोड *f*.—**Compositor** रचणारा; खिळे -ठसे जुळणारा, 'कंपाजिटर.'—**Composure** स्वस्थता *f*, शांति *f*.—**Compotation** (*-potare,* to drink) सहपान *n*.—**Compound** *v.* (*-ponere,* to lay) combine मिळवणें, जोडणें; settle amicably तोडपाडणें, तोडजोड क. (a debt).—*i.* तोडीवर येणें [for, with].—*a.* मिश्र, मिसळीचा: a c. word समास; c. interest चक्रवाढव्याज.— *n*. मिश्रण *n*, मिसळ *f*; *Port.* आवार *n*, परसूं *n*, 'कंपौंड.'

Comprehend *v.* (*-prehendere,* to grasp) take in by construction or implication आंत घेणें, समावेश क., गर्भित क.; apprehend the meaning of समजणें, उमजणें. — **Comprehensible** *a.* आंत घ्यायाजोगा, आकळण्याजोगा, व्याप्य; समजण्याजोगा, बुद्धिगम्य, ग्राह्य. —**Comprehension** आंत घेणें *n*, आकलन *n*; perception आकलनशक्ति *f*, उमज; a summary सारांश, संक्षेप, उपसंहार.—**Comprehensive** *a.* व्यापक, समावेशक (definition); having the power to understand many things at once बहुग्राही, अष्टावधानी, अष्टावधानी (head).

Compress *v.* (*-premere,* to press) press together दडपणें, चेपणें, दाबणें; bring within narrow limits थोडक्यांत आणणें, संकलित क. [into].—**Comprise** *v.* आंतघेणें, समावेश क. [in].—**Comprisal** समावेश, अंतर्भाव, सार.

Compromise *v.*(*-promittere,* to promise) mutual promise to refer matters in dispute to the decision of arbitrators तिन्हाईताकडे खटल्याची तोडजोड करण्याची परस्परांची कबूलात *f*; *Law,* कबूल कतबा; amicable arrangement तोडजोड *f*. — *v.* तोडपाडणें [with, for, by].

Compulsion, See under **Compel.**

Compunction (*-pungere,* to prick) चुरचुर *f*, पश्चात्ताप, खेद.—**Compunctious** *a.* चुरचुरीचा, टोचणीचा.

Compurgation (*-purgare,* to make pure) act or practice of justifying or confirming a man's veracity by the oath of others पडसाक्ष देणें *n* -देण्याची चाल *f*, पडसाक्ष *f*.—**Compurgator** पडसाक्षी.

Compute *v.* (*-putare,* to reckon) गणणें, मोजणें, अजमास क. [at].—**Computation** मोजणें *n*, गणित *n*, हिशेब.

Comrade *F.* सोबती, संवगडी, साथी.

Con * *v.* घोकणें (a lesson).

Concatenate *v.* (*-catenare,* to chain) कडींत कडी अडकविणें, सांधणें, जोडणें.—**Concatenation** सांखळी *f*, परंपरा *f*.

CONCAVE *a.* (*-cavus,* hollow) बाहेरून कमानदार, बाह्यगोल, गगनाकृति. — CONCAVITY बाह्यगोलता *f.*—CONCAVO-CONVEX *a.* concave on one side and convex on the other अंतर्बाह्य कटाहाकृति.

CONCEAL *v.* (*-celare,* to hide) झांकणें, दृष्टिआड ठेवणें, लपविणें ; keep hidden छपवून ठेवणें, गुप्त ठेवणें (a fact) (from). -MENT छपावणी *f,* गोपन *n.*

CONCEDE *v.* (*-cedere,* to go along) suffer to pass जाऊं देणें, पदरीं घेणें : the advocate *concedes* the point in question; admit to be true खरें मानणें, मान्य क. [to].—CONCESSION कबूल करणें *n,* स्वीकार; कबूल केलेली गोष्ट *f* [to].

CONCEIVE *v.* (*-capere,* to seize) receive into the womb and breed गर्भधारण क., गर्भ धरणें; form in the mind बेत क., योजणें, धरणें : I first *conceived* the idea; imagine कल्पना क., मानणें, समजणें. — *i.* गरोदर होणें; —of beasts फळणें;—of a mare सबर होणें; think मनांत -चित्तांत येणें [of].—CONCEIVABLE *a.* कल्पनीय, भावनीय, समजाया सारखा, बुद्धिगम्य.—CONCEIT कल्पना *f,* भावना *f* ; fancy लहर *f,* तार *f;* vanity मीपणा, अहंकार, बदमस्ती *f.* -ED *a.* अभिमानी, रगेल, मस्तवाल, मिजाजखोर.—CONCEPTION गर्भधारण *n*; गर्व्हारपण *n*; कल्पना *f,* भावना *f*; apprehension समज, उपलब्धि *f.*

CONCENTRATE *v.* (*-centrare,* to centre) केंद्रांत -मध्यबिंदूंत आणणें, समकेंद्र क.; condense एके ठिकाणीं क.;—one's thoughts एकाग्रमन क. [in]. — CONCENTRATION एकीकरण *n*; — of the thoughts एकाग्रता *f*; [*Chem.* volatilization of part of a liquid, in order to increase the strength of the remainder].—CONCENTRIC *a.* समकेंद्र, एककेंद्र.

CONCEPTION, see under CONCEIVE.

CONCERN *v.* (*-cernere,* to separate) belong to संबंध -कडचा असणें; make interested कळकळ -पोटाग उत्पन्न क.;—one's self काळजी असणें; to be much *concerned* काळजी लागणें —*n.* -कडचें काम *n,* खटलें *n,* गोष्ट *f* : the private *concerns* of a family; moment महत्त्व *n,* भार; काळजी *f,* चिंता *f*; interest in अंग *n,* संबंध; firm and its business मंडळीचें दुकान आणि व्यापार. -ING *prep.* विषयीं, संबंधी.

CONCERT *v.* (*-certare,* to strive) plan together एकोप्यानें मसलत क.; plan मसलत क.—*i.* एकोप्यानें वागणें -चालणें [together]. —*n.* एकविचार, एकोपा; harmony स्वरांचा. मेळ, सुमेळ; public musical entertainment संगित *n,* गायनसमारंभ.

CONCESSION, See under CONCERN.

CONCH (*concha*) शंख. -OLOGY शंखशास्त्र *n* -विद्या *f.*

CONCILIATE *v.* (*conciliare,* to bring together) मनाविणें, अनकूळ क.—CONCILIATION मनावणी *f,* आराधना *f,* साम *n* [by, with].—CONCILIATOR मनमिळावू, आराधक.—CONCILIATORY *a.* मनमिळविण्याचा, सामोपचाराचा

CONCISE *a.* (*-cædere,* to cut) संक्षिप्त, अल्पशब्दक.

CONCLAVE (*-clavis,* key) private apartment एकांतखोली *f,* अंतःशाला *f*; [room in which the cardinals of the R. C. Church meet in privacy, for the election of a pope; the body of cardinals]; private meeting गुप्तसभा *f.*

CONCLUDE *v.* (*-claudere,* to shut) infer अनुमान क., तर्कानें काढणें; close बंद -शेवट -समाप्त क.; decide ठरविणें, निश्चय क.; bar अडवणें, अटकाव क.; shut up कोंडणें; include समावेश क., आंत घेणें (Rom. xi. 32) [by, with, at, in, from]. — *i.* शेवट -समाप्ति होणें; ठराव -निर्णय होणें. —CONCLUD-

ING *a.* शेवटचा, अखेरीचा, सरता.— CONCLUSION अखेरी *f,* अवसान *n,* शेवट; निर्णय, ठराव; अनुमान *n*; demonstrated c. सिद्धांत; experiment अनुभव, प्रचीति *f,* पारख *f*; *Law,* end of a pleading पर्यवसान *n*.— CONCLUSIVE *a.* निर्णयाचा, निश्चयात्मक; सिद्धांतस्थापक, सिद्धांतप्रतिपादक.

CONCOCT *v.* (*-coquere,* to cook) digest पचविणें, जिरविणें; ripen पिकविणें, पक्वदशेस आणणें; plot रचणें, कूट -कावा -व्यूह रचणें [together]. -ION पाक, पचन *n,* परिपक्वता *f*; कट, व्यूह, युक्ति *f*.

CONCOMITANT *a.* (*-comitari,* to accompany) बरोबर असणारा, अनुगामी. —*n.* सोबती.— CONCOMITANCE समागम, अनुषंग.

CONCORD (*cor,* heart) agreement एकोपा, मिलाफ; harmony स्वरांचा मेळ, स्वरैक्य *n*; *Gram.* अन्वय. -ANCE, dictionary in which all the important words used in any work are arranged alphabetically, with reference to the places in which they occur अमुक एका ग्रंथांतील शब्द त्याच ग्रंथांत अमक्या ठिकाणीं आहेत हें पाहण्याचा कोश, स्थलदर्शक कोश. -ANT *a.* मिलाफाचा, अनुरूप.—CONCORDAT कट, मिलाफ, करार [agreement made between the pope and a sovereign for the regulation of ecclesiastical matters with which both are concerned].

CONCOURSE (*-currere,* to run) मिळून धावणें *n*; confluence संगम; assembly जमाव, मेळा, समुदाय.

CONCRETE *a.* (*-crescere,* to grow) consistent in a mass घट्ट, दाट; *Logic,* not abstract गुण -धर्मविशिष्ट; as the *white snow,* where whiteness is considered as existing in the snow, and not as a separate thing.—*n.* डिखळ *f,* ढेप *f,* गोळा; [*Logic,* a term designating both quality and the subject in which it exists].—*v. i.* जमणें, गोठणें.—*t.* जमविणें, गोठविणें.

CONCUBINE (*-cubare,* to lie down) woman who cohabits with a man without being his wife ठेवलेली बायको *f,* राख *f*; wife of inferior condition उपपत्नी *f,* पाटाची बायको *f*.—CONCUBINAGE उपपत्नीसंभोग; the state of being a concubine मानित पतिपत्नीभाव.

CONCUPISCENCE (*F.*) दुर्वासना, विषयवासना *f*. —CONCUPISCENT *a.* कामी, विषयलंपट, व्यसनी.

CONCUR *v.* (*-currere,* to run) agree जमणें, मिळणें; act jointly मिळून काम क.; assent मान्य -कबूल होणें [in, with]. -RENCE जम, मिलाफ, गांठ *f*; अनुमत *n,* संमत *n,* एकचित्त *n*; joint rights समाईक हक्क. -RENT *a.* जमणारा, मिलाफाचा; मिळून काम करणारा; समाईक (jurisdiction) एकचित्त, संमतीचा.

CONCUSSION (*-quatere,* to shake) हलवणें *n,* धक्का देणें *n*; shock धक्का, हबका; agitation खळबळ *f,* क्षोभ.

CONDEMN *v.* (*-damnare*) pronounce to be wrong दोष ठेवणें, बोल लावणें; pronounce a judicial sentence against शिक्षा -शिक्षेचा ठराव सांगणें; pronounce to be unfit for use निकामी -बेकामी ठरविणें: the ship was *condemned.* -ABLE *a.* दूषणीय, दंडनीय [for, to].—CONDEMNATION दंड -शिक्षा नेमणें *n*; दंड, शिक्षा *f*; cause of condemnation शिक्षेचें कारण *n,* शिक्षाहेतु (John iii. 13).

CONDENSE *v.* (*-densare,* to make thick) घट्ट -दाट क.; *Chem.* reduce into another and denser form रूपांतर करून घट्ट क.: to c. gas into a solid form [from, into, to].— *i.* घट्ट -दाट होणें.—*a.* घट्ट, दाट, घन.

CONDESCEND *v.* (See DESCEND) let one's self down थोरपणा एकीकडे ठेवून वागणें, अंगीं लहानपणा घेणें [to].— CONDESCENSION

हलकेपणा पदरीं घेऊन वागणें *n*, मेहेर *f*, नम्रता *f*; courtesy भीड *f*, मुरवत *f*.

CONDIGN *a*. (-*dignus*, worthy) योग्य, वाजवी (punishment, praise).

CONDIMENT (*condire*, to season) मसाला, चटणी *f*, तिखटमीठ *n*, तोंडीलावणें *n*.

CONDISCIPLE (*con* and *disciple*) सहाध्यायी, सोबतीचा शिकणारा.

CONDITION (-*dare*, to give) state स्थिति *f*, हवाल; quality गुण, धर्म; stipulation बोली *f*, करार; clause in a contract, which has for its object to suspend, to defeat, or to modify, the principal obligation अट *f*, अड *f*, शर्त *f*.—*v*. करार -बोली क. — *i*. करार -संकेत होणें. -AL *a*. अटीचा, अटकावाचा; c. mood संकेतार्थरूप; c. bill जबाबी हुंडी *f*.

CONDOLE *v*. (-*dolere*, to grieve) दुसऱ्याच्या दुःखाला रडणें [with, on].—CONDOLENCE समदुःखी होणें *n*; सहशोक.

CONDUCE *v*. (*ducere*, to lead) उपयोगी -सहाय -साधक -प्रयोजक होणें [to, towards]. —CONDUCIVE *a*. साधक, प्रयोजक, वह, in comp. जनक: c. to wealth अर्थावह; c. to satisfaction तृप्तिजनक.

CONDUCT (do.) management वहिवाट *f*; generalship पुढार, पुरस्कार; pass रहदारि *f*; warrant परवाना; convoy वलावा; a safe-c. अभयपत्र *n*; वागणूक *f*, वर्त्तणूक *f*.—*v*. वाट दाखवून नेणें; वहिवाटणें, चालविणें;—one's self वर्त्तणें, वागणें; पुढाकार घेणें [from, to]. -OR पुढारी, मोहरपी; वाटाडी; वहिवाटदार, कारभारी;—of heat उष्णतावाहक;—of a sacrifice याजक. — CONDUIT वाहक, वाही; pipe नळ, नळी *f*.

CONE (*conus*) सुळका, शंकु.—CONICAL *a*. निमुळता, गोपुच्छाकार; c. section शंकुछेद -छिन्न *n*.

CONFECTION (See COMFIT) मिठाई *f*, हलवा, मुरंबा इ० पदार्थ; *Med*. मसाल्याचा अवलेह किंवा मोदक. -ARY मिठाई *f*, मेवा. -ER हलवाई, मेवामिठाई करणारा.

CONFEDERATE *v*. (*fœdus*, league) जुटणें, जथणें [with].—*a*. जुटलेला, जुटीचा, कटातला. — CONFEDERACY, compact for mutual support or common action एकोपा, जूट *n*; the persons united by a league जूट, जथा *m*, *f*; *Law*, combination of two or more persons to commit an unlawful act कट, संगनमत *n*.

CONFER *v*. *i*. (-*ferre*, to bear) discourse or converse in a serious manner बोलाचाल क., संभाषण क.; compare views विचार -मतें ताडून -मिळवून पाहणें; — in private खलबत क.—*t*. देणें, दान क., इनाम देणें [on]. -ENCE बोलाचाली *f*, भाषण *n*; meeting for consultation बैठक *f*, सभा *f*, प्रसंग; private c. खलबत *f*.

CONFESS *v*. (-*fateri*) acknowledge स्वीकारणें, पदरीं घेणें, कबूल होणें (fault, debt); own ओळखणें, आपला म्हणणें (Matth. x. 32); admit as true खरा मानणें; acknowledge as after a previous denial एक वेळ नाकबूल झाल्यावर कबूल होणें: send for him hither, and let him c. the truth; acknowledge, as one's sins to a priest, in order to receive absolution;—said of a worshiper आपल्या पापांची क्षमा मिळविण्या करितां उपाध्यापासीं तीं कबूल होणें; hear or receive such confession दोषश्रवण क.; —said of a priest; attest साक्ष देणें: tall, thriving trees *confessed* the fruitful mould [to]. — *i*. कबूल होणें; पाप पदरीं घेणें: the man went to the priest to c. -EDLY *ad*. निखालस, निःसंशय.—CONFESSION स्वीकार, इकरार, अंगीकार; उपाध्यापासीं पाप पदरीं घेणें *n*, दोषस्वीकार; formulary in which the articles of faith are comprised धर्मसिद्धांतपद्धति *f*. -AL दोष

श्रवण करितांना बसायाचें उपाध्याचें आसन *n*, दोषश्रवणपीठ *n*. — CONFESSOR कबूल करणारा, पदरीं घेणारा; one who makes a profession of his faith in the Christian religion ख्रिस्ती धर्म स्वीकारणारा; [one who confessed the doctrine of Christ before persecuting magistrates, and firmly endured punishment for defending the faith]; priest who hears the confessions of others दोषश्रवणगुरू.

CONFIDE *v*. (*-fidere,* to trust) विश्वासानें ठेवणें, विश्वासानें सोपणें -हवालणें [to]. — *i*. विश्वासणें, भरवसा ठेवणें [in].—CONFIDANT सखा, रहस्यमित्र.—CONFIDENCE विश्वास, भरवसा; assurance खातरजमा *f,* धडा; self-reliance दम, उमेद *f,* अवसान *n*; ground of faith भावहेतु.—CONFIDENT *a*. विश्वासवान्, विश्वासाचा; secure निर्भय, निश्शंक; bold to a fault धीट; giving occasion for confidence खातरीचा, खातरी ठेवण्याजोगा, खातरी उत्पन्न करण्याजोगा [in, of].— -IAL *a*. विश्वासू, विश्वास ठेवण्याजोगा (servant); communicated in confidence विश्वासानें सांगितलेला, गुप्त (matter).

CONFINE (*-finis,* end) सीमा *f,* हद्द *f,* शींव *f*; —used chiefly in the *pl*. — *v*. restrain प्रतिबंध -निग्रह क.; bound बांधणें [to].—*i*. हद्दीवर लगटून -लागून असणें.—CONFINED *a*. आकळलेला; कोंडलेला, अडचणींत घातलेला; बाळंत झालेली.—CONFINEMENT नेम, मर्यादा *f*; कैद *f,* बंदी *f,* अटक *f*; अडचण *f,* आकलन *n,* निग्रह; बाळंतपणा; solitary c. एकांत कैद *f*.

CONFIRM *v*. (*-firmare,* to make firm) बळकट क., बळकटी -पुष्टी आणणें; ratify मुकरर -मंजूर क.; administer the rite of confirmation to स्थिर क. [by]. -ATION बळकट क. *n,* बळकटी *f*; पुष्टीकरण *n,* पुष्टी *f*; बहाली *f,* मंजुरी *f*; proof प्रमाण *n;* rite practised in the Episcopal churches by which a baptized person is admitted, through the laying on of the hands of a bishop, to the full privileges of the church स्थिरीकरण *n*.

CONFISCATE *v*. (*-fiscus,* basket, money-bag, the state treasury) दंडा दाखल घेणें, जप्त क.—*a*. दंडार्थ घेतलेला, जप्त.

CONFLAGRATION (*-flagrare,* to blaze) मोठी आग *f,* आगीचा डोंब; general c. प्रलयाग्नि.

CONFLICT (*-fligere,* to strike) धक्का, घासणी *f*; contest झोंबी *f,* झूज *n,* भांडण *n*; agony प्राणांतव्यथा *f*.—*v*. *i*. घासणें, आदळणें; झगडणें, भांडणें, लढणें [with].

CONFLUENCE (*-fluere,* to flow) संगम: c. of two rivers; crowd जमाव, मेळा.—CONFLUENT *a*. मिळून वाहणारा; एका ठिकाणीं मिळणारा; blending एकांत एक मिसळणारा; c. smallpox मसुऱ्या देवी *f pl*.

CONFORM *v*. (*-forma,* form) सारखें क., पाहून क., अनुसरणें [to, unto].—*i*. सारखें पाहून वागणें, अनुसरणें [to, with]; conform with the usages of the established church राजस्थापित धर्मा प्रमाणें चालणें. -ABLE *a*. सारखा, बरहुकूम, अनुरूप [to]; suitable बराबर, माफक, लायक; submissive आज्ञांकित, हुकमी. -ABLY *ad*. अनुरोधानें, बरहुकूम, यथा: c. to the rule यथाविधि. -ATION मिलाफ, मेळ; form आकार, आकृति *f*; make बांधा, अंगलोट. -IST अनुसरणारा; one who complies with the worship of the Church of England, or of the established church इंग्लंडाच्या (ख्रिस्ती) मंडळीच्या भक्तिमार्गा प्रमाणें, अथवा राजस्थापित धर्मा प्रमाणें चालणारा, राजस्थापित धर्मानुसारी.— -ITY मिलाफ, जम; सारखेपणा, सादृश्य [to, with, between]; compliance अनुरोध, अनुकूलता *f*.

CONFOUND *v*. (*-fundere,* to pour) mistake by error भ्रांतीनें (एका वस्तूवर दुसऱ्या

वस्तूचा) भास होणें; perplex घाबरविणें, धांदल क.; discomfit वाताहत -धूळधाण -मोड क.; strike with amazement दंग -थक्क क.; कुंठित क. [with, by]. -ED *p. a.* गोंधळलेला, भ्रांत; कुंठित, दंग.

CONFRATERNITY (See FRATERNITY) भाऊमंडळी *f*, बंधुवर्ग.

CONFRONT *v.* (*-frons,* front) समोर -सन्मुख राहणें -असणें; oppose आडवा होणें, प्रतिकूल होणें; compare मुकाबला -रुजू क.; set face to face समोरासमोर उभें क. -आणणें, रुबरू क. [with]. -ATION समक्षासमक्ष *f*, रुबरू *f*, रुजू मुकाबला.

CONFUSE *v.* See CONFOUND. — CONFUSION घोटाळा, गोंधळ; perturbation धांदल *f*, त्रेधा *f*; overthrow मोड, दाणादाण *f*; tumult घालमेल *f*, बंडाळी *f*.

CONFUTE *v.* (*-futare,* to argue) put to silence कुंठित क., निरुत्तर क.; disprove खोटा करून दाखविणें (error) [by]. — CONFUTATION खंडन *n*, मोड.

CONGEAL *v.* (*-gelare,* to freeze) थिजवणें, गोठवणें; bind, as if by cold थंडीनें आवळणें; stiffen, as from the effect of terror भयानें ताठ -काष्टवत् क.—*i.* गोठणें, थिजणें, साखळणें.

CONGENER (See GENERIC) एकजातीचा, सजातीय. —CONGENIAL *a.* एकस्वभावाचा, समस्वभाव, समशील; naturally adapted स्वभावास लागून, स्वभावानुसार [to]. -ITY समभाव, समशीलता *f*; suitableness योग्यता *f*, उपयुक्तता *f*.

CONGERIES (*-gerere,* to bear) पुंज, राशि.

CONGEST (*-gerere,* to bear) गोळा -रास क.— *Med.* — of blood रक्तस्तंभन *n*, रक्तसंचय, तुंबारा; — of humors into a tumor गांठ *f*, ग्रंथी *f*.

CONGLOMERATE *a.* (*-glomus,* ball of yarn) जमा -गोळा झालेला.—*v.* गोळा क.—CONGLOMERATION गोळा, रास *f*, समूह.

CONGRATULATE *v.* (*-gratulari,* to wish joy) address with expressions of sympathetic pleasure on account of some happy event affecting the person addressed दुसऱ्यास कांहीं शुभ गोष्ट घडली असतां आपणास आनंद झाला आहे असें त्याला (बोलून -लिहून) दाखविणें.—CONGRATULATION सहानंदोक्ति *f*, अभिनंदन *n*, मुबारकबादी *f*.

CONGREGATE *v.* (*-gregare,* to collect into a flock) जमा क., मिळविणें.—CONGREGATION जमाव, मेळा, समुदाय; assembly of persons सभा *f*, मंडळी *f*; — of persons met for the worship of God ईश्वरभजनार्थ मिळालेली मंडळी *f*. -AL *a.* मंडळी संबंधी, सामाजिक; [belonging to the system of Congregationalism]. -ISM [that system of church government which vests all ecclesiastical powers in the assembled brotherhood of each local church, as an independent body].

CONGRESS (*-gradi,* to go) meeting सभा *f*, प्रसंग; meeting of the sexes in sexual commerce मैथुन *n*, स्त्रीपुरुषसंग; formal assembly, as of deputies, representatives, &c. प्रतिनिधींची सभा *f*.

CONGRUITY (*congruo*) मेळ, मिलाफ, जम [with].—CONGRUOUS *a.* मिलाफाचा, संगतवार, संयुक्तिक.

CONIC, See under CONE.

CONJECTURE (*-jacere,* to throw) अनुमान *n*, अटकळ *f*; mere c. अटकळपंचविशी *f*.—*v.* अनुमान क.—CONJECTURAL *n.* अनुमानाचा, तर्काचा.

CONJOIN *v.* (See JOIN) जोडणें, मिळविणें; associate सोबत घालून देणें, गांठ मारणें [with]. —CONJOINT *a.* संयुक्त, संबद्ध. -LY *ad.* मिळून, जथून. — CONJUNCTION संबंध, समा-

गम, संयोग; *Gram.* उभयान्वयी अव्यय *n*; *Astron.* योग, संगम. — CONJUNCTURE संधि, संयोग; crisis आणिबाणीची वेळ *f*, प्रसंग, संधी *f*.

CONJUGATE *v.* (*-jugare,* to yoke) जोडणें; *Gram.* धातूचीं रूपें चालविणें.—CONJUGATION संयोग; धातूचीं रूपें चालविणें *n*, रूपाख्यापन *n*; class of verbs conjugated in the same manner धातूंचा गण.

CONJUGAL *a.* (do.) लग्न संबंधी, वैवाहिक; c. fidelity in a woman सतित्व *n*, पातिव्रत्य *n*; —in a man एकपत्निव्रत *n* -सेवा *f*.

CONJURE *v.* (*-jurare,* to swear) शपथ -आण वाहून पुसणें -बोलावणें; enchant मंत्र घालणें, भारणें, जादू क. [by].—CONJURER जादुगीर, मंत्री, गारुडी.

CONNATE *a.* (*-natus,* born) समकालज, एककालीं जन्मलेला.

CONNECT *v.* (*-nectere,* to bind) knit, link, or fasten together विणणें, गुंतविणें, गुंफणें; join जोडणें, संबंध क. [with, to]. -ION *n.* संबंध, अन्वय, संदर्भ, नातें; one who is connected by family ties सोयरा, नातलग, संबंधी; with great personages, as a means of power or profit वशिला.

CONNIVE *v.* (*-nivere,* to close) close the eyes upon a fault or other act कानाडोळा क., डोळ्यांवर कातडें ओढणें [at].—CONNIVANCE कानाडोळा, डोळेझाक *f*.

CONNOISSEUR (*F.*) a critical judge अभिज्ञ, रसज्ञ, पारखी; one well versed in any thing निपुण, निष्णात्.

CONNUBIAL *a.* (*-nubere,* to marry) लग्नाचा, विवाहविषयक.

CONQUER *v.* (*-quærere,* to seek) gain by force जिंकणें, हस्तगत करून घेणें; surmount जिंकणें, निभावणें, पारपडणें (difficulties); obtain by success फत्ते करून मिळविणें, प्रयत्नानें मिळविणें, मिळवणें [by, from]. -OR जय मिळविणारा, विजयी. —CONQUEST जय, विजय; that which is conquered जितवस्तु *f*, द्रव्य *n*.

CONSANGUINEOUS *a.* (*-sanguis,* blood) एका रक्ताचा, सगोत्र. —CONSANGUINITY एका घराण्याचा संबंध, सहोदरसंबंध, सगोत्रता *f*.

CONSCIENCE (*-scire,* to know) knowledge of our acts, states, or characters as right or wrong आत्मज्ञान *n*, विज्ञान *n*; the moral faculty मन *n*, सदसद्विवेक; estimate or determination of conscience मनाचा निवाडा; honesty प्रमाणिकपणा, इमान *n*; to make c. मनाच्या सांगणी प्रमाणें चालणें -वागणें.—CONSCIENTIOUS *a.* सदसद्विचाराप्रमाणें चालणारा, नेकीचा. -LY *ad.* मनाच्या सांगीप्रमाणें, इमानानें, नेकीनें.—CONSCIOUS *a.* possessing the faculty of knowing one's own thoughts सावध, देहभानी; possessing knowledge मनोबोधित, प्रबोधित, मनःसाक्षी [of]. -NESS शुद्धि *f*, देहभान *n*, फाम *n*; ज्ञान *n*, माहिती *f*.

CONSCRIPT *a.* (*-scribere,* to write) पटावर मांडलेला -नमूद केलेला. — *n.* [one taken by lot from the conscription list, and compelled to serve as a soldier or sailor]. — CONSCRIPTION पटावर नांव दाखल क. *n*; [compulsory enrolment of individuals of a certain age, held liable to be drafted for military or naval service].

CONSECRATE *v.* (*-sacer,* sacred) make sacred वाहणें, अर्पणें, संस्कृत क.; — by sprinkling अभिषिक्त क.; exalt to the rank of a saint संतपदीं बसविणें, संतमालिकेंत मिळविणें; enroll among the gods देवगणांत मिळविणें; dignify मोठेपणा देणें, पूज्य क.: rules or principles *consecrated* by time [to].— *a.* वाहिलेला, समर्पित; अभिषिक्त; पवित्र.— CONSECRATION प्रतिष्ठापन *n*, संस्कार; प्रोक्षण

n;—of one's self to God आत्मनिवेदन *n*; —of an idol प्राण -देवप्रतिष्ठा *f*; संत अथवा देवमंडळींत मिळविणें *n*.

CONSECUTIVE *a*. (*-sequi*, to follow) अनुक्रमाचा, लागोपाठचा; consequential परिणामाचा, प्रयुक्त. -LY *ad*. लागोपाठ, क्रमानें, हारोहार.—CONSECUTION पद्धत *n*, क्रम, फरपट *f*; *Logic*, अनुमानपरंपरा *f*, मालिका *f*.

CONSENT *v.i.* (*-sentire*, to feel) concur मान्य होणें, रुकार देणें; indicate willingness मान्यता दर्शविणें [to].—*n*. अनुमत *n*, रुकार; unity of opinion एकमन *n* -मत *n*, ऐक्य *n*; harmony मिलाफ, मेळ: melodious c. of the birds.

CONSEQUENCE (*F.*) result परिणाम, फल *n*; inference अनुमान *n*, तर्क; connection of cause and effect कार्यकारण संबंध; weight वजन *n*, कदर *f*; moment मुजाखा, परवा *f*; in c. या कारणानें, यावरून; of c. मोठा, वजनदार. — CONSEQUENT *a*. प्रयुक्त, -मुळें झालेला [on]. — *n*. परिणाम, फल *n*. -IAL *a*. प्रयुक्त; assuming an air of consequence पत्राजी, तोरेदार, दिमाखदार. -LY *ad*. ह्मणून, त्यामुळें, तस्मात्.

CONSERVE *v*. (*-servare*, to keep) राखणें, संभाळून ठेवणें; candy fruit मुरंबा घालणें.—*n*. मुरंबा.—CONSERVATOR रक्षक, पालक; *Law*, लोकांमध्यें स्वास्थ्य राखणारा, अथवा लोकांच्या हकाचें रक्षण करणारा (न्यायाधीश, नाझर इ०).

CONSIDER *v*. (*-sedere*, to sit) fix the mind on, with a view to a careful examination मन लावणें, विचार क.; take into view लेखणें, हिशेबांत -जमेस धरणें: c. the chances of war; estimate मानणें, लेखणें: I c. him wise [of]. -ABLE *a*. विचार करायाजोगा, विचारणीय; not insignificant संभावित, योग्य, मान्य (man); of value जमेस धरायाजोगा, बराच (sum of money). -ABLY *ad*. बराच, सुमाराचा. -ATE *a*.—of persons विचारी, विचारवंत;—of acts विचारपूर्वक.—CONSIDERATION विचार क. *n*, मनन *n*; deliberation विचार, मनसुबा; attentive respect मुलाजा, मुरवत *f*; influence वजन *n*, भारदस्ती *f*; motive हेतु, कारण *n*; compensation नुकसानी बद्दल दिलेला पैसा; c. of pros and cons कार्याकार्य विचार; minute c. सूक्ष्म विचार; upon c. पाहिलें असतां; in c. of बदल, -च्या मोबदला.

CONSIGN *v*. (*-signare*, to seal) give, transfer, or deliver, in a formal manner as if by signing over into the possession of another, or into a different state, with the sense of fixedness in that state, or permanence of possession हवालणें सोपणें, स्वाधीन क., दिमतीस देणें; appropriate नांवानें काढून ठेवणें -च्या कामास लावणें; give into the hands of an agent for superintendence, sale, &c. गुमास्त्याच्या जिम्मेस देणें (goods) [to]. -MENT निरवणूक *f*, निरवणी *f*; writing by which anything is consigned हवाला खत *n*, समर्पण पत्र *n*; thing consigned हवाललेली वस्तु *f*; goods sent to a factor for sale गुमास्त्याच्या दिमतीस पाठविलेला माल.—CONSIGNEE गुमास्ता, अडत्या.

CONSIST *v*. (*-sistere*, to stand) be असणें, होणें (Col. i. 17); be composed केला असणें, in comp. घटित -मय असणें; be harmonious जुळणें, मिळणें [of, in]. -ENCE, -ENCY स्थिति *f*, धृति *f*, स्थैर्य *n*; density घट्टपणा, घनता *f*; firmness स्थिरता *f*, दृढता *f*; a combination जूट; coherence ताळ, धरबंद, संदर्भ, संयुक्ति *f*: c. of laws, opinions, behavior.—CONSISTENT *a*. स्थिर, अचळ, घट्ट; मिलाफाचा, मेळाचा, संयुक्त [with, to]. -LY *ad*. संगतवार, एकरीतीनें; agreeably अनुसरून, अनुरूप.

—CONSISTORY, a spiritual court धर्मप्रकरणीं खटल्यांचा निवाडा करायाचें कोर्त्त *n*.

CONSOLE *v*. (*-solari*) शांतवन -समाधान क. [for, by, with].—CONSOLABLE *a*. शमनीय, सांत्वनीय.—CONSOLATION सांत्वन *n*, समाधान *n*, दुःखशांति *f*; cause of comfort समाधान कारण *n* (Luke ii. 25) [for].—CONSOLATORY *a*. दुःखशमक, शोकहारक.—CONSOLER सांत्वनकर्त्ता, संतापहारी.

CONSOLIDATE *v*. (*-solidus*, solid) घट्ट -कठिण क.; unite एकत्र -एक क., जमविणें; *Surg*. जोडणें, भरणें, तोंड मिळविणें. — *i*. घट्ट होणें [into].—CONSOLIDATED *p.a*. दृढ केलेला; जोडलेला; घटीव, अटीव; एककेलेला.

CONSONANT *a*. (*-sonare*, to sound) consistent मिलाफाचा, बेताचा, उपयुक्त; according अनुसारी [with, to]; accordant एकस्वर, समनाद. — *n*. व्यंजन *n*, हलवर्ण.—CONSONANCE मिलाफ, जम; स्वैरैक्य *n*, समस्वरता *f*.

CONSORT (*-sors*, lot) companion सोबती, जोडपी; wife or husband बायको *f* किंवा नवरा; queen c. राजपत्नी *f*.—*v*. *i*. सहवास ठेवणें, समागम क. — *t*. स्नेह -संगत -मन जोडणें [with].

CONSPICUOUS *a*. (*-spicere*, to behold) स्पष्ट, उघड, व्यक्त; eminent प्रसिद्ध, नांवालौकिकाचा, नामांकित.

CONSPIRE *v*. (*-spirare*, to breathe) agree, by oath, covenant, or otherwise, to commit a crime कट -संगनमत क.; agree मिळणें, जमणें [with, against, together]. —CONSPIRACY कट, संगनमत *n*; जम, मिलाफ, संयोग.—CONSPIRATOR संगनमतांतला, कटांतला, संगनमत्या.

CONSTABLE (*comes stabuli*, count of the stable) officer of the palace पोलीस खात्यांत कोतवाल, जमादार यां सारिखा एक हुद्देदार आहे, 'कन्स्टेबल.' — CONSTABULARY *a*. कन्स्टेबलांचा.

CONSTANT *a*. (*-stare*, to stand) स्थिर, अचल, दृढ. -LY *ad*. नित्य, सतत्; स्थिरतेनें.—CONSTANCY सतत्पणा; lasting affection दृढप्रीति *f*.

CONSTELLATION (*-stella*, star) नक्षत्र *n*, नक्षत्रांचा घड; assemblage of splendors or excellencies तेजःपुंज, अपरसूर्य.

CONSTERNATION (*-sternare*, to overcome) त्रेधा *f*, पांचावर धारण *f*, चळकांप.

CONSTIPATE *v*. (*-stipare*, to crowd together) stop, as a passage कोंडणें, बुजविणें; make costive कोठा बंद क., मलावष्टंभ क.—CONSTIPATION दाटी क. *n*, दाटी *f*, गिचडी *f*; मलावरोध, बद्धकोष्ट.

CONSTITUTE *v*. (*-statuere*, to place) स्थापणें, नेमणें; compose करणें, बनावणें; depute नेमून -वकील -मुखत्यार करून पाठविणें.—CONSTITUENT *a*. component अंश -कारण -मूलभूत: body, soul, and reason are the three c. parts of man; having the power of appointing नियोजक, संस्थापक.—*n*. अवयव -अंगभूत पदार्थ -विषय; संस्थापक, नियोजक; one who assists in appointing or electing a representative to an office मुखत्यार निवडण्याच्या किंवा नेमण्याच्या कामांत सहकारी. — CONSTITUTION नियोजन *n*, संस्थापन *n*; natural condition तब्यत *f*, प्रकृति *f*; make घटना *f*, बनावट *f*, रचना *f*; organic law कायदा; *pl* बंदोबस्त, व्यवस्था *f*, विधान *n*. -AL *a*. तब्यतीचा, प्रकृतीचा, आंगचा (infirmity); राज्यव्यवस्थानुसारी, राज्यनीतीचा, बंदोबस्ताचा, कायद्यांचा.

CONSTRAIN *v*. (*-stringere*, to strain) secure by bonds बांधणें, आवळणें; compress आकुंचित क.; restrain आवरणें, आकळणें; compel जुलूम -बलात्कार क. [by].— CONSTRAINT आवर, निग्रह; बळजोरी *f*, बलात्कार, जोर; necessity गरज *f*, अवश्यकता *f*, जरूरी *f*.—CONSTRICT *v*. आंखडणें, आकर्षणें. -ED

p. a. आकुंचित, आंखडलेला. -ION संकोच, आकुंचन *n.*

CONSTRUCT *v.* (*-struere,* to pile up) बांधणें, उठवणें, रचणें (an edifice); arrange रचणें, उभारणें, बनावणें (a theory). -ION बांधणी, रचना *f*; structure घडण *f*, रचना *f*, बांधा; *Gram.* वाक्यरचना *f*, पदयोजना *f*, sense अर्थ, आशय.—CONSTRUE *v.* अन्वय लावणें -जुळणें -दाखविणें; translate भाषांतर क.; put a construction upon -चा अर्थ लावणें -बसवणें -क. [upon].

CONSTUPRATE *v.* (*-stuprare,* to ravish) हटसंभोग क., भ्रष्ट क., जुलूम क.

CONSUBSTANTIAL *a.* (See SUBSTANCE) एकजातीय, समतत्व, एकतत्व. -ITY समतत्वता *f*. —CONSUBSTANTIATION समभाव, समतत्वता *f*; [*Theol.* the actual, substantial presence of Christ with the bread and wine of the sacrament of the Lord's Supper].

CONSUL (*L.*) रोमन लोकांत राज्यकारभार पाहणारा एक मुख्य अधिकारी होता; officer appointed to protect the commerce of his country in foreign parts स्वदेशच्या व्यापाराचें परदेशांत रक्षण करण्यास नेमलेला सरकारी कामदार -वकील -अमीन. -AR *a.* कान्सल-वकिला संबंधी. -ATE कान्सलाचा हुद्दा, अमीनी *f*. -SHIP कान्सलाचा हुद्दा; कान्सलाच्या हुद्याची मुदत *f*.

CONSULT *v. i.* (*consulere*) मसलत -सल्ला घेणें -पुसणें; deliberate विचार -मनन क.—*t.* -ची मसलत विचारणें; recur to for information -पाशीं माहिती करून घ्यायास जाणें; regard पाहणें, लक्ष्य -दृष्टि -नजर ठेवणें; deliberate upon विचार क.;—books ग्रंथअवलोकन क. -पाहणें [with, in, upon]. -ATION मसलत *f*, विचार; meeting of persons to consult together मसलती करितां मिळणें *n*, दिवाण *n*, मजलस *f*, बेठक *f*; secret c. खलबत *n*.

CONSUME *v.* (*-sumere,* to take) destroy, as by decomposition, dissipation, waste, or fire नाश क., फडशा क., उडविणें; use up खर्चणें; waste दवडणें.—*i.* झिजणें, नाश -लय होणें; become exhausted खपणें.—CONSUMPTION खाणें *n*, खाद *f*, फस्त क. *n*; खर्च, फडशा, फन्ना; loss तोटा, झीज *f*; a gradual decay of the body झिजणी *f*, क्षय; phthisis क्षयरोग, कफक्षय; pulmonary c. यक्ष्मा. — CONSUMPTIVE *a.* क्षय -नाशकारक; क्षयरोगी, झड्या; inclined to consumption क्षयाच्या भावनेचा.

CONSUMMATE *v.* (*-summa,* sum) achieve पुरा -पूर्ण क. [by]. — *a.* पक्का, पुरा, पूर्ण.—CONSUMMATION पूर्णता *f*, संसिद्धि *f*, निष्पत्ति *f*; close अंत, समाप्ति *f*.

CONTACT (*-tangere,* to touch) close union of bodies निकट संबंध, संयोग; a touching स्पर्श, संपर्क. — CONTAGION, act of transmitting a disease from one person to another, by direct or indirect contact साक्षात् किंवा परंपरेच्या स्पर्शानें रोग पाठविणें *n*, स्पर्शसंचार; pestilential influence स्पर्शसंचारी रोग -बाधा *f* (मरी *f*, लस *f*, इ०). —CONTAGIOUS *a.* स्पर्शानें होणारा -लागणारा -पसरणारा (disease); pestilential विखारी, रोगी (air); spreading from one to another एकाकडून दुसऱ्याकडे जाणारा -पसरणारा: the spirit of imitation is c.

CONTAIN *v.* (*-tenere,* to hold) comprise समावेश क., असणें: what thy stores c. bring forth; hold धरणें, साठवणें, मावून घेणें: a barrel *contains* more than two bushels. -ABLE *a.* मावायाजोगा, रहायाजोगा. -ED धरलेला, समाविष्ट; गर्भित, आकलित.—CONTINENCE, -CY, self-command आत्मसंयमन *n*, निग्रह; chastity of males एकपत्निव्रत *n*;—of females एकपत्निसेवा *f*; resistance of concupiscence नाडंबदपणा, ब्रह्मचर्य *n*.—CONTINENT *a.* जितेंद्रिय, नियतें-

द्विप; बंदिस्त, नाडबंद. — *n.* great extent of land not interrupted by water महाद्विप *n*; [main land of Europe, as distinguished from the islands, esp. from England]. -AL *a.* महाद्विप संबंधी, महाद्विपाचा.

CONTAMINATE *v.* (-*taminare,* to violate) soil मळविणें, डाग लावणें; pollute भ्रष्ट क., विटाळविणें; tarnish कलंक -दोष लावणें [by, with]. —CONTAMINATED दूषित, लिप्त, अपवित्र.—CONTAMINATION दूषण *n,* मालिन्य *n,* अशौच *n.*

CONTEMN *v.* (-*temnere,* to slight) अनादरणें, अवमानणें, कसपटा प्रमाणें मोजणें [for]. -ED निंदित, अवमानित, उपेक्षित. — CONTEMPT अपमान, धिक्कार; *Law,* disobedience of the rules, orders, or process of a court of justice, or of the rules or orders of a legislative body; disorderly, contemptuous, or insolent language or behavior in presence of a court, tending to disturb its proceedings, or impair the respect due to its authority कोर्टाचा किंवा कायदे करण्याऱ्या मंडळीचा अपमान -बेअदबी *f* [for]. -IBLE *a.* तिरस्कार करायाजोगा, तुच्छ, पाजी, हलका. -UOUS *a.* अवमानाचा, धिक्कारयुक्त, निंदात्मक; haughty दिमाखाचा, तोऱ्याचा, ताठ्याचा (behavior). -NESS उद्दटपणा, मगरूरी *f.*

CONTEMPLATE *v.* (*contemplari*) meditate ध्यान -लक्ष लावणें; have in view मनांत -होऱ्यांत असणें. — *i.* चिंतन -मनन क. — CONTEMPLATION ध्यान *n,* ध्यास, चिंतन *n*; to have in c. विचार -बेत असणें. — CONTEMPLATIVE *a.* ध्यानस्थ (look); मननशील, विचारवंत : the c. part of mankind.

CONTEMPORARY (-*tempus,* time) एककालीं असणारा, एककालिन, बराबरचा (with).—*n.* एककालिन, एककालीं असणारा मनुष्य -वर्त्तमानपत्र *n,* इ०.

CONTEND *v. i.* (-*tendere,* to stretch) quarrel भांडण -कज्जा क.; dispute वाद -तकरार क. [for, against, with].—CONTENTIOUS भांडण *n,* कज्जा; तकरार *f,* वाद; fierce c. झोंबी *f,* लटपट *f,* कलागत *f.*—CONTENTION *a.* भांडखोर, वादप्रिय; involving contention वादाचा; खटल्याचा, कलह उत्पन्न करण्याजोगा, तकरारीचा.

CONTENT *a.* (-*tenere,* to hold) तृप्त, संतुष्ट, समाधानी, राजी. — *v.* इच्छा तृप्त क., मनशा मोडणें; please संतोषविणें, खुशी क. -MENT तृप्ति *f,* परितोष, संतोष.—CONTENTS — of a receptacle भरगत *f,* अंतर्गत वस्तु *f*; — of book, &c. मजकूर, लिखितार्थ; table of c. or the c. अनुक्रमणिका *f*; *Geom.* क्षेत्रफळ *n* superficial c. पृष्ठफळ *n.*

CONTEST *v.* (-*testis,* witness) call in question तकरार क., दिकत काढणें; struggle to defend रक्षणा करितां भांडणें -युद्ध -कलह क.; *Law,* litigate वाद क., भांडणें (with).—*n.* भांडण *n,* वाद, तकरार *f*; लढाई *f,* युद्ध *n.* -ABLE *a.* तकरारीचा, वादाचा, वादास योग्य.

CONTEXT (-*texere,* to weave) connected structure, as of a discourse अन्वय; parts of a discourse which precede or follow a sentence quoted वाक्याचा पूर्वापार संदर्भ, शब्दसंदर्भ.

CONTIGUOUS *a.* (-*tangere,* to touch) जवळचा, लगत्याचा, एकसीम [to].—CONTIGUITY समीपता *f,* लगता.

CONTINENCE, CONTINENT, See under CONTAIN.

CONTINGENT *a.* (-*tangere,* to touch) incidental दैवानें घडणारा, आगतुक; dependent on that which is undetermined अनिश्चित गोष्टीवर अवलंबणारा (upon, on); casual नैमित्तिक; c. expenses सादिलवार खर्च.—*n*; दैवयोग, दैवघटित गोष्ट *f*; quota वाटणी *f,* वर्गणी *f,* हिस्सेरसी *f*: each prince furnishes his c. of men.

CONTINUE *v.* (*-tenere,* to hold) पुढें चालवणें, चालू ठेवणें, करीत जाणें (Ps. xxxvi. 10); prolong लांबविणें, वाढविणें.—*i.* stay राहणें, चालणें, नांदणें (Matth. xv. 32); endure टिकणें, निभणें, चालणें (1 Sam. xiii. 14); persevere टिकणें, धीर -दम धरून राहणें (John vii. 32) [from, to].—CONTINUAL *a.* निरंतर, सतत्, सदा; often वारंवार, नित्य. -LY *ad.* नित्य, नेहमी, हरघडीं; निरंतर, वारंवार.— CONTINUANCE पुढें चालविणें *n,* चालवणूक *f;* constancy स्थिरता *f,* स्थिति *f;* टिकाव, नांदणूक *f,* राहणें *n; Law,* postponement of the proceedings in a cause from one stated term of a court to another खटल्याची तहकुबी *f.*—CONTINUITY एकसारखेपणा, नैरंतर्य *n.*—CONTINUATION स्थिति *f,* टिकाव, राहणें *n;* पुढें चालवणें *n;* उत्तरभाग, परिशेष *n,* शेपूट *n:* the c. of a story.— CONTINUOUS *a.* निरंतर, अखंड, एकसारखा.

CONTORT *v.* (*-torquere*) पिळवटणें, मुरगळणें. -ION पीळ, पिळा, मुरगळा;— of the bowels मुरडा.

CONTOUR (*F.*) line that bounds a figure आकृतीच्या परिघाची रेषा *f;* outline रूप *n,* रेषा *f,* आरंभ.

CONTRABAND (*L. & It.*) कायद्यानें मना केलेला व्यापार किंवा माल.—*a.* कायद्यानें मना केलेला.

CONTRACT *v.* (*-trahere,* to draw) आंखुडणें, संकुचित क.; आवरणें;—the brow आठी -अठ्या घालणें; bargain for करार -मक्ता क.; take by contract मक्ता -इजारा घेणें; gain जोडणें, मिळविणें; betroth मागणी घालणें, वाग्दान क.—*i.* आकुंचणें, संकोचित होणें; करारानें -मक्त्यानें घेणें [for, with].—*n.* करार, मक्ता, 'कंत्राट' *n;* करारपत्र *n* -नामा; to take by c. तोडून -खंडून घेणें; marriage c. मागणी *f,* वाग्निश्चय. -ED संकुचित, आकुंचित; संक्षिप्त; घेतलेला, जोडलेला; मागणी घातलेला, वाग्दत्त; mean हलका, नीच, अधम. -ION आंखडणें *n,* आकुंचन *n;* संक्षेप, ऱ्हास: a writing full of *contractions; Gram.* संक्षिप्त वर्ण. -ER मक्तेकरी, गुत्तेवाला, इजारदार, 'कंत्राट' वाला;—of lands खोत.

CONTRADICT *v.* (*-dicere,* to say) oppose in words विरुद्ध -उलट बोलणें; oppose आड येणें, विरोध क., मोडा घालणें, रद्द क.: no truth can c. another truth. -ION उलटें बोलणें *n,* विरोधोक्ति *f,* फेर, विपर्यय, बाध. -ORY *a.* उलटा, आडवा, विरुद्ध; असंगत, विसंगत, परस्पर विरोधी.—*n.* विरुद्ध -विसंगत गोष्ट *f* -सिद्धांत.—CONTRADISTINGUISH *v.* विपरीत गुणांनीं भेद दाखविणें.—CONTRADISTINCTION विरुद्ध गुण सांगून जो भेद दाखवितात तो, वैलक्षण्य *n.*

CONTRAMURE (*-murus,* wall) पडकोट, परकोट.

CONTRAPOSITION (See POSITION) सम्मुख -समोरासमोर ठेवणें *n.*

CONTRARY *a.* (*-contra,* against) opposite विरुद्ध, उलटा, प्रतिकूल; c. wind तोंडचा -समोरचा वारा; repugnant वाकडा, विगुण; perverse हेंकट, हेकेखोर [to].—CONTRARIETY उलटेपणा, विपर्यय; वैगुण्य *n,* वैलक्षण्य *n.*—CONTRARIWISE *ad.* उलटून, उफराटा; आडवे -वांकडेपणानें, विरुद्ध भावानें.

CONTRAST *v.* (*-stare,* to stand) गुणाचा भेद दाखवून तुलना क., गुणागुण प्रकाशणें.—*i.* भिन्न भावानें दिसणें -शोभणें -विराजणें [with].—*n.* अंतर *n,* वैलक्षण्य *n,* फरक.

CONTRAVENE *v.* (*-venire,* to come) आडवा येणें -होणें; oppose विरोध क.—CONTRAVENTION विरोध, प्रतिरोध; obstruction अडथळा, अटकाव [of].

CONTRIBUTE *v.* (*-tribuere,* to give) give in common with others दुसऱ्या बरोबर देणें, वर्गणी -हिस्सा देणें; supply in part भर

घालणें.—*i.* मदत -सहाय -देणें -क. [to].—Contribution वर्गणी *f*, हिस्सा, भर *f*; military c. खंड, खंडणी *f*.—Contributive, Contributory *a*. सहायकारी, उपकारी; भर घालणारा, पुरविणारा.

Contrite *a*. (*-terere*, to rub) broken down with grief दुखानें भग्न झालेला; penitent पश्चात्तापी.—Contrition खेद, अनुताप.

Contrive *v*. *F*. युक्ति काढणें, कल्पिणें, योजणें. —*i*. युक्ति -तजवीज -उपाय क.—Contrivable *a*. कल्पनीय, योज्य.—Contrivance योजणें *n*, रचणें *n*; युक्ति *f*, तोड *f*, कल्पना *f*; thing contrived कृति *f*, करामत *f*, यंत्र *n*.—Contriver योजणारा, रचक; हुनरी, करामती.

Control *F*. restraint आवर, आटोप, निग्रह; authority to check हुकूम, सत्ता *f*, नियंतृत्व *n*; under the c. of ताब्यांत, कह्यात, स्वाधीन.—*v*. आवरणें, आटोपणें; ताब्यांत -कह्यांत ठेवणें [by]. -ler आटोपता, आवरणारा, नियंता; officer appointed to keep a counter-register of accounts, or to oversee, control, or verify the accounts of other offices मुस्ताफी *Hind*.

Controvert *v*. (*-vertere*, to turn) वाद क., तकरार घेणें, भांडणें. -ible *a*. वादास योग्य, विवादास्पद, खटल्याचा.—Controversy वाद, भांडण *n*, विवाद.

Contumacious *a*. (*-tumere*, to swell) हट्टी, जिद्दखोर; *Law*, wilfully disobedient to the summons or orders of a court कोर्ताचा हुकूम हट्टानें न मानणारा, कोर्ताची बेअदबी करणारा.—Contumacy हट्ट, दुराग्रह, जिद्द *f*. —Contumely मगरुरीचें -तोऱ्याचें -दिमाखाचें भाषण *n*.—Contumelious *a*. reproachful निंदक, निंदेचा; insolent मगरुरीचा.

Contuse *v*. (*-tundere*, *Skr. tud*, to beat) ठेंचणें, कुटणें; injure by beating ठेंचून- चेंचून दुखापत क.— Contusion, *Surg*., bruise, hurt, or injury to the flesh by a blunt instrument, or by a fall, producing no breach or apparent wound दुखापत *f*.

Convalescent *a*. (*-valere*, to be strong) recovering health after sickness दुखण्यातून नुकताच उठलेला, बगत्या पंथास लागलेला, हिंडता फिरता.—Convalescence सावरती दशा *f*, पालवी *f*, बगता पंथ.

Convene *v.i.* (*-venire*, to come) जमणें, मिळणें. —*t*. मिळविणें, जमविणें, भरविणें (a meeting).—Convener (लोक -सभा) जमविणारा; chairman of an organized body सभाध्यक्ष, सरपंच.

Convenience (do.) fitness योग्यता *f*, लायकी *f*; ease सुख *n*, सोयी *f*; accommodation सोय *f*, सोयी *f*, अनुकूलता *f*; fitness of time अवकाश, अवसर; fitness of place बिऱ्हाडाची -जाग्याची सोयी *f*.—Convenient *a*. सोयीचा, सोयिवार; सुखकारक, अनुकूल [for, to].

Convent (do.) body of monks or nuns मठाश्रमी पुरुष *pl* किंवा बायका *f pl*; a monastery मठ, आश्रम. — Conventical *a*. मठसंबंधी. — Conventicle, assembly सभा *f*; assembly for worship भक्तिसमाज, भजन, समाज, प्रार्थनासमाज, मेळा.

Convention (See Convene) act of coming together एकत्र मिळणें *n*; assembly of delegates प्रतिनिधींची सभा *f*; usage वहिवाट *f*, धारा; contract संकेत, ठराव. -al *a*. संकेताचा, ठरावाचा; रुढीचा, प्रघाताचा.

Converge *v*. (*-vergere*, to turn) एका केंद्राकडे वळणें, एकीकडे वळणें -मिळणें; एककेंद्राभिमुख होणें [to, together].—Convergence, एककेंद्राभिमुखता *f*.—Convergent *a*. एककेंद्राभिमुख.

Converse *v.i.* (*-versari*, to be turned) hold intimate intercourse वहिवाट -सहवास -संसर्ग ठेवणें, दळणवळण ठेवणें [with]; talk familiarly संभाषण -गोष्टीवार्त्ता क.; have

sexual commerce संग -संभोग क. [with, together].—*n.* सहवास, समागम; संभाषण *n*, गोष्टी बाता *f*.—CONVERSANT *a.* वहिवाटीचा, परिचयाचा; versed निपुण, वाकब, माहितगार; having relation संबंधाचा, विषयींचा (with).—CONVERSATION बोलणें *n*, संभाषण *n*; behavior वागणूक *f*, आचरण *n*; निपुणता *f*, माहिती *f*, वाकबगारी *f*.—CONVERSAZIONE *It.* meeting for conversation, part. on literary subjects विद्यादि विषयावर संभाषण -चर्चा करण्याची सभा *f*.

CONVERT *v.* (*-vertere*, to turn) transform रूप पालटणें, रूपांतर क.; change from one religion to another धर्मांतर करविणें; — from one party to another पक्षांतर करविणें; turn from a bad life to a good one सन्मार्गवर्त्ती क., सदाचाराकडे फिरविणें: he who *converteth* the sinner from the error of his ways shall save a soul from death (James v. 20); apply by a diversion from the proper or intended use नियोजित कार्यावरून अन्य कार्यी लावणें : he *converted* the prizes to his own use [from, to, by]; पालटणें, रूपांतर होणें.—*n.* दुसऱ्या धर्मांत गेलेला, परमतावलंबी; one who turns from the controlling power of into that of holiness सन्मार्गाकडे फिरलेला, पवित्रमार्गी, सन्मार्गवर्त्ती.—CONVERSE उलटपक्ष, व्युत्क्रम.—CONVERSION रूपांतर *n*, पालट; धर्मांतर *n*, मतांतर *n*; पक्षांतर *n*; *Theol.* change from the service of the world to the service of God जगाची चाकरी सोडून ईश्वराच्या सेवेस लागणें *n*, देवाकडे फिरणें *n*.

CONVEX *a.* (*-convehere*, to bring together) कासवाच्या पाठीच्या आकाराचा, बाह्यगोल.—CONVEXITY बाह्यगोलता *f*.—CONVEXO-CONCAVE *a.* बाह्यांतर, दुदुंभाकार, अर्धचंद्राकृति.

CONVEY *v.* (*-via*, way) carry from one place to another नेणें, घेऊन जाणें; transmit पोचविणें, पावता क.; make over हवाला क., सोपणें; impart देणें [from, to].—*i.* चोरी क., चोरणें. -ANCE नेणें *n*, नयन *n*; सोपणें *n*, हवालणें *n*; means of carrying वहन *n*, गाडी *f*, पालखी इ०; *Law*, deed for transferring property दानपत्र *n*, समर्पणपत्र *n*. -ANCER दानपत्र लिहिणारा. -ANCING सत्ता-निवृत्ति *f*.

CONVINCE *v.* (*-vincere*, to conquer) खातरी क., प्रत्ययास आणून देणें. —CONVICT *a.* अपराध लागू क., पदरीं माप घालणें [of].—*n.* अपराधी ठरविलेला मनुष्य, गुन्हेगार. -ION गुन्हा शाबीत क. *n*; confutation खंडन *n*; strong persuasion भरवसा, खातरी *f*; — as formed प्रबोध.

CONVIVIAL *a.* (*-vivere*, to live) मेजवानीचा, भोजन समारंभाचा. -ITY मेजवानीच्या वेळचा विनोद, हास्य *n*, इ०.

CONVOKE *v.* (*-vocare*, to call) बोलावणें, आमंत्रिणें.— CONVOCATION बोलावणें *n*, आवाहन *n*; assembly सभा *f*, समाज; [*Church of Eng.* general assembly of the clergy, by their representatives, to consult on ecclesiastical affairs].

CONVOLVE *v.* (*-volvere*, to roll) गुंडाळणें, लपेटणें.—CONVOLUTION पेच, फेरा, लपेटणी *f*.

CONVOY *v.* (See CONVEY) वाटेनें रक्षण करून पोचविणें, रक्षणार्थ बरोबर जाणें. — *n.* वलांवा, पावणी *f*.

CONVULSE *v.* (*-vellere*, to pull) पिळणें, पिळवटणें; agitate कापविणें, थरारविणें, क्षोभविणें [with]. — CONVULSION पिळावळा, पेटका; क्षोभ, गडबड *f*, कंप.

CONY (*cuniculus*, rabbit) ससा सारखें एक जनावर आहे.

COO* *v. i.* make a low cry as pigeons घुमणें.

COOK *v.* (*coquere*) स्वैंपाक क.; —by boiling, शिजविणें, रांधणें;—by roasting भाजणें.—*n.*

स्वयंपाकी, आचारी. -ERY पाकक्रिया *f*. -ROOM स्वयंपाकघर *n*, पाकशाला *f*.

COOL* *a*. moderately cold अमळ थंड, मंदशितळ ; producing coolness सीतकारक; calm थंड, शांत, अव्यग्र (reason) ; indifferent उदास, अनुत्कंठित, थंड; quietly impudent धटाईचा, निलाजरेपणाचा, धट्ट, निलाजरा (behavior).—*n*. थंडी *f*, थंडावा ; —of the day शिळोपा.—*v*. थंड क., निववणें; मंद -शांत क.; विझविणें.—*i*. निवणें, थंड होणें ; शमणें, थंडावणें [down]. -LY *ad*. थंडाईनें, मंदाईनें ; deliberately विचारानें, घाई न करितां, दमाखालीं ; अनास्थेनें, उदासपणानें. -NESS थंडपणा, थंडाई *f* ; सावकाशी *f*, थंडाई *f* ; अनुत्साह, अनुराग, पातळमाया *f*.

COOP (*cupa*) barrel पीप *n* ; pen for animals कोंडवाडा ; — for fowls खुराडा.—*v*. कोंडणें, कोंडींत घालणें [up in]. -ER पिंपें करणारा. -AGE पिंपें करणावळ *f* ; place where coopers' work is done पिंपें करण्याचा कारखाना ; work of a cooper पिंपें करण्याचें काम *n*.

CO-OPERATE *v*. (-*opus*, work) मिळून -सोबतीनें काम क., सहाय क. (with, in).—CO-OPERATION सहकार, सहाय.—CO-OPERATIVE *a*. -TOR *n*. मिळून कामकरणारा, सहकारि, सहोद्योगी.

COOT *D*. पाणडुबी *f*, *Hind*.

COPAL, *Mexican*.—the gum चंद्रूस.

COPARCENER (-*pars*, part) अविभक्त, समभागी, घरभाऊ, तक्षीमदार.— COPARCENARY समभागीपणा, तक्षीमदारि *f*. — COPARTNER सर्कती, पातीदार. -SHIP सर्कत *f*, पाती *f*.

COPE * *v*. *i*. लढणें, भिडणें, टक्कर देणें [with].

COPERNICAN *a*. कोपर्निकसाचा (को० हा एक महाविद्वान जोतिषी होता) (system).

COPIOUS *a*. (*copia*) plentiful पुष्कळ, महामूर, प्रचुर ; ample प्रशस्त, विपुळ. -NESS पुष्कळपणा, महामुरी *f*, प्राचुर्य *n*.

COPPER (*cuprum*) तांबें *n*, ताम्र *n* ; copper coin ताम्ब्याचें नाणें *n* : पैसे, पई इ० ; vessel made of copper तांब्याचें भाडें *n*, ताम्रभाजन *n* (डेग, कढई इ० कढविण्याचें भाडें); sulphate of c. मोरचूत ; calx of c. ताम्रभस्म *n*. —*a*. तांब्याचा, ताम्रमय.—*v*. तांब्यानें मढविणें (a ship). -AS हिराकस. -FACED *a*. तांब्यानें मढविलेला, ताम्रमुख (type). -PLATE ताम्रपट ; print taken from a copperplate ताम्रपटावर छापलेली प्रत *f*, (कित्ता, नकाशा, चित्र इ०). -SMITH तांबट, कांसार, तांबटकर.—COPPERY *a*. ताम्रमिश्रित ; like copper तांब्यासारखा ; made of copper तांब्याचा, ताम्रमय.

COPPICE *F*. झुडपाळ रान *n*, झाडी *f*. सर्पणा करितां वारंवार तोडायाचें रान *n*.

COPULA (*L*.) *Logic*, the word which unites the subject and predicate of a proposition उद्देश्य आणि विधेय यांस जोडणारा शब्द ; *Anat*. ligament अस्थिबंधन *n*. -TIVE *a*. जुळणारा ; *Gram*. उभयान्वयी. — COPULATE *v*. *i*. जुळणें, संभोग क.

COPY *F*. writing like another writing प्रत *f*, नकल *f*, 'कापी' *f* ; original work असल *f*, मूळ ग्रंथ ; model नमुना, कित्ता, one of a series of imitations of an original work प्रत *f* ; foul c. मसुदा, खरडा ; that which is to be printed मूल *n*, 'कापी' *f*.—*v*. प्रत -नकल क. [without]; imitate कित्ता -वळण घेणें, अनुकरण क. -BOOK कित्त्याचें पुस्तक *n*, 'कापी बूक' *n*. -HOLD पट्टा. -IST प्रत करणारा, लेखक, नकलनवीस *Hind*. -RIGHT, the exclusive right of an author to print, publish, and vend his own literary works for his own benefit, during a certain period of time ग्रंथस्वामित्व *n*.

COQUETTE (*F*.) नखरेदार बायको *f*, चाळक भवानी *f*, नाचण *f*.—COQUETRY नखरा, आदा, विलास, हाव.

Coral (*corallum*) पोवळें *n*, मवाळ *n*; पोवळ्याचें केलेलें लेंकराचें खेळणें *n*; child's c. चोखणी *f*. -**line** *a*. पोवळ्याचा, मवालमय. -**tree** पारिजातक.

Corban *Heb*. alms-basket भिक्षापात्र *n*; gift दान *n*, कुर्बान *n* (Mark vii. 11).

Cord (*chorda*) string दोर, दोरी *f*; enticement पाश, बंधन *n*. -**age** दोरखंडें *n. pl*.—**Cordon**,—in fortification कंगणी *f*.

Cordial *a*. (*cor*, heart) मनापासूनचा, मनःपूर्वक; giving strength or spirits बलवर्द्धक, दीपक.—*n*. पौष्टिक, तेजोवर्द्धक (औषध वगैरे). -**ity** निष्कपटप्रीति *f*, सौमनस्य *n*. -**ly** *ad*. मनापासून, बेंबीच्या देठापासून.—**Core** गाभा, गर्भ;—of a horn नार.

Coriander (*coriandrum*) कोथिंबीर *f*; c. seeds धणे *pl*.

Corinthian *a*. करिंथ शहरा संबंधी; [pertaining to the Corinthian order of architecture].

Cork (*cortex*, bark) कार्क नामक झाडाची वरची साल *f* (हिचे बूच करतात); कार्क सालीचा बूच -दट्टा.—*v*. दट्टा -गुडदी मारणें -बसविणें [up]. -**screw** बूच काढायाचा स्क्रू; 'कार्कस्क्रू.'

Cormorant (*corvus*, raven) करढोंक पक्षी.

Corn* single seed of certain plants दाणा, कण; various cereal or farinaceous grains which grow in ears, and are used for food दाणा, धान्य *n*, गल्ला; plants which produce corn when growing in the field (भाताचे -गव्हाचे -दाण्याचे;) रोपे *pl*, शेत *n*.—*v*. preserve and season with salt मिठांत घालणें, खारावणें (beef); granulate रवे क. (gunpowder); supply or feed with grain दाणा पुरविणें किंवा चारणें -देणें (horses); render intoxicated मस्त क., निशा आणणें: ale strong enough to c. one. -**floor** खळें *n*.

Corn (*cornu*, horn) पायावरचा जोड्याचा घट्टा.—**Corneous** *a*. शिंगाचा; शिंगा सारखा.—**Cornea** डोळ्याचा बाहुलीवरचा पडदा.—**Cornicle** लहान शिंग *n*.

Cornelian, See **Carnelian**.

Corner (*cornu*, horn, end) angle कोन; space between two converging lines or walls which meet in a point कोन, कोपरा; secret place कोनपडा, एकवसा; any part कोणताही भाग; a part भाग, कोनकोपरा: they searched every c. of the forest. -**stone**, stone which lies at the corner of two walls, and unites them कोपऱ्याचा धोंडा, कोन्यादगड. -**wise** *a*. तिर्कस.

Cornet (*cornu*, horn) wind instrument blown with the mouth करणा, शिंग *n*; officer who carries the standard in a cavalry troop तुरपाचा झेंडेवाला. -**er** शिंगवाजविणारा, शिंगकरी.

Corolla (*L*.) फुलवरा, अंतरपुष्पकोश.—**Corollary**, that which follows over and above a proposition demonstrated एका गोष्टीवरून सिद्ध झालेली दुसरी गोष्ट *f*, 'कुर्लरी' *f*; inference अनुमान *n*.

Cornice *L*. कंगोरा, कंगणी *f*.

Coronal (*coronalis*) crown मुगुट, किरिट; frontal bone टाळू *f*.—*a*. मुगुटाचा; राज्याभिषेकाचा; टाळूचा. — **Coronation** पट्टाभिषेक, राज्याभिषेक. — **Coroner**, officer whose duty is to inquire into the manner of a violent death अपघातानें अथवा जुलमानें मेलेल्या मनुष्याचा चौकसनीस, 'कारोनर.' [This must be done by a jury, on sight of the body, and usually at the place where the death happened].—**Coronet**, inferior crown worn by noblemen बडे लोकांचा मुगुट; ornamental head-dress शिरभूषण *n*; [upper part of a horse's hoof, where the horn terminates in skin]. -**ed** *a*. मुगुटधारी, किरिटी.

Corporal *F.* (फौजेंतील) नाईक.—*a.* (*corpus*, body) शरीर संबंधी ; c. toil अंगमेहनत *f*; corporeal देही, शरीरी ; material मूर्त्तिमंत (heaven).—**Corporate** *a.* formed into a body by legal enactment सनदीजमातीचा. —**Corporation**, a body politic or corporate, formed and authorized by law to act as a single person, and endowed by law with capacity of perpetual succession सनदीजमात *f*; society having the capacity of transacting business as an individual पुठा. — **Corporeal** *a.* देही, शरीरी ; not spiritual अनात्मिक, मर्त्य. -**ist**, one who denies the reality of spiritual existence अनात्मवादी.—**Corps** सैन्य *n*, चमू *f*, गण.—**Corpse**, dead body of a human being मुडदा, प्रेत *n*.—**Corpulence**, -**cy** अंगाचा स्थूलपणा, अंगस्थौल्य *n*. —**Corpulent** *a.* स्थूल, मांसल, ढमाल. — **Corpuscule** अणू, परमाणु.

Correct *v.* (-*regere*, to lead straight) make right नीट क., सुधारणें ; remove errors शुद्ध क., शोधणें ; chastise शिक्षा लावून सुधारणें ; counteract रग मोडणें, समधात क., ताळ्यावर आणणें : to c. the acidity of the stomach by alkaline preparations. —*a.* नीट, दुरुस्त ; शुद्ध, बिनचूक, दोषहीन. -**ion** नीट क. *n* ; निटावणी *f*; शुद्ध क. *n*, शोध ; शिक्षा *f*, पारपत्य *n* ; शोधन *n*, विशुद्धि *f*; house of c. तुरुंग. -**ive** *a.* सुधरणारा, शुद्ध करणारा ; नाश करणारा, समधात, घ्न, in comp. विषघ्न. -**ly** *ad.* शुद्ध रीतीनें, बराबर, ठीक. -**ness** शिष्टाई *f*, नीति *f*; शुद्धपणा, शुद्धता *f*. -**or** शासन करणारा, शास्ता ; चूक नीट करणारा, दुरुस्त करणारा ; समधात करणारा, शोधक : an alkali is a c. of acids. — **Corrigible** *a.* दुरुस्त -शुद्ध करण्याजोगा ; शोधनीय ; शासनीय, शिक्षा करण्याजोगा. — **Correlative** *a.* अन्योन्य संबंधाचा. father and son are c. terms.—*n.* अन्योन्य संबंधभाव.

Correspond *v.* (-*respondere*, to answer) suit जमणें, मिळणें, जुवाबसणें ; have intercourse वहिवाट -व्यवहार ठेवणें ; — by sending and receiving letters पत्रव्यवहार ठेवणें-राखणें (with). -**ence** ताळा, मेळ, जम ; वहिवाट *f*, दळणवळण *n* ; पत्रव्यवहार ; letters which pass between correspondents कागद पत्रें *n pl*. -**ent** *a.* बेताचा, मिळाफाचा, तंतोतंत [to].—*n.* पत्र पाठविण्याची वहिवाट ठेवणारा, पत्र पाठवणारा -लिहिणारा ; *Com.* अडत्या, गुमास्ता. -**ing** *a.* बेताचा ; जोडपी, जोडीचा ; पत्रव्यवहार ठेवणारा [with].

Corroborate *v.* (-*roborare*, to strengthen) बळ -जोर आणणें ; confirm बळकटी देणें, खरा क. [by].—**Corroboration** दृढीकरण *n*, पुष्टीकरण *n*; पुरावा, प्रमाण *n*.— **Corroborative** *a.* पौष्टिक, बलवर्द्धक ; मजबुतीचा, पुराव्याचा.

Corrode *v.* (-*rodere*, to gnaw) खात खात जाणें, हळू हळू क्षय क. ; wear away by degrees झिजवणें, जीर्ण क., धुपविणें. — **Corrosive** *a.* किडीसारखा खाणारा, आंत चरत जाणारा, जीर्ण करणारा ; [c. sublimate, an acrid poison of great virulence].

Corrugate *v.* (-*rugare*, to wrinkle) चिरमुटणें, सुरकुती पाडणें.—**Corrugation** सुरकुती *f*.

Corrupt *v.* (-*rumpere*, to break) putrefy कुजविणें, सडविणें ; deprave बिघडणें, नासणें, दुषित क. : evil communications c. good manners (1 Cor. xv. 33); bribe लांचदेणें :

> Heaven is above all yet ; there sits a [Judge
> That no king can *corrupt*.—*Shak*.;

बिथरविणें, सन्मार्गभ्रष्ट क. ; debase नीच -हीन क. (language) ; pervert फिरविणें, खोटा क. (a text) [by, with].—*i.* कुजणें.— *a.* कुजका, सडका ; बिघडलेला, नासलेला ; लांचलुचपतीचा ; भ्रष्ट, दुष्ट, नीच ; फिरवलेला, खोटा. -**ible** *a.* नाशवंत, नश्वर (1 Cor. xv. 53) बिघड-

ण्याजोगा, दूष्य *v.* -IBILITY नश्वरता *f*, विनाशित्व *n.* -ION कुजविणें *n*; बिघाड; भ्रष्टता *f*;—of language अपभ्रंश; pus पू; रुशवतखोरी *f*, लांचलुचपत *f*. See the adj.

CORSAIR (*currere,* to run) pirate समुद्रांत लूट करणारा, चांचा; piratical vessel चाच्याचें गलबत *n*.

CORTEGE (*F.*) जिलीब *f*, स्वारी *f*.

CORTEX (*L.*) वनस्पतीची बाहेरची साल *f*, वल्कल *n.*—CORTICAL *a.* सालीचा; बाहेरचा -ला.

COSINE (*-sinus,* a bend) *Geom.* ज्या *f*, कोभुजज्या *f*.

COSMETIC *a.* (*Gr. kosmos,* ornament) कांतिवर्द्धक *n*, कांतिवर्द्धक द्रव्य *n* -उटणें *n* -तेल *n*.

COSMOS (*Gr. kosmos,* order) the world जग *n*; doctrine of the universe सृष्टिसंबंधी सिद्धांत, सृष्टिविद्या *f*.—COSMOGONY जगाची उत्पत्ति *f*, सृष्ट्युत्पत्ति *f*.—COSMOGONIST जगदुत्पत्ति वर्णनकर्त्ता.—COSMOGRAPHY जगाचें वर्णन *n*, भूसृष्टिवर्णन *n*.—COSMOPLASTIC *a.* जगदुत्पत्ति संबंधी; world-forming सृष्ट्युत्पत्तिकारक.—COSMOPOLITE, -POLITAN, citizen of the world जगद्वासी, सर्वदेशवासी.

COST *Ger.* charge खर्च, व्यय; price मोल; loss तोटा, खर्च; *Law,* खर्च, तोटा; prime cost मुदल *n*; at prime c. मुदलामुदल.—*v.* खर्च लावणें -पाडणें; सोसायास लावणें; to c. dear मोठा खर्च लागणें. -LINESS मोठें मोल *n*; खर्चीकपणा, धीताली *f*. -LY *a.* मोठ्या मोलाचा, बहुमूल्य; मोठ्या खर्चाचा, खर्चीक.—COSTERMONGER (*costard,* modification of *custard*) फळें विकणारा, मेवा विकत फिरणारा.

COSTAL *a.* (*costa,* rib) फांसोळ्याचा; बाजूचा, कुसीचा, पार्श्वीय (nerves); *Bot.* शिरेचा.

COSTIVE *a.* (*-stipare,* to cram) जड कोठ्याचा, बद्धकोष्ट. -NESS कबज *n*, बद्धकोष्ट.

COSTUME *F.* वेष, पेहराव, लिभास.

COT* hut खोपटें *n*, झोपडें *n*; enclosure for beasts कोंडवाडा; small bed बाज *f*, खाटलें *n*. -TAGE झोपडी *f*, खोपटें *n*; app. to a small, neat, and tasteful dwelling टुमदार बंगली *f*. -TAGER झोपडींत राहणारा, कुटीरवासी; [*Law,* one who lives on the common, without paying any rent, or having land of his own]. -QUEAN बायल्या.

COTTON *Ar.* कापूस; cloth made of cotton सुताचें वस्त्र *n*, सुती कापड *n*; c.- cleaner पिंजारी; c. - plant कापसी *f*; c.-press गिरणी *f*; c.-gin वटणें *n*; c.-seed सरकी *f*.

COUCH *v. F.* पलंगावर -मंचकीं ठेवणें -बसविणें; spread पसरणें; compose to rest खालीं बसणें, थिरावणें: the waters c. themselves; express दर्शविणें, बोलून दाखविणें; to c. a cataract डोळ्यांतील मोतीं काढण्या करिता तें सुईनें दाबणें;—a spear or lance लागावर भाला रोवणें; under सुचविणें.—*i.* (विसावा घेण्या करितां) निजणें, लवंडणें; hide लपणें; पसरणें (Deut. xxxiii. 13); bend the body as in reverence, pain, labor, &c. वाकणें, नमणें, लवणें.—*n.* पलंग, मंचक इ० सुखशय्या *f*, 'कोच' *m,f*; any place of repose, as the lair of a beast जनावराची जाळी वगैरे विसाव्याचें स्थान *n*; [layer of barley prepared for malting].

COUGH *D.* खोकला; consumptive c. क्षय, कांस; dry wheezing c. खेंस *f*; hooping-c. डांग्या खोकला; lingering and moist c. खैन.—*v. i.* खोकणें.—*t.* up खोकून बाहेर टाकणें.

COUNCIL (*-cire,* to move) assembly of men summoned or convened for consultation, deliberation, or advice सभा *f*, 'कौन्सल'

n; consultation of a council मसलत *f*, खलबत *n*; privy c. मंत्रिसभा *f*. -LOR सभासद, 'कौन्सलर.'

COUNSEL (*consilium*) consultation मसलत *f*, विचार; prudence शहाणपण *n*, मागला पुढला विचार; advice बुद्धिवाद, उपदेश, सल्ला *f*; design हेतु, संकल्प; one who gives counsel मंत्री, मलसत देणारा; in legal matters वकील; खटला चालविणारी वकीलमंडळी *f*; to keep c. मसलत -बेत इ० गुप्त ठेवणें, भेद कळूं न देणें.—*v*. मसलत देणें, बुद्धिवाद सांगणें. -ER मसलत देणारा;—of a king अमात्य, मंत्री; one of the members of a council सभासद्, 'कौंसिलदार'; वकील.

COUNT *v*. (*computare*, to reckon) मोजणें, गणणें; beads जपणें; esteem मानणें, लेखणें, जमेस धरणें.—*i*. जमणें, वाढणें, लेखलाजाणें: every additional one *counts*; on, upon, rely अवलंबणें, भिस्त असणें.—*n*. मोजणी *f*, मोजदाद *f*; हिशेब, गणती *f*; *Law*, charge in an indictment अभियोग. -ABLE *a*. गणायाजोगा, गणनीय. -ER, substitute for money used in counting नरद *f*, बोंद *n*; shop-table दुकानदाराचा चौरंग. -ING-HOUSE-ROOM व्यापाऱ्याचे कागद पत्र, चोपड्या वगैरे ठेवण्याचें घर *n* -खोली *f*, हिसाबखाना *Hind*. -LESS *a*. अगणीत, बेसुमार.

COUNT *F*. एक बडे लोकांत पदवी आहे. -ESS कौंटाची पत्नी *f*.—COUNTY प्रांत, पेटा, महाल, इ० देशविभाग.

COUNTENANCE (-*tenere*, to hold) expression of the face चेहरा, मुद्रा *f*, तोंडवळा; the face तोंड *n*, मुख *n*; aid आश्रय, मदत *f*, good-will कृपादृष्टि *f*, मेहर *f*, नजर *f*, प्रसाद; in c. कृपेंत; to put out of c. मुखभंजन क.; to be out of c. शरमिंदा होणें, तोंड उतरणें; to keep the c. प्रसन्नमुख असणें -राहणें.—*v*. कृपादृष्टि ठेवणें, पाठ राखणें.

COUNTER *ad*. (*contra*) contrary उलटा, विरुद्ध. -ACT *v*. उलटा उपाय चालविणें, खंडणें, मोडणें, नष्ट क. -ACTION प्रतिक्रिया *f*, प्रतिकार्य *n*. -BALANCE *v*. तोलणें, तोलून धरणें, समभार असणें. -CHANGE *v*. अदलाबदल क., देणें आणि घेणें.—*n*. अदलाबदल *f*, मोबदला, विनिमय. -CHARM उलट मंत्र, प्रतियोग. -EVIDENCE उलट साक्ष *f*, विपरीत साक्ष *f*. -FEIT *v*. (-*facere*, to make) imitate नकल क., अनुकरण क.; forge बनावट -खोटा क. (coins, notes).—*a*. बनाऊ, नकली; खोटा, कृत्रिमी. —*n*. नकली पदार्थ; a cheat ठक, तोतया; counterpart प्रतिमा *f*, प्रतिरूप *n*. -MAND *v*. (-*mandare*, to command) पहिला हुकूम रद्द क., उलट हुकूम देणें.—*n*. उलट हुकूम; a written c. मानचिठी *f*. -MARCH (-*march*) परत कूच *n*; [*Mil*. change of the wings or face of a battalion, so as to bring the right to the left, or the front into the rear]. -MARK, mark or token added to those already existing, in order to afford security or proof प्रतिचिन्ह *n* -लक्षण *n*. -MURE *F*. पडभित *f*, पडकोट. -PANE *F*. पलंगपोश. -PART प्रतिरूप *n*, प्रतिमा *f*; duplicate दुसरी प्रत *f*, नकल *f*. -POISE, See COUNTERBALANCE. -POISON विषाचा उतारा, प्रतिविष *n*. -SIGN *v*. sign that which has been already signed by a superior मखलाशी -रुजु क. -TURN खेळाचा भर. -WEIGHT अभंड *n*, धडा. -WORK *v*. प्रतिक्रिया क.

COUNTRY *F*. tract of land देश, प्रदेश;—as opposed to a city खेडेपाडें *n*, ग्राम; one's native soil स्वदेश, जन्मभूमि *f*, देश; populace, *pl* लोक, प्रजा *f*, देश.—*a*. rural खेडेगांवचा, ग्राम्य; rude गांवढळ, आडमूठ; स्वदेशाचा (language). -MAN देशभाऊ, स्वदेशीय; खेडेगांवचा माणूस, गांवढेकरी; देशचा माणूस: what c., I pray?

COUNTY, See under COUNT.

COUP DE MAIN (*F.*) छापा.—COUP DE SOLEIL उन्हाचा चटका, झळ *f*.

COUPLE (*F.*) pair जोडा, जोडी *f*, युग्म *n*; married pair दंपत्य *n*, स्त्रीपुरुषें *n*, जोडा.—*v*. जोडणें; जोडा जोडणें, लग्न लावणें.—COUPLET दोहरा, बैत *f*.

COURAGE (*cor*, heart) quality of mind which enables one to encounter danger and difficulties with firmness, or without fear or depression धैर्य *n*, अवसान *n*, हिंमत *f*. -OUS *a*. धैर्यवान, छातीचा -दार, शूर.

COURIER (*currere*, to run) जासूद, हलकारा, वार्त्ताहर.—COURSE (do.) progress चाल *f*, गति *f*, प्रवृत्ति *f*; way मार्ग, धाव *f*: race-c.; direction रोख, शिस्त *f*, धोरण *n*: c. of a ship; orderly progress अनुक्रम, पर्याय: day and night shall hold their c.; method of procedure ओळ *f*, वळण *n*, मार्ग; —in points of business धारा, शिरस्ता: obedience is your safest c.; series of motions or acts arranged in order; क्रम, परिपाठ: a c. of reading; method of life आचार, रहाटी *f*: their c. is evil; number of dishes set on a table at once एकाच वेळीं पात्रावर वाढलेली अन्नाची पर *f*; menses रज *n*, ऋतु, विटाळ;—of medicines मंडल *n*; to turn to an evil c. पगडी फिरविणें; enter on a right c. वाटेवर येणें, रहणीस लागणें; c. through ages without beginning अनादी परंपरा *f*; c. of events or Nature दैवगति *f*, गति *f*; of c., as a matter of c. सहज, अवश्य, अलबत; of due c. संप्रदायशुद्ध; to mark out a c. रेघ ओढून देणें; to come in the c. of (conversation &c.) ओघानें येणें; to take another c. रान बदलणें -सोडणें. —*v*. run over -वरून धावणें; chase पाठीस लागणें, पारध क.; cause to run धावविणें, पळविणें: to see the stag *coursed* with greyhounds. —*i*. धावणें, दौडणें. -ER धावणारा; पारध करणारा; racer शर्यती घोडा.

COURT *F*. yard अंगण *n*, चौक; palace राजगृह *n*, राजवाडा; retinue of a sovereign दर्बार *n*, राजमंडळ *n*, जिलीब *f*; appointed assembling of the retinue of a sovereign राजसभा *f*, राजदर्बार *n*; to hold a c. दर्बार भरणें; civility सभ्यपणा, शिष्टाई *f*; *Law*, place where justice is administered अदालतीची जागा *f*, न्यायागार *n*, 'कोडत' *n*, 'कोर्ट' *n*; a judge or judges sitting for the hearing or trial of causes न्यायाधीश, न्यायाधीशमंडळी *f*, 'कोर्ट' *n*; tribunal established for the administration of justice अदालत *f*, कचेरी *f*, न्यायसभा *f*, 'कोर्ट' *n*; criminal c. फौजदारी अदालत *f*; civil c. दिवाणी अ० *f*; session of a judicial assembly कोर्टाचें -कोर्ट बसणें *n*, न्यायाधिशांची बैठक *f*; any jurisdiction, civil, military, or ecclesiastical मुलकी, लष्करी अथवा धर्म संबंधी अमल.—*v*. आर्जव क., जिजी क.; woo लग्नासाठीं स्त्रीची आराधना -आर्जव क.; solicit अर्ज -विनंती क., विनवणें; seek शोधणें; to c. a quarrel कज्जा विकत घेणें. -CRAFT दर्बारी कावा. -DAY कोडत भरण्याचा दिवस. -LY *a*. दर्बारी; शिष्ट, श्रीमंती; आर्जवी.—*ad*. दर्बारी डोलानें, आर्जवानें. -SHIP प्रार्थना *f*, आराधना *f*; लग्नासाठीं स्त्रीचें आर्जव क. *n*. -MARTIAL लष्करी अदालत *f*, सैनिकसभा *f*, 'कोर्ट मार्शल' *n*. -YARD अंगण *n*.—COURTEOUS *a*. गृहस्थगिरीचा, माणुसकीचा, सभ्य. -NESS सुजनता *f*, भलमाणसाई *f*, भीड *f*.—COURTESY सभ्यपणाची रीत *f*, भीड *f*, मुरवत *f*; favor as distinguished from right मेहेर *f*, मेहेरबानी *f*; act of civility आदरउपचाराची क्रिया *f*; *pl* आदरउपचार.—COURTIER दरबारांत जाणारा येणारा मनुष्य, दरबारी मनुष्य; याचक, मागणारा; आर्जवी.—COURTESAN कसबीण *f*, वेश्या *f*.

Cousin (*F.*) child of an uncle चुलत भावंड *n* -भाऊ -बहिण *f*;—of an aunt मामेभाऊ -बहिण; c.-german सख्खा चुलतभाऊ -बहीण *f*, सख्खा मावसभाऊ -बहीण *f*.

Cove* आडवळणी खाडी *f*.

Covenant (See **Convene**) stipulation करार, संकेत, बोली *f*; writing containing terms of agreement करारपत्र *n*, करारनामा; *Theol.* promises of God as revealed in the Scriptures, conditioned on certain terms on the part of man, as obedience, repentance, faith, &c. (Gen. xvii. 7) देवानें मनुष्यासीं केलेला करार; *Law*, a form of action for the violation of a promise or contract under seal करार मोडल्या बदलचा खटला.—*v. i.* करार क., करारानें बांधून घेणें (Luke xxii. 5).—*t.* करार करून देणें, कबुलातीवर देणें -देऊं कं. -ED कराराचा, करारी. --ER करार, करणारा.

Cover *v.* (-*operire*) overspread झांकणें, आच्छादणें, व्यापणें; brood पाखर घालणें अंडीं उबविणें: conceal लपविणें, झांकणें; protect आश्रय देणें, रक्षण क.; be sufficient for पुरणें, बराबर होणें; receipts that do not c. expenses; put on the usual head-dress घालणें (टोपी, पागोटें);—as a veil पदर -बुरखा घेणें; copulate with; said of the male स्त्रीसंग क. -जडणें; as used of beasts जुगणें लागणें, चढणें [up, with].—*n.* envelope आच्छादन *n*, आवरण *n*; lid झांकण *n*, ढांपण *n*; under the c. of -च्या आड; screen पडदा, अंतर्धान *n*; protection आश्रय, आसरा, अडोसा; woods, underbush, &c. which shelter and conceal game पारधीचीं सावजें लपण्याची झाडी *f*; to beat a c. रान हांकणें; a table-cloth, and the other table furniture, esp. the table furniture for the use of one person at a meal पात्र *n*, पान *n*: a dinner of ten *covers* दाहा पात्रांचा स्वयंपाक *n* [for]. -ED आच्छादित, आकीर्ण, in comp. मेघाकीर्ण. -ING झांकणें *n*, झांकण *n*; पांघरूण *n*, प्रावर्ण *n*. -LET पलंगपोस.—**Covert** दडण *n*, आश्रा, आडोसा.—*a.* झाकलेला; गुप्त; आश्रयाचा, आश्रा मिळालेला, रक्षित; disguised उपरोधाचा, उपरोधी; *Law*, under cover, as a married woman, who is considered as being under the protection and control of her husband नवऱ्याच्या स्वाधीन, भर्तृधीन (स्त्री).—**Coverture** दडण *n*, लिपण *n*, आश्रा; भर्तृधीनता *f*.

Covet *v.* (-*cupere*, to desire) wish for with eagerness लोभ -वांच्छा -अति इच्छा धरणें;—used in a good sense (1 Cor. xii. 31); lust after लोभ -लालूच धरणें (Ex. xx. 17).—*i.* लोभ -लालूच लागणें -असणें [after]. -OUS *a.* अति इच्छा धरणारा; लोभी, धनलोभी. -NESS लोभ, ललसा; धनलोभ, धनाशा *f*.

Covey *F.* पक्षांचा कळप, झुंड *f*.

Cow* (*Skr. go*) गाय *f*, गौ *f*. -DUNG शेण *n*, गोमय *n*. -HAGE कुयरी *f*; disting. into खाज -गोडी कुयरी *f*. -HERD गुराखी, गोपाल. -HOUSE गोठा. -LEECH गायींचा वैद्य. -POX गोस्तनशितला *f*, काढलेल्या देवी *f*.

Cow *v. Sw.* भेडाविणें, दबकाविणें, दटाविणें. -ARD *a.* भितरा, भ्याड. -ARDICE भितरेपणा, नामर्दी *f*.

Cower *v. W.* मेटें बसणें -मोडणें, डगणें, दबणें.

Cowl * monk's hood सन्याशाची टोपी *f*; एक प्रकारचें पाण्याचें भाडें आहे, डोल?

Cowry *Hind.* कवडी *f*.

Coxcomb (corrup. of *cock's comb*) अकडबाज, नखरेबाज.

Coy *a.* (*quietus*, quiet) लाजाळू, मुरका मारणारा; — a female तोंडमुरडी.—*v.* मुरके मारणें; stroke गोंजारणें, कुरवाळणें.

Cozen *v. Ger.* फसविणें, ठकविणें.

Crab * a shellfish खेंकडा; peevish person तिरसट मनुष्य; a sign of the zodiac कर्क-

रास *f*. -BED *a*. खट्याळ, तिरसट; hard खचरट, किचर (writing).

CRACK *v*. *F*. burst into chinks भेगपाडणें, चिरणें; make crazy वेड भरविणें, वेडाविणें, snap कडकावणें, तडतडवणें (a whip);—with the fingers चुटकी वाजवणें; utter smartly and sententiously पटपट बोलणें.—*i*. भेगलणें, तडकणें, कडाडणें: clouds c.;—a coin नादावणें; बिघडणें, भंग होणें, बुडणें (credit).—*n*. फूट *f*, फट *f*, तडा; तडाखा, कडाखा: c. of a falling house;—of a whip फटकारा, तटकारा; tone of voice when changed at puberty गळा फुटणें *n*, फुटका गळा; वेड *n*; crazy person वेडा मनुष्य: a lively boy फटकडा. -ED पिचका, पिंजका, भेगललेला; फुटका, बालफूट (coins &c.) -ER बढाईखोर;—of gunpowder फटाका, फटकडा; [a hard biscuit].—CRACKLE *v*. तडतडणें, चरचरणें;—as stiff paper फडफडणें, खडखडणें; substances under eating कुडकुडणें.

CRADLE * movable bed for infants पाळणा, पालख; [place in which anything is nurtured in the earlier period of its existence]; infancy लेंकूरपण *n*; c. suspended from a stand घोडपाळणा; case for a broken bone भाळी *f*.—*v*. पाळण्यांत निजविणें -हालविणें; nurse in infancy बाळपणात प्रतिपाळ क.

CRAFT* art कला *f*, कसब *n*; trade धंदा, कसब *n*; cunning कावा, कपट *n*, मतलब; vessel of any kind गलबत *n*. -LY *ad*. कावेबाजीनें, धूर्त्ताईनें.—CRAFTY *a*. कौशल्याचा, कारिगरीचा; कावेबाज, कपटी, धूर्त.—CRAFTSMAN कारिगर, शिल्पी.

CRAG *W*. point of a rock सुळका, शृंग *n*; rough broken rock खडपा. -GED, -GY *a*. खडप्यांचा, सुळक्याचा, उंचसखल.

CRAM* *v*. stuff ठांसून -दडपून भरणें, चेलणें, चिणणें; fill with food beyond satiety दपटून -रगडून चारणें -खाऊ घालणें, ठासणें: children would be freer from diseases if they were not *crammed* so much by fond mothers.—*i*. [down] दपटून -तकटून -रगडून जेवणें -खाणें; [make preparation for an examination by a hasty review of studies].

CRAMP *D*. restriction अवरोध, अटक *f*: a narrow fortune is a c. to a great mind; cramp-iron पट्टी *f*, आंकड्याची कांब *f*; spasmodic contraction of the muscles वळ, पेटका, वांब.—*v*. hold tightly pressed together घट्ट आवळून -दाबून धरणें; आकळणें, आवरणें; पट्टीनें बांधणें; अखुडणें, (हातापायांचा) खोडामोडा क.

CRANE* करकोंच पक्षी, सारस; descent of a flock of *cranes* करकोंच धाड *f*.—*D*. machine for raising heavy goods यारी *f*; [bent pipe for drawing liquors out of a cask].

CRANIUM (*L*.) करोटी *f*, कपाळ *n*.—CRANIOLOGY, science which investigates the structure and use of skulls in various animals, part. as determining or exhibiting their specific character and intellectual powers कपालसामुद्रिक *n*.

CRANK* *a*. liable to be overset, as a ship कलथा, कलंडा; brisk हुशार, चपल.

CRAPE *F*. शोकसूचक वस्त्र *n*.

CRASH *v*. *i*. *F*. कडाडणें, घडाडणें.—*n*. कडकडाट, घडघडाट; with a c. धाडकन, खाडकन;—as of many musical instruments कडाखा, धडाखा.

CRATCH *F*. गव्हाण *f*, गाताडी *f*; c.-cradle बोटांचा पाळणा.

CRATE (*crates*) काटक्यांची टोपली *f*, सांकाटा.

CRATER (*L*.) ज्वलत्पर्वताचें तोंड *n*, ज्वालामुखी *f*.

CRAUNCH *v*. *D*. कडकडा चावणें -खाणें.

Cravat (*F.*) गळेबंद, कंठवस्त्र *n.*

Crave* *v.* entreat मागणें, विनवणें, प्रार्थना -याचना क.; long for वांच्छणें, आशा लागणें, इच्छिणें; [of, for, from].—**Cravingness** तृष्णा *f*, अतिक्षुधा *f*, खवखव *f*.

Craw *D.* पाखराच्या गळ्यांतली पिशवी *f*, चुनाळ, गचूर. -fish *F.* शेवंडी *f*? झिंगा.

Crawl *v.* *D.* creep रांगणें, सरपटणें; advance in a feeble, slow, or awkward manner रडतखडत -लंघत चालणें -फिरणें; advance slowly and slyly लपून छपून चोरून जाणें -चालणें [along]. -er रांगणारा, उरोगामी; reptile सरपटत चालणारा जीव.

Craze *v.* *F.* break into pieces फोडणें, तुकडे क.; impair बिघडणें; render insane वेड भरविणें, चळ लावणें [with, by].—**Crazy** *a.* जर्जर, जीर्ण (constitution); वेडगळ, विक्षिप्त.

Creak* *v. i.* करकरणें, करकर वाजणें.—*t.* कर्कश स्वर क.

Cream (*cremor*, thick juice) oily part of milk साई *f*, मलई *f*; best part of any thing सत्वांश, सार *n*. -faced *a.* पांढराफटफटीत, निस्तेज, पिकूट.—**Creamy** *a.* मलई सारखा; मलईनें भरलेला.

Crease *Ger.* मोड *f*, दुमट *f*.—*v.* मोडणें, दुमटणें.

Create *v.* (*creare*) form out of nothing शून्यापासून क., उत्पन्न -निर्माण क.: in the beginning God *created* the heaven and the earth (Gen. i. 1); produce बनावणें, उत्पन्न क.: your eye would c. soldiers; make करणें, योजणें, नेमणें: I c. you companions to our person.—**Created** सृष्टीनिर्मित.—**Creation** उत्पन्न क. *n*, उत्पत्ति *f*; act of bringing the universe into existence सृष्टयुत्पत्ति *f*; formation घटना *f*, रचना *f*; appointment योजना *f*, स्थापना *f*; that which is created उत्पन्न *n*, भूत *n*, सृष्टपदार्थ; the universe सृष्टि *f*, विश्व *n*.—**Creative** *a.* जनक, उत्पादक.—**Creator** उत्पन्नकर्त्ता, सृष्टा; the Supreme Being परमेश्वर.—**Creature**, any thing created सृष्टवस्तु *f*; any being created with life प्राणी, जीव; a man मनुष्य; servile dependant आश्रित, उपजीवी, पदरचा माणूस.

Creed (*credere*, to believe) definite summary of what is believed श्रद्धेयविषयमाला *f*; summary of Christian belief ख्रिस्ती धर्माचें सार *n*.—**Credence**, belief विश्वास, भरंवसा; that which gives a claim to credit दस्तएवज.—**Credenda** *pl* (*L.*) विश्वासविषय, श्रद्धाविषय.—**Credential** दाखला; *pl* सनद *f*, कागद, दस्तऐवज.—**Credible** *a.* खरा मानायाजोगा, विश्वसनीय.—**Credibility** खरेपणा, प्रामाण्य *n*, सत्यता *f*.—**Credit**, reliance of the mind in the truth of something said विश्वास, श्रद्धा *f*; reputation derived from the confidence of others यश *n*, अब्रू *f*, इजत *f*; mercantile c. साख *f*, पत *f*; authority प्रमाण *n*; influence वजन *n*, भारदस्ती *f*; —as opposed to debit येणें *n*, जमा *f*; bad c. नापत *f*; testimony of c. खातर *f*, निशा *f*; to grow in c. पतीस चढणें; to lose one's c. पत बुडणें, पतीवर पाणी पडणें; loss of c. पतघाण *f*; on c. उधार; letter of c. भलावण *f*.—*v.* विश्वासणें, खरा मानणें; जमेस धरणें, जमेकडे मांडणें; उधार देणें -घेणें; -च्या नांवें जमा क. -able *a.* अब्रूचा, प्रतिष्ठेचा, संभावित. -ably *ad.* अब्रूनें, नांव राखून, पतीनें. -or घेणेकरी, घेणेदार, धनको.—**Credulity**, disposition to believe in slight evidence भोळेपणा, कानपिसें *n*.—**Credulous** *a.* कानाचा हलका, भोळा.

Creek* small bay खाडी *f*; brook ओहळ, ओढा; winding वांकण *n*.

Creep* *v.i.* See Crawl; fawn हांजी हांजी क.; grow, as a vine ताणा वाढणें, वेल चढणें. -er रांगणारा; वेल, ताणा; any creeping thing सर्पटत जाणारा जीव, किडा, कृमि इ०.

Cremation (*cremare,* to burn) जाळणें *n,* दहन *n*; burning of the dead प्रेतदहन *n.*

Crepitate *v. i.* (*crepitare*) तडतडणें, फटफटणें.

Crepuscule (*creper,* dusky)—the morning c.चांचपड चांचपड*n,* उस्तें*n.*—Crepuscular, Crepusculous *a.* झुंजुकमुंजुकचा.

Crescent *a.* (*crescere,* to increase) वाढता, वर्द्धमान (horns).—*n.* वाढता चंद्र, द्वितीयेचा चंद्र; अर्धचंद्राकृति ध्वजचिन्ह *n* (तुर्की सरकारच्या झेंड्यावर असतें); तुर्की लोकांचा झेंडा.

Cress* आहाळीव *n,* हळीम.

Crest* tuft, or other natural ornament, growing on an animal's head कलगी *f,* शेंडी *f,* तुरा;—of a mountain माथा, शृंग *n,* शिखर *n*; foamy, feather-like top of a wave लाटेचा फेंसाळ व पिसाऱ्या सारखा शिरोभाग; plume of feathers, or other decoration worn on a helmet टोपाचा तुरा; spirited bearing तोरा, दिमाख, अभिमान; c.-fallen रग मोडलेला, भग्नदर्प; to let fall one's c. मान खालीं घालणें.

Cretaceous *a.* (*creta,* chalk) खडूचा.

Crevice (*crepare,* to burst) भेग *f,* फट *f,* चीर *f,* सांध *f.*

Crew* throng समाज, समुदाय, टोळी *f*; ship's company नावाडी लोक*pl,* नाविक गण, खलाशी लोक *pl*;—of knaves and scamps चंडाळचौकडी *f.*

Crib* rack of a stable (गुरांस दाणा घालायाचा)कोटंबा;—for fodder गव्हाण*f*; stall for cattle गोथवड *f,* गोठा; cottage खोपट *n*; small enclosed bedstead for a child मुलांचा पलंग; lock-up house कोंडवाडी*f,* कोंडी *f*; [literal translation of classic authors].—*v.* कोंडणें; cage पिंजऱ्यांत कोंडणें.

Crick* spasmodic and acutely painful affection of some part of the body ताठा, अवटळा; to have a crick in the neck, &c. अवटळणें, ताठणें.

Cricket *D.* रातकिडा, रात *f.*—* चेंडू दांडूचा खेळ.

Crier, See under Cry.

Crime (*crimen*) any violation of law, either divine or human अपराध, अन्याय; gross offence महापातक *n,* मोठा अपराध; capital c. मरणदंडक अपराध. — Criminal *a.* अपराधी, अन्यायी involving a crime अपराधाचा, सदोष (act); relating to crime अपराध संबंधी, फौजदारी (process); c. conversation व्यभिचार.—*n.* अपराधी -गुन्हेगार मनुष्य -ity अपराधीपणा, गुन्हेगारी *f,* सदोषत्व *n.* — Criminate *v.* charge with a crime दोष आणणें, दोषारोप क.; convict of crime अन्यायी ठरविणें.—Crimination दोषारोपण *n,* अभियोग.

Crimple *v. i. D.* वेटाळणें, कुरळ क., चुणी -निरी घालणें.

Crimson (*Skr. krimija,* produced by a worm) किरमिजी -गुलबासी -आबाशाई रंग.—*a.* किरमिजी रंगाचा.—*v.* किरमिजी रंग देणें.

Cringe *n. Icel.* हांजी हांजी क. -म्हणणें, थुंकी झेलणें [to].

Cripple *v. D.* लंगडा, पांगळा, लुला.—*v.* लंगडा -लुला क.; deprive of strength, activity, or capability for service or use बलहीन -जाया क., निकामी -निरुपयोगी क.

Crisis (*L.*) turning-point अणीबाणीची -सोक्षमोक्षाची वेळ *f,* बाणी *f,* हारजिताचा समय;—of a disease रोगी मरेल किंवा जगेल असी रोगाची परिणामसूचक अवस्था *f.*

Crisp *a.* (*crispus*) curled कुरल ; brittle कडकडीत, कुडकुडीत; brown and c. खरपूस. —*v.* See **Curl** *v.*

Criterion (*Gr.*) standard of judging परिमाण, प्रमाण *n* [of]. — **Critic,** judge of merits in literature or arts गुणदोषपरीक्षक, पारखी, गुणागुणज्ञ ; one who finds fault दोषदृष्टा ; art of criticism गुणदोषपरीक्षा करण्याची विद्या *f.* -al *a.* गुणागुणपरीक्षक, दोषादोषविवेचक ; exact सुती, रेखलेला, शुद्ध ; captious दोष -छिद्रदर्शी ; relating to a crisis अणीबाणीच्या वेळेचा, निवाड्याच्या वेळेचा ; characterized by thoroughness and a reference to principles, as becomes a critic गुणदोषांच्या विचारास अनुसरणारा. — **Criticise** *v.* गुणदोष काढणें -पाहणें (an author, conduct). — **Criticism** गुणदोषपरीक्षा *f,* गुणावगुणविवेचन.—*n.* —**Critique** गुणदोषपरीक्षा *f.*

Croak *v.i.* (*crocire,* croak as a raven) कावळ्या प्रमाणें ओरडणें, करकर क.;—as a frog डरांव डरांव क.; grumble कुरकुर क., गाऱ्हाणें सांगणें, रडगाणें गाणें.—*n.* डरावणी*f,* डरांव डरांव; कुरकुर *f.* -er अभद्रसूचक भाषण करणारा, अवसानघातकी, काळजिभ्या.

Crockery* मातीचीं भांडीं *n pl,* गाडगीं मडकीं *n pl.*

Crocodile (*crocodilus*) सुसर *f*; [a fallacious dilemma, supposed to have been used by a crocodile]. — *a.* सुसरीचा ; c. tears कोरडें रडें *n,* वांझेच्या तिडका *f pl.*

Croft* वाडी *f,* वाडगें *n.*

Crone* थेरडी म्हातारी *f.*—**Crony** सलगी संवगडी, जिवलग मित्र.

Crook *D.* bend बांक, वळण *n* ; trick डावपेंच *pl,* युक्ति *f ;* instrument bent at the end आंकडी *f,* शेकाटी *f.*—*v.* बांक देणें, वळवणें ; pervert बिघडविणें, कुमार्गीत आणणें. -ed *a.* वांकडा, वक्र ; कुटिल, वांकडा ; c. -back कुबडा *n.* -ness वांकडेपणा, वक्रता *f,* कौटिल्य *n ;* deformity of body अंगवैरूप्य *n ;* a person or thing of great c. अष्टवक्र.

Crop* craw गचूर, चुनाळ ; top शेंडा ; — of a plant बोखा ; harvest पीक *n ;* blasted c. सुकवें *n,* मैयत *n ;* failure of c. नापीक *n ;* inspection of blasted c. मैयत पाहणी *f;* good c. सुपीक *n ;* share in a c. of the landholder धनीवांटा, शेतवांटा ; share of the lessor थल *n ;* spring or vernal c. रबी *f;* autumnal c. खरीप *n ;* division of a c. in shares बटवडा ; division of the c. between the cultivator and the landlord बटाई *f ;* inspector of *crops* पाहणी कारकून.—*v.* खुडणें, शेंडा कातरणें -तोडणें -छाटणें. -ear मुंढे कानाचा (घोडा -मनुष्य इ०).

Cross (*crux*) a gibbet consisting of two pieces of timber placed across each other either in the form of a **T** or of an **X**; it was anciently used in the execution of criminals 'क्रूस', वधस्तंभ, खांब; St. Andrew's c. कैंची *f ;* theological and religious import of the death of Christ ख्रीस्ताच्या मरणाचा अभिप्राय -अर्थ, ख्रीस्ताचा खांब, शुभवर्त्तमान *n ;* symbol of Christ's death ख्रीस्ताच्या मरणाची खूण *f ;* Christian religion ख्रिस्ती धर्म ; piece of money stamped with the figure of a cross क्रुसाच्या शिक्याचें नाणें *n;* affliction regarded as a test of virtue सद्गुणाची कसोटी -परीक्षा *f,* दुःख *n ;* opposition विघ्न *n,* नड *f;* ornament in the form of a cross क्रुसाच्या आकृतीचें भूषण *n;* cross-like mark used instead of a signature by those who are unable to write क्रुसाची निशाणी *f*; c. and pile छाप आणि तराजू या सारिखा एक खेळ आहे ; to take up the c. संकटें व दुःखें धिरानें सोसणें.—*a.* oblique आडवा; adverse आडवा, प्रतिकूल, विपरीत (fortune) ; ill-humored तिरसट, खिसखिशा,

खट्याळ ; interchanged साट्यालोट्याचा (marriage).—*prep*. आडवा.—*v*.आडवा ठेवणें -लावणें -क. (the arms, swords) ; draw something, as a line, across आडवी रेघ फोडणें ; pass over ओलांडणें ; thwart मोडा घालणें, हरकत क.; debar आड येणें, वारणें ; make the sign of the cross upon -वर क्रुसाची खूण क.; erase खोडणें, छेकणें [out, off, over] ; mix the breed of ताण्याची -अवलादीची मिसळ क., भिन्न जातीच्या पशूंची संतति वाढविणें.—*i*. आडवा पडणें -राहणें ; ओलांडणें, -वरून जाणें. -ACTION उलट फिर्याद *f* -दावा. -BIRTH प्रसूतकालीं लेंकरूं आडवें येणें, ह्म० डोक्याशिवाय शरिराचा कोणताही भाग पुढें येणें *n*. -BITE फसवण *f*. -EXAMINE *v*. *Law*, उलट सवाल क., प्रतिप्रश्न क. -GRAINED *a*. आडव्या शिरांचा -दोरांचा, विलोम, प्रतिलोम (timber, &c.) ; तिरसट, अडफांट्या. -LEGGED *a*. अर्धी -आसनमांडी घालून बसलेला. -PURPOSES, to be at एकानें म्हणावें एक दुसऱ्यानें म्हणावें वेक. -QUESTION उलटपालट विचारणें, घोळणें, कसणें. -ROAD आडवा रस्ता, आडवी वाट *f*; obscure road intersecting or avoiding the main road आडवाट *f*; the alphabet, so named because a cross was formerly placed at the beginning मूळ अक्षरें *n pl*, श्रीगणेशा, ओनामा.

CROTCHET *F*. fork बेचकें, दुवेळकें *n* ; whim छंद, लहर *f*.

CROTON TIGLIUM (*Gr*. *croton*, a tick) जमालगोटा ; c. oil जेपाळाचें तेल *n*.

CROUCH *v*. *i*. *Ger*. lie close to the ground, as an animal दबा धरून बसणें ; cringe आर्जव क., हांजी हांजी क. [down].

CROUP *F*. buttock of a horse घोड्याचें ढुंगण *n*, चौक.—* नरड्यांत आग होण्याचा एक रोग आहे, हा बहुतकरून तरुणांस होतो, घांटसर्प. -IER [he who watches the cards and collects the money at a gaming-table ; one who at a public dinner party, sits at the lower end of the table as assistant chairman].

CROW * the bird कावळा ; voice of the cock कोंबड्याचा शब्द, आरवणी *f*; iron lever संबळ *f*; mesentery of a beast जनावराच्या अंतड्याची पिशवी *f*, आंत्रपेशी *f*.—*v*. *i*. आरवणें, बांग देणें ; shout in exultation or defiance कुले थोपटणें, टिरी पिटणें.—CROW'S-FOOT ह्मातारपणीं डोळ्याखालीं ज्या सुरकुत्या जमतात त्या *f pl*.

CROWD * *v*. press together दाटी -चेपाचेप क.: fill to excess गच्च भरणें, चेलणें ; press by solicitation आग्रह क.—*i*. खेटणें, दाटी क.: a man *crowds* into a room ; swarm घोळका जमणें, गर्दी क. : the whole company *crowded* about the fire.—*n*. दाटी *f*, गर्दी *f*, रगडा ;—of persons घोळका, मेळा : rabble अडाण जात *f*, तेलीतांबोळी *pl*. -ED गच्च, घणदाट, चिकार.

CROWN (*corona*) ornament encircling the head, esp. as a badge of dignity or power मुगुट, किरीट ; object sought for as a reward बक्षीस *n*, इनाम *n* (1 Cor. ix. 25) : completion सार्थक *n*, सिद्धि *f*; the sovereign मुगुटधारी, राजा, सरकार *n*; regal power राजसत्ता *f*, राज्य *n* ; a silver coin अडीच रुपयांच्या किमतीचें एक नाणें आहे ; summit शिखर *n*, शेंडा, कळस ;—of the head टकल *n*, टाळू *f*;—of a mountain शिखर *n* [part of a hat above the brim ; the flat circular part at the top of a hat ; a round part shaved clean on the top of the head as a mark of ecclesiastical character or distinction].—*v*. मुगुट घालणें, पट्टाभिषेक क.; सन्मान -बहुमान क. (Ps. viii. 5); शेवटास नेणें, सार्थक क., कळस क. -ED मुकुटधारी, किरीटी. —LAND सरकारी जमीन *f*.—

LAW फौजदारी कायदा. —PRINCE गादीचा वारीस, युवराज.

CRUCIBLE (*crux*, cross) मूस *f*.—CRUCIFIX ख्रीस्ताची क्रुसावरली मूर्ति *f*. -ION क्रुसावर देणें *n*; death upon a cross क्रुसावरचें मरण *n*; intense suffering अति वेदना *f*, प्राणांत यातना *f*.—CRUCIFORM *a*. क्रुसाच्या आकाराचा.—CRUCIFY *v*. क्रुसावर चढवणें -देणें -मारणें; subdue जिंकणें, दमन क.

CRUDE *a*. (*crudis*, bloody) in its natural state मूळचा, प्राकृतिक, कच्चा; not cooked न शिजलेला, अपक्व, कच्चा; raw हिरवा, कच्चा; unripe कच्चा, अपक्व; unformed न घडलेला, कच्चा; undigested न जिरलेला, अजीर्ण; unfinished अपूर्ण, कच्चा; without culture or profundity अशिक्षित, वरवरचा (reasoner). — CRUDITY कच्चेपणा, अपक्वत्व *n*; आम *f*, आंव *f*, कुपथ्य *n*.

CRUEL *a*. (do.) disposed to give pain to others क्रूर, निर्दय, निष्ठुर; causing pain दुःखदायक -कारक. -TY निर्दयपणा, क्रौर्य *n*, क्रूरता *f*; a cruel deed क्रूर कर्म *n*.

CRUISE *v.i.* (*crux*, cross) समुद्रावर संचार क., समुद्रपर्यटण क.—CRUISER समुद्रांत संचार करणारा मनुष्य अथवा गलबत *n*.

CRUMB* चूर, तुकडा;—of bread नितकोर, तुकडा. —*v*. चुरा क., कुसकुरणें.—CRUMBLE *v*. कुसकुरणें, चुराडा क.—*i*. चूर होणें; decay रेलणें, झुरणें, नाश पावणें.

CRUPPER, See under CROUP.

CRURAL *a*. (*crus*, leg) जांघेचा, जंघे संबंधी, जिहद *f H*. (artery); जांघेसारखा, जंघाकृति.

CRUSADE (*crux*, cross) [a military expedition undertaken by Christian powers in the 11th, 12th, and 13th centuries, for the recovery of the Holy Land from the Mahomedans]; any hostile expedition undertaken from religious motives धर्मयुद्ध *n*, धर्मार्थ युद्ध *n*.

CRUSE *Ger*. लहान पेला किंवा कुपी *f*.

CRUSH *v*. (*cruscire*) press and bruise between two hard bodies ठेचणें, चुरडणें; squeeze, so as to destroy the natural shape or integrity of the parts of चिरडणें, चेंदामेंदा क.; overwhelm by pressure दाबणें, रगडणें; subdue totally चीत क., लोळवणें, जमीनदोस्त क.—*i*. दबला जाणें, चुराडा होणें.—*n*. crash कडाखा; violent pressure, as of a crowd रगडा, घर्षण *n*.

CRUST (*crusta*) hard, external coat of any thing खपला, खवळा, पोपडा; outer hard part of bread तळका, पापुद्रा; rocky exterior of the earth भूमीचें वरलें पाषाणमय अंग *n*, भूपटल *n*; shell of certain creatures कवची *f*.— *v*. कवचीनें -खपल्यानें झांकणें.— *i*. खपला धरणें -बाजणें. -ACEOUS *a*. कवचीचा.

CRUTCH * support used by the lame or infirm in walking कुबडी *f*.

CRY *v. i. F*. utter a loud voice ओरडणें, पुकारणें; speak, call, or exclaim loudly, vehemently, or earnestly मोठ्यानें बोलणें, हाक मारणें अथवा ओरडणें; pray धावा क.; utter a loud sound expressive of pain, grief, or distress आक्रोशणें, आकांत क., गळा काढून रडणें;—as a child रडणें, केंकणें, टाहो फोडणें;—as an animal gen. ओरडणें;—the elephant किंकळणें;—the crane किचकिचणें; out किंकाळी फोडणें; out against नांवानें बोंब ठोकणें; to धावा क.; [to c. your mercy, to beg your pardon].—*t*. sound abroad डंका वाजविणें, गाजविणें; make oral and public proclamation of जाहीर -प्रसिद्ध क., ओरडून जाहीर क.; up तारीफ क., नांवाचा डंका वाजविणें; down उणें सांगणें, निंदणें.—*n*. आरोळी *f*, पुकारा; clamor गलबला, गवगवा; आक्रोश, आकांत; रडें *n*; importunate supplication मिनत *f*, रड *f*; proclamation,

as by hawkers फेरीवाल्याचें ओरडणें n.—CRIER ओरडणारा; रडणारा; officer who gives public notice by loud proclamation दंवडीपिटणारा, डांगोऱ्या.—CRYING a. जगजाहीर, बाजारमहशूर, डंका वाजलेला (sin, abuse).

CRYPT (*Gr. kruptein*, to hide) subterranean cave भुंयार n; vault under a church, used for the interment of persons देवळाच्या खालीं मेतें पुरायाचें विवर n; subterranean chapel भुंयारांतलें देऊळ n; hiding-place लपायाची जागा f, लिकण n. -IC a. गुप्त, गूढ, गूढार्थक. -OGRAPHY गुढलीपि f.

CRYSTAL (*crystallum*) regular solid body कांडी f; a kind of glass बिलोर, कांच f, स्फटिक; any thing resembling crystal, as clear water स्फटिका सारखा पदार्थ. —a. बिलोरी, स्फटिकमय, स्वच्छ, नितळ, स्फटिकप्रभ. -IZE v. i. कांडी होणें, स्फटिकाकृति होणें.—t. कांडी क.

CUB ? पिलूं n, बच्चा, पशुशावक (अस्वल, कोल्हा इ० चें).

CUBE (*cubus*) a regular solid body, with six equal square sides घन; product of number multiplied twice into itself घन; c. root घनमूल n.—CUBIC a. घन.

CUBEB Ar. कबाबचिनी f, सुगंध मरीच n; c. pepper कंकोल -ळ.

CUBIT (*cubitum*) fore-arm हात (कोपरा पासून मणगटा पर्यंत); a measure हात.

CUCKOLD (*cuculus*, cuckoo) जारिणी स्त्रीचा नवरा, ज्याची बायको जारिणी असते तो पुरुष.

CUCKOO (do.) कोकिला f.

CUCUMBER (*cucumis*) कांकडी f, खिरा; acute-angled c. दोडका; field c. तवसें n.

CUD * रवथ करणारीं जनावरें जें खाल्लेलें अन्न पहिल्या कोठ्यांतून तोंडांत आणतात तें n, पुनश्चर्व्य आहार; inside of the mouth of a beast that chews the cud रवथ करणाऱ्या जनावराच्या तोंडाची आंतली बाजू f; to chew the c. रवथ क.

CUDDLE v.i. W. लगटून -चिकटून निजणें, कुशींत शिरणें.

CUDGEL W. सोटा, टोणपा, गदा f; c.-playing सोटेबाजी f, गदायुद्ध n. — v. सोट्यानें मारणें.

CUE F. शेंपूट n, पुच्छ n; hint सूचना f; [last word of a play-actor's speech, regarded as a hint for the next succeeding player to speak] : be in the c. for -चा स्वर भजणें -वाहणें.

CUFF Sw. थापटी f, चापटी f.—v. थापटी मारणें.

CUIRASS F. चिलखत n.

CUISH F. जंघात्राण n, मांडीचें कवच n.

CULINARY a. (*culina*, kitchen) स्वैंपाकघराचा; relating to the art of cookery स्वैंपाकाचा, पाकक्रियेचा; c. utensil पाकपात्र n, स्वैंपाकाचें भांडें n; c. skill पाकनिष्पत्ति f.

CULL v. (See COLLECT) निवडणें, वेचणें. -ING refuse वेंचा, निवड f.

CULMINATE v. i. (*culmen*, top) उंच पदावर येणें, अग्रपदारूढ होणें; reach the highest point कमाल होणें [in]. — CULMINATION कळस, कमाल f.

CULPABLE a. (*culpa*, fault) दोष लावायाजोगा, दूषणार्ह; criminal दोषी, सदोष [of].—CULPRIT, person accused of a crime आरोपित; criminal अपराधी, गुन्हेगार मनुष्य.

CULTIVATE v. (*colere*, to till) लागवडीस आणणें, रावणुकीस आणणें, नांगरणें (the soil); cherish बाळगणें (friendship); foster अनुपालन क.; to c. literature विद्यानुसेवन क., विद्या वाढवणें; civilize सुधारणें (a savage);—the faculties मशागत क., कमावणें, घटविणें; raise

by tillage पिकवणें, पीक उत्पन्न क.—CULTIVATION लागवड *f*, शेती *f*, कृषिकर्म *n*; कमाइ *f*, मशागत *f*; सुधारणूक *f*, संवृद्धि *f*.—CULTIVATOR शेतकरी, कुणबी असामी; a resident c. असामी छप्परबंद; शिकविणारा; वाढविणारा; a c. of good manners अनुसेवी; c. of learning विद्यानुसेवी.—CULTURE, See CULTIVATION.

CUMBER *v.* (*cumulus*, heap) retard as by a load ओझें -खोडा घालून अडविणें, पायगुता क.; load ओझें घालणें, लादणें; embarrass घोटाळ्यांत पाडणें [with]. -SOME, CUMBROUS *a.* अवघड, कठीण, दुर्भर; जड, भारी.

CUMIN (*cuminum*) जिरें *n*.

CUMULATE, See ACCUMULATE.

CUNEIFORM *a* (*cuneus*, a wedge) पाचरीच्या आकाराचा; [app. to the wedge-shaped or arrow-headed characters of ancient Persian and Assyrian inscriptions].

CUNNING * *a.* skilful शहाणा, चतुर, कुशल; sly कावेबाज, हिकमती, धूर्त्त; wrought with skill कुशलतेनें केलेला, कसबाचा.—*n.* शहाणपण *n*, चातुर्य *n*; कावा, धूर्त्तता *f*. -MAN जाणता, इलमी.

CUP* drinking-vessel वाटी *f*, पेला, जांब; a cupful वाटीभर पदार्थ, वाटी *f*, पेला; *pl* पिण्याची मेजवानी *f*, पेयसमारंभ; portion वाटा, भोग (Matth. xxvi. 39); —of a flower वाटी *f*, गोंड, पुष्पकोष; cupping-glass तुंबडी *f*, शिंग *n*; c. and can खेळीमेळीचे सोबती; to be in one's *cups* छाकटा होणें, दारूनें मस्त होणें, आंगांत बाटली येणें. —*v.* तुंबडी -रोंबें लावून रक्त काढणें; वाट्या -प्याले पुरवणें; to c. by scarification फासण्याटाकणें -मारणें. -BEARER प्याला भरूनदेणारा, प्राशनकारि, पाजणारा; प्राचीन काळीं राजांच्या घरात हा एक मोठा हुद्दा होता. -BOARD फडताळ *n*. -PING तुंबडी लावणें *n*, रोंबेंकाढणें *n*. -PING-GLASS तुंबडी *f*, रोंबें *n*. -PER तुंबडी लावणारा.

CUPIDITY (*cupere*, to desire) अतिइच्छा *f*, लोभ, काम.

CUPOLA (*cupa*, a tub) घुमट, डेरा, कळस.

CUPREOUS *a.* (*cuprum*, copper) ताम्ब्याचा, ताम्रमय.

CUR *Ger.* a worthless dog कुतरडें *n*; a worthless, snarling fellow कुतऱ्याच्या स्वभावाचा मनुष्य, गुरगुऱ्या, खिसखिशा.

CURABLE *a*. See under CURE.

CURB *F.* check दडपण *n*, आवरण *n*, दाब; part of a bridle लगामाची कडी *f*; frame or wall round the mouth of a well विहिरीच्या तोंडा भोंवतालचा कठडा किंवा भिंत *f*; frame set within a well to prevent the earth from caving in विहिरीच्या आतली चौकट *f*.—*v.* दाबांत -धाकांत ठेवणें, आवरणें.

CURD *Scot.* दहीं *n*, दधि *n*.—*v.* गोठविणें.—*i.* विरजणें, गोठणें, -चें दहीं होणें.—CURDLE *v.* जमविणें, घट्ट क.

CURE (*cura*, care) care of souls आत्म्यांची दिम्मत *f*; curacy उपाध्याची वृत्ति *f*; remedy उपाय; healing बरा क. *n*, रोगमोचन *n*; remedial treatment of disease चिकित्सा *f*: water -c.—*v.* बरा क., रोगपरिहार क.; उपाय क., दुःखपरिहार क.; preserve, as by drying, salting, &c. वाळवणें, मीठ घालणें, खारावणें इ० [of].—CURABLE *a.* बरा व्हायाजोगा, उपायसाध्य.—CURATIVE *a.* रोगनिवारक, रोगहारक.—CURELESS *a.* असाध्य, दुरुपचार.—CURATE, one who has the cure of souls उपाध्या, पुरोहित.—CURACY क्युरेटराची -उपाध्याची वृत्ति *f* -अधिकार -काम *n*. —CURATOR, one who has the care and superintendence of any thing, as of a museum or collection, or of a university or public office दिम्मतदार, देखरेख करणारा, 'क्युरेटर'; a guardian राखणदार, रक्षक, पाळक.

CURIOUS *a*. (do.) exact बराबर, ठाकठीक, सुती : c. in his dress; wrought with elegance or skill करामतीचा, कारागिरीचा, कलाकुसरीचा (Ex. xxxv. 32); careful or anxious to learn विद्येच्छु, ज्ञानेच्छु; given to search or inquiry शोधक, चौकस, जिज्ञासु [after, of]; singular अपूर्व, विलक्षण, नवलाचा (a tale). —CURIOSITY जिज्ञासा *f*, हौस *f*, शोधकपणा; ठाकठीकपणा, रेखलेपणा; idle c. उठाठेव *f*; a c. करामत *f*, टूम *f*, बूट.

CURL *v*. *D*. form into ringlets वेटाळें -पेंच देणें; twist मुरड घालणें, वळवणें; deck as with curls कुरळांनीं सुशोभित क.; raise in waves तरंग उठविणें : to c. the waves.—*i*. कुरळ होणें, वेंटाळीं पडणें, वेटाळणें; तरंग उठणें [up].—*n*. कुरळ *n*, झुलूप *n*, लाट *f*, तरंग; flexure बांक, वांकण *n*;— in the grain of wood तीट, तीड.—CURLY *a*. कुरळ.

CURRANT (from *Corinth*) एक जातीचें झाड व त्याचें फळ आहे; एक जातीचें वाळलेलें द्राक्ष आहे.

CURRENT *a*. (*currere*, to run) running or moving rapidly धांवता, चालता; now passing चालता, चालू, विद्यमान (month); passing from person to person चालता, प्रसिद्ध, परिपाठांतला; generally received रुढींतला, रूढ, ग्राह्य (word); c. coin चलनी नाणें *n*; c. report जनवार्त्ता *f*, लोकप्रवाद; passable चालायाजोगा, पटाया सारखा (gold).—*n*. प्रवाह, ओघ, धार *f* : a c. of water, of air; that which moves in a given direction धार *f*, प्रवाह; general course क्रम, गति *f*, धारा, प्रघात : c. of time, events, opinion. —CURRENCY, circulation गति *f*, चलन *n*; general acceptance रूढि *f*, परिपाठ, प्रचार; current value बाजारभाव -चलन *f*; money, or paper passing as money नाणें *n*, हुंडी *f*, नोट *f*, इ० चलनी नाणें *n*.

CURRY *v*. (*corium*, leather) dress leather (कातडें) कमावणें, रापवणें; rub or cleanse the skin of; — said of a horse खरारा -चाकरी क., खाजवणें : to c. favor आर्जव करून मर्जी संपादणें.—*n*. *Per*. कढी *f*, कालवण इ०. -COMB खरारा.

CURSE* *v*. utter a wish of evil against अनिष्ट उच्चारणें; execrate शापदेणें (Ex. xxii. 28); bring great evil upon अरिष्ट आणणें. —*i*. शाप उच्चारणें (Matth. xxvi. 74).—*n*. malediction शाप, अमंगल वचन *n*; evil solemnly pronounced or invoked upon another शाप;—of one roused (by oppression) into fury तळतळाट, हपाप; torment कष्ट, क्लेश; cause of great harm अरिष्टास -चें कारण *n*.—CURSED शापित, अभिशप्त.—*a*. शापयोग्य, शापार्ह, शाप्य; अरिष्टकारक.

CURSORY *a*. (*cursor*, runner) वरवरचा, सरासरी, जलदीचा.

CURT *a*. (*curtus*) ऱ्हस्व, संक्षिप्त (reply).— CURTAIL *v*. cut off the end of बोंखा -शेंडा कापणें -छाटणें; shorten अखूड -कमी -उणा क.; abridge संक्षेप क. -DOG लांडा कुत्रा.

CURTAIN *F*. पडदा; wedding c. अंतःपट, अंतरपाट; behind the c. एकांतीं; to drop the c. कथा अथवा (नाटकांत) खेळ समाप्त क.; to draw the c. पडदा पाडणें किंवा उचलणें -वर क.; खेळ इ० आरंभणें किंवा आटोपणें. —LECTURE बिछान्यांत नवऱ्यास बायकोचा बोध -निषेध -कानउघडणी *f*.

CURTSY, See COURTESY.

CURVE *a*. (*curvus*, bent) वांकडा, वक्र; arched बांकदार, कमानदार.—*n*. बांक; *Geom*. वक्ररेषा *f*.—CURVATURE बांक, वळण *n*, फेर.— CURVILINEAR *a*. वक्ररेखारूप -घटित -निर्मित. —CURVET, particular leap of a horse ठिकणें *n*, चौपायीं उडणें *n*. — *v*. *i*. ठिकणें, उडी मारणें.—*t*. उडविणें, नाचविणें.

CUSHION *F*. गादी *f*; small c. गिरदी *f*.

Cusp (*cuspis*, point)—of the moon, &c. शृंग *n*, अर्धचंद्रकोन; prominence on the molar teeth सुळ्या दातांवरचा उंचवटा.

Custard *F.* दूध, अंडीं, आणि साखर यांची रावडी *f*. -APPLE—the tree शिताफळी *f*; —the fruit शिताफळ *n*.

Custody (*custos*, guard) राखण *f*, दिम्मत *f*, रखवाली *f*; confinement कैद *f*, बंदी *f*; preservation रक्षण *n*, बचाव.

Custom *F.* habitual practice राबता, सराव, अभ्यास; way of acting चाल *f*, रीत *f*; usage शिरस्ता, रिवाज; habitual buying of goods गिऱ्हाइकी *f*; a good run of c. खप, चहा *f*; *Law*, long-established practice पूर्वपाठ, जुनी वाहिवाट *f*; according to c. चाली प्रमाणें, यथापद्धति *f*; family c. कुलाचार; general c. जनशिरिस्ता; national c. देशाचार; popular c. लोकाचार —*F.* tax कर; *pl* duties imposed on commodities जकात *f*. -ARY दस्तुरमाफक, चालीप्रमाणें, यथासंप्रदाय. -ER गिऱ्हाईक. -HOUSE मांडवी *f*.

Cut *v.* (?) separate by an edged instrument कापणें, छेदणें; hew तोडणें, खांडणें timber); cut off छाटणें, कापून टाकणें (the hair); form or shape by cutting बेतणें, कापून -खोदून आकारास आणणें; hurt deeply the sensibilities of वेधणें, झोंबणें, लागणें: sarcasm *cuts* to the quick; intersect परस्पर छेदणें, परिच्छेद क.; castrate खसी क. (a horse); c. and dried अगोदर तयार करून ठेवलेला; c. glass पैलूदार कांच *f*; c. nail लोखंडाचा पत्रा यंत्रानें वळून केलेला खिळा; to c. a figure नकशा क.; to c. capers चाळे -चेष्टा क.; to c. down तोडून पाडणें, तोडणें; लाजविणें, नमविणें; कापणें, कमी क., छाटणें (expenses); off छाटणें; बेतणें; वेगळा क., तूटपाडणें; हरकत क., मोडा घालणें; out बेतणें, अंकून कापणें; बंदरांतून गलबत पकडून नेणें; मागें टाकणें, कानकापणें; short मध्येंच बंद क., खुंटवणें; under (दुसऱ्यापेक्षां) कमी किमतीनें विकणें: to c. under a competitor in trade; up काटणें, कापणें, तुकडे -कत्तल क.; to be c. up in fight कटून मरणें; वार -घाय क.; खंडन क., हजामत क.: to c. up a book or its author by severe criticism; to c. the acquaintance of ओळख सोडणें; to c. the cards काटणें; to c. to pieces सांकटणें; to c. the teeth दांतफुटणें -निघणें-येणें. —*i.* कापणें: a knife *cuts* well; admit of severance कापणें, कापला जाणें;—the tooth फुटणें; interfere, as a horse नेवर लागणें;—a pack of cards काटणी क., काटणें; to c. and run पळकाढणें, पोबारा म्हणणें; to c. across नीट मधून जाणें (a field); in, into अटकाव क.; हरकत घालणें.—*n.* wound घाव, जखम *f*; a stroke with an edged instrument प्रहार, घाव, वार; cleft भेग *f*, चीर *f*; slight धिःकार, अनादर; groove खांचणी *f*, खोंचणी *f*; surface left by a cut वण; a portion cut off खांड *f*, फोड *f*, तुकडा: a c. of beef, of timber; engraved block or plate खोदींव -कोरींव धातूचा पत्रा किंवा लांकडाचा ठोकळा; impression from such an engraving अशा पत्र्यावर किंवा; ठोकळ्यावर छापलेलें चित्र *n*;—at cards, काटणी *f*; shape डौल, बेत, घाट: the c. of a garment; common, laboring horse कबाडी घोडा; a short c. जवळची -मधली वाट *f*; c. and long tail अठरापगड जात *f*. -PURSE खिसेकातरणारा, खिसेकातरू, भामट्या. -TER कापणारा; instrument for cutting सुरा, कोयता, सुरी *f*; small boat used by ships of war लढाऊ गलबताची होडी *f*; a vessel with one mast एककाठी गलबत *n*. -THROAT गळेकापू, जीवघेणारा, मारेकरी. -TING कापणें *n*, तोडणें *n*, कापणी *f*, तोडणी *f*; तोडलेला भाग -तुकडा; excavation through

a hill डोंगरांतील पोखर *f*, बोगदा? *pl* छाटछूट *f*, काटकूट *f*, कातरा, कपार *m*, *f*.

Cutlass *F*. एक जातीची तलवार आहे, तेगा, समशेर *f*.—**Cutler** सुऱ्या, चाकू वगैरे करणारा, अथवा त्याचा व्यापारी.

Cutaneous *a*. (*cutis*, skin) कातडीचा, त्वकसंबंधी; c. disease त्वग्रोग; c. eruption दादर, दद्रू.—**Cuticle** बाहेरील पातळ कातडी *f*, किंवा साल *f*, बाह्यत्वक *f*; thin skin formed on the surface of liquor तवंग.—**Cuticular** *a*. वरच्या कातडीचा -सालीचा.

Cuttle-fish *F*. माखण (मासा), म्हाकूल *m*, *n*, समुद्रफेण; the dorsal scale of— समुद्रफेण -फेस. -bone समुद्रकफ.

Cycle (*Gr*. *kuklos*, ring) चक्र *n*; periodical space of time संवत्सर -कालचक्र *n*.—**Cyclopædia**, circle of human knowledge विद्यामाला *f*, विद्याचक्र *n*; work containing in an alphabetical arrangement information in all departments of knowledge सर्वविद्यासंग्रह पुस्तक *n*, विद्याकल्पतरु; [a work containing information on a particular branch: c. of mechanics].

Cylinder (*Gr*. *kulindros*) लंबवर्तुल, गोल.—**Cylindrical** *a*. लंबवर्तुलाकार, गोलदार, वरवंट्याच्या आकाराचा.

Cymbal (*Gr*. *kumbalon*) करताल, झांज *n*.

Cynic *a*. (*Gr*. *kuon*, dog) snarling तुसडा, तिरसट; pertaining to the dog-star लुब्धक ताऱ्याचा (year).—*n*. माणूसघाण्या, कडू वृंदावन *n*.

Cypher, See **Cipher**.

Cypress (*cupressus*) सुरूचें झाड *n*. [As having anciently been used at funerals, and to adorn tombs, it is an emblem of mourning and sadness.]

Czar (*Cæsar*) a king राजा; [title of the emperor of Russia].—**Czarina** रशियाच्या राणीचा किताब.

D.

Dab *v*. *Ger*. strike gently, as with a soft or moist substance थापणें; strike gently with the hand थापटणें, थोपटणें.—*n*. a soft blow थाप *f*, थापट *f*; soft lump लादा, लपका; also -ster, a skilful hand फरडा.—**Dabble** *v*. पाण्यात -राडांत खेळणें, डुबकणें; work in a superficial manner वरवर क.; tamper लुडबुडणें, कुचाकारभार क.—*t*. भिजविणें; spatter शिंपडणें.—**Dabbler** पाण्यात खेळणारा; one who dips slightly into anything कडेचा पोहणारा, ओरखडलेला.

Dactyl (*dactylus*, a finger) तीन अक्षरांचा एक गण आहे.—**Dactylology** करपल्लवी भाषा *f*.

Dad, **Daddy** (*tata*, Skr. *tât*) बा, बाबा, तात.

Dagger *F*. कटार *f*, जंब्या.

Daggle *v*. *Sw*. पाण्यात किंवा चिखलात लोळविणें, लिडबिडविणें.—*i*. पाण्यात इ० लोळणें.

Daily, See under **Day**.

Dainty *a*. (*dens*, a tooth) delicious to the palate गोड, रुचिकर, स्वादिष्ट; nice कोमल, मृदु, सकुमार (limbs); fastidious गोडघाशा, चवनट, चोखाळ; over-nice अतिसभ्य, अतिविनित.—*n*. गोडघास, सुग्रास.

Dairy (*daeria*) place where milk is kept and converted into butter or cheese दुभत्याची खोली *f*;—the business दुभतें *n*; the d. establishment of a grandee थडी *f*. -maid गवळीण *f*, गोपी *f*, दुभतेंकरीण *f*.

Dale *D*. खोरें *n*, लवण *n*, दरी *f*.

Dally *v.i*. *Ger*. delay विलंब लावणें; waste time in idleness and trifles गमणें, रेंगणें, अळमटळम क.; interchange caresses परस्परांस गोंजारणें -कुरवाळणें; use wantonness कामविलास -कामचेष्टा -इष्कबाजी क. [with].—**Dalliance** विलंब; अळमटळम *f*; विलास, विषयक्रीडा *f*, हावभाव.

Dam *F.* female parent जनावराची आई *f*; a human mother,—used in contempt मनुष्याची आई *f*.—(*damma*) बांध, धरण *n*, सेतु.—*v.* बांध घालणें, धरण बांधणें [up].

Damage (*damnum*) any permanent injury or harm to person, property, or reputation खराबी *f*, धक्का; inflicted loss of value तोटा, नुकसानी *f*; *pl*, *Law*, satisfaction to one party for a wrong or injury actually done to him by another नुकसानीचा पैसा, नुकसानी *f*.—*v.* नुकसानी -खराबी क., नासणें. —*i.* नुकसानी होणें, बिघडणें. -able *a.* नासायाजोगा; d. goods नासकें केणें *n*.

Damask (from *Damascus*) एक प्रकारचें बुट्टेदार कापड आहे, आमदानी *f*, खेस.

Dame *F.* lady of rank or culture बाईसाहेब *f*, माईसाहेब *f*; mistress of a family or infant school घरकरीण *f*, घरधनीण *f*, किंवा बालशाला शिक्षकीण *f*.

Damn *v.* (*damnum*, penalty) condemn दोषी ठरविणें; adjudge to punishment or death शिक्षा किंवा मरणदंड ठरविणें; *Theol.* condemn to punishment in the future world परलोकीं दंड ठरविणें, नरकदंडास योग्य ठरविणें; condemn as bad नाकारा -खराब ठरवणें -म्हणणें. -able *a.* दंडयोग्य. -ation अक्षयदंड, नरकदंड. -ed दोषी ठरवलेला; नरकदंडास योग्य ठरविलेला.

Damp *a. D.* being in a state between dry and wet ओलसर, दमसर; dejected खिन्न, म्लान.—*n.* सरदी *f*, सरदहवा *f*; खिन्नता *f*, ग्लानि *f*; *pl* gaseous products, that are eliminated in coal-mines, wells, &c. कोळशाच्या खाणी, विहिरी इ० तून जे वायुरूप पदार्थ निघतात ते.—*v.* भिजविणें, ओलसर क., सर्द क.; हिरमोड क., धैर्य खचविणें. -en *v. i.* & *t.* सर्द -ओला होणें -क. -ness आर्द्रता *f*, सरदी *f*, ओलावा.

Damsel *F.* अविवाहित तरुण स्त्री *f*, बाला *f*, कन्या *f*.

Dance *v. i. F.* leap or move with measured steps नाचणें; frisk नाचणें, उड्या मारणें, खिदडणें; to d. in a rope, to d. on nothing फांशीं जाणें.—*t.* नाचविणें; to d. attendance on नादीं -भजनीं लागणें, -चा कासोटा धरणें, थुंकी झेलणें; to make to d. नादीं लावणें; that *dances* attendance upon नादिष्ट.—*n.* नाच, नृत्य *n*. — Dancing नाचणें *n*, नाच. -boy नटवा. -girl नटवी *f*, कलावंतीण *f*. -master तालीमगर *H.* -school नृत्यशाला *f*, तालीमखाना; hire of— मुजरा.

Dandle *v. Ger.* move up and down in affectionate play, as an infant मांडीवर -हातावर नाचवणें, लालन क.; fondle amuse, or treat, as a child गोंजारणें, लाड क.

Dandy *F.* अकडबाज, नखरेबाज.—Dandiprat चिटालॅग, चिमखडा.

Dane (from *Dacia*, name of a province) देन्मार्क देशचा राहणारा.—Danish *a.* देन्मार्क देशचा; देन्मार्क लोकांचा; त्याच्या भाषेचा.

Danger *F.* जोखीम *n*, भय *n*, धोका. -ous *a.* भयाचा, धोक्याचा; causing danger भय -संकटकारक; threatened with death प्राणसंकटाचा, in comp. प्राणांत: d. counsel प्राणांतबुद्धि *f*; in a condition of danger भयावस्थेंतला, संकटांतला. -ly *ad.* भय -संकट प्राप्त होईल असें; he is d. ill तो फार बेजार आहे, त्याचा वाखा आहे.

Dangle *v. i. D.* ओळंबणें, लटकणें, झोके खाणें; कासोटा धरणें, नादीं लागणें, पाठ पुरवणें.— *t.* लोंबकळविणें, झोके खायास लावणें.

Dapper *a. D.* ठेंगणा ठुसका, फटकडा, सुबक, नीटनेटका.

Dapple *a.* (?) अबलक, बहुरंगी, बांडा; d.-grey संजाब *H.*

Dare * *v. i.* have courage for -ला-साठीं धैर्य असणें; challenge हमतमानें-हटकून बोलावणें, इरेस घालणें.—*i.* धजणें, धमक असणें.—**Daring** धिटाई *f*, साहस, धारिष्ट *n*.

Dark * *a.* destitute of light निस्तेज, अंधाराचा; partially black काळसावळा, काळसर; wholly black काळा, कृष्ण; not clear to the understanding अस्पष्ट, दुर्ज्ञेय; hidden गुप्त, गूढ; ignorant अज्ञान, अंधळा, तामस; wicked दुष्ट, काळा (deed); gloomy अरिष्टसूचक, उदास: d. hour of adversity; the d. half of a month कृष्णपक्ष; d. night काळोखी रात्र *f*.—*n*. अंधार, काळोख; अज्ञान *n*, अंधार. -bay, a color of horses सारंगा. -en *v.* अंधार क.-पाडणें; render dim मंद क. (Rom. xi. 10); अज्ञान -मतिहीन क., भ्रमांत पाडणें; obscure अंधारी आणणें (Job xxxviii. 2); उदास -विरस -खिन्न क.: d. not the mirth of the feast; sully मळवणें, मजीत क., 'कलंक' लावणें: evils enough to d. his goodness. -ly *ad.* अंधक. -ness अंधार; blackness काळेपणा; gloom अंधारी *f*, काळोखी *f*; secrecy गुप्तपणा, गुह्यता *f* (Matth. x. 27); अज्ञान, अज्ञानअंधकार, नीति किंवा धर्म संबंधी अज्ञान *n*; impurity अशुद्धता *f*, अपवित्रता *f*. (John iii. 19); want of clearness अस्पष्टता *f*, घोटाळा; state of distress विपत्ति *f*; land of d., the grave प्रेताचा खाडा *f*. -some, See **Dark**.

Darling* *a.* प्रिय, प्यारा, लाडका.—*n*. जीवप्राण, कंठमणी.

Darn *v. W.* तुणणें, रफु क. -er रफुगर.

Dart *F.* बरची *f*, सांग *f*, भाला.—*v.* hurl फेंकणें, टाकणें, मारणें; emit सोडणें, पाडणें, देणें: the sun *darts* his beams on earth.—*i.* निसटणें, निसटून जाणें: the deer *darted* from the thicket [out, forth, in].

Dash *v. D.* throw with violence or haste आदळणें, आपटणें; frustrate लथडणें, भंग क. (schemes); put to shame लाजविणें, लथडणें, खालीं पाहायास लावणें; throw in, or on, in a rapid careless manner थाप मारणें, सडकणें, to d. paint upon a picture; overspread; partially adulterate भेळ -मिसळ घालून बिघडणें: to d. wine with water; sketch rapidly or carelessly भरडणें, खरडणें: to d. off a sermon; erase by a stroke खोडणें, फाटा देणें (a word) [out].—*i.* अदळणें, अपटणें; rush with violence धडकून जाणें -शिरणें, उसळणें; down सडसडणें (rain).—*n.* अदळआपट *f*; लथडपथड *f*: his hopes received a d.; लकेरी *f*, धुनक *f*, छटा: red with a d. of purple; भेळ *f*, मिसळ *f*: wine with a d. of water; उसळी *f*, मुसांडी *f*, सुरकांडी *f*;—of rain सडाका; sudden onset सुसाट, घसरा; vain show टामटूम *f*: to cut a great d.; [a mark, thus [—] in writing or printing].

Dastard* *a.* भितरा, भ्याड, गांडू.

Date (*dare*, to give) that addition to a writing, coin, inscription, &c. which specifies the time when it was given or executed मिती *f*, तारीख *f*; point of time in which a transaction or occurrence takes place काळ, शक, वेळ *f*: the d. of a battle; duration परिमाण *n*, कालमर्यादा *f*: through his life's whole d.—*v.* मिती -तारीख घालणें -मांडणें (a letter); काळ गणणें -मोजणें: to d. the fulfilment of a prophecy; refer to as a starting-point or origin मूळ -आरंभ लेखणें -धरणें: to d. a disease from a certain cause.—*i.*—from आरंभ असणें -होणें;—at, on तारीख असणें.—**Dative**, *Gram.* चतुर्थी विभक्ति *f*; *Law*, that which may be given or disposed of at pleasure देयवस्तु *f*.—*a.* चतुर्थी विभक्तीचा; *Law*, देण्याचा, द्यायाचा.—**Datum**, **Data**, *pl* (*L.*) मुद्दा, गमक *n*.—

Date (*Gr. dactulos,* finger) खजूर; dried d. खारीक *f.* -PALM-TREE खजुरी *f.*

Daub *v. W.* smear with soft, adhesive matter चोपडणें, लेपणें; paint in a coarse manner (रंग) लेथडणें -लादणें; cover with a specious or deceitful exterior साखर पसरणें, रूप झाकणें, सोंग देणें [with].—*n.* लेप; ओबडधोबड चित्र *n.*—**Dauby** *a.* चिकचिकीत.

Daughter * (*Skr. duhitri*) लेंक *f,* मुलगी *f,* कन्या *f;* female descendant स्त्रीसंतान *n* (Luke xiii. 16); daughter-in-law सून *f* (Ruth i. 11).

Daunt *v. F.* भय, धाक घालणें, भेडसाविणें; धैर्य खचविणें [with]. -LESS *a.* निर्भय, धीट, मर्द.

Daw * कावळ्याच्या जातीचा एक पक्षी आहे, डोमकावळा.

Dawdle *v.* ? वेळ व्यर्थ गमाविणें [away].

Dawn * *v. i.* begin to grow light in the morning पहाट होणें, उजेडणें; begin to expand उमलणें, खुलणें (the mind).—*n.* पहाट *f,* प्रभात *f;* rise उदय: the d. of time; first opening आरंभ, उगम, उपक्रम.

Day * (*Skr. dyu*) interval between one night and the next दिवस; light उजेड; sunshine ऊन *n;* period of the earth's revolution on its axis दिवस, अहोरात्र *f;* specified time काळ, दिवस (Gen. ii. 17); life जन्म, आयुष्य *n:* he was useful in his d.; day of battle लढाईचा दिवस: he won the d.; d. by d. दररोज; d. in court वादी प्रतिवादी कोर्टांत हजीर होण्याचा दिवस; d. of grace, *Merc. Law,* हुंडीची मुदत भरल्यावर फेड करण्यासाठीं जी (तीन दिवसांची) जाजती मुदत देतात ती *f;* mean solar d. सौरदीन; one d., or one of these *days* एखाद्या दिवशीं; लवकरच: I hope one d. to see you; to-d. आज, हल्लीं; सांप्रतकालीं; the good d. long सारासुदीस; all the d. long सारादिवस, दिवसभर; d. after d. दिवसानदिवस; every other d. एक दिवस आड, एकांताड; now-a-*days* सांप्रत, आजकाळ; up to d. आजपर्यंत; in open d. दिवसाढवळ्यां; the d. before yesterday परवां: on the third d. (past or future) तेरवां; *days* after sight कच्ची मुद्दत *f;* *days* after date बंदी मुद्दत *f,* तेरवां. -BOOK रोजखरडा, रोजनामा. -BREAK पहाट *f,* प्रभात *f;* at d. कोंबडे आरवणीं. -COAL (कोळशाच्या खाणींत) कोळशाचा वरचा थर. -DREAM मनोराज्य *n,* मनचे मांडे *pl.* -LABOR रोजमजूरी *f.* -LABORER रोजमजूर, रोजिनदार. -LIGHT दिवसाचा उजेड, दिवस; to burn d., to perform a superfluous action दिवसा दिवा लावणें, सूर्यास दिवा दाखविणें. -SPRING अरुणोदय, प्रभोदय. -STAR पहाटतारा, शुक्र. -TIME दिवसाची वेळ *f,* दिवस; come in the d. दिवसा ये. -WORK रोजकाम *n.*—**Daily** *a.* रोज, नित्य; d. pay रोजीना; food रोजी *f.*

Dazzle * *v.* overpower with light दिपविणें, चकविणें; surprise with brilliancy शोभेनें -तेजानें चकित क.; strike with terror भयचकित क.—*i.* चकित -दंग होणें -असणें; दिपणें (with).

Deacon (*Gr. diakonos,* servant) ख्रिस्ती मंडळ्यांत एक कामदार आहे; कारभारी. [In the R. C. and Episcopal churches, a person admitted to the lowest order in the ministry, subordinate to the bishops and priests. In Presbyterian churches, he is subordinate to the minister and elders, and has charge of certain duties connected with the communion service, and the care of the poor. In Congregational churches, he is subordinate to the pastor, and has duties as in the Presb. church.]

Dead* *a.* deprived of life मेलेला, मृत, गतप्राण; destitute of life निर्जीव, जड, (matter); resembling death in appearance or quality मृतप्राय; d. sleep गाढनिद्रा *f*; without motion निचेत, निश्चल, स्थिर (calm); unproductive निर्फल: d. capital बुडीत *n*; dull तेजहीन, मंद, अंधक (eye, fire); monotonous एकसारखा -मकारचा (wall); producing death जीवघेण्या, पुरा, नेमका (shot); wanting in religious spirit and vitality निर्जीव, भक्तिहीन (faith); *Law,* cut off from the rights of a citizen नागरिक अधिकार -सत्ताहीन: one banished or becoming a monk is civilly d.; d. drunk अगदीं झिंगलेला, बेहोश, मदमस्त language जी भाषा व्यवहारात वापरत नाहींत ती, हिब्री, संस्कृत इ०; d. letter (टपालखात्यांत) बिनवारसपत्र *n*; काळ अथवा चाल बदलल्या वरून ज्याची सत्ता, वजन इ० नष्ट झालें आहे असा कायदा वगैरे.—*ad.* अगदीं, निखालस.—*n.* most quiet or deathlike time निवांत, सामसूम; d. of winter ऐन हिंवाळा; in the d. of night मध्यरात्रीं; *pl* those who are dead मेलेले लोक -मेलेलीं माणसें *n pl* (Matth. xiv. 2). -EN *v.* blunt बोथवणें, बोळवणें; retard गति खुंटवणें: to d. motion of a ship; make vapid पाणचट -पचपचीत क. (wine); deprive of gloss तेजहीन क., जिल्हई घालविणें. -HEARTED *a.* भीतांतःकरण, भेंगा, भित्रा, भ्याड. -LIFT मोठी अडचण *f*, तारंबळ *f*, आफत *f*. -LY *a.* प्राणघेणारा, प्राणघातक; implacable दीर्घद्वेषी, उभा; d. hatred उभा दावा. -NESS मेलेलेपणा; बधिरपणा: d. of a limb; फिकेपणा: d. of liquors; d. to the world वैराग्य *n*. -SHOT अचूकसंधानी, नेमका (बाण -गोळी) मारणारा. -STRUCK *a.* भयचकित, भयाक्रांत. -WIND तोंडावरचा -समोरचा वारा.

Deaf* *a.* बहिरा, बधिर;—of the ear फुटका; not to be persuaded as to fact, argument, or exhortation हेकेखोर, हेकेखाईक [to]; deprived of the power of hearing बहिरा केलेला -झालेला, बहिरावलेला: d. with the noise. -EN *v.* बहिरा क.; कानठळ्या बसविणें. -NESS बहिरेपणा, बधिरत्व *n*.

Deal* *v.* distribute वाटून देणें, वाटणें (bread); throw out indiscriminately विखरणें, पसरणें, पेरणें; bestow successfully ओपणें, वरचेवर देणें (blows).—*i.* वाटणी क. (cards); trade व्यापार क.; mediate मध्यस्थपणा क.; act वागणें, वर्त्तणें: if he will d. impartially; contend लढणें, झुजणें: he has troublesome passions to d. with; by -शीं वागणें; in -शीं गांठ -प्रसंग असणें; आचरणें, अभ्यास -राबता ठेवणें; with वागणें, वर्त्तणें.—*n.* वांटा, भाग; degree परिमाण *n*, मान *n*; distribution of cards वाटणी *f*; division of a piece of timber made by sawing अरकसलेला लांकडाचा तुकडा; plank तक्ता, फळा; dealwood देवदार. -ER देवघेव करणारा; व्यापारी, उदमी; वांटणी करणारा [in]. -ING उदीम, व्यापार; वहिवाटसंसर्ग (John iv. 9); घेवदेव, घेणेंदेणें *n*.

Dear* *a.* bearing a high price महाग; costly बहु मोलाचा, किंमतदार; marked by dearth महागायीचा (year); much esteemed बहुमान्य; greatly beloved बहुप्रिय, लाडकी, प्रिय [to].—*n.* प्रिय, सखा, जीवप्राण. -LY *ad.* महागाईनें; बहुमोलानें; लाडकेपणानें, लडिवाळपणानें, लाडानें. -NESS महागाई *f*, महर्गता *f*; बहुमोल *n*; प्रेमा, लाडकेपणा, प्रेम *n*. —DEARTH, scarcity which renders dear तूट *f*, तंचाई *f*, अभाव: d. of corn; famine दुष्काळ.

Death* extinction of bodily life मरण *n*, मृत्यु; extinction लोप, समूळनाश: d. of memory; mode of dying मरण्याचा प्रकार, मरण *n*: a d. which I abhor; cause of loss of life मरणाचें कारण *n*; loss of

life personified मृत्यु, काल, कृतांत : d., the king of terrors; danger of death मरणदशा *f*, मरणाचें भय *n*; murder खून *n*, हत्या *f*; civil d., separation of a man from civil society, or from the enjoyment of civil rights, as from banishment, abjuration of the realm, entering into a monastery, &c. बहिष्कार, सन्यास, चटस्फोट, देशपार क. इ० का कडून मनुष्याला जो लोकवियोग होतो तो; spiritual d., *Scrip.* corruption and perversion of the soul by sin, with the loss of the favor of God आत्मिक मरण *n*, आत्म्याचें मरण *n*; to be the d. of -च्या मरणाचें -समूळ -कारण होणें; a violent d. अपमृत्यु -घात; at the point of d. मरणोन्मुख; until d. आमरणांत; voluntary d. काम्यमरण *n*; d. at will इच्छाम०; bands of d. मृत्युपाश *pl*; to be at the point of d. मरायास टेकणें -पडणें, -च्या गचन्या -चीं लाकडें पुढें जाणें; that is on the point of d. मरणोन्मुख; to have one's eyes fixed in d. डोळे थिजणें; the livor of death मरणकळा *f*, मडेकळा *f*. -BED मरणशय्या *f*; closing hours of the life of one who dies by sickness मरणकाळ. -BELL, bell that announces death मरणाची घांट *f*. -DAMP मरणकाळीं जो थंड घाम येतो तो. -LESS *a.* अमर, मरणातीत. -RATTLE घरघरा, घरघर *f*. -WARRANT, *Law*, an order from the proper authority for the execution of a criminal अपराध्याचा जीव घेण्याचा सरकारी हुकूम, फांशीचें 'वारंट' *n*. -WATCH एक जातीचा किडा आहे.

DEBAR *v. F.* आड येणें, वारणें, अटकाव क. [from, at].

DEBASE *v.* (*de* and *base*) degrade पायरी उतरणें; abase हलका -नीच क.; as gold, silver हीण घालून हलका क., हीनकट क. [by, with].—DEBASED *a.* हलका केलेला, अपकृष्ट; स्थानभ्रष्ट, पतित; हिनकस.

DEBATE *v. F.* fight for -करितां भांडणें -लढणें; dispute वाद -तकरार क., वाग्युद्ध क.; discuss घाटावाट -विचार क.—*i.* वादांत गुंतणें; घाटणें, घोळणें [with, upon].—*n.* कलह, भांडण *n*; वाद, वादविवाद; घाटाघाट *f*, वाटावाट *f*.

DEBAUCH *v. F.* बिघडविणें, भ्रष्ट क., सन्मार्गापासून वळविणें;—as a woman फितविणें;—an army बिथराविणें, फितविणें.—*n.* बदफैली *f*, बदकर्म *n*. -EE बदकर्म करणारा, सोदा, बहिर्व्यसनी. -ERY फितविणें *n*, फितुरी *f*; दुर्व्यसन *n*, बदकर्म *n*, सोदेगिरी *f*.

DEBILITATE *v.* (*debilis*, weak) कमजोर -अशक्त क.—DEBILITY, languor ग्लानि *f*, मांद्य *n*, अशक्तपणा, दुबळेपणा.

DEBIT (*debitum*, debt) the side of an account in which every indebtedness is entered खर्च.—*v.* खर्ची घालणें -मांडणें (a sum); नांवावर मांडणें, नांवें मांडणें : to d. a purchaser the amount of goods sold.—DEBT, due कर्ज *n*, ऋण *n*; fault अपराध (Matth. vii. 12); discharge of a d. ऋणमुक्ति *f*; out of d. ऋणमुक्त. -OR देणेकरी, ऋणकरी; bad d. बुडीत कूळ *n*.

DECADE (*Gr. deka*, ten) दसक, दशक.—DECAGON (*-gonia*, corner) दशकोणाकृति *f*.—DECALOGUE (*-logos*, speech) सिनाई डोंगरावर परमेश्वरानें मोशाला ज्या दहा आज्ञा दिल्या त्या *f*, आज्ञादशक.

DECAMP *v. i. F.* break up a camp तळ उठवणें, कूच क.; take one's self off गाशा गुंडाळणें, पोबारा म्हणणें, तोंड काळें क., ताटी कापणें [from, to].

DECANT *v. F.* खालचा गाळ खालीं राहील असें जपून (एका पात्रांतून दुसऱ्यांत) ओतणें (wine). -ER कलंडून ओतण्याचें पात्र *n*; दारू वगैरे पदार्थ ठेवण्याचा एक प्रकारचा शिसा, मद्यपात्र *n*.

DECAPITATE *v.* (*-caput*, head) डोकें मारणें -उडवणें.—DECAPITATION शिरच्छेद.

Decay *v. i.* (*-cadere,* to fall) उतरता पाया लागणें, मोडणें, गळणें, ऱ्हासपावणें, क्षीण -जीर्ण होणें.—*n.* ऱ्हास, क्षय, उतार, मोडकळ *f.*

Decease (*-cedere,* to withdraw) जाणें *n,* गमन *n*; मरण *n,* परलोकगमन *n* (Luke ix. 31).—*v.* मरणें.—**Deceased** मयत, मेलेला.

Deceive *v.* (*-capere,* to take) lead into error भ्रमांत-चुकींत पाडणें, चुकविणें; impose upon ठकविणें; disappoint आशाभंग क.; beguile मोह -भुरळ घालणें [in, with, by].—**Deceiver** ठकविणारा, ठक. — **Deceit** कपट *n,* कपटबुद्धि *f*; contrivance to entrap कावा, दगलबाजी *f,* कंत्राड *n.* -FUL *a.* दगलबाजीचा, कपटी (words, thought); दगलबाज, ठक, कृत्रिमी (man).—**Deception** फसवणें *n,* प्रतारणा *f*; state of being deceived फसवणूक *f,* फसगत *f*; cheat फसवण *f,* ठकवण *f,* कपट *n* [on].—**Deceptive** *a.* ठकविण्याचा, कपटी, कृत्रिमी (appearance).

December (*decem,* ten) इंग्रजी सालाचा बारावा महिना, मार्गशीर्ष-पौष.

Decent *a.* (*decere,* to be fitting) suitable in words, behavior, dress, and ceremony योग्य, उचित, साजरा, साजेलसा, शोभेसा (conduct, dress); modest मर्यादेचा, सलज्ज, समर्याद (language); moderate, but competent नेमस्त, बेताचा, त्यागभोगा पुरता (fortune); respectable आब्रूचा, प्रतिष्ठित (person). -LY *ad.* यथायोग्य; लज्जेनें; भीड राखून, सविनय.—**Decency** योग्यता *f,* लायकी *f*; शिष्टपणा, विनय, मर्यादा *f.*

Decennial (*-annus,* year) दहा वर्षांचा (period); दहा वर्षांनीं होणारा -येणारा -पडणारा -घडणारा (games).

Decide *v.* (*-cædere,* to cut) bring to a termination, as a question, controversy, struggle, by giving the victory to one side or party -चा निवाडा -ठराव -फैसल क.—*i.* निकाल -निवाडा -ठराव क. [on, upon, against].—**Decided** *a.* unequivocal खसखसीत, खरमरीत (answer); स्पष्ट (proof); positive निस्संशय, निभ्रांत; of fixed purpose निर्धारी, दृढनिश्चयाचा, निर्धाराचा, दृढसंकल्प. -LY *ad.* खचित, निस्संशय; साफ, स्पष्ट, निक्षून. — **Decision** ठराव, फैसला, निर्णय; report of a decision ठराव, ठरावाची हकीकत *f*; unwavering firmness धीर, दृढसंकल्प: to manifest great d.—**Decisive** *a.* निर्णयाचा, निर्णायक; अखेरचा, निकालाचा, तंटा मिटविण्याचा; धिराचा, सुनिश्चयाचा.

Decimal (*decem,* ten) दशांश.—*a.* दशांशाचा; having a tenfold increase or decrease दशगुणक.—**Decimate** *v.* take the tenth part of दाहावा भाग घेणें; [select by lot and punish with death every tenth man of: to d. an army for the punishment of mutiny]; devastate नासधूळ -उजाड क. (a country).

Decipher (*de* and *cipher*) (जी लीपि ठाऊक नाहीं ती) लावणें, अर्थ लावणें, उकलणें.

Deck* *v.* cover झांकणें, आच्छादणें; embellish सजवणें, शृंगारणें; furnish with a deck, as a vessel गलबतास मजला क. [with].—*n.* गलबताचा मजला, -ची तक्तपोशी *f.* -ER शृंगारणारा; मजली: a two-d. दुमजली जहाज *n.*

Declaim *v. i.* (See **Claim**) सभेंत अलंकारयुक्त भाषण क., पांडित्य क.; rant व्यर्थ बडबड क., पोकळ -सुका ढोल घालून बोलणें [on, upon, against].—**Declamation** अलंकारयुक्त भाषण *n*; निरर्थक भाषण *n,* बडबड *f.*—**Declamatory** *a.* अलंकाराचा, पांडित्याचा; व्यर्थ बडबडीचा.

Declare *v.* (*-clarare,* to make clear) make known by language बोलून कळविणें -दाखविणें; publish प्रसिद्ध -प्रगट क.: the hea-

vens d. the glory of God (Ps. xix. 1); assert खात्रीनें -प्रतिज्ञेनें बोलणें : he *declares* the story to be false; to d. one's self आपलें मत प्रगट क. [to].—*i.* प्रसिद्ध क.; आपण कोणत्या पक्षाकडे आहों हें दाखविणें [for, against]; *Law,* state the plaintiff's cause of action at law in a legal form वादीच्या मोकदम्याचें कारण कायद्या बरहुकूम सांगणें, सुनावणें : the plaintiff *declares* in debt.—DECLARATION धडधडीत -स्पष्ट सांगणें *n,* ज्ञापन *n,* वदणूक *f*; that which is declared प्रसिद्ध केलेली गोष्ट *f*; document by which an assertion is authoritatively verified प्रसिद्धिपत्र *n*; वादीच्या खटल्याची शिस्तवार बयाद *f,* सुनावणी *f.*

DECLINE *v. i.* (*-clinare,* to lean) कलणें, झुकणें; decay क्षय पावणें, ऱ्हास होणें (virtue, religion); sink उतरणें, बुडणें, कलणें (the day); stray बिचलणें, बिथरणें, सन्मार्ग सोडणें : to d. from sound morals; refuse नकारणें, नको ह्मणणें.—*t.* वाकविणें, खाली घालणें; कलविणें, झुकविणें; नाकबूल -अमान्य क.; shun वर्जणें, त्यागणें; *Gram.* रूप चालविणें, विभक्ति लावणें—*n.* क्षय, ऱ्हास, ग्लानि *f,* उतार; *Med.* रोगाचा उतार or उताराची वेळ *f*; क्षयरोग : to die of a d.—DECLINATION कल, झोंक, वांक; उतार, अपकर्ष, ऱ्हास; नकार, नाकार; मार्गत्याग, बिचलणी *f*;—of a star क्रांति *f,* स्पष्टापम *n*; रूप चालविणें *n.*—DECLINABLE *a.* वांकडा करायाजोगा, झुकायाजोगा; विभक्तिसाध्य, वाच्य.—DECLENSION, descent उतार, उतरण *f*; ऱ्हास, क्षय, उतरता पाया; आदरपूर्वक नाकारणें *n* : the d. of a nomination; विभक्ति *f,* रूप *n.*

DECLIVITY (*-clivus,* slope) descent of surface ढाळ, उतार; descending surface उतरण *f,* वरंगळ *f.*

DECOCT *v.* (*-coquere,* to cook) prepare by boiling उकडणें, उकळणें; digest पचविणें, जिरविणें. -ION उकळणें *n,* काढा, कषाय, पाक.

DECOMPOSE *v.* (*de* & *compose*) पदार्थांचीं मूल तत्वें निरनिराळीं क., तत्वपृथकरण क.—*i.* तत्वें निराळीं होणें; undergo dissolution सडणें, कुजणें.—DECOMPOSITION तत्वपृथक्करण *n*; नाश, विलय; कुजणें *n.*

DECORATE *v.* (*decor,* beauty) सजवणें, शृंगारणें, मंडित क. [with].—DECORATION अलंकार, भूषण *n,* शोभा *f.*—DECOROUS *a.* योग्य, उचित, विनित (speech).—DECORUM *n.* propriety of manner or conduct शिष्टाचार, विनय, सभ्य रीति *f.*

DECOY *v. F.* भुलथाप देणें, लोभ दाखवून फसविणें -फशीं पाडणें.

DECREASE *v.* (*-crescere,* to grow) कमी-न्यून क. —*i.* कमी होणें, तुटणें, घटणें.—*n.* तूट *f,* क्षय, ऱ्हास;—of the moon कलांचा क्षय, क्षय.

DECREE (*decernere,* to decide) law नियम, कायदा, सूत्र *n*; judicial decision फैसलनामा, हुकूमनामा; established law स्थापित नियम, विधान *n*; law made by a council for regulating any business within their jurisdiction शिक्षा -व्यवस्था पत्र *n*; *Scrip.* purpose of God concerning future events भावी गोष्टींविषयीं ईश्वराचा संकल्प, (Hindu term), ब्रह्मलिखित *n.*—*v.* ठराव -हुकूम क.; नेमणें, स्थापणें; व्यवस्था क.; संकल्प क.—DECRETAL *a.* कायद्यासंबंधी; ठरावासंबंधी, ठरावाचा (epistle).—*n.* आज्ञापत्र *n,* शिक्षापत्र *n*; a letter of the pope, determining some point in ecclesiastical law, a collection of the pope's decrees पोपाच्या आज्ञापत्राचा संग्रह, पोपधर्मसंहिता *f,* पोपस्मृति *f.*

DECREPIT *a.* (*-crepare,* to rattle) खप्पड, जर्जर, खोकड. -UDE जरा *f,* जीर्णता *f,* वार्धक्य *n.*

DECRY *v. F.* cry down नांवानें बोंब ठोकणें, हाका मारणें; censure as faulty, mean, or worthless नांव -दोष ठेवणें.

DEDICATE *v.* (*-dicare*) set apart and consecrate, as to a divinity वाहणें, समर्पणें;

—one's self आत्मनिवेदन क.;—a book अर्पणें, नजर क. [to].—DEDICATION समर्पण *n*, वाहणें *n*; उत्सर्ग, प्रतिष्ठा *f*; आत्मनिवेदन *n*; ग्रंथनजर केल्याबदल ग्रंथारंभीं जें मानपत्र किंवा मायना लिहितात तो.

DEDUCE *v.* (-*ducere*, to lead) अनुमान-तर्क क. from].—DEDUCIBLE *a.* अनुमान करायाजोगा, तर्क्य.—DEDUCT *v.* बाद -वजा क. -ION अनुमान *n*, तर्क; conclusion सारांश; that which is deducted बाद केलेली रकम *f*, वजात *f*;—on money कसर *f*, बट्टा.

DEED* act काम *n*, कृत्य *n*; achievement महत्कृत्य *n*, शर्तीचें काम *n*; power of action क्रियाशक्ति *f*; *Law*, sealed instrument in writing, on paper or parchment, duly executed and delivered, containing some transfer, bargain, or contract खत *n*, लेखपत्र *n*, दस्तऐवज; d. of acquittance फारीखत *n*;—of assent or acknowledgment इकरारनामा;—of agreement सम्मतिपत्र *n*;—of gift बक्षीसनामा, दानपत्र *n*;—of lease पट्टा;—of settlement बंदोबस्ती परवाना -सनद *f*;—of purchase खरीदपत्र *n*;—of release from all demands फारखत *n*.—of divorce सोड -सोड -फारखत *n*;—of mortgage गहाणपत्र *n*;—of sale फरोक्तखत *n*;—of partition between the members of a family अंशपत्र *n*; d. expressive of assent; especially a d. executed by a husband about to die authorising his widow to adopt a son अनुमतिपत्र *n*;—of acquittance सफीनामा.—of consent राजीनामा; d. which is executed on the purchase of a whole investment साटेखत *n*.

DEEM* *v.* मानणें, गणणें, वाटणें, समजणें.

DEEP* *a.* extending far below the surface खोल, ओंड; extending far back from the front तोंडाकडून मागें पसरत गेलेला, खालपावेतों, खोल (cave); low in situation नीच, सखल (valley); profound गूढ, गहन, खोल (subject, plot); profoundly learned सुज्ञान, महाविद्वान; of penetrating intellect तीक्ष्णबुद्धि; poignant तीक्ष्ण; profoundly affecting चित्तवेधक, भारी (distress); as a sound गंभीर, घन, दीर्घ; as sleep घोर, गाढ; d. poverty महादरिद्र *n*; strongly colored गहिरा: d. blue घननील; d. red लालभडक; grave दीर्घ (thunder); d. silence सामसूम *n*, निवांत *n*; as a regiment लांब, उभा.—*ad.* खोल; अतिशय.—*n.* समुद्र, सरोवर इ० खोल जलाशय; गहन -गूढ विषय, सागर (Ps. xxxvi. 6); depth भरमध्य, ऐन *f*: the d. of night. -EN *v.* खोल क.; अधिक खोल क.; उजरणें, गहिरा क. (colors); अति चित्तवेधक क. (grief); अधिक, गंभीर -दीर्घ -उदास क. (tones).—*i.* अधिक खोल होणें -लागणें. -LY *ad.* फार खोल: to sink d.; thoroughly पुरा, पूर्ण, पक्का, अभिनिवेशपूर्वक: d. skilled in logic; d. versed पारंगत; मोठ्या दुःखानें -कळवळ्यानें; अतिशय, फार: he d. offended his father; मोठ्या कौशल्यानें -युक्तीनें -धूर्ताईनें; a d. laid plot दीर्घ-गंभीर स्वरानें: a d.-toned instrument; d. rooted दीर्घ -बद्धमूल. -NESS खोली *f*. ओंडी *f*; गांभीर्य *n*, गूढता *f*.—DEPTH खोली *f*, ओंडी *f*; खोल जागा *f*; समुद्र; अगाध विवर *n*, डोह; ऐन *f*, भर: the d. of winter; गहनता *f*, गूढता *f*; गहिरेपणा; सखलपणा; तिखटपणा, तीक्ष्णता *f*. See DEEP.

DEER* हरण *m*, *n*, हरिण, मृग; d.-eyed मृगनयन.

DEFACE *v.* (-*facies*, face) destroy or mar the face or external appearance of रूप बिघडणें -भंग क.; विरूप क. (a monument); erase खोडणें, खरडून टाकणें (letters, writing).

Defalcation (*-falx*, a sickle) तूट *f*, कोताई *f*, तोटा.

Defame *v.* (See **Fame**) हुरमत घेणें, बदनामी क.; calumniate बाळंट -तुफान घेणें.—**Defamation** बदनामी *f*, निंदा *f*, अपवाद; तुफान *n*, बहाडी *f*; [in modern usage, written d. bears the title of *libel*, and oral d. that of *slander*].—**Defamatory** *a.* निंदात्मक, अपवादक; तुफानाचा, चुगलीचा.

Default (See **Fault**) failure तफावत *f*, अंतर *n*; omission of that which ought to be done कर्त्तव्यांत -कामांत अंतर *n*, कामाची कसूर *f*; fault अपराध, दोष; lack उणेंपण *n*, अभाव; *Law*, प्रतिवादी, साक्षी, पंच इ० चें कोर्टांत नेमलेल्या दिवशीं गैरहाजीर असणें *n*; in d. of evidence पुरावा नसल्यामुळें.

Defeat *F.* overthrow पराजय, मोड, पराभव; frustration मोड, भंग, नाश.—*v.* पराजय क.; तोडणें, नासणें, लथडणें. -**ed** मोड झालेला, पराजित, पराभूत.

Defect (*-facere*, to do) imperfection उणेंपणा, अपूर्णता *f*, न्यून *n*, व्यंग *n*; fault दोष, चूक *f*; natural d. ऐब *n*, खोड *f*, दोष. -**ion**, act of abandoning a person or cause to which one is bound by allegiance or duty, or to which one has attached himself फितूर, फितुरी *f*, फितवा; apostacy सद्धर्मत्याग, फितूर. -**ive** *a.* उणा, अपुरा, न्यूनांग, कोता; सदोष, ऐबदार.

Defend *v.* (*-fendere*) repel danger or harm from भय टाळणें -वारणें; protect राखणें, रक्षणें, बचावणें; maintain संभाळणें, प्रतिपादन क., थोप राखणें; *Law*, contest, as a suit तकरार घेणें -क. [from, by, against]. -**er** रक्षण करणारा; प्रतिपादक, स्थापक; थोप संभाळणारा;—of the helpless अनाथवत्सल;—of his worshiper;—said of God भक्तकाजकैवारी. -**ant** रक्षण करणारा इ०; *Law*, प्रतिवादी.—**Defence**, **Defense** बचाव, रक्षण *n*; skill in making defense रक्षण करण्याची युक्ति *f* -चें कौशल्य *n*; that which defends आवरण *n*, आवार *n*; shelter छत्र *n*, आश्रयस्थान *n*, आसरा; प्रतिपादन *n*; *Law*, प्रतिवादीचें उत्तर *n*, जबाब, 'डिफेन्स.' -**less** *a.* उघडा, निराश्रय, निराश्रित.—**Defensive** *a.* रक्षक, रक्षणाचा, बच्यावाच्या कामाचा (armor); carried on by resisting attack हला अंगावर घेऊन मागें हटवून पुढें चालवायाचा (war).—*n.* बचाव, रक्षण *n*; to be on the d., or to stand on the d., to be or stand in a state of defence or resistance आपले रक्षणा करितां -आडवा येण्या करितां तयार -उभा असणें.

Defer *v.* (*-ferre*, to bear) put off लांबणीवर -दिवसगतीवर टाकणें -लोटणें; delay उशीर लावणें; refer सोपणें, हवालणें.—*i.* उशीर -विलंब लावणें; yield from respect to the wishes of another मुरवतीखातर -भिडेनें -भिडेस्तव मान्य होणें -हो ह्मणणें; submit to the opinion of another दुसऱ्याच्या अनुमतीस सोपणें [from, to].—**Deference** भीड *f*, मुरवत *f* [to].

Defiance, See under **Defy**.

Deficient *a.* (See **Defect**) कमी, उणा, कोता [of, in].—**Deficiency** कमताई *f*, तूट *f*, न्यूनता *f*.

Defile * *v.* make unclean मळविणें, मळीण क.; render turbid गढूळ क. (water); tarnish, as reputation कलंक लावणें, मळीण क.; corrupt भ्रष्ट -दूषित क., बिघडविणें (Ezek. xx. 7); violate जबरीनें संभोग क.; भ्रष्ट क. (Gen. xxxiv. 2); make ceremonially unclean विटाळविणें, बाटविणें (Lev. xxii. 8) [with]. -**ment** मळीणपणा; भ्रष्टता *f*, विटाळ, बाट; general d. भ्रष्टाकार.

Defile *v.i.* (*-file*, a row) रांगेनें जाणें, चालणें.—*n.* एकपावली वाट *f*, खिंडवाट *f*.

Define *v.* (*-finire,* to limit) fix the bounds of -ची मर्यादा -हद्द ठरविणें, आळा बांधून देणें: to d. controversies; determine or mark the boundaries of अंकित क., हद्दीच्या खुणा क. -ठरविणें: to d. the extent of a country; exhibit clearly स्पष्ट दाखविणें: the *defining* power of an optical instrument; fix the meaning of अर्थ -व्याख्या सांगणें (a word).—**Defined** लक्षण बांधलेला, लक्षित, निरुक्त; परिमित, अंकित.—**Definable** *a.* निरूपणीय, लक्षणीय (words); मर्यादा बांधायाजोगा (limits); निर्धारणीय (distinctions).—**Definite** *a.* having certain limits समर्याद, सावधिक, बांधा, बंदा (period); having certain limits in signification ज्याच्या अर्थास बंद -मर्यादा आहे तो, सावधिक अर्थाचा (term); fixed नेमलेला, ठरवलेला, नियमित; serving to define नियामक: the d. article.—**Definition** गुण -लक्षण -धर्मनिरूपण *n*; *Logic* निरुक्ति *f*, निर्वचन *n*; शब्दाची व्याख्या *f*, शब्दार्थनिरूपण *n*.—**Definitive** *a.* positive निखालस, खचित, वास्तविक; limiting नियमाचा, मुदतीचा, ठरावाचा.

Deflect *v. i.* (*-flectere,* to bend) बहकणें, मार्ग सोडणें, बिचलणें [from]. -**ion** बिचलन *n*, सत्पथत्याग, व्यभिचार.

Deflour *v.* (*-florare,* to flower) deprive of flowers फुलें काढून घेणें, पुष्पहरण क.; take away the prime beauty and grace of कांतिहरण क., विशोभित क., शोभा -नूर उतरणें; deprive of virginity, as a woman कौमार्यभंग क., चिरा उतरणें; ravish हटसंभोग क.; seduce फितविणें, फुसलावून स्त्रीचा उपभोग क.—**Defloration** कौमार्यभंग, कन्याघर्षण *n*.

Deform *v.* (See **Form**) alter in form आकार बदलणें; disfigure कुरूप-विरूप क.; deprive of comeliness बदसुरत-वेडाविद्रा क.; render displeasing अप्रिय -नावडता क.; dishonor लाजविणें, -ला नामोशी आणणें [with]. -**ed** विरूप, कुरूप; रूपहीन, व्यंग. -**ity** कुरूपता *f*, अंगवैकल्य *n*; any thing that destroys beauty, grace, or propriety ऐब *n*, खोड, दोष.

Defraud *v.* (See **Fraud**) फसविणें, ठकविणें; दुसऱ्याचें देणें अडकावून ठेवणें, अक्रिताचा व्यवहार क. [of, by, with].

Defray *v. F.* फेडणें, वारणें, खर्च देणें.

Defunct *a.* (*-fungi,* to discharge) मयत, मृत, मेलेला मनुष्य.

Defy *v. F.* challenge अहंपणानें युद्धास बोलावणें; —laws, &c. तृणवत् -तुच्छ मानणें [to].—**Defiance** युद्धार्थ आमंत्रण *n*, हांक *f*, धमकी *f*.

Degenerate *v. i.* (*-genus,* birth) गुणाचा -जातीचा ऱ्हास होणें, बिघडणें [from].—*a.* कमजात, विगुण, अधम.

Deglutition (*-glutire,* to swallow) गिळणें *n*, गिळण *n*; power of swallowing गिळण्याची शक्ति *f*.

Degrade *v.* (*-gradus,* a step) हलक्या पायरीवर आणणें, कमी दरजांत घालणें; debase नीच क., हीणत्व आणणें: vice *degrades* a man; *Geol.* reduce in altitude उंची कमी क. [from, to].—**Degradation** पदच्युति *f*, पायरी उतरणें *n*; बेहुरमत *f*, अप्रतिष्ठा *f*, नामोशी *f*.—**Degree**, one of a series of progressive steps upward or downward, in quality, rank, acquirements, and the like पायरी *f*, पर्याय, दर्जा; rank पदवी *f*, पायरी *f*, पद *n*; title at a university पाठशाळेंतील पदवी *f* (बि. ए., एम. ए., इ०); certain distance in the line of descent, determining proximity of blood आवली *f*, पुस्त *f*, पिढि *f*, *Geom.* अंश;—of latitude अक्षांश;—of longitude रेखांश; *Arith.* अंकत्रय; by *degrees* पर्यायानें, हळूहळू, क्रमशः; in the smallest d. अनुमात्र, काडीमात्र.

Deign *v.* (*-dignari*, to seem worthy) योग्य मानणें -लेखणें; condescend अभिमान, थोरपणा एकीकडे ठेवून वागणें, मेहरबानी क.

Deity (*deuas, Skr. deus*, god) collection of attributes which makes up the nature of a god देवपण *n*, देवत्व *n*. the d. of the Supreme Being is seen in His works; a god or goddess देव, देवी *f*, दैवत *n*; the D. परमेश्वर.—**Deify** *v.* make a god of -चा देव क.; exalt to the rank of a deity देवपद देणें; revere as a deity देवासमान मानणें, देव्हाऱ्यांत बसविणें (money). —**Deification** देवत्व देणें *n*, देवकरण *n*.—**Deiform** *a.* देवरूपी, देवाकार.—**Deism** केवलेश्वरवाद, निःशास्त्रवाद.—**Deist**, one who believes in the existence of a God, but denies revealed religion केवलेश्वरवादी, निःशास्त्रवादी. -**ical** *a.* निःशास्त्रवाद संबंधी.

Deject *v.* (*-jacere*, to throw) खिन्न -उदास क. [by]. -**ed** खिन्न, उदास; in countenance अधोमुख *n*, विषण्णवदन *n*. -**ion** उदासपणा, औदासिन्य *n*, विषाद.

Delay *v. F.* put off दिवसगतीवर टाकणें, विलंब लावणें (Matth. xxiv. 48); hinder for a time खोटी -खोळंबा क.: the mail is *delayed* by bad roads.—*i.* खोळंबणें, खोळंबून राहणें [by, with, from, to].—*n.* उशीर, विलंब, दिरंग; खोटी *f*, खोळंबा.

Delectable *a.* (*delectare*, to delight) मनोरम, रमणीय, आनंदमय.

Delegate *v.* (*-legare*, to depute) वकील -मुखत्यार करून पाठविणें; assign हवालणें, सोपणें. —*n.* वकील, मुनीम, प्रतिनिधि.

Deleterious *a.* (See **Delible**) घातक, प्राणनाशक, विखारी (plant, quality).

Deliberate *v.* (*-librare*, to weigh) विचार -मनन क., विचार पाहणें.—*a.* विचारी, विचारवंत, दूरदर्शी (persons); विचारपूर्वक, सावधगिरीचा, जाणून बुजून केलेला (opinion, result). -**ly** *ad.* विचारानें, जाणून बजून, बुद्धिपुरस्सर. — **Deliberation** विचार, मनन *n*; careful discussion and examination of the reasons for and against a choice or measure मनसुबा, मसलत *f*.—**Deliberative** *a.* विचार करण्याचा, विचाराचा; विचारवंत.

Delible *a.* (*delere*, to blot out) पुसून टाकायाजोगा.

Delicacy (*delectare*, to delight) agreeableness to the senses लज्जत *f*, रुचि *f*, मजा *f*; fineness of form, texture, or constitution नाजकाई *f*, कोमलता *f*, मृदुता *f*; fastidiousness चवनट -चोखनळपणा; nicety of manners सभ्यता *f*, सुशीलता *f*; टापटीप *f*; effeminacy बायक्येपणा, गांडूपणा: d. of character; luxury ऐषआराम, ख्यालखुशाली *f*; fastidious accuracy ठाकठिकी *f*, चकपकी *f*, बारकाई *f*; a luxury ऐषआरामाचा पदार्थ; a dainty पक्वान्न *n*, सुग्रास, नाजूक पदार्थ;—of constitution नाजूकपणा, प्रकृतिदौर्बल्य *n*;—of form सुरेखपणा, गोजरेपणा, सकुमारपणा.—**Delicate** *a.* delightful हौसी, चैनी (life); pleasing to the senses रुचिकर, मिष्ट (dish); softly tinted कोमल, मृदु (blue); slender बारीक, मऊ, नाजूक (cotton); smooth गुळगुळीत, तुळतुळीत (silk); soft and fair सकुमार, गोरागोमटा (complexion); gentle मर्यादशील, सभ्य (manners); not able to endure hardship नाजूक, सकुमार, प्रकृतीचा हळुवट (health); requiring nice handling नाजूक, शूक्ष्म, बारीक (subject); luxurious ख्याली, चैनी; nice गुणदोषपरीक्षक, मार्मिक, मर्मज्ञ.— **Delicious** *a.* रुचिकर, मजेदार;—to the mind मनोरम, रमणीय (landscape). -**ness** मजेदारी *f*, गोडी *f*, रुचि *f*.

Delight (do.) a high degree of satisfaction of mind आनंद, हर्ष, संतोष; that, which affords delight हर्षदायक वस्तु *f*,

नंदन *n.*—*v.* हर्षविणें, संतोषविणें.—*i.* हर्षणें, संतुष्ट होणें -वाटणें [with, by, in]. -ED आनंदित, परितुष्ट, खुशी. -FUL *a.* हर्ष -सुखकारक, रमणीय, रम्य.

DELINEATE *v.* (*-lineare,* to draw a line) रेखटणें, आंखणें, नकाशा काढणें; sketch by description वर्णन -निरूपण क., वर्णन करून सांगणें -दाखवणें. — DELINEATION अंकणें *n,* रेखणें *n*; आलेख्य *n*; चित्र *n,* नकाशा; वर्णन *n,* निरूपण *n.*

DELINQUENT (*-linquere,* to leave) one who fails to perform his duty जो आपलें कर्त्तव्य करायास चुकतो तो; offender अपराधी, गुन्हेगार.—DELINQUENCY कर्त्तव्यांत अंतर *n* -चूक *f* -कसर *f*; अपराध, गुन्हा, तकशीर *f.*

DELIQUESCENT *a.* (See LIQUID) हवेंत विरघळणारा, आर्द्रताशोषक (salt).

DELIRIUM (*-lira,* furrow) state in which the ideas of a person are wild, irregular, and unconnected चित्तविभ्रम, बेहोशी *f*: fevers often produce d.; strong excitement खिजवणी *f,* खंवडाळी *f*; d. tremens अतिशय दारू प्याल्यानें व पिण्याची सवयी असल्यानें जी बेहोशी प्राप्त होते ती.—DELIRIOUS *a.* बेहोश, बेसावध, भानरहीत.

DELIVER *v.* (See LIBERATE) release सोडविणें, बंदखुलास क., मुक्त क.; make over हवालणें, सोपणें, पदरीं घालणें [up, from, over, to, into]; communicate निवेदन क., देणें, सांगणें, कळविणें (words); give forth in action देणें, ओपणें (a blow); relieve of a child in childbirth प्रसवविणें, बाळंतणीची सुटका क.;—to be *delivered* बाळंत होणें, प्रसवणें;—on -वर व्याख्यानें देणें -बोलणें; up शरण येऊन देणें -स्वाधीन क. -ANCE सोडवणूक *f,* सुटका *f,* बंदखुलास; freedom सुटका *f,* मोकळीक *f*; बाळंतणीची सुटका *f*; easy d. सुखप्रसव; any thing delivered सांगितलेला विषय, व्याख्यान, पाठ इ०. -ER सोडवणारा, रक्षक, तारक.—DELIVERY सुटका *f,* मोकळीक *f*; अर्पण *n,* समर्पण *n*; स्वाधीन क. *n,* देणें *n*; व्याख्यान देण्याची -बोलण्याची शैली *f,* पद्धति *f*; प्रसूति *f*; preservation रक्षण *n,* तारण *n,* मुक्ति *f.*

DELL, See DALE.

DELTA (*Gr.*) [the Greek letter △]; tract of land of a similar figure डेल्टा नामक ग्रीक अक्षराच्या आकृतीचा जमिनीचा तुकडा; space between two mouths of a river ह्या आकृतीची नदीच्या दोन मुखां मधली जागा *f.*

DELUDE *v.* (*-ludere,* to play) lead from truth or into error भ्रमांत -चुकींत पाडणें; impose on फसविणें, डोळ्यांत माती घालणें, झोला देणें; frustrate निष्फळ -व्यर्थ क.: they d. thy search [with, by].—DELUSION फसवणूक *f,* ठकबाजी *f*; misleading of the mind भ्रम, चित्तविभ्रम; state of being deluded फसणूक *f,* फसगत *f*; false belief मोह, खोटा विश्वास, भ्रांति *f*; that which is falsely or delusively believed or propagated भ्रमाचें मत *n,* वगैरे.—DELUSIVE, DELUSORY *a.* फसवणारा, भ्रमकारक, कपटी, फसविण्याजोगा.

DELUGE (*-lavare,* to wash) inundation पूर, लोंढा; the great flood or overflowing of the earth by water in the days of Noah नोहाच्या वेळची जगबूड *f,* जळप्रळय; any thing which overwhelms लोंढा, पूर: the d. of pestilence.—*v.* बुडविणें, जलमय क.; गर्क क., बुडविणें; to be *deluged* बुडणें [with].

DEMAGOGUE (*Gr. demos,* people, *agogos,* leading) a leader of the people; esp. one who controls the multitude by specious or deceitful arts गांवगुंड, ग्राम.

DEMAND *v.* (*-mandare,* to order) ask or call for, as one who has a claim हकानें मागणें, मागणें (debt, obedience); question विचारपूस क.; be in urgent need of -ची

गरज लागणें; *Law*, summon सत्तेनें बोलावणें, समनस् पाठवून बोलावणें [of, from]. — *n.* सत्तेचें मागणें *n*, तलब *f*, मागणी *f*; विचारपुस *f*, पुस्तपास *f*, गरज *f*, प्रयोजन *n*; that which one demands मागितलेलें मोल *n*: a high *demand* for goods; *Law*, दावा; on d. (हुंडी वगैरे) दाखवून मागताच (देणें), शहाजोग; exorbitant d. हाक *f*.

DEMARKATION *F.* division परिच्छेद; limit हद्द *f*, सीमा *f*.

DEMEAN *v. F.* वागणें, वर्त्तणें; (See MEAN) नीच -हलका क. -OR चाल *f*, रीत *f*, रवेस *f*, वर्त्तन *n*.

DEMERIT (See MERIT) दोष, अपराध; the state of one who deserves ill दोषीपणा, नालायकी *f*, गुन्हेगारी *f*.

DEMIGOD (*demidius*, half) अर्धदेव, उपदेवता *f*, उपदैवत *n*; some of the Hindu demigods: यक्ष, सिद्ध, पिशाच *n*, किन्नर, गंधर्व.

DEMISE (*-mittere*, to send) making over सोपणें *n*, हवालणें *n*; decease of a royal person राजपुरुषाचें मरण *n*; death of any distinguished individual थोर मनुष्याचा मृत्यु.—*v*. मृत्युपत्रानें देणें [to].

DEMOCRACY (*Gr. demos*, people, *kratein*, to rule) लोकांचें राज्य *n*, लोकराज्य *n*.—DEMOCRAT लोकराज्याचा पक्षकारी. -IC, -AL *a*. लोकसत्ताक राज्य संबंधी.

DEMOLISH *v*. (*-moliri*, to construct) मोडणें, पाडणें, जमीनदोस्त -नाश -विध्वंस क. (a wall). —DEMOLITION मोडणें *n*, नाश, विध्वंस.

DEMON (*Gr. daimonion*, divinity) *Mythol.* a spirit of immaterial being holding a middle place between men and the deities of the pagans असूर, दैत्य, दानव; a devil भूत *n*. -IAC, -AL *a*. असुरी; पैशाच, भुताचा; horrid भयंकर, अक्राळ विक्राळ; influenced by demons भूत लागलेला, भूतग्रस्त; d. possession बाधा *f*, भूतावेश.—*n*. भूतग्रस्त मनुष्य; one whose faculties are overpowered, restrained, or disturbed in their regular operation by an evil spirit पिसाट, संबंधी. -OLATRY पिशाचभक्ति *f*. -OLOGY, a systematic discourse on demons भूतप्रेतादि विषयविद्या *f*, भूतनिबंध.

DEMONSTRATE *v*. (*-monstrare*, to show) दाखविणें, दर्शविणें; make evident by reasoning विचारानें -वादानें स्पष्ट क.; prove by deduction अनुमानानें स्थापणें -शाबूत क.; [*Anat.*, exhibit the parts of, when dissected; — said of a dead body] [to, from].—DEMONSTRATION उपपत्ति *f*, उपपादन *n*; proof उपपत्ति *f*, प्रमाण *n*; a manifestation आव, डौल, खटाटोप: to make a d. of war.—DEMONSTRATIVE *a*. दाखविणारा, प्रदर्शक; सिद्धकरणारा, प्रतिपादक; frank मनाचा मोकळा, निष्कपट; d. pronoun दर्शक सर्वनाम *n*.

DEMORALIZE *v. F.* भ्रष्ट -आचारहीन क., दुराचारी क., कमजात क., धैर्यहीन क.

DEMUR *v. i.* (*-morari*, to delay) थांबणें, खोळंबणें; [raise an objection in law at any point in the pleadings, and rest and abide upon it for a decision by the court].—DEMURRAGE, [the detention of a vessel by the freighter beyond the time allowed by her charterparty for loading, unloading, or sailing; the payment made for such delay].

DEMURE *a. F.* making a show of gravity बोकेसन्यासी, भगलभावार्थी.

DEMY *F.* एक जातीचा कागद आहे.

DEN* cave बीळ *n*, ढोल *f*, गुहा *f*; customary place of resort बैठक *f*, बसण्याचा अड्डा.—*v*. गुहेंत -बिळांत राहणें.

DENIAL, See under DENY.

DENIZEN *W.* one who is admitted by favor to all or a part of the rights of citizenship ज्यास नागरिक जनाचे हक (रा-

जाच्या वगैरे) मेहरबानीनें मिळाले आहेत तो ; [a stranger admitted to residence in a foreign country]; a dweller राहणारा, in comp. वासी, स्थ ; a d. of the air नभस्थ.

DENOMINATE *v.* (-*nomen,* name) नांव ठेवणें -देणें, ह्मणणें.—DENOMINATION नांव ठेवणें *n,* नामकरण *n*; name नांव *n,* संज्ञा *f*; sect पंथ, मार्ग, शाखा *f*.—DENOMINATOR नांव ठेवणारा -देणारा; *Arith.* छेदक, छेद.

DENOTE *v.* (-*notare,* to mark) निशाणी क.; point out बोटानें दाखविणें -दर्शविणें; be the sign of खूण असणें -होणें, सुचविणें; लक्षण असणें : a general expression to d. wickedness of every sort [by].

DENOUNCE *v.* (-*nuntiare,* to report) give notice of खबर देणें, जाहीर क.; threaten by some outward sign धमकीची खूण क., धमकीचा आविर्भाव दाखवणें, धमकी दाखविणें : his look *denounced* revenge ; inform against गाऱ्हाणें -नालस्ती सांगणें; stigmatize दोष -कलंक लावणें, निंदणें; point out as deserving of reprehension or punishment, &c. दोषयोग्य -दंडयोग्य आहे असें दाखविणें [upon, to, for].

DENSE *a.* (*densus*) दाट, घट्ट, घन, जाड ;—of a forest निबिड, दाट.—DENSITY दाटपणा, घनता *f,* दार्ढ्य *n*; निबिडपणा, दाटी *f*.

DENT (*dens,* tooth) खांड *f,* खांडा -AL *a.* दंत संबंधी ; formed by the aid of the teeth दंत्य (letters). -ICULATION दांत बसविणें *n.* -IFRICE दांतवण *n,* दारचिना, दांतचिना. -IST दंतवैद्य. -ITION दांत फुटणें *n,* दंतोद्भव.

DENUDE *v.* (-*nudare,* to make naked) नागवा -उघडा -बुचा -बोडका क.

DENY *v.* (-*negare,* to say no) contradict खोडणें, खंडणें; refuse नकारणें, मनमोडणें, नाह्मणणें; refuse to acknowledge नाकबूल क. -होणें -जाणें, अनंगिकार क.; to d. vehemently कानावर हात ठेवणें; to d. one's self इंद्रियदमन क.—DENIAL नाकार, नकार; उलटें बोलणें *n,* खंडन *n*; नाकबुली *f,* अनंगिकार ; self-d. आत्मसंयमन *n.*

DEPART *v. i.* (-*partire,* to part) go forth or away जाणें, निघून जाणें, वाट धरणें; perish नाश पावणें, जाणें, गत -नष्ट होणें, लयास जाणें (1 Sam. iv. 21); die मरणें, गतणें, जाणें (Luke ii. 29); to d. from सोडणें.—*i.* सोडणें, त्यागणें : to d. this life [from, to]. -MENT, division भाग, हिस्सा; province विषय, अंग *n,* प्रकरण *n* : d. of literature ; subdivision of business or official duty खातें *n,* काम *n* ; territorial division महाल, परगणा इ०. -AL *a.* प्रकरणाचा; खात्याचा.—DEPARTURE निघून जाणें *n,* जाणें *n*; निर्गम *n,* मरण *n,* प्रयाण *n*; मार्ग -नियम सोडणें *n,* विचल *f*.

DEPEND *v.* (-*pendere,* to hang) लोंबणें, लटकणें; be in suspense भिजत पडणें, हिलगणें, लोंबणें : a cause *depending* in court; rely for support -च्यावर टेकणें, अधीन -अवलंबून राहणें [on, upon]; rely विश्वासणें, भरवशावर राहणें : we d. on the word of our friend; be in a condition of service चाकरीस राहणें. -ENCE लोंबणें *n,* अवलंबन *n*; अधीनता *f*: the d. of cause and effect; mutual connection and support अन्योन्य संबंध व आश्रय, अन्योन्याश्रय; subjection to the direction or disposal of another पराधीनता *f,* ताबेदारी *f*; भरवसा, विश्वास : affectionate d. in the Creator is the spiritual life of the soul; that on which one depends टेका, आश्रय : he was her sole d.; that which depends लोंबणारी वस्तु *f*. -ENCY, territory remote from the kingdom or state to which it belongs, but subject to its dominion ताब्यांतील दूरचा देश -प्रांत. See DEPENDENCE. -ENT *a.* लोंबणारा, लोंबता, अवलंबित ; दुसऱ्यावर भरव-

सा ठेवून राहणारा, परतंत्र, पराधीन [on, upon]. —*n.* पदरचा माणूस, चाकर, आश्रित; corollary एके गोष्टी वरून सिद्ध झालेली दुसरी गोष्ट *f*; consequence फळ *n*, परिणाम.

Depict *v.* (*-pingere,* to paint) represent by a picture चित्र काढून दाखविणें, चित्र काढणें; describe वर्णन क.

Deplore *v.* (*-plorare,* to cry out) mourn खेद -शोक क.: we *deplored* the death of Abraham Lincoln, twice President of the United States; weep रडणें, अश्रु गाळणें.—**Deplorable** *a.* खेदनीय, खेद करायाजोगा; calamitous हालाचा, विपत्तीचा (condition).

Depone *v.* (*-ponere,* to put) शपथेवर प्रतिज्ञा क. -जबानी -साक्ष देणें.—**Deponent** शपथेवर जबानी देणारा. —*a. Gram.* a d. verb आत्मनेपद क्रिया *f*, अकर्त्तरी क्रिया *f*.

Depopulate *v.* (*-populus,* people) उजाड -ओसाड -उद्दस्त क.—**Depopulation** उजाडी *f*, बेचिरागी *f*, ओसाडी *f*.

Deport *v.* (*-portare,* to carry) transport देशांतरास नेणें, हद्दपार क., काळ्या पाण्यावर पाठविणें;—one's self वागणें, वर्त्तणें. -**ment** आचरण *n*, चालचर्या *f*, वर्त्तन *n*.

Depose *v.* (*-ponere,* to put) dethrone गादीवरून काढणें, राजपदभ्रष्ट क.; divest of office पदभ्रष्ट क., कामावरून काढणें; bear written testimony to -विषयींची जबानी लिहून देणें, साक्ष देणें [from].—*i.* जबानींत लिहून देणें, साक्ष देणें.—**Deposit** *v.* lay down ठेवणें, घालणें, टाकणें (eggs); store साठविणें (goods); intrust ताब्यांत देणें, अमानत ठेवणें; place in a bank, as a sum of money, to be drawn at will पेढीवर ठेव ठेवणें.—*n.* ठेव *f*, अमानत *f*; deed of d. अमानतनामा;—of mud, as from a river साई *f*, मलई *f*, गाळ. -**ary** अमानतदार, जिम्मेदार. -**ion** गादीवरून काढणें *n*, पदच्युति *f*, कामावरून काढणें *n*, बडतरफी *f*, साक्ष *f*, साक्षी *f*; written d. जबानी *f*; declaration वदणूक *f*. -**ory** कोठार *n*, कोठी *f*.—**Depot** *F.* कोठी *f*; military station where stores and provisions are kept, or where recruits are assembled and drilled लष्करी कोठी *f*, अथवा नवे शिपायी तयार करण्याची जागा *f*, 'डिपो'; railway station आगगाडीचें ठाणें *n*, 'स्टेशन' *n*.

Deprave *v.* (*-pravus,* crooked) खराब क., बिघडणें, भ्रष्ट क. (manners, morals). —**Depravity** भ्रष्टता *f*, दुष्टता *f*; absence of religious feeling and principle धर्माभाव, अभक्ति *f*.

Deprecate *v.* (*-precari,* to pray) होणार -येणार -पडणार दुःखनिवारणार्थ प्रार्थना क., परिहारार्थ प्रार्थना क.; regret deeply अति दुःख -खेद क.—**Deprecation** भावी दुःखनिवारणार्थ प्रार्थना *f*.

Depreciate *v.* (*-pretium,* price) lessen in price किंमतींत कमी क., भाव उतरणें; lower the worth of हिणावणें, उणेपणा आणणें. अप्रतिष्ठा क.—*i.* किंमत कमी होणें, भाव उतरणें.

Depredate *v.* (*-prædari,* to plunder) लुटणें, ओसपाडणें, उद्दस्त क.; devour खाऊन नाश क., फन्ना उडवणें.—**Depredation** लूट *f*, अपहरण *n*; नाश, उपद्रव; the state of being depredated उजाडी *f*, ओसाडी *f*.—**Depredator** लुटारू, उद्दस्त -ओस पाडणारा -करणारा.

Depress *v.* (*-premere,* to press) दाबणें, दडपणें; humble नमविणें, गर्व उतरणें; sadden उदास -खिन्न क.: his spirits were *depressed*; lessen the activity of, as trade तेजी कमी क., मंदी आणणें; cheapen भाव -दर कमी क.; स्वस्त क.; [to d. the pole, *Naut.* to cause it to appear lower or nearer the horizon, as by sailing to-

wards the equator].—DEPRESSION दाबणें *n*; a falling in of the surface खळगा, खळगी *f*, खांच *f*; अभिमानखंडण *n*, पाणउतारा; खिन्नता *f*, म्लानि *f*; diminution of prosperity, as of trade मंदी *f*.

DEPRIVE *v*. (*-privare*, to bereave) remove नेणें, काढून नेणें; dispossess मुकविणें, नागविणें, निराळा -विरहीत क॰ [of]; divest of office अधिकार नष्ट क॰, कामावरून काढणें; to d. of life जीव घेणें, जिवें मारणें; *deprived* of reason बेअकल, निर्बुद्धि.

DEPTH, See under DEEP.

DEPUTE *v*. (*-putare*, to prune) appoint as substitute or agent नेमून -बदला पाठविणें, वकील -प्रतिनिधि करून पाठविणें; choose निवडणें [to].—DEPUTATION नेमून पाठविणें *n*; person or persons deputed by another person नेमून पाठविलेला मनुष्य, -लीं मनुष्यें *n pl*; वकीलात *f*, प्रतिनिधि.—DEPUTY गुमास्ता, कारभारी; a vicar प्रतिनिधि, मुतालीक, आमिन;—in comp. दुयम: d. collector 'डिपुटी कलेक्टर.'

DERANGE *v*. *F*. throw into confusion घालमेल -गोंधळ क॰; disturb in the action or function अव्यवस्था -क्रमभंग क॰; कामांत व्यत्यय आणणें: a sudden fall *deranges* some of our internal parts; render insane बुद्धिभ्रंश क॰, वेडा क॰. -MENT गोंधळ, घालमेल *f*, अव्यवस्था *f*; बुद्धिभ्रंश, चित्तविभ्रम, वेड *n*.

DERELICTION (*-relinquere*, to leave) सोडून देणें *n*, त्याग क॰.—*n*. परीत्याग; gaining of land from the sea, in consequence of its shrinking back below the usual watermark समुद्र मागें हटल्यामुळें त्यापासून जमीन मिळविणें *n*.

DERIDE *v*. (*-ridere*, to laugh) laugh at with contempt टेर -उपहास -थट्टा क॰.—DERISION थट्टा *f*, मस्करी *f*, उपहास; laughing-stock उपहासपात्र, खेळवणा (Lam. iii. 14).

DERIVE *v*. (*-rivus*, stream) receive, as from a source घेणें, पावणें; trace the origin, descent, or derivation of मूळ शोधून काढणें, कारण शोधणें, व्युत्पत्ति क॰: he *derives* this word from Latin [from]. — DERIVED -पासून निघालेला; व्युत्पन्न; to be d. निघणें.—DERIVATION काढणें, निघणें *n*; *Gram*. उत्पादन *n*, व्युत्पत्ति *f*.—DERIVATIVE *a*. & *n*. दुसऱ्यापासून पावलेला, अन्यप्राप्त; *Gram*. साधित.—*n*. साधित शब्द, कृदंत *n*.

DEROGATE *v*. (*-rogare*, to ask) annul in part; said of a law कायद्याचा कांहीं भाग रद्द क॰; lessen the worth of -ची किंमत कमी क॰, हलकेपणा आणणें.—*i*. कमी क॰, तेजोऱ्हास क॰ [from].—DEROGATORY *a*. कमी करण्याचा, अब्रू घेण्याचा, इज्जतखाऊ [from, to, unto].

DESCANT *v*. (*-cantus*, singing) discourse with fulness वाक्पांडित्य क॰, पोवाडा गाणें; sing खोंचीचें गीत गाणें. — वाक्पांडित्य *n*, प्रवाद; खाचखोंचीचें गाणें *n*.

DESCEND *v*. *i*. (*-scandere*, to climb) pass from a higher to a lower place खालीं आणें -येणें, उतरणें; fall पडणें; make an attack हल्ला-स्वारी क॰, धाड घालणें; lower one's self हलकेपणा घेणें; pass from the more general or important to the particular तपशीलवार -बयाद सांगणें; proceed by generation or by transmission वंशपरंपरागत चालणें; be derived निघणें; *Astron*. move towards the south दक्षिणेकडे खालीं आणें [from, into, to]. -ANT वंशांत झालेला, वंशज; *pl*. संतति *f*, पुत्रपौत्रादि. -ED उतरलेला, अवरूढ; वंशोत्पन्न.—DESCENT उतरणें *n*, अधोगति *f*; चाल *f*, दौड *f*, हल्ला; progress downward, as in station, virtue, &c. अपकर्ष, ऱ्हास, उतरता पाया -पायरी *f*; lineage कुळी *f*, वंश; transmission by succession or inheritance वंशपरंपरा *f*; declivity उत-

रण *f*, उतार, ढाळ; issue संतति *f*, संतान *n*; generation पिढी *f*; — of a practice &c. ओढण *f*.

Describe *v*. (*-scribere*, to write) represent by lines रेखणें, अंकणें, बेतणें; draw a plan of, delineate वर्णन क.; form or trace by motion गतीनें -चालीनें दर्शविणें: a star *describes* a circle in the heavens; sketch in writing वर्णन लिहिणें; give an account of कथन क., वृत्तांत सांगणें; make known to others by words or signs शब्दांनीं अथवा खुणांनीं कळविणें.—**Description** वर्णन क. *n*; वर्णन *n*, व्याख्या *f*; enumeration of the essential qualities of a thing or species गुणवर्णन *n*, स्वभाववर्णन *n*; — of a person स्वरूपवर्णन *n*, चेहरेपट्टी *f*; class to which a certain representation applies जात *f*, तऱ्हा *f*, वर्ग. — **Descriptive** *a*. ज्यांत वर्णन आहे असा, वर्णनात्मक, निर्देशक.

Descry *v*. *F*. spy out and make known टेहेळून सांगणें; discover by the eye, as objects at a distance दुरून पाहणें, निरेखणें, टेहेळणें.

Desecrate *v*. (*-sacrare*, to declare as sacred) divest of a sacred character विटाळविणें, बाटविणें, भ्रष्ट क.; divert from a sacred purpose or appropriation देवाच्या -देवाधर्माच्या कामावरून काढून अन्य उपयोगास लावणें -अनाठायीं खर्चणें -योजणें (a donation).

Desert *v*. (*-serere*, to join) forsake सोडणें, त्याग क. (a friend, a country, a cause); leave without permission परवानगी शिवाय सोडणें -सोडून जाणें, फरारी होणें: to d. the army.—*i*. परवानगी शिवाय जाणें: to d. from the army.—*a*. रुक्ष, ओसाड, पडीत. (country).—*n*. रान *n*, जंगल *n*, अरण्य *n*; waste वैराण *n*, ओसाड जागा *f*. **-er** चाकरी सोडून जाणारा, फरारी, फितूर; one who forsakes his party or friend स्वपक्षत्यागी, मित्राचा त्याग करणारा, फितूर.

Deserve *v*. (*-servire*, to serve) earn by service मिळविणें, कमावणें; merit लायक -योग्य -पात्र होणें (Job. xi. 6).—*i*. लायक -पात्र असणें [ill, well].—**Deservedly** *ad*. यथायोग्य, यथान्याय, वाजवी.— **Desert**, reward or punishment to which one is entitled बक्षीस *n*, अथवा दंड, फळ *n*, श्रेय *n*; claim to recompense मोबदला मिळविण्याचा हक्क.

Desideratum (*L*.) that of which the lack is felt इष्ट *n*, अभिष्ट *n*, इप्सित *n*, गरज *f*.

Design *v*. (*-signare*, to mark) sketch for a pattern or model नमुन्यासाठीं बेतणें -रेखणें अंकणें; appoint योजणें, नेमणें; project रचणें, कल्पिणें (an essay); intend बेत -इरादा क. उद्देशणें [to, for].—*i*. बेत -इरादा असणें. —*n*. नकाशा, नमुना, अराखडा; उद्देश, बेत, मतलब; scheme घाट, योजना *f*, युक्ति *f*; evil intention कुलंगडें *n*, दुष्ट हेतु; emblematic or decorative figures उपमेची अथवा शोभेचीं चित्रें *n pl*; idea intended to be expressed by an artist छाप, ठसा, मुद्रा *f*. **-edly** *ad*. बुद्धया, समजून उमजून. **-ing** कावेबाज, हिकमती.—**Designate** *v*. mark out and make known बेतून -रेखाटून -अंकून, दाखविणें; point out अमूक ह्मणून सांगणें, निर्देशणें; appoint नेमणें, योजणें, नेमणूक क.: this captain was *designated* to that station. — **Designation** दाखविणें *n*, निर्देश; नेमणूक *f*, योजना *f*; signification, as of a word अर्थ; that which designates निर्देशक, लक्षण *n*; appellation नांव *n*, संज्ञा *f*: the d. of the days of the week.

Desire *v*. (See **Desiderate**) long for the enjoyment or possession of इच्छिणें, वासना धरणें -बाळगणें; request मागणें, प्रार्थणें. —*n*. natural longing that is excited by the enjoyment or thought of any good, and impels to action or effort for its continuance or possession इच्छा *f*, वा-

सना *f*; विनंती *f*, अर्जी *f*, प्रार्थना *f*; object of longing इच्छाविषय, आशा (Hagg. ii. 7); lust कामवासना *f*, काम; according to one's d. यथेष्ट [for]. — DESIRABLE *a.* इच्छिण्याजोगा, अपेक्षणीय, इष्ट, आवडता, प्रिय, —DESIROUS *a.* इच्छिणारा, उत्कंठित, इच्छू (धनेच्छू).

DESIST *v. i.* (*-sistere*, to stand) cease to act थांबणें, राहणें, हात आटोपणें [from].

DESK* (लिहिण्याचें अथवा वाचण्याचें उतरतें) मेज *n*; देवळांत प्रार्थना वगैरे वाचणाराची जागा *f*; उपदेशकाची वृत्ति *f*, उपाध्याचा धंदा: he intends his son for the d.

DESOLATE *v.* (*-solare*, to make lonely) deprive of inhabitants उजाड -ओस -बेचीराग क.; lay waste ओस -उद्ध्वस्त क., -वर खराटा फिरविणें: an inundation *desolates* fields. — *a.* उजाड, ओसाड, वैराण; उजाड केलेला, उद्ध्वस्त; solitary एकला एकटा: she remained d. in her father's house.

DESPAIR *v. i.* (*-sperare*, to hope) निराशा होणें, -ची आशा सोडणें: never d. of God's blessings here, or of His reward hereafter [of].—*n.* निराशा *f*, आशाभंग.—DESPERADO *Sp.* a desperate fellow, a madman आततायी, साहसी, कपाळफोड्या.—DESPERATE *a.* irretrievable निरुपाय, बेइलाज (disease); proceeding from despair साहसी, जिवावर उदार, जिवावरचा (effort). —DESPERATION जिवावर उदार होणें *n*, आशा सोडणें *n*; निराशा *f*.

DESPATCH *v.* (*–pangere*, to fasten) send off on a special errand of importance, usually in haste दवडणें, दामटणें, घाईनें पाठविणें; kill ठार क., गति देणें, लोकांतरास पाठविणें; execute speedily उरकणें, अटपणें, झपाटणें.—*n.* पाठविणें *n*, दवडणें *n*; जलदी *f*, झटपट *f*, शिताबी *f*; an express मुद्दाम पाठविलेला कागद -लखोटा, जरूरी *f*, चलान *n*.

DESPISE *v.* (*-spicere*, to look) look down upon with contempt तिरस्कारणें, धिक्कारणें: fools d.wisdom(Prov. i. 7).—DESPICABLE *a.* धिक्कार करायाजोगा; mean तुच्छ, अधम, पाजी, हलका, नकारा (man, company, gift).

DESPITE (do.) extreme malice अदावत *f*, दावा द्रोह; successful counteraction विरोध, प्रतिकार [of].—*prep.* न मानतां, हटकून, दाटबळेंच. -FUL *a.* द्रोही, अदावती, दुर्बुद्धि.

DESPOIL *v.* (see SPOIL) strip, as of clothing लुटणें, नागविणें, वस्त्रहरण क.; rob लुटणें, नाडणें, नागवा क. [of].

DESPOND *v. i.* (*-spondere*, to promise solemnly) आशा सोडणें, निराश होणें; lose courage धैर्य सोडणें, हातपाय गाळणें· -ENCY निराशा. -ENT *a.* निराश, नष्टाश, नष्टधैर्य.

DESPOT (*Gr. despotes*, master) an absolute prince मुखत्यार राजा, अधिराज; a tyrant जुलमी राजा. -IC *a.* स्वतंत्र, कुल मुखत्यार; जुलमी. -ISM, power, spirit, or principles of a despot जुलमी अधिकाऱ्याची सत्ता *f*, हिमत अथवा मतें *n pl*; absolute control over others दुसऱ्यावर पूर्ण अधिकार, कुल मुखत्यारी *f*; government which is directed by a despot जुलमी राज्य *n* -अमल; मुखत्यार राज्य *n*.

DESSERT (*-servir*, to serve at a table) भोजनोत्तर फलाहार, मुखशुद्धि *f*.

DESTINE *v.* (*destinare*) determine the future condition or application of पूर्वी योजून ठेवणें; appoint by decree or authority सत्तेनें अथवा कायद्यानें योजणें -नेमणें; allot दैवीं नेमणें. —DESTINATION पूर्वीची योजना *f*; end of a journey, place or point aimed at मजल *f*, शेवट, नियुक्तस्थान *n*, उद्देश, संकेत. — DESTINY, fate दैव *n*, नशीब *n*; fixed order of things सूत्र *n*, होतव्य *n*, होईक *n*; *Hindu* terms ब्रह्मरेषा *f*, दैवरेषा *f*.

DESTITUTE *a.* (*-statuere*, to set) not having

in possession विरहीत, शून्य, हीन; needy गरजवंत, निराश्रय, निराधार, अनाथ [of].—DESTITUTION निराश्रितपणा, उघडेपणा;—of money, &c. दारिद्र *n*; अभाव, हीनता *f*.

DESTROY *v*. (*-struere*, to build) pull down मोडणें, भंग क.; ruin नाश-संहार-उच्छेद क.; kill मारणें, कत्तल क.; devastate उजाड पाडणें, धूळदशा क. — DESTRUCTIBLE *a*. मोडायाजोगा, ध्वंसनीय, नश्वर.—DESTRUCTION मोडणें *n*; नाश, विध्वंस, संहार, प्रलय; घात, कत्तल *f*; eternal d. सत्यनाश; hour of d. विनाशकाल;—of the world महाप्रलय, कल्पांत; destroying agency मरी *f*, व्याधि *f* (Ps. xci. 6). — DESTRUCTIVE *a*. विध्वंसक, उच्छेदक; नाशक, घातक; नाहींसा करणारा, घ in comp. ज्वरघ्न [of, to].

DESUETUDE (*-suescere*, to become used to) अनभ्यास, अनुपलब्धि *f*; disuse गैर वहिवाट *f*, अनुपयोग.

DESULTORY *a*. (*-salire*, to leap) बेताल, तुटक, चंचल, उडाणटप्पू (remark, warfare, reading).

DETACH *v*. (*L*. & *Eng*.) part बेगळा -निराळा क., डकलणें; separate for a special object;—used esp. in military language तुकडी -टोळी करून पाठविणें [from]. -ED अलग, वेगळा, वियुक्त. -MENT फौजेची टोळी *f*, तुकडी *f*, तैनाती लष्कर *n pl*.

DETAIL *v*. *F*. relate in particulars तपशील -बयाद सांगणें, सविस्तर सांगणें.—*n*. तपशील, बयाद *f*; in d. तपशीलवार, सविस्तर.

DETAIN *v*. (*-tenere*, to hold) keep back or from मागें ठेवणें, राखणें; stop खोळंबवणें, खोटी क.: we are *detained* by the rain; hold in custody कैदेंत -अटकेंत ठेवणें [from]. -MENT, DETENTION खोळंबा, अटकाव, खोटी *f*. —DETINUE, अटकावून ठेवलेला मनुष्य किंवा वस्तु *f*; [writ of d., *Law*, one that lies against him who wrongfully detains goods delivered to him, or in his possession, to recover the thing itself, or its value and damages, from the detainer].

DETECT *v*. (*-tegere*, to cover) uncover उघडा क., उघाडीस आणणें, उजेडास आणणें, धरणें (a crime, criminal). -ION शोध, थांग, ठिकाण. -IVE *a*. उघाडीस आणण्यांत -शोधून काढण्यांत हुशार; employed in detecting तलाश -शोध करणारा, धरणारा (police), गीर *H*., in comp. ऐबगीर: a d. of faults.

DETER *v*. (*-terrere*, to frighten) भय जबरदाखवून न करूं देणें; hinder अडवणें, मोडा घालणें, आड येणें [by, from].

DETERIORATE *v*. (*deterior*, worse) बिघडणें, खराब क. — *i*. बिघडत जाणें, खराब होणें [from].

DETERMINE *v*. (*-terminare*, to limit) fix the boundaries of मर्यादा -हद्द ठरविणें -नेमणें [Acts xvii. 26]; set bounds to परिच्छेदनिर्देश क.: the knowledge of man hitherto had been *determined* by the view; impel and direct कल -झोंक देणें, प्रेरणें; ascertain definitely खचीत -निर्धार क.; bring to a conclusion निवाडा -फैसला क.; resolve संकल्प -निश्चय क.: this *determined* him to start immediately; ascertain the quantity or amount of -ची -चें इयत्ता -परिमाण ठरविणें.—*i*. मनांत संकल्प -निर्धार क. [on, upon].—DETERMINATE *a*. having defined limits समर्याद; not uncertain खचीत, निखालस; conclusive निर्णय करणारा, निर्णायक; definite नेमाचा, ठरविलेला, ठरावाचा, मुदतीचा, बंधा (Acts ii. 23).—DETERMINED *a*. निश्चित, निर्धारित; ठरविलेला, खचीत झालेला -केलेला; मर्यादा केलेला, परिछिन्न. —DETERMINATION ठराव, मनसुबा, निश्चय, निर्णय; निश्चय, निग्रह, धीर; fixed d. वज्रसंकल्प; matter *determined* घटितार्थ, निश्चितार्थ, संकल्प.

Detest *v.* (*-testari,* to testify) त्रास -कंटाळा -द्वेष क. [for]. -able *a.* त्रास करण्यास योग्य, द्वेष्य.

Dethrone *v.* (*-thronus,* throne) गादीवरून काढणें, पदच्युत क. -ment राजभ्रंश, पदच्युति *f.*

Detract *v.* (*-trahere,* to draw) take away काढून घेणें, अपहार क.; defame अपकीर्त्ति क., हलकेपणा -उणेपणा आणणें [from]. -ion मानहानि *f,* निंदा *f,* बदनामी *f.*

Detriment (*-terere,* to rub) अपकार, धक्का, अनिष्ट *n.* -al *a.* अपकारक, हानिकारक, खराबी करणारा.

Deuterogamy (*Gr. deuteros,* second, *gamos,* marriage) दुसरें लग्न *n,* द्वितीय विवाह (बायकोच्या किंवा नवऱ्याच्या मरणा नंतर).—Deuterogamist बिजवर; दुसरें लग्न करणारी स्त्री *f.*

Deuteronomy (*Gr. -nomos,* law) मोझ्याचें पाचवें पुस्तक *n,* अनुवाद.

Devastate *v.* (*-vastare,* to lay waste) नासधूळ -धूळदशा क.—Devastation नासधूळ *f,* चुना, गोपचंद; *Law,* waste of the goods of the deceased by an executor मयताची जिंदगी तिच्या वहिवाटदारानें उडवणें *n.*

Develop *v. F.* हळू हळू उघडा क.—दृष्टोत्पत्तीस आणणें, उलगडणें, उकळणें.—*i.* हळू हळू स्वाभाविक गुणानें पूर्णतेस येणें, पर्यायानें वाढणें. -ment उकळ *f,* उलगडा, विकास; उत्तरोत्तर वृद्धि *f,* परिपूर्त्ति *f.*

Deviate *v. i.* (*-viare,* to go) बहकणें, वाट साडणें, भ्रमांत पडणें [from].—Deviation विपथगमन *n,* सत्पथत्याग, भ्रांति *f*; an act of sin पापकर्म *n,* पाप *n.*—Devious *a.* गैरशिस्त, बेशिस्त, आडमार्गाचा (path); going out of the common course of conduct वाट सोडून जाणारा, विपथगामी.

Device, See under Devise.

Devil,* the evil one, Satan, represented in Scrip. as the traducer, father of lies, tempter, &c. सैतान; an evil spirit दुष्ट आत्मा, भूत *n*; a false god खोटा देव, मिथ्या दैवत *n*; [an expletive indicating surprise or expressing emphasis, or, ironically, negation (*Low*): I wonder how the d. they got there; a dish, as a bone with the meat broiled and prepared excessively]; a very wicked person अति दुष्ट मनुष्य; any great evil व्याध *f,* पीडा *f;* [printer's d., an errand-boy in a printing office]. -ish *a.* भुतासारखा, पैशाच, सैतानी; दुष्ट, अधम.

Devise *v.* (*dividere,* to separate) form in the mind by new combination of ideas योजणें, रचणें, युक्ति काढणें; purpose to obtain मिळविण्याचा उद्देश -संकल्प धरणें; *Law,* give by will मृतपत्रानें देणें -दान क.—*n.* मृतपत्रानें देणें *n*; a will मृतपत्र *n*; property given by will मृतपत्रांत लिहून दिलेली मालमत्ता *f.*— Device युक्ति *f,* हुन्नर *f;*— on a coin शिक्का;—in a shield निशाण *n*; faculty of devising कल्पनाशक्ति, युक्ति *f,* कल्पना *f,* कृति *f.*

Devoid *a.* (See Void) वेगळा, रहित, शून्य, रिक्त [of].

Devolve *v.* (*-volvere,* to roll) लोटणें, ढकलणें; deliver over सोपणें, हवाला क., -वर टाकणें [upon, on].—*i.* अंगावर पडणें, गळ्यांत येणें, -वर पडणें.

Devote *v.* (*-vovere,* to vow) appropriate by vow वाहणें, नवसणें; doom शिक्षेस पात्र क.; addict सवयी -नाद -छंद लावणें; attach मन -प्रीति -स्नेह जडवणें; give up देणें, स्वाधीन क.—Devoted अर्पिलेला, वाहिलेला, आसक्त, दृढभक्ति, तल्लिन, परायण, पर in comp; for फिदा; a d. wife पतिव्रता *f;* d. to one's master प्रभुभक्त. -ness आसक्ति *f,* दृढभक्ति *f,* निष्ठा *f.*—Devotee, one who is superstitiously given to religious duties and ceremonies जोगी, वैरागी, अतिभक्त. —Devotion अर्पणें, वाहणें *n*; addiction भक्ति *f,* अनुरक्ति

f; निष्ठा *f*; d. to a husband पतिसेवा *f*, पातिव्रत्य *n*; object of devotion धर्मकृत्य *n* (Acts xvii. 23). -AL भक्ति -भजन संबंधी; used in devotion भक्तीच्या कामाचा -उपयोगाचा; suited to devotion भक्तिपर, भजनशील (temper). — DEVOUT *a*. भक्तिशील -निष्ठ; expressing devotion भक्तिप्रदर्शक (eyes); earnest मनापासूनचा, मनःपूर्वक (wishes). -LY *ad*. भक्तिपूर्वक, श्रद्धापूर्वक. -NESS भक्तिभाव, परमार्थबुद्धि *f*.

DEVOUR *v* (*-vorare*, to eat greedily) खाऊन टाकणें, चट क., अधाशीपणानें खाणें; seize upon and destroy or appropriate greedily, selfishly, or wantonly खाणें, गिळंकृत क., घशात उतरणें, फन्ना क.

DEW * दंव *n*, दहिंवर *n*. -DROP हिमकण, दवाचा थेंब. -LAP गायीच्या गळ्या खालची पोळी *f*.—DEWY *a*. दंवानें भरलेला, दवानें ओला (landscape); दंवाचा (splendor); दंवाच्या थेंबा सारखा, हिमकणमय (tears).

DEXTER *a*. (*L*.) उजवा (side). -ITY, skill and ease in using the limbs हतोटी *f*, अंगचपळाई *f*, हस्तकौशल्य *n*; readiness in the use or control of the mental powers दक्षता *f*, बुद्धिचापल्य *n*, दाक्षिण्य *n*. OUS *a*. सुगर, कुशळ, दक्ष.

DIABETES (*Gr*.) a disease attended with a persistent, extensive discharge of urine बहुमुत्र मेह, मुत्रातिसार.

DIABOLIC, -AL *a*. See DEVILISH.

DIADEM (*Gr*. *dia*, through, *dein*, to bind) a badge of royalty राजचिन्ह *n*; a crown मुगुट; royalty बादशाही *f*, राजेपण *n*.

DIAGNOSIS (*Gr*. *-gignoskein*, to know) determination of a disease by means of distinctive marks रोगपरीक्षा *f*, चिकित्सा *f*, निदान *n*.—DIAGNOSTIC रोगलक्षण -चिन्ह *n*.

DIAGONAL (*Gr*. *-gonia*, corner) कर्णरेषा *f*. —*a*. कर्णरेषाकृति.

DIAGRAM (*Gr*. *dia*, through, *graphein*, to write) सिद्धांताची आकृति *f*, भंगी *f*, आकृति *f*.

DIAL (*dies*, day) instrument for measuring time by the sun शंकुयंत्र *n*; graduated face of a timepiece घड्याळाची तबकडी *f*; mariner's compass होकायंत्र *n*.

DIALECT (*Gr*. *legein*, to speak) language भाषा *f*, बोली *f*; form of speech of a limited region or people, as distinguished from others nearly related to it भाषेचा प्रकार, देशभाषा *f*, भाषाभेद. — DIALECTICS तर्कविद्या *f*, न्याय.— DIALOGUE, conversation between two or more persons संवाद, संभाषण; written composition in which two or more persons are represented as conversing on some topic संवाद, संवादरूप पुस्तक *n*.

DIAMETER (*Gr*. *-metron*, measure) any right line passing through the centre, of a figure or body, as a circle, cube, &c., and terminated by the opposite boundaries व्यास; length of a straight line through the centre of an object from side to side गर्भसूत्र *n*, मध्यरेषा *f*; thickness जाडी *f*; width रुंदी *f*.—DIAMETRICALLY *ad*. व्यासरूपानें; direct निखालस, धडधडीत, सरळ.

DIAMOND (*Gr*. *adamas*)—the mineral हिरा; [smallest kind of type used in English printing].

DIAPHORETIC (*Gr*. *-phorein*, to carry) घाम आणणारें औषध *n*, स्वेदन *n*.—*a*. स्वेदोत्पादक.

DIAPHRAGM (*Gr*. *-phragma*, fence) छाती आणि पोट यांच्या मधला पडदा.

DIARRHŒA (*Gr*.*-rhein*, to flow) अतिसार, हगवण *f*.

DIARY (*dies*, day) register of daily occurrences रोजनामा, दिनचर्यालेख, आन्हिक *n*.

DIASTOLE (*Gr*. *-stellein*, to set) रक्ताशय, धमनी इ० चें प्रसरण *n*.

DICE, See DIE.

Dictate *v.* (*dicere,* to say) state for another person to reduce to writing दुसऱ्यानें लिहिण्या करितां सांगणें, लिहविणें; communicate with authority फर्माविणें, हुकूम सांगणें -क. [to].—*n.* आज्ञा *f,* हुकूम, निर्देश.—**Dictation** सांगून लिहवणें *n,* लेखन *n.*—**Dictator** हुकूमदेणारा, विधाता; one invested with absolute authority कुलअखत्यारी, मुखत्यार.—**Dictatorial** *a.* मुखत्यारीचा, स्वतंत्र; imperious जालीम, कडक; overbearing दपटशाईचा, दाबणारा.

Diction (*dicere,* to say) manner of expression भाषणाची शैली -सारणी -चाल *f.* **-ary,** lexicon कोश, शब्दकोश -संग्रह; [work containing information in any department of knowledge, arranged alphabetically under different heads : a d. of geography].

Didactic *a.* (*Gr. didaskein,* to teach) उपदेशाचा, उपदेशपर, उपदेशात्मक; systematic पद्धतवार, व्यवस्थित.

Die, See **Dye.**

Die* *v. i.* pass from an animate to a lifeless state मरणें [of, by, for]; suffer death मरण सोसणें, मरणदंड भोगणें : Christ *died* for the ungodly (Rom. v. 6); cease समाप्त होणें, राहणें, संपणें; languish झुरणें, गळणें, मरणें : his heart *died* within him; sink खचणें, थकणें; become indifferent विरक्त-उदास-निस्पृह होणें : to d. to sin; vanish उडणें, अंतर्धान पावणें [out, away]; become vapid, as liquor बेचव होणें, उतरणें; —as sound निमणें;—as color उडणें; to d. by inches तीळतीळ प्राण सोडणें;—suddenly तडकातडकी -बोलतां बोलतां मरणें.—**Dying** मरण *n.*—*a.* मरणारा, मर्त्य (bodies); supporting a *dying* person मरणाऱ्यास आधारदेणारा (bed); pertaining to death मरणाचा (hour); manifested in the hour of death मरत्यावेळेचा, मरत्यावेळीं बोललेला -सांगितलेला -दर्शविलेला (words).

Diet (*Gr. diaita,* manner of living) habitual food रोजचें खाणें *n,* नित्याचा शिधा, आहार; course of food selected with reference to a particular state of health पथ्य *n,* पथ्याचें खाणें *n.* **-ary** *a.* पथ्याचा, पथ्यसंबंधी.—*n.* rule of diet पथ्याचा -अन्नाचा नियम; allowance of food, esp. that presented in almshouses, prisons, schools, &c. मोताद *f,* रतीब, चंदी *f.* **-etic** *a.* पथ्यसंबंधी, पथ्यकर.—**Diet** (*dieta,* assembly) ह्या नांवाची जर्मनी, पोलंड इ० देशांत कायदे करणारी अथवा राज्यप्रकरणी एक सभा आहे.

Differ *v. i.* (*-ferre,* to bear) be unlike वेगळा -निराळा असणें : rivers d.; disagree in sentiment मतभेद असणें; have a difference, cause of variance, or quarrel वैमनस्य -वांकडें-द्वैतअसणें [from, with]. **-ence** वेगळेपणा; भेद, अंतर *n,* तफावत *f,* मतभेद; वैमनस्य *n,* भांडण *n,* द्वैत *n*;—of meaning अर्थभेद, अर्थांतर *n.* **-ent** *a.* वेगळा, निराळा, भिन्न (churches); dissimilar विजातीय, नानारूपाचा -प्रकारचा, विगुण. **-ial** *a.* भेदकारक; special विशेष (duties); infinitely small अतिसूक्ष्म.

Difficult *a.* (*difficile*) hard to do कठीण, अवघड, दुष्कर (work); occasioning labor मेहनतीचा, श्रमकारक;—of understanding कठीण, दुर्ज्ञेय, दुर्बोध; not easily wrought upon करड्या मर्जीचा, दुराराध्य; d. to be got दुर्लभ.—**Difficulty** अवघडपणा, कठीणपणा, काठिन्य *n*; गूढता *f,* दुर्ज्ञेयता *f*; obstacle अडथळा, अडवण *f*; trouble संकट *n,* दुःख *n,* कचाट *n*; objection शंका *f,* दिक्कत *f*; a d. गूढ *n,* कोडें *n* डोंगर.

Diffidence (*-fidere,* to trust) अविश्वास, बेभरवसा; doubt of the power, ability, or disposition of one's self आपणावरचा -आ-

पणा विषयींचा बेभरोसा; modesty भीड *f*, संकोच.—DIFFIDENT *a.* अविश्वासी, शंकाशील; आपणा विषयीं सशंक, भिडस्त, संकोचवृत्तीचा [of].

DIFFUSE *v.* (*-fundere*, to pour) ओतून पसरणें; cause to flow वाहायास लावणें, पूर -ऊत आणणें; circulate फैलावणें, पसरणें.—*a.* पसरलेला, फैलावलेला; verbose प्रकीर्ण, पाल्हाळाचा (style).—DIFFUSION प्रसार, विस्तार, अभिव्यापन *n*; पाल्हाळ, अर्थवाद.—DIFFUSIVE *a.* प्रसरणशील, व्यापक. -NESS व्यापकत्व *n*, प्रसरणशीलता *f*; — of style वाग्विस्तार; विस्तार, फैलाव.

DIG* *v.* turn and throw up, as the earth खणणें, खोदणें, माती उकरणें; hollow out, as a well पोखरणें, खणणें; down खणून पाडणें; in खणून झाकणें -पुरणें (manure); from, out, up खणुन काढणें: to d. coals from a mine; to d. out fossils; the men are *digging* coals.—*i.* खणणें; in पोखरणें, उकरणें; through आरपार खणणें, बोगदा पाडणें. -GER खणणारा; a stone-d. बेलदार. -GING खणणें *n*, खनन *n*; place whence ore is dug अशोधित -कच्चा धातु खणून काढायाची जागा *f*, खाण *f*.

DIGEST *v.* (*-gerere*, to bear) arrange methodically रचणें, जुळणें, श्रेणी -शेज लावणें (the laws); prepare in the stomach for conversion into blood पचवणें, जिरवणें; think over चिंतन -मनन क.; bear with patience सोसणें, पोटांत घालणें; *Chem.* soften by heat and moisture शिजविणें; expose to a gentle heat मंद आंच देणें; *Med.* dispose to suppurate पिकविणें, पू जमेसा क.; quiet, as anger or grief शांतवणें, शमविणें, थंड -शांत क.—*i.* पचणें, जिरणें: food *digests* well; आंचेवर शिजणें; पिकणें, पू जमणें.—*n.* कायदे वगैरेची कलमबंदी *f*, संहिता *f*. -ER पाचक, अग्निवर्द्धक (पदार्थ -औषध *n*). -IBLE *a.* पचनीय, शीघ्रपाक. -ION पद्धतवार लावणें *n*, वर्गीकरण *n*, कलमबंदी *f*; पाचन *n*, पचन *n*, पाक; slowness of d. अग्निमांद्य *n*; शिजविणें *n*, पाक. -IVE *a.* पाचक.

DIGIT (*digitus*, finger) three-fourths of an inch पाऊण इंच; any number up to ten बोटावर मोजतां येणारा दाहाच्या आंत कोणताही अंक; twelfth part of the diameter of the sun अर्कांश;—of the moon इंदुकला *f*, चद्रांश.

DIGNIFY *v.* (*dignus*, worthy) मोठेपणा-थोरपणा देणें; give distinction to नांवारूपास आणणें, शोभा भूषण देणें.—DIGNITY मोठेपणा, थोरपणा; elevation of rank मान, मरतबा, उंच पदवी *f*; quality suited to inspire respect or reverence दबदबा, दाब, प्रताप; loftiness and elegance;—said of manner, style, &c. प्रौढी *f*, शिष्टाई *f*, दरजा; a dignitary मोठ्या पदवीचा मनुष्य, अधिपति.—DIGNITARY मोठ्या पदवीचा (धर्मोपदेशक -पुरोहित).

DIGRESS *v.* (See GRADE) wander, in writing or speaking भडकणें, रानघेणें, आडरानांत शिरणें; turn aside from the right path सन्मार्गापासून फिरणें, बिथरणें [from]. -ION विचलन *n*, उत्क्रम; आडफाटा -कथा *f*, पागोरा; उल्लंघन *n*, अपराध.

DIKE* ditch खंदक; mound thrown up to prevent low lands from being inundated by the sea or a river बांध, धरण *n*.—*v.* धरण बांधणें.

DILAPIDATE *v.* (*-lapis*, a stone) bring into a condition of decay or partial ruin, by misuse or through decay;—said of a building मोडकळीस आणणें, पाडणें; squander उधळणें, फुंकणें, उडविणें. — *i.* मोडकळीस-पडीस येणें.—DILAPIDATION मोडती कळा *f* -दशा *f*, पडझड *f*; नासधूस *f*, क्षय.

DILATE *v.* (*-latus*, wide) पसरणें [to]; distend ताणणें; extend in all directions फैलावणें, खुलवणें (lungs, air).—*i.* फुलणें,

खुलणें ; descant विस्तारानें बोलणें -सांगणें, पाल्हाळ क. [on, upon).

Dilatory *a.* (*dilator*, delayer) चेंगट, दीर्घसूत्री, ढिल्लर; marked with delay चेंगटाईचा, चेंगट (actions).—**Dilatoriness** चेंगटाई *f*, दिरंगाई *f*.

Dilemma (*Gr. dis*, twice, *lemma*, assumption) कातर *f*, कचाटी *f*, चिमटा.

Diligent *a.* (*-legere*, to choose) constantly active उद्योगी, मेहनती, तत्पर, कामसू; assiduous श्रमाचा, मेहनतीचा, काळजीचा (search).—**Diligence** उद्योगीपणा, उद्योग, परिश्रम; काळजी *f*, प्रयत्न; to do one's d., give d., use d. परिश्रम क., मनापासून यत्न क., झटणें.

Dilute *v.* (*-luere*, to wash) thin and dissolve by mixing मिसळून -मिसळ घालून पातळ क.; diminish, by mixing the strength, flavor, color, &c. of मिसळून निरस -न्यूनतेज -सत्वहीन -कमरस -कमकस क.

Diluvian *a.* *F.* जलप्रलय संबंधी.

Dim* *a.* not bright अंधक, निस्तेज; obscure अंधक, पुसट; of obscure vision मंददृष्टि, दृष्टीचा मंद ; dusky अंधक, धुंद; dull of apprehension मंदबुद्धि, जडमति—*v.* मंद -अंधक क.; दृष्टीमंद क.; बुद्धिमंद क.

Dimension (*-metiri*, to measure) लांबीरुंदी *f*, क्षेत्रफळ *n*, मेज *n*, परिमाण *n*; reach पोंच *f*, आंवाका.

Diminish *v.* (*-minuere*, to lessen) कमी -न्यून -उणा क.; degrade दरजा -पदवी कमी क., हलक्या पायरीवर आणणें; abase नीच क.; subtract बाद -वजा क.—*i.* कमी -लहान होणें. —**Diminution** कमी क., न्यूनीकरण *n*; ऱ्हास, क्षय, उतार; मानहानि *f*, अप्रतिष्ठा *f*.—**Diminutive** *a.* लहान, लघु; tending to diminish लहान -कमी करण्याजोगा.

Dimity (*Gr. dis*, twice, *mitos*, a thread of the warp) a kind of stout, white cotton cloth, ribbed or figured 'दुमेटी' *f*.

Dimple ? हनुवटीची किंवा गालाची खळी *f*.

Din * धडाखा, तडाखा, धुमधडाखा.—*v.* धडाखा चालविणें, कानटाळीं बसविणें.

Dine *v. i.* *F.* जेवणें, दोनप्रहरचें भोजन क.—*t.* भोजन घालणें, जेवण देणें -घालणें [off, at, on, with].—**Dinner**, principal meal of the day, eaten between breakfast and supper मध्यान्हीचें भोजन *n*, जेवण *n*; entertainment भोजनसमारंभ.

Dingy *a.* * मळकट, मलीन.

Dint* blow ठोका ;—of the forming hammer ठोका, घावटा ; mark left by a blow खोंच *f*, खोक *f*, पोचा ; by d. of -च्या जोरानें -च्या योगानें.—*v.* ठोके मारणें, खोमलणें.

Diocese (*Gr. dia*, through, *dikein*, to manage a household) circuit or extent of a bishop's jurisdiction बिशपाच्या अधिकाराखालचा प्रदेश, बिशपाची पाढर *f*.—**Diocesan** पाढरीचा अधिकारी बिशप.

Dip *v.* * insert in a fluid and withdraw again बुचकळणें, डुबकळणें, बुचकळून काढणें; immerse for baptism बाप्तिस्मा देण्याकरितां बुचकळणें; plunge, as into a difficulty बुडविणें, गटकळी खायास लावणें, खळग्यांत पाडणें; mortgage गहाण ठेवणें; take out by a ladle, pail, &c. पळीनें काढणें -घेणें: to d. out water; to d. water from a boiler.—*i.* बुडणें, बुचकळणें; enter slightly बुचकळणें, डुबणें; वरवर पाहणें -शिकणें, ओरखडणें: to d. into books; incline downwards झुकणें, खालीं उतरणें [in, into].—*n.* बुडी *f*, बुचकळी *f*, झोंक, उतरण *f*;—of the needle लोहचुंबकाच्या कांट्याचें खालीं वळणें *n*.

Diphthong (*Gr. dis*, twice, *phthongè*, sound) द्विस्वर, संधिस्वर.

Diploma (*Gr.*) a letter or writing, usually under seal, conferring some power, authority, privilege, or honor; esp. a document bearing record of a degree conferred by a literary society or educational institution अधिकार, हक्क, पदवी वगैरेची सनद *f*.—**Diplomacy**, science or art of conducting negotiations between nations राजदूत व्यवहारचातुर्य *n*, तह करण्याचा रिवाज -दस्तुर; body of ministers or envoys resident at a court राजाच्या दरबारांतील परक्या राजाचे वकील, राजदूतमंडल *n*.—**Diplomatic** *a*. सनदी; परराज्याच्या वकिलाती संबंधी.—**Diplomatist** (राजाच्या) वकिलातीच्या कामांत निपुण, राजदूतकार्यधुरंधर, राजकार्यकुशल.

Dire *a*. (*dirus*) घोर, दारुण, अति भयंकर, भयानक.

Direct *a*. (*-regere*, to keep straight) straight नीट, सरळ, उजू (line); sincere मोकळेमनाचा, निष्कपट, सरळ; unambiguous साफ, स्पष्ट, व्यक्त; in the line of descent परंपरचा, क्रमागत [to].—*v*. give direction or bearing to शिस्त -नेम धरणें, रोखणें (an arrow); regulate चालविणें, अनुशासणें, व्यवस्था क.: to d. the affairs of a nation; guide वाट दाखविणें; point out the proper course to रीत -रहा दाखविणें, धडा घालून देणें; order हुकूम क.; put a direction upon -वर पत्ता घालणें -लिहिणें (a letter). -**or** वहिवाटदार, व्यवस्थापक; counsellor मंत्री; instructor बोधक, शिक्षक; one of a body of persons appointed to manage the affairs of a company व्यवस्थापक मंडळीचा सभासद, 'डरेक्टर', कारभारी. -**ly** *ad*. थेट, नीट; साफ, स्पष्ट, उघड; लागलाच, ताबडतोब, तत्क्षणीं. -**ion** रोख, शिस्त; मार्ग; व्यवस्था *f*, बंदोबस्त; हुकूम, निर्देश; पत्ता; कारभारीमंडळ *n*, व्यवस्थापक मंडळी *f*. -**ory**, book of directions पद्धतिग्रंथ, शिक्षाग्रंथ, धोरा; address-book पत्त्यांचें पुस्तक *n*. -**rix** मुख्य अधिकारीण *f*, &c.; *Geom*. ज्ञापक रेषा *f*.

Dirge (contracted from the first word of a hymn beginning "*Dirige gressus meos*," formerly sung at funerals) शोकगीत *n*, मरशा.

Dirk *Gael*. खंजीर, सुरा.

Dirt *D*. घाण *f*, कचरा, हेंदर *n*; — as amongst grain, sugar, &c. मातेरा, गदळ *n*. -**iness** मळकेपणा, घाणेरडेपणा, अशुद्धता *f*; baseness नीचपणा, हलकेपणा.—**Dirty** *a*. मळकट, घाणेरडा, मळीण;—as water गढूळ. गदळ; sordid नीच, हलका, पाजी.—*v*. मळविणें, गदळ क.; tarnish मळीण क., कलंक लावणें (reputation).

Disable *v*. (*dis* & *able*) render unable अशक्त -असमर्थ क.; make useless निरुपयोगी -निकामी क.; *Law*, deprive of legal rights कायदेशीर हक्क हरण क., कायद्यानें नालायक क. [by, with, from].—**Disability** अशक्तपणा, दौर्बल्य *n*; अयोग्यता *f*, अक्षमता *f*, नालायकी *f*.

Disabuse *v*. भ्रांति उडविणें -घालविणें, कान -डोळे उघडणें [of].

Disadvantage, deprivation of advantage प्रतिकूलता *f*, अडचण *f*, गैरसोई *f*; loss तोटा, हानि *f*, नुकसान *n*.

Disaffect *v*. alienate or diminish the affection of बेदील क., फितविणें; disturb the functions of बिघडणें, विकृति उत्पन्न क.: to d. the bowels. -**ed** बेदिल, विमनस्क. -**ion** नावड *f*, अप्रीति *f*; disloyalty फितवा, वैमनस्य *n*; राजद्रोह.

Disagree *v.i.* fail to accord सम न बसणें, तफावत -फेर असणें; differ in opinion मतभेद असणें, मत न मिळणें; be at controversy वांकडें -विरुद्ध -भांडण असणें; be unsuited, as medicine, food बाधणें, अपथ्य असणें

[with]. -ABLE *a.* विलग, असंगत, अयोग्य (conduct); नावडता, नापसंत, अप्रिय (a thing) [to]. -MENT निराळेपणा, वेगळेपणा; मतभेद, द्वैत *n*; वैमनस्य *n*, वांकडें *n*, बिघाड; अयोग्यता *f*, नालायकी *f*; — in a statement तफावत *f*, अंतर *n*, फेर.

DISALLOW *v.* नाकबूल -नामंजूर क. -ANCE नाकबुली *f*, नामंजुरी *f*, अनंगिकार.

DISAPPEAR *v.* vanish from the sight अदृश्य होणें, दिसेनासा होणें, दृष्टिआड होणें; cease to exist नाहींसा होणें, लोप होणें [from]. -ANCE अदर्शन *n*; लोप.

DISAPPOINT *v.* defeat of expectation निराशा क., आशाभंग क.; frustrate निष्फळ -व्यर्थ क. (a blow) [of]. -MENT निराशा *f*, मनोभंग; that which disappoints जें निराशा करतें तें *n*.

DISAPPROVE *v.* pass unfavorable judgment upon नापसंद -अमान्य क.; refuse official approbation to अधिकाराच्या नात्यानें नामंजूर क., गैरमंजूर क. [of].

DISARM *v.* deprive of arms हत्यारें काढून घेणें, निरायुध -शस्त्रहीन क.; deprive of the means or the disposition to harm नखें उतरणें, सौम्य क.

DISASTER (-*astrum*, star) unfortunate event, esp. a sudden misfortune अवचट *n*, आफत *f*; calamity अरिष्ट *n*, अनर्थ.—DISASTROUS *a.* अनर्थाचा, आपत्तीचा, अभद्र.

DISAVOW *v.* refuse to own नाकबूल -अनंगिकार क.; deny नाकारणें; disprove खोटा करून दाखविणें. -AL नाकबुली *f*, अनंगिकार; नाकार.

DISBAND *v.* लष्करी चाकरीवरून फांटा देणें, मोडणें.

DISBELIEVE *v.* खोटा -असत्य मानणें -वाटणें, विश्वास न ठेवणें.—DISBELIEF अविश्वास, बेइमान; system of error भ्रांतीचा धर्म.

DISBURDEN *v.* rid of a burden ओझें काढणें -उतरणें, भारमुक्त क.; become relieved of -पासून मोकळा होणें, -च्या ओझ्या खालून निघणें; discharge रिता क. [of].

DISBURSE *v. F.* वांटणें, देणें, बटवडा क., खर्चणें. -MENT वांटणें *n*, बटवडा; that which is paid out खर्च, व्यय; receipt and d. आय व्यय.

DISCARD *v.* throw out of the hand as useless; — said of cards गंजिफ्याचीं निकामीं पानें हातांतून टाकणें; discharge चाकरीवरून काढणें, दूर क., काढून देणें (old servants); reject सोडणें, त्यागणें, टाकणें (follies of boyhood).

DISCERN *v.* (-*cernere*, to separate, to perceive) भेद -तारतम्य पाहणें; make out and distinguish by the eye पाहणें, लक्षिणें; perceive with the mind ओळखणें, समजणें, जाणणें [in, from].—*i.* तारतम्य पाहणें; समजणें: to d. between good and evil. -ING *a.* विवेकी, अभिज्ञ, मर्मज्ञ. -MENT भेद पाहण्याची शक्ति *f*, परीक्षा *f*, विवेक.

DISCHARGE *v.* unload ओझें उतरणें; let go the charge of (बंदूक वगैरे) सोडणें (a pistol, bow); clear फेडणें, वारणें (debt, claim); dismiss निरोप देणें, कामावरून काढणें, बडतर्फ क., मोडणें; remove, as a charge or burden उतरणें, रिता -मोकळा -खाली क. (a cargo); let fly, as a missile (गोळी -तीर) सोडणें; execute बजावणें, करणें; emit सोडणें, टाकणें (water); release सोडणें, मुक्त -मोकळा क. (a prisoner) [from].—*i.* ओझें टाकणें; सोडणें.—*n.* ओझें उतरणें *n*, भार टाकणें *n*; निरोप देणें *n*, निरोप; बरतरफी *f* (Eccl. viii. 8); सोडणें *n*, विसर्जन *n*, उत्सर्ग; सोडवणूक *f*, सुटका *f*, मुक्ति *f*: d. from penalty; करणें *n*, बजावणें *n*: the d. of business; that which discharges खंड, खंडणी *f*; that which is discharged निचरा, स्राव, ओघळ: serous d.

Disciple (*discere,* to learn) one who receives, or professes to receive, instruction from another शिष्य; scholar विद्यार्थी; one who accepts the instructions or doctrines of another शिष्य, चेला; a follower अनुयायी.—*v.* शिष्य क. -ship शिष्यपणा, शागिर्दी *f.*—**Discipline,** education शिक्षा *f,* शिक्षण *n*; training to act in accordance with established rules वळण *n,* अनुशासन *n*; drill कवाईत *f,* युद्धाभ्यास; subjection to rule बंदोबस्त, कैद, *f,* नियमाधीनता *f*; severe training, corrective of faults शिक्षा *f,* ठेंच *f,* शासन *n,* टाकीचे घाव *pl*; reformatory or penal action towards a church member (ख्रिस्ती) मंडळी संबंधी शिक्षा *f*; branch of knowledge विभाग *n.*—*v.* वळण लावणें, शिकविणें, कवाईत शिकविणें; शिक्षा -शासन करून सुधारणें; मंडळी संबंधी शिक्षा -दंड क.—**Disciplined** शिक्षित, शिकविलेला, तरबेत.—**Disciplinarian** शिक्षक.—*a.* शिक्षे संबंधी.

Disclaim *v.* reject all claim to अंगाबाहेर टाकणें, अंगीं न लागूं देणें, अनंगिकार क.; reject टाकणें, त्यागणें; *Law,* disavow another's claim दुसऱ्याचा हक्क नाकबूल क.

Disclose *v.* open उघडणें, फोडणें; remove a cover from झांकण काढणें, उघडणें; bring उजेडीं आणणें, दृष्टीस पाडणें; expose उघडा क., फोडणें, प्रसिद्ध क. (designs) [to].—*i.* फुटणें, उतटणें, उलणें; वदणें, बाहेर फुटणें -पडणें.—**Disclosure** उघडणें *n,* फोड *f,* उघडीक *f.*

Discolor *v.* alter the natural hue of -चा रंग बदलणें, विवर्ण क.: a drop of wine will d. a glass of water; alter the true complexion of -चें रूप बदलणें, बेरंग क. -ation रंग पालटणें *n,* वैवर्ण, वर्णविकार; stain डाग; circular d. भोवरी *f,* चकंदळ *n*; red d. on the skin लाखें *n.*

Discomfit *v.* (-*conficere,* to make ready) scatter in fight वाताहत -धूळधाण क.; break up and frustrate the plans of लथाडणें, लटपटविणें.—**Discomfiture** वाताहत *f,* धूळधाणी *f,* मोड, लटपट *f.*

Discompose *v.* disarrange विसकटणें, ढवळणें; agitate खवळणें, क्षोभविणें, क्षुब्ध क. (the mind); displace ठिकाणावरून काढणें, दुसऱ्या ठिकाणीं नेणें [by].—**Discomposed** विसकटलेला, विसकळीत; व्यग्र, उद्विग्न, व्याकुल चित्त.—**Discomposure** घालमेल *f,* गोंधळ; क्षोभ, मनस्ताप, हैराणगत *f,* तळमळ *f.*

Disconcert *v.* frustrate भंग क., मोडणें, लटपटविणें (a plan); throw into confusion -ची धांदल क., गोंधळांत पाडणें [by].

Disconnect *v.* संबंध तोडणें, वेगळा -पृथग् क. [from].

Disconsolate *a.* (See **Console**) melancholy खिन्न, बेदिल, दिलगीर; cheerless उदास, भणभणीत.

Discontent असंतोष, असमाधान *n* [with].—*a.* असंतोषी, असमाधानी, नाखुष.

Discontinue *v.* interrupt the continuance of खंड -भंग पाडणें; leave off सोडणें, टाकणें (a habit); stop बंद क. थांबविणें; cease attention to, or entertainment or reception of बंद क. (a newspaper).—**Discontinuance** भंग, खंड; बंदी *f,* तहकुबी *f.*

Discord (*cor,* heart) want of agreement वांकडें *n,* वैमनस्य *n,* बेबनाव; *Mus.* dissonance बेसूर, बदसूर. -ant *a.* बेबनावाचा, विसंगत; बेतालाचा, वैतालिक; a d. note अपस्वर.

Discount, deduction from, or abatement of, a sum of money forming the object of a business transaction सूट *f,* सोड *f*; deduction made for interest, in advancing money upon a bill or note due कटमुदतीचा पैसा -व्याज *n,* मिती *f*; act of discounting सटदेणें *n*; कटमुदतीचें व्याज

देणें *n*; at a d. आंतभावानें.—*v.* सूट देणें; मुदलांतून व्याज कापून घेऊन कर्जी देणें, कदमितीचा व्यापार क.

Discountenance *v.* abash लाजविणें, नूर उतरणें; discourage हिरमोड -पायमोड क.—*n.* unfavorable aspect प्रतिकूळ मुद्रा *f*; disapprobation नापसंती *f*; हिरमोड, विरजण *n.*

Discourage *v.* extinguish the courage of धैर्य खचविणें, हतधैर्य क.; deter one from मोडा घालणें, करूं न देणें [by]. -MENT मनोभंग, आशाभंग; that which discourages मोडती *f*, पायमोडें *n.*

Discourse (*-currere,* to run) oral exposition of a subject व्याख्यान *n*; conversation संभाषण *n,* संवाद; a formal dissertation ग्रंथ, प्रबंध; a sermon धर्मोपदेश [with, on, upon, of].—*v.* व्याखान देणें; संभाषण क.; expatiate विस्तारानें लिहिणें -बोलणें.

Discover *v.* remove the covering from झांकण काढणें; lay open उघडा क.; show दाखविणें; reveal प्रगट क., उघडकीस आणणें; find out शोधून काढणें, ठिकाण -थांग लावणें.—*i.* दिसणें, दृष्टीस पडणें.—**Discovery** उघड क. *n,* प्रगटीकरण *n*; finding or bringing out for the first time to the sight or the knowledge गुप्त वस्तूचें -गोष्टीचें प्रथमतः शोधून काढणें *n* -ची माहिती करून देणें *n,* शोध; that which is discovered शोधून काढलेली गोष्ट *f* -वस्तु *f*; शोध.

Discredit *v.* refuse credence to खरा न मानणें, विश्वास न ठेवणें; destroy trust in -वरचा विश्वास उडविणें; bring reproach upon -चें बदनाम क., -ची अप्रतिष्ठा क. -ABLE *a.* इजतखाऊ, अपयशस्कर, बदनामाचा, लाजविणारा.

Discreet *a.* (See **Discern**) possessed of discernment, especially in avoiding error or evil, and in the adaptation of means to ends बुद्धिमान, समजूतदार, समंजस, शहाणा.—**Discretion** शहाणपण *n,* विवेक, समंजसपणा; liberty to act according to one's own judgment आपल्या विचाराप्रमाणें वागण्याची मोकळीक *f,* मुखत्यारी *f.* -ARY *a.* विचाराधीन; मुखत्यारीचा.

Discrepant *a.* (*-crepare,* to rattle) तफावतीचा, फेरफाराचा, निराळा. — **Discrepancy** तफावत *f,* फेर, अंतर *n.*

Discriminate *v.* (See **Discern**) set apart as being different (विजातीय ह्मणून) वेगळा -निराळा काढणें -ठेवणें -क.: in the last judgment, the righteous will be *discriminated* from the wicked; distinguish by a peculiar note खुणेवरून भेद समजणें -ओळखणें.—*i.* भेद-तारतम्य पाहणें [between]. **Discrimination,** faculty of nicely distinguishing विवेक, विचार, तारतम्य *n*; mark of distinction भेदाचें -ओळखण्याचें लक्षण *n,* चिन्ह *n*; d. of right and wrong सद्सद्विवेक; want of d. अविवेक.—**Discriminative** *a.* भेद पाहणारा, विवेकदर्शी; भेद राखणारा -ठेवणारा.

Discursion (See **Discourse**) expatiation विस्तारानें बोलणें *n* -लिहिणें *n,* पाल्हाळ; act of reasoning वाद क. *n.*—**Discursive** *a.* rational बुद्धिवान, तर्कज्ञ, तर्कानें जाणणारा; ranging over a wide field परिभ्रमण करणारा.—**Discursory** *a.* वादाचा, वादात्मक.

Discus (See **Disk**) चक्र *n.*

Discuss *v.* (*-quatere,* to shake) break up फोडणें; resolve उतरणें, बसणें, जिरणें (a tumor); debate वाटाघाट क. -ION फुटणें *n,* बसणें *n,* ओसरणें *n*; वाटाघाट *f,* घाटाघाट *f*; result of d. मथितार्थ; topic under d. प्रसंग; disputation वादविवाद.

Disdain *v.* (See **Deign**) think unworthy तुच्छ मानणें, तिरस्कार क.; reject as unworthy of one's self, or as not deserving one's notice धिःकारून टाकणें, झिटकारणें.—*n.* धिःकार, तिरस्कार, अवगणना *f.* -FUL *a.*

मगरूर, दिमाखदार; धिःकाराचा, मगरुरीचा (look).

Disease (*dis* and *ease*) derangement of any of the vital functions, in which the natural action is interrupted or disturbed, and causing or threatening pain and weakness रोग, दुखणें *n*; morbid state;—of the mind or body विकार, विकृति *f*.—Diseased रोगी, रोगग्रस्त, आजारी.

Disembark *v.c.* जाहजावरून जमिनीवर उतरणें [from].

Disembody *v.* देहानिराळा -विदेही क.

Disembogue *v. F.* (समुद्रांत वगैरे) मुखद्वारां मिळणें -प्रवेश क.

Disengage *v.* extricate मोकळा क. सोडविणें; clear उकलणें, उगवणें, सोडविणें; —as the mind मन उडवणें, उठवणें -विरक्त क. [from]. -ment सोडवणूक *f*, सोडवण *f*; leisure रिकामपण *n*, मोकळेंपण *n*, सुटका *f*.

Disentangle *v.* free from entanglement सोडवणें, गुंतागुंत काढणें; extricate from complication and perplexity गुरफाट्यांतून -गुंतागुंतींतून काढणें -मोकळा क. [from].

Disenthrall *v.* दास्यत्वापासून मुक्त क.

Disesteem *v.* अपमानणें, अव्हेरणें.—*n.* अपमान, अनादर.

Disfavor अवकृपा *f*, गैरमर्जी *f*; state of not being in favor अवकृपेंत असणें *n*, नापसंती *f*, नावड *f*, इतराजी *f*.

Disfigure *v.* रूपाचें कुरूप क., रूप बिघडणें, बेडौल क.

Disfranchise *v.* हक्क -अधिकार नाहींसा क.

Disgorge *v.* vomit ओकणें, ओकून बाहेर टाकणें, उगलणें; give up, as what one has wrongfully seized and appropriated जुलमानें घेतलेलें परत देणें, ओकणें, घशांतून काढणें.

Disgrace, loss of favor अवकृपा *f*, गैरमर्जी *f*; infamy अप्रतिष्ठा *f*, फजिती *f*; बदलौकिक; that which brings dishonor अपयशाचें घर *n* -स्थान *n*, कलंक: vice is a d. to a rational being [of, to].—*v.* मर्जींतून काढणें -घालविणें; dismiss with dishonor अब्रू -इज्जत घेऊन घालविणें; bring reproach upon कलंक -डाग लावणें; revile निंदणें, निंदा क.; dishonor मानभंग -अपमान क. -ful *a.* लाजिरवाणा, अब्रुघेणा, लाजेचा, निंद्य.

Disguise *v.* change the guise or appearance of -चा वेष -रूप बदलणें; hide by a counterfeit appearance कपटरूपानें लपविणें, कपटरूप घेणें -देणें -धारण क.; intoxicate मस्त क., कैफ आणणें.—*n.* कपटवेष, सोंग *n*; artificial language or manner assumed for deception कपटभाषण *n*, व्याजनिंदा *f*; in d. चोरून, वेष पालटून.

Disgust (*-gustus*, taste) repugnance to what is offensive कंटाळा, वीट, चिळस *f* [for].—*v.* वीट-चिळस-शिसारी आणणें [at, with]; to be *disgusted* with कंटाळणें, विटणें. -ful *a.* कंटाळवाणा, घाणेरा, कुत्सित, बिभत्स.

Dish* a broad open vessel, used for serving up food at the table ताट *n*, तबक *n*, परात *f*; food served in a dish ताटांत वाढलेलें अन्न *n*, भरलेंताट *n*, ताट *n*; any particular kind of food अन्नाचा प्रकार, अन्नाची पर *f*, पदार्थ; state of being concave बांक, वक्रता *f*: the d. of a wheel.

Dishearten, See Discourage.

Dishevel *v. F.* (केंस) पिंजारणें, विखरणें. -led पिंजारलेला, विखरलेला; d. tresses झिंज्या *f pl*; having d. tresses झिपऱ्या; long and d. tress झिंपरी *f*; to be d. पिंजरणें.

Dishonest *a.* wanting in honesty अप्रामाणिक, लबाड; characterized by fraud हरामाचा, ठकबाजीचा, अधर्माचा (profits).—Dishonesty अप्रामाणिकपणा, लबाडी कर-

ण्याचा स्वभाव; fraud ठकाबजी *f*, दगलबाजी *f*, कपट *n*.—DISHONOR अप्रतिष्ठा *f*, बेअब्रू *f*, अपमान.—*v*. अपमान -मानभंग क.; bring reproach on कलंक -कालीमा लावणें -आणणें; debauch भ्रष्ट क., कौमार्य किंवा पातिव्रत्य भंग क.;—a bill नकारणें [by]. -ABLE *a*. अपमानकारक, इजतखाऊ, अपयशस्कर; wanting in honor बेअब्रूचा, हलका (man).

DISINCLINE *v*. नावड -अनुत्साह उत्पन्न क.—DISINCLINATION नावड *f*, अनुत्साह, कंटाळा [to].

DISINFECT *v*. दुर्गंध नाश क. [by, with]. -ANT *a*. दुर्गंधनाशक.

DISINGENUOUS *a*. wanting in candor कुडा, कपटी, खोटा (conduct); not noble अधम, नीच, हलका (man).

DISINHERIT *v*. बेवारस क., वारसा उडवणें -काढणें, वृत्ति छेदणें. -ANCE वृत्तिछेद, वृत्तिछेदन *n*.

DISINTER *v*. take out of the grave थडग्यातून काढणें; bring from obscurity into view सांदीकोंदींतून उघाडीस -लौकिकांत आणणें.

DISINTERESTED *a*. not influenced by regard to personal interest निर्लोभ, निष्काम, निस्पृह, अस्वार्थबुद्धि. -NESS निष्कामबुद्धि *f*, अस्वार्थ.

DISJOIN *v*. संबंध तोडणें, वेगळा -वियुक्त क.—DISJOINT *v*. separate the joints of सांधा उखळणें, संधिभंग -भेद क.; separate at junction सांध्यावर वेगळा क., उखळणें (parts of a ship); break the natural order of क्रमभंग -छिन्नभिन्न क.—DISJUNCTION वियोग.—DISJUNCTIVE *a*. निराळा करणारा, भेदक.—*n*. *Gram*. विभाजक.

DISK (*discus*) a flat circular plate तबकडी *f*;—of paper चकती *f*; discus चक्र *n*; face of a celestial body बिंब *n*, मंडळ *n*.

DISLIKE नावड *f*, अप्रीति *f*, अरुचि *f* [to, for].—*v*. नापसंत -अमान्य वाटणें, न आवडणें, नावड असणें.

DISLOCATE *v*. See DISJOINT.—DISLOCATION सांध्याची उखळणी *f*, संधिभंग.

DISLODGE *v*. drive from a place of rest ठिकाणावरून -ठाणावरून काढणें, स्थानभ्रष्ट क., जाग्यावरून हालविणें; drive out from a place of hiding or defense दडणीच्या किंवा आसऱ्याच्या जाग्यावरून हाकून लावणें: to d. a deer [from].

DISLOYAL *a*. निमकहराम, बेइमान;—to the king राजद्रोही [to]. -TY बेइमान; राजद्रोह.

DISMAL *a*. (*dies malus*, an evil day) gloomy to the eye मळकट, अंधक;—to the ear भयान, घोर;—to the feelings उदास, भयाण.

DISMANTLE *v*. deprive of dress वस्त्रहरण क., पोशाक उतरणें; deprive of apparatus, furniture, equipments, or fortifications उस्तरणें, मोडणें, बुचा क., पाडणें (a ship, fort, town); disable मोडून निकामी क.

DISMAY (*L*. & *Ger*.) दहशत *f*, धाक.—*v*. दहशत -धाक घालणें, धैर्य खचविणें.

DISMEMBER *v*. separate the members of -अवयव तोडणें -वेगळे क., अंग छेदणें; sever and distribute the parts of -चे विभाग -तुकडे करून वांटणें (an empire). -MENT अंगविच्छेद; विभाग, वांटणी *f*.

DISMISS *v*. (*-mittere*, to send) निरोप देणें, रजा देणें, विसर्जन क. (an assembly); discard चाकरी वरून, काढणें, फाटा देणें, बरतरफ क.; reject as unworthy of attention नाकारणें, अवमानणें.

DISMOUNT *v*. bring down from a place of honor or authority अधिकारा वरून खालीं आणणें, पदभ्रष्ट क.; remove or throw from a horse घोड्या वरून पाडणें -उतरणें.—*i*. खालीं उतरणें -येणें; घोड्या वरून खालीं उतरणें -येणें.

DISOBEY *v*. आज्ञा -हुकूम तोडणें -मोडणें.—DISOBEDIENT *a*. आज्ञा मोडणारा, बेहुकमी [to].—DISOBEDIENCE आज्ञाभंग, अवज्ञा *f*.

Disoblige *v.* displease मर्जी मोडणें, असंतुष्ट क.; refuse civility to अवज्ञा क. [by].

Disorder, want of order अव्यवस्था *f*, घालमेल *f*, धांदल *f*; neglect of order क्रमाची उपेक्षा *f*; tumult गडबड *f*, बंडाळी *f*; disease रोग, विकार, विकृति *f*; — of the stomach अन्नविकार;—of the mind बुद्धिविक्षेप, चित्तविभ्रम.—*v.* विसकटणें, घालमेल क., उस्तरणें; विकार -विकृति उत्पन्न क.; बुद्धिभ्रंश क. [by]. -LY *a.* अव्यवस्थित, अस्ताव्यस्त; विकृतीचा, बिघडलेला; बेबंद, बेकैद, भोंगळ (assemblies); of a bad repute बेढंगी, गैरचालीचा, बदनामाचा (a house). — *ad.* अव्यवस्थितपणानें, धांदलीनें, गोंधळून.

Disorganize *v.* रचना -जुळणी -मोडणें -तोडणें, उस्तरणें [by].

Disown, See **Disavow**.

Disparage *v.* (-*par*, equal) dishonor by a comparison with what is inferior हलक्यासीं तुलना करून हिणावणें, हलकेपणा आणणें; vilify निंदा क., कलंक लावणें. -MENT अप्रतिष्ठा *f*, गुणापकर्ष; [marriage with a person of inferior rank or condition].—**Disparity** असमानता *f*, तफावत *f*, अंतर *n*, न्यूनाधिक्य *n* [between, in, of].

Dispassionate *a.* calm शांत, थंड (men); impartial निष्पक्षपाताचा (proceedings).

Dispatch, See **Despatch**.

Dispel *v.* (-*pellere*, to push) उडवणें, घालवणें, दूर -हरण क. (fears, cares, doubts): *dispelling* obstacles विघ्नहर: d. fever ज्वरघ्न [from].

Dispense *v.* (-*pendere*, to weigh) deal out in portions वांटणें, वाटणी क.; execute चालवणें, बजावणें, करणें (laws) [to].—*i.* —with -शिवाय चालवणें (service); सोडून देणें; करणें.—**Dispensary**, place in which medicines are dispensed to the poor, and medical advice is given gratis धर्माचा दवाखाना; shop in which medicines are prepared औषधें तयार करण्याची जागा *f* -चें दुकान *n*.—**Dispensation** वांटणें *n*, वांटणी *f*; distribution of good and evil by God to man ईश्वराची मनुष्यास सुखदुःखाची वांटणी *f*, ईश्वरकर्तृक सुखदुःखनियोग; system of principles, promises, and rules ordained and administered व्यवस्था *f*, विधिनियोग: Mosaic d.; granting of a license माफी *f*, सूट *f*, विधिमोचन *n*.

Disperse *v.* (-*spargere*, to scatter) पसरणें, उधळणें, पांगविणें: the Jews are *dispersed* among all nations; cause to vanish or separate, as company, cloud, fog, or people फांकणें, फाटफूट क., उडवणें; *dispersing* darkness तमोहर.—**Dispersion** प्रसरण *n*; फांकाफांक *f*, वाताहत *f*, दाणादाण *f*.

Dispirit *v.* हिंमत खचवणें, मनोभंग क.

Displace *v.* change the place of -चें ठिकाण बदलणें; put out of place जागचा काढून नेणें; remove from a state, office, or dignity अधिकारावरून -पदवीवरून -कामावरून काढणें [from].

Display *v.* (-*plicare*, to fold) पसरणें, उघडणें, विस्तारणें; show दाखविणें; make an exhibition of थाट -डौल दाखविणें, अवडंबर घालणें.—*n.* प्रकाशन *n*, दर्शन *n*; थाट, आव, पसारा, जगडंबर.

Displease *v.* असंतुष्ट -नाखुष क., रुसवणें [with].—**Displeasure** नाखुषी *f*, गैरमर्जी *f*, इतराजी *f*; offense अन्याय, अपराध.

Dispose *v.* (-*ponere*, to put) arrange मांडणें, जुळणें, रचणें; settle ठरवणें, निकाल क.; deal out वांटणें, देणें; apply खर्चणें, लावणें, योजणें; give a tendency कल -झोंक देणें; incline the mind of मन वळवणें [to];—of निकाल क., वाटेस लावणें; कामास लावणें; देणें, विकणें.—**Disposed** मांडलेला, व्यवस्थित; मन वळवलेला, प्रवर्त्तित -शील in comp.: पतनशील: d. to fall; to feel d. मन धावणें;

to be d. of वहिवाटणें, वाट लागणें. — DISPOSAL व्यवस्था *f*, मांडणी *f*, पर्याय ; वहिवाट *f*, विनियोग ; power to dispose of योजनाधिकार, हात, सत्ता *f*; divine d. परमेश्वरेच्छा *f*; that is at my d. तें माझ्या हातीं आहे.—DISPOSER व्यवस्थापक, रचणारा, विधाता ; देणारा, दाता.—DISPOSITION रचना *f*, मांडणी *f*, मांडणूक *f*; वहिवाट क. *n*, वाट लावणें *n*, विनियोग ; कल, झोंक : d. in bodies to putrefaction ; natural aptitude of mind resulting from constitution स्वभावाची -मनाची ओढ *f* -चा कल ; acquired aptitude of temper तबियत *f*, प्रकृति *f* [to, for].

DISPOSSESS *v.* काढून घेणें, नागवणें, हरण क. [of].

DISPROPORTION, want of proportion in quantity तफावत *f*, फेर, वैषम्य *n* ; want of suitableness विजोडपणा, वियुक्तता *f*. -ATE *a*. न्युनाधिक, असम ; inadequate अपुरता.

DISPROVE *v*. prove to be false खोटा करून दाखवणें ; refute खंडण क. [by].—DISPROOF अप्रमाण, खंडण *n*, अनुपपत्ति *f*.

DISPUTE *v*. *i*. (*-putare*, to clean) contend in argument वाद -तकरार क. : argue a question for and against विषयीं भांडणें -तकरार घेणें ; contend in opposition to a competitor -शीं भिडणें -झुंजणें.—*t*. वाद घेणें -सांगणें, पंचाईत सांगणें &c. [with, on].—*n*. वाद, भांडण *n* ; *disputed* matter खटला ; confused d. भानगड *f*; — beyond d. निर्विवाद.—DISPUTABLE *a*. वाद करण्याजोगा, तकरारीचा.—DISPUTANT *a*. वादी, भांडणारा.—DISPUTATION *a*. हुजतखोर, तकरारीचा.

DISQUALIFY *v*. render unfit अयोग्य -अक्षम क. [for, by] ; deprive of legal capacity, power, or right कायद्यानें नालायक -अनधिकारी क.

DISQUIET *v*. त्रास देणें, चैन पडूं न देणें.—*n*. अशांति *f*, तळमळ *f*, मनस्ताप.

DISQUISITION (*-quærere*) a full investigation of a matter, by a treatment of the arguments and facts bearing upon it कोणत्याही गोष्टीचा साधकबाधक विचार, परीक्षा *f*, विवेचन *n* [on].

DISREGARD अव्हेर, उपेक्षा *f*, अनादर [for].—*v*. उपेक्षणें, अनादर क., अवमानणें.

DISRELISH अरुचि *f*, नावड *f*, अप्रीति *f*; nauseousness वीट, किळस *f*, *m* [for].

DISREPUTE अपकीर्ति *f*, दुर्लौकिक, बदनाम *n*.—DISREPUTABLE *a*. अप्रतिष्ठित, हलका, बेअब्रूचा ; tending to bring into disesteem इजतखाऊ, अब्रूघेणा.

DISRESPECT अपमान, अमर्यादा *f*, अनादर ; incivility असभ्यता *f*, बेमुरवत *f*, अविनय [for]. -FUL *a*. अपमानाचा, बेअदबीचा &c. -LY *ad*. मर्यादा न ठेवितां, अमर्यादेनें.

DISROBE *v*. undress वस्त्रें -पोशाक उतरणें ; strip of covering नागवा -उघडा क.

DISRUPTION (*-rumpere*, to burst) फुटणें *n*, भंग, भेद, फूट *f*.

DISSATISFY *v*. असंतुष्ट -नाखुश क.—DISSATISFACTION असंतोष, असमाधान *n* [with].

DISSECT *v*. (*-secare*, to cut) cut in pieces कापणें, कापून तुकडे क.; cut in pieces, as an animal or vegetable, for the purpose of examining the structure and use of its several parts परीक्षे करितां फाडणें -कापून पाहणें ; analyze into its constituent parts, for the purpose of science or criticism विद्येच्या कामासाठीं अथवा गुणदोष जाणण्यासाठीं पृथक्करण किंवा विवेचन क. -ION कापणें *n*, छेदन *n* ; फाड *f*,' शरीरव्यवच्छेदन *n* ; सूक्ष्म परीक्षा *f*, तत्वविवेचन *n*.

DISSEMBLE *v*. (*-simulare*, to make a thing like another) hide under a false semblance ढोंगानें -कपटानें लपविणें -चोरणें, फसविणें:

to d. truth; make pretense of -चा बाहणा दाखविणें -क. [with).—DISSEMBLER कपटी, वेषधारी; hypocrite ढोंगी.

DISSEMINATE v. (-seminare, to sow) पेरणें; spread abroad पसरणें, पेरणें.—DISSEMINATION प्रसार, फैलावा, व्याप्ति f.

DISSENT v. i. (-sentire, to feel) differ in opinion अमान्य -नाकबूल असणें [from]; differ from the established church in regard to doctrines, rites, or government राजस्थापित धर्मापासून वेगळा असणें, देशस्थापित धर्मास अमान्य असणें.—n. अमान्यता f, नाकबूली f; मतभेद. -ER गैरराजी; मतांतरधारी; राजस्थापित धर्मास न मानणारा.—DISSENSION तंटा, कलह, बखेडा, फूट f.

DISSERTATION (-serere, to join) a formal or elaborate discourse, oral or written प्रबंध, निबंध, व्याख्यान n [on].

DISSEVER v. part into two दुभागणें, दोन तुकडे क., छाटणें; separate वेगळा क. [from].

DISSIDENT a. (-sedere, to sit) वेगळा, निरळ्या मताचा, नाकबूल.

DISSIMILAR a. भिन्न, विरूप, अदृश, विजातीय [to, from]. -ITY वेगळेपणा, भिन्नत्व n, फेर.

DISSIMULATION (See DISSEMBLE) ढोंगाचा -कपटाचा व्यवहार, मनांत एक जनांत एक, कपट n.

DISSIPATE v. (-sipare, to throw) scatter फांकविणें, उडविणें, वितुळविणें (fog); squander उधळणें, दवडणें, उडवणें.—i. फांकणें, वितळून जाणें; उधळपट्टी -बदफैल क. —DISSIPATED a. दुर्व्यसनी, विषयलंपट, बदफैली.—DISSIPATION उडवाउडव f, फांकाफांक f; दुराचरण n, बेढंग pl, बदचाल f.

DISSOCIAL a. एकलकोंड्या, माणूसंघाण्या.—DISSOCIATE v. वेगळा क.

DISSOLVE v. (-solvere, to loose) disorganize रचना -अवयव -घटना मोडणें -भंग क.; disconnect संबंध तोडणें, उखळणें; melt रस क., विरघळविणें, वितुळविणें; destroy the power of बळ -जोर मोडणें; terminate मोडणें, विसर्जन -बरखास क. (an assembly); *Law*, annul रद्द क.—i. झिजून -सडून -तुटून -फुटून जाणें; वितुळणें, विरघळणें [into].—DISSOLUTION वितुळणें n, द्रावीकरण n; change of form by chemical agency रसायणशक्तीनें रूपांतर होणें n; सभाविसर्जन n, बरखास f; death मरण n; ruin नाश, लय, विध्वंस;—of partnership तुटातूट f, फुटाफूट f.—DISSOLVABLE, DISSOLUBLE a. रस-द्रव होण्याजोगा; निराळा -मोकळा -पृथक् होण्याजोगा.—DISSOLVENT a. रस -द्रवकारी, द्रावक (juices).—n. द्रावक पदार्थ.—DISSOLUTE a. व्यसनी, बदचालीचा.

DISSONANCE (-sonare, to sound) बेसूर, बेताल; incongruity बेबनाव, बिघाड.—DISSONANT a. बेसूराचा, बेसूर; विसंगत, बेबनावाचा, परस्पर विरुद्ध.

DISSUADE v. (-suadere, to persuade) दोन गोष्टी सांगून -उपदेश करून मन वळवणें -मागें फिरविणें; render averse अनकूळ -विरुद्ध क. [f om].—DISSYLLABLE द्व्यक्षरीशब्द, द्विस्वर शब्द.

DISTAFF* staff for holding the bunch of flax, tow, &c., from which the thread is drawn in spinning by hand चरखी f, तर्कुटी f.

DISTANCE (-stare, to stand) space between two objects अंतर n, टप्पा; a remote place दूरची जागा f, पल्ला, टप्पा; interval of time अंतर n, अवधि, मुदत f; respect अदब f, मान: I know what d. to the crown is due; reserve संकोच, भीड f; remoteness in relation दूरचें नातें n, गोताचें अंतर n; to keep at a d. दूर -पाहणें -धरणें; at a d. दूर.—v. दूर ठेवणें; remove from view दृष्टिआड क.; leave behind in a race मागें टाकणें, जिंकणें, पाठीमागें पाडणें [from, to].

—DISTANT *a.* separate वेगळा, निराळा ; not near दूरचा, लांबचा ; in time अवधीचा, मुदतीचा, लांबचा ; in connection दूरचा, दूरच्या गोताचा : संकोचशील, दूरदूर ; faint अस्पष्ट, पुसट, अंधुक (glimpse); repugnant वाकडा, विरुद्ध : a practice so widely d. from Christianity [from].

DISTASTE नावड *f*, अरुचि *f* ; anger राग, रोष [for].

DISTEMPER, disorder विकृति *f*, आजार ;—of brutes तोंड *n*; लाग; tumult धांदल *f*; गडबड *f*; bad temper कुस्वभाव; [*Paint.*, a preparation of opaque or body colors, with size instead of oil].

DISTEND *v.* (*-tendere*, to stretch) ताणणें ; swell फुगविणें, फुलविणें.—DISTENTION ताठा, ताणा ; विस्तार, प्रसृति *f*.

DISTICH (*Gr. -stichos*, row, verse) a couple of verses making complete sense दोहरा, बैत *f*; a couplet of two lines, of different kinds of verse, which are repeated in the same order श्लोकयुग्म *n*.

DISTIL *v.* (*-stillare*, to drop) थेंबथेंब गळूं देणें, ठिपके पाडणें ; subject to, or obtain by, the process of distillation गाळून -निचरून -काढणें ; rectify सत्त्वशुद्धि क., अर्क -सार काढणें ; *distilled* water अर्कोदक *n* (from).—*i.* टपकणें, ठिबकणें ; practise distillation संधान क.—DISTILLATION निझरून काढणें *n* ; मद्यसंधान *n*.—DISTILLER अर्क काढणारा ; मद्य काढणारा, कलाल.—DISTILLERY दारू वगैरेच्या भट्टीचा कारखाना.

DISTINCT *a.* (*-stinguere*, to quench) having the difference marked अंकित, नामांकित, चिन्हांकित, लक्षणयुक्त ; variegated चित्रविचित्र केलेला ; separate in place वेगळा, अलग ; निखालस, निराळा : the two armies became d. ; different भिन्न, निराळा (offices) ; clear स्पष्ट, साफ (view) [from]. -ION, discrimination भेद पाहणें *n*, विवेचन *n*, तारतम्य *n* ; distinguishing quality विशेष लक्षण *n*; eminence मोठेपण *n*, श्रेष्ठत्व *n*, नावलौकिक. -IVE *a.* भेद दाखविणारा -दर्शक: d. mark विशेष लक्षण *n*. -LY *ad.* साफ, स्पष्ट, व्यक्त.—DISTINGUISH *v.* ओळखणें, पाहणें, जाणणें, समजणें ; श्रेष्ठत्व आणणें, प्रसिद्धीस आणणें ;—one's self नांव मिळवणें [from, by, between]. -ED तारतम्य पाहून निराळा केलेला, परिछिन्न, चिन्हित ; नामांकित, प्रतिष्ठित.

DISTORT *v.* (*-torquere*, to twist) मुरडणें, पिळणें, वाकडा क. ;—the sense of a passage ओढून ताणून अर्थ काढणें, वाकडा अर्थ क. -ION मुरगाळा, पिळा ; विपरीत अर्थ.

DISTRACT *v.* (*-trahere*, to draw) divide वेगळा क., विभागणें ; confuse घाबरविणें, धांदल -त्रेधा क. ; render insane वेडा क., -ची बुद्धी भ्रंश क. [by, with, from]. -ED घाबरलेला, घाबरा ; वेड भरलेला, वेडा. -ION वाणाताण *f*, ओढाओढ *f*, त्रेधा *f*, तिरपीट *f*, तारंबळ *f* ; tumult धांदल *f*, गडबड *f*, भालेराई *f*: political *distractions* ;—of mind धांदल *f*, गोंधळ, चित्तक्षोभ ; madness वेड *n*, चित्तविभ्रम.

DISTRAIN *v.* (*-stringere*, to draw tight) *Law*, कर्जाबदल धरणें, कबज धरणें -घेणें [on, upon, for].

DISTRESS (do.) extreme pain or suffering अतिदुःख *n*, वेदना *f*, क्लेश ; adversity विपत्ति *f*, संकट *n* ; state of danger भयावस्था *f*, संकट *n* : a ship in d. ; pecuniary d. अडचण *f*, तारंबळ *f* ; *Law*, seizure कबज *n* ; thing taken by distraining कबजीं घेतलेला माल [at].—*v.* पिडणें, दुःख देणें ; कबज धरणें, कर्जाबदल धरणें [by, with]. -ED दुःखी, श्रमी, कष्टी ; ओढगस्त, गिरिपदार. -FUL *a.* पिडणारा, दुःखदायक (a stroke); दुःखाचा, दुःखदर्शक (cries) ; अरिष्टाचा, संकटाचा (event).

DISTRIBUTE *v.* (*-tribuere*, to give) वांटून -वि-

भागून देणें, वांटणें ;—justice न्याय क.:—types छापाचे खिळे उखळून त्यांच्या घरांत ठेवणें, 'डिस्ट्रिब्युट' क. [to, among].—DISTRIBUTION वांटणें n, वांटणी f, वाटावाट f; almsgiving दानधर्म ; छापाच्या खिळ्यांची वांटणी f; [geographical d., the distribution of species of animals and plants over the earth's surface].—DISTRIBUTIVE a. वांटणारा ; बराबर वांटणी करून -न्याय करून देणारा ; *Gram.* विभाजक (adjective).

DISTRICT (See DISTRAIN) a defined portion of a state for legislative, judicial, fiscal, or elective purposes प्रांत, परगणा, तालुका इ० ;—of a city चकला, महला, हद्द f; region देश, प्रदेश.

DISTRUST v. अविश्वास धरणें, -चा विश्वास न धरणें ; suspect of evil अंदेशा -वहीम येणें -धरणें [for].—n. अविश्वास, बेभरोसा ; गुमान, वहीम, संदेह [of].

DISTURB v. (-*turbare*) throw into confusion हालवणें, चाळवणें, ढवळणें ; interrupt मोडा घालणें, हरकत क., व्यत्यय आणणें, क्रमभंग क.: care *disturbs* study ; agitate the mind of गढुळणें, छेडणें, क्षुब्ध -व्यग्र क.: his mind is *disturbed* by envy. -ANCE हरकत f, हिला हरकत f, भंग, विघ्न n ; गोंधळ, घोटाळा, चित्तविभ्रम ; tumult गडबड f, दंगा, खूळ, n ; *Law*, hindering of a person in the lawful and peaceable enjoyment of his right हकाचा उपभोग घेण्यांत हरकत करणें, n [by, with].

DISUNITE v. वेगळा क, भंग पाडणें ; alienate in spirit वितुष्ट -बिघाड पाडणें, वैमनस्य उत्पन्न क. [by, from].—DISUNION भंग, भेद, वियोग ; फूट f, तूट f, बिघड.

DISUSE गैर वळण n, अनभ्यास ; desuetude गैर वहिवाट f, लोप ; — *disused*, as words निरुक्त.—v. वहिवाट -राबता -अभ्यास सोडणें [from, in, to].

DITCH* खंदक, चर.

DITTO *ad.* (*dictum*, said) सदरहू, वरचे प्रमाणें, कित्ता.

DITTY* गीत n, गायन n.

DIURETIC a. (-*ouron*, urine) मूत्रवर्द्धक, मूत्रढाळाचा.—n. मूत्रल n, मूत्रढाळ, बस्तिशोधन n.

DIURNAL a. (*dies*, day) दिवसाचा (heat); daily रोजचा, नित्याचा, नित्य (task); recurring every day नित्य येणारा (fever); constituting the measure of a day दिवसाच्या मानाचा : d. revolution of the earth पृथ्वीची दैनंदिनगति f.

DIVAN *Ar.* a book पुस्तक n ; account-book हिशेबाची चोपडी f; a council मसलत करणारांची -मंत्रीसभा f; दिवाण n ; council-chamber दिवाणखाना ; a sofa मंचक.

DIVE* v. i. descend or plunge into water बुडी -डुबकी मारणें ; study thoroughly पुरा अभ्यास क., निपुण -निष्णात् होणें ; plunge into any business गर्क -चूर होणें, -च्या नादांत असणें ; penetrate भेदणें, वेधणें [into, down, under].—DIVER बुडी मारणारा, पाणबुड्या ; a bird एक पक्षी आहे, पाणडुबी *H.*

DIVERGE v. (-*vergere*, to bend) extend from a common point in different directions मध्यापासून -केंद्रापासून फांकणें -पसरणें [from].—DIVERGENT a. केंद्रापासून फांकणारा, केंद्रपराङ्मुख.

DIVERT v. (-*vertere*, to turn) फिरवणें, वळवणें, तोंड -मोहरा फिरवणें ; amuse रमवणें, रंजवणें ; draw away बहकावणें, भुलवणें ; [from, with, by, to]. — DIVERS a. अनेक, नाना, कित्येक (examples). — DIVERSE a. भिन्न, निरनिराळे, तऱ्हेतऱ्हेचे ; multiform बहुरूपाचा, बहुरूप.—DIVERSIFY v. बहुरूप -बहुगुण क., चित्रविचित्र -नानाविध क. — DIVERSION फिरवणें n, परिवर्त्तन n ; sport क्रीडा f, खेळ, मनुरंजन n ; pastime गमत f, करमणूक f; *Mil.* act of drawing the ac-

tion and force of an enemy from the point where the principal attack is to be made भूल *f*, बहकावणी *f*.—DIVERSITY निराळेपणा, भेद; variety नानाप्रकार, अनेक प्रकार; separateness of being व्यक्तिभेद.

DIVEST *v.* (*-vestis*, garment) नागवणें, हिरावणें, उघडा -सुना -बुचा क.; opp. to *invest*, deprive हरण क., मुकविणें, हिसकून घेणें : to d. one of his rights [of].

DIVIDE *v.* (*dividere*) विभागणें, छेदणें; cause to be separate वेगळा -निराळा -अलग क.; share वांटणी -वांटे क., वांटणें; disunite in opinion or interest फूट -बिघाड पाडणें; भागणें, भाग देणें; [separate into two parts, for ascertaining opinions for and against a measure: to d. a legislative house in voting]; graduate अंश -भाग पाडणें -मांडणें : to d. a sextant [from, into].—*i.* फुटणें, अलग होणें, भेगलणें; मित्रत्व-स्नेह तुटणें; सभेचे दोन भाग करून मत देणें.—DIVIDED *a.* छिन्नविछिन्न; वेगळा केलेला, विभक्त; भागलेला, भाजित.—DIVIDEND भाग, हिस्सा; division of assets among creditors दामाशाई *f*; *Arith.* भाज्यांक.—DIVIDER भेदक, छेदक; वांटणारा &c.—DIVISIBLE *a.* भेदायाजोगा; खंडनीय; वांटायाजोगा; भाज्य; DIVISIBILITY भेद्यत्व *n*.—DIVISION दुभागणें *n*, कापणें *n*; छेद, विभागलेपणा; that which divides छेदक, भेदक; a partition पडदा, पूड, खण; a distinct section भाग, वर्ग, कोटि *f*;—of an army टोळी *f*, तुकडी *f*; difference in opinion बेबनाव, फूट *f*, मतभेद; difference of condition भेद, स्थित्यंतर *n*; *Arith.* भागाकार; distribution of a discourse into parts प्रकरणें -खंडें पाडणें *n*; a part so distinguished प्रकरण *n*, खंड *n*, भाग.—DIVISOR भाजक.

DIVINE *a.* (*divus*, belonging to a deity) देवसंबंधी, ईश्वरी, दैवी; proceeding from God देवा पासून निघणारा, देवाचा, ईश्वरी (judgments); appropriated to God देवास वाहिलेला, देवसेवेस योजलेला, देवाचा (service); d. songs देवाचें भजन करण्याचीं गीतें; godlike देवा सारखा -समान, ईश्वरतुल्य; excellent in the highest degree अत्युत्तम, अत्युत्कृष्ट; relating to theology ईश्वरविद्येचा -संबंधी (learning).—*n.* a minister of the Gospel ख्रिस्ती धर्मोपदेशक, पाद्री; a theologian ईश्वरविद्या जाणणारा, ईश्वरविद्येंत अभिज्ञ, *Hindu* terms, वैदिक, ब्रह्मज्ञानी, वेदशास्त्रसंपन्न, शास्त्री.—*v.* predict भविष्य सांगणें, detect शोधून काढणें.—*i.* use divination शकुन पाहणें, जोसीपण क.; utter prognostications ठोका -भविष्य सांगणें; have forebodings पूर्वसूचना असणें, होण्यांत येणें; guess अटकळ -अनुमान क. -LY *ad.* सर्वोत्तम, लोकोत्तर : d. fair; by the agency or influence of God ईश्वरी कर्तृत्वानें, ईश्वरी सत्तेनें, ईश्वर, in comp. : d. inspired ईश्वरप्रेरित.—DIVINER शकुन पाहणारा, दैवज्ञ, शकुन्याजोसी.—DIVINATION शकुनविद्या *f*, चेटक *n*, दैवज्ञान *n*, रमल *n*; prediction भविष्य *n*, भाकीत *n*.—DIVINITY, the state of being divine देवत्व *n*, देवपण *n*; God ईश्वर, देव; a false god खोटा -कल्पित देव; a celestial being, inferior to the supreme God, but superior to man देव, सुर, दैवत *n*; supernatural power or virtue अलौकिक शक्ति *f*; awe-inspiring character प्रभव, दरारा; science of divine things ईश्वरी विद्या *f*, परमार्थ ज्ञान *n*.

DIVORCE (See DIVERT) a legal dissolution of the marriage contract by a court or other body having competent authority नवऱ्या बायकोची कायद्या प्रमाणें सुटासूट *f*; separation वियोग; writing by which marriage is dissolved सूटपत्र *n*, सोडचिठ्ठी *f*.—

[from].— *v.* सूटपत्र देणें, सूटपत्र देऊन संबंध तोडणें; वियोग पाडणें, संबंध तोडणें.

DIVULGE *v.* (*-vulgare*, to spread among the multitude) फोडणें, प्रसिद्ध क., पुकारा क., चौघांत -चट्कर्णी क.; *divulging* of a secret रहस्यभेद;—of counsel मंत्रभेद [to].

DIZZY* *a.* giddy घेरी -भोवंड आलेला; causing vertigo भोवंड आणणारा; heedless मूर्ख, अविचारी, डोकें फिरलेला.—DIZZINESS भोवंड *f*, घेरी *f*, गिरकी *f*.

DO* *v.* perform, as an action करणें; bring about घडविणें; finish समाप्त क., उरकणें, शेवटास नेणें: the battle *done*; make ready for an object, purpose, or use, as food by cooking शिजविणें, होऊं देणें, करणें: the meat is *done* on one side only; let होऊं देणें; to d. to death ठार मारणें; to d. away काढून टाकणें, दूर क.; to d. into आंत उतरणें, भाषांतर क.: the Pilgrim's Progress has been *done* into verse; deceive फसविणें, धत्तुरा दाखविणें; to d. one's best पराकाष्ठा- यथाशक्ति -होईल तितकें क.; to d. over पुनः -उलटून क.; आच्छादणें, लेपडणें, चोपडणें: boats *done* over with a kind of slimy stuff; up बांधणें, आवळणें; पुरतें क.; with कामीं लावणें: they know not what to d. with themselves; what have I to d. with you? मला तुम्हाशीं काय करायाचें आहे, माझें तुझें काय आहे, मी तुझें काय लागतो? d. come अवश्य ये; I d. love him मी त्याला खरोखर -खचीत चाहतों.—*i.* चालणें, वागणें (2 Kings xvii. 34); how d. you d.? तुम्ही कसे आहां, तुमची प्रकृति कशी आहे इ०; manage चालवणें, लोटणें: if no better plan be found, he will make this d.; for चालणें, उपयोगीं येणें; put an end to शेवट क., निःपात क, नाश क.: a goblet is *done* for when it is broken;—without शिवाय-वांचून क. -ER करणारा, कर्त्ता; आचरणारा, पाळणारा (Rom. ii. 13). -INGS कृत्यें *n pl*, कर्में *n pl*; आचरण *n*, वर्त्तणूक; stir गडबड, धांदल *f*.—DOING-UP साधासाध *f*.

DOCILE *a.* (*docere*, to teach) teachable शिकण्याजोगा; tractable ताब्यांत -कह्यांत राहण्याजोगा; easily managed गरीब, सालस.—DOCILITY शिक्षाशीलत्व *n*; सालसाई *f*, गरिबी *f*.

DOCK* a plant वृद्धराज, रक्तसौगंधिक.

DOCK *v. Ger.* cut off, as the end of a thing लांडा क.; deduct from बाद -वजा क. (an account). — *n.* (*doga*, a sort of vessel) place for building or laying up ships गोदी *f*; place where a criminal or accused person stands in a court कोर्त्तीत कैदी अथवा आरोपित उभा राहण्याची जागा *f*. -AGE गोदीचें भाडें *n*. -YARD जहाजाचें सामान ठेवण्याची बंदराजवळची कोठी *f*, गोदी *f*.

DOCKET *f.* a summary गोश्वारा; a label चिठी *f*, बीजक *n*; [*Law*, an abridged entry of a judgment in an action].

DOCTOR (*docere*, to teach) शिक्षक; a learned man विद्वान, पंडित; a title in divinity, physic, law, &c. आचार्य, पंडित, शास्त्री, मौलवी ह्यासारखा एक किताब आहे; 'डाकतर' a physician वैद्य, 'डाकतर'; d. of divinity वेदशास्त्र -श्रुतिविद्यासंपन्न, मुरशीद, शेख *Pers.*—DOCTRINE, instruction उपदेश, शिक्षा *f*; what is held, put forth as true, and supported by a teacher, a school, or a sect मत *n*, सूत्र *n*, न्याय, सिद्धांत इ०; learning विद्या *f*, ज्ञान *n*; difference of d. शाखाभेद; received d. संप्रदाय.—DOCTRINAL *a.* शिक्षेचा, शिक्षेसंबंधी; मत -उपदेश संबंधी. — DOCUMENT, original or official paper relied upon as the basis, proof, or support of any thing else दस्तऐवज, दाखला, कागदपत्र; original d. अस्सल दस्त-

ऐवज, कागदपत्र *n pl.* -ARY *a.* दस्तऐवज संबंधी.

DODDER *Ger.* आकाशवेल *m, f.*

DODECAGON (*Gr. dodeka*, twelve, *gonia*, angle) द्वादशकोणाकृति *f.*

DODGE *v. i.* ? shift place by a sudden start टणकर उठून जागा बदलणें; play tricks थट्टा मांडणें, ठकवणें, झोंका, देणें.—*t.* चुकविणें, टाळणें, वारणें [about].

DOE* हरिणी *f*, हरणी *f.*

DOG *D.* कुत्रा, श्वान; a mean, worthless fellow अधम, नीच, पाजी; a fellow गडी, माणूस: a lazy d.; give or throw to the *dogs* चुलींत -मातींत घालणें, उकीरड्यावर टाकणें; to go to the *dogs* चुलींत -मसणात जाणें, नाश पावणें, सत्यनाश -वाटोळें होणें.—*v.* पाठपुरवणें -घेणें, पाठीस लागणें. -CHEAP *a.* cheap as *dogs'-meat* पैशापायली, मातीच्या मोलाचा. -DAY ज्या दिवसीं लुब्धक ताऱ्याचा उदयास्त सूर्याबरोबर होतो तो; [the *dogdays* commence in the latter part of July, and end in the beginning of September]. -FANCIER कुत्र्यांचा शोकी व कुत्रेविक्या. -FOX कोल्हा. -GED *a.* कुचर स्वभावाचा, कुरठा. -GISH *a.* कुत्राच्या (वाईट) स्वभावाचा, तुसडा. -GRASS एक जातीचें गवत *n*, कुत्र्याची चार *f*, पंदें *n*, कुतरें *n.*? -LATIN धेडगुजरी लाटीन भाषा *f.* -ROSE सदागुलाब. -'S-EAR पुस्तकाच्या पानाचा दुमडलेला कोपरा. -SLEEP ढोंगाची झोंप *f*, कुतरझोंप *f.* -'S-MEAT उष्टेंपाष्टें *n.* -STAR लुब्धक. -TOOTH सुळादांत, सुळा. -TROT कुत्तर चाल *f.* -TRICK कुचेष्टा *f.* [-WATCH, *Naut.* a watch of two hours, of which there are two called respectively the first d. and second d., the first being from 4 to 6 o'clock P. M., the second from 6 to 8 o'clock P.M.]

DOGMA (*L.*) that which is held as an opinion मत *n*; a formally stated and authoritatively settled doctrine सूत्र *n*, सिद्धांत; a principle of doctrine that is asserted or taught without sufficient evidence मतबीज *n*, मततत्वमूल *n.* -TICAL *a.* मतसंबंधी; magisterial दबदब्याचा, दाबाचा, मीपणाचा (philosopher); authoritative प्रमाणाचा, सप्रमाण, आप्त (opinion). -TISM, arrogance in opinion हटवाद, मताभिमान. -TIZE *v.* स्वमतानें -हटवादानें स्थापणें.

DOLE* *v.* वांटणें [out].—*n.* वांटा, हिस्सा.

DOLEFUL *a.* (*dolere*, to feel pain) दुःखभरित, उदास, दिलगीर.

DOLICHUS (*Gr.* long) Chinese d. चवळी *f*; two-flowered d. कुळीथ *f*; black-seeded d. वालपापडी *f*; d. pruriens कवच कुयरी *f.*

DOLL (from Dorothy) लेंकराची खेळायाची बाहुली *f*, पुतळी *f.*

DOLLAR *Ger.* सवादोन रुपयांच्या किमतीचें एक नाणें आहे, 'डालर.'

DOLT* मूर्ख, टोणपा, गाढव, ढ.

DOMAIN (*dominus*, master) dominion राज्य *n*, अधिकार; territory over which dominion is exerted राष्ट्र *n*, राज्य *n*, देश; landed property वतर *n*, वतनी जमीन *f*; *Law*, ownership of land जमिनीची मालकी *f*, वतनदारी *f*, फाजिंदारी *f.*

DOME (*domus*, house) घर *n*; a cupola घुमट, कळस. — DOMESTIC *a.* घरचा, गृह in comp.: d. affairs गृहकृत्य *n*; pertaining to a nation considered as a family, or home, or to one's own country आपल्या देशांतला, मुलखी, स्वदेशीय, घरगुती (dissensions); remaining much at home घर धरून राहणारा, घरकुबडा (man); tame माणसाळलेला, पाळलेला, ग्राम्य in comp.: d. animals ग्रामपशु; made in one's own house, nation, or country घरीं केलेला, घरगुती: d. chaplain कुलाचार्य; d. contentions गृहकलह; d. slave गृहदास; d. duties कुलकर्म *n.* —*n.* घरचा चाकर, घरअसामी. -ATE *v.* घरची सवयी लावणें: to d. one's self; tame माण-

साळवणें, बाळगणें (wild animals).—DOMICILE घर *n*.

DOMINATE *v*. (*dominus*, lord) अधिकार -सत्ता -जोर चालविणें. — DOMINANT *a*. जोराचा, प्रबळ, प्रधान; d. party प्रबलपक्ष. — DOMINATION हुकमत *f*, अमल, अधिकार, आधिपत्य *n*.—DOMINEER *v*. rule with insolence कडक -करडा अमल चालवणें, हुकमत चालवणें; bluster शेखी चालवणें -मिरवणें [over].—DOMINICAL *a*. indicating the Lord's day, or Sunday प्रभूचा दिवस अथवा आदितवार दाखविणारा; relating to, or given by, our Lord आमच्या प्रभूचा, अथवा आमच्या प्रभूनें (येशू ख्रिस्तानें) सांगितलेला (prayer).—DOMINION, supreme authority अधिकार, सत्ता *f*; empire राज्य *n*; preponderance वर्चस्व *n*, प्राधान्य *n*; territory सत्तेखालचें राज्य *n* -राष्ट्र *n* -चा देश; a governing power of very high rank प्रभुत्व *n* (Col. i. 16).

DONATION (*donum*, gift) act of giving देणें *n*; a grant दान *n*, बक्षीस *n*, देणगी *f*. —DONOR देणारा, दाता.

DOOM* judicial sentence शिक्षेचा हुकूम -ठराव; penalty शिक्षा *f*, दंड; unhappy fate नशीब *n*, होतव्य *n*.—*v*. शिक्षा सांगणें -ठरवणें; fine दंड घेणें -क.; destine दैवीं नेमणें -लिहिणें [to]. -SDAY शिक्षा ठरविण्याचा दिवस; day of the final judgment जगाच्या न्यायाचा दिवस.

DOOR* (*Skr. dvâr*) दार *n*, कवाड *n*; passage वाट *f*, दार *n* (John x. 9); entrance-way and the house to which it leads घरांत जाण्याचा रस्ता व ज्या घरास तो जातो तें घर *n*: his office is now the second d. in the street; from d. to d. दारोदार, घरोघर; in-*doors* घरांत; out-*doors* बाहेर; to be out of *doors* गमावणें; to lie at one's d. (दोष -पाप इ०) पदरीं येणें -घालणें इ०; private d. चोरदार *n*, अंतर्द्वार *n*; back d. मागला दरवाजा, परसदार *n*; front d. पुढला दरवाजा. -CASE दरवाज्याची चौकट *f*. -KEEPER द्वारपाळ, देवडीवरचा शिपाई. -POST बाही *f*, दारकस *f*.

DORMANT *a*. (*dormire*, to sleep) निजलेला, निद्रिस्त; quiescent शांत, स्वस्थ (passions); not disclosed गुप्त, अप्रकट (claims).—DORMITORY निजायाची खोली *f*, शय्यागृह *n*; burial-place मसणवट *f*.

DORSAL *a*. (*dorsum*, the back) पाठीचा, पृष्ठ्य.

DOSE (*Gr. dosis*, a giving) quantity of medicine prescribed to be taken at one time औषधाची मोताद *f* -ची मात्रा *f*; a portion मोताद *f*, रकम *f*; [any thing nauseous that one is obliged to take.]—*v*. परिमाणानें औषध देणें, मात्रा देणें.

DOT* टिंब *n*, पूज्य *n*, शून्य *n*.—*v*. टिंब देणें; mark or diversify with small detached objects बिंदुवत् अंकित -चित्रविचित्र क. [with, over].

DOTE *v. i. D.* have the intellect impaired, esp. by age, so that the mind wavers म्हातारचळ लागणें, खुळावणें; be foolishly fond भुलणें, वेडा होणें, मरणें [on, upon]. —DOTAGE चळ, म्हातारचाळे *n pl*, साठीबुद्धि *f*; अतिवेड *n*, नाद *f*. — DOTARD म्हातारचळ लागलेला, साठ्या.

DOUBLE *a*. (*duo*, two, *plicare*, to fold) दुप्पट, द्विगुण; coupled जोडगीर, जुळा; divided into two दुभागलेला; deceitful दोन मनांचा, कपटी; d.-tongued दुतोंड्या; d.-edged दुधारी. —*ad*. दुप्पट; दुहेरी.—*v*. दुप्पट क., दुणावणें; दुमटणें, दुमडणें, मोडणें: to d. up a sheet of paper; be the double of -ची दुपटी होणें -असणें -भरणें; pass around भोंवतालीं फिरणें, प्रदक्षिणा क., वळसा घालणें. —*n*. दुपटी *f*, दुणी *f*; घडी *f*, पदर; a trick पेंच, डाव. -NESS दुहेरीपणा, द्वैगुण्य *n*; कपट *n*, द्वैत *n*, दुजाभाव; d.-dealing दुटप्पी व्यवहार -FACED *a*. दुतोंड्या, मनांत एक जनांत

एक, उभयतोमुख. -MINDED *a.* चंचल मनाचा, द्विमनस्क. -STAR [*Astron.* two stars so near to each other as to be seen separate by means of a telescope only].

Doubt *v. i.* (*dubitare*) waver in opinion गुटमळणें, कांकू क., आशंकणें; fear भिणें, भय वाटणें.—*t.* question शंका काढणें -घेणें, संशय बाळगणें, पृच्छा क. [of].—*n.* a fluctuation of mind arising from defect of knowledge or evidence धरसोड *f,* दुग्धा *f,* अनिश्चय; uncertainty of condition अंदेशा, संधिग्धावस्था *f*; suspicion संशय, वहीम; dread भय *n*; objection शंका *f,* दिक्कत *f,* कांक्षा *f.* -FUL *a.* hesitating अस्थिर; dubious संशयाचा, संदेहाचा, संदिग्ध (expression); questionable संशय घेण्याजोगा, संशयात्मक (case); affected by fear भयाक्रांत; timorous भयशील. -LESS *ad.* निःसंशय, खचित, बेलाशक.

Dough* मळलेली -तिंबलेली कणीक *f*; a lump of kneaded d. उंडा; my cake is d. माझें काम अझून कच्चें आहे.

Doughty* *a.* गाढा, मर्द, समशेर बहादर: a d. hero.

Dove * खबुतर *n,* कपोत. [The d. is often employed as the emblem of innocence, gentleness, and affection; also in art and in the Scriptures as the typical emblem or symbol of the Holy Ghost]; a word of endearment प्यारा, लाडका, राघू, चिमणा इ०. -COTE खबुतरखाना. -TAIL, *Carp.* चाळा, कळासी *f.*—कळासी जोडणें.

Dowager (*dotare,* to endow) a widow having a jointure रांडरोटा मिळालेली विधवा, *f,* मृतभर्तृधनभागिनी *f*; [a title given in England to a widow, to distinguish her from the wife of her husband's heir bearing the same name; it is chiefly applied to the widows of personages of rank: queen d., the widow of a king].–**Dower, Dowry,** endowment वृत्ति *f*; gift दान *n* (Gen. xxxv. 12); property with which a woman is endowed स्त्रीधन *n*; esp. that which a woman brings to a husband in marriage अंदण *n*; that portion of the real estate of a man which his widow enjoys during her life, or to which a woman is entitled after the death of her husband बाईलवांटा, रांडरोट; d. given to a first wife on her supersession by a second marriage आधिवेदनिक *n.*

Down* *prep.* खालीं, खालतां; towards the mouth of a river नदीच्या मुखाकडे; d. the country समुद्राकडे.—*ad.* खालीं, खालतीं; from a higher to a lower condition निचावस्थेंत; from a higher antiquity प्राचीन काळापासून; below the horizon खालीं, क्षितिजाखालीं: the moon is d.; to boil d. आटविणें, जाळणें; d. in the mouth खिन्नवदन; d. with खालीं पाड -ओढ; up and d. मागें पुढें; इकडे तिकडे; to throw d. पछाडणें; to take d. उतरणें; to take d. a house &c. उस्तरणें, उधडणें; to take d. in writing लिहून घेणें; to go or sit d. बुडणें, खालीं जाणें; to throw d. पाडणें, खालीं पाडणें; to lay d. ठेवणें.—*a.* dejected खिन्न, म्लान; flat खसखसीत, साफ, निखालस (denial); downward खालचा (train). -CAST *a.* खिन्न झालेला, अधोमुख; लज्जित. -FALL खालीं पडणें *n,* पतन *n,* अधःपात; destruction पतन *n,* पराजय, मोड, नाश &c. -HILL उतरण *f.*—*a.* उतरता. -RIGHT *ad.* straight down नीट, धोपट; in plain terms साफ, निखालस, धडधडीत, उघड, धादांत, बजिन्नस.—*a.* साफ, उघड, सरळ: a man of d. character; unmixed नितळ, निवळ: d. atheism. -WARD, WARDS *ad.* खालीं, खालतीं; towards misery, humility, disgrace, or ruin दुःख, अपमान, नाश इ०, कांकडे; from a remote time बहु कालापासून.—*a.* खालचा, अधोगामी (course); declivious उतरता;

descending from a head, origin, or source वंशांतला, परंपरेनें आलेला; dejected उदास, खिन्न.

Down *D.* close hairy covering of birds under the feathers पक्ष्यांचे मऊ केंस *pl*, लंव *f*, मृदुलोम; pubescence of plants कापूस;—of cloth फूल *n*; soft hair of the face when beginning to appear तोंडावरची लंव *f*.—* माळजमीन *f*, रान *n*, माळ.

Doxology (*Gr. doxa*, praise) in Christian worship, a hymn expressing praise and honor to God ईश्वरस्तवनाचें गीत *n*, ईश्वरस्तुति गान *n*.

Doze *v. i. D.* डुकली घेणें, डुकल्या देणें.—*n.* डुकली *f*, अल्प निद्रा *f*.—Dozy *a.* निद्रालु, डुकलीखोर.

Dozen *F.* दोन छकड्या *f pl*, बारा 'डजन.'

Draft, See Draught.

Drag* *v.* pull along the ground by main force जमिनी वरून जोरानें ओढणें -खेचणें, फरफरावणें, खरडीत ओढणें; harrow गुठाळणें; pass in pain or with difficulty रडत रखडत चालवणें -लोटणें [about, along].—*i.* रखडणें: the day *drags* through.—*n.* a kind of net महाजाळें *n*; [kind of sledge for conveying heavy bodies]; a heavy harrow, for breaking up ground कुळव *n*; a clog लोढणें *n*, खोडा; a heavy motion, as if dragged along ओढ *f*. -net महाजाळें *n*, पाग.—Draggle *v.* लोळवून -भिजवून मिळाविणें.

Dragon (*Gr. drakon*) एक कल्पित सपक्ष सर्प आहे.—Dragoon, a soldier who is taught and armed to serve either on horseback or on foot करोल, 'ड्रगुन.'

Drain* *v.* cause to flow gradually out or off ओसरविणें; cause the exhaustion of खपविणें, उपसणें, अटविणें, खर्चणें: this alone *drained* their treasure; exhaust of liquid contents by drawing them off निथळून -निचरून काढणें; empty of wealth, resources, &c. कोरडा पाडणें -क., रिकामा क.; filter गाळणें;—land पाट -पन्हळ बांधून पाणी काढणें [off].—*i.* हळूहळू वाहून जाणें, ओसरणें; निथळणें, निचरणें.—*n.* उपसा; a channel मोरी *f*, नळ; water-course पाट, पन्हळ.

Drake *Ger.* बदकाचा नर, हंस.

Dram (*Gr. drachmè*) वैद्याच्या औन्स नामक वजनाचा आठवा हिस्सा; वाण्याच्या औन्साचा सोळावा हिस्सा; a mite गुंज *f*, रती *f*, मासा इ०; as much spirituous liquor as is drunk at once दारूचा घोंट, 'ड्राम.'

Drama (*Gr.*) नाटक *n*, रूपक *n*; religious d. ललीत *n*; the science of— नाट्य *n*, भारतशास्त्र *n*. -tical *a.* नाटकाचा, नाटक संबंधी; d. representations नटचर्या *f*. -tist नाटक कवि.

Draper *F.* कापडकरी -विक्या.—Drapery कापड विकण्याचें किंवा करण्याचें काम *n*; cloth कापड *n*, कापडी माल; clothing of the human figure in sculpture and painting पुतळ्याचा -चित्राचा पेहराव, लिभास.

Draught* act of drinking पिणें *n*; act of drawing ओढणें *n*; act of drawing a net जाळें ओढणें *n*; act of drawing men from a military band, army, or post, or from any company or society फौजेंतून अथवा कोणत्याही टोळींतून -मंडळींतून माणसें काढून घेणें *n*; act of delineating अंकणें *n*, बेतणें *n*, वर्णन क. *n*; that which is drawn ओढलेला पदार्थ, ओढा *f*; that which is taken by sweeping with a net जाळ्यांत एका खेपेस धरलेले मासे वगैरे, ओढ *f*; a potion घोंट, घुटका; detachment (लष्कराची) तुकडी *f*, टोळी *f*; a delineation वर्णन *n*; a sketch आराखडा, बेत, नकाशा; order for the payment of money चिठ्ठी *f*, हुंडी *f*; current of air moving through an inclosed place

वाऱ्याची धार *f* -चा नेट; a sink मोरी *f*; *Med.* a sinapism मोहरीचें पोटीस *n*: to apply *draughts* to the feet; capacity of being drawn ओढण *f*; depth of water necessary to float a ship बूड, ओंडी *f*: a ship of twelve feet d.; *pl* checkers सोंगटया *f pl*; a piece or man at d. सोंगटी *f*; beast of d. वाहीम, खांद्याचा बैल.—*v.* आराखडा काढणें, अंकणें, बेतणें; compose and write मजकूर जुळून लिहिणें, मसूदा क. (a memorial); फौजेची तुकडी वेगळी काढणें [out, from]. -BOARD सोंगटयांचा पट. -MAN नकाशा काढणारा, 'ड्राफ्टस्म्यान.'

DRAW * *v.* pull along ओढणें, खेंचणें; attract ओढणें, आकर्षणें; allure मोहणें, भुलवणें; pull from a sheath, as a weapon उपसणें, काढणें;—as water from a well &c. काढणें, शेंदणें; extract काढणें, निपसणें (spirits); deduce from premises अनुमानानें-तर्कानें काढणें: to d. moral lessons from history; take from a place of deposit काढणें, पेटीवरून -ठेवीच्या जाग्यांतून काढणें: to d. money from a bank; receive from a lottery by the drawing out of the numbers for prizes or blanks सोडतीच्या चिठ्या टाकून मिळवणें -घेणें; obtain by good fortune देवानें-भाग्यानें मिळविणें; suck dry चोखून टाकणें (the breast); eviscerate पोट चिरणें, अंतडीं बाहेर काढणें (a fowl); inhale श्वासानें -श्वासाबरोबर ओढणें -घेणें, खाणें (air); extend in length as a piece of metal into wire लांबविणें, वाढविणें, काढणें; run, extend, or produce, as a line on any surface (रेघ) ओढणें, काढणें;—a picture चित्र काढणें; depict वर्णन क.; write in due form यथापद्धत -रीतीनें लिहिणें, रिवाजाप्रमाणें लिहिणें, तयार क., सजवणें (a memorial, deed); prepare a draught of खरडा -मसूदा तयार क.; sink in water पाण्यांत बुडणें: a ship *draws* ten feet of water; require a depth of, as water, for floating तरण्याकरितां (गलबतास) अमूक परिमाणाच्या ओंडीचें पाणी लागणें; [*drawn* butter, butter melted and prepared for use as gravy, to be poured on food]; *drawn* battle ज्यांत दोनी पक्षांस जय मिळत नाहीं असें युद्ध *n*, कच्ची लढाई *f*; to d. a bow धनुष्य ताणणें -ओढणें; a curtain पडदा पाडणें किंवा सारणें: night *draws* the curtain which the sun withdraws: to d. back परत मिळणें -घेणें (duties on goods for exportation); in आंत ओढणें -आणणें; गोळा -जमा क.; भुलवणें, मथवणें; interest व्याज उत्पन्न क. -मिळवणें -खाणें; व्याज घेण्याचा अधिकार देणें; off परत -माघारा घेणें; on घडविणें, बनवून आणणें; out लांबवणें, ताणणें, वाढवणें; up यथापद्धत लिहिणें, मजकूर जुळणें; खरडा तयार क.; रांगेनें उभें क., रांग लावणें: *drawn* up in battle to receive the charge.—*v. i.* ओढणें: a horse *draws* well; मोहणें, आकर्षणें: watch the bias of his mind that it may not d. too much; आकृति -चित्रें काढणें: he *draws* with exactness; म्यानांतून -गवसणींतून काढणें (तरवार) उपसणें; *Med.* पिकविणें, वाहविणें; shrink अखूडणें, अवळणें; move, come, or go चालणें, येणें, जाणें; off पाठीमागें सरणें, माघार घेणें; on भिडणें, नेटणें, जवळ येणें; up रांगेनें उभें राहणें, सजणें; -वर तनखा -वरातचिठ्ठी देणें, चिठ्ठी पाठवून मागणें क.: you may d. on me for the expenses of your journey; undergo draught ओढला जाणें. -BACK, hindrance अडथळा, अटकाव; *Com.* money remitted सूट *f*, माफीचा पैका. -BRIDGE काढाया -घालायाचा पूल. -EE हुंडीचे पैसे देणारा. -ER ओढणारा, काढणारा; चित्रें -नकाशा काढणारा, चितारी; हुंडीचे पैसे घेणारा;—of a purse &c. ओढदोरा; box in a case खण, पुड *n*, ओढखण; secret d. चोरखण; *pl* a close under-garment इजार *f*, पायजामा; short d. चोळणा, चड्डी *f*. -ING ओढणें *n*, आकर्षण *n*; चित्र *n*; नकाशा. -ING-ROOM,

room appropriated for the reception of strangers बैठकीची जागा *f*, सदर *f*, दिवाणखाना; company assembled in such a room सदरेची मंडळी *f*. -WELL मोटेची विहीर *f*; land watered from a d. मोटस्थळ *n*.

Dray* a low cart छकडा, छकडीगाडी *f*.

Dread* terror excited by the prospect of great evil दहशत *f*, जरब *f*, धास्ती *f*; reverential fear वचक *f*, अदब *f*; object of terrified apprehension, or of reverential fear भय धरण्याचा विषय, सन्मानाचा विषय, भय -सन्मानपात्र.—*a*. भयंकर, जरबेचा; पूज्य, बुजरुग.—*v*. धास्ती -वचक बसणें. -FUL *a*. भयंकर, दारुण (storm); धाकाचा, दराऱ्याचा, इज्जतीचा.

Dream* thought, or series of thoughts, of a person in sleep स्वप्न *n*; sleeping vision दर्शन *n*, दृष्टांत? an idle fancy वृथा मनोरथ -कल्पना *f*, अभास.—*v*. *i*. स्वप्न पडणें -पाहणें; वृथा कल्पना क., मनांत मांडे खाणें. —*t*. स्वप्नांत पाहणें; away, out, through वृथा विचारांत घालविणें -खर्चणें (life). -ER स्वप्न पाहणारा -दर्शी; वृथा वासना -मनोरथ बाळगणारा.— **Dreamy** *a*. स्वप्नवत्, वृथा; full of dreams स्वप्नांचा, स्वप्नमय.

Dreary* *a*. शून्य, भयाण, भणभणीत.—**Dreariness** शून्यता *f*, उदासपणा.

Dregs *Ger*. *pl* sediment गाळ, रेंदा, मळ; vilest and most worthless part of any thing खरवड *f*, गाळ: the *dregs* of society.

Drench* *v*. put a potion down the throat of, as of a horse धोट्यानें पाजणें; purge violently by physic ढाळ देणें; wet thoroughly चिंब भिजवणें, थबथबीत क., उपळविणें [with].—*n*. घोट; धोट्यानें पाजायाचें औषध *n*: d. horn घोटें *n*, धोटें *n*.

Dress *v*. *F*. make straight नीट -सरळ -उजू क.; [*Mil*. arrange, as soldiers, in a straight line and at proper distances]; get ready तयार क.;—food शिजविणें, पाक क.;—a garden मशागत क., ओजवणें;—leather कमावणें; — ground कमावणें, कारवणें; a lamp नीट -चकपक क.;—hemp or flax विंचरणें;—a horse शिकवणें, वठणीस आणणें;—a wound जखम धुणें -बांधणें, मलमपट्टी बांधणें;—a slain animal (पिसें -अंतडीं -केंस वगैरे काढून) साफ -नीट क.; clothe वस्त्रें नेसविणें; deck शृंगारणें, सजवणें; up, out मोठ्या थाटाचा पोशाक क. [to d. up a ship, to ornament her with colors] [in, with, for].—*i*. शिपायांच्या रांगेंत जाग्यावर नीट उभें राहणें; वस्त्रें नेसणें, पोशाक -कपडे क.—*n*. पोशाक, वस्त्रें *n pl*, लिभास; a lady's gown सभ्य स्त्रीचा पेशवाज, झगा. -ING वस्त्र *n*, पोशाक; मलम, पट्टी *f*, इ० ; manure spread over land जमिनीवर पसरलेलें खत *n*; gum, starch, and other articles used in stiffening or preparing silk, linen, and other fabrics गोंद, खळ, इ० मालमसाला. -ROOM वस्त्रें नेसण्याची खोली *f*, वस्त्रपरिधानशाला *f*.

Dribble* *v*. *i*. fall in drops थेंब थेंब पडणें, ठिपकणें; slaver लाळ गळणें.—*t*. थेंब थेंब पाडणें -गाळणें.—**Driblet** लहान रकम *f*; to pay in *driblets* अधेल्या दमडीनें देणें.

Drift* that which is driven along लोंढा, लोट;— of dust वावधूळ *f*;— of rain वावझड *f*; a drive, as of cattle तांडा; — of birds झुंड *f* झाक *f*; force which impels ओढ *f*, ओढण *f*; course along which any thing is driven धोरण *n*, ओढ *f*, झोंक: our d. was south; tendency कल, रोंख: the d. of a poem.—*v*. *i*. ओघा बरोबर वाहून जाणें, वाहणें, तरंगत जाणें: a raft *drifted* ashore वाऱ्याच्या जोरानें जमणें -गोळा होणें, ढीग -रास होणें: snow *drifts*.—*t*. रास -गोळा -ढीग क.: a current of wind *drifts* sand [away,

about].—*a.* वाऱ्यानें -ओघानें चालाया -हलाया जोगा (ice).

DRILL* *v.* bore with a drill सामत्यानें भोंक पाडणें, विंधणें; sow, as seeds, in rows काकरींत पेरणें; train in the military art शस्त्रविद्येंत निपुण क., कवाईत शिकविणें; instruct in the rudiments of any art कोणत्याही विद्येचीं मूळतत्त्वें शिकविणें; waste away by degrees हळूहळू खर्चणें -उडवणें -दवडणें.—*n.* सामता; कवाईत *f,* शस्त्राभ्यास; मूलतत्वाभ्यास; implement for making holes for sowing seeds पाभर *f;* drilled seed-box of d.-plough चाडें *n;* furrow dug along by the plough तास *n,* काकरी *f.*

DRINK* *v.* swallow as liquids पिणें -प्राशन क.; absorb शोषणें, पिणें; receive within one, through the senses ऐकणें, पाहणें (words); —off, up घोटासरसें पिऊन टाकणें; [—the health, or, to the health of, to drink while expressing good wishes for the health or welfare of] [with].—*i.* तहान भागविणें, पिणें: to d. from a brook दारू पिणें; दारू पिण्याची सवयी असणें, दारूबाज होणें; पानोत्सव क.—*n.* प्यायाचें *n,* पेय *n.* -ABLE *a.* प्यायाजोगा, पेय.—*n.* पिण्याचा पदार्थ. -ER पिणारा; छाकटा, दारूबाज. -MONEY, a gratuity to one who has rendered a service पोस्त *n,* चिरीमिरी *f,* बक्षीस *n.* -OFFERING पेयार्पण *n.*

DRIP* *v. i.* थबथबणें, गळणें.—*t.* गळूं देणें, थबथबूं देणें.—*n.* ठिपकणी *f,* गळती *f;* the eaves वळचण *f,* पागोळ्या *f pl.* -PING, from a tree and after a shower उथळे *pl,* ओथळे *pl;* as fat from meat in roasting मांसवसा *f.* -PAN भाजलेल्या मांसाची चरबी धरायाचें पात्र *n.* -STONE पाऊस वारायाची दारापुढली -खिडकी पुढली ताटी *f.*

DRIVE* *v.* push forward ढकलणें, लोटणें;— a nail &c. खिळा इ० मारणें -ठोकणें -रोवणें -खुपसणें -खोवणें;—cattle गुरें हाकणें, हाकून लावणें -नेणें; hunt पारध क., पारधीसाठीं पाठीस लागणें;— a carriage हाकणें, चालवणें; hurry forward पिटाळणें, दामटणें, दवडणें; urge निकड -नेट लावणें; carry on चालवणें, वाहणें (trade).—*i.* ओढवणें: a ship *drives* before the wind; go by carriage गाडींत बसून फिरणें -जाणें; strive झटणें, यत्न क.—*n.* excursion in a carriage गाडींत बसून फिरणें *n,* रथविहार; a road prepared for driving गाडींत बसून फिरायाचा रस्ता; a place suitable for driving रथविहाराची जागा *f.*—DRIVER हाकणारा, पिटणारा, लोटणारा इ०; one who drives beasts गुरेंहाक्या; coachman गाडीवान, गाडी हाकणारा; one who runs or regulates the operation of a locomotive आगगाडीच्या पुढचें वाफेचें यंत्र चालविणारा, 'ड्रैवर'; [the driving wheel of a locomotive].

DRIVEL* slaver लाळ *f;* nonsense बडबड *f.* —*v.* लाळ गळणें; dote खुळावणें, म्हातारचाळे क.

DRIZZLE *Ger.* पावसाची बुरबूर *f,* बुरंगट *n.* —*v.i.* बुरबूर पाऊस पडणें, रिपरिप लागणें.

DROLL *a. F.* मौजेचा, कौतुकाचा, हसविण्याजोगा. —*n.* मस्कऱ्या, मौज्या, विनोदी. -ERY थट्टा *f,* मस्करी *f;* a comic picture थट्टेचें चित्र *n.*

DROMEDARY (*Gr. dromas,* running) एक जातीचा उंट आहे.

DRONE* male of the honey-bee मधमाशीचा नर; one who lives on the labors of others फुकटखाऊ, तुकडेमोड्या; humming or low sound गुणगुण *f,* गुंजारव;— of the bagpipes सूर.

DROOP* *v.i.* sink or hang down, as an animal, plant, &c., from physical inability मान खालीं टाकणें, लुंपणें, गळणें, थकणें; be dispirited धैर्य खचणें, ग्लानि येणें, ग्लान होणें.

DROP* a liquid globule थेंब, बिंदु, ठिपका; the smallest easily - measured portion of a fluid बिंदुइतकी जिन्नस *f,* बुंद, थेंब, लेश; that which resembles, or that which

hangs like a liquid drop, as an earring, a glass pendant लोलक, चमकी *f*, इ० बिंदुसारखा पदार्थ; whatever is arranged to drop or fall from an elevated position उंच जागेवरून खालीं पडण्याजोगें केलेलें दार *n*, फळी *f*, पडदा, झडप *n*, इ०; any medicine the dose of which is measured by drops बिंदूंनीं मोजायाचें औषध *n*.—*v*. थेंबथेंब गाळणें -पाडणें -ओतणें; let fall सांडणें, पाडणें, सोडणें (anchor, line in fishing); let go जाऊंदेणें, राहूंदेणें, सोडणें (controversy); to d. an acquaintance ओळख सोडणें-टाकणें; communicate by a suggestion, or an indirect, cautious, or gentle manner युक्तीनें सुचविणें, दर्शविणें, नोक दाखविणें (a hint); to d. a word शब्दटाकणें; lower, as a curtain or the muzzle of a gun खालीं क., उतरणें, पाडणें; send by dropping into the post-office box, as a letter टपालांत पाठविणें, टपालांत टाकणें: please d. me a line मला एक बोटभर चिठ्ठी लिही, मला चार ओळी पाठीव इ०; speckle ठिपकेदार -चित्रविचित्र क.; bedrop टिकल्यांनीं शृंगारणें [from, to].—*i*. थेंबथेंब गळणें -पडणें, ठिपकणें: the dew *drops* from the tree; let drops fall गळणें, स्रवणें, पाझरणें (Ps. lxviii. 8); descend suddenly, abruptly, or spontaneously एकाएकीं -आपोआप पडणें, गळून पडणें: ripe fruits d. from a tree; die मरणें; die suddenly एकाएकीं -तडकातडकीं -बोलतां चालतां मरणें; राहणें, पडणें, तहकूब होणें: the affair *dropped*; come unexpectedly एकाएकीं -अवचित येणें; खालीं उतरणें -होणें [in, into]. -PING गळणें *n*, सांडणें *n*, सांड *f*; गाळणें *n*, गाळण *f*; matter falling in drops गळती *f*, गळ *f*.

DROPSY (*Gr. hudor*, water, *ops*, face) [an unnatural collection of serous fluid in any cavity of the body, or in the areolar texture];—of the belly जलोदर;—of the body जलत्वक, सर्वांगामध्यें पाणी भरणें *n*;—of the chest जलपिंजर, उरामध्यें पाणी भरणें *n*.—DROPSICAL *a*. उदररोगी; उदररोगाचा; उदररोगा सारखा.

DROSS* scum of metals किटण *n*, कीट; rust जंग, ताब *f*; refuse गाळ, मळ, रेंदाड *n*: all the world's glory is but d. unclean.

DROUGHT* want of rain or water अवर्षण, *n*, अनावृष्टि *f*; dryness of the throat and mouth कोरड *f*, शोष, प्यास; scarcity तंचाई *f*, कमताई *f*, वाण *f*.

DROVE* a number of animals driven in a body तांडा, काफला, खिल्लार *n*; crowd of people in motion लोकांचा चालता थवा -रव *f*.

DROVER खिल्लारी, हेड्या.

DROWN* *v*. overwhelm in water पाण्यांत बुडविणें, बुडविणें; deluge जलमय क., पूर आणून बुडवणें; deprive of life by immersion in water or other liquid बुडवून मारणें; overpower, extinguish, overcome;—said esp. of sound दाबणें, मारणें, विझवणें, निमविणें [in, with].—*i*. बुडून मरणें; बुडणें.

DROWSE* *v. i*. झोपेंत गुंग होणें, गुंगी येणें.—DROWSINESS झोपेची गुंगी *f*, तार *f*, तंद्री *f*; sluggishness सुस्ती *f*, आळस.—DROWSY *a*. झोंपाळू, निद्रालु; आळशी, जड, सुस्त; disposing to sleep झोंप -गुंगी आणणारा (hours); heavy with sleepiness गुंगी आलेला, निद्राग्रस्त.

DRUB *v*. *Sw*. काठीनें -वेतानें मारणें -ठोकणें, कुमकणें. -BING कुट्टा, कुंदी *f*.

DRUDGE* *v*. कबाडकष्ट क., हाडें झिजविणें.—-RY कबाडकष्ट *pl*, दगदग *f*.

DRUG* any substance used in medicine औषधी द्रव्य *n*, औषध *n*, दवादारू *f*; article of slow sale, or in no demand in the market सादोरीस पडलेला माल, पडीत माल.—*v*. औषध देणें. -GIST औषधें विकणारा, गांधी.

DRUID* प्राचीन ब्रिटन, गाल व जर्मन लोकांचा उपाध्या, 'ड्रुद.' -ICAL *a.* ड्रुदा संबंधी, ड्रुदाचा. -ISM ड्रुदाचा धर्म; -विद्या *f*; -ज्ञान *n*.

DRUM * *Mus.* मृदंग, नगारा, ताशा; *Mil.* पडघम *n*, तंबूर, नगारा; tympanum of the ear कानाचा पडदा; a small cylindrical box in which figs &c. are packed मृदंगाकार बांधलेला पुडा; [d.-head court-martial, a court - martial called suddenly, or on the field]. -MER तंबूरजी, ढोलवाजविणारा, 'ड्रूमर'; sorts of—ढोलक्या, ताशेकरी, तबलजी, &c.—*v.* मृदंग -तबला -ढोल इ० वाजविणें.

DRUNK *a.* (See DRINK) झिंगलेला, कैफ चढलेला, मस्त. -ARD *a.* दारूबाज, मद्यपी. -EN *a.* छाकटा, मस्त. -NESS दारूची निशा -तार *f* -अमल.

DRY * *a.* not wet कोरडा, सुका; —as the weather उघाडीचा; the vegetable matter सुका, कोरडा, शुष्क;—animals not giving milk भाकड, उडालेली, अटलेली : the cow is d.;—persons, thirsty तान्हेला, कोरडे पडलेला;—the eyes, not shedding tears कोरडा; lacking pathos अळणी, निरस (a fable); sarcastic तिखट, वर्मी, टोमण्याचा (a remark); shrewd हुशार, चाणाक्ष्य; d. cupping फासण्या टाकल्या शिवाय तुंबडी लावणें *n*; d. goods कापड, सूत, रेशीम, कलाबतू इ० (कोरडा) माल; d. measure गल्ला, फळें, कोळसे, मीठ इ० मोजायाचें माप *n*; d. wine ज्या मद्यांत साखरेचा अंश समभाग असतो म्हणजे तो समजण्यांत येत नाहीं तें *n*, फिकीदारू *f*.—*v.* वाळविणें, कोरडा -निर्जल क.; up शोषणें, अटवणें; बोलणें बंद क., बोलायाचा राहणें.—*i.* सुकणें, वाळणें; अटणें, सुकून जाणें, कोरडा पडणें. -NESS कोरडेपणा, सुकेपणा; रखरखीत -रूक्षपणा. -NURSE जी दाई लेंकरास आपलें दूध पाजल्या वांचून त्याचा संभाळ करिते ती, दाईखिलाई (*H.*) -SHOD *a.* कोरड्या पायांनीं, पाय भिजल्या शिवाय.

DUAL *a.* (*duo*, two) दोघांचा, द्वि. -ISM दुभागणें *n*; a system which is founded on double principle द्वैतमत *n*; a system of the universe which accepts two gods द्विदेवमत *n*; d. member द्विवचन *n*.

DUBIOUS *a.* (*dubius*) not settled in opinion संदिग्धमति, भ्रांतिवट; occasioning doubt भ्रांतिकारक, संशय उत्पन्न करणारा: of uncertain issue संदिग्ध, नरोवाकुंजरोवा (battle); [of].

DUCAL, See under DUKE.

DUCK *Ger.* बदक; to make *ducks* and drakes, to throw a flat stone, tile, or the like, obliquely, so as to make it rebound repeatedly from the surface of the water, raising a succession of jets भाकरीचा खेळ, भाकऱ्या; to play at *ducks* and drakes with property संपत्तीचे -द्रव्याचे धुडके उडविणें; an inclination of the head resembling the motion of a duck in water पाण्यांत पोहणाऱ्या बदकासारखी मुंडी डोलविणें *n*; wild d. हंस; Brahmin d. चक्रवाक.—*v.* बुडवून -बुचकळून बाहेर काढणें: to d. a seaman; plunge the head of in water immediately withdrawing it पाण्यांत डोकें बुचकळून लागलेंच बाहेर काढणें; गटंगळी -गचकळी खायास लावणें: d. the boy [under]. —*i.* बुडणें, बुटकुळी मारणें.

DUCT (*ducere*, to lead) नळी *f*, वाहिनी *f*, नळ.—DUCTILE *a.* flexible लवचीक, मृदु; obsequious आर्जवी; capable of being drawn out into wire तार काढण्याजोगा, तार निघण्याजोगा, प्रसारक्षम.—DUCTILITY लवचीकपणा, प्रसारक्षमता *f*.

DUE *a.* (*debere*, to owe) owed लागता, हक्कहलाल, द्यायाचा; proper योग्य, उचित, लायक; appointed नेमलेला, नेमका (time); rightly expected to arrive यायाचा,

पोंहचायांचा: the mail is now d. [to]. *ad.* थेट, नीट: d. east course.—*n.* देणें *n*, घेणें *n*, येणें *n*, हक्क; *dues* paid in cash हक्कटक्क. —**Duly** *ad.* वाजवी, रास्त, बराबर.—**Duty**, that which a person is bound, by any natural, moral, or legal obligation, to do, or refrain from doing कर्त्तव्य *n*, धर्म; service rendered चाकरी *f*, काम *n*; military service लष्करी चाकरी *f*;— of a soldier चौकी *f*, पाहरा; respectful obedience आज्ञाधारण *n*, -पालन *n*; respect मुजरा, ताजीम *f*; tax कर; excise जकात *f*;—upon exports थळभरीत *n*, बरामद *f*;—upon imports थळमोड *f*; upon chattels or commodities सायर *f*; daily d. नित्यकर्म *n*; discharge of d. धर्मनिष्पत्ति *f*, कृतकृत्यता *f*; appointed d. नियोग, अधिकार; to become the d. of -ला भाग होणें.—**Dutiful** *a.* आज्ञाधारक, हुकमी, सेवातत्पर; आदरयुक्त (affection);—to a parent पितृभक्त;—to a husband पतिव्रता *f*;—to a master प्रभुभक्त. -**ness** आज्ञाधारकता *f*, हुकमीपणा, आज्ञानुवर्तन *n*, आज्ञापालन *n*.

Duel (*duellum*, contest between two) दोघांचें युद्ध *n*, द्वंद्वयुद्ध *n*; [a premeditated fight between two persons to decide some private difference, or establish some point of honor]. -**ist** द्वंद्वयोद्धा.

Duet, Duetto (*duo*, two) दोघांनीं गायाचें गीत *n*, जोडीचें गाणें *n* -वजावणें *n*.

Dug* सड, आंचूळ, गुराचें थान *n*.

Duke (*dux*, leader) नायक, सरदार; one of the highest order of nobility next below the Prince of Wales इंग्लंदांत कुलीन राजपुरुषाची एक पदवी आहे; [a sovereign prince, in some European countries, without the title of King: the D. of Savoy; to dine with D. Humphrey, to go without dinner]. -**dom** ड्युकाचें राज्य *n* -अधिकार इ०; ड्युकाचा क्तिताब.—**Ducal** *a.* ड्युकाचा -संबंधी.—**Ducat** ड्युकाचें -ड्युकाच्या शिक्याचें नाणें *n*; चांदीच्या ड्यु० ची किंमत सुमारें सवा दोन रु० आहे व सोन्याच्या ड्यु० ची त्याच्या दुप्पट आहे.

Dulcet *a.* (*dulcis*, sweet)—to the taste गोड, मधुर; to the ear सुस्वर, मधुर.—**Dulcimer** सितार *f*, तंबुरा (Dan. iii. 5).

Dull* *a.* stupid जड, मंद, मंदबुद्धि; slow in action सुस्त, थंडा, मंद;—of motion मंदगति, जड, धिम्या; blunt बोथट; dim अंधुक, निस्तेज, फिकट, मजीत (fire, color, lamp); gross जड, स्थूल (earth); sad उदास, खिन्न, विषण्ण;—of places उदासवाणा, भणभणीत;—trade मंद, मंदीचा;— weather धुंद, अंधारीचा;—a story मळमळीत, विरस.—*v.* सुस्त -जड -मंद क.; निस्तेज -बोथट क.; मळीण -मजीत क.; खिन्न -उदास क.—*i.* मंद -सुस्त इ० होणें. -**head** टोणपा, जड डोक्याचा, मंदबुद्धि. -**ard** *a.* मूर्ख, टोणपा.

Dumb* *a.* destitute of the power of speech मुका; silent मुका, निःशब्द, मोना; to strike d. तोंड बंद क., बोबडी वळविणें. -**bells** मुदगल *n*. -**ness** मुकेपणा; मौन्य *n*.— **Dummy** पोटगडी, दगड्या, अंधळा तिरवा.

Dumpy *a.* *D.* टिल्लू, थबकडा, ठेंगू.

Dun* *a.* of a color partaking of brown and black जरद्या रंगाचा.—*n.* urgent demand for payment तगादा; one who duns तगाददार, मागणेकरी.—*v.* तगादा लावणें -क. -**ner** तगाददार.

Dunce *a.* *Ger.* जडबुद्धीचा, टोणपा, दगड.

Dung * विष्ठा *f*, मल;—of man गू;—of cattle शेण *n*;—of elephants लेंड *n*; of horses &c. लीद *f*; of sheep, deer लेंडी *f*;—of birds शीट *f*.—*v.* शेण वगैरेचें खत घालणें.—*i.* मलविसर्जन क., हगणें. -**hill**, heap of dung उकिरडा, शेणखाई *f*; mean situ-

ation or condition नीच स्थिति *f*, दशा *f* (1 Sam. ii. 8). -YARD डकिरड्याची जागा *f*, नरकाड *n*, शेणखाई *f*.

Dungeon *F.* strongest tower of a castle किल्याचा सर्वांहून बळकट बुरूज, गढी *f* ? a secure prison बंदोबस्तीचा बंदीखाना; a dark, subterranean place of confinement अंधारकोठडी *f*, कोंडी *f*.

Duodecimals *pl* (*duodecim*, twelve) द्वादशांश *pl*. — Duodecimo *a*. द्वादशपत्री साच्याचा, द्वादशपत्री.—*n*. द्वादशपत्री साच्याचा ग्रंथ -चें बूक *n*; द्वादशपत्रांचा साचा.

Dupe *a. F.* भोळा, फशा.—*v*. फसविणें, ठकविणें [with].

Duplicate *a*. (*duplex*, double) दुहेरी; द्विगुण; दुप्पट.—*n*. प्रत *f*, नक्कल *f*; *Law*, दस्तऐवजाची दुसरी नक्कल *f*.—*v*. द्विगुण -दुप्पट क.; दुसरी प्रत -नक्कल उतारा क.— Duplicature दुमड *f*, दूण *f*.—Duplicity दुटप्पीपणा, दुजाभाव, कपट *n*; *Law*, एका जबाबाच्या ठिकाणीं दोन जाब *pl*.

Durable *a*. (*durare*, to last) टिकाऊ, खंबीर, चिरस्थायी.—Durability टिकाऊपणा, स्थिरता *f*, स्थिति *f*.—Durance बंद, अटक *f*; See Endurance.—Duration टिकणें *n*; continuance in time स्थिति *f*, टिकाव.—During *prep*. मध्यें, असतां, आंत, भर: d. life.

Dusk *a. Ger.* tending to darkness ओंधट, धुकट, अंधारीचा; darkish काळसर.—*n*. काळोखी *f*, अंधारी *f*; twilight झुंजेंमुंजें *n*; d. of the evening गोधूल *m*, *n*; color partially black काळानिळा, धूसर.—Dusky *a*. ओंधट. धुकट; काळसर, धूसर; gloomy उदास, भयाण.

Dust * earth or other matter reduced to powder धूळ *f*, धुरळा, माती *f*; the grave मेताची खळी *f*, माती *f* [Job vii. 21]; low condition कंगाली *f* -गरीब स्थिति *f* [1 Sam. ii. 8]; gold dust सोन्याची माती *f*.—*v*. धूळ काढणें -झाडणें -झटकणें: to d. a table; sprinkle with dust धूळ टाकणें -घालणें.—Dusty *a*. धूळ बसलेला, धुळीनें भरलेला; धुळीच्या रंगाचा.

Dutch *a. Ger.* हालंद देश संबंधी; वलंदेजी लोकांचा.

Duty, See under Due.

Dwarf* *a*. ठेंगणा, खुजा, वामनमूर्त्ति *f*. -ish *a*. ठेंगू, टिल्लू.

Dwell *v.i. D.* राहणें, वस्ती क.; —on, upon एकच गोष्ट पुढें चालवणें -लांबवणें; -हैंत चूर-गुंग होणें; -वर जाणें: d. not on her beauty, but mention her accomplishments तिच्या सौंदर्यावर जाऊं नको इ० [in, at, with, upon]. -ing घर *n*, निवासस्थान *n*, राहण्याचें ठिकाण *n*.

Dwindle* *v. i.* कमी -न्यून -क्षीण -जीर्ण -खराब होणें [to, into].

Dye* *v*. रंग देणें, रंगवणें.—*n*. रंग.—Dyer रंगारी.

Dying, See under Die.

Dyke, See Dike.

Dynamics (*Gr. dunamis*, power) science of moving forces पदार्थगतिशास्त्र *n*.

Dynasty (*Gr. dunastes*, a lord) राजवंशावळी *f*, राजावळी *f*, राजांचें घराणें *n*, राजवंश.

Dysentery (*Gr. dus*, ill, *enteron*, entrails) inflammation of the rectum or colon, attended with griping pains, constant desire to evacuate the bowels, and discharges of mucus and blood आंवरक्ताची हगवण *f*, आमरक्त *n*, आमातिसार; acute d. उग्रातिसार.

Dyspepsia, Dyspepsy (*Gr.-peptein*, to cook) difficulty of digestion अजीर्ण *n*, अग्निमांद्य *n*, अन्नकोशविकार, अन्नविकार.

Dysphony (*Gr. -phonè*, sound) धाप *f*, श्वासावरोध.

Dysury (*Gr.-ouron*, urine) difficulty in discharging urine, attended with pain

and a sensation of heat उन्हाळें *n*, मूत्रकृच्छ्र.

E.

Each* *a*. प्रत्येक, दरएक ; e. other एकमेक ; e.—his, her, its आपापला.

Eager *a*. (*acer*, sharp) excited by desire in the pursuit of any object उत्सुक, उत्कंठित ; earnest कळकळीचा, मनापासूनचा. -LY *ad*. उत्सुकतेनें ; hastily उतावळीनें. -NESS उत्कंठा *f*, उत्सुकता *f*, हौस *f* ; उतावळी *f*, हुटहुटी *f*, हुरहुर *f*.

Eagle (*aquila*) गरुड, पक्षिराज ; एक नाणें आहे. -EYED *a*. बारीक-तीक्ष्ण दृष्टीचा. -WINGED *a*. गरुडा सारखा चपळ.

Ear* the organ of hearing कान, कर्ण ; the sense of hearing कर्णेंद्रिय *n*, कान ; attention लक्ष *n*, कान ;—of a dish कान ;—of wheat ओंबी *f* ; spike of corn कणीस *n* ; to poison one's *ears* कान फुंकणें -भरणें ; to give e. कानदेणें, ऐकणें ; to set one by the *ears* लावालावी क., भांडण लावणें ; to turn a deaf e. to कानावेगळा -कानाबाहेर क· ; कान झाडणें, न ऐकणें ; to disabuse the *ears* of कानाचे किडे झाडणें ; to whisper in the e. of कानांत जपणें, कानीं लागणें [for, to]. —*v. i*. कणसें येणें, पसवणें. -DROP कर्णगोल, लोलक. -DRUM कानाचा पडदा. -LOCK झुलूप *n*. -RING कर्णभूषण *n*, कुंडल *n*. -SHOT हाकेचा टप्पा. -WAX कानांतला मळ. -WITNESS, one who has the testimony of hearing as to any matter ऐकींव साक्षी, श्रुतसाक्षी.

Earl* इंग्लंदांत बडे लोकांची एक पदवी आहे. [The rank of an e. corresponds to that of a *count* in France]. -DOM अर्लाचा हक्क -अमल वगैरे.

Early *a*.* in advance of the usual or appointed time वेळेच्या अगोदरचा, सकाळचा, लवकर ; prior in time प्रथम, पूर्व ; in good season सुवेळीं, सकळ, वेळेवारचा ; e. dawn प्रातःकाळ.—*ad*. लवकर, सकाळ ; वेळेवारीं (Prov. viii. 17).

Earn* *v*. acquire by labor, service, or performance कमावणें, मिळवणें, कष्टानें -चाकरी -काम करून मिळवणें, उपार्जन क. -ING मिळकत *f*, कमाई *f* ;—used com. in *pl*.

Earnest* *a*. intent upon acquiring उत्सुक, उत्कंठित ; intent तल्लीन, एकाग्रचित्त [in, for, about].—*n*. reality खरेपणा, सत्यभाव ; eagerness उत्कंठा *f*, हौस *f* ; token of what is to come विसार ; *Law*, some thing given by the seller, by way of token or pledge, to bind the bargain and prove the sale सचकार, विसार, बयाणा ; pledge तारण *n*, हडप *n*. -LY *ad*. उत्कंठेनें, आस्थेनें, झटून ; warmly कळकळीनें, पोटागीनें ; तत्परतेनें, एकाग्रतेनें. -NESS आस्था *f*, उत्कंठा *f* ; पोटाग *f*, कळकळ *f*, तिडीक *f*.

Earth* the globe which we inhabit पृथ्वी *f*, भूगोल ; dry land कोरडी भूमि *f*, भूमि *f*, (Gen. i. 10); soil जमीन *f*, माती *f*; a country देश, प्रदेश ; people on the globe जग, *n*, दुनिया *f*.—*v*. जमिनींत लपविणें -पुरणें. -EN *a*. मातीचा, मृन्मय. -LY *a*. मातीचा ; इहलोकींचा, ऐहिक ; carnal दैहिक, विषयसंबंधी, संसारिक ; possible व्हायाजोगा, शक्य : what e. benefit can be the result ? base नीच, हलका. -NUT भुईमूग. -QUAKE भूमिकंप, धरणीकंप. -WORK मातीचा कोट. -WORM गांडूळ, गांडवळ ; niggard कंजूस, कंगाल.—**Earthy** *a*. मातीचा, मृन्मय ; ऐहिक, संसारिक ; gross स्थूल.

Ease *F*. freedom from pain, disturbance, trouble, toil, &c. चैन *n*, आराम, विसावा ; leisurely indolence सुस्ती *f* ; quiet समाधान *n*, स्वस्थता *f* ; peace सुख *n*, शांति *f*, विश्रांति *f* (Ps. xxv. 13) ; facility अनायास, सौगम्य *n* ; at e. सुखानें, स्वस्थ (*v*. नीज, बस, अस).— *v*. आराम क., सुखास पाडणें : to e. the body; mitigate कमी -हलका क.,

उपशमन क. ;—the mind चिंता -काळजी वारणें -हरण क.; release from pressure दाबांतून काढणें, भार -ओझें उतरणें [by, with, off, from].—*ad.* सहज, अनायासें; सुखानें, स्वस्थतेनें खुशालींत : to pass life well and e.; readily खुशीनें, संतोषानें : he e. forgives ; without violent shaking or jolting संत, निवांत, सावकाशीनें : a carriage moves e.; gracefully छबीनें, ढबीनें ; gently हळू, हलक्यानें, अचानक. —EASY *a.* सुखरूप, स्वस्थ, आराम, खुशाल : the patient is easy ; स्वस्थ, निकाळजी, शांत (mind) ; मृदु, सरळ, सुगम्य, सुबोध (style) ; खळबळीत, साबडा (manners) ; not requiring labor हलका, सोपा, सोयीचा (ascent, roads); not difficult सोपा, सुलभ, सुसाध्य (a task) ; furnishing comfort सुखकर -प्रद -दायक : he is in e. circumstances तो खाऊन पिऊन -घरचा सुखी आहे ; complying भिडस्त, नरम, कोवळा (heart) ; not straitened as to money matters आबादान, भरपूर : the market is e.

EAST* the quarter where the sun rises पूर्व *f,* पूर्वदिशा *f,* उगवत *f;* — eastern parts of the earth पूर्वेकडील प्रदेश, पूर्वदेश. —*a.* पूर्वेकडला, पूर्वेचा ; the e. wind मतलई *f.*—*v.* पूर्वेकडे चालणें -वाहणें -फिरणें. -ER कित्येक ख्रिस्ती मंडळ्यांचा एक सण आहे ; ख्रीस्त मरून पुनः उठल्याच्या आठवणी करितां हा पाळतात. -LY *a.* पूर्वेकडून आलेला ; पूर्वेकडून येणारा ; पूर्वेकडला, पूर्वस्थ [side, course].—*ad.* पूर्वेकडे, उगवत. -ERN *a.* पूर्वेचा, प्राचीन, प्राच्य ; पूर्वेकडे जाणारा.

EAT* *v.* (*Skr. ad*) partake of as food खाणें, भक्षणें ; corrode खाणें, चरणें ; out खाऊन चट क., फन्ना क. ; prey upon खाणें, धुपवणें, झिजवणें ; to e. one's words बोलला बोल परत घेणें, बोलणें फिरवणें.—*i.* जेवणें, भोजन क. ; taste रुच लागणें ; into चरणें. -ABLE खाणें *n,* भक्ष्य *n.*—*a.* खाण्याजोगा, खाद्य, भोज्य.

EAVES* *pl* the edges of the roof of a building वळचण *f,* पागोळ्या *f pl.* -DROP *v. i.* वळचणी खालीं उभें राहून घरांतल्या माणसांचें बोलणें ऐकणें, वळचणीस लागणें ; गुप्त गोष्टी ऐकण्या करितां जपणीस लागणें -बसणें. —*n.* वळचणीचें पाणी *n.*

EBB* reflux of the tide ओहटी *f,* सुकती *f.*—*v.* क्षय -र्‍हास होणें : the hours of life e. fast.

EBONY (*ebenus*) टेंबुरणीचें झाड *n,* टेंबुरणी *f,* अबनूस *n.*

EBRIETY (*ebrius,* intoxicated), See DRUNKENNESS.

EBULLIENT *a.* (*-bullire,* to bubble) कढत.— EBULLITION कढ, ऊत, अधण *n ;*—of grief, anger, &c. उमाळा, कढ, ऊत, उकळी *f.*

ECCENTRIC, -AL *a.* (*-centrum,* centre) केंद्राकडे न जाणारा, केंद्रपराङ्मुख ; pertaining to eccentricity मध्याचा, केंद्राचा ; no having the same centre विषमकेंद्र ; anomalous तर्‍हेवाईक, विलक्षण, एक तर्‍हेचा (conduct).—ECCENTRICITY केंद्रपराङ्मुखता *f ; Geom.* विषमकेंद्र ; विलक्षणपणा, तर्‍हेवाईक चाल *f,* लोकाचारविरोध.

ECCLESIASTIC, -AL *a.* (*ecclesia,* assembly) (ख्रिस्ती) मंडळी संबंधी, ख्रिस्ती धर्मप्रकरणीं. —ECCLESIASTIC धर्मोपदेशक, पाद्री.

ECHO (*Gr.*) पडसाद, प्रतिशब्द-ध्वनि ; [a vault so formed as to produce an echo]. —*v.* प्रतिध्वनि उठणें-निघणें, दुमदुमणें ; adopt पत्करणें, स्वीकारणें ; respond उत्तर -जाब देणें

ECLAT (*F.*) splendor शोभा *f,* बहार *f,* रंग ; applause वाहवा *f,* प्रशंसा *f.*

ECLECTIC *a.* (*Gr. ek,* from, *legein,* to choose) निवडून -वेचून काढणारा, विवेचक.

ECLIPSE (*Gr. -leipein,* to leave) ग्रहण *n ;* —of the moon चंद्रग्र० *n ;*—of the sun सूर्यग्र० *n ;* duration of e. स्थिति *f ;* total

e. मीलन *n*, खग्रास; obscuration तेजोऱ्हास, प्रभा -कांतिक्षय.—*v.* ग्रासणें, ग्रहण लागणें; तेजोऱ्हास -कांतिक्षय क., माजी पाडणें [by].—ECLIPTIC कांतिवृत्त *n* -मंडल *n*.—*a.* कांतिवृत्त संबंधी.

ECONOMY (*Gr. oikos*, house, *nomos*, law) management of domestic affairs घरगुत *f*, घरजोगवणी *f*; internal management of any thing निर्वाह, वहिवाट *f*; system of rules and regulations by which any thing is managed नीति *f*, व्यवस्था *f*, विधान *n*, मार्ग; thrifty and frugal housekeeping काटकसर *f*, काटकसरीचा खर्च; political e. व्यवहारशास्त्र *n*, अर्थशास्त्र *n*.—ECONOMICAL *a.* व्यवस्थित, बेताचा;—of persons बेतबातानें चालणारा, काटकसर करणारा, दक्ष, मितव्ययी;—of expenses काटकसरीचा, बेताचा; घरजोगवणीचा, गृहकर्मनिर्वाह संबंधी; व्यवहारशास्त्र संबंधी.—ECONOMIZE *v.* काटकसरीनें -बेतबातानें -टापटिपीनें वापरणें -खर्च क. (time, money).

ECSTACY (*Gr. ek*, from, *stasis*, a standing) a being beside one's self so far that the primary functions, particularly of the senses, are suspended समाधि *f*, तन्मयावस्था *f*; frenzy उन्मत्तवायु, उन्माद; rapture अत्यानंद, माल्हाद.

EDDY* current water running back पाण्याचा उलटा ओघ, घोटाळा, फुगें *n*;—of air वाऱ्याचा उलटा ओघ; whirlpool भोंवरा; whirlwind वावटळ *f*.

EDEN *Heb.* the garden in which Adam and Eve first dwelt एदेन बाग; a delightful region सुखस्थान *n*, सौख्यभुवन *n*.

EDGE* the thin cutting side of the blade of an instrument धार *f*; margin कड *f*, कोर *f*, कांठ; raised e. as around wells &c. पाळ *f*;—of fields मेर *f*, दर *f*, बाजू *f*; sharpness पाणी *n*, तेज *n*; acrimony तीव्रता *f*, तिखटपणा: e. of our indignation; beginning तोंड *n*, आरंभ: in the e. of evening; to be set on e.;—the teeth अंबणें.—*v.* धार लावणें -काढणें, शेवटणें, पाणी देणें; कांठ -किनारा लावणें;—a dress मगजी -झालर इ० लावणें; incite टोचणी -उठावणी देणें; a person *edged* on खंडेराव, हणगोबा; move by little and little हळू हळू खिचविणें -सरकवणें: to e. a chair along.—*i.* बाजूस सरकणें -वळणें -फिरणें, खिचणें, सरणें.

EDIBLE *a.* (*edere*, to eat) खायाचा, भक्षणीय, खाद्य.

EDICT (-*dicere*, to say) that which is uttered or proclaimed by authority as a rule of action आज्ञा *f*, शासन *n*; order issued by a prince to his subjects, as a rule or law requiring obedience राजाज्ञा *f*, आज्ञापत्र *n*, फरमान.

EDIFY *v.* (*œdes*, building, *facere*, to make) बांधणें, रचणें; instruct and improve in knowledge generally, and particularly in moral and religious knowledge, in faith and holiness तालीम -शिक्षा देणें, नीति -परमार्थज्ञान स्थापणें -वाढविणें -वृद्धिंगत क. [by]. -ING *a.* निष्ठा -ज्ञानवर्द्धक.—EDIFICATION शिक्षा *f*, तालीम *f*, ज्ञान -सद्गुणवृद्धि *f*.—EDIFICE इमारत *f*, हवेली *f*, इमला.

EDIT *v.* (*edere*, to give out) superintend the publication of ग्रंथ वगैरे प्रसिद्ध करण्याची -छापण्याची देखरेख क.; prepare for publication, as a book, or paper, by writing, correcting, or selecting, the matter पुस्तक किंवा पत्र प्रसिद्ध करण्या करितां किंवा छापण्या करितां मजकूर -विषय लिहिणें -तपासणें किंवा निवडणें. -ION, whole number of copies of a work published at once आवृत्ति *f*; also -ING, publication of any literary work ग्रंथप्रसिद्धि *f*, छापणी *f*, आवृत्ति *f*. -OR ग्रंथप्रसिद्ध करण्यासाठीं तयार करणारा, ग्रंथप्रकाशक;—of a newspaper, &c. (वर्त्तमान-

पत्राचा) कर्त्ता, 'एडीटर.' -ORIAL *a.* ग्रंथप्रकाशकाचा ; एडिटारनें लिहिलेला.—*n.* एडिटरानें लिहिलेला मजकूर -निबंध, 'एडिटोरियल' *n.* -SHIP ग्रंथप्रकाशकाचा हुद्दा ; पत्रकर्त्याचें काम *n,* एडिटराचें काम *n.*

EDUCE *v.* (-*ducere,* to lead) बाहेर काढणें -आणणें: the eternal art *educes* good from ill [from].—EDUCATE *v.* bring up, as a child वाढविणें, पाळणें, लहानाचा थोर क.; inform and enlighten the understanding सुशिक्षित -सुबुद्ध क.; form and regulate the principles and character of सद्वर्त्तनास लावणें, नीति शिकविणें, वळण देणें; prepare and fit for any calling कामाधंद्यांत तरबेत क., लिहिणें पुसणें सांगणें [for, by].—EDUCATED शिक्षित ; व्युत्पन्न ;—well e. सुशिक्षित.—EDUCATION पालन *n,* प्रतिपालन *n* ; शिकवण *f,* शिक्षा *f* ; result of educating in knowledge, skill, or discipline of character, acquired विद्या *f,* व्युत्पत्ति *f,* अध्ययन *n* ; सुशिक्षण *n.* -AL *a.* विद्येचा, विद्येसंबंधी, in comp. विद्या : e. department विद्याखातें *n* ; सुशिक्षेसंबंधी.

EEL* बाम *f,* वांव *f,* बाममासा.

EFFACE *v.* (-*facies,* face) remove from the surface पुसून टाकणें, पुसणें ; scratch out खोडून टाकणें, खरडून काढणें ; remove from the mind मनांतून काढणें, विसर पाडणें [from].

EFFECT (-*facere,* to make) that which is produced by an agent or cause कार्य *n,* सिद्धि *f,* उत्पत्ति *f*; consequence फल *n,* परिणाम; impression produced छाप *f,* थाप *f*: the e. of a piece of music ; importance वजन *n,* महत्त्व *n,* भारदस्ती *f* : to speak with e.; purpose अभिप्राय, अर्थ: he spoke to that e. तो असें बोलला ; *pl* मालमत्ता *f* ; to take e. गुणास येणें ; to take e. upon लागू होणें ; cause and e. कार्यकारण *n* ; for an e. भपका दाखविण्यासाठीं, छाप उठविण्यासाठीं ; of no e. निर्फळ, व्यर्थ ; to give e. to बळकट -दृढ क.; बजावणें, कामास लावणें ; to destroy the e. of निष्फळ क.; in e. वस्तुत : [of].—*v.* produce उत्पादणें, करणें, साधणें ; bring to pass घडवून -बनवून आणणें. -ED सिद्ध, साधित ; one who has e. his object कृतार्थ. -IVE *a.* कार्यसाधक, फलोत्पादक, गुणावह, गुणकारी ; operative कामकरणारा, उपयोगी, कामाचा. -UAL *a.* सफळ, सार्थ, उपयोगी ; adequate पुरता पुरायाजोगा.

EFFEMINATE *a.* (-*femina,* woman) नामर्द, बायल्या, रांड्या ; womanlike स्त्रीसारखा, बन्मानी, नरम, भिडस्त ; tender निर्बल, दुर्बल.

EFFERVESCE *v.i.* (-*fervere,* to boil) खतखतणें, उतणें ; exhibit feelings that cannot be repressed उमाळा -आवढा -उकळी येणें.—EFFERVESCENCE ऊत, खतखत *f.*—EFFERVESCENT *a.* खतखतणारा, उतणारा.

EFFETE *a.* (-*fœtus,* progeny) वांझ, निष्फळ ; worn out with age वयोजीर्ण, गलित, जर्जर.

EFFICACIOUS *a.* (See EFFECT) गुणाकारी, प्रबल, समर्थ, कार्यसाधक. — EFFICACY सत्व *n,* तेज *n,* गुण ; power of producing the effect intended कार्यसाधकता *f,* कार्यसिद्धिक्षमता *f.* — EFFICIENT *a.* कार्यसाधक, फलदायक.—*n.* कार्यसाधक, कर्त्ता.

EFFIGY (-*fingere,* to form) an image प्रतिमा *f,* बाहुली *f* ; impression upon a coin representing the head of the prince by whom it was issued नाण्यावरील मुखवटा [to burn or hang in e., to burn or hang an image or picture of the person intended to be executed, disgraced, or degraded].

EFFLORESCENCE (-*flos,* flower) फुलें येण्याचा काळ, पुष्पोत्पत्तिकाल ; *Med.* eruption, as in measles &c. पुरळ, उगवण *n* ; *Chem.* formation of the whitish loose powder on the

surface of efflorescing bodies, as salts, &c. फूल *n* ? बुरशी *f* ?—EFFLORESCENT *a.* फुलां सारखा उतणारा, आर्द्रताविसर्जक ; पुरळानें भरलेला.

EFFLUVIUM (*effluere,* to flow out) exhalation perceived by the sense of smell गंधपरमाणु, वाफ *f,* बुखार. — EFFLUX बाहेर येणें *n,* निघणें *n,* प्रस्राव, प्रवाह, निर्गम.

EFFORT (*-fortis,* strong) प्रयत्न, आयास, प्रयास.

EFFRONTERY (*-frons,* the forehead) impudence or boldness in confronting or transgressing the bounds of duty or decorum उद्धटपणा, औद्धत्य *n,* धिटाई *f;* shamelessness निर्लज्जपणा, निलाजरेपणा.

EFFULGENCE (*-fulgere,* to shine) प्रभा *f,* दीप्ति *f,* चमक *f.*—EFFULGENT *a.* तेजस्वी, देदीप्यमान, चमकणारा.

EFFUSION (*-fundere,* to pour) ओतणें *n,* उत्सर्ग.—EFFUSIVE *a.* ओतणारा, स्रावक.

EGG* a spheroidal body, formed in the female of animal species containing the germ of a new individual of the species, within a shell or firm membrane अंडें *n,* कवट *n,* अंड *n*; any thing resembling an egg in form अंडाकार वस्तु *f.* -PLANT वांगी *f.*

EGOTISM (*ego,* I) practice of too frequently using the word I मी मी ह्मणण्याची सवयी *f*; self-praise अहंता *f,* आत्मस्तुति *f,* मीपणा.— EGOTIST बोलण्यांत किंवा लिहिण्यांत जो मी मी असें वारंवार आणतो तो, मीपणा बाळगणारा, बढाईखोर, आत्मश्लाघी.

EGREGIOUS *a.* (*-grex,* herd) लोकोत्तर, विलक्षण ; in a bad sense विलंद, अट्टल, हरसाल, अति : e. rascal.

EGRESS (*-gradi,* to step) बाहेर जाणें *n,* निर्गमन *n* [from]. -ION निर्गति *f,* निगर्म.

EIGHT* *a.* (*Skr. aschtan*) आठ, अष्ट. -EEN अठरा. -IETH *a.* ऐंशीवा.—EIGHTH *a.* आठवा. —EIGHTY *a.* ऐंशी.

EITHER* *a.* or *pron.* one or the other हा किंवा तो, कोणताही ; each of two दोहोंतून एक. —*conj.* अथवा, किंवा, नाहींतर.

EJACULATE *v.* (*-jacere,* to throw) उद्गार टाकणें.—EJACULATION उद्गार ; उद्गाराची प्रार्थना *f,* प्रार्थनेचा उद्गार.

EJECT *v.* (do.) काढून -हाकून देणें ; banish देशपार-हद्दपार क.; dismiss from an office कामावरून काढणें ; dispossess of ownership or occupancy, as of land, dwellings, &c. वतनावरून -घरांतून इ० काढणें [from]. -ION घालवणें *n,* बहिष्कार ;—of devils in possession भूत काढणें *n,* प्रसारण *n* ; dispossession नागवणूक *f,* सत्तानिवृत्ति *f.*

EKE * *v.* increase वाढविणें ; supply what is scanty पुरविणें, भर घालणें [out].

ELABORATE *v.* (See LABOR) श्रमानें -कष्टानें तयार क.; improve by successive operations of nature or art कमावणें, मशागत क, सुधारणें.— *a.* श्रमानें तयार केलेला, संस्कृत, परिष्कृत, कमावलेला.

ELAPSE *v.i.* (*-labi;* to fall) होणें, लोटणें, गुदरणें, app. chiefly to time.

ELASTIC *a. F.* लवचीक, स्थितिस्थापक.—ELASTICITY लवचीकपणा, स्थितिस्थापकता *f*; power of recovery from depression or overwork सावरण्याची शक्ति *f,* सावर.

ELATE *v.* (*-latum,* to carry) हर्षानें फुगविणें -चढविणें ; puff up गर्वानें फुगविणें, हरभऱ्याच्या झाडावर चढविणें [with].—*a.* हर्षानें फुगलेला.

ELECTUARY (*Gr. -leichein,* to lick) medicine mixed with conserve अवलेह.

ELBOW * the outer angle made by the bend of the arm कोपर ; an angle कोन, कोपरा ; to be at the e. अवळ -हातासीं असणें ; to be up to the e. गुंग -चूर -निमग्न होणें.—

v. कोपरानें ढकलणें -लोटणें.—*i.* कोपरा निघणें, बाक येणें.

ELDER *a.* * वडील, थोरला, जेष्ठ.—*n.* वडील, पुरखा, गुरुजन; an ancestor वडील, पूर्वज; *pl* वाडवडील; [in modern Presb. churches, *elders* are officers who, with the pastors or ministers, compose the church session with authority to inspect and regulate matters of religion and discipline; in some churches, pastors or clergymen are called *elders* or *presbyters*]. -LY *a.* उतार वयाचा, आडझ्यातारा. —ELDEST *a.* सर्वांत वडील, ज्येष्ठ.

ELECT *v.* (*-legere,* to choose) निवडणें, निवडून घेणें, पसंत क.; select for an office कामावर योजण्याकरितां निवडणें; *Theol.* select, as an object of mercy or favor कृपा करण्यासाठीं निवडणें, कृपापात्र होण्यास निवडणें; set apart to eternal life सर्वकालिक जीवनासाठीं निवडणें [from].—*a.* निवडलेला; तारणासाठीं निवडलेला; कामावर योजण्यासाठीं निवडलेला: bishop e.—*n.* निवडलेला (Is. xlii. 1); *pl.* तारणाकरितां निवडलेले लोक (Luke xviii. 7). -ION निवडणें *n,* निवड *f*; [act of choosing a person to fill an office or employment, by any manifestation of preference, as by ballot, uplifted hands, or *vivâ voce*: the e. of a president]; power of choosing निवडण्याची सत्ता *f* -चा अधिकार; discernment तारतम्य-भेद जाणण्याची शक्ति *f,* विवेक; those who are elected निवडलेले लोक (Rom. xi. 5) [of, from]. -IVE *a.* निवडण्याचा; निवड करण्याच्या सत्तेचा, वरणाधिकारविशिष्ट; depending on choice निवडीवरचा, पराश्रयाधीन, दुसऱ्याच्या खुशीचा; bestowed by election निवडून दिलेला. -OR निवडणारा; निवडण्याचा अधिकारी; [one of the princes of Germany formerly entitled to choose the emperor]. -ORATE इलेक्तराचें राज्य *n* -संस्थान *n* -चा किताब. -RESS इलेक्तराची बायको किंवा विधवा *f.*

ELECTRIC, -AL *a.* (*Gr. elektron,* amber) विजेचा, विद्युत् संबंधी (power); विजेपासून उत्पन्न झालेला, विजेचा (spark); containing electricity विद्युतानें -विजेनें भरलेला (jar); capable of occasioning electrical phenomena विजेचा चमत्कार उत्पन्न करणारा, विजेच्या चमत्काराचा (machine).—ELECTRICITY वीज *f,* विद्युत् *n*;—the science विद्युद्विद्या *f.*—ELECTRIFY *v.* विजेनें भरणें, वीज भरणें (a jar); विजेचा धक्का देणें; -च्या मधून वीज नेणें; give a sudden shock to एकाएकीं धडकी बसविणें, दचकवणें; surprise, esp. by means of something pleasing or inspiring दंग क., चकवणें: the whole assembly was *electrified.*

ELEEMOSYNARY *a.* (*Gr. eleos,* pity) धर्मादाय संबंधी, धर्माचा; given in charity धर्मार्थ दिलेला, दरिद्री पोषणार्थ दत्त.—*n.* भिकेवर पोट भरणारा, भिक्षोपजीवी.

ELEGANT *a.* (See ELECT) pleasing by acquired or imparted grace and beauty सुंदर, मनोरम, सुशोभित; an e. woman रूपवती; as manners प्रौढ, सभ्य, शिष्ट; as literature, style, &c. प्रौढ, अलंकारी, प्रशस्त, सुरस; sensible to beauty अभिज्ञ, रसिक. —ELEGANCE शोभा *f,* कांति *f,* लावण्य *n*; —of furniture सफाई *f*;—of speech, &c. पदलालित्य *n,* वाग्विलास.

ELEGY (*Gr. elegos,* a lament) शोकसूचक कविता *f,* शोकगीत *n*; as sung by the Mahomedans during the Moharam मरशा.

ELEMENT (*elementum*) a first or constituent principle तत्त्व *n,* मूल *n,* बीज *n*; an ingredient अंश, भाग, अवयव; that which ancient philosophy supposed to be simple and undecomposable तत्त्व *n*; the five *elements* पंचमहाभूतें *n pl,* पृथिव्यादि *n*; *pl*

outline अराखडा, कच्चा आकार, वस्तुमात्र: the e. of a plan; *pl* rudiments मूळपीठिका *f*, आरंभ ; *pl* the whole material composing the world पृथ्वी *f* (2 Pet. iii. 10); *pl* the bread and wine used in the Eucharist प्रभुभोजनांतील भाकर व द्राक्षारस. -AL. *a.* तत्वासंबंधी, भौतिक, पंचभूतात्मक, मूलद्रव्यासंबंधी; मूलपीठिके संबंधी, मूलतत्वांविषयींचा. -ARY *a.* simple शुद्ध, निर्भेळ (substance); rudimental प्रारंभक, मूलतत्वविषयक. -प्रतिपादक (treatise, writer).

ELEPHANT (*Gr. elephas, Skr. ibhas*) हत्ती, गज, हस्ती. -IASIS वारूळ *n*, त्वग्रोग. -INE *a.* हत्तीचा, हत्ती संबंधी.

ELEVATE *v.* (*-levare,* to raise) उंच क., चढवणें; promote मोठ्या पदवीस आणणें, सरफराजी क., चढवणें; cheer धैर्य -धीर -उत्तेजन देणें (the mind); exalt श्रेष्ठ -थोर क., प्रतिष्ठित क. (the character); raise to a higher pitch उंच नेणें -क. (the voice); from a low state उदयास आणणें [from, to].-ELEVATED उंच केलेला, उन्नत, अभ्युद्यत.—ELEVATION उंच क. *n*, सरफराजी *f*; condition of being elevated उदय, उत्कर्ष; an elevated place उंचवटा, उंची *f*; दीर्घ स्वर, दीर्घोच्चार; [e. of the host (*Rom. Cath. Church*) that part of the mass in which the priest raises the host above his head for the people to adore].

ELEVEN* *a.* अकरा, एकादश. — ELEVENTH *a.* अकरावा.—*n.* अकरावा भाग -हिस्सा.

ELF* एक कल्पित पिशाच आहे.

ELICIT *v.* (*-lacere,* to entice) बाहेर काढणें, उजेडीं आणणें, निष्पन्न क.: to e. truth by discussion [from, by].

ELIGIBLE *a.* (See ELECT) -स -ला -साठीं निवडण्यास योग्य -लायक: e. to office; desirable इष्ट, आवडता; preferable पसंत, ग्राह्य, योग्य, उपयोगी: an e. situation for a house. —ELIGIBILITY कामासाठीं निवडून घेण्याची -निवडला जाण्याची लायकी *f*, -चा अधिकार; quality of a thing which renders it preferable to another पसंत होण्याचा गुण, ग्रहणीयता *f*.

ELIMINATE *v.* (*-limen,* threshold) काढून टाकणें, गाळणें, वगळणें; deduce तर्कानें काढणें, अनुमान क. (an idea) [from].

ELISION (*-lædere,* to strike off) *Gram.* cutting off or suppression, for the sake of metre or euphony, of a vowel or syllable, especially a vowel at the end of a word standing before another vowel in the following line लोप.

ELIXIR *Ar.* रसायण *n*; cordial पौष्टिक -तेजवर्द्धक औषध *n*.

ELK * सांबर.

ELL * पंचेताळीस इंच लांबीचें एक (इंग्रजी) मेज आहे.

ELLIPSE (*ellipsis*) *Geom.* दीर्घवर्तुल *n*.

ELLIPSIS (*Gr. -leipein,* to leave) *Gram.* वाक्यांत शब्दाची कमताई *f*, पदन्यूनता *f*: the heroic virtues I admire, for, the heroic virtues, *which* I admire.—ELLIPTICAL *a.* पदन्यूनतेचा; pertaining to an ellipse अंडाकृति. -LY *ad.* दीर्घवर्तुलानुसार; शब्द सोडून, न्यूनतेनें.

ELOCUTION (*-loqui,* to speak) mode of utterance or delivery, accompanied with gesture, of any thing spoken, esp. of a public or elaborate discourse or argument वक्तृत्व *n*, शब्दचातुर्य *n*; manner of speaking in public सभापांडित्य *n*.

ELONGATE *v.* (*-longus,* long) लांब क., वाढवणें.

ELOPE * *v.* run away, or escape privately, from the place or station to which one is bound by duty पळून जाणें, पळ काढणें. -MENT of, a married woman नवऱ्या पासून पळून जाणें, हात धरून जाणें, घर निघणें;—of

an unmarried woman [अविवाहित स्त्रीनें] आईबापांपासून पळून जाऊन यारा बराबर राहणें [from, to].

ELOQUENCE (See ELOCUTION) expression or utterance of strong emotion, in a manner adapted to excite correspondent emotions in others वक्तृत्व *n*, सुमलाप, वाक्पटुता *f*.—ELOQUENT *a.* वक्ता, बोलका; an e. person (male) बृहस्पति; (female) सरस्वती *f*; वक्तृत्वाचा, पांडित्याचा (address).

ELSE* *a.* & *pron.* other दुसरा, अन्य; some thing beside अणखी.—*ad.* beside शिवाय, खेरीज; otherwise नाहींतर, नाहींपेक्षां. -WHERE *ad.* any other place दुसऱ्या ठिकाणीं, अन्यत्र: these trees are not to be found e.; in some other place अणखी कोठें, दुसरीकडे: it is reported in town and e. -WISE *ad.* परभारां.

ELUCIDATE *v.* (See LUCID) उघड -स्पष्ट -व्यक्त क. [by].—ELUCIDATION स्पष्टीकरण *n*, व्यक्तीकरण *n*; illustration दृष्टांत, दाखला.

ELUDE *v.* (-*ludere*, to play) avoid by artifice, stratagem, or dexterity युक्तीनें -हिकमतीनें -डावपेचानें चुकवणें, टाळा -झोका देणें; remain unexplained or undiscovered by -पासून गूढ -गुप्त -दृष्टिआड राहणें, थांग नलागणें: to e. the efforts of philosophers [by].—ELUSIVE *a.* चुकांडीचा, झोका देण्याचा, पळपट्या.—ELUSORY *a.* deceitful कपटी, छद्मी; evasive चुकवणारा, टाळणारा.

ELYSIUM (*L.*) a dwelling-place assigned to happy souls after death स्वर्ग *n*; any delightful place सुखस्थान *n*, सौख्यभुवन *n*.—ELYSIAN *a.* स्वर्गाचा, स्वर्गीय; अत्यानंदकारक, मनोरम.

EMACIATE *v. i.* (-*maciare*, to make lean) रोड -कृश होणें, रोडावणें, वाळणें.— *a.* रोड, क्षीण, सुकटा, कृश.

EMANATE *v. i.* (-*manare*, to flow) निघणें, सुटणें, वाहणें (fragrance); take origin उपजणें, निपजणें [from].—EMANATIVE *a.* निघणारा, निसृत, निर्गत.

EMANCIPATE *v.* (-*mancipare*, to transfer ownership in) set free from servitude or slavery by voluntary act बंदखुलास क. मोकळीक देणें; in Hindu theology, deliver from migratory existence मुक्ति -मोक्ष देणें [from].—EMANCIPATION मोकळीक *f*, बंदखुलास; state of being set free सोडवणूक *f*, सुटका *f*, मुक्ति *f*; मोक्ष, मुक्ति *f*.

EMASCULATE *v.* [-*masculus*, male) castrate खसी -नपुंसक क.; deprive of masculine strength पुरुषत्व भंग -नष्ट क., नष्टवीर्य क. (mind).

EMBALM *v.* (See BALM) anoint with balm उटणें लावणें; preserve from decay by means of balm or other aromatic oils, or spices, as a dead body प्रेत कुजूं नये ह्मणून त्यांत सुगंधद्रव्य भरून ठेवणें; fill with sweet odor सुवासानें भरणें, सुवासिक क.; cherish tenderly the memory of प्रीतीनें -कृतज्ञतेनें आठवण धरणें.

EMBANKMENT (See BANK) बंधारा, बांध, धरण *n*, इ०.

EMBARGO *Sp.* गलबतास जाण्यायेण्याची मनाई *f*, प्रतिबंध, अटकाव.

EMBARK *v. F.* put on board a vessel गलबतावर चढवणें; engage हात घालणें, हातीं धरणें; upon प्रवर्त्तणें [from, in].

EMBARRASS *v. F.* confuse घोटाळ्यांत पाडणें -घालणें, गळफटणें; incumber with debt कर्जानें जेरीस आणणें. -MENT घोटाळा, गळफाटा, घालमेल *f*; तारंबळ *f*, त्रेधा *f*; difficulty लचांड *n*, लिगाड *n*.

EMBASSADOR, See AMBASSADOR.—EMBASSY, राजाच्या वकिलाचें काम *n*, राजदूतकर्म *n*, वकिली *f*, वकिलात *f*; the person or persons sent

as embassador वकील किंवा वकीलसमूह; dwelling or office of an embassador वकिलाचा वाडा किंवा कचेरी *f*.

Embattle *v*. (See **Battle**) फौज रांगेनें उभी क., रांग बांधणें, व्यूह रचणें.

Embellish *v*. *F*. सुंदर -सुशोभित क.;—as a story or matter बनावून -पाल्हाळ करून सांगणें [with, by]. **-ment** भूषण *n*, मंडन *n*, अलंकार; बतावणी *f*, पाल्हाळ, पालव.

Ember* अंगार, राखेंतला जळता कोळसा; *pl* फुपाटा, मुमीर, आहार.

Embezzle *v*. *F*. appropriate fraudulently to one's own use, as that which is entrusted to one's care दिमतीस ठेवलेली जिन्नस खाणें, गिळंकृत क., तनाखोरी क.; **-ment** तनाखोरी *f*, हरामखोरी *f*, खाद *f*.

Emblazon * *v*. decorate शृंगारणें, मंडित क.; adorn with figures of heraldry कुलीन चिन्हानीं मंडित क.

Emblem (*Gr*. *-ballein*, to throw) प्रतिमा *f*, खूण *f*, चिन्ह *n*, लक्षण *n* [of]. **-atic**, **-al** *a*. खुणेचा, सांकेतिक; लाक्षणिक (worship); दर्शक, सूचक: white is e. of purity.

Embody *v*. form into a body सदेह -देहविशिष्ट क.; concentrate एके ठिकाणीं आणणें -मिळवणें [in, with].

Embolden *v*. (*en* and *bold*) धीर -दिलासा देणें [by].

Emboss *v*. (*en* and *boss*) cover with bosses गोंडेदार क.; cut prominent figures on उठाव आकृति कोरणें -खोदणें. **-ed** *a*. उंच, उठाव, गोखुराकार.

Embrace *v*. (*-brachium*, the arm) enclose in the arms विळख्यांत धरणें, कवटाळणें; press to the bosom उरापोटासीं धरणें, मिठी मारणें; hug आलिंगणें, भेट देणें -घेणें; regard with deep interest आस्थेनें -कळकळीनें पाहणें -लेखणें -मानणें; encompass घेरणें, वेढा घालणें; comprehend आकळणें, समावेश क., व्यापणें: natural philosophy *embraces* many sciences; admit ग्रहण क., स्वीकारणें (a religion); as an opportunity साधणें, गांठणें; [*Law*, to attempt to influence corruptly, as a jury].—*n*. विळखा; मिठी *f*, आलिंगन *n*.

Embrasure (*F*.) opening in a wall through which cannon is pointed and discharged जंगी *f*, तोफेची खिडकी *f*.

Embroider *v*. *F*. कशीदा -वेलबुटी काढणें [with]. —**Embroidery** कशीदा *f*, वेलबुटी *f*.

Embroil *v*. *F*. throw into perplexity पेचांत घालणें -पाडणें; entangle गोवणें, गुताडा क.—*n*. पेच, गुताडा, गुतागुत *f*.

Embryo (*Gr*. *-bruein*, to be full of) first rudiments of an organized being गर्भ, पिंड;—of a plant मुलांकुर; in e. गर्भी, पिंडीं.

Emendation (*-menda*, fault) चुकी दुरुस्त क. *n*, शोध, शोधन *n*.

Emerald (*F*. *Skr*. *markata*) a precious stone of a rich green color पाच *f*, हिरन्मणी.

Emerge *v*. (*-mergere*, to dip) rise out of a fluid उन्मज्जन होणें, वर येणें; issue and appear निघणें, प्रादुर्भाव होणें, उद्भवणें;—from poverty, obscurity डोकें वरतीं काढणें, उदयास -नांवारूपास येणें [from]. — **Emergence**, **-cy** वर येणें *n*, उदय;—of a planet उदय; exigency निकड *f*, जरूरी *f*, प्रयोजन *n*; a sudden occasion अवचित आलेलें काम *n*, अवसर *f*, प्रसंग, वेळ.—**Emergent** *a*. वर येणारा, उन्मज्जन; निकडीचा, जरुरीचा.—**Emersion** उदय; *Astron*. उदय, पुनर्दर्शन, *n*, दर्शन *n*.

Emerods *pl* (corrup. from *hemorrhoids*) piles मूळव्याधि *f*, गुदरोग.

Emetic (*Gr*. *emein*, to vomit, *Skr*. *vam*) वांतीचें -उलटीचें औषध *n*, उलटी *f*.—*a*. उलटीचा, वमनकारक.

Emigrate *v*. (*-migrare*, to migrate) एक देश सोडून दुसऱ्या देशीं राहण्यास जाणें, दे-

शांतर क. [from, to].—EMIGRANT *a.* & *n.* देशांतरास गेलेला, -ला मनुष्य.—EMIGRATION एक देश सोडून दुसऱ्या देशीं वास करायास जाणें *n,* देशांतर *n,* देशत्याग; a body of emigrants देशांतर करणारे लोकांचा समुदाय.

EMINENT *a.* (*eminere,* to stand out) high उंच; exalted in rank थोर, श्रेष्ठ, उंच; remarkable प्रख्यात, नामांकित, प्रसिद्ध.—EMINENCE उंचवटा, उंची *f;* मोठेपणा, प्रतिष्ठा *f,* नांवलौकिक; श्रेष्ठता *f,* उत्कृष्ठता *f;* a title of honor हुजूर, महाराज, हजरत, असा एक किताब आहे; [esp. app. to a Cardinal in the R. C. Church.]

EMIT *v.* (*-mittere,* to send) पाठविणें, सोडणें, देणें, पाडणें, निघणें: fire *emits* heat and smoke: boiling water *emits* steam: sun and moon e. light [from].—EMISSARY, person sent on a mission दूत, जासूद, बातमी नेणारा; a secret agent employed to advance, in a covert manner, the interest of his employers हेर, भेद्या, चार, गुप्त दूत.—*a.* शोधणारा, हेरणारा; *Anat.* conveying excretions मलवाहक, मलवाहिनी (vessels).—EMISSION सोडणें *n,* टाकणें *n,* निरसन *n*; issue निकाल: e. of bank notes.

EMMENAGOGUE (*Gr. -men,* month, *agogos,* leading) *Med.* ऋतुत्पादक औषध *n.*

EMMET* मुंगी *f.*

EMOLLIENT *a.* (*-mollis,* soft) मऊ करणारा, मवाळाचा, स्निग्ध.—*n.* मवाळीचें औषध *n,* अभ्यंग *n.*

EMOLUMENT (*-moles,* a huge mass) profit arising from employment मिळकत *f,* प्राप्ति *f;* advantage नफा.

EMOTION (*-movere,* to move) a moving of the mind or soul मनोविकार, भाव, रस, चित्तवृत्ति *f;* agitation क्षोभ, मनस्ताप, व्यग्रता *f.*

EMPALE *v.* (*-palus,* stake) shut in कोंडणें; put to death by fixing on a stake सुळावर -सुळीं देणें; fasten beyond the possibility of escape पळून न जाई असा बांधणें, खिळणें [on].

EMPANEL, See IMPANEL.

EMPHASIS (*Gr. -phainein,* to show) stress upon utterance, or force of voice, given to the words or parts of a discourse, whose significance the speaker intends to impress specially upon his audience स्वरस; vivid representation स्पष्ट -चित्रवत् वर्णन *n.*

EMPIRE (*imperium,* command) supreme power or authority in governing मुखत्यारी *f,* श्रेष्ठ अधिकार *n,* कुल अखत्यार; dominion of an emperor सार्वभौमराज्य *n* -राष्ट्र *n,* राज्य *n.*—EMPEROR सार्वभौमराजा, महाराज, छत्रपती, बादशाह.—EMPRESS महाराणी *f,* मलिका *f.*

EMPIRIC *a.* (*Gr. -peira,* trial) अनुभवाचा, परिक्षेचा; founded upon experience अनुभवसिद्ध.—*n.* quack नाकाडोळ्याचा वैद, वैदू; बाडी वैद्य; one who follows an empiric method अनुभवावर चालणारा, जाणता.

EMPLOY *v.* (*-plicare,* to fold) involve in action of body or mind कामास -उद्योगास लावणें; use लावणें, खर्चणें (time); use वापरणें, कामीं लावणें (a pen in writing); use as a servant चाकरीस ठेवणें;—as a consul वकील करणें;—as an agent गुमास्ता ठेवणें [in, at].—*n.* काम *n,* उद्योग. -ABLE *a.* कामास लावण्याजोगा, वापरायाजोगा, चाकरीस ठेवण्याजोगा. -ER चाकरीस ठेवणारा; वापरणारा. -MENT उपयोग क. *n*; काम *n,* चाकरी *f,* उद्योग, रोजगार, धंदा.

EMPORIUM (*L.*) place in which merchandise is collected, exchanged, or traded in उतारपेंठ *n,* पेंठेचा गांव, व्यापाराची जागा *f.*

EMPOWER *v.* (*en & power*) शक्ति -बळ देणें; give legal or moral power or authority to अधिकार -मुखत्यारी देणें.

Empty* *a.* containing nothing रिकामी, रिक्त, खाली; destitute of effect, sincerity, or sense व्यर्थ, पोकळ, वायफळ, वावगा, निरर्थक (words, threats, civilities); unable to satisfy पोकळ, फांका, भुकड (pleasures); desolate ओस, ओसाड, शून्य (place); unfruitful वांझ, पोकळ: an e. blossom वायफूल *n*; destitute of sense, knowledge, &c. पोकळ, ज्ञानहीन, झळझळीत; destitute of real existence पोकळ, काल्पनिक.—*v.* रिकामा -रिता क.; pour out रिचवणें, उपसणें [out].—Emptiness रिकामेपणा; पोकळपणा, शून्यता *f*.

Empyreal *a.* (*Gr.* -*pur*, fire) अग्निमय, तेजोमय; pertaining to the highest and purest region of heaven दिव्यलोक संबंधी.—Empyrean, highest heaven, where the pure element of fire was supposed by the ancients to subsist दिव्यलोक, सत्यलोक -भुवन *n*.

Emulate *v.* (*æmulari*) vie with बरोबरी क. -लावणें, तोलास तोल देणें, स्पर्धा क. [in].—Emulation, act of attempting to equal or excel in qualities or actions सरोबरी *f*, चढोवढी *f*; rivalry स्पर्धा *f*, प्रतिस्पर्धा *f*; desire of superiority attended with efforts to attain it ईर्षा *f*, ईर्ष्या *f*.—Emulous *a.* ईर्षेचा, इरेचा; स्पर्धालु, चढोवढीचा, सरोबरीचा.

Emulsion (-*mulgere*, to milk) *Med.* दुधें *n*.

Enable, See Empower.

Enact *v.* decree ठराव -कायदा -निबंध क.; act करणें, साधणें [by]. -ment स्थापना *f*, स्थापन *n*; ठराव, कायदा, शासन *n*.

Enamel(*F.*) a substance used in enameling मिना; smooth hard covering of the teeth दांतावरचा बुरा.—*v.* मिना चढवणें -लावणें.

Enamor *v.* (-*amor*, love) मोहित क., भुलवणें. -ed मोहित, लंपट, in comp. आसक्त: कामासक्त.

Encamp *v. i.* तळ पडणें, डेरे देणें [on, at].—*t.* छावणी -गोट जमवणें, तळ पाडणें. -ment तळ देणें *n*; तळ, छावणी *f*, गोट.

Enchain *v.* सांखळीनें बांधणें; confine गुंतविणें (attention); link together सांगडणें, जडणें, अडकविणें.

Enchant *v.* (-*cantare*, to sing) charm by sorcery मंतरणें, भारणें; charm मोहणें, भुलवणें [by, with]. -ed भारलेला, अभिमंत्रित, मोहित, भुललेला; possessed by enchanters मंत्र्याच्या स्वाधीन असलेला: an e. castle. -er मंत्री, जादूवाला, पंचाक्षरी. -ment, act of producing certain wonderful effects by the invocation or aid of demons, or the aid of certain supposed spirits जादुची करामत *f*, असुरी माया *f*; incantation मंत्र, चेटक *n*, मोहिनी *f*. -ress चेटकाळी *f*, योगिनी *f*.

Encircle *v.* कडें घालणें, वेष्टणें; embrace कवटाळणें: go or come round वळसा -प्रदक्षिणा घालणें; गराडा घालणें: the army *encircled* the city.

Enclose *v.* surround वेढा -गरका घालणें; shut up कोंडणें, कुडणें, आवार घालणें;—as a letter भिडणें, मलफूप क., घालणें [in, with].—Enclosure कुपण *n*, कूड, मेढा, आवाराची भिंत *f*, इ०; लखोट्यांत भिडलेला कागद वगैरे;—of arable or meadow ground वाडी *f*, कुडलेलें कुरण *n*.

Encomium (*L.*) स्तुति *f*, प्रशंसा *f*, तारीफ *f*.

Encompass, See Encircle [with, by].

Encounter (-*contra*, against) meeting face to face भेटाभेट *f*; interview भेट *f*, गांठ *f*; meeting with hostile purpose युद्धार्थ भेट *f*, सामना *f*; battle लढाई *f*, चकमक *f*.—*v.* भेटाभेट होणें, गांठ पडणें; चकमक झडणें;—obstacles or difficulties -शीं भिडणें -टक्कर देणें -झोंबी घेणें.

ENCOURAGE *v.* धीर -दिलासा -दम -धैर्य देणें [by, with]. -MENT धीर देणें *n*, प्रोत्साहन *n*, उठावणी *f*; that which serves to incite, support, promote, or advance हिमायत *f*, दिलदिलासा.

ENCROACH *v. F.* enter by gradual steps into the rights and possessions of another दुसऱ्याच्या अधिकारांत -मालमत्तेंत हळूहळू शिरणें -घुसणें; trespass मर्यादे बाहेर जाणें, आक्रमण क. [on, upon].

ENCUMBER *v. F.* impede the motion or action of, as with a burden ओझ्यानें अवघडविणें, खोडाघालणें; obstruct अडवणें, अटकावणें; load with debts कर्जभरू क., कर्जाचें टोपलें डोईवर ठेवणें [with].—ENCUMBRANCE पायखोडा, गुंता, लोढणें *n*, बेडी *f*.

ENCYCLICAL *a.* (*Gr. -kuklos*, circle) sent to many persons or places बहुतांस -बहुत जागीं पाठविलेला, सर्वसाधारण, वट: the e. letter of the pope.

ENCYCLOPEDIA (*Gr. enkuklios, paideia*, instruction in a circle) सर्वविद्यासंग्रह कोश, विद्याचक्र *n*, विद्याकल्पतरु.

END* (*Skr. anta*) extreme or last portion शेवट *m, n*, टोंक *n*, अग्रभाग; conclusion परिणाम, अवसान *n*, शेवट, फळ *n* (Rom. vi. 21); extermination शेवट, अंत, लय (Gen. vi. 13); aim अभिप्राय, आशय, मतलब, उद्देश: private *ends*; limit अवधि *f*, मर्यादा, सीमा *f*; remnant अवशेष, बाकी *f*.— *v.* समाप्त क., संपविणें, शेवट क.; नाश -लय -अंत क.—*i.* समाप्त -शेवट होणें, अटोपणें [with, at]. -ING समाप्ति *f*, शेवट. -LESS *a.* अपार, अनंत; incessant निरंतर, वारंवार, सदाचा (clamor). — ENDANGER *v.* संकटांत -धोक्यांत घालणें.

ENDEAR *v.* आवडता -प्रिय -गोड क. [to]. -MENT लळा, लाड, प्यार.

ENDEAVOR *F.* प्रयत्न, यत्न.—*v.* यत्न क., झटणें.

ENDORSE *v.* (*-dorsum*, the back) (हुंडीच्या वगैरे) पाठीवर लिहिणें, सकारणें; give currency to पसरणें, प्रसार क., फैलावणें [on, with]. -MENT कागदाच्या पाठीवर सही क. *n*; शेरा, सही *f*, इ०.

ENDOW *v.* (*-dotare*) settle an income upon नेमणूक-वृत्ति करून देणें: to e. a wife, a college; indue गुणी -गुणसंपन्न क., गुण देणें [with]. -MENT नेमणूक *f*, वृत्ति *f*, सरंजाम, वर्षासन *n*, इ०; religious e. धर्मादाय, अग्रहार; gift of nature ईश्वरी देणें *n*, गुण, वर, प्रसाद.

ENDUE *v.* (*induere*) invest विशिष्ट -युक्त क.; supply with पुरविणें, भरती क. [with].

ENDURE *v.* (*-durare*, to harden) remain firm under -खालीं -पुढें टिकणें -निभणें; bear with patience सोसणें, कंठणें, साहणें, भोगणें. —*i.* remain firm and abiding टिकणें, निभणें, तगणें (Job viii. 15); remain firm under trial स्थिर -धीर धरून राहणें, वश न होणें, टिकाव -निभाव होणें (Ezek. xxii. 14) [for]. -ANCE टिकाव, संस्थिति *f*; patience सहनशक्ति *f*, शांति *f*, धीर, सहनता *f*.

ENEMY (*in*, negative, *amicus*, friend) one who is actuated by unfriendly feelings वैरी, शत्रु, रिपु; the E. *Theol.* सैतान; *Mil.*, विरुद्ध पक्षाचें लष्कर *n*, शत्रु.

ENERGY (*Gr. -ergon*, work) internal or inherent power हिम्मत, धमक *f*, उत्साह; power exerted शक्ति *f*, प्रभाव, तडाखा: the e. of a magistrate; strength of expression दम, शक्ति *f*, गौरव [of, in]. —ENERGETIC, -AL *a.* हिमतीचा, हिमतदार, उत्साही; शक्तिमान, प्रबल; efficacious गुणकारक, गुणावह;—as style पोक्त, वजनदार.

ENERVATE *v.* (*-nervus*, nerve) weaken निर्बल -शक्तिहीन -कमजोर क.; cut the nerves of -ची शीर तोडणें (a horse).

ENFEEBLE *v.* निर्बल -कमजोर क.

Enforce *v.* compel बळजोरीनें करवणें; — a passage जोरानें -जबरीनें शिरणें -रिघणें; वाट फोडणें; give force to बळ-शक्ति देणें, सदृढ क.: put in force चालू क., प्रवृत्त क.; execute with vigor झटून बजावणें -क.; recommend strongly शिफारस -तारीफ क. -**ment** बलात्कार; बजावणें *n,* प्रवर्त्तन *n;* that which gives force बळकटी *f,* पुष्टीकरण *n,* पुस्ती *f.*

Enfranchise *v. F.* set free मोकळा क.; liberate from slavery दास्यत्वांतून -गुलामगिरींतून मोकळा क., बंदखुलास क.; naturalize देशीय मंडळींत घेणें, आपल्या देशचा क.

Engage *v. F.* put under pledge वचनांत बांधून घेणें -गोवणें; gain for service चाकरीस ठेवणें; gain over मन वळविणें, आपल्या पक्षाचा क.; employ the attention of मन गुंतविणें; encounter हल्ला क., लढाई देणें, लढणें. —*i.* वचन-भाक देणें, करार क.; हात घालणें, प्रवृत्त होणें; लढाई देणें -क. [to]. -**ed** ठेवलेला, प्रवृत्त; promised in marriage वागदत्त, मागणी घातलेला -ली *f.* -**ment** करार, संकेत; काम *n,* उद्योग; वाग्निश्चय; लढाई *f.*—**Engaging** *p. a.* मनोहर, मोहक, मनोरंजक.

Engender *v.* (*-generare,* to beget) produce by the union of the sexes जन्म देणें, जनन क., उत्पन्न क.; produce उत्पन्न क.; sow the seeds of पेरणें [from].

Engine (*ingenium,* natural capacity, invention) a machine यंत्र *n;* instrument साधन *n,* हत्यार *n,* उपकरण *n.*—**Engineer** यंत्र चालविणारा, 'इंजनेर'; यंत्रविद्या जाणणारा, यंत्री; [civil e., person skilled in the science of engineering, who designs and superintends the construction of public work or machinery; royal e., one who constructs fortifications or attacks them]. -**ing** इंजनेराचें काम *n.*—**Enginery** यंत्रें *n pl;* यंत्रें चालविणें *n.*

English *a.* * इंग्लंद देशाचा -संबंधी, 'इंग्लिश'; इंग्लिश लोकां संबंधी.—*n.* इंग्लिश लोक *pl;* इंग्लिश भाषा *f,* इंग्रेजी *n.*

Engrave *v.* carve figures, letters, or devices upon -वर कोरणें, खोदणें; mark with incisions कातरे -खाडे पाडणें; impress deeply ठसा उठविणें, बिंबविणें [in, with].—**Engraver** खोदणारा, खोदकाम करणारा.—**Engraving** खोदणी *f,* कोरणी *f;* an engraved plate नकसकाम *n,* नकशा.

Engross *v.* copy in a large hand मोठ्या अक्षरांनीं प्रत क. (a deed); absorb गरक क., ग्रासणें; purchase either the whole or large quantities of, for the purpose of making a profit by enhancing the price साट्याचें सौदे घेणें, खरीद क. -**ed** गरक, निमग्न, चूर.

Engulf *v.* गरक क., ग्रासणें.

Enhance *v. F.* increase वाढविणें, चढविणें; aggravate दोष वाढविणें.—*i.* वाढणें, चढणें. -**ment** वाढ, वृद्धि *f.*

Enigma (*L.*) a riddle कोडें *n,* कूट *n;* an action, or mode of action, which cannot be satisfactorily explained गूढ *n,* कोडें *n,* गूढ कर्म *n;* a statement, the hidden meaning of which is to be discovered or guessed गूढ भाषण *n.*—**Enigmatical** *a.* गूढ कुटाचा, संदिग्ध अर्थाचा.

Enjoin *v.* अधिकारानें आज्ञा -हुकूम क., ताकीद देणें; *Law,* prohibit by a judicial order or decree कायद्यानें बजावणें, ताकीद देणें [on].

Enjoy *v. F.* take pleasure or satisfaction in the possession or experience of भोगणें, सुख घेणें; have, possess, and use with satisfaction भोगवटा घेणें, वहिवाटणें; have sexual intercourse with भोगणें, संग क. -**able** *a.* भोगायाजोगा, भोग्य; capable of giving joy भोग -आनंद देण्याजोगा, सुखद, रमणीय. -**ment** भोग, उपभोग, भोगवटा, अनु-

भव ; pleasure सुख *n*, आनंद, संतोष.

Enkindle *v.* पेटविणें ; excite चेतविणें. See Kindle.

Enlarge *v.* मोठा क. ; expand पसरणें, विस्तारणें, फैलावणें ; dilate, as with joy फुलवणें, खुलवणें ; amplify पाल्हाळ क. ;—the heart मन उदार -प्रशस्त -प्रगल्भ क. —*i.* वाढणें, मोठा होणें ; विस्तारणें, फैलावणें ; पाल्हाळ करून सांगणें -बोलणें [by, with]. -ment वाढ *f*, वृद्धि *f*, विस्तार, फैलाव ; पाल्हाळ ; चित्ताची -मनाची प्रशस्तता *f*, मनाचा उदारपणा; release from confinement, servitude, distress बंद -गुलामगिरी -दुख यांपासून सुटका, *f*, बंदखुलास, सुटका *f*.

Enlighten *v.* प्रकाश पाडणें -देणें (Ps. xcvii. 4) ; make clear to the intellect or conscience प्रबोधित क., उपदेश क., शिकविणें (the mind).

Enlist *v.* पटावर मांडणें, पटात नांव मांडणें, नमूद -दखल क.; engage in public service, by entering the name in a register पटांत नांव लिहून सरकारी चाकरीस ठेवणें; unite firmly to a cause पक्षास जडणें -मिळणें, पक्षास अवलंबून राहणें [for, in].—*i.* पटांत नांव दाखल करून चाकरीस राहणें, भरती क.

Enliven *v.* जीव घालणें ; सजीव -जिवंत क. ; give spirit or vivacity दम -तेज -रंग आणणें -देणें, हुशारी आणणें ; make gay आनंदी -उल्लासित क. [by, with].

Enmity (See Enemy) quality of being an enemy वैर *n*, शत्रुत्व *n*, द्वेष ; state of opposition विरोध [to].

Ennoble *v.* थोर -श्रेष्ठ क., योग्यतेस चढविणें, वाढविणें ; raise to nobility अमीर क., उमरावाची पदवी देणें [by, for].

Enormous *a.* (*enormis*, out of rule) मर्यादे बाहेरचा, अमर्याद; great beyond the common measure अपरिमित, अतिशय, जबर, अवाढव्य ; exceedingly wicked अति दुष्ट, अघोर, महापातकाचा.—**Enormity** अमर्यादपणा, अघोरपणा ; महापातक *n*, अति दुष्टता *f*.

Enough* *a.* पुरायाजोगा, पुरता.—*n.* पुरवठा, पुरवण *n*, पर्याप्ति *f*.—*ad.* पुरे, बस ; in a tolerable degree बराच ; to be e. and to spare पुरून उरणें.

Enquire, See Inquire [of, for, about].

Enrage *v.* रागें भरविणें, कोपवणें, संताप आणणें. —**Enraged** कोपलेला, संतप्त, क्रुद्ध ; to be e. पेटणें, संतापणें.

Enrapture *v.* आनंद मावेनासा क., आनंदमय क. ; to be *enraptured* आनंदानें भानरहीत होणें.

Enrich *v.* सधन क., संपत्तिवान क. ; adorn मंडित -अलंकृत क.; make rich with manure खत घालून मातबर क. ; fertilize सुपीक क.; store with knowledge ज्ञान -विद्यासंपन्न क. (the mind) [by, with].

Enroll *v.* See Enlist [in].

En route *ad.* (*F.*) -वाटेवर, वाटेनें जात असतां [for, to].

Ensample, See Example.

Enshrine *v.* पेटींत-संपुष्टांत घालून ठेवणें -रक्षणें ; preserve with care and affection जतन क., बाळगणें, पाळणें.

Ensign (-*signum*, sign) flag of a regiment बावटा, निशाण *n* ; a signal निशाणी *f*, खूण *f* ; a commissioned officer, who formerly carried the flag of a regiment निशाणबरदार, पताक्या.

Enslave *v.* दास -गुलाम -अंकित क.

Ensnare *v.* जाळ्यांत -फाशांत धरणें -पकडणें ; deceive फसविणें, फशीं पाडणें.

Ensue *v.* (See Sue) पाठीमागून जाणें, अनुसरणें (1 Pet. iii. 11).—*i.* निघणें, फळ -परिणाम होणें, मागून येणें [from]. -ing येणारा, येता, पुढला.

Entablature (*-tabula*, board) खांबाच्या पुढें आलेला तुळयीचा भाग.

Entail *v. F.* settle inalienably on a person or thing, or on a person and his descendants वंशपरंपरा करून देणें -ठेवणें; to fix inalienably on a thing न निघेसा क., जडणें [on].—*n.* वंशपरंपरा -अक्षय करून ठेवलेली वस्तु *f.*

Entangle *v.* interweave in such a manner as not to be easily separated गुतागुत क. (thread); involve in complications पेचांत पाडणें, गुतवणें; perplex घोटाळ्यात -भ्रमांत पाडणें -घालणें [with, in, by]. -MENT गुतागुत *f*, गुंताडा; पायगोवा, गळफाटा; intricacy भानगड *f*, पेंच *f.*

Enter *v.* (*intrare*) come or go into आंत जाणें -येणें, शिरणें; unite in मिळणें, शिरणें, आंत जाणें: to e. a college, army, association; attain लागणें, पावणें, -प्रत येऊन पोंचणें: to e. one's teens; insert शिरवणें, खोवणें, घालणें: to e. a knife into a log; enroll पाटावर मांडणें -दाखल क., नमूद क.; begin पाऊल टाकणें, प्रवृत्त होणें; take possession of;—said of a devil संचरणें, शिरणें; —into a system भिनणें, भेदणें, संचरणें [at, by].—**Enteritis** (*Gr.*) an inflammation of the intestines अंत्रदाह.—**Entrance** आंत जाणें *n*, प्रवेश, रीघ; permission to enter आंत जाण्याची परवानगी *f*; door, passage, avenue द्वार *n*, वाट *f*, मार्ग; commencement आरंभ, तोंड *n.* —**Entry** आंत येणें -जाणें *n*, प्रवेश; act of entering in a record बारनिशी *f*; द्वार *n*, मार्ग.

Enterprise *F.* a bold, arduous, or hazardous attempt जोखमाचें काम *n*, कचाट *n*, जोखीम *n*, साहसकर्म *n*; willingness to engage in labor which requires boldness, energy, &c. साहसकर्म करण्याची इच्छा *f.*—**Enterprising** *a.* साहसी, खटपट्या, व्यवसाई.

Entertain *v.* (*-tenere*, to hold) sustain in one's service चाकरीस ठेवणें; give hospitable reception and maintenance to आदरआतिथ्य -पाहूणचार -मेजवानी क.; engage agreeably the attention of मन रमवणें, रंजवणें, करमणूक क.; harbor मनांत धरणें -बाळगणें: to e. charitable sentiments toward our fellow-men [by, with]. -MENT पाहूणचार, मेजवानी *f*, आदरआतिथ्य *n*; करमणूक *f*, मनरंजन *n*; a feast भोजनसमारंभ, मेजवानी *f*, मोठें जेवण *n*, भोजनोत्साह.

Enthrall* *v.* गुलाम क., वश क.

Enthrone *v.* राजासनावर -गादीवर बसविणें, राजपद देणें, राजपदारूढ क.

Enthusiasm (*Gr. enthousiazein*, to be inspired or possessed by the god) inspiration as if by a divine or superhuman power देवपिसें -वारें *n*; extravagant hope and expectation अति आशा *f*, अति इच्छा *f*; complete possession of the mind and energies by a cause, subject, fancy, &c. आवेश, अनुराग, शौक [for].—**Enthusiast** देवपिसा; आवेशी.

Enthymeme (*Gr. -thumos*, mind) *Rhet.* लुप्तन्याय.

Entice* *v.* allure लोभ दाखवणें, मोह घालणें; induce to evil कुकर्म करण्यास फूस देणें, शिकवणें, भरवणें [by, to]. -MENT मोह, मोहिनी *f*; फूस *f*, भर *f*, शिकवणी *f*; alluring object मोहक वस्तु *f*, गूळखोबरें *n.*

Entire *a.* (*integer*) complete in all parts सगळा, सबंध, अखंड; whole पुरा, पुरता, संपूर्ण, in comp. कुल: e. control of the business; pure शुद्ध, निर्मल (a heart); without defect निर्दोष, अव्यंग, धड (horse). -LY *ad.* अगदीं, झाडून, तमाम; sincerely खरेपणानें, विश्वासानें, एकनिष्ठेनें: to highest God e. pray.

Entitle *v.* give a title to नांव -संज्ञा देणें (a book); give a claim to अधिकार -हक

देणें : an officer's talents e. him to command [to].

ENTITY (*ens*, thing) existence आहेपणा, अस्तित्व *n*; an e. वस्तु *f*, अर्थ.

ENTOMB *v*. थडग्यांत घालणें -पुरणें, गाडणें [in].

ENTRAILS *pl* (*intra*, within) viscera अंतर्डी *n pl*, अंत्रमाळा *f pl*; the internal parts अंतर्भाग : the e. of the earth.

ENTRANCE, See under ENTER [to, on].

ENTRANCE *v*. (*en* and *trance*) put into a trance तन्मय-मूर्च्छित क., देहभान नाहींसें क.; put into an ecstacy हर्षमोहित-आल्हादित क.

ENTRAP *v*. catch, as in a trap सापळ्यांत -पाशांत धरणें; catch and involve in contradictions अडकित्यांत धरणें, पेचांत पाडणें, पकडणें [in].

ENTREAT *v*. deal with -शीं वागणें, वर्त्तणूक क. (Jer. xv. 11); beseech विनंती क., विनवणें, काकळूत क.; persuade by entreaty विनवणी करून मन वळविणें, समजी क., समजावणें (Luke xv. 28).—*n*. विनंती *f*, मिन्नत *f*, याचना *f*.

ENTRY, See under ENTER.

ENUMERATE *v*. (*-numerare*, to count) गणणें, मोजणें, गणना क.—ENUMERATION गणना *f*, गणती *f*, संख्या *f*; detailed account कच्ची हकीकत *f*, तपशील; *Rhet*. recapitulation उपसंहार.

ENUNCIATE *v*. (*-nunciare*, to announce) प्रसिद्ध -प्रगट -जाहीर क.; utter उच्चारणें, ऐकूं जाईसें बोलणें (a word).—ENUNCIATION प्रसिद्धीकरण *n*, प्रसिद्धि *f*; उच्चार, उच्चारण *n*; mode of utterance उच्चार करण्याची रीति *f*; statement हकीकत *f*, इकरार.

ENVELOPE *v*. *F*. surround as a covering वेष्टणें, लपेटणें; enclose within a case, wrapper, &c. लिफाफ्यांत घालणें [in].—*n*. वेष्टन *n*, आवरण *n*, वासन *n*; लिफाफा, पोलक, गलीचा [for].

ENVENOM *v*. taint with venom विष घालून बिघडणें, विष घालणें, विखारी -विषयुक्त क. (meat, an arrow); render hateful द्वेषयोग्य क., द्वेषपात्र क.; taint with malice द्वेषानें बिघडविणें, द्वेषयुक्त क. : *envenomed* tongue of calumny.

ENVIRON *v*. *F*. surround घेरणें, वेढणें : *environed* with mountains; envelop वेष्टणें, लपेटणें, ग्रासणें : *environed* with darkness, difficulties.—*n. pl* parts or places which surround another place आसपासचा प्रदेश -जागा, भोंवरदेश -गांव *pl*.

ENVOY (*F*.) एका राजानें दुसऱ्या राजाकडे तह वगैरेचें बोलणें करायास पाठविलेला वकील, राजदूत, वकील.

ENVY *v*. (*invidere*, to see against) look with grudging or invidious eyes upon मत्सर दृष्टीनें पाहणें; regard with discontent and malevolent longing, as some enjoyable thing which a person dislikes to see another have possession of, and would have himself -चा हेवा क., पोटांत दुखणें, डोळ्यांत सलणें : तो मनुष्य त्याच्या डोळ्यांत सलतो; desire strongly अति लोभ -वांछा धरणें [for].—*n*. पोटदुखी *f*, देखदुखी *f*, हेवा *f*, मत्सर; emulation ईर्षा *f*; malice द्वेषभाव, चुरस *f* [of].—ENVIABLE *a*. हेवा उत्पन्न करणारा -करण्याजोगा, स्पृह्य; इच्छिण्याजोगा, ईर्षणीय.—ENVIOUS *a*. हेवेखोर, मत्सरी; insidious काव्याचा, पकडीचा.

ENWRAP *v*. वेष्टणें, गुंडाळणें.

EPHEMERAL *a*. (*Gr*. *ephemerios*, for a day) एका दिवसाचा, एक दिवस जिवंत राहणारा, एकाहजीवी; short-lived अल्पायुषी, अल्पायु.

EPIC (*Gr*. *epos*, a word, song) विराच्या चरित्राचें गीत *n*, पोवाडा.—*a*. वीरमाहात्म्य -चरित्र संबंधी.

EPICENE (*Gr*. *-koinos*, common) *Gram*. उभयलिंग *n*, द्विलिंग *n*.—*a*. उभयलिंग.

Epicure (*Epicurus*, the famous Greek philosopher who assumed pleasure to be the highest good) एपिक्युर पंथी; one who indulges in the luxuries of the table गोडघाशा, पोटबाबू, कुक्षिंभरी; one who is devoted to sensual enjoyments विषयलुब्ध -लंपट.—**Epicurean** *a.* एपिक्युराचा; एपिक्युर पंथाचा; चोखंदळा, खादाड, गोडघाशा.—*n.* एपिक्युर पंथी; खादूनंदन, पोटभरू.

Epidemic *a.* (*Gr. -demos*, people) सर्वांचा, साधारण (sin); affecting great numbers बहुतांस लागणारा: e. disease महामारीचा रोग.—*n.* महामारी *f*, सात *f*, पटकी *f*, धाम *f*.

Epidermis (*Gr. -derma*, skin) बाहेरील कातडी *f*, त्वचा *f*; *Bot.* बाहेरील साल *f*.

Epigastric *a.* (*Gr. -gaster*, belly) pertaining to the upper and anterior part of the abdomen पूर्वबस्ति संबंधी.

Epigram (*Gr. -graphein*, to write) a short poem treating only of one thing, and ending with some lively, ingenious, and natural thought नोकीची कविता *f*, कवितेचा चुटका [on, upon, by].

Epilepsy (*Gr. -lapbanein*, to take besides) the falling sickness, so called because the patient falls suddenly to the ground फेंपरें *n*, मरगी *f*, अपस्मार.—**Epileptic** फेंपरेकरी, अपस्माररोगी.

Epilogue (*Gr. -legein*, to say) *Dram.* speech or short poem at the end of a play नाटकाच्या शेवटचें भाषण *n*, किंवा कवन *n*; *Rhet.* a conclusion भाषणाचा उपसहार, अंत्यवाक्य *n* -वचन *n*.

Epiphany (*Gr. -phainein*, to show forth) दर्शन *n*; (ज्ञानी लोकांस ख्रीस्ताच्या ताऱ्याचे किंवा ख्रीस्ताचे) दर्शनाचा सण (कित्येक ख्रिस्ती मंडळ्या हा सण पाळतात).

Episcopacy (*Gr. episkopos*, overseer) government of the church by bishops ख्रिस्ती मंडळीवर बिशपांचा अधिकार.—**Episcopate** धर्माध्यक्षाचें पद *n*; धर्माध्यक्षसमूह.

Episode (*Gr. -hodos*, way) an incidental narrative फरडूक *n*, फांटा, उपकथा *f*.

Epistle (*Gr. -stellein*, to send) पत्र *n*, पत्रिका *f* [from, to, by].—**Epistolary** *a.* पत्रांचा; carried on by letters पत्रोपत्रींचा, कागदोंपत्रींचा; suitable to letters पत्र लिहिण्यायोग्य, पत्राचा (style).

Epitaph (*Gr. -taphos*, tomb) थडग्यावरचा लेख; थडग्यावर कोरण्याजोगा लेख [on, by].

Epithalamium (*Gr. -thalamos*, bridal bed, marriage) लग्नाच्या वेळीं वधुवरांची स्तुति करून त्यांसाठीं दुवा मागण्याचें गीत *n*, लग्नगीत *n*.

Epithet (*Gr. -thetos*, placed) गुणदर्शक शब्द, विशेषण *n*, नांव *n*.

Epitome (*Gr. -temnein*, to cut) संक्षेप, सारग्रंथ [of, by].

Epoch (*Gr. epochè*, a check on the reckoning of time) शकाचा आरंभ, शकादि.

Equal *a.* (*æquus*) alike सारखा, सम, समान (size); adequate पुरेसा, पुरता; fit योग्य, लायक: he is not e. to the task; uniform एकसारखा, सम, समान: e. temper समानवृत्ति *f*; equitable रास्त, यथान्याय, नीतीचा: e. judge; indifferent सारखा, समान: it is e. to me [to].—*n.* बरोबरीचा -तोलास तोल देणारा, एका दरजाचा मनुष्य; equal quantity समपरिमाण *n*, प्रमाण *n* [of].—*v.* सारखा, -समतोल -बराबर क.; recompense fully भरून देणें; compare or regard as equals सारखें -सम मानणें, भेद न पाहणें. **-ity** सारखेपणा, बरोबरी *f*; समानता *f*, समभाव; plainness सपाटी *f*: e. of surface; *Math.* बरोबरी *f*. **-ize** *v.* सारखा -सम क.; सारखा मानणें, भेद न पाहणें. — **Equation**, *Math.* समीकरण *n*. **Equator**, a great circle on the earth's surface, everywhere equally distant from the two poles, and dividing

the earth's surface into two hemispheres मध्यरेषा *f,* विषुववृत्त *n.* -IAL *a.* विषुववृत्ताचा -विषुववृत्त संबंधी.—EQUITY, justice न्याय, इनसाफ, नीति *f*; equitable claim न्यायाचा -वाजवी हक्क -दावा ; [a system of jurisprudence administered in courts of equity, supplemental to law, properly so called, and complemental to it]. —EQUITABLE *a.* यथान्याय, उजू, रास्त ;—of persons प्रमाणिक, इनसाफी ; इक्विटि कोर्टाचा ; इक्विटि कोर्टानें निवाडा -फैसला केलेला.—EQUANIMITY समानप्रकृति *f,* शांत स्वभाव, विमा स्वभाव.—EQUIANGULAR *a.* समकोण.—EQUIDISTANT *a.* सारख्या अंतराचा, समांतर.—EQUILATERAL *a.* सारख्या बाजूचा, समभुज.—EQUILIBRATE *v.* समभार -समतोल क. -राखणें. — EQUILIBRIUM, equality of weight समभारता *f,* समतोलपणा ; just poise or balance in respect to an object, so that it remains firm तोल : the e. of the body ;—of the mind समानचित्तवृत्ति *f.*—EQUINOX, the precise time when the sun enters one of the equinoctial points विषुवकाल ; vernal e. मेषाविषुव ; autumnal e. तुलाविषुव.—EQUINOCTIAL *a.* विषुव संबंधी ; pertaining to the regions or climate of the equinoctial line विषुवरेखाप्रदेश संबंधी अथवा विषुवरेखेचें शीतउष्ण संबंधी ; विषुवकाल संबंधी ; e. points क्रांतिपात.—EQUIPOISE समतोल -भार ; सारखा, समान. — EQUIPONDERANCE वजनाची बरोबरी *f,* भारसाम्य *n.*— EQUIPONDERATE *v. c.* समभार होणें -क.— EQUIVALENCE मोलाची -किमतीची बरोबरी *f,* बरोबरी *f.*—EQUIVALENT *a.* एकमोलाचा -वजनाचा ; alike in significance एका अर्थाचा, समानार्थक [to].—*n.* बरोबरीचा पदार्थ, विषय इ० ; *Chem.* मेलन -मिश्रणपरिमाण *n.*

EQUIVOCAL *a.* (*-vox,* word) having different significations equally appropriate दुटप्पी, दोन अर्थांचा (words) ; doubtful अळमटळम, संशययुक्त (actions).—EQUIVOCATE *v. i.* दुटप्पी बोलणें, पेंचपाच -फट ठेवून बोलणें.

EQUESTRIAN *a.* (*equus,* horse) घोड्यासंबंधी ; घोड्यावर बसण्याच्या विद्येसंबंधी ; riding on horseback habitually घोड्यावर बसणारा, अश्वारूढ ; representing a person on horseback अश्वारूढदर्शक (a statue) ; performed by one who is riding on horseback घोड्यावर बसून केलेला-करायाचा (feats). —*n.* घोड्यावरचा स्वार, घोडेस्वार.

EQUIP *v. F.* fit out सजवणें, सज्ज क. ; provide with arms, &c. हत्यारबंद क. [in, with]. -AGE, retinue स्वारी *f,* इतमाम, लवाजिमा ; लष्कराचें -लढाईचें सामान *n,* असबाब, युद्धसामग्री *f* ; सामग्री *f,* साहित्य *n.* -MENT सजवणें *n,* सज्जीकरण *n,* सजवणूक *f* ; साजसंरजाम.

ERA (*æra*) शक, संवत, सन इ०.

ERADICATE *v.* (*-radix,* root) मुळासुद्धां उपटून टाकणें ; destroy thoroughly निर्मूळ क., समूळ नाश क., निःपात क.— ERADICATION निर्मूल *n,* समूलोत्पाटन *n* ; निःपात.

ERASE *v.* (*-radere,* to scrape) खोडणें, खरडून टाकणें ; blot out बोळा फिरविणें, पुसून टाकणें. —ERASURE खोडणें *n,* लोप.

ERE * *ad. & prep.* पूर्वी, अगोदर. -LONG *ad.* लवकर, फार वेळ न लावतां.

ERECT *v.* (*-regere,* to lead straight) उभा क., उभारणें ; build बांधणें, रचणें उभारणें ; exalt वाढविणें, उंच पदावर बसविणें ; cheer धैर्य -धीर देणें ; institute स्थापणें : to e. a new commonwealth.—*a.* उभा, नीट, सरळ ; raised उभारलेला, उन्नत ; bold धीट, छातीचा. -ION उभें क. *n,* उभारणें *n* ; बांधणें *n,* बांधणी *f,* इमला.

Ergo *ad.* (*L.*) यास्तव.

Err *v.i.* (*errare*) wander from the right way बहकणें, भटकणें, मार्ग चुकणें, भ्रमणें; blunder चूक क., चुकणें; fail morally सन्मार्ग सोडणें, सन्मार्गभ्रष्ट होणें. -ant *a.* भडकणारा, फिरणारा, भ्रमणशील; wild बेबंद, बेताल (fool). -ry भ्रमण *n*; [employment of a knight-errant].—**Erratic** *a.* भ्रांत, चुकीचा (conduct); moving फिरणारा, भ्रमणारा, अस्थिर, चंचल (planet).—**Erratum** (*L.*) an error in writing or printing अशुद्ध *n*, चूक *f*. —**Error**, wandering or deviating from the right course or standard भ्रम, भ्रांति *f*; mistake चूक *f*, चुकी *f*; inaccuracy अशुद्ध *n*, चूक *f*; fault दोष, चूक *f*, अपराध (Ps. xix. 22).—**Erroneous** *a.* भ्रमाचा, चुकीचा; चुकलेला, अशुद्ध. -ly *ad.* चुकून, भ्रांतीनें, चुकत चुकत.

Errand* message निरोप, संदेश; one's purpose in going any where काम *n*, कार्य *n*; to go on a fruitless e. पायाचा वळ भागविणें.

Errhine (*Gr.* -*rhin*, nose) *Med.* a medicine designed to be snuffed up the nose, to promote discharges of mucus नथ *f*, नस्य *n*.

Eructation (-*ructare*, to belch) ढेंकर; [a violent bursting forth or ejection, as wind or other matter from the earth.]

Erudite *a.* (-*rudis*, rude) पढलेला, पढीक, विद्वान.—**Erudition** विद्या *f*, व्युत्पत्ति *f*, ज्ञान *n*.

Eruption (-*rumpere*, to burst) फुटणें *n*, स्फोटन *n*;—on the skin उतणें *n*, पुरळ, कोंडा, खरूज *f*, इ०; as of ants, gnats, &c. पेंव -वारूळ फुटणें *n*; as of a volcano फवारा.

Erysipelas (*Gr.* -*pella*, hide) *Med.* a febrile disease accompanied with a diffuse inflammation of the skin, which, starting usually from a single point, spreads gradually over its surface धावरें *n*, दद्रू.

Escalade *v.* (-*scala*, ladder) *Mil.* शिडया लावून किल्यावर चढणें.

Escape *n. F.* flee from and avoid चुकवणें, टाळणें; evade दृष्टि -नजर चुकवणें.—*i.* पळणें, निभावणें, पारपडणें; to be passed without harm धड -सुधा -कोरा राहणें [from, to].—*v. t.* बचाव, सुटका *f*, निभाव.

Escheat *F.* बेतुल -बेहतन माल, बेवारीस जिंदगी *f*.

Eschew *v. Ger.* टाकणें, वर्जणें, त्यागणें, सोडणें.

Escort *n. F.* वाटेनें रक्षणा करितां दिलेला पाहरा, वलावा.—*v.t.* शिपाई बराबर देऊन पोंचविणें, बोळवणें.

Esculent *v.t.* (*esca*, food) खाण्याजोगा, खाद्य. —*n.* खाण्याजोगा पदार्थ.

Especial *a.* (-*species*, kind) विशेष; chief मुख्य.

Esplanade *F.* किल्ला व गांव यांच्या मधलें मैदान *n*, किल्ल्याचें मैदान *n*, 'काप.'

Espouse *v.* (-*sponsare*, to betroth) वाग्दान -वाग्निश्चय क.; marry वरणें, पाणिग्रहण क.; make one's own आपलासा क, अंगिकारणें; embrace कैवार -पक्ष घेणें (a cause).—**Espousal** मागणी *f*, वाग्निश्चय; वरणें *n*, पाणिग्रहण *n*; स्वीकार, अंगिकार; कैवार.

Espy *v. F.* catch sight of दृष्टीस पडणें, पाहणें; discern unexpectedly अकस्मात् पाहणें; inspect narrowly निरखून -न्याहळून पाहणें, हेरणें. — **Espionage** हेर पाठवून पाहणें *n*, हेरणें *n*.

Esquire *F.* a title of dignity next in degree below a knight रावसाहेब, रावबाहदूर अशा प्रकारचा एक सन्मानाचा किताब आहे; हा कागदोंपत्रीं साधारण मनुष्यासही देतात.

Essay *v. F.* try यत्न क.; make trial of अजमावून पाहणें; as metals तावणें, सुलाखणें [on].—*n.* यत्न, उद्योग; परीक्षा *f*, अजमाव; composition treating of any particular subject निबंध, प्रबंध; trial to prove the qualities of a metal धातुपरीक्षा *f*, धातूची पारख *f*. -ist निबंध रचणारा.

Essence (*esse*, to be) the constituent qualities which belong to any object मूलप्रकृति *f*, सत्त्व *n*, तत्व *n*; distinctive character भेददर्शक लक्षण *n*, विशेषगुण; an existing being व्यक्ति *f*; virtues of a plant or drug, extracted and refined from grosser matter सार *n*, तत्त्व *n*, अर्क; perfume सुवास, अत्तर *n*, आमोद.—**Essential** *a.* really existing वास्तविक, खरा, स्वाभाविक; important in the highest degree आवश्यक, जरुरीचा: piety is e. to Christian character; pure निरा, नितळ, असल; highly rectified गाळून -निझरून काढलेला. -ly *ad.* स्वभावेंकरून, स्वभावतः, वास्तविक, वस्तुतः.

Establish *v.* (-*stabilis*, firm, from *stare*, to stand) make stable स्थिर क., थारावणें, थिरावणें; enact ठरवणें, स्थापणें (laws); secure खचित क. (opinions); found स्थापणें, मांडणें, स्थापना क. (a state); confirm मुकरर -खचीत -सदृढ क.; set up in business काम उभारणें -चालू क.; secure against assault or harm निर्भय स्थान -आसरा धरून राहणें: the enemy *established* themselves in the citadel [on, at]. -ed स्थापित, व्यवस्थित; निर्णित, सिद्ध, उपपन्न; काईम, नियत; e. custom दस्तुर. -er स्थापणारा, स्थापक, संस्थापक. -ment स्थापणें *n*, अधिष्ठान *n*; settlement स्थापना *f*, संस्थापना *f*; a state of being established उपपत्ति *f*, सिद्धि *f*; a form of government, civil or ecclesiastical राज्यव्यवस्था *f*, धर्मव्यवस्था *f*, बंदोबस्त *f*; fixed allowance नेमणूक *f*; salary वेतन *n*; a permanent civil, military, or commercial force or organization नेमणुकीचो मंडळी *f*; a style of living संसार, खटला, खटलें *n*; state or domestic e. इतमाम, लवाजमा, खटला; large e. लंगरखाना.

Estate (-*stare*, to stand) state स्थिति *f*, अवस्था *f*, पद *n*, स्थान; rank पदवी *f*; property मालमत्ता *f*, दौलत *f*, जिंदगी *f*; property in land जमीनदारी *f*, फजीनदारी *f*, 'इष्टेट'; hereditary e. वतन *n*; [one of the ranks or classes of men which are considered as constituting the state, as the crown, the lords, or the commons; or the lords, the clergy, and the people]; interest which any one has in land and *estates* वतनवाडी *f*, वृत्ति *f*.

Esteem *v.* (*æstimare*) set a value on गणणें, लेखणें, मोजणें; regard with reverence, respect, or friendship चांगला समजणें, सन्मान्य -पूज्य मानणें, प्रीति -प्यार -चहा क.—*n.* मान्यताबुद्धि *f*, मान्यता *f*, मान, आदर; प्यार, चहा *f*, प्रीति *f* [for]. -able *a.* मान्य, भला, योग्य. -ed मान्य, सन्मानित.—**Estimate** *v.* अजमासणें, अटकळणें, सुमार पाहणें [at].—*n.* अडसट्टा, अटकळ *f*, हिशेब, अजमास, आकार [for]. — **Estimation** तोलणें *n*, गणणें *n*; अजमास, अंदाज: e. of distance; in his e. त्याच्या नजरेंत -मनांत; regard मान, मान्यता *f*, पाड.

Estrange (See Strange), See Alienate [by, from].

Estuary (*æstus*, fury) खाडी *f*.

Et cetera *ad.* (L.) इत्यादि, वगैरे.

Eternal *a.* (*ævum*, eternity) without beginning or end of existence अनाद्यंत, सनातन (Deut. xxxiii. 27); without end of existence सर्वकालिक, शाश्वत, सर्वकाळचा (2 Tim. ii. 10); perpetual अखंड, निरंतर, सतत: fires e.; immutable निर्विकार, अवि-

कारी, नित्य (truths).— *n.* सनातन परमेश्वर. -LY *ad.* सतत, निरंतर, नित्य.—ETERNITY, duration without beginning or end अनाद्यंतत्व *n*; duration without end शाश्वति *f*, सातत्य *n*; condition which begins at death मरतांच ज्या स्थितीस आरंभ होतो ती *f*, मरणोत्तरची अवस्था *f*, परलोकची -अनंतकालची स्थिति *f*.

ETHER (*Gr. aithein*, to burn) supposed matter above the air सूक्ष्मवायु, आकाश *n*; *Chem.* a volatile fluid वायुरूपानें उडून जाणारा एक मद्यार्क आहे, 'ईथर' *n*. -EAL *a.* ईथराचा केलेला, ईथरमय; exceedingly light हलफूल; tenuous अति सूक्ष्म, फार पातळ -बारीक; celestial आकाशाचा, आकाशीय, दिव्य.

ETHIC, -AL *a.* (*Gr. ethos*, custom) आचार संबंधी, नीतिविषयक; containing precepts of morality नीतिशास्त्राचा.— ETHICS नीतिशास्त्र *n*, नीति *f*: विदूरनीति *f*.

ETHNOLOGY (*Gr. ethnos*, nation, *logos*, discourse) नृकुलविद्या *f*, मनुष्यजातिविवेचनविद्या *f*.

ETIQUETTE (*F.*) शिष्टाचार रीति *f*, सभ्याचार पद्धति *f*.

ETYMOLOGY (*Gr. etumos*, true, *logos*, discourse) शब्दांची फोड *f* -व्युत्पत्ति *f*;— the science शब्दविचार,शब्दसाधनविद्या *f*.—ETYMOLOGICAL *a.* शब्दांच्या व्युत्पत्ति संबंधी.— ETYMON मूळशब्द, धातु.

EUCHARIST (*Gr. eu*, well, *charis*, favor, grace) the sacrament of the Lord's Supper प्रभुभोजन *n*; thanksgiving स्तुति करणें *n*, स्तुतिवाद.

EULOGIUM, EULOGY (*Gr. eu*, well, *legein*, to speak) a speech or writing in commendation of the character or service of a person -च्या गुणाची -कामाची -तारीफ *f* स्तुति *f*, प्रशंसा *f* [on, for].

EUNUCH (*Gr. eunè*, bed, *echein*, to keep) खोजा, षंड, नपुंसक; chamberlain घरची व्यवस्था पाहणारा, कारभारी.

EUPHONY (*Gr. eu*, well, *phonè*, voice) सुस्वर, मधुर.—EUPHONIC *a.* कानास गोड, कर्णमधुर, सुस्वर.

EUROPEAN *a.* (*L. Europæus*, *Heb. ereb*, evening, west) युरोप खंडा संबंधी, विलायती, 'युरोपियन.'— *n.* युरोपांतला राहणारा, 'युरोपियन.'

EVACUATE *v.* (*-vacare*, to be empty) खाली -रिकामा -रिता क. (a vessel); as the bowels हगणें, मलविसर्जन क.; desert सोडणें, टाकणें (a city); nullify मोडणें, रद्द क. (a contract). —EVACUATION रिकामें करणें *n*; त्याग, उत्सर्ग; —of the bowels मलविसर्जन *n*, हगणें *n*.

EVADE *v.* (*-vadere*, to walk) elude झुकांडी -झुगारा देणें; escape चुकवणें, टाळणें; avoid by dexterity, subterfuge, address, or ingenuity झुलवणें, टाळाटाळ मांडणें [from, to.] —EVASION टाळणें *n*, चुकवणें *n*, चुकवाचुकव *f*, उडवणी *f*.—EVASIVE *a.* चुकवणारा, टाळणारा; चुकवाचुकवीचा, झुगारपटीचा, उडवणीचा.

EVANGELICAL *a.* (*Gr. eu*, well, *aggellein*, to bear a message) contained in, or relating to, the four Gospels चार शुभवर्त्तमानांतला -संबंधी -चा (history); agreeable to the Gospel शुभवर्त्तमानानुसार, ख्रिस्ती शास्त्रानुसार (truth); strict in interpreting Christian doctrine शुभवर्त्तमाना प्रमाणें उपदेश करणारा, यथाशास्त्र; [technically applied to a party in the English and other churches].—EVANGELIST, a writer of the history or doctrines, precepts, actions, life and death, of our blessed Savior, Jesus Christ: as, the four *Evangelists*, Matthew, Mark, Luke, and John शुभवर्त्तमान लिहिणारा, मंगलसमाचार लेखक, आमचा सुवंद्य तारणारा येशू ख्रीस्त याचें चरित्र लिहिणारा; a preacher who is au-

thorized to preach, but has not charge of a particular church, and is not allowed to administer the Eucharist शुभवर्त्तमानाचें घोषण करणारा, सुवार्त्तिक.—Evangelize *v.* ख्रिस्ती धर्म शिकविणें; ख्रिस्ती धर्म शिकवून ख्रिस्ती क.

Evaporate *v. i.* (*-vaporare*, to emit steam) वाफ होऊन उडून जाणें; be wasted खर्चणें, व्यर्थ -फुकट जाणें: arguments e. in words. —*i.* वाफ क.; dissipate in vapor वाफ करून उडवणें. — Evaporation वाफ क. *n*, बाष्पीकरण *n*, वाफ होणें *n*, बाष्पीभवन *n*.

Eve, Even* close of the day संध्याकाळ *f*, सांज *f*; evening preceding some particular day पूर्वसंध्या *f*: Christmas e.; the period just preceding some important event एखादी मोठी गोष्ट होण्याच्या जवळचा काळ, लाग: the e. of an engagement.

Even* *a.* level सपाट, सारखा, साफ; calm स्थिर, शांत, समवृत्ति (temper); parallel -शीं बराबर, सारखा (Luke xix. 44); fair बराबर, रास्त, उजू: our accounts are e.; not odd सम: 4 and 10 are e. numbers.—*v.* सारखा -सपाट क., बराबर क.; बाकी पूज क.; *ad.* likewise तसाच, तद्वत्; at the very time त्याच वेळीं: they were bad enough to please, e. when I wrote them; so much as देखील, इतका कीं, ही; as was not to be expected ही, देखील, सुद्धां. -handed निष्पक्षपाती.

Event (*-venire*, to come) that which comes, arrives, or happens घटित गोष्ट *f*; consequence परिणाम, शेवट, फळ *n*. -ful *a.* घडामोडीचा, उलटापालटीचा. -ual *a.* coming or happening as a consequence अनुसारी, कार्यकारण संबंधी, आनुषंगी; final शेवटचा, अंतिम. -ly *ad.* शेवटीं, अखेरीस, परिणामीं.

Ever* at any time कधीं कोणत्या तरी वेळीं, केव्हां तरी (Eph. v. 29); at all times नित्य, सदां, सर्वदां: he shall e. love; continually निरंतर, अखंड; e. and anon जेव्हां तेव्हां, वारंवार. -green *a.* सदां हिरवा -ताजा, सदां हरित. -lasting *a.* सर्वकाल राहणार, शाश्वत, सनातन; निरंतर, सर्वकालिक.—*n.* सनातन काल, अनादि काल. -more चिरकाल; नित्य, निरंतर, सर्वदां.

Every* *a.* हरएक, प्रत्येक. -day *a.* दररोजचा, प्रतिदिवसीं; प्रतिदिवसाचा, नित्याचा (suit of clothes). -where चहुंकडे, सर्वत्र.

Evident *a.* (*-videre*, to see) स्पष्ट, व्यक्त, उघड, जाहीर. — Evidence, conclusive testimony मुद्दा, प्रमाण *n*; a witness साक्षी, साक्षीदार; *Law*, that which is legally submitted to a competent tribunal, as a means of ascertaining the truth of any alleged matter of fact under investigation before it साक्ष *f*, शाहिदी *f*; written e. लेखप्रमाण *n*; corroborative e. पडसाक्ष *f*; ocular e. प्रत्यक्ष प्रमाण *n*;—of analogy उपमान *n*; [State's, King's, Queen's e., an accomplice in a crime who is admitted as evidence for the government].

Evil* that which produces unhappiness अरिष्ट *n*, संकट *n*, दुःख *n*; moral badness, or the deviation of a moral being from the principles of virtue impressed by conscience, or the will of the Supreme Being, or the principles of a lawful authority पाप *n*, दुष्टता *f*, दुष्टपणा.—*a.* वाईट, खराब (beast, plant); wicked वाईट, दुष्ट, पापी, in comp. कु, दुर, अप (words, thoughts), producing or threatening sorrow, distress, injury, or calamity अरिष्टाचा, दुःखाचा, अनर्थाचा, दुःखोत्पादक (days, tidings). -eye, a supposed power of fascinating, of bewitching, or otherwise injuring, by the eye or look मोहक दृष्टि *f*, दृष्ट *f*, दृष्टि *f*, घातुक दृष्टि *f*. -eyed *a.* पापदृष्टि, नजरपापी. -minded *a.* मनाचा

कपटी, कुड्या भावाचा. -SPEAKING *a.* चाहडी *f,* अपवाद. -WORKER दुष्कर्मी.

EVINCE *v.* (*-vincere,* to vanquish) सिद्ध -शाबीत क., स्पष्ट दाखविणें -दाखवून -करून देणें.

EVISCERATE *v.* (*-viscera,* the bowels) आंतडीं बाहेर काढणें.

EVOKE *v.* (*-vocare,* to call) बोलावणें, आव्हान क. [from].

EVOLVE *v.* (*-volvere,* to roll) उघडणें, खुला -स्पष्ट क., उकलणें; emit बाहेर टाकणें, सोडणें (odors).—*i.* उघडणें, खुलणें, फाकणें.—EVOLUTION विस्तार, प्रकटिकरण *n*; a series of things unrolled श्रेणी *f,* श्रेढी *f*; *Arith.* मूळकर्म *n*; *Mil.* कवाईत *f.*

EWE* (*Skr. avi*) मेंढी *f.*

EWER* हात तोंड धुवायास पाणी आणण्याचें (एक प्रकारचें भांडें *n*; झारी *f,* लोटा, गडवा या सारखें).

EXACERBATION (*-acerbus,* bitter, sour) irritation चिढवणें *n,* खिजवणें *n*; *Med.* a periodical increase of violence in a disease भरतें *n,* चढ.

EXACT *a.* (*-agere,* to drive) precisely agreeing with a standard, a fact, or the truth बरोबर, नेमका, यथातथ्य, खरा (time, sum);—of persons बेतबात्या, सुती, रेखला, व्यवस्थित;—punctual वक्तशीर येणारा -जाणारा -देणारा -करणारा; definitely conceived or stated साफ, कडक, सखत, ठास, स्पष्ट (command) [in].—*v.* require authoritatively अधिकारानें मागणें -घेणें; extort जुलमानें घेणें -काढणें [from]. -ION बलात्कार, जबरी *f*; tribute, fee, rewards, or contributions, demanded or levied with severity or injustice जुलमानें -अधिकाराच्या बळानें मागितलेला किंवा घेतलेला पैका, जोरतलब *f,* खंडणी *f.* -LY *ad.* बरावर, नेमका, पुरता; precisely according to a rule खरा, बरोबर, हुबेहुब. -NESS रेखलेपणा, टापटीप *f,* सुतीपणा, सुयंत्रता *f.*

EXAGGERATE *v.* (*-aggerare,* to heap up) फुगवून -मीठमिरची लावून सांगणें, राईचा पर्वत क., रजाचा गज क.—EXAGGERATION अतिशयोक्ति *f,* अत्युक्ति *f.*

EXALT *v.* (*-altus,* high) उभारणें, उंच क.; dignify वाढविणें, मोठेपणा देणें, योग्यतेस चढवणें; extol स्तुति *f* -स्तव क.; lift up with joy, pride, or success हर्षानें, गर्वानें किंवा जयानें फुगविणें [from, to, by]. -ED उंच, थोर; sublime प्रगल्भ, प्रौढ, प्रशस्त. -ATION मानवृद्धि *f,* सरफराजी *f,* मोठेपणा देणें *n*; मोठेपणा, मोठी पदवी *f.*

EXAMINE *v.* (*examen,* tongue of a balance) test by a balance तोलून -ताडून पहाणें; inquire into and determine शोधणें, तपासणें, परीक्षणें; try as an offender अपराध्याची चौकशी क.;—as a witness (साक्षीस) विचारपूस क., सवाल घालणें;—as a scholar परीक्षा घेणें;—accounts मोहसबा घेणें [into, in]. — EXAMINATION विचारणें *n,* परीक्षण *n,* शोध परीक्षा *f*;—by question विचारपूस *f,* पुस्तपास्त *f*;—judicial तलाश, चौकशी *f.*—EXAMINER परीक्षक, परीक्षा करणारा; चौकसनीस, चौकशी करणारा; परीक्षा देण्यास नेमलेला मनुष्य, परीक्षा घेणारा: an e. of students for rank.

EXAMPLE (*eximere,* to take out) a sample मासला, नमुना; a model नमुना, कित्ता; a warning जरब *f,* ताकीद *f*; precedent मागला दाखला, उदाहरण *n*; an instance दृष्टांत, दाखला, प्रतीक *n.*

EXASPERATE *v.* (*-asper,* rough) provoke खिजविणें, चेतविणें; aggravate अधिक जड क.; to be *exasperated* विकोपास जाणें [by, at].

EXCAVATE *v.* (*-cavare,* to make hollow) hollow out पोखरून काढणें, पोखरणें (the

earth); form by hollowing पोखरून -कोरून क. (a canoe).—EXCAVATION पोखरणें *n*: cavity formed by removing the interior पोखर *f*, पोखरून केलेलें भोंक *n*, खळी *f*.

EXCEED *v*. (*-cedere*, to go) go beyond पलीकडे जाणें, वर जाणें, मर्यादे बाहेर जाणें, अधिक होणें; surpass मागें टाकणें, जिंकणें; -चे कान कापणें. — *i*. मर्यादा उलंघून जाणें; अधिक होणें. -ING *a*. and -LY *ad*. अतिशय, पुष्कळ [by, in].

EXCEL *v*. (*Gr. -kellein*, to urge on) मागें टाकणें, जिंकणें, माजी पाडणें, अधिक श्रेष्ठ होणें.—*i*. वर्चढ -उत्कृष्ट असणें [in, at]. -LENCE उत्तम -उत्कृष्टपणा, गुणाधिक्य *n*; any valuable quality गुण, भूषण *n*. -LENCY सुलक्षण *n*, भूषण *n*, गुण; a title of honor or respect given to the highest dignitaries of a court or state, also to embassadors, governors, and commanders-in-chief महाराज, हजरत असा एक किताब आहे. -LENT *a*. उत्तम, उत्कृष्ट, श्रेष्ठ; excelling in attainments गुणी, गुणवान (judge, artist).

EXCEPT *v*. (*-capere*, to take) खेरीज -निराळा -वर्ज क., वगळणें. — *i*. तकरार -दिकत घेणें [from, to]. — *prep*. शिवाय, वांचून, विना; unless शिवाय, नाहीं तर *n*. -ING *prep*. शिवाय. -ION बाहेर टाकणें *n*, वर्जणें *n*; that which is excepted अपवाद, विपक्ष: every general rule has its *exceptions*; objection शंका *f*, दिकत *f*; offense रुसवा; esp. with *to take*, followed by *against*; [*Law*, an objection, oral or written, taken, in the course of an action, as to bail or security; or as to the decision of a judge in the course of a trial, or in his charge to a jury.] -AL *a*. नियमा बाहेरचा, विपक्ष. -ABLE *a*. दूषण लावायाजोगा, बाध्य, दूषणीय, वर्ज्य.

EXCESS (*-cedere*, to pass) the state of surpassing or going beyond limits आतिशयपणा, आधिक्य *n*, अधिकाई *f*, पराकाष्ठा *f*; —of action बेहद्द *f*, सीमा *f*, जुलूम; dissipation अत्याचार, दुराचरण *n*, बदफैली *f*; remainder बाकी *f*, कसर *f*, वरताळा [of, in]. -IVE *a*. अतिशय, फारच, पराकाष्ठेचा (labor); अमर्याद, बेहद्द (anger).

EXCHANGE *v*. (See CHANGE) part with for compensation बदला घेऊन देणें, मोबदला घेऊन देणें; part with for a substitute अदलाबदल क., फेरमोबदला क.: to e. a crown for a cowl; barter अदलाबदलीचा व्यापार क., साटेंलोटें -विनियम क.: to e. horses with a neighbor;—as money वटावणें, बटावणें [for].—*n*. बदलणें *n*; अदलाबदला, मोबदला; सट्टाबट्टा; साटेंलोटें *n*, विनियम; balance of currencies बट्टा, बट्टाई *f*;—on bills हुंडणावळ *f*; place where merchants meet उदम्यांचा फड, अड्डा, चौक.

EXCHEQUER *F*. court into which public money is paid जमाबंदीची कचेरी *f*, खजीना.

EXCISE (*-cædere*, to cut) जकात *f*, सायर *n*, महसूल. -MAN जकातदार. — EXCISION कापून टाकणें *n*, अवच्छेद; excommunication बहिष्कार; (ख्रिस्ती) मंडळीच्या बाहेर काढणें *n*.

EXCITE *v*. (*-cire*, to put in, move) rouse to feeling उठवणें, जागृत क., चेतवणें (spirits, passions); agitate क्षोभवणें, खवळणें [for, by]. -MENT उचल *f*, उठावणी *f*; गडबड *f*, धांदल *f*; as of the passions क्षोभ, उद्वेग, मनस्ताप.

EXCLAIM *v*. (See CLAIM) ओरडून -मोठ्यानें बोलणें; against नांवानें बोंब मारणें, गिल्ला सांगणें [at, to, against]. -ATION रड *f*, आरड *f*, आक्रांत; हाकाटी *f*, बोंब *f*; *Rhet*. a sentence passionately uttered उद्गार; *Print*. e. point उद्गारचिन्ह *n* (!).

Exclude *v.* (*-claudere*, to shut) आंत येऊं न देणें, बाहेर ठेवणें; thrust out बाहेर टाकणें -काढणें [from, by, for].—**Excluded** बाहेर ठेवलेला, वर्ज केलेला, खेरीज.—**Exclusion** बाहेर टाकणें, वर्जन *n*, बहिष्करण *n*.—**Exclusive** *a.* आंत येऊं नदेणारा, प्रवेश न होऊं देणारा; सर्वांस नसतां एकास असणारा, इतरव्यावृत्त (privileges); शिवाय, खेरीज, सोडून : five thousand troops, e. of artillery. -**ly** *ad.* इतरांस -दुसऱ्यांस सोडून -वजूनं.

Excommunicate *v.* (See **Communicate**) expel from communion बाहेर टाकणें, बहिष्कार घालणें, अपंक्त क.;—from a caste वाळीत टाकणें [from, for]. — **Excommunication** बहिष्कार; the act of ejecting बाहेर टाकणें *n*; expulsion from the communion of a church, and deprivation of its rights, privileges, and advantages ख्रिस्ती मंडळीच्या बाहेर काढणें -टाकणें -ठेवणें -दूर क. *n*, धर्मबहिष्कार *n*; — from a caste वाळीत, जातिबाहिष्कार; [e. is of two kinds, the *lesser* and the *greater*; the *lesser* e. is a separation or suspension from partaking of the Eucharist: the *greater* is an absolute exclusion of the offender from the church and all its rights and advantages].

Excrement, **Excretion** (*-cernere*, to separate) विष्टा *f*, मळ, गू.

Excrescence *F.* any thing growing out unnaturally from any thing else वृद्धि *f*, टेंगूळ *n*;—upon the body आवाळूं *n*, टेंगूळ *n*, गलंड *n*;—upon a tree टेंगूळ *n*, गुळुंब *n*, गुंज *n*.

Excruciate *v.* (*-cruciare*, to slay on the cross, torment) अति वेदना देणें, यातना क. —**Excruciating** *a.* अति वेदनाकारक, व्यथाकारक.

Exculpate *v.* (*-culpare*, to find fault with) निरपराधी -निर्दोष ठरवणें, दोष उडवणें [from]. —**Exculpation** दोषमुक्ति *f* -मोचन *n*.

Excursion (*-currere*, to run) धावणें *n*, धाव *f*, दौड *f*; expedition मोहिम *f*, दौड *f*; a trip for pleasure or health सहल *f*, सफर *f*, फेरफटका; digression भटकणें *n*, रानांत शिरणें *n* [from, to].— **Excursive** *a.* भटक्या, भ्रमणकारी -शील, विहारी.

Excuse *v.* (*-causa*, cause) exculpate निर्दोष -निरपराधी ठरवणें -क.; pardon क्षमा -माफ क.; overlook कानाडोळा क., मनावर न घेणें (irregular conduct); release by favor सूट देणें, सोडणें, माफी देणें (a forfeiture); relieve of an imputation by apology निमित्त -सबब -बाहणा सांगणें [for, from].— *n*, सबब *f*, निमित्त *n*, कारण *n* : e. for delay; दोष उडविणें *n*, सुटका *f*, दोषमुक्तता *f*; माफी *f*, क्षमा *f*; false e. मीस *n*, निमित्त *n* [for].

Execrate *v.* (*-sacer*, holy) शाप -अभिशाप -तळतळाट देणें [for].—**Execration** शाप, अभिशाप.—**Execrable** *a.* शापयोग्य, अति दुष्ट, कुत्सित.

Execute *v.* (*-sequi*, to follow) complete पुरा क.; शेवटास -सिद्धीस नेणें (a plan); complete as a legal instrument पुरा क., बजावणें (a deed); give effect to अमलांत आणणें, बजावणें; inflict capital punishment on देहांत शिक्षा क., देहदंड क., जिवें मारणें; *Mus.* perform on an instrument वाद्य वाजविणें : to e. rapidly. — **Execution** करणें *n*, बजावणें *n*; साधन *n*, साधणूक *f*: e. of a plan; *Law*, कागदपत्रावर सही -शिक्का क. *n*; final process अमलांत आणणें *n*, बजावणें *n*; देहांतशिक्षा क. *n*, देहांतशिक्षा *f*. -**er** करणारा, बजावणारा; फांसींदेणारा, शिरच्छेद करणारा, मांग, चंडाळ.—**Executor** करणारा, साधणारा; person appointed by a testator to execute his will मृत्युपत्राची व्यवस्था करणारा, मृत्युपत्र चालविणारा -बजावणारा. —**Executress**, -**trix** मृत्युपत्र चालविणारीण *f*.

Exegesis (*Gr.*) exposition प्रकाश, व्याख्या *f*, विवरण *n*; scientific interpretation of the Holy Scriptures ख्रिस्ती शास्त्राचें विद्यासूत्रानुसार अर्थप्रकाशन *n*.—**Exegetical** *a*. अर्थप्रकाशक -सूचक, टीकारूप.

Exemplar (See **Example**) नमुना, कित्ता; [an idea or image formed in the mind of an artist, to which he conforms his work]. —**Exemplary** *a*. कित्ता घेण्याजोगा, अनुकरणीय; commendable वर्णनीय, स्तुत्य (conduct); serving as a threatening धाक -दहशत बसवायाजोगा, जरबेचा (punishment); conspicuous प्रसिद्ध, उत्कृष्ट, प्रख्यात: to be e. in life. — **Exemplify** *v*. उदाहरणानें -दृष्टांतानें दाखविणें; copy प्रत -नक्कल क.—**Exemplification** दाखला देणें, उदाहरण *n*; प्रत *f*, नक्कल *f*.

Exempt *v*. (*eximere*, to take out) सोडणें, माफ क. [from].—*a*. सोडलेला, माफीचा, सुटा, मुक्त.' -**ion**, freedom from that to which others are subject सुटका *f*, माफी *f*, मोकळीक *f*: e. from servitude, anxiety, suffering.

Exequies *pl* (*-sequi*, to follow) प्रेतकर्म *n*, उत्तरक्रिया *f* -कार्य *n*.

Exercise *v*. (*exercere*), to put in action habitually वापरणें, वहिवाटणें, घोळणें; discipline शिक्षा -पद्धत लावणें, सराव क., कसरत क., शिकवणें (arms, troops);—as the mind मनोव्यापार क., व्यवसाय क.; worry छळणें, गांजणें: *exercised* with pain; put in practice आचरणें, चालवणें, करणें (authority, an office);—as the dumb-bells मुद्गल फिरवणें [in, at, on, upon].—*i*. शरीरव्यायाम क., सहील -रपेट क.—*n*. अभ्यास, सराव; आचरण *n*: the public e. of religion; व्यापार, व्यवसाय, वापरणें *n*: e. of the eyes;—of the body कसरत *f*, व्यायाम, शरीरपरिश्रम;—of the mind मनोव्यापार, व्यवसाय; military e. कवाईत *f*, शस्त्राभ्यास; a lesson धडा, संथा *f*, तालीम *f*; to take e. सहल -रपेट क.

Exert *v*. (*-serere*, to join together) put forth, as strength, force, or ability झटणें, श्रम घेणें, परिश्रम क.; do करणें; to e. one's self प्रयत्न क. -**ion** प्रयत्न, आयास, कष्ट.

Exhale *v*. (*-halare*, to breathe) श्वास सोडणें, निश्वास टाकणें; emit, as vapor वाफेच्या रूपानें बाहेर सोडणें -टाकणें: the earth *exhales* vapor; evaporate वाफेच्या रूपानें बाहेर काढणें: the sun *exhales* the moisture of the earth [from].—*i*. वाफेच्या रूपानें बाहेर निघणें.—**Exhalation** उद्गार, निश्वास; बाष्परूप त्याग; that which rises in the form of vapor वाफ *f*.

Exhaust *v*. (*-haurire*, to draw) फडशा क., खर्चणें: to e. the water of a well; empty by drawing out the contents खर्चून-काढून रिकामा क., खपवून -कोरडाटाक पाडणें -क.: to e. a well of its water, — a treasury of its contents; weary दमविणें, भागविणें, थकविणें, (one's strength) [by, of]. -**ion** निझाडा, फन्ना, खडखडाट; ताण *f*, त्रेधा *f*, भागवटा, शीण; the state of being emptied शून्यता *f*.

Exhibit *v*. (*-habere*, to hold) डोळ्यापुढें -दृष्टिपुढें धरणें -ठेवणें, दाखविणें, दर्शविणें: to e. a picture in a gallery; present in a public or official manner हुद्याच्या -अधिकाराच्या -सरकारी नात्यानें नमूद -रुजू क. (a charge);—a complaint नालिस्त -सांगणें-क.; *Med*. administer as a remedy (औषध) देणें -चारणें: to e. calomel; [to e. a foundation or prize, to hold it forth as a bounty to candidates [at, to].—*n*. नमूद केलेला कागद -लेख -दस्तऐवज. -**ion** दाखविणें *n*, प्रदर्शन *n*, दर्शन *n*; that which is exhibited दाखविलेली -प्रदर्शित वस्तु *f*; public show

तमाशा; a display of works of art &c. (कळाकुसरी इ० च्या पदार्थांचें) प्रदर्शन *n*; allowance for the maintenance of scholars, under certain conditions विद्यार्थ्यांची नेमणूक *f* -वृत्ति *f*. -ER नेमणुकीचा विद्यार्थी.

EXHILARATE *v*. (-*hilaris*, merry) आनंदित -हर्षित -खुश क. [with]. — EXHILARATION खुशी *f*, आनंद, उल्लास.

EXHORT *v*. (-*hortari*, to incite) बुद्धिवाद सांगणें, उपदेश क.; warn बजावणें, ताकीद देणें [to]. -ATION उपदेश; बुद्धिवाद, बोध; ताकीद *f*, सांगी *f*.

EXHUME *v*. (-*humus*, ground) पुरलेला बाहेर काढणें (a corpse).

EXIGENCE, -CY (-*agere*, to drive) distress अडचण *f*, तारंबळ *f*, आपदा *f*; urgent want गरज *f*, अडचण *f*, निकड *f*, प्रयोजन *n*.

EXILE (-*solum*, ground) forced separation from one's native country हद्दपार क. *n*, स्वदेशत्याग; the person banished हद्दपार केलेला मनुष्य, बेवतन.—*v*. हद्दपार क.

EXIST *v*. (-*sistere*, to cause to stand) be असणें; continue in being राहणें, चालणें, असणें; occur घडणें, होणें; live जगणें, वाचणें: men do not e. in water [in, on, upon, by]. -ENCE असणें *n*, अस्तित्व *n*; घडणें *n*, घटना *f*. उपस्थिति *f*; नांदणूक *f*, स्थिति *f*, चालवणूक *f*; a being व्यक्ति *f*: a living e. प्राणी, जीव. -ENT *a*. असणारा, विद्यमान.

EXIT (*L*.) departure of a player from the stage, when he has performed his part नाटकांतील सोंगाचें निघून जाणें *n*; any departure जाणें *n*, निघून जाणें *n*, निष्क्रमण *n*; death मरण *n*, निर्याण *n*; a way of departure.

EXODUS (*Gr*. -*hodos*, way) निघून जाणें *n*, निर्गम; [departure of the Israelites from Egypt under the conduct of Moses]; the second book of the Old Testament निर्गम.

EX OFFICIO *ad*. (*L*.) अधिकारपरत्वें.

EXOGENOUS *a*. (*Gr*.-*genein*, to bring forth) growing by successive additions to the outside of the wood बहिर्वर्धिष्णु.

EXONERATE *v*. (-*onerare*, to load) दोष -ठपका उडविणें;—as an obligation उपकाराचें ओझें उतरणें [from].

EXORABLE *a*. (-*orare*, to pray) capable of being moved by entreaty प्रार्थना-काकळूत केल्यानें दया-पान्हा येण्याजोगा, वरद, सुप्रसादित.

EXORBITANT *a*. (-*orbis*, circle) excessive अतिशय, बेहद्द, अमर्याद (claims, taxes); —of prices जबर, भारी; anomalous संप्रदायविरुद्ध, विधिभंजक, विलक्षण. — EXORBITANCE अमर्यादपणा, अतिशयता *f*; जुलूमजास्ती *f*.

EXORCISE *v*. (*Gr*.-*horkos*, oath) drive away in consequence of adjuring by some holy name भूत काढणें -घालविणें, झाडणें, उतरणें; deliver from the influence of an evil spirit -च्यांतून -आंतलें भूत काढणें (a house) [by, from].—EXORCISER, -IST भूतकाढ्या, पंचाक्षरी.

EXORDIUM (*L*.) introductory part of a discourse, poem &c. उपोद्घात, उपन्यास, प्रस्तावना *f*.

EXOTIC *a*. (*Gr*. *exo*, outside) परदेशीय, परभू, विदेशी (plant, word).—*n*. विदेशीय झाड *n* -शब्द -चाल *f*.

EXPAND *v*. (-*pandere*, to spread out) फुलविणें, उमलविणें, खुलविणें; diffuse पसरणें, विस्तारणें, फैलावणें.—*i*. फुलणें, उमलणें, खुलणें; पसरणें, वाढणें [from, to]. -ED *a*. पसरलेला, विस्तारित, विस्तृत; खुललेला, प्रफुल्लित, विकसित. —EXPANSE मोठा विस्तार, सपाटी *f*, तळवट *n*;—of heaven व्योम.—EXPANSION फैलावणें *n*, प्रसार; विस्तार, फैलाव, वृद्धि *f*; मैदान *n*, सपाटी *f*.—EXPANSIVE *a*. पसरायाजोगा, प्रसरणीय, प्रसरणशील.

Ex-parte *a.* (*L.*) एकपक्षी, एकतर्फी.

Expatiate *v.* (*-spatiari,* to walk about) मोकळें -मोकाट -मोकार फिरणें; enlarge in discourse or writing पाल्हाळ करून बोलणें किंवा लिहिणें [on, upon].

Expatriate *v.* (*-patria,* one's fatherland) देशपार -हद्दपार क.;—one's self स्वदेशत्याग क., मुलखावर उठून जाणें [from, for].

Expect *v.* (*-spectare,* to look at) वाट पाहणें, मार्गप्रतिक्षा क.; anticipate अगा असणें, अटकळींत येणें [from, of]. -ancy, -ation मार्गप्रतिक्षा *f,* अपेक्षा *f,* आशा *f;* अगा *f,* संभव, सुमार. -ant *a.* वाट पाहणारा, मार्गप्रतिक्षा करणारा, सावचित.

Expectorate *v.* (*-pectus,* the breast) खाकरणें, कफ पाडणें.—*i.* कफ पडणें.

Expedient *a.* (*-pes,* foot) proper under the circumstances उचित, लायक, कार्योपयोगी; tending to self-interest स्वहिताचा, स्वहितकारक [for].—*n.* तोड *f,* युक्ति *f,* उपाय.—**Expedite** *v.* quicken जलदीवर घेणें -आणणें, गतित्वरित क.; dispatch जलदीनें पाठविणें, दवडणें, फेंकणें; issue officially अधिकाराच्या नात्यानें प्रसिद्ध क., फरमावणें.—**Expedition** जलदी *f,* घाई *f,* त्वरा *f;* an important enterprise, undertaking, or attempt at some distance मोहीम *f,* सफर *f;* naval e. सफर *f;* military e. मोहीम *f,* दौड *f;* the body of persons making such an excursion दौडीचीं -स्वारीचीं मनुष्यें *n pl;* with e. जलदीनें, शिताबीनें.—**Expeditious** *a.* जलद, शिताब, झटपट्या;—of matters ताबडतोबीचा, जलदीचा.

Expel *v.* (*-pellere,* to drive) काढून -घालवून देणें -टाकणें; banish देशपार क.; [cut off from further connection with an institution of learning, a society, and the like].

Expend *v.* (*-pendere,* to weigh) lay out खर्चणें, व्यय क.; consume by use खपवणें, सारणें, खलास क.; waste उडवणें, उधळणें [on, upon].—*i.* खर्चणें, सरणें, खपणें, उडणें. -iture खर्चणें *n,* वेच, व्यय; charge खर्च, व्यय; extra e. गैर खर्च.—**Expense** खर्च, व्यय; income and e. आयव्यय: village *expenses* सादिलवार खर्च.—**Expensive** *a.* खर्चीक, धौताल; dear महाग; costly बहुमोला-चा, किमतदार. -ness खर्चीकपणा; उधळेपणा; मोठें मोल *n,* बहुमूल्यता *f.*

Experience (*experiri,* to try) practical acquaintance with any matter by personal observation or trial of it, or by feeling its effects, by living through it, or the like अनुभव, प्रचीत *f;* experimental knowledge अनुभविक ज्ञान *n;* repeated trial of a matter परीक्षा *f,* अजमास; personal trial and experiment स्वानुभव; to agree with the e. of दाखल्यास -प्रतितीस उतरणें -येणें [of].—*v.* अनुभव घेणें, भोगणें; परीक्षा क., अजमासणें; exercise राबवून तयार क., सराव पाडणें [in, from].—**Experienced** *p.a.* अनुभव घेतलेला, अनुभुक्त; skilful or wise by means of trial, use, or observation जाणता, वाकब, शहाणा, व्यवहारज्ञ (statesman, physician, artist). — **Experiment** पारख *f,* प्रचीति *f,* अनुभव; scientific e. प्रयोग? -al *a.* परीक्षेचा, परीक्षेसंबंधी; अनुभविक, अनुभवस्थापित (religion).

Expert *a.* (do.) हाताचा कुशळ, कसबी, हुशार, चालाख [at]. -ness हातवटी *f,* सुगराई *f,* निपुणता *f,* हस्तकौशल्य *n.*

Expiate *v.* (*-piare,* to seek to appease) निस्तरणें, प्रायश्चित्त करून -घेऊन घालविणें (crime) [by].—**Expiation** प्रायश्चित्त घेऊन घालविणें, निरसन *n;* प्रायश्चित्त *n* [for].—

Expiatory *a.* प्रायश्चित्ताचा, प्रायश्चित्तरूप, पापनिष्कृतिकारक (sacrifice).

Expire *v.* (*-spirare,* to breathe) श्वास टाकणें, दमसोडणें; exhale वाफेच्या रूपानें सोडणें: plants e. odors.—*i.* die प्राण सोडणें, मरणें; come to an end शेवट होणें, संपणें, सरणें [at].—**Expiration** श्वास, निश्वास; मरण *n,* प्राणांत; शेवट, पर्यवसान *n*; matter exhaled forth श्वासानें बाहेर टाकलेला पदार्थ, निश्वास.

Explain *v.* (*-planare,* to make plain) अर्थ सांगणें, फोड क., उघड करून सांगणें, समजाविणें [by, to]. **-ation**, the act of expounding अर्थ सांगणें *n,* स्पष्टिकरण *n,* उलगडा, फोड *f*; that which explains टीका *f,* व्याख्या *f*; understanding समज, उमज; reconciliation, agreement, or good understanding of parties who have been at variance समजूत *f,* मनसमजावणी *f.*—**Explanatory** *a.* उलगड्याचा, प्रकाशक; टीकारूप, विवरणरूप (notes).

Expletive (*-plere,* to fill) a word not necessary to the sense, but inserted to fill a vacancy, or for ornament पादपूरक शब्द, वाक्यालंकार, पालव पद *n.*

Explicate *v.* (*-plicare,* to fold) उलगडा -फाड -परिस्फोट क.—**Explication** उलगडा, फाड, विवरण *n*; टीका *f,* प्रकाशन *n.*—**Explicit** *a.* **-ly** *ad.* साफ, स्पष्ट, निवळ; direct खरपूस, खरमरीत.

Explode *v. i.* (*-plaudere,* to clap) आवाजाबरोबर फुटणें,बार उडणें.—*t.* बार उडवणें,दारूनें उडविणें; cry down हुर्यो हुर्यो क., धुत्कारणें.—**Explosion** बार होणें -उडणें *n*; धाडकन उडवणें *n*; बार,धडाड,भडाड *f*; हुर्यो,धुत्कार-

Exploit (*explicare,* to unfold) पराक्रम, महत् कृत्य *n,* शूरकर्म *n.*

Explore *v.* (*-plorare,* to cry out) search through शोधणें, तपासणें, पाहणें; spy out हेरणें, टेहळणें [into].

Exponent (*-ponere,* to place) *Alg.* घातप्रकाशक; one who, or that which, stands as an index or representative ज्ञापक, सूचक, मुख *n,* प्रतिनिधि.

Export *v.* (*-portare,* to carry) देशांतरास माल पाठविणें.—*n.* देशांतरास नेलेला माल, रवानगी *f* [from, to].

Expose *v.* (*-ponere,* to place) उघड्यावर मांडणें -ठेवणें; बाहेर -वाऱ्यावर ठेवणें -टाकणें: to e. one's self to cold; promulgate प्रसिद्ध क.; explain अर्थ सांगणें, उलगडा क.; lay open to attack or danger भयाच्या -धोक्याच्या जाग्यावर ठेवणें, धोक्यांत घालणें, उघड्यावर टाकणें; lay open to public inspection, as a thing that shuns publicity, something criminal, shameful, and the like उघडा पाडणें, फोडणें, उघाडीस आणणें (faults); divulge the reprehensible practices of रेवडी -फटफजिती क.: to e. a liar [to].—**Exposition** उघड करणें *n,* प्रसिद्धिकरण *n*; फोड *f,* व्याख्या *f*; प्रदर्शन *n,* दाखविणें *n.*—**Exposure** उघडा -उघाड्यांत टाकणें *n*; फजिती *f,* रेवडी *f,* टेर *f,* धिंड *f*; position in regard to influences of climate वारा -ऊन आंत येण्याची उघडी जागा *f,* बाजू *f,* किंवा दिशा *f.*—**Expositor** व्याख्या -विवरण करणारा; व्याख्या -टीकारूप ग्रंथ.—**Expound** *v.* व्याख्या -विवरण क., स्पष्टार्थ क., अर्थ सांगणें. **-er** अर्थ सांगणारा, प्रकाशक;—of the law धर्मप्रवक्ता.

Expostulate *v.i.* (*-postulare,* to ask) बुद्धिवाद सांगणें, कान उघडणें, चार गोष्टी सांगणें [with].—**Expostulation** कानझाडणी *f,* बुद्धिवाद.

Express *v.* (*-premere,* to press) पिळणें, पिळून काढणें (juice of grapes, truth); imi-

tate नकल -प्रत उतरणें -क.; represent दाखविणें, दर्शविणें : my words e. my purpose; utter बोलून दाखवणें, सांगणें ; indicate सुचविणें, दर्शविणें, व्यक्त क.; send by express messenger मुद्दाम जासूद करून पाठविणें (a package).—*a.* प्रत केलेला, उतरून घेतलेला ; plain साफ, स्पष्ट (command); direct चरचरीत, साफ, खरमरीत (terms); intended for a particular purpose मुजरतचा, विशेष कामाकरितां केलेला -योजलेला (train, messenger) [by].—*n.* मुजरत -मुद्दाम पाठविलेला जासूद ; मुद्दाम -लवकर जाणार घोडा -गाडी वगैरे. -ION उच्चारणें *n* ; उच्चार, उल्लेख ;—of the features ठेवण *f*, ठेव *f*, पाणी *n*; a phrase वाक्य *n*, शब्दप्रयोग ; *Alg*. बीजरूप *n*. -IVE *a.* serving to express दर्शक, बोधक ; significant वाचक, अर्थक, उद्देशक (look). -LY *ad.* उघड, स्पष्ट, साफ.

EXPULSION (See EXPEL) काढून -घालून देणें, उच्चाटण *n*.

EXPUNGE *v.* (*-pungere,* to prick) blot out, as with a pen पुसणें, खोडणें, बोळा फिरविणें (words, lines); annihilate नाहींसा क., मागमूस मोडणें (an offence) [from].

EXPURGATE *v.* See PURGE.

EXQUISITE *a.* (*-quærere,* to ask) excellent उत्तम, उत्कृष्ट; exceedingly nice फार बारिक, नाजूक, सूक्ष्म ; e. pleasure परमानंद ; e. pain तीक्ष्ण -तीव्र दुःख *n* ; of delicate perception सूक्ष्मदृष्टि, बारीक पाहणारा, नजरबाज.

EXTANT *a.* (*-stare,* to stand) protruded बाहेर आलेला ; now subsisting प्रसिद्ध, उपलब्ध, विद्यमान.

EXTEMPORE *a.* (*-tempus,* time) without previous study or meditation पूर्वी विचार केल्यावांचून, समयस्फुर्त्तीनें.— EXTEMPORANEOUS, EXTEMPORARY *a.* समयीं सुचलेला, समयस्फूर्त्त.—EXTEMPORIZE *v. i.* पूर्वी विचार केल्यावांचून -समयास बोलणें.—*t.* उतावळीनें -घाईनें -लगबगीनें क. (a dinner).

EXTEND *v.* (*-tendere,* to stretch) ताणणें, वाढवणें, लांब क. (a line); expand पसरणें, विस्तारणें, फैलावणें ; prolong लांबवणें, वाढवणें (the time of payment); hold out पुढें क.; लांब क. (the hand); bestow देणें, अर्पणें [from, to]. — *i.* वाढणें, लांबणें, पसरणें ; पोहचणें, जाणें.—EXTENSION लांब क. *n* ; विस्तार, फैलाव; लांबी *f* ; *Physics* and *Metaph*. that property of a body by which it occupies a portion of space परिमेयता *f*; *Com*. a written engagement on the part of a creditor, allowing a debtor further time to pay a debt वायदेचिट्ठी *f*.—EXTENSIVE *a.* लांबरुंद, प्रशस्त, विस्तीर्ण.—EXTENT, length लांबी *f*; size परिमाण, विस्तार, लांबीरुंदी *f*.

EXTENUATE *v.* (*-tenuis,* thin) बारीक-क्षीण-पातळ क.; palliate, as a crime हलका-कमी क. [by].

EXTERIOR *a.* (*L.*) outward बाहेरचा, बाहेरल्या अंगाचा, बाह्य ; on the outside with reference to a person बाहेरील, वरचा, दर्शनी ; foreign विदेशी, परदेशचा, परका : e. relation of a kingdom.—*n.* बाहेरचें अंग *n*, बाह्यांग *n* ; बाह्यप्रदेश ; बाहेरची चाल *f* -चें वर्त्तन *n*.—EXTERNAL *a.* बाहेरचा, बाह्य ; derived from, or related to, the body, its appearance, functions, &c. शरीरविषयक, शारीर, शरीर संबंधी ; accidental आगंतुक, आनुषंगिक (circumstances); परदेशचा, विदेशी *n*.—*pl* बाहेरचीं अंगें *n pl*. -LY *ad.* बाहेरून, बाहेरच्या आंगून ; वरून, दिसण्यांत, दर्शनीं.

EXTERMINATE *v.* (*-terminus,* limit) हद्दपार क.; destroy utterly समूळ नाश क., निःपात क.; root out समूळ उपटणें, खणून काढणें ; *Math*. छेदणें.— EXTERMINATION निसंतान *n*, समूळ नाश, संहार ; उच्छेद, छेद.

Extinct *a.* (*-stinguere,* to quench) विझवलेला, मालवलेला; having ceased नाहींसा झालेला, सरलेला, नष्ट; as a family बींमोड झालेला, निर्बीज. -ION विझवणें *n,* मालवणें *n;* विनाश, लय, लोप;—of a family बींमोड, निर्वंश, निसंतान *n.* — **Extinguish** *v.* विझवणें, मालवणें; नाश -लय -लोप -उच्छेद क. -ER मालवणारा; नाश -संहारकर्त्ता; a hollow cone used to put out a candle दीपनिर्वापक, गुलतराश (*H.*).

Extirpate *v.* (*-stirps,* root) मुळासुद्धां उपटणें; destroy wholly समूळनाश -निःपात क. —**Extirpation** संहार, निःपात.

Extol *v.* (*-tollere,* to raise) स्तुति -प्रशंसा -तारीफ क., वाखाणणें [for].

Extort *v.* (*-torquere,* to twist) बळजोरीनें -जुलमानें पिळून घेणें -काढणें; take unlawfully बळकाविणें, अन्यायानें घेणें. -ION बळजोरीनें घेणें *n;* बलात्कार, जुलूम. -ER जुलमानें घेणारा, हपापानें दौलत मिळविणारा.

Extra *a.* (*L.*) शिवाय, खेरीज.

Extract *v.* (*-trahere,* to draw) काढणें, काढून घेणें; remove forcibly from a fixed position उपटून -बळजोरीनें काढणें: to e. a tooth from its socket; withdraw by distillation, or other chemical process अर्क -काढा काढणें; choose out, as a passage from a book वेचा -उतारा घेणें; *Math.*—the root (वर्ग -घन इ०) मूल काढणें [from].—*n.* काढा, कषाय, अर्क; वेचा, उतारा. -ION काढणें *n,* निष्कासन *n;* lineage कुळी *f,* वंश, घराणें *n;* अर्क, काढा.

Extraneous *a. L.* बाहेरचा, विजातीय, आनुषंगिक.: to separate gold from e. matter [to].

Extraordinary *a.* not usual विलक्षण, लोकोत्तर, अलौकिक (remedies); remarkable चमत्कारिक, अपूर्व (talents); employed or sent for an unusual or special object मुजरत -मुद्दाम पाठविलेला किंवा कामास लावलेला, विशेष.

Extravagant *a.* (*-vagans,* wandering) भ्रमणशील, भटक्या; irregular गैरशिस्त, अमर्याद; excessive अतिशय, मनश्वी (flights of fancy); prodigal उधळा -ळ्या, उडाऊ (man). -LY *ad.* उधळेपणानें; सैरावरा, मनश्वी —**Extravagance** पराकाष्ठा *f,* अमर्यादा *f,* अनर्थ; उधळपट्टी *f,* उधळाखर्च, अतिव्यय; —of language अतिशयोक्ति *f,* अत्युक्ति *f.*

Extreme *a.* (*extremus*) at the utmost point शेवटच्या टोकाचा, अग्रवर्त्ती (verge); final शेवटचा, निदानींचा, अंतींचा (hours of life); utmost, worst or best पराकाष्ठेचा. परमावधीचा, अति, अतिकठीण (case, remedy); [e. unction (*Rom. Cath. Church*), the anointing of a sick person with oil just before death].—*n.* शेवट *n,* अग्र *n,* टोंक *n;* पराकाष्ठा *f,* बेहद्द *f,* सीमा *f,* कळस;—of an arith. or geom. progression,—the first आदिधन *n,*—the last अंत्यधन *n.* -LY *ad.* फारच, अतिशय, परम.—**Extremity** टोंक *n,* अग्र *n,* शेवट *n:* e. of a country; परमावधि *f,* परम मर्यादा *f:* e. of pain; greatest need or peril निदानींची वेळ *f,* पराकाष्ठेची अडचण *f,* तारांबळ *f,* तंगी *f,* लाचारी *f:* man's e. is God's opportunity;—of the body हस्तपादादि अवयव.

Extricate *v.* (*-tricæ,* hindrances) disentangle सोडवणें, मोकळा क.; send out बाहेर पाठवणें -सोडणें [from].—**Extrication** सोडवणूक *f,* सुटका *f.*

Extrinsic *a.* (*-secus,* by, nigh to) बाहेरचा, बहिर्भूत, बाह्य.

Extrude *v.* (*-trudere,* to thrust) बाहेर लोटणें -ढकलणें; drive away हाकून लावणें -काढणें.—**Extrusion** *n.* बाहेर लोटणें *n,* टाकणें *n,* काढणें *n,* उच्चाटण *n.*

Exuberant *a.* (*-uber*, fruitful) पुष्कळ, विपुळ, अतिशय —as growth, foliage उफाड्याच्या वाढीचा, उफाड्याचा.—**Exuberance,-cy** पुष्कळपणा, चळचळाट, पूर; अतिवृद्धि *f*, उफाड्याची वाढ *f*, माज.

Exude *v. i.* (*-sudare*, to sweat) पाझरणें, वाहणें, स्रवणें [from].—**Exudation** स्राव, पाझर, निचरा.

Exult *v. i.* (*-salire*, to leap) आनंदानें नाचणें, उड्या मारणें, उल्लासणें, टाळ्या पिटणें [in, over]. -**ation** आनंदानें नाचणें *n*; अत्यानंद, परमानंद, उल्लास.

Exuviæ *pl* (*L.*) cast skins, shells, or coverings of animals प्राण्यांनीं टाकलेलें कातडें *n*, कवच *n*, वगैरे;—of a snake कात *f*.

Eye * (*Skr. akshi*) the organ of sight डोळा, नेत्र, नेत्रेंद्रिय *n*; power of seeing नजर *f*, दृष्टि *f*: to have the e. of a sailor; sight नजर *f*, दृष्टि *f*; view लक्ष्य *n*, दृष्टि *f*, रोख; opinion मत *n*, विचार; face तोंड *n*: we shall express our duty in his e.; watch नजर *f*, डोळा: the e. of the master; look रूप *n*, मुद्रा *f*, चेहरा: yon gray is not the morning's e.;—as of a peacock's tail, of a grain of corn डोळा, नाक *n*;— of a needle वेज *n*, नाक *n*; a catch for a hook फांस, डोळा, तुकमा; that which resembles the organ of sight in relative importance or beauty नेत्र, चक्षु: the sun is the e. of day: Athens, the e. of Greece; *eyes* of a ship गलबताचा पुढला भाग; to obtain the desire of one's *eyes* डोळे निवणें; to strain one's *eyes* डोळेफोड क.; long *eyes* आकर्णलोचन; having good *eyes* सुलोचन; before one's *eyes* प्रत्यक्ष; visible to the *eyes* दृष्टिगोचर; glance of the *eyes* दृष्टिपात; have an e. to नजर ठेवणें, लक्ष्य ठेवणें.—*v.* पाहणें, लक्षिणें;—wishfully टुकणें;—intently and pointedly रोखून पाहणें;—fiercely गुरकावून पाहणें; डोळे पिंजारणें. -**ball** डोळ्याचें बुबूळ *n*, नेपिंडा. -**brow** भंवई *f*, भ्रुकुटि *f*. -**drop** असूत्र *n*, अश्रु *n*. -**glass** spectacles उपनेत्र *n*, आरशी *f*; the eye-piece of a telescope डोळ्यास लावून पाहण्याचें दुर्बिणीचें भिंग *n*; [a glass adapted for the application of remedies to the eyes]. -**lash** डोळ्याच्या पापणीचे केश *pl*; पापणीच्या केशांतला एक केश. -**let** नेडें *n*, वेज *n*. -**lid** डोळ्याची पापणी *f*. -**salve** नेत्रांजन *n*, खत्ता. -**servant** कामचोर, धन्याच्या डोळ्यापुढलें काम करणारा चाकर. -**service** तोंडापुढली चाकरी *f* [Col. iii. 22]. -**sight** नजर *f*, दृष्टि *f*. -**sore** सल *n*, नेत्रकंटक, शल्य *n*. -**tooth** सुळा, दातांचा सुळका, सुळका. -**witness** साक्षी, प्रत्यक्षदर्शी.

Eyry (*area*, an open space) घार वगैरे हिंस्र पक्ष्यांचीं घरटें बांधण्याची जागा *f*.

F.

Fable (*fabula*) a feigned story or tale, intended to instruct or amuse कल्पित कथा *f*, कादंबरी *f*; fiction खोटी गोष्ट *f*.—*v.* कल्पित कथा लिहिणें -रचणें.—**Fabulist** कल्पित कथा रचणारा.—**Fabulous** *a.* कल्पित, बनावट; related in fable कादंबरींतला, पुराणांतला, पंचोपाख्यानी.

Fabric (*faber*, workman) structure of any thing रचना *f*, घटना *f*, बांधणी *f*; edifice इमारत *f*; texture वीण *f*, विणकर *f*; manufactured cloth विणलेलें कापड *n*.—**Fabricate** *v.* रचणें, बांधणें; manufacture हातानें -कसबानें क.; forge खोटा क.-रचणें, बनावट क. (a story).—**Fabrication** रचणें *n*, बांधणें *n*; कुभांड *n*, कंवटाळ *n*, कुफरांड *n*.—**Fabricator** कुभांड्या, थोतांडी, पाखंडी.

Face (*facies*) exterior form or appearance of any thing मुख *n*, तोंड *n*, अग्रभाग; surface तळ, पाठ *f*, अंग *n*;—of the ground भूमीची पाठ *f*, भूतल *n*; — as of a

gem पैलू; outside appearance रूप *n*; that part of the head of an animal, esp. of a human being, in which are the principal organs of sense तोंड *n*, मुख *n*; countenance चेहरा, तोंडवळा, सुरत *f*; cast of features ठेव *f*, ठेवण *f*; effrontery नाक *n*, तिखें *n*; boldness छाती *f*, धिटाई *f*; favor or anger मर्जी किंवा गेरमर्जी *f* (Ezek. xv. 7, Prov. vii. 15); before the f. of तोंडा समोर, समक्ष; f. to f. तोंडातोंडीं, रुबरू; in the f. of तोंडावर; to set one's f. against तोंडास तोंड देणें; make f. at वाकुल्या दाखविणें; to make a long f. तोंड वासणें -पसरणें. —*v.* meet in front समोर भेटणें; stand opposite to समोर -सन्मुख उभें राहणें; confront रुबरू क.;—an instrument तोंड बसविणें -लावणें. -CLOTH मेताचें मुखवस्त्र *n*. —FACET पैलू.—FACIAL *a.* तोंडाचा, मुखसंबंधी.

FACETIOUS *a.* (*facetus*) merry गमत्या, विनोदी, थट्टेखोर (companion); विनोदाचा, थट्टेचा, विनोदात्मक (reply).

FACILE *a.* (*facere,* to make) not difficult सोपा, हलका, सुगम, सुखकर; easily persuaded to good or bad मनाचा नरम -कोवळा, चलमति, भोळा.—FACILITATE *v.* सोपा-सुलभ क.—FACILITY सोपेपणा, सुलभपणा; dexterity हातवटी *f*, हात; assistance मदत *f*, सहाय *n*; advantage सवड *f*, सोयी *f*; pliancy नरमाई *f*, मऊ स्वभाव; easiness of access सुगम्यता *f*; affability खेळकरीतपणा.

FACT (do.) event झालेली-खरी -घटित गोष्ट *f*: the resurrection of Christ is a f.; reality खरेपणा, तथ्यता *f*; in f. खरोखर, वस्तुतः; statement of a thing done or existing, sometimes, even when false, improperly put by a transfer of meaning for the thing done or supposed to be done हकीकत *f*, बयान, गोष्ट *f*; history abounds with false facts.—FACTION, a party तट, पक्ष, तळ, फळी *f*; tumult बंड *n*, बलवा.—FACTIOUS *a.* दंगेखोर, बंडखोर; बंडाळीचा, फंदफितुराचा.—FACTITIOUS *a.* बनावट, कृतीचा, केलेला.—FACTOR अडत्या, गुमास्ता, कारभारी; *Math.* गुण्य किंवा गुणकपद *n*. -AGE अडत *f*, दस्तुरी *f*. — FACTORY, house where factors reside वखार *f*, कोठी *f*, अडत्यांचा अड्डा; the body of factors अडते लोक *pl*; a manufactory कारखाना.—FACTOTUM (*L.*) हरकाम्या, हरबाबी, कामाचा गाडा, चौकोनीचिरा.

FACULTY (do.) ability to act शक्ति *f*, सामर्थ्य *n*;—of mind मनःशक्ति *f*, बुद्धिवैभव *n*, आवाका; authority अधिकार, अखत्यार; [a body of men to whom any specific right is granted, as the medical f., the professors and tutors in a college].

FACSIMILE (*L.*) अस्सल बरहुकूम नक्कल *f*.

FADE *v. i.* (*fatuus,* insipid) wither कोमेजणें, कोमणें, सुकून जाणें; lose freshness, color, or brightness विटणें, (रंग) उडणें, मजीत पडणें, फिका पडणें; vanish उडून जाणें, नाहींसा होणें.—*t.* विटविणें, कोमविणें, मजीत पाडणें [away].

FÆCES *pl* (*L.*) मळ, विष्टा *f*, गू.

FAG* *v. i.* drudge खपणें, कष्ट क.; tire थकणें, दमणें.—*t.* दमविणें, भागविणें.—*v.* खप्या, कबाडकष्ट करणारा; [a schoolboy who does menial services for another boy of a higher class in English schools]. -END, end of a web दशा *f pl*; refuse of any thing गाळ, गदळ. -GING आटापीट *f*, अट्टाहास.

FAGOT (*fax,* torch) लाकडाचा -सरपणाचा भारा, मोळी *f*.

FAIL *v. i.* (*fallere,* to deceive) fall short कमी -उणा पडणें, तूट येणें: streams f.; be affected with want गरजवंत होणें, गरज लागणें; fall away गळणें, पडणें; fall off

with respect to vigor मोडणें, बसणें, थकणें, खचणें; die मरणें; miss चुकणें, हरणें, फसणें; become unable to meet one's engagement चुकणें, टळणें, अंतर -तफावत पडणें; be baffled लटपटणें, अपेश येणें; become bankrupt दिवाळेदार होणें, थकणें, डगागणें; as eyes, ears, &c. फुटणें, नष्ट होणें, जाणें. —*t.* अंतर देणें, फसीं पाडणें, सोडणें. -ING तूट *f*, अपूर *f*, तोटा; fault चूक *f*, दोष, ऐब *n*; lapse चळ, ढळ, भ्रंश. -URE तूट *f*, तोटा, अभाव; — of crops बूड *f*, बोंबूड *n*; क्षय, भ्रंश; f. of memory मोड, मोडकळ *f*: f. in business; — in duty तफावत *f*, चूक *f*, अंतर *n*.

Fain* *a.* glad आनंदी, खुशी; [content to accept, for lack of any thing better, as the more desirable of two alternatives]. —*ad.* खुशीनें, आनंदानें.

Faint *a.* (*fingere*, to feign) weak अशक्त; languid थकलेला, शिणलेला, लुंघलेला; inclined to swoon मूर्छित होण्याजोगा; as color फिका, अंधक, पुसकट; as sound मंद, हलका, बारीक; hardly perceptible पातळ, बारीक, कळेनासा, सूक्ष्म (image); performed in a feeble manner मळमळीत, मिणमिणा; dejected खिन्न, उदास, दिलगीर. —*v. i.* मूर्च्छा -अंधारी येणें, कासावीस होणें, गळणें, ग्लान होणें (Prov. xxiv. 10; Matth. viii. 3); धीर -अवसान सोडणें; नाहींसा होणें, अंतर्धान पावणें, अदृश्य होणें. -HEARTED *a.* अल्पधीर, निर्वीर्य, मनमरू, भित्रा. -LY *ad.* मंद, हलका, बारीक; मंद, मिणमीण; हलका, कळेनकळेसा; धिमासा, मंद, हळू; ग्लानीनें, खिन्नतेनें; भित्रेपणानें. -NESS ग्लानि, कळमळ *f*; थंडाई *f*, सुस्ती *f*, मंदपणा; भय *n*, भित्रेपणा.

Fair* *a.* free from spots निष्कलंक; free from dirt निर्मल; from imperfection निकोप, अव्यंग, निर्दोष; clear साफ, स्वच्छ; beautiful सुंदर, सुरेख (maid, city); free from a dark hue गोरा, उजळ, गौर (skin); cloudless निरभ्र, स्वच्छ, उघाडीचा (day, sky); favorable सोयीचा, अनुकूल (weather); open उघडा, स्पष्ट (view); upright प्रमाणिक, वाजवी, उजू, नीट, रास्त (man, conduct); inspiring hope and confidence भरवशाचा, दिलाशाचा (words); legible स्पष्ट, ठळक (writing); moderate मध्यम, सरासरी, बराच: the news is f. and good; f. play सचोटीचा व्यवहार, रास्तबाजी *f*.—*n.* सुंदर स्त्री *f*, सुंदरी *f*. -LY *ad.* वाजवी, वाजवी रीतीनें, मार्गानें; स्पष्ट, साफ, निस्तूक: he was f. beaten. -NESS गोरेपणा: f. of skin; उघाडी *f*, निरभ्रता *f*; स्वच्छता *f*, निर्मलता *f*: f. of water; प्रमाणिकपणा, रास्तपणा, सचोटी *f*; ठळकपणा, स्पष्टता *f*; सौंदर्य *n*, लावण्य *n*. -SPOKEN *a.* बोलून गोड -भला, तोंडचा गोड.

Fair (*feria*, day of rest) a gathering of buyers and sellers, assembled with their merchandise at a stated or regular season मेळा, जत्रेचा -उरसाचा बाजार, बाजार.

Fairy *F.* enchantment मोहणी *f*, चेटक *n*, an imaginary supernatural being or spirit supposed to assume a human form, either male or female, and to meddle, for good or evil, in the affairs of mankind परी *f*? वनदेवता *f*?, अप्सरा *f*? — *a.* वनदेवतेचा, परीचा; परीनें दिलेला (money).

Faith (*fides*) assent of the mind to the truth of what is declared by another, resting solely and implicitly on his authority and veracity विश्वास, भरवसा, इतबार; firm and earnest belief, in probable evidence of any kind, esp. in regard to important moral truth विश्वास, खातरी *f*, निश्चय; *Theol.* belief in the historic truthfulness of the Scripture narrative, and the supernatural origin of its teachings, sometimes called *historical* and *speculative* faith शास्त्रश्रद्धा *f*, ख्रिस्ती शास्त्राच्या खरेपणावर विश्वास; belief in the

facts and truth of the Scriptures, with a practical love of them; esp. that confiding and affectionate belief in the person and work of Christ which affects the character and life, and makes a man a true Christian, called a *practical, evangelical,* or *saving* faith तारक विश्वास, भाव,श्रद्धा,प्रेम -भक्तियुक्त विश्वास,निष्ठा *f* (Heb. xi. 6); system of religious belief धर्म,पंथ, मत *n*; loyalty इमानीपणा, इमान *n*; promise given वचन *n*, भाक *f* [in]. -FUL *a.* विश्वासू, भाविक; खरा, इमानी, स्वामिसेवानिष्ठ (friend, servant, husband); वचन -भाक राखणारा, सत्यप्रतिज्ञ,खरा (Deut. vii.9); conformable to truth इत्थंभूत, खरा, सत्य (narrative); worthy of belief विश्वसनीय, विश्वासास योग्य;—a. f. wife पतिव्रता *f*, सती *f*. -LY *ad.* इमानें इतबारें; सत्य राखून; खरेपणानें; यथावृत्त, इत्थंभूत. -NESS इमानदारी *f*, इतबार; खरेपणा, प्रामाणिकपणा;—in a wife पातिव्रत्य *n*;—in a husband एकपत्निव्रत *n*.—FAITHLESS *a.* अविश्वासी, श्रद्धाहीन, वेइमान, खोटा, दगलबाज; —as a subject निमकहराम. -NESS अविश्वास, अश्रद्धा *f*; दगलबाजी *f*, निमकहरामी *f*.

FALCHION, FAULCHION, (*falx,* a sickle) a short crooked sword तेगा.

FALCON (do.) बहिरीससाणा. -ER बहिरीससाणा बाळगून त्यास शिकार करायास शिकविणारा. -RY बहिरीससाण्याची शिकार *f*.

FALL* *v. i.* drop down खालीं पडणें, पडणें, पतन पावणें; cease to be erect आडवा पडणें, पडणें: trees f.; empty into पडणें, मिळणें (a river into a sea); cease to live पडणें, मरणें (Ps. xc. 7); lose strength पडणें, शमणें, हलका होणें: the wind *falls*; be brought forth, said of certain animals उपजणें,जन्मणें,पैदा होणें; decline in weight or value उतरणें; depart from faith and from rectitude पतित -भ्रष्ट होणें (Heb. iv. 11); be entrapped घोटाळ्यांत -फांशांत पडणें: to f. into difficulties;—as the countenance तोंड उतरणें; asleep निजणें, झोंपीजाणें; sick रोगी पडणें -होणें; happen घडणें, येऊन पडणें, बनणें; begin with haste (करीत, मारीत इ०) सुटणें, (करायास, मारायास) लागणें: they *fell* to blows; pass or be transferred by chance, lot, distribution, inheritance, &c. जाणें, मिळणें, वांट्यास येणें: the estate *fell* to his brother; be dropped or uttered carelessly सहज तोंडांतून -तोंडावाटे निघणें (an expression); among एकाएकीं -अकस्मात् येणें; away रोड -कृश होणें; झुरणें, गळणें; पतित -भ्रष्ट होणें, फितणें, बंडावणें; विटणें, मजीत होणें (color); back मागें सरणें -हटणें; अंतरणें, चुकणें, कामांत कसर क.; calm शांत -निवांत होणें, शमणें; down नमणें, नमस्कार घालणें; जमिनीवर पडणें -उतरणें; foul हल्ला क., घाला घालणें; from पक्ष -बेत -मसलत सोडणें; फितणें, बंडावणें; in जमणें, मिळणें; मान्य होणें; आंत येणें,मिळणें: to f. into the ranks; —into the clutches of कबजांत -तावडींत सांपडणें; in with गांठ -प्रसंग पडणें, भेटणें; off आंग काढणें, माघरघेणें: friends f. off in adversity; नष्ट होणें, गळणें: words f. off by disuse; सन्मार्ग सोडणें, बिघडणें, बिथरणें, इमान सोडणें; सोडणें: his subscribers *fell* off; पडणें,गळणें (fruits); किंमत -गुण कमी होणें; on बितणें, जुपणें, लागणें; वर उतरणें; out भांडणें, बिघाड पडणें; घडणें, येऊन पडणें; over फितणें, बंडावणें; short अंतरणें, कमी पडणें; to झटणें, लागणें; under खालीं ओढणें, मोडणें; upon तुटून पडणें, अंगावर घसरणें. —*t.* नीच क., उतरणें (the voice); तोडणें, तोडून टाकणें (a tree).—*n.* पडणें *n*, पतन *n*, पात: f. from a horse; death मरण *n*, नाश, क्षय; degradation मानभंग, पदभ्रंश: the f. of Cardinal Wolsey;—as of prices उतार;—of rain वर्षाव, वृष्टि *f*;—of

snow हिमवर्ष ; — of the voice उतार, ढाळ, उतरता स्वर ; a slope ढाळ, उतार ; cascade धबधबा, पाण्याचा धोधाटा ; नदीचें समुद्रांत पडणें *n* -मिळणें *n* ; the fall of the leaf शरद् ; autumn शरद् ऋतु ; act of felling कापणें *n*, तोडणें *n* ; the first apostacy आमच्या मूळ पूर्वजांचें (आदाम व हावा यांचें) पापांत पडणें *n*, पतन *n*. -EN *a*. पडलेला ; पतित, भ्रष्ट ; पदच्युत, स्थानभ्रष्ट.

FALLACIOUS *a*. (*fallere*, to deceive) भ्रांतिजनक, खोटसाळ ; fitted to deceive ठकविण्याचा, फसविण्याचा. — FALLACY आभास, खोटेपणा ; चूक *f*, भ्रांति *f*, भ्रम ; *Logic*, मिथ्याभास, हेत्वाभास.— FALLIBLE *a*. चुकायाजोगा, चुकी होण्याजोगा, चूक करण्याजोगा, भ्रमयोग्य (men, opinions, hopes) — FALLIBILITY भ्राम्यता *f*, भ्रांतिधर्म.

FALLOW *a*.* (*Skr*. *palita*) uncultivated पडीत, बिनलागवडीचा (land) ; pale red प्याजी.—*n*. पड *f*, पडजमीन *f*.—DEER एक जातीचा हरिण, or माळशिकारी हरण !

FALSE *a*. (*fallere*, to deceive) uttering falsehood खोटें बोलणारा, लबाड, खोटा, अनृतभाषी (witness) ; perfidious बेइमान (friend, subject) ; not true बनावट, खोटा, नकली (statement, weight, measure) ; hypocritical खोटा, ढोंगी, ढोंगाचा, बेगडी, खोटानाटा, वरपंकी (tears, modesty, jewelry, colors) ; not well founded खोटा, मिथ्या (claim) [to, in]. -HOOD खोटेपणा, लबाडी *f* ; कपट *n* ; बेइमान *f* ; बनावट *f*, नकल *f*.— FALSIFY *v*. खोटा पाडणें -क. ; भंजणें, मोडणें (word).—FALSITY खोटेपणा ; लबाडी *f*, अनृत *n*.

FALTER *v*. (do.) stammer बोलतांना अडखळणें ; tremble कापणें, लटलटणें ; fail in distinctness or regularity of exercise कचकणें, घसरणें, कचखाणें [at].

FAME (*fama*) public report आफवा *f*, आवाई *f*, बोलावा *f* (Gen. xlv. 16) ; renown कीर्ति *f*, ख्याति *f*, नांव *n*. — FAMOUS *a*. प्रख्यात, नामांकित, प्रसिद्ध.

FAMILY (*famulus*, servant) collective body of persons who live in one house, and under one head घर *n*, परिवार ; household, including parents, children, and servants कुटुंब *n*, परिवार, घर *n* ; tribe वंश, कुळ *n*, घराणें *n* : f. of Abraham ; noble stock कुलीन घराणें *n*, खानदानी *f* ; — of minerals, plants, &c. वर्ग, जात *f* ; head of a f. कुलपति ; that has a f. कुटुंबी, कुटुंबवत्सल ; f. pride कुलाभिमान ; f. tale कुलकट *f* ; line of a f. कुलपरंपरा *f* ; f. honor कुल मर्यादा *f* ; f. priest कुलाचार्य ; of good f. कुलीन.—FAMILIAR *a*. घरचा, घरगुती ; closely acquainted परिचित, अभ्यस्त, निपुण, वाकबदार : f. with the Scriptures; unceremonious खळबळीत, रहाळसाळ, बोलून चालून भला : be thou f., but by no means vulgar ; well known, as a friend माहितीचा, परिचयाचा ; well understood, as a book परिचित, माहीत ; f. spirit, a demon or evil spirit supposed to attend at a call बोलावल्या बराबर -हाकेसरसें हाजीर होणारें भूत *n* [with].—*n*. खेळीमेळीचा मित्र. -ITY खळबळीतपणा, घळघळीतपणा ; सवयी *f*, अभ्यास, परिचय, राबता ; खेळीमेळी *f*, रहसाळी *f*, घसटणी *f*, जवळीक *f* ; f. breeds contempt नात्याची जसी जवळीक तसी आदराची कोवळीक, अति परिचयात् अवज्ञा. -IZE *v*. वहिवाटींत -राबत्यांत आणणें, घसणी खालीं पाडणें ; make easy by practice or study सवयीनें -अभ्यासानें -शिकण्यानें सुलभ क. -LY *ad*. संकोचावांचून, घळघळीत ; स्नेह -सख्यभावानें.

FAMINE (*fames*, hunger) दुकाळ, दुष्काळ, दुर्भिक्ष *n* ; a f. the consequence of excessive rain ओला दुकाळ.—FAMISH *v*. उपाशी

मारणें; उपासानें शक्तिहीन क.; distress with hunger उपासानें लुंघाविणें; force by famine उपासानें -उपासी ठेवून प्राप्त क. -भाग पाडणें: he had *famished* Paris into a surrender. —*i.* उपासानें मरणें; उपास -तान्ह सोसणें, उपासमर होणें.

Fan* an instrument used for producing artificial currents of air पंखा, विंझणा;—for winnowing grain सूप *n*;—to raise the fire हडपण *n.*—*v.* पंख्यानें वारा घालणें; पाखडणें, आसुडणें; हडपणें.

Fanatic (*fanaticus,* from *fanum,* temple) one who indulges wild and extravagant notions of religion धर्मवेडा -खुळा,मजनून. —**Fanaticism** धर्मवेड *n.*

Fancy (*fantasia,* a making visible) faculty by which the mind forms an image or a representation of any thing perceived before कल्पनाशक्ति *f*; conception कल्पना *f,* तर्क, तरंग; caprice लहर *f,* खोड *f,* छंद; liking formed by caprice rather than reason मन *n,* मर्जी *f,* शौक; object of liking आवडती वस्तु *f*; to indulge the *fancies* of लाड -कोड पुरवणें -चालवणें [for].—*v.* कल्पना -तर्क क.; मर्जीस येणें, आवडणें.—*i.* कल्पना क., तर्क चालवणें. -**ful** *a.*—of persons छंदी, छांदिष्ट, लहरी;—of matters मनास येईल तसा, मनःकल्पित. -**monger** मनमौजी, ख्याली.

Fang* tusk of a boar or other animal by which the prey is seized and held दाढ *f*; a long pointed tooth सुळा, सुळादात; claw पंजा, नखी *f*.

Fantastic *a.* (*Gr. phantasein,* to make visible) fanciful कल्पित, कल्पनेचा; capricious छांदिष्ट, लहरी, तब्यती.

Far* *a.* not near दूरचा, लांबचा; remote from purpose दूर, इच्छेविरुद्ध: f. be it from me to justify cruelty; remote in affection दूर (Ps. lxxiii. 27); more or most distant of the two दोहोंतून अधिक दूर; [the f. side of the horse, that is, the right side].—*ad.* दूर लांब; in great part बहुतेक अंशीं, बहुधा; as f. as जेथपर्यंत; how f. कोठेपयत; so f. एथपर्यंत, तेथपर्यंत; by f. फार, अति; f. off दूर; f. spent, to be, as day चढणें (Luke xxiv. 29; Rom. xiii. 12) [from]. -**fetched** ओढून ताणून आणलेला, क्लिष्ट. -**sighted** दूरदृष्टि, दूरवर पाहणारा; incapable of seeing near objects distinctly ज्याला जवळची वस्तु स्पष्ट दिसत नाहीं तो. -**ther** *a.* अणखी, अधिक दूर, अधिकतर.—*ad.* पलीकडचा; moreover अणखी.—**Farthest** *ad.* सर्वांहून दूर, दूरतम.

Farce (*F.*) हसविण्याचा खेळ, प्रहसन *n,* "फार्स."

Fare * *v.* go जाणें, चालणें; be in any state असणें: he *fared* ill or well; be treated or entertained at table जेवणें, खाणें, आहार क., भोजन क.; to be treated with bodily or social comforts ख्यालखुशाली -चैन क. (Luke xvi. 19); happen well or ill बितणें, गुजरणें, होणें [well, ill].—*n.* price of passage भाडें *n*;—over the sea नोर, उतार; food अन्न *n,* जेवण *n.* -**well** *int.* go well स्वस्ति कल्याण असो, क्षेम असो.—*n.* स्वस्तिकल्याणाची इच्छा *f,* स्वस्ति *n,* शेवटचा सलाम -रामराम; leave निरोप, आज्ञा *f*.—*a.* निरोप घेण्याचा, शेवटच्या भेटीचा (address).

Farina (*L.*) flour पीठ *n*; pollen पराग, पुष्परेणु. -**ceous** *a.* पिठाचा, पिष्टमय (diet); yielding flour पीठ देणारा, पिष्टजनक (seeds); like meal धान्यमय, पिष्टमय (taste).

Farm* piece of ground farmed out धाऱ्यानें -इजाऱ्यानें दिलेली जमीन *f,* शेती *f,* कुणबावा; extended piece of ground, devoted by its owner to agriculture शेत *n*; a lease कौल;—of the revenue, customs खोती *f,* मुक्ता, इजारा.—*v.* धाऱ्यानें -इजाऱ्यानें देणें -लावणें

[to]. -ER शेतकरी, रयत, कुणबी; मक्तेकरी, खोत. -ING शेती *f*, कृषिकर्म *n*; खोती *f*.

FARRAGO (*L.*) भेळमेळ *f*, पंचभेळ *f*, खिचडी *f*.—FARRAGINOUS *a.* पंचभेळीचा, नाना द्रव्यघटित (mountain).

FARRIER (*ferrum*, iron) shoer of horses नालबंद; veterinary surgeon घोड्याचा वैद्य, शालिहोत्री.—FARRIERY नालबंदी *f*; अश्ववैद्यक *n*, शालिहोत्र *n*.

FARTHER, See under FAR.

FARTHING* दोन पईंच्या किमतीचें एक नाणें आहे, 'फार्दिंग'; it is not worth a f. तें कवडीचा माल नाहीं.

FASCINATE *v.* (*fascinare*) bewitch मोहणें, भारणें, भूल घालणें; captivate वश क., चित्त हरण क. [by, with]. — FASCINATION नजरबंदी *f*, ज्यादू *f*; भूल *f*, मोहन *n*, मोहिनी *f*.

FASHION (*facere*, to make) आकार, घाट, डौल: f. of a house; prevailing mode or style तऱ्हा *f*, मोड, रीत *f*, रवेश *f*; mode of action चाल *f*, प्रथा *f*, परिपाठ;—of a garment बेत, कातरणी *f*.—*v.* घडणें, करणें; बेताप्रमाणें -चालीप्रमाणें क. -ABLE *a.* लोकचालीचा, जनरूढीचा; genteel शिष्ट, सभ्य, संप्रदायाचा (society); observant of the fashion लोकव्यवहारानुसार.

FAST* *a.* firmly fixed ठाम, ठास, घट्ट: to stick f. in the mud; strong बळकट, मजबूत; निबिड, दाट (places); steadfast स्थिर, विश्वासू, इमानी (friend); deep घोर, गाढ, गडद (sleep); swift चपळ, जुलद (horse); rash and inconsiderate उतावळा, हूड;—as color पक्का; f. and loose चंचळ, धरसोडीचा.—*ad.* घट्ट, गच्च; जलद, लवकर; f. by जवळ, निकट; to sit f. खेटणें. -EN *v.* गच्च -बळकट बसविणें, बसविणें; secure, as by lock, bolt, &c. कड्या कुलपें लावून बंदोबस्त क.;—as with nails ठोकून बसविणें -जडणें;—with cords बांधणें, जखडणें; cause to take effect लागू क.—*i.* चिकटून -धरून असणें;—as a leech लागणें. -NESS गच्च -घट्टपणा; निर्धार, एकनिष्ठा *f*, निश्चय; गढी *f*, किल्ला, कोट.

FAST* *v.* abstain from food उपास क., उपाशी राहणें; practise abstinence as a religious exercise or duty उपास -उपोषण क.;—dietetically लंघन क.—*n.* उपास, निराहार, लंघन *n*; उपोषण *n*, उपवास; to terminate a f. उपास -पारणें सोडणें.

FASTIDIOUS *a.* (*fastus tædium*, loathing for any sort of enjoyment) delicate to a fault मिजाजखोर, चोखंदळा, खंतखोर [in]. -NESS मिजाज *f*, नाजकाई *f*. चोखटपणा.

FAT* *a.* abounding with fat चरबीदार; fleshy मांसल; plump लठ्ठ, पुष्ट, गुबगुबीत; greasy चिकण, चरबीदार; oily तेलकट, स्निग्ध; gross स्थूल, जड; stupid मूर्ख, मंदमति, जड; yielding a rich supply मातबर, धनत्तर (soil); [*Typog.* affording light work, as a page having much blank space]. —*n.* an oily, concrete substance, deposited in the cells of the adipose or cellular membrane, under the skin, and in various other parts of animal bodies चरबी *f*, मांदें *n*; the best part उत्तमांश.—*v.* पुष्ट -लठ्ठ क., माजवणें.—*i.* पुष्ट होणें, माजणें, अंगानें भरणें; मातबर क., खत घालून सुपीक क.: to *fatten* land. -LING कापण्या करितां पोसवलेलें कोंकरूं वगैरे जनावर *n*. -NESS पुष्टपणा, पुष्टि *f*; चरबी *f*, मेद; सुपीकपणा, मातबरी *f*. -TINESS चिकणाई *f*, चिकणपणा. -TEN *v.* पुष्ट क., माजवणें, अंगानें भरवणें इ० [on]. See FAT *v.* -TY *a.* चरबीदार; तेलकट, स्निग्ध.

FATE (*fatum*) decree or word pronounced by God देवाचा ठराव, ईश्वरी नियोग -विधान *n*; destiny supposed to be independent

of a divine origination or control दैव *n*, नसीब *n*; predetermined event दैवयोग, घटित *n*, पूर्व संकल्प; death मरण *n*; final lot शेवट, परिणाम, गत *f*.—FATAL *a*. deadly जीवघेणा, प्राणघातक; calamitous अरिष्टाचा, अनर्थाचा. -ISM, doctrine that all things are subject to fate दैव -अदृष्ट-वाद. -IST दैववादी, दैवचिंतक. -ITY दैवाधीनता *f*; अदृष्ट *n*, दैव *n*.

FATHER* (*pater*, *Skr. pitri*) male parent बाप, पिता; progenitor कुल पुरुष, पूर्वज; *pl* वडील, पूर्वज *pl*; he who performs the offices of a parent by maintenance, affectionate counsel, protection, or the like पाळक, पोषक, बाप; a distinguished teacher गुरु, बाप; he who is venerated for age, kindness, wisdom, &c. बाबा, बावा, आचार्य, मुरशीद; producer, author, or contriver उत्पादक, जनक, बाप (Gen. iv. 21); the Supreme Being परमेश्वर; *Theol.* the first person in the Trinity ईश्वर त्र्येकत्वांतील पहिला, बाप, पिता (Matth. vi. 9); [a dignitary of the R. C. Church, a superior of a convent, a confessor, or a priest; a dignitary or elder clergyman in the Protestant church, as an archbishop, bishop, or pastor; one of the chief ecclesiastical authorities of the first centuries after Christ]; adoptive f. पोष्णा बाप; natural f. अनौरस बाप; putative f. मानलेला बाप; derived from f. पित्रार्जित; relating to a f. पित्र्य [of, to].—*v*. -चा बाप होणें; beget जन्मदेणें: cowards f. cowards; adopt दत्तक घेणें; assume as one's own work आपलासा ह्मणणें -मान्य क.; — upon कडे लावणें, आरोपणें. -HOOD बापपणा, पितृत्व *n*. -IN-LAW सासरा; [*Obs.* a man who marries a woman having children already is popularly called their f.] -LESS *a*. निबाप्या, पितृहीन (child). -LY *a*. बापासारखा, बापाचा, पितृवत् (care); बापाचा.

FATHOM* a measure of six feet वांव *f*, *n* —used chiefly at sea.—*v*. sound the depth of ठाव-तळ पाहणें; find the bottom of ठिकाण -शोध लागणें. -LESS *a*. अगाध, बेठाव, अतल.

FATIGUE (*fatigare*, to tire) weariness from bodily labor or mental exertion क्षीण, ग्लानि *f*, श्रम; toil श्रम, कष्ट.—*v*. क्षिणवणें, भागवणें, दमवणें [with, by].

FATUITY (*fatuitas*) weakness of mind चळ, खूळ *n*, पिसें *n*.—FATUITOUS *a*. खुळा, नष्टबुद्धि.

FAULT (See FAIL) defect उणेंपणा, कमताई *f*; a blemish खोड *f*, गोम *f*, व्यंग *n*; moral failing अपराध, दोष; to be at f. कुंठित होणें, चकभूल होणें, थकणें; to find f. with दोष ठपका, देणें; to bring up (against) one's *faults* नालस्ती सांगणें; to expose one's secret *faults* छिद्रें -वर्में काढणें. -LESS *a*. पूर्ण, पुरता, सांग; बिनखोड, अव्यंग, निर्बाध; निर्दोष, निरपराध.—FAULTY *a*. उणा, कोता, अपूर्ण; ऐबदार, खोडकर; दोषी, अपराधी; सदोष, अशुद्ध.

FAVOR (*favere*, to be favorable) kind regard कृपा *f*, मेहेर *f*, लोभ; support अनुकुलता *f*, सोई *f*, आश्रय; a kind act उपकार, आभार; lenity दया *f*, सौम्यता *f*; a present भेट *f*, नजर *f*: a marriage f.; partiality पक्षपात, तरफदारी *f*; a letter पत्र *n*: your f. of yesterday; token of f. प्रसाद; by one's f. -च्या परवानगीनें. —*v*. कृपा क.; कृपादृष्टीनें पाहणें; aid आश्रय -हिमाईत देणें; afford advantages for success सोयीवार पडणें, अनुकूळ होणें. -ABLE *a*. उपकारी, सुप्रसन्न, अनुकूळ; conducive उपयोगी, उपयुक्त; सोयीचा, सोईवार. -ED आभारी, अनुग्रहीत. -ITE *a*. & *n*. आवडता, लाडका, प्रिय.

FAWN (*F*.) हरणाचें पिलूं *n*, पाडस *n*.

Fawn* *v.* court favor by low cringing आर्जव करून मर्जी संपादणें; flatter meanly हाजी हाजी क., थुंकी झेलणें, जीजी क. [on]. -**er** आर्जवी, थुंकी झेलणारा, तोंडपुज्या.

Fealty (*fides,* faith) राजनिष्ठा *f,* निमकहलाली *f,* प्रजाधर्म.

Fear* a painful emotion or passion excited by an expectation of evil, or the apprehension of impending danger भय *n,* भीति *f;* dread दहशत *f,* धास्ती *f;* terror जरब *f,* धाक; *Scrip.* apprehension of incurring, or solicitude to avoid, God's wrath ईश्वरी क्रोधाचें भय *n;* trembling and awful reverence felt toward the Supreme Being ईश्वरभीति *f,* सद्भीति *f;* respectful reverence for men of authority or worth मान, अदब *f;* source of terror भय *n,* भयहेतु [of].—*v.* भिणें, भय धरणें; जरब -धाक असणें -बाळगणें.—*i.* भय वाटणें; चिंता -काळजी वाहणें -लागणें. -**ful** *a.* भयभीत, भ्यालेला, आशंकित; timid भित्रा, भ्याड, भेकड; indicating fear भयसूचक -दर्शक; frightful भयंकर, भ्यासूर. -**less** *a.* निर्भय, बेपरवा, निश्शंक; bold धीट, शूर. -**ly** *ad.* बेधडक, बेलाशक; निर्भय, बिनघोर.

Feasible *a.* (*facere,* to do) करण्याजोगा, व्हायाजोगा, साध्य.—**Feasibility** संभावना *f,* घटनीयता *f,* साध्यता *f.*

Feast (*festum*) a festival सण, उत्सव; a festive meal मेजवानी *f,* सण.—*v. i.* मेजवानीचें जेवण जेवणें, घमंडी -दिवाळी क.; be highly gratified धन पुरविणें, संतोष पावणें.—*t.* मेजवानी क.; हौस पुरविणें: to f. the eyes डोळ्याचें पारणें फेडणें [on].

Feat (*facere,* to do) काम *n,* कृत्य *n;* striking act of strength, skill, or cunning पराक्रम, कसरत *f,* कसब *n,* इ०.

Feather* a plume पीस *n,* पर *n;* kind जात *f;*—of an arrow परांगिरी *f;* to get a f. in one's cap तुरा लावणें; birds of a f. एका माळेचे मणी *pl;* to show the white f. भित्रेपणाच्या खुणा दाखविणें, पायांत शेपूट घालणें.—*v.* पंखांनीं सुशोभित क., पंखें लावणें; to f. one's nest आपल्या पानावर पोळी ओढणें, आपलें घर भरणें.

Feature (*facere,* to make) appearance of a person आकार, डौल; good appearance सुरूप *n;* appearance of the human face रूप *f,* चेहरा, तोंडवळा; any marked peculiarity रूप *n,* लक्षण *n.*

Febrile *a.* (*febris,* fever) ज्वराचा, तापाचा, ज्वरसूचक.—**Febrifuge** तापाचें औषध *n.*—*a.* तापावरचा, ज्वरहारक.

February (*februare,* to purify) इंग्रजी वर्षाचा दुसरा महिना, माघ-फाल्गुन.

Feces (*fæx*) मळ, गू, विष्टा *f.* — **Feculence** गढूळपणा; sediment गाळ, रेंदा, मळ.—**Feculent** *a.* गढूळ, रेंदाळ, मलीन.

Fecund *a.* (*feo,* to fructify) बहुप्रसव, प्रसवशील. -**ity** साफल्य *n,* फलदातृत्व *n;* power in female animals of producing young in great numbers प्रजाजनकत्व *n.*

Federal *a.* (*fœdus,* league) कराराचा, संकेताचा; composed of states or districts which retain only a subordinate and limited sovereignty जुटीच्या संस्थानांचा, संयुक्त संस्थानांचा.

Fee* property मालमत्ता *f,* जिंदगी *f;* reward for services दस्तुरी *f,* 'फी' *f,* हक्क; a visiting physician's f. पायफोडणी *f;* copyhold पट्टा.

Feeble *a. F.* deficient in physical strength अशक्त, निर्बल, नबला; wanting force निर्बल, लिचापिचा;—as voice बारीक; not bright मंद, अंधक. -**minded** *a.* कोवळ्या -हलकया बुद्धीचा; irresolute चंचळ, अस्थिर.

Feed* *v.* give food to खायाला देणें -घालणें, अन्न देणें; supply पुरवणें; satisfy तृप्त क.,

-ची धण -हौस पुरवणें : to f. the eye with the beauties of scenery; graze चारणें, चारा घालणें; as fuel सरपण घालणें; to f. with hopes आशा लावणें.—*i.* खाणें; गुजराण -उदरनिर्वाह क. [on, upon]; गुरें चारणीस घालणें.—*n.* चारा; pasture-ground कुरण *n*; certain portion of provender given to a horse, cow, &c. चंदी *f*; [water supplied to steam-boilers]. -ER अन्न देणारा -पुरविणारा; खाणारा, गुजराण करणारा; one who fattens cattle for slaughter कापण्यासाठीं गुरें पुष्ट -तयार करणारा; a fountain, stream, or channel that supplies a main canal with water नळ, कालवा इ०-कांस पाण्याचा पुरवठा करणारा झरा, ओहळ इ०; a branch railroad or a side line which increases the business of the main line आगगाडीच्या रस्त्याची शाखा *f*.

FEEL* *v.* perceive by the touch स्पर्शज्ञान पावणें, चांसपून पाहणें, स्पर्शणें, स्पर्श क.; touch स्पर्श क., शिवणें; have the sense of -चा समज -बोध होणें -असणें; be conscious of मनांत समजणें, अनुभव होणें, वाटणें, लागणें; after शोधणें, चापसणें; of चांपसून पाहणें. —*i.* स्पर्शज्ञान होणें; have the sensibilities moved चित्त द्रवणें, कळवळा येणें, पान्हा फुटणें; to f. for others दुसऱ्याचें दरद जाणणें; वाटणें, लागणें: to f. grieved; appear to the touch -स लागणें: blind men say black *feels* rough; to f. sore वरमणें;—well बरें वाटणें;—pleasant भावणें [with, for]. -ER—of an insect किड्याची मिशी *f* -चें शिंग *n*. -ING, sense of touch स्पर्शेंद्रिय *n*; perception स्पर्शज्ञान *n*, बोध, समज; capacity of soul for emotional states करुणा *f*, दया *f*, कळवळा: a man of f.; any mental state चित्तवृत्ति *f*, मनोधर्म: a wrong f.—*p. a.* दयालु, करुणार्द्र (heart); कळवळा -करुणा आणायाजोगा, करुणारसभरित, करुणात्मक (eloquence).

FEIGN *v.* (*fingere*) contrive रचणें, योजणें, कल्पणें; pretend ढोंग -सोंग -मीस क. -ED मनःकल्पित, रचलेला, कृत्रिम; सोंगाचा, ढोंगाचा, कपटी.—FEINT ढोंग *n*, सोंग *n*; mock attack चमक *f*, हूल *f*, पेच.

FELICITATE *v.* (*felix*, happy) सुखी -आनंदी क.; express joy आनंद दर्शविणें, अभिवंदन क. —FELICITY, enjoyment of good सुखानुभव; blissfulness परम सुख *n*, आनंद; prosperity उत्कर्ष, भरभराट.—FELICITOUS *a.* सुखी; skilful चतुर; appropriate योग्य, उचित (words).

FELINE *a.* (*felis*, cat) मांजराचा, किंवा मांजरांचा (race).

FELL *a.* * क्रूर, निर्दय, घातकी.—*n.* कातडें *n*; wool f.—*v.* cause to fall पाडणें, जमीनदोस्त क., चीत क.; hem तुरपणें [with].

FELLOE, FELLY * outward part or rim of a wheel पावटा.

FELLOW* one who follows मागून जाणारा, आनुयायी; companion सोबती, संगती; a sharer साथी, पातीदार; ignoble or mean man लुच्चा, पाजी, अधम, गाढव, बैल: worth makes the man, and want of it the f.; an equal बरोबरीचा, भाऊ, तोड *f* (Zech. xiii. 7); one of a pair जोडा, जोडीचा, जोडींतला एक; a person माणूस, जण, मनुष्य;—familiarly गडी, भाई; [one of the associates in an English college, admitted to share in its revenues; a member of a literary or scientific society]; in comp. एक, सम, सह, स; f. -student सहाध्यायी; f.-countryman एकदेशस्थ; a fine f. गाजी, मर्द. -SHIP सोबत *f*, संगत *f*, सहवास; भागी *f*, साथी *f*; *Arith.* सर्कत *f*, वाटणी *f*; single f. एकेरी स० *f*; double f. दुहेरी स० *f*; *Eng. Univ.* फेलोची जागा *f* -वृत्ति *f*.

FELON (*felo*) *Law*, आततायी, साहसी; a person guilty or capable of heinous crime महा-

पातकी; *Med.* whitlow नखुरडें *n.*—FELONY, an offense which occasions a total forfeiture of either lands or goods, or both, at the common law, and to which capital or other punishment may be added, according to the degree of guilt घोर साहस *n*, आततताईपणा; a heinous crime महापातक *n*.

FELT* जेन, बुरणूस, नमदा; [a hat made of wool].

FEMALE (*femina*, woman) an individual of the sex among animals which conceives and brings forth young स्त्रीजात *f*, बायको माणुस *n*;—of animals or plants मादी *f*.—*a*. बायकोचे जातीचा, स्त्रैण; स्त्रीचा, स्त्रीजातीय.—FEMININE *a*. स्त्रीचा; womanish बायक्या, नामर्द; graceful साजरा, गोजिरवाणा; modest सलज्ज, मर्यादशील; affectionate ममताळु; *Gram*. स्त्रीलिंग.

FEMORAL *a*. (*femur*, thigh) मांडीचा, उरुसंबंधी.

FEN* पाणथळ *n*, दलदल *f*.

FENCE (See DEFENCE) रक्षण *n*, त्राण *n*; enclosure about a field कुंपण *n*, वई *f*; fencing दांडपट्टा; [a receiver of stolen goods, or a place where they are received].—*v*. रक्षण -बचाव क.; कुंपण घालून राखणें, कुडणें.—*i*. कुंपण घालणें; [defend one's self by the use of the sword].—FENCER नेचा, नेचरी *f*; कूड -वई घालणारा; दांडपट्टा शिकविणारा किंवा खेळणारा.—FENCING दांडपट्ट्याचा खेळ; a system of fencing कुंपण घालण्याची रीत *f* -ची पद्धत *f*.

FENNEL* बडीशोप *f*, वरियाळी *f*.

FENUGREEK (*fœnum græcum*, Greek hay) मेथी *f*.

FERMENT *v. i.* (*fervere*) उमळणें, खतखतणें. -ATION उमाळा, खतखत *f*.

FEROCIOUS *a*. (*ferus*, wild) क्रूर, उग्र, हिंस्र. -NESS क्रूरपणा, उग्रपणा, क्रौर्य *n*.

FERREOUS *a*. (*ferrum*, iron) लोखंडाचा, लोहमय.—FERRULE मांडळ *f*, विडी *f*, वसू *n*.

FERRY* *v*.. तरीपार उतरणें -नेणें [over].—*i*. तरीपार जाणें.—*n*.—the boat तर *f*;—the place तर *f*. -BOAT तर *f*. -MAN तान्या, उतान्या.

FERTILE *a*. (*ferre*, to bear) पिकाऊ, सुपीक; inventive कल्पक, करामती (mind); capable of producing fruit फळ देणारा (flowers) [in].—FERTILITY पिकाऊपणा, सुपीकपणा, मातबरी *f*; प्रचुर कल्पना *f*, युक्तिबाहुल्य *n*.—FERTILIZE *v*. सुपीक क.

FERULE (*ferula*) a flat piece of wood, used for striking children in punishment चापटी *f*.

FERVENT *a*. (*fervere*, to boil) उष्ण, गरम, उकळता, कडकडीत; warm in feeling उत्साही, आवेशी, हौसदार.—FERVENCY उत्साह, आवेश, अनुराग.—FERVID *a*. उष्ण, कढत, संतप्त; उत्साही, हौसदार, उमेदवार.—FERVOR उष्णता *f*; ardor उत्कंठा *f*, हौस *f*.

FESTAL, FESTIVE *a*. (See FEAST) सणाचा, उत्साहाचा, सोहळ्याचा.—FESTIVAL *a*. सणासंबंधी.—*n*. सण, सणाचा दिवस.—FESTIVITY आनंद, उत्साह, सण, पर्वणी *f*.

FESTER* *v.i.* grow virulent चिडणें, चरणें (a wound); become malignant and invincible दुष्ट आणि अनिवार होणें (passions).—*t*. सलणें, खुपणें.—*n*. चरता व वाहता व्रण -पुटकुळी *f*.

FETCH* *v*. go and bring जाऊन आणणें, आणणें; obtain as price किंमत येणें, उभें राहणें, मिळणें; reach पोंचणें [from].—*n*. डाव, पेच.

FETID *a*. (*fœtere*, to stink) वासट, उबट, घाणेरा.

FETLOCK (*feet* and *lock*) मेवराचे केश *pl*, अथवा त्यांची जागा *f*.

Fetter* a shackle पायाची बिडी *f*, बेडी *f*; chain सांखळी *f*, शृंखला *f*; a restraint अटकाव, खोडा, अवरोध.—*v.* बेडी घालणें; अटकाव क., गति कुंठविणें [with, by].

Fetus (*L.*) गर्भाशयांतील प्राणी, भ्रूण *n*.

Feud* a combination of kindred to revenge injuries or affronts, done or offered to any of their blood, on the offender and all his race सूड उगविण्या करितां एक झालेल्या कुटुंबाची, किंवा गोतांची जूट *f*; inveterate strife between families, clans, or parties in a state कुटुंबा कुटुंबाचा-गोता गोतांचा कलह; a deadly quarrel मोठें भांडण *n*, तट, खानाजंगी *f* [with, between]; (see Fee) stipendiary estate in land, held of a superior, by service जहागीर, मोकासा. -al *a.* जहागिरीचा.

Fever (*febris*) a diseased state of the system, marked by increased heat, acceleration of the pulse, and a general derangement of the functions ताप, ज्वर; unnatural or excessive excitement of the passions in consequence of strong emotion चित्तक्षोभ, मनस्ताप; low f. जीर्णज्वर; putrid f. बेडामधुरा; quartan f. त्र्याहिक ज्वर, तिजारें *n*; quintan f. चातुर्थिक ज्वर; quotidian f. ऐकाहिक; tertian f. द्व्याहिक, दुजारें *n*;—with ague हिंवताप; inflammatory f. तप्तज्वर; intermittent f. अंतऱ्याताप; remittent विषमज्वर; typhus f. सन्निपातज्वर. *Hindu Med. Superst.*—by incantation अभिचारज्वर. -ish *a.* तापानें आंग मोडून आलेला, ज्वरोन्मुख; to feel f. कणकणणें; fickle चंचल; hot उष्ण, तप्त. -ness कणकणी *f*.

Few* *a.* थोडा, कांहीं, अल्प. -ness थोडेपणा, अल्पता *f*.

Fiat (*L.*) आज्ञा *f*, हुकूम.

Fib (See Fable) लबाडी *f*.

Fibre (*fibra*) तंतु, तांतू;—of a leaf, wood, &c. शीर *f*, हीर;—of a root पाळ, पागोरा.—Fibrous *a.* तांतूचा, तंतुमय.

Fibula (*L.*) outer and smaller bone of the leg बहिर्जंघास्थि; *Surg.* needle for sewing up wounds जखम शिवण्याची सुई *f*.

Fickle * *a.* चंचळ मनाचा, चंचलबुद्धि. -ness चांचल्य *n*, चंचल बुद्धि *f*.

Fico (*ficus*, fig) to give the—टुकटुकाविणें.

Fiction (*fingere*, to invent) कल्पिणें *n*, रचना *f*; that which is feigned कल्पित गोष्ट *f*, कादंबरी *f*; a story feigned to deceive थोतांड *n*, तरकट *n*.—Fictitious *a.* कल्पित, रचलेला; कृत्रिम, बनावट, कपटाचा.

Ficus (*L.*) f. carica अंजिराचें झाड *n*; f. scabriuscula बोखाडा, काळाउंबर; f. benjamina नांदरूख *f*; f. indica वड; f. religiosa पिंपळ.

Fiddle * सारंगी *f*;—of one string किनरी *f*.—*v. i.* सारंगी वाजवणें.—*t.* सारंगीवर गाणें. -faddle उकळाउकळ *f*, उचलाउचल *f*, रिकामा -लांडा कारभार. -stick सारंगीचा गज -ची कमान *f*. -string सारंगीची तार *f*.—Fiddler सारंग्या, किनऱ्या.

Fidelity (*fides*, faith) विश्वासूपणा; loyalty राजनिष्ठा *f*, स्वामिभक्ति *f*; honesty इमान, प्रामाणिकपणा; adherence to right सत्यानुयाय; adherence to one's promise एकवचन *n*, स्ववचननिष्ठा *f*.

Fidget *v. i. D.* चळवळणें, चुळबुळणें, मुंगळा लागणें.—Fidgety *a.* चुळचुळ्या, तिरतिऱ्या, चंचळ.

Fie *int.* छत्, छी, छु; f.! f.! छीछी, शिवशिव,

Fief *F.* जहागीर, मोकासा.

Field * felled ground वावर *n*, वाडी *f*; cultivated ground शेत *n*; a cleared space where a battle is fought रणभूमि *f*, रणांगण *n*; a battle रण *n*, युद्ध *n*; an open space of any kind मैदान *n*, पटांगण *n*,

क्षेत्र *n*; favorable opportunity for action, operation, or achievement संधि, वेळ *f*, प्रसंग. -BED सफरीपलंग. -BOOK, a book used in surveying जंगली खरडा. -MARSHAL मुख्य सेनापति. -PIECE स्वारीची लहान सफरी तोफ *f*. -PREACHER मैदानांत उभा राहून उपदेश करणारा. -SPORT शिकार वगैरे वनक्रीडा *f*, मृगया *f*.

FIEND * भूत *n*, पिशाच *n*. -ISH *a*. भुतासारखा, पैशाच; malignant अतिदुष्ट.

FIERCE *a*. (*ferus*, wild) प्रचंड, दारूण (winds); savage क्रूर, उग्र (beasts); vehement in anger कडक्क, जालीम, प्रखर. -NESS उग्र -जालीम स्वभाव; जलालि *f*, प्रखरता *f*, तलखी *f*.

FIERY *a*. (See FIRE) अग्नीचा, अग्निमय; vehement तापट, तलख, जाज्वल; passionate रागीट, तापट; fierce क्रूर, उग्र.

FIFE * (*pipa*, pipe) पोंवा, मुरळी *f*, वेणु.

FIFTH, See under FIVE.

FIG (*ficus*)—the tree अंजिराचें झाड *n*;—the fruit अंजीर *n*; array थाट; dress पोशाक; Indian f. वड, वट; holy f. पिंपळ.

FIGHT* *v. i*. contend for victory, in battle or in single combat लढणें, झुंजणें [with, against]; make resistance अडथळा-विरोध क.—*t*. लढाई क., युद्ध -लढाई चालविणें, लढाईत गुंतणें; -शीं भिडणें -भांडणें: he *fought* the enemy.—*n*. लढाई *f*, युद्ध *n*; भांडण *n*, झगडा. -ING *p. a*. लढाऊ, लढाईच्या कामाचा, युद्धोपयोगी.

FIGMENT (*fingere*, to form) कल्पना *f*, कल्पित गोष्ट *f*.

FIGURE *n*. (do.) form आकार, आकृति *f*; appearance रूप *n*, मुद्रा *f*; imaginary phantom आभास, छाया *f*, भूत *n*; representation of the human body मनुष्याचा पुतळा, प्रतिमा *f*; drawing चित्र *n*, नकाशा; ornamental shape नकशी *f*, वेलबुटी *f*, बूट; distinguished appearance रंग, नकाशा, शोभा *f*; impression made by the career of a person छाप *f*; digit अंक, अंकडा; value, as expressed in numbers किंमत *f*, अंकडा; type दर्शक चिन्ह *n*, प्रतिरूप *n* (Rom. v. 14); *Rhet*. वाक्यालंकार, शब्दालंकार; to cut a f. छान मारणें, नकशा क., विराजणें.—*v*. आकार क., पुतळा बनावणें; चित्र काढणें, रेखणें; अंकानें दर्शविणें; calculate हिशेब क.; प्रतिरूपानें -लक्षणानें सांगणें -दर्शविणें; imagine in the mind कल्पिणें, मनांत धारणें; prefigure पूर्वीं सुचविणें; वेलबुटी काढणें, अलंकृत क.; out मोजून एकंदर जमा पाहणें; up मिळवणें, बेरीज क.—*i*. छान -फड मारणें.—FIGURED *a*. बुट्टीदार, नकशीदार.—FIGURATIVE *a*. लाक्षणिक, सादृशावरून घेतलेला; not literal लाक्षणिक, औपचारिक, अलंकारयुक्त (description); representative दर्शक, प्रतिमेवरून दाखविणारा.

FILACEOUS *a*. (*filum*, thread) तंतुमय, सूत्रमय.—FILAMENT तांतू, सूत्र *n*, केसर.

FILCH* *v*. चोरणें, नागवणें [from]. -ER चोर, भामट्या.

FILE (*filum*, thread) row रांग *f*, कतार *f*, माळका *f*;— of soldiers रांग *f*; collection of papers, arranged for preservation and ready reference तबलक *f*, 'फैल' *n*; the wire by which papers are put and kept in order कागदपत्र ओवून ठेवण्याची तार *f* -दोरी *f*, तबलक *f*; a roll पट, यादी *f*, फेरिस्त *n*; [rank and f., the body of private soldiers composing an army].—*v*. रचणें, जुळणें; तबकांत -फैलात -घालणें -ठेवणें; bring before a court or legislative body by presenting proper papers in a regular way कोर्तापुढें किंवा कायदे करणारे मंडळी पुढें रीती प्रमाणें कागदपत्र -खटला आणणें, फिर्याद क.; *Law*, फैलावर चढवणें, कोर्ताच्या

दप्तरांत (अर्जी, खटला वगैरेची) मीति -नंबर वगैरे मांडणें. — *i.* रांगेनें चालवणें, एकामागून एक चालवणें [off].

File* कानस *f, m.*—*v.* कानसीनें घांसणें -घांसून साफ क., कानसणें; smooth साफ -गुळगुळीत क. [down, away].—**Filing** कीस, चुरा.

Filial *a.* (*filius*, son, *filia*, daughter) पुत्राचा; पुत्रधर्मक; कन्येचा; पुत्रिकाधर्मक; f. affection पितृभक्ति *f*; f. duty पुत्रधर्म.

Fill* *v.* make full भरणें (John ii. 7); supply abundantly भरती -भरणा क., पुरवणें; cause to abound वृद्धिंगत क., भरणें (Gen. i. 22); satisfy तृप्त क. (Matth. xv. 33); glut टेर क., कंठापर्यंत खायाला घालणें, मिठी बसवणें: sweet things are *filling*;—an office जागा भरणें, अधिकार -काम चालवणें; in भरणें, ओतणें; out पाहिजे तेवढें भरणें; up व्यापणें, भरणें, अटपणें; बुजवणें, भरणें [with, from].—*i.* भरणें; तृप्त होणें; fill a cup for drinking पिण्याकरितां प्याला भरणें; give to drink प्यायाला देणें; up भरणें, बुजणें.—*n.* भरती *f*, भर *f*.

Fillet (*filum*, thread) a band for the hair पट्टी *f*; fleshy part of the thigh जांघेचा मांसल भाग; loins of a horse घोड्याची कमर *f*.

Fillip *W.* टिचकी *f*, टचकी *f*.—*v.* टिचकी मारणें.

Filly *W.* a young mare शिंगी *f*; a romp घोडी *f*, धांगडधिंगी *f*.

Film* a thin skin तवंग, सारा, कोशेरा; —over the eye पटल, पडदा, सारा; a dusky f. over the eye कवडा; slender thread फुसका दोरा -धागा, सूक्ष्मतंतु, कोळ्याचें सूत *n*.

Filter *F.* strainer गाळणें *n*;—for water गळती *f*;—of cloth शोधणें *n*.—*v.* गाळणें, निथळणें [through].—*i.* गळणें, निथळणें, पाझरणें.—**Filtration** गाळणी *f*.

Filth* dirt घाण *f*, मळ, हेंदर; corruption भ्रष्टता *f*, कुत्सितपणा.—**Filthy** *a.* हेंदरा, घाणेरडा; ओंगळ, कुत्सित. —**Filthiness** हेंदरेपणा, मलीनता *f*, अशुद्धता *f*.

Fin* माशाचा पर -चें पंख *n*. -**ny** *a.* सपक्ष.

Final *a.* See under **Fine**.

Finance (*finis*, end) income of a ruler or state राज्याचा वसूल, वसूल, जमा *f*.—**Financial** *a.* वसूलजमा प्रकरणीचा, महसुली, नगदी.

Find* *v.* meet with, or light upon accidentally अकस्मात् गांठपडणें, अढळणें, भेटणें; experience अनभव -दाखला येणें, समजणें: the torrid zone is now *found* habitable; feel वाटणें; discover by sounding ठिकाण -थांग लावणें (bottom); come upon by seeking सांपडणें, मिळणें (Matth. vii. 7); provide for पुरवणें, साहित्य -पुरावा क.: he *finds* his son in money; determine, as true ठरवणें, निर्णय क. (a verdict); out शोधून -धुंडून -तलाश करून काढणें; उमगणें, शोध लागणें;—fault with दोष -बोल लावणें; —one's self असणें, होणें: how do you f. yourself this morning? [from, by, among].—*i.* *Law* कोर्तास अभिप्राय कळविणें: the jury f. for the plaintiff. -**ing** शोध; *pl* सामान *n*, साहित्य *n* (जसें चांभाराचीं हातेरें, सूत, मेण इ०); जुरीचा अभिप्राय.

Fine *a.* (*finitus*, finished) excellent चांगला, उत्तम, नामी, फर्मांशी, खासा, शोलका; showy शोभिवंत, छानदार, ढबदार (writing); not coarse बारीक, सूक्ष्म (thread); thin पातळ, बारीक (edge); made of fine materials बारीक, तलम, नाजूक (silk); artful हिकमती, कावेबाज; [f. arts, originally, poetry, music, &c.; of late, painting, sculpture, engraving, and architecture].

—*v.* शुद्ध क., गाळणें (wine, gold). -NESS बारकाई *f*, सफाई *f*; नाजकाई *f*, सूक्ष्मता *f*; टुम *f*, झळक *f*, भडक *f*; सुंदरपणा.—FINER गाळणारा.—FINERY छानदारीचा पोशाक.—FINICAL *a*. ठाकाठिक्या, चापचोप्या; ठाकठिकीचा, चापचोपीचा (dress).

FINE (*finis*, end) दंड, गुन्हेगारी *f*, धनदंड. —*v.* दंड क., गुन्हेगारी घेणें.—FINABLE *a*. दंड घ्याया -करायाजोगा, दंडनीय.—FINAL *a*. शेवटचा, शेवटील, अंत्य, निदानीचा (hope); conclusive निश्चयाचा, निर्णायक; respecting the end or object to be gained हेतुविषयक; [f. cause is that for the sake of which any thing is done].—FINISH *v*. arrive at the end of शेवटास पोंचणें; bring to an end शेवटास -तडीस नेणें; complete पुरा -पूर्ण क.; polish ओजवणें, संस्कृत क. [with].—*n*. ओज *f*, सफाई *f*, झिलई *f*. -ED ओजवलेला, संस्कृत, परिष्कृत, सफाईदार; पूर्ण, निष्पन्न, संपन्न.—FINITE *a*. समर्याद, सावधिक.

FINGER* one of the five terminating members of the hand बोट *n*, अंगुली *f*; one of the extremities of the hand, not including the thumb बोट *n*; breadth of a finger अंगुष्टमान *n*, बोट *n*; skill in the use of the fingers हस्तचापल्य *n* -कौशल्य *n*; little f. करंगळी *f*; ring-f. अनामिका *f*; middle f. मधलें बोट *n*, मध्यमा *f*; fore-f. तर्जनी *f*.—*v*. बोटांनीं स्पर्श क. -धरणें; बोटांनीं खेळणें, वाजवणें, काम क. इ०; touch lightly हळूच स्पर्श क.; pilfer चोरणें. -ED *a*. बोटांचा, सांगुल, बोट्या; *Bot*. बोटां सारख्या पानांचा; light-f. चोरटा, उचल्या.

FIR* देवदार.

FIRE* evolution of light and heat in the combustion of bodies विस्तव, अग्नि; fuel in a state of combustion आगटी *f*, शेकटी *f*; the burning of a house or town घर किंवा गांव जळणें *n*, आग *f*; conflagration आगीचा डोंब, मोठी आग *f*; ardor of passion आग *f*, तलखी *f*, बहाली *f*; intellectual and moral enthusiasm उत्साह, हौस *f*; splendor तेज *n*, प्रभा *f*; torture by burning अग्नियातना *f*; affliction दुःख *n*, क्लेश; discharge of fire-arms गोळीमार, आग *f*;—on f. जळत; to set on f. पेटविणें, आग लावणें; to add fuel to the f. आगीवर तेल ओतणें.—*v*. आग लावणें; पेटवणें; चेतविणें, खिजविणें, संतापवणें; animate चेव आणणें, उठावणी क.; बारसोडणें; cauterize डागणें, लासणें [with].—*i*. पेटणें, चेतणें; संतापणें, कोपणें, रागास पेटणें; बारसोडणें. -ALARM आग लागल्याची सूचना *f*, आगीची हूल *f*. -ARM पिस्तुल, बंदूक, तोफ वगैरे अग्न्यस्त्र *n*. -BALL, a ball filled with powder or other combustibles, intended to be thrown among enemies, and to injure by explosion अग्निगोलक; a luminous meteor, resembling a ball of fire passing rapidly through the air, and sometimes exploding आग्निगोल. -BRAND, piece of wood kindled कोलीत *n*, कोलती *f*; an incendiary आगलाव्या; one who inflames factions कळलाव्या. -COMPANY आग विझविण्याऱ्या व्यापाऱ्यांची कंपनी -मंडळी *f*. -CRACKER फटाकडा. -ENGINE आग विझविण्याचें यंत्र *n*, बंब. -FLY काजवा.—INSURANCE आगीचा विमा. -LOCK चापाची बंदूक *f*. -MAN आग विझविणारा; a man who tends the fires, as of a steam-engine वाफेच्या यंत्राची आग राखणारा. -NEW *a*. fresh from the forge घणकोरा; bright चकचकीत, उजळ.—OFFICE आगीचा विमा उतरण्याचें -घेण्याचें हपीस *n*. -PLACE चूल *f*. -SIDE चुलीजवळची जागा *f*; domestic life संसार, गृहस्थिति *f*. -WOOD जळण *n*, सरपण *n*. -WORK दारूकाम *n* -सामान *n*. -WORSHIP अग्निपूजा *f* -उपासना *f*.

FIRM *a.* (*firmus*) hard कठीण, घट्ट; fixed गच्च बसलेला, अढळ; steady स्थिर, निग्रही; solid खंबीर, कठीण, कणखर (land);—of edifices खंबीर, भक्कम.—*n.* दुकान *n*, पेढी *f*, सावकाराची पेढी *f*. -NESS कठीणपणा; निग्रह, निर्धार, दम; बळकटी *f*, मजबुती *f*.—FIRMAMENT मेघमंडळ *n*, आभाळ *n*, आकाश *n*.

FIRMAN (*Pers.*) (*Skr. pramana*) राजाज्ञा *f*, 'फर्मान.'

FIRST *a.* *preceding all others of a series or kind पहिला, प्रथम; ordinal of one पहिला, प्रथम; most forward सर्वांपुढचा, पुढचा, अगोदरचा; most eminent सर्वांहून श्रेष्ठ, मुख्य, परमश्रेष्ठ; at or for the f. time पहिल्यानें; from the f. to the last आद्यंत; f. and last पूर्वापर; f. half पूर्वार्द्ध.—*ad.* पहिल्यानें, अगोदर, प्रथम; at f. पूर्वी, पहिल्यानें; f. of all सर्वांचे अगोदर; आरंभीं; from f. to last अवली पासून अखेर पर्यंत, साद्यंत; from the f. मुळापासून. -BORN *a.* प्रथम जन्मलेला, ज्येष्ठ. -CLASS *a.* अव्वल प्रतीचा, पहिल्या वर्गाचा, अस्सल.—DAY अठवड्याचा पहिला दिवस, रविवार. -FRUIT प्रथमफळ *n*, नवाळी *f*, नवीनवाळ *f*; [usually in the *pl*]. -LING पाहिलें वेत *n*. -LY *ad.* पहिल्यानें, प्रथम. -RATE *a.* अव्वल प्रतीचा उत्कृष्ट; मोठ्या आकृतीचा, सर्वांहून मोठा.

FIRTH, See FRITH.

FISC (*fiscus*, basket, imperial treasury) सरकारचा खजीना. -AL *a.* जामदारखान्याचा; वसुलाचा, नगदी, वसुली.—*n.* जामदार, खजीनदार.

FISH * an animal that lives in water जलवासी प्राणी; *Zool.* मासा, मत्स्य; [the flesh of fish, used as food].—*v. i.* मासे धरणें, मासे धरण्याचा धंदा क.; seek to obtain by artifice युक्तीनें मिळविण्याचा यत्न क.—*t.* catch धरणें; draw out or up बाहेर किंवा वर ओढणें: to f. an anchor. -ER मासे धरणारा, कोळी, भोई. -ERY—the business मासे धरण्याचा धंदा;—the place मासे धरण्याची जागा *f*. -FAG मासे विकणारीण *f*, कोळीण *f*. -ING *a.* मासे धरण्याचे कामाचा, मच्छिमारू (boat). -ERMAN मासे धरणारा, कोळी;—a caste of f. भोई, धिवर. -MONGER मासेविक्या; माशांचा व्यापारी. -WIFE, WOMAN मासे विकणारीण *f*, कोळीण *f*. —FISHY *a.* माशांचा; माशा सारखा.

FISSURE (*findere*, to divide) चीर *f*, फूट *f*, भेग *f*, तडा.

FIST * मूठ *f*, मुष्टि *f*.—FISTICUFFS मुष्टामुष्टि *f*, बुकाबुकी *f*, मुष्टियुद्ध *n*.

FISTULA (*L.*) भगंदर *n*, नाडीव्रण;—lachrymalis नासूर.

FIT *a. D.* adapted to an end, object, or design जोगा, बसता, बराबर; qualified लायक, कार्यक्षम; becoming योग्य, उचित (Job xxxiv. 18) [for].—*v.* बसता क.; लायक -योग्य क.; adjust बेतणें, जम -मेळ बसविणें (Is. xliv. 13); furnish duly सज्ज -तयार क.; -ला बसता -जोगता होणें: if the coat *fits* you, put it on; out सामन -साहित्य पुरवणें; up तयार क.: to f. up a house for a guest. —*i.* शोभणें, साजणें; योग्य -उचित असणें; जमणें, जम -मेळ बसणें.—*n.* जम, मेळ. -NESS योग्यता *f*, लायकी *f*; जम, मेळ. -TING *a.* योग्य, लायक, उचित.—*n.* सामन *n*, तयारीचें सामन *n*, साज; esp. used in the *pl*.

FIT* झटका, लहर *f*, वेग;—of anger भिरड *f*, तैष;—of sullenness खळ *f*;—of epilepsy फेंपरें *n*;—of drunkenness निशा *f*; by *fits* and starts धरून सोडून, खंडळमंडळ [of].

FIVE* *a.* the sum of four and one पांच; a symbol representing this number, as 5, or V. पांचाचा अंकडा; aggregate of f. पंचकडी *f*, पंच.—*a.* पांच f. -faced पंचमुखी, पंचानन; having f. parts पंचांग. -FOLD *a.* पांचपट.—FIFTH *a.* & *ad.* पांचवा. -LY *ad.* पांचव्यानें.—

FIFTEEN *a.* पंधरा.—FIFTY पन्नास.—FIFTIETH *a.* पन्नासावा.—*n.* पन्नासावा भाग -अंश.

FIX *v.* (*figere*) make firm, stable, or fast गच्च -घट्ट -बळकट बसविणें, पक्की क.; establish ठराव -निश्चय क.; hold steadily, as the eye on an object, attention on a speaker स्थिरावणें, लावणें, टक लावणें; transfix आरपार भोंसकणें.—*i.* थिरावणें, बसणें; become firm घट्ट होणें, थिजणें; on—विषयीं नेम -ठराव क. —*n.* कातर *f*, अडकिता : he is in a f. -ED *p. a.* ठाम, अढळ, बद्ध, अचळ; स्थापलेला, स्थापित; स्थिर, स्तब्ध; having the eye f. बद्धदृष्टि; *Chem.* न उडणारा, स्थिर (oil); f. stars अचळ तारे *pl.*

FLABBY *a. D.* फोपशा, थलथलीत (flesh).

FLACCID *a.* (*flaccus*) बिलबिलीत. -ITY बिलबिलीतपणा.

FLAG *v. i.* (do.) hang loose without stiffness झोल येणें, ढिला पडणें; grow spiritless ढिला होणें, गळणें, उतरणें.—*i.* गळूं देणें, ढिला होऊं देणें.—*n.* colors झेंडा, निशाण *n*; standard on which are certain emblems indicative of nationality, party, or opinion पताका *f*, ध्वज; [black f., a f. of a black color, displayed as a sign that no mercy will be shown to the vanquished, or that no quarter will be given; f. of truce, a white f. carried or displayed to an enemy, as an invitation to conference, or for the purpose of making some communication not hostile; red f., a f. of a red color, displayed as a sign of defiance and invitation to battle; to hang out the white f., to ask quarter, or in some cases to manifest a friendly design by exhibiting a f. of a white color; to hang the f. half-mast high, or half-staff, as a token or sign of mourning; to strike or lower the f., to pull it down upon the cap, in token of respect, submission, or, in an engagement, of surrender].—STAFF बावट्याची काठी *f*, ध्वजस्तंभ.

FLAG *Ger.* फरशी *f*, फरशादगड.

FLAGELLATE *v.* (*flagellum*, whip) चावकानें मारणें.

FLAGEOLET (*F.*) अलगुजें *n.*

FLAGITIOUS *a.* (*flagitare*, to demand hotly) अतिदुष्ट, महापापी; दुर्गुणांचा, महापापाचा (times).

FLAGON (*F.*) चंबू, सुरई *f.*

FLAGRANT *a.* (*flagrare*, to burn) धगधगीत, रसरसीत; flaming into notice उघड, धडधडीत (crimes).

FLAIL (*flagellum*, whip) धान्याचीं कणसें झोडण्याची काठी *f.*

FLAKE*—of snow हिमकण, गार *f*; — of fire पोळा, किटाळ *f*, फुणगी *f.*

FLAME (*flamma*) a blaze भडाका, भडका; a stream of burning vapor or gas ज्वाळा *f*, ज्योत *f*, जोत *f*, जाळ; burning zeal or passion जाळ, आवेश, किंवा संताप, क्रोध; warmth of affection पोटाग *f*, कळकळ *f*, जाळ.—*v.* जाळ होणें, भबकणें, प्रदीप्त होणें; ज्योति प्रमाणें प्रकाशणें, दिपणें. -COLORED *a.* अग्निवर्ण, शामवर्ण.—FLAMING *a.* जाज्वल्य, देदीप्यमान; आवेशी, कडक, खंदा.— FLAMBEAU मशाल *f*, दिवटी *f*, टेंभा.

FLANK (*flaccus*, flabby) the fleshy part of the side of an animal, between the ribs and the hip कड *f*, कडसणी *f*, कटि *f*; side of an army फौजेची बाजू *f*; sido of any building इमारतीची बाजू *f*; *pl* injury sustained by a horse in the back घोड्याच्या पाठीस झालेली दुखापत *f*.—*v.* -च्या बाजूस उभें राहणें; बाजूचें रक्षण क., बाजू राखणें

FLANNEL (*lana*, wool) लोंकरीचें वस्त्र *n*, ऊर्णवस्त्र *n*, 'फलानेल' *f.*

FLAP *D.* any thing that hangs broad and loose (अंगरखा वगैरेचा) झोल -घेरा, सोगा, पदर इ०; motion or noise of a flap झटका, झटकारा; — of trowsers, &c. खिस्तक *n.* —*v.* झडपणें, हडपणें; — the wings फडफडवणें; to f. in the mouth टोमणा मारणें, घालून पाडून बोलणें [with].—*i.* फडफडणें, झडपणें; फडफड वाजणें. -EARED *a.* गजकर्ण, मोठ्या कानांचा. -PER फडफडवणारा; झडपण *n,* फटकणें *n.*

FLARE *v. i. Ger.* burn with a glaring and unsteady flame रसरसणें, धगधगणें; shine out with a sudden and unsteady light चंचळ प्रकाश देणें, लिकलिकणें; open or spread outward फुलणें, पसरणें [up].—*n.* रसरसीत उजेड; चंचळ ज्योत *f.*

FLASH *F.* sudden burst of wit चकचकाट, झकझकाट; a momentary brightness or show टिरटिर *f,* टुरुटुरु *n*;—of wit, joy लहर *f*; with f. चकन.—*v. i.* चमकणें, लकलकणें; to f. in the pan रंजकविणें, फुसकणें. —FLASHY *a.* भडक, झळक, लक (dress); देखणाऊ, अहेरी, टिकमिकणा (pleasure); without taste पाणचट, मळमळीत (songs).

FLASK* a narrow-necked vessel for holding fluids चंबू; a bottle कुपा, कुपी *f*; powder-horn शिंगडा.

FLAT *a. D.* having an even surface सपाट; lying at full length upon the ground भुईसपाट, जमीनदोस्त; level with the earth चापट, चपटा, बसका; insipid फिका, मळमळीत, पचपचीत (a work);—as sounds तरळ, बदबदीत; downright साफ, उघड, निखालस (denial); low, as prices of things मंद, थंड, मंदीचा; dull विरस, मळमळीत (a sermon); to become f., as wine &c. उतरणें. —*n.* a plain space of ground पटांगण *n,* माळ; — on hilly ground माळी *f,* भाटलें *n*; a shoal भाट *f,* भाटी *f*; some thing broad and flat in form रुंद आणि चपट्या बुडाची कोणतीही वस्तु *f*; a dull fellow टोणपा, मूर्ख. -LY *ad.* सपाट, भुईबराबर; साफ, निक्षून. -NESS सपाटी *f,* समता *f*; चपटेपणा, फिकेपणा, पाणचटपणा. -TEN *v.* चपटा क., चापटणें; जमीनदोस्त क; खिन्न -उदास क.; सूर -स्वर उतरणें.—*i.* चपटा इ० होणें. -ISH *a.* कांहींसा चपटा, फताडा, चापट

FLATTER *v. F.* win the favoring attention of, by action expressly directed to that end, and esp. by artful, insincere, or servile attentions आर्जव -खुशामत मिथ्या प्रशंसा करून मर्जी संपादणें; wheedle फुसलावणें; soothe by praise स्तुति करून संतोषविणें; please with false hopes मिथ्या आशा लावणें, -लावून संतोषविणें, गुळखोबरें दाखविणें, रिता -सुका ताव -दम देणें;— one's self अभिमान बाळगणें [with, by, for]. -ER खुशामत्या, आर्जवी, हांजी हांजी करणारा. -ING *a.* संतोषकारक, परितोषक; आर्जवी, गोडबोल्या; encouraging उत्तेजक, दमदेणारा. —FLATTERY आर्जव, खुशामत *f.*

FLATULENT *a.* (*flatus,* a blowing) affected with gases generated in the alimentary canal वातूळ, वातप्रकृतीचा; tending to generate wind in the stomach वावडा, वातूळ; turgid with air वायूनें तटतटलेला -फुगलेला (tumor).—FLATULENCE, -CY वातरोग, आमवायु, वावडेपणा.

FLAUNT *v. i. Goth.* छानछुकी -भडक मारणें.

FLAVOR (*fragrare,* to emit a smell) सुगंध, बोई *f*; savor चव, रुचि *f,* स्वाद.

FLAW* a cracking फूट *f,* चीर *f,* तडा, दोरा; — in a rupee फाटफूट *f,* खोड *f*; a defect गोम *f,* पकड *f,* ऐब *n*; a quarrel भांडण *n.* -LESS *a.* निर्दोष, बिनखोड, निर्दोष.

FLAX*—the plant जवस, अळसी *f*; — the fibres जवसाचे दोर -तंतु *pl,* वाख.

Flay* *v.* कातडी सोडविणें, चामडें काढणें, उघडणें.

Flea* पिसू *n.* -bane, —purple काळेंजिरें *n.* -seed काळेंजिरूं *n.* -wort इसपगोल.

Fleck *v. Ger.* चित्रविचित्र क. -ठिपके पाडणें.

Fledge* *v.* पंखयुक्त क., सपक्ष क.

Flee* *v.* run away, as from danger or evil पळणें, पळून जाणें ; [to f. the question or from the question, (Legisl. Assemb.) to avoid voting on a question] [from, to].

Fleece* मेंढराची लोंकर *f*; मेंढराची एक वेळ कातरेली लोंकर *f.*—*v.* लोंकर कातरणें -काढणें; strip of money or property घर धुणें, मुंडणें, लुटणें;—gradually and gently फोलून फोलून खाणें;—**Fleecy** *a.* लोंकरीचा; लोंकरी सारखा; लोंकरीनें भरलेला.

Fleet* जहाजांचा समुदाय, नौकासमूह ; लढाऊ गलबतें *n pl*, अरमार *n.*—*a. Icel.* जलद, चपळ, धावरा. -ing क्षणिक, अस्थायी, पळपट्या ; f. good पळतें पीक *n.*

Flesh* aggregate of muscles, fat, and other tissues which cover the framework of bones in man and other animals; esp. the muscles मांस *n*, मास *n*; animal food सागुती *f*, मांसान्न *n*, आमिष *n*; the body शरीर *n*, अंगमास *n*; mankind मनुष्यजात *f*; human nature मनुष्यस्वभाव -प्रकृति *f*; tenderness of feeling ममता *f*, कनवाळूपणा ; desire for sensual gratification विषयवासना -बुद्धि *f*; kindred नातलग; soft pulpy substance of fruit गर; an arm of f. मनुष्यबळ *n*; f. and blood अंगमास, रक्तामासाचा प्राणी, सदेह मनुष्य. (Matth. xvi. 17). -ly *a.* मांसाचा; देहाचा; मनुष्यजातीचा, मानवी; विषयी, विषयासक्त, in comp. विषय (lusts). -meat मांसान्न *n*, आमिष *n.*—**Fleshy** *a.* मांसल, मासभरू; गरभरू, भरदार.

Flexible *a.* (*flectere*, to bend) लवचीक, लवका; tractable हुकमी, वश्य, कह्यांत राहणारा; too easy and compliant नरम; capable of being accommodated सोयीस पडेसा करण्याजोगा -वळविण्याजोगा (a principle).—**Flexibility** लवचीकपणा, मृदुता *f.*—**Flexile** *a.* नरम, लवचीक; नरम, सहज वळायाजोगा. —**Flexture** बांक, वक्रता *f*; obsequious bending अर्जवाचें नमणें -लवणें *n*, लवणभंजन *n.*

Flick* *v.* झटकणें, झाडणें; हळू हळू चाबकानें मारणें.

Flight* act of fleeing पळणें *n*, पलायन *n*; —of a whole people of a village from an enemy गुढार *n*; act of flying उडणें *n*, उड्डाण *n*; mode of flying उड्डाण *n*; extravagant sally लहर *f*: a f. of folly;—of fancy बुद्धिविलास;—of arrows शरपात; a flock of birds flying in company झुंड *f*, साईर *f*; a soaring वर उडणें *n*, उत्क्रमण *n*, ऊर्ध्वगमन *n*; a reach of steps, from one landing to another जिना, शिडी *f*; to put to f. पळविणें, पळायास लावणें. -shot बाणाचा टप्पा.—**Flighty** *a.* चंचळ, चपळ; उडाणटप्पू, लहरी, वायचळ्या.

Flimsy *a. W.* फुसका, लिचापेंचा, भलबेला.

Flinch *v.* (?) कच खाणें, घसरणें, मागें हटणें.

Fling *v.* (-*fligere*, to strike down) throw from the hand झोंकणें, फेंकणें, टाकणें; throw down खालीं पाडणें, चीत क.; defeat मोड क.; away फेंकून देणें; नाकारणें, टाकणें; down जमीनदोस्त क., नाश क.; in हिशेबीं -जमेस न धरणें; open झपाट्यानें -एकाएकीं -जोरानें उघडणें [from, to, at].—*i.* flounce आदळआपट क., हातपाय झाडणें;—as a horse दुमच्या -पिछाड्या झाडणें.

Flint* a kind of hard stone गार *f*; a piece of flinty stone used in some fire-arms to strike fire चकमकीचा धोंडा -ची गार. *f.*—**Flinty** *a.* गारगोट्याचा; गारीसारखा कठीण (heart).

Flippant *a. W?* talkative पातळ जिभेचा, लुबलुब बोलणारा; inconsiderate अविचारी. —**Flippancy** पातळजीभ *f*, वाक्‌चापल्य *n*.

Flirt* sudden jerk हिसका.—*Ger*. नखरेबाज मुलगी *f*, नाचणघुगरी *f*.—*v*. झटकारून फेंकणें -टाकणें;—as water चिरकांडी मारणें, फेंकणें. [about].—*i*. नखरा -अदा क.; jeer or gibe नाक मोडून -लावून बोलणें.

Flit *v. i. D.* fly away with a rapid motion भरकन उडून जाणें; flutter फडफडणें; migrate स्थलांतर क.; to be unstable चंचल -अस्थिर असणें.

Flitch* मिठांत घालून वाळवलेलें डुकराचें मांस *n*.

Float* *v. i.* rest on the surface of any fluid तरंगणें, तरणें; move quietly and gently on the water पाण्यावर वाहणें -हलणें; move gently and quietly on the air हवेंत तरंगणें; [*floating* debt, capital, &c., debt not funded, or capital not fixed, or of uncertain amount or employment].—*t*. तरंगविणें, तरता क.; flood जलमय क.; बुडविणें [on, over]. —*n*. a raft ताफा, तराफा; timber &c. set to float down ताफा.—**Flotilla** लहान गलबतांचा समुदाय.

Flock* a collection of living creatures मेळा, जमाव, समुदाय;—of sheep कळप, खिल्लार *n*;—of birds झांक *f*, झुंड *f*;—of people घोळका, गोट, थवा, समुदाय; a Christian congregation (एका देवळांत भजन करायास मिळणाऱ्या ख्रिस्ती लोकांची) सभा *f*, कळप; lock of wool लोंकरीचा झुपका; refuse of wool लोंकरीची गुतवळ *f*.

Flog *v.* (*fligere*, to strike) चाबकानें मारणें, फटके मारणें; chastise with repeated blows फटके मारून शिक्षा क., फटके मारणें [with, for].

Flood* great flow of water लोंढा, पूर, लोट; deluge जलप्रलय; flux भरती *f*; abundance रेळचेळ *f*, महापुरी *f*, पूर; stream ओघ, प्रवाह; menstrual discharge विटाळ; the f. नोहाच्या वेळचा जलप्रलय.—*t*. जळमय क., बुडवणें. -**gate** उघडी *f*, सांड *f*.

Floor* level portion or surface on which one walks in any building घराची भुई *f*, जमीन *f*; a storey मजला;—of planks पाटणी *f*, तक्तपोशी *f*, कडीपाट;—of chunam गच्ची *f*;—of stone फरसबंदी *f*.—*v*. भुई -कडीपाट -फरसबंदी इ॰ क.; lay level with the floor जमीनदोस्त -चीत क.; put to silence by some decisive argument कुंठित क., तोंड बंद क. -**cloth** जाजम *n*. -**ing** जमीन *f*, भुई *f*; pavement चिरेबंदी *f*.

Flora (*flos*, flower) goddess of flowers पुष्पदेवता *f*; complete system of vegetable species native in a given locality अमूक एका प्रदेशांत उत्पन्न होणाऱ्या वनस्पति *f pl*; a description of such plants स्थानिक वनस्पतिवर्णन *n*. —**Floral** *a*. फुलांचा पुष्पसंबंधी (game); फुलांचा (bud).—**Florid** *a*. flushed with red लालबुंद -भडक (countenance); embellished with flowers of rhetoric अलंकारिक, पुष्पित (style); -**ity** तोंडाची लाली *f* -टवटवी *f*. -**ness** लाली *f*, भडक *f*; अलंकारमाचुर्य *n*.—**Florin** एक नाणें आहे; [the English f. is one-tenth of a pound sterling].—**Florist** फुलमाळी, फुलारी, माळी; पुष्पवर्णनकर्ता.

Flounce, Flounder *v. D.* धडफडणें, तडफडणें, हातपाय अपटणें -झाडणें [about].—*n*. झडफड *f*, तडफड *f*; *Ger*. [part of a lady's dress, a loose trimming].

Flour (See **Flower**) finely ground meal of grain पीठ *n*, पिष्ट *n*; wheaten f. कणीक *f*; gram f. बेसन *n*; fine wheaten f. सोजी *f*, मैदा; coarse wheaten f. रवा, सांजा; fine rice f. पिठी *f*; fine and soft powder of any substance पीठ *n*, भुकटी *f*, पूड *f*.

Flourish *v. i.* (*florere,* to bloom) grow luxuriantly पोसणें, तरतरणें, फोफावणें; be prosperous भरभराट -चलती -उत्कर्ष -चालता काळ असणें;—as a town, country आबादानी -आबाद असणें; use florid language बतावणी क.; make ornamental strokes with the pen भरकांडे -फरकांडे मारणें; vaunt बढाई सांगणें -क.; play with fantastic and irregular motion परजणें, खेळणें.—*t.* बतावून सांगणें, बतावणी क.; अलंकृत-वेलबुट्टेदार क.; परजणें, चमकावणें; विरखडणें, भरकांडे मारणें.—*n.* beauty सौंदर्य *n,* लावण्य *n*; बोलण्याचा भरकांडा, अर्थवाद; भरकांडा, फरगडा; *Mus.* गत *f,* परजणें *n.* -ING टवटवीत, तरतरीत; समृद्ध, संपन्न, आबाद.

Flout *v. D.* झिडकावणें, हिडसावणें, तिरस्कारणें.

Flow* *v. i.* move by the power of gravity, and with a continual change of place, among the particles or parts, as a fluid वाहणें, ओघ चालणें; melt पाझरणें, गळणें, वितुळणें; glide smoothly सुरळीत-अस्खलित चालणें, सरणें; be full, so as to run or flow over भरून चालणें, वाहणें, लोट येणें; hang loose and waving रुळझुळणें, लोंबणें (mantle, locks); rise, as the tide भरती -जोर लागणें; proceed निघणें, येणें; discharge blood in excess from the uterus गर्भाशया पासून अति रक्तस्राव होणें [from, to, in].—*n.* ओघ, प्रवाह, धारा *f*; रेळचेळ *f,* चंगळ *f*;—of tears अश्रुधारा *f,* अश्रुपात;—of words वाक्चापल्य *n,* वाक्सरणी *f*; भर, पूर, भरतें *n.*

Flower (*flos*) a circle of leaves or leaflets on a plant, usually of some other color than green फूल *n,* पुष्प *n*; blossom मोहर, फूल *n*; that part of a plant destined to produce seed फूल *n*;—as of grain फुलोरा; the fairest, freshest, and choicest part of any thing निवड *f,* उत्तमांश, शेलका भाग;—of youth भरज्वानी *f,* तारुण्य *n*; a figure of speech वाक्यालंकार; *pl.* menstrual discharges पुष्प *n,* रज *n*;—as carved, painted फुली *f,* बुटे; *Chem.* फूल *n.* —*v.i.* फुलणें, फुलें येणें, विकसणें; भरास येणें.—*t.* फुलें -बूट काढणें, बुट्टेदार क.—**Flowery** *a.* पुष्कळ फुलांचा; पुष्पमय; अलंकारी, अलंकारयुक्त (style): [the f. kingdom, China].

Fluctuate *v. i.* (*fluere,* to flow) move as a wave हेलकावा खाणें; be irresolute धरसोड क.; be unsteady एका स्थितीवर नसणें [from, to].—**Fluctuation** हेलकावा, अन्दोलन *n*; धरसोड *f*; चढउतार, अस्थैर्य *n.*

Flue *F.* धुराडें *n.*

Fluent *a.* (*fluere,* to flow) वाहता; fluid पातळ; voluble बोलका, जिभेचा चपळ (speaker); flowing सरळ, सुरळीत, अस्खलित (speech). -LY *ad.* चुरचुर, खडखडीत, भराभर (बोलणें-वाचणें).—**Fluency** जिभेचा चपळपणा, वाक्चापल्य *n*; सरळ -सुरळीतपणा.—**Fluid** *a.* प्रवाही, पातळ, द्रवरूप.—*n.* पातळ-द्रव-प्रवाही पदार्थ. -ITY द्रवता *f,* पातळपणा.

Fluke, *Ger.* the part of an anchor which fastens in the ground पावडा, कांटा, फाळ.

Flurry *Provl. Eng.* a sudden blast वाऱ्याचा झटकारा; bustle गडबड *f,* लगबग *f,* धांदल *f.*—*v.* गडबडविणें, धांदल क.

Flush* *v.* redden suddenly एकदम लाली आणणें, तांबडालाल क.; elate चढवणें, फुगवणें.—*i.* भडभड -भळभळ वाहणें: blood *flushes* into the face; लाली येणें, तांबडालाल होणें; to f. up joints दरजा क.—*n.* लोंढा, ऊत, लहर *f*; ardor उकळी *f,* हुरशी *f,* क्रुद्ध; लाली *f*; भय, लाज, राग इ० विकाराचा क्षोभ झाल्यानें तोंडावर उत्पन्न होणारी लाली *f,* कालिमा *f.*—*a.* fresh टवटवीत, तुकतुकीत; affluent संपन्न, श्रीमंत; liberal उदार; prodigal उधळ्या, उडाऊ.

Flute (*flatus,* a blowing) a musical wind instrument मुरली *f,* पोंवा; a channel in a pillar खांचणी *f.*

Flutter *v. i. D.* flap the wings rapidly फडफडणें, पंख झाडणें; be in agitation व्याकूल होणें, गडबडणें.—*t.* पंख झाडणें; गडबडविणें, धादल क.

Flux (*fluere,* to flow) वाहणें *n*; ओघ, प्रवाह; change पालट; concourse जमाव, मेळा; the tide setting in toward the shore भरती *f*; fusion आटणें *n,* गाळणें *n*;—for metals टाकणखार, सर्वांगी इ० धातूचा रस करणारा पदार्थ; *Med.* आमातिसार, रक्तातिसार इ०; to have a f. हगवण लागणें.

Fly* *v. i.* move in the air with wings, as a bird उडणें; float in the air, as the clouds, the sparks तरंगणें, उडणें; — as a flag उडणें, फडफडणें; hasten away जाणें, लवकर निघून जाणें: time *flies*; flee (संकटापासून) पळून जाणें: the enemy *flies*; part फुटणें, तुकडे होणें; to come off with flying colors जय मिळविणें, फत्तेहोणें, विजयध्वज मिरवीत येणें; at अंगावर तुटून पडणें, घसरणें;—in the face of बेअदबी क.; off तुटणें, तुटून मोकळा होणें; on अंगावर तुटून पडणें, हल्ला क.;—open जोरानें उघडणें; out उचळणें, उसळणें; रागावणें, कातावणें; to let f. सोडणें; जाऊंदेणें [from, to, against].—*n.* a winged insect of various species माशी *f,* मक्षिका *f.* -BLOW, egg of a fly सडी *f.* -CATCHER शिपाई (एक पक्षी आहे). -ING-FISH एक उडणारा मासा आहे. -LEAF बुकाच्या आरंभीचें किंवा शेवटचें कोरें पान *n.* -TRAP माशा धरणारें झाड *n,* मक्षिकाकर्त्तरी झाड *n.*

Foal* शिंगरूं *n,* शिंगी *f* (गाढवाचें -घोड्याचें).

Foam* (*Skr. phêna*) फेंस, फेण.—*v. i.* फेणणें, फेसळणें; फेंसानें भरणें.—*t.* फेंसळून काढणें -टाकणें [out].—Foamy *a.* फेंसाळ, फेणयुक्त.

Fob *Ger.* घड्याळ ठेवण्याचा लहानसा खिसा.

Focus (*L.* fireplace) point in which the rays of light meet किरण एकत्र मिळण्याचें स्थान *n,* तेजस्संकर्ष देश; a central point मध्यकेंद्र *n.*—Focal *a.* केंद्रसंबंधी.

Fodder* वैरण *f,* चारा.—*v.* वैरण घालणें.

Foe* वैरी, शत्रु.

Fœtus, See Fetus.

Fog *Icel.* धुकें *n,* धुकट *n.* -GY *a.* धुक्याचा, धुक्यानें भरलेला; dull मंद, स्थूल.

Foh *interj.* इश्श, इश्शो.

Foible *F.* वर्म *n,* छिद्र *n,* उणें *n*; *pl* कर्मे वर्मे *n pl.*

Foil *v. F.* मोडणें, थकणें, चालेनासा क. [by, in].—*n.* मोड, पराभव; a blunt sword used in fencing बुळी तरवार *f,* पट्टा, बोथाटी *f,* इ०; (*folium*) a leaf or thin plate of metal वर्ख, पत्रा, पान *n*; a coat of metal on a looking-glass आरशाची कल्हई *f*; [a thin leaf of metal, placed under precious stones by jewelers, to increase their brilliancy, or to give them a particular color]; any thing of another color, or of different qualities, which serves to adorn, or set off another thing to advantage कांतिवर्द्धक वस्तु *f.*

Foist *v. F.* खुपसणें, लाटणें, घुसडणें [on, off, in]. -ER घुसड्या, खुपश्या.

Fold* *v.* lap or lay in plaits घडी क.; double दुमडणें; lay together, as the arms or the hands हात पोटाळणें; envelop गुंडाळणें, वेष्टणें, लपेटणें; confine in a fold कोंडवाड्यांत कोंडणें -घालणें;—a letter लखोटा क., मलफूप क. [together].—*i.* घडी होणें, दुमटणें.—*n.* घडी *f,* पदर; पट: four-f.; embrace मिठी *f,* वेंग *f*; कोंडवाडा. -ING पदर, घडी *f*;—of doors दुतलफी *f.*

Foliage (*folium,* leaf) पानें *n pl,* पालव, पल्लव; new f. पालवी *f.*—Foliate *v.* पारा चढविणें, पाऱ्याची कल्हई क.—Folio, a sheet of paper once folded दुबंदी कागद; book made of sheets of paper each folded

once दुंड्याचें पुस्तक *n*; page in an account-book चोपडीचें पान *n*.—*a*. दुबंदी, दुबंदी कागदाचा.

FOLK* लोक *pl*, आलमदुनिया *f*.

FOLLOW* *v*. go or come after मागून जाणें -येणें -चालणें; go in pursuit of पाठीस लागणें;—accept, as authority आदरणें, प्रमाण मानणें; obey मानणें, ऐकणें; embrace स्वीकारणें, आदरणें; imitate अनुसरणें, अनुकरण क., कित्ता वेणें; succeed in order of time मागून -नंतर येणें -होणें; accompany संगती -बराबर जाणें; result from, as an effect from a cause निष्पन्न होणें, निघणें; understand the meaning, connection, or force of, as a course of thought or argument अर्थ -अन्वय -संदर्भ समजणें; attend upon closely, as a profession धंधा क., वृत्ति चालविणें [from, to, in, after]. -ER मागून जाणारा येणारा, अनुगामी; disciple शिष्य; dependant चाकर, सेवक; ताबेदार; अनुयायी, अनुसारी. -ING *a*. पुढचा, पुढील.

FOLLY, See under FOOL.

FOMENT *v*. (*fovere*, to warm) apply warm lotions to शेक देणें, शेकणें; abet वाईट कामांत मदत क., फूस देणें. -ATION शेकणी *f*, शेक; फुसलावणी *f*, शिकवणी *f*, उठावणी *f*.

FOND *a*. *Icel*. relishing highly -चा आवडता, शौकी, लंपट; much pleased संतुष्ट, खुश; tender ममताळू, स्नेहाळू [of]. -NESS प्रीति *f*, ममता *f*, लळा; आवड *f*, चाड *f*.—FONDLE *v*. गोंजारणें, कुरवाळणें, लाड क.—FONDLING फार लाडका.

FONT (*fons*, fountain) झरा; बाप्तिस्म्याचें पाणी ठेवण्याचें पात्र *n*; [a complete assortment of printing types of one size].

FONTANEL *F*. vacancy in the infant cranium टाळू *f*; issue for the discharge of humors from the body पोत *f*.

FOOD* अन्न *n*, भक्ष्य *n*, खाणें *n*; undressed f. शिधा; heavy f. जडान्न; —of granivorous animals चारा; coarse or bad food कदन्न *n*; the usual quantity of f. आहार; f. and raiment पोटभर अन्न अंगभर वस्त्र [for].

FOOL *F*. an idiot वेडा, वेडगळ; a dunce मूर्ख, टोणपा, मंदबद्धि; *Scrip*. wicked person दुष्ट मनुष्य; a professional jester मस्कऱ्या, हंडीबाग; *fool's* errand हिसका; to go on a f.'s errand पायांची वळ भागविणें; to put on the f. वेडा ठरविणें, वेड्यांत काढणें; a learned f. पढतमूर्ख; to make a f. of झकवणें, भोंदणें, धाब्यावर बसवणें; to make a f. of one's self नकशा गमावणें, झकमारणें; to play the f. वेडेचार क. -ISH *a*. मूर्ख, वेडा, खुळा; मूर्खपणाचा, बेवकुबीचा (act); दुष्ट; ridiculous थट्टा करायाजोगा, उपहासास्पद. -HARDY *a*. उफराट्या काळजाचा. — FOOLSCAP [so called from the water-mark of a *fool's cap and bells* used by old papermakers] एक जातीचा कागद आहे, 'फुलीसकेप.'

FOOT (*Gr. pous*, *Skr. padas*) the extremity below the ankle पाय, चरण, पाद;—of a table पाय, खूर; foundation पाया, तळ, बुडखा; a measure of 12 inches 'फूट' *f*; foot-soldier पायदळ *n*, प्यादा;—of a verse चरण; on f. पायीं; cubic f. घन फूट; to set on f. चालू क., उभारणें. -BALL पायानें उडवून खेळायाचा चेंडू. -BOY खिदमतगार, पोऱ्या, पोरगा. -FALL पायरव, चरणपात. -ING, ground for the foot पाय टेकणें *n*, पावठा; firm foundation to stand on थारा, आधार; permanent settlement व्यवस्था *f*, बंदोबस्त; firm position पगडा, पायशीरकाव; condition स्थिति *f*; tread to measure पाऊल *n*, कदम *n*; act of putting a foot to any thing पाय लावणें -जोडणें *n*; act of adding up a column of figures बेरीज क. *n*; to get f. पगडा पडणें,

घालणें, जडणें. -MAN प्यादा; खिदमतगार, चाकर. -MARK पाऊल *n*, पदचिन्ह *n*. -NOTE पृष्ठाच्या तळाचें टिपण *n*. -PAD वाटमाऱ्या. -PATH पाऊलवाट, पायवाट *f*. -PRINT पाऊल *n*, पदचिन्ह *n*. -STALK देट, डेंख. -STEP पाऊल *n*; token खूण *f*, चिन्ह *n*. -STOOL पीठ *n*, पादासन *n*.

FOP *Ger*. अकडबाज, कुर्रेबाज. -PERY अकडबाजी *f*, छानछुकी *f*.

FOR *prep*. (*pro*, *Skr*. *pra*) in the place of जागीं, स्थानीं, बदल; concerning विषयीं; because of मुळें, साठीं, करितां, स्तव; toward कडे: a ship is bound f. China; for the sake of करितां, स्तव, प्रीत्यर्थ: is the world made f. me? in spite of; generally followed by all, aught, anything, &c. हटकून, न ऐकतां: he will do what she pleases *for* all me; notwithstanding असें असतांही, जरी: f. any thing that legally appears to the contrary; during a certain time पर्यंत, आंत, मध्यें, भर: f. a day; f. life तहयात, जन्मभर, आमरण; in favor of पक्षाचा, वांटचा: he is f. a free government; noting meeting: I am ready f. you मी तुह्मास भेटायास तयार आहें; as if जसा, सारखा: he showed himself f. dead; he looks f. me तो माझी वाट पाहतो; f. my part मला जर विचाराल; f. as much ज्यापेक्षां, ज्या अर्थी; f.-ever निरंतर, सर्वकाल; O f. जर असतें तर किती बरें होतें; मिळो; O f. a muse of fire!—*conj*. साठीं, करितां, म्हणून; ज्या अर्थी -पेक्षां.

FORAGE *F*. घांसदाणा, वैरण *f* [for]. — *v*. घांसदाण्यासाठीं फिरणें; घांसदाण्यासाठीं देश लुटीत फिरणें, कही घेणें -क., लुटून खाणें.

FORBEAR* *v*. *i*. refrain from proceeding थांबणें, राहणें; refuse न मानणें, न ऐकणें.—*t*. give up सोडणें, टाकणें: to f. the use of a word; bear with सोसणें, वागविणें, संभाळून घेणें. -ANCE थांबणें *n*, राहणें *n*; long-suffering सहनशीलता *f*, क्षमा *f*; exercise of patience धीर धरणें *n*, धीर, दम, गम.

FORBID* *v*. prohibit मनाई -बंदी क.; command not to enter आंत जाण्याची -येण्याची मनाई -प्रतिबंध क.: I have *forbidden* him my house; oppose आडवा येणें, अथडळा -प्रतिबंध क.; God f. ईश्वर न करो. -DEN मना केलेला, निषिद्ध. -DING *a*. त्रासजनक, कंटाळवाणा, अनिष्ठ.

FORCE (*fortis*, strong) बळ *n*, जोर *n*, *f*; an unusual degree of strength or energy तेज *n*, वीर्य *n*, शक्ति *f*; violence बळजोरी *f*, जुलूम; special signification विशेष अर्थ; validity बळकटी *f*, जीव, वजन *n*: f. of an argument; *pl* troops फौज *f*, सैन्य *n*; *Law*, strength or power exercised without law, or contrary to law, upon persons or things जुलूम, जबरी *f*, बलात्कार; *Physics*, any action between two bodies which changes, or tends to change, their relative condition as to rest or action वेग, शक्ति *f*: the f. of gravity;—of habit कर्मवेग; moral f. बुद्धिबळ *n*;—of a disease, of winds, &c. झपाटा, वेग, बळ *n*, रग *f*;—in f. चालू, उपयोगी.—*v*. जुलमानें -जबरीनें करायास लावणें, जबरी क.: masters f. their slaves to labor; ravish बलात्कार क., दपटणें, हटसंभोग क.; capture by assault हल्ला करून घेणें; drive, wrest, get, &c. by violence दामटणें, दपटणें, ढकलणें [along, away, from, into, through, out, &c.]; strain ओढून ताणून आणणें -काढणें -क. (conceit);—a passage दपटून शिरणें -रिघणें, घुसणें.—FORCIBLE *a*. बळकट, जोराचा, प्रबल; जुलमाचा, जबरीचा; जबरीनें मिळविलेला.—FORCIBLY *ad*. जोरानें, बळानें; जुलमानें. — FORCING, *Gardening*, अवकाळीं -कृतीनें फळफळावळ उत्पन्न क. *n*.

FORCEPS (*L.*) चिमटा ;—of the goldsmith सवाणा.

FORD * a shallow part of a river उतार, पायउतार ; a stream ओहळ. -ABLE *a.* पायानीं उतराया जोगता.

FORE * *a.* advanced in place पुढला, पुढील, समोरचा, अग्र; advanced in time अगोदरचा, पूर्वीचा, पूर्व; advanced in order पहिला, प्रथम, पूर्व : f. part of a writing.—*ad.* पूर्वभागीं. -ARM कोपर आणि मणगट यांच्या मधला हाताचा भाग, हात. -BODE *v.* पूर्वी सांगणें, भविष्य सांगणें; be prescient of, as of a calamity which is to happen येणार संकटा विषयीं प्रबोधित होणें, अरिष्टाची अगा असणें. -CAST *v.* plan before execution अगोदर बेत करून ठेवणें; foresee अगोदर पाहणें, तजवीज क.—*n.* पूर्वीचा बेत, पूर्वयोजना *f*; तजवीज *f*, दीर्घदृष्टि *f*. -CASTLE गलबताचा समोरचा भाग. -FATHER पूर्वज, वडील. -FINGER हाताच्या अंगठ्या जवळचें बोट *n*, तर्जनी *f*. -FOOT जनावरचा पुढला पाय. -GO *v.* quit सोडणें; relinquish the enjoyment or advantage of -चा उपभोग -लाभ सोडणें; go before पुढें जाणें. -HEAD कपाळ *n*, ललाट *n*. -LOCK टाळूवरचे केंस *pl*: to take time by the f., to make prompt use of any thing; not to let slip an opportunity वेळ साधून घेणें. -MAN प्रमुख, पुढारी; overseer कारभारी, चौकसनीस ;—of a jury सरपंच, जुरीचा पुढारी, मीर मजलीस *f*. -MAST पुढली डोलकाठी *f*. -MOST *a.* सर्वांपुढचा, अग्रवर्ती. -NAME, name that precedes the family name or surname आड नावाच्या पूर्वीचें नांव *n*. -NAMED *a.* पूर्वोक्त, मशारनिल्हे. -NOON सकाळ *f*, दुपारचे पूर्वीची वेळ *f*, पूर्वान्ह *f*. -RUNNER पुढें धावणारा जासूद, अग्रदूत; prognostic पूर्वचिन्ह *n*, लक्षण *n*. -SEE *v.* अगोदर पाहणें -समजणें; भविष्य समजणें. -SHADOW पूर्वी प्रतिरूप दर्शविणें. -SIGHT दूरदृष्टि *f*, दीर्घदृष्टि *f*, दूरवरचा विचार. -SKIN अग्रत्वचा *f*, टोपी *f*, शफा *f*. -STALL, take in advance पूर्वी घेणें; anticipate अगा-अवली साधणें; preoccupy दुसऱ्याच्या अगोदर किंवा दुसऱ्यास वर्जून अगोदर उपभोग घेणें; to f. the market बाजारांत येण्यापूर्वी खरीद क. (महाग विकण्यासाठीं माल). -TASTE पूर्वानुभव, पूर्वरूचि *f*. -TELL *v. i.* भाकीत क. -सांगणें, भाकणें.—*t.* -चें भाकीत सांगणें, होण्यापूर्वी सांगणें. -THOUGHT पूर्वविचार; anticipation अटकळ *f*, अगा *f*. -TOOTH चौकटीचा दांत. -WARN *v.* पूर्वी सुचविणें, अगोदर ताकीद देणें -क.

FOREIGN (*foras*, abroad) not of one's country परदेशचा, परकीय; remote दूरचा; extraneous बाहेरचा, बहिर्भूत. -ER परदेशी, परदेशाचा मनुष्य, परकी.

FOREST *F.* an extensive wood रान *n*, अरण्य *n*; a royal hunting-ground राजक्रीडा वन *n*, राजाच्या शिकारीची जागा *f*.—*a.* वनाचा, वन्य, अरण्य; f. law वनरक्षण करण्याचा कायदा. -ER वनरक्षक, बनकरी; a sylvan वनवासी; a forest-tree वनवृक्ष.

FOREVER *ad.* निरंतर, सर्वकाल, नित्य; at all times सर्वदा, हमेश, रोज.

FORFEIT *v.* (*foris*, out of doors, *facere*, to do) अपराध करून गमावणें, दंड देणें, दंडास जाणें.—*n.* दंड, गुन्हेगारी *f*. -URE दंड -गुन्हेगारी देणें *n*; an estate forfeited दंडांत गमाविलेली जिनगी *f*; a fine दंड [for].

FORGE *F.* a smithy लोहाराची भट्टी *f*; a workshop दुकान *n*, साळ *f*.—*v.* form by heating and hammering तावून व ठोकून घडणें, घडणें; form घडणें, डौल -रूप देणें; make falsely बनाऊ -खोटा क.—FORGED *a.* खोटा, बनावट.—FORGERY, the crime of fraudulently making or altering a writing, to the prejudice of another's right बनावट कागद करण्याचा अपराध; the making of a thing in imitation of another thing

with a view to deceive and defraud बनावट नाणें वगैरे क. *n*.

FORGET* *v.* lose the remembrance of विसरणें, विसर पडणें: bless the Lord, O my soul, and f. not all His benefits (Ps. ciii. 2); neglect उपेक्षा -अव्हेर क., विसरणें; [to f. one's self, to be guilty of that which is unworthy of one; to commit an oversight]. -FUL *a.* विसराळू, विसऱ्या; careless गफलत्या, धांदल्या; causing to forget विसर पाडणारा, विस्मृतिकारक -जनक (wine) [of]. -NESS विसराळूपणा, विसर, विस्मृति *f*; गफलत *f*, धांदल *f*.

FORGIVE *v.* * give up resentment or claim to requital on account of, as an offence or wrong -ची माफी क., सूट देणें, अपराध क्षमा क.: f. old faults, cease to feel resentment against on account of wrong committed क्षमा क.,माफ क.,-ची क्षमा क.: I f. you. -NESS सूट *f*, माफी *f*; क्षमा *f*, क्षमाशीलता *f*.

FORK (*furca*) forkation नांगें *n*, दुबेळकें *n*, बेचकें *n*; table f. कांटा;—of a road फांटा; —of a river, the place where separation takes place फांटा;—the place where union takes place संगम; a point टोंक *n*, नोक *f*.—*v. i.* फांकणें, फांटीस येणें; दोन फांटे फुटणें.—*t.* नांगीनें उचलणें; dig and break with a fork, as ground बेळक्यानें जमीन खणून फोडणें, कुळवणें! -ED *a.* दुफाट्यांचा, बेळक्याचा, द्विशाख.

FORLORN* *a.* deserted सोडलेला, टाकलेला, त्यक्त; helpless निराश्रित, अनाथ.

FORM (*forma*) shape आकार, आकृति *f*; the outline of the person शरिराची मूस *f*, रूपरेषा *f*; particular disposition of matter बाधा, घडण *f*; external appearance डौल, आकार, रूप *n*; image प्रतिमा *f*; constitution नीति *f*, रीत *f*, प्रकार: a republican f. of government; formula पद्धत *f*, परिपाठ; conventional ceremony रीत *f*, संस्कार, उपचार, आदरसत्काराची रीत *f*; show without substance पोकळ डौल: f. of justice; beauty रूप *n*, सौंदर्य *n* (Is. liii. 2); mould सांचा, नमुना; bench बांक; rank of students in a school वर्ग; seat or bed of a hare सशाची बसायाची जागा *f*; *Print.* type from which an impression is to be taken, arranged and secured in a chase 'फर्मा'; as of an official paper दस्तूर;—of a verb or noun रूप *n*.—*v.* घडणें, रूप देणें, आकारणें, करणें (Gen. ii. 7); train शिकविणें, वळण लावणें; education *forms* the mind; go to make up करणें, असणें, अंशभूत असणें: they *formed* the majority;—as an estimate आकारणें, अजमासणें [out of, into, from]; रूप घेणें;— as the hand in writing, &c. वळणें. -AL *a.* आकृतीचा, रूपाचा; essential स्वाभाविक, मूळचा; done in due form यथापद्धत -मार्ग; according to form रीतीचा, दस्तूरमाफक, यथाविधि; वरवरचा, बाहेरचा, कोरडा, वरपंकी (worship, duty). -IST *a.* कर्मनिष्ठ; बाह्योपचारी. -ALITY कायदेशीरपणा, यथामार्गता *f*; रीत *f*, चाल *f*; आदर, सत्कार; essence तत्व *n*, अवयवभूत पदार्थ. -ALLY *ad.* रीतीनें, यथापद्धत; आदरसत्कारानें; नीट, बराबर. -ER करणारा, कर्त्ता, घडणारा, रचणारा.—FORMULA पद्धति *f*, रीत *f*. -RY पद्धति -सूत्रग्रंथ; prescription रोग्यास देण्याच्या औषधाची याद *f*.

FORMER* *a.* preceding in order of time पहिला, प्रथम, पूर्व; long past प्राचीन, जुना, पूर्वीचा, गत (ages); first mentioned पूर्वोक्त, मागला. -LY *ad.* मागें, पूर्वी, जुन्या काळीं; पहिल्यानें, अगोदर.

FORMICATION (*formica*, ant) *Med.* a sensation of the body resembling that made by the creeping of ants on the skin मुंग्या *pl*, हुळहूळ *f*.

Formidable *a.* (*formidare*, to fear) भयंकर, भयउत्पादक -जनक [to].

Fornicate *v.* (*fornix*, a brothel) शिंदळकी क. —**Fornication**, the incontinence of an unmarried person, male or female अविवाहित स्त्रीचें किंवा पुरुषाचें जारकर्म *n*; criminal conversation of a married man with an unmarried woman अविवाहित स्त्रीशीं विवाहित पुरुषाचा सदोषसंग; lewdness शिंदळकी *f*, जारकर्म *n*; *Scrip.* adultery व्यभिचार; incest अगम्यगमन *n*; idolatry मूर्तीपूजा *f*.—**Fornicator** अनूढागामी; शिंदळ, रांडबाज.—**Fornicatress**, -**trix** अनूढव्यभिचारिणी *f*; शिंदळ बायको *f*.

Forsake* *v.* सोडणें, टाकणें, त्यागणें, वर्जणें.

Forsooth* *ad.* तर खरा, तर होय, खचीत.

Forswear* *v.* reject upon oath शपथ घेऊन -वाहून सोडणें; deny upon oath शपथ वाहून नाकारणें;—one's self खोटी शपथ क. -खाणें -घेणें.—*i.* खोटी शपथ घेणें.

Fort (*fortis*, strong) किल्ला, कोट, दुर्ग; town belonging to a f. पेठ *f*; wall of a f. कोट. -**ress** कोट, गढी *f*.—**Fortify** *v.* तटबंदी -कोटबंदी क.; add strength to बळकट क., जोर आणणें; confirm स्थिर -दृढ क. [with, by, against]. —**Fortification** तट -कोटबंदी *f*; the art of fortifying दुर्ग प्राकारादि रचनाविद्या *f*; a fortified place कोट.

Fortitude (do.) that strength or firmness of mind which enables a person to encounter danger with coolness and courage, or to bear pain or adversity without murmuring, depression, or despondency मनस्थैर्य *n*, धैर्य *n*, धीर, छाती *f*.

Forth* *ad.* forward पुढें; out बाहेर; abroad बाहेर; so f. इत्यादि, वगैरे [from]. -**coming** *a.* तयार, सिद्ध, हाजीर. -**with** *ad.* लागलाच, तत्क्षणीं, तत्हांच.

Fortnight (contracted from *fourteen nights*) पंधरवडा, पक्ष.

Fortuitous *a.* (*fors*, chance) दैवघटित, आगंतुक.—**Fortuity** दैवयोग.—**Fortune**, personified or deified power regarded as determining human success, sharing happiness and unhappiness, and distributing arbitrarily or fortuitously the lots of life दैव *n*, नशीब *n*; that which falls to one as his lot in life दैवप्राप्त वस्तु *f*; estate मत्ता *f*, वित्तविषय; great wealth संपत्ति *f*, दौलत *f*, गजांतलक्ष्मी *f*; appointed lot in life दैवाचा वांटा, लाभालाभ, भोग; good f; सुदैव *n*; bad f. दुर्दैव *n*. -**book** शकुनवंती *f*, -**hunter** धनवान स्त्रीशीं लग्न करून सधन होऊं इच्छिणारा. -**teller** दैव सांगणारा, डाकोता जोशी, दैवज्ञ, पिंगळा.—**Fortunate** *a.* भाग्याचा, दैववान्; coming by good luck दैवानें प्राप्त झालेला, सुभाग्याचा; auspicious शुभ, मंगलदायक. -**ly** *ad.* दैवानें, दैवयोगानें.

Forty* *a.* चाळीस.—*n.* चाळीसाचा अंक; चाळिसाची संख्या *f*; an aggregate of f. चाळिसी *f*.—**Fortieth** *a.* चाळिसावा.

Forum (*L.*) न्यायाधिशाची कचेरी *f*, कोडत *n*; [a market-place in Rome, where causes were judicially tried, and orations delivered to the people].

Forward -**s*** *ad.* पुढें. —**Forward** *a.* पुढचा; less reserved or modest than is proper उद्दाम, निर्भीड, धीट; ardent उत्कंठित, उत्सुक; advanced beyond the usual degree पुढें गेलेला, सारलेला; too hasty उतावळा, अधीर. —*v.* send onward पुढें पाठविणें, पेंड पोंचवणें; advance वाढविणें, वृद्धि क., योग्यतेस चढविणें [from, to]. -**ness** उत्कंठा *f*, उत्सुकता *f*; निर्भिडपणा, धिटाई *f*; prematureness काळाच्या पूर्वीची पक्वता *f*.

Fosse (*F.*) खंदक.

Fossil *a.* (*fodere,* to dig) जमिनींतून खणून काढलेला; जमिनींतून काढलेल्या पदार्थां सारखा; changed into stone दगड झालेला (shells). —*n.* जमिनींतून खणून काढलेला पदार्थ, उत्खात द्रव्य *n.*

Foster* *v.* nourish पोसणें, पाळणें; cherish बाळगणें, वागवणें (passion). -BROTHER, a male nursed at the same breast, or fed by the same nurse, but not the offspring of the same parents दूधभाऊ. -CHILD पोसणा मुलगा -मुलगी *f.* -ER पोसणारा, पोशिंदा, पालक. -FATHER पालक बाप, धाता. -MOTHER पालक आई *f,* धात्री *f*; nurse दाई *f.* -SON पालक पुत्र, पालक बेटा.

Foul* *a.* (*Skr. puj,* to be putrid) filthy मळका, मळीण (cloth); obscene बिभत्स, अभद्र, अवाच्य (words); cloudy वाऱ्यावादळाचा, अभ्रें आलेला, ओंधट (weather); loathsome ओंगळ, घाणेरडा (disease); not favorable अप्रतिकूल, उलटा (wind); dishonest अप्रामाणिक, कपटी, कुटिल (play); entangled गुरफाटलेला, गुतागुत झालेला: a rope is f.; a f. copy खरडा, मसुदा; to fall f. भांडणें, हमरीतुमरीवर येणें; to run or fall f. of एकमेकावर घसरणें -पडणें.—*v.* मळवणें, मळकट क.; गुतविणें, गुतागुत क.—*i.* गुंतणें, गुरफाट्यांत पडणें; आदळणें, आपटणें, घांसणें: the two boats *fouled.* -MOUTHED *a.* तोंडाचा फटकळ, तोंडाळ, तोंडास कुत्रें बांधलेला.

Found *v.* (*fundare*) lay the basis of पाया घालणें; establish स्थापणें; fix firmly घट्ट बसविणें, कायम क.; take the first step in erecting or building up पाया घालणें, बांधणें, उठवणें; establish on a basis पायावर स्थापणें, प्रतिष्ठा क. [on]. -ATION स्थापना *f,* स्थापन *n*; पाया; footing आधार, थारा, आश्रा; endowment धर्मादाय, सदोदित धर्मादाय चालण्यासाठीं जमविलेलें द्रव्य *n.* -ER स्थापणारा, संस्थापक;—of a family मूळपुरुष.

Found *v.* (do.) धातूचा रस करून सांच्यांत ओतणें, ओतणें. -ER ओतारी. -RY धातु ओतण्याची कला *f* -क्रिया *f*; धातूचा रस ओतण्याचा कारखाना.

Founder *v. i.* (do.) पाणी भरून बुडणें, पाण्यांत गर्क होणें; stumble and go lame, as a horse अडखळून पडून लंगडा होणें -लंगडत जाणें -चालणें. — *t.* (घोड्याचा) पाय सुजवून अधू क. -लंगडा क.

Fount, -AIN (*fons*) a spring झरा; a jet कारंजें *n,* फवारा; first cause मूल *n,* आदिकारण *n,* खाण *f,* उगम, झरा.

Four* *a.* चार. -FOLD *a.* चौपट, चतुर्गुण. -FOOTED *a.* चार पायांचा, चतुष्पाद. -SCORE चारविसा, ऐंशी. -SQUARE *a.* चौकोनी. -TEEN *a.* चौदा. -TEENTH *a.* चौदावा—FOURTH *a.* चौथा, चतुर्थ. -LY *ad.* चौथ्या वेळीं, चौथ्यानें, चौथेंदा.

Fowl* a bird पांखरूं *n,* पक्षी; a cock or hen कोंबडें *n.*—*v. i.* पांखराची पारध क. -ING पांखरपारधी, फांसेपारधी, व्याध. -ING-PIECE पांखरांच्या शिकारीची बंदूक *f,* शिकारी बंदूक *f.*

Fox* कोल्हा, खोकड; a cunning fellow धूर्त्त गडी -माणूस. -HOUND कोल्ह्याची पारध करणारा कुत्रा.

Fraction (*frangere,* to break) तुकडा, अंश; *Arith.* अपूर्णांक; compound f. प्रभागजाति अ०; vulgar f. व्यवहारी अ०; proper f. सम अ०; decimal f. दशांश अ०. -AL *a.* अपूर्णांकाचा.—**Fractious** *a.* तुसडा, तुटसाळ (man).—**Fracture** फुटणें *n,* भंग; भेग *f,* फूट *f,* चीर *f*; *Surg.* breaking of a bone अस्थिभंग; [compound f., a f. in which there is an open wound from the surface down to the f.; simple f., a f. in

which only the bone is divided].—FRAGILE *a.* फुटीर, नाजूक, भंगशील. — FRAGILITY फुटीरपणा, भंगुरता *f.*—FRAGMENT तुकडा, खंड, चूर ; an imperfect part अपूर्ण अंश, भाग.

FRAGRANT *a.* (*fragrare,* to emit a smell) सुवासाचा, सुवासिक.—FRAGRANCE सुवास, सुगंध.

FRAIL *a.* (*frangere,* to break) easily broken फुटीर, तुटीर, फुसका ; weak अशक्त, नबला ; weak in resolution अस्थिर, चंचलबुद्धि. —FRAILTY फुटीरपणा ; अस्थिरबुद्धि *f* ; अशक्तता *f,* दौर्बल्य *n* ; a f. चूक *f,* चुकून घडलेली गोष्ट *f.*

FRAME* *v.* construct रचणें, करणें, बांधणें (a house); plan बेत क., योजना क. ; fabricate थोतांड रचणें, रचणें ; adjust जम -जवा बसविणें ; regulate बेतानें चालवणें, वर्त्तवणें ; provide with a frame चौकट बसविणें -घालणें.—*n.* बांधणी *f,* रचना *f,* घटना *f* ; —as of a picture, window, door, &c. चौकट *f,* घर *n,* सांचा ;—of a building मांडणी *f* ;—of a drum, &c. गाडा, खोड *n* ; the bodily structure शरिराची काठी *f* ; skeleton सांपळा, सांगाडा, खटारा ; scheme बेत, रचना *f,* बंधारण *n* ; particular state, as of the mind तबियत *f,* प्रकृति *f.* -WORK चौकट *f,* सांचा.

FRANCHISE *F.* particular privilege conferred by grant from a sovereign or a government सरकारानें दिलेला हक्क ; an immunity from ordinary jurisdiction सूट *f,* माफी *f* ; limits of an immunity माफीची हद्द *f* ; an asylum आश्रय, आसरा. —*v.* मोकळा क., सूट देणें.

FRANGIBLE *a.* (*frangere,* to break) तुटीर ; फुटीर, भंगशील.

FRANK *a. F.* मोकळ्या मनाचा, मांजल, साफ ; licentious बेकैद, स्वच्छंदी.—*v.* send by public conveyance free of expense सरकारी जहाज -गाडी वगैरेंतून फुकट पाठविणें : to f. a person to London ; exempt from charge for postage, as a letter पत्राच्या हाशिलाची माफी क. -LY *ad.* निष्कपटानें, मन मोकळें करून. -INCENSE ऊद, धूप.

FRANTIC *a.* (*Gr. phren,* mind) mad वेडा, कावराबावरा, तग्रवग्र ; wild वेडावांकडा, भलताच, स्वच्छंदाचा (abuse).

FRATERNAL *a.* (*frater,* brother) भावांचा, बधूचा, बंधु, in comp.: f. love बंधुप्रीति *f.*—FRATERNITY भाऊपणा ; a community of men of the same class एका वर्गाचे लोक *pl,* मंडळी *f,* शाई *f.*—FRATERNIZE *v.* बंधुप्रीतीनें -भाऊपणानें एकत्र जमणें -मिळणें.—FRATRICIDE बंधुहत्या *f.*

FRAUD (*fraus*) deception deliberately practised with a view to gaining an unlawful or unfair advantage कपट *n,* ठकबाजी *f,* दगलबाजी *f* ; fraudulent procedure दगलबाजीचा व्यापार, कपटी वर्त्तणूक *f.* -ULENCE ठकबाजी *f,* कापट्य *n.* -ULENT *a.* कपटी, दगेखोर ; कपटाचा, दगाबाजीचा (bargain) ; कपटानें मिळविलेला (conquest).

FRAUGHT *a. Ger.* भरलेला, पूर्ण, भरपूर.

FRAY (See AFFRAY) भांडण *n,* कलागत *f,* कलह. —*v.* (*fricare,* to rub) घांसणें, घर्षणें ; wear off by rubbing घांसून झिजविणें -जीर्ण क.

FREAK * लहर *f,* हुकी *f,* तरंग. -FUL, -ISH *a.* लहरी, छंदी, तबियती.

FREE* *a.* (*Skr. prija,* beloved) exempt from subjection to the will of others स्वाधीन, स्वतंत्र, स्वेच्छ ; not under an arbitrary or despotic government मोकळा, सुटा, व्यवहार -धर्मसंबंधी गोष्टींत राजापासून मोकळीक भोगणारा ; liberated, by arriving at a certain age, from the control of parents, guardian, or master मोकळा, स्वतंत्र, वयांत आलेला, दास्यत्वांतून सुटलेला,

इ० ; not confined, liberated सुटा, मुक्त, मोकळा, खुला; endowed with moral liberty ;—said of the will स्वतंत्र, स्वेच्छाधीन ; guiltless निर्दोष, दोषरहित, मुक्त : my heart is f.; frank, familiar मनाचा मोकळा, खळबळीत : he was f. only with a few; licentious स्वच्छंदी,बेकैद, मोकळा ; liberal मोकळ्या हाताचा, सढळ, उदार ; separated अलग, मोकळा, विभक्त, सुटा ; exempt मोकळा, रहित [from, of] ; easy सुलभ, हलका ; thrown wholly open or made entirely accessible सर्वांस मोकळा, सर्वांनीं वापरायाचा, मुक्त : the streets are f. for me; gratuitous फुकट, बिन पैशाचा (admission) ; not arbitrary or despotic कायद्या प्रमाणें चालणारा, निर्बंधाचा (government, institution) ; defending individual rights against encroachment by any person, or class मनुष्याच्या हक्काचें रक्षण करणारा (government);—as land माफी ;—as letters बेमहसूल.—*v.* मोकळा क., बंदखुलास क.; सोडणें, माफी क.; प्रतिबंधांतून -अटकावांतून काढणें [from, of]. -BOOTER लुटारू, पुंड. -BORN जन्मापासून स्वतंत्र. -DOM मोकळेपणा, स्वातंत्र्य *n* ; franchise मुभा *f*, सूट *f*, माफी *f* ; मनाचा मोकळेपणा, प्राशस्त्य *n* ; खळबळीत -घळघळीतपणा ; हातवटी *f*, कसरत *f*; बेकैदपणा, अमर्यादपणा, निरंकुशता *f*. -HOLD वतन *n*, मिरास *f*. -LY *ad.* मोकळेपणानें ; सढळपणानें ; खळबळीतपणानें ; पुष्कळ, अतिशय ; फुकट, मोलावांचून (Matth. x. 8); खुशाल, स्वस्थ, बेलाशक. -MAN जो दुसऱ्याचा दास किंवा ताबेदार नव्हे तो, स्वतंत्र मनुष्य ; one who enjoys or is entitled to a franchise or peculiar privilege विशेष हक्क भोगणारा मनुष्य. -MASON एक गुप्त मंडळी आहे तिचा सभासद *n*. -MASONRY त्या मंडळीचे नियम, मतें इ०. -THINKER ईश्वरोक्त शास्त्र न मानणारा, नास्तिक, चार्वाक. -WILL, a will free from improper coercion राजी *f*, खुशी *f*, स्वतंत्र इच्छा *f*, स्वसंतोष ; the power asserted of moral beings of choosing or willing without the restraint of natural or physical necessity स्वेच्छाकर्तृत्व *n*, मुखत्यारी *f*; doctrine of f. पौरुषवाद.—*a.* आपखुशीचा, स्वसंतोषाचा.—FREEDMAN दास्यत्वांतून मुक्त केलेला मनुष्य.

FREEZE* *v. i.* become congealed by cold गोठणें, गारठणें, थिजणें ; become chilled with cold थंडीनें गारवठणें, थंड होणें.—*t.* गोठविणें ; थंडी भरविणें, सर्द क.

FREIGHT (See FRAUGHT) cargo भरताड *n*, बारदान *n* ; that which is paid for the transportation of merchandise नोर, भाडें *n*. — *v.* गलबतावर किंवा गाडींत माल भरणें ; load लादणें, भरती क. [with].

FRENCH *a.* (*Franci*) फ्रान्स देशाचा, फ्रेंच लोकांचा.—*n.* फ्रेंचभाषा *f* ; फ्रेंचलोक *pl*, फराशीस *pl*.

FRENZY (See FRANTIC) वेड *n*, उन्माद, कावरेबावरेपणा.

FREQUENT *a.* (*frequens*) often to be met with वारंवार भेटणारा -मिळणारा, वारंवारचा, नित्य ; inclined to indulge in any practice सराव -अभ्यास ठेवणारा, नित्य आचरणारा. *v.* वारंवार जाणें -येणें, जाण्याचा राबता असणें. -LY *ad.* वारंवार, पुनःपुनः.—FREQUENCY पौनःपुन्य *n*.

FRESH* *a.* new and strong ताजा, ताजातवाणा ; lately produced, gathered, or prepared for market नवा, कोरा, ताजा (goods);—as meats, vegetables ताजा, साजूक ; lately come or made public नवा, आलीकडचा, नवसर (news) ; recently taken from a well or spring ताजा, थंड (water) ; unpractised नवा, नवशिका, राबलेला नाहीं असा : a f. hand in a ship ; cool थंड, शितळ (wind) ; not salt गोडा (water) ; in distinction from that which is pickled,

as meat ताजा, न खारलेला; as plants टवटवीत, लुसलुसीत; brisk ताजा, हुशार.—*n.* a pool of fresh water गोडे पाण्याचा झरा -चें कुंड *n*; a flood पूर, लोंढा, रेल; [the mingling of fresh water with salt water in rivers or bays, as by means of a flood of fresh water flowing toward or into the sea]. -EN *v.* ताजा -गोडा क., खारटपणा काढणें (water). — *i.* गोडा होणें, खारटपणा गमावणें -जाणें. -MAN नवशीक, नवा; [a student during his first year's residence at a college]. -NESS ताजेपणा, साजूकपणा; गोडी *f*; टवटवी *f*, तुकतुकी *f*, पाणी *n*; हुशारी *f*, तेजी *f*;—of the air गुलाबी थंडी *f*.

FRET* *v.* rub चोळवटणें, घांसणें, चोळणें, (cloth); wear away झिजविणें, जीर्ण क.; variegate चित्रविचित्र क., नवा रंग देणें: gray lines that f. the clouds; ornament with raised work कशिदा -वेलबुट्टी काढणें; disturb ढवळणें, क्षुब्ध क.; हलवणें, चाळवणें: to f. the surface of water; tease चिढवणें, खिजवणें;—one's self कुसमुसणें [at, for]. —*i.* झिजणें, घांसटणें; क्षोभणें, ढवळणें; fume धुसमुसणें, चिवचिवणें; as the skin through a blister तडतडणें.—*n.* खळखळ *f*; चिरड *f*, खिजवणी *f*; कुसमूस *f*, कुरकूर *f*; कशिदाचें -वेलबुटीचें काम *n*. -FUL *a.* चिरडखोर, पिरपिऱ्या.

FRIABLE *a.* (*friare*, to break) पिठूळ, पिठा, भुसभुसीत.—FRIABILITY पिठुळपणा, पिठेपणा.

FRIAR (*frater*, brother) सन्यासी, जोगी, गोसावी (रोमन क्याथोलिक पंथाचा.)

FRICTION (*fricare*, to rub) घांसणें *n*, घर्षण, *n*; *Med.* मर्दन *n*.

FRIDAY* शुक्रवार.

FRIEND* one who, entertaining for another sentiments of esteem, respect, and affection, from personal predilection, seeks his society and welfare मित्र, सखा, स्नेही; one not inimical मित्र; favorer पुरस्कर्त्ता, अनुकूल; [one of the religious sect usually called *Quakers* by those not of the sect]; a term of salutation गडी, मित्र. -LINESS मित्रत्व *n*, स्नेहभाव, -LY *a.* मैत्रीचा, स्नेहभावाचा; befitting a friend मित्रास योग्य -गोड; not hostile मित्रत्वाचा, सख्यत्वाचा; अनुकूल, सुप्रसन्न [to]. -SHIP, attachment to a person, proceeding from intimate acquaintance and a reciprocation of kind offices, or from a favorable opinion of the amiable and respectable qualities of his mind मैत्री *f*, सख्यत्व *n*, स्नेहभाव; intimacy सलगी *f*, दाटमैत्री *f*; kindness उपकार, आभार; help सहाय [for].

FRIGATE *F.* लहान जातीचें लढाऊ गलबत *n*.

FRIGHT* *v.* भिवविणें, भेदरावणें [with].—*n.* वचक *f*, धास्ती *f*, धकधक *f*. -EN *v.* भिवविणें, भेडावणें. -FUL *a.* भ्यालेला, घाबरलेला, भयभरित, भयाभीत झालेला: see how the f. herds run from the wood; exciting alarm भयंकर, अकराळ विकराळ, घोर, भयोत्पादक (tempest).

FRIGID *a.* (*frigere*, to be cold) थंड, सर्द, शितळ; unfeeling शिथिल, निस्नेह. -ITY थंडी *f*; शिथिलता *f*, मंदी *f*, शैथिल्य *n*.—FRIGORIFIC *a.* (*-facere*, to make) शैत्यकारक, शितोत्पादक.

FRINGE *F.* झालर *f*, लकेरी *f*.

FRIPPERY *F.* old clothes जुनीं पुराणीं पांघुरणें *n pl*; place where old clothes are sold जुनीं पांघुरणें विकण्याची जागा *f*.

FRISK *v. i.* *Ger.* नाचणें, बागडणें; — as deer, horses, &c. ठिकणें, नाचणें;—dogs, kids, &c. बागडणें, नाचणें.—*n.* खिदडा, नाच; wild, boisterous f. थैथया, धिंगाणा.—FRISKY *a.* नाचरा, ठिकरा, मौज्या.

Frith, **Firth** *Scot.* खाडी *f.*

Fritter (*frigere*, to fry) मासाचा तळलेला तुकडा; fragment तुकडा, खंड *n.*—*v.* तळण्याकरितां (मासाचे) तुकडे कापणें -फोडी पाडणें.

Frivolous *a.* (*frivolus*) हलका, क्षुल्लक, पोकळ, छिचोर.—**Frivolity** हलकट -पोकळपणा, छिचोरी *f.*

Fro* *ad.* पासून, हून; to and f. इकडे तिकडे, एथून तेथवर, तेथून एथवर.

Frock *F.* an upper coat वरचा अंगरखा, डगला; a gown for children झबलें *n*, 'फ्राक.'

Frog* बेडूक, बेडकी *f*;—of a horse's foot पुतळी *f*, बेडकी *f.*

Frolic *Ger.* खेळ, मौज *f*, कौतुक *n.*—*v.* खेळणें, मौजा मारणें, कौतुक क. [with]. -**some** *a.* खुशामौज्या, रंगेल, ख्याली.

From* *prep.* हून, पासून, कडून; f. house to h. घरोघर; f. above वरून; f. below खालून; f. behind मागून; f. far दुरून; f. fear भयानें; f. birth जन्मापासून, जन्मतः.

Front (*frons*) forehead कपाळ *n*; face तोंड *n*; a bold f. नाक *n*, तिखें *n*; fore part समोरचा भाग, तोंड *n*, पुरोभाग, अंग *n*;—of an army अगाडी *f*, बिनी *f*; in f. of समोर, मोहरे; f. to f. रुबरू; from in f. of समोरून, मोहरून; unblushing f. उघडामाथा. —*v.* समोर उभा राहणें, भेटणें; समोर -सम्मुख असणें: his house *fronts* the church; adorn in front समोर -दर्शनी -सुशोभित क.—*a.* समोरचा, दर्शनी. -**al** *a.* कपाळाचा, ललाट संबंधी; समोरचा.—*n.* कपाळपट्टी *f*; *Med.* कपाळास लावायाचा लेप -चें औषध *n.* -**ier** सरहद्द *f*, सीमा *f*, लगता.—*a.* लगत्याचा, सरहद्दीवरचा. -**ispiece** दर्शनपट्टी *f*, इमारतीचें दर्शनी अंग *n*;—of a book ग्रंथाच्या आरंभीचें चित्र *n.* -**less** *a.* निलाजरा, बेशरम. -**let** कपाळपट्टी *f*; रागाची क्रोधमुद्रा *f.*

Frost* act of freezing गोठणें *n*; severe cold गारठा, कडक हिंव *n*; frozen dew हिमतुषार.—**Frosty** *a.* हिमउत्पादक; गारठ्याचा, हिंवाचा, हैम (night); पांढरा, शुभ्र, पिकलेला (head).

Froth* foam फेंस, फेण; empty show फुशारकी *f*, फुशारी *f.*—*v.* फेंस आणणें; फेंसानें भरणें -भरविणें: a horse *froths* his chain.—*i.* फेंस येणें, फेंसळणें, फेणणें; up दरदरणें.—**Frothy** *a.* फेसाळलेला; पोकळ, शून्य, फोल (speaker); फुशारकीचा, फुशारीचा.

Froward* *a.* perverse करनकर, वात्य, वक्र (child); not willing to yield हट्टी, जिद्दखोर.

Frown *v. F.* contract the brow in displeasure, severity, or sternness (रागानें) कपाळास अठी घालणें, भुवया चढवणें; manifest displeasure राग दाखविणें, रागें भरणें, खप्पा होणें [on, upon, at].—*v.* कपाळाची अठी *f*, खप्पा मर्जी *f*, राग.

Frowzy *a. Pro. Eng.* उबट, कुबट.

Frozen *p. a.* गोठलेला, गारठलेला.

Fructify, See under **Fruit**.

Frugal *a.* (*fruges*, grain) बेतानें खर्च -वापर करणारा, मितव्ययी, काटकसऱ्या. -**ity** काटकसर *f*, मितव्यय.

Fruit (*fructus*, product) whatever is produced for the enjoyment of man or animals by the process of vegetable growth फळ *n*; the juicy, pulpy product of certain plants फळ *n*, फळें *n pl*, मेवा; product फळ *n*, उपज; result फळ *n*, परिणाम; offspring संतान *n*, आपत्य *n.* -**age** फळफळावळ *f*, फळें *n pl*, मेवा. -**erer** फळविक्या. -**ful** *a.* सफळ, फळवान; सुबत्ता (season); rich मातबर, सुपीक, चिकण (soil); prolific बहुप्रसव, अवंध्य (wife) [of, in]. -**less** *a.* निष्फळ, व्यर्थ, निरर्थक. -**tree** फळझाड *n.*—**Fruition** भोग, उपभोग.—

FRUCTIFY *v.* फलप्रद क., पिकास आणणें, सुपीक क.—FRUCTIFICATION सफलीकरण *n.*

FRUSTRATE *v.* (*frustra*, in vain) मोडणें, निर्फळ -निरर्थक क. (a plan); nullify रद्द क., मोडणें (a deed) [by, in].

FRY *v. t.* & *i.* (*frigere*) तळणें; undergo the action of fire or extreme heat तळतळणें, पोळणें [in].—*n.* तळलेला पदार्थ, तळण *n.*—*F.* लहान मास्यांचा -चिंगळ्यांचा थवा. -ING-PAN कढई *f*, तळणी *f*; to fall out of the f. into the fire फुपाट्यांतून निघून आगींत पडणें.

FUDGE (?) गप्प *f*, कहाणी *f*.

FUEL (*focus*, hearth) सरपण *n*, जळण *n*; any thing that serves to feed or increase flame, heat, or excitement आगीवर तेल *n*, पेटवण *n*; to add f. to fire आगीवर तेल ओतणें *n*.

FUGITIVE *a.* (*fugere*, to flee) पळणारा, पळका; volatile उडून जाणारा, अस्थिर; tender and f. parts of vegetables; uncertain चंचल, क्षणिक, अशाश्वत; flying or escaping from duty, service, danger, &c. भटक्या, पळपट्या, हिंडफिऱ्या.—*n.* पळपट्या, फरारी; दुसऱ्याच्या राज्यांत आश्रयार्थ पळून जाणारा; शासन चुकविण्या करितां पळून जाणारा.

FUGH *interj.* इश्श, इश्शो.

FULCRUM (*L.*) टेंकू, तरफ *f*.

FULFIL * *v.* पूर्ण क., शेवटास नेणें;—as a prophecy, promise, &c. खरा -सत्य करून देणें, प्रत्ययास आणणें;—as a term भरणें, मुद्दत पुरी क. [by]. -ED पूर्ण; संपूर्ण, साधित; one whose wishes are f. पूर्णकाम, कृतार्थ. -MENT पूर्णता *f*, सिद्धि *f*, पूर्त्ति *f*; बोलल्या प्रमाणें पार क. *n*, उक्तनिर्वाह: the f. of a promise.

FULL * *a.* filled up भरलेला, पूर्ण; copious पुष्कळ, भरपूर, विपुल, चघळ, भक्कम (supply, meal); abounding in व्याप्त, मय, in comp.: चिंतामय *f*; f. of cares; entire सगळा, समग्र;—as ears of corn भरदार;—as voice भरपूर, उद्दाम; f. moon पूर्णचंद्र; f. stop पूर्ण -पूर्णविराम चिन्ह *n* [of].—*n.* भर *f*, भरती *f*; utmost extent सीमा *f*, पराकाष्ठा *f*.—*ad.* तंतोतंत, टाकोटाक; exactly बरोबर, थेट; completely पुरतेपणीं, तब्बल, ताठ. -BLOWN *a.* पुरा फुललेला, पूर्ण, विकसित; fully distended with wind तटतटीत -तट्ट फुगलेला. -GROWN *a.* पुरे वाढीचा, भरदार.—* *v.* कापडास कांजी पाजणें -देणें. -ER कापडास कांजी पाजणारा, परीट, रजक;—fullers' earth खारमाती *f*.

FULMINATE *v. i.* (*fulminare*, to lighten) thunder गडगडणें, गरजणें; thunder forth menaces गरजून -धमकीच्या वाटेनें सांगणें [at, against].

FULSOME * *a.* ओंगळ, किळसवाणा.

FUMBLE *v. i. D.* grope about चांचपणें, चांचपडणें; seek awkwardly अडाण्यावाणी क.; handle much हातानें चाळवणें -शीं खेळणें [about].

FUME (*fumus*) vapor वाफ *f*, बफारा; smoke धूर, धूम; vain imagination वृथाकल्पना *f*.—*v. i.* धुमसणें, धुमणें; be in a rage धुसफुसणें, मुसमुसणें, फुणफुणणें.—FUMIGATE *v.* धूर -धुरी -वाफारा देणें [with].—FUMIGATION वाफारा, धूर, धुकटी *f*.

FUMITORY (do.) पित्तपापडा.

FUN* sport मौज *f*, खेळ, कौतुक *n*; wanton amusement चेष्टा *f*, विनोद, मस्करीचा खेळ. -NY *a.* विनोदाचा, थट्टेचा, मौजेचा.

FUNCTION (*fungi*, to perform) office काम *n*, हुद्दा; duty कर्म *n*, व्यापार; natural or assigned action of any power or faculty of the soul, or of the intellect शक्ति *f*, कर्मशक्ति *f*; activity appropriate to any business or profession कामाची चपळाई *f*,

चलाखी *f*. -ARY कामदार, अमलदार, अधिकारी.

FUND (*fundus*, bottom) a deposit of resources from which supplies are drawn, out of which expenses are provided for, &c. पुंजी *f*, भांडवल *n*, 'फंड' *n*; a full provision of resources पुंजी *f*, भांडवल *n*: f. of good sense; stock of a national debt सरकारास कर्जी दिलेला पैका.—*v*. फंडात पैसा भरणें; -चें व्याज उत्पन्न होई इतकें फंड जमविणें. -AMENT गुदप्रदेश, अधःप्रदेश, गांड *f*. -AL *a*. मूल -आधारभूत.—*n*. मूलभूत विषय.

FUNERAL (*funus*) ceremony of burying a dead human body प्रेतसंस्कार -क्रिया *f*, मूठमाति *f*; procession of persons attending the burial of the dead प्रेतयात्रा *f*, मसणवोळावा.—*a*. प्रेतयात्रेचा; प्रेतसंस्कार संबंधी; f. fire चिताग्नि, भडाग्नि *f*; rite प्रेतकर्म *n*.

FUNGUS (*L.*) a large natural order of plants, comprehending mushrooms, toadstools, &c. अळंबें *n*, कुतऱ्याचें मूत *n*; excrescence अंगावर वाढलेलें मांस *n*, अवाळू *n*.

FUNNEL (*infundere*, to pour in) an inverted cone with a pipe गळणी *f*, नरसाळें *n*; shaft of a chimney धुराडें *n*.

FUR (*furra*) skin with soft hair लोंकरीची कातडी *f*; soft hair लोंकर *f*, लव *f*;—as upon the tongue बुरा, बुरसी *f*.

FURBISH *v*. *F*. उजळणें, ओप -झिलई देणें [up]. -ER उजळणारा, सिकलगार.

FURIOUS, See under FURY.

FURL *v*. *F*. गुंडाळणें, सुरळी क. [up].

FURLONG* मैलाचा आठवा भाग.

FURLOUGH *D*. *Mil*. रजा *f*, लष्करी रजा *f*.

FURNACE (*fornax*) धातु वगैरेचा रस करण्याची भट्टी *f*.

FURNISH *v*. *F*. provide पुरवणें; afford देणें; equip सज्ज क.;—as the mind संपन्न -विशिष्ट क.;—a house तयार क., सामान लावून सजविणें -भरणें, संजोगणें [with].—FURNITURE सामन *n*, साहित्य *n*.

FURROW* a trench in the earth made by a plough तास *n*, हरळ; a groove खांचणी *f*, कोरणी *f*.—*v*. तास पाडणें, पाळ्या घालणें [with].

FURTHER* *a*. more remote अधिक दूर, दूरतर, दूरचा; additional अणखी, शिवाय, जास्ती;—*ad*. अधिक लांब; अणखी, खेरीज.—*v*. advance मोठा क., वाढविणें; help सहाय क. [by]. -ANCE वृद्धि *f*, संवर्द्धन *n*; बढती *f*, सरफराजी *f*. -MORE *ad*. or *conj*. अणखी, शिवाय. -MOST *a*. सर्वांच्या पलिकडचा.

FURTIVE *a*. (*fur*, thief) चोरीचा, चोरलेला, चोरीनें मिळवलेला.

FURY (*furere*, to rage) तैष, त्वेष, आळ; violent passion उन्माद, आवेश, महावेग; a stormy, turbulent, violent woman चंडिका *f*, हडळ *f*.—FURIOUS *a*. आवेशी, साहसी; जबरा, अनर्थाचा, झपाट्याचा (wind); दारुण, तुमल (fighting); उन्मत्त, मदोन्मत्त (animal) [against, at, with].

FUSE *v*. (*fundere*, to pour) वितळणें, रस क., —*i*. रस होणें, वितळणें [with].—FUSIBLE *a*. वितळायाजोगा, द्राव्य, गलनीय. —FUSIBILITY द्राव्यत्व *n*, रस होण्याचा गुण -धर्म.—FUSION आटणें *n*, द्रावण *n*; रस, द्रव; एकीकरण *n* -भवन *n*.

FUSEE *F*. (*fusus*, spindle)—of a watch or clock घड्याळांत सांखळी गुंडाळायाचा एक खिळा असतो तो.

FUSIL लहान बंदूक *f*. -EER लहान बंदूकवाला शिपाई, 'फुजलीर.'

FUST (*fustis*, stick) shaft of a column स्तंभदंड.—*F*. उबट वास, दुर्गंध.

FUTILE *a*. (*futilis*, that easily pours out) trifling हलका, क्षुल्लक, पोकळ; f. in effect निरर्थक, निष्फल.—FUTILITY हलकेपणा, &c.

Future *a.* (*futurus*) पुढला, पुढील, होणारा. —*n.* पुढला -येणार काळ; events that are to happen in time to come होणार गोष्टी *f pl*, होतव्य *n*, भवितव्य *n.*—**Futurity** पुढील काळ, भविष्यकाल; होणार गोष्ट *f.*

Fy *F. int.* छी, धिक्, छीछी.

G.

Gab *D.* mouth तोंड *n*; prate बडबड *f.* -**ble** *v.i.* बरळणें, बडबड क. — *n.* बडबड *f*, बरळणें *n* (over, about).

Gable *Ger.* चादई *f.*

Gad* *v. i.* भटकणें, हिंडणें [about]. -**about** पंचाळ. -**fly** गोमाशी *f.*

Gærtnera racemosa (*L.*) कस्तुरीमोगरा, मधुमाधवी *f*, वासंती *f.*

Gag* *v.* stop the mouth of, by thrusting in some thing तोंडात बोळाघालणें, तोंड कोंडणें; silence by authority or by violence अधिकारानें किंवा जबरीनें तोंड बंद क. -बोलण्याची बंदी क.; hold open by means of a gag बोळा घालून उघडा ठेवणें; keck उमाळा आणणें [with].—*n.* तोंड कोंडण्याचा बोळा; उमाळा आणणारा घांस.

Gage *v. F.* पैजेचा विडा -ची खूण *f*; परिमाणमापक यंत्र *n*, परिमाण *n.*

Gaiety, See under **Gay**.

Gain *v. F.* get, as profit मिळवणें, मिळकत -कमाई क., नफा मिळवणें; come off victor in मिळवणें, जय मिळवणें, जिंकणें; win to one's side पक्षास मिळवणें; reach पावणें, पोंचणें, सई क.;—ground पाय शिरकवणें, वाढणें; over मन वळवणें, आपल्या पक्षाचा क. [by, at, from]. —*i.* have advantage फायदा -लाभ असणें; grow rich वाढणें (Ezek. xxii. 12);—on, upon दुसऱ्याच्या अधिकारांत शिरणें; वर्चस्व असणें; चालणें, चलती असणें.—*n.* मिळकत *f*, प्राप्ति *f*, फायदा; accumulation संग्रह, संचय, सांठा: the lust of g.

Gainsay *v.* (*against* and *say*) दुसऱ्याचें बोलणें खंडणें, वाद क., उलट सांगणें.

Gait* जाणें *n*, चालणें *n*; manner of walking चालण्याची ढब *f*, चाल *f*; solemn or stately g. गजगति *f.*

Gala *Sp.* आनंद, उत्सव; g. day आनंदाचा -सणाचा दिवस.

Galingal (*L.*) कोष्टकोलिंजन *n.*

Galaxy (*Gr. gala*, milk) the Milky Way आकाशगंगा *f*, स्वर्गंगा *f*, दूधगंगा *f*; assemblage of splendid persons or things शोभिवंत पुरुषांचा किंवा वस्तूंचा समुच्चय.

Galbanum (*L.*) गंधबिरूजा, हिंगड्याची एक जात आहे.

Gale *Ir.* (*Skr. djala*, cold) वावटळ *f*, महावात.

Gall* the bitter, alkaline, viscid liquid found in the gall-bladder, beneath the liver पित्त *n*?; spite दावा, अकस.—*v. F.* fret and wear away by friction चोळवटणें, घांसणें; vex छळणें, जाचणें, काचणें; annoy त्रास -उपद्रव देणें [with, by].—*n.* (*galla*) मायफळ *n*; black g. काळामाजा; white g. गोरामाजा.

Gallant *a. F.* showy भडक, छानदार; high-spirited छातीचा, मर्द, प्रतापशाली; courteous to women स्त्रीसन्मानी, स्त्र्युपासनशील. —*n.* हौसी, विलासी, खुशालचंद; one who woos लग्नासाठीं स्त्रीची खुशामत करणारा; in a bad sense, a seducer धगड, यार, जार. -**ly** *ad.* शूरपणानें, मर्दाईनें. -**ry** शौर्य *n*, मर्दाई *f*, पराक्रम; स्त्रीयांचा सत्कार, स्त्रीसन्मान; इष्कबाजी *f.*

Gallery *F.* a long and narrow place for walking दालन *n*?; a room for the exhibition of works of art कलाकुसरीचे पदार्थ दाखविण्याची खोली *f*; covered terrace outside of a house सज्जा; in churches &c.

देऊळ, नाटकगृह इ० स्थळीं पायऱ्या प्रमाणें चढती व उंच असी बसायासाठीं केलेली जागा *f*.

GALLEY (*galea*) शिडें व वल्हीं यांनीं हकारायाचें गलबत *n*; *Print*. a frame which receives the types from the composing stick 'ग्याली' *f*; cookroom of a ship of war लढाऊ गलबताची स्वयंपाकाची खोली *f*. -SLAVE 'ग्याली' जहाजावर चाकरी करण्याची शिक्षा पावलेला अपराधी -चा कैदी.

GALLINACEOUS *a*. (*gallus*, cock) गृहकुक्कुट संबंधी, घरकोंबड्याचा.

GALLON *F*. पातळ पदार्थ मोजण्याचें पुणेरी पांच शेराचें किंवा साधारण चार बाटल्यांचें माप *n*.

GALLOP *v. i. F*. भरधांव चालणें -पळणें [off, about].—*n*. भरधांव *f*, दौडचाल *f*.

GALLOWS * फांशीं देण्याचा -फांशीचा खांब.

GAMBLE, See under GAME.

GAME* sport खेळ *f*, कौतुक *n*; amusement मौज *f*, गमत *f*, खेळ; a single match at play डाव, हात; that which is gained, as the stake in a game पैज *f*, पण; animals pursued and taken by sportsmen शिकार *f*, पारध *f*; plan बेत, मसलत *f*.—*v*. खेळणें, क्रीडा क.; gamble जुवा खेळणें [for, with]. -KEEPER वनपशु -पक्षी पाळणारा. -STER पैज लावून खेळणारा; जुवेबाज, जुगारी.—GAMBLE *v.i*. जुगार -जुवा खेळणें.—GAMBLER जुवेबाज, जुगाऱ्या.—GAMING-HOUSE शिकारखाना.

GAMBOGE (from *Cambodia*) रेवाचिनीचा शिरा.

GAMUT (*Gr. gamma*, third letter of the Greek alphabet, *ut*, name of a musical note) ग्राम, सरिगम *f*.

GANDER * हंस.

GANG * थवा, गट्टा, टोळी *f*. -WAY रस्ता, वाट *f*; गलबतावर जाण्याचें दार *n*.

GANGRENE (*Gr. -grainein*, to gnaw) एक रोग आहे, याकडून शरिराचें मांस नासकें, मऊ, ओलसर, थलथलीत व दुर्गंधयुक्त होतें, मांसपूति *f*.—*v*. सडणें, मांस कुजणें.

GANTLET, GANTELOPE, a military punishment. The offender is made to run between two files of men facing one another, who strike him as he passes एक प्रकारची लष्करी शिक्षा आहे; [to run the g., to suffer the punishment of the g.; to go through severe criticism or controversy, or ill treatment].

GAOL *F*. तुरंग, बंदिखाना. -ER तुरंगावरचा अधिकारी, 'जेलर.' -DELIVERY, *Law*, a clearing the jail of persons confined in it for trial by trying them बंदखुलास, 'जेल डिलिवरी' *f*.

GAP *Icel*. खिंड *f*, भगाड *n*;—in the teeth खांड *f*.

GAPE *v*. open the mouth wide तोंड पसरणें -विचकटणें;—as for food आ पसरून -करून अन्न मागणें; yawn जांभई देणें.—*n*. खिंड *f*, खांड *f*. -TOOTHED दातपडका, बोथरा, बोथरखिंड्या.

GARB *F*. पोषाक, लिभास.

GARBAGE* गाळसाळ, गदळ *n*.

GARBLE *v*. (*cribellum*, sieve) गाळणें, गाळून लिहिणें.

GARDEN* बाग *m*, *f*, बगीचा, उपवन *n*; flower-g. पुष्पवाटिका *f*, फुलबाग; kitchen-g. मळा. -ER माळी, बागवान; a g. who cultivates cumin and other aromatic seeds जिरेमाळी; a g. who grows flowers फुलमाळी. -GROUND बागाईत *n*, बागाइती जमीन *f*. -PLOT वाफा, तक्ता. -STUFF माळवें *n*.

GARDENIA LATIFOLIA (*L*.) पित्तपापडा.

GARGLE *Ger*. गुळणा करायाचें औषध *n*; गुळणी *f*, गुळण्या *f pl*.—*v*. गुळणा क.

GARLAND *F*. माळा *f*, हार;—of flowers पुष्पहार; — of pearls मुक्ताहार; — of wild

flowers वनमाला *f*; a collection of little printed pieces ग्रंथमाला *f*.

GARLIC* लसूण *m, f*.

GARMENT *F*. पांघरूण *n*, वस्त्रप्रावर्ण *n*.

GARNER. (See GRAIN.) See GRANARY.

GARNET (do.) a gem of a red color याकूत.

GARNISH *v. F.* सजवणें, सुशोभित क. [with].

GARRET *F.* शेवटल्या मजल्यावरची -छपराच्या खालची खोली *f*, पोटमाळा.

GARRISON *F.* body of troops stationed in a fort or fortified town तटबंदीच्या गावाचे किंवा किल्ल्याचे रखवालीचें लष्कर *n*, किल्लेराखण *n*, शिबंदी *f*; a strong place in which troops are quartered for its security तटबंदीचा गांव -किल्ला, ठाणें *n*.—*v.* किल्ल्याच्या रखवालीस शिपाई -शिबंदी ठेवणें; तटबंदी करून राखणें (a conquered country) [with].

GARRULOUS *a.* (*garrire.* to chatter) वाचाळ, वटवट्या.—GARRULITY वाचाळपणा.

GARTER *F.* पायमोजे बांधायाची पट्टी *f*, मोजेबंद; [the badge of the highest order of knighthood in Great Britain, called the Order of the G.; the order itself].

GAS* वायुरूप पदार्थ; वायु, धूम, 'ग्यास.' -EOUS *a.* वायुरूपी, वायुरूप; lacking solidity पोकळ, वायकळ (information).

GASH *F.* मोठी जखम *f*, घाव, वार, भगदड *n*.

GASP *v. i. D.* pant violently धापा देणें; pant with eagerness खवखवणें [at, for]. —*n.* धापा *f*, दम.

GASTRIC *a.* (*Gr. gaster*, belly) जठर संबंधी, जाठर; g. juice जाठररस, जठराग्नि.—GASTRITIS *Med.* inflammation of the stomach उदरदाह.—GASTRODYNIA *Med.* pain in the stomach अमाशयगत शूळ, पोटदुखी *f*.

GATE* door of a city दरवाजा;—of a village वेस *f*;—of an enclosure फाटक *n*, ताटी *f*; *Scrip.* places which command the entrances नाका, चवाठा; way रस्ता, वाट *f*. -WAY दरवाज्यांतून जाण्याचा रस्ता, दरवाजा.

GATHER* *v.* bring together एकवटणें, गोळा क., जमवणें; pluck तोडणें, वेचणें, तोडा -वढा क. (Matth. vii. 16); cull वेचणें, निवडणें (Ps. cvi. 47); accumulate संग्रह -संचय क., जमविणें; pucker सुरकुत्या पाडणें, चिरमुटणें; infer अनुमान -तर्क क., तर्कानें काढणें;—as lampblack काजळ पाडणें;—as a garment सावरणें, आवरणें: *gathering* his flowing robe; to g. breath दमखाणें, विसावा घेणें;—strength बळ धरणें -बांधणें.—*i.* जमा होणें, मिळणें; वाढणें; come to a head, as a sore, and generate pus मुख फुटून पू जमणें -पुवारणें -पुवळणें; समजणें, अनुमान क. (Acts xvi. 10). —*n.* सुरकुती *f*. -ING जमा *f*, संग्रह; तोडणी *f*, तोडा, ओढा, वेचणी *f*; सावरणें *n*, अटोप, सावर, आवर; उगवणी *f*, वसूल; जमाव, मेळा; charitable contribution धर्मादायाची वर्गणी *f*; a tumor दुखरूं *n*.

GAUD (*gaudere*, to rejoice) नग, नगोटें *n*, दागिना. -INESS छान *f*, भडक *f*.—GAUDY *a.* छानदार, देखणाऊ.

GAUGE *v. E.* मापणें, मोजणें.—*n.* माप *n*, प्रमाण *n*.

GAUNT* *a.* रोडका, रोड.

GAUNTLET *F.* a large glove of mail दस्ताना, वज्रमुष्टि *f*; to take up the g. पण -विडा उचलणें; to throw down the g. पण मांडणें.

GAUZE *F.* a very thin, slight, transparent stuff, of silk or linen कपरधूल.

GAY *a. F.* merry आनंदी, उल्हासी; showy छानदार, देखणा, भडक; jolly रंगेल, चैनी. —GAIETY आनंद -उल्हासवृत्ति *f*; छानदारी *f*, भडक *f*; रंगेपलणा, चैन *f*.

Gaze* *v.* टक लावून पाहणें, पाहणें [at, on, upon].—*n.* टक *f,* एकाग्रदृष्टि *f.*—Gazing-stock दृष्टिपात्र *n,* उपहासदर्शनास्पद *n,* कौतुक *n.*

Gazette (from *gazzetta,* a Venetian coin) वर्त्तमानपत्र *n,* अखबार *f.* -er वर्त्तमानपत्राचा कर्त्ता; a geographical dictionary भूगोलवर्णनाचा कोश.

Gear* सरंजाम, सामान *n*; — of a cart, plough, &c. वेठण *n,* तेगार.

Gelatinous *a.* (*gelare,* to congeal) चिकचिकीत, चिकीसारखा.

Geld* *v.* खच्ची क., अंड कापणें.

Gem (*gemma*) a precious stone रत्न *n,* मणी; bud कळी *f.*—*v.* रत्नखचित -मंडित क. [with].

Gemini (*L.*) मिथुनरास *f.*

Gemmation (*gemma,*bud) [*Nat. Hist.* formation of a new individual by the protrusion of any part of an animal or plant, which may then become free or remain connected with the parent stock; the period of the expansion of buds; *Bot.* the arrangement of buds on the stock].

Gender (*genus,* birth) *Gram.* लिंग *n.*

Genealogy (*Gr. genea,* birth, race, *logos,* discourse) history of the descent of a person or family वंशचरित्र *n*; lineage वंशावळी *f,* वंश.—Genealogical *a.* वंशचरित्राचा; वंशावळीचा (table); वंशावळी प्रमाणें; परंपरेचा (order); g. tree, a family lineage drawn out under the form of a tree and its branches वंशवृक्ष, वंशावली *f.* — Genealogist, one who traces the descent of persons or families कुलाचार्य, कुलकर्मदर्शक.

General *a.* (See Genus) relating to a genus जातीचा, जाति संबंधी: g. law of the animal economy; not special सामान्य, साधारण (inference); lax in signification मोघम, साधारण (expression); prevalent रुढींतला, व्यवहारिक, मायिक (opinion); common to the whole सामान्य, सर्वांचा, सार्वजनिक: Adam, our g. sire; *Obs.* the word g. annexed to a name of office usually denotes chief or superior; and is equivalent to सर, मुख्य, श्रेष्ठ, वरिष्ठ: a commissary g.—*n.* the whole सर्व, सगळा; superior officer in an administration मुख्य अधिकारी, सर कारभारी; — of an army सेनापति, बक्षी, 'जनरल'; in g. एकंदरींत. -issimo अग्रसेनापति, मीरबक्षी. -ity सामान्यत्व *n,* साधारणत्व *n*; the main body मोठी -अधिक संख्या *f* -भाग -अंश. -ize *v.* जातीखालीं -साधारण धर्माखालीं आणणें; make universal in application सर्वांस -सर्वत्र लावणें -लागू क. -ly *ad.* साधारणपणें, सामान्यतः; most frequently बहुधा, बहुतकरून. -ship अधिकाऱ्याचें किंवा सेनापतीचें काम *n* -चा हुद्दा; military skill in a commander सेनापतीचें युद्धकौशल्य *n.*—Generic *a.* जातिमात्राचा, जातिवाचक, सामान्य; very comprehensive बहुव्यापक, पुष्कळांचा समावेश करणारा; g. property जातिधर्म; g. characteristic जातिलक्षण *n.* -ally सामान्यतः, साधारणपणें: a hot summer g. follows a cold winter; बहुधा, बहुतकरून, एकंदरीनें: g. speaking, they live very quietly.

Generate *v.* (See Gender) beget जन्म देणें, जन्मविणें; produce उत्पन्न क. [from].—Generation उत्पन्न क. *n,* जनन *n*; origination by some process, mathematical, chemical, or vital उत्पन्न क. *n,* बनावणें *n,* करणें *n*: the g. of sounds; offspring संतान *n,* संतति *f*; single step in the succession of natural descent पिढी *f*; family वंश, कूळ *n*; from g. to g. पिढ्यानपिढी, पिढीपेस्तर.—Generative *a.* जननशक्तियुक्त, फलद; उत्पादक.—Generator जनक, उत्पादक; vessel in which steam is generated वाफ उत्पन्न करण्याचें पात्र *n.*—

GENITAL *a.* उत्पत्ति -जनन संबंधी *n.*—*pl n.* जननांग *n,* उपस्थ *n.* — GENITIVE, *Gram.* षष्ठी *f.*—GENITOR जनक, बाप.—GENITURE, See GENERATION.

GENEROUS *a.* (do.) magnanimous मोठ्या -प्रशस्त मनाचा, महामनस्क; munificent उदार; abundant पुष्कळ, विपुळ, भरपूर (table); strong मादक, तलख, उत्तेजक (wine). -LY *ad.* उदारपणानें, औदार्यानें, औदार्यपूर्वक; मोठ्या मनानें, मन मोठें करून.—GENEROSITY कुलीनता *f,* खानदानी *f;* उदारपणा, औदार्य *n;* महात्मता *f,* मनाची थोरवी *f.*

GENESIS (*L.*) production उत्पत्ति *f;* theory उपपत्ति *f;* the first book of the Old Testament जुन्या करारांचें पहिलें पुस्तक *n,* उत्पत्तीचें पुस्तक *n,* उत्पत्ति *f.*

GENIAL *a.* (See GENIUS) generative जननकारक; contributing to, and sympathizing with, the enjoyment of life प्रकृतीस मानणारा, अनुकूल, मनोरम.

GENIUS (*geners,* to beget) the peculiar structure of mind with which each individual is endowed by nature बुद्धि *f,* मति *f;* uncommon intellectual power बुद्धिवैभव *n* -पाटव *n,* प्रज्ञा *f;* a man of great mental powers बुद्धीचा सागर, धेंड *n,* प्रस्थान *n;* peculiar constitution or character विशेष लक्षण *n* -धर्म -गुण; (*pl* GENII) a good or evil spirit दैवत *n,* देवता *f;* the animating spirit of a people or period धर्म : g. of the age युगधर्म.

GENTEEL *a.* (*gens,* race) polite शिष्ट, सभ्य, चालीचा, प्रौढ (persons);—of manners शिष्टाचाराचा, सभ्य; elegant सुंदर, सुशोभित, देखणा.—GENTILITY सभ्यपणा, शिष्टाई, *f.*—GENTLE *a.* well-born कुलीन, जातिवंत; mild सौम्य, नम्र (manner); not refractory गरीब, शांत (a horse); soothing उपशमक, शमक (music);—a breeze मंद, संत, हलका. -MAN, a man who is well-born कुलीनजन्मा, कुलीन पुरुष; one of gentle manners सभ्य -प्रतिष्ठित मनुष्य, गृहस्थ; *pl* people लोक, गृहस्थ *pl.* -MANLINESS माणुसकी *f,* गृहस्थगिरी *f* -पणा. -NESS कुलीनपणा; गरिबी *f,* भलाई *f;* नरमाई *f,* सौम्यता *f.*—GENTLY *ad.* संतपणानें, शांतवृत्तीनें; हलक्यानें, हळू.—GENTRY, people of education and good breeding शिक्षित व सभ्य लोक *pl;* in England, the class of people between the nobility and the vulgar गृहस्थवर्ग.

GENTIAN (*gentiana*) किराईत *n;* dried g. काडेकिराईत *n.*

GENTILE (*gens,* race) one of a Gentile or non-Jewish nation जो यहुदी नव्हे तो; 'विदेशी', 'परदेशी'; a heathen मूर्त्तिपूजक.—*a.* (यहुदी सोडून इतर) राष्ट्रा संबंधी; *Gram.* जाति -देशवाचक -प्रदर्शक (noun).

GENUFLECTION (*genu,* knee, *flectere,* to bend) भजनाच्या -भक्तीच्या वेळीं गुडघा टेंकणें *n.*

GENUINE *a.* (*genuinus*) मुळचा, खरा, असल, चोख. -NESS खरेपणा, असलाई *f,* चोखपणा.

GENUS (*L., Skr. djan*) जात *f,* वर्ग, गण.

GEOGRAPHY (*Gr. gè,* the earth, *graphein,* to write) भूगोळविद्या *f;* description of the earth भूगोळवर्णन *n.*—GEOGRAPHER भूगोलविद्यावेत्ता.—GEOGRAPHICAL *a.* भूगोलविद्ये संबंधी.

GEOLOGY (*Gr. -logos,* discourse) science which treats of the structure and mineral constitution of the globe भूरचनाशास्त्र *n.*—GEOLOGIST क्षितिरचनाशास्त्रवेत्ता.

GEOMANCY (*Gr. -manteia,* divination) a kind of divination by means of figures or lines, formed by little dots or points,

originally on the earth, and afterwards on paper रमल *n*.—GEOMANCER रमल पाहणारा.

GEOMETRY (*Gr. -metrein*, to measure) that branch of mathematics which investigates the relations, properties, and measurement of solids, surfaces, lines, and angles रेखागणित *n*, क्षेत्रतत्वविद्या *f*; measurement of the earth भूमिति *f*, ज्यामिति *f*.—GEOMETRICIAN रेखागणिती -गणक.

GEORGIUM SIDUS (the star of George) एकग्रह आहे, त्याला हर्शल किंवा युरानसही ह्मणतात.

GERM (*germen*) a point of growth अंकुर, मोड, कोम; origin मूळ *n*. -INATE *v.i.* अंकुर फुटणें, मोड येणें.—*t*. अंकुर -मोड आणणें.

GERMAN *a*. (*germanus*, of brothers and sisters who have the same parents) जवळचा, जवळच्या संबंधाचा; cousins-g. सखे चुलतभाऊ *pl*, किंवा बहिणी *f pl*; सखे माऊसभाऊ *pl*, किंवा बहिणी *f pl*.—(*n. Germ.* neighbour) जर्मनी देशाचा.—*n*. जर्मन देशचा मनुष्य; जर्मन भाषा *f*.

GERUND (*gerere*, to bear) लाटीन भाषेच्या व्याकरणात एक प्रकारचें क्रियावाचक नाम आहे.

GESTATION (*gestare*, to carry) गर्भधारण -वहन *n*; pregnancy गर्भार -गर्व्हारपणा;—of beasts गाभपणा.

GESTICULATE *v*. (*gestus*, gesture) हावभावानें दाखविणें.—*i*. हावभाव दाखवणें -क.—GESTICULATION, GESTURE हावभाव, अंगचेष्टा *f*, चेष्टा *f*.

GET * *v*. procure मिळवणें, संपादणें, पावणें; beget जन्मविणें, जन्म देणें: I had rather adopt a child than g. it; learn शिकणें (a lesson); persuade मनवळवणें, समजी क.: g. him to say his prayers; procure to be करणें, घडवणें: g. these things dispatched; betake आश्रय धरणें -क.: he will g. himself to the town;— a beating मार बसणें -मिळणें -खाणें; to g. in आंत आणणें; out बाहेर काढणें; off काढणें, नेणें; together मिळवणें, जमवणें;—over पार पडणें, निभणें.—*i*. मिळवणें, कमावणें, वाढणें: we lose, they g.; ahead वाढणें, पुढें जाणें; along चालणें, पुढें पाऊल टाकणें; among मध्यें पोंचणें -पावणें; -च्या मधला -आतला होणें;—a sleep झोंपीं जाणें; at पोंचणें; वाट देणें, मार्ग मोकळा क.; back परत येणें -जाणें; before पुढें -आघाडी येणें; behind मागें -पिछाडीस राहणें -जाणें; मागें पडणें, मागसणें; clear मोकळा होणें; वचनांतून सुटणें; ओझ्याखालून मोकळा होणें; संकटांतुन मुक्त होणें; drunk पिऊन मस्त होणें, झिंगणें; forward पुढें चालणें -होणें; वाढणें, भरभराटीस चढणें; home घरीं पोंचणें; on पुढें जाणें -चालणें; rid of सुटणें, किटकिटींतून सुटणें; up तयार क.; लिहिणें, छापणें; प्रसिद्ध क. -TING संपादणी *f*, संपादणूक *f*; मिळकत *f*, उपार्जना *f*.

GHASTLY* *a*. like a ghost in appearance प्रेतकळेचा, प्रेतवत् (face); horrible भयंकर, दारुण (wounds).

GHEE (*Hind., Skr. ghrita*) तूप *n*.

GHOST* the soul of man आत्मा; the soul of a deceased person प्रेत *n*; soul separate from the body विदेही आत्मा; Holy G. पवित्र आत्मा; *Theol*. the third person in the Trinity त्र्येकत्वांतला तिसरा, पवित्र आत्मा;—to give up the g. प्राण सोडणें; g. of a Brahman ब्रम्हराक्षस, संबंध;—of a Mahomedan खवीस. -LY *a*. spiritual आत्मिक, पारमार्थिक; relating to apparitions प्रेत-भूतसंबंधी.

GIANT (*gigas, Gr. gē*, the earth, *genein*, to beget) a man of extraordinary bulk and stature धिप्पाड माणूस, महाकाय, भीम पुरुष; *Myth*. राक्षस, दैत्य.—*a*. राक्षसी, राक्षसासारखा. -ESS धिप्पाड बायको *f*; राक्षसी *f*.

—GIGANTIC *a.* स्थूलकाय, दैत्यरूपी, प्रचंडशरीर; enormous जबर, घोर, दारुण (wickedness).

GIBBERISH *a.* हेंगाडा, रांगडा.—*n* हेंगाडी -रांगडी -पिशाच भाषा -बोली *f.*

GIBBET *F.* फाशीं देण्याचा खांब.

GIBBOUS *a.* (*gibbus,* hunch) फुगीर, कूर्मपृष्ठाकार.

GIBE *F.* See SCOFF.

GIDDY* *a.* dizzy घेरी -चक्कर आलेला; inducing giddiness घेरी -भोवंड आणणारा (heights); whirling चक्रगतीचा -चक्राकार (motion); unfixed चंचळ, अस्थिर; thoughtless अविचारी, विवेकशून्य: young heads are g.; excited उन्मत, उद्धत [with].

GIFT, See under GIVE.

GIG *F.* a top भोंवरा; a light carriage 'बगी' *f*; a ship's light boat जहाजाची जलद चालणारी होडी *f*; a harpoon मासे मारण्याची बरची *f.*

GIGANTIC, See under GIANT.

GIGGLE *v. i. D.* खिदखिद हासणें, हिहिहि क. [at].—*n.* हिहिहि *f*, खिखि *f.*

GILD* *v.* overlay with a thin covering of gold सोन्याचें पाणी देणें, सोन्याचा मुलामा चढवणें -देणें; color with a gold-like color सोनेरी रंग देणें; brighten उजळ क.; give a fair and agreeable external appearance दर्शनी सुंदर क. -दाखविणें. -ING मुलामा देणें; सोनेरी ओप -मुलामा -धूर -पाणी *n.*—GILT सोन्याचा मुलामा.

GILL* organ of respiration in fishes and other water animals माशाचा कल्ला; flap that hangs below the beak of a fowl or bird गळचुंडी *f*; flesh on the lower part of the cheeks, or under the chin गालां खालचें किंवा हनुवटी खालचें मास *n.*

GIMLET *F.* सामता, बरमा.

GIN (contraction of *engine*) यंत्र *n*; ओझीं उचलण्याचें यंत्र *n*; कापसाच्या सरक्या काढायाचें यंत्र *n*, वटणें *n*, 'जिन' *n.*—*v. i.* जिन यंत्रानें कापूस वटणें.—(corrupt. from Geneva) एक प्रकारचें मद्य आहे.

GINGER (*zingiber, Skr. sring-wear,* horn-shaped) आलें *n*;—the dry root सुंठ *f*; preserved g. आलेंपाक. -BEER, [a sort of beer impregnated with ginger]. -BREAD सुंठवड्याची वडी *f.* -WINE, wine impregnated with ginger].

GINGLE, See JINGLE.

GIRD* a twitch हिसका; stroke of a rod फटका; sarcastic remark ठोमणा.—*v.* encircle with any flexible band वेष्टणें, लपेटणें, गुंडाळणें;—on, make fast मच्च आवळणें -बांधणें (a sword, harness); clothe वस्त्रें नेसविणें, पोशाख घालणें; give a blow to मारणें, प्रहार क., टोळा मारणें [with]. -ER वेष्टणारा, बांधणारा; the principal piece of timber in a floor तुळई *f.*— GIRDLE *v.* वेष्टणें, घेरणें, घेरा घालणें; पट्टा -कडें घालणें.—Also GRIDDLE *n.* कमरबंद -पट्टा; plate for baking cakes तवा.

GIRL * female child मुलगी *f*, कन्या *f*; a young woman तरुण बायको *f*, तरुणी *f.* -HOOD कुंवारपणा, कौमार्य *n.* -ISH *a.* मुलीचा, मुलीसारखा.

GIVE* *v.* bestow without receiving a return देणें, अर्पणें; pay देणें: what shall a man g. in exchange for his soul? (Matth. xvi. 26); pronounce बोलणें, मत -अभिप्राय देणें; grant power to अधिकार देणें; produce उपज देणें, उत्पन्न होणें, फळ येणें; devote लावणें, देणें, खर्चणें; away देणें, देऊन टाकणें; back परत देणें;—chase पाठीस लागणें;—ear ऐकणें, कान देणें; forth सांगणें; प्रसिद्ध क.; in मान्य -कबूल होणें; सांगणें; प्रसिद्ध क.;—one's self up स्वाधीन होणें; -ची आशा सोडणें, -ची जगण्याची आशा सोडणें;—it to soundly भला घेणें, कचकावणें;

—one's self out for झणवणें; छंदास -नादीं लागणें; out बाहेर फोडणें, प्रसिद्ध क.; सोडणें, निघणें (odors); over सोडणें, टाकणें;—place अंग काढणें, माघार घेणें; up सोडणें, पाणी सोडणें;—way दबणें, भिणें; अंग काढणें; दबणें, पडणें, खचणें, कचणें;—a wall रेलणें; recede मागें हटणें; into माघार घेणें; in to मान्य-कबूल होणें; वश होणें; दबणें; over थांबणें, हात आटोपणें; up सोडणें; दबणें, हात टेकणें [to]. —GIVER देणारा; a donor दाता, दानकर्त्ता. —GIFT देणें *n*; donation दान *n*, देणगी *f*; present बक्षीस *n*; bribe लांच; some endowment given to man by God ईश्वरी देणें *n*, ईश्वरी देणगी *f*, गुण; right of giving देण्याचा हक, दानाधिकार; *Law*, voluntary transfer of real or personal property, from one to another, without any consideration दान *n*. -ED *a*. संयुक्त, संपन्न; गुणी, सुलक्षण.

GIZZARD *F*. पक्ष्याचा कोठा; हा त्यास दाताच्या ठिकाणीं अन्न चवर्ण करायास उपयोगी पडतो.

GLACIER (*glacies*, ice) बर्फाचें पटांगण *n*, किंवा -चा डोंगर.

GLACIS (*glatia*, smoothness) किल्लया बाहेरची उतरती जमीन *f*.

GLAD * *a*. pleased संतुष्ट, खुश; cheerful आनंदी, आनंदाचा, in comp. आनंद; exciting joy आनंदकारक -प्रद, हर्षकर [of]. -DEN *v*. हर्षविणें, संतुष्ट -खुश क. -LY *ad*. आनंदानें. -NESS आनंद, हर्ष, संतोष. -SOME *a*. संतुष्ट, खुश; आनंदाचा, हर्षप्रद.

GLADE *W*. अरण्यांतील बखळ *f* ?

GLADIATOR (*gladius*, sword) तलवार -पट्टा खेळणारा; prize-fighter कुस्ती खेळणारा.

GLAIR * अंड्यांतील पांढरा बील.

GLANCE *Ger*. a sudden shoot of light झळक *f*; — of the eye दृष्टिविक्षेप, नेत्रकटाक्ष.—*v. i*. चकाकणें, झळकणें; dart aside ओझरता -कातरता जाणें -पडणें; snatch a momentary or hasty view कान्या डोळ्यानें पाहणें, ओझरता पाहणें [at, round].—*t*. प्रेक्षणें, टाकणें.

GLAND (*glans*, acorn) an organ formed by the convolution of a number of vessels पित्तादिक रसांची शरिरांतील पिशवी *f*, मांसग्रंथी *f*, पिंड. -ERS, a contagious and very destructive disease of the mucous membrane in horses, characterized by a constant discharge of sticky matter from the nose, and an enlargement and induration of the glands beneath and within the lower jaw शेंबा, कनार *H*.

GLARE * a bright dazzling light चकाकी *f*, झकाकी *f*; a fierce, piercing look गुरकी *f*, उग्रदृष्टि *f*.—*v. i*. चकाकणें, झळकणें; टौकारणें, डोळे वटारून पाहणें, फडी फिंदारणें [upon, on].

GLASS * a hard, brittle, transparent substance कांच *f*; any thing made of glass कांचेची वस्तु *f*; a looking-glass आरसा; an hour-glass रेतीचें घड्याळ *n*, डमरू; [the time in which a glass is exhausted of its sand]; a tumbler कांचेचा प्याला, 'ग्लास' *n*, *m*; a lens दुरबीण वगैरे यंत्राची कांच *f*; a weather-glass वायुमापक यंत्र *n*; *pl* spectacles चश्मा.—*a*. कांचेचा.—*v*. आरशांत पाहणें; reflect, as in a mirror आरशांत प्रतिबिंब उमटणें; cover with glass कांच लावणें. -CUTTER खिडकी वगैरेस बसविण्या करितां कांच कापणारा. -HOUSE कांच करण्याचा कारखाना. -MAN कांचविक्या.—GLASSY *a*. कांचेचा; कांचेसारखा नितळ -साफ इ० (stream, surface). —GLAZE *v*. furnish with glass कांच बसविणें -लावणें; overlay with some thing smooth and shining रोगण लावणें; incrust with a vitreous substance लाखलोटें क. — GLAZIER कांच -तावदान बसविणारा, बोहोरी.

GLEAM * a shoot of light चमक *f*, झगमग *f*; ray किरण *n*; brightness प्रभा *f*, तेज *n*; with a sudden g. चककन, झककन.—*v. i.* चकचकणें, लकलकणें.

GLEAN *v. F.* gather after a reaper शेतांत दाणें टिपणें -वेचणें; collect with patient and minute labor धिम्या व मुंगीच्या श्रमानें मिळविणें (facts).—*i.* सरवा वेचणें [after, from]. -ER सरवा वेंचणारा, उंच्छवृत्ति. -ING वेंचणें *n*; subsistence upon g. उंच्छवृत्ति *f*.

GLEBE (*gleba*, clod) काळी *f*, जमीन *f*; land belonging to a parish church धर्माध्यापकभूमि *f*.

GLEE* आनंद, हर्ष; [a piece of music].

GLEET* a transparent mucous discharge from the membrane of the urethra परमें *n*; g. with contraction of the frenum तिडीक परमें *n*.

GLEN* दरा, खोरें *n*.

GLIB *a. F.* smooth गुळगुळीत; slippery निसरडा; voluble लुबलुब -चुरचुर बोलणारा.

GLIDE* *v.* flow gently हळू -संत वाहणें; move smoothly and swiftly सुळकन -सुरकन जाणें [along, over, in, out].

GLIMMER *v. Ger.* मिणमिणणें, टिकटिकणें.—*n.* मिणमिण *f*, टिकटिक उजेड. -ING झुळूक *f*, छाया *f*. — GLIMPSE, faint light टिकटिक उजेड; transitory view झुळूक *f*, अर्धवट पाहणें *n*, ईषद्दर्शन *n*; to afford a g. of देखावा दाखवणें; to catch a g. of ओझरता पाहणें [of].

GLISTEN,* GLITTER *v. i.* चकचकणें, तकतकणें [with].—GLITTER चकाकी *f*, तकाकी *f*, चमक *f* [with].

GLOAT *v. i. Ger.* लाळ घोटणें.

GLOBE (*globus*) a sphere गोळा, गोल; any thing globular in shape गोलाकार वस्तु *f*, गोल; the earth पृथ्वी *f*, भूगोल; a round model of the earth कृतीचा भूगोल, 'ग्लोब'; —of the heavens खगोल.—AMARANTH झेंडू? काफरी गोंडा?— GLOBULOUS, GLOBULAR *a.* गोलाकार, वाटोळा.—GLOBOSITY गोलपणा, गोलत्व *n*.—GLOMERATE *v.* गोळा क., गुंडी क. —*a.* घोळक्यानें वाढणारा, एका ठिकाणीं जमून वाढणारा (flowers).

GLOOM * partial or total darkness अंधारी *f*, धुंदाई *f*, काळोखी *f*; melancholy उदासपणा, औदासिन्य *n*.—GLOOMY *a.* अंधक, धुंद; उदास, उदासीन.

GLORY (*gloria*) praise, honor, admiration, or distinction, accorded by common consent to a person or thing गौरव, स्तुति *f*, प्रशंसा *f*: g. to God in the highest (Luke ii. 14); high reputation महिमा *f*, महात्म्य *n*, सु -सत्कीर्ति *f*: spread his g. through all countries; the presence of the Divine Being ईश्वराचें समीक्षत्व *n*; heaven आकाश *n*, स्वर्ग *n*: Thou shalt guide me with Thy counsel, and afterward receive me to g. (Ps. lxxiii. 24); *Paint.* a circle of rays, or a circular effulgence, surrounding the head or entire figure of saints, &c., and especially of the Savior अंशुमाला *f*, प्रभावळ *f*?—*v. i.* exult with joy आनंद -हर्ष क., हर्षानें उचंबळणें; boast बढाई -फुशारकी क. [in, at].—GLORIFY *v.* गौरव -स्तुति क.; मोठेपणा -मान देणें.—GLORIOUS *a.* तेजवान, तेजश्वी; प्रतापशाली, कीर्तिमान; बढाईखोर, फुशारखोर.

GLOSS (*glossa*) polish झिल्हई *f*, ओप *f*;—upon paper, cloth, &c. through rubbing मोहरा; a specious appearance वरपंकी देखावा, वरघडी *f*; comment टीका *f*; explanation व्याख्या *f*, अर्थ, घेरा.—*v.* झिल्हाई देणें; सफाई क.; टिप्पण क. -ARY ग्रंथांतील अप्रसिद्ध, पारिभाषिक किंवा कठीण शब्दांचा

कोश. -ARIST टीकाकार, भाष्यकार. -INESS लुसलुसी *f*, तिळतिळी *f*, तकतकी *f*.—GLOSSY *a.* नितळ, गुळगुळीत; सफाईदार, मोहरेदार; —of colors तेल्या;—of boils, grapes, &c. टळटळीत.

GLOVE* हातमोजा.

GLOW* *v. i.* shine with an intense or white heat धगधगणें, रसरसणें; exhibit a strong bright color झळकणें, झकाकणें; — the countenance, plants, &c. लुसलुसणें, तुकतुकणें, टवटवणें; — the mouth, from hot substances झणझणणें, फणफणणें; feel hot, as the skin तापणें, धगधगणें; feel the heat of passion जळणें, संतापणें [with].—*n.* shining heat धग *f*, भडाका, आंच *f*; redness लाली *f*; brightness of color तुकतुकी *f*, टवटवी *f*: g. of health in the cheeks; vehemence of passion संताप, जलाली *f*, तलखी *f*. -WORM सोनकिडा, काजवा, खद्योत.

GLUE (*glutis*) डकवण *n*, (सरस, खळ *f*, वगैरेचें).—*v.* (सरसानें -खळीनें) जोडणें [to, together].—GLUTINOUS *a.* चिकट, चिकचिकित.

GLUT *v.* (*glutire*) swallow greedily अधाशीपणानें गिळणें, गपापा खाणें; fill to satiety ओकारी येई पर्यंत खायाला घालणें, टेर क.; [to g. the market, to furnish an over-supply of any article of trade, so that there is no sale for it] [with].—*n.* रेळ *f*, उपट *f*, रेळचेळ *f*. -TON *a.* खादाड, अधाशी. -TONY खादाडपणा, पोटपूजा *f*, अत्याहार.

GNASH *v. D.* रागानें दांतओंठ खाणें (the teeth). —*i.* दांत करकरा चावणें.

GNAT * चिलट *n*, मुरकूट *n*.

GNAW * *v.* nibble at कुरतुडणें, कराडणें; corrode खाणें, चरणें, खणणें; as remorse, &c. खोंचणें, सलणें, टोचणें.

GNOMON (*Gr.*) *Astron.* शंकुयंत्र *n*.

GO * *v.* pass from one place to another जाणें, चालणें; walk चालणें; have currency चालणें, पसार होणें (money); succeed शेवटास जाणें, पार जाणें, जाणें: how *goes* the night?; conduce उपयोगीं पडणें, सहाय होणें: your counsels *go* against reason; undertake करायास लागणें, हातीं घेणें, पत्करणें: I am *going* to begin harvest; be pregnant महिने जाणें, गर्‍हार असणें;—a female beast गाभ जाणें; depart निघून जाणें, जाणें; die मरणें, जाणें, गत होणें; reach पोंचणें: his land *goes* to the river; about यत्न क., करूं पाहणें; between मध्यें पडणें, मध्यस्थी क.; by वगळणें, वर्जणें; down खालीं जाणें, पुरवणें, पचणें, भावणें [*Low*]; g. for nothing पोकळींत जाणें, फुकट जाणें;—hard with कठीण जाणें;—in and out संसार -कामधंदा क.; in to, unto -शीं जाणें, संग क. [*Scrip.*]; on चालणें, पुढें जाणें; चढणें, जाणें: the coat will not g. on; out जाणें, विझणें (lamp); जाणें (life); बाहेर पडणें -फुटणें (a story); over वाचणें; शिकणें; तपासणें (an account); पुनः विचार क., मनन क.; पक्ष बदलणें, दुसऱ्या पक्षाकडे जाणें; फितणें; पार जाणें, तडीपार जाणें;— through निभणें, टिकणें (sickness, study); शेवटास नेणें, तडीस नेणें (an operation); सोसणें; under नांवानें चालणें, म्हणविणें; खचणें, बुडणें; नाश पावणें; let g. जाऊं देणें, सोडणें, मोकळा क. -BETWEEN, interposer मध्यस्थ; broker दलाल. -CART पांगूळगाडा.

GOAD * आर *f*, पराणी *f*.—*v.* आर लावणें -टोंचणें; stimulate उचल -उठवणी क., चेतविणें.

GOAL *F.* the point set to bound a race शर्यतेची हद *f*, टिपण *n*, निशाण *n*; final purpose उद्देश, अर्थ.

GOAR, GORE * slip of cloth inserted to widen a garment बच्चा.

GOAT * बकरा, बोकड, शेळी *f*, शेरडूं *n*. -HERD शेरडें राखणारा, शेळक्या, अजापाल.— GOAT-

SKIN सागळ *f*; as dressed for shoes, &c. नरी *f*.

Goblet *F.* जांब, पंचपात्र *n*.

Goblin *F.* भूत *n*, पिशाच *n*.

God* an object of worship पूज्य विषय; a being conceived of as possessing divine power, and to be propitiated by sacrifice, worship, &c. कल्पित देव, दैवत *n*, देवता *f*; the Supreme Being परमेश्वर, देव, भगवान, ईश्वर: G. is a spirit, and they that worship Him must worship Him in spirit and in truth (John iv. 24); a ruler अधिकारी; judge न्यायाधीश; an angel दूत [Ex. xxii. 8]; person or thing exalted too much in estimation, or deified and honored as the chief good देव्हारें *n* (Phil. iii. 19); G. grant ईश्वर करो; any thing given to G. देवदत्त; G. of gods देवाधिदेव. -CHILD, one for whom a person becomes sponsor at baptism, and promises to see educated as a Christian धर्मपुत्र. -DESS देवी *f*. -FATHER, a man who becomes sponsor for a child at baptism, in the English and R. C. churches धर्मपिता. -HEAD देवपणा, देवत्व *n*; a god देव; God परमेश्वर, देव. -LESS *a.* देवहीन, धर्मनिंदक, नास्तिक. -LIKE *a.* देवासारखा; ईश्वरी; उत्कृष्ट, अत्युत्तम (virtue). -LY *a.* obedient to the commands of God from love for, and reverence of, His character ईश्वरभक्त, धार्मिक, भक्तिमान; formed or influenced by a regard for God ईश्वरानुसारि, ईश्वराचें भय धरून चालणारा.—*ad.* सुभक्तीनें (2 Tim. iii. 12). -LINESS ईश्वरभक्ति *f*, भक्तिशीलता *f*, सुभक्ति *f*, धार्मिकपणा, साधुपणा: g. is profitable unto all things (1 Tim. iv. 8).

Godown (*Malay*, *gading*) गुदांव *n*, जिन्नस ठेवण्याची कोठडी *f*, कोठी *f*.

Goggle *v. i. Scot.* डोळे वटारणें -फिरवणें.—*a.* वटवटीत, गटगटीत (eyes). -EYED *a.* वटवटीत डोळ्यांचा.

Goitee, Goitre (*guttur*, the throat) *Med.* enlargement of the thyroid gland appearing on the anterior part of the neck मन्यास्तंभ.

Gold* a precious metal of a reddish yellow color, and metallic lustre सोनें *n*, सुवर्ण *n*; riches द्रव्य *n*, संपत्ति *f*; money पैका, नाणें *n*; yellow color, like that of the metal पिंवळा जरद रंग, सोनेरी रंग. -CLOTH सोनेरी -जरतारी वस्त्र *n*. -DUST सोन्याची माती *f*. -EN *a.* सोन्याचा; सुवर्णमय, सोन्यासारखा; सोनेरी रंगाचा; highly valuable लाखाचा, लाख्या, लाख रुपयांचा (opinion); g. age, the fabulous age of primeval simplicity and purity of manners in rural employments सत्ययुग *n*; [g. fleece, *Myth.*, the fleece of gold fabled to have been taken from the ram that bore Phryxus through the air to Colchis, and in quest of which Jason undertook the Argonautic expedition]. g. rule, [the rule of doing as we would have others do to us; See Luke vii. 31]; त्रैराशिक *n*. -LEAF सोनेरी वरख. -SMITH सोनार.

Gong* *Malay* तास, घड्याळ *n*, घंटा *f*.

Gonorrhœa (*Gr.*) परमें *n*.

Good* *a.* possessing desirable qualities चांगला, बरा, उत्तम (Gen. i. 31); serviceable उपयोगी, कामाचा; virtuous सद्‌गुणी, चांगला, भला (Rom. v. 7); merciful दयाळू; friendly स्नेहभावाचा: he was very g. to me; clever कुशळ, हुशार, जाणता (workman); in a commercial sense, competent, of unimpaired credit, having pecuniary ability चांगला, पतीचा, ऐपतीचा, लायक; actual खरा, वास्तविक: in g. earnest;

considerable बराच, बराच मोठा, पुष्कळ (way, part); complete पुरा, भरलेला, चांगला (measure); not blemished निष्कलंक, चोख, in comp. सु (name, repute, report); a g. fellow खळबळीत मनाचा माणूस, खेळीमेळीचा गडी; as g. as सारखा; as g. as one's word वचना प्रमाणें चालणारा, एकवचनी; g. for nothing कवडीच्या मोलाचा, नकारा, निकामी; to stand g. स्थिर-खंबीर राहणें; to make g. पूर्ण खरा करून देणें (word); शाबीत क., खरा करणें (a charge); भरून देणें, पुरें पाडणें; to think g. मान्य क.; संतुष्ट होणें; बरें वाटणें, योग्य दिसणें; g. and bad नरमगरम, भलाबुरा.—*n.* कल्याणाची गोष्ट *f*, हित *n*, श्रेय *n*; benefit फायदा, हित *n*; *pl* माल, जिन्नस; refused g. पडकेणें *n*; for g., or for g. and all खचीत; बाकीच्या वेळे करितां; शेवटीं.—*ad.* बरें, बेश, ठीक; बराच.—BREEDING विनय, सुशीलता *f*. -BYE *n.* & *int.* सुखी ऐस, स्वस्ति.— DAY, a term of salutation at meeting or parting सलाम, रामराम.—FRIDAY, a fast, in memory of our Savior's sufferings, kept on the Friday of Passion-Week 'गुड्‌फ्रैडे' -चा सण. -LY *a.* comely सुंदर; pleasant मनोरम, रम्य. -MAN दादा, बाबा, महाराज; a husband नवरा; master of a house घरधनी.—MORNING सकाळचा सलाम करितांना असें बोलतात. -NATURED *a.* सालस, भला, सुशील. -NESS चांगूलपणा; kindness दया *f*; benevolence परोपकार, उपकार.—NIGHT रात्रीचा सलाम करते वेळीं असें बालतात. -WIFE घरधनीण *f* -करीण *f*. -WILL मर्जी *f*, कृपा *f*, मेहेर *f*; *Law*, custom of any trade गिऱ्हाइकी *f*.

GOOSE* हंस; a silly creature वेडगळ, गाढव.

GORDIAN *a.* [pertaining to Gordius, king of Phrygia, or to a knot tied by him, and which could not be untied]; intricate घोटाळ्याचा; g. knot ब्रह्मग्रंथी *f*.

GORE * blood रक्त *n*; clotted blood गोठलेलें रक्त *n*, रक्ताचीं चकळें *n pl.*—GORY *a.* रक्तबंबाळ, रक्तानें भरलेला.

GORE * *v.* भोसकणें, बोचकणें.

GORGE *F.* throat गळा, कंठ, घसा; narrow passage अरुंदवाट *f*; defile खिंडवाट *f*; [that which is gorged, esp. by a hawk or other fowl].—*v.* swallow with greediness गटगटां गिळणें; glut दपटून -आकंठ जेवणें [on, with].

GORGEOUS *a.* *F.* भडक, झळकफळक, छानदार.

GORMANDIZE *v. i.* *F.* दपटून जेवणें, अधाशीपणें खाणें, धणंगणें.—GORMANDIZER दपट्या, खादाडमावसा.

GORY, See under GORE.

GOSPEL * glad tidings सुवार्त्ता *f*, शुभवार्त्ता *f*; the good news concerning Christ and His salvation शुभवर्त्तमान *n*, मंगलसमाचार; one of the historical narratives of the life and sayings of Jesus Christ, the Savior शुभवर्त्तमानाचें पुस्तक *n*, श्री येशूख्रीस्तचरित्र *n*.—*a.* शुभवर्त्तमाना सारखा; -संबंधी -चा.

GOSSIP * idle tattler बात्या, गप्पीदास; place where *gossips* meet चवाठा; idle and groundless rumor गप *f*, गपसप *f*, खबरबात *f*; See SPONSOR—*v.* गप्पा छाटणें, बाता कुटणें [with, about].

GOURD *F.* भोपळा.

GOUT (*gutta*, drop) वातरोग, संधिवायु, पादांगुष्टरोग.

GOVERN *v.* (*gubernare*) direct and control, as the actions or conduct of men, either by established laws or by arbitrary will राज्य -अमल -अधिकार क. -चालविणें; restrain आवरणें, आटोपणें, स्वाधीन -हुकमांत ठेवणें (passions); direct रोख -शिस्त धरणें (the motion of a ship); *Gram.* कारकान्वय पावणें [over, by]. -ABLE *a.* आवरायाजोगा, कह्यांत -हुकमांत ठेवण्याजोगा; obedient

धश्य, हुकमी. -ESS नायकीण *f*, स्वामीण *f*; an instructress शिकविणारीण *f*, शिक्षकीण *f*. -MENT अधिकार क. *n*; exercise of authority अधिकार, अमल, सत्ता *f n*; direction मार्गदर्शन *n*; control अटोप, नियमन *n*; the established form of law बंदोबस्त, कानु *f*, कायदा; right or power of governing अधिकार, सत्ता *f*: I resign my g. to thee; the ruling power राज्य *n*, सरकार *n*; the body politic governed by one authority सरकार, राज्य *n*, संस्थान *n*: the *governments* of Europe; *Gram.* कारक. -OR अधिकारी; नियंता, नियामक;—of a district मामलेदार, सुभेदार;—of a presidency सर सुभेदार, गवर्नर;—of a county चकलेदार;—of a fort किलेदार; [*Mach.*, a pair of heavy balls connected with machinery, designed to equalize speed]. -SHIP अधिकाऱ्याची -गवर्नराची जागा *f* -हुद्दा.

GOWN *W*. the ordinary upper dress of a woman पेशवाज, 'गवन;' the official robe of certain professional men and scholars झगा, जामा; a judge's g. लबाद *Hind.*; civil officers, in distinction from military दिवाणी -मुलकी अमलदार लोक *pl*; any sort of dress पोशाक, वेष, लिभास.

GRACE (*gratia*) exercise of love, kindness, or good-will दया *f*, कृपा *f*, करुणा *f*; divine favor toward man ईश्वरी कृपा *f*, अनुग्रह; inherent excellence गुण, आंगचा गुण; beauty सौंदर्य *n*, लावण्य *n*, शोभा *f*: [title of a duke or an archbishop, and formerly of the king of England]; a short prayer before or after a meal; *Eng. Univ.* act, vote, or decree of the government of the institution]; to get into one's *graces* पोटांत शिरणें; to get out of one's good *graces* मर्जीतून उतरणें; [day, of g., *Theol.*, time of probation, when an offer is made to sinners; days of g., *Com.* the days immediately following the day when a bill or note becomes due, which days are allowed to the debtor or payer to make payment in. In Great Britain, the days of g. are three; means of g., means of securing the divine favor, or of promoting right feeling toward God; to say g., to render thanks before or after meals].—*v.* सुशोभित मंडित क., शोभा देणें; dignify or raise by an act of favor उपकार करून थोरपणा देणें -थोर पदावर बसविणें [with]. -FUL *a.* सुंदर, लावण्य, सुरूप, साजरा, गोजरा, छबदार, गोजिरवाणा (deportment, speaker, air); g. walk सुगति *f*; g. speech वाग्विलास [in]. -FULNESS छब *f*, गोजरेपणा, लावण्य *n*. -LESS *a.* देवाधर्मानें टाकलेला, अतिदुष्ट.—GRACIOUS *a.* कृपाळू, उपकारी; merciful दयाळू (Nehem. ix. 17); acceptable प्रिय, आवडता (child); beautiful सुंदर; produced by divine grace ईश्वरी अनुग्रहानें झालेला -अनुग्रहाचा (affections) [to].

GRADE (*gradi*, to step) पायरी *f*, दरजा, पद *n*.—GRADATION क्रम, पर्याय; अनुक्रम; in regular g. यथाक्रम, क्रमशः, पायरी पायरीनें.—GRADATORY *a.* पर्यायानें जाणारा; adapted for forward motion पुढें चालायाजोगा.—GRADIENT *a.* पायरीनें चालणारा; rising and descending by regular degrees of inclination चढता उतरता: g. line of a railroad.—GRADUAL *a.* क्रमाचा, उत्तरोत्तर, थोडाथोडा. -LY *ad.* क्रमानें, होतहोत, थोडाथोडा.—GRADUATE *v.* mark with degrees अंश -भाग मांडणें, दरजे पाडणें; admit or elevate to a certain degree; usually in a college or university, to admit to an honorable standing defined by a diploma पाठशाळेंतील पदवी किंवा सनद देणें; prepare gradually हळूहळू -पर्यायानें तयार क.: dyers advance and g. their colors with salt.—*i.* पाठशाळेची सनद मिळविणें; change gradually

क्रमानें -हळूहळू बदलणें -रूपांतर पावणें.—*a.* दरजे पाडलेला, क्रमानें लावलेला.—*n* ज्यास पाठशाळेंतील सनद मिळाली आहे तो, 'ग्राज्युएट.' See the verb.

GRAFT* *v.* कलम क. -लावणें [on].—*n.* कलम *n.*

GRAIN (*granum*) a single small hard seed दाणा, बीं *n*;—of certain plants, like corn and wheat दाणा; fruit of certain kindred plants which constitute the chief food of man धान्य *n*, दाणा; any small, hard particle दाणा, बीं *n*;—of gunpowder, sugar, &c. रवा, कण;—of wood हीर; any small portion कण, लेश, गुंज *f*, रती *f*: a g. of sense; a small weight एक लहान वजन आहे, 'ग्रेन';—against the g. प्रतिलोम, विलोम; with the g. अनुलोम; in g. खोल -आंत बसलेला; g.-merchant मोदी, भुसारी; *pl* the husks or remains of malt after brewing, or of any grain after distillation अर्क काढलेल्या दाण्याचा चोथा; to dye in the g. धान्याचा रंग देणें; पक्का रंग देणें; to go against the g. of त्रासदायक असणें, त्रास देणें, पीडा. क.—*v.* लांकडाच्या हिरा सारखा रंग देणें; रवा क.—*i.* रवा होणें -जमणें.—GRANARY धान्याची कोठी *f* -चें कोठार *n*.—GRANIVOROUS *a.* धान्यभक्षक, धान्योपजीवी.

GRAMINIVOROUS *a.* (*gramen*, grass) गवत खाणारा, तृणोपजीवी, तृणचर.—GRAMINEOUS *a.* गवता सारखा; गवताच्या जातीचा, तृणजातिक.

GRAMMAR (*Gr. gramma*, letter) the science of language व्याकरण *n*, भाषाशास्त्र *n*; the art of speaking or writing with propriety or correctness व्याकरण *n*, शुद्ध रीतीनें बोलणें किंवा लिहिणें याची विद्या *f*; treatise of the principles of language व्याकरणाचें पुस्तक *n*, व्याकरणग्रंथ; treatise on the elements of any science विद्यामूलतत्वग्रंथ, विद्येच्या परिभाषेचें पुस्तक *n*. -IAN *a.* व्याकरणविद्या जाणणारा, व्याकरणवेत्ता, वैयाकरण, व्याकरण शिकविणारा. -SCHOOL लाटीन, ग्रीक इ॰ भाषा शिकण्याची शाळा *f*.—GRAMMATICAL *a.* व्याकरण संबंधी, व्याकरणाचा (rule); व्याकरणाच्या नेमाप्रमाणें, व्याकरणशुद्ध (sentence).

GRANARY, See under GRAIN.

GRAND *a.* (*grandis*) of large size or extent मोठा, थोर (mountain, army, mistake); great in size, and fine or imposing in appearance भव्य, थाटमाटाचा, वैभवशाली (monarch); sublime मोठा, प्रगल्भ, महान् (view, conception); holding an elevated or advanced rank श्रेष्ठ, वडील, थोर. -CHILD नातवंड *n*; great-g. पणतवंड *n* -तोंड *n*; g. of g. of निपणत्वंड *n*. -DAUGHTER—in a male or female line नात *f*; son's daughter पौत्री *f*; daughter's daughter दौहित्री *f*; great-g. पणती *f*, प्रपौत्री *f*; husband of g. नातजांवई. -FATHER—pat. आजा, बापआजा;—mat. आजा, मातामह. -MOTHER—pat. बापआजी *f*, आजी *f*;—mat. मायआजी *f*, मातामही *f*; great-g. पणजी *f*, प्रपितामही *f*. -SIRE आजा; ancestor वडील, पूर्वज. -SON—in a male or female line नातू, नातवंड *n*; son's son पौत्र; daughter's son दौहित्र; g. of great g. खापरपणतू; wife of g. नातसून *f*;—of great g. पणतसून *f*.—GRANDEE बडालोक, सरदार, उमराव.—GRANDEUR मोठेपणा, थोरी *f*, वैभव (of an edifice, &c.); बडेजाव, थाटमाट, डौल (of a court, procession, &c.).

GRANITE (*granum*, grain) एक जातीचा कठीण दगड आहे.

GRANIVOROUS, See under GRAIN.

GRANT *v. F.* give over;—usually in answer to petition देणें, हवालीं करणें, हक्क सोडणें; confer देणें, बक्षीस -बहाल क.; admit as true when disputed or not satisfactorily proved कबूल-मान्य क., क्षणभर-वादासाठीं कबूल क.—*n.* इनाम *n*, दान *n*, देणगी *f*;—of maintenance वृत्तिदान *n*;—of

safe conduct अभयप्रदान *n*; a written g. लेखपत्र *n*; a. g. of land as subsistence without service attached सानक *f*; a royal g. शासन *n*, पट्टा. -EE इनाम घेणारा, प्रतिगृहिता.

GRANULE (*granum*, grain) दाणा, कण, रवा. —GRANULAR *a* दाण्याचा, रवेदार.—GRANULOUS *a*. दाण्यानें भरलेला, कणमय. —GRANULATE *v*. रवा-कण जमविणें;—as a sore माठळणें, शेजेस येणें, मठारणें.—*i*. रवेदार होणें, रवा जमणें.

GRAPE *F*. द्राक्ष *n*, अंगूर *n*; seedless g. बेदाणा; dried *grapes* मनुका *f pl*. -SHOT कुलपीगोळा. -VINE द्राक्षा *f*, द्राक्षवेल.

GRAPHIC *a*. (*Gr*. *graphein*, to write) लेखनविद्ये संबंधी; written लिहिलेला, लिखित; well delineated मनांत ठसेल असा, सुवर्णित, स्वरूपबोधक.

GRAPPLE *v*. *F*. पकडणें, झोंबणें, धरणें.—*i*.—with -शीं झोंबी घेणें -लढणें -भिडणें.—*n*. बाहुयुद्ध *n*, झोंबी *f*.—GRAPNEL, a small anchor लोली *f*.

GRASP *v*. *Ger*. मुठींत-पंजांत-कबजांत धरणें, पकडणें [with]. — *n*. धरणें *n*, पकड *f*, मुष्टिगृह; wide-reaching power of intellect to comprehend subjects पोंच *f*, आवाका, ग्रह.

GRASS* (*Skr*. *gras*, to devour) गवत *n*; *Bot*. तृणधान्य *n*. -HOPPER गवत्या टोळ, नाकतोड्या. -PLOT गवताचें मैदान *n*.—GRASSY *a*. गवताळ, गवताचा, तृणमय; गवतासारखा; हिरवा, चारासारखा.

GRATE (*crates*, hurdle) a framework composed of parallel or cross bars, with interstices गजांची जाळी *f*; a frame of iron bars for holding coals, while burning as fuel लोखंडी शेगडी *f*.—GRATING गजांचा कठडा -ची जाळी *f*; a harsh sound or rubbing कर्कश शब्द, करकर *f*; घर्षण *n*, संघट्टण *n*.—*v*. *F*. घासणें, चोळवटणें; —as the teeth करकरणें, खरखरणें; wear away in small particles किसणें, घासून कीस काढणें (a nutmeg); fret खिजाविणें, चिढविणें.—*i*. चोळवटणें, घासणें; कर्कश लागणें [against, on, upon].—GRATER किसणी *f*.

GRATEFUL *a*. (*gratus*) having a due sense of benefits आभारी, कृतज्ञ; pleasing आवडता, गोड, सुखप्रद; delicious मधुर, गोड, सुरस [to]. -LY *ad*. कृतज्ञतापूर्वक, उपकार स्मरून.—GRATIFY *v*. संतोषविणें, खुश क.; satisfy तृप्त क.; पुरवणें [with].—GRATIFIED तुष्ट, तृप्त; कृतार्थ.—GRATIFICATION संतोषविणें *n*, संतोषीकरण *n*; पुरवणें *n*, संतर्पण *n*; तृप्ति *f*, तुष्टि *f*, संतोष; that which affords pleasure सुख *n*, पारितोषक.— GRATITUDE, warm and friendly feeling toward a benefactor कृतज्ञता *f*. उपकारस्मरण *n*. — GRATIS *a*. फुकट, मुफत, बिनपैशाचा -मोलाचा.—GRATUITOUS *a*. फुकटचा, मुफतचा; without proof निराधार, अप्रमाण.—GRATUITY बक्षीस *n*, इनाम *n*.

GRAVE* an excavation in the earth as a place of burial गार *f*, शवगर्ता *f*, कबर *f*, मेताची खांच *f* -चा खाडा. -CLOTHES *pl* प्रेतवस्त्रें *pl*. -DIGGER प्रेताचा खाडा खणणारा. -STONE शवगर्तेवर पुरलेला धोंडा. -YARD मसणवट *f*.

GRAVE* *v*. engrave कोरणें, खोदणें; carve out or give shape to कोरून रूप -डौल देणें -आकारणें.—GRAVEN *a*. कोरलेला, कोरींव (Ex. xx., 4).

GRAVE *a*. (*gravis*, heavy) भारी, वजनदार, गंभीर, भरकूम (character, deportment); not acute मंद, प्लुत (sound). -LY *ad*. भरकूमपणानें, न हांसतां.—GRAVID *a*. गर्व्हार, गरोदर. —GRAVITATE *v*. *i*. केंद्राकडे वळणें [to, towards].—GRAVITATION, that species of attraction or force by which all bodies or particles of matter in the universe tend

toward each other गुरुत्वाकर्षण *n*.—GRAVITY, sobriety of character or demeanor भरकूमपणा, भरकुमी *f*; weight वजन *n*, गुरुत्व *n*, महत्व *n*; tendency of a mass of matter toward a centre of attraction केंद्राकर्षण *n*.

GRAVEL *F.* small stones or fragments of stone कंकर, रेव *f*; *Med.* disease produced by small, calculous concretions in the kidneys and bladder मूतखडा, शर्करा *f*.

GRAVY* पक्व मांसरस, 'ग्रेवी' *f*, सुरवा *Hind.*

GRAY, GREY *a.* of the color of hair whitened by age पिकलेल्या केशाच्या रंगाचा, पांढरा, पलित; white mixed with black, as the color of pepper and salt, or of ashes कबरा, धूसर; iron-g. करडा; dark mixed color कैरा; mature वृद्ध, पक्व (experience).

GRAZE* *v.* touch lightly in passing चाटून -लागून जाणें; feed on चरणें; tend grazing cattle गुरें चारणें [off].—GRAZIER गुरें चारणारा, गुराखी.

GREASE *F.* animal fat in a soft state चरबी *f*, मांदें *n*; oily matter of any kind माखण *n*;—for axles, &c. ओंगण *n*; a disease in the legs of horses भेंडी.—*v.* चरबी लावणें, माखणें; bribe लांच देणें; cheat फसविणें [with].—GREASY *a.* तेलकट, स्निग्ध, चिकण; smeared with grease चुळबुळीत, ओशट; भेंड्या रोगाचा -लागलेला.

GREAT* *a.* large मोठा, थोर (house); large in number मोठा, बहुत, पुष्कळ (multitude); long-continued पुष्कळ, बहुत, दीर्घ (period); superior श्रेष्ठ, महान, उत्तम (thought, action); powerful बलाढ्य, मोठा, थोर, पराक्रमी (hero, scholar); distinguished नामांकित, थोर, बडा (men); chief मुख्य, सर, अग्र (seal); weighty भारी, वजनदार, थोर (argument, principle); older वडील, मोठा; g.-grandson पणतू; by the g. सर्व, एकंदर, साकल्य, सरसकट; the g. बडे लोक *pl*, महाजन *pl*; श्रीमंत, तालेवंत. -LY *ad.* फार, बहुत, अति (Gen. iii., 16); शौर्यानें, प्रतापानें, पराक्रमानें: by a high fate thou didst g. expire. -NESS मोठेपणा, थोरपणा; swelling pride दिमाख, अकड *f*, अभिमान; magnanimity मनाचा मोठेपणा, महात्मता *f*, उदार बुद्धि *f*; force जोर, कडाखा, झपाटा: g. of sound, heat, passion.

GRECIAN *a. Geog.* ग्रीस देशाचा.—*n.* ग्रीस देशचा राहणारा; [a Jew who understood Greek (Acts vi., 1); one well versed in the Greek language, literature, or history].

GREEDY* *a.* having a keen appetite for food or drink खादाडपिदाड, अधाशी, बुभुक्षित; eager to obtain हावरा, अहोपी, अत्याकांक्षी: g. of gain [of].—GREEDINESS अधाशीपणा, खवखव *f*, लोभ, सोस.

GREEN* *a.* having a color composed of blue and yellow rays हिरवा, हरितवर्ण; wan पिकूट, पांढरा, फटफटीत: to look so g. and pale; not ripe कच्चा, हिरवा (fruit); immature in experience अजाण, अज्ञान, हिरवट, कच्चा; awkward अडाणी;—in years बाल, पोर; not dry हिरवा, ओला, चिंबट (wood); dark g. हिरवाचार.—*n.* हिरवा रंग; *pl* हिरवळ *f*, सबजी *f*; *pl* भाजी *f*, भाजीपाला. -HOUSE कोंवळीं झाडें राखण्याकरितां केलेलें घर *n*. -ISH *a.* कांहींसा हिरवा, हिरवट. -MARKET माळहट, माळसात *f*, मंडई *f*. -NESS हिरवेपणा; कोंवळेपणा, ओलेपणा; कच्चेपणा, अपक्वदशा *f*, इ०. -SWARD हिरवळ जमीन *f*.

GREET* *v.* नमस्कार-रामराम-सलाम क., कुशल प्रश्न विचारणें [with]. -ING सलाम, कुशल प्रश्न, अभिनंदन *n*.

GREGARIOUS *a.* (*grex*, herd) कळपांत राहणारा, समूहचर, संघचर.

GRENADIER (*F.*) one of a company of tall, stout soldiers, selected for the

place, which takes post on the right of a battalion, and leads it in every attack उंच शिपाई, ग्रेनेडियर रिजमिंटांतला शिपाई.

GREYHOUND* एक जातीचा शिकारी कुत्रा.

GRIEF (*gravis*, heavy) pain of mind on account of some thing in the past दुःख *n*, शोक, खेद; cause of sorrow दुःखास कारण *n*, दुःखमूळ *n*; grievance दुःखाची कथा *f*, रड *f*, संकट *n*; [at, with, for].—GRIEVE *v.i.* शोक क., कष्टी -दुःखी होणें [at, for];—for a person gone धोसरा धरणें; — for a thing lost चुरमुरणें.—*i.* दुःख देणें, रडवणें.—GRIEVANCE, that which gives ground for remonstrance or resistance, as arising from injustice, tyranny, &c. जुलूम, पीडा *f*; सखती *f*, जाच.—GRIEVOUS *a.* दुःखकारक, दुःखप्रद; heinous जड, अवघड, भारी (crime) full of grief दुःखाचा, दुःखभरित (cry).

GRILL *v. F.* गजावर -शिगेवर -शेगडीवर भाजणें.

GRIM* *a.* भयंकर तोंडाचा, उग्रमुख, अक्राळ. -ACE माकडचेष्टा *f*, वांकुली *f*.

GRIME* काट, कीट, कट.—*v.* किटवणें, काटवणें; to be *grimed* किटणें [with].

GRIN* *v. i.* दांत विचकणें -दाखवणें, खिसखिस हांसणें [at].

GRIND* *v.* reduce to powder by friction, as in a mill दळणें, पिसणें;—with the teeth चावणें, चर्वण क.; whet धार लावणें, पाजवणें; make smooth साफ -गुळगुळीत क.; rub वाटणें;—the teeth कडकडा चावणें;—as with the teeth कडकडा चावणें; masticate चावणें, चर्वण क.; oppress by severe exactions जाचणें, पिडणें, खलणें, तेल काढणें [up].—*i.* दळणें; become ground दळून पीठ होणें; धार लागणें -येणें; drudge काबाडकष्ट क. -ER दळपी, दळ्या; a molar दाढ *f*. -STONE सहाण *f*, निसणा;—for spices पाटा;—for corn जातें *n*, चक्की *f*.

GRIP, GRIPE* *v.* clasp closely with the fingers मुठींत गच्च धरणें; seize and hold fast कबजांत धरणें; give pain to the bowels of पोटांत मुरडा क., पोट मुरडणें; distress जाचणें, पिडणें.—*i.* कबजांत धरणें; पोटांत मुरडा क.—*n.* कबज *n*, पकड *f*, मिठी *f*;—of an opponent in argument चिकाटी *f*, पकड *f*; handle मूठ *f*; clutch कचाटी *f*, तावड *f*, डाव; *pl* पोट दुखणें *n*, मुरडा; oppression जाच, काच.

GRISLEA, *Bot.*—tomentosa धायटी *f*.

GRIST* quantity ground at one time दळण *n*, घाणा.

GRIT* coarse part of meal भरड *f*, सांजा.—*v.* GRITTY *a.* कचकचीत, किचकिचीत, रेंवाळ.

GROAN* *v. i.* give forth a low, moaning sound कण्हणें, कुंथणें; strive after earnestly झटणें, कुंथणें, धोशा लावणें.

GROCER *F.* (चाहा, काफी, मसाला वगैरे) किराणा विकणारा, वाणी.—GROCERY किराणा.

GROG *F.* मद्य आणि पाणी यांचें मिश्रण *n*.

GROIN *Icel.* जांघ *f*, मांडीचा सांधा, ऊरुसंधि.

GROOM *D.* a servant चाकर, नफर; boy who has the charge of horses घोडेवाला, मोतद्दार, अश्वपालक.

GROOVE* खांचणी *f*, खोदणी *f*.—*v.* खांचणी पाडणें, खोदणें.

GROPE* *v.i.* अंधारांत चाचपणें -चाचपून पाहणें; [about, for, along].

GROSS *a. F.* large मोठा, स्थूल, जाडा; coarse जाडा, स्थूल; stupid जड, मंद, स्थूलबुद्धि; obscene बिभत्स, अचकटविचकट; thick जाड, दाट, घन (medium); great मोठा, धडधडीत, ठळक (mistake, injustice); whole कच्चा, ठोक (sum); g. receipts कच्ची आमदानी *f*.—*n.* the bulk भर -ठोकरास *f*; number of twelve dozen चोवीस छकड्या *f pl*; in the g. ठोक, एकरकम, उधड, उबलक.

-NESS मोठेपणा, स्थूलत्व *n*, भसाडेपणा; भारीपणा; बाष्कळपणा, &c.

GROTTO* गुहा *f*; artificial g. क्रीडाकंदर *n*.

GROTESQUE *a*. (*F*.) वेडा, विद्रा, विलक्षण.

GROUND* surface of the earth जमीन *f*, भुई *f*, भूमि *f*; territory देश, प्रदेश; estate वतन *n*, जमीन *f*; field शेत *n*, जमीन *f*; g. on the bank of a river बाऊळ *f*; foundation जागा *f*, पाया, थारा; floor जमीन *f*, भुई *f*; first principles आदिकारण *n*, मूलहेतु, उपपत्ति *f*; surface on which a figure or object is represented जमीन *f*, भूमि *f*; *pl* dregs गाळ, रेंदा, मळ (coffee *-grounds*); to gain g. पुढें जाणें; सवड साधणें; to give g. मागें हटणें; to lose g. मागें हटणें; संधि -सवड गमावणें; पत गमावणें; मोडकळीस येणें. —*v*. lay on the ground जमिनीवर ठेवणें; found स्थापणें; furnish ground for आधार -प्रमाण देणें; instruct in elements or first principles मूल ग्रंथांत पक्का क., परिभाषा शिकविणें [on, upon]. —*i*. तळास -भुईस लागणें. -AGE, tax paid by a ship for the ground or space it occupies while in port जहाजाचें भुईभाडें *n*. -FLOOR खालचा मजला. -LESS *a*. wanting cause अकारण, निष्कारण; —a report, &c. निराधार, निर्मूल. -NUT भुईमूग. -PLOT घरटा. -RENT भुईभाडें *n*. -WORK पाया, बुडखा; first principles आदिकारण *n*, बीज *n*.

GROUP *F*. cluster झुपका; assemblage जमाव, घोळका, टोळी *f*; assemblage of figures चित्रांचा जमाव.—*v*. एकत्र क., जमविणें [together].

GROUSE* a bird पकोरडी *f*.

GROVE* राई *f*, वन *n*, बन *n*, उपवन *n*; mango-g. आंबराई *f*.

GROVEL *v*. *i*. *Icel*. creep भुई धरून चालणें, रांगणें; be low or mean अधमवृत्तीनें चालणें, थुंकी झेलणें.

GROW* *v*. *i*. increase in size by a natural and organic process वाढणें, वाढत जाणें; be augmented वृद्धि पावणें, वाढणें; thrive उफाटणें, उफाट्यानें वाढणें; be produced by vegetation उपजणें, रुजणें, होणें, वाढणें: rice *grows* in warm countries; become होणें: to g. poor; to g. over -वर वाढणें; to g. out of निघणें; to g. up पक्दशेस येणें -पावणें [to].—*t*. पिकविणें, उत्पन्न क.: to g. wheat.—GROWTH वाढ *f*, वृद्धि *f*; that which has grown उपज, उत्पन्न *n*.

GROWL *v*. *i*. *Ger*. गुरकणें, गुरगुरणें [at].—*n*. गुरगुर *f*.

GRUB *v*. *i*. *Ger*. खुरपणें, खुरप्यानें काढणें.—*n*. किडा, कृमि.

GRUDGE *v*. *F*. envy हेवा क.; part with reluctantly नाखुशीनें देणें.—*i*. -वर कुरकुरणें (James v., 9).—*n*. अकस, चुरस *f*, दावा, पोटफुगी *f*.—GRUDGINGLY *ad*. नाखुशीनें, कुरकुरत, रडत.

GRUEL *F*. पेज *f*, कणेरी *f*.

GRUFF *a*. *D*. कडक, दाष्ट, तोडून बोलणारा.

GRUMBLE *v*. *i*. *D*. murmur with discontent कुरकुर क., कुरमुरणें; growl गुरगुरणें; rumble गडगडणें [at, about].

GRUNT* *v*. *i*. डुरडुरणें, डुरडुर क. [at].

GUAIACUM *Sp*. लोहलाकूड वृक्ष.

GUARANTEE, -TY *F*. a promise to answer for the payment of some debt, or the performance of some duty, in case of the failure of another person, who is, in the first instance, liable to such payent or performance हामी *f*, जिम्मा *f*, जामीन; one who binds himself to see the undertaking of another performed जामीन, हामीदार [against, for]; [the person to whom a guarantee is made]. —*v*. जामीन -हमीदार होणें, हमीभरणें; undertake to secure to another, at all events

कसेंही करून दुसऱ्यास मिळवून देण्याचें पत्करणें -विडा उचलणें; indemnify तोटा होऊं न देणें [against].

Guard *v. F.* protect from danger संभाळणें, संभाळ -रखवाली क.; protect the edge of, esp. with an ornamental border मगजी लावणें.—*i.* जपणें, संभाळणें, सावध राहणें [against, by, from, with].—*n.* राखण *f*, चौकी *f*, पाहरा; a sentinel पाहरेकरी; one who has charge of a mail coach or a railway train 'गार्ड'; any fixture or attachment designed to protect or secure against injury, soiling or defacement, theft or loss आवरण *n*, त्राण *n*, रक्षण *n*; part of a sword-hilt which protects the hand खोबळा; ornamental edge of a garment मगजी *f*; chain or cord for fastening a timepiece to one's person घड्याळ अंगावर लटकविण्याची सांखळी *f*; [fence to prevent falling from the deck of a vessel]; advanced g. लष्कराच्या आघाडीची टोळी *f*, बिनी *f*; life-g. हुजरात *f*; to be on one's g. हुशारींत राहणें; rear-g. पिछाडी *f*; [to run the g., to pass the watch without leave]. -ed *a.* सावध, हुशार: he was g. in his expressions; सावधगिरीचा, हुशारीचा (expressions). -ian राखणारा, राखणदार; *Law*, one who has, or is entitled to, the custody of the person or property of an infant, a minor without living parents, or a person who is incapable of managing his own affairs पालक. -room पाहरेकऱ्याची खोली *f*, चौकीखाना *H*.

Guava *F.* पेरू, जांब.

Guess *v. D.* अटकळीनें काढणें -सांगणें;—as a riddle सांगणें, जिंकणें; hint upon ताडणें, ओळखणें.—*i.* अटकळ क. [of, at, about].—*n.* अटकळ *f*, अजमास; mere g. अटकळपंचविसी *f*.

Guest* (*Skr. ghas,* to eat up) पाहुणा, अतिथि. -rite पाहुणचार, आतिथ्य *n*.

Guide *v. F.* direct in a way वाट दाखविणें -दाखवून नेणें; regulate चालविणें, वहिवाटणें; influence वळवणें, ओढणें [to].—*n.* वाटाड्या, मार्गदर्शक; conductor पुढारी, मोहरपी; regulator व्यवस्थापक; spiritual g. गुरु.

Guile* कपट *n*, कृत्रिम *n*, कावा. -less *a.* निष्कपटी, भोळा, निष्कपट.

Guilt* the criminality and consequent exposure to punishment resulting from wilful disobedience of law, or from morally wrong action दोषीपणा, सदोषता *f*; crime दोष, अपराध. -less *a.* निर्दोष, निरपराधी.—Guilty *a.* दोषी, अपराधी; wicked दुष्ट, पापी [of].

Guinea (from *Guinea,* in Africa) साडेदाहा रुपयांचें एक सोन्याचें नाणें आहे.

Guise *F.* external appearance वेष, रूप *n*; custom चाल *f*, रीत *f*.

Guitar (*cithara*) सितार *f*.

Gulf (*Gr. kolpos*) a deep chasm चर, खंदक (Luke xvi., 26); *Geog.* मोठी खाडी *f*, आखात *n*.

Gull *v. D.* धंतरणें, तंतरणें, ठकवणें [with]. -catcher छकवणारा, ठक, धुतऱ्या.

Gullet (*gula*) गळा, अन्नमार्ग; गळ्याच्या आकाराचा पदार्थ.—Gully घळ *f*, ओघळ *f*.

Gulp *v. D.*—solid substances गपगप खाणें, गोळा मारणें;—liquids घुटघुट पिणें, ढोंसणें [down].—*n.* गपका, बकाणा; घोट.

Gum* a vegetable secretion गोंद, चीक, डीक; fleshy substance covering the jaws and investing the teeth हिरडी *f*; g. arabic बाभळीचा डीक.—*v.* गोंद लावणें, गोंदानें चिकटविणें -बंद क. -जोडणें. -boil हिरडीवरचा फोड, हिरडीची सूज *f*. -my *a.* गोंदाचा; चि-

कट, चिकचिकीत; गोंदानें भरलेला. -TREE गोंदणी *f*.

GUN *O. Eng.* cannon तोफ *f*; musket बंदूक *f*; sight of a g. माशी *f*, मखी *f*. -BOAT एक किंवा दोन तोफांची होडी *f*. -CARRIAGE तोफेची गाडी *f*. -FIRE सकाळीं किंवा संध्याकाळीं लष्करी तोफ सुटण्याची वेळ *f*. -NER गोलंदाज, खलासी. -NERY गोलंदाजी *f*. -PORT जाहजावरील तोफेची खिडकी *f*. -POWDER बंदुकीची दारू *f*, दारू *f*. -REACH, -SHOT गोळीचा टप्पा. -SHOT *a*. गोळीनें केलेला -झालेला, गोळीचा (wound). -WALE, the upper part of a ship's side बहाण *f*, बहाणी *f*.

GURGLE *v. i.* (*gurgulio*, gullet) बुडबुड वाहणें.

GUSH *v. i. Ger.* flow copiously भळभळ-भडभड वाहणें -बाहेर पडणें; act with a sudden and rapid impulse हुरहुरीनें क.—*n*. उमाळा, उबळ *f*, भडका.

GUST (*gustus*) स्वाद, रुचि *f*.—*Icel*. वाऱ्याचा झटका;—of flames, hot winds, &c. भबका, भबकारा.

GUT *Ger*. अंतडें *n*; अंतड्याचा कोथळा.—*v*. अतंडीं बाहेर काढणें; plunder लुटणें.

GUTTER (*gutta*, drop) पन्हळ, नळ, 'गटर.'

GUTTURAL *a*. (*guttur*, throat) ज्याचा उच्चार कंठातून होतो तो, कंठ्य.

GUZZLE *v. It*. गटगट पिणें, घोटणें, ढोंसणें [down].

GYMNASIUM (*Gr. gumnos*, naked) a place where athletic exercises are performed तालीमखाना; [a school for the higher branches of literature and science].—GYMNAST तालीम देणारा, शिकविणारा, वस्ताद.—GYMNASTIC *a*. तालमीचा, कसरतीचा, मेहनतीचा. — *n*. मेहनत *f*, कसरत *f*.— GYMNASTICS मल्लयुद्ध *n* -क्रीडा *f*, व्यायाम; तालमेची विद्या *f*. — GYMNOSOPHISTS (*Gr*-*sophos*, wise) [one of a sect of Indian philosophers].

GYNARCHY (*Gr. gunè*, woman, *archè*, sovereignty) स्त्रीराज्य *n*.

GYRATION (*gyros*, a circle) गिरकांडा.

H

HA *interj*. हाहा, हा!

HABEAS CORPUS (*L*. you may have the body) *Law*, a writ having for its object to bring a party before a court or judge; esp. one to inquire into the cause of a person's imprisonment or detention by another, with the view to protect the right to personal liberty दुसऱ्याच्या अटकेंत वगैरे असलेल्या मनुष्यास कोर्टापुढें हाजर करण्याचा हुकूमनामा, 'ह्याबसकार्पस.'

HABERDASHER *Ger*. सुई, सूत, फणी वगैरे सामान विकणारा, बोहरी.—HABERDASHERY बोहऱ्याचें सामान *n*, खेरसामान *n*.

HABILIMENT *F*. पोषाक, पेहराव, लिभास.

HABIT (*habitus*, state) condition तब्यत *f*, प्रकृति *f*; fixed custom सवयी *f*, राबता, परिपाठ; dress पेहराव, लिभास, पोषाक; ill habit खोड *f*, व्यसन *n*.—*v*. वस्त्र नेसवणें, पोषाक घालणें. -ABLE *a*. राहायाजोगा, वासयोग्य, वास्तव्य. -ATION राहणें *n*; state of dwelling वस्ती *f*; place of abode राहण्याची जागा *f*, वस्ती *f*, घर *n*. -UAL *a*. सवयींतला, राबत्यांतला, अभ्यस्त; customary सवयीचा, राबत्याचा, चालीचा [to]. -UALLY *ad*. नेहमी, नित्य; सवयीनें, राबत्यानें. -UATE *v*. सवय लावणें; to be *habituated* सवयी लागणें, सराव पडणें.

HACK* *v*. cut irregularly वांकडातिकडा तोडणें, खांडणें, अचकटविचकट तोडणें; speak with stops तुटत तुटत -अडखळत -गुंतव बोलणें.— *n. F*. भाड्याचा घोडा;— in contempt हरदासी घोडा, घोडकें *n*. -NEY भा-

डोत्री घोडा. -NEY-COACH भाडोत्री गाडी *f*. -MAN भाड्यानें घोडीं देणारा.

HAG* an ugly old woman थेरडी *f*, म्हातारी *f*; a witch डंखीण *f*, जखीण *f*.

HAGGARD *F*. a hawk बहिरीससाणा.—*a*. intractable अडेल, दंडेल; having the expression of one wasted by want or suffering खप्पड, खलड.

HAGGLE* *v. i.* घासाघीस क., ओढून धरणें.

HAH *interj*. हाहा, हा!

HAIL* frozen rain गार *f*.—*v. i.* गारा पडणें. —*t*. गारा पाडणें, गारांची वृष्टि क. -STONE गार *f*. -STORM गारांची वृष्टि *f*, गारांचें वादळ *n*.—HAILY *a*. गारांचा.

HAIL* *interj*. नमस्कार असो, नमोनमः.—*v*. *Ger*. accost हटकणें, हांक मारणें; name नांव ठेवणें, नांवानें हांक मारणें.—*i*. दुसऱ्या गलबतावरून हटकलें असतां आपलें नांव गांव सांगणें.

HAIR* the collection or mass of filaments growing from the skin of an animal, and forming an integument or covering for a part of the head or for the whole body केंस *pl*, केश *pl*. In this sense it has no *pl*; a distinct filament on the surface of plants केसर;—of the body रोम, लव *f*. -BREADTH केंसा एवढें अंतर *n*, केंसभर. -CLOTH केंसाचें वस्त्र *n*. -DRESSER डोईचे केंस कातरणारा [न्हावी]. -SPRING खिशांतील घड्याळांतील केंसासारखी बारीक तार *f*, बाल, 'हेरस्प्रिंग' *f*.—HAIRY *a*. केंसाळ, केशमय; केशांचा केलेला.

HALBERD *F*. भाला.

HALCYON (*L.*) डिचापक्षी.—*a*. शांत, प्रसन्न. -DAY सुबत्तेचा काळ, सुबत्ताकाळ.

HALE* *a*. धडाखडा, धट्टाकट्टा (body).

HALF* अर्धभाग; to cry *halves* समभाग मागणें; to go *halves* समभाग असणें -मिळणें.—*a*. अर्धभाग, निमें.—*ad*. अर्धा, निमें.-BINDING *a*, [a style of bookbinding in which the backs and corners are in leather, and the sides in paper or cloth]. -BOUND 'हापबौंड.' -BROTHER सावत्रभाऊ. -HOLIDAY अर्ध्या दिवसाची सुटी *f*. -MOON अर्धचंद्र (शुद्ध अथवा वद्य अष्टमीचा); अर्धचंद्राकार वस्तु *f*. -PENNY सुमारें दीड पैसा किमतीचें एक नाणें आहे. -WAY *ad*. अर्ध्या वाटेंत, मध्येंच. -YEARLY *a*. साहामाही.

HALL* a passage-way at the entrance of a house or suit of chambers, वठाण *n*, दालन *n*; a room in the houses of magistrates where audience is given and justice administered कचेरी *f*, सदर *f*; place of public assembly दिवाणखाना, दरबाराची जागा *f*; चावडी *f* इ०; [a college in an English university].

HALLELUJAH *Heb*. ईश्वराची स्तुति करा अशा अर्थाचें गायन *n*, 'हालेलुया.'

HALLOO *v. i. F*. ललकारणें, पुकारणें.—*n*. ललकारी *f*, पुकारा.

HALLOW* *v*. make holy पवित्र क.; treat as sacred पवित्र मानणें (Matth. vi., 9); consecrate वाहणें, अर्पण क.

HALLUCINATION (*hallucinari*, to wander in mind) मोह, भ्रम, चूक *f*; *Med*. the perception of objects which have no reality, or of sensations which have no corresponding external cause, arising from disorder of the nervous system वेडामधुरा इ० रोगांत रोग्याला विलक्षण वस्तु दिसल्याचा भास होणें *n*.

HALO (*halos*) circle of light तेजमंडल *n*, प्रभावळ *f*; a bright circle round the sun or moon खळें *n*, तळें *n*.

HALT* *v. i.* stop in walking or marching थांबणें, उभा राहणें, थोपणें; limp लंगडणें; hesitate नानु -कांकू क.—*i*. मुकाम क., तळ देणें.

Halter* rope for leading or confining a horse काढणी *f*; rope for hanging malefactors फांसी देण्याची दोरी *f*.—*v*. काढणीनें बांधणें, किंवा धरणें, काढणी गळ्यांत घालणें.

Ham* hind part of the knee मांडी *f*; thigh —of a hog cured by salting and smoking खारावलेली डुकाराची मांडी *f*. -string *v*. मांडीची शीर तोडून लंगडा क.

Hamlet * खेडें *n*, वाडगें *n*, वाडी *f*.

Hammer * हातोडा, हातोडी *f*; sledge-h. घण; —of goldsmiths &c. घाट्या.—*v*. beat with a hammer हातोड्यानें मारणें -ठोकणें; form with a hammer हातोडीनें घडणें; work in the mind मनांत कल्पणें -रचणें [out]. -man घणकरी; घाट्या.

Hammock *Sp*. चौपाळा, झोपाळा, दोला.

Hamper * मोठी पाटी *f*, हारा, टोकरा.

Hand * the outer extremity of the human arm, consisting of the palm and fingers, united by the wrist to the arm हात, हस्त; a limb of certain animals; as the foot of a hawk, the forefoot of a horse पंजा; an index or pointer of a dial हात, कांटा; a measure of four inches; app. to the measurement of a horse's height चौंगा; side बाजू *f*, हात; dexterity हातोटी *f*, हात; act काम *n*, कर्म *n*; manner of performance पर्याय, क्रम, वर्त्तनक्रम: to change the h. in carrying on the war; a laborer trained for special service कामकरी, गडी; style of handwriting वळण *n*, अक्षर *n*; possession सत्ता *f*, अधिकार, हात; agency हात;—at the games हात, दस्त; activity चपळाई *f*; power सत्ता *f*, शक्ति *f*; fraternal feeling बंधुप्रीति *f*: to give the right h.; contract करार, commonly of marriage: to ask the h.; to accept the h. in marriage पाणिग्रहण क.; at all *hands*, or on all *hands* चहूंकडून; at h. जवळ; at the h. of -पासून [Job ii. 10]; by h. हातानें: to weed a garden by h.; clean *hands* निर्दोषता *f*; from h. to h. हातोपातीं; h. in h. मिळून; h.-made हातानें केलेला (यंत्रादिकानें नव्हे); h. over h. हातोहातीं; *hands* off थांब, थोप, पुरे; to live from h. to mouth हातावर संसार क.; heavy h. जाच, काच; in h. हातीं घेतलेला, चालू; रोख, रोकड; laying on of *hands*, a form used in consecrating to office, and in blessing persons आशीर्वाद -दीक्षा देतांना (मस्तकावर) हात ठेवणें; light h. ढिला हात, ढिली दोरी *f*; off h. or out of h. ताबडतोब, सहज, हातावर; off one's h. हातावेगळा; on h. जवळ, हातांत, शिलक; [putting the h. under the thigh, an ancient ceremony used in swearing; right h., the place of honor, power, and strength]; slack h. आळस, हयगय *f*; strict h. कडक -करडा अमल; to be h. and glove गळश्वकंठश्व होणें; to be on the mending h. जगत्या पंथास लागणें; to change *hands* पक्ष बदलणें; धनी बदलणें; to clap *hands* टाळ्या वाजविणें, आनंद दर्शविणें; to come to h. पोंचणें, पावणें; स्वाधीन करून घेणें; हातीं लागणें; to have a h. in -आंत हात असणें; to have in h. हातांत असणें; चालू असणें; पुढें चालवणें; to have one's *hands* full हाताला वार नसणें, पुष्कळ काम असणें, कामानें घेरला जाणें, कामाचा रगडा असणें; अडचणींत असणें; to lend a h. हात -आंग देणें, सहाय क.; to lift or put forth the h. against -वर हात टाकणें -उचलणें;—against a superior लात उचलणें; to pour water on the *hands* of -ची सेवा -खिजमत क., हातधुणें *n* (2 Kings iii. 11); inám granted in remuneration for washing the hands (of the Rájá &c.) हातधुणी *f*; lay *hands* on धरणें, पकडणें; to put the finishing h. to निपटणें, पुरा क.; to set the h. to हातीं घेणें, पत्करणें; to strike *hands* टाळी देणें, हातावर हात मारणें, करार क.; दुसऱ्याच्या कर्जाचा किंवा चांगल्या चालीचा

जामीन होणें; to take in h. हातीं घेणें -धरणें; taken in h. हात उचलला; to wash one's *hands* (of a matter) हातधुणें; under the h. दस्तूरचा, स्वदस्तूर.—*v.* हातानें उचलून देणें; conduct हात धरून नेणें, वाटेनें नेणें, पोंचवणें [to]. -BARROW हातगाडी *f.* -BILL जाहिरात *f,* प्रसिद्धिपत्र *n.* -BREADTH चौंगा, पांच, अंगुळें *n pl.* -CUFF हातबेडी *f.* -FUL पसाभर मूठभर, पसा, मूठ *f.* -KERCHIEF रुमाल, हातरुमाल; neckcloth गळेबंद. -MAID दासी *f.* -MILL जातें *n.* -SEL पहिली विकरी *f,* बोहणी *f*; [the first present sent to a young woman on her wedding day]. -SAW हातकरवत *f.* -SOME *a.* comely सुंदर, रूपवान; generous उदार; ample पुष्कळ, विपुळ. -SOMENESS सुरेखाई *f,* सौंदर्य *n.* -WHEEL हातचरक. -WRITING अक्षर *n,* वळण *n*; manuscript हस्तलेख.—HANDICRAFT हातचें काम *n,* हस्तकर्म *n.*—HANDICRAFTSMAN शिल्पी, कारागीर.—HANDIWORK कारागिरी *f,* हस्तकौशल्य *n* (Ps. xix. 1).—HANDLE *v.* touch हात -बोट लावणें; manage वापरणें, वहिवाटणें; make familiar by frequent touching वारंवार हात लावून वहिवाटींत -राबत्याखालीं आणणें: breeders h. their colts every six months; practise अभ्यासणें, आचरणें; discourse on एखाद्या विषयावर लिहिणें -बोलणें, उपपादन क.—*i.* चाचपणें (Ps. cxv. 7). —*n.* that part of a vessel or instrument which is in the hand when used दांडा, मूठ *f*; tool साधन *n,* कारण *n.*—HANDY *a.* हाताचा कुशाळ, हरकामी; convenient आटोपसार, साटोप. -FIGHT हातापिटी *f.*

HANG* *v.* suspend टांगणें; fasten in a manner which will allow of free motion upon the point or points of suspension लटकावणें, लोंबवणें; put to death by suspending फांशीं देणें; decorate by hanging pictures, drapery, &c. मढवणें; down खालीं घालणें; [—fire, *Mil.,* to be slow in discharging or communicating fire through the vent to the charge: the gun *hangs* fire].—*i.* लोंबणें, लटकणें; dangle ओळकंबणें, हिलगणें; depend अवलंबणें, आश्रय धरून असणें, कासेस लागणें; drag रडतखडत चालणें -जाणें; hover घिरट्या घालणें: evils h. over the country; to be in suspense भिजत पडणें; rest upon -वर राहणें, गुंतणें; down ओथंबणें; upon पाठ घेणें -पुरवणें; to h. on the lips वक्तृत्वानें मोहला जाणें; to h. by the eyelids केसावर लटकून राहणें; together एकत्र -मिळून राहणें; ताळा बसणें, पूर्वापर संबंध असणें: the story does not h. together. — *n.* संबंध, क्रम, अन्वय; get the h. of -ची रचना -जुळणी समजणें; -ची सवयी लागणें, -चा राबता पडणें. -ER -ON पंक्तिबारगीर, भोजनभाऊ. -ING झालर *f.* -MAN फांशीं देणारा मनुष्य, मांग, डोंब.

HANK *D.* रेशीम, सूत वगैरेचें कुकडें *n.*

HANKER *v. i. D.* desire vehemently छंद घेणें, लुलुपणें, जीव टांगला असणें; form a group मेळा जमणें, गोळा होणें [after, for]. -ING छंद, सोस.

HAP *W.* दैव *n,* प्रारब्ध *n.* -LESS *a.* हतभाग्य, भाग्यहीन. LY *ad.* कदाचित्. -PEN *v. i.* come by chance दैवानें घडणें, अकस्मात् येऊन पडणें -भोंवणें, प्राप्त होणें; occur घडणें, घडून येणें [to]. -PILY *ad.* सुदैवानें; सुखानें; कौशल्यानें, हतोटीनें [for]. -PINESS, an agreeable feeling or condition of the soul arising from good of any kind सुख *n,* आनंद; good fortune सौभाग्य *n,* सुदैव *n*; unstudied grace स्वाभाविक लावण्य *n.* -PY *a.* favored by hap, luck, or fortune दैववान, भाग्यवान; enjoying good of any kind, peace, tranquillity, and comfort सुखी, संतुष्ट, संतृप्त; blessed धन्य, सुखी; furnishing enjoyment

सुखदायक -प्रद -कर (condition); dexterous सुगर, कुशल; able समर्थ, क्षम; propitious शुभ, मंगल, भद्र (omen) [in, with, for].

HARANGUE *F.* मोठ्या सभेपुढें केलेलें भाषण *n*; in a bad sense, ranting बडबड *f*, व्यर्थ भाषण *n*, शिरा ताणून बोलणें *n* [on, upon].

HARASS *v. F.* fatigue to excess भागवणें, कष्टी क., दमवणें; weary with importunity, care, or perplexity बेजार क., जिकीर क., जेरीस आणणें; annoy by repeated and unlooked-for attacks, as an enemy वारंवार व अकस्मात् घाले घालून जेरीस आणणें [with].

HARBINGER *Ger.* पुढें सुचवणारा, अग्रदूत;—of spring वसंतदूत.

HARBOR* asylum आश्रय, आश्रयस्थान *n*; port बंदर *n*.—*v.* आश्रय देणें; तुफाना पासून गलबताचा बचाव क.—*i.* कांहीं वेळ राहणें -मुकाम क.; आश्रय धरणें.

HARD* *a.* firm कठीण, दृढ, निबर (flesh, wood, apple); difficult कठीण, अवघड, बिकट (cause); difficult to bear कठीण, दुःसह्य (terms); difficult to control अनिवार्य, दुर्धर: the stag was too h. for the horse; severe कडक, कठीण, करडा (winter, times); cruel कठीण, निर्दय, निष्ठुर, कठोर (heart, master); unjust गैरवाजवी, जुलमाचा; rough कठोर, कडक, कठीण (words, countenance); not easy to follow with the mind गूढ, कठीण, दुर्ज्ञेय (diction); sour आंबट (liquor); coarse जाडा, भरडा, रुखा (fare); *Gram.* अघोष;—money रोकड *f*, नाणें *n*; [—water, water which contains some mineral substance that decomposes soap, and thus renders it unfit for washing]; h. to be crossed दुस्तर; h. to be broken दुर्भेद्य; h. fate दुर्दैव *n*; h.-earned कष्टाचा.—*ad.* कष्टानें, आयासानें श्रमानें, मेहनत करून; vehemently झपाट्यानें, रगडून, जोरानें: to rain h.; by जवळ; up निकडींत, तंचाईत. -EN *v.* कठीण क.; बळकट -सुदृढ क.—*i.* कठीण होणें; in wickedness निरडणें. -ENED कठीण केलेला; दुष्कर्मांत निपटलेला [in, to]. -FISTED *a.* लोभी -HEARTED *a.* कठीण मनाचा, निर्दय. -LY *ad.* कष्टानें, आयासानें; scarcely क्वचित्, विरळा -NESS कठीणपणा, कणखरपणा; दुर्ज्ञेयता *f*; दुःसाध्यता *f*; दुष्टता *f*; निष्ठुरता *f*. See the adj. -SHIP ओझें *n*, जाच; trials श्रम, कष्ट, हाल *n pl.* -WARE लोखंडी -पितळी सामान *n*.—HARDY *a.* बळकट, टणक, कणखर, लोखंडी (constitution); धीट, धारिष्टवान.—HARDIHOOD धिटाई *f*, धारिष्ट *n*.

HARE* ससा. -BRAINED *a.* चंचलबुद्धि. -LIP रावखंडा होट.

HAREM *Ar.* portion of the house allotted to females in the larger dwelling-houses of the East जनानखाना, अंतःपुर *n*; collection of wives and concubines belonging to one man जनाना.

HARK *imp.* (from *Hearken*) ऐक, ऐका.

HARLOT* कसबीण *f*, वेश्या *f*. -RY कसब *n*, वेश्यावृत्ति *f*.

HARM* injury अपकार, उपद्रव; damage नुकसानी *f* हानि *f*. [to].—*v.* उपद्रव देणें; हानि -नुकसानी क. -FUL *a.* अपकारक; नुकसानी करणारा [to]. -LESS *a.* बापडा, गरीब, निरुपद्रवी; निर्दोष, निरपराध.

HARMONY (*harmonia*) just adaptation of parts to each other, in any system or combination of things मेळ, मिलाफ, ऐक्य *n*;—in facts, opinions, &c. ताळा, मेळ; concord of sounds स्वरांचा मेळ; peace and friendship स्नेह, एकोपा, सौरस्य *n*.—HARMONICAL *a.* स्वरमेळाचा, स्वरैक्य संबंधी.—HARMONIOUS *a.* तालशुद्ध, समताल; मिला-

फाचा, संगतवार, सुरळीत.—HARMONIUM [a kind of musical instrument].—HARMONIZE *v.* जमविणें, जुगविणें, बसवणें; ताळा बसवणें; सूर जमवणें, ताळ बसवणें.—*i.* जमणें, जुगणें, बसणें; ताळा पडणें; सूर जमणें.

HARNESS *F.* गाडीच्या घोड्याचा सरंजाम, ओढण *n.*—*v.* जुंफायास तयार क.

HARP * वीणा, तंतुवाद्य *n*; Jewish h. मोरचंग. —*v. i.* वीणा वाजविणें; dwell tediously or monotonously in speaking or writing घोकणें, छंद घेणें, जपणें [on, upon].

HARPOON *F.* मोठे मासे मारण्याची बरची *f.*—*v.* बरचीनें (मासे) मारणें -धरणें.

HARROW * kinds of—दाताळें *n*, फेंसाटी *f*, इंगा, झोपा.—*v.* गुठावणें, पाळी घालणें; lacerate बेजार क., कांट्यावर ओढणें, कुत्तरओढ क.

HARSH *a. Ger.* rough खरखरीत, खरबरीत;—to the taste आंबट;—to the ear कर्णकठोर;—to the sensibilities कठोर, निष्ठुर, करडा [to].

HART * हरण, मृग.

HARVEST * time of reaping the corn and grain कापणीची वेळ *f*, सुगी *f*, फसलहंगाम; ripe corn and grain when cut and gathered in पीक *n*, फसल *f*; gain नफा, फायदा; autumnal h. खरीफ *n*: vernal h. रबी *f*. -HOME फसलहंगामाचें गाणें व जेवण *n*, नवें *n*.

HASH *v. F.* चोचावून तुकडे क.;—as meat खिमा क.

HASTE *Ger.* celerity of motion शीघ्रगति *f*, त्वरा *f*; hurry जलदी *f*, घाई *f*; quickness चपळाई *f*; precipitance उतावळ *f*, धांदल *f*; dispatch *f*; निकड *f*, तांतड *f*.—HASTEN *v. i.* जलदी-त्वरा क.; लगबगीनें जाणें-चालणें [on]. —*t.* जलदीनें घेणें-आणणें,-ची त्वरा क.—HASTILY *ad.* जलदीनें; उतावळीनें, मागें पुढें न पाहतां, अविचारानें; passionately रागानें, संतापानें.—HASTY *a.* जलद, शीघ्र; forward आगसलेला (fruit); उतावळा, हूड (Prov. xxix. 20); तापट, शीघ्रकोपी. -PUDDING आयता.

HAT * टोपी *f*; [the dignity of a cardinal].

HATCH *v. Ger.* produce from eggs by incubation, or by artificial heat काढणें; plot कूट रचणें.

HATCHET *F.* कुऱ्हाड *f*.

HATE *v.* * have a great aversion to द्वेष क.; dislike नावडणें; be lacking in love toward कमी प्रीति क.—*n.* द्वेष. -FUL *a.* द्वेष करणारा; द्वेषउत्पादक, द्वेषयोग्य [to].—HATRED द्वेष, वैर *n* [of].

HAUGHTY *a.* (*altus*, high) उंच; arrogant मगरूर, दिमाखी, गर्विष्ट; indicating haughtiness दिमाखाचा (carriage).—HAUGHTINESS आढ्यता *f*, मगरुरी *f*, दिमाख.

HAUL *v. F.* ओढणें, ओढून नेणें; जबरीनें चालवणें.

HAUNCH *F.* कमरेचा खवाटा, मांडीचा खुबा.

HAUNT* *v.* frequent फेऱ्या घालणें, येणें जाणें क.; —as a ghost भूतसंचार असणें; accustom सवयी लावणें; *haunted* house or place भूतखाना [with].—*n.* बैठक *f*, फेरीची जागा *f*, अड्डा.

HAUTBOY *F.* सनई सारखें एक वाद्य आहे.

HAVE* *v.* own धनीपणा -स्वत्व बाळगणें; possess जवळ असणें; regard मानणें; accept मान्य क., पदरीं घेणें: wilt thou h. me? obtain मिळविणें; beget उपजविणें, जन्म देणें; cause to go जायास लावणें: h. out all men from me; be under necessity प्राप्त असणें; to h. a care संभाळणें, हुशारीत राहणें.

HAVEN* harbor बंदर *n*; asylum आश्रयस्थान *n*, शरण *n*.

HAVOC * मोड, धूळधाणी *f*, धूळपट्टी *f*, अनर्थ, तुफान *n*, प्रलय (Acts viii. 3).

HAWK* बहिरीससाणा.—*v. i.* बहिरीससाण्याची शिकार क.—*v. i. Scot.* खाकरणें.—*t. Ger.* फेरीनें -रस्तोरस्तीं फिरून माल विकणें, हिंडीफेरी क. [about]. -ER बिशाती, फेरीवाला; बहिरीससाण्याचा शिकारी.

HAY* वैरणी करितां कापून वाळविलेलें गवत *n*; to make h. while the sun shines वाहत्या गंगेंत हातधुणें.

HAZARD *F.* chance दैव *n*; danger भय *n*, जोखीम *n*, धोका; to run the h. तवकल क. —*v.* जोखमात -धोक्यात पाडणें -घालणें.

HAZE* धुकें *n*.—**HAZY** *a.* धुक्याचा, धुंद.

HE *pron.** तो, हा; any man जो कोणी, कोणी, जो माणुस: he that walketh with wise men shall be wise (Prov. xiii. 20).

HEAD* that part of an animal which contains the collected perceptive organs of sense, and which is therefore foremost or uppermost in the creature's locomotion डोकें *n*, मस्तक *n*; the uppermost part of an inanimate object शेंडा, माथा; the fore part of an inanimate object तोंड *n*, मुख *n*;— of a bed उशागत *n*, उसें *n*; — of a spear, dart भाला, फल *n*; the leader प्रमुख, नायक;—of a body of guards मुकद्दम, हवालदार, नाईक इ०; the front पुढला भाग, अघाडी *f*, अग्रभाग; individual डोई *f*: दर डोईस पैसा; नफर, नंग: ten h. of camels उंट नफर दाहा: ten h. of elephants हत्ती नंग दाहा; the seat of the intellect बुद्धि *f*; the brain मगज, मेंदू; source उगम, मूल *n*; a topic प्रकरण *n*, कलम *n*, खातें *n*; culminating point कळस, सीमा *f*; [altitude of the source, or the height of the surface, as of water, above the orifice at which it issues, and also the quantity in reserve, and the pressure resulting from either; as a mill or reservoir has a good h. of water, or ten feet h.; state of a deer's horns by which his age is known; the buck is called in the fifth year a buck of the first h.]; a rounded mass of foam शींग *f*; a head-dress शिराभरण *n*, पागोटें *n*, टोपी *f*, इ०; h. and ears नखशिखा (पर्यंत): he plunged h. and e. into water: he was h. and e. into debt; h. and shoulder जबरीनें, जुलमानें; to drag one h. and s.; पुष्कळ, फार; he is h. and s. above them ते त्याच्या खांद्यास देखील लागणार नाहींत; h. or tail छाप किंवा तराजू—a phrase used in throwing a coin to decide a choice, question, or stake; neither h. nor tail शेंडा ना बुडखा; to come up to a h. तोंड फुटणें, पिकणें; to get a h. गोंडा फुटणें (boiling sugar-cane juice &c.); to give one the h., or to give h. मोकळा-मोकार सोडणें: he gave his horse the h.; to his h. तोंडावर; to revile one to his h.; to make h. पुढें चाल क., पुढें चालणें; to turn h. तोंड फिरवणें; out of one's h. बगलेंतून काढलेला; to be knocked on the h. धडधडणें, लटपटणें.—*v.* be at the head of प्रमुख -पुढारी असणें, पुढाकार घेणें; form a head to माथा-बोंड क.; fit or furnish with a head बोंडी -शेंडा -शेंबी बसविणें; go in front of -च्या पुढें -मोहरे जाणें. -ACHE कपाळदुखी *f*, कपाळशूळ. -BAND कपाळपट्टी *f*. -ING सदर *n*, 'हेडिंग' *n*: the h. of a paper. -LAND भूशलाका *f*;—of a field कडपट्टी *f*. -LONG *ad.* with the head foremost डोईकडून, अधोमुख; rashly उतावळीनें, अविचारानें, धसकावून; hastily जलदीनें.—*a.* हूड, हुरमट; steep मोठ्या चढाचा, अवघड चढणीचा. -MAN मुकद्दम, हाकीम, अध्यक्ष;—of a village पाटील. -MASTER सरपंतोजी, 'हेडमास्तर.' -MONEY डोईपटी *f*. -PIECE शिरस्त्राण *n*, शिरस्क *n*. -QUARTERS *pl* सेनापति -सुभेदार वगैरे राहण्याची जागा *f*, 'हेड्‌कार्टर' *n*. -SHIP मुख्य जागा *f* -अधिकार, अध्यक्षपणा, प्रमुखत्व *n*. -STALL, that part of

a bridle which compasses the head सरदारी *f*. -STRONG *a*. हेंकेखोर, हेकड, शिरजोर.—WORKMAN मुकद्दम, सरकामदार.—HEADSMAN शिरच्छेद करणारा, मांग, अंतक.—HEADY *a*. हुरमट, कपाळफोड्या.

HEAL* *v*. make whole बरा -निरोगी क.; restore to original purity पूर्वीप्रमाणें शुद्ध क., उद्धरणें, पावन क.; reconcile समेट -मिलाफ क. [of].—*i*. बरा होणें; to h. up माठणें (a wound).—HEALTH, the state of being free from physical pain or disease आरोग्य *n*, कुशल *n*, शरीरसंपत्ति *f*;—of mind चित्तसमाधान *n*, स्वास्थ्य *n*; wish of health and happiness कल्याणेच्छा *f*; to drink a h. "अमुकाला आरोग्य असो" असें ह्मणून मद्य पिणें. -FUL *a*. हितकर, पथ्यकर, शरिरास चांगला (air, diet); निरोगी (body); favorable अनुकूळ. -INESS निरोगीपणा, आरोग्य *n*.

HEALTHY *a*. निरोगी (constitution); सुखकर, शरिरास हितकारक (climate).

HEAP * mass ढीग, रास *f*; as scratched up by rats &c. उकीर; *pl* मोप, मस्त, डोंगर.—*v*. -ची रास क., -चा ढीग रचणें [up, on]. साठवणें, जोडणें, सांचवणें: to h. up treasures; form or round into a heap, as in measuring शीग भरणें [together].

HEAR* *v*. perceive by the ear ऐकणें, श्रवण क.; listen to ऐकणें, लक्ष्य देणें; examine तपासणें, ऐकणें; try in a judicial court कोर्टात खटल्याची चौकशी क.; give audience सुनावणीची -मजकूर ऐकण्यासाठीं भेट देणें; accede to the demand or wishes of -ची गोष्ट मान्य क., -चें ऐकणें [of, from].—*i*. ऐकूं येणें, ऐकायास येणें; लक्ष्य -चित्त देणें; receive by report बातमी ऐकणें, ऐकणें, कानावर येणें. -ING ऐकणें *n*, श्रवण *n*; sense by which sound is perceived श्रवणेंद्रिय *n*; सुनावणीची भेट *f*; खटल्याची चौकशी करण्यासाठीं तो ऐकणें *n*; reach of the ear कानाचा टप्पा. -SAY कर्णोपकर्णी आलेली गोष्ट *f*, आफवा *f*, सांगावांगी *f*.—HEARKEN *v*. लक्ष्य देणें, ऐकणें [to].

HEARSE *F*. मुडद्याची गाडी *f*, शवयान *n*.

HEART* (*Skr*. *hrid*) a hollow, muscular organ, contracting rhythmically, and serving to keep up the circulation of blood रक्ताशय, काळीज *n*; seat of the affections अंतःकरण *n*, मन *n*, हृदय *n*; part nearest the middle गाभा, गर्भ; vital portion मर्म *n*, वर्म *n*; courage धैर्य *n*, वीर्य *n*, शौर्य *n*; that which resembles a heart in shape हृत्पिंडाच्या आकाराची वस्तु *f*; secret meaning मर्म *n*, अंतर *n*, आंतला अर्थ; at h. खरोखर, मनापासून, हार्दी: he is at h. a good man; to learn by h. मुखपाठ क.; hardness of h. मनाचें काठिण्य *n*, निर्दयपणा; to break the h. of कमर मोडणें; to find in the h. कबूल -मान्य असणें; to have in the h. मनांत असणें; to have the h. in a nutshell कवडीचुंबक होणें; to have the h. in the mouth पांचावर धारण बसणें, काळीज फुटणें; to h. -चा धोसरा धरणें, काळजी लागणें; to set the h. at rest निश्चित होणें, बिनघोर असणें; to set the h. upon -वर प्राण -जीव टांगणें; to speak to one's h., *Scrip*. समाधानाची गोष्ट बोलणें, सांत्वन क., धैर्य देणें. -ACHE चिंतारोग. -BURN आम्लपित्त *n*; to have the h. उरांत पित्ताची जोत भरणें. -BURNING आम्लपित्त *n*; secret enmity गुप्तवैर *n*. -EASE चित्तशांति *f*. -LESS *a*. निष्ठुर, निर्दय. -PEA कुटकी *f*, पिंगवी *f*. -ROBBING *a*. चित्तचोर. -SICK *a*. हृद्रोगी. -SICKNESS हृद्रोग.—HEARTY *a*. मनापासूनचा; not weak बळकट, टणक, कणखर (man, timber); nourishing पुष्टिकारक; abundant भरपूर, मनभरेसा (meal).—HEARTILY *ad*. मनापासून, अंतःकरणपूर्वक; really खरोखर;

पुष्कळ, पोटभर : to eat h.; with zeal आवेशानें; vigorously झपाट्यानें, धमकीनें.

Hearth* the pavement in a chimney, on which a fire is made आगटीची जागा *f*, चूल *f*, चुला.

Heat* the sensation produced by a hot substance गरमी *f*, दाह;—as in objects उष्णता *f*, ऊब *f*, गरमी *f*;—of weather ऊन, उष्मा, उन्हाळा;—in the system गरमी *f*, उष्णता *f*; तलखी *f*; flush ताप, तळतळ *f*, संताप, लाली *f*; animal excitement माज, मस्ती *f*, हत्याण *n*; to be in h. उधानणें; state of being once heated ताव: give the iron another h.; a single effort हिरिरी *f*, दम; vehemence झपाटा, तडाखा, कडाखा: the h. of battle; excitement चेव *f*, उचल *f*; fervency हौस *f*, उत्सुकता *f*, उत्साह: with all the strength and h. of eloquence; fermentation उमाळा, खतखत *f*;—of temperament गरमी *f*, तापटपणा; radiant h. किरणविसर्जक उष्णता *f*; red h. आरोक्तोष्णता *f*; blood-h. मनुष्याच्या शरिराची स्वाभाविक उष्णता *f*.—*v*. तापवणें, उष्ण क.;—of animals गरमी -ऊब आणणें;—of the passions संतापवणें [with, at].—*i*. ऊन -गरम होणें, तापणें. -ED तप्त, तापलेला.

Heath* a plant एक झाड आहे; a desert रान *n*, जंगल *n*.

Heathen* मूर्त्तिपूजक; [the h., *Scrip.* all people except the Jews; now used of all nations except Christians and Mahomedans].—*a*. मूर्त्तिपूजक. -ISH *a*. मूर्त्तिपूजकाचा; rude जंगली, रानटी. -ISM मूर्त्तिपूजकांचा धर्म, आचार इ०; ignorance अज्ञान *n*.

Heave* *v*. lift वर उचलणें; throw फेंकणें.—*i*. धापा देणें; rise from the breast धापा देणें; to work and h. in the stomach उमळणें;—as the sea उचलणें, उचंबळणें; to h. in sight दृष्टीस पडणें, दिसणें.—*n*. धापा; उमासा कळमळ *f*.

Heaven* the sky आकाश *n*; the atmosphere आभाळ *n*, अंतराळ *n*; the dwelling-place or immediate presence of God आकाश *n*, स्वर्ग *n*, दिव्यलोक *n*;—of Vishnu वैकुंठ *n*;—of Shiva कैलास;—of Brahma ब्रह्म -सत्यलोक;—of Indra स्वर्ग *n*; God देव, परमेश्वर; supreme happiness परम सुख *n*; for h.'s sake धर्मास. -BORN *a*. स्वर्गोत्पन्न. -LINESS उत्कृष्टता *f*, अत्युत्कृष्टता *f*. -LY-MINDED *a*. having the thoughts and affections placed on heaven and heavenly objects परनिष्ठ, परमार्थबुद्धि. -NESS परमार्थदृष्टि *f*.

Heavy* *a*. weighty जड, भारी; not easy to bear जड, कठीण, जबर (taxes, expenses); burdened लादलेला, भाराक्रांत; sluggish जड, मंद (gait, looks, style); violent जोराचा, दांडगा, वेगाचा (storm); loud मोठा, गंभीर (thunder); clammy चिकट, पिठाळ (bread); not easily digested जड, अपथ्य (food);—as soil जड, चिकट;—as road बिकट, अडचणीचा; dark with clouds दाट, घनदाट, काळोखी आलेला (sky);—as sleep गाढ, घोर;— fire बंदुकांचा किंवा तोफांचा मोठा भडिमार;—metal मोठ्या तोफा *f pl*; तोफेचे मोठे गोळे *pl*.—**Heavily** *ad*. जड होईसा; दुःखानें, कष्टानें; आयासानें, जड पावलानें; as rain falling धोधो, झिमझिम.—**Heaviness** जडपणा; सुस्ती *f*, उदासपणा; कष्ट, जाच; जाडी *f*, दाटपणा.

Hebrew (from *Heber*) यहुदी; इब्रीभाषा *f*. —*a*. यहुदी; इब्री लोकांसंबंधी, इब्री लोकांचा.

Hecatomb (*Gr. hecaton*, hundred, *bous*, ox) शतगोमेध, शंभर बैलांचा यज्ञ; any large number of victims महाबळी.

Hectic *a*. (*Gr. hexis*, habit) सवयीचा; affected with hectic fever क्षयज्वराचा (patient).—*n*. क्षयज्वर.

Hector (*Gr.* from *Hector*, a brave warrior) धारराव, तिस्मारखान, अरेराव.

Hedge* वई *f*, कुंपण *n*.—*v*. कुंपण घालणें, कुडणें; obstruct कोंडणें, बंद क., बुझवणें; hem in घेरणें, वेढणें; protect रक्षणें, बचावणें [in]. -hog एक जातीचें जनावर आहे.

Heed* *v*. लक्ष्य देणें -लावणें.—*n*. लक्ष्य *n*, अवधान *n* [of]. -ful *a*. सावध, सावधान [of]. less *a*. गाफल, बेफाम, असावध [of]. -ness गफलत *f*, प्रमाद.

Heel* hinder part of the foot टांच *f*, खोट *f*; जोडा वगैरेची टांच *f*; remaining part of any thing अवशेष *n*, शेंपूट *n*; a spur आर *f*, कांटा; to be at the *heels* of नेटणें, खेटणें; [to be out at the *heels*, to have on stockings that are worn out; hence, to be in a bad condition]; to lay by the *heels* बेडी घालणें-ठोकणें; to show the *heels* पळ काढणें, पाठ दाखवणें; to take to the *heels* पळणें, पळ काढणें.—*v*. *i*. कलंडणें, टळणें (a ship).

Heifer* कालवड *f*, गोऊी *f*.

Height* condition of being high उंचपणा, उच्चत्व *n*; altitude उंची *f*; eminence उंचवटा; hill डोंगर, टेकडी *f*; prominence थोरी *f*, थोरपणा; utmost degree in extent or violence भर *f*, भरती *f*, ऐन: the h. of a tempest, fever; grade पायरी *f*, दरजा: social duties are carried to greater *heights*, and enforced with stronger motives, by the principles of the Christian religion. -ne *v*. उंच क., चढवणें; advance वाढवणें, सुधारणें; advance to a worse state अधिक वाईट क., विकोपास नेणें; intensify जोरावणें, बळावणें, भारी माजणें; set off to advantage, by means of contrast साजरा क., शोभवणें, भेद दाखवून विशेष तेजस्वी क.; [to h. a tint, is to make it lighter and more prominent by means of touches of light opaque color placed upon it.]

Heinous *a*. *F*. अतिदुष्ट, अघोर, महा (sin). -ness अघोरपणा.

Heir (*hæres*) one who receives, inherits, or is entitled to succeed to the possession of any property after the death of वारिस, दायाद; h. apparent युवराज; [h. presumptive, one who, if the ancestor should die immediately, would be his heir, but whose right to the inheritance may be defeated by the birth of a nearer relative, or by some other contingency] [to]. -loom [any furniture, movable or personal chattel, which by law or special custom descends to the heir along with the inheritance].

Heliotrope (*Gr. helios*, the sun, *tropein*, to turn) *Bot*. सूर्यकमल *n*.

Helix (*Gr*.) a circumvolution वेंच; winding बांक; external border of the ear पाळ *f*, कर्णपालि *f*.

Hell * the place of the dead, or of the soul after death मृतलोक, लोकांतर *n*; the place or state of punishment for the wicked after death नरक; the lower regions पाताळ *n*, अधःप्रदेश; a dungeon अंधारकोठडी *f*; a gambling-house जुगाराचें घर *n*; the pains of h. नरकयातना *f*; river of h. वैतरणी *f*. -ish *a*. नरकाचा, नरक संबंधी; fit for hell नरकयोग्य; wicked दुष्ट.

Hellebore (*Gr. helleboros*) काळीकुटकी *f*.

Hellenic *a*. (*Gr*. from *Hellen*, son of Deucalion ग्रीक लोकांचा -संबंधी.

Helm * instrument by which a ship is steered सुकाण *n*. -sman सुकाण्या.

Helmet * लढण्याच्या वेळीं डोक्यावर घालायाची टोपी *f*, शिरस्त्राण *n*.

Help * *v*. furnish strength or means for the successful performance of any

action or the attainment of any object सहाय -पुरावा -पुरवठा क ; furnish with the means of deliverance from trouble or difficulty संकटातून काढण्यास सहाय क., हात देणें ; remedy उपाय -इलाज क.; hinder अडथळा-अटकाव क.; prevent निवारणें, टाळणें, बंद क.: the evil approaches, and who can h. it ? forbear दम धरणें, राहणें, थांबणें: I cannot h. remarking the resemblance between him and our author ; to h. forward, on वाढवणें, पुस्ती -बळ देणें ; out अडचणींतून काढणें, पाठ-खांद देणें.—*i.* सहाय होणें-देणें.—*n.* मदत *f*, कुमक *f*, सहाय *n* : God is a very present h. in trouble (Ps. xlvi. 1); इलाज, तजवीज *f* [for]. -ER सहायकारी ; assistant मदतनीस. -LESS *a.* दुबळा, लाचार, अनाथ; निरुपाय, बेइलाज. -MATE हस्तक्या.

HELTER-SKELTER *ad. Ger.* सैरावैरा, तजावजा ; धांदलीनें.

HEM * edge of a garment doubled and sewed गोट, लोड *f* ; border कड *f*, किनारा.—*v.* लोड भरणें, तुरपणें ; about, around, in घेरणें, वेढणें.—*i. D.* खाकरणें.—खाकरण्याचा शब्द.

HEMIPLEGIA (*L.*) a palsy that affects one side only of the body पक्षवायु.

HEMISPHERE (*Gr. hemi*, half, *sphaira*, sphere) गोलार्ध ; half of the terrestrial globe भूगोलार्ध ; the eastern h. माकपाल *n.*

HEMISTICH (*-stichos*, a verse) श्लोकार्ध *n*, अर्धश्लोक.

HEMLOCK * एक विखारी वनस्पति आहे.

HEMORRHAGE (*Gr. haima*, blood, *rhegnunai*, to burst) रक्तस्राव, रक्तप्रवाह.

HEMORRHOIDS *pl* (*-rhein*, to flow) *Med.* livid and painful tubercles around the margin of or within the anus, from which blood or mucus is occasionally discharged ; piles मूळव्याधि *f*, गुदरोग.

HEMP * सण, ताग, अंबाडी *f* ; tax on the cultivation of h. or making rope of it अंबाडीपट्टी *f*.

HEN * कोंबडी *f*. -BANE खुरासनी ओंव्याचें झाड *n*. -PECKED *a.* स्त्रीवश, बायल्या.

HENCE * *ad.* from this place एथून, इकडून ; from this time एथून, आतां पासून, पुढें ; from this cause म्हणून, यावरून ; from this source ह्यापासून. -FORTH, -FORWARD *ad.* अतःपर, इतःपर, एथून पुढें.

HEPATIC *a.* (*Gr. hepar*, the liver) काळजाचा ; काळजाच्या रंगाचा. — HEPATITIS काळजाचा दाह, यकृत *n*.

HEPTAGON (*Gr. hepta*, seven, *gonia*, angle) सप्तकोणाकृति *f*. -AL *a.* सप्तकोण.

HER * *pron.* हिचा, तिचा ; to h. तिला, हिला.

HERALD *Ger.* ललकारा, स्तुतिपाठक, चारण.

HERB (*herba*) वनस्पति *f*, ज्याचें मूळ दर वर्षास सुकून मरतें असें झाड *n*. -ACEOUS *a.* झाडपाल्याचा, औषधी संबंधी. -AGE झाडपाला, हिरवळ *f*.

HERCULEAN *a.* (from *Hercules*) महत्प्रयासाचा, भगीरथ प्रयत्नाचा (task) ; जड, भारी, अवजड (limbs).

HERD * a number of beasts assembled together कळप, खिल्लार *n* ; a company of men झुंड *f*, घोळका, मेळा. -SMAN, one who herds domestic animals गुराख्या, गोवारी, मेंढक्या इ०.

HERE* *ad.* in this place एथें, इकडे ; in the present life इहजन्मीं, इहलोकीं, एथें ; h. and there इकडे तिकडे ; पातळ, तुरळक. -ABOUT, ABOUTS *ad.* आसपास. -AFTER *ad.* पुढें ; in a future state परलोकीं, मेल्यानंतर. —*n.* मरणोत्तरची स्थिति *f*, परलोक. -AT *ad.* यावरून -मुळें, यानें. -BY *ad.* याकडून -मुळें. -IN *ad.* यांत. -OF *ad.* याचा ; from this यापासून. -TOFORE *ad.* पूर्वीं, मागें. -UPON *ad.* यावर. -WITH *ad.* यासहित -लगत.

HEREDITARY (*hæres*, heir) descended by inheritance पिढीजाद, वंशपरंपरागत (estate); descendible to an heir पिढीजाद चालायाचा, वंशोवंश चालायाचा, वंशोपयोग्य; capable of being transmitted from a parent to a child बापापासून किंवा आईपासून मुलास मिळायाजोगा, पितृमाप्य (a disease).—HERITABLE *a* वंशोपभोग्य.—HERITAGE वतन *n*; [*Scrip.* the saints or people of God].

HERESY (*Gr. hairein*, to take) heterodoxy पाखंड *n*, पाखंडमत *n*; [*Law*, an offence against Christianity, consisting in a denial of some essential doctrine, publicly avowed, and obstinately maintained]. —HERETIC पाखंडी, थोतांड्या; [*Rom. C. Ch.* one who does not acknowledge the teaching of the R. C. Church; a Protestant].

HERMAPHRODITE (*Gr.* from *Hermaphroditus*, son of Hermes or Mercury, and Aphrodité or Venus) an animal or human being having the parts of generation both of male and female हिजडा.—*a.* उभयलिंगी, स्त्रीपुरुषजातीचा.

HERMETICAL *a.* (*Gr. Hermes*, Mercury) रसायणशास्त्राचा; perfectly close घट्ट, आंत वायु न जाईसा, सुदृढ.

HERMIT (*Gr. eremos*, solitary) a person who retires from society and lives in solitude; esp. one who so lives from religious motives अरण्यवासी, वानप्रस्थ. -AGE आश्रम, मठ, पर्णकुटी *f*.

HERNIA (*L.*)—of the abdomen आंतड्यातील कांहींएक भाग पुढें सरून जी सूज येती ती, अंतर्गळ, अंत्रवृद्धि *f*.

HERO (*heros*) a man of distinguished valor शूर, वीर;—of a drama नायक; a great person धेंड *n*; *Myth.* an illustrious man, supposed by the populace to partake of immortality, and after his death to be placed among the gods वीर. -IC *a.* विराचा; शूर, रणधीट; शौर्याचा (action). -INE *a.* बहादर स्त्री *f*, वीरविक्रमा *f*;—of a drama नायका *f*. -ISM शौर्य *f*, मर्दाई *f*, पराक्रम.

HERON *F.* कुर्कुचा पक्षी, कुरकुंची *f*, क्रौंच.

HERPES (*L.*) an eruption of the skin दादर, इसप.

HESITATE *v. i.* (*hæsitare*) stop or pause respecting decision or action गुटमळणें, कांकू -नानू क., आशंकणें; stammer चाचरणें, बोलण्यांत अडखळणें [at].—HESITATION कांकू *f*, नानू *f*; चाचरी *f*, गचका.

HESPERIAN *a.* (*hespericus*, from *Hesperus*, the evening star) पश्चिमे कडील, पश्चिम.

HETERODOX *a.* (*Gr. heteros*, other, *doxa*, opinion) contrary to some acknowledged standard, as the Bible, the creed of a church, the decree of a council, &c. पाखाडी, वाममार्गी;—of persons वाममार्गचा, पाखंड मताचा.—HETERODOXY पाखांड मत *n*, वाममार्ग.

HETEROGENEOUS *a.* (*-genos*, kind) भिन्नजातीचा, विजातीय.

HEW* *v.* cut with an axe तोडणें; chop खांडणें, छिंदणें; out, make smooth, as a stone मठारणें [down].

HEXAGON (*Gr. hex*, six, *gonia*, angle) षट्कोणाकृति *f*. -AL *a.* षट्कोण.

HEXAMETER (*Gr -metron*, measure) षट्पदी श्लोक.

HEY *interj.* ये, ए. -DAY भर, बहार *f*.

HIBERNATE *v. i.* (*hiems*, winter) हिंवाळा लोटणें -घालवणें.—HIBERNAL *a.* हिंवाळ्याचा, शिशिरऋतु संबंधी.

Hibiscus populneoides (*L.*) पारोसा पिंपळ.

Hiccough *Ger.* उचकी *f.*—*v. i.* उचकी लागणें -येणें.

Hide* *v.* conceal लपवणें, छपवणें, झांकणें; keep secret गुप्त ठेवणें -राखणें; defend रक्षणें, बचावणें (Ps. xxvii. 5) [from].—*i.* लपणें, लिकणें, दडणें.—**Hidden** *a.* लपविलेला, गुप्त. —**Hiding-place** लिकण *n*, दडण *n*.

Hide* चामडें *n*, कातडें *n*.

Hideous *a. F.* अक्राटोविकट, अकराळविकराळ (looks); भयंकर, घोर (noise).

Hie* *v. i.* लगे लगे -ह्यां ह्यां चालणें -जाणें.

Hierarch (*Gr. hieros*, sacred, *archos*, leader) one who rules or has authority in sacred things महा आचार्य. -**ical** *a.* महा पुरोहिता संबंधी.

Hieroglyph, -ic (*Gr. -gluphein*, to carve) the picture-writing of the ancient Egyptian priests मिसरी उपाध्यांची चित्रलीपि *f*; any character or figure which has, or is supposed to have, a hidden or mysterious character सांकेतिक -गुप्त -गूढ अक्षर *n*.—& -**al** *a.* सांकेतिक; सांकेतिक अक्षराचा; obscure गूढ, गहन.

Higgle *v.* See **Haggle**.

High* *a.* elevated उंच; distinguished प्रख्यात, मोठा, थोर;—in rank थोर, मोठ्या पदवीचा; of noble birth कुलीन; violent जोराचा, प्रचंड (wind); victorious पराक्रमी, विजयी (Ex. xiv. 8); profound खोल, गहन (things); dear महाग; proud दिमाखाचा, अभिमानाचा (Prov. xxi. 4); h. noon ऐन दोनप्रहर; h. color गहिरा रंग; h. heat कडक आग *f*; h. relief उभट, उर्ध्वस्थ; h. treason राजद्रोह; h. antiquity बहु कालीनता *f*, फार पुरातनकाळ; strong-scented वासट, लागलेला (meat); remote from the equator भूमध्यरेषेपासून -विषुववृत्तापासून दूर, दक्षिण किंवा उत्तर (latitude);—as a note उंच, पहाड; h. day सण, उत्साहाचा दिवस; h. life बडेलोकांची रहाणी *f*; h. living मिष्टान्नभोजन *n*; [h. mass, *Rom. C. Ch.* that mass which is performed by a choir in a specially formal and solemn manner]; h. noon माध्यान्ह *f*, ऐन दोनप्रहर; [h. operation, *Surg.* extraction of the stone by cutting into the upper part of the bladder]; h. priest मुख्य उपाध्या; h. tide,—water भरतीची सीमा *f*.—*n.* उंच जागा *f*, उंची *f*; from on h. वरून. -**blown** *a.* वाऱ्यानें फुगलेला; गर्वानें फुगलेला. -**bred** *a.* बडेलोकांत वाढलेला.—**Church** *a.* [inclined to magnify a particular form of church government or ecclesiastical rites and ceremonies;—more usually app. to such as attach the highest importance to the episcopal office and the apostolic succession]. -**fed** *a.* पोसलेला, माजवलेला. -**flown** *a.* अतिगर्वित, दिमाखी. -**handed** *a.* oppressive जुलमाचा, काचाचा; arbitrary मनास येईल तसा, मनस्वी. -**land** पहाडीदेश. -**ly** *ad.* फार, बहुत, अतिशय. -**mettled** *a.* पाणीतेजदार, तापट (steed). -**minded** *a.* गर्विष्ट, मगरूर; magnanimous महामनस्क, थोर मनाचा. -**ness** उंचपणा, उच्चता *f*; a title of honor given to princes or other men of rank राजपुत्र व बडे लोक यांचा एक किताब आहे. **pressure**, having or involving a pressure exceeding that of the atmosphere; exceeding about fifty pounds on the square inch;—said of steam and steam-engines.] -**seasoned** *a.* चमचमीत, मसालेदार. -**wrought** *a.* मोठ्या कुशलतेनें -करामतीनें तयार केलेला, संस्कृत; inflamed to a high degree अति संतप्त, फार खिजवलेला -चेतविलेला. -**way** राजमार्ग, जनपथ, हमरस्ता. -**man** वाटमाऱ्या -पाडू.

Hilarity (*hilaris*, merry) हास्यविनोद, थट्टामस्करी *f*.

Hill * डोंगर, टेंकडी *f*. -ock जमिनीचा उंचवटा, टेंक *n*.—Hilly *a*. पहाडी, डोंगरी, डोंगराळ (country).

Hilt * मूठ *f*, कबजा, परज, दस्ता.

Hind * हरिणी *f*, मृगी *f*.

Hind * *a*. मागला, मागचा. -er मागला, पश्चात्.—*v*. retard in motion गति खुंटवणें; prevent अडवणें, अडथळा हरकत क. [with, by, from]. ance अटकाव, हरकत *f*, गुत्ता, विघ्न *n* [to].

Hinge *D*. बिजागरें *n*, नरमादी *f*.—*v*. बिजागरीं लावणें -बसवणें.—*i*. बिजागऱ्यावर राहणें किंवा फिरणें; depend chiefly for a result परिणामावर -निकालावर अवलंबून राहणें-टेकणें [up, upon].

Hint * *v*. सुचविणें, दर्शविणें, दिक्प्रदर्शन क. [at, to].—सूचना *f*, इशारत *f*, इंगित *n* [to].

Hip * मांडीचा खुबा, कटि *f*; to smite h. and thigh समूळनाश क., अगदी मोड क., फन्ना उडविणें; to carry on the h.—a child &c. कडेवर घेणें-वागवणें.

Hire * *v*. procure from another person, and for temporary use, for a compensation or equivalent भाड्यानें घेणें -लावणें (a farm, horse);—as money व्याजानें घेणें -काढणें; engage in service for a stipulated reward मोलानें ठेवणें (servants, laborers); bribe लांच देणें, लांच देऊन वाईट कामास लावणें; let भाड्यानें देणें [for, from, to].—*n*. भाडें *n*; वेतन *n*, मजुरी *f*. -ling मोलकरी, मजूर.

His * *pron*. त्याचा, आपला.

Hiss * *v*. *i*. make a sound like that of the letter *s*, by driving the breath between the tongue and the teeth, esp. in contempt or disapprobation हिश्श क., हुस्कटणें, हुयों हुयों क.; make a like sound as a goose or serpent does फुसकारणें, धुसकारा टाकणें;—as water thrown on hot metal चरचरणें, फसफसणें; as rockets &c. सुरसुरणें, सणसणणें [at, for].—*t*. हुसकटून टाकणें, धुत्कारणें.—*n*. फुसकारा, धुसधूस *f*; हुयों, धुत्कार.

History (*Gr. historein*, to learn) a written statement of what is known लेखी हकीकत *f*; description वर्णन *n*, बयान; a record of the past इतिहास, बखर *f*; a narrative of events कथा *f*, वृत्तांत; a true story, in distinction from *romance* कथा *f*, खरी गोष्ट *f*;—of kings and great men चरित्र *n*, पुरवणा, पोंवाडा; natural h. सृष्टिजन्य पदार्थांचें वर्णन *n*.—Historian इतिहास लेखक.—Historic, -al *a*. इतिहासाचा, इतिहास संबंधी; इतिहासरूप (poem); इतिहासावरून काढलेला -घेतलेला, इतिहासाचा (evidence); इतिहासदर्शक (chart).

Hit * *v*. reach or touch an object aimed at टिचणें, वेधणें; accord with -शीं मिळणें, जमणें [at].—*i*. strike अदळणें, लागणें, अपटणें [against, on]; succeed in an attempt चोट साधणें, लाग लागणें -साधणें.—*n*. आघात, फटका, धक्का; लाग, चोट *f*.

Hitch *v*. *i*. *Ger*. become entangled अडकणें, गुंतणें; jerk हिसके खाणें.—*t*. गुंतविणें, अडकविणें.—*n*. हिसका, तीड.

Hither * *ad*. एथें, इकडे.—*a*. इकडील, एथील, आलिकडला. -to *ad*. एथपर्यंत; up to this time आजपर्यंत, एथपावेतों.

Hive * मधमाशांचें घर *n*, मोहळ *n*.

Hoa *interj*. हो.

Hoar * *a*. white सफेद, पांढरा; white with age पिकलेला, पांढरा.—*n*. धुकें *n*.—Hoary *a*. सफेद, पिकल्या केशांचा, पलित.

Hoard * *v*. सांठवणें, संचय क. [up].—*n*. सांठा, ठेव *f*, डल्ला.

Hoarse * *a*. बसलेल्या गळ्याचा, घोगरा.

Hoax * झोका, टोला, फटवण *f*.

HOB *D.* वैल, अवेल.

HOBBLE *D. v. i.* लंगडणें, लंगडत चालणें.—[about, along, of].—*n.* कचाट *n*, लचाड *n*.

HOBBY *D.* a stick, or figure of a horse on which boys play काठीचा घोडा ; a favorable and ever-recurring theme of discourse, thought, or effort छंद, लहर *f*, नाद.

HOBGOBLIN (*hob* and *goblin*) भूत *n*, पिशाच *n*, बौ.

HOCUS-POCUS *D.* छांछू *f*, फांफू *f*; धंतरमंतर *n*.

HOD *F.* a kind of tray for carrying mortar कोळंबें *n*.

HODGEPODGE *F.* खिचडी *f*, पंचभेळ *f*.

HOE *F.* कुदळ *f*.—*v.* कुदळीनें खणणें.

HOG *W.* डुकर, शुकर.—*v.* केश कातरून लांडा क.—HOGSHEAD एक केली माप आहे.

HOIDEN, HOYDEN *W.* a rude, bold girl धांगड *f*, घोडगी *f*.

HOIST *v. Ger.* उभारणें, उंच क, वर चढवणें ; to h. sail शीड हकारणें.

HOLD* *v.* keep in the grasp धरणें : retain in one's keeping ठेवणें, राखणें, धरणें ; possess जवळ असणें ; restrain आवरणें, आटोपणें ; continue चालवणें, चालू ठेवणें ; — as a council, parliament, &c. भरणें, जमवणें, करणें ; contain, as a vessel मावून -साठवून घेणें ; —as an opinion बाळगणें, धरणें ; regard मानणें, लेखणें (Ex. xx. 7) ; h. your tongue चुप राहा, तोंड अटोप, तोंडाला खीळ घाल ; to h. a wager पैज मारणें ; forth पुढें क., दावयास काढणें ; off दूर ठेवणें ; जवळ न येऊं देणें ; on चालू ठेवणें ;—one's own वचन -प्रतिज्ञा पाळणें ; आपली जागा संभाळणें -राखणें ; out लांब क., पुढें क. ; सोसणें, सोसत राहणें ; up वर उचलणें.—*i.* टिकणें, ठरणें ; खरें असणें, लागू पडणें : the argument *holds* in this case ; चिकटून -धरून राहणें ; इमानानें राहणें ; थांबणें, राहणें ; forth चौघांत बोलणें, सभत भाषण क. ; off दूर राहणें ; on धरून राहणें ; चालणें ; out टिकणें, निभणें ; to, with पक्ष -मत धरणें ; together लागून -जमून असणें ; up निभाव काढणें, टिकाव धरणें ; पाऊस उघडणें, राहणें ; चालू ठेवणें, मार्ग न पडूं देणें.—*n.* seizure धर, पकड *f*, कबज *n* ; authority to take or keep धरण्याचा अधिकार, हक ; binding power and influence धर, धारणाशक्ति *f* ; custody कैद *f*, बंदीखाना ; fort किल्ला, गढी *f*.

HOLE * pit खळगा, खाडा ; excavation in the ground, made by an animal to live in पोखर *f*, विवर *n*, घर *n*, बीळ *n* ; perforation भोंक *n*, छिद्र *n*, वेज *n*.—HOLLOW *a.* not solid पोकळ ; empty पोकळ, शून्य, रिकामा ; deep खोल, घोगरा (voice) ;—as the eye कोंझा ;—as grains, &c. पोकळ; वांझ ; false मनाचा खोटा -कुजका.—*n.* खळगा, —of the hand खोंबळा, पुट *n* ;—of a tree ढोल *f* ;—in a hill, &c. विवर *n*, दरा *m*, *f* ; low spot surrounded by elevations लवण *n*, सखल *n* ; channel खाच *f*, खळी *f* ; one who picks *holes* in the character of others छिद्रान्वेषी, छिद्रदर्शी.—*v.* पोकळ क., पोखरणें [out].

HOLIDAY, See under HOLY.

HOLOCAUST (*Gr. holos*, whole, *kaustos*, burnt) होम.

HOLY * *a.* set apart to the service or worship of God देवास वाहिलेला, पवित्र ; worthy to be employed in the service of God देवाच्या सेवेस लावायास योग्य, शुद्ध ; free from sinful affections ; पवित्र, One परमेश्वर ; [H. Thursday, the day on which the ascension of our Savior is commemorated ; h. war, a war undertaken to rescue the Holy Land from the infidels ; h. water (*Gr. and R. C.*

Churches) water which has been consecrated by the priest, to sprinkle the faithful and things used for holy purposes; H. Week, the week in which the passion of our Savior is commemorated; H. writ, the sacred Scriptures].—HOLINESS पवित्रता *f*; [His H., a title of the pope of Rome and also of Greek bishops].—HOLIDAY, HOLYDAY, a religious festival सण, पर्वणी *f*; a day of exemption from labor सुटीचा दिवस, सुटी *f*; h. clothes पोशाकी वस्त्रें *n pl*.

HOMAGE (*homo*, man, a vassal) a symbolical acknowledgment by a feudal tenant to, and in the presence of, his lord, on receiving investiture of fee, or coming to it by succession, that he was his *man* or vassal मुजरा, प्रभुवंदन *n*; devout affection भावभक्ति *f*, प्रेमभक्ति *f*; deference भीड *f*, मुरवत *f*.

HOME * a dwelling-house घर *n*; place or country in which one dwells घर *n*, स्वदेश, (आपला) गांव; the seat जागा *f*, घर *n*; at h. घरीं; to be at h. परिचय -माहिती असणें; h. department मुलकी खातें *n*.—*a*. घरचा, घरगुती; close निकट, जवळ; poignant खरमरीत, खोंचीचा.—*ad*. घरीं, गांवीं : to go h.; आंगीं, जिव्हारीं; to bring h. unto अंगीं लावणें, पदरीं माप घालणें. -BORN, -BRED घरगुती, पाळींव. -LY *a*. साधा, गांवठी, कुणबाऊ (garment, house); of plain features साधा, साधारण रुपाचा. -MADE *a*. घरीं केलेला. -SICKNESS, morbid and uncontrollable sorrowing for home when absent घरची काळजी *f*. -WARD *ad*. घराकडे.

HOMICIDE (*homo*, man, *cædere*, to kill) मनुष्यवध, नरहिंसा; culpable h. सदोषमनुष्यवध. [H. is of three kinds;—justifiable, excusable, and felonious].

HOMILY (*Gr. homilia*, communion) a discourse or sermon read or pronounced to an audience संवाद, उपदेश.—HOMILIST उपदेशक.

HOMOGENEOUS *a*.' (*Gr. homos*, the same, *genos*, race) एकजातीचा, सजातीय.

HOMOLOGOUS *a*. (*Gr. -logos*, speech) समपरिमाण.

HONE * शीळ *f*, साण *f*, पाथरी *f*; [a kind of swelling in the cheek].—*v*. साणेवर धरणें, पाजवणें, धार लावणें.

HONEST (*honos*, honor) decent शिस्त, योग्य, उचित (Rom. xii. 17); good चांगला, बरा (Acts vi. 3); fair in dealing with others प्रामाणिक, खरा, इमानी (man); just नेकीचा, सचोटीचा (dealing);—as an employment हलालाचा, हलाल; chaste पतिव्रता.—HONESTY प्रामाणिकपणा, सचोटी *f*; सत्ववृत्ति *f*, खराई *f*.

HONEY * मध *m, f*; मधासारखी गोड वस्तु *f*, अमृत *n*, मधु *f*, इ०. -COMB मधमाशांची पोळी *f*. -MOON लग्न झाल्यावरचा पहिला महिना. -TONGUED *a*. गोडबोल्या, मधुरभाषी.

HONOR (*L*.) esteem due or paid to worth मान, सन्मान, प्रतिष्ठा *f*; when said of the Supreme Being, reverence पूज्यबुद्धि *f*, श्रद्धा *f*, पूजन *n*; ornament अलंकार, भूषण *n*; excellence of character अब्रु *f*, इजत *f*, नांव *n*;—in men, integrity नेक *f*, नेकी *f*, प्रामाणिकपणा;—in women, purity साध्वीपणा, सद्गुण, पातिव्रत्य *n*; a mark of respect आदरमान, ताजीम *f*, आदरसत्कार : military *honors*; university prizes विद्यालयांतील बक्षीस *n* -पदवी *f*, इ०.—*v*. मान -ताजीम -अब्रू देणें; मोठ्या पदास चढविणें, मोठेपणा देणें; मान -मर्यादा ठेवणें -राखणें; पूजणें, भजणें;—as a bill of exchange सकारणें. -ABLE *a*. अब्रूचा, प्रतिष्ठेचा; थोरमनाचा, महा-

मनस्क; प्रामाणिक, नेकीचा, यथान्याय (motive); conferring honor मानप्रद, यशस्कर (wounds); worthy of respect सन्मान्य, मानयोग्य (Heb. xiii. 4) [for]. -ARY *a.* अब्रूचा, प्रतिष्ठेचा; सन्मानदायक; possessing a title or place without performing services or receiving a reward केवळ प्रतिष्ठे करितां दिलेला किताब, किंवा हुद्दा. -ED सन्मान्य, सन्मानित, प्रतिष्ठित [for].

HOOD * टोपी *f,* घुंगट *n*;—of a carriage दमन *n*;—of a serpent फडा *f.* -WINK *v.* blind by covering the eyes डोळे बांधणें; cover झांकणें; impose on फसविणें, छकविणें, नजरबंदी क.—* -पणा, -पण *n* : brotherh. भाऊपणा; falseh. खोटेंपण *n.*

HOOF * खूर.

HOOK * आंकडा, अंकडी *f*;—of a staple कडी *f*;—for fish गळ : by h. or by crook कसेंही करून, जसें तसें.—*v.* अंकडीनें -गळानें धरणें; steal चोरणें; entrap फसीं पाडणें, फसविणें, गोवणें [together].

HOOP * धाव *f,* विडी *f,* कडें *n.* -ING-COUGH डांग्या खोकला.—*v.* पुकारणें, आरोळी मारणें —*n.* पुकारा, आरोळी *f.*

HOOPOE, HOOPOO (*upupa*) सुतारपक्षी.

HOOT *v. W.* shout in contempt हुर्यो हुर्यो क.; cry as an owl घुघु क. [down, out, off].—*n.* हुर्यो हुर्यो *f,* हडहड *f*; घुघू *f.*

HOP* *v. i.* skip as birds do उडत उडत जाणें -चालणें; limp लंगडत चालणें; dance नाचणें.—*n.* एका पायाची उडी *f*; उडी *f*; a spring झांप *f,* झडप *f.*

HOPE* a desire of some good, accompanied with at least a slight expectation of obtaining it, or a belief that it is obtainable आशा *f*; that which gives hope आशादायक गोष्ट -वस्तु -मनुष्य.—*v. i.* आशा धरणें -बाळगणें; -वर आशा ठेवणें (Ps. xlii. 2) [for]. -FUL *a.* आशावान, उमेदवार; promising व्हायासारखा, होतकरू. -LESS *a.* निराश, आशाविरहित [of].

HORAL *a.* (*hora,* hour) होऱ्यासंबंधी, होऱ्याचा.

HORDE (*F.*) फिरस्त्यांचा थवा -जथा -पुढा.

HORIZON (*Gr. horos,* limit) the apparent junction of the earth and sky दिगंत, धार *f,* काळीधार *f*; rational h. क्षितिज *n.*—HORIZONTAL *a.* क्षितिजाचा, काळ्या धारेचा; सपाट, क्षितिजाबरोबर, क्षितिजसमसूत्र; क्षितिजाजवळचा. -LY *ad.* आडवा, क्षितिजाशीं समान.

HORN* a hard, projecting, and usually pointed organ growing from the heads of certain animals शिंग *n,* शृंग *n*; a wind instrument of music करणा, शिंग *n*; a drinking-cup प्याला; utensil for holding powder दारूचें शिंग *n,* शिंगडा; feeler of an insect किड्याची मिशी *f*; a drenching h. for cattle घोटें *n.*—of a snail गोगलगाईचें शिंग *n*;—of the moon चंद्राची कोर *f,* शृंग *n*; material of which horns are composed शिंगाचा पदार्थ, शृंगमय द्रव्य *n*: a h. comb; [*Scrip.* a symbol of strength, power, exaltation]; to draw, pull, or haul in the horns नाक गुंडाळणें. -BOOK, a primer मुलाची पहिली पोथी *f,* बालपोथी *f*; a manual सारग्रंथ. -ED शृंगी, शिंगाचा; शृंगाकार.—HORNY *a.* शिंगाचा, शृंगमय; hard कठीण, निबर.

HOROLOGE (*Gr. hora,* hour, *legein,* to say) कालमापक यंत्र *n.*

HOROSCOPE (*Gr.-skopos,* observing) an observation made of the aspect of the heavens at the moment of a person's birth, by which the astrologer claims to foretell the events of his life जातक *n,* जन्मपत्र *n* -पत्रिका *f*; diagram or scheme of twelve houses or signs of the zodiac, into which the whole circuit of the heavens was divided for the purposes of such prediction of fortune जन्मकुंडली *f.*

Horror (*horrere,* to shiver) a shaking, shivering, or shuddering, as in the cold fit which precedes a fever शिसारी *f,* कांटा; painful emotion of fear, dread, and abhorrence थरथराट, भय *n,* धोसरा.—Horrible *a.* भयंकर, विक्राळ, घोर.—Horrid *a.* rough खरबरीत; prickly कांट्याचा, कांटेरी; विकराळ, भीम.—Horrific *a.* भयंकर, भेसूर.—Horrify *v.* भेसूर -भयंकर क.; strike with horror भेडसावणें, धोसरा भरणें. [with]. — Horripilation (*-pilus,* the hair) अंगावरचा कांटा, थरकांटा, रोमांच.

Horse* (*Skr. hresh,* to neigh) घोडा, अश्व; mounted soldiery स्वार *pl,* घोडदळ *n pl;* a stand घडवंची *f,* घोडा: a clothes -h., a saw -h. घोडी *f;* to take h. घोड्यावर बसून फिरायास निघणें; body of h. under one commander पागा *f,* पताक *f.*—*v.* घोडा किंवा घोडे पुरविणें; घोड्यावर बसल्या सारखें बसणें, दोहींकडे पाय टाकून बसणें; घोडी वर घोडा चढवणें; पाठीवर नेणें -घेणें -वाहणें.—ant घोडमुंगळा. -back,—on h. घोड्यावर. -boy घोडक्या, मोतद्दार. -breaker चाबुकस्वार. -cloth झूल *f.* -dealer घोड्यांचा व्यापारी-सौदागर. -doctor अश्ववैद्य, शालोत्री; a farrier नालबंद. -drench घोड्याचा जुलाब. -faced *a.* having a long, coarse face घोडमुख्या -तोंड्या. -fly घोडमाशी *f.* -guards पाहऱ्याचे स्वार *pl;* [the H., the head-quarters of the British army in London;—so called from two mounted sentries before the entrance]. -laugh मोठ्यानें हसणें *n,* अट्टहास. -leech मोठी जळू *f;* a farrier नालबंद. -man स्वारी *f;* घोड्यावरला शिपाई, घोडेस्वार; एक जातीचे कबूतर *n* आहे. -play धांगडधिंगा, घोडदुळा. -power घोड्याचें जोर *n;* [*Mach.* a unit or standard by which the capabilities of steam-engines and other prime movers are measured; estimated as 33,000 pounds raised one foot in a minute]; a machine worked by one or more horses घोड्यानें -घोड्यांनीं चालवायाचें यंत्र *n.* -race घोड्यांची शर्यत *f.* -radish-tree शेवग्याचें झाड *n,* शेवगा. -shoe नाल. -shoeing, the act of—नालबंदी *f;*—the employment नालबंदाचा धंदा. -tongue, a plant घोड्याची जीभ *f.* -stall ठाणें *n,* ठाण *n.* -way घोडेवाट *f.* -whip चाबूक.—*v.* चाबूक मारणें, चाबकाचा मार देणें.

Horticulture (*hortus,* garden, *cultura,* culture) बागाईत *n,* बागकाम *n.*—Horticultural *a.* बागाइताचा, बागकामाचा.

Hosanna (*Heb.*) ईश्वराचा स्तुतिवाद, अथवा स्तुतिवादात्मक घोषण *n.*

Hose* stockings पायमोजे *pl;* breeches; चोळणा [a pipe of a fire &c. engine].—Hosier मोजे विकणारा.—Ho-siery मोजे विकण्याचा धंदा; पायमोजे *pl.*

Hospitable *a.* (*hospes,* guest) receiving and entertaining strangers with kindness and without reward आदरआतिथ्य करणारा; proceeding from or indicating kindness to guests आदरआतिथ्याचा, पाहुणचाराचा.—Hospitality आतिथ्य *n,* आगतस्वागत *n,* पाहुणचार.— Hospital, building in which the sick or infirm arereceived and treated रोग्यालय, दवाखाना, 'इस्पितळ' *n.*—Host यजमान, आतिथ्य करणारा; one from whom another receives food, lodging, or entertainment खाणावळीचा घरधनी, खाणावळवाला. -ess यजमानीण *f,* घरधनीण *f;* खाणावळ घालणारीण *f.*

Host (*hostis,* enemy) an army सैन्य *n,* फौज *f;* multitude झुंड *f,* चुंग *f,* समुदाय.

Host (*hostia,* sacrifice) [*R. C. Ch.* The consecrated wafer, believed to be the body of Christ, which in mass is offered as a sacrifice].

Hostage *F.* a person given as a pledge or security for the performance of the

conditions of a treaty or stipulations of any kind, and on the performance of which the person is to be released ओल *f*; to give as a h. ओलीस देणें -ठेवणें.

Hostile *a.* (*hostis*, enemy) appropriate to an enemy शत्रूचा, शत्रूस योग्य; unfriendly प्रतिकूल, विरुद्ध (country, change).—**Hostility** शत्रुभाव, वैर *n*; a hostile deed वैरपणाचें काम *n*, आगळीक *f*, भांडण *n*, लढाई *f*, मारामारी इ०; *pl* लढाई *f*, हल्ला इ०; natural h. जातिवैर *n* [to, with].

Hot *a.* * having much sensible heat उष्ण, ऊन, गरम; ardent तलख, तीक्ष्ण, प्रखर, गरम; violent तुंबळ, घोर, दारुण (fighting); eager उतावळीचा, जलद (pursuit); pungent तिखट. -**bed** अढी *f*. -**brained**, -**headed** *a*. साहसी, आततायी. -**house** उष्ण हवेंतील झाडें वाढविण्याचें घर *n*. -**spur** कपाळफोड्या.

Hotch-potch *F*. खिचडी *f*, धेडगुजरी *f*.

Hotel *F*. उतारशाळा *f* (हींत जेवण वगैरेची सोयी असते), 'हॉटेल' *n*; in France, a place or dwelling of a person of rank or wealth हवेली *f*, वाडा, महाल.

Hound* शिकारी कुत्रा.

Hour (*hora*) sixty minutes तास, अडीच घटका *f*, 'अवर'; the time of the day, as expressed in hours, minutes, &c. वेळ, घटका *f*, तास इ०; a time वेळ *f*, घटका *f*: the h. of peril; to keep good *hours* वेळेवारीं घरीं येणें -असणें; रात्रीं फार वेळ बाहेर न राहणें; the h. is full घटका भरली. -**glass** घड्याळ *n*, डमरुयंत्र *n*. -**hand** अवरकांटा. -**ly** *a*. दर तासास होणारा; वारंवार होणारा.—*ad*. दर तासास; घडींघडीं, वारंवार. -**plate** शंकु.

House* a dwelling-place घर *n*, गृह *n*; household affairs संसार, घरखटला, गृहकृत्य *n*; a family कुटुंब *n*; a family of ancestors घराणें *n*, घर *n*: the h. of Israel; one of the estates of a kingdom assembled in parliament or legislature राज्यकारभार पाहणारी सभा *f*; a firm पेढी *f*; *Astrol*. कुंडलींतलें गृहाचें स्थान *n*; an inn उतारशाळा *f*, खाणावळीची जागा *f*, इ०; h. of correction तुरुंग; h. of God देऊळ *n*, भजनालय *n*; religious h. मठ; to bring down the whole h. सर्व सभेकडून वाहवा म्हणविणें -करून घेणें.—*v*. घरांत निवाऱ्यास ठेवणें (wood, cattle).—*i*. निवाऱ्यास -आश्रयास राहणें; स्थान असणें; [have an astrological station in the heavens]. -**breaker** घर -भिंतफोड्या, गृहभेदी, संधिचोर. -**breaking** घर फोडणें *n*, संधिचौर्य *n*. -**dog** घर राखण्या करितां ठेवलेला कुत्रा, रखवालीचा कुत्रा. -**hold** कुटुंब *n*, घर *n*; domestic management घर संजोगणी *f*, घरचार; rules or customs of h. घरचार. -**holder** कुटुंबी, गृहस्थ. -**keeper** घरबारी, खटलेवाला; a female servant who has the chief care of the family घर संभाळणारी चाकरीण *f*, परिचारिका *f*. -**keeping** घरसंजोगणी *f*, घरचार; hospitality पाहुणचार. -**less** *a*. निराश्रय, उघडा. -**maid** गृहदासी *f*, घरांतील कामकरीण *f*, सैरंध्री *f*. -**warming**, a feast at the time a family enters a new house घरभरणी *f*. -**wife** घरधनीण *f*, -करीण *f*. -**wifery** घरचार, घरधंदा.—**Housing** गाशा.

Hovel* खोपट *n*, खोपटी *f*.

Hover *W*. *v*. *i*. hang fluttering on the air or upon the wing घिरट्या -भोंवंड्या घालणें; hang about आसपास भ्रमण क., भोंवणें.

How* *ad*. in what manner कसा; to what degree कितपत, किती; for what reason कां, कशानें; in what state कोणत्या स्थितीनें, कोणत्या तोंडानें. -**beit** *conj*. तथापि, तरी. -**ever** *ad*. कसाही, कितीही; at least तरी, तर.—*conj*. तथापि, तरी. -**soever** *ad*. कसाही; कितीही.

HOWITZER *Ger.* एक प्रकारची तोफ आहे, गर्नाळ *f*?

HOWL *v. i. Ger.* cry as a dog केंकावणें; wail हेल -गळा काढून रडणें; roar, as a tempest गर्जणें, गडगडणें [at].—*n.* केंकणी *f*; a loud piercing cry of distress आकांत, आक्रोश, घोर. -ING *a.* भणभणीत, घोर.

HUBBUB * गलबला, गवगवा, गूल *f*.

HUCKSTER *Ger.* घेवारी.

HUDDLE *v. i. Ger.* खेटणें, खेटाखेट क., दाटीनें जमणें.—*t.* do in haste गडबडीनें क., गडबडगुंडा क.; put together in confusion घालमेल -घोटाळा करून भरणें -ठेवणें [together, round].—*n.* दाटी *f*, गर्दी *f*; गलत *f*, घालमेल *f*, घप्पाघोळ.

HUE * रंग.—*F.* हाकाहाक *f*; h. and cry पुकारा, ओरडाओरड *f*.

HUG * *v.* press closely within the arms मिठीमारणें; embrace आलिंगणें, उरापोटासीं धरणें.—*n.* मिठी *f*, आलिंगन *n*; friendly h. क्षेमालिंगन *n*; Cornish h. मगरमिठी *f*.

HUGE *a. D.* enormous फार मोठा, बताडा, औजड; extended लांब, मोठा (space).

HULK * गलबताचा जुना सांगाडा.

HULL * the husk टरफल *n*; body of a vessel गलबताचा सांगाडा -चें पोट *n*.

HUM *v. Ger.* sing with shut mouth गळ्यांतले गळ्यांत गाणें; greet with a buzz of approbation हुंकार देणें, होकार देणें.—*i.* buzz गोंगावणें; make a drawling sound through the nose in the process of speaking गेंगणें; mumble गुळमुळीत बोलणें, ओठांत बोलणें. —*n.* गुणगुण *f*; confused voice of a crowd heard at a distance कलकलाट, गलका. -MING गुणगुण *f*, भिणभिण *f*, गुंजारव.

HUMAN *a.* (*homo*, man) मनुष्याचा, मानुष in comp. मनुष्य.—HUMANE *a.* दयाळू, कृपाळू; benevolent परोपकारी.—HUMANITY, the quality of being human मनुष्यपण *n*, माणूसपणा, मनुष्यस्वभाव; human race मनुष्यजात *f*; benevolence दया *f*, करुणा *f*, परोपकारबुद्धि *f*; liberal education व्युत्पत्ति *f*; philology भाषाशास्त्र *n*. -IZE *v.* नरम -लीन क.—*i.* नरम होणें. -KIND मनुष्यजाति *f*. -LY *ad.* दयाळूपणानें; मनुष्याच्या रीती प्रमाणें, मनुष्या प्रमाणें; मनुष्याच्या मता प्रमाणें; मनुष्याच्या समजुती -ज्ञाना प्रमाणें.

HUMBLE *a.* (*humilis*, on the ground) mean नीच, हलका; not proud निगर्वी, लीन, नम्र; [thinking one's self ill-deserving or unworthy, when judged by the demands of God].—*v.* गर्व हरण क., पाणउतारा क., रग मोडणें; नम्र क.; सत्ता -अधिकार कमी क.; ईश्वरेच्छेच्या आधीन क. (1 Pet. v., 6.)

HUMBLE-BEE (probably from *hum*) भुंगा, भ्रमर.

HUMBUG (*hum* & *bug*) imposition under fair pretenses भुलथाप *f*, गुळखोबरें *n*; spirit of deception ठकविण्याची बुद्धि *f*, ठकबाजी *f*; one who deceives भुलथाप देणारा, गोडबोल्या, भोंदू.

HUMID *a.* (*humere*, to be moist) ओलसर, दमसर. -ITY ओलावा, ओलसरपणा, आर्द्रता *f*.

HUMILIATE *v.*(See HUMBLE).—HUMILIATION मानभंग, रगमोड *f*, पाणउतारा; नम्रावस्था *f*. —HUMILITY लीनता *f*, नम्रता *f*, निगर्वता *f*.

HUMOR (do.) ओलावा; moisture of animal bodies धातु *f*, रस; — of the eye डोळ्यांतील ओलावा, पाणी *n*; disorder of the h. दोष; rash पुरळ, कोंडा; temper वृत्ति *f*, तबियत *f*; *pl* caprices लहर *f*, तबियत *f*, छंद; wit थट्टेबाजी *f*, रहस्य *n*.—*v.* लळा -लाड चालविणें -पुरविणें. -AL *a.* कफपित्तात्मक (fever). -IST विनोदी, थट्टेखोर; ख्याली; छांदिष्ट, तऱ्हेबाज; [one who attributes diseases to the diseased state of the humors]. -OUS *a.* छंदी, लहरी; विनोदी, मौजी, हसण्याजोगा.

Hump *Ger.* कुबड *n*, कोंक *n* ;—on a bullock's back कोहळें *n*, ओशिंड *n* ;—on a camel's back मदार *f*. -BACK पोंक *n*, कोंक *n* ; कोंक आलेला मनुष्य. -BACKED *a.* कुबडा, कुब्ज.

Hunch, See **Hump**.

Hundred* *a.* शंभर, शत.—*n.* शतक *n*, शेंकडा ; division of a county in England महाल. —HUNDREDTH *a.* शंभरावा.—*n.* शंभरावा भाग, शतांश.

Hunger* an uneasy sensation occasioned normally by the want of food भूक *f*, क्षुधा *f*; desire for food अन्नाची वांच्छा *f*; strong desire अति इच्छा *f* (Matth. v. 6). *v. i.* भूक लागणें ; इच्छिणें, वांच्छिणें, आशावणें [after, for].—HUNGRY *a.* भुकेला, उपाशी, बुभुक्षित, क्षुधित ; barren भुकिस्त, भुकड (soil).

Hunt* *v.* chase पारध क.; pursue पाठीस लागणें, हुडकणें, शोध क. [out, up] ; drive हाकणें, हांकलून देणें [down, from, away] ; use, as hounds in the chase कुत्रे शिकारीस लावणें.—*i.* -च्या शिकारीस जाणें, -ची पारध क. (Prov. vi., 26).—*n.* शिकार *f*, पारध *f*; शोध ; पाठलाग; association of huntsmen पारध्यांची टोळी *f* -मंडळी, -चा जथा. -ER पारधी ; hunting-dog पारधीचा -शिकारी कुत्रा ; horse used in the chase शिकारी घोडा ; hunting-watch धातूच्या डबींत बसविलेलें घड्याळ *n*. -ING-DOG शिकारी कुत्रा. -ING-HORN शिकारींत कुत्र्यांस धीर देण्याकरिता फुंकायाचें शिंग *n*. -WATCH ज्या घड्याळाचे कांचेच्या रक्षणार्थ धातूचें झांकण असतें तें *n*. —HUNTSMAN पारधी, व्याध.

Hurl *v. O. E.* जोरानें फेंकणें -लोटणें.—*n.* टाकणें *n*, प्रक्षेप.—HURLY-BURLY घोळ, धांदल *f*, घोळंकार.

Hurricane *Sp.* वादळ *n*, तुफान *n*.

Hurry *v. Ger.* hasten त्वरा -घाई क. ; urge to confused or irregular activity गडबडीनें -धांदलीनें करायास लावणें, तातड लावणें. —*i.* उतावळी क., गडबडणें ; उतावळीनें जाणें.

Hurt* *v.* cause physical pain दुखवणें, दुखापत क.; damage नुकसान क., खराब क., नासणें ; wound the feelings of मन दुखवणें, दुःख देणें.—*n.* दुखापत *f*, घाव ; नुकसानी *f*, खराबी *f*, उपद्रव, धक्का. -FUL *a.* अपकारक, बाधक ; घातक, नाशकारक [to].

Husband* a married man नवरा, दादला, पति ; a frugal person काटकसरीनें खर्च करणारा, मितव्ययी ; [a ship's h., the owner of a ship who manages its concerns in person.] — *v.* तोडजोडीनें -बेतानें काम क.; बेतानें खर्चणें ; till शेतकी क., जमीन नांगरणें. -MAN शेतकरी. -RY, domestic economy घरसंजोगणी *f* ; thrift काटकसर *f*, मितव्यय ; शेतकी *f*, कृषिकर्म *n*.

Hush *a. Ger.* चुप, उगी, स्तब्ध.—*v.* शांत -थंड -उगा क.; शांतवन क., दुःख परिहार क. to h. up दाबादाब -चेपाचेप क.—*i.* चुप -स्तब्ध होणें. -MONEY तोंड दाबणें *n*, मुखपिंड.

Husk *D.* टरफल *n*, साल *f*, फोल ;—of नाचणी &c. फरळ *n*;—of rice भातकण, तूस ;—of legumes काठण *n*, काड *n*. — *v.* टरफल, साल इ॰ काढणें, सोलणें.

Hut *D.* खोपट *n*, झोपडी *f*.

Huzza *interj. Ger.* जयजय, वाहवा.—*n.* जयजय शब्द, गजर.

Hydra (*Gr. hudor*, water) एक बहुमस्तकांचा कल्पित पाणसर्प ; multifarious evil अनेक प्रकारचें दुःख *n* ; एक जलजंतु आहे.

Hydraulic *a.* (*Gr. -aulos*, pipe) उदकगतिशास्त्र संबंधी.—HYDRAULICS उदकगतिशास्त्र *n*.

Hydrocephalus (*Gr. -kephale*, head) dropsy of the brain जलमस्तकरोग.

Hydrogen (*Gr. -genein,* to beget) उदकजनक वायु, 'हैड्रोजिन.'

Hydrography (*Gr. -graphein,* to describe) समुद्र, नद्या, सरोवरें इ० मापण्याची अथवा त्यांचे नकाशे काढण्याची विद्या *f,* समुद्रमापनविद्या *f.*

Hydrometer (*Gr. -metron,* measure) पातळ पदार्थांचें विशेष गुरुत्व जाणण्याचें साधन *n* -यंत्र *n*; पाण्याचा वेग मोजण्याचें यंत्र *n.*

Hydropathy (*Gr. -pathos,* suffering) पाण्याच्या प्रयोगानें रोगाची चिकित्सा *f,* जलोपचार.

Hydrophobia (*Gr. -phobos,* fear) a preternatural dread of water जलभय *n*; the disease caused by inoculation with the saliva of a rabid creature पिसाळलेल्या जनावराच्या दंशानें होणारा रोग, जलभयरोग.

Hydrostatics (*Gr. -statikè*) science of weight द्रवद्रव्य (पाणी वगैरे) मापनविद्या *f,* उदकस्थितिशास्त्र *n.*

Hydrothorax (*Gr. -thorax,* chest) उरामध्यें पाणी जमण्याचा रोग, जलपिंजर.

Hyemal *a.* (*hiems,* winter) हिंवाळ्याचा, हैम.

Hyena (*L.*) तरस.

Hygrometer (*Gr. hygros,* wet, *metron,* measure) हवेंतील ओलावा मोजण्याचें यंत्र *n.*

Hymeneal *a.* (*Gr. Humen,* the god of marriage) विवाह संबंधी, वैवाहिक.

Hymn (*Gr. humnos,* a festive song) गीत *n*; ईश्वरभजनाचें गति *n* -स्तोत्र *n.*

Hyperbole (*Gr. hyper,* over, *ballein,* to throw) a rhetorical figure which represents things as much greater or less than they really are अतिशयोक्ति *f,* अत्युक्ति *f* (Gen. xiii., 16).

Hypercritic (*Gr. -kritikos,* critical) one who is critical beyond measure or reason अति चिकित्सा करणारा, चिकित्साखोर.—**Hypercriticism** अति चिकित्सा *f.*

Hyphen (*Gr. hupo, hen,* under one) संबंधदर्शक चिन्ह *n* [-].

Hypochondrium (*Gr. hupo,* under, *chondros,* cartilage) one of the two spaces which contain the liver and the spleen बरख *f.*

Hypocrisy (*Gr. -krinein,* to decide) a feigning to be what one is not ढोंग *n*; the assuming of a false appearance of virtue or religion दांभिकपणा, दंभ, ढोंग *n.*—**Hypocritical** *a.* ढोंगाचा, दांभिक.—**Hypocrite** ढोंगी, दांभिक, हरिभक्त.

Hypogastric (*Gr. -gaster,* belly) खालच्या पोटाचा, बस्तीसंबंधी.

Hypostasis (*Gr.* substance) वस्तु *f,* सत्व *n,* भाव; an element तत्व *n*; sediment गाळ.

Hypotenuse (*Gr. -teinein,* to stretch) *Geom.* कर्ण.

Hypothesis (*Gr. -thesis,* placing) supposition अटकळ *f,* कल्पना *f,* अनुमान *n*; a system of theory imagined or assumed to account for known facts or phenomena उपपत्ति *f.*

Hysteria (*Gr. hustera,* the womb) *Med.* a species of neurosis, or nervous affection, generally occurring in paroxysms, the principal characteristics of which consist in alternate fits of laughing and crying, with a sensation as if a ball set out from the uterus and proceeded through the stomach, chest, and neck, producing a sense of strangulation वायुगोळा, गर्भाशयदाह.—**Hysterics** *pl* बाहेरचें वारें *n.*

Hysteron - proteron (*Gr.*) a figure in which the word that should follow comes first मागेंपुढें, पुढचा मागें, आदिपश्चात्.

I.

I *pron.* * मी.

Iambic, Iambus (*L.*) a foot consisting of two syllables, the first short and the second long लघुगुरु.

ICE* water in a solid state बर्फ *n*; concreted sugar घट्ट झालेली साखर *f*; [cream or milk sweetened, variously flavored, and frozen]; to break the i. उपक्रम -उहू काढणें.—*v*. बर्फानें आच्छादणें; घट्ट झालेली साखर वर पसरणें, साखर लावणें -पसरणें. -CREAM साखरेची रावडी *f*. -BERG बर्फाचा डोंगर. -HOUSE बर्फ ठेवायाचें घर *n*.—ICICLE बर्फाचा कण, हिमकण.—ICY *a*. बर्फाचा, हिममय; indifferent शिथिल, थंड, उदास.

ICHNEUMON (*Gr.*) मुंगूस.

ICHTHYOLOGY (*Gr. ichthus*, fish, *logos*, discourse) मत्स्यविद्या *f*, मस्यवर्णन *n*.

ICONOCLAST (*Gr. eikon*, image, *clastes*, breaker) मूर्त्ति फोडणारा, मूर्त्तिभंजक; one who exposes or destroys impositions or shams ढोंग उघडकीस आणणारा, किंवा ढोंगाचा नाश करणारा.

IDEA (*Gr. idein*, to see) the transcript, image, or picture of a visible object, that is formed by the mind कल्पना *f*, आकार, भास; a general notion or conception formed by generalization कल्पना *f*, अनुमान *n*, तर्क; the real object that is conceived or thought of कल्पना *f*; perception ग्रह; opinion मत *n*, विचार; conception समज, भास; a fictitious object or picture created by the imagination कल्पनेचा पुतळा, कल्पनेचा तरंग.—IDEAL *a*. mental मनाचा, मनोगत (knowledge); proposed for imitation नमुन्याचा, कित्त्याचा (rules); visionary कल्पित, काल्पनिक (good); teaching the doctrine of idealism काल्पनिक विज्ञानाचा. -ISM, the system that makes every thing to consist in ideas, and denies the existence of material bodies कल्पनावाद. -ITY कल्पनाशक्ति *f*.

IDENTITY (*idem*, the same) ऐक्य *n*, तादात्म्य *n*.—IDENTICAL *a*. तोच, एकरूप, अनन्य.—IDENTIFY *v*. (*-facere*, to make) तोच तो -हाच तो करून दाखविणें, तोच तो शाबीत क.; make or be the same एक क. [by].—*i*. एक होणें; -चें सुखदुःख, उद्देश.—IDENTIFICATION एकीकरण *n*.

IDIOSYNCRASY (*Gr. idios*, peculiar, *sun*, with, *krasis*, temperament) विशेष प्रकृति *f*.

IDIOM (*Gr. idios*, proper, peculiar) भाषणसंप्रदाय, संप्रदाय; peculiar cast of a language भाषेची रहाटी *f* -मोडणी *f*.—IDIOMATIC *a*. भाषणसंप्रदायाचा; संप्रदायशुद्ध.

IDIOT (*idiota*) a natural fool, or fool from birth जन्माचा वेडा, खुळा, उपजत मूर्ख.—IDIOCY चळ, खूळ *n*.

IDLE* *a*. vain निरर्थक, व्यर्थ, पोकळ (words); unemployed रिकामा, रिकामपणाचा (hour); not employed रिकामा, निरुद्योगी, बेकार; lazy आळशी, सुस्त (man); i. wishes वृथामनोरथ.—*v*. गमणें, रमणें; away गमावणें. -NESS आळस, सुस्ती *f*; रिकामेपणा, अनुद्योग; पोकळपणा, निरर्थकता *f*.—IDLER गमणारा, कामचोर.—IDLY *ad*. आळसानें; रिकामेपणानें; carelessly उगीच, एरवी, व्यर्थ.

IDOL (*Gr. eidolon*) मूर्त्ति *f*, प्रतिमा *f*; image of a divinity देव, मूर्त्ति *f*, विग्रह (Rev. ix. 20); a person or thing greatly loved or adored देव्हारें *n*; phantom आभास, छाया *f*. -ATER मूर्त्तिपूजक; one who worships as a deity that which is not God मिथ्यादेवाची भक्तिकरणारा. -ATRY, the worship of idols, images, or any thing made by hands, or which is not God मूर्त्तिपूजा *f*, असत् देवभक्ति *f*; excessive attachment or veneration for any thing अतिभक्ति *f*, अतिप्रीति *f*. -ATROUS *a*. मूर्त्तिपूजेसंबंधी; मूर्त्तिपूजेसारखा, मूर्त्तिपूजेच्या गुणाचा; अतिभक्तीचा.

IF* *conj*. in case that जर, जरकरतां; whether किंवा नाहीं: he doubts i. two and two make four.

IGNEOUS *a.* (*ignis, Skr. agni,* fire) अग्नीचा; consisting of fire अग्निमय; resembling fire अग्नितुल्य, अग्निसारखा; *Geol.* resulting from the action of fire अग्नीच्या क्रिये पासून निघणारा -झालेला, अग्न्युत्पन्न (rocks). —IGNITE *v.* पेटविणें, प्रदीप्त क.—*i.* पेटणें, पेट घेणें; begin to burn जळूं लागणें.—IGNITION प्रज्वलन *n*, दीपन *n*, पेटविणें *n*.—IGNIS FATUUS (-*fatuus,* foolish) a meteor or light that appears in the night, over marshy grounds, supposed to be occasioned by the decomposition of animal or vegetable substances, or by some inflammable gas भूतकोलीत *n*, पिशाचदीपिका *f*.

IGNOBLE *a.* (*in,* not, *nobilis,* noble) हीन कुळाचा, कमजात; mean नीच, हलका, पाजी.

IGNOMINY (-*nomen,* name) public disgrace अप्रतिष्ठा *f*, अपकीर्ति *f*; an ignominious act अपकीर्तीचें कर्म *n*, लाजिरवाणें काम *n*.—IGNOMINIOUS *a.* लाजिरवाणा, अपयशाचा.

IGNORANT *a.* (*in,* not, *gnarus,* knowing) अज्ञान; unacquainted अजाण, गैरमाहीत; done without knowledge अजाणतेपणीं -अज्ञानांत केलेला.—*n.* अज्ञान मनुष्य *n*.—IGNORANCE अज्ञान *n*, अविद्या *f*. —IGNORE *v.* -च्या विषयीं अज्ञान असणें, न जाणणें; *Law,* throw out as false or ungrounded खोटा किंवा अप्रमाण ह्मणून टाकणें -अव्हेरणें -अमान्य क. (a bill); leave out of account हिशेबांत न धरणें -न लेखणें, वगळणें; shut the eyes to -कडे डोळेझांक क.

ILIAC *a.* (*ilia,* groin) खालच्या अंतडीचा.

ILL *a.* (contr. from *evil*) वाईट, अनिष्टकारक; iniquitous दुष्ट, वाईट; sick रोगी, आजारी; rude असभ्य, रानटी (manners); cross तुसडा, दाष्ट (temper).—*n.* नाश; संकट *n*, अरिष्ट *n*; दुर्दैव *n*; दुःख *n*, रोग; पाप *n*, दुष्टता *f*.—*ad.* वाईट, खराब; not easily जुलमानें, जुलमावर, जड: he is i. able to sustain the burden; to be i. at ease दिलगीर -दुःखी असणें. -NESS अजारीपणा; रोग, दुखणें *n*; दुष्टपणा. -NATURED *a.* दुःशील, कर्कश, दाष्ट. -STARRED *a.* भद्र्या, जन्मकरंटा. -WILL दुष्टभाव.

ILLEGAL *a.* कायद्याविरुद्ध, गैर कायद्याचा, अशास्त्र. -ITY अशास्त्रता *f*, विधिविरोध, गैर कायदेशीरपणा. -LY *ad.* अन्यायानें, गैर इनसाफानें -कायद्यानें.

ILLEGIBLE *a.* वाचायास अवघड -कठीण, गिचमीड, दुर्वाच्य.

ILLEGITIMATE *a.* कायद्या विरुद्ध, अशास्त्र; unlawfully begotten जारजन्माचा, अनौरस (child); illogical अयुक्तिक, न्यायविरुद्ध (inference); not authorizedly good usage संप्रदायविरुद्ध, असांप्रदायीक. —ILLEGITIMACY अनौरसपणा *f*; खोटेपणा.

ILLIBERAL *a.* कृपण, अनुदार; rude अशिक्षित, असभ्य; mean नीच, हलका, क्षुल्लक; narrow अप्रशस्त -नीच मनाचा [to].

ILLICIT *a.* (*in,* not, *licere,* to be allowed) निषिद्ध, मनाईचा; unlawful गैरशिस्त; i. cohabitation अगम्यागमन *n*.

ILLIMITABLE *a.* ज्याची मर्यादा करितां येत नाहीं तो, अमर्याद, अपार.

ILLITERATE *a.* अनक्षर, निरक्षर, अक्षरशत्रु, अविद्वान.—ILLITERACY अविद्या *f*, अज्ञान *n*; an instance of ignorance चूक *f*, अज्ञानाचें उदाहरण *n*.

ILLOGICAL *a.* युक्तिविरुद्ध, अयुक्तिक; ignorant of the rules of logic न्यायशास्त्राच्या नेमाविषयीं अज्ञान.

ILLUDE *v.* (-*ludere,* to play) भुलवणें, फसवणें. —ILLUSION भूल *f*, माया *f*, भ्रम, मोह; philosophical i. माया *f*, अविद्या *f*.— ILLUSIVE, ILLUSORY *a.* मायेचा, मावीक; deceitful कपटी, खोटा.

Illuminate *v.* (*-luminare,* to enlighten) प्रकाश पाडणें, प्रकाशित क.; light up or adorn as a building आराश -रोशनाई क.; adorn, as a book or page, with colored decorations or illustrations पत्ररंजन क.; enlighten प्रकाश पाडणें, प्रबोधित क., ज्ञानचक्षु उघडणें. — **Illumination** प्रकाशणें *n*, प्रकाशन *n*; रोशनाई *f*, दीपोत्साह; पत्ररंजन *n*. —**Illuminative** *a.* प्रकाश पाडणारा, प्रकाशक, दीपक.—**Illuminator** प्रकाशक, दीपक; पुस्तकें किंवा पत्रें यांवर अलंकार काढणारा; प्रकाश एके ठिकाणीं करणारा आरसा, कांच इ०. —**Illumine** *v.* प्रकाशित क.

Illusion, See under **Illude.**

Illustrate *v.* (*-lustrum,* a purificatory sacrifice) make luminous प्रकाशित क.; make plain स्पष्ट-उघड क., फोड क.; explain दाखला वगैरे देऊन अर्थ सांगणें; adorn अलंकृत -मंडित क.—**Illustrated** *a.* प्रकाशित; चित्रादिकांनीं विवरण केलेला, चित्रयुक्त.— **Illustration** प्रकाशणें *n*, प्रकाशन *n*; दाखला, दृष्टांत; चित्र *n*.—**Illustrative** *a.* प्रकाशक; दृष्टांतानें स्पष्ट करणारा, दार्ष्टांतिक.—**Illustrious** *a.* प्रकाशमान, तेजवान; characterized by greatness, nobleness, &c. प्रसिद्ध, यशस्कर, कीर्त्तिकर, प्रतापशाली; brilliant गौरव -वैभवयुक्त, उत्कृष्ट, नामी (deeds).

Image (*imago*) a visible representation प्रतिमा *f*, पुतळा, पुतळी *f*, रूप *n*; an idol देवताप्रतिमा *f*, मूर्त्ति *f*; semblance सादृश्य *n*, सारखेपणा; a representation of any thing to the mind भास, आभास, मनःकल्पना *f*; *Rhet.* illustration दाखला, दृष्टांत; graven i. कोरीव मूर्त्ति *f*; molten i. ओतीव मूर्त्ति *f*.—**Imagery** मूर्त्ति *f pl*, पुतळ्या *f pl*; unreal show सोंग *n*, पोकळ डौल; false ideas वृथाकल्पना *f pl*; rhetorical decoration अलंकार, लाक्षणिक भाषण *n*.—**Imagine** *v.* form in the mind a notion of मनांत आणणें, -ची कल्पना क.; scheme बेत क., युक्ति योजणें; think विचार क., चिंतणें.—**Imaginable** *a.* कल्पना करायास योग्य, चिंतनीय, कल्पनीय.—**Imaginary** *a.* मनःकल्पित, काल्पनिक.—**Imagination**, the image-making power कल्पनाशक्ति *f*, कल्पना *f*; contrivance युक्ति *f*, कल्पना *f*, जुगुत *f*; conception कल्पना *f*.—**Imaginative** *a.* कल्पक, कल्पनाचतुर (mind); कल्पनेचा, काल्पनिक, कल्पनेपासून निघालेला, कल्पनेनें केलेला (art).

Imbecile *a.* (*-bacillum,* a small staff, because he who is weak or infirm of foot leans upon a staff) दुर्बळ, अशक्त, नबळा, फुसका;—in mind न्यूनबुद्धि, मतिहीन.—*n.* **Imbecility** नबळेपणा, क्लैव्य *n*; न्यूनबुद्धित्व *n*.

Imbibe *v.* (*-bibere,* to drink) पिणें, शोषणें; admit into the mind and retain गृहण -धारण क. (errors, principles.)

Imbitter *v.* कडू क.; exasperate खिजवणें, चेतवणें.

Imbrue *v.* *O. E.* भिजवणें, भिजूं घालणें.

Imbue (*-bibere, Skr. pî, pâ*) tinge deeply छटादेणें, लकेरी आणणें; cause to become impressed ठसा उठविणें, युक्तिविशिष्ट -गुणमय क.

Imitate *v.* (*imitari*) copy नकल उतरणें -क.; counterfeit बनावट क.; produce as the copy of some thing else हुबेहूब क., वळण घेणें.—**Imitation** नकल उतरणें *n*, अनुकरण *n*; नकल *f*, उतारा; resemblance सादृश्य *n*.—**Imitative** *a.* अनुकरण करणारा, नकल उतरणारा, अनुगामी; formed after a model नमुन्याप्रमाणें केलेला, नकली.

Immaculate *a.* (*-macula,* spot) निष्कलंक, निर्दोष, शुद्ध; limpid नितळ, निवळ, स्वच्छ (fountain); [I. Conception, *Theol.* the doctrine, as held in the R. C. Church, that the Virgin Mary was born without sin].

Immaterial *a.* incorporeal अमूर्त्त; spiritual आत्मरूपी, आत्मिक; unimportant हलका, अप्रधान, लघु. -ism, the doctrine that immaterial substances or spiritual beings exist आत्मवाद.

Immature *a.* not ripe अपक्व, हिरवा, कच्चा; premature काळाचे पूर्वीचा, अकालिक; hasty उतावळा;—of understanding अप्रौढ, बाल.

Immeasurable *a.* मोजतां येत नाहीं असा, अप्रमेय.

Immediate *a.* (-*medius*, middle) proximate जवळचा, निकट; instant तेव्हांचा, तात्कालिक; acting directly साक्षात्, जातीनिशीं. -ly *ad.* प्रत्यक्ष, साक्षात्; लागलाच, तत्क्षणीं, तसाच.

Immemorial *a.* beyond memory आठवणीपलीकडचा, अस्मार्त्तकालीन, फार प्राचीन.

Immense *a.*(-*metiri*, to measure) अमर्याद, निस्सीम; very great अवाढव्य, ऐवट, भारी -ly *ad.* बहुत, पुष्कळ.—Immensity निस्सिमता *f*, अमर्यादपणा; infinite space महाकाश.—Immensurable *a.* अप्रमेय, ज्याचें माप करितां येत नाहीं असा.

Immerge, Immerse *v.* (-*mergere*, to dip) बुडविणें, मज्जन क.; engage deeply गरक -निमग्न -गुंग क. [in].—Immersion बुडवणें *n*, निमज्जन *n*; गुंगी *f*, तल्लीनता *f*;—of a celestial body अस्त [in].

Immigrate *v. i.* स्वदेश सोडून परदेशीं राहायास जाणें, देशांतर क.

Imminent *a.* (-*minere*, to jut) impending अगदीं नेटलेला, खेटलेला, जवळ येऊन ठेपलेला; perilous भयाचा, जोखमाचा: the i. deadly breach.

Immobility (-*mobilis*, movable) अचलता *f*, स्थिरता *f*.

Immoderate *a.* अति, अमर्याद, अपरिमित [in].

Immodest *a.* अमर्याद, अतिशयित; wanting in the reserve or restraint which decorum and decency require निर्लज्ज, निलाजरा; unchaste अशुद्ध, बिभत्स.

Immolate *v.* (*immolare*) to sprinkle a victim with sacrificial meal बलिदान क. [to].—Immolation बलिदान *n*; बलि.

Immoral *a.* अनितीचा, दुराचरणाचा (deed); दुराचरणी, अनीतिमान, दुष्ट (man). -ity अनीति *f*, दुराचार, दुष्टपणा; दुष्कर्म *n*, अधर्म.

Immortal *a.* अमर, अमर्त्य; imperishable अविनाशी, नित्य, शाश्वत; never to cease अखंड, अक्षय (hopes). -ity अमरपणा, अमरत्व *n*; शाश्वती *f*. -ize *v.* अमर-मरणातीत क.; शाश्वत क. [by, for].

Immovable *a.* अचल, निश्चल, स्थिर; steadfast धिराचा, निश्चयाचा, खंबीर; unchangeable अविकारी, अव्यय; hard-hearted क्रूर, कठीण मनाचा; *Law* स्थावर (estate).—*n.* अचलवस्तु *f*; *Law*, स्थावरमाल.

Immunity (-*munus*, service) freedom from an obligation सूट *f*, माफी *f*; freedom मोकळेपणा, मुक्ति *f*, राहित्य *n*, अभाव; i. from danger अभय *n*;—from exertion अनायास.

Immure *v.* (-*murus*, wall) भिंतीच्या आंत कोंडणें; कोंडणें, कोंडून ठेवणें; तुरंगांत घालणें -टाकणें [in].

Immutable *a.* ज्याचा पालट होत नाहीं तो, अविकार, निर्विकल्प.—Immutability निर्विकारीपणा, अविकारिता *f*.—Immutably *ad.* न ढळेसा, न फिरेसा, अमोघ.

Imp* तरुणभूत *n*.

Impair *v. F.* make worse अधिक वाईट -खराब क.; weaken नबला -नुकसान क.; deteriorate बिघडणें, खराब क. [by, with].

Impale, See Empale.

Impalpable *a.* incapable of being perceived by touch अस्पर्श्य; not readily apprehended by the mind दुर्बोध्य, गहन.

Impanel *v. F.* जुरीच्या असाम्यांचीं नांवें पटावर मांडणें.

Impart *v.* -चा भाग देणें; give देणें; grant दान देणें; communicate कळविणें, विदित क. [to].

Impartial *a.* निष्पक्षपाती, रास्त, समदर्शी -दृष्टि (man); रास्त, निष्पक्षपाताचा, निस्पृह (opinion). -ity निष्पक्षपात, न्याय, समता *f*, समदृष्टि *f* [in, to].

Impassable *a.* ज्यावरून जाण्यास कठीण तो, दुर्गम, दुस्तर, अगम्य (road, mountain, gulf) [by, for].

Impassible *a.* दुःखावेगळा, दुःखातीत; without sensation अचेतन [to].—**Impassioned** *p. a.* रागान्वित, सानुराग, अनुरागी.

Impassionate *a.* आवेश भरलेला, सद्गदित, अनुरागी; without passion विरक्त, विरागी.

Impatient *a.* असोशिक, अधैर्य, अक्षम; hasty उतावळा, हुडहुड्या; उतावळीचा (reply) [at, for, of, under].—**Impatience** असोशिकपणा, असहिष्णुता *f*; उतावळी *f*, हुटहूट *f* [of, in, with].

Impeach *v. F.* दोष लावणें; सरकारी कामदारावर दोषारोप क. [of, or]. -ment दोष, दूषण *n*; सरकारी कामदारावर दोष ठेवून त्याची चौकशी करणें *n*.

Impeccable *a.* (*-peccare*, to sin) ज्यापासून पाप होण्याजोगें नाहीं तो, पापसंभवातीत.

Impede *v.* (*-pes, pedis*, foot) विघ्न -अडथळा क., मोडा घालणें [by, with].—**Impediment** अडथळा, विघ्न, मोडा;—in speech बोलण्यात अडखळणें *n*, वाक्स्खलन *n*.

Impel *v.* (*-pellere*, to drive) पुढें लोटणें, दामटणें, दपटणें, पुढें चालवणें [by].

Impend *v.* (*-pendere*, to hang) डोईवर (येऊन) टेकणें, पडायाच्या लागास असणें -येणें; जवळ येऊन ठेपणें -खेटणें [over]. -ing डोईवर टेकलेला, पतनोन्मुख; येऊन टेकलेला, समुपस्थित, निकटवर्ती.

Impenetrable *a.* ज्याचा भेद होत नाहीं तो, अभेद्य, निर्भेद्य; unimpressible कठीण, निष्ठुर (mind) [to, by].—**Impenetrability** अभेद्यता *f*.

Impenitent *a.* पश्चात्तापशून्य, अपश्चात्तापी; कठीण -चट्ट मनाचा.

Imperative *a.* (*imperare*, to command) हुकमाचा, अधिकाराचा, आज्ञापक; obligatory आवश्यक, कर्त्तव्य; i. mood आज्ञार्थ, आज्ञारूप *n*.

Imperceptible *a.* समजण्यात न येण्याजोगा, बेमालूम, अगोचर (operation); minute बारीक, सूक्ष्म [to].

Imperfect *a.* not complete in all its parts अपूर्ण, अपुरा; defective in quantity or quality कमी, उणा, न्यून; wanting in some elementary organ अधू, व्यंग; morally defective सदोष, न्यून; subject to defects दोषाधीन; i. tense अपूर्ण काल.—**Imperfection** अपूर्णता *f*, उणेपणा, कच्चेपण *n*; कसर *f*, व्यंग *n*; उणें *n*, दोष, ऐब.

Imperial *a.* (*imperare*, to command) राज्याचा, राज्यसंबंधी; राजकीय, बादशाही (government); supreme मुख्य, श्रेष्ठ; of superior size or excellence मोठ्या साच्याचा किंवा उंच जातीचा, नामी, उंचा (paper, tea) -ist बादशाहाचा; बादशाहाची रयत *f*, किंवा -चा शिपाई.—**Imperious** *a.* कदरखोर, जालीम, कडक (temper); arrogant मगरूर गर्विष्ठ.

Imperishable *a.* अक्षय, अविनाशी, चिरकाल, राहणारा.

Impermeable *a.* निबिड, निर्भेद्य, अप्रवेश्य [to].

Impersonal *a.* अव्यक्तिवाचक, अपौरुष; i. verb अकर्त्तृक.

IMPERTINENT *a.* irrelevant अप्रासंगिक, अप्रस्तुत; rude बेअदबी, दांडगा, उद्धट. -LY *ad.* प्रसंग -अन्वय सोडून; दांडगेपणानें, उद्धटपणानें.—IMPERTINENCE अप्रासंगिकपणा, अप्रस्तुतता *f*; बेअदबीपणा, उद्धटपणा, अविनय.

IMPERTURBABLE *a.* अक्षोभ्य, नित्यशांत.—IMPERTURBATION नित्यशांति *f*, अक्षोभ्यता *f*.

IMPERVIOUS *a.* अभेद्य, अवेध्य, दाट, घन [to].

IMPETUOUS *a.* (*-petere,* to fall upon) forcible जोराचा, वेगाचा; passionate कडक, तापट, तलख (temper); hasty उतावळा, हूड.—IMPETUOSITY झपाटा, तडाखा; तलखी *f*, तेजी *f*, जहाली *f*.—IMPETUS (*L.*) गतीचा वेग, जोर.

IMPIOUS *a.* (*im,* not, and *pious*) अधार्मिक अभक्तिमान; अभक्तीचा, देवनिंदात्मक (language, writings).—IMPIETY देवनिंदा *f*, अभक्ति *f*; दुष्टपणा; an impious act अधर्म, दुष्कर्म *n*; want of reverence, filial affection, or obedience to parents मातापितरांची अवज्ञा *f* -अभक्ति *f* -चा अपमान इ०, मातापितरनिंदा *f*.

IMPLACABLE *a.* शांत न होणारा, दुःशाम्य; constant in enmity दीर्घद्वेषी.—IMPLACABILITY अशाम्यता *f*; दीर्घद्वेष, दीर्घक्रोध, उभा दावा.

IMPLANT *v.* लावणें, रोवणें [in].

IMPLEMENT (*-plere,* to fill) हत्यार *n*, उपकरण *n*, साहित्य *n*;—of husbandry आऊत *n*.

IMPLICATE *v.* (*-plicare,* to fold) गोवणें, गुंतविणें; prove to be connected or concerned संबंध दाखविणें, (कामांत वगैरे) -चें अंग -हात आहे असें दाखविणें.—IMPLICATION पेंच, गुंताडा, गुतागुत *f*; inference भाव, फलितार्थ.—IMPLICIT *a.* implied फलितार्थानें दाखविलेला, गर्भित; trusting to the word or authority of another पुरा, अनन्यभावाचा, पूर्ण (credit).—IMPLY *v.* फलितार्थानें दाखविणें; to be *implied* फलित -गर्भित असणें, अर्थ निघणें.

IMPLORE *v.* (*-plorare,* to cry aloud) पायांपडून -काकळूत करून मागणें, विनंती क., मिन्नत -याचना क.

IMPOLICY अयुक्ति *f*, अविचार, अनीति *f*.—IMPOLITIC *a.* अविवेकी, असमंजस, अयुक्तिक; i. ruler लोकांचें अनिष्ट करणारा -प्रजार्थविरोधी राजा.

IMPOLITE *a.* असभ्य, दांडगा, बेअदबी.

IMPORT *v.* (*-portare,* to bear) बाहेरून -परदेशाहून आंत आणणें; signify दर्शविणें, दाखविणें, अर्थ सुचविणें; be of consequence महत्त्व -वजन असणें; *imported* goods बंदरी माल (into, from).—*n.* बाहेरून आणलेला माल, आगत *n*, भरती *f*, अमदानी *f*; अर्थ अभिप्राय; महत्त्व *n*, योग्यता *f*. -ANT *a.* भारी, वजनदार, मोठा, अगत्याचा [to]. -ANCE महत्त्व *n*, वजन *n*, कदर *f*, भार [to]. -ATION आंत आणणें *n*; आंत आणलेला माल, आवक *n*, आगत *n*; conveyance नेणें *n*.

IMPORTUNE *v.* (*-portare,* to bear) मिन्नताकरून -आग्रहानें मागणें; esp. of children and beggars गळींपडणें, खणपट घेणें, पिच्छा -दुमची पुरवणें [for]. —IMPORTUNATE *a.* आग्रही, आग्रहाचा; लोंचट, चेंगट.—IMPORTUNITY आग्रह, मिन्नत *f*; लोंचटपणा, चेंगटपणा, आग्रह.

IMPOSE *v.* (*-ponere,* to place) ठेवणें, मांडणें; lay on लादणें, घालणें; lay, as a charge, burden, tax, duty, obligation सोपणें, हवालणें, बसवणें, माथां मारणें;—as a command आज्ञापिणें, हुकूम देणें; palm दगलबाजीनें चालवणें -गळीं बांधणें, टोपी घालणें; upon फसविणें; *Print.* place, as matter in type, on the stone, in order to arrange it for printing शिळेवर टाकणें, 'इंपोज' क.; *Eccl.* lay on, as the hands in an act of religion,

as confirmation or ordination दीक्षा वगैरे देतांना मस्तकावर हात ठेवणें [on, upon].—IMPOSITION घालणें *n*, बसवणें *n*, स्थापन *n*, सोपणें *n*, स्थापना *f*; कर, शिक्षा, दंड वगैरे जें द्यायाला, करायाला सांगितलें तें *n*; कर; शिक्षा *f*; दंड; ठकवणें *n*, ठकबाजी *f*; मस्तकीं हात ठेवणें *n*.—IMPOST दस्त, कर. —IMPOSTOR ठक, भोंदू, तोतया.—IMPOSTURE फटवण *f*, ठकवण *n*, दंभ.

IMPOSSIBLE *a*. अशक्य, असंभाव्य; impracticable असाध्य, दुर्घट, अघटित. —IMPOSSIBILITY अशक्यता *f*, असाध्यता *f*; an impossible thing अशक्य गोष्ट *f*.

IMPOTENT *a*. दुर्बळ, निर्बळ, नबळा; wanting the power of propagation, as males, बुळा, नामर्द, रांड *f*, पाउणेआठ; —wanting the power of self-restraint इंद्रियवश, अजितेंद्रिय.—IMPOTENCE, -CY निर्बलता *f*, कमजोरी *f*; बुळेपणा, नामर्दी *f*, क्लैब्य *n*.

IMPOVERISH *v*. दरिद्री क., भिकेस लावणें; make sterile सत्व हरण क., कृश -भुकड क. (land).

IMPRACTICABLE *a*. अशक्य, असाध्य, दुष्कर, न होण्याजोगा (undertaking); intractable अनिवार, शिरजोर, बेहुकमी; not to be persuaded by any reasonable method हेकट, हेकेखोर; incapable of being passed अगम्य, दुर्गम (road).— IMPRACTICABILITY असाध्यता *f*, अशक्यता *f*.

IMPRECATE *v*. (*-precari*, to pray) शाप देणें, अनिष्ट चिंतणें [on].—IMPRECATION शाप, अभिशाप.

IMPREGNATE *v*. गर्भार क.;—as used of female animals फळवणें, गाभ क.; fertilize फलभरीत क., सुपीक क.; infuse particles of another substance into एका वस्तूचे अंश दुसऱ्या वस्तूंत घालणें [with].—*a*. गर्भार, गर्व्हार; व्याप्त, युक्त.—IMPREGNATION गर्भाधान *n*, गर्भस्थापन *n*.

IMPREGNABLE *a*. न घेण्याजोगा, दुर्धर, बेलाग, बिकट (fortress); invincible अजेय, अजिंक्य.

IMPRESS *v*. छापणें, उमटवणें, मुद्रित क.: this heart, like an agate, with your feet *impressed*; stamp छाप उठवणें, ठसा उठवणें, वठवणें; fix deeply ठसवणें, बिंबवणें; take by force for public service सरकारी कामा करितां जबरीनें घेणें, वेठीस धरणें: to i. sailors [in, upon].—*n*. ठसा, छाप; seal मुद्रा *f*, शिक्का; वेठ *f*; भास, आभास. -ION ठसा उठविणें *n*; ठसा, छाप; image on the mind संस्कार, मनसंस्कार; influence on the purposes, feelings, or actions छाप *f*, थाप *f*; sensible result of an attack made, a power caused to operate संस्कार, स्पर्श: i. of weather; an indistinct notion वचक *f*; indistinct remembrance चुटपुटी आठवण *f*; an edition (पुस्तक वगैरेची) आवृत्ति *f*. -IVE *a*. मनांत ठसणारा, हृदयभेदक; susceptible ग्राहक, ग्रहणशक्त.

IMPRINT *v*. छाप -ठसा उठवणें; कागदावर छापणें; मनांत ठसवणें -बिंबवणें [on].

IMPRISON *v*. बंदांत टाकणें -घालणें; restrain अटकाव क., कोंडणें, अडथळा क. [in]. -MENT, कैदेंत ठेवणें *n*; कैद *f*, बंदी *f*, अटक *f*.

IMPROBABLE *a*. व्हायाजोगा -सारखा नाहीं तो, असंभव, अघटित.—IMPROBABILITY असंभव, असंभावना *f*.

IMPROMPTU *ad*. or *a*. (*in promptu*, in readiness) पूर्वविचारावांचून, पूर्वविचाररहित.—*n*. extemporaneous composition शीघ्रकविता *f*.

IMPROPER *a*. अयोग्य, अनुचित; i. to be done अकर्त्तव्य, अनुचित;—as language, words, conduct अमर्याद, उद्धट, दांडगा, वावगा; unfit नालायक, अनुपयुक्त.—IMPROPRIETY अयोग्यता *f*, नालायकी *f*; अमर्यादा *f*, दांडगेपणा इ०;—of conduct गैरशिस्तपणा, अकार्यता *f*.

IMPROVE *v.* (*-probare,* to esteem as good) make better सुधारणें; use to good purpose चांगल्या कामीं लावणें, सार्थक -सद्व्यय क.: honor God by *improving* diligently the talents which He hath committed to you [upon, by].—*i.* पहिल्यापेक्षां बरा -नीट होणें, रंगारूपास येणें, सुधरणें; grow worse अधिक वाईट होणें: I fear we have not a little *improved* the wretched inheritance of our ancestors; rise वाढणें, चढणें, तेजी असणें: the price of cotton *improves*. -MENT सुधारणें *n*; सुधारणा *f,* सुधारणूक *f,* गुणवृद्धि *f,* चढती कळा *f*; that which improves any thing सुधारणारी गोष्ट *f,* सुधारक; [valuable additions, as buildings, clearings, fences, &c.]

IMPROVIDENT *a.* पुढला विचार न पाहणारा, अदूरदृष्टि, अल्पविचारी.—IMPROVIDENCE अदूरदृष्टि *f* -विचार, अपरिणामदृष्टि.

IMPROVISE *v.* (*-provisus,* foreseen) पूर्वी विचार केल्यावांचून बोलणें; शीघ्रकविता क.; एकाएकीं घडवून आणणें.

IMPRUDENT *a.* अविचारी, अविवेकी;—of acts अविचाराचा.—IMPRUDENCE अविवेक, अविचार, वेडेपणा.

IMPUDENT *a.* (*-pudens,* ashamed) निलाजरा, उद्धट, धट्ट.—IMPUDENCE धटाई *f,* औधत्य *n,* नाक *n,* तोंड *n.*

IMPUGN *v.* (*-pugnare,* to fight) विरुद्ध कथन, क., शब्दाचा मार देणें, दोष ठेवणें [by, for].

IMPULSE (See IMPEL) धक्का, आघात; sudden motion exciting to action उकळी *f,* चेव *f,* कढ; motion produced by the sudden action of a force गति *f,* वेग.—IMPULSIVE *a.* चाळवणारा, प्रेरक; actuated by impulse मनसोक्त वर्त्तणारा, लहरी, छंदी.

IMPUNITY (*-punire,* to punish) दंडाभाव, शिक्षे पासून मुक्तता *f*; freedom from injury अनपकार; security निर्भयता *f,* निर्भयपणा [from, for].

IMPURE *a.* अशुद्ध, भेळीचा, मिसळीचा; foul मळीण, मळका; unholy अपवित्र, अशुद्ध; unhallowed अशौच्य, विटाळलेला (things); unchaste बिभत्स, अभद्र.

IMPURITY मळीणपणा; अशुद्धपणा; अशुचि *f,* विटाळ; foul matter मळ; i. caused by the death of a relative सूतक *n,* मृताशौच *n*; i. contracted from carrying, or from some connection with, a corpse प्रेताशौच *n*; i. caused by the birth of a child सुयेर *n,* सुवेर *n,* जाताशौच *n.*

IMPUTE *v.* (*-putare,* to reckon) attribute आरोपणें, अभियोग क.; charge upon दोष लावणें; *Theol.* set to the account of another as the ground of judicial procedure दुसऱ्याच्या नांवें मोजणें -लेखणें -मांडणें [to]. [Rom. iv. 22].—IMPUTABLE *a.* आरोप्य, आरोपणीय. —IMPUTATION आरोपण *n,* आरोप; दोष, शब्द, ठपका; दुसऱ्याच्या नांवें मोजणें *n,* आंगीं लावणें *n.*

IN *prep.** within आंत, मध्यें; *in* the house घरांत; *in* the hour त्या घटकेंत; *in* the night रात्रीं; *in* that day त्या दिवशीं; *in* his name त्याच्या नांवें -नांवानें; *in* that कारण कीं; *in* as much असें असतां; come *in* आंत -घरांत ये; the vessel has come *in* गलबत बंदरांत आलें आहे; to be or keep *in* with जवळ -बराबर असणें; मैत्री राखणें; मर्जीत असणें; *in* the first place पहिल्यानें, प्रथम; *in* one place एकत्र; *in* every way सर्वथा; *in* another way अन्यथा; *in* many ways बहुधा; *in* vain व्यर्थ; *in* joke थट्टेनें; *in* as much as ज्या अर्थी.

INABILITY असामर्थ्य *n,* अक्षमता *f.*

INACCESSIBLE *a.* पावायाजोगा नाहीं तो, अवघड, दुर्गम; unobtainable दुर्लभ, अलभ्य [to].

Inaccurate *a.* चुकीचा, अशुद्ध, तफावतीचा.—**Inaccuracy** चूक *f*, तफावत *f* [in].

Inaction उद्योगाचा आभाव, अनुद्योग, निर्व्यापार; idleness आळस, आळसीपणा; rest विसांवा.—**Inactive** *a.* व्यापाररहित, निचेष्ट; सुस्त, ढिला, आळसी.

Inadequate *a.* अयोग्य, अनुपयुक्त, अक्षम; defective उणा, न्यून, अपुरता [to]. — **Inadequacy** अपुरतेपणा, अपर्याप्ति *f*, न्यूनता *f*, व्यंग *n*.

Inadmissible *a.* न घेण्याजोगा, न कबूल करण्याजोगा, अग्राह्य, अमान्य;—into caste अपांक्त.

Inadvertent *a.* गैरसावध, गाफील.—**Inadvertence** गफलत *f*, दुर्लक्ष्य *n*, प्रमाद.

Inalienable *a.* वंशानें मात्र उपभोग करावा असा, वंशोपभोग्य [from].

Inamorata *It.* प्रियतमा *f*.—**Inamorato** प्रिय, कांत.

Inane *a.* (*inanis*) रिता, रिकामा, शून्य.—**Inanition** शून्यता *f*, रिकामेपणा; exhaustion from want of food निराहारानें -उपासानें आलेली ग्लानि *f*, लंघेपणा; want of fulness, as in the vessels of the body निराहार, लंघन *n*.

Inanimate *a.* निर्जीव, अचेतन, जड; i. and animate चराचर, जडाजड.

Inapplicable *a.* लावायास अयोग्य, अनुपयुक्त, अप्रयोज्य [to].

Inarticulate *a.* अस्पष्ट, अव्यक्त, गुळमुळीत.

Inartificial *a.* अकृत्रिम, स्वाभाविक; simple भोळा, साधा.

Inattention अलक्ष्य *n*, अनवधान *n*; neglect दुर्लक्ष्य *n*, अबाळ *f*, अवनिगा *f*.—**Inattentive** *a.* गाफल, बेफाम, असावध; निष्काळजी, निश्चिंत [to].

Inaudible *a.* जें ऐकूं येत नाहीं तें, श्रवणाशक्य [to, by].

Inaugurate *v.* invest with an office in a formal manner अधिकारावर स्थापणें, समारंभानें वस्त्रें वगैरे देऊन अधिकारावर स्थापणें; cause to begin आरंभ क., सुरवात क.—**Inauguration** स्थापना *f*, अभिषेक, संस्कार.—**Inaugural** *a.* अभिषेक -स्थापने संबंधी.

Inauspicious *a.* अमंगळ, अशुद्ध, अभद्र.

Inbeing अंतःस्थिति *f*, अंतर्भाव.

Inborn *a.* अंतर्जात, नैसर्गिक.

Incalculable *a.* असंख्यात, अगणनीय, अगण्य.

Incantation, See **Enchantment**.

Incapable *a.* wanting spatial capacity माऊन न घेण्याजोगा, संकोचित, लहान; wanting physical strength असमर्थ, निर्बल, अशक्त; mentally insufficient अक्षम, नालायक, न्यूनबुद्धि; morally weak with respect to a purpose अधीर, अनिश्चयाचा, चंचळ; not capable of being brought to do, from being morally strong; — used with reference to things that are evil वाईट कर्म -गोष्ट न करण्याजोगा -करण्यास अशक्त, सुस्थिर [of].—**Incapacitate** *v.* नालायक -असमर्थ क. [for].—**Incapacity** नालायकी *f*, अक्षमता *f*; बुद्धिहीनता *f* [for].

Incarcerate *v.* (-*carcer*, prison) बंदींत घालणें.

Incarnate *v.* (-*caro*, flesh) सदेह क., देहांत घालणें, अवतरणें. — *i.* माठळणें, मठारणें (a wound).—*a.* देहधारी, अवतारी.—**Incarnation**, the act of taking a human body and the nature of man अवतार, मनुष्याचा अवतार: the i. of the Son of God; माठळणें *n*, मठारणें *n*; personification रूप *n*, मूर्त्ति *f*, अवतार: i. of justice साक्षात्धर्म.

Incase *v.* वेष्टन -डबा गवसणी इ० घालणें [with, in].

Incendiary (-*candere*, to glow) any person who sets fire to a building आगलाव्या, घर जाळणारा; one who maliciously sets fire to another's dwelling-house or other building आगलाव्या, ग्रहदाहक; a person

who excites factions, and promotes quarrels कळलाव्या, आगलाव्या, कळीचा नारद.—INCENSE, perfume exhaled by fire धुपाचा धूर; odors of spices and gums burned in religious rites धुपाचा वास, धूपगंध; mixture of fragrant gums, spices, and the like, used for the purpose of producing a perfume when burned धूप, धूपद्रव्य *n.*—*v.* धुपानें सुगंधित क.; धूप दाखविणें.—*v.* चेतविणें, कोपविणें, संतापविणें [by].—INCENTIVE *a.* उत्तेजक, प्रवर्त्तक.—*n.* उत्तेजन, प्रोत्साह.

INCEPTIVE *a.* (-*capere,* to take) आरंभाचा, उपक्रमाचा.—INCEPTION *n.* आरंभ, उपक्रम.

INCESSANT *a.* (-*cessare,* to cease) एकसारखा, सतत्. -LY *ad.* न थांबतां, निरंतर, एकटक.

INCEST (-*castus,* chaste) the crime of cohabitation between persons related within the degrees wherein marriage is prohibited अगम्यागमन *n*;—as committed by a male अगम्यगमन *n*;—as by a female गोत्रगमन *n*; i. with one's mother मातृगमन *n*;—with one's *guru's* wife गुरुतल्प *n*. -UOUS *a.* अगम्यगामी, गोत्रगमनी (person); involving the crime of incest अगम्यगमनाचा (connection); an i. son मात्रागमनी, मातृगामी.

INCH * अंगूळ *n*, तसू, "इंच"; to die by *inches* तिळतिळ मरणें.

INCIDENCE (-*cadere,* to fall) पडणें *n*, पतन *n*; घडून आलेली गोष्ट *f*; दैवघटित गोष्ट *f*; *Physics,* direction in which a body, or a ray of light or heat, falls on any surface पदार्थाचा पडण्याचा रोख; angle of i. पतनकोन.—INCIDENT *a.* पडणारा, पतनशील; घडणारा, उपस्थित; fortuitous आगंतुक; liable to happen घडण्याजोगा [to]. -AL *a.* आगंतुक, दैवघटित, आकस्मिक; occasional प्रसंगानें होणारा, नैमित्तिक.

INCIPIENT *a.* (-*capere,* to take) आरंभीचा, उपक्रमाचा.

INCISION (-*cædare*, to cut) कापणें *n*; a cut घाव, घाय, चीर *f*, छेद.—INCISOR चौकीचा दांत.—INCISORY *a.* कापायाचा, छेदक.

INCITE *v.* (-*citare,* to rouse) उठवणें, चेतवणें; in a bad sense शिकवणें, फूस देणें, चढवणें [to]. -MENT उत्तेजन *n*, उठावणी, उचल *f*; motive प्रयोजन, हेतु [to].

INCIVILITY दुर्जनता *f*, असभ्यता *f*, दांडगेपणा; *pl* अपमान, अनादर.

INCLEMENT (See CLEMENCY) निर्दय, कठोर, कठीण; कडक, कठीण, वाऱ्यावादळाचा (weather, sky).—INCLEMENCY कठीणपणा, कठोरता *f*, कडाखा, रुक्षता *f*.

INCLINE *v. i.* (-*clinare,* to bend) lean झुकणें, कलणें; be disposed कल असणें, मन वळणें.—*t.* झुकवणें, वळवणें; मन वळवणें, वळवणें.—INCLINED कललेला, झुकलेला; मन वळवलेला, in comp. प्रवण, शील: दानशील i. to give; i. plane उतरण *f* [to].—INCLINATION तोल, झोक; मनाची ओढ *f*, ओढ *f*, कल; desire वासना *f*, इच्छा *f*;—of a planet परमापम; greatest i. of a planet विक्षेपध्रुव [to, towards, for].

INCLOSE *v.* See ENCLOSE.

INCLUDE (-*claudere,* to shut) आंत घेणें, समावेश क., मावून घेणें; belong to खालीं मोडणें: Great Britain *includes* England, Scotland, and Wales [in].—INCLUDED धरलेला पोटचा; to be i. मोडणें, ओढणें.—INCLUSIVE *a.* धरलेला, अंतर्गत. -LY *ad.* धरून, सुद्धां सकट.—INCLUSION, आंत घेणें *n*, समावेश, अंतर्गणना *f*.

INCOGNITO *a.* or *ad.* (-*cognitus,* known) गुप्तरूपानें, अज्ञात वेषानें.—*n.* गुप्तवेष.

INCOHERENT *a.* अलग, विसंगत, तुटक; inconsistent विसंगत, संदर्भविरुद्ध, बाष्कळ (speech,

conduct) [in]. -LY *ad.* कांहींचें बांहीं, अद्वातद्वा, वांकडेंतिकडें.—INCOHERENCE, -CY असंबंध, अनन्वय, विरोध;—of facts असंगति *f*, असंदर्भ.

INCOMBUSTIBLE *a.* न पेटणारा -जळणारा, अदाह्य. —INCOMBUSTIBILITY अदाह्यता *f*.

INCOME (*in* and *come*) that gain which proceeds from labor, business, or property of any kind जमा *f*, प्राप्ति *f*, मिळकत *f*, उत्पन्न *n*; i. and expense आयव्यय; that is without i. अनुत्पन्न; i. tax उत्पन्नावरील कर, 'इन्कम टाक्स.'

INCOMMENSURATE *a.* कमी परिमाणाचा, न्यूनपरिमाण; not adequate अपुरता, उणा, न पुरेसा. —INCOMMENSURABLE *a.* निरनिराळ्या परिमाणाचा, भिन्न परिमाणाचा.

INCOMMODE *v.* (*-commodus*, convenient) अडचणींत घालणें, इजा -त्रास देणें; visits of strangers at unseasonable hours i. a family; to be incommoded अडचणणें, अवघडणें [by, with].—INCOMMODIOUS *a.* अडचणीचा, गैर सोईचा, त्रासदायक.

INCOMMUNICABLE *a.* जें सांगतां येत नाहीं तें, अनिर्वेद्य; जें देतां येत नाहीं तें, अदेय: health and understanding are i.—INCOMMUNICATIVE *a.* तोंडाचा जड, मख्ख, अबोल्या, आतल्या गांठीचा; दुसऱ्यासीं व्यवहार न राखणारा: the Chinese are an i. nation.

INCOMPARABLE *a.* अप्रतिम, अतुल्य, सर्वोत्कृष्ठ, अनुपम.

INCOMPATIBLE *a.* विजोड, वियुक्त, विपरीत; [with]; [*Med.* not suitable to be prescribed together, because of opposing medicinal qualities (medicines)].

INCOMPETENT *a.* incapable असमर्थ, अक्षम, अयोग्य, फुसका, हलका; wanting the legal or constitutional qualifications अनधिकारी, नालायक, कायद्यानें नालायक; not lying within one's competency, capacity, or authorized power अधिकारा बाहेरचा [for]. —INCOMPETENCY नालायकी *f*, अक्षमता *f*; नालायकी *f*, अनधिकार; अपूर्ति *f*, उणेपणा.

INCOMPLETE *a.* अपूर्ण, अपुरा, कच्चा; defective ऐबदार, हीन, तुटक.

INCOMPREHENSIBLE *a.* गूढ, गहन, दुर्बोध [by].

INCONCEIVABLE *a.* अतर्क्य, गूढ, अचिंत्य [by]. —INCONCEIVABLY *ad.* समजुती बाहेर, कल्पने बाहेर.

INCONCLUSIVE *a.* निर्णय न करणारा, अनिर्णायक.

INCONGRUITY अयुक्ति *f*, अयोग्यता *f*, विजोड -विलगपणा.—INCONGRUOUS *a.* विजोड, विलग.

INCONSIDERABLE *a.* जमेस न धरण्याजोगा; small हलका, थोडा.

INCONSIDERATE *a.* अविचारी, अविवेकी; rash अविचाराचा (conduct).

INCONSISTENT *a.* पूर्वापरविरुद्ध, अयुक्त, विलग, बाधित, असंबंध; fickle चंचल, अस्थिरबुद्धि; unequal असमान, असादृश. -LY *ad.* ताळ सोडून, धरबंध सोडून.—INCONSISTENCE [with, in]. -CY विजोडपणा, असंगति *f*, वैगुण्य *n*; पूर्वापारविरोध; असमानता *f*, विरुद्धता *f*.

INCONSTANT *a.* चंचल, अस्थिरबुद्धि, चलमति (a person); क्षणिक, बदलण्याजोगा, फेरफार होण्याजोगा, अस्थिर (a thing) [to].

INCONTESTABLE *a.* ज्या विषयीं वाद नाहीं तो, निर्विवाद.

INCONTINENT *a.* इंद्रियांचे स्वाधीन, इंद्रियवश, अजितेंद्रिय; lewd व्यभिचारी, इष्कबाज, बदख्याली. — INCONTINENCE इंद्रियाधीनता *f*, व्यभिचार, असंयम.

INCONTROVERTIBLE *a.* निर्विवाद.

INCONVENIENT *a.* अडचणीचा, गैरसोईचा.— INCONVENIENCE अडचण *f*, गैरसोई *f*; अडचणीची गोष्ट *f* -चें काम *n*, नड *f*.—*v.* अडचणींत घालणें -पाडणें [by].

Inconvertible *a.* ज्याचें रूपांतर करतां येत नाहीं तो, रूपांतराशक्य : one metal is i. into another.

Incorporate *v.* (*-corpus*, body) एकशरीर -एकगोळा -एकगठ्ठ क. : to i. drugs; embody देह देणें, साकार-मूर्तिमंत क.; unite मिळविणें, मिसळणें, संयोग क.: to i. copper with silver; combine into a structure or organization, whether material or mental एक क., जोडणें, एकजीव क., जडणें : to i. subjected provinces into the community of the conquerors; form into a legal body सनदी मंडळी क.—*i.* मिळणें, मिसळणें, संयोग होणें [into, with].

Incorrect *a.* चुकीचा, अशुद्ध, सदोष; not in accordance with truth खोटा, असत्य (statement); not accordant with the rule of duty or morality गैरशिस्त, अशास्त्र, अनीतीचा. -LY *ad.* चूक करून, अशुद्ध, गैर.

Incorrigible *a.* कोडगा, शिक्षातीत, माणसांतून उठलेला; bad beyond correction अशोध्य, असाधनीय.

Incorruptible *a.* अविनाशी, अविकारी, अनश्वर. —**Incorruption** अविकार, अविकृति *f.*

Increase *v. i.* (*-crescere*, to grow) वाढणें, बळावणें;—as water चढणें, तुंबणें;—as reputation &c. वाढणें, वृद्धि -बढती होणें; multiply by the production of the young संतति वाढणें, प्रजावृद्धि होणें.—*t.* वाढविणें, वृद्धि क.; improve in quality सुधारणें; lengthen लांब क.; spread पसरणें; aggravate अधिक जड -कठीण क.—*n.* वाढ *f*, वृद्धि *f*; जोर, कडाखा : i. of heat; चढती *f*, बढती *f*; profit नफा, वर्त्तावळा, वृद्धि *f*; संतति *f*, संतान *n*;—of the moon वृद्धि *f*.—**Increment** वाढ *f*, वृद्धि *f*; produce उपज, उत्पन्न *n*; *Rhet.* उत्तरोत्तर उत्कर्षवर्णन *n*, सारालंकार. See Phil. vi. 8.

Incredible *a.* ज्यावर विश्वास ठेवतां येत नाहीं तो, अविश्वसनीय, अश्रद्धेय.—**Incredibility** अविश्वासपात्रता *f*, अश्रद्धेयता *f*.—**Incredulity** अविश्वासशीलता *f*, अश्रद्धा *f*, अविश्वास.—**Incredulous** *a.* अश्रद्धालु, शंकाशील [of].

Incrust *v.* कवच -थर चढवणें, पूट देणें. -ATION कवच *n*, पूट *n*, थर, हात.

Incubate *v. i.* (*-cubare*, to lie down) अंडीं उबविणें.—**Incubus**, the nightmare कुस्वप्न *n*, अजीर्णप्रयुक्त स्वप्न *n*.

Inculcate *v.* (*-calcare*, to tread) वारंवार सांगून मनांत भरवणें -ठसवणें : the Savior *inculcates* in His followers humility and forgiveness of injuries [on, upon].—**Inculcation** वारंवार सांगणें *n*, त्रिवारबोध.

Inculpable *a.* निर्दोष, निरपराध.—**Inculpate** *v.* दोष लावणें -ठेवणें.

Incumbent *a.* (*-cumbere*, to lie down) resting upon अवलंबित, आश्रित; resting, as duty or obligation आवश्यक, अवश्य कर्त्तव्य, जरूर. — *n.* the person who is in present possession of a benefice धर्मवृत्तिभोगी;—of any office वृत्तिभोगी, कामदार.

Incur *v.* (*-currere*, to run into) become subject to अधीन -पात्र होणें; bring down -वर आणणें. -SION, an entering into a territory with hostile intention परमुलखावर स्वारी *f*, दौड, धाव *f*.

Incurable *a.* जो बरा करितां येत नाहीं तो, अचिकित्सनीय, असाध्य; irremediable अपरिहार्य, दुस्तर, बेइलाज, निरुपाय.

Indebted *a.* (*in* and *debt*) देणेदार, ऋणी, ऋणकरी; obliged बांधलेला, उपकारबद्ध, ऋणी : we are i. to the Christian religion for many of the advantages, and much of the refinement, of modern times.

Indecent *a.* निलाजरा, निर्भीड, लज्जाप्रद; अवाच्य, अभद्र, अग्राह्य (language).

Indecisive *a.* अनिश्चयात्मक, मुळमुळीत; wavering धरसोडीचा, चंचळ, अस्थिर.—**Indecision** अनिश्चय, धरसोड *f.*

Indeclinable *a.* अविकारी, अव्यय.

Indecorous *a.* अयोग्य, अनुचित, असभ्य.—**Indecorum** *a.* अमर्यादा *f,* अविनय, असभ्याचार.

Indeed *ad.* (*in* and *deed*) खरोखर, सत्य, खचीत (Rom. viii. 7); i.! खरेंच, असेंच काय!

Indefatigable *a.* (*-fatigare,* to weary) थकाया -दमायाजोगा नाहीं तो, मेहनती, परिश्रमी, परिश्रमाचा, अश्रांत, अविश्रांत [in].

Indefeasible *a.* अनिवार्य, अखंडनीय (estate).

Indefensible *a.* राखायास अशक्य, रक्षणायोग्य (post); not capable of being justified अप्रतिपाद्य, अनुत्तर.

Indefinable *a.* ज्याचें लक्षण करितां येत नाहीं तो, अलक्षणीय, अलक्ष्य.

Indefinite *a.* मोघम, अनियमित (time, term); *having* no certain limits बेहद, बेसुमार, अमर्याद (space).

Indelible *a.* (*delere,* to blot out) पुसून न जाण्यासारखा; वज्रलेपा सारखा, पक्का (letters).

Indelicate *a.* बिभत्स, लज्जाकारक (word); बेमुरवतीचा, निर्भिड (behavior).

Indemnify *v.* (*-damnum,* loss) तोट्यापासून राखणें; make good भरून देणें, तोटा भरून देणें.—**Indemnity** तोटा न होऊं देण्याची हमी *f;* शिक्षा न होऊं देण्याची हमी *f* [for, against].

Indent *v.* (*-dens,* tooth) notch खांडी पाडणें, कर्वतीकांठी क.; bind out by indenture करारानें बांधणें -ठेवणें (a servant); [*Print.* begin further in from the margin than the rest of a paragraph].—*i.* खांडी पडणें. -**ation** खांड *f,* कातरा; a recess in any border खाचा, खोंच *f.*—**Indenture** खांडी पाडणें *n; Law* मुचलका, करारनामा, कौलनामा.—*v.* करार क., करारानें बांधून घेणें -ठेवणें (an apprentice).

Independent *a.* स्वतंत्र, अनधीन; affording a comfortable livelihood त्यागभोगापुरता देणारा, पोटापुरता (property); not subject to bias or influence मोकळ्या मनाचा, स्वतंत्र: a man of i. mind; free मोकळा, खळबळीत (manners); exclusive खेरीज करूनचा, इतरव्यावृत्त [of].—*n.* [one who believes that an organized Christian church is complete in itself, competent to self-government, and independent of all ecclesiastical authority]. -**ly** *ad.* मुखत्यारीनें, स्वतंत्रतेनें; दुसऱ्याच्या संबंधावाचून [of].

Indescribable *a.* सांगता येत नाहीं असा, अवर्णनीय.

Indestructible *a.* अविनाशी, अनश्वर.

Indeterminable *a.* ज्याचा निश्चय करतां येत नाहीं तो, अनिश्चय.—**Indeterminate** *a.* मोघम, अनिश्चित; i. quantity अनियत संख्या *f.*—**Indetermination** अनिश्चय, धरसोड *f.*

Index (*indicere,* to proclaim) that which points out दर्शक, ज्ञापक; a hand that directs to any thing, as the hour of the day हात, कांटा; a table for facilitating reference to topics, names, &c. in a book सूचीपत्र *n,* अनुक्रमणिका *f; Alg.* प्रकाशक; i. finger तर्जनी *f;* i. hand घड्याळाचा कांटा [to]; [i. *prohibitory,* a catalogue of books which are forbidden by the R. C. Church to be read; i. *expurgatorius* is a catalogue specifying passages in books which are to be expunged or altered. These catalogues

are published, with additions from time to time, under the sanction of the pope].

INDEXTERITY अडाणीपणा, अडमूठपणा, गैरवाकबगारी *f*.

INDIAN (from *Indus*) a native of the Indies हिंदुस्थानचा राहणारा; हिंदु.—*a*. हिंदुस्थानचा, हिंदु देशचा; अमेरिकेच्या मूळ प्रजेचा; i. corn मका; i. fig वडाचें झाड *n*; वडाचें फळ *n*; कांटेनिवडुंग *n*; i. hemp सण; i. millet सावा; i. red गेरू, काव *f*; INDIA-RUBBER 'रबर.'

INDICATE *v*. (*-dicare*, to proclaim) दाखविणें, सुचविणें; *Med*. रूपावरून -लक्षणावरून दाखविणें.—INDICATION सूचना *f*; लक्षण *n*, चिन्ह *n*, खूण *f*;—of a passion आविर्भाव, आकार.—INDICATIVE *a*. दाखवणारा, दर्शक; *Gram*. i. mood स्वार्थ -सरळरूप *n*.—INDICATOR दर्शक, दाखवणारा; [*Steam Eng*. an instrument by which the working steam records its working pressure, from which the power of the engine may be calculated.]

INDICT *v*. (*-dicere*, to say) *Law*, charge with a crime, in due form of law, by the finding or presentment of a grand jury ज्युरीनें दोषारोप क. -ABLE *a*. दोषारोप करण्याजोगा; ज्युरीनें दोष ठेवण्याजोगा. -MENT दोषारोप क. *n*; ज्युरीनें लिहून दिलेला दोषारोप.—

INDIFFERENT *a*. not making a difference सारखा, समान, बिन तफावतीचा; of no account हलका; passable मध्यम, चालायाजोगा, कामचलाऊ; impartial निःपक्षपाती; neutral समदृष्टि, उभय साधारण; feeling no interest, anxiety, or care respecting any thing बेफिकीर, उदास, बेफाम; disinterested निस्पृह, निष्काम [to].—INDIFFERENCE समदृष्टि *f*, समपक्षता *f*; अनास्था *f*, औदासिन्य *n*, हयगई *f*; सारखेपणा, अभिन्नता *f*.

INDIGENT *a*. (*-egere*, to be needy) गरीब, दरिद्री.—INDIGENCE गरीबी *f*, कंगाली *f*, ददात *f*.

INDIGENOUS *a*. (*-genere*, to beget) स्थानिक, देशीय, देशज, देशी: joy and hope are emotions i. to the human mind; देशांत उपजलेला, देशोत्पन्न: in India cotton is i.

INDIGESTED *a*. अपक्व, न जिरलेला, अजीर्ण; not methodized अव्यवस्थित, विसकळीत, न जुळलेला. —INDIGESTIBLE *a*. न पचण्याजोगा, अपच्य, जड; not to be received अग्राह्य, अमान्य. —INDIGESTION अजीर्ण *n*, कुपित्थ *n*, अन्नविकार.

INDIGNANT *a*. (*-dignus*, worthy) रागावलेला-तप्त, क्रुद्ध [at]. — INDIGNATION, feeling excited by that which is indign or unworthy, base or disgraceful तिरस्कारयुक्त कोप, रोष, तेष.—INDIGNITY, unmerited contemptuous treatment अनादर, तिरस्कार, अपमान.

INDIGO (from *India*) नीळ *f*.

INDIRECT *a*. वांकडा; circuitous फेऱ्याचा; by remote means वांकडा, आडरस्त्याचा (answer, accusation); unfair कुटिल, गैररस्त्याचा, वांकडा (dealing). -LY *ad*. आडमार्गानें; परभारें; लावून, ओझरता.

INDISCERNIBLE *a*. अतिसूक्ष्म, इंद्रियागोचर.

INDISCREET *a*. अविचारी, अविवेकी (persons); अविचाराचा (conduct).—INDISCRETION अविचार, अविवेक.

INDISCRIMINATE *a*. विचारहीन -शून्य, तारतम्यहीन, अविवेकी. -LY *ad*. तारतम्य -विचार केल्यावांचून, भेदाभेद पाहिल्यावांचून.—INDISCRIMINATION अविचार, अविवेक.

INDISPENSABLE *a*. जो सोडता -टाकता येत नाहीं तो, ज्यावांचून चालत नाहीं तो, अगत्याचा, आवश्यक; it is not i. त्यावांचून खोळंबा नाहीं; i. act अवश्य कर्तव्य *n* [to].—INDISPENSABLY *ad*. अवश्य, जरूर.

INDISPOSE *v*. निरुपयोगी -नकामी क.; disqualify नालायक क.; make somewhat ill

अस्वस्थ -बेआराम क., विकृति क.; disincline मन फिरवणें, उलटवणें, विमुख क.: the pride and selfishness of men i. them to religious duties; make unfavorable अप्रसन्न क.,-वर मर्जी खप्पा क. [towards].—INDISPOSED *a.* नाकबूल, नाराजी; अस्वस्थ, आजारी.—INDISPOSITION नावड *f,* नाराजी *f,* कंटाळा; विकृति *f,* असमाधान *n.*

INDISPUTABLE *a.* बेतकरार, निर्विवाद.

INDISSOLUBLE *a.* जें वितळत नाहीं तें, अद्रव; incapable of being broken or rightfully violated अभंग, अभेद्य, वज्रमाय, रेशमाच्या गांठीचा (covenant).

INDISTINCT *a.* not separate अभिन्न, एक: i. as water is from water; not clear अस्पष्ट-अव्यक्त (ideas); faint धुटपुटा, दिसे न दिसेसा, कळे न कळेसा, विकल (view).

INDISTINGUISHABLE *a.* ज्याचा भेद समजत नाहीं तें, अविज्ञेय.

INDITE *v.*(*indicere*) direct, dictate, suggest or prompt what is to be uttered or written बोलायास अथवा लिहायास सुचविणें, -सांगणें -स्फूर्त्ति देणें; compose रचणें; write लिहिणें.—*i.* रचणें, कवन क. -लिहिणें.

INDIVIDUAL *a.*(*-dividus,* divisible) one एक, एकटा (man); pertaining to one एकाचा, एकट्याचा (labor); distinctive भेददर्शक; peculiar विशेष, असाधारण.—*n.* व्यक्ति *f,* असामी *f,* इसम, जण. -ITY एकत्व *n,* पृथकत्व *n;* व्यक्तीचा विशेष गुण, -चें लक्षण. -LY *ad.* एकएक, असामीवार, व्यक्तिशः.

INDIVISIBLE *a.* ज्याचे विभाग होत नाहींत तो, अविभाज्य.—INDIVISIBILITY अविभाज्यता *f,* अभेद्यता *f.*

INDOLENCE (*-dolere,* to feel pain) आळस, सुस्ती *f.*—INDOLENT *a.* आळसी, जड, मंद; i. tumor बेदर्द *n,* मुडदार गांठ *f,* टेंगूळ *n,* इ०.

INDOMITABLE *a.*(*-domare,* to tame) अजिंक्य, अदमनीय.

INDORSE, See ENDORSE.

INDOOR *a.* घरांतला (work).

INDUBITABLE *a* (See DUBIOUS) खचित, निस्संशय.

INDUCE *v.* (*-ducere,* to lead) आंत नेणें-आणणें; bring into view दृष्टीस पाडणें, दाखवणें; influence मन वळवणें -फिरवणें; bring on उत्पन्न क., घडून -बनवून आणणें [to]. -MENT प्रयोजन *n,* आमिष *n,* उत्तेजन *n.*—INDUCT *v.* आंत आणणें, प्रवेश करविणें; *Eccl.* introduce, as to a benefice or office (धर्मसंबंधी) अधिकारावर -वृत्तीवर -पदावर बसविणें, यथाविधि स्थापना क. [into]. -ION आंत येणें *n,* प्रवेश; beginning आरंभ; *Philos.* the process of reasoning from a part to a whole, or from particulars to generals विशेष गोष्टीवरून साधारण गोष्टीचा निश्चय -चें अनुमान करणें *n;* अधिकारावर नेमणें *n;* विधिपूर्वक स्थापना *f;* a process of demonstration अनुमिति *f,* सिद्धांत. -IVE *a.* leading प्रवर्त्तक; अनुमानिक, तार्किक; i. reasoning अनुमानोक्ति *f.*

INDULGE *v.* (*-dulcis,* sweet) gratify by compliance तृप्त क., पुरवणें, चालवणें; humor कोड -लळा -कौतुक पुरवणें; not to oppose or restrain असूं देणें, राखणें, बाळगणें (sloth, pride); grant by favor मेहरबानीनें देणें [with, in].—*i.* यथेष्ट भोग क.; practise a forbidden or questionable act without restraint निषिद्ध कर्माचें यथेच्छ आचरण क. *n.*—INDULGENCE अनावर, असंयम; कौतुक *n,* कोड *n,* लाड; मेहरबानगीची देणगी *f,* प्रसाद; [*R. C. Church,* remission of the temporal punishment due to sins, granted by the pope or church, and supposed to save the sinner from purgatory]. -INDULGENT *a.* लाडचालविणारा; mild सौम्य, क्षमाशील [to].

INDURATE *v.i.* (*-durare,* to harden) कठीण होणें.—*t.* कठीण क.; make unfeeling मन कठीण क.

INDUSTRY (*industria*) habitual diligence in any employment, either bodily or mental उद्योग, मेहनत *f,* व्यवसाय; assiduity व्यासंग.—INDUSTRIOUS *a.* उद्योगी, मेहनती; व्यासंगी, प्रयत्नवान, उद्युक्त. -LY *ad.* मेहनतीनें, श्रमपूर्वक; with care जपून, काळजीनें.

INDWELLING आंत राहणें *n,* अंतर्वास, अंतःस्थिति *f.*

INEBRIATE *v.* (*-ebriare,* to make drunk) पाजून मस्त -उन्मत क.; stupefy गुंग क., भूल घालणें.—*i.* मस्त -गुंग होणें.—INEBRIATION मस्ती *f,* माद, उन्माद.

INEFFABLE *a.* (*-fari,* to speak) सांगतां-बोलून दाखवितां येत नाहीं असा, अवर्णनीय, अनिर्वाच्य.

INEFFECTIVE, INEFFECTUAL, INEFFICACIOUS *a.* व्यर्थ, निष्फळ, निरुपयोगी, निरर्थक.—INEFFICACY निष्फलता *f,* बलहीनता *f,* गुणाभाव.

INELEGANT *a.* बेडौल, विशोभित, बेढब.

INELIGIBLE *a.* निवडण्यास -घेण्यास अयोग्य, अग्राह्य [for].

INEQUALITY उंचनीचपणा, उंचसखलपणा; diversity नाना प्रकार, भेद; disproportion विषमता *f,* वैषम्य *n*; inadequacy अपुर्तेपणा, अक्षमता *f*;—of number विषम संख्यत्व *n,* तारतम्य *n.*

INERT *a.* (*-ars,* art) destitute of the power of moving itself अचेतन, जड, गतिहीन (matter); dull जड, मंद; powerless for an effect or influence दुर्बल, हलका, निर्जीव (party).—INERTIA (*L.*) that property of matter by which it tends when at rest to remain so, and when in motion to continue in motion जडत्व *n*; *Med.* want of activity अचेतनता *f,* जाड्य *n,* मांद्य *n.*

INESTIMABLE *a.* ज्याची गणना -अजमास करितां येत नाहीं तो, असंख्य; above all price अमोलिक, अमूल्य.

INEVITABLE *a.* जो टाळतां येत नाहीं तो, अपरिहार्य, अनिवार्य; not to be resisted अप्रतिकार्य, दुर्धर.

INEXCUSABLE *a.* कारण सांगून ज्याचा दोष घालवितां येत नाहीं तो, अपरिहार्य, निरुत्तर.

INEXHAUSTIBLE *a.* अक्षय, अव्यय, अनंत.

INEXORABLE *a.* not to be moved or persuaded by entreaty or prayer दुराराध्य, कठोर, कठीण मनाचा.

INEXPEDIENT *a.* अयोग्य, अनुचित, अनुपयुक्त; unsuitable to time and place देशकालविरुद्ध *n.*

INEXPERIENCE गैरमाहिती *f,* अप्रत्यय, अजाणपणा कच्चेपणा.

INEXPERT *a.* अडाणी, कौशल्यहीन.

INEXPIABLE *a.* (See EXPIATE) ज्याला प्रायश्चित नाहीं तो, अमोचनीय (crime); implacable दुःशाम्य (hatred).

INEXPLICABLE *a.* ज्याचा उलगडा होत नाहीं असा, दुर्बोध, गूढ.

INEXPRESSIBLE *a.* सांगतां येत नाहीं असा, अनिर्वाच्य, अकथनीय.

INEXTINGUISHABLE *a.* न विझणारा, न विझता, अशमनीय.

INEXTRICABLE *a.* ज्याचा गुताडा काढतां येत नाहीं असा, अमोचनीय.

INFALLIBLE *a.* अचूक, अमोघ, निर्भ्रांत, भ्रमातीत (master); certain खचीत, निश्चित (success).—INFALLIBILITY चूक -भ्रांति नसणें *n,* अमोघता *f,* अभ्रांति *f,* अचूकपणा.

INFAMOUS *a.* दुर्लौकिकाचा, अपकीर्तीचा (act); rendering infamous अपयशस्कर, लज्जा-

कारक, बदलौकिक करणारा; *Law,* branded with infamy by conviction of a crime सरकारांत गुन्हेगार ठरून नामोश झालेला -फजीत पावलेला, बदमाश, 'डामीस.'—INFAMY दुर्लौकिक, बदनाम, अपकीर्ति *f.*

INFANT (*-fari,* to speak) a child in the first period of life, beginning at his birth तान्हें मूल *n,* बालक *n,* अर्भक *n*; a child several years of age लेंकरूं *n,* मूल *n,* बाळ *n*; *Law,* person not of full age, a person under the age of twenty-one years बाल, अप्राप्तव्यवहार, जो कायद्यांत आला नाहीं तो. —*a.* बालपणाचा; tender कोमल, सकुमार; not mature कोंवळा, अपक्व, बाल (strength); intended for young children लहान मुलासाठीं केलेला, लहान मुलाचा, बाल (toy, school). -ILE *a.* बालपणाचा; बाळकाचा. -INE बाळाचा; लेंकरासारखा, बाळकासारखा (credulity).—INFANCY बालपण *n,* बालदशा *f*; the first age of any thing पूर्वावस्था *f,* आरंभ; *Law,* बालदशा *f,* अप्रौढदशा *f.*

INFANTRY (*infans,* child, foot-soldier) पायदळ *n.*

INFATUATE *v.* (*-fatuus,* foolish) वेडा क., बुद्धिभंश क.: whom God intends to destroy, he first *infatuates* विनाशकाले विपरीत बुद्धि; inspire with an extravagant or a foolish passion, too obstinate to be controlled by reason -चें वेड भरवणें, -च्या नादीं लावणें, लुब्ध क. [with].—INFATUATION वेड *n,* खूल *n,* भूल *f.*

INFEASIBLE *a.* अशक्य, दुष्कर.

INFECT *v.* (*-facere,* to make) taint with disease रोग लावणें, रोगविकृत क.; affect with morbid or noxious matter दुर्गंधीनें कुजलेल्या पदार्थानें दूषित क.: to i. a lancet; corrupt बिघडणें, आपले दुर्गुण दुसऱ्यास देणें [with]. -ION, that which infects रोगाची लस *f* -वाफ *f*; a prevailing disease साथ *f,* धाम *f*; result of infecting influence संसर्गदोष; that which taints, poisons, or corrupts by communication from one to another संसर्गानें बिघडविणारी वस्तु *f.* -IOUS *a.* स्पर्शानें -वाफेनें लागणारा, स्पर्शसंचारी, सांसर्गिक (fever); स्पर्शानें बिघडविणारा, भ्रष्टकारक; readily communicated लवकर-सहज देण्याजोगा, सुदेय (mirth).

INFER *v.* (*-ferre,* to carry) derive either by deduction or induction अनुमान -तर्क क., ताडणें; prove सिद्ध क. [from]. -ABLE *a.* तर्कानें समजण्याजोगा, अनुमेय. -ENCE अनुमान *n,* तर्क; conclusion निर्णय, सिद्धांत. -ENTIAL *a.* अनुमानानें सिद्ध, अनुमानसिद्ध.

INFERIOR *a.* (*inferus,* that is below) lower in place खालचा; in social rank खालच्या पायरीचा-योग्यतेचा, कनिष्ठ;—in excellence उणाख, हीन, निकृष्ट, नीच; less important गौण, अप्रधान; *Astron.* between the earth and the sun मध्यंतरीचा, अधरस्थ (planets) [to].—INFERIORITY खालची योग्यता *f* -पायरी *f*; हीनता *f,* निकृष्टता *f*; गौणता *f,* अप्राधान्य *n.*—INFERNAL *a.* pertaining to the lower regions पाताल -अधोलोक संबंधी; pertaining to hell नरक संबंधी; inhabiting hell नरकांत राहणारा, नरकवासी; hellish दुष्ट, अघोर, सैतानी.

INFEST *v.* (*infestus,* disturbed) त्रास -इजा -तसदी देणें [with].

INFIDEL *a.* (*-fides,* faith) अविश्वासी; disbelieving the inspiration of the Scriptures, or the divine institution of Christianity ख्रिस्ती शास्त्र किंवा धर्म ईश्वरदत्त नाहीं असें मानणारा -मानण्याचा, नास्तिक. (writer).—*n.* अविश्वासी मनुष्य; a heathen मूर्त्तिपूजक; a Mahomedan मुसलमान; [one who disbelieves in Christ, or the divine origin and authority of Christi-

anity]. -ITY अविश्वास, बेइमान; ख्रिस्ती शास्त्रावर व ख्रिस्ती धर्मावर अविश्वास; a violation of the marriage covenant by adultery or lewdness व्यभिचार, नवऱ्याचा किंवा बायकोचा बेमानपणा.

INFINITE *a.* अमर्याद, अपार, अनंत (Ps. cxlvii. 5); very great अतिशय, फार मोठा, भारी (calamity).—INFINITUDE अपारपणा, अनंतता *f*; अमर्याद काळ किंवा विस्तार; boundless number अगणित संख्या *f*.—INFINITY अपारपणा, अमर्यादा *f*; unlimited capacity, energy, or excellence अनंतशक्ति *f*, किंवा गुण; great multitude मोठा समुदाय; endless number अगणित संख्या *f*. — INFINITIVE *a.* असंख्य, अपार; i. mood *Gram.* सामान्यरूप *n*.

INFIRM *a.* अशक्त, नबला, नुकसान *n*; weak of mind मनाचा दुर्बळ; irresolute चंचळ मनाचा, धरसोडीचा; not stable डळमळीत, लटपटीत. -ARY, a hospital or place where the infirm or sick are lodged and nursed, or only treated as outpatients रोगीशाळा *f*, अनाथगृह *n*, बिमारखाना. -ITY कमजोरी *f*, बलहीनता *f*; लटपटीत -डळमळीतपणा; a disease रोग, व्याधि *f*; failing व्यंग *n*, ऐब *n*, दोष, चूक *f*.

INFIX *v.* खुपसणें, रोवणें, खोवणें; मनांत ठसविणें -बिंबविणें -भरणें: to i. good principles in the mind.

INFLAME *v.* (*-flammare,* to flame) चेतवणें, पेटवणें; raise to an unnatural heat तापवणें, दाह क. (the eyes); excite to an excessive and unnatural action चेव आणणें, चेष्टविणें; irritate संतापवणें, रागास पेटवणें, कोपवणें; *Med.* cause to become morbidly hot or irritated, by reason of undue or excessive action in the bloodvessels or tissues आंगांत आग -दाह क. [with]. — INFLAMMABLE *a.* पेटवेणारा, ज्वालाग्राही. —INFLAMMATION पेटवणें *n*, संतापन *n*, दहन *n*, पेट; state of being in flame or on fire आग *f*, दाह, पेट; *Med.* आग *f*, दाह;—of the eye नेत्रदाह, आभीष्पंद;—of the spleen पाणथरी *f*, प्लीहादाह; —of the pleura पार्श्वशूल;—of the brain मज्जादाह.—INFLAMMATORY *a.* दाहक; दाहयुक्त, in comp. दाह: i. fever दाहज्वर; संतापकारक -आणणारा, चेतविणारा (speech); seditious बंडाळीचा, फंदफितुराचा (writings).

INFLATE *v.* (*-flare,* to blow) वाऱ्यानें फुगवणें, फुगीर क.; elate गर्वानें फुगवणें, फुलवणें, माजवणें, उन्मत्त क.; cause to become unduly expanded मर्यादे बाहेर वाढवणें -फैलावणें -ताणणें: an *inflated* currency will become depreciated [with]. — INFLATION फुगवणें *n*, फुगवणूक *f*; फुगवशी *f*, फुगोसा; माज, पत्रास *f*, दिमाख; पसारा.

INFLECT *v.* (*-flectere,* to bend) वांकवणें, लववणें; *Gram.*—as a noun विभक्ति लावणें; —as a verb रूप चालवणें; modulate, as the voice स्वरभेद क., खांचखोंच घेणें [on, upon]. -ION वांकविणें *n*, वक्रीकरण *n*; विभक्ति *f*; रूप *n*; series of *inflections* रूपावली *f*; स्वरभेद, कर्त्तब.

INFLEXIBLE *a.* ताठर, ताठ; firm in purpose दृढसंकल्प, निग्रही; unalterable निर्विकल्प, निर्विकार.—INFLEXIBILITY ताठरपणा, काठिण्य *n*; आग्रह, नेट, दृढसंकल्प; obstinacy of will or temper हेंका, दुराग्रह.

INFLICT *v.* (*-fligere,* to strike) लावणें, घालणें, भोगायास लावणें (punishment &c.). -ION बसवणें *n*, लावणें *n*, in comp. आधान: दंडाधान; punishment दंड, शिक्षा *f*. -IVE *a.* दंड -शिक्षा लावणारा -करणारा -करण्यास समर्थ.

INFLUENCE (*-fluere,* to flow) आंत वाहणें *n*; ability to move or effect शक्ति *f*, बळ *n*;

—of the planet ग्रहावेश, ग्रहदशा *f*;—of God ईश्वरी शक्ति *f* -प्रेरणा *f*; power or authority arising from elevated station, excellence of character or intellect, wealth, and the like वजन *n*, तोल *n*, भीड *f*, चलती *f*; reputation आब्रू *f*, प्रतिष्ठा *f*; to exert one's i. with भीड खर्चणें; to have i. on भार पडणें -असणें, वजन असणें.—*v*. गुण क. -लागू होणें; move मन वळणें; lead or direct चालवणें, प्रवर्त्तवणें [over, on, with]. —INFLUENTIAL *a*. वजनदार, भारदस्तीचा, वगीचा.—INFLUX *v*. आंत वाहणें *n*, अंतर्वहन *n*; importation in abundance ऊत, पूर; to be a great i. पेंव -तारूं फुटणें, भरती लागणें.

INFOLD *v*. गुंडाळणें, लपेटणें; embrace आलिंगणें, कंवटाळणें.

INFORM *v*. घडणें, रूपदेणें; animate सजीव क., जीव -चेतना देणें: breath *informs* this fleeting frame; make known to -ला खबर -बातमी देणें, कळवणें, सांगणें: communicate a knowledge of facts to, by way of accusation अपराधाची बातमी -खबर देणें, दोषारोप क., नालस्ती सांगणें [of, about, concerning]. -ATION खबर *f*, बातमी *f*, सूचना *f*; अपराधाची सूचना *f*, फिर्याद *f*. [about]. -ANT, -ER कळवणारा, खबरदेणारा. -ER कळविणारा; अपराधाची बातमी देणारा; चाहडी -चुगली सांगणारा.

INFRANGIBLE *a*. अभंग, अभेद.—INFRINGE *v*. मोडणें (a contract); violate भंग -उल्लंघन क., मोडणें (a law). -MENT भंग, उल्लंघन *n*.

INFURIATE *a*. (*-furia*, fury) रागानें वेडा झालेला, क्रोधांध, संतप्त.—*v*. संतापवणें, वेड भरवणें [against].

INFUSE *v*. (*-fundere*, to pour) ओतणें, घालणें; instil, as principles or qualities मनांत भरवणें, बिंबवणें, गुण देणें; inspire प्रेरणा क.; steep in liquor without boiling, for the purpose of extracting medicinal qualities भिजवणें, भिजत घालणें [into].—INFUSION ओतणें.—*n*. प्रक्षेप; मनांत भरवणें *n*, निक्षेप; भिजवणें *n*; liquid obtained by infusion काट, काढा, कषाय. —INFUSORIA पाणी वगैरे द्रवपदार्थांत राहणारे अतिसूक्ष्म जीव *pl*.

INGATHERING हंगामाचें -कापणीचें काम *n*, हंगाम, कापणी *f*.

INGENIOUS *a*. (*-genere*, to beget) possessed of the faculty of invention कल्पक, योजक, चतुर (author, mechanic); of curious design, structure, or mechanism करामतीचा, युक्तीचा (fabric); witty खुबीचा, नोकदार (reply).—INGENUITY कल्पनाशक्ति *f*, युक्ति *f*, चतुराई *f*; करामत *f*, युक्ति *f*, कल्पना *f*: the i. of a plan.—INGENUOUS *a*. of honorable extraction कुलीन, खानदानीचा; noble महामनस्क, उदार (zeal); frank मनाचा मोकळा, निष्कपट, सरळ.

INGLORIOUS *a*. अपकीर्त्तीचा, अपयशाचा; shameful लाजेचा, लज्जाकर (flight).

INGOT (*lingotus*, a mass of gold or silver, extended in the manner of a tongue) सोनें, रुपें इ० धातूचा गट.

INGRAFT *v*. कलम क.; fix deeply खोवणें, रोवणें.

INGRATE *a*. & *n*. -FUL *a*. (*-gratus*, grateful) कृतघ्न, निमकहराम, खाल्ल्या घरचे वांसे मोजणारा; ungrateful to the sense नावडता, अरुचिकर.—INGRATITUDE कृतघ्नता *f*, निमकहरामी.

INGRATIATE *v*. (*-gratia*, favor) कृपा -मर्जी संपादणें [with].

INGREDIENT (*-gradi*, to go) that which enters into a compound वान *n*, वाना, द्रव्य *n*, जिन्नस, अंश.

INGRESS (do.) आंत जाणें *n*, प्रवेश; आंत जाण्याची मोकळीक *f*, किंवा अधिकार: all i. was prohibited.

INHABIT *v.* (*-habitare,* to dwell) आंत राहणें, नांदणें, राहणें, वस्ती क. (Is. lvii. 15). —*i.* वस्ती असणें, राहणें, असणें. -ABLE *a.* राहायाजोगा, वास्तव्य. -ANCE वस्ती *f*, नांदणूक *f*, वास्तव्य *n.* -ANT राहाणारा, in comp. स्थ, वासी, कर : क्षेत्रस्थ, नगरवासी, पुणेकर; an old i. of a place भुम्या. -ATION राहणें *n*, वस्ती *f* ; राहायाची जागा *f*.

INHALE *v.* (*-halare,* to breath) श्वासा बरोबर आंत घेणें -ओढणें, पिणें, खाणें.

INHARMONIOUS *a.* बेसूर, अपस्वर, बेताल.

INHERE *v.* (*-hærere,* to stick) धरून -अधिष्ठून राहणें -असणें.—**INHERENT** *a.* धरून असणारा, अधिष्ठित, अंतरस्थ ; naturally pertaining to मूळचा, स्वाभाविक [in].

INHERIT *v.* (*-hæres,* heir) *Law,* take by descent from an ancestor वारशानें घेणें -मिळवणें -पावणें -उपभोगणें (land, estate) ; receive or take by birth जन्मापासून घेणें -पावणें, आईबापां पासून पावणें -जडणें [from]. -ABLE *a.* वारीसपणानें भोगायाचा (estate); वारीस होण्याजोगा पुत्रपरंपराभोग्य : the eldest daughter of the king is also i. to the crown ; आईबापां पासून मिळण्या -येण्याजोगा, पितृप्राप्य (qualities). -ANCE, *Law,* a perpetual or continuing right to an estate in a man and his heirs वारसा ; that which is or may be inherited वतन *n*, वतनवाडी *f*, गोत्रधन *n* ; unclaimed i. गतकुळी *f*, गतकुल *n* ; right of i. उत्तराधिकार ; portion of i. दायाभाग ; partition of i. दायविभाग ; share of i. अंश ; [*Scrip.* future reward of righteousness (Col. i. 12 ; iii. 24)].

INHOSPITABLE *a.* आगतस्वागत न करणारा ; not favorable to strangers परक्यास प्रतिकूळ -गैर सोयीचा (desert) ; i. village कुग्राम *n.*

INHUMAN *a.* क्रूर, निर्दय, कठीण, राक्षसी (person) ; क्रूरपणाचा, निर्दयतेचा, क्रूर, राक्षसी (act). -ITY क्रूरपण *n*, क्रौर्य *n.*

INHUME *v.* (*-humare,* to cover with earth) पुरणें (a dead body). —**INHUMATION** भूमिनिक्षेप -निवेश ; self-i. जिवंतसमाध *f*.

INIMICAL *a.* (*-amare,* to love) वैरी, द्वेषी ; adverse प्रतिकूल, विरोधी [to].

INIMITABLE *a.* अप्रतिम, अनुपम (eloquence).

INIQUITOUS *a.* (See EQUITY) अन्यायाचा, अधर्माचा, हरामाचा.—**INIQUITY** absence of, or deviation from, equal or just dealing अन्याय, अधर्म ; an act of injustice अन्यायकर्म *n*, अन्याय ; a crime or sin अपराध, पाप *n* (Is. lix. 2) ; the cup of i. पापाचा घडा.

INITIAL *a.* (*-ire,* to go) of the beginning आरंभींचा, पहिला, पूर्व (symptoms) ; placed at the beginning आरंभीं ठेवलेला, पहिला, आद्य, मूळ, प्रथम (letters).—*n.* शब्दाचा प्रथम वर्ण -चें पहिलें अक्षर *n.* —**INITIATE** *v.* आरंभ क. ; instruct in the rudiments or principles मूळपीठिका -तत्वें शिकवणें (a pupil) ; introduce into a society मंडळींत घेणें -प्रवेश करविणें ; —into secret ceremonies उपदेश -दीक्षा -अनुग्रह देणें.—*i.* आरंभींचें काम क.—**INITIATORY**, -TIVE *a.* आरंभींचे कामाचा; उपदेश -दीक्षाकर्म संबंधी ; to take the i. पेरणें.

INJECT *v.* (*-jacere,* to throw) आंत टाकणें -घालणें ; —with a syringe पिचकारी मारणें [into]. -ION आंत टाकणें *n*, अंतःक्षेप ; medicine to be injected बस्तीनें -पिचकारीनें घालायाचें औषध *n.*

INJUDICIOUS *a.* अविचारी, असमंजस (person); अविचाराचा, वेडेपणाचा (measure).

INJUNCTION (*-jungere,* to join) आज्ञा देणें *n*, आज्ञापन *n* ; आज्ञा *f*, हुकूम ; *Law* ताकीद *f* ; letter of i. ताकीदचिठ्ठी *f* [on, against].

Injure *v.* (*-juris,* right) hurt अपकार -उपद्रव क., दुःख देणें; hurt or wound, as the person शरिरास दुखापत क.; damage or lessen the value of, as goods or estate नुकसानी क., खराबी क.; slander, tarnish, or impair, as reputation अब्रूची नुकसानी क., अब्रूस धक्का बसविणें; grieve मनास दुःख देणें, मन दुखवणें; —as the intellect बुद्धिभ्रंश क. [by]. —**Injurious** *a.* अपकारक, उपद्रव करणारा; खराबी -नुकसानी करणारा.—**Injury** अपकार, उपद्रव; खराबी *f,* नुकसान *n.*

Injustice अन्याय, अधर्म, गैर इनसाफ.

Ink *D.* शाई *f;* sympathetic i. अदृश्य शाई *f;* seller of i. रक्तवान, शाई विकणारा·—*v.* शाईनें भरणें, शाईनें काळा क.—**Inky** *a.* शाईचा; शाई सारखा; शाईनें भरलेला. -**horn** -**stand** दऊत *f,* कलमदान *n.*—**Inkle** नवार *f.*

Inland *a.* समुद्रा पासून दूरचा, मध्यदेशस्थ, भूमध्य (sea); carried on within a country देशी, मुलकी (trade).—*n.* मध्यदेश.

Inlay *v.* जडणें, खचित क. [with].—*n.* जडाव *n.* -**er** जडावकाम करणारा, जड्या.

Inlet वाट *f,* दार *n;* a bay खाडी *f,* वाकण *n.*

Inmate एका घरात राहणारा, सहवासी.

Inmost *a.* सर्वांहून आतला.

Inn* उतारशाळा व खाणावळीचें घर *n,* सराई *f.* -**keeper** खाणावळ घालणारा, भटाऱ्या.

Innate *a.* (*-natus,* born) जातीचा, जन्माचा, अंतर्जात; originating in, or derived from, the constitution of the intellect आंगचा, बुद्धीचा.

Innavigable *a.* नौकागमनाशक्य.

Innings* the ingathering of grain कापणी *f; pl* lands recovered from the sea खार *f;* [time or turn for using the bat, in cricket].

Innocent *a* (*-nocere,* to hurt) not harmful निरुपद्रवी, अविकारी (medicine); free from wrong निर्दोष, निरपराधी; lawful यथाशास्त्र, उचित, कायदेशीर (trade); upright निष्कपट, सालस, सात्विक [of].—**Innocence** निरपराधीपणा; सात्विकपणा, सालसाई *f;* ignorance अज्ञान *n,* अजाणतेपणा; imbecility दुर्बलबुद्धि *f.*—**Innocuous** *a.* निर्विकारि [to].

Innovate *v.* (*-novare,* to make new) नवी चाल -रीत काढणें; फिरवाफिरव क., नवें जुनें क. [on].—**Innovation** नवी चाल *f;* फिरवाफिरव *f.*—**Innovator** नवें जुनें -फिरवाफिरव करणारा, नवी रीत -चाल -पाठ चालू करणारा.

Innumerable *a.* असंख्य, अगणित; पुष्कळ, बहुत.

Inoculate *v.* (*-oculus,* an eye) insert, as the bud of a tree in another tree, for the purpose of growth on the new stock पिवबंदी क.; communicate disease by inserting infectious matter शरिरांत लस घालून रोग जडविणें;—with the matter of small-pox टोटगा क., देवी काढणें [with].

Inoffensive *a.* गरीब, बापुडा; निरुपद्रविक, अविकारी.

Inoperative *a.* जो कार्य करणार नव्हे तो, ज्या पासून कार्य होत नाहीं -ज्याचा गुण येत नाहीं -जो लागू पडत नाहीं तो, अकार्यकारी, निरुपयोगी, व्यर्थ (laws, remedies).

Inopportune *a.* अवेळीचा, अकाळीचा.

Inordinate *a.* (*-ordo* order) अमर्याद, बेसुमार, बेहद्द (desire).

Inorganic *a.* जड, निरवयव, इंद्रियरहित (substances); इंद्रियरहित -जड पदार्थांच्या विषयाचा, जडपदार्थविषयक.

Inquire *v.* (*-quaerere,* to seek) ask a question पुसणें, प्रश्न क., विचारणें; make examination or investigation शोधणें, परीक्षा क.; into तपासणें; about, after, for -चा समाचार घेणें, -ला पुसणें.—**Inquirer** पुसणारा, शोधणारा; समाचार घेणारा; शोधक, परी-

क्षक;—after truth सत्यशोधक. —INQUIRY विचारपूस *f*; प्रश्न, सवाल; शोध, तलाश, तपास, चौकशी *f*; सत्याचा -ज्ञानाचा शोध; friendly i. respecting health कुशल प्रश्न; spirit of i. ज्ञानेच्छा *f*, ज्ञानेप्सा *f*.—INQUEST शोध, तलाश, चौकशी *f*; *Law,* official examination सरकारी चौकशी *f*; a coroner's jury assembled to inquire into the cause of a sudden death मेयतकयास, 'कारोनरची ज्युरी' *f*.—INQUISITION चौकशी *f*, तलाश, शोध सरकारी चौकशी *f*, चौकशी *f*; *R. C. Church,* a tribunal established for the examination and punishment of heretics धर्मसमीक्षण सभा *f*, पाखंडी लोकांची -मताची चौकशी करण्याची सभा *f*.—'इन्‌क्विजिशन' *n.f*.—INQUISITIVE *a.* चौकस, शोधक, पृच्छक. —INQUISITORIAL *a.* चौकशीचा, शोध लावण्याचा; इन्‌क्विजिशन सभेचा.

INROAD, entrance of an army into a country with purposes of hostility स्वारी *f*, दौड *f*.

INSANE *a.* वेडा, पिसा; वेडे लोकांचा, वेडे लोकां करितां केलेला (hospital).—INSANITY वेडेपण *n*; वेड *n*, पिसें *n*.

INSATIABLE, INSATIATE *a.* अधाशी, हावरा, असोशी.—INSATIETY अधाशीपणा, वखवख *f*,

INSCRIBE *v.* (*-scribere,* to write) लिहिणें; imprint छापणें, वठवणें, उमटवणें; engrave कोरणें, खोदणें; mark with letters, characters or words वर्णांकित -शब्दांकित क.; address to (नांवानें) नजर क., समर्पण क. (a book); impress ठसवणें, बिंबवणें.—INSCRIPTION लीपि *f*, लेख; कोरीव लेख;—on stone शिलालेख; —on copperplate ताम्रपटलेख; ग्रंथनिवेदन *n*, समर्पण *n*.

INSCRUTABLE *a.* (*-scrutari,* to search) अतर्क्य, दुर्ज्ञेय, खोल, गहन; incapable of being discovered, or understood by human reason मनुष्यबुद्धीस गहन -अतर्क्य.

INSECT (*insecare,* to cut in) किडा, कीटक, कृमि. -ILE *a.* किड्याच्या जातीचा, कीटजातीय.

INSECURE *a.* continually apprehensive of danger भयशंकित, सशंक; unsafe भयाचा, धोक्याचा, बेभरवशाचा.—INSECURITY भयशंका *f*; धोका, जोखीम *n*; want of confidence in one's opinion बेभरवसा, अविश्वास.

INSENSIBLE *a.* destitute of the power of feeling सुना, बधिर; void of feeling राग -रसहीन, विरागी; wanting tenderness निर्दय, कठीण; imperceptible इंद्रियानें न समजायाजोगा, इंद्रियागोचर; progressing by imperceptible degrees नकळत वाढणारा [to].—INSENSIBILITY सुनेपणा, बधिरत्व *n*; —of the skin सुनबहिरी; राग -रसहीनता *f*; निर्दयता *f*.—INSENSIBLY नकळत, न कळे असें; gradually क्रमानें, हळू हळू, थोडे थोडे.

INSENTIENT *a.* See INSENSIBLE.

INSEPARABLE *a.* जो वेगळा करितां येत नाहीं तो, अवियोज्य.

INSERT *v.* (*-serere,* to join) आंत शिरवणें, घालणें [in]. -ION शिरकाव, प्रवेश, निवेश.

INSIDE आंतली बाजू *f*, अभ्यंतर *n*; *pl* the entrails अंतर्डी *n pl*; private thoughts and feelings मनांतले विचार *pl*, किंवा भावना *f pl*, अंतर *n*, अंतरंग *n*; one who or that which is within अंतरस्थ *c*, आंत राहणारा.—*a.* आंतल्या बाजूचा; आंतला.—*ad.* or *prep.* आंतल्या बाजूस, आंत.

INSIDIOUS *a.* (*-sedere,* to sit) deceitful कपटी, दगलबाज (a person); intended to entrap काव्याचा, धरपकडीचा (arts). -NESS कपटलाघव.

INSIGHT, thorough knowledge or skill प्रवेश, परिचय, गम्य *n*; power of acute observation and deduction कुशाग्रबुद्धि *f*.

INSIGNIA (*L.*) distinguishing marks of office or honor अधिकाराचीं चिन्हें *n pl* -लक्षणें *pl* -खूणा *f pl*;—of royalty राजचिन्ह *n*; signs चिन्हें *n pl*, लक्षणें *n pl*.

INSIGNIFICANT *a.* अर्थहीन, निरर्थक (words); trivial हलका, क्षुद्र, क्षुल्लक; mean नीच, हलका, अधम (being).—INSIGNIFICANCE अनर्थ, अर्थशून्यता *f*; हलकेपणा, क्षुद्रता *f*; नीचपणा, नीचत्व *n*.

INSINCERE* *a.* कपटी, ढोंगी, कृत्रिमी (friends); कपटाचा, खोटा, वावकळ, वरकरणी (things).—INSINCERITY कपट *n*, दुजाभाव, खोटेपणा, ढोंग *n*; वरकरणीपणा.

INSINUATE *v.* (-*sinus, bosom*) introduce gently, or as by winding or narrow passages हळूच -युक्तीनें किंवा वक्रगतीनें शिरकवणें -खुपसणें; work one's self into favor मर्जी संपादणें, पोटांत शिरणें; hint सुचवणें, दर्शवणें; suggest by remote allusion व्यंगोक्तीनें सुचवणें.—INSINUATING *p. a.* मर्जी संपादनारा, मनमिळाऊ.—INSINUATION, art or power of pleasing and stealing on the affections लाघवीपणा, वशीकरण *n*; सूचना *f*, नोक *f*, तुका.

INSIPID *a.* (-*sapidus*, savory) पाणचट, मळमळीत (liquor); पाणचट, अळणी, विरस (composition).

INSIST *v.* (-*sistere*, to stand) dwell upon घोकणी लावणें -मांडणें; urge आग्रह क. -धरणें [on, upon].

INSOCIABLE *a.* घुम्या, माणूसघाण्या, ज्यास मनुष्याची सोबत आवडत नाहीं तो.

INSOLATE *v.* (-*sol*, the sun) उन्हांत वाळवणें, सूर्यपुट देणें; उन्हांत पक क.—INSOLATION सूर्यपुट *n*; उन्हांत फळें वगैरे पिकविणें *n*.

INSOLENT *a.* (-*solens*, accustomed) proud and haughty with contempt of others उद्धट, दांडगा, मगरूर (master); मगरुरीचा, दांडगाईचा (words).—INSOLENCE मगरुरी *f*, दांडगाई *f*.

INSOLUBLE *a.* वितळत नाहीं तो, अद्राव्य; not to be explained कठीण, अवघड, बिकट.—INSOLVENCY नादारी *f*.—INSOLVENT *a.* unable to pay one's debts as they fall due, in the ordinary course of trade and business नादार, मोडकळीस आलेला, दिवाळें निघालेला.

INSOMUCH* *ad.* एथपर्यंत -पावेतों [as].

INSPECT *v.* (-*spicere*, to view) पाहणें, निरखणें, शोधणें; view and examine officially as troops, arms, goods पाहणी क.; superintend देखरेख ठेवणें -क. -ION परीक्षा *f*, शोध; पाहणी *f*; देखरेख *f* [into]. -OR देखरेख करणारा; पाहणीदार, चौकसनीस, 'इन्स्पेक्टर.'

INSPIRE *v. i.* (-*spirare*, to breathe) श्वास घेणें; blow gently वाहणें, मंद वाहणें.—*t.* breathe into फुकणें; infuse into the mind मनांत भरणें, बुद्धि देणें, प्रेरणें; disclose preternaturally ईश्वरी -अमानुष प्रेरणा क.; infuse into व्यापणें; fill with what animates, enlivens, or exalts उमेद -हौस -स्फुरण घालणें -देणें, प्रोत्साहित क.; inhale श्वास घेणें.—INSPIRED *p. a.* श्वासानें घेतलेला, श्वासित; व्याप्त, निवेशित; given by divine inspiration ईश्वरप्रेरित -प्रबोधित; to be i. with the afflatus of a god, &c. वारें -अवसर येणें -भरणें.—INSPIRATION श्वास घेणें *n*, श्वसन *n*; निश्वास; स्फुरण *n*, उत्तेजन *n*; a supernatural divine influence on the prophets, apostles, or sacred writers, by which they were qualified to communicate moral or religious truth with authority ईश्वरी प्रेरणा *f*, ईश्वरोपदेश, ईश्वरोक्त शास्त्र लिहिण्याची प्रेरणा *f* (2 Tim. iii. 16); [plenary i., that kind of inspiration in which the inspired person is incapable

of uttering or communicating any error with the inspired message; verbal i., that kind of inspiration in which the very words and forms of expression of the divine message are communicated to the inspired person.]

INSTALL *v.* (*Gr. -stall,* a place) जागीं ठेवणें, स्थापणें; to instate in an office, rank, or order जाग्यावर पदावर -हुद्यावर स्थापणें -नेमणें -योजणें; to invest with any charge by the usual ceremonies संस्कार करून स्थापणें, संस्थापना क. to i. an ordained minister in a parish [in]. -ATION प्रतिष्ठा *f,* पदस्थापना *f,* पदाभिषेक. -MENT संस्कार-पूर्वक स्थापना *f;* part of a sum of money paid or to be paid at a particular period हप्ता, खिस्त *f.*

INSTANT *a.* (*-stare,* to stand upon) earnest तत्पर, आग्रही (Rom. xii. 12;) immediate लागलाच होणारा, अनंतरकालिक; quick शीघ्र, जलदीचा, त्वरेचा; current चालता, वर्त्तमान, मिनहू, मजकूर.—*n.* a moment क्षण, पळ *n;* a particular time वेळ *f,* काळ; a day of the current month चालत्या महिन्याचा दिवस, -ची तारीख, माहे मजकूर. -LY *ad.* लागलाच, तत्क्षणीं, आग्रहपूर्वक. -ANEOUS *a.* तात्कालिक, तत्क्षणिक. -LY *ad.* एका क्षणांत, पळांत.—INSTANCE आग्रह, मिन्नतवारी *f;* occasion प्रसंग, वेळ *f;* example दाखला, उदाहरण *n;* in-the first i. प्रथम, पहिल्यानें.—*v.* उदाहरण देणें, उदाहरणासाठीं सांगणें.

INSTATE *v.* (*in & state*) अधिकारावर बसवणें, पदारूढ क., पदावर स्थापणें.

INSTEAD *ad.* (*in & stead*) in the place of -च्या बद्दल -जागीं -ऐवजीं; equal to -च्या बरोबर, -च्या मोलाचा, -च्या ऐवजीं -जागीं -ठिकाणीं.

INSTEP (*in & step*) projection on the upper side of the human foot, near its junction with the leg पायाची धूर *f,* पादपृष्ठ *n.*

INSTIGATE *v.* (*instinguere,* to incite) फूस -चढी देणें, बीर भरणें, उठावणी क. [to]—INSTIGATION उठावणी *f,* फूस *f,* शिकवणी *f,* गुरुमंत्र.—INSTIGATOR चढी -भर देणारा, उठावणी करणारा, गुरु, कानफुंकणारा.

INSTIL *v.* (*-stilla,* a drop) थेंब थेंब घालणें -ओतणें; infuse slowly हळूहळू (मनांत) भरवणें, मन व्यापणें [into, with].

INSTINCT (See INSTIGATE) inward impulse मनोवेग, आंतली प्रेरणा *f;* the natural unreasoning impulse in an animal, by which it is guided in the performance of any action, without thought of improvement in the method पशुबुद्धि *f,* उपजत-बुद्धि *f,* आंगचें ज्ञान *n.* -IVE *a.* आंगचे बुद्धीचा, स्वाभाविक. -LY *ad.* आंगाचे ज्ञानानें, स्वभावतः, उपजत बुद्धीनें.

INSTITUTE *v.* (*-stare,* to stand) set up उभारणें; establish स्थापणें, नेमणें; found पाया घालणें; begin आरंभणें, चालू क. (an inquiry)—*n.* स्थापणें *n,* स्थापन *n,* संस्थापना *f;* precept विधि, नियम, सूत्र *n;* a literary and philosophical society विद्या व ज्ञान-वर्धक -शोधक मंडळी *f;* *institutes* of religion धर्मशास्त्र *n;* compendium of *institutes* संहिता *f.* -ED *a.* संस्थापित, प्रतिष्ठापित—INSTITUTION स्थापणें *n;* स्थापना *f,* संस्थापना *f;* instruction शिकवणें *n,* शिक्षा *f;* method रीत *f,* पद्धत *f;* custom चाल *f,* संप्रदाय; enactment ठराव, व्यवस्था *f,* नियम; ordinance विधि, सूत्र *n,* आदेष;—of religion धर्मविधि; permanent form of law कायदा, बंधारण *n;* an organized (society सभा *f* , मंडळी *f;* a literary i. विद्यालय *n:* a charitable i. धर्मशाला *f;* a treatise ग्रंथ, निबंध.—INSTITUTOR स्थापक; विधिस्थापक पंथ, मंडळीस्थापक.

INSTRUCT *v.* (*-struere*, to pile up) teach विद्या शिकविणें, पढवणें, शिकवणें; command हुकूम -आज्ञा देणें; inform कळवणें, सांगणें; enjoin शिकवणें,सांगणें [in] -ION शिकवणें *n*, शिक्षा *f*; उपदेश, बोध; आज्ञा *f*, निर्देश; विधि, सूत्र *n* [in, for]. -IVE *a.* बोधाचा, बोधकारक, in comp. पर, बोध उपदेशपर, बोधकथा *f*. -OR शिकविणारा, शिक्षक; religious i. गुरु, आचार्य.

INSTRUMENT (do.) that by which work is performed, or any thing is effected साधन *n*, उपकरण *n*; implement हत्यार *n*, शस्त्र *n*, आऊत *n*; musical instrument वाद्य *n*; *Law*, a deed, contract, writing, &c. कागदपत्र *n*, खत *n*, करारनामा इ०; stringed i. तंतुवाद्य *n*; wind i. वेणू, पोवा इ० सुस्वर वाद्य *n*; i. covered with skin चर्मवाद्य *n*; i. sounded by the mouth मुखवाद्य *n*; one who, or that which, is made a means, or caused to serve a purpose कारण *n*, साधन *n*, निमित्त *n*. -AL *a.* साधक, कारणभूत; वाद्यजनित -सिद्ध; i. case तृतीया विभक्ति *f* [in.]. -ITY साधकपणा, कारकत्व *n*; —of persons गुजारत *f*, मारफत *f*.

INSUBORDINATE *a.* शिरजोर, बेहुकमी.—INSUBORDINATION बेहुकमीपणा, शिरजोरी *f*.

INSUFFERABLE *a.* दुःसह्य, असह्य.

INSUFFICIENT *a.* अपुरता; unfit अयोग्य, नालायक [for].—INSUFFICIENCY अपुरतेपणा, नालायकी *f*, अयोग्यता *f*.

INSULAR *a.* (*insula*, island) बेटाचा, द्वीपाचा; surrounded by water पाण्यानें वेष्टलेला, जलवेष्टित.—INSULATE *v.* अलग -वेगळा ठेवणें; *Arch.* भिंती पासून दूर -वेगळा ठेवणें (a column). —INSULATED *p. a.* अलग, तुटक, विभक्त.

INSULT *v.* (*-salire*, to leap) treat with abuse, insolence, or contempt, by words or actions बेअदबी क.—*n.* बेअदबी *f*, हेटाळणी *f*, अनादर. -ING *a.* अपमानाचा, बेअदबीचा.

INSUPERABLE *a.* (*-super*, above) अलंघनीय, दुस्तर, कठीण, अजेय.

INSUPPORTABLE *a.* तोलून धरायास अशक्य (weight); intolerable असह्य, दुःसह, कठीण (cold).

INSURE *v.* खचीत क.; secure against a possible loss on certain stipulated conditions, or at a given rate or premium विमा उतरणें [against].—*i.* विमा घेणें.—INSURER विमेकरी -दार.

INSURGENT *a.* (*-surgere*, to rise) बंडावलेला. —*n.* a person who rises in revolt or opposition to civil or political authority बंडवाला.—INSURRECTION बंड *n*, दंगा, बेदा, राजद्रोह. -ARY *a.* बंडाचा, दंग्याचा.

INSURMOUNTABLE *a.* See INSUPERABLE.

INSUSCEPTIBLE *a.* अग्राहक, ग्रहणाक्षम.

INTANGIBLE *a.* स्पर्श करायास अशक्य अस्पर्श्य,

INTEGER (*L.*) पूर्ण संख्या *f*, पूर्णांक.—INTEGRAL *a.* संपूर्ण, अखंड, सांग; not fractional बंदा, बाधा, संबंध.—INTEGRITY संपूर्णता *f*, सांगता *f*; moral soundness, honesty प्रमाणिकपणा, सचोटी *f*, हाडाचा चोखपणा.

INTEGUMENT (*-tegere*, to cover) पुट *n*, वेष्टण *n*; a covering that invests the body चर्म *n*, पापुद्रा, पडदा, कोश इ०.

INTELLECT (*-legere*, to gather) the part or faculty of the human soul by which it knows, as distinguished from the power to feel and to will बुद्धि *f*, विचारशक्ति *f*. -UAL बुद्धीचा, मनाचा, मानासिक (powers); formed by the intellect मनोकृत, काल्पनिक (scene); having the power of understanding बुद्धिवान, सुबुद्ध

(being); relating to the understanding बुद्धीचा, in comp. मानस; i. philosophy मानसशास्त्र. *n.*—INTELLIGENCE जाणणें *n*, ज्ञान *n*, समज; the intellect as a gift बुद्धि *f*, वकूब *f*, चतुराई *f*; notice खबर *f*, बातमी *f*; intelligent being ज्ञानव्यक्ति *f*, सुबुद्धप्राणी.—INTELLIGENT *a.* बुद्धिवान, ज्ञानविशिष्ट; चतुर, सुज्ञ, हुशार, सुजाण.—INTELLIGIBLE *a.* समजायाजोगा, बुद्धिगम्य, [to].

INTEMPERANCE, want of moderation बेसुमार, पराकाष्ठा *f*; any exertion of body or mind, or any indulgence of appetites or passions which is injurious to the person or contrary to morality अमितभोग, अतिभोग; habitual indulgence in drinking spirituous liquors, with or without intoxication अतिपान *n*, दारूचें व्यसन *n*, बेसुमार दारू पिण्याचें व्यसन *n*;—in eating अति भोजन *n*, अत्याहार.—INTEMPERATE *a.* बेहद, अमर्याद; अमितभोगी, अतिभोगी, अजितेंद्रिय; अति माशक, मद्यपि, फार दारूपिणारा; अतिभोजी, अचाट खाणारा, अधाशी; passionate रागीट, तापट [in].

INTEND *v.* (*-tendere,* to stretch) मनांत योजणें, बेत क. -ED ज्यासीं किंवा जिसीं लग्न करायाचा बेत केला आहे तो किंवा ती.—INTENSE *a.* ताणलेला, ताठ;—as study or application ताण दिलेला, लगटीचा, व्यासंगाचा; extreme in degree जबर, भारी, कडक (heat, cold); vehement जबर, भारी (excitement); severe फार, तीव्र, कठीण, तीक्ष्ण (pain). -LY *ad.* लगट करून, नेटानें; भारी, अतिशय; attentively लक्षपूर्वक, लक्ष लावून, एकाग्रतेनें. — INTENSIFY *v. t. & i.* बळकट क.; बळावणें, जोरावणें.—INTENT *a.* एकनिष्ठ, एकचित्त, आसक्त, एकाग्र: i. on business [on, upon].—*n.* अभिप्राय, बेत, मतलब; to all *intents* and purposes सर्वस्वी, सर्वथैव, खरोखर; he was miserable to all *intents,* &c. -ION, fixedness of attention एकाग्रता *f*, एकचित्त *n* -लक्ष्य *n*; बेत, इरादा, मतलब: i. to go home; aim हेतु, अर्थ, आशय. -AL *a.* जाणूनबुजून -समजून उमजून -बुद्धिपुरस्सर केलेला. -LY *ad.* समजून उमजून, बुद्ध्या.

INTER *v.* (*-terra,* the earth) पुरणें, गाडणें.

INTERCALAR, INTERCALARY *a.* (*-calare,* to call) मध्यें घातलेला; अधिक, धोंडा (day, month).—INTERCALATE *v.* पंचांगांत अधिक दिवस -मास धरणें -घालणें.

INTERCEDE *v.* (*-cedere,* to go) मध्यस्थि क.;—in favor of मध्यस्थ होऊन रदबदली क., परार्थ प्रार्थना क., भीड घालणें [for].—INTERCESSION मध्यस्थी *f*; मध्यस्थपणाची रदबदली *f*, परार्थ प्रार्थना *f*.—INTERCESSOR मध्यस्थ; मध्यस्थपणानें रदबदली करणारा, परार्थ प्रार्थक.—INTERCESSORY *a.* मध्यस्थीचे रदबदलीचा; परार्थ प्रार्थक (prayer).

INTERCEPT *v.* (*-capere,* to take) stop on its passage वाटेनें अडविणें -थांबविणें; seize by the way वाटेनें धरणें, रस्त्यांत धरणें; obstruct the progress of -ची गति कुंठित क.; interrupt communication with जाणें येणें -संबंध बंद क. -तोडणें.—INTERCEPTION वाटमारा, गतिरोध, &c.

INTERCHANGE *v.* अदलाबदल क. (places); cause to follow, or to alternate आळीपाळीनें येण्यास लावणें -आणणें: to i. cares with pleasures.—*i.* पाळीपाळीनें -एकामागून एक -एकाआड एक येणें.—*n.* पालट, अदलाबदल *f*; एकाआड एक येणें *n*; mutual exchange of commodities between two persons or countries देणेंघेणें *n*, अदलाबदलीचा व्यापार, विनियम; commerce व्यापार.

INTERCOSTAL *a.* (*-costa,* rib) बरगड्यांमधला, पंजरमध्यस्थ (muscle).

INTERCOURSE (*-currere*, to run) communication दळणवळण *n*, जाणेंयेणें *n*, वहिवाट *f*, संसर्ग, पायरव; commerce व्यापार, देवघेव; association सहवास, संगत *f*.

INTERDICT *v.* (*-dicere*, to say) forbid by order हुकमानें मनाई क.; forbid communion संसर्ग -पंक्तिव्यवहार बंद क.; cut off from the enjoyment of communion with a church ख्रिस्ती मंडळीच्या सहवासा पासून दूर ठेवणें [from]. -ION मनाई *f*, निषेध; prohibiting decree द्वाही *f*, दुराही *f*; curse शाप. -ORY *a.* निषेधाचा, मनाईचा.

INTEREST (*-esse*, to be) concern परवा *f*, चिंता *f*, काळजी *f*; excitement of feeling, whether pleasant or painful काळजी *f*, दरद *n*, आस्था *f*, कळवळा; share हिस्सा, पाती *f*; advantage अर्थ, हित *n*, फायदा; selfish benefit स्वार्थ; premium paid for the use of money व्याज *n*; surplus advantage उपराळा; compound i. चक्रवाढ व्याज *n*; i. at 25 per cent. सवाईचें व्याज *n*; simple i. सरळव्याज *n*; i. at one per cent. एकोत्रा;–at two दुहोत्रा;–at three तिहोत्रा;—at four चहोत्रा.—*v.* आस्था -कळकळ लावणें, उत्पन्न क., दरद उत्पन्न क.;—one's self अगत्य धरणें [in, with]. -ED *p.a.* कळकळीचा, आस्थेकरी, दरदी. -ING *p.a.* मनोरंजक, चित्तवेधक (story).

INTERFERE *v.* (*-ferire*, to strike) come in collision आडवा येणें, नडणें; intermeddle मध्यें पडणें, हात घालणें (दुसऱ्याच्या कामात -गोष्टींत); strike one foot against its opposite so as to break the skin or injure the flesh नेवर लागणें: a horse *interferes*; to i. officiously or idly लांडा -बुचा कारभार क. [in, with].—INTERFERENCE मध्यस्थपणा, मध्यस्थी *f*; collision चकमक *f*, घासाघास *f*.

INTERIM (*L.*) मधलाकाळ.

INTERIOR *a.* (*L.*) आंतला, आंतील; inland मध्यदेशस्थ.

INTERJACENT *a.* (*-jacere*, to lie) मध्यें पडलेला, मध्यवर्ती.

INTERJECT *v.* (*-jacere*, to throw) मध्यें टाकणें -घालणें; मध्यें फेंकणें. -ION मध्यें टाकणें, मध्यमेक्षण *n*; *Gram.* उद्गारचिन्ह *n*.

INTERLACE *v.* मध्यें मध्यें घालणें -मिसळणें, विणणें, गुंफणें.

INTERLINE *v.* एकांतऱ्या ओळींनें लिहिणें: to i. Latin and English; ओळींच्या मध्यें शोध घालणें किंवा विशेष लिहिणें.—INTERLINEAL -AR *a.* एकांतऱ्या ओळींनें लिहिलेला; ओळीच्या मध्यें लिहिलेला.

INTERLINK *v.* कडीसकडी अडकवणें.

INTERLOCUTION (*-loqui*, to speak) संभाषण *n*, संवाद; *Law*, शेवटचा निकाल होण्यापूर्वीच मधला ठराव.

INTERLOPE (*L.* & *D.*) run between parties and intercept without right the advantage that one should gain from the other दोघांच्या व्यापारांत सत्तेशिवाय शिरून त्यांचा नफा आपण मिळविणें; traffic without license परवानगी -परवान्या वांचून व्यापार क.

INTERLUDE (*-ludere*, to play) नाटकाच्या अंकाच्या मधला खेळ -तमाशा, विलासिका *f*; गायनाच्या मध्यें वाद्य वाजविणें *n*.

INTERMARRIAGE *v.* बदलाचें लग्न *n*, साटेंलोटें *n* [with].—INTERMARRY *v.* बदलाचें लग्न क.; लग्नव्यवहार क. -असणें [with].

INTERMEDDLE *v.* (*L.* & *D.*) कामावांचून -सत्तेवांचून मध्यें पडणें [with].

INTERMEDIATE *a.* मध्यें पडलेला; मधला, मधचा मध्यवर्त्ती.

INTERMINABLE *a.* (*-terminus*, end) अपार, अनंत, निस्सिम, निरवधि.

INTERMIT *v.* (*-mittere*, to send) तहकूब क., मध्येंच खाडा पाडणें, खोळंबवणें.—*i.* मध्यें खाडा पडणें -थांबणें -बंद पडणें; go off at

intervals मध्यें मध्यें जाणें -राहणें, कांहीं वेळ जाणें -सुटणें (fever). -TENT *a.* कांहीं काळ पर्यंत राहणारा; येताजाता, अंतऱ्या.—INTERMISSION खाडा, तहकुबी *f*; खंड, तूट *f*.

INTERMIX *v.* मिसळणें, मिश्रित क. [with]. -TURE मिसळ *f*, भेळ *f*, भेळ मिसळ *f*; a mass formed by mixture मिश्रण *n*.

INTERMUNDANE *a.* (*-mundus,* the world) भुवनांमधला, भुवनमध्यस्थित.

INTERMURAL *a.* (*-murus,* wall) भिंतीच्या मधला.

INTERNAL *a.* (*-internus*) आंतला, आंतील, अंतस्थ; pertaining to its own affairs खासगतचा, आंतला, देशचा, घरांतला इ० (trade, war, troubles); intrinsic, मूळचा, जातीचा, आंगचा, हाडाचा, वास्तविक, खरा (rectitude); pertaining to the heart अंतःकरणाचा, मनाचा; with our Savior, i. purity is everything. -LY *ad.* आंत, आंतल्या बाजूस; within the body शरिरांत; mentally मनांत, पोटांत.

INTERPOLATE *v.* (*-polire,* to polish) insert, as a spurious word or passage in a manuscript or book मूळ ग्रंथांत खोटा शब्द अथवा वाक्य घुसडणें -खुपसणें; alter or corrupt by the insertion of foreign matter विजातीय -बाहेरचा विषय -पदार्थ घालून बदलणें -बिघडविणें; [change, as a book or text, by the insertion of matter that is new or foreign to the purpose of the author].—INTERPOLATION खुपसणें *n*; खुपसलेला शब्द -ग्रंथ -वाक्य *n*.

INTERPOSE *v.* (*-ponere,* to place) मध्यें -आड ठेवणें; thrust in आंत खुपसणें; intrude कामा वांचून -सत्ते वांचून शिरवणें; offer, as aid or services, for relief or the adjustment of differences सहायार्थ किंवा तोडजोड करण्यासाठीं मध्यें पडणें -हात घालणें [between.].—*i.* मध्यें असणें -येणें, मध्यस्थी क.—INTERPOSITION मध्यें ठेवणें *n*, व्यवधान *n*; मध्यस्थी *f*, मध्यें हात घालणें *n*.

INTERPRET *v.* (*interpres,* interpreter) explain the meaning of अर्थ -उलगडा क.; तरजुमा क. (language); define व्याख्या क.; unfold the intent or reason of आशय -अभिप्राय सांगणें, -चें कारण दाखविणें, सांगणें, अर्थ सांगणें (dreams); as an enigma सांगणें, जिंकणें [between].—INTERPRETATION अर्थ करणें *n*, व्याख्यान *n*, विवरण *n*; अर्थ, उलगडा, खुलासा;—of dreams स्वप्नविचार; exposition व्याख्या *f*, टीका *f*.—INTERPRETER अर्थकरणारा, अर्थप्रकाशक;—of dreams स्वप्नप्रकाशक; translator भाषांतर करणारा, दुभाषी.

INTERREGNUM (*-regnum,* reign) पाहिला राजा मेल्यापासून किंवा गादी सोडून गेल्यापासून त्याच्या जागीं दुसरा होई पर्यंतचा मधला काळ; राज्यकारभार चालविणाऱ्या प्रधानमंडळीच्या बदलीचा काळ.

INTERROGATE *v.* (*-rogare,* to ask) रीती प्रमाणें सवाल क., प्रश्न विचारून चौकशी क., विचारपूस क.—INTERROGATION प्रश्न -सवाल करणें *n*; सवाल, प्रश्न; note [?] that marks a question प्रश्नचिन्ह *n*.—INTERROGATIVE *a.* प्रश्नाचा, प्रश्नरूप.—*n. Gram.* प्रश्नार्थक शब्द -सर्वनाम *n*, क्रियाविशेषण इ०.

INTERRUPT *v.* (*-rumpere,* to burst) भंग -खंड क.; interfere with the current or motion of मोडा घालणें, अडथळा क.; break the order of क्रमभंग क. [in]. -ION मोडा, व्यत्यय, हरकत *f*, अडथळा; खंड, भंग; गतिभंग, क्रमभंग.

INTERSECT *v.* (*-secare,* to cut) छेदणें, दुभागणें. —*i.* परस्पर छेदून जाणें. -ED दुभागलेला, परिछिन्न. -ION परिच्छेद, विच्छेद.

Intersperse *v.* (*-spargere*, to scatter) मध्यें मध्यें टाकणें -पसरणें, फेंकणें [among].

Interstice (*-sistere*, to stand) फट *f*, चीर *f*, सांध *f*, भेग *f*.

Intertwine *v. t & i* गुंतविणें -गुंफणें, गांठविणें, गाठणें; गुतणें.

Interval (*-vallus*, stake) space between two things पदार्थांमधलें अंतर *n*, अवकाश; space of time between any two points or events अवकाश, अवधि, कालांतर *n*, फुरसत *f*; remission खंड, तुट *f*: i. of peace; without i. निरंतर; at *intervals* राहून राहून, वारंवार.

Intervene *v. i.* (*-venire*, to come) दोन वस्तूंच्या मध्यें येणें, आड येणें; occur, fall, or come between points of time or events काळाच्या -गोष्टीच्या मध्यें येणें -घडणें -पडणें; happen in a way to disturb, cross, or interrupt विघ्न -अडथळा -व्यत्यय -मोडा येणें [between].—*t.* -च्या मध्यें येणें इ०.—**Intervention** मध्यें येणें *n*, व्यवधान *n*; mediation मध्यस्थी *f*.

Interview, mutual sight अन्योन्यदर्शन *n*, दृष्टादृष्ट *f*; formal meeting for some conference on an important subject भेट *f*, मुलाखत *f*; a conference बैठक *f*, प्रसंग, सभा *f*.

Intervolve *v.* (*-volvere*, to roll) एकमेकांत गुंतविणें -गांठवणें.

Interweave *v.* विणणें, गांठणें.

Intestable *a.* (*-testis*, a witness) मृत्युपत्र करण्यास अयोग्य -नालायक.—**Intestacy** मृत्युपत्र केल्याशिवाय मरणें.—**Intestate** *a.* मृत्युपत्र केल्याशिवाय मरणारा; मृत्युपत्रहीन; मृत्युपत्रानें न दिलेला (estate).—*n.* मृत्युपत्र केल्याशिवाय मेलेला मनुष्य -ली असामी *f*.

Intestine *a.* (*intus*, within) आंतला, आंतील (disease); depending upon the internal constitution of a body आंतल्या व्यवस्थेवर अवलंबून राहणारा; domestic घरगुती, घरांतला, अपसांतला (war, enemies, troubles).—*n.* आंतडें *n pl*; आंतडीं *n pl*.—**Intestinal** *a.* आंतड्याचा, अंत्रसंबंधी.

Inthral, See **Enthrall**.

Intimate *v.* (*intimus*, the inmost) आंतला, अंतरींचा; near जवळचा, सन्निध; familiar सलगीचा, घसणीचा, दाट, जिवलग: i. acquaintance, friendship सलगीचा मित्र, सखा [with].—*v.* खबर -सूचना देणें, सुचवणें; [to]. — **Intimacy** सलगी *f*, जिवलगपणा, सख्य *n*.—**Intimation** सूचना *f*, कच्ची बातमी, खबर *f*.

Intimidate *v.* (*-timidus*, fearful) भेडसाविणें, दटावणें [by, with]. — **Intimidation** भेडावणी *f*, दटावणी *f*;—the state दहशत *f*.

Into *prep.** आंत, मध्यें.

Intolerable *a.* सोसवेनासा, असह्य (pain); not right to be allowed अक्षमनीय, क्षमा करवेनासा. **Intolerably** *ad.* सोसवेना असें.—**Intolerant** *a.* असोशिक, अक्षम; not enduring difference of opinion or sentiment, esp. in relation to religion दुसऱ्याचें मत, अथवा धर्मभेद न सोसणारा, परमतासह.

Intonation (*tonus*, sound) स्वरभेद; deep i. गंभीर स्वर.

Intoxicate *v.* (*-toxicum*, poison) make drunk (दारूनें) गुंग -मस्त क., कैफ -अमल आणणें; elate to enthusiasm, frenzy, or madness मस्त -गुंग क., उन्मत्त क. [with].—**Intoxication** निशा *f*, गुंगी *f*, कैफ, अमल; मस्ती *f*, उन्माद, माज.—**Intoxicating** *p. a.* माज आणणारा, उन्मादक, मादक, अमली; i. liquors or drugs अमली जिन्नस.

Intractable *a.* अडेल, अनिवार, दंडेल (temper); indocile शिकवण -शिक्षा न घेण्या-

जोगा,अशिक्ष्य, दुःशास्य (child).—INTRACTABILITY अडेलपणा, हट्टीपणा, दंडेली *f*.

INTRANSITIVE *a. Gram.* अकर्मक.

INTRAMSMUTABLE *a.* ज्याचा पालट होत नाहीं किंवा करितां येत नाहीं तो, अविकार्य.

INTRENCH *v.* भोंवतालीं खंदक खणणें -क.; fortify with a ditch and parapet खंदक खणून मोर्चा बांधणें, मोर्चेबंदी क.; furrow तास -हरळ पाडणें [on, upon]. -MENT खंदक, मोर्चा; protection आश्रय, रक्षण *n*; encroachment आक्रमण *n*, उल्लंघन *n*.

INTREPID *a.* (-*trepidus*, trembling) छातीचा, धाडस, निर्भय. -ITY छाती *f*, धारिष्ट *n*.

INTRICATE *a.* (-*tricæ*, hindrances) गुतागुतीचा, भानगडीचा, घोटाळ्याचा.—INTRICACY गुतागुत *f*, भानगड *f*.

INTRIGUE *v.* (do.) a complicated plot intended to effect some purpose by secret artifices कुलंगडें *n*, कंत्राट *n* कारस्थान *n*; a secret understanding or commerce of forbidden love between two persons of different sexes कामचरित्र *n* [with, against].—*v.* कंत्राट -कचाट रचणें; कामचरित्र चालविणें.—INTRIGUER कचाट्या, कारस्थानी, कपि.

INTRINSIC, -AL *a.* (-*secus*, side) आंतलागenuine खरा, जातीचा, असल, मुळचा (merit, value).

INTRODUCE *v.* (-*ducere*, to lead) आंत नेणें, प्रवेश करविणें; conduct and make known by formal announcement, proclamation; or recommendation भेट-मुलाखत क.; bring, to be acquainted ओळख करून देणें -देण्यासाठीं आणणें; bring into notice or practice रुढींत -प्रवृत्तींत आणणें, चालू क. (a fashion); begin आरंभ क., चालू क., सुरू क. (a subject) [in, into].—INTRODUCTION चालू करणें *n*, प्रवर्त्तन *n*; भेट करून देणें *n*, मुलाखत *f*; आरंभ; a formal and elaborate preliminary treatise उपोद्घात.—INTRODUCTIVE, -TORY *a.* पूर्वीचा; आरंभींचा; प्रस्तावनारूप (remarks).

INTRUDE *v. i.* (-*trudere*, to thrust) कामावांचून -बोलावल्या वांचून आंत जाणें -येणें, न बोलावतां जाणें -शिरणें; encroach उल्लंघन -आक्रमण क., मर्यादा सोडून जाणें.: to i. on the lands of others.—*t.* कामा वांचून -सत्ते वांचून शिरवणें -खुपसणें [on, upon, into].—INTRUDER न बोलावतां जाणारा, आगंतुक, घुशा.—INTRUSION बोलावल्या वांचून येणें -जाणें *n*, अनधिकारपूर्वक प्रवेश.

INTRUST *v.* हवालणें, सोपणें, विश्वासणें [with, to].

INTUITION (-*tueri*, to look) an act of immediate knowledge, as in perception or consciousness; distinguished from "mediate" knowledge, as in reasoning अंतर्ज्ञान *n*, साहजिक ज्ञान *n*, विचारनिरपेक्षज्ञान *n*; any object or truth discerned by direct cognition अंतर्ज्ञानानें समजण्याची गोष्ट *f* -चा विषय.—INTUITIVE *a.* स्पष्ट पाहणार (vision); पाहतांच कळण्याजोगा, प्रमाणनिरपेक्ष (knowledge); अंतर्ज्ञानानें जाणणारा, अंतर्ज्ञानी.

INUNDATE *v.* (-*undare*, to rise as waves) पूर आणणें, बुडवणें, जलमय क.; fill with an overflowing abundance रेलचेल क., ऊत -पूर -लोट आणून भरणें,-चें पेंव फोडणें [with].—INUNDATION पूर, लोंढा, जलप्रलय; पूर, ऊत, रेलचेल *f*.

INURE *v. F.* सवयींत -घसवटींत आणणें, राबवणें; be or get *inured* घसवटणें, घटणें [to].

INVADE *v.* (-*vadere*, to go) enter, as an enemy, with a view to conquest or plunder स्वारी क.; attack हला क., चढून -चालून जाणें; encroach on उल्लंघन -आक्रमण क.—INVASION हला, चढ; स्वारी *f*, दौड *f*.

Invalid *a.* निर्जीव, निर्बळ; *Law,* void पोकळ, रद्द, निरुपयोगी (contract).—*n.* रोगेला, रोगी मनुष्य; soldier or seaman worn out in service बहुत दिवस नोकरी करून जर्जर झालेला -थकलेला शिपाई किंवा खलाशी. -ATE *v.* रद्द क., माजी पाडणें, व्यर्थ -निर्बळ क.; overthrow मोड -खंड -भंग क. (an argument). -ITY निर्बळता *f*, पोकळपणा; कायद्याच्या बळाची कोताई *f* -कमजोरी *f*.

Invaluable *a.* अमोलिक, अमूल्य.

Invariable *a.* एकसारखा, स्थिर, निर्विकल्प.—**Invariably** *ad.* नित्य नेमानें, एकसारखा, सतत.

Inveigh *v.* (*-vehere,* to carry) utter censorious and bitter language against निंदा -निर्भर्त्सना क., ठोमणे मारणें [against].—**Invective** निंदा *f,* निर्भर्त्सना *f,* निंदात्मक भाषण *n*, ठोमणा.—*a.* निंदेचा, निंदात्मक.

Inveigle *v. F.* फुसलावणें, भुलथाप देणें [into].

Invent *v.* (*-venire,* to come) discover, commonly by study or inquiry शोधून काढणें; contrive युक्ति -हिकमत काढणें; fabricate रचणें, बनावणें; in a bad sense खोटा -बनावट क., रचणें. -ION नवी युक्ति *f*, कल्पना *f*, कृप्ति *f*; रचलेली गोष्ट *f*, कल्पना *f*; discovery नवीन काढलेली गोष्ट -वस्तु *f*;—of one's own brain स्वकपोलकल्पित; the power of invention कल्पनाशक्ति *f*, युक्ति *f*; i. to deceive, injure, &c. थोताड *n*, बालंट *n*. -OR युक्ति काढणारा, कल्पक; नवा बनावणारा. -ORY, catalogue याद *f*, फेरिस्त *n*; catalogue of all the goods and chattels of a deceased person मयताच्या जिंदगीची याद *f*; to take an i. कलमबंदी क., फेरिस्त क., याद क.

Invert *v.* (*-vertere,* to turn) उलटा-पालथा क., अधोमुख क.; फिरवणें. -ED विपरीत, व्यतिक्रान्त; अधोमुख.—**Inverse** *a.* उलटा, उफराटा; *Math.* व्यस्त.—**Inversion** उलटणें *n*; व्यतिक्रम, व्युत्क्रम.

Invest *v.* (*-vestire,* to clothe) नेसवणें, पांघरवणें; confer देणें, दान क.; clothe, as with office or authority अधिकार देणें; *Mil.* surround वेढा -गराडा घालणें; surround with, or place in, as property in business व्यापारांत घालणें, व्याजीं वगैरे लावणें. [with, in]. -ITURE प्रतिष्ठा *f*, पदस्थापना *f*. -MENT—with the sacrificial cord उपनयन *n*;—of goods सार्टे *n*, खरिदी *f*; *Mil.* वेढा -गराडा घालणें *n*, व्यापारांत -पेटीवर -व्याजीं पैसा गुंतविणें *n*; to buy up the whole of an i. सार्टे मारणें -घेणें; deed of the purchase of an i. सार्टेखत *n*.

Investigate *v.* (*-vestigare,* to track) शोधणें, तपासणें, चौकशी क. [into].—**Investigation** शोध, तपास, तलाश.

Inveterate *a.* (*-vetus,* old) जुनाट, बहुत दिवसांचा, जडलेला, बद्धमूल (disease); habitual सवयीचा, परिपाठाचा, घटलेला (idler).

Invidious *a.* (See **Envy**) हेवा उत्पन्न करण्याजोगा, मात्सर्यजनक (affair).

Invigorate *v.* पुष्टी -बळकटी -तेजी आणणें [by, with]. — **Invigorating** *a.* पौष्टिक, धातुपुष्ट, बलवर्द्धक.—**Invigoration** पुष्टिकरण *n*, तेजोवर्द्धन *n*; बलोवृद्धि *f*.

Invincible *a.* (*-vincere,* to conquer) अजिंक, दुर्जेय; insuperable दुस्तर, अनिवार्य, जबरदस्त (habit) [in, by].

Inviolable *a.* अबाध्य, अपकारायोग्य; not to be profaned अनुलंघनीय (a shrine); not to be broken अभंग, अलंघ (promise, vow).—**Inviolate** *a.* अभंग, अबाध.

Invisible *a.* अदृश्य; i. green काळ्यारंगासारखा हिरवा रंग जो दिसण्यांत येत नाहीं तो.—**Invisibility** अदृश्यता *f*, दृष्टयगोचरता *f*.

Invite *v.* (*invitare*) ask बोलावणें; ask to an entertainment or visit बोलावणें, लग्न-कार्यास -मेजवानीस -भेटीस पाचारणें, आमंत्रणें; allure चित्त ओढणें -ओढून घेणें [to].—**Invitation** आमंत्रण *n*, पाचारणें *n*, बोलावणें *n*. —**Inviting** *a.* आकर्षक, मोहक.

Invocate *v.* (*-vocare*, to call) address in prayer हाकमारणें, प्रार्थना -धावा क. -मांडणें. —**Invocation** धावा, आवाहन *n*.

Invoice *F.* a written account of the particulars of merchandise shipped or-sent to a purchaser, consignee, factor, with the value or price and charges annexed थेटपट्टी *f*, बीजक *n*, चुलान *n*.

Invoke, See **Invocate**.

Involuntary *a.* not having will अस्वाधीन, अस्वेच्छ; independent of will or choice इच्छेबाहेरचा, इच्छानधीन: the motion of the heart is i., but not against the will; opposed to the will इच्छेविरुद्ध, गैर खुशीचा, नाखुशीचा: an i. submission to a master.

Involve *v.* (*-volvere*, to roll) गुंडाळणें, लपेटणें; envelop वेष्टणें, लपेटणें; to i. in darkness; entangle गोवणें, गुंतविणें; connect by way of natural consequence कार्यकारण संबंधानें जोडणें; contain असणें; include by rational or logical construction गर्भित क., अनुमाना वरून निघे असा क.; overwhelm बुडविणें, गर्क क.: to i. in debt; *Arith.* घात देणें [in, by, with].—**Involved** गुंडाळलेला, वेष्टित; ध्वनित, गर्भित; गुंतलेला, गोवलेला; to be i. सांपडणें; गुरफटलेला, गुंताड्याचा.—**Involution** गुंडाळणें *n*, वेष्टन *n*; ध्वनन *n*; जोडणें *n*, ओढून घेणें *n*, आकलन *n*; गुंताडा, गुतागुत *f*; घातकर्म *n*; —of speech लपेट *f*.

Invulnerable *a.* incapable of being wounded, or of receiving injury वज्रदेही, वज्रशरीर.

Inward* *a.* आंतला, आंतील; seated in the mind मनांतला, पोटांतला, अंतस्थ. **-ly** *ad.* आंतून, आंतल्या बाजूस; मनांत, पोटांत.—*n pl* अंतर्डीं *n pl*.

Inwrought *a.* जडित, खचित, भरित.

Iota (*Gr.*) लवलेश, तिलमात्र *n*, अणु.

Ire (*ira*) राग, क्रोध, त्वेष.—**Irascible** *a.* रागीट, तापट, शीघ्रकोपी.

Iris (*L.*) the rainbow मेघधनुष्य *n*; circle round the pupil of the eye बुबूळ *n*, कनिकामंडळ *n*; a plant श्वेत दुर्वा *f*.

Irish *a.* ऐर्लंद देशाचा; ऐर्लंद देशांत होणारा.—*n.* ऐर्लंद देशचा राहणारा; ऐरिश भाषा *f*.

Irk *v.* *Scot.* दमवणें, शिणवणें. **-some** *a.* कंटाळा -त्रास येण्याजोगा, त्रासदायक.

Iron* one of the metallic elements लोखंड *n*; utensil made of iron लोखंडाचा डागिना; *pl* fetters बिड्या *f pl*; शृंखला *f pl*; strength शक्ति *f*, बळ *n*, पराक्रम; cast i., or pig i. बीड *n*; malleable i. धावडी लो॰ *n*; i. filings लो॰ चा कीस; sulphate of i. हिराकस; oxide of i. लो॰ चा कीट; wrought i. शुद्ध -निर्भेळ लो॰ *n*; bar i. कांबीचें लो॰ *n*.—*a.* लोखंडी, लोहमय; resembling iron in color लोहवर्ण; hard कठीण, कडक (age); i. age of the Hindus कलियुग *n*; inflexible हेकड, दुराग्रही (will); robust बळकट, जोरदार (constitution); not to be broken अभंग (sleep); stupid जड, मंद: i.-witted fools.—*v.* smooth with an instrument of iron इस्त्री क.; बेड्या घालणें -ठोकणें; furnish with iron लोखंड -लोखंडी सामान बसविणें (wagon). **-bound** *a.* लोहबद्ध; rugged खडकाळ,

खडबडीत (coast). -CLAD *a.* लोखंडी पत्र्यांनीं मढविलेला.—*n.* लोखंडी पत्र्यांनीं मढविलेलें जहाज *n.* -FOUNDER लोखंडाचा रस ओतणारा. -FOUNDRY लोखंडी रस ओतण्याचा कारखाना. -GRAY धूसर रंग. -MONGER लोखंडी सामान विकणारा. -MOULD, a spot on cloth made by applying rusty iron to the cloth when wet कापडावरला लोखंडाचा डाग. -SMITH लोहार. -WOOD अंजिनी *f.* -WORK लोखंडी काम *n*; *pl* लोखंडी कामाचा कारखाना.

IRONY (*Gr. eiron*, a dissembler in speech) a kind of ridicule which exposes the errors or faults of others by seeming to adopt, approve, or defend them व्याजोक्ति *f*, विपरीतलक्षणा *f*.—IRONICAL *a.* उपरोधिक, व्याजस्तुतीचा.

IRRADIATE *v.* (*-radiare*, to shine) प्रकाशित क.

IRRATIONAL *a.* void of reason ज्ञान -बुद्धिहीन; i. animal हैवान *c*; contrary to reason अयुक्तिक, वेडेपणाचा, बुद्धिविरुद्ध; *Math.* करणीपद *n.* -ITY अजाणपणा, बुद्धिहीनता *f*.

IRRECLAIMABLE *a.* मार्गावर आणायास -परतून मिळवायास अशक्य.

IRRECONCILABLE *a.* असमजुतीचा, अशाम्य; inconsistent परस्परविरुद्ध, संदर्भविरुद्ध, विसंगत.

IRRECOVERABLE *a.* पुनः न मिळण्याजोगा, पुनरलभ्य; not capable of being remedied उपाया बाहेरचा, निरुपाय.

IRREFRAGABLE *a.* खंडन करायास अशक्य, अखंडनीय (proof).

IRREGULAR *a.* बेशिस्त, गैरशिस्त, बेडौल, वांकडा (building); not according to established principles or customs नेमाविरुद्ध, रीती -चाली विरुद्ध, गैरशिस्त, अव्यवस्थित (proceedings); not conformable to nature स्वभाव -सृष्टिनियम विरुद्ध : i. action of the heart; immethodical अव्यवस्थित, क्रमरहित -शून्य (verse); not in conformity to laws human or divine अनाचारी, आडमार्गी, गैरचालीचा; not straight वांकडा, असरळ (line); not uniform उंचनीच, विषम, असम (motion); *Gram.* व्यभिचारी, वर्जनीय (words);—in shape विरूप.—*n.* [a soldier not in regular service]. -ITY बेशिस्तपणा, अव्यवस्था *f*, क्रमविरोध; वांकडी चाल *f*, गैरवर्त्तणूक *f*, अनाचार, अधर्म; उंचनीचपणा.

IRRELEVANT *a.* अप्रासंगिक, अप्रस्तुत, अप्रयुक्त [to].—IRRELEVANCY अप्रासंगिकत्व *n*, अनन्वय.

IRRELIGION अधर्म, धर्मलोप, दुष्टाचार, अभक्ति *f*.—IRRELIGIOUS *a.* अधर्मी, अधार्मिक, दुराचारी, दुष्ट; profane धर्म -देवनिंदक, धर्मविरुद्ध (speech, conduct).

IRREMEDIABLE *a.* बेइलाज, निरुपाय, सुधरायास अशक्य (disease, error).

IRREPARABLE *a.* सुधरायास अशक्य; irrecoverable परत मिळवायास अशक्य, पुनरालभ्य.

IRREPROACHABLE *a.* नांव ठेवायाजोगा, निर्दोष, निष्कलंक (conduct).

IRRESISTIBLE *a.* अनिवार, दुर्निवार.

IRRESOLUTE *a.* चंचळमनाचा, धरसोडीचा, अधीर.—IRRESOLUTION चंचल बुद्धि *f*, धरसोड *f*.

IRRESPECTIVE *a.* अनपेक्ष, अपेक्षाहीन, परिणाम न पाहणारा [of].

IRRETRIEVABLE, *a.* बेइलाज, निरुपाय; irrecoverable परत मिळण्यास अशक्य, पुनरप्राप्य.

IRREVERENT *a.* अनादर -अपमान करणारा; not entertaining or manifesting due regard to the Supreme Being ईश्वराचा अनादर करणारा, अपूजक; proceeding from irreverence अनादराचा, अपमानकारक, निंदेचा

(word).—IRREVERENCE अनादर, अपमान; थोरांचा अपमान -अपूजा *f*.

IRREVERSIBLE *a.* फिरवायास अशक्य; रद्द न करण्याजोगा, अलोप्य, अखंड्य (decree).

IRREVOCABLE *a.* न फिरवायाजोगा, अपरावर्त्तनीय (decree, promise).

IRRIGATE *v.* (*-rigare,* to water) पाणी घालणें; wet भिजवणें; water, as land, by causing a stream to flow upon and over it पाटानें पाणी देणें -सोडणें.—IRRIGATION पाट सोडणें *n*, पन्हळीचें शिंपणें *n*.

IRRITATE *v.* (*irritare,* to pluck) excite heat and redness in, as the skin or flesh of living animal bodies, as by friction खिजवणें, चिडवणें; inflame आग -दाह क.; provoke खिजवणें, चेतवणें, चिडवणें.—IRRITATION खिजवणी *f*, चिडवणी *f*, आग *f*, दाह.

IRRUPTION (*-rumpere,* to break) आंत फुटणें -येणें -पडणें *n*; sudden invasion दौड *f*, धाड *f*, स्वारी *f*.

ISLAM *Ar.* महमदी धर्म.

ISLE (*insula*), ISLAND* बेट *n*, द्वीप *n*, टापू. -ER टापूंत राहणारा, द्वीपवासी, द्वीपस्थ.—ISLET लहान बेट *n*, उपद्वीप *n*.

ISOLATE *v.* (*insula,* island) वेगळा -अलग ठेवणें

ISLE, See AISLE.

ISOCHRONAL, -OUS *a.* (*Gr. isos,* equal, *chronos,* time) समकालिक, समसंख्याकाल.

ISOSCELES *a.* (*Gr. isos,* equal, *-skelos,* leg) *Geom.* समद्विबाहु -भूज.

ISRAELITE *Heb.* इस्राएलाच्या वंशांतला मनुष्य, यहुदी.—ISRAELITISH *a.* इस्राएलाचा, इस्राएली.

ISSUE *F.* the act of flowing out बाहेर निघणें *n* -वाहणें *n* -पडणें *n*, निस्सरण *n*, निर्गम, स्राव; i. of blood, of air, of people from a house; act of sending out बाहेर पाठविणें *n* -काढणें *n*: i. of an order; result शेवट, परिणाम; progeny संतान *n*, संतति *f*; produce of the earth उपज; profits of land, tenements, &c. उत्पन्न *n*; a flux स्राव; *Med.* an artificial ulcer designed to promote a secretion of pus पोत *f*; any point made in debate वादाचा विषय -गोष्ट *f*, प्रस्ताव: i. of rations वांटणें, देणें.—*v. i.* निघणें, वाहणें, जाणें; बाहेर जाणें -पडणें: the troops *issued* from the town; proceed निघणें, पडणें: water *issues* from springs; light *issues* from the sun; उत्पन्न होणें, जन्मणें, संतति होणें; उत्पन्न होणें, मिळणें, नफा होणें -मिळणें: profits *issuing* from land; परिणाम -निकाल -गत -शेवट होणें.—*t.* पाठविणें; put into circulation चालू क. व्यवहारांत आणणें (notes from a bank); deliver for use वांटणें, देणें (provision); deliver by authority फरमावणें, जाहीर -जगप्रसिद्ध क. (an order)

ISTHMUS (*L.* a neck) संयोगीभूमि *f*.

IT* *pron.* (*L. id, Skr. it*) तें, हें *n*. -SELF *pron.* आपण, स्वतां.

ITALIAN *a.* इतली देशाचा.—*n.* इतली देशाचा राहणारा; इतालीयन लोकांची भाषा *f*.—ITALIC *a.* इतालीचा; [app. esp. to a kind of type in which the letters do not stand upright, but slope towards the right;—so called because dedicated to the States of Italy by their inventor, Aldus Manutius, about the year 1500.] —*n.* इतालिक किंवा तिर्कस अक्षर *n*: *the letters in which this clause is printed.*—ITALICIZE *v.* तिर्कस अक्षरानें लिहिणें किंवा छापणें.

ITCH* an eruption of small, isolated, acuminated vesicles, produced by the entrance of a parasitic animal, and at-

tende by severed irritation खरूज f; sensatioe in the skin occasioned by the disease खाज f, कंडू f; a constant, irritating desire खाज f, खवखव f.—i. साजणें, खाज सुटणें; खुरखुरणें, वळवळणें, फुरफुरणें.—ITCHY a. खरजुला, खरजेचा.

ITEM ad. (L.) देखील, अणखी, दुसरें, ही.—n. कलम n, रकम f, बाब f.

ITERATE v. (iterò, again) फिरून सांगणें किंवा क.—ITERATION पुनरुक्ति f, दुसऱ्यानें बोलणें n; दुसारणें n, पुनः क. n.—ITINERANT a. (iter, a walk) फिरस्ता, फिरता (a preacher).—n. फिरस्ता मनुष्य; गांवोगाव फिरून उपदेश करणारा.—ITINERARY मार्गवृत्तांत पुस्तक n, देशाटण वृत्तांत, सफरनामा.—a. फिरणारा, फिरस्ता.—ITINERATE v. गांवोगांव फिरणें, देश फिरणें; गांवोगांव उपदेश करीत -व्याख्यानें देत फिरणें.

IVORY (ebur, Skr. ibha) हस्तिदंत.

IVY* इशकपेच (वेल), तरुरोहिणी f.

J.

JABBER* v. i. वटवट बोलणें, बकणें.—t. चुरचुर -लबलब बोलणें.

JACK F. [a nickname or diminutive of John]; a seafaring man खलाशी; [a portable machine variously constructed, for raising great weights through a small space]; F. a coat of mail कवच n, चिलखत n; [male of certain animals, as of the ass]; a horse or wooden frame on which wood is sawed घडवंची f; a small flag, usually hoisted at the bowsprit cap जहाजाचा लहान बावटा; instrument to pull off boots पायांतून बूट ओढून काढायाचें हातेर n; j.-at-all-trades हरकामी, चौकोनी चिरा.—Bot. फणसाचें झाड n. [Note.—J. is sometimes used adj. to designate something cut short or diminished in size, as a j.-timber, j.-rafter.] -ASS गाढव. -DAW डोमकावळा. -FRUIT फणस. -PUDDING हंडीबाग. -WOOD फणसाचें लांकूड n.—JACKET F. बंडी f, कुडतें n, 'जाकिट' n.

JACKAL F. (Skr. sringala) कोल्हा.

JADE Prov. Eng. a mean horse घोडकें n; a mean woman रांडरूं n.—v. शिणवणें, भागवणें.

JAG W. खांडा, सड, कातरा.—v. खांडे पाडणें.

JALAP (from Jalapa, a town in Mexico) एक प्रकारचें ढाळक आहे, 'जुलाब.'

JAM Orient. a mass of people crowded together लोकांची गर्दी f -दाटी f -भीड f, हजिंबा; a conserve of fruit मुरंबा.—v. चिरडणें, चेंगरणें, चेंदणें.

JANGLE v. i. Ger. sound harshly or discordantly कर्कश अथवा बेसूर वाजणें; wrangle कटकट -कलागत क.—n. कर्कशध्वनि; बेसूर; कलागत f, किलकिल f.

JANITOR (janua, door) देहुडीवाला, द्वारपाल.

JANTY, JAUNTY a. F. छानछुक्या, नटणारा.

JANUARY (from Janus, an old Italian deity) इंग्रजी सालाचा पहिला महिना, पौष-माघ.

JAPAN (from Japan, in Asia) रोगणकाम n.—v. रोगण लावणें -चढवणें -देणें.—JAPANESE जपानदेशाचा मनुष्य; जापानी लोकांची भाषा f.

JAR v. i. F. vibrate harshly कर्कश वाजणें, करकरणें; act in opposition विजोड पडणें, नडणें; quarrel भांडणें.—n. कर्कश शब्द; बेबनाव; भांडण n.—n. Ar. घडा, बरणी f, वगैरे मातीचें भांडें n; a large j. माठ, रांजण.

JARGON F. हेंगाडी -रांगडी बोली f.

JASMINE Ar. जाई f, जाती f; the Arabian j. मोगरी f; eared j. जुई f; yellow j. सोनजुई f.

JASPER Ar. एक मणी आहे, यारोफ पाषाण.

Jaundice *F.* a disease, in its most common form characterized by yellowness of the eyes, skin, and urine, whiteness of the discharges from the intestines, uneasiness, referred to the region of the stomach, loss of appetite, and general langaur and lassitude कामीण *f*, काविळ *f*, पांडुरोग.—**Jaundiced** *a.* पांडुरोगी; prejudiced वक्रदृष्टि.

Jaunt *Scot.* सहल *f*, सफर *f*, रपेट *f*.—*v.* सहल क.

Javelin *F.* बरची *f*, सांग *f*.

Jaw *F.* जबडा, दाभाड *n.* -**tooth** दाढ *f*.

Jay *F.*—the blue j. चाष, चात.

Jealous *a.* (*zelus*, zeal) filled with anxious apprehension शंकित, संशयी, भयाक्रांत; solicitous in a matter affecting character or honor अभिमानी, आवेशी (1 Kings xix. 10); uneasy through fear that good-will, interest, affection, or the like, regarded as belonging to one's self, is transferred to another प्रेमसंशयी, प्रेमशंकी; a husband of a wife परपुरुषाशंकी, जारशंकित;—a wife of a husband परस्त्रीशंकित; apprehensive of rivalship परोत्कर्षद्वेषी.—**Jealousy** संशय, शंका *f*; प्रीतीचा संशय, प्रेमसंशय;—of a husband respecting a wife परपुरुषाशंका *f*; — of a wife respecting a husband परस्त्रीशंका *f*; अभिमान, आवेश; परोत्कर्षद्वेष -भय *n.*

Jeer *v. i. Ger.* टवाळी -थट्टा क.—*n.* टवाळी *f*, थट्टा *f*.

Jehovah *Heb.* a Scripture appellation of the Supreme Being, by which He was revealed to the Jews as their tutelary God or Sovereign of the theocracy 'यहोवा', परमेश्वर; the sacred unpronounceable name of the Eternal, usually interpreted as signifying self-derived and permanent existence स्वयंभू -सनातन परमेश्वर.

Jejune *a.* (*jejunus*, dry) रुक्ष, निरस, भुकड, भाकड.

Jelly *F.* a glutinous substance चिकी *f*;—of fruit मुरब्बा, फलपाक, 'जेली' *f*.

Jeopard *v. F.* जोखमांत -धोक्यांत घालणें.—*n.* जोखीम *n*, धोका, प्राणसंकट *n*; to be in j. प्राणावर बितणें. -**ize** *v.* जोखमांत घालणें.

Jerk *v. O. Eng.* give a sudden pull हिसका -आसडा देणें; throw with a quick effort झटकारून फेंकणें -टाकणें; [cut into thin slices and dry in the sun: to j. beef].—*n.* हिसका, हिसडा, झटका.

Jessamine, See **Jasmine**.

Jest *O. Eng.* something done or said in order to amuse थट्टा *f*, मस्करी *f*, विनोद; a laughing-stock खेळवणा, उपहासपात्र *n*; in j. मस्करीनें, थट्टेनें.—*v.* मस्करी क. [with]. -**er** थट्टेखोर -बाज; buffoon हंडीबाग, भांड.

Jesuit *F.* रोमनकाथोलिक धर्मांत एक पंथ आहे, त्यातला एक; a crafty person कावेबाज -कपटी मनुष्य.

Jet (*gagates*) एक खनिज पदार्थ आहे, कारदगड. -**ty** *a.* काळा.

Jet (*jactus*, a throwing) a spouting stream उडती धार *f*, चिरकांडी *f*; a sudden rush, as of water from a pipe, or of flame from an orifice कारंजें *n*, फवारा.—*v.* धार सोडणें.

Jew (from *L. Judæa*) यहूदी.—*v.* फसवणें. ठकवणें. -**ess** यहुदीण *f*. -**ish** *a.* यहुद्यांचा, -'**s harp** चंग, मोरचंग. -**ry** यहुद्यांचा महला -चकला.

Jewel *F.* a gem रत्न *n*, जवाहीर *n*, मणी; an ornament of dress in which the precious stones form a principal part जडावाचा डागिना; an object regarded with

special affection and highly valued रत्न *n*, परीस, लाल, जिवडा; a setter of *jewels* जड्या—*v*. रत्नभूषित -मंडित क.; रत्न -मणी बसविणें : to j. the works of a watch; रत्नासारखा शृंगार क.: flowers *jeweling* the grass. -ER, -LER, one who deals in jewels, जवाहिरी; जड्या. -LERY, -RY रत्नें *n pl*, जवाहीर *n*.

JIB *Eng*. the foremost sail of a ship पोगी *f*.

JINGLE *v. i. Ger*. खळखळणें, झणझणणें. —*n*. झणकारा, खळखळ *f*; that which makes a jingling sound घुंगुरूं *n*, वगैरे.

JOB *Eng*. a piece of work काम *n*; any thing undertaken, whether of more or less importance अडकाम *n*, अडपझडप *n*; an undertaking with a view to profit मात्तीसाठीं -नफ्यासाठीं पत्करलेलें काम *n*; काम *n*; by the j. उक्ता, खंडून.

JOCKEY (dimin. of *jack*) a man who rides horses in a race शर्यतीचा घोडेस्वार; a dealer in horses घोड्यांचा सवदागर; a cheat ठक, लुच्चा, सोदा.

JOCOSE *a*. (*jocosus*) विनोदी, थट्टेबाज (a person); थट्टेचा, विनोदाचा (airs). —JOCULAR, *a*. थट्टेचा, मस्करीचा, विनोदात्मक (style); थट्टेबाज, विनोदी (a person).—JOCUND *a*. आनंदी, खुशमौजी. -ITY आनंद, खुशमौज *f*.

JOG *v. Ger*. धका -हिस्का देणें, हबकणें.—*i*. धिमे -हळूहळू चालणें.

JOIN *v*. (*jungere*, to yoke) connect जोडणें, जडणें, सांधणें;—unite with संगत जोडणें, सांगड घालणें, मिळवणें;—in league जूट जोडणें;—in marriage जोडा जोडणें [with, in]. — *i*. मिळणें, एकहोणें; लगत -संगत असणें; —in fight भिडणें. -ER जोडणारा, जडणारा; one whose occupation is to construct things by joining pieces of wood सांधकाम्या, जोडणारा; carpenter सुतार, बढई. -ERY सांधकाम *n*, जोडकाम *n*.—JOINT सांधा, संधि *f*;—in the limbs of an animal खीळ *f*, सांधा; — of cane or of knots पेर *n*, ग्रंथि *f*; to be out of j. सांधा उखळणें;—of meat रान *n H*.—*a*. जोडलेला, संलग्न; shared among more than one समाईक (property); sharing with another विभागी, भागीदार, पातीदार; not solitary in action जोडीनें काम करणारा, 'जाइंट.'—*v*. सांध्यांनीं जोडणें, संधिविशिष्ट क.; provide with a joint पेरें पाडणें; disjoint सांधे सोडविणें -उखळणें.—*i*. सांधे बसणें, सांध्यांत बसणें, बसणें. -ED सांध्याचा केलेला, संधिविशिष्ट; सांधे सोडविलेला, संधिभेदित. -LY *ad*. मिळून, जुटीनें. -URE *Law*, estate settled on a wife, and which she is to enjoy after her husband's decease for her own life at least, and in satisfaction of dower बायकोचा वांटा, बाईलवांटा, स्त्रीधन *n*, रांडरोटी *f*. -RESS जिला बाईलवांटा आहे ती स्त्री *f*.

JOKE (*jocus*) थट्टा *f*, मस्करी *f*; in j. थट्टेनें. practical j. हाताची थट्टा *f*.—*v*. थट्टा -मस्करी क. [with].

JOLLY *a*. *F*. full of life and mirth आनंदी, उल्हासी, मौजी; exciting mirth and gaiety मौजेचा, हसण्याचा; plump टुमटुमीत, गुबगुबीत.

JOLT *v. i. Ger*. हिंदुळणें, हिसकणें, धका बसणें; —*t*. हिंदुळणें, धका देणें—*n*. धका, आचका. हबका.

JOSTLE *v*. *F*. धका -हिसका देणें, रेटणें, रेटारेटी क.

JOT (*Gr. iota*) a point काना, मात्रा *f*, फाटा; the least quantity लेश, अणु, तिळमात्र.—*v*. टांचून -टिपून ठेवणें [down]. -TING टिप्पण *n*, टांचण *n*.

JOURNAL (*diurnus,* belonging to the day) a diary रोजनामा, दिनचर्यालेख, दिनवृत्तपत्र *n*; *Com.* book in which every particular article or charge is fairly entered under the date of each day खतावणी *f,* पक्का खरडा; [also, a book in which is entered a condensed and grouped statement of the transactions of each month]; [a daily register of the ship's course and distance, the winds, weather, and other occurrences]; a paper published daily रोज निघणारें वर्त्तमानपत्र *n*; a periodical नियमित कालीं निघणारें पुस्तक *n.* -IST दिनवृत्तलेखक; वर्त्तमानपत्र-कर्त्ता.—JOURNEY मजल *f,* सफर *f.*—*v. i.* चालणें, मुसाफरी क., वाटचालणें. -MAN रोजीनें कामास लावलेला मनुष्य, रोजिंदार; रोजीनें काम करणारा कारागीर (tailor, shoemaker).

JOVIAL *a.* (from *Jupiter*) चैनी, खुशमोजा. -ITY चैन *f,* मौज *f.*

JOY (*gaudere,* to rejoice) passion or emotion excited by the acquisition or expectation of good आनंद, हर्ष, संतोष; mirth विनोद, हास्य *n*; cause of joy आनंदहेतु, नंदन *n.*—*v. i.* आनंदित होणें, आनंद पावणें: I will j. in the God of my salvation (Hab. iii. 18).—*t.* आनंदविणें, खुशी -संतुष्ट क. -FUL *a.* आनंदी, हर्षयुक्त, खुश; ever-j. नित्यानंद, सदानंद [of]. -LESS *a.* उदास, निरुत्साह. -OUS *a.* आनंदी, उल्लासी, हर्षयुक्त [of].

JUBILEE *Heb.* [*Jewish Hist.* every fiftieth year, being the year following the revolution of seven weeks of years, at which time all the slaves were liberated, and all lands which had been alienated during the whole period reverted to their former owners]; season of great festivity महोत्सव, सण; joyfulness आनंद.

JUDAISM (from *Judæa*) यहुदी लोकांचा धर्म; conformity to the Jewish rites and ceremonies यहुदी धर्माच्या विधीस अनुसरणें *n.*—JUDAIZE *v. i.* यहुदी धर्माप्रमाणें वागणें; reason and interpret like a Jew यहुदी मताप्रमाणें विचार व अर्थ क.

JUDGE (*jus,* law) *Law,* a civil officer who is invested with authority to hear and determine causes, civil or criminal, and to administer justice between parties, in courts held for that purpose, according to his commission, or according to law न्यायाधीश, 'जज्ज'; the Supreme Being परमेश्वर, सर्वांचा झाडा घेणारा (Gen. xviii. 25); one who has skill to decide on the merits of a question, or on the value of any thing परीक्षक, पारखी, चतुर, चिकित्सक; [(*Jewish Hist.*) a chief magistrate with civil and military powers, such as those who governed the nation more than three hundred years; the title of the seventh book of the Old Testament] न्यायाधिशाचें पुस्तक [of, for, between].—*v. i.* न्याय -इनसाफ क.; परीक्षा -पारख क.; determine ठराव क.—*t.* -चा न्याय क.; be censorious towards दोषदृष्टीनें पाहणें, दोष पाहणें -काढणें (Matth. vii. 1); reckon मोजणें, मानणें (Acts xvi. 15). -SHIP न्यायाधिशाचा हुद्दा, न्यायाधिशी *f.*—JUDGMENT विचार, विवेचन *n*; opinion मत *n,* अभिप्राय; faculty of judging truly, wisely, or skilfully परीक्षा, पारख *f*: you have good j. in horsemanship; the act or faculty of comparing objects of any kind, and discerning their relations, attributes, or properties बुद्धि *f,* समज, विवेक; the result of the act thus performed विचार, निवाडा; *Law,* sentence of the law, pronounced by a court, or a judge thereof, upon a matter in issue

in any cause before it ठराव, निर्णय; a calamity regarded as sent by God, by way of recompense for wrong committed ईश्वराचा गजब, अस्मानी चपेटा, अस्मानी *f* (Prov. xix. 29); *Theol.* the final punishment of the wicked दुष्टांचें शेवटचें शासन *n*, जगाचा शेवटचा न्याय.; to the best of one's j. यथामति विचार करून. -DAY, *Theol.* the last day, or day when final judgment will be pronounced on the subjects of God's moral government शेवटच्या न्यायाचा दिवस, न्यायदिन (on, against, for]. -HALL न्यायसभा *f*, कचेरी *f*. -SEAT न्यायासन *n*, धर्मासन *n*.—JUDICATORY न्यायसभा *f*.—*a*. न्यायाचा, न्याय करण्याचा.—JUDICATURE न्याय करण्याचा अधिकार; न्याय करण्याचा धंदा, न्यायाधिशी *f*; court of justice न्यायसभा *f*; extent of jurisdiction of a judge or court कोर्टाच्या अमलाची हद्द *f*, कोर्टाचा अमल, 'जुडिकेचर.'—JUDICIAL *a*. न्यायसभेचा; न्यायाधिशाचा, जज्जाचा (power); practised or employed in the administration of justice न्यायप्रकरणाचा, व्यवहारिक, व्यवहारविषयक, 'जुडिशल' (proceedings); ordered by a court कोर्टाच्या हुकमाचा -नें हुकूम केलेला (sale); कोर्टाचा, कोर्टानें केलेला, कोर्टाचा (determination); established by statute कायद्यानें स्थापिलेला, कायद्यानें ठराव केलेला, विधिस्थापित (law); inflicted, as a penalty or in judgment दंडरूप, दंडादाखल (punishment, hardness of heart).—JUDICIOUS *a*. according to sound judgment समजुतीचा, विवेकाचा; prudent उपयुक्त, उचित, सयुक्तिक, समर्पक (conduct); discreet समजदार, विचारवान, विवेकी (person).

JUG* चंबू, सुरई *f*, कुजा.

JUGGLE *v*. (*joculari*, to jest) amuse and make sport by tricks which make a false show of extraordinary powers हातचलाकी -गौडबंगाल -नजरबंदी क.; practise artifice or imposture गारुड-भानामती खेळणें -क.—JUGGLER गारुडी, गौडबंगाली; a cheat ठक, फसव्या.—JUGGLERY गारुड *n*, गौडबंगाल *n*, हातचलाकी *f*; ठकबाजी *f*, ठकविद्या *f*.

JUGULAR *a*. (*jugulum*, the collar-bone) गळ्याचा, कंठसंबंधी, कंठ्य (vein).

JUICE (*jus*, broth) रस, द्रव.—JUICY *a*. रसाळ, रसभरित, रसरसीत.

JUJUBE *Ar*.— the tree बोर *f*;—the fruit बोर *n*.

JULY (from *Julius*) इसवी सालाचा सातवा महिना, अषाढ-श्रावण.

JUMBLE *v*. *F*. ढवळाढवळ -गोंधळ -घप्पाघोळ क. (together).—*n*. गोंधळ, घोळ, संकर.

JUMP *v*. *i*. *Ger*. उडी मारणें, कुदणें; about खिदडणें, टिणटिण उड्या मारणें [up, down, from, off].—*n*. उडी *f*, उड्डाण *n*.

JUNCTION (*jungere*, to join) जोडणें *n*, संयोजन *n*; combination जोड, मिलाफ, संयोग; place or point of union सांधा, संधि— JUNCTURE सांधा, संधि, जोड: the j. of a vessel; a joint पेर *n*, संधि; a point rendered critical or important by a concurrence of circumstances संधि *f*, योग; perilous j. कच *f*; unseasonable j. आडसंधि *f*.

JUNE (from *Juno*) इंग्रजी सालाचा साहवा महिना, जेष्ठ-अषाढ.

JUNGLE *Hind*. जंगल *n*, रान *n*.

JUNIOR *a*. (*L*.) धाकटा, कनिष्ठ; धाकट्याचा; [j. is app. to distinguish the younger of two persons bearing the same name in the same family].

JUPITER (*L*.) रोमन लोकांचा मुख्य देव होता; *Astron*. बृहस्पति, गुरु J. of the Hindus इंद्र.

JURIDICAL *a.* (*jus*, law, *dicare*, to pronounce) न्यायाधिशाचा; कोर्टांतला, अदालतीचा. —JURISDICTION न्यायाचें काम पाहण्याचा अधिकार; कायदे करण्याचा किंवा अमलांत आणण्याचा अधिकार; अधिकाराची हद्द *f*, अमल, अमलदारी *f*.—JURISPRUDENCE (*-prudentia*, prudence) the science of law व्यवहार -धर्मशास्त्र *n*.— JURIST धर्मशास्त्र जाणणारा, धर्मशास्त्रज्ञ.

JURY (*jurare*, to swear) a body of men, selected according to law, impanelled and sworn to enquire into and try any matter of fact, and to declare the truth of it on the evidence given them in the case पंच *pl*, 'जुरी' *f*, सभासद. -BOX जुरी बसायाची जागा *f*, 'जुरी बाक्स' *n*. -MAN जुरीवाला, जुरींतली असामी *f*.

JUST *a.* (*justus*) upright नीट, सरळ; honest प्रामाणिक, न्यायी, इनसाफी, सचोटीचा (judge); regular नीट, सरळ (array); accurate शुद्ध, यथार्थ, बराबर, समर्पक (expression, description); conforming to rectitude रास्त, खरा, वाजवी (balances, weight).— *ad.* बराबर, नीट, थेट: he guided my hand j. to the heart of the beast; j. now आतां, आतांशीं, इतक्यांत; j. as तसाच; but j. नुस्ता, केवळ, मात्र: having but j. enough; closely थोडक्यांत, जवळून: I j. escaped drowning मी बुडतां बुडतां वांचलों. -LY *ad.* न्यायानें, इनसाफानें; ठीक, वाजवी, यथायोग्य. -ICE, the rendering to every one his due, right, or desert न्याय, धर्म, नीति *f*; integrity in commerce or mutual intercourse सचोटी *f*, प्रामाणिकपणा; impartiality समदृष्टि *f*, साम्यता *f*, निष्पक्षपात; equity उजूपणा, योग्यता *f*: the j. of a claim; merited reward or punishment योग्य बक्षिस *n*, किंवा दंड; a person duly commissioned to hold courts न्यायाधीश, 'जस्टिस.' -IFY *v.* prove or show to be just वाजवी -रास्त करून दाखविणें; defend or main tain प्रतिपादन क., संपादणूक क., प्रपादणें; pronounce free from guilt दोषमुक्त क., निर्दोष क., दोष उडवणें; *Theol.* pardon क्षमा क.; treat as just, though guilty and deserving punishment न्यायी ठरवणें (Acts xiii. 39); *Print.* form even or true lines of, as type, by proper spacing ठशाच्या अक्षरांच्या ओळी जोडणें, 'जस्टिफै क.'—*i.* ठशाच्या अक्षरांच्या ओळी बसणें -लागणें, 'जस्टिफै' होणें. -IFIABLE *a.* योग्य, वाजवी करून दाखवायाजोगा, प्रपादनीय; दोष उडवायाजोगा, दोषमोचनीय. -IFICATION निर्दोष करणें *n*, न्यायीकरणें *n*, दोषमोचन *n*; vindication प्रतिपादन *n*, स्थापन: our disobedience of God's commands admits of no j; absolution दोषमुक्ति *f*; *Theol.* the treating of sinful man as though he were just दोषी -अपराधी -पापी मनुष्यास न्यायी मोजणें *n*, न्यायीकरण *n*. -IFIER दोषमोचक, निर्दोष करणारा (Rom. iii. 26); दोष उडविणारा, प्रतिपादन करणारा.

JUT *v. i.* (See JET) बाहेर येणें -निघणें [out].

JUVENILE *a.* (*juvenis*, young) तरुण; तारुण्याचा, तरुण, तरण्यांचा (sports).—JUVENILITY तारुण्यावस्था *f*, तारुण्य *n*, यौवन *n*.

JUXTAPOSITION (*juxta*, near, *positio*, position) a placing, or being placed, in nearness or contiguity, as the parts of a substance or of a composition लगता, नैकट्य *n*, समीपता *f*.

K.

KAW *v. i.* कावकाव क.—*n.* कावकाव *f*.

KECK *v. i. Ger.* उमासा येणें, उमळणें, कळमळणें.

KEDGER *Scot.* लंगर, लोळी *f*.

KEEL* नावेचा कणा, अडें *n*.

KEEN* *a.* eager उत्सुक, हौसदार; sharp कडक, कडकडीत (appetite); sharp तेजदार,

पाणीदार, जलद (edge); severe कडकडीत, प्रखर (cold); bitter कडू, मनास लागाया -झोंबायाजोगा (sarcasm); penetrating हुशार, तीक्ष्णबुद्धि, कुशाग्रबुद्धि.

KEEP* *v.* retain ठेवणें, राखणें; detain खोळंबवणें, खोटी क.; maintain hold upon धरून ठेवणें; हातीं ठेवणें; preserve राखणें, ठेवणें: his loyalty he *kept*; have in custody of राखणें, खबरदारी क., दिमतीस ठेवणें, संभाळ क.: I will k. thee; preserve from publicity गुप्त ठेवणें; tend राखणें, बरदास्त ठेवणें (a garden); manage चालवणें, घालणें, वहिवाटणें (a school);—a house घरसंजोगणी क., घर चालवणें; entertain भोजनास ठेवणें (boarders); support in one's service चाकरीस ठेवणें; have and maintain, as a horse ठेवणें, बाळगणें: continue in, as a course or mode of action चालू ठेवणें, चालविणें; practise or perform, as a duty आचरणें, पाळणें;—as a word राखणें, पाळणें; observe, as a festival करणें, पाळणें (Ps. xlii. 4); —as one's bed, room, &c. -धरून राहणें. -च्या बाहेर न पडणें; back राखणें, मागें ठेवणें, चोरून ठेवणें (Jer. xlii. 4); आवरणें (Ps. xix. 13);—company with सोबत धरणें -क.; बराबर -संगतीं जाणें; down कह्यात -दाबांत ठेवणें; आवरणें; अडथळा क., अडवणें; —good or bad hours नित्य लवकर किंवा उशीरां घरीं येणें किंवा निजायास जाणें; up कमी होऊं न देणें, न गमावणें, राखणें, संभाळणें, ठेवणें (prices of goods, one's credit).—*i.* राहणें, असणें: to k. at a distance; राहणें, निभणें, टिकणें, तगणें: apples that will k.; dwell राहणें, बिऱ्हाड असणें, रहिवास धरणें; from -पासून दूर राहणें, वर्जणें; on राहणें, चालणें, जाणें: he *kept* on singing; to चिकटून -धरून राहणें -असणें: to k. to old customs, to one's word, promise; up हिंडता -फिरता असणें; अजीत -मोकळा -अनधीन असणें. —*n.* स्थिति *f*; राखण *f*; case गवसणी *f*, संपुष्ट *n*; provisions by which one is kept चंदी *f*, मोताद *f*: the k. of a horse; stronghold गढी *f*, किल्ला, वगैरे बळकट जागा *f*; a charge दिमतीस सोपलेलें काम *n* -ली वस्तु *f*. -ER राखणारा, ठेवणारा; दिम्मतदार, जिम्मेदार; रखवालदार, रक्षक, राख्या; पालन -रक्षणकर्त्ता, रक्षक, पालक; a ring serving to keep another on the finger अडकण *n*; one who retains in custody बंदिशाळेचा रखवालदार.—of the forests अरण्यरक्षक;—of the Great Seal मोहरबरदार. -ING राखणें *n*, धारण *n*; दिमत *f*, रखवाली *f*; संगोपन *n*, निगा *f*, जतन *f*; consistency जम, बनाव, घटाव. -SAKE आठवणीसाठीं दिलेली -ठेवलेली वस्तु *f*, यादगिरी *f*, आठवणूक *f*.

KEN* *v.* see at a distance दुरून पाहणें; know ओळखणें, जाणणें.

KENNEL (*canis*, a dog) कुत्र्याचें घरकुलें *n*; pack of hounds पारधी कुत्र्यांचा कळप; the hole of a fox or other beast बीळ *n*. —(*canalis*) रस्त्याचा गटार, पऱ्हाळी *f*.

KERNEL* single seed of a grain-bearing or other plant दाणा, बीं *n*; the edible substance contained in the shell of a nut गर, गीर, मगज, खोबरें *n*;—of a pulpy fruit अठी *f*, अठोळी *f*: a hard concretion in the flesh अठी *f*.

KETTLE* हांडी *f*, हांडा, कढई *f*, वगैरे पाणी वगैरे तापवायाचें भांडें *n*, 'केटली' *f*. -DRUM नगारा, डंका.

KEY* a fastener अडसर, अडकण *n*; instrument to shut or open a lock चावी *f*, किल्ली *f*; instrument by which some thing is screwed or turned कळ *f*, किल्ली *f*; part of a musical instrument which is struck with the fingers घर *n*; fundamental note in a piece of music घर *n*; the

highest central stone of an arch मेहराबीचा मधला दगड *n*, कमानीची चावी *f*; that which serves as a means to unlock a secret or mystery किल्ली *f*, घर *n*; false k. चोरकिल्ली *f*. -HOLE किल्लीचें घर *n*, कुलपाचें तोंड *n*. -NOTE कमानीचा मधला दगड.

KICK *v. W.* लात मारणें; to k. the beam वजनांत कमी भरणें;—up a row तारा नाचविणें. —*i.* लात मारणें -उचलणें, लाथा झाडणें; recoil;—said of a musket मागें सरकणें. —*n.* लात -थ *f*, लत्ता *f*. -SHAW *F.* भलत्याचें भलतें *n*, वेडेंविद्रें *n*.

KID *D.* करडूं *n* (Is. xi. 6); a fagot लांकडाची मोळी *f*; a small wooden tub or vessel कोटंबा, काथवट *f*.

KIDNAP *v. Ger.* steal and carry away or secrete, as a human being, man, woman, or child मनुष्य चोरून नेणें. -ER मनुष्य चोरून नेणारा, मनुष्यस्तेयी.

KIDNEY* मुत्रपिंड, गुर्द; disposition स्वभाव : men of the same k. -BEAN उडीद Rayed k. मूग.

KILL* *v.* deprive of life जीव घेणें, मारणें, ठारमारणें; calm शांत क., शमवणें : a shower of rain *kills* the wind;—time वेळ दवडणें -घालवणें -लोटणें.

KILN* भट्टी *f*;—of a potter आवा.

KIN* relationship नातें *n*, गोत्र *n*, संबंध; relatives भाऊबंध *pl*, गोतवळा, गोत *n*; of k. गोत्रज; सजात. —*a.* सजातीय : one touch of nature makes the whole world k.—*Shaksp.*

KIND* race जात *f*, जाति *f*: human k.; sort प्रकार, तऱ्हा *f*; native character स्वभाव, गुण. -RED *n.* See KIN.—*a.* नातलग, गोत्री, गोत्रज; of the like nature सजातीय, समगुण. —KINSMAN भाऊबंद, दाईज, कुटुंबी.

KIND* *a.* showing tenderness or goodness कृपाळू, दयाळू, परोपकारी;—as an act कृपेचा, मेहरबानीचा, परोपकारबुद्धीचा. -NESS दया *f*, कृपा *f*, मेहरबानी *f*; a kind act उपकार, दयेचें काम *n*. -LINESS गोडीगुलाबी *f*, प्रीति *f*, स्नेह. -LY *a.* kindred जातीचा, सजातीय; gracious कृपाळू, दयाळू.

KINDLE *v.* (*cendere*) set on fire पेटवणें, चेतवणें; inflame, as the passions चेतवणें, पेटवणें.—*i.* पेटणें, चेतणें; संतापणें, तापणें.

KINE, *pl* of *Cow*, गाया *f pl*, गाई *f pl*.

KING *Ger.* a chief ruler अधिपति, प्रभु; a monarch राजा, नृपति, भूप; a card having the picture of a king राजा; *king's* English शुद्ध इंग्लिश भाषा *f*. -CRAFT राज्यचातुर्य *n*, राज्यनीति *f*. -DOM राज्य *n*, प्रभुत्व *n*, राज्याधिकार (Ps. cxlv. 13); dominion of a monarch राज्य *n*, राष्ट्र *n*; principal division जाति *f*, कोटि *f*, वर्ग; animal k. जीवजाति *f*; vegetable k. तृणजाति *f*; mineral k. धातुजाति *f*. -FISHER पाणकावळा, डिचा. -LY *a.* राजाचा, राजकीय, राजास योग्य, पादशाही; grand अलिजाहा, मोठा (couch); directed by the king राजाचा, राजानें चालवायाचा, राज in comp.; k. government राजसत्ताक राज्य *n*. -'S EVIL, a disease of the scrofulous kind, formerly supposed to be healed by the touch of a king गंडमाळा *f pl*. -SHIP राज्यधिकार, राजपद *n*.

KIRK* (See CHURCH) खिस्ती देऊळ *n*; [the regular or established Church of Scotland]; k. session, a petty ecclesiastical session in Scotland 'कर्क सेशन' *n*, वडील वर्गाची सभा *f*.

KISS* *v.* salute with the lips मुका -चुंबन घेणें; caress गोंजारणें, लाड क.; touch gently, as if fondly हळूच -ममतेनें -लाडानें स्पर्श क. -हात लावणें : when the sweet wind did gently k. the trees.—*n.* मुका, चुंबन *n*.

Kit *D.* a vessel of various kinds and uses भांडें *n*, पात्र *n;* the whole outfit खटलें *n*, चवाळें *n*, सामान *n*, बाडबिशात *f*.

Kitchen* cook-room स्वयंपाकघर *n*; [utensil for roasting meat]. -**garden** [शाकभाजीचा] मळा, परसांतली भाजी *f*, परसूं *n*. -**work** स्वयंपाकघरांतलें काम *n*.

Kite* a rapacious bird of the hawk kind घार *f*; a paper toy for flying in the air पतंग, वावडी *f*.

Kitten (dim. of *cat*) मांजराचें पिलूं *n*.

Knack *Ger.* a toy खेळ, खेळणें *n*; a nice trick कळ *f*, युक्ति *f*; adroitness हतोटी *f*, टूक *f*.

Knag *D.* a knot in the wood गांठ *f*, गुळुंब *n*; a peg मेख *f*, खुंटी *f*; a shoot of deer's horn हरणाच्या शिंगाचा कोंब -फणगडा. -**gy** *a.* गांठाळ, गांठीचा; rough in temper खडतर स्वभावाचा.

Knapsack *D.*—of travellers पडशी *f*;—of soldiers थैली *f*, जामदानी *f*.

Knave* ठक, सोदा, काशीकर; at cards गुलाम; an arch-k. वाटोळा धोंडा, गोटा, पांढरा परीस, नाशीककर; a pack of *knaves* चांडाळचौकडी *f*.—**Knavery** ठकपणा, सोदेगिरी *f*; mischievous practices ठकबाजी *f*, दगलबाजी *f*, लुच्चेशाई *f;* to become an adept in k. पंख फुटणें, चौपायीं उडणें. —**Knavish** *a.* ठकाऊ, ठकडा, शठ; कुटाळ, कुचाळ.

Knead* *v* मळणें;—wheaten dough तिंबणें. -**ing-trough** —of wood काठवट *f*;—of metal परात *f*, पितळी *f*.

Knee* (*genu, Skr. janu*) गुडघा. -**deep*** *a* गुडघाभर, गुडघ्याइतका. -**joint** गुडघ्याची खोळ *f*, जानुसंधि. -**pan** गुडघ्याची वाटी *f*, जानुफलक *n*.—**Kneel** *v. i.* गुडघे टेकणें [down].

Knell* stroke of a bell rung at a funeral or at the death of a person मेत नेण्याच्या वेळचा किंवा मनुष्य मेल्यावरचा घंटाध्वनि किंवा घांटेचा ठोका.

Knife* सुरी *f*; large k., सुरा; clasp-k. मोडसुरा; a sword तलवार *f*.

Knight* सरदार बहादूर; एक कित्ताब आहे; —at chess घोडा. -**hood** सरदारबहादुरी *f*.

Knit* *v.* tie बांधणें; weave without a loom मागावांचून -हातानें विणणें; unite जोडणें, मिळवणें (hands); contract आठ्या घालणें (the brows) [together].—*n.* वीण *f*, विणकर *f*.

Knob* a hard protuberance in the wood गांठ *f*, गुळुंब *n*;—in the flesh टेंगूळ *n*, गांठ *f*; a round ball at the end of any thing गोंडा, झुबका. -**by** *a.* गांठाळ, गांठीचा.

Knock* *v. i.* strike or beat with some thing hard or heavy ठोठावणें, ठोकणें: drive against आपटणें, थडका देणें; up थकणें, दमणें; off थांबणें, हात अटपणें; under दबणें, हात टेंकणें, कचकणें.—*t.* strike मारणें, ठोकणें; drive against आपटणें, आदळणें: to k. the head against a post; down पाडणें, लोळवणें, आपटणें; टोला -टोले -ठोसा -ठोसे मारून खालीं पाडणें; *Auctions*, assign to a bidder by a blow or knock लिलावांत (घेणाराच्या) माथीं मारणें, हडसणें; — in the head, or on the head मस्तकावर प्रहार करून मूर्च्छित क., किंवा ठार मारणें; मोडणें, पाणी ओतणें, लयडविणें, लटपटविणें;—off झपाटणें, फटकारणें; out हाणून -मारून बाहेर काढणें (the brains); up ठोकून -ठोठावून उठवणें; थकविणें, शिणवणें, भागवणें.—*n.* ठोका, प्रहार; a strike on a door intended as a request for admittance आंत घेण्याकरितां दारावर थाप *f* -ठोका, दार उघडण्याची थाप *f*.

KNOT* a complication of threads, cords, or ropes, formed by tying, knitting, or entangling, and resisting separation or loosing गांठ *f*, ग्रंथी *f*; a tie गांठ *f*, नातें *n*, धागादोरा; nuptial k. रेशमाची गांठ *f*; perplexity गांठ *f*, अठी *f*, कोंडें *n*; cluster झुबका, गुच्छ; band थवा, घोळका; joint in the stem of a plant गांठ *f*, कांडें *n*, पर्व *n*; protuberance occasioned by the outgrowth of a branch डाहळीचें मूळ *n*, गांठ *f*; [a nautical mile of 6086. 7 ft.: to sail ten *knots* an hour]; — in the mind मनांतली अट *f*, गांठ *f*.—*v*. गांठ बांधणें -देणें; जोडणें, मिळवणें; घोटाळ्यात पाडणें, गोंधळात घालणें.—*i*. गोंधळणें; पेर -कांडें धरणें; copulate जुगणें, लागणें. -TED *a*. गांठीचा, गांठाळ -TY *a*. गांठळ, गांठळगुठळ; गुतागुतीचा, खचरट (point); कठीण (head).

KNOW* *v*. (*-gnoscere, Skr. jna*) be aware of as true ठाऊक -माहीत असणें; perceive clearly जाणणें, समजणें; be acquainted with परिचय-ओळख असणें; possess experience of -चा अनुभव -ची -प्रचीत असणें (2 Cor. v. 21); distinguish भेद समजणें -पाहणें; approve मान्य -पसंत क. (Ps. i. 6); have sexual commerce with जाणणें, जवळ जाणें, भोगणें [of, about]. — *i*. जाणणें, समजणें; परिक्षा क. [of]. -ABLE *a*. जाणायाजोगता, ज्ञानगम्य. -ALL सर्वजाणता, चतुरशहाणा; wisacre दीडशहाणा, चतुरसाबाजी. -ING *p.a*. जाणता; intelligent चतुर, समजदार, ज्ञाता. -INGLY *ad*. जाणून, समजून, अक्कलहुशारीनें. -LEDGE जाणणें *n*; clear and certain perception of truth and duty ज्ञान *n*, बोध; that which is known जाणीव *f*; a cognition ओळख *f*; acquaintance ओळख *f*, परिचय; learning विद्या *f*, ज्ञान *n*; practical skill वाकबगारी *f*, माहितगारी *f*: a k. of seamanship; information खबर *f*, माहिती *f*; within one's k. जाणोपरी; without the k. of नकळत; spiritual k. आत्मज्ञान *n*, परमार्थज्ञान *n*; sacred and profane k. ज्ञानविज्ञान *n*; eager after k. विद्यार्थी; gained by k. विद्यालब्ध; carnal k. भोग, संग; instruction in k., esp. in the k. of the Divine nature or of one's own soul ज्ञानोपदेश.

KNUCKLE* बोटाचा सांधा, पेर *n*. — *v. i*. ठोठावणें, ठोकणें;—to हात टेंकणें, बें म्हणणें; झटणें. —*t*. बोटांच्या पेरांनीं मारणें.

KORAN *Ar*. कुरान *n*.

L.

LABEL *W*. खुणेसाठीं जी चिठी मारतात ती *f*, खुणपटी *f*.—*v*. खुणपटी -चकती मारणें.

LABIAL *a*. (*labium*, lip) ओठांचा; formed by the lips ओष्ठ्य (letters).—*n*. ओष्ठ्यवर्ण —LABIODENTAL *a*. दंतोष्ठ्य.

LABOR (*L*.) physical toil or bodily exertion मेहनत *f*, श्रम, कष्ट; mental effort श्रम, मनाचा श्रम, मनोनिवेश; that which demands effort श्रमाचें काम *n*; travail प्रसुतिवेदना *f*; forced l. बिगार *f*, वेठ *f*; day l. रोजमजुरी *f*.—*v. i*. श्रम -कष्ट क.; यत्न -प्रयत्न क., झटणें; श्रमी होणें, कष्ट भोगणें; प्रसुतिवेदना भोगणें, वेण येणें.—*t*. कमावणें, राबून तयार क, मशागत क.; श्रमानें क. [at]. -ATORY a chemist's workroom रसायनशास्त्राचें वैद्यक्रियेचे प्रयोग करण्याची जागा *f*, रसायनकर्मगृह *n*; place where any thing is prepared for use कारखाना, उद्योगगृह *n*. -ER मेहनत करणारा; as disting. from an artisan कामकरी, मजूर; a day l. मजूर. -IOUS *a*. मेहनतीचा, उरस्फोडीचा, कठीण; मेहनती, कष्टाळू, कामसू (mechanic). -IOUS, -LY *ad*. कष्टानें, श्रम घेऊन, श्रमपूर्वक.

LABYRINTH (*labyrinthus*) place full of intricacies गिरकांड्याची जागा *f* -वाट *f*; maze गूढ *n*, कूट *n*, चौऱ्यांशीचा फेरा.

Lac (*Skr. lâkschâ* and *râkshâ*, from *randj*, to dye) लाख *f*, अळता.

Lac *Hin*. लक्ष, लाख.

Lace (*laqueus*, noose) a delicate tissue of thread फीत *f*, नाडी *f*; a string often plaited or otherwise ornamented विणलेली जाळी, 'लेस' *f*; plaited cord विणलेला दोरा -जाळी *f*.—*v*. विणणें, नाडीनें -फितीनें बांधणें; जरीकाठ लावणें.

Lacerate *v*. (*lacerare*) tear फाडणें, विदारणें; afflict दुःख देणें, विदारणें (the heart).

Lack *v*. *Ger*. उणा -कमी असणें (James i., 5). —*i*. उणें पडणें. —*n*. कमताई *f*, वाण *f*. -lustre *a*. निस्तेज (eyes); as a pearl खवडेवजा, नरम.—*n*. निस्तेजपणा.

Lacker *Ger*. रोगण *n*. — *v*. रोगण लावणें -चढवणें.

Lackey *F*. खिदमतगार, पोऱ्या.

Laconic *a*. (from *Laconia* or *Sparta*) थोडक्यात पुष्कळ बोलून दाखवायाचा, अल्पशब्दक, संक्षिप्त.—& **Laconism** *n*. थोडक्यांत पुष्कळ बोलून दाखवायाची रीत *f*; a concise phrase संक्षिप्त वाक्य *n*, संक्षिप्तोक्ति *f*.

Lactage (*lac*, milk) दुभतें *n*, गोरस.—**Lactary** दुभत्याची जागा *f*.—**Lacteal** *a*. दुधाचा, दुग्धमय; conveying chyle अन्नरसवाहक.—*n*. अन्नरसवाहिनी *f*.—**Lactescent** *a*. दूध देणारा, दुग्धोत्पादक; चिकानें -दुधानें भरलेला. —**Lactiferous** *a*. दूध नेणारा, दुग्धवाहक.

Lad* पोरगा, आडबाप्या, शिसु, कुमार.

Ladder* शिडी *f*, निसण *f*; that by means of which one attains to eminence पायरी *f*, पर्याय.

Lade* *v*. load लादणें, ओझें भरणें -घालणें; ladle पळीनें काढणें -उपसणें [out].

Ladle* पळा, पळी *f*.—of a piece of cocoanut shell, &c. डवली *f*.—*v*. पळ्यानें -पळीनें काढणें -उसपणें. -ful *n*. पळीभर.

Lady (*bread -keeper) the female head of a household घरधनीण *f*, कारभारिण *f*; a woman of gentle or refined manners कुलीन -सभ्य स्त्री *f*, कुलांगना *f*; as a title बाई *f*; [in England, a title prefixed to the name of any woman whose husband is not of lower rank than a knight, or whose father was a nobleman not lower than an earl]; a wife पत्नी *f*, बायको *f*; Mahomedan l. बिबी *f*; [Our *Lady*, the Virgin Mary]. -bird, -bug, -cow, -fly कुंकवाचा किडा, सोनकिडा. -like *a*. सभ्य, कुलीन; delicate सकुमार, कोमल, नाजूक.

Lag *W*. the lowest class गाळ, गदळ, केर: the l. of the people; that which comes in last शेवटीं -सरशेवटीं येणारा: the l. of all the flock.—*v*. *i*. मागें पडणें, मागसणें [behind].

Laity (*Gr. laos*, the people) the people as distinguished from the clergy गृहस्थमंडळी *f*.

Lair *Ger*. couch of a wild beast श्वापद बसायाची जागा *f* -जाळी *f*; any resting-place बसायाची -विसांवा घेण्याची जागा *f*, विश्रांतिस्थान *n*.

Lake* सरोवर *n*, तळें *n*.

Lamb* young of the sheep kind कोंकरा, कोंकरूं *n*; any person who is as innocent or gentle as a lamb गरीब, बापुडा, गाय, मिसकीन; [L. of God, *Scrip*., the Savior Jesus Christ, who was typified by the paschal lamb (John i., 29)].

Lambent *a*. (*lambere*, to lick) खेळता, चंचळ (flame); twinkling लकलकणारा, चमकणारा: the l. purity of the stars.—**Lambative** *a*. चाटायाचा, लेह्य.—*n*. चाटायाचें औषध *n*, चाटण *n*, लेह्य *n*.

Lame* *a* crippled लंगडा, पांगळा, पंगु; not satisfactory लिचापेचा, लंगडा; hobbling, as a verse तुटक, पादविकल.—*v*. लंगडा क.

-LY *ad.* लंगडत लंगडत; लंगडतंगड, तुनुमुनु: an argument l. conducted. -NESS लंगडेपणा; लिचेपिचेपणा.

LAMELLAR *a.* (*lamina*, plate) खवलांचा, खवल्या; खवलांसारखा रचलेला.

LAMENT *v. i.* (*lamentari*) weep रडणें, आकांत क.; feel deep regret अति दुःख वाटणें [for]. —*t.* -चा -विषयीं शोक -खेद क. -ABLE *a.* शोक करायाजोगा, शोच्य: l. declension of morals; mourning शोकाचा (eye). -ATION शोक क. *n*, शोक, विलाप; रडणें *n*, रुदन *n*, आकांत; *pl* a book of the Old Testament इर्मेयाचा विलाप.

LAMINA (*L.*) पडदा, पदर, कातळा.

LAMP (*lampas*) दिवा, दीपक, lit. fig.; l. stand दिवठणी *f*. -BLACK काजळ *n*, मस *f*, -LIGHT दिव्याचा उजेड.

LAMPERS, LAMPASS *F.* a swelling of the fleshy lining of the roof of the mouth immediately behind the fore tooth in the horse मुंगा, मुंगी *f*.

LAMPOON *F.* निंदेचा पोवाडा -लेख.

LANCE (*lancea*) भाला.—*v.* भाला मारणें; open with a lancet नस्तरानें फाडणें -चिरणें; throw in the manner of a lance भाल्याप्रमाणें फेंकणें.—LANCER भालेकरी; फांसणी टाकणारा -घालणारा.—LANCET नस्तर *n*; [a high and narrow window pointed like a lancet].

LAND* earth, in distinction from the waters जमीन *f*, भुई *f*; as a country देश, मुलूख; soil जमीन *f*, काळी *f*, क्षेत्र *n*: good l., poor l.; a nation देश, राष्ट्र *n*; the main land, in distinction from an adjacent island देश, मुलूख; the ground जमीन *f*, भूमि *f*; ground left unplowed between furrows बीद *f*; *Law* जमीन *f*, शेत *n*, कुरण *n*, वगैरे; crown *lands* खालसा, शेरी *f*; cultivator of crown *lands* शेरीकरी; *lands* tenanted from the State रकमी जमीन *f*; irrigated l. पाटस्थळ *n*; descriptive roll of l. जमीनझाडा; bringing of *lands* into cultivation कीर्द *f*; yielding one crop a year एकफरदी *f*, एकपिकी *f*; l. bearing two crops in a year दुपिकी *f*; *lands* and tenements जमीनजुमला; l. held on sub-lease खोतसज्जा *f*; bad and untilled l. lying amidst cultivated fields पोटखराबा; a portion of cultivated l. left unsown amidst land under cultivation पोटपडीत *n*; l. exempted from revenue attached to some secular function, as that of *Pátil*, or any village officer, or for the purpose of keeping up useful constructions, as reservoirs, &c. प्रपंचार्थ; *landed* proprietor मिरासदार; l. farmer of the crown खोत; gift of l. भूमिदान *n*; valuation of l. by inspection नजरपाहणी *f*; to make l., or to make the l. समुद्रांतून जमीन पाहणें -जमिनीचा शोध लागणें.—*v.* किनाऱ्यास -कांठास लावणें -उतरणें. —*i.* किनाऱ्यावर उतरणें [at]. -ED *a.* जमिनीचा, शेताचा (estate); जमीनदार, शेतकरी. -FORCE खुश्कीवरचें लष्कर *n*. -ED GENTLEMAN, -HOLDER जमीन-मिरासदार, फजिनदार. -ING *a.* गलबतावरून माल वगैरे उतरण्याचा (charges).—*n.* गलबतांतून किनाऱ्यावर उतरणें *n*; also -PLACE किनाऱ्यावर उतरण्याची जागा *f*, घाट, बंदर *n*. -JOBBER जमिनीचा व्यापारी. -LADY घरधनीण *f*; mistress of an inn वाटसरांकरितां खाणावळ घालणारीण *f*. -LORD जमिनीचा मालक; घराचा मालक; वाटसरांकरितां खाणावळ घालणारा. -MARK शिंवेची खूण *f*; गलबतास वाट दाखविण्या करितां जमिनीवरली खूण *f*. -SCAPE, portion of land or territory which the eye can comprehend in a single view, including all the objects it contains डोळ्याच्या टप्यांतला -दृष्टींतला देश, दृष्टिगोचर देश; picture exhibiting some real or fancied scene in nature

सृष्टींतील देखाव्याचें चित्र *n.* -SURVEY जमीन-मोजणी *f.* -TAX शेतसारा, धारा, सारा. -WAITER बंदरांतला -घाटावरचा झाडेकरी, तलाशी. -WIND तडीचा वारा, मतलई *f.*

LANE *D.* गल्ली *f,* शेरी *f,* बोळ.

LANGUAGE (*lingua,* the tongue) human speech वाणी *f,* वाचा *f;* forms of speech peculiar to a particular nation भाषा *f;* expression शब्द, वाक्य *n;* style भाषणाची शैली *f* -सरणी *f;* inarticulate sounds by which irrational animals express their feelings or their wants जनावरांची भाषा *f;* [suggestion by objects of ideas associated therewith: the l. of flowers]; a nation, as distinguished by their speech राष्ट्र *n,* लोक; vulgar l. प्राकृत भाषा *f;*—of the gods गीर्वाण भाषा *f;* bad l. दुरुक्ति *f,* दुर्भाषण *n;* abusive l. शिवरें भाषण *n,* शिवीगाळ *f;* a barbarous l. म्लेंच्छ भाषा *f;* provincial l. देशभाषा *f.*

LANGUID *a.* (*languere,* to be faint) ग्लान, म्लान, सुस्त; tardy मंद, ढिला, शिथिल, धिमा (motion); promoting weakness or heaviness सुस्ती आणणारा, सुस्तीचा.—LANGUISH *v. i.* लंघणें, ग्लानि येणें; आळसावणें, मंदावणें, रेंगणें, रखडणें; wither वाळणें, सुकणें; look with softness or tenderness, as with the head reclined, and a peculiar cast of the eye कामार्द्र -प्रणयमंजुल दृष्टीनें पाहणें; pine विरहानें धुपणें, झुरणें.—LANGUOR सुस्ती *f,* म्लानि *f,* ग्लानि *f,* जाड्य *n.*

LANK* *a.* loose ढिला, सईल; weak and slender लुकड, पातळ.

LANTERN (*lanterna*) फाणस *m, n,* कंदील *m, n.*

LAP* lower part of a garment that plays loosely पदर, घोळ, झोळ; part of the clothing that lies on the knees when a person sits down मांडी *f,* ओसंग *f;* edge शेव, कांठ; कांच, मणी वगैरे साफ करण्याचें चाक *n;*—of a petticoat, &c. ओटी *f;* —*v.* fold घडी क., दुमडणें; wrap गुंडाळणें; involve गोवणें, गुतविणें.—*i.* एकावर एक पडणें -चढणें; घडी होणें. -DOG मांडकुत्रा.

LAP* *v. i.* take up liquor or food with the tongue चकचक खाणें किंवा पिणें; खातांना किंवा पितांना चकचक आवाज क.—*t.* चकचक खाणें -पिणें; जिभेनें चाटणें [up].

LAPDIARY (*lapis,* stone) जोहारी, मणेर.

LAPSE *v. i.* (*labi,* to fall) निसरणें, प्रवाह -गति होणें; fall from virtue सन्मार्गभ्रष्ट होणें, बिचलणें, घसरणें; fall or pass from one proprietor to another एका मालका पासून दुसऱ्या मालकाच्या हातीं जाणें; *Law,* become void रद्द होणें.—*n.* गति *f,* प्रवाह;—of time कालगति *f;* घसरणें *n,* चळ, ढळ, भ्रंश; a fault दोष, चूक *f.*—LAPSUS LINGUÆ जिव्हादोष.—LAPSUS CALAMI हस्तदोष.

LAPWING* टिटवी *f.*

LARBOARD* the left-hand side of a ship, when a person stands with his face to the head डावें बोडद *n.*

LARCENY (*latro,* a freebooter) *Law* चोरी *f.*

LARD (*lardum*) (मासापासून गाळून वेगळी केलेली) डुकराची चरबी *f.*

LARGE *a.* (*largus*) big मोठा, थोर; wide लांबरुंद, प्रशस्त, मोठा, विशाल (field, plain, river); abundant पुष्कळ, विपुल (supply); numerous मोठा, मोठे संख्येचा (assembly, town); huge टोलेजंग, बताडा, मोठा (tree, ship); unexpended पुष्कळ, लांब, दीर्घ, (time, day); diffuse पाल्हाळाचा, विस्तारपूर्वक, विस्तीर्ण (language, style); generous उदार, प्रशस्त, प्रगल्भ (the heart); comprehensive व्यापक, बहुसंग्रही, विशाल (the mind); free मोकळा; at l. मोकार, मोकळा; विस्तारानें, विस्तारें करून: to discourse on a subject at l.; prisoner at l.

नजरकैदी. -LY *ad.* पुष्कळपणीं; सविस्तर; उदार -मोकळ्या मनानें -हातानें. -NESS मोठेपणा, महत्व *n*; प्रशस्तता *f*; उदारपणा, औदार्य *n*; पुष्कळपणा, विपुलता *f*, बाहुल्य *n*, प्राचुर्य *n*.—LARGESS बक्षीस *n*, देणगी *f*.

LARK* कुकुडकुंभा, भारद्वाज.

LARUM, See ALARUM.

LARVA (*L.*) कोशांतला किडा, कोशस्थकीट.

LARYNX (*Gr.*) नरडें *n*, कंठध्वनीचें व श्वासोश्वासाचें इंद्रिय *n*, कंठ.

LASCIVIOUS *a.* (*laxus*, lax) स्त्रीव्यसनी, स्त्रीविषयलंपट; in comp. विषय (desires); कामहेतुक, कामभावाचा, विषयवासनेचा. -NESS कामबुद्धि *f* -दृष्टि *f*, कामातुरपणा.

LASH *Ger.* thong of a whip पागोरा; stroke with a whip चाबकाचा फटकारा, फटका; stroke of a sarcasm ठोमणा, ठोंसरा.—*v.* कोरडे -फटके मारणें; ठोमणा देणें.—*i.* चाबूक फडफडावणें; make a severe attack रगडून हल्ला क.; out लाथा मारणें, दुमाल्या झाडणें.

LASS (See LAD) मुलगी *f*, आडबायको *f*, बाला *f*.

LASSITUDE (*laxus*, loose) ग्लानि *f*, सुस्ती *f*, कलमल *f*, मांद्य *n*.

LAST* *a.* coming after all the others of a series, in time or place सरशेवटचा, शेवटचा; final शेवटचा, शेवटला, अंत्य; next before the present गेला, मागला, गत (week); l. year गतसाल *n*, गुदस्त *n*; utmost निदानींचा, निर्वाणींचा; lowest सर्वांच्या खालचा, हलका (prize); most unlikely असंभाव्य, हजार वाटानें न होण्या -करण्याजोगा: he is the l. man to appear generous; at l. शेवटीं; to the l. शेवटपर्यंत; l. but one उपांत्य.—*ad.* मागें, मागल्या खेपेस; शेवटीं, अखेरीस; सगळ्यांच्या शेवटीं.

LAST* *v. i.* endure राहणें, टिकणें, तगणें; hold out निभणें, पारपडणें, टिकणें. -ING *p. a.* टिकाऊ; सतत राहणारा; l. color पक्का रंग.—

LAST* जोड्याचा सांचा, कलबूत *m*, *n*, 'लास्ट' *f*.—

LAST* ओझें *n*; चार हजार पौंडाचें एक वजन *n*, आहे.

LATCH *F.* दाराची फिरकी *f*, चिमणी *f*.—*v.* खिटी घालणें, फिरकी फिरवणें.

LATE* *a.* coming after others, or after the usual or expected time उशिरां आलेला, समयातीत, मागसलेला (spring); far advanced towards the end फार चढलेला -उतरलेला -गेलेला; l. period of life वृद्धापकाल, उतरतें वय *n*; deceased मयत; out of office माजी; recent अलीकडचा, नवा, नूतन (intelligence).—*ad.* उशिरां, उशिरानें: he arrived l.; अलीकडे, थोड्या दिवसांमागें; फार चढल्यावर -गेल्यावर: it is l. (in the day) दिवस फार गेला, दिवस थोडा राहिला; it is l. in the night रात्र फार गेली -थोडी राहिली; of l. अलीकडे; too l. फार उशिरां. -LY *ad.* अलीकडे. -NESS उशीर, अवेळ *f*.

LATENT *a.* (*latere*, to lie hid) गुप्त, अदृश्य.

LATERAL *a.* (*latus*, side) बाजूचा, बाजूकडला (view of an object) proceeding from the side बाजूकडून निघालेला, बाजूचा (branches). -LY *ad.* बाजूस, बाजूनें; बाजूकडे

LATH* कांबिट *n*;—for a roof रीप *f*, ओंबणाची काठी *f*.—*v.* ओंबण घालणें.—LATHY *a.* काठांग्या, लकड्या.—LATHE चरख;—of the weaver वैकाठी *f*.

LATHER *v. i.* form a foam with water and soap साबणाचा फेस होणें; become froth फेसाळणें.—*t.* साबणाचा फेस लावणें; beat severely खूप ठोकणें -मारदेणें, कुंदी काढणें [vulgar].—*n.* साबणाचा फेस.

LATITUDE (*latus*, broad) रुंदी *f*; room जागा *f*; extent विस्तार; laxity मोकळीक *f*, अप्रतिबंध; शैथिल्य *n*; breadth of signifi-

cation अर्थविस्तार, अर्थव्याप्ति *f*; *Geog*. distance of any place in the globe, north or south of the equator अक्ष; celestial l. शर.—LATITUDINARIAN, one who indulges freedom in thinking ज्याच्या विचारास -मतास निर्बंध नाहीं तो; *Theol*. one who departs in opinion from the strict principles of orthodoxy ज्यास शास्त्राचा निर्बंध नाहीं तो, शास्त्रशैथिल्यानुयायी. -ISM मतशैथिल्य *n*.

LATTER *a*. (comp. of *late*) पाठीमागचा, अलीकडचा, शेवटचा (rain); mentioned as the last of two मागून सांगितलेला, उत्तरोक्त, दुसरा; modern नवा, अर्वाचीन (ages); latest शेवटचा. -LY *ad*. अलीकडे, थोडक्या दिवसांच्या आंत.

LATTICE* जाळी *f*, जाळीदार काम *n*; जाळीची खिडकी *f*.

LAUD (*laus*) स्तुति *f*; भक्तिच्या वेळीं करायाची ईश्वरस्तुति *f*.—*v*. praise in words alone, or with words and singing स्तुति क., स्तुति गाणें. -ABLE *a*. स्तुत्य, वर्णनीय (motives); healthy शरिरास चांगला, आरोग्यप्रद, हितप्रद: l. juices of the body.

LAUDANUM (*L*.) अफूचा अर्क, 'लाड्नम' *n*.

LAUGH * *v. i*. have the countenance light up, or change so as to express merriment हसणें; be gay आनंदी -उल्हासी होणें, —at थट्टा -उपहास क., हसणें;—in the sleeves गालांत -आंतच्या आंत हसणें. -ABLE *a*. हसायाजोगा, हास्यजनक. -TER हसें *n*, हसूं *n*, हास्य *n*. -ING -STOCK खेळवणा, विनोदास्पद.

LAUNCH *v*. (See LANCE) cause or move or slide from the land into the water जमिनी वरून पाण्यांत ढकलणें -लोटणें; send forth पाठविणें, फेंकणें, टाकणें.—*i*. जाणें; into vice निसवणें.

LAUREL (*laurus*) आकाशवेल *f*.—LAUREATE *a*. आकाशवेलानें शृंगारलेला; poet l. राजकवि, राजाच्या पदरचा -दरबारी कवि.

LAURUS (*L*.) L. nobilis आकाशवेल *f*; L. camphora कापराचें झाड *n*; L. cassia तमालवृक्ष; leaf of L. c. तमालपत्र *n*.

LAVA (*lavare*, to wash) ज्वालामुखींतल्या खडकाचा रस, 'लावा.'—LAVE *v*. धुणें.—*i*. अंघोळ -स्नान क.—LAVER तस्त *n*, गंगाळ.—*n*. LAVENDER एक सुगंधि वनस्पति आहे; l. water एक सुवासिक पाणी आहे, 'लवेंडर वाटर *n*,

LAVISH *a*. (*levare*, to raise) profuse चळचळीत, चळचळीत; prodigal उधळ्या, उडाऊ; wild उनाड, बेबंद [of] *v*. उधळणें, उडवणें; छणछण देणें, उदार हातानें देणें, प्रशस्त देणें [on]. -LY *ad*. उडाऊपणानें; सढळ हातानें, उदारपणें, छणछण; रगड, एथेच्छ.

LAW * rule of order or conduct established by authority नेम, निर्बंध, विधि; a fixed regulation कायदा, कानु; an order हुकूम; a decree ठराव, व्यवस्था *f*, बंदोबस्त; appointed rules of a community or state, for the control of its inhabitants कायदा, शिरस्ता, दस्तूर; the regular method or sequence by which certain phenomena or effects follow certain conditions or causes स्वभावनिर्बंध, सृष्टिनियम, नियम: the l. of gravitation; tendency ओढ *f*, कल, प्रवृत्ति *f*: the l. of self-preservation; the will of God, as the supreme moral ruler, concerning the character and conduct of all responsible beings ईश्वरी शास्त्र *n*, ईश्वरी विधि -नियम -शास्त्र *n* -आज्ञा *f*; established usage रूढी *f*, प्रथा *f*, वृत्ति *f*; maxim सूत्र, नियम: the *laws* of versification; the Jewish or Mosaic code मोशाचें नेमशास्त्र *n*; the Old Testament जुनाकरार; litigation वाद, व्यवहार; to go to l. सरकारदरबारांत

जाणें; jurisprudence धर्म -व्यवहारशास्त्र *n*, स्मृति *f*: to study l.; by-law गांवचा -मंडळीचा कायदा; civil l. दिवाणी -मुलकी कायदा; common l. लोकरिवाज; criminal l. फौजदारी कायदा, दंडनीति *f*; [l. -language, language used in legal writings and forms; l. -Latin, corrupt Latin used in the law and in legal documents, &c.]; martial l. लढाईच्या वेळचा लष्करी कायदा; l. of nature सृष्टिनियम, ईश्वरस्थापित सृष्टिनियम; moral law नीतीचा -कर्तव्याचा नियम, शास्त्र *n*; the l. of works कर्ममार्ग; ceremonial l. कर्मनियम; code of *laws* धर्मशास्त्र *n*; a work on l. स्मृतिशास्त्र *n*. -FUL *a*. कायदेशीर; यथाशास्त्र, निर्बाध, योग्य; rightful हकाचा, सत्तेचा. -GIVER कायदे करणारा, विधिस्थापक, स्मृतिकार. -LESS *a*. बेकैद, आचारहीन, पुंड; कायद्याविरुद्ध, बेकायद्याचा, गैरशिस्त (claim); uncontrolled अनिवार, निरंकुश. -LESSNESS बेकैद *f*, पुंडाई *f*. -SUIT खटला, मोकदमा, वाद. -YER धर्मशास्त्रज्ञ, शास्त्री, कायद्यांत वाकबगार; practitioner of law वकील (बारिस्तर, प्लीडर इ०).

LAWN *W*. रानांतलें मैदान *n*, बखळ *f*.—(*linum*, flax) एक जातीचें बारीक वस्त्र *n* आहे.

LAX, See LOOSE. -ATIVE सुखढाळ;—for children घुटी *f*.

LAY* *v*. cause to lie flat भुईसपाट ठेवणें -निजवणें; put down खालीं ठेवणें; deposit बसवणें, शांत क. (a shower, the dust); prostrate जमीनदोस्त -चीत क.; खालीं पाडणें; place in order रचणें, मांडणें (bricks in a wall); make ready तयार क.;—as a snare मांडणें, ठेवणें;—as a plan करणें, रचणें; spread on a surface चढणें, लावणें, माखणें (plaster, paint); appease शांत -थंड क., पाडणें (the wind); stake पण क. -लावणें, पैज मारणें (wager); bring forth and deposit घालणें, गाळणें (eggs); apply लावणें, घालणें (Prov. xxxi., 19); assess बसवणें (a tax); impose घालणें (a burden);—as a punishment लावणें, करणें (Is. liii., 6); charge or ascribe the origin of, or responsibility for आरोपणें, माथीं मारणें -घालणें: to l. want of prudence to one's charge; impose आज्ञा -हुकूम देणें; *Law*, allege पुढें क. -आणणें (damages); *Naut*. depress and lose sight of, by sailing or departing from: to l. the land];—along जमीनदोस्त क.; apart दूर क., टाकणें; aside काढून टाकणें, टाकणें (Heb. xii., 1); सोडणें, टाकणें, बंद क.: to l. aside the use of any thing; away राखणें, निराळा काढून ठेवणें; जतन करून ठेवणें; bare उघडा क.; before दाखविणें, पुढें ठेवणें; by सांठवून ठेवणें, संग्रह क. (1 Cor. xvi., 2); put away टाकणें, सोडणें, घालविणें; काढून ठेवणें (Gen. xxxviii., 19);—damages नुकसानीची रकम मागणें; down देणें, सोडणें (John x., 15); देणें, सोडणें (an office);—as arms खालीं ठेवणें, स्वाधीन क.; offer पुढें क. -ठेवणें (a proposition, principle);–heads together विचार-मसलत क.; hold of on धरणें; in सांठवणें, संचय क.; on चढवणें, लगावणें, मारणें, ओपणें, देणें (blows);—one's self down निजणें, आडवा पडणें (Pls. iv., 8); one's self out बळ खर्चणें, झटणें; open उघडा क.; उघाडीस आणणें, फोडणें (a design); over लावणें; चढवणें, मढवणें: to l. over with gold; out खर्चणें; बेत क.; मांडणें, रचणें (a garden); प्रेतवस्त्रें नेसवणें (a corpse); खर्चणें, कामीं लावणें (one's strength); siege वेढा -गराडा घालणें; गळीं पडणें; आर्जव -जीजी क.; to आरोपणें, लावणें; झटणें; together एकत्र मिळवणें, जुळणें, जमा क.; to heart मनावर घेणें -धरणें, दुःख लागणें; under जिंकणें, वश क.; up सांठवणें, सांचविणें (Matth. vi., 20);

अंथरुणास खिळवणें, निजवणें; to be *laid* up अंथरूण धरून -निजून असणें; उस्तरणें, उखळणें (a ship); upon निकड लावणें, गळीं पडणें; wait for दबा -दडी धरून बसणें -राहणें; waste उद्दस्त क., ओस पाडणें.—*i.* अंडीं घालणें; at मारणें; लावणें; on मारणें, चढवणें (blows); out बेत क.; तजवीज -उपाय क.; upon -वर पण लावणें.—*n.* थर, पदर. -ER थर, पदर; [a shoot or twig of a plant, not detached from the stock, laid underground for growth].

LAY* song गीत *n*; narrative poetry पवाडा.—

LAY* *n.* कुरण *n.*

LAY *a.* (*Gr. laos,* people) pertaining to the laity, as distinct from the clergy गृहस्थाश्रमाचा, गृहस्थांचा. -MAN गृहस्थ, गृहस्थाश्रमी मनुष्य.

LAZAR (from *Lazarus,* Luke xvi., 20) कोडी, रक्तपित्या, कुष्टरोगी. -HOUSE कोड्यांचें इस्पितळ *n.*

LAZY *a. Ger.* slothful आळशी, सुस्त; slow मंद, धिमा, मंदगति (stream); l. weight उणें -कमी वजन *n.*—LAZINESS सुस्ती *f,* आळस.

LEA* कुरण *n,* बहाड *n.*

LEAD* *v.* conduct in a way वाटेनें नेणें, वाट दाखवून नेणें; guide by the hand हात धरून नेणें, पुढें होऊन नेणें; direct and govern पुढार घेऊन चालवणें, अनुशासणें, कारभार पाहणें; precede पुढें होणें, -च्या अगोदर येणें; bring by guidance वाट दाखवून आणणें: self-examination may l. us to a knowledge of ourselves; allure फुसलावणें, फुसलावून -मोह घालून नेणें; influence मनावणें, ओढणें; pass लोटणें, घालणें, काढणें (1 Tim. ii., 2); astray बहकवणें;—captive पाडाव करून नेणें;—the way वाट दाखवणें.—*i.* पुढें होऊन वाट दाखवणें, वाट दाखवणें; पुढार घेणें, पुढाईत होणें; वळवणें, प्रेरणें, नेणें: gaming l. *leads* to other vices.—*n.* पुढार, पुरस्कार; to take the l. पुढार घेणें, पुढारी होणें. -ER हात धरून -वाट दाखवून नेणारा; पुढाईत, प्रमुख, पुरोभागी; one who goes first अग्रसर, अग्रगामी;—of a religious order आचार्य;—of a team सरज्याबैल, मोहरक्या;—of an army सेनापति, बक्षी; the leading editorial article in a newspaper वर्त्तमानपत्रांतला मुख्य निबंध. -ERSHIP पुढारकेपणा, पुढारपणा. -ING *p. a.* मुख्य, प्रमुख; पुढें जाऊन वाट दाखविणारा.

LEAD* a metal शिसें *n*; an article made of lead शिशाचा डागिना; a plummet बुडीद *n*; plates of lead used as covering for roofs छपरावर घालायाचे शिशाचे पत्रे *pl*; roof covered with lead-sheets शिशाच्या पत्र्याचें छप्पर *n*; *Print.* a thin plate of type-metal, used to separate lines in printing 'लेड' *f*, 'लेडी' *f pl*; red l. शेंदूर; white l., or carbonate of l. सफेता. -EN *a.* शिशाचा. -EN-HEARTED *a.* stupid मूर्ख, मंद, मठ; destitute of feeling निर्दय. -PENCIL शिशाची पेन्सल *f.* -WORT—Ceylon l. चित्रक;—the root रक्तचित्रक -चें मूळ *n.*

LEAF* one of the three principal parts or organs of vegetation पान *n*, पर्ण *n*;—of a flower पाकळी *f*, दळ *n*;—a very thin plate वरख, पत्रा: gold l.; part of a book containing two pages पान *n*, पत्र *n*; one side of a folding door फरदा;—of a hand-mill तळी *f*; [the movable side of a table; a portion of fat lying in a separate layer]; an ornament resembling, or made in imitation of, the leaves of certain plants or trees पान *n*, पदक *n.*—*v. i.* पानें -पालवी फुटणें: the trees l. in May. -AGE पानें *n pl*, पाला, पालव *f*, पल्लव. -BUD पत्रांकुर. -LESS *a.* नागटा, बुचा (tree). -LET लहान पान *n*, पात *n.*—LEAFY *a.* दाट पानांचा, पर्णमय.

LEAGUE (*ligare*, to bind) a combination of two or more parties for the purpose of maintaining friendship, and promoting their mutual interest, or for executing any design in concert जूट *f*, कट, एकोपा, ऐक्य *n*; alliance between princes or states for their mutual aid or defence राजांचा किंवा संस्थानांचा एकोपा, संधि, कट.—*v.* जुडणें, जूट कूट क. [together, with].

LEAGUE *O. E.* दीड कोस.

LEAK* a crack, fissure, or hole in a vessel that admits water, or permits a fluid to escape गळतें *n*, गळती *f*; to spring a l. फुट घेणें, झरा लागणें; to stop a l. गळतें काढणें.—*v. i.* गळणें, पाझरणें;—a boat &c. पाणी घेणें. -AGE पाझर, गळण *f*; loss by leakage घस *f*, घट *f*.—LEAKY *a.* गळता, पाझरता.

LEAN* *v. i.* deviate from a perpendicular position कलणें, झुकणें; incline in opinion or inclination मनाचा कल -झोंक असणें [to, into]; bend लवणें, ओणवणें; depend for support टेंकणें, ओटंगणें [on, upon].—*v.* ओणवा क.; वांकविणें; टेका देणें. -ING कल, झोंक (to, towards).

LEAN* *a.* wanting flesh रोड, रोडका, कृश; barren भुकिस्त, भुकड (earth); jejune रुक्ष, निरस, पळपळीत (discourse).—*n.* बिन चरबीचें मांस *n*, तांबडें मांस *n*. -NESS रोडपणा, रोडकेपणा, कृशता *f*; *Scrip.* want of the favor of God, or of the satisfaction of a good conscience ईश्वरी कृपेचा आभाव, शुद्ध मन नसल्याचें असमाधान *n*. (Pls. cvi., 51).

LEAP* *v. i.* jump उडी मारणें, उडी मारून जाणें; spring झेंप घालणें -मारणें; manifest joy आनंद दर्शविणें, उडी मारणें, टाळ्या पिटणें, कुले थोपटणें इ०.—*t.* वरून उडून जाणें,-वर उडी घालणें; cover, —said of the male of certain beasts—वर उडणें-चढणें.—*n.* उडी *f*, उड्डाण *n*; झेंप *f*; a hazardous act जोखीम *n*, जोखमाचें काम *n*, उडी *f*. -FROG बेडुककुदी *f*. -YEAR अधिक दिवसाचें वर्ष *n*, चौथें वर्ष *n*, (ज्यांत फेब्रुआरी महिन्याला २९ दिवस असतात).

LEARN* *v.* gain knowledge of शिकणें, पढणें, ज्ञानसंपादन क.; teach शिकविणें; receive information -ची बातमी -खबर समजणें [of, from, by].—*i.* शिकणें, समजणें; take pattern अनुसरणें, कित्ता घेणें [of] (Matth. xi., 29); acquire skill in any thing वाकब -निपुण होणें, शिकणें: to l. to play on a flute. -ED *a.* शिकलेला, पढीक, व्युत्पन्न, विद्वान; containing learning विद्वत्तेचा, विद्यासंपन्न (treatise); the l. विद्वज्जन *pl*, पंडित लोक *pl*; a l. fool पढतमूर्ख. -EDLY *ad.* विद्वत्तेनें, पांडित्यानें. -ER शिकणारा, विद्यार्थी. -ING विद्या *f*, ज्ञान *n*; अभ्यास, परिचय, वाकबगारी *f*; हतोटी *f*, कौशल्य *n*; cultivation of l. विद्यानुसेवन *n*; patronising l. विद्यानुपालन *n*; that cultivates l. विद्यानुसेवी; patron of l. विद्येचा पोशिंदा.

LEASE *F.* कौल, कौलनामा.—*v.* कौलानें देणें. -HOLD *a.* कौलाचा, कौलानें घेतलेला (tenement). -HOLDER.—LESSEE इजारदार, कौली मक्तेदार.

LEAST *a.* (comp. of little) सर्वांपेक्षां लहान, कनिष्ठ; हलक्या किमतीचा, हलका, क्षुद्र; at the l. किमानपक्ष, कनिष्ठपक्ष, निदान; not in the l. कांहींच नाहीं, किमपी नाहीं; at l. खरा तरी, तर खरा.—*ad.* सर्वांहून कमी -थोडा.

LEATHER* skin of an animal dressed and prepared for use कमावलेलें कातडें *n*; dressed hides collectively कामावलेलीं कातडीं *n pl.* -DRESSER ढोर, चर्मकार.—LEATHERN *a.* कातड्याचा, चामड्याचा.

LEAVE* permission परवानगी *f*, आज्ञा *f*, मोक-

ळीक *f*; a formal permission of friends निरोप; to take l. निरोप घेणें;—of absence रजा *f*, सुटी *f*.—*v*. quit सोडणें, सोडून जाणें; forsake सोडणें, टाकणें, त्यागणें; suffer to remain राहूंदेणें, ठेवणें, न नेणें: the treasure is *left* behind; intrust स्वाधीन क., हवालणें, सोपणें: I *left* the papers in his care; refer सोपणें, हवालणें: whether E were a vassal I l. the reader to judge; cease from सोडणें (Sam. ix., 5.); bequeath मृतपत्रांत लिहून देणें; off टाकणें, बंद क., सोडून देणें (work); नेसायाचा -पांघरायाचा सोडणें, टाकणें (a garment); सोडणें, टाकणें, वर्जणें (acquaintance); out सोडणें, वगळणें, गाळणें, टाकणें (words, a name).—*i*. थांबणें, राहणें.—LEAVINGS *pl*. गदळ, शेष *n*;—of food उष्टें *n*, उच्छिष्ट *n*.

LEAVEN *F*. आंबवण *n*, खमीर *n*; [any thing which makes a general, esp. a corrupting, change in the mass (Matth. xvi., 6). —*v*. आंबवण घालून फुगवणें; taint बिघडवणें, खराब क.

LECHER* रांडबाज, इष्कबाज. -OUS *a*. स्त्रीव्यसनी, इष्की.—LECHERY इष्क -रांडबाजी *f*.

LECTION (*legere*, to read) difference in copies of a manuscript or book पाठभेद; [a lesson or portion of Scripture read in Divine Service].—LECTURE, a formal or methodical discourse, intended for instruction पाठ, व्याख्यान *n*, 'लेक्चर' *n*; a magisterial reproof कानउघडणी *f*, शब्ददंड.—*v*. पाठ सांगणें, व्याख्यान देणें; वाग्दंड क., कान उघडणें [on, upon].—*i*. व्याख्यान देणें, पाठ सांगणें.—LECTURER व्याख्यान देणारा, पाठक, अध्यापक; [a preacher in a church, hired by the parish to assist the rector, vicar, or curate] [on].

LEDGE* a shelf तक्ता, फळी *f*; a ridge of rocks near the surface of the sea पाण्यांतील खडकाचा कंगोरा -चीकड *f*; layer थर.

LEDGER* खातेवही *f*, खतावणी *f*; a large flat stone such as is frequently laid over a tomb शिळा *f*.

LEE* वाऱ्याचे समोरची दिशा *f* -बाजू *f* -जागा *f*. -WARD *ad*. वाऱ्याच्या समोरच्या दिशेकडे, वाऱ्यासमोर.—*a*. वाऱ्याचे समोरचे दिशेकडचा, दमान, वायुसन्मुख (ship).

LEECH* जळू *f*.

LEER* *v*. आडवा -वांकडा डोळा, नेत्रकटाक्ष. —*v*. वांकड्या डोळ्यानें पाहणें [at].

LEES (See LEE).

LEFT *a*. (*lævus*) डावा, डाव्या हातचा -कडचा; [l. bank of a river, that which is on the l. hand of a person whose face is toward the mouth of the river].—*n*. डावी बाजू *f*; over the l. उलट्या अर्थानें. -HAND उजवा हात. -ED *a*. डावखुरा, डावरा; clumsy अडाणी, आडमुठ्या; unlucky अशुभ, अभाग्य; insincere कपटी, खोटा.

LEG *D*. पाय, तंगडी *f*;—of a table, &c. पाय, खूर;—of mutton रान *f*, टांग *H*.; to stand on one's *legs* पर फुटणें.

LEGACY (*legare*, to appoint by last will) जें मृतपत्रांत लिहून दिलें तें *n*, मृतलेखदान *n*. -HUNTER मृतलेखदानासाठीं आर्जव करीत फिरणारा *n*.—LEGATOR मृतलेखदान देणारा.

LEGAL *a*. (*lex*, law) कायद्या प्रमाणें, कायदेशीर (claim); permitted by law कायद्यांत सांगितलेला, कायदेशीर (trade); *Theol*. according to the law of works कर्ममार्गाचा, कर्ममार्गानुसार; resting on works for salvation कर्ममार्गी; according to the old or Mosaic dispensation मोशेच्या नेमशास्त्रानुसार -प्रमाणें; relating to law कायद्या संबंधी, कायद्याचा. -ITY कायदेशीरपणा, स्मृतिशास्त्रानुयायिता *f*; -कर्ममार्गानुसरण *n*. -IZE *v*. कायद्यांत आणणें, कायद्यानें स्थापणें; authorize मोकळीक -मुभा देणें [by].

-LY *ad*. कायद्या प्रमाणें, कायद्या बरहुकूम ; कर्ममार्ग आश्रयून -अवलंबून, कर्ममार्गानें.

LEGATE (*legare*, to send with a commission) वकील, राजदूत ; [the pope's ambassador to a foreign prince or state].

LEGEND (*legendus*, to be read) a story कथा *f*, चरित्र *n*;—one of a marvellous nature पुराणकथा *f*, चरित्र *n*, महात्म्य *n*. -ARY *a*. कथेंतला, पुराणांतला.—*n*. कथांचें पुस्तक *n*, पुराण *n* ; कथेकरी, पुराण सांगणारा.

LEGERDEMAIN *F*. हातचलाखीचा खेळ, गारूड *n*.

LEGIBLE *a*. (*legere*, to read) वाचायाजोगा, सुवाच्य, सुस्पष्ट ; capable of being discovered or understood by apparent marks खुणांवरून -चिन्हांवरून समजायाजोगा : the thoughts of men are often l. in their countenances.—LEGIBLY *ad*. साफ, स्पष्ट.

LEGION (*legere*, to gather) a body of soldiers सैन्य *n*, सेनाभार ; a great number झुंड *f*, घोळका, समुदाय (Mark v., 9).

LEGISLATE *v*. (*lex*, law) कायदा किंवा कायदे क. [for, upon]. — LEGISLATION कायदे क. *n*. कायदेबंदी *f*, विधिस्थापना *f*. — LEGISLATIVE *a*. कायदे करणारा, विधिस्थापक (body) ; कायदे करण्याचा, कायदे स्थापण्याचा (style) ; कायद्यानें केलेला (act). —LEGISLATOR कायदे करणारा, विधिस्थापक.—LEGISLATURE कायदे करणारी मंडळी *f* -सभा *f*.

LEGITIMATE *a*. (do.) कायद्या प्रमाणें, कायदेशीर, यथान्याय ; lawfully begotten औरस (children); genuine असल, खरा ; following by logical sequence यथान्याय, सुयुक्तिक, तर्कशास्त्रानुसार (result) ; in accordance with established law रिवाजा प्रमाणें, कायदेशीर, कायद्या प्रमाणें (government) ; in accordance with rule नेमा प्रमाणें, यथानियम ; a l. wife धर्मपत्नी *f*.—LEGITIMACY यथान्यायता *f* ; औरसपणा ; खरेपणा ; सुयुक्ति *f* ; कायदेशीरपणा.

LEGUME (*legumen*) शेंग *f* ; *pl* द्विदल धान्य *n*. —LEGUMINOUS *a*. द्विदलजातीय, कडणाचा ; शेंगाचा.

LEISURE (*licere*, to be permitted) time free from employment रिकामपण *n*, अवकाश, फुरसत *f* ; convenient opportunity सोईची वेळ *f* , convenience सोयी *f*, सोय *f* ; at l. रिकामा ; सोयीच्या -रिकाम्या वेळीं ; अवकाशानुसार, फुरसुतीनें [for, from]. -LY *a*. सावकाशीचा, थंडाईचा, धिमा (walk).—*ad*. सावकाशीनें, थंडाईनें, धिमे.

LEMMA (*L.*) *Math*. पूर्वगृहित सिद्धांत.

LEMON *Per*.—the fruit लिंबू *n* ;—the tree निंबुणी *f*. -GRASS गवतीचहा, अतिगंध. -ADE एक प्रकारचें निंबाचें सरबत *n*, 'लेमनेड.'

LEND* *v*. grant to another for temporary use उसनें देणें, जायां -दोन दिवस देणें ; afford देणें (assistance) ; let for hire भाड्यानें देणें ;— as money, at interest व्याजीं -कर्जी देणें ; to l. a deaf ear कानांत तेल घालून निजणें [to]. -ER उसनें देणारा ; money-l. सराफ, सावकार. -ING उसणवारी देणें, जायास देणें *n* ; कर्जी देणें *n* ; उसणी दिलेली जिन्नस *f* ; l. and borrowing देणें घेणें *n*, देवघेव *f*.

LENGTH* extent of any thing from end to end लांबी *f* ; superficial measure क्षेत्रफळ *n* ; a determined portion of time नियमित काळ, मुद्दत *f* ; indefinite duration अनियतकाळ, दीर्घकाळ ; amplification पाल्हाळ, विस्तार ; to pursue a subject to a great l. ; at l. सविस्तर : let the name be inserted at l. ; शेवटीं. -EN *v*. लांबवणें, वाढवणें ;—as a line ताणणें ; draw out in pronunciation दीर्घोच्चार क., लांबता धरणें [out].—*i*. लांबणें, वाढणें. -WAYS, -WISE *ad*. लांबीनें, लांबी कडून.—LENGTHY *a*. लांबच लांब, लांबलचक, दीर्घसूत्री.

Lenient *a.* (*lenis*, soft) मवाळ, नरम; softening सौम्य, सामोपचाराचा; merciful दयेचा, सदय [to].—**Leniency, Lenity** सौम्यता *f*, मृदुता *f*; दया *f*;—as opposed to severity अल्पदंड.

Lens *L.* दुर्बीण वगैरे यंत्राची कांच *f*, भिंग *n*.

Lent* कित्येक ख्रिस्ती मंडळ्याचा चाळीस दिवसांचा उपास आहे.

Lentil (*lens*) मसूर *f*.

Leo (*L.*) सिंहरास *f*. **-nine** *a*. सिंहाचा -संबंधी; सिंहासारखा. —[L. verse (from *Leo*, a certain monk), a kind of verse the end of which rhymes with the middle.] **-pard** (*-pardus*, the male of the panther) खड्यावाघ, चित्ता.

Leper (*Gr. lepis*, scale) कोडी, कुष्टरोगी. —**Leprosy** कोड *n*, कुष्टरोग; black l. रक्तपिती *f*; white l. पांढरें कोड *n*; wasting l. गलतकुष्ट *n*.—**Leprous** *a*. कोड्या, महारोगी.

Less* *a*. -हून लहान -कमी, अल्प; the privative affix 'less' is expressed by हीन, नि; वि, &c.: पुत्रहीन, निर्बुद्धि, &c.—*ad*. कमी, थोडा. **-en** *v*. कमी -थोडा क.; degrade मान कमी क.—*i*. लहान -कमी होणें; उणावणें, उतरणें. **-er** *a*. लहान, कमी, अल्पतर.

Lessee (See under **Lease**).

Lesson (See **Lection**) any thing read or repeated to a teacher by a learner धडा, पाठ; a precept विधि, सूत्र *n*; doctrine उपदेश, शिक्षा *f*; rebuke शब्दाचा मार, वाग्दंड; portion of Scripture read in Divine Service पाठ; l. to be read वाचणी *f*; l. to be conned घोकणी *f*, संथा *f*; to get a severe l. पटकी -ठेंच खाणें; to take a l. from दाखला -धडा घेणें; to learn a lesson, get instruction from अद्दल खाणें -घडणें

Lest* *conj*. कदाचित, नजाणो.

Let* *v*. allow मोकळीक -परवानगी देणें, -ऊं देणें: I will l. you go मी तुला जाऊं देईन; lease भाड्यानें देणें [out]; alone सोडणें; वाटेस न जाणें;—blood रक्त काढणें, शीर काढणें; down बुडूं देणें; पडूं देणें; खालीं सोडणें; नरम पाणी देणें, पाणी देऊन नरम क. (tools); fly फेंकणें, झोकणें, सोडणें (an arrow, a stone); in, into आंत येऊं -जाऊं देणें; मध्यें घालणें; loose मोकळा सोडणें -फिरूं देणें; out सोडणें, जाऊं देणें (an animal); ढिला सोडणें, लांबविणें, ताणणें (a rope); भाड्यानें देणें; off सोडणें, फेंकणें (an arrow);—as a gun बार -तोफ -बंदूक सोडणें; release सूट -माफी देणें, दंडमुक्त क.

Let* *v*. अटकाव *f* -अडथळा *f* -हरकत क.—*n*. अडथळा; without l. or hindrance रोख, ठोक.

Lethargy (*Gr. lethe*, oblivion, *argos*, lazy) morbid drowsiness झांप *f*, झापड *f*; profound sleep गाढ निद्रा *f*, कुंभकर्णी झोंप *f*. —**Lethargic, -al** *a*. अति निद्राळू; जड, मदड; गाढ, घोर (sleep).

Letter (*littera*) a mark, used as the representative of a sound, or of an articulation of the human organs of speech अक्षर *n*, वर्ण; an epistle पत्र *n*, कागद; literal statement पदार्थ, शब्दार्थ; types अक्षरें *n pl*, अक्षराचे ठसे -छाप *pl*; learning विद्या *f*, चार अक्षरें *n pl*; l. of administration मयताच्या जिंदगीची वहिवाट करण्याचें मुखत्यारपत्र *n*;—of attorney मुखत्यारनामा, वकीलपत्र *n*;—of credit पतीचा -लायकीचा दाखला, भलावणपत्र *n*, भलावण *f*; —of license सावकारानें मोडक्या कुळास दिलेल्या मुदतीचा दाखला; *letters* patent सनद *f*; compound l. जोडअक्षर *n*; l. by l. अक्षरशः; by l. पत्रद्वारां; on sight of the l. पत्रदर्शनीं.—*v*. -वर अक्षरें लिहिणें, अक्षरां-

कित क. (a book) -ED *a.* शिकलेला, पढलेला, पढीक; विद्येचा, विद्याविषयक; अक्षरांकित. -WRITER पत्रलेखक; [instrument for copying letters].

LEUCO-PHLEGMACY (*Gr. leukos,* white, *phlegma,* phlegm) कफोदर.

LEUCORRHÆA (*Gr. -rhein,* to flow) धुपणी *f.*

LEVEE *F.* सकाळचें दर्बार *n,* मातःसभा *f.*

LEVEL* *a.* flat सपाट, सारखा; horizontal आडवा; of the same height सारख्या उंचीचा, बराबर; equal in rank बरोबरीचा, सारखा, समान; l. ground सपाटी *f,* समभूमि *f*; l. surface समपृष्ठ -तल *n,* सपाटी *f,* सारखी जमीन *f*; सारखेपणा, समानता *f*; rate दर, धडा, भाव; rule नियम; plan बेत; line of direction in which a missive weapon is aimed शिस्त *n,* धोरण *n,* संधान *n*;—of masons and carpenters पाणसळ *f.*—*v.* सारखा -सपाट क.; शिस्त धरणें, रोखणें, आडवा क.; जमीनदोस्त क., जमिनीस मिळवणें; सारखा -समान क.: to l. all ranks and degrees of men; utter बोलणें, झोकणें, तोंडावाटे काढणें (remarks).

LEVER (*levare,* to raise) तरफ *f,* उटाळी *f.*

LEVIGATE *v.* (*levis,* smooth) rub or grind to a fine, impalpable powder उगाळणें, वाटणें, घोटणें; render smooth गुळगुळीत -साफ क. —LEVIGATION उगाळणी *f,* घोटणी *f.*

LEVITE *Heb. a.* लेवीच्या वंशातला, लेवी.

LEVITY (*levis,* light in weight) हलकेपणा; frivolity हलकटपणा, छिचोरी *f*; vanity पत्राज *f,* मिजास *f*; want of seriousness मनाचा हलकेपणा, अगांभीर्य; inconstancy चंचळ स्वभाव, चंचलता *f.*

LEVY (See LEVER) raise, as troops जमवणें, फौजबंदी क.;—as taxes पट्टी बसवून वसूल जमा क. [for, upon].—*n.* फौजबंदी *f*; पट्टी *f.*

LEWD* *a.* इष्कबाज, बदख्याल, कामासक्त; बदख्यालीचा, कामुक (actions). -NESS स्त्रीव्यसन *n,* इष्कबाजी *f,* बदख्याली *f*; wickedness दुष्टपण *n,* पाप *n.*

LEXICON (*Gr.*) a dictionary शब्दकोश; [a dictionary of words in a foreign language: a Greek l.].— LEXICOGRAPHER कोशकर्त्ता.—LEXICOGRAPHY शब्दकोशरचना *f*; principles according to which dictionaries should be constructed शब्दकोशरचनेचे नियम *pl.*

LIABLE *a.* (*ligare,* to bind) responsible जबाबदार, मोसबेदार: the surety is l. for the debt of his principal; subject अधीन, वश, योग्य, जोगा: l. to imprisonment.— LIABILITY मोसबेदारी *f,* जिम्मेदारी *f*; अधीनता *f,* वशता *f,* -जोगेपणा.

LIAR, See under LIE.

LIBATION (*libare,* to pour out as an offering) the act of pouring a liquor, usually wine, either on the ground or on a victim, in sacrifice, in honor of some deity तर्पण *n,* पेयार्पण *n*; the liquor poured out तर्पणद्रव्य *n,* पेयद्रव्य *n.*

LIBEL (*libellus,* a little book) *Law,* a malicious publication expressed either in print or in writing, or by pictures, effigies, or other signs, tending either to injure the memory of the dead, or the reputation of one alive, and expose him to public hatred, contempt, or ridicule निंदालेख, अपवादलेख, 'लैबल' *n*; the crime of publishing a defamatory writing निंदालेख प्रसिद्ध केल्याचा -लैबलचा अपराध.—*v.* निंदापत्र लिहून अब्रू घेणें. -OUS. -LOUS *a.* निंदेचा, अपवादक.

LIBER (*L.*) झाडाची अंतर्साल *f.*

LIBERAL *a.* (*liber,* free) free by birth कुलीन;

gentle in manners सभ्य, शिष्ट; befitting a gentleman गृहस्तगिरीचा, गृहस्थी, गृहस्थास शोभेस (education); generous उदार, सढळ हाताचा; enlarged in spirit उदार मनाचा, उदार; ample पुष्कळ, विपुळ, प्रचुर; licentious बेकेद; [not bound by orthodox or established tenets in political or religious philosophy] [to]. -ITY उदारपणा, औदार्य *n*; औदार्य *n*, उदारपणाचें कृत्य *n*; मोकळें -प्रशस्त मन *n*; candour निष्कपटपणा; impartiality निष्पक्षपात; many treat the Gospel with indifference, under the name of l. -LY *ad.* उदारपणानें; प्रशस्तपणानें; उदारमनानें; not literally अर्थ न सोडून, अक्षरशः नव्हे : to translate l.—LIBERATE *v.* मोकळा क., बंदमुक्त क.; manumit दास्यत्वांतून सोडणें [from].—LIBERATION मोकळें क. -होणें *n*; मोकळीक *f*, सुटका *f*, मुक्ति *f*.—LIBERATOR सोडणारा, सोडविणारा, मुक्तिदाता.—LIBERTINE मोकळा, मुक्त; a man who lives without restraint of the animal passions सोदा, लुच्चा, बदफैली; a free-thinker शास्त्र न मानणारा.—LIBERTINISM सोदेगिरी *f*, इष्कबाजी *f*.—LIBERTY मोकळीक *f*; leave रजा *f*, परवानगी *f*; privilege मुखत्यारी *f*, अधिकार; exemption माफी *f*, सूट *f*; permission to go about freely within certain limits हद्दीच्या आंत फिरण्याची परवानगी *f*; the limits within which such freedom is exercised अटके वांचून फिरण्याची हद्द *f*: the *liberties* of a prison; freedom from, or neglect of observance of, the laws of etiquette, propriety, or courtesy आगळीक *f*, अमर्यादा *f*:—to take a l.; the power of choice स्वेच्छा *f*, निवडण्याची मुखत्यारी *f*; freedom from compulsion or constraint in willing स्वतंत्रता *f*; at l. मोकळा; civil l. लोकांस आपल्या हक्का प्रमाणें वागण्याची मोकळीक *f*, हक्काची स्वतंत्रता *f*; l. of the press (सरकारची देखरेख नसतां) छापण्याची मोकळीक *f*; moral l. जबाबदार माण्याची स्वतंत्रता *f*; religious l. आपल्या मना प्रमाणें धर्मसंबंधी मत बाळगण्याची किंवा भक्ति करण्याची मोकळीक *f*.

LIBIDINOUS *a.* (*libido*, lust) See LEWD.

LIBRA (*L.*) तूळरास *f*.

LIBRARY (*librarium*, book-case) a collection of books belonging to a private person, or to a public institution or company पुस्तकसंग्रह, पुस्तकांचा भरणा; apartment for holding a collection o. books ग्रंथालय *n*, किताबखाना, 'लैब्ररी' *f*. —LIBRARIAN किताबखान्यावरचा अधिकारी -कामदार, 'लैब्रेरियन.'

LICENSE (*licere*, to be permitted) हुकूम, परवानगी *f*; a formal permission from the proper authorities to perform certain acts परवानगी *f*, सनद *f*, सरकारी हुकूम; written document by which a permission is conferred सनद *f*, परवाना, 'लेसन' *n*; excess of liberty बेकेदपणा [for].—*v.* सनद -परवानगी देणें; authorize to act in a particular character अमूक एक काम करण्याची -हुद्दा चालविण्याची परवानगी -सनद देणें; to l. a man to preach, to practise medicine. -LICENSED *p. a.* सनदी, परवानगीचा. —LICENTIOUS *a.* मोकळा; बेकैद, बेबंद (conduct); सोदा, लुच्चा (man). -NESS बेकेदपणा, अत्याचार, अनाचार; सोदेगिरी *f*, लुच्चेशाई *f*, ढंग *pl*.

LICK* *v.* pass or draw the tongue over चाटणें; take in by the tongue चकचक पिणें, चाटून खाणें, पिणें; to l. the dust मारला जाणें; लढाईत मरणें; to l. the spittle of थुंकी झेलणें, हांजी हांजी क.; up चाटून पुसून साफ क., चट क., फन्ना उडवणें.—LICKERISH *a.*

nice in the choice of food चोखादळ, चोखनळ; greedy to swallow लाळघोट्या, मिटक्या मारणारा.

LICK *Sw.* टोला, चपाटा.—*v.* टोला देणें.

LICORICE (*Gr. glukos,* sweet, *riza,* root) जेष्ठ -जेठीमध *f*, रतनगुंज *f*, सूस *m, f*.

LID* cover झांकण *n*, ढांपण *n*; eyelid पापणी *f*, नेत्रकपाट *n*.

LIE* a criminal falsehood अन्यायाची लबाडी *f*; falsehood uttered for the purpose of deception ठकविण्याकरितां सांगितलेली खोटी गोष्ट *f*; intentional violation of truth अनृत *n*, लबाडी *f*; give the l. to लबाडीचा दोष लावणें, खोटेपणा आणणें; false doctrine खोटा उपदेश.—*v.* खोटें बोलणें किंवा खोटें काम क.

LIE* *v. i.* be low पडणें; be in a horizontal position आडवा पडणें -असणें; rest on a bed or couch बिछान्यावर -पलंगावर पडणें -निजणें -लवंडणें, आंगटाकणें; be situated राहणें, असणें: Ireland *lies* west of England; abide राहणें, पडणें: to l. open, to l. hid; be dependent हातीं -अधीन -स्वाधीन असणें; consist असणें: diversion *lies* in hard labor; sleep निजणें; to l. at the heart जिवासीं असणें, मनेच्छा असणें; by बरोबर -पासीं असणें: he has the manuscript *lying* by him; rest विसांवा घेणें: we *lay* by during the heat of the day; down लवंडणें, आंगटाकणें; निजायास जाणें; —hard or heavy दडपणें, चेपणें; in बाळंत होणें, कोनी निघणें;—in one -च्या हातीं असणें (Rom. xii., 18);—in the way वाटेंत -आडवा असणें;—in wait दबा धरून बसणें; on, upon अंगावर -शिरावर -गळ्यांत असणें;—on hand हातीं असणें; बाकी असणें, बाकी विकायाचा असणें;—on the hands रिकामा असणें (time);—on the head of माथीं असणें; over मुदतीच्या पलीकडे (हुंडी वगैरे) पैसा दिल्यावांचून राहणें; महकूब -तहकूब राहणें; to, *Naut.* be checked or stopped, either by counterbracing the yards or taking in sail बाकसी घेणें; under खालीं -अधीन असणें; with -च्या बराबर राहणें -निजणें; -च्या पाशीं निजणें, संभोगणें; -चें असणें: it *lies* with you to make amends.

LIEGE *a.* (*ligare,* to bind) हुकमी, ताबेदार, प्रजाधर्मी (man); sovereign मुख्य, श्रेष्ठ (lord).—*n.* रयत *f*, प्रजा *f*, ताबेदार; खावंद, धनीसाहेब, महाराज.

LIEUTERY (*Gr. leios,* smooth, *enteron,* an intestine) a lax diarrhœa, in which the food is discharged only half-digested भसरें *n*, आमातिसार.

LIEU *F.* जागा *f*; in l. of जागीं, ऐवजीं, बदला. —LIEUTENANT मुतालीक, प्रतिनिधि, नायब; —in the army कपतानाच्या खालचा हुद्देदार, जमादार, 'लेफ्टेनेंट';—in the navy (तारवावर) नाखोदाच्या खालचा हुद्देदार. —LIEUTENANCY मुतालकी *f*, नायबी *f*; लेफ्टेनेंटाची जागा *f*.

LIFE* that state of an animal or plant in which its organs are capable of performing their functions जीव; vitality चेतना *f*, जीवित्व *n*; period between birth and death जन्म, आयुष्य *n*, जिणें *n*; manner of living स्थितिरीति *f*, रहाणी *f*; condition or circumstances, as pleasant or painful जीवित *n*, जिणें *n*; deportment चाल *f*, रीतरवेस *f*; present state of existence इहजन्म, संसार; a person or thing which imparts or excites spirit, vigor, or enjoyment हिम्मत *f*, तेज *n*, शोभा *f*, रंग, जीव इ०: he was the l. of the company; vigor पाणी *n*, हिम्मत *f*, दम, जीव: they have no notion of l. and fire in words; living

form जिवंतरूप *n* -आकार : a picture is taken from the l.; a human being मनुष्य *n*, जीव : how many *lives* were sacrificed during the revolution; system of animal nature जीव, जीवराशि *f*, जीवकोटि *f* : nature swarms with l.; *Poet.* blood रक्त *n* : the warm l. came issuing from the wound (See Gen. ix. 4); narrative of a past life चरित्र *n*, आख्यान *n*; the l. of Milton; happiness in the favor of God ईश्वरी कृपेचें सुख *n*; eternal life in contradistinction to eternal death अक्षय जीवन *n*; position in society पदवी *f*, दरजा : high l.; human affairs संसार, प्रपंच, भव; a darling जीव, जीवप्राण, जिवडा; to the l. हुबेहूब, मूर्त्तिमंत, मत बरहुकूम; social l. घर *n*; endowed with l. सजीव; abandonment of l. प्राणत्याग; deprived of l. नष्ट -हतप्राण; the present l. इहजन्म; active or secular l. संसार, प्रवृत्तिमार्ग; vicissitudes of l. संसार -कालचक्र *n*; virtuous l. धर्माचरण *n*; dearer than l. जिवापरता, जिवापलीकडे; reckless of l. जिवावर उदार; saving of one's l. जीवदान *n*; the sea of l. भवसागर; the efficient cause of l. जीवनहेतु; the thread of l. आयुष्याची दोरी *f*; l. and soul जीवप्राण; to lose one's l. प्राणास -जिवास मुकणें; tie for l. जन्मगांठ *f*; provision for l. जन्माची भाकर *f*. -ANNUITY, a sum of money paid yearly during a person's life दरसालची तहाहयात नेमणूक *f*. -BOAT, [a boat so constructed as to have great strength and buoyancy for preserving lives in cases of shipwreck]. -GIVING *a*. जीवनदायक. -GUARD हुजरात *f*, खास रिसाला. —INSURANCE, a contract for the payment of a certain sum of money on a person's death जिवाचा विमा. -LAND, land held by lease for life हयातीची जामीनदारी *f*. -LESS *a*. निर्जीव, मेलेला, मृत; unanimated निर्जीव, जड, अचेतन; insipid निस्सार, निःसत्व, निरस; wanting physical energy लिचापेचा, फुसका, नुकसान. -RENT, rent of an estate that continues for life हयाती -उमरपट्टा (*H*). -STRING आयुष्याची दोरी *f*. -TIME आयुष्य *n*, हयात *f*; all one's l.-time जन्मभर. -WEARY *a*. जिवास त्रासलेला.

LIFT* *v*. raise उचलणें, उंच -वर क.; elevate वाढवणें, सरफराजी क., योग्यतेस चढवणें; elate गर्वानें फुगवणें, चढवणें, चण्याच्या झाडावर चढवणें; remove from its place जाग्यावरून हलवणें -उचलणें; remove by stealing उचलणें, चोरणें; to l. up the eyes पाहणें; दृष्टि वर क.; प्रार्थनेच्या द्वारें ईश्वराकडे मन लावणें; —the feet पाय उचलणें, त्वरा क.;—the hand शपथ घेणें; प्रार्थना करितांना हात वर उचलणें, प्रार्थना क.; पुंडाई क.; आंगावर हात उचलणें -टाकणें -उगारणें, आंगावर जाणें; आळस सोडून कामास लागणें, झटणें (Heb. xii., 12); —the hand against जाचणें, काचणें;—the head गरिबींतून वर काढणें, उदयास आणणें, डोयीवर उचलणें; आनंद क. (Luke xxi., 8); —the heel against लात उचलणें, बेअदबी क.;—the voice ओरडणें, गळाकाढणें, रडणें. —*i*. उचलणें; वर चढणें; वर चढल्या सारखें दिसणें : the land *lifts* to a ship approaching it.—*n*. उचलणें *n*, उत्थापन *n*; that which is to be raised उचलायाची जिन्नस *f*, -वस्तु *f* -चा पदार्थ; a rise चढ : the l. of a lock in canals; to give one a l. मदत क.; उचलून (ह्या० गाडी वगैरेंत बसवून) नेणें. -ER उचलणारा; उचल्या, चोर; माल वगैरे उचलण्याचें यंत्र *n*.

LIGAMENT (*ligare*, to bind) बंधन *n*, पाश; *Anat.* अस्थिबंधन *n*, संधिबंधन *n*.—LIGATURE बंद, पट्टी *f*; बांधणें *n*, बंधन *n*; stiffness ताठपणा, ताठा; *Print.* a double character, as

fi,fl,ff, जोडाक्षर *n*; *Surg.* रक्तस्राव बंद करण्या करितां शिरा बांधण्याची दोरी *f*, नाडीबंधन *n*.

LIGHT* that agent or force in nature by the action of which upon the organs of sight, objects from which it proceeds are rendered visible उजेड, प्रकाश; that which gives light दिवा, उजेड, ज्योति *f*; medium through which light is admitted खिडकी *f*, गवाक्ष *n*, इ०; life जीव; a pane of glass तावदान *n*, भिंग *n*; knowledge ज्ञान *n*; spiritual illumination आत्मबोध, परमार्थज्ञान *n*; information माहिती *f*, खबर *f*; day दिवस (Job xxiv., 14); the dawn of day अरुणोदय; publicity उघडीक *f*; a time of prosperity and happiness सुबत्तेचा व आनंदाचा काळ; felicity आनंद, हर्ष, सुख *n* (Is. lviii., 8); illuminated part of a picture चित्रांतील उजेडाची जागा *f*; point of view in which any thing is seen नजर *f*, दृष्टि *f*, लक्ष्य *n*; a model कित्ता, नमूना: the l. of the age; the l. of the countenance कृपा *f*, अनुग्रह; to come to l. फुटणें, बाहेर पडणें; to bring to l. बाहेर आणणें, उजेडास आणणें; to stand out of the l. अंधार सोडणें; to stand in one's own l. आपल्या हातीं आपल्या पायावर कुऱ्हाड मारून घेणें.—*v.* kindle पेटविणें, चेतविणें; give light to उजेड -प्रकाश देणें; illuminate रोशनाई क., दिवे लावणें; show the way to by means of a light दिव्यानें -उजेडानें वाट दाखविणें. -EN *v.* प्रकाशित क.; ज्ञान देणें, प्रबोधित क. (Luke ii., 32); free from trouble and fill with joy दुःखांतून सोडवून हर्षभरित क. (Ps. xxxiv., 5).—*i.* चमकणें, लकाकणें; clear, as the weather निवळणें, उघडणें. -HOUSE मनोरा, दीपस्तंभ, 'लैट हौस' *n*. -NING विद्युत् *n*, वीज *f*. -SOME *a*. उजेडाचा, सुप्रकाश, तेजस्वी. *Poet.* gay आनंदी, उल्हासी.

LIGHT* *a*. having little weight हलका; not burdensome हलका, सोयीचा, सुवाह्य (load); not difficult हलका, सोपा (task); easy to be digested हलका, सुपच; not heavily armed सडा, सडासोट (troops); not encumbered सडा, बिनघोर: they are l. to run away; active चपळ, सुटसुटीत; not deeply laden रिकामा (a ship); slight हलका, क्षुल्लक, लहान (error); not dense पातळ, हलका, थोडा (rain, vapors); not strong हलका, माफक, सुमाराचा (wind); inconsiderate अविचारी, विवेकशून्य (person); airy चंचल, वावकळ, अस्थिर (mind); wanton अचपळ, चंचळ, उनाड, विलासी: a woman of l. carriage; not of legal weight कायद्याहून कमी वजनाचा (coin); loose पोकळ, फसफसीत (soil); as color फिका, उभरंग; to make l. of हलका -तुच्छ मानणें, हेलणा क.; मनावर न घेणें. -EN *v.* हलका क.; alleviate हलका -कमी -उपशम क. -FINGERED *a*. चोरी करण्यांत चपळ, उचल्या. -FOOTED *a*. पायाचा -धावण्यांत चपळ; नाचण्यांत चपळ. -HEADED *a*. delirious बेशुद्ध, बरळणारा, बडबडणारा; volatile चंचळ, वावकळ. -HEARTED *a*. मौजी, रंगेल, आनंदी, चैनी. -INFANTRY सडें -चपळ पायदळ *n*, 'लैट इन्फंट्री *f*. -LY *ad*. हळू, हलक्यानें, भार न देतां: to tread l.; हलक्या मनानें, अविचारानें: ideas l. received; आनंदानें, खुशीनें; सहज, अनायासानें; उगीच, कारणा वांचून, सहज: do not l. appear before men; उनाडपणानें, चंचळपणानें, विलासानें; चपळाईनें; मौजेनें, निष्काळजीनें, गमतीनें. -MINDED *a*. हलक्या मनाचा, छिचोर, पचकळ.—LIGHTS *pl* जनावरांचें फोपीस *n*.

LIGHT *v*. See ALIGHT.

LIGNEOUS *a*. (*lignum*, wood) लांकडाचा, काष्ठमय.

LIKE* *a*. equal in quantity, quality, or degree सारखा, समान, बराबरीचा; men

of l. excellence; similar सारखा, सारखा इ० (James v., 17); probable जोगा, संभाव्य: they were not l. to conform themselves to strict rules; the following can only be used in comp. at the end of a word तुल्य, सम, रूप, अनु, प्रतिम.—*ad.* सारखा, प्रमाणें (Ps. ciii., 13); होण्याजोगा; in a manner becoming योग्य रीतीनें, शोभेसा: quit yourselves l. men. -LIHOOD सुमार, रंग, संभावना *f.* -NESS सारखेपणा, सादृश्य *n*; form स्वरूप *n*, आकार; picture चित्र *n*. -LY *a.* होण्याजोगा- सारखा, संभाव्य (story); pleasing आवडता, मनोरम, प्रिय (men). —*ad.* अधिक -फारकरून, बहुधा, तीन वाट्यांनीं. -MINDED *a.* एकचित्ताचा, समम- नस्क. -WISE *conj.* तसाच, तसेंच, तद्वत; also देखील, ही.—LIKEN *v.* बरोबरी -तुलना क., ता- डणें (Matth. vii., 24).

LIKE* *v.* be pleased with आवडणें, पसंत होणें, मान्य क.—LIKING आवड *f*, गोडी *f*, चहा *f*; to contract a l. for आवड -मन बसणें; to lose one's l. for (-वरून -एथून) मन उठणें; pleasure संतोष, खुशी *f* [for].

LILY* भूईकमळ *n*.

LIMB* edge कड *f*, किनारा, कांठ; a member अवयव, अंग *n*; branch of a tree फांदी *f*, डाहळी *f*; blade पात *n*; *Astron.* edge of the disk of a heavenly body प्रांत.— LIMBER, LIMBO, *Scholastic Theol.* नरकाच्या किनाऱ्यावरचा प्रांत; place of confinement अटकेची जागा *f*. [the *Limbus Patrum* is a place that the schoolmen supposed to be on the edge or border of hell, where the souls of the patriarchs were detained, and those good men who died before our Savior's resurrection.]

LIME* a viscous substance चिकोटा; oxide calcium चुना; quicklime चुनकळ्या *f pl*; fine l. well ground and blended (for overlaying rough chunam-work and its openings) संदला, निरू; pure fine l. कळीचा चुना; slaked l. पिचवलेला चुना.— *v.* चिकटा लावणें; ensnare पाशांत धरणें; manure with lime चुन्याचें खत घालणें; cement सांधणें, सांधा बसविणें. -BURNER लोणारी. -KILN चुन्याची भट्टी *f*. -STONE चुनखडा. -WATER चुनवणी *n*; burnt l. कळी *f*.—LIMY *a.* चिकट; containing lime चुन्याचा; resembling lime चुन्यासारखा.

LIME *F.* लिंबू *n*;—the tree निंबोणी *f*; the small thick-skinned l. कागदी लिंबू *n*.

LIMIT (*limes*) हद्द *f*, मर्यादा, सीमा *f*; prison *limits* तुरंगाच्या जवळ कैद्यास फिरण्याची हद्द *f*.—*v.* हद्द बांधणें -क.; restrain आळा बांधणें, परिमिति क.; confine the signification of -च्या अर्थाची हद्द बांधणें [to]. -ED मर्यादा केलेला, मर्यादित; परिमित, समर्याद, संकुचित, जुजबी; of l. meaning मितार्थ. -ATION मर्या- दा करणें *n*; आळा, मर्यादा *f*, बंध.

LIMNER (*luminare*, to light) पुस्तकांचा चि- तारी.

LIMP* *v.* लंगडणें, लंगडत चालणें.

LIMPID *a.* (*limpidus*) नितळ, निवळ (stream).

LINCHPIN* चाकाची -आसाची खीळ *f*.

LINCTURE (*lingere*, to lick) medicine taken by licking with the tongue चाटण *n*, अवलेह *n*.

LINE (*linea*) a linen thread or string सुताची दोरी *f*, सुतळी *f*, इ०; a thread- like mark of the pen ओळ *f*, रेघ *f*, रेषा *f*; *Math.* that which has length but not breadth रेघ *f*; boundary मर्यादा *f*, रेघ *f*; contour आकृतीच्या परिघाची रेषा *f*, पांडूरेखा *f*; lineament रेखा *f*, रेषा *f*, रूपरेखा *f*; a straight row ओळ *f*, कतार *f*, रांग *f*: a l. of houses, of soldiers; *Print.* a straight row of letters and words ओळ *f*, पंक्ति *f*,

'लैन' *f*; a note चिट्ठी *f*, दोन बोटें चिट्ठी *f*: a l. from a friend; *Poet.* चरण, पाद; course of conduct ओळ *f*, मोड *f*, रहाळ *f*; method of argument क्रम, श्रेणी *f*, पर्याय; deportment of industry, trade, or intellectual activity धंदा, पेशा; succession of progeny वंश, कुल *n*; connected series of public conveyances तांडा; a measuring-rod सूत्र *n*, सूत *n*; that which is measured by a line विभाग, वांटा (Ps. xvi., 6); instruction उपदेश, शिकवणें *n* (Ps. xix., 4); infantry पायदळ *n*; a trench खंदक; the twelfth of an inch इंचाचा बारावा भाग; l. of battle दंड, रांग *f*; right l. सरळ रेघ *f*; [ship of the l., a ship of war large enough to have a place in the line of battle]; meridian l. रेखा *f*, विषुववृत्त *n*;—as drawn through a word फांटा; to draw a l. ओळ फोडणें, रेघ काढणें; l. of fire बंदुकीचा -तोफेचा मारा; l. of life आयुष्याची (हातावरची) रेषा *f*; the l. along the sinciput (of females) made by parting the hair on both sides भांग.—*v.* रेषा ओढणें, रेखांकित क.; cover or put in the inside of अस्तर क.; as with tin, paper, &c. मढवणें; strengthen by adding any thing जोडून बळकटी आणणें: to l. works with soldiers; impregnate, app. to irrational animals गाभण क., लागणें; read or repeat line by line एक एक ओळ वाचणें -म्हणणें -म्हणून दाखाविणें. -AGE वंश, घराणें *n*; descendants वंशज, वंश. -AL *a.* रेघांचा, अंकित, रेखित (designs); परंपरेनें आलेला, परंपरागत; l. descendant संतान *n*; रेषांवरून मापलेला, रेषांच्या मानाचा. -AMENT रूपरेषा *f*, अंगलोट;—of the face तोंडवळा, रूप *n*. -AR *a.* ओळीचा; रेखामय; नीट वाटेचा, सरळ.

LINEN*, thread or cloth made of flax तागाचें सूत *n*, किंवा कापड *n*; under-clothing आंतलें -अंतर्वस्त्र *n*, वस्त्र *n*.—*a.* तागाचा, सणाचे सुताचा; तागा सारखा; white पांढरा; pale फिका.

LINGER *v.** delay उशीर लावणें; loiter रेंगणें, गमणें; hesitate गुटमळणें; remain long in any state रखडत -भिजत -लाबणीवर पडणें; —in sickness रेंगणें, अंथरूण धरणें, खिरपणें; —a sickness रेंगणें, रखडणें, धुपणें. -ING गमणारा, चेंगट; रखडत चाललेला, चेंगटाईचा; —a disease खितपणीचा, खिरपणीचा.

LINGET *F.* धातूची कांडी *f*, लगडी *f*.

LINGUIST (*lingua*, tongue) अनेक भाषा जाणणारा, बहुभाषज्ञ.—LINGUA-DENTAL *a.* formed or uttered by the joint use of the tongue and teeth जिव्हादंत्य.

LINIMENT (*linire*, to anoint) चोळण्याचें औषध *n*, स्नेहन *n*, अभ्यंगतैल *n*.

LINK *Ger.* a single ring of a chain कडी *f*; any thing connecting लगाबाधा; part of a connected series अन्वय, संबंध, शेव. —*v.* सांगडणें, जोडणें, अडकवणें [together].

LINK (*lychnus*, lamp) मशाल *f*. -BOY मशालजी.

LINSEY-WOOLSEY *a.* कांहीं तागाचा कांहीं सणाचा; mean नीच, अधम.—*n.* कांहीं तागाचें कांहीं सणाचें असें वस्त्र *n*.

LINSTOCK (*lint* and *stock*) तोडा, बत्ती *f*.

LINT* flax ताग; [linen raveled, or scraped into a soft substance, and used for dressing wounds and sores].—LINSEED जवस, अळशी *f*. -OIL जवसाचें तेल *n*.

LINTEL *F.* दारावरची किंवा खिडकी वरची कपाळपट्टी *f*, दारवंठा.

LION (*leo*) सिंह, मृगेंद्र; an object of interest and curiosity चमत्कारिक पदार्थ: to visit the *lions* of a place. -ESS सिंहीण *f*.

Lip* one of the two fleshy parts composing the exterior of the mouth in man and many other animals ओंठ; edge of any thing कड *f*, काठ; the upper l. ओष्ठ्र; the lower l. अधर. -DEVOTION वरकरणी भक्ति *f* -प्रार्थना *f*. -LABOR वरकरणी बोलणें *n*.

Lipotyhmy (*Gr. leipein*, to fail, *thumos*, soul) झीट *f*, मूर्च्छा *f*.

Lippitude (*lippus*, blear-eyed) डोळ्यांचा चिपडेपणा.

Liquefiable *a*. (*liquere*, to be fluid) पातळ करण्याजोगा, द्राव्य;— as a vowel अंतस्थ.— **Liquefy** *v*. रस क., पाघळविणें.—*i*. पातळ होणें. —**Liquid** *a*. पातळ, प्रवाही, सद्रव.—*n*. पातळ पदार्थ, रस; *Gram*. अंतस्थवर्ण. -ATE *v*. पातळ क.; निवळून स्वच्छ क.; pay फेडणें, वारणें (debts). -ATION पातळ क. *n*, द्रावणें *n*; फेड *f*, फडशा. -TOR फेडणारा, 'लिक्विडेटर.' -ITY पातळपणा, प्रवाहधर्म.—**Liquor** पातळ पदार्थ, रस; spirituous fluid दारू *f*, मद्य *n*; l. amnii मोट *f*, पाणमोट *f*.

Lisp* *v. i*. शीळ घालून बोलणें; speak imperfectly बोबडें बोलणें.—*n*. शिळीचें बोलणें *n*, बोबडा बोल.

List* border of broad cloth बनातीचा कांठ; strip of cloth पट्टी *f*, चिंधोटी *f*; a limit हद्द *f*; catalogue याद *f*, फेरिस्त *n*; [civil l., the civil officers of government; the revenue for the support of civil officers; civil l., in England, embraces only the expenses of the reigning monarch's household].

Lists *pl* (*licium*, thread) ground or field inclosed for a race or combat रणांगण *n*, रंगभूमि *f*, अखाडा.

List* *v. i*. आवडणें, चाहणें; hearken मन देणें -लावणें, ऐकणें [to]. -EN *v. i*. लक्ष्य देऊन ऐकणें, ऐकणें; obey मानणें, ऐकणें;—privily कानोसा घेणें [to]. -LESS *a*. उदास, निरिच्छ, निस्पृह. -LESSNESS अनास्था *f*, अनुत्साह.

Litany (*Gr. litania*) एक प्रार्थनापद्धति आहे.

Literal *a*. (*littera*, a letter) मुळचा, मुख्य, वाच्य, शब्दाप्रमाणें, खरा (meaning); following the letter or exact words अक्षरशः, शब्दशः, मूळ शब्दानुसार (translation); consisting of, or expressed by, letters अक्षरांचा, अक्षरी (notation). -LY *ad*. मूळ शब्दाप्रमाणें; मुख्यार्थाप्रमाणें.—**Literary** *a*. विद्येचा, विद्याविषयक; विद्वान लोकांचा, विद्येचा (fame); विद्वान, विद्याव्यसनी (man); consisting in letters विद्यामय, विद्येचा, in comp. विद्या : l. property विद्याधन *n*.—**Literate** *a*. & *n*. विद्वान.— **Literature** विद्या *f*, अक्षर *n*, पढणें *n*; collective body of literary productions, embracing the entire result of knowledge and fancy preserved in writing ग्रंथ, विद्येचे ग्रंथ *pl*; *belles-lettres* इतिहास, काव्य इ० विषयांचे ग्रंथ *pl*.

Litharge (*Gr. -lithos*, stone, *arguros*, silver) lead vitrified मुडदारशिंग *n*.

Lithograph *v*. (*Gr. graphein*, to write) शिळेवर छापणें. —*n*. शिळाछाप.— **Lithography** शिळाछापाची विद्या *f*.

Lithotomy (*Gr. -temnein*, to cut) मुतखडा काढण्याची विद्या किंवा क्रिया *f*.

Litigate *v*. (*lis*, dispute) वाद -खटला क. —**Litigant** वादी, खटलेकरी. —**Litigation** वाद, खटला.—**Litigious** *a*. खटलेखोर, वादप्रिय (client); खटल्याचा, वादाचा, वादपात्र (grounds); खटल्या संबंधी, वादाचा (bar).

Litter (*lectus*, couch, bed) डोली *f*, पाळणा; bed of straw for animals गवताची शेज *f*; scattered rubbish पडझड *f*, घाण *f*, खेर *f*, कचरा; condition of disorder अव्यवस्था *f*, पसारा; the number of pigs or other small brutes born at once वेत *n*, वीण *f*.—*v*.

गवत पसरणें, गवताची शेज क.; पसारा क., ऐल-पैल टाकणें; विणें, पसवणें.

LITTLE* *a.* small in size or extent लहान; short in duration थोडा, अल्प, किंचित (time, sleep); small in quantity थोडा, थोडका, कांहीं, अल्प (food); insignificant हलका, क्षुद्र, गैरी; inconsiderable थोडा, जरासा, किंचित (effort, weight, attention); not liberal कृपण, किरमाडी, हलका.—*n.* थोडका भाग, अल्पांश: small space थोडकी जागा, *f*; a little थोडासा, किंचित; by l. and l. थोडा थोडा, तीळतीळ.—*ad.* अमळ, जरासा. -GO [*Eng. Univ.*, a public examination about the middle of the course, which, being less strict, and less important in its consequences, than the final one, has received this appellation].—-NESS लहानपणा, अल्पविस्तार; थोडकेपणा; हलकेपणा, लघुत्व *n*; कृपणता *f*, इ० ;—of mind बुद्धिकार्पण्य *n*.

LITURGY (*Gr. leitos*, public, *ergein*, to work) established formula for public worship प्रार्थनापद्धति *f*; ritual for public worship सामाजिक भक्तिमार्ग किंवा प्रार्थनापद्धति *f*.

LIVE* *v. i.* have life जगणें, वांचणें, जिवंत असणें; pass one's time दिवस लोटणें, काल क्रमणें: to l. happily; abide राहणें, असणें, वस्ती क.; remain राहणें, टिकणें: men's evil manners l. in brass; their virtues we write in water; enjoy life नांदणें, सुखी राहणें; subsist उदरनिर्वाह -उपजीविका क.: those who l. by labor; feed खाणें, चरणें, पोट भरणें: horses l. on grass; *Scrip.* be exempt from spiritual death आत्मिक मरणा पासून मुक्त होणें, जीवन पावणें (Lev. xviii., 5); be inwardly quickened, nourished, and actuated by divine influence or faith ईश्वरी अनुग्रहानें -विश्वासानें वांचणें, जगणें (Gal. iii., 11); to l. with एकत्र राहणें; स्त्री पुरुषाच्या नात्यानें एकत्र राहणें, नांदणें. —*t.* आयुष्य खर्चणें, राहणें, दिवस लोटणें: to l. a life of ease.—*a.* जिवंत, सजीव; glowing तेजदार, पाणीदार; ignited पेटलेला; l. coal निखारा; l. stock घोडा, बैल वगैरे शेतकऱ्यांचीं जनावरें *n pl*, जीवधन *n*. -LIHOOD उपजीविका *f*, जीवन *n*, निर्वाह, चरितार्थ. -LINESS हुशारी *f*, चपळाई *f*, जिवटपणा: l. of youth; पाणी *n*, तेज *n*, रंग: l. of the eye; — of health तुकतुकी *f*;—of the spirit आनंदवृत्ति *f*, दिलरोशनाई *f*. -LONG *a.* लांबणीचा, चेंगट (day). -LY *a.* जिवंत, सजीव (hope); जिवट, पाणीदार (youth); चपळ, हुशार; आनंदी, उल्हासी; चकचकीत, भडक (colors); दणक्याचा, कडाक्याचा, रंगाचा (entertainments, eloquence); life-like हुबेहूबचा, खऱ्याखुऱ्या सारखा, प्रत्यक्षप्राय. —LIVING *a.* जिवंत, सजीव; issuing continually from the earth जिवंत, वाहता (spring); quickening जिवंतकरणारा, जीवनदायक; l. by learning विद्योपजीवी; [l. rock, rock in its native state]; the l. जिवंत लोक -मनुष्यें *n pl.* —*n.* उपजीवन *n*, उपजीविका *f*; estate जिंदगी *f*, मालमत्ता *f*; living comfortably वागणूक *f*, नांदणूक *f*: there is no l. without trusting; act of living वांचणें *n*, जगणें *n*; benefice of a clergyman वृत्ति *f*, उपाध्याची वृत्ति *f*.

LIVER* काळीज *n*, पित्ताशय.

LIVERY *F.* लिभास, पेहराव; चाकरांचा बाणा -पेहराव.

LIVID *a.* (*lividus*) काळानिळा, हिरवानिळा.

LIZARD (*lacerta*) चोपई *f*, सरड वगैरे जातीचा प्राणी; house-l. पाल *f*.

LO* *int.* पहा, पहा बरें.

LOAD* a burden ओझें *n*; amount or quantity which a person can carry एका मनु-

ध्याचें ओझें *n*; contents of a cart or vessel भरगत *n*, भरताड *n*, ओझें *n*; that which burdens, oppresses, or grieves the mind or spirit ओझें *n*, धोंड *f*, भार : a l. of guilt; charge of a fire-arm बार ;—of wood, grass, &c. भारा, कबाड *n*; half -l. आंखें *n*.—*v*. ओझें घालणें -लादणें; भार घालणें, अधिक जड क.; बार भरणें. -ED लादलेला; भारग्रस्त, पीडित; भरलेला, बार भरलेला. -ING भरगत *f*, *n*.

LOADSTONE* लोहचुंबक.

LOAF* any thick lump or mass गोळा, ढेप *f*;—of bread रोट, रोटी *f*, 'पांव.' -ER, an idle man आळसी; a vagrant who seeks his living by sponging or expedient तुकडमोड्या, उंडीबकाळ, तैलंगभट, 'लोफर.'

LOAM* चिकणमाती *f*. — LOAMY *a*. चिकणमातीचा.

LOAN* act of lending उसणें देणें *n*, उसणवारी *f*; that which is lent उसणा दिलेला -घेतलेला पदार्थ ;—of money on interest कर्ज *n*.

LOATH* *a*. नाखूश, नाराजी.—*v*. -ला कंटाळणें, -चा वीट येणें, विष मानणें. -FUL *a*. अतिद्वेषी; कंटाळवाणा, ओंगळ. -ING कंटाळा, वीट, किळस. -SOME *a*. कंटाळवाणा, ओंगळ, कुत्सित (forms); द्वेष उत्पन्न करणारा (sloth).

LOBBY *Ger*. opening before a room ओटी *f*, ढेलज *f*, ओसरी *f*; a waiting-room सदरे पुढची खोली *f*; [space or room at the head of a staircase]; a confined place for cattle गुरांचा वाडा, गोठा.

LOBE (*Gr*. *lobos*) कोणत्याही वस्तूचा गोल भाग; —of the ear कानाचा चाप ;—of the lungs, liver, &c. फुप्फुस, काळीज इ० चा गड्डा.

LOBSTER* शेवंडी नांवाचा एक मासा.

LOCAL *a*. (*locus*, place) स्थान -देशसंबंधी; limited to a place एकदेशी, एकस्थानिक; l. usage देशाचार; l. affection स्थानिक रोग; l. law देशधर्म. -ITY जागा *f*, स्थान *n*; existence in a place स्थिति *f*, जागा *f*; geographical situation देशसंबंध, देश.—LOCATE *v*. place ठेवणें, बसवणें; designate the place of -ची -ला जागा नेमणें -योजणें (a church) [on]. —LOCATIVE *a*. स्थलदर्शक (adjective); l. case सप्तमी विभक्ति *f*.

LOCH* an arm of the sea खाडी *Scot*. lake सरोवर *n*.

LOCK* instrument to fasten a door, &c. कुलूप *n*, टाळें *n*; part of a gun बंदुकीचा चाप; inclosure to confine the water of a stream बांध, धरण *n*; grapple in wrestling पकड *f*, पेंच; tuft of hair केसांचा बुचका; —as left on the crown at tonsure शेंडी *f*; a ringlet of hair झुलूप *n*;—for a wheel उटाळें *n*, अडकण *n*; a place which is locked up कोंडी *f*, बंद केलेली जागा *f*.—*v*. कुलूप लावणें -मारणें (a door); कुलपांत ठेवून बंद क.; अटकेंत टाकणें; close fast बंद क.; fasten so as to impede motion खिळणें (a wheel); enclose वेढा घालणें (arms).—*i*. घट्ट बसणें -लावणें : the door *locks* close; unite closely by mutual insertion एकमेकांत गुंतणें -अडकणें: they l. into each other. -ED -JAW दांतखीळ *f*. -ER खण ;—in a ship पयाळ. -ET लहान कुलूप *n*; a catch अडकवण *n*, फांसा. -SMITH कुलपें करणारा लोहार, कारंचकर.

LOCOMOTION (*locus*, place, *motio*, motion) एक्या जाग्यांतून दुसऱ्या जाग्यांत जाणें *n*, स्थलांतरगमन *n*; power of changing place स्थानांतर -गमनशक्ति *f*: plants have life, but no l.—LOCOMOTIVE *a*. चलनशक्तिक, जंगम, चर.—*n*. लोखंडी रस्त्यावरच्या गाडीच्या तांड्या पुढची यंत्राची गाडी *f*, आगगाडीचें इंजीन *n*.

LOCUST (*locusta*) टोळ, नाकतोडा.

Locution (*loqui*, to speak) वाणी *f*, उक्ति *f*.

Lodge* *v.* deposit for keeping ठेवणें : to l. arms in the arsenal; throw in फेंकणें, टाकणें, झुगारणें; fix in the heart, mind, or memory मनांत, लक्ष्यांत किंवा आठवणींत ठसवणें-भरवणें; furnish with a temporary habitation बिऱ्हाड देणें; to l. an information फिर्याद क. [at, in].—*i.* बिऱ्हाड क.; बसणें, राहणें, थारावणें.—*n.* a refuge आश्रय, आश्रयस्थान *n*; a small house in a park or a forest बंगला -ली *f*; the house of a gatekeeper on a gentleman's estate देहुडीवरच्या शिपायाची झोपडी *f*; [a secret association, as of the Freemasons, &c. the place in which they assemble]. -ING बिऱ्हाड *n*, मुकाम.

Loft माळा, माडी *f*.—**Lofty** *a.* उंच; proud गर्विष्ट, मगरुरीचा, चढेल (looks); sublime प्रौढ, भारदस्तीचा, गंभीर (language); dignified उत्कृष्ट पदयुक्त, थोर (Is. lvii., 15); stately डौलाचा (steps).

Log *D.* a bulky piece of wood ओंडा, ठोकळा; apparatus for measuring the rate of a ship's motion नौकागतिमापक यंत्र *n*; record of the rate of a ship's velocity गलबताचा रोजनामा. -BOOK गलबताचा रोजनामा. -GER. -HEAD टोणपा, मूर्ख; to be at *loggerheads* मारकुटीवर -हातघाईवर येणें. -WOOD पतंगाचें लाकूड *n*.

Logarithm (*Gr. logos*, word, *arithmos*, number) घातममापक संख्या *f*, लागर्तम *n*.

Logic (*Gr. logos*, word) the science of pure and formal thought, or of the laws according to which the process of pure thinking should be conducted न्याय -तर्कशास्त्र *n*. -AL *a.* तर्कशास्त्राचा, न्यायशास्त्रांतला; according to the rules of logic न्यायशास्त्रानुसार, युक्तिसिद्ध (argument); skilled in logic तर्कविद्याप्रवीण, तर्कशास्त्रज्ञ (thinker). — **Logician** नैय्यायिक, तर्कशास्त्री.

Logomachy (*Gr. -maché*, fight) शब्दाविषयीं विवाद, शब्दवाद; war of words वाग्युद्ध *n*.

Loin* कमर *f*, कंबर *f*, कटि *f*.

Loiter *v. i. D.* रेंगणें, गमणें [about]. -ER गमणारा, रेंग्या. -INGLY *ad.* गमत गमत, रमत रमत.

Loll *v.i. Icel.* lie at ease आळसानें पडणें, आंग टाकणें; hang extended from the mouth, as the tongue of an ox or a dog when heated with labor जीभ लळलळ क.; put out the tongue, as an ox, dog, or other animal when heated by labor जीभ लळलळ करीत बाहेर टाकणें -काढणें [about].—*t.* जीभ बाहेर काढणें -टाकणें.

Lone *a.* (abbrev. from *alone*) solitary, unfrequented आडवळणाचा, गैरराबत्याचा; single एकला, एकटा (house); unmarried अविवाहित, सडा, सडी *f*, एकला, एकली *f* (woman). -LINESS भणभणीतपणा, भणभणाट; seclusion एकांतवास; love of retirement एकांतवासाची आवड *f*. -LY *a.* आडवळणाचा, एकीकडचा (situation); एकटा, सडा; forsaken सोडलेला, टाकलेला (traveler). -SOME *a.* एकटा; भणभणीत, उजाड (road).

Long* *a.* (*longus*) extended लांब, दीर्घ (line); extended in time लांब, पुष्कळ, दीर्घकालिक (sickness, debate); distant दूरचा, लांबचा; slow in coming उशीरलाव्या, उशिरा येणारा, विलंबकारी (death); tedious चेंगट, लांबणीचा (tale); extended to any specified measure मापाचा, परिमित, लांब: a yard l.; as a vowel दीर्घ, गुरु; in the l. run शेवटीं, अखेरीस; [l. clothes, the clothes worn by an infant]; l. home

कबर *f*, प्रेताचा खाडा; मरण *n*.—*ad.* दूरवर, लांबवर; बहुतकाळ, फार वेळापासून; l. after फार वेळानें; l. before बहुत वेळापूर्वी : as l. जों, जोंपर्यंत ; how l. कोठपर्यंत ; l. ago मागेंच, बहुत काळ झाला ; through the whole extent or duration भर, पर्यंत, पावेतों : all night l. रात्रभर.—*v. i.* अति इच्छा धरणें, धादावणें, आशावणें ; as a woman in pregnancy डोहळे लागणें-होणें; have an eager craving धादावणें, खाखावणें [for]. -ING आशा *f*, भूक *f*; डोहळे *pl.* -LIVED *a.* चिरंजीवी, दीर्घायु. -SHANKED *a.* लांबटांग्या, ऊर्ध्वजानु. -SOME *a.* लांबचलांब, कंटाळवाणा. -SUFFERING *a.* सोशीक, सहनशील (Ex. xxxiv., 6). —*n.* सोशिकपणा, सहनशीलता *f* (Rom. ii., 4). -TONGUED *a.* लांबजिभ्या, बडबड्या. -WINDED *a.* दीर्घ श्वासाचा -प्राणायामाचा ; चेंगटाईचा, लांबलचक (narration).—LONGEVITY दीर्घायुष्य *n.*—LONGEVOUS *a.* दीर्घायु. —LONGMETRY लांबी मोजण्याची विद्या *f*, दूरत्वमापनविद्या *f*. —LONGITUDE लांबी *f*; distance of a place east or west, from a meridian रेखांश.—LONGITUDINAL *a.* लांबीचा ; उभा, लांब.

LOOK* *v.* direct the eye toward an object so as to see it पाहाणें, दृष्टि -नजर लावणें, [to, at, on, after, for, toward];—direct the attention to पाहणें, लक्ष्य लावणें ; consider पाहणें, विचार क. ; examine तपासणें, पाहणें ; penetrate समजणें, बोध होणें ; seem दिसणें, नजरेस येणें ; about हुशारी ठेवणें, सावध राहणें ; into चौकशी -विचार क. ; over तपासणें ; after लक्ष्यदेणें ; संभाळणें ; अपेक्षणें, वाट पाहणें ; शोधणें ; down on, upon अपमान -धिःकार क. ; for वाट पाहणें ; शोधणें ; into तपासणें ; बारिक रीतीनें शोधणें ; on मानणें, मोजणें ; पाहणें, समजणें ; तमाशा -मौज पाहणें ; out हुशारी ठेवणें, सावध राहणें ; to, unto संभाळणें, जपणें ; मिळण्याच्या आशेनें -अपेक्षा धरून पाहणें, आशा धरणें (Is. xlv., 22) ; through पार पाहणें ; पुरता समजणें, मर्म जाणणें. —*t.* दाब -धाक बसविणें : to l. down opposition ; दृष्टीनें दाखविणें : soft eyes *looked* love to eyes that spake again ;—in the face धिटाईनें -निर्भीडपणानें भेटणें ; out शोधून मिळविणें, शोधून काढणें ; निवडणें ; up a thing शोधून काढणें, धुंडाळून काढणें.—*n.* air of the face चेहरा, मुद्रा *f* ; aspect आकार, डौल, घाट ; पाहणें *n*, दृष्टि *f*. -ER पाहणारा ; on पाहणारा, तमासगीर. -ING शोधणें *n*, शोध ; for मार्गप्रतीक्षा *f*, वाट *f*, (Heb. x., 27). -ING-GLASS आरसा, आरशी *f*, दर्पण *n*.

LOOM* माग ; the indistinct appearance of any thing दूरचा चुटपुटा देखावा, ईषद्दर्शन *n*. —*v. i.* दुरून अंधक -अस्पष्ट दिसणें ; rise and be eminent उंच पदावर चढून श्रेष्ठ -प्रख्यात होणें.

LOOP *Ir.* फांसा, मुदन *n*. -HOLE, hole in a wall for firing through जंगी *f*; shift खिडकी *f*, सवड *f*, सोडवण *f*, फट *f*.

LOOSE* *v.* unbind सोडणें- मोकळा क. ; release from any thing obligatory सुटका क. -देणें, मुक्त क. ; absolve सुटका -माफी देणें (Matth. xvi., 19) ; relax ढिला क. ; unlock उघडणें, फोडणें (Rev. v. 2).—*i.* हकारणें, निघणें (Acts xiii., 13).—*a.* मोकळा, सुटा (sheet of a book); मोकळा, सुटा, मुक्त : l. of or from a vow ; ढिला, सैल, पोकळ (a garment); not crowded पातळ, तुटक : chariots ranked in l. array ; not costive पोटाचा अदळ ; not dense पातळ, विरळ (texture) ; not precise धरसोडीचा, पळपळीत (style, way of reasoning) ; not controlled by moral restraints निर्बंध, मोकळा, मोकार ; dissolute बेढंग, दुराचारी, सोदा ; to break l. चौपायीं उडणें, दुलाच्या झाडणें ; to let l. मोकळा क. -LY

ad. सुटा, मोकार; without order विसकळीत, अव्यवस्थित; बदख्यालीनें, दुर्व्यसनानें. -NESS ढिलेपणा; पातळपणा; फुसफुसीतपणा; पळपळीतपणा; सोदेगिरी *f*;—of the bowels हगवण *f*, ढाळ; to have a l. पोट जाणें -ढाळणें.

LOP *v. Ger.* cut off, as the top of any thing (शेंडा) तोडणें -छाटणें; cut partly off and bend down खडसणें, कलम क.; let fall पडूं देणें (a horse's ears) [off]. -PING छाटणी *f*; that which is cut off छाट *f*, छाटछूट *f*.

LOQUACIOUS *a.* (*loqui*, to speak) बोलका, वाचाळ, बहुभाष.—LOQUACITY बोलकेपणा, चावटपणा.

LORD* master प्रभु, धनी, खावंद; my l. खुदावंद *H*; nobleman of any rank above that of a baronet उमराव, अमीर; [by courtesy, the son of a duke or marquis, or the eldest son of an earl; and also a bishop, if a member of Parliament; a title bestowed on the persons above named; and also, for honor, on certain official characters, attendants, or representatives of majesty: L. advocate, L. chancellor, L. chief justice, &c.]; husband पति, स्वामि, नवरा; the Supreme Being परमेश्वर, ईश्वर, प्रभु; house of *Lords* ग्रेटब्रिटनच्या पार्लमेंत सभेचा एक भाग आहे; l. advocate सरकार तर्फेचा कोर्तातील मुख्य वकील; *Lords* spiritual ब्रिटिश पार्लमेंत सभेंत बसणारे आर्चबिशप व बिशप *pl*; *Lords* temporal ब्रि० पार्लमेंत सभेंतलें उमराव *pl*; Our *Lord* आमचा प्रभु, येशू ख्रीस्त, तारणारा.—*v. i.* सत्ता -धनीपणा क. -मिरवणें. -LINESS सरदारी *f*, अमिरी *f*; haughtiness मगरुरी, आढ्यता *f*. -LY *a.* सरदारास योग्य, सरदारी, अमिरी (estate); मगरूर, दिमाखाचा. -SHIP प्रभुत्व *n*, अधिपत्य *n*, धनीपणा; अमिरी *f*; domain जहागिरी *f*, जमीनदारी *f*. -'S SUPPER, the sacramental supper instituted by Christ प्रभुभोजन *n*.

LORE* erudition विद्या *f*, ज्ञान *n*; advice बुद्धि *f*, उपदेश.

LORY ? नुरी *f*.

LOSE *v.* be rid of unintentionally गमावणें, हरवणें (a book); forfeit हरणें, हारजाणें (a battle); part with अंतरणें, मुकणें, गमावणें, जाणें, पडणें (an arm by a shot, men in battle, one's life); waste दवडणें, घालवणें (a day, a fortune); miss चुकणें (the way); bewilder घाबरविणें, भांबावणें: *lost* in the maze of words; ruin नाश क., बुडविणें गमावणें (a ship by a storm); cease to view दिसेनासा होणें, गमावणें: he *lost* his companion in the crowd; fail to obtain न मिळणें, गमावणें (Matth. x., 42); to l. one's self. दिशाभूल होणें; to l. heart धैर्य खचणें. —*i.* हरणें, हारजाणें; तोटा -नुकसान होणें -येणें. —LOSING *a.* तोट्याचा.—LOSS हार *f*; तोटा, नुकसान *n*: the l. of liquor by leakage: नाश, हानि *f*: the l. of a child; in trade घस *f*.—LOST *a.* हरवलेला (book); हरलेला (battle); अंतरलेला, गेलेला, गत (honor); दवडलेला, पोकळीस गेलेला (day benefit); बहकलेला, चुकार: a child l. -in the woods; l. in thought ध्याननिष्ठ, विचारात गुंग; l. to shame लज्जाहीन, कोडगा, निर्लज्ज; one who has l. his kingdom राजभ्रष्ट;— in astonishment चकभुल, थक, दंग; not visible अदृश्य, दिसेनासा, गडप, गर्क: an isle l. in a fog, a person l. in a crowd.

LOT* that which happens without human design or forethought दैव *n*, नसीब *n*; contrivance to determine a question by chance दैवाची परीक्षा पाहण्याचा फांसा -चिठ्ठी *f*, वगैरे; the part which falls to any one by chance दैवाचा वांटा, भोग, भोक्तृत्व *n*; a distinct parcel प्रत *f*, गठ्ठा, पुडा: a l. of goods;—of ground ठिकें *n*; a prize in a

lottery सोडतींतलें बक्षीस *n*; to cast *lots* चिठ्या टाकणें -काढणें; *lots* रगड *f*, डोंगर, पुष्कळ: *lots* of people [*colloq.*].—*v.* वांटणें, वांटून देणें; मत लावणें, वेगळें क. [out]. -TERY सोडत *f*.

Lotion (*lavare*, to wash) औषधी पाणी *f*, धुवण *n*, घडी *f*.

Lotus (*L.*) the plant कमळीण *f*;—the flower कमळ *n*.

Loud* *a.* high-sounding उंच स्वराचा, मोठ्या नादाचा (thunder); clamorous गलबल्याचा, गोंगाटाचा; emphatical जोराचा, नेटाचा: a l. call to avoid danger.—*ad.* मोठ्यानें, उंच स्वरानें; गलबल्यानें, गोंगाट करून; जोरानें, नेटानें.

Lounge *F.* रिकामचावडी *f*, फड.—*v. i.* रिकामटवाळी -चेष्टा करीत बसणें -फिरणें [about].

Louse*—found in the human hair ऊ *f*;—on cloth चिरू *f*;—on cattle, dogs, &c. गोचीड *f*.—Lousy *a.* बुचबुचलेला, खुतखुतलेला; mean अधम, पाजी, हटाऊ.

Lovage *F.* Lingusticum Ajwaen अजमोदा.

Love* *v.* (*libere*; *Skr. lubh*, to desire) regard with affection प्रेम -प्रीति -आवड क. -ठेवणें; have goodwill toward -शीं परोपकारबुद्धीनें वागणें (Matth. xxii., 37); delight in चाहणें, गोडी वाटणें.—*n.* प्रीति *f*, स्नेह, लोभ; परोपकारबुद्धि *f*; courtship लग्नासाठीं स्त्रीचे आर्जव *pl* -ची आराधना *f*; fondness आवड *f*, भक्ति *f*, शौक: l. of home; l. of life जीविताशा *f*; object of affection प्रीतिपात्र; Cupid कामदेव; passion between the sexes काम, स्त्रीपुरुषप्रेम *n*, शृंगार; illicit l. दोस्ती *f*; to make l. लग्नासाठीं स्त्रीचे आर्जव क.; l.-knot इष्कपेच; play for l. पण लावल्यावांचून (सोंगट्या वगैरे) खेळणें. -APPLE वेलवांगी. -LINESS सौंदर्य *n*, लावण्य *n*; मनोहरता *f*, प्रियंकरत्व *n*. -LY *a.* सुंदर, रमणीय; amiable प्रियकर. -LETTER शृंगारपत्र *n*, प्रीतिपत्र *n*. -SICK *a.* कामरोगी, विरहरोगी. -SHAFT कामबाण, मदनशर. -SONG रासगीत *n*.—Lover प्रीति करणारा; a friend मित्र, सखा; one who is in love with a person of the opposite sex—*mas.* कांत, प्राणसखा, यार, *fem.* कांता, प्राणसखी, वल्लभा.—Loving *a.* ममताळू, प्रेमवान, स्नेही. -KINDNESS कृपा *f*, वात्सल्य *n*, अनुग्रह (Ps. lxxxix., 33). -LY *a.* प्रीतीनें, प्रेमभावानें, आवडीनें, प्रेमानें.

Low *a.* *D.* not high नीच, सखल (ground); not rising to the usual height ठेंगणा, लहान (stature); near the horizon धारेजवळ, क्षितिजाजवळ: the sun is l. at six; deep सखल, खोलगट (valley); cheap स्वस्त, हलक्या -उतरत्या दराचा (price, wages); grave मंद, गंभीर (tone, voice); near the equator मध्यरेषे जवळचा (latitude); modern अलीकडला, नवा (empire); dejected उदास, खिन्न, दिलगीर (spirits); humble in rank गरीब, हलका, हलक्या स्थितीचा -पदवीचा; abject नीच, पाजी, अधम, क्षुल्लक (mind, trick); not sublime हलका, अप्रौढ (language); submissive नम्र, दीन (reverence); weak मंद, अशक्त (pulse): made l. by sickness; moderate माफक, परिमित, बारीक, स्वल्प (heat, fever); impoverished भिकेस लागलेला, ओढगस्तीस आलेला; reasonable बेताचा, माफक, बराबर (estimate); not rich हलका, साधा, (diet); l. tide ओहटी *f*; l.-water mark ओहटीच्या वेळीं जेथें पाणी हटून जातें ती जागा *f*.—*ad.* खालीं; हलक्या दरानें, स्वस्त; he sold his wheat very l.; नीच अवस्थेंत; गिरिपदारींत; आपल्या काळांत -काळाजवळ; हळू, हलक्यानें: to speak l.; गरिबींत. -ER *v.* उतरणें, खालीं आणणें -क. (a flag); मानभंग क. -उतरणें, नीच क.; किंमत -कमी क., भाव उत-

रवणें -कमी क. (price, rate.)—*i.* उतरणें, मंदावणें. -ERMOST सर्वांहून खालचा. -LY *a.* नम्र, लीन, निरभिमानी (Matth. xi., 29); साधा, अमीढ; नीच, हलका, गरीब. -LINESS नम्रता *f*, लीनता *f*; अमीढि *f*; नीच -हलकेपणा. -LAND हेटमांत, तळघाट.

LOWER *v. i. Ger.* descend, as the clouds and appear dark डवरणें, भरून येणें, अंधारी -काहूर येणें; look sullen दुर्मुखणें, फुगणें.

LOW* *v. i.* हंबरणें. -ING हंबरडा.

LOYAL *a.* (*lex*, law) devoted to the maintenance of the law धर्म -न्यायनिष्ठ; faithful to the sovereign राजनिष्ठ, स्वामीभक्त; as a wife पतिव्रता *f*, साध्वी *f*; as a husband स्वदाररत. -IST राजाचा निमकहलाल, स्वराजनिष्ठ. -ITY राजनिष्ठा *f*; पातिव्रत्य *n*; एकपत्नीव्रत *n*.

LOZENGE *F.* शर्करायुक्त औषधाची वडी *f* -चें पदक *n*.

LUBBER, LUBBARD *W.* ठोंब्या, ढोंशा, लट्ठाश्रम. -LY रटाला, रटेल, ढोण्या.—*ad.* अडाणी -अडमूठपणा.

LUBRICATE *v.* (*lubricus*) मऊ -गुळगुळीत क.

LUCERNE *F.* विलायती गवत *n*.

LUCENT *a.* (*lux*, light) तेजस्वी, चकचकीत. —LUCID *a.* लकलकीत, नितळ, लक्क (marbles); clear स्वच्छ, निर्मळ; distinct सुबोध, स्पष्ट: a l. abstract of a debate; rational शुद्धीचा, हुशारीचा; [l. interval, an interval of reason enjoyed by an insane person between two fits of insanity]. —LUCIFER (*lux*, light, *ferre*, to bring) the planet Venus शुक्र; Satan सैतान; a match आगीचें कांडें *n*.

LUCK *D.* chance दैव *n*, नसीब *n*; good fortune सुदैव *n*, सौभाग्य *n*; to try one's l. फांसा टाकून पाहणें; to be in l. दैव उघडणें, उखळ पिवळें होणें. -LESS *a.* हतभाग्य, कपाळकरंटा, फुटक्या कपाळाचा.—LUCKY *a.* दैवाचा, भाग्याचा; auspicious शुभ, बरकतीचा (time); l. hour सुवेळ *f*, सुघडी *f*.

LUCRE (*lucrum*) मिळकत *f*, मास्ति *f*, नफा.—LUCRATIVE *a.* मिळकतीचा, नफ्याचा, सरिफेवार.

LUCUBRATION (*lux*, light) study by candle-light दिव्याजवळ बसून केलेला अभ्यास; that which is composed by night रात्रीं बसून केलेला ग्रंथ इ०.—LUCUBRATORY *a.* रात्रीं बसून -फार श्रम घेऊन केलेला.

LUDICROUS *a.* (*ludus*, play) हसें येण्याजोगा, हास्यप्रद -कारक -जनक; थट्टेचा, कौतुकाचा.

LUES VENEREA (*L.*) गर्मी *f*, वीसनखीची बाधा *f*.

LUG* *v.* drag खेंचणें, ओढणें, फरफरावणें; to l. by the ears कान धरून नेणें; convey with labour कष्टानें नेणें-वाहणें. -GAGE सामान *n*, बाडबिछाना.

LUKEWARM* *a.* moderately warm कोमट, सोमाळा (water); indifferent उदास, अनास्थ.

LULL *v. Ger.* शांत क., अंगाई क., निजवणें.—*i.* शांत होणें, पडणें, बसणें (wind, storm); शांति *f*, वाऱ्याची बंदी *f*. -ABY मुलास निजवायाचें गाणें *n*, पाळणा, जोजो.

LUMBAGO (*lumbus*, loin) *Med.* rheumatic pain in the loins and small of the back उसण *f*, टिचरें *n*, कटिवात; to get l. कंबर धरणें-भरणें.—LUMBAR *a.* कमरेचा, कटि; l. region कटिप्रदेश.

LUMBER* गाबाळ *n*, सटरफटर *n*, रिकामी अडचण *f*.—*v.* अडगळीनें भरणें (a room); heap together in disorder घोळ -गव्हाटा करून ठेवणें, ढीग घालून ठेवणें.—*i.* rumble गडगडणें, घडघडणें; move heavily कष्टानें चालणें. -ROOM जकीरखाना, खेरखाना.

LUMINARY (*lumen*, light) प्रकाशक पदार्थ, तेजःपुंज, प्रभाकर; one that illustrates any

subject, or enlightens mankind तेजःपुंज, तेजोराशि.—**Luminous** *a.* तेजस्वी, तेजोमय; bright चकचकीत, उजळ (color); clear स्वच्छ, निर्मळ (aspect).

Lump *Ger.* a small mass of matter डिखळ *f*, खडा: a l. of sugar; an irregular cake ढेप *f*, लबका, गोळा;—of meat बोटी *f*, रवा; in the lump एकठोक, उधड, सरसगट.—*v.* एकगोळा -एकरास क.;—sums, items एकरकम लिहिणें -मांडणें [together, up]. -ish *a.* जड, स्थुलबुद्धि.

Lunacy (*luna*, the moon) kind of insanity which is broken by intervals of reason, formerly supposed to be influenced by the changes of the moon वेड *n*, उन्माद. —**Lunatic** *a.* वेडा, पिसा.—**Lunar** *a.* चंद्राचा, चंद्रासंबंधी, चांद्र; resembling the moon चंद्रासारखा -समान; measured by the revolution of the moon चांद्रमानाचा: l. day तिथि *f*; l. month चांद्रमास; l. measurement चांद्रमान *n*.

Lunch *Eng.* a slight repast between breakfast and dinner फळार, उपहार. -eon, a portion of food taken at any time except at a regular meal फळार, उपहार.

Lung* फुपूस *n*, फोपीस *n*.

Lupine *a.* (*lupus*, wolf) लांडग्या सारखा; ravenous बुभुक्षित, खादाड.

Lurch *W.* गलबताचें कलंडणें *n*; to fetch a l. गोताखाणें; to leave in the l. तोंडघसी पाडणें [over].—*v. i.* फसवणें, झोका -टोला देणें; lie in ambush दबाधरून राहणें.

Lure *F.* लालूच *f*, आमिष *n*.—*v.* लालूच दाखविणें, मोहणें, गूळखोबरें देणें.

Lurk *v. i. W.* hid दडणें, लिकणें; lie in wait दडी -दबाधरून -मारून राहणें [about]. -ing-place दडण *f*, *n*, लिकण *f*.

Luscious *a. O. E.* गोड, मिष्ट; sweet or rich so as to cloy तोंडास मिठी बसण्यासारखा गोड, अतिमिष्ट; fulsome किळसवाणा, ओंगळ.

Lust* longing desire सोस *f*, हाव *f*; carnal appetite विषयवासना *f*, काम, मैथुनाची इच्छा *f*.—*v.* लुब्धणें, जीव टांगणें [after]; काम उत्पन्न होणें [after]; have inordinate desire अति लोभ धरणें (1 Cor. x., 6) [after, for]. -ful *a.* कामबुद्धीचा, स्त्रीलंपट, विषयलुब्ध; विषयाचा, कामुक, विषय उत्पन्न करणारा. —**Lusty** *a.* robust धाटामोठा, बळकट, घटमूट; healthful धट्टाकट्टा, ताजातवाना.—**Lustily** *ad.* बळानें, बळ खर्चून, जीवतोडून.

Lustrate *v.* (*lustrare*, to purify) शुद्ध क.—**Lustration** शुद्धिकरण *n*.—**Lustral** *a.* शुद्धीचा, शुद्धिकारक.—**Lustre**, brightness कांति *f*, तेज *n*;—of a gem पाणी *n*, तेज *n*, ढाळ;—of a metal ओप *f*; renown कीर्ति *f*, प्रतिष्ठा *f*, नांव *n*.—**Lustrous** *a.* तेजस्वी, चकचकीत.—**Lustrum** (*L.*) पांच वर्षें *n pl*, वर्षपंचक *n*.

Lute *F.* विणा, तंबुरा, तंबुरी *f*, इ०—**Lutanist** विणा वाजविणारा, विणेकरी.

Luxate *v.* (*luxare*, to loosen) सांधा उखळणें.—**Luxation** संधिभंग.

Luxuriant *a.* (*luxus*, excess) exuberant in growth उफाड्याचे वाढीचा; exuberant in plenty रेलचेलीचा, भरपुरीचा. -ly *ad.* उफाड्यानें, माजानें.—**Luxuriance** माज, मात, ऊत; रेलचेल *f*, चळचळाट.—**Luxuriate** *v.* माजणें, मातणें, फोपावणें; indulge to excess अमित भोग क.: to l. in description [in]. —**Luxury**, voluptuousness in the gratification of appetite ख्यालखुशाली *f*, ऐषआराम, चैन *f*, विलास; delicious food or drink सुग्रास, गोडघास, मिष्ट पदार्थ; any thing delightful to the senses ऐषआरामाचा -चैनीचा पदार्थ, चीज *f*.—**Luxurious** *a.*

चैनी, विलासी (life); ऐषआरामाचा, विलासाचा (wealth); furnished with luxuries घमंडीचा, मिष्ट पदार्थीचा -नीं भरलेला (table). -NESS सुखभोग, विषयभोग.

LYING, See under LIE.

LYMPH (*lympha*) लस *f*. -ATIC *a*. लसीचा.—*n*. शोषवाहिनी *f*.

LYNX (*L*.) कोळसुंदा, कोळीस्मा.

LYRE (*lyra*) विणा.—LYRIC *a*. विण्यावर गाण्याचा (song).—LYRIST विणा वाजविणारा.

M

MACE *F*. a heavy club सोटा, गदा *f*; a staff borne by, or carried before, a magistrate as an ensign of his authority छडी *f*, काठी *f*, चोप, वेत्र. -BEARER चोपदार, भालदार.

MACE (*masis*) जायपत्री *f*.

MACERATE *v*. (*macer*, lean) रोड क.; steep almost to solution भिजूं घालणें, भिजवणें, विरघळून जाई इतका भिजवणें.

MACHINATE *v*. (*machina*, trick) योजणें, रचणें.—MACHINATION योजना *f*, बेत; a hostile scheme कुभांड *n*, लचांड *n*, तरकट *n*.—MACHINATOR योजक, रचक; कुभांडखोर, तरकटी.—MACHINE यंत्र *n*.—MACHINERY कळसूत्र *n*, यंत्रसाहित्य *n*; machines in general यंत्रें *n pl*.—MACHINIST यंत्रकरणारा; one versed in the principles of machines यंत्रविद्यानिपुण.

MACROCOSM (*Gr. macros*, long, *kosmos*, the world) विश्व *n*, त्रिभुवन *n*.

MACULA (*L*.) कलंक, ठिपका, डाग.—MACULATE *v*. डाग -कलंक लावणें.

MAD* *a*. disordered in intellect वेडा, पिसा; excited with violent desire वेडा, पिसा; enraged खवळलेला, तम्रव्यम, कावराबावरा, वेडा; proceeding from, or indicating, madness वेडेपणाचा, वेडेचाराचा, वेडा. -DEN *v*. वेडा क., वेड भरवणें.—*v. i*. वेडा होणें, वेड भरणें, पिसाळणें. -NESS वेडेपण *n*, वेड *n*; कावरेबावरेपणा. -CAP साहसी, आतताई, वेडापीर. -HOUSE वेड्यांचा बंदिखाना, किंवा इस्पिताळ *n*. -MAN वेडा मनुष्य, वेडा, खुळा.

MADAM *F*. बाईसाहेब, 'मडम' *f*.

MADDER* मंजिष्ठ *n*.

MAGAZINE *Ar*. a storehouse कोठार *n*, भांडार *n*, कोठी *f*;—of arms, ammunition शस्त्रागार *n*, शिलेखाना;—of powder दारूखाना; a periodical pamphlet नियमित काळीं निघणारें पुस्तक *n*.

MAGGOT* a small grub किडा, अळी *f*.

MAGI *pl*. (*L*.) the caste of priests among the Persians पारशी लोकांचे उपाध्यांची जात *f*; holy men or sages of the East पूर्व देशचे साधु *pl*.—MAGIC, the science or practice of working spirits or educing the occult powers of nature, and performing things wonderful by their aid जादू *f*, कुविद्या *f*, पिशाचविद्या *f*, चेटक *n*.—MAGICAL *a*. जादूचा, कुविद्येचा; done by magic जादूनें -चा केलेला, शाबरी; imposing or startling in performance चमत्कारिक कृतीचा. —MAGICIAN जादुवाला, जादुगीर, चेटकी, मंत्री.

MAGISTERIAL *a*. (*magister*, master) धन्याचा; authoritative अधिकाराचा, धनीपणाचा, प्रभुत्वाचा, प्रभुसम्मित; proud अभिमानी, मगरूर (looks).—MAGISTRATE धर्माधिकारी, फौजदार, न्यायाधीश, 'माजिस्त्रेट'; chief m. राजा, मुख्य अधिकारी.—MAGISTRACY माजिस्त्रेटाचा हुद्दा, न्यायाधिकार; the body of magistrates धर्माधिकारी मंडळी *f*.

MAGNANIMITY (*magnus*, great, *animus*, mind) मनाचा मोठेपणा; elevation or dig-

nity of soul, which encounters danger and trouble with tranquillity and firmness, which raises the possessor above revenge, which makes him disdain injustice and meanness, and prompts him to act and sacrifice for noble objects महात्मता *f*, थोरवी *f*, औदार्य *n*, शौर्य *n*. —MAGNANIMOUS *a*. मोठ्या मनाचा, महामनस्क; धीर, उदार, गंभीर; dictated by magnanimity औदार्याचा, प्रगल्भ, उदार मनाचा (policy).

MAGNATE (*magnus*, great) उंच पदवीचा मनुष्य, सरदार, उमराव.

MAGNET (*Gr. magnes*) लोहचुंबक. -IC, -AL *a*. लोहचुंबक संबंधी, लोहचुंबकाचा; attractive आकर्षक. -ISM लोहचुंबकाचा धर्म; science which treats of the properties of the magnet लोहचुंबक गुणविवेचनविद्या *f*; आकर्षणशक्ति *f*.

MAGNIFY *v*. (*magnus*, great, *facere*, to make) मोठा क., मोठा करून दाखविणें; extol वर्णन क., स्तुति क. (Ps. xxxiv., 3); —one's self मोठेपणा मिरवणें.—*i*. लहान पदार्थ मोठा करून दाखविण्याची शक्ति असणें: some lenses m. but little.—MAGNIFICENCE शोभा *f*, थाट, भव्यपणा; liberality उदारपणा, औदार्य *n*.—MAGNIFICENT शोभिवंत, छानदार, भव्य.—MAGNIFIER मोठा करून दाखविणारा; an optical instrument, as a convex lens, which increases the apparent magnitude of bodies दुर्बीन *f*, भिंग *n*.

MAGNILOQUENCE (*-loqui*, to speak) ढबदारीचें बोलणें *n*.

MAGNITUDE (*magnus*, great) size आकारमान *n*, परिमाण *n*, लांबीरुंदी *f*; importance वजन *n*, महत्व *n*; greatness मोठेपणा, महत्व *n*.

MAID* virgin कन्या *f*, कुमारी *f*; female servant चाकरीण *f*, दासी *f*, परिचारिका *f*; unmarried woman अविवाहित स्त्री *f*. -EN कन्या *f*, दासी *f*.—*a*. कुमारीचा, कौमार; consisting of young women तरुण स्त्रियांचा (throng); fresh नवा, कोरा (sword). -HEAD, -HOOD कुंवारपण *n*, कौमार्य *n*. -SERVANT कुळंबीण *f*, दासी *f*.

MAIL *F*. चिलखत *n*, कवच *n*.

MAIL *F*. टपाल *n*, डांक *f*.

MAIM ? अधुपणा, व्यंग *n*.—*v*. अधु -पंगु क. [with]. -ED लंगडा, लुला, हीनांग, व्यंग.

MAIN* *a*. huge मोठा, थोर, प्रचंड (abyss); chief मुख्य, प्रधान, मोठा (interest); mere नुस्ता, केवळ, शुद्ध (untruth); m. body सैन्याचा मधला किंवा मुख्य भाग.—*n*. force बळ *n*, शक्ति *f*; मोठा -मुख्य भाग; the great sea महासमुद्र -सागर; the continent, as distinguished from an island महाद्वीप *n*; a principal duct मोठा नळ; with might and m. मोठ्या जोरानें, जीवतोडून; in the m. एकंदरीनें, एकंदर, ठोक. -LY *ad*. बहुतकरून, मुख्यत्वेंकरून. -LAND मुख्य भूमि *f*, भूखंड. *n*. -MAST (तारवाची) मधली डोलकाठी *f*. -SHEET मोठें शीड *n*, अवजार *n*.

MAINTAIN *v*. (*manns*, hand, *tenere*, to hold) राखणें, ठेवणें, धरणें: to m. a certain degree of heat in the furnace; keep possession of स्वाधीन ठेवणें, हातीं ठेवणें, संभाळणें, राखणें; continue चालू -सुरू ठेवणें: m. talk with him; bear the expense of -चा खर्च चालवणें -अंगावर घेणें; support पाळणें, पोसणें; support by assertion or argument मंडन -प्रतिपादन क., स्थापणें;—one's self उदरनिर्वाह चालवणें. -ABLE *a*. संभाळायाजोगा, रक्षणीय; स्थापनीय, प्रतिपाद्य.—MAINTENANCE राखणें *n*, ठेवणें *n*, धारणा *f*; राखण *f*, संभाळ

पालनपोषण *n*; मंडन *n*, स्थापन *n*; उपजीविका *f*; चालू ठेवणें *n*, स्थिति *f*.

MAIZE (from the language of the island of Hayti) मका.

MAJESTY (*magis*, great) grandeur प्रताप, वैभव *n*, महिमा *f*; title given to sovereigns महाराज, राजश्री; dignity मोठेपणा, प्रौढी *f*.—MAJESTIC *a*. प्रतापाचा, प्रतापी; थोर, उंच; प्रौढ, डौलाचा.

MAJOR *a*. (*L*.) greater in number, quantity, or extent मोठा, मुख्य, बहुतर: m. part of the assembly; of greater dignity मुख्य, प्रधान; m. premise, *Log*. पूर्वपक्ष, प्रतिज्ञा *f*. —*n*. person of full age प्रौढ, पोक्ता, जाणता, वयस्क; officer next in rank above a captain 'मेजर.' -ITY मोठी -अधिक संख्या *f*; जाणतेपणा, प्रौढ वय *n*. -DOMO (-*domus*, house) घरकारभारी.

MAKE* *v*. create करणें, उत्पन्न क.; form घडणें, बनावणें; perform करणें (sport); do करणें (a complaint); get, as profit मिळवणें, कमावणें (money, profit); travel over मार्ग क्रमणें -चालणें: the ship *makes* ten knots an hour; cause to be करणें: to m. public; represent दाखविणें, वर्णन क., सांगणें; esteem करणें, मानणें: he is not that ass that B would m. him; compel बळजोरी क.: to m. to go बळेंच चालविणें; constitute करणें, नेमणें (Ex. ii., 14); compose करणें, असणें, बनावणें: the heavens, the air, the earth, and boundless sea, m. but one temple for the Deity; become होणें: a good daughter *makes* a good wife; reach पोंहचणें, पावणें, सई क., अटपणें: he can m. no land of either side;—a bed अंथरूण क.; —amends भरून देणें; away खपवणें, संपविणें; घात क.; हवालणें, गुजरणें;—account of सन्मान देणें, मानणें; good खरा -सिद्ध क.; भरून देणें; —light of तुच्छ -हलका मानणें (Matth. xxii., 5);—love to विवाहार्थ स्त्रीची आराधना क.; —merry आनंद -चैन क.;—much of सोपस्कार क.;—oath शपथ -प्रतिज्ञा क.; of समजणें, -चा अर्थ क.: I know not what to m. of the news; out अर्थ काढणें, शोध लावणें; खरा -सिद्ध क. (a case); पुरवणें: he was not able to m. out the whole sum; over हवालणें, सोपणें (an estate); up जमवणें, जथवणें, मिटवणें (a quarrel); पुरा क., भरती क.: a rupee is wanted to m. up the sum; करणें, बांधणें, तयार क., सजवणें इ०: to m. up a bundle;—a mass into pills; निश्चय -धडा क. (one's mind);—water गळणें; मुतणें, इराखत क.; way सुधारणें, वाढणें, पुढें पाऊल टाकणें; वाट क. -सोडणें -मोकळी क.—*i*. proceed जाणें, चालणें: he *made* towards home; contribute कामास -उपयोगी पडणें: this argument *makes* nothing in his favour;—as if आकार -डौल दाखविणें (Josh. viii., 15);—away with ठार मारणें;—bold धजणें, हिय्या क.; for -कडे जाणें -चालणें; towards -कडचा रस्ता धरणें; up जवळ येणें -जाणें: he *made* up to us with boldness; मिळणें, मिटणें; up for पुरता -पुरा क.; विसर पाडणें: have you a supply of friends to m. up for those who have gone? with मान्य होणें, मिळणें.— *n*. घडण *f*, बनावट *f*, बांधा. -BATE कळलाव्या, कळीचा नारद, कज्जेदलाल. -BELIEVE अनागोंदी जमाखर्च. -PEACE कळमोड्या. -MAKER कर्त्ता, उत्पन्नकर्त्ता; the Creator सृष्टिकर्त्ता.

MALADY (*malus*, bad) रोग, विकार, व्याधि *f*; a moral defect पाप *n*, अपराध, दोष.—

MALARIA रोग उत्पन्न करणारी पाणथळा जवळची वाफ *f*, रोगजनकवायु.

MALE *a*. (*maris*) pertaining to the sex that begets young पुरुष जातीचा, मर्दानी,

पुरुषाचा; having fecundating organs झाडांतील पुरुष जातीचा; m. screw नर.—*n.* पुरुष, नर.

Malcontent *a.* (*mal*, bad, & *content*) discontented गैरखुशी, नाराजी; dissatisfied with the government सरकारावर नाखुश, अमलनाखुश.

Maladministration (*mal*, bad, & *administration*) बदअमल, बदमामला.

Malediction (*male*, ill, *dicere*, to say) श्राप, अमंगल वचन *n.*

Malefaction (*male*, ill, *facere*, to make) अन्याय, गुन्हा.—**Malefactor** गुन्हेगार, अन्यायी, अपराधी.

Malevolence (*-velle*, to wish) दुष्टबुद्धि *f*, कुभाव.—**Malevolent** *a.* दुष्टबुद्धीचा, दुरात्मा.

Malice (*malus*, bad) a disposition to injure others दुष्टभाव, द्वेषबुद्धि *f*, अकस.—**Malicious** *a.* मत्सरी, अकस -चुरसखोर; अदावतीचा, द्वेषभावाचा (report); *Law* द्वेषभाव धरून केलेला.

Malign *a.* (*malus*, bad, *genus*, birth) खुनसी, दुष्टभावाचा; pernicious खडतर, नाठाळ (aspect of planets).—*v.* तुफान -कुभांड रचणें -घेणें. -**ant** *a.* मत्सरी, खुनसी; tending to destroy life प्राण -जीवनाशक; *Med.* tending to produce death खडतर, दुसाध्य (fever). -**ity** कुडाभाव, द्वेषभाव, दुर्बुद्धि *f*; उग्रपणा, खडतरपणा.

Malleable *a.* (*malleus*, hammer) ठोकून वाढविण्याजोगा, प्रसरणशील.—**Malleability** घनवर्धिष्णुता *f*. See the adjective.—**Mallet** मोगरा, ठोकणी *f*; carpenter's m. कुडती *f*.

Mallows* गोखरूं *n.*

Malt* barley or other grain steeped in water, fermented, and dried सातू इ० चें वाळवलेलें उंबलें *n.* —**liquor** एक प्रकारचें हलकें मद्य आहे.

Maltreat *v.* (*mal* & *treat*) गैररीतीनें वागविणें -वापरणें, घुसडणें, खरडणें, खरडपट्टी काढणें.

Malversation (*-versari*, to move about in a place) बदमामली *f.*

Mamma (*L.*) आई *f*, ब *f*, बये *f*.

Mammalia (*mamma*, breast) सस्तन प्राणीजाति *f*.—**Mammillary** *a.* स्तनसंबंधी; स्तनासारखा.

Mammon *Syr.* riches संपत्ति *f*, दौलत *f*; the god of riches कुबेर; the goddess लक्ष्मी *f*.

Man* (*Skr. man*, to think) a human being मनुष्य, माणूस; a male person पुरुष, बाप्या; adult वयस्क मनुष्य, पणांत आलेला माणूस; mankind मनुष्यजाति *f*; मानव, one of manly strength or virtue मर्द, पुरुष; male servant गडी, चाकरमाणूस; a piece at chess or draughts नरद *f*; सार; a husband नवरा, दादला; sir महाराज; familiarly भाई, गडी; m. of war लढाऊ गलबत *n*, जंगीजहाज *n.* -**ful** *a.* मर्द, दिलदारीचा. -**hater** माणूसगांध्या, मनुष्यद्वेषी. -**hood** माणूसपणा, मनुष्यत्व *n*; not boyhood प्रौढपणा; courage शौर्य *n*, धैर्य *n*, पुरुषत्व *n*, पुरुषार्थ. -**nikin** खुजा, ऱ्हस्वमूर्त्ति *f*. -**kind** मनुष्यजात *f*.—**like**, -**ly** *a.* शूर, दिलदार. -**liness** मर्दाई *f*, पुरुषत्व *n.* -**slaughter** मनुष्यवध. -**slayer** मनुष्यघातक.

Manacle (*manus*, hand) हातबेडी *f*.—*v.* हातबेडी घालणें.

Manage *v.* (do.) have under control and direction अटपणें, आवरणें, हुकमांत ठेवणें -धरणें; wield with address झेंपणें, वहिवाटणें, वागवणें; train, as a horse तालीम देणें, वळण लावणें; treat with caution युक्तीनें -हुशारीनें चालवणें -वागवणें.—*n* घोड्यास तालीम देणें *n.* -**able** *a.* चालवायाजोगा, अटोपसार; लगामी धरायाजोगा (horse). -**ment** आवरशक्ति *f*, आटोप; बंदोबस्त, आळाबांधा; —in domestic matters घरजुगूत *f*, घरजोगावणी *f*.—

MANAGER वहिवाटदार, कारभारी, मुनीम; a good economist काटकसऱ्या, कतरबेत्या.

MANDARIN *Pg.* (*Skr. mantrin,* a counsellor) चीनदेशांतला सरकारी हुद्देदार -कामदार.

MANDATE *v.* (*mandare,* to order) आज्ञा *f,* हुकूम.—MANDATORY *a.* आज्ञेचा, आज्ञापक.

MANDRAKE* दुदी *f,* लक्ष्मणा *f,* पुत्रदात्री *f.*

MANE *D.*—of a horse अयाळ *f;*—of a lion केसर, कॆसर *n.*

MANEGE *F.* art of horsemanship चाबुकस्वारी *f;* place for training horses अश्वशिक्षाशाला *f,* घोडे शिकवायाची जागा *f.*

MANES *pl* (*manus,* good) souls of the departed पितर *pl;* heaven of the m. पितृलोक.

MANGE *F.* गुरें, कुत्रीं वगैरे जनावरांची खरूज *f;*—in horses गर *f,* खवडे *pl;*—in cattle कथला;—in dogs लूत *f.*

MANGER *F.* (*manducare,* to chew) घोडे व गुरें यांचा दाणा खाण्याचा कोटंबा.

MANGLE *v. Ger.* खांडणें, छिन्नभिन्न क., वेडावांकडा तोडणें.—*Ger.* पांघुरणांच्या घड्या दाबून साफ करण्याचें -कुंदीचें यंत्र *n.*—*v.* यंत्रानें दाबून वस्त्रें स्वच्छ क., कुंदी क.

MANGO *Mal.* आंबा, आम्रफल *n;* grove of *mangoes* अंबराई *f;* revenue from a tax on m. groves अंबा or अंबाटका; unriped *mangoes* sliced and dried अंबोशी *f.* -STEEN कोकंबी *f,* रातंबी *f.* -TREE आंब्याचें झाड *n,* आंबा.

MANGROVE (do.) फणसीचें झाड *n,* फणसी *f.*

MANIA (*Gr.*) madness वेड *n,* उन्मत्तवायु; insane passion वेड *n,* चळ, छंद.—MANIAC वेडा, पिसाळलेला.

MANIFEST *a.* (*manifestus*) उघड, स्पष्ट, व्यक्त; to become m. प्रगटणें, उद्भवणें.—*v.* उघड क. -करून दाखविणें. -LY *ad.* उघड, प्रत्यक्ष, बोलून चालून.—MANIFESTATION स्पष्टीकरण *n;* उघडीक *f,* प्रसिद्धि *f,* उद्भव, आविर्भाव. —MANIFESTO राजाचा जाहीरनामा.

MANIFOLD* *a.* (*many & fold*) various in kind बहुत प्रकारचा, बहु-नानाविध: O Lord, how m. are thy works! (Ps. civ., 24); exhibited at divers times or in various ways बहुरूप, अनेकरूप (Eph. iii., 10.)

MANNER (*manuarius,* belonging to the hand) mode of action रीत *f,* पद्धत *f,* कृति *f;* habit, way चाल *f,* रीत *f,* परिपाठ; certain degree or measure कांहीं प्रकार (1 Sam. xxi., 5); fashion ढब *f,* डौल; sort जात *f,* तऱ्हा *f,* प्रकार; behavior चाल *f,* चालचर्या *f,* वर्त्तणूक *f;* respectable deportment शिष्टाचार, रीतरवेस *f;* *manners* and customs of a country देशाचार; good *manners* सदाचार, शिष्टाचार; bad *manners* दुराचार; to make one's *manners* सलाम मुजरा -नमस्कार क. -LY *a.* सभ्यशिष्ट. -LINESS सभ्यता *f,* सुशीलता *f,* गृहस्थगिरी *f,* विनय.

MANŒUVRE *F.* युक्ति *f,* पेंच, डाव; military *manœuvres* कवाईत *f; pl* डावपेंच, छक्केपंजे *pl.*—*v.* युक्ति चालवणें -लढवणें; कवाईत क.

MANOR *F.* देशमुखाची जमीन *f,* व जमीनदारी *f.*

MANSE (*manere,* to dwell) धर्मोपदेशकाचें -पाद्रीचें घर *n;* a farm भाड्यानें घेतलेली जमीन *f.* —MANSION वाडा, हवेली *f,* महाल; lunar m. नक्षत्र *n.*

MANTLE* दुलई *f,* चादर *f,* रजई *f,* इ०; as worn over the body अंगवस्त्र *n,* उपवस्त्र *n.* —*v.* लपवणें, पांघरूण घालणें.—*i.* rise and spread माजणें, फोफावणें: the *mantling* vine; revel in pleasure बहर -मौज मारणें; send up a scum फेंसाळणें, फेणणें.

MANTUA *F.* पेशवाज, झगा. -MAKER बायकांची वस्त्रें करणारा.

MANUAL *a.* (*manus,* hand) हाताचा, हस्त; performed by the hand हातानें केलेला, in comp. हस्त; m. art शिल्प *n;* m. skill हस्तकौशल्य *n;* sign m. हस्ताक्षर *n,* दस्तुर

खुद.—*n.* सारग्रंथ, संहिता *f*;—of laws धर्मसंहिता *f*.

Manufacture (*-facere*, to do) रचना *f*, घटना *f*, निर्मिति *f*; any thing made by art कसबानें -शिल्प क्रियेनें केलेला पदार्थ, शिल्प *n*.—*v*. कसबानें -कारिगरीनें क.; work up raw materials कमावणें, तयार क., ओजवणें. —**Manufactory** कारखाना, शिल्पशाळा *f*.—**Manufacturer** कारागीर, शिल्पकार.

Manumit *v*.(*-mittere*, to send) सुटका-मोकळीक देणें, दासत्वा पासून मुक्त क.—**Manumission** सोडवण *f*, सुटका *f*, सुटी *f*, दास्यमोचन *n*.

Manure *v. F.* खत घालणें, कारवणें.—*n*. खत *n*.

Manuscript (*manus*, hand, *scribere*, to write) हातानें लिहिलेला कागद, किंवा पुस्तक *n*, हस्तलेख.—*a*. हातानें लिहिलेला, हस्तलिखित.

Many* *a*. बहुत, पुष्कळ; as m. जितका, जेवढा; how m. किती, केवढा, कितका; m. a one कित्येक, कैक; m.-colored बहुरंगी, चित्रविचित्र, नानावर्ण; m.-cornered बहुकोन.

Map (*mappa*, napkin) पृथ्वीचा -देशाचा नकाशा, नकाशा.—*v*. नकाशा काढणें -आंखणें; delineate वर्णन क.

Mar* *v*. damage बिघडविणें, नासणें, विचका क.; disfigure कुरूप -विरूप क.

Marasmus *Gr*. क्षयरोग.

Maraud *F*. लुटीची स्वारी *f*, धाड *f*.—*v*. लुटी करितां हिंडणें, लुटत फिरणें; लुटणें. -er लुटारु, पुंड.

Marble (*marmor*) संगमरवर, -री दगड; playing m. गोटी *f*; work of art in marble संगमरवरी काम *n*; record in marble संगमरवरी दगडावर कोरलेला लेख.—*a*. संगमरवरी, -दगडाचा; variegated चित्रविचित्र. -hearted निर्दय, पाषाणहृदय. -paper एक जातीचा नानारंगी कागद आहे.

March (from *Martius*, belonging to *Mars*, the god of war) इंग्रजी सालाचा तिसरा महिना, फाल्गुन-चैत्र.—*v. i. F.* move by steps and in order, as soldiers कदम बराबरीनें -सारखें पाऊल टाकून चालणें; walk in a stately manner थाटानें-डौलानें-मिरवत चालणें [on, upon, to, off].—*t*. कवाइतीनें चालवणें, कूच क.; डौलानें चालवणें.—*n*. कवाइतीचाल *f*; डौलाची चाल *f*, गजगति *f*; कूच *f*; distance passed over मजल *f*, मुकाम, पल्ला; to beat a m. कुचाचा नगारा वाजविणें.

Marches* *pl*. शींव *f*, लगता, प्रांत, हद्दीवरचा देश.

Marchioness (See **Marquis**) मार्किसाची बायको *f*.

Mare* घोडी *f*.

Margin (*margo*) border कांठ, किनारा; part of a page at the edge left uncovered in writing or printing पुस्तकाच्या पानाची कोरी कड *f*, समास; difference between the outlay, expense, number, or amount of any thing as estimated or previously calculated, and that which is actually required, incurred, or ascertained कूस *f*.—*v*. कड -कांठ लावणें; पत्राच्या समासावर लिहिणें; कूस राखणें -ठेवणें, नफ्याकरितां जागा सोडणें -ठेवणें. -al *a*. कडेचा, कांठाचा; समासावरचा, कडेवर -बाजूस लिहिलेला.

Marine *a*. (*mare*, the sea) समुद्राचा, समुद्रसंबंधी, सामुद्र (productions); formed by the action of the currents or waves of the sea समुद्रोद्भव, समुद्राच्या ओघांच्या किंवा लाटांच्या क्रियेनें झालेला (shells); having to do with naval affairs आरमाराचे प्रकरणाचा, समुद्रक; m. corps 'मरीन' पलटन, 'मरीन कोर.'—*n*. जहाजावरचा शिपाई; अर्मारी प्रकरण *n*-काम *n*.—**Mariner** खलाशी.

Mariolatry (*Gr. Maria*, Mary, *latreia*, worship) मारया कुमारीची भक्ति *f*.—**Mariolater** मारयेचा भक्त.

Maritime *a.* (*mare,* the sea) समुद्रकांठचा, तिरावरचा; See **Marine**; m. nations ज्यांपासीं बंदरें आहेत व जे दर्यावर्दी व्यापार करितात ते लोक.

Marjoram *F.* मरवा.

Mark* visible sign made or left upon any thing खूण *f,* निशाणी *f,* चिन्ह *n*; symptom लक्षण *n,* चिन्ह *n,* खूण *f*; distinguished preëminence श्रेष्ठत्व *n,* प्राधान्य *n* : a man of m.; as a character made, instead of signature, by one who cannot write हातची -सहीची निशाणी *f*; thing aimed at निशाण *n,* टिपण *n*: whate'er the motive, pleasure is the m.; badge of honor बिरूद *n.*—*v.* खूण -निशाणी क. -लावणें; draw, cut, fasten, brand, &c. खुणेकरितां अंकणें -कापणें -बांधणें -डागणें इ०; notice लक्षिणें, पाहणें (Ps. xxxvii., 37); out अंकून देणें, रेष ओढून -काढून देणें, रेखाटणें; निराळा -वेगळा काढणें.—*i.* लक्ष्यांत ठेवणें -आणणें. -ED अंकित, चिन्हित. -ING-NUT बिबवा. -ER सळई *f.*—**Marksman** निशाणमारणारा, अचूकसंधानी; लिहितां येत नसल्यामुळें सहीच्या जागीं निशाणी करणारा.

Mark* सुमारें तेरा रुपये किमतीचें एक नाणें आहे.

Market* place for buying and selling बाजार; sale विकरी *f,* खप; place for sale बाजार, बाजारवाडा; rate at which goods are disposed of बाजारनिरख; green m. मंडई *f*;—where grain, &c. are sold wholesale गंज; m.-court चावडी *f*; m. price बाजारनिरख -भाव, पेंठ *f.* -ABLE *a.* बाजार करायाचा, खपायाजोगा; current in market बाजारी, बाजारचलन, बाजारचा (value).

Marl *W.* चिकणमाती *f.*

Marriage, See under **Marry**.

Marrow* an oily substance in bones मेंदू, मज्जा *f*; essence सार *n,* सत्व *n,* उत्तमांश, कस. -BONE मेंदूचें हाड *n,* नळी *f,* इ०.

Marry *v.* (*maritus,* husband) unite in wedlock लग्न लावणें; dispose of in wedlock लग्न करून देणें; give away as wife कन्यादान क., कन्या देणें; take for wife बायको करून घेणें; take for husband नवरा करून घेणें; m. contract वाग्निश्चय.—*i.* लग्न क.—**Marriage,** union of man and woman as husband and wife लग्न *n,* विवाह (Heb. xiii., 4); irregular or invalid m. मंगळ *n*; of an invalid m. (the offspring) मंगळीचा. -ABLE *a.* लग्नाजोगा-योग्य.—**Married** विवाहित, लग्न झालेला.

Mars (*L.*) the god of war रणदेवता *f*;—of the Hindus कार्त्तिकेय; one of the planets मंगल.

Marsh* दलदल *f,* पाणथळ *n*;—salt m. बहाड *n.*—**Marshy** *a.* दलदलीत, पाणथळाचा.

Marshal *F.* सेनापति; सभापति.

Mart (contr. from *Market*) पेंठ *f,* उतारपेंठ *f.*

Martial *a.* (See **Mars**) युद्धाचा, लढाईचा, रण in comp. (music); suited to war युद्धोपयोगी; given to war लढाऊ, रणशूर (nation); m. law, an arbitrary kind of law, proceeding directly from the military power, and having no immediate constitutional or legislative sanction लष्करी कायदा. It is quite distinct from military law.

Martyr (*Gr. martur,* a witness who testifies with his blood) one who, by his death, bears witness to the truth of the Gospel ख्रिस्ती धर्माच्या खरेपणाच्या साक्षीसाठीं प्राण अर्पणारा; one who sacrifies his life, his station, or what is of great value to him, for the sake of principle or to sustain a cause मताभिमानासाठीं किंवा पक्षाभिमानासाठीं प्राणदेणारा, अथवा द्रव्य, कीर्त्ति इ० ची हानि सोसणारा.—*v.* धर्मासाठीं -मतासाठीं प्राण घेणें. -DOM धर्मासाठीं प्राण देणें *n,* धर्मार्थ प्राणअर्पण *n*; स्वमतार्थ प्राणार्पण *n.*

Marvel *F.* that which arrests the attention and causes admiration or surprise नवल *n,* कौतुक *n,* चमत्कार; m. of Peru गुलबास, सायंकाळी *f.*—*v. i.* आश्चर्य -नवल वाटणें. -ous *a.* नवलाचा, चमत्कारिक, अद्भुत.

Masculine *a.* (*mas,* a male) पुरुषजातीचा, पुरुषाचा; having the qualities of man पुरुषाच्या गुणाचा, पुरुषधर्मक, मर्दानी (body); of the male gender पुल्लिंग.

Mash *Ger.* चेंदा, काला.—*v.* चेंदा क.

Mask *F.* cover to disguise a face मुखवटा, रुपडें *n;* pretext बाहणा, निमित्त *n;* masquerade मुखवट्याचा खेळ. —*v.* मुखवटा लावणें -घालणें; छपवणें, लपवणें.

Mason (*maceria,* wall) गवंडी; [a member of the fraternity of Freemasons]. -ic *a.* फ्रिमेसनाचा -संबंधी. -ry गवंडीपणा; गवंडी काम *n.*

Masquerade *F.* मुखवट्यांचा खेळ.

Mass (*massa*) lump गोळा, ढेंप *n;* bulk रास *f,* ढीग; assemblage जमाव, गट्ट, झुंड *f; pl* साधारण लोक *pl,* कुणबी माळी *pl;* in the m. एकठोक. -ive, -sy *a.* जड, भारी, अवजड, ऐवट.

Mass (*missa*) रोमन क्याथोलिक मंडळींतील प्रभुभोजनाच्या वेळची भजनपद्धति *f.*

Massacre *F.* कत्तल *f,* काटाकाटी *f.*— कत्तल -निकंदन क.

Mast* डोलकाठी *f,* शीडकाठी *f,* डोल; [fruit of the oak and beech].

Master (*magister*) one of eminent rank, power or authority श्रेष्ठ, प्रमुख, मीर, साहेब, सरकार; one exercising authority धनी, प्रभु, खावंद; owner धनी, मालक, in comp. -वाला, -करी; correlative of slave, servant, apprentice धनी, यजमान; teacher गुरु, तालीम देणारा, वस्तादजी, पंतोजी, 'मास्तर'; skilful person निपुण, जाणता, वस्ताद; [a title of address to an inferior, a young person, or a body];—of a ship नाखोदा, तांडेल.—*v.* जिंकणें, सर क. साध्य क., -आंत तरबेत -निपुण -हुशार होणें (a science). -hand वस्तादाचा हात. -key पुष्कळ कुलपें उघडणारी किल्ली *f:* this is a m. ही किल्ली वस्ताद आहे. -ly *a.* वस्तादीचा, कौशल्याचा (design); imperious कडक, कदरखोर.—*ad.* वस्तादीनें, कसबानें. -piece मोठ्या कौशल्याचें काम *n.* -ship धनीपणा प्रभुत्व *n;* वर्चस्व *n,* श्रेष्ठत्व *n;* मालकी *f,* स्वामित्व *n;* गुरुपणा. -stroke वस्तादगिरीचा डाव -खेळ -उपाय.—**Mastery** अधिपत्य *n,* स्वामित्व *n,* अध्यापकत्व *n,* धनीपणा; श्रेष्ठत्व *n,* वर्चस्व *n;* victory in war जय; eminent skill निपुणता *f,* गम्य *n,* प्रवेश; triumph सिद्धि *f,* फत्ते *f,* जय, यश *n.*

Mastic (*Gr mastiche*) Pistacia Lentiscus रुमामस्तकीचें झाड *n;* the resin रुमामस्तकी *f.*

Masticate *v.* (*masticare*) चावणें, चर्वण क. —**Mastication** चर्वण *n,* चावणें *n.*—**Masticatory** *a.* चावण्याच्या कामाचा, चर्वणोपयोगी. —*n.* a substance to be chewed to increase the saliva चावण्याचें औषध *n,* चर्वणौषध *n.*

Mastiff (*mastivus*) एक मोठ्या जातीचा बळकट व शूर कुत्रा आहे.

Mat* चटई *f,* अंथरी *f;* a m. of hair जट *f.* —*v.* चटई टाकणें -घालणें; twist together विणणें, वळणें.—*i.* जटा वळणें -जमणें.

Match *F.* गंधकाची काडी *f,* काडें *n;*—of a gun बत्ती *f,* तोडा;—of a rocket, &c. रंजक *f.* -lock तोड्याची बंदूक *f.* -maker गंधकाच्या काड्या करणारा.

Match* an equal बरोबरीचा, तोलाचा; contest to try strength or skill डाव; a marriage लग्न *n;* a candidate for

matrimony जोडा, वर किंवा वधु *f.*—*v.* बरोबरी -साम्य क.; oppose as equal तोड -मुकाबला क., तोडीचा ह्मणून आणणें; suit जुळणें, जमवणें, मेळ बसवणें; लग्न करून देणें; [purify, as vessels by burning a m. in them].—*i.* जुळणें, जम पडणें; लग्न लावणें क. -LESS *a.* बिनतोडीचा, अद्वितीय; unequal विजोड, विषम. -MAKER लग्न जमवून देणारा, बरावर करणारा, घटक.

MATE *D.* a companion गडी, साथी; among the lower animals, one of a pair जोडा, जोडपी; an assistant मदतनीस, हस्तक; companion गडी, साथी: officer of a ship next below the captain].—*F.* a term at chess मात *f.*

MATERIAL, See under MATTER.

MATERNAL *a.* (*mater,* mother) आईचा, मातेकडचा, मातृधर्मक; m. duty मातृधर्म.

MATHEMATICS (*Gr. mathema,* learning) गणित *n.*—MATHEMATICAL *a.* गणिताचा, गणित संबंधी; according to the principles of mathematics गणितनियमानुसार (exactness).—MATHEMATICIAN गणिती.

MATIN *a.* (*matutinum,* morning) प्रातःकाळ संबंधी, प्रातःकाळचा (trumpet).—*n.* प्रातःकाळ; *pl* प्रातःकाळचें भजन *n,* प्रातर्भजन *n.*

MATRICIDE (*mater,* mother, *cædere,* to kill) मातृहत्या *f*; murderer of a mother मातृहत्या करणारा, मातृघातक, मातृहत्यारा.

MATRICULATE *v.* (*matrix,* womb) a public register पटावर नांव दाखल क., (पाठशाळेच्या वगैरे) मंडळींत घेणें, 'म्याट्रिक्युलेट' क.—*n.* पटावर नांव दाखल करून मंडळींत घेतलेला मनुष्य.

MATRIMONY (*mater,* mother) wedlock लग्न *n*; nuptial state विवाहितावस्था *f.*—MATRIMONIAL *a.* लग्नसंबंधी, लग्नाचा.

MATRIX (*L.*) the womb गर्भाशय; mould सांचा, मूस *f.*

MATRON (*mater,* mother) elderly woman प्रौढ बायको *f,* घरबारीण *f*; female head of a household, school, &c. घरकारभारिण *f,* शाळाकारभारीण *f,* इ०.

MATTER (*materia*) substance द्रव्य *n,* साकार पदार्थ, दृश्य किंवा स्पर्श वस्तु *f*; that of which the sensible universe and all existent bodies are composed प्रकृति *f*; that of which any thing is composed साधना *f,* साधनीभूत पदार्थ; subject विषय, प्रकरण *n*:

> Son of God, Savior of men, thy name
> Shall be the m. of my song.—*Milton.*

subject of complaint, legal action, &c. वादाचा -खटल्याचा विषय, खटला; concern काम *n,* गोष्ट *f*; thing of consequence मुजाखा *f,* बिशाद *f,* प्रत्यवाय: no m. बिशाद -चिंता नाहीं; ground of disturbance गडबडीचें -धादलीचें कारण *n*: what is the m. काय आहे? काय झालें? indefinite quantity इयत्ता *f,* परिमाण *n*; pus पू; written manuscript or any thing to be set in type छापायाचा मजकूर -विषय, "म्याटर" *f*; type set up and ready to be used in printing छापाया करितां जुळलेल्या मजकुराचे खिळे *pl*; [dead m., type which has been used in printing, and is ready for distribution; living m., type set up, but which has not been printed from]; m. of fact घडलेली -खरी गोष्ट *f*; upon the m., upon the whole m. एकंदरीनें पाहतां.—*v. i.* मुजाखा -बिशाद होणें; पू होणें, पुवाळणें, पिकणें. MATTERY *a.* पुवाचा, पुवानें भरलेला.—MATERIAL *a.* not spiritual पंचभूतात्मक, आधिभौतिक (substance); relating to the bodily wants संसारिक, प्रापंचिक, पोटाचा; भारी, मोठा: the discourse was always m.; essential वास्तविक, खरा.—*n.* जिन्नस, द्रव्य *n,* वाणा. -ISM देहात्मवाद, चार्वाक-

मत *n.* -IST, one who denies the existence of spiritual substances, and maintains that the soul of man is the result of a particular organization of matter in the body अनात्मवादी, देहात्मवादी. -ITY पंचभूतात्मक भाव, अनात्मिकत्व *n.* -LY *ad.* प्रकृतितः; कारण विशेषेंकरून.

Mattock* कुदळ *f.*

Mattress *W.* लेप, गादी *f.*

Mature *a.* (*maturus*, ripe) पक्का, पक्व, प्रौढ, पोक्त; complete सिद्ध, पूर्ण.—*v.* पिकवणें; सिद्ध -पूर्ण दशेस आणणें. -LY *ad.* पुरतेपणीं, पोक्तेपणीं.—**Maturity** प्रौढि *f*, पक्वदशा *f*, पोक्तेपणा; सिद्धता *f*, सिद्धि *f*, संपूर्णता *f*.

Maudlin *a.* (contr. fr. *Magdalen*) झिंगलेला, तारवटलेला.

Maugre *prep. F.* न मानता -जुमानतां, गुंडाळून, एकीकडे ठेवून.

Maul (*malleus*) मोगरा, मोगर.—*v.* चेंचणें, कुटणें, चेंदा पाडणें.

Mausoleum (*L.*) मोठी कबर *f*, छत्री *f*.—**Mausolean** *a.* छत्रीचा.

Maw* कोठा, पोटाची पिशवी *f*; the craw चुनाळ, गचूर; to fill one's m. पोट जाळणें. —KISH *a.* पचपचीत, पाणचट.

Maxillar, -ry *a.* (*maxilla*, jaw-bone) दाभाड्याचा, हनुसंबंधी.

Maxim (*maxima*) न्याय, वचन *n*, वाक्य *n*, सूत्र *n*.

Maximum (*L.*) मोठी संख्या *f*, परमावधीचें परिमाण *n*, महत् परिमाण *n*.

May (*Maius*) इंग्रजी वर्षांचा पांचवा महिना; early part of life तारुण्य *n*, ज्वानी *f*.

Mayor (*major*, greater) कोतवाल, हकीम. -ALTY कोतवाली *f*. -ESS कोतवालाची बायको *f*, कोतवालीण *f*.

Maze* embarrassing place घोटाळ्याची -नागमोडीची जागा *f*; perplexity घोटाळा, चौऱ्यांशीचा फेरा.

Mead, Meadow* कुरण *n.*—**Meadowy** *a.* कुरणाचा.

Meagre* *a.* lean रोडका, फाटक्या अंगाचा; poor भुकिस्त, भरड (soil); destitute of richness, strength, &c. शुष्क, बेकस, निकस; dry and harsh to the touch, as chalk चरबरीत, रखरखीत.

Meal* जेवण *n*, भोजन *n*; m. time अन्नकाल, भोजनसमय; m. of, or served to, a sannyási पुडी *f*.—* पीठ *n.*—**Mealy** *a.* पिठूळ. MOUTHED *a.* मेलतोंड्या, गायमुख्या, डाळपिठ्या, गोडबोल्या.

Mean* *a.* of low rank हलका, हलके पदवीचा; base पाजी, अधम, हलका; of little value हलक्या किमतीचा -योग्यतेचा, तुच्छ (foe). -NESS हलकेपणा, नीच पदवी *f*; पाजीपणा, हीनता *f*; हलकी योग्यता *f*, निकृष्टता *f*, लघुत्व *n.*—*a.* (*medius*, middle) मध्यम, मध्य परिमाणाचा (style); intervening मधला; in the m. time इतक्यात, दरम्यान; *Math.* मध्य, मध्यम.—*n.* मध्य परिमाण *n*; मधली वेळ *f*, अवधि *f*, मध्यंतर *n*; instrument of action or performance साधन *n*, द्वार *n*, उपाय, योग; *pl* resources साहित्य *n*, सामुग्री *f*; income ऐपत *f*, द्रव्य *n*, सामर्थ्य *n*; *Geom.* सम *n*; by all *means* सर्व प्रकारें, सर्वथा; खचीत, निखालस; by no *means* अगदीं -सुतराम् नाहीं; by *means* of द्वारें, द्वारा; by some *means* or other कसेंही करून, कसेंही; according to one's *means* यथाशक्ति. -WHILE *ad.* इतक्यात.

Mean* *v.* have in the mind मनांत असणें; purpose योजणें, उद्देशणें (Gen. l., 20); signify अर्थ दाखवणें, सुचवणें (Matth. xi., 13). -ING उद्देश, आशय, अभिप्राय; अर्थ, खुलासा.

MEANDER (*Mœander*, a river in Phrygia, proverbial for its many windings) फेरा, वळण *n*. वांक.

MEASLES *pl Ger*. गोवर.

MEASURE (*mensurar*) dimensions मेज *n*, परिमाण *n*, मोज;—of capacity कैली माप *n*;—of weight वजनी माप *n*; fair m. नक्की माप *n*; m. rather in excess of the market one घबाड माप *n*; allotment वांटा, भाग; rule by which any thing is adjusted परिमाण *n*, प्रमाण *n*; due proportion मिती *f*, मोताद *f*; limit मर्यादा *f*, सीमा *f*, सुमार; beyond m. बेसुमार; contents of a vessel by which quantity is measured माप *n*; undefined quantity अव्यक्त परिमाण *n*: a large m. of wisdom मोठें शहाणपण *n*; small m. of knowledge थोडें ज्ञान *n*; in a great m. बहुतकरून; in some measure कांहींसा; musical time ताल; metre छंद, वृत्त *n*; means to an end उपाय, साधन *n*, युक्ति *f*, तजवीज *f*: to take *measures* उपाय -तजवीज क. -MENT मापणें *n*, मापन *n*; मेज *n*, माप *n*; gross m. स्थूलमान *n*; minute and exact m. सूक्ष्ममान *n*.—MEASURABLE *a*. मोजाया -मापायाजोगा, परिमेय; मध्यम, सुमाराचा.

MEAT* food अन्न *n*, भक्ष्य *n*; flesh मांस *n*.

MECHANIC, -AL *a*. (*Gr. mechanè*, a machine) यंत्राचा, यांत्रिक; constructed or performed according to the laws of mechanics यंत्रशास्त्रानुरूप, यंत्रशास्त्रसिद्ध; done as if by machine यंत्रतुल्य, यंत्रानें केल्यासारखा, विचारा वांचून -सवयीनें केलेला, यांत्रिक (action); belonging to those who live by hand-labor शिल्पी, शिल्पोपजीवी, कारागराचा; made by mechanical means यंत्रानें केलेला, यंत्रोत्पन्न.—MECHANIC कारागर, शिल्पकार.—MECHANICS यंत्रविद्या *f* -शास्त्र *n*.—MECHANISM कळ *f*, युक्ति *f*, यंत्ररचना *f*.—MECHANIST यंत्रें करणारा, यंत्रकार.

MEDAL (*metallum*, metal) piece of metal stamped in honor of some person or event पदक *n*, बिरुदाची मुद्रा *f*, 'मेडल' *n*.

MEDDLE *v. i. D*. कामावांचून मध्यें पडणें -हात घालणें, लुडबुडणें, लाडाकारभार क.; have to do with शिरणें, मध्यें पडणें [with].—MEDDLER लुडबुड्या, बुचा -लाडाकारभारी; मध्यें पडणारा, शिरणारा.—MEDDLING बुचाकारभार, लुडबूड *f*; curious or idle m. उठाठेव *f*.

MEDIATE *v. i*. (*medius*, middle) interpose between parties, as the equal friend of each. मध्यस्थि क., मध्यें पडणें [between]. —*t*. मध्यें पडून -होऊन करविणें.—*a*. मधला, मधचा, मध्यस्थ.—MEDIATION मध्यस्थी *f*, मध्यस्थगिरी *f*; मध्यें असणें *n*, मध्यस्थिति *f*. —MEDIATOR मध्यस्थ; Christ प्रभु येशूख्रीस्त. -SHIP मध्यस्थी *f*, मध्यस्थपणा.

MEDICAL *a*. (*mederi*, to cure) वैद्यकीचा, वैद्यक विषयक; m. dictionary निघंट; medicinal औषधी (properties); instituted to teach medical science वैद्यक शिकविण्याचा, वैद्य in comp.: वैद्यशाळा *f*.—MEDICABLE *a*. वैद्योपचारसाध्य, चिकित्स्य.—MEDICATE *v*. tincture with medicine औषधगुणविशिष्ट क.—MEDICAMENT औषध *n*, औषधी द्रव्य *n*.—MEDICINE, any substance administered in the treatment of disease औषध *n*; the science वैद्यक *n*; practice of m. वैद्यकी *f*, चिकित्सा *f*.—MEDICINAL *a*. औषधाच्या उपयोगाचा, औषधी (spring); औषध संबंधी, औषधाचा, औषध (hours, days).

MEDIOCRITY *F*. मध्यपक्ष, सामान्यपक्ष.

MEDITATE *v*. (*meditari*) कल्पिणें, योजणें, बेत क.—*i*. ध्यान-चिंतन-मनन क. (Ps. 1., 2).—MEDITATION ध्यान *n*, चिंतन *n* (Ps. xix., 14); religious and abstract m. योग, समाधि

f; absorbed in m. ध्यानस्थ, समाधिस्थ. —MEDITATIVE *a*. ध्याननिष्ट -शील, ध्यानी.

MEDITERRANEAN *a*. (*medius*, middle, *terra*, land) भुईनें घेरलेला, भूमध्य; remote from the sea समुद्रा पासून दूरचा, मध्यदेशस्थ.

MEDIUM (*L*.) middle place मधली जागा *f*; mean मध्य परिमाण *n*; instrument साधन *n*, योग; channel मार्ग, द्वार *n*; through the m. of the ear श्रवणमार्गानें, कानानें; *Med*. अनुपान *n*;—of persons गुजारत *f*, मारफत *f*, विद्यमानता *f*; [a kind of printing paper].

MEDLEY *F*. पंचभेळ *f*, मिसळ *f*, खिचडी *f*.

MEDULLA (*L*.) मेंदू, मज्जा *f*.—MEDULLAR. -RY *a*. मेंदूचा, अस्थिसार संबंधी.

MEED* फळ *n*, प्रतिफळ, बक्षीस *n*.

MEEK* *a*. gentle सौम्य, लीन, गरीब, नम्र; submissive to the divine will ईश्वराच्या इच्छेस मान्य (Matth. v., 5). -NESS लीनता, *f*, सौम्यता *f*, विनय : m. is a grace which Jesus alone inculcated.

MEET* *v*. come together with, by approach from opposite directions समोरासमोर येणें, आडवा येणें, सामोरा येणें; confront भेटाभेट होणें, गांठ पडणें; engage लढाईस भेटणें, भिडणें; find मिळणें, पावणें; make concession to कबूल होणें -क.; to m. half-way पदरीं घेणें, सूट देणें.—*i*. सामोरा येणें, भेटणें; मिळणें, भेटणें; assemble मिळणें, जमणें : council *meets* on Monday; unite मिळणें, जुळणें; with मिळणें, सांपडणें, आढळणें; मिळणें, येणें, जमणें : does it m. with your wishes. -ING गांठ *f*, भेट *f*; assembly सभा *f*, 'मिटिंग' *f*; collection of people मेळा, जमाव; religious assembly ईश्वरभजनाची सभा *f*, मेळा, पोथी *f*, प्रार्थनेची 'मिटिंग' *f*.

MEET *a*. योग्य, उचित, लायक. -NESS योग्यता *f*, लायकी *f*.

MEGIM* अर्धशिशी *f*.

MEIOSIS (*Gr*.) diminution न्यूनता *f*; *Rhet*. न्यूनालंकार.

MELANCHOLY (*Gr*. *melan*, black, *cholè*, bile) gloomy state of mind उदासवृत्ति *f*; gloom of mind औदासिन्य *n*, खिन्नता *f*. —*a*. उदास, खिन्न, दिलगीर; afflictive खेद कारक.—MELANCHOLIC *a*. सदा विषादी.

MELIORATE *v*. (*melior*, better) सुधारणें, नीट क.—*i*. सुधरणें, नीट होणें.

MELLIFEROUS *a*. (*mel*, honey, *ferre*, to bear) मध उत्पन्न करणारा, मधुप्रद.— MELLIFICATION (*-facere*, to make) मधुकरण *n*, मधुक्रिया *f*.—MELLIFLUENT *a*. (*-fluere*, to flow) मधुस्रावी, गोड, मधुर.— MELLIFLUENCE मधुस्राव -प्रवाह, शब्दामृत *n*.

MELLOW* *a*. soft with ripeness पिकून मऊ झालेला, परिपक्व; soft मऊ (soil);—of sound मंजूळ, गोड, मवाळ, मधुर;—of flavor मधुर, गोड genial प्रकृतीस मानणारा (age); slightly intoxicated किंचित मस्त झालेला, तार चढलेला; jovial with liquor मद्यानें हर्षित झालेला.—*v*. पिकवणें, मुरवणें; मऊ क.: earth is *mellowed* by frost.—*i*. पिकणें, मुरणें -NESS परिपक्वता *f*; मंजुळपणा; मधुरता *f*, गोडी *f*.

MELODY (*Gr*. *melos*, song) स्वरांची गोडी *f*, स्वरमाधुर्य *n*, ताल.— MELODIOUS *a*. मंजूळ-मधुर, सुस्वर.

MELON (*Gr*. apple) musk- m.,—the plant खरबूज *f* -जी *f*;—the fruit खरबूज *n*; water, m.—the plant तरबूज *f*, कलिंगडी *f*;—the fruit कलिंगड *n*, तरबूज *n*.

MELT* *v*. reduce from a solid to a liquid state पातळ क., रस -पाणी क., वितळणें; as metals अटणें, गाळणें, रस क.; soften मन विरघळणें; पान्हा आणणें.—*i*. वितळणें, रस होणें, अटणें; पान्हा -द्रव येणें, पघळणें, पाझरणें; faint धीर -अवसान सुटणें, गळणें (Ps. cxix., 28).

Member (*membrum*) part of any animal body capable of performing a distinct office अंग *n*, गात्र *n*, अवयव; part of a whole भाग, अंश;—of a discourse प्रकरण *n*, खंड *n*;—of a community असामी *f*, व्यक्ति *f*, इसम, एक;—of an assembly सभासद. -ED, *a*. अंगी, सांग.

Membrane (*membrana*) आंतली त्वचा *f* (शरिराची व वृक्षाची), अंतर्साल *f*.—Membranous *a*. आंतले त्वचेचा.

Memory (*memor*, mindful) faculty of the mind by which it retains the knowledge of previous thoughts or events स्मरणशक्ति *f*, स्मृति *f*; remembrance आठवण *f*, स्मरण *n*; time within which past events can be remembered आठवणींतला काळ, स्मरणकाल, आठवण *f*; remembrance of a person, or event, preserved to after-times आठवण *f*, स्मरण *n* (Prov. x., 7); to recite from m. पाठ म्हणणें; to speak from m., speak without book तोंडानें सांगणें.—Memento *L*. यादगारी *f*, आठवणूक *f*.—Memoir चरित्र *n*, बखर *f*, वृत्तांत.—Memorable *a*. आठवण धरण्याजोगा, स्मरणीय; celebrated प्रख्यात, प्रसिद्ध.—Memorandum टिपण *n*, टांचण *n*, याद *f*, टीप *f*.—Memorial *a*. स्मरणदेणारा, स्मारक; contained in memory आठवणींतला.—*n*. स्मरणदेणारी -स्मारक वस्तु *f*, यादगिरी *f*; written representation अर्जी *f*;—to grandees याद *f*, खलीता. -IST वृत्तांत -चरित्र लिहिणारा; अर्जदार. -IZE *v*. अर्ज क., अर्जी देणें.

Menace *v*. (*minere*, to jut) भय -धाक घालणें, धमकावणें [with].—& Menacing धमकी *f*, भेडसावणी *f*, दटावणी *f*.

Menage, -RIE *F*. पशूंचा संग्रह, शिकारखाना.

Mend *v*. (See Amend) नीट -दुरुस्त क., डागडुजी क.; correct नीट -शुद्ध क., स्थितीवर -वाटेवर आणणें; improve सुधारणें, अधिक चांगला क.—*i*. बरा होत जाणें, वाटेवर ताळ्यावर येऊं लागणें.

Mendacious *a*. (*mendax*, lying) लबाड, खोटा.—Mendacity लबाडी *f*; habit of lying लबाडी करण्याची खोड *f* -चट *f*.

Mendicant (*mendicare*, to beg) भिकारी, भिक्षेकरी; religious m. जोगी, गोसावी.—Mendicancy, Mendicity भीक मागणें *n*, भैक्षचर्या *f*, भिक्षावृत्ति *f*;—of a Mahomedan फकिरी *f*; to take to m. चौपदरी -हातीं झोपळा -नरोटी घेणें; gatherings of m. उकळा.

Menial *a*. *F*. घरचाकरीचा -कामाचा; m. occupation चाकरीचा पेशा.—*n*. घरचा चाकर, झाडलोट करणारा; *pl* चाकरनफर.

Menses (*mensis*, month) विटाळ, रज, ऋतु—Menstrual *a*. प्रति महिन्याचा, मासिक (flux).—Menstruate *v*. *i*. विटाळशी -ऋतुमति -रजस्वला होणें, महिन्याचें येणें.

Mental *a*. (*mens*, *mentis*, the mind) मनाचा, मानसिक, मानस. -LY *ad*. मनांत, कल्पनेंत.

Mention *v*. (*mentio*, to remember) सांगणें, उल्लेख काढणें, नांव घेणें.—*n*. उल्लेख, चर्चा *f*.

Mercantile *a*. (*merx*, wares) व्यापाराचा, उदीमाचा; m. travelling वणंज *f*.

Mercenary (*merere*, to serve for pay) पैका घेऊन काम करणारा, मोलाचा, भाडोत्री; sordid लालूचखोर, लोभदृष्टि.—*n*. मजूर, मुशारदार; soldier hired into foreign service मुशारा घेऊन परराज्याची चाकरी करणारा शिपाई.

Mercer (*merx*, wares) रेशमी कापड विकणारा.—Mercery रेशमी कापड *n*; रेशमी कापड विकण्याचा धंदा.

Merchandize (do.) उदीम, व्यापार; goods माल, जिन्नस.—*v*. उदीम क.—Merchant

व्यापारी, उदमी, सावकार.—*a.* व्यापाराचा, उदमी. -ABLE *a.* विकाऊ, खपायाजोगा (wheat) -MAN व्यापाऱ्याचें गलबत *n*, कबाडी -जिनसी गलबत *n*, बारकस *n*.

MERCURY (*Mercurius*) quicksilver पारा; a planet बुध; [an ancient heathen deity]; oxide of m. पारदभस्म *n*; white sublimate of m. रसकर्पूर.—MERCURIAL *a.* पाऱ्याचा; मर्क्युरी देवाचा; active चंचळ, चपळ; money-making पैसा उत्पन्न करण्याचा.

MERCY (*merces*, hire) disposition to overlook injuries, or to treat an offender better than he deserves दया *f*, दयाशीलता *f*, दयाळूपणा -स्वभाव; act of mercy दयेचें काम *n*, दया *f* (Matth. ix., 13); to be at the m. of -च्या स्वाधीन असणें, -च्या हातांत सांपडणें; to cry m. दया भाकणें, क्षमा मागणें; m! m! त्राहि त्राहि.—MERCIFUL *a.* दयाळू, कृपाळू; not cruel करुणाशील, कृपाळू. —MERCILESS *a.* निर्दय, क्रूर.

MERE* *a.* नुस्ता, केवळ. -LY *ad.* केवळ, मात्र, फक्त.

MERGE *v.* (*mergere*) बुडविणें, गर्क क. [in].—*i.* बुडणें, गर्क होणें.

MERIDIAN (*meridies*, noon) दोनप्रहर, मध्यान्ह; highest point भरतें *n*, कळस; a great circle of the sphere passing through the poles of the heavens and the zenith of the spectator खमध्य *n*, याम्योत्तरवृत्त *n*; an imaginary great circle on the surface of the earth, passing through the poles and any given place याम्योत्तररेषा *f* -वृत्त *n*.

MERIT *v.* (*merere*, to deserve) योग्यतेनें -लायकीनें मिळविणें; incur आपणावर आणणें, -ला पात्र होणें (punishment).—*n.* योग्यता *f*, लायकी *f*; reward deserved फळ *n*, श्रेय *n*, बक्षीस *n*; m. acquired through work पुण्य *n*, श्रेय *n*; that excellence which entitles to reward or honor गुण, लायकी *f*; *pl* गुणदोष *pl.* -ORIOUS *a.* गुणी, योग्य, लायक; पुण्यकारक, श्रेयकर.

MERMAID (*mare*, the sea, & *Eng. maid*) मत्स्यकन्या *f*, जळमाणूस *n*.

MERRY* *a.* joyous आनंदी, उल्लासी; causing laughter हास्यजनक -कारक, विनोदाचा; to make m. ख्यालीखुशाली -खाऊन पिऊन चैन क.; lively दणक्याचा, कडाक्याचा. -ANDREW हंडीबाग, मौज्या, नकल्या.—MERRILY *ad.* ख्यालीखुशालीनें, मौजा मारून.—MERRIMENT ख्यालीखुशाली *f*, मौजा *f pl.*

MESH *Ger.* जाळीचें भोंक *n*, जाळीची खिडकी *f*.

MESLIN *F.* धान्याची मिसळ *f*, खेड *f*, मिसळीचें धान्य *n*.

MESNE *F.* मधला, दरम्यान; m. profits, profits of premises during the time the owner has been wrongfully kept out of the possession of his estate दरम्यान उत्पन्न *n*.

MESS *F.* dish पात्र *n*, पान *n*, ठाव; number of persons who eat together भिसी *f*, 'नंबर,' 'मेस' *n*, 'मेज' *n*; medley चिवडा, विचका; embarrassment फटफजिती *f*, दुर्दशा *f*, हाल.—*v. i.* भिसीनें जेवणें [together, with]. -MATE भिसीचा सोबती, मेसांत -नंबरांत एके ठिकाणीं जेवणारा, एकाताटांतला, सहभोजी.

MESSAGE (*mittere*, to send) निरोप, संदेशा. —MESSENGER निरोप्या, जासूद, दूत.

MESSIAH (*Heb. mashiah*, anointed) अभिषिक्त; Christ ख्रीस्त; the Savior of the world जगाचा तारणारा.

MESSUAGE *F.* घर आणि त्याच्या भोंवतालची जागा *f*, घरवाडी *f*.

Metacarpus (*Gr. meta*, beyond, *karpos*, wrist) हाताचा चौडा, मपाणि.—**Metacarpal** *a.* चौड्याचा, करभसंबंधी.

Metal (*metallum*) a simple, fixed, shining, opaque body, insoluble in water and fused by heat *n f*; broken stones for roads खडी *f*; guns carried by a vessel of war जंगीजहाजाचा तोफखाना; mettle पाणी *n*, रग *f*; glass in a state of fusion कांचेचा रस. -**lic** *a.* धातु संबंधी; धातूचा, धातुमय, धातुनिर्मित (substance); धातूसारखा (brightness). -**line** *a.* impregnated with metal धातूच्या धर्मांचा, धातुधर्मक; धातुमय -निर्मित. -**list** धातूचें काम करणारा; one skilled in metals धातुपरीक्षक. -**lurgy** धातुशोधनविद्या *f*.

Metamorphose *v.* (*meta*, beyond, *morphè*, shape) रूपांतर क., स्वरूप पालटणें.—**Metamorphosis** रूपांतर *n*, स्वरूपभेद.

Metaphor (*Gr. pherein*, to carry) a figure of speech by which the name and properties of one object are ascribed to another; or a word expressing similitude without the signs of comparison रूपकालंकार, आरोप: "that man is a fox" is a m.; but "that man is like a fox" is a simile, similitude or comparison.—**Metaphorical** *a.* लाक्षणिक, आरोपाचा.

Metaphrase (*Gr. -phrasis*, phrase) verbal translation यथाशब्द भाषांतर *n*; repartee समयोचित उत्तर *n*, हाजीर जबाब.—**Metaphrasist** शब्दास शब्द उतरून भाषांतर करणारा.

Metaphysics (*Gr. -phusis*, nature) mental philosophy मानसशास्त्र *n*.

Metatarsus (*Gr. -tarsos*, flat surface) the middle of the foot मपद *n*.

Metathesis (*Gr.*) अक्षरांचें मागें पुढें होणें *n*, वर्णविपर्यय.

Mete* *v.* मोजणें, मापणें [out].

Metempsychosis (*Gr. -psuché*, the soul) passing of the soul of a man after death into some other animal body जन्मांतर *n*, अन्यजन्म, जन्ममरणाचा फेरा.

Meteor (*Gr. meteoros*, high in the air) any phenomena in the atmosphere, as clouds, rain, snow, &c. वायुमंडळांतील चमत्कार; a luminous body seen in the atmosphere तारा *f*, उल्का *f*. -**ology** वायुचक्रशास्त्र *n*, विद्युदुल्कादिविद्या *f*.

Methinks *v. imp.* मला वाटतें -भासतें.

Method (*Gr. meta*, after, *hodos*, way) orderly procedure रीत *f*, पद्धत *f*, मार्ग; orderly arrangement बेत, व्यवस्था *f*, क्रम; classification विल्हेवारी *f*, वर्ग. -**ical** *a.* व्यवस्थेचा, सुती, क्रमाचा, बेताचा. -**ist** नियमनिष्ठ -शील; [a follower of John Wesley]. -**ize** *v.* क्रम बांधणें, व्यवस्था क.

Metonymy (*Gr. meta*, change, *onoma*, name) a trope in which one word is put for another अजहल्लक्षणा *f*: they have Moses and the prophets, *i.e.*, their writings.

Metre (*Gr. metron*, measure) माप *n*; poetical measure छंद, वृत्त *n*.—**Metrical** *a.* छंदोबद्ध, पद्यरूप.

Metropolis (*Gr. meter*, mother, *polis*, city) राजधानी *f*, मुख्य शहर *n*.—**Metropolitan** *a.* राजधानी संबंधी; राजधानींत राहणारा.—*n.* the bishop who presides over the other bishops of a province धर्माध्यक्षाधिकारी, प्रांतांतील बिशपावरला मुख्य बिशप.

Mettle (See **Metal**) that which goes to form any thing प्रकृति *f*, पदार्थ; that temperament which is susceptible of high excitement रग *f*, पाणी *n*; spirit हिंमत *f*, धैर्य *n*; to know the m. of पोंची ओळखणें. -**some**, **Mettled** *a.* रगदार, पाणीदार, तापट.

Mew *v. i. Ger.* म्यांव म्यांव क.

Mewl *v. i. F.* केंकें -टेंटें -ट्यांहां क.

Miasma *Gr.* कुजक्या पदार्थांपासून निघणारी वाफ *f* -हवा *f* -वायु.

Mica (*L.* crumb) अभ्रक.

Microcosm (*Gr. mikros,* little, *kosmos,* the world) लघुजग *n*; man मनुष्य; man is a m. पिंडीं तें ब्रह्मांडीं.

Microscope (*Gr. -skopein,* to view) सूक्ष्म पदार्थदर्शक भिंग *n,* दुर्बीन *f.*—**Microscopic** *a.* made by the aid of a microscope दुर्बिनीच्या सहायानें केलेला (observation); capable of seeing very minute objects अति सूक्ष्म पदार्थ पाहण्याचा -जोगा (eye); very small फार बारीक, अति सूक्ष्म.

Mid* *a.* मधला, मध्यवर्ती. -day दुपार *f,* दोन प्रहर. -heaven आकाशाचा मध्यभाग, खमध्य; meridian मध्यान्हरेषा *f.* -land *a.* मध्यवर्ती, समुद्रकिनाऱ्याहून दूरचा; mediterranean भूमध्य (sea). -most *a.* मधोमधचा. -night मध्यरात्र *f.* -riff पोटाचा मधला पडदा. -shipman जाहजावरचा एक कामदार आहे. -stream ओघाचा मध्य. -summer ऐन उन्हाळा; the summer solstice, 21st of June उत्तरायण *n.* -way अर्धी वाट *f,* निमरस्ता.—*a.* अर्ध्या वाटेवरचा, मध्यंतरीचा (air).—*ad.* अर्ध्या वाटेंत -वर. -wife सुईण *f.* -wifery सुइणीचें काम *n,* गर्भमोचनविद्या *f.* -winter ऐन हिवाळा; winter solstice, December 21st दक्षिणायण *n.*—**Middle** मध्य *n.*—*a.* मधला, मध्यवर्ती. -aged *a.* मध्यम वयाचा, मध्यवयस्क. -most *a.* मधोमधचा, मध्यस्थ; मध्यावरचा. -sized *a.* मध्यम आकाराचा.—**Middling** *a.* मध्यम, साधारण, बराच, सरासरी.

Mien *F.* आकार, डौल, चेहरा.

Might* शक्ति *f,* बळ *n,* जोर *n,* पराक्रम; with m. and main पराकाष्ठेनें; with all one's m. यथाशक्ति, यथासामर्थ्य. -ily *ad.* जोरानें, बळानें; greatly फार, अतिशय.—**Mighty** *a.* पराक्रमी, समर्थ, बळकट; very great फार मोठा -थोर, महान; remarkable for size, effect, or qualities थोर, महा, दांडगा, जबर, मोठा, भारी (waters, famine); wonderful चमत्कारिक, मोठा, (works); fine सुंदर, उत्कृष्ठ; remarkable for size अफाट, विशाल, प्रचंड.—*ad.* अति, फार (wise).

Migrate *v.* (*migrare*) remove from one country to another देश पालटणें, देशांतर क. [pass from a colder to a warmer climate in the autumn, returning again in the spring;—said of birds] [from].—**Migration** देशांतर *n,* स्थलांतर *n,* थारेपालट.—**Migratory** *a.* देशांतर करणारा; roving भटकत फिरणारा, फिरस्ता, फिरता (Tartars).

Milch* *a.* दुपता, दुधाचा; m. cow दुपती गाय *f,* धेनु *f.*

Mild* *a.* gentle in disposition मृदु स्वभावाचा, सौम्यवृत्ति, शांत; not fierce सौम्य, कोमल, मृदु, शांत (look); not acrid मवाळ, मृदु, हलका (emetic); not intense सौम्य, सुखकर, गुलाबी (air); m. medical treatment राजसी उपचार. -ness मृदुता *f,* सौम्यता *f,* सात्त्विकपणा इ०.

Mildew* भेकाडा, किडा.

Mile* अर्ध कोस, 'मैल.' -stone मैलाचे खुणेचा दगड.

Miliary *a.* (*milium,* millet) साव्याच्या दाण्या सारखा; small बारीक, मोहरी सारखा, मोहऱ्या (eruption); accompanied with an eruption like millet seeds पुरळाचा, पुटकुळीचा (fever).

Militant *a.* (*miles,* soldier) लढणारा, युद्धप्रवृत्त; church m., the Christian Church on earth, which is supposed to be engaged in a constant warfare against

its enemies, and is thus distinguished from the Church triumphant in heaven युद्धप्रवृत्त (ख्रिस्ती) मंडळी *f.*— MILITARY *a.* शिपाई, लष्करी, युद्धसंबंधी (discipline); engaged in the service of a soldier or of arms युद्धप्रवृत्त, शस्त्रोपजीवी (man); warlike लढाईचा (bravery); derived from the services or exploits of a soldier लढाईंत -शिपाईगिरींत मिळविलेला, लष्करी (renown); conformable to the customs or rules of armies लष्करी कायद्या प्रमाणें -कायदेशीर : the conduct of the officer was not m.; m. tenure तैनात *f*; m. class क्षत्रिवर्ग; a m. man शिपाई; m. conduct क्षत्रधर्म; m. profession शिपाईगिरी *f*, शिपाई पेशा.—*n.* लष्कर *n*, फौज *f*.—MILITATE *v. i.* लढणें, भांडणें, आडवा येणें, विरुद्ध होणें -असणें [against].—MILITIA, body of soldiers in a state enrolled for discipline, but engaged in actual service only in emergencies शिबंदी *f*; local m. हशाम शिबंदी *f*.

MILK* a white fluid secreted by female mammals for the nourishment of their young दूध *n*; white juice of certain plants चीक, रस; emulsion made by bruising seeds दूध *n*; m. of lime चुनवणी *f*; coagulated m. दहीं *n*; to fall off in yielding m. दुधास तुटणें; to begin to yield m. plentifully दुधाला फुटणें (a cow, &c.)—*v.* दूध काढणें -पिळणें, गाई -ह्मैस पिळणें. -FEVER, fever which accompanies or precedes the first lactation दुधाचा ताप. -HEDGE शेर. -MAID गवळीण *f*. -MAN गवळी. -PAIL दुधाचें भांडें *n*, चरवी *f*. -SOP दुधांत भिजविलेला भाकरीचा तुकडा, दूधभाकर *f*; a soft, effeminate feeble-minded man दूधखुळा.—TOOTH दुधाचा दांत. -WHITE *a.* पांढरा, सफेत, गोरापान.—MILKY *a.* दुधाचा -केलेला; दुधासारखा; yielding milk दुधाळ, दुभता, दुभती; soft नरम, कच्चा; timorous भित्रा, मेणाचा, (heart). -WAY दूधगंगा *f*, आकाशगंगा *f*, मंदाकिनी *f*.

MILL* machine for grinding जातें *n*, चक्की *f*; the building, with its machinery, where grinding, or some process of manufacturing, is carried on दळण्याचा वगैरे कारखाना; oil-m. तेलाचा घाणा; sugar-cane -m. चरक; wind -m. पवनचक्की *f*; water -m. पाणचक्की *f*.—*v.* दळणें; stamp in a coining-press ठसा-शिक्का मारणें. -ER दळणारा, दळपी. -COG दांत, दांता. -STONE जात्याची तळी *f*, पेड *n*. -TOOTH दाढ *f*.

MILLENARY *a.* (*mille*, a thousand) हजाराचा.—*n.* हजार वर्षें *n pl*, वर्षसहस्र *n*; MILLENNIUM वर्षसहस्रक *n*; [a word used to denote the thousand years mentioned in the twentieth chapter of Revelations, during which period Satan will be bound, and holiness decome triumphant throughout the world]. —MILLENIAL *a.* वर्षसहस्रक संबंधी.

MILLET (*milium*) सावा.

MILLINER (from *Milaner*, an inhabitant of *Milan*, in Italy) स्त्रियांच्या टोप्या करणारी स्त्री *f*, 'मिलिनर' *f*.—MILLINERY स्त्रियांचे पोषाकाचें टोप्या, पट्या वगैरे सामान *n*.

MILLION *a.* (*mille*, a thousand) दाहा लाख, दशलक्ष; a very great number लाख, हजार.— MILLIONAIRE लक्षाधीश, कोट्याधीश, नवकोटनारायण.

MILT* sperm of the male fish नरमाशाचें अंड *n* -बीज *n*; spleen पाणथरी *f*.—MILTER नरमासा.

MIMIC (*Gr. mimikos*) नकल्या, नकली, भांड.—*v.* नकल क., वाकुल्या दाखविणें.—*a.* नकलेचा; नकल करणारा, नकल्या.—MIMICRY नकल *f*, वाकुल्या *f pl*, वेकावल्या *f pl*.

Minaret *Ar.* मनोरा, शिखर *n.*

Mince* *v.* cut into very small pieces बारीक बारीक तुकडे क., फोडी क.; to m. meat खिमा क.; clip, as words or expressions बोलतांना शब्द गिळणें, खाऊन बोलणें. —*i.* चाखत माखत -डौलानें बोलणें; strut ठमकत -झमकत चालणें.

Mind* (*mens*) the intellectual or rational faculty in man मन *n,* चित्त *n*; understanding बुद्धि *f*; opinion मनोगत *n,* अभिप्राय: tell me your m.; choice मर्जी *f,* खुशी *f,* मनशा *f*; purpose हेतु, मन *n,* मनोदेश (Prov. xxi., 27); courage धैर्य *n,* हिमत *f*; desire मनोरथ, इच्छा *f*; memory स्मरण *n,* ध्यान *n,* आठवण *f*: keep in m.; application of m. मनोनिवेश; to give the m. चित्त देणें; exercise of m. मनोव्यापार; to put in m. याद देणें, आठवण क.; working of the m. मनोविकार; control of the m. मनोनिग्रह; flashing across one's m. स्फुरण *n.*—*v.* चित्त देणें, मन लावणें, ऐकणें. -ed प्रवृत्त, प्रवण. -ful *a.* मनांत धरणारा -ठेवणारा, सावध. -less *a.* गैरसावध, अनवधान; forgetful गफलत्या, धांदल्या.

Mine *F.* pit from which minerals are dug खाण *f,* खाणी *f*; cavity filled with powder, formed in or under a fortification or other work, so as to destroy it when fired सुरंग; rich source of wealth or other good खाण *f,* दुभती गाय *f,* आगर *n*: a m. of good qualities गुणनिधि, गुणांची खाण *f.*—*v. i.* खाण खणणें; सुरंग पाडणें; form a burrow in the earth बीळ -विवर पाडणें. —*t.* सुरंगानें उडवणें, सुरंग लावून पाडणें.—**Miner** खाण खणणारा, बेलदार; सुरंग्या, सुरंगपाड्या.—**Mineral** खाणींतील वस्तु *f,* खनिज पदार्थ -वस्तु *f,* धातु *f.*—*a.* खाणींतला, खनिज; impregnated with minerals धातूच्या गुणाचा, धातुव्याप्त, धातुधर्मक (spring). -ist, -ogist धातुवेत्ता -परीक्षक. -ogy धातुविद्या *f.*

Mingle* *v.* mix मिसळणें, मिळवणें; mix confusedly भेळमेळ क., खिचडी क.; associate in society or by ties of relationship मंडळींत -गोत्रांत मिळणें; render impure अशुद्ध क., विटाळविणें.—*i.* मिळणें, मिसळणें इ०

Miniature (*minium*) लहान आकाराची तसबीर *f,* पुतळी *f.*

Minimum (*L.*) कनिष्ठ पक्षाची संख्या *f,* कनिष्ठ मान *n.*—**Minim,** any thing very minute अणु, अणुमात्र; the smallest liquid measure, a single drop थेंब, बुंद; a note in music दीर्घस्वर; a small being ऱ्हस्वमूर्त्ति *f,* बुटबैंगण *n.*

Minion *F.* one who gains favors by flattery कृपेंतली असामी *f,* नाकाचा बाल; a small kind of type;

this line is composed in m. type.

Minister (*minus,* less) servant चाकर, सेवक; one to whom a king or prince intrusts the direction of affairs of state प्रधान, मंत्री, दिवाण, वजीर; agent कारभारी, गुमास्ता; ambassador राजदूत, राजाचा वकील; one who serves at the altar उपाध्या; pastor of a church duly authorized or licensed to preach the gospel and administer the sacraments खिस्ती मंडळीचा दीक्षित किंवा सनदी पाळक.—*v. i.* सेवा -चाकरी क.; afford supplies पुरवणें, देणें, शुश्रुषा क. — *t.* देणें, पुरवणें. -ial *a.* सेवेचा, सेवे संबंधी, उपचारक; कारभाऱ्याचा, प्रधानाच्या कामाचा. — **Ministration** सेवा *f,* चाकरी *f*; वांटणी *f* पुरवणी *f.* —**Ministry** प्रधानकी *f,* वजिरी *f,* दिवाणगिरि *f*; उपाध्येपण *n,* पौरोहित्य *n*; the body of ministers of state प्रधानमंडळी *f,* मंत्रि-

गण; उपाध्ये मंडळी *f*, पुरोहितगण; business काम *n*, कार्य *n*; instrumentality साधकत्व *n*, द्वार *n*, साधकपणा.

Minium (*L.*) शेंदूर.

Minor *a.* (*L.*) inferior लहान, कनिष्ठ, गौण; of little account किरकोळ, गैर, अडपझडप.—*n.* a person of either sex under age लहान, बाल, अमौढ, क्रियाबाल; *Logic* उत्तरपक्ष. -ITY बालावस्था *f*, बालदशा *f*, अमासव्यवहारदशा *f*; the smaller number लहान संख्या *f*, न्यूनपक्ष.

Minstrel (See **Minister**) वाजविणारा आणि गाणारा, संगितकुशल; celestial m. गंधर्व.

Mint* place where money is coined टांकसाळ *f*.—*v.* नाणें पाडणें; fabricate बनावट क.

Mint* पुदीना; spear-m. पाहडी पुदीना.

Minute *a.* (*minuere*, to lessen) फार लहान, बारिक, अतिसूक्ष्म; particular बारीक विचारी, बारिक पाहणारा -विचार करणारा, सूक्ष्मदर्शी.—*n.* sixty seconds अर्डीच पळें *n pl*, 'मिनिट' *n*; small portion of time निमिष *n*, पळ *n*, क्षण; *Geom.*, sixtieth part of a degree कला *f*; short sketch in writing टिपण *n*, टांचण *n*.—*v.* टांचणें, टिपणें. -BOOK टिपणाचें पुस्तक *n*, टिपणवही *f*. [-GUN, a gun discharged every minute, as a signal of distress or mourning]. -HAND घड्याळांतील मिनिटाचा कांटा, मिनिटकांटा. -LY *ad.* क्षणोक्षणीं, प्रतिक्षणीं; बारकाईनें.—**Minutiæ** *pl.* बारिक-सूक्ष्म गोष्टी *f*.

Miracle (*mirari*, to wonder) चमत्कारिक गोष्ट *f*; an event or effect contrary to the established constitution and course of things, or a deviation from the known laws of nature चमत्कार (Acts ii., 22).—**Miraculous** *a.* चमत्कारिक, अद्भुत; performed supernaturally चमत्कारिक -अमानुष शक्तीनें केलेला. -LY *ad.* चमत्कारानें, अमानुष -दैवी शक्तीनें.

Mirage *F.* an optical illusion arising from an unequal refraction in the lower strata of the atmosphere, and causing remote objects to be seen double, as if reflected in a mirror, or to appear as if suspended in the air. It is frequently seen in deserts, presenting the appearance of water मृगजल *n*.

Mire* चिखल, रेंदा.—**Miry** *a.* चिखलाचा, रेंद्याचा.

Mirror (*mirari*, to wonder) a looking-glass आरसा, दर्पण *n*; pattern नमुना, कित्ता, प्रतिमा *f*.

Mirth* थट्टा *f*, मस्करी *f*, विनोद, हास्यविनोद, -FUL *a.* उल्लासी, विनोदी, आनंदी. -LESS *a.* उदास, बेरंग.

Misacceptation गैरसमजूत *f*, विपरीत ग्रह.

Misadvice *v.* भलताच सल्ला देणें, कुमंत्र सांगणें.

Misallege *v.* भलता बोका -गैर समजावणें.

Misanthrope (*Gr.* -*anthropos*, a man) माणूसघाण्या.—**Misanthropy** माणसाचा कंटाळा, माणूसघाण *n*, जनद्रोह.

Misapply *v.* अन्यथा-वृथा खर्च क., कुप्रयोग क.—**Misapplication** कुप्रयोग, असत्प्रयोग, अनाठायीं खर्च;—of money असद्व्यय.

Misapprehend *v.* भलतेंच समजणें, गैरसमजूत होणें.—**Misapprehension** गैरसमजूत *f*, अन्यथाबोध -ग्रह.

Misappropriation गैरशिस्त -असत् उपयोग क., अफरातफर *f*.

Misbehave *v. i.* गैरचालीनें चालणें, गैरशिस्त वागणें.—**Misbehavior** गैरचाल *f*, बदचाल *f*.

Misbelief मिथ्या विश्वास, अन्यथा श्रद्धा *f*.

Miscalculate *v.* चुकणें, गलत क., हिशेबांत -अजमासांत चुकणें.

Miscarriage दुराचरण *n*, वाईट चाल *f*; failure फसगत *f*, बूड *f*; premature birth गर्भपात -स्राव.—**Miscarry** *v.* फसणें, हरणें, खचणें; not to reach its destination ठिकाणीं-पल्यास न पोंचणें; दुवेतणें, पोटचें पडणें;—as of female animals गाभटणें, गाभ सांडणें [in].

Miscellany (*miscere,* to mix) mass of various kinds अनेक -किरकोळ वस्तूंचा संग्रह, मिसळ *f*; collection of various compositions अनेक विषयसंग्रही पुस्तक *n.*—**Miscellaneous** *a.* अनेक जातीचा -प्रकारचा, नानाविध; किरकोळ.

Mischief *F.* evil produced or effected, whether with or without intention वाईट *n*, खराबी *f*, नुकसानी *f*, अपकार; wickedness वाईट गोष्ट *f*, दुष्टपणा.—**Mischievous** *a.* अपकारी, अपकारक (man, disposition) उपद्रवी; खोडकर, वात्य (boy).

Misconception गैरसमजूत *f*, भ्रांति *f*, गैरशंका.

Misconduct गैरवहिवाट *f*; wrong conduct गैरचाल *f*, बदचाल *f*, दुराचरण *n.*

Misconstrue *v.* उलटा -विपरीत अर्थ क. -समजणें.—**Misconstruction** विपरीत अर्थ, अन्यथाबोध.

Miscount *v.* मोजण्यांत चुकणें.

Miscreant (-*credere,* to believe) infidel नास्तिक; one who embraces a false faith असत्मतावलंबी; vile wretch दुर्जन, अधम, खल, करटा.

Misdeed दुराचरण *n*, कुकर्म *n.*

Misdemeanor, See **Misconduct.**

Misemploy, See **Misapply.**

Miser (*L.*) wretched कृपण, अदत्त. -**ly** *a.* कृपण, लोभी, चिकू.—**Miserable** *a.* very unhappy अति दुःखी, विपत्तींत -हालांत पडलेला; causing unhappiness दुःखकारक; worthless खराब, नादान; mean हलका, पाजी.—**Miserably** *ad.* कृपणपणानें; अति दुःखानें; भिकारपणानें; अधम -नीच वृत्तीनें.—**Misery** अति दुःख *n*, कंगाली *f*, हाल, *pl* कष्ट *pl*; calamity अरिष्ट *n*, विपत्ति *f*, आपदा *f*.

Misfortune दुर्दैव *n*, दुर्भाग्य *n*; calamity अपाय, अरिष्ट *n*; m. personified अवदसा *f*, अकाबाई *f*; m. from heaven, as bad seasons, storms, draughts, &c. आफत अस्मानी; misfortune from the tyranny of the government आफत फरमानी *f*, or सुल्तानी *f*.

Misgive *v. i.* शंका -आशंका घेणें -खाणें.—**Misgiving** शंका *f*, दिक्कत *f*, वहीम.

Misgovern *v.* अधर्मानें अन्यायानें राज्य क.; वाईट रीतीनें अम्मल क., बदअमल चालवणें.

Misguide *v.* चुकवणें, भ्रांतींत पडणें.

Mishap अवचट *n*, विपत्ति *f*, अरिष्टापात.

Misinform *v.* भलतेंच समजावणें, गैरसांगणें.

Misinterpret *v.* खोटा अर्थ क. -समजावणें; खोटा अर्थ समजणें.—**Misinterpretation** खोटा अर्थ -तर्जुमा; उलटी समजूत *f*, विपरीत ग्रह.

Misjudgment मिथ्या विचार, अन्यथा संभावना *f*.

Mislay *v.* भलत्याच जागीं ठेवणें; lose गमावणें, गहाळणें, गळफटणें.

Misle *v. i.* (from *Mist*) बुरंगट पडणें, बुरबुर पडणें.

Mislead *v.* भलत्या वाटेनें नेणें, भुलविणें, बहकविणें; फसविणें.

Mismanage *v.* गैररीतीनें वहिवाटणें -चालवणें. -**ment** गैरवहिवाट, *f* अव्यवस्था *f*; अन्यथा आचरण *n*, दुराचरण *n*.

Misname *v.* चुकून -भ्रांतीनें भलतें नांव देणें.

Misnomer *F.* खोटें नांव *n*, मिथ्यानाम *n.*

Mispersuasion गैर-उलटी समजूत *f*, अन्यथाग्रह.

Misplace *v.* अनाठाई ठेवणें.

Misprint छापण्याचा दोष, छापण्यांतील चूक *f*.

Mispronounce *v.* अशुद्ध उच्चार क.

Misrepresent *v.* गैरवाका -खोटा मजकूर समजावणें.

Misrule अंधाधुंदी *f*, बचबच *f*; unjust domination जुलूम, बदअम्मल, अंधेर.

Miss (contr. from Mistress) young woman or girl तरुण बायको किंवा मुलगी *f*; [prefixed to the name of an unmarried female: *Miss* Carpenter.]

Miss* *v.* fail of hitting, reaching, or finding निशाण -टिपण चुकणें, न पावणें, न मिळणें, मुकणें, अंतरणें; omit गाळणें, सोडणें; feel the want of गरज वाटणें, नाहीं असा पाहणें, ओका दिसणें.—*i.* चुकणें, न लागणें; हरणें, फसणें; मुकणें, अंतरणें [of]; चुकणें, भ्रांतींत पडणें.—*n.* चूक *f*, भ्रांति *f*, भ्रम; हानि *f*, अभाव, तोटा.

Misshape *v.* बेडौल क.— **Misshaped** *a.* बेडौल, कुरूप, विरूप.

Mission (*mittere*, to send) पाठविणें *n*, प्रेरणें *n*, पाठवणी *f*; errand निरोप; duty on which one is sent प्रेषितत्व *n*, दौत्य *n*, दूतपणा; persons sent पाठवलेले लोक *pl*, प्रेरितगण *pl*; embassy दुतांची -वकिलांची मंडळी *f*; station or residence of missionaries मिशनाचें ठाणें *n* -ठिकाण *n*, 'मिशन, *n*; association or organization of missionaries मिशनेरींची मंडळी *f*, 'मिशन' *n*. -**ary**, one who is sent upon a mission कामगिरीवर पाठविलेला मनुष्य, दूत; one sent to propagate religion धर्मप्रसारार्थ पाठविलेला मनुष्य, 'मिशनेरी.'—*a.* मिशनासंबंधी, मिशनाचा.—**Missile** *a.* फेंकायाचा, क्षेपनीय.—*n.* फेंकायाचें शस्त्र *n*, अस्त्र *n*, (भाला, तीर इ०).

Misspeak *v.* बोलण्यांत चुकणें -घसरणें.

Misspell *v.* अक्षर चुकून लिहिणें -बोलणें.

Misspend *v.* अनाठाई -अपात्रीं खर्च क., दुर्व्यय -अपव्यय क.

Misstate (See **Misrepresent**). -**ment** खोटा बाहणा, मिथ्यावाद, मिथ्याकथन *n*.

Mist* fog धुकें *n*, धुई *f*; anything which dims and obscures vision धूर, धुंदी *f*: his passions cast a m. before his sense *f*.—**Misty** *a.* धुक्याचा; अधुंक, मंद.

Mistake* taking wrongly गैरसमजूत *f*, भ्रम; error चूक *f*, भ्रांति *f*; fault दोष, अपराध; no m. खचीत, ठास, ठाम.—*v.* चुकून वाटणें, गैरसमजूत होणें; चुकणें [for].—*i.* चुकणें, भुलणें, घसरणें.—**Mistaken** *a.* भ्रम झालेला, भ्रांत; अशुद्ध, चुकीचा.

Mister (See **Master**) धनी; a title or form of address to any adult male, nearly always written in the abbreviated form *Mr*. साहेब, 'मिस्तर.' —**Mistress** धनीण *f*, मालकीण *f*; a sweetheart मिया *f*, कांता *f*; a concubine राख *f*, उपपत्नी *f*;—of a family यजमानीण *f*;—of a house घरधनीण *f*, मालकीण *f*, बाई *f*; a female well skilled in anything सुगरण *f*; —of a school पंतोजीण *f*.

Mistrust अविश्वास, संशय; surmise वहीम. —*v.* अविश्वास -शंका असणें -धरणें, बेभरोसा मानणें.

Misunderstand *v.* उलटणें, समजणें, गैरसमज होणें. -**ing** उलटी समजूत *f*, गैरसमजूत *f*, भ्रांति *f*; disagreement वांकडें *n*, वैमनस्य *n*, बेबनाव.

Misuse *v.* खुंदळणें, घुसडणें; (See **Misapply**).

Mite* *a.* small insect किडा, सूत *n*; a very small piece of money कवडी *f*, दमडी *f*, छदाम, बदाम.—*n*; [twentieth part of a grain]; a very little quantity सुतळीचा तोडा, सुपारीचें खांड *n*, नखभर, अणुमात्र; widow's m. सुदाम पोंहे *pl*.

Mitigate *v.* (*mitis*, mild) हलका क., शमवणें; alleviate दुःख कमी क.—**Mitigation** उतार, उपशम; दुःखशमन *n*.

Mitre (*mitra*, turban) उपाध्याचा मुगुट.

Mittimus (*L.*) warrant granted by a justice for committing to prison a party charged with crime कैदीस तुरुंगांत घालण्याचा हुकूम -चें वारंट *n*, महबुस सनद *f*; writ for removing records from one court to another एका कोडतांतून दुसऱ्या कोडतांत दप्तर नेण्याचा हुकूम.

Mix* *v.* blend मिसळणें, मिळवणें, एक -एकत्र क.; associate संगत धरणें, सोबतींत -मंडळींत जमणें -जाणें; mingle कालवणें, गोंधळ क.; form by mingling मिसळून क. -बनावणें.—*i*. मिळणें, मिसळणें, मिळून जाणें. -ed मिसळलेला, मिश्र, मिश्रित.—**Mixture** मिसळ *f*, मिश्रण *n*; *Med*. a kind of liquid medicine made up of many ingredients निरनिराळे वाणे मिसळून केलेलें पातळ औषध *n*, 'मिक्श्चर' *n*;—of castes वर्णसंकर, एकबाट;—of coins, of languages, of rice and pulse खिचडी *f*.

Mizzle, See **Misle**.

Moan* audible expression of sorrow or suffering कन्हणें *n*, कुंथणें *n*, हायहूय *f*; lamentation विलाप, शोक.—*v*. कन्हणें, कुंथणें, हायहूय क.; विलाप क.

Moat *F*. किल्या भोंवतालचा खंदक -चर.

Mob (*mobile vulgus*, the movable common people) collection of people for some riotous or unlawful purpose दंगल *n*, बंडाळीची मंडळी *f*.—**Mobile** साधारण लोक *pl*, कोळी माळी *pl*, तेली तांबोळी *pl*.

Mobility (*mobilis*, movable) गमनयोग्यता *f*; activity चपलता *f*, चांचल्य *n*; fickleness चंचळपणा, चंचळ बुद्धि *f*.

Mock *v*. (*Gr. mokan*, to mock) imitate in contempt or derision वेडावणें, वाकुल्या दावणें; deride, उपहास -टेर क., [at].—*n*. थट्टा *f*, उपहास, टेर. -er उपहासक, थट्टेखोर; ठक, फसविणारा. -ery, sportive insult or contempt कुटाळी *f*, चेष्टा *f*, टवाळी *f*; contemptuous merriment at persons or things बचेरी *f*, उपहास; false show कपट *n*, सोंग *n*, कपटवेष; vain effort वृथाप्रयत्न, रिकामी खटपट *f*.

Mode (*modus*, a measure) manner रीत *f*, ढब *f* शैल *f*: m. of speaking; manner of existing रूप *n*, आकार, प्रकार; prevailing popular custom लोकाचार, सभ्यसंप्रदाय, प्रघात, रिवाज, दस्तूर: a man of the m.; variety प्रकार, भेद; *Metaph*. condition स्थिति *f*; form as opp. to *matter* आकार, रूप *n*; *Gram*. वाच्यरूप *n*; *Music*, वर्ग, राग.—**Model** standard प्रमाण, धडा; pattern नमूना, सांचा; representation प्रतिमा *f*, नकाशा, उपमा *f*.—*v*. घडणें, बनावणें, नमुन्या प्रमाणें क.—*i*. नमूना -सांचा क.: to m. in wax.

Moderate *a*. (do.) kept within bonds नेमस्त, बेताचा; —in size मध्यम, मध्य परिमाणाचा;—in eating मितहारी, मितविहारी; as language मर्यादेचा, शांत, नेमस्त; mild सौम्य, हितकारी (weather); limited as to attainments in knowledge साधारण, मध्यम, सुमाराचा: a man of m. abilities.—*v*. नेमस्तमाफक क.; मर्यादेंत ठेवणें.—*i*. शांत -थंड होणें, रग कमी होणें, थंडावणें. -ly *ad*. सुमारानें, नेमस्त; m. warm मंदोष्ण; m. ripe अर्धकच्चा; m. distant बराच दूर.—**Moderation** नेमस्तपणा, परिमिति *f*;—in desires अल्पाभिलाष; frugality काटकसर *f*, दक्षता *f*; equanimity थंड -शांत स्वभाव, समानवृत्ति *f*, समभाव: to bear adversity with m.—**Moderator** नियंता, दमनकरणारा; the per-

son who presides over a meeting or assembly of people to preserve order, propose questions, regulate the proceedings, and declare the votes सभाध्यक्ष; one who presides at a discussion वादसभाध्यक्ष.

Modern *a.* (*modernus*, from *modo*, just now) नवा, अर्वाचीन, नूतन.—*n.* अलीकडचा मनुष्य. -ize *v.* नवा क.; नव्या गोष्टीस -चालीस योजणें -लावणें.

Modest *a.* (See Mode) restrained within due limits of propriety or decency मर्यादशील, सलज्ज, विनयी; observing the properties of the sex;—said of a female साध्वी, सती, कुलवंती;—as a wife पतिव्रता *f*; evincing modesty in the actor or author निगर्वाचा, निरभिमानाचा, नम्रतेचा (joy, request); moderate माफक, बेताचा, नेमस्त (estimate).—Modesty मर्यादा *f*, लज्जा *f*, विनय; निरभिमान, निगर्वीपणा, नम्रता *f*; साध्वीपणा, पातिव्रत्य *n*; false m. मिथ्या विनय.

Modicum (*L.*) अल्पांश, लेश, रती *f*.

Modify *v.* (*modus*, a measure, *facere*, to make) change the form or external qualities of रूप फिरवणें-पालटणें, रूपांतर क. फिरवणें; moderate माफक -नरम क., शमविणें.—Modification रूपांतर *n*, रूपभेद; माफक -नरम करणें *n*; रूप *n*; भेद.

Modish *a.* (See Mode) दर्बारी, सभ्यसंप्रदायाचा, शिष्ट रीतीचा.

Modulate *v.* (do.) form, as sound, to a certain key सूर बसविणें -लावणें -काढणें -घेणें, आलापणें; vary sound स्वरभेद क., खांचखोंच घेणें.—Modulation स्वरभेद, खांचखोंच *f*, कर्त्तब *n*; स्वर काढणें *n*; melody सुस्वर, ताल, स्वरमाधुर्य *n*.

Moiety (*medius*, middle) अर्धभाग, निमे *f*.

Moil* *v.* भरणें, लिडबिडविणें.—*i.* श्रमणें, कबाडकष्ट क., हाडें झिजविणें, जिवाचा अटापिटा क.

Moist *a.* *F.* moderately wet ओलसर, ओला आर्द्र; damp दमसर, दमट. -en *v.* ओलावणें, ओलसर क. -ness ओलसरपणा, आर्द्रता *f*. —Moisture ओलावा, आर्द्रता *f*;—of the lips अधररस, अधरामृत *n*.

Molar (*mola*, mill) दाढ *f*.—*a.* दळणारा.

Molasses (*mel, mellis*, honey) काकवी *f*, मळी *f*.

Mole* (अंगावरचा) तीळ.—(*moles*) धक्का, घाट.—*D.* चिचुंदरी *f*. -hill वारूळ *n*; to make mountains of *molehills* रजाचा गज क.

Molest *v.* (*moles*, a heavy mass) उपद्रव -इजा -त्रास देणें, छेडणें, छळणें [by]. -ation पीडा *f*, तसदी *f*, उपद्रव, त्रास.

Mollify *v.* (*mollis*, soft, *facere*, to make) नरम -मऊ क.; assuage, as pain शांत -उपशम क.; calm शांत -थंड क.; qualify हलका -कमी क. (demands).

Molten *a.* (See Melt) ओतींव, साच्याचा; made of melted metal ओतींव धातूचा.

Momordica (*L.*)—muricata कटोंळी *f*.

Moment (*movere*, to move) an instant पळ *n*, क्षण, निमिष *n*; importance महत्त्व *n*, भार, मत्यवाय; force वेग, जोर; in a m. क्षणांत; for a m. क्षणभर; at that m. तत्क्षणीं; every m. क्षणोक्षणीं, प्रतिक्षणीं. -ary *a.* क्षणिक, क्षणभंगुर, एकापळाचा. -ous *a.* भारी, वजनदार, महत्वाचा. -um (*L.*) चालण्याचा जोर, वेग, गतिवेग.

Monad (*Gr. monos*, alone) an ultimate atom अनुमात्र, अभेद्यवस्तु *f*.

Monarch (*Gr. monos*, alone, *archein*, to rule) स्वतंत्र -मुखत्यार राजा, अधिराज; universal m. सम्राट्, चक्रवर्त्ती; king राजा;

one superior to all others of the same kind मुगुटमणि, ईश्वर, शिरोमणि, पति, अधिपति, in comp. राज, राजा, इंद्र : the m. of the wild beasts. -ICAL *a.* एक राजाच्या सत्तेचा, एकस्वामिक ; suited to a monarch बादशाही, राजकीय.—MONARCHY एकाधिपत्य *n*, एका राजाची सत्ता *f*; empire राज्य *n*.

MONASTERY (*Gr. monos*, alone) मठ, आश्रम.—MONASTIC *a.* मठसंबंधी, मठाचा, in comp. मठ.

MONDAY* सोमवार, चंद्रवार.

MONEY (*moneta*, adviser) पैका, पैसा, नाणें *n*. -BAG तोडा, हमिनी *f*. -BROKER, -CHANGER सराफ. -LENDER सावकार. -ED *a.* पैकेकरी, पैकेवाला, पैकेपूर. -LESS *a.* गरीब, निर्धन. -MATTER पैक्याचें काम *n*, देण्याघेण्याची गोष्ट *f*; सावकार व कूळ यांचा हिशेब.

MONGER* विकणारा, व्यापारी, in comp. -करी, -वाला.

MONGREL *a.* भेळीचा, संकरजातीचा.

MONITION (*monere*, to warn) instruction given by way of caution इशारत *f*, ताकीद *f*, बोध; information खबर *f*, बातमी *f*.—MONITOR उपदेशक, शिक्षक; a boy appointed to teach a class in a school मालचाट्या, उपगुरु, 'मानीटर.'—MONITORY *a.* ताकिदीचा, उपदेशाचा, उपदेशरूप, प्रबोधक.

MONK (*Gr. monos*, alone) मठवासी ; *Hindu* m. मुनी, बैरागी, सन्यासी. -ISH *a.* मठवास्याचा, सन्याशाचा.

MONKEY *It.* वानर *m, n*, माकड *m, n* ; m. tricks वानरचिचकुल्या *f pl*.

MONOCHORD (*Gr. monos*, single, *chordé*, string) एकतारी -तंत्री वाद्य *n*, एकतारारी *f*; some kinds are : तुणतुणें *n*, किनरी *f*.

MONOCULAR *a.* (*Gr. monos*, *L. oculus*, eye) एकडोळ्या, एकनेत्र ; एक डोळ्याच्या उपयोगाचा.

MONODY (*Gr. odé*, song) एकानें गायाचें गीत *n*, मरशा *Hind*.

MONOGAMY (*Gr. -gamos*, marriage) एकपत्नीव्रत *n*.—MONOGAMIST एकपत्नीव्रती, अपुनर्विवाह.

MONOMANIA (*Gr. mania*, madness) derangement with respect to a particular subject एकविषयभ्रम.

MONOPOLY (*Gr. polein*, to sell) exclusive privilege of selling any thing मक्ता, गुत्ता; —of customs, revenue, &c. इजारा, खोती *f*.—MONOPOLIST मक्तेदार, इजारदार, खोत; person who engrosses a commodity by purchasing the whole of that article in market, for the sake of selling at an advanced price साट्याचें सार्टे खरीद करून विकणारा.—MONOPOLIZE *v.* मक्ता -गुत्ता घेणें ; साटें घेणें -मारणें ; खोती क.

MONOSYLLABLE (*Gr. sullabé*, syllable) एकाक्षरी शब्द.

MONOTONOUS (*Gr. -tonos*, tone) एकसूर, एकस्वराचा, एकस्वर ; continued with dull uniformity एकसारखा, एकच गाणें लावून चालविलेला, कंटाळा येईसा एकसारखा लावलेला, एकसुरी.

MONSIEUR *F.* sir, or mister महाराज, साहेब, 'सिंयेार', 'शिनोर.'

MONSOON *Ar.* पावसाळा, 'मुसम' *f*.

MONSTER (*monstrum*) prodigy अद्भुत *n*, अवचिन्ह *n*, ध्यान *n* ; anything horrible from ugliness, deformity, or wickedness विद्रूप, राक्षस, रावण.—MONSTROUS *a.* अद्भुत, विलक्षण, विजातीय ; राक्षसी, अकटोविकट, घोररूपी, भीमदर्शन ; enormous जगड्वाळ, अफाट.

MONTH* महिना, मास; lunar m. चांद्रमास half of a lunar m. पक्ष ; light or first half of the m. शुक्लपक्ष ; dark or second

half of the m. कृष्णपक्ष ; solar m. सौरमास. -LY *a.* महिन्याचा, माही, मासिक; मतिमासिक.—*ad.* दर महिन्यास, महिना महिना.

Monument (*monere*, to remind) memorial आठवणूक *f*, यादगारी *f*; a building, pillar. stone, or the like, erected to preserve the remembrance of a person, event, action, &c. थडगें *n*, समाध *f*, छत्री *f*, स्तंभ इ० -स्मारक वस्तु *f*. -AL *a.* आठवणुकीचा, यादगारीचा, स्मारक; थडग्याचा, छत्रीचा इ०.

Mood (*modus*) logical form प्रकार, रूप *n*; *Gram.* अर्थ : potential m. शक्यार्थ; disposition प्रकृति *f*, वृत्ति *f*, भाव.—Moody *a.* खप्या, रुष्ट; लहरी, छांदिष्ट.

Moon* (*Skr. más*, from *má*, to measure) चंद्र, चांद; the day of the new m. अमावास्या *f*, अवस *f*; the d. of the full m. पौर्णिमा *f*, पुनव *f*; disk of m. चंद्रमंडळ *n*; day of the m. तिथि *f*; digit of the m. चंद्रकला *f*; rise of the m. चंद्रोदय; waxing m. वर्द्धमान चंद्र; waning m. नष्ट चंद्र; spots on the *moon's* disk कलंक. -BEAM चंद्रकिरण *n*. -CALF, mass of fleshy matter, generated in the uterus सल *n*.? सवड *n*.? monster राक्षस, अवचिन्ह *n*; stupid fellow मूर्ख, टोणपा. -EYE चांदण्यानें रोगी झालेला डोळा; [a disease in the eye of the horse]. -LIGHT, -SHINE चांदणें *n*, चंद्रप्रभा *f*.—STONE चंद्र -सोमकांत. -STRUCK *a.* वेडा, फेफरेकरी.—Moony *a.* चंद्राचा; चंद्रासारखा, चंद्रवत्; bearing a crescent चंद्रधारी -मौळी.

Moor* a heath रान *n* ; a marsh पाणथळ रान *n*.—*v. D.* खुटवणें, बांधुन ठेवणें (गलबत). -AGE गलबत खुटविण्याची जागा *f*, खुटण्याची जागा *f*.

Moot* *v.* See Discuss.

Mop *W.* कुंचा, झाडू *f*.

Mope *v. i. D.* उदास -खिन्न होऊन बसणें.—*t.* उदास क.—Mopish *a.* उदास, खिन्न -EYED *a.* उफराटे बाहुलीचा.

Moral *a.* (*mos, moris*, manner) relating to duty धर्म -कर्तव्य संबंधी; pertaining to those intentions and actions of which right and wrong, virtue and vice, are predicated, or to the rules by which such intention and actions ought to be directed नीति अनीतीच्या विचाराचा; relating to the practice, manners, or conduct of men as social beings in relation to each other, as respects right or wrong, so far as they are properly subject to rules लोकाचार विषयाचा, वर्त्तनाच्या नियमाचा; conformed to the rules of right or to the divine law respecting social duties सदाचारानुसार, यथान्याय, धर्मानुसार, यथाशास्त्र : certain actions are not m.; conformed to law and right in exterior deportment लोकव्यवहारानुसार, आचारशुद्ध, शिष्टसंप्रदायानुसार : he leads a m. life; subject to the moral law नीतिनियमाधीन, शास्त्राधीन, नीतिवान; capable of moral action नीति अनीतीचें कर्म करण्याजोगा : a moral agent; probable युक्ति -तर्क-अनुमानसिद्ध: m. evidence अनुमानप्रमाण *n*; m. philosophy नीतिशास्त्र *n*. — *n*. doctrine or practice of the duties of life नीति *f*, नीतीचें वर्त्तन *n*; inner meaning of a fable, a narrative, an occurrence, an experience, &c. तात्पर्य *n*, हांसील *n*, भावार्थ. -IST नीतीचा उपदेश करणारा, नीतिशिक्षक; one who practices moral duties सदाचरणी, नीतिमार्गावलंबी, नीतीनें चालणारा. -ITY quality of an intention a character, an action, a principle, or a sentiment, when tried by the standard of right नीति *f*, न्याय, धर्म; the doctrines or rules of moral duties नीति-

शास्त्र *n*, नीति *f*; practice of the moral and social duties सदाचरण *n*, सदाचार, धर्म. -IZE *v*. apply to a moral purpose नीतिपर लावणें, नीतीवर घेणें; render moral सदाचरणी क.—*i*. नीतीच्या विषयावर लिहिणें, बोलणें, अथवा विचार क. [on, upon].—MORALLY *ad*. नीतीचा विचार पाहिला असतां, नीतिदृष्टया; नीतीच्या नेमाप्रमाणें; नीतीनें, प्रमाणिकपणानें; probably बहुतकरून, शंभर वांट्यानें, अनुमानानें, युक्तअनुसार.—MORALS *pl*. आचरण *n*, आचार.

MORASS* पाणथळ *n*, दलदल *f*.—MORASSY *a*. दलदलीचा.

MORBID *a*. (*morbus*, disease) रोगी, विकारी. -NESS रोगीपणा, अस्वास्थ्य *n*.—MORBOSE *a*. रोगा पासून झालेला, रोगज (tumor).

MORDACIOUS *a*. (*mordere*, to bite) चावरा, डसरा.

MORE* *a*. greater in number अधिक, जास्त; additional अणखी, विशेष.—*ad*. अणखी अधिक. -OVER *ad*. अणखी, अणीक, शिवाय.

MORN, MORNING* time from midnight to noon मध्यरात्री पासून दोनप्रहरचा वेळ; early part of the day प्रातःकाळ, सकाळ *f*; early in the m. सुप्रभातीं, मोठ्या पहाटेस; m. noon and evening त्रिकाळ; the following day उद्याचा दिवस.—MORNING *a*. सकाळचा प्रातःकालीन. -STAR प्रभाततारा, शुक्र.

MOROSE *a*. (*mos*, *moris* manner) कर्कश स्वभावाचा, दाष्ट, दुश्शील. -NESS दाष्टपणा, कडु स्वभाव.

MORPHIA (*Gr*. from *Morpheus*, god of sleep) अफिनीचा स्फटिका सारखा सत्वांश.

MORROW* दुसरा दिवस; on the m. उद्यां, दुसऱ्या दिवशीं. See MORN.

MORSEL (*morsus*, a biting) घांस, ग्रास; a little piece तुकडा, खांड; a dainty m. सुग्रास.

MORTAL *a*. (*mors*, *mortis*, death) मरणारा, मरणाधीन, मर्त्य : man is m.; destructive to life जीवघेणा, प्राणघातक -नाशक; m. wound असाध्यजखम *f*; admitting death मरण पावायाजोगा, मरणसाध्य (place); extreme पराकाष्ठेचा, जबरा, भारी, पांचावर धारण बसायाजोगा (fright); human मनुष्यजातीचा, मानुष, मनुष्यजातीय (power); m. foe हाडवैरी; m. state मानवदशा *f*.—*n*. मनुष्य, मर्त्य. -ITY मरणधर्म, मर्त्यता *f*; मरणाधीनता *f*; मरण *n*; नाश; the whole sum of deaths in a given time or a given community मृत्यूची संख्या *f*, मरणाची सात *f*; human race मनुष्यजात *f*; human nature माणूसपण *n*, मनुष्यस्वभाव. -LY *ad*. मरण येईसा; पराकाष्ठेचा.

MORTAR (*mortarium*) vessel in which substances are pounded उखळ *n*, उखळी *f*; cement for building कमावलेला चुना, cannon for throwing bombs गरनाळ *f*; m. and pestle हमामदस्ता.

MORTGAGE *F*. गहाण ठेवलेली मालमता *f*.—*v*. गहाण ठेवणें.

MORTIFY *v*. (*mors*, death, *facere*, to make) destroy the organic texture and vital functions of कुजवणें, सडवणें, चेतनानाशक. deaden by religious discipline, as the carnal affections, bodily appetites, or worldly desires देहदंडण क., इंद्रियदमन, क., विषयवासना जिंकणें (Col. iii., 5); humble मानखंडण क., पाणउतारा क.—*i*. सडणें, कुजणें; दमणें, चीतहोणें.—MORTIFICATION मांसनाश, चेतनानाश; इंद्रियदमन *n*, संयम;—by penance तपश्चर्या *f*, वैराग्य *n*; पाणउतारा, मानखंडण *n*; that which mortifies दुःखास कारण *n*, पीडा *f*, कांटा, सल *n*.

MORTISE *F*. कुसूंचें घर *n*.—*v*. कुसूंचें घर क.; कुसूं बसविणें.

Mortuary *a.* (*mortuus,* dead) मूठमाती संबंधी, मर्तिक संबंधी, मर्तिकाचा.

Mosaic *a. F.* variegated by shells and stones of various colors so as to resemble paintings नानारंगाच्या पाषाणानीं खचीत केलेला, जडाऊ. —*n.* जडावकाम. — & -AL. (from *Moses*) मोशाचा (law).

Mosque *F.* मशीद *f.*

Mosquito *Sp.* मुरकूट *n, f* मच्छर *n.*

Moss* शेवाळ *f.*—*v.* शेवाळीनें भरणें. -GROWN *a.* शेवाळ वाढलेला.—**Mossy** *a.* शेवाळलेला.

Most* *a.* बहुतकरून, सर्व, बहुतेक; the m. of a bad bargain जळत्या घरचा वांसा, चोराची लंगोटी *f.* -LY *ad.* फारकरून, बहुतकरून.

Mote* अणु, कण, रज, कुसळ *n.*

Moth* पतंग, पिंगाणें *n*; the clothes' m. कसर *f*; that which gradually and silently eats, consumes, or wastes, anything कसर *f,* कीड *f,* वाळवी *f.* -EATEN कसरीनें खालेला.

Mother* (*mater; Skr. matri*) आई *f,* माता *f*; woman who has borne a child लेंकुरवाळी बाई *f,* लेंकरांची आई *f*; source of birth or origin जन्माची जागा *f,* खाण *f,* योनि *f,* मूळ *n*; old woman माय *f,* जननी *f,* आई *f.*—*a.* native स्वाभाविक, जातीय : m. tongue जन्म-स्वभाषा *f*; m. country जन्मभूमि *f*; [m. -church, the original or oldest church, or one from which other churches have had their origin; — esp. applied by its adherents to the church of Rome.] -HOOD आईपण *n,* मातृत्व *n.* -IN-LAW सासू *f,* मामी *f.* -LESS *a.* आईपोरका, मातृहीन. -LY *a.* आईचा; आईसारखा, मातृतुल्य.—*ad.* आईप्रमाणें, मातृवत्. -OF-PEARL- मोत्यांची शिंप *f.*

Motion (*movere,* to move) act of changing place हालणें *n,* चालणें *n*; movement हालचाल *f,* चलनवलन *n*; gait चालण्याची ढब *f,* गति *f,* गमन *n*; power of motion चलनशक्ति *f*; movement of the mind मनोवेग, मनोविकार, कल्पना *f*: let a good man obey every good m. rising in his heart; proposal made सूचना *f,* उहू, सुचविलेला अभिप्राय; *Law.* दरखास्त *f*; stool ढाळ, जुलाब. -LESS *a.* अचल, निश्चल, स्तब्ध.—**Motive** that which incites action हेतु, कारण *n*; relation between the m. and the effect प्रयोजक भाव.—*a.* चालक, प्रवर्त्तक, प्रयोजक (power.)

Motley *a. W.* variegated in color चित्रविचित्र, पंचरंगी; composed by different parts पंचभेळीचा, मिसळीचा.

Motto *It.* वाक्य *n,* वचन *n,* मुद्रालेख, किताब.

Mould* soft earth बारीक -नरम माती *f*; composing substance द्रव्य *n,* प्रकृति *f,* अवयवांश; substance like down, which forms in bodies which lie long in warm and damp air बुरशी *f,* बुरा.—*v.* बुरा आणणें, बुरशी चढवणें.—**Moulder** चुराडा -धूळ होणें; waste away gradually झिजणें, जिरणीस लागणें [away].—**Mouldy** *a.* बुरशी चढलेला -आलेला, बुरशेल;—of smells कुईट.

Mould *Sp.* matrix सांचा, मूस *f*; cast घाट, डौल, भटी *f.*—*v.* घडणें, बनावणें; knead मळणें, तिंबणें. -ING घडणें *n,* घडणी *f*; *Arch.* कंगोरा, कंगणी *f.*

Moult *v.* (*mutare,* to change) पिसें -पंख -केंस -कांत इ० गाळणें -टाकणें.

Mound* an artificial elevation of earth बांध, धक्का, बंधारा; hillock टेंकाड *n,* टेंकडी *f.*

Mount (*mons, montis*) mountain डोंगर, टेंकडी *f*; mond बांध, धक्का.—*v. i.* rise in high उंच जाग्यावर चढणें, वर चढणें; get on horseback घोड्यावर बसणें -चढणें, स्वार होणें; amount एकंदर भरणें.—*t.* घोड्यावर

बसविणें; घोड्यावर बसणें, अश्वारूढ होणें; as a diamond by setting कोंदणांत बसविणें; as a gun in a carriage चढविणें; raise aloft वर उचलणें; ascend चढणें, वर चढणें; to m. a guard पाहरेकऱ्यानें आपली जागा घेऊन पाहरा क. [up].—MOUNTAIN, a large hill डोंगर, पर्वत; that which is like mountain for size डोंगर, पर्वत, राक्षस; crest of a m. माथा, शिखर *n*; country at the foot of a m. तळघाट; pass over a m. घाट; ridge of a m. घाटमाथा.—*a.* डोंगरी, पहाडी. -EER डोंगरी माणूस, पर्वतवासी. -OUS *a.* डोंगराळ, डोंगरवट; huge पर्वतप्राय, अवजड, अवाढव्य.

MOUNTEBANK *It.* quack doctor ढोंगी वैद्य, नाकाडोळ्याचा -बाहाडी वैद्य; false pretender पोम दाखविणारा, तोतया, आव घालणारा.

MOURN* *v. i.* express grief खेद -दुःखशोक क.; wear the customary habit of sorrow दुःखाचा -सुतकी वेष धारण क. [for].—*t.* -चा शोक बाळगणें -मानणें -क., -च्या साठीं रडणें. -ER रडणारा, दुःख करणारा; one who follows a funeral in the habit of mourning सुतकी वस्त्रें घालून प्रेतयात्रे बरोबर जाणारा, सुतकी. -FUL *a.* खिन्न, दिलगीर; expressing sorrow खेदसूचक -दर्शक (bell); causing sorrow दुःखकारक -जनक;—of sounds रडका, काकुळवाणा. -ING खेद, दुःख *n*, शोक; सुतकी पांघरूण *n* -वेष—*p. a.* शोककरणारा, शोकाचा, शोकसूचक. (garments).

MOUSE* (*Skr. mûshiká, Fr. mush,* to steal) उंदीर.—*v.* उंदीर धरणें. -HOLE उंदराचें बीळ *n.* -TRAP उंदराचा सापळा.

MOUTH* opening in the face through which food is received and the voice is uttered तोंड *n*, मुख *n*; orifice तोंड *n*, मुख *n*, द्वार *n*; principal speaker लोकांच्या -बहुतांच्या वाटचा पुढें होऊन बोलणारा, मुख *n*; cry आरोळी *f*; voice शब्द, गळा, वाणी *f*: all spend their m. aloft; wry face वेडेंवाकडें तोंड *n*, विचकुल्या *f pl*: to make *mouths*; to be down in the m. तोंड -मुखश्री उतरणें, पायपोसा सारखें तोंड क.; to stop the m. पुंगी बंद क., कुंठित क. -FRIEND तोंडापुरता मित्र, गोडबोल्या. -FUL घांस, मास;—of water घोट; a small quantity घांसभर, घांस. -HONOR तोंडचा सन्मान, वैठगी आदर. -PIECE piece of a musical instrument to which the mouth is applied पेंपेरें *n*, पिंपाणी *f*; one who delivers the opinions of others दुसऱ्याचीं मतें दर्शविणारा -सांगणारा, मुख *n*.

MOVE (*movêre*) cause to change place or posture हलवणें, चालवणें, चालू क.; give impulse to ढाळणें, सारणें; agitate गडबडवणें, ढवळणें, क्षोभविणें; arouse the feelings of कळवळा आणणें, द्रव -पाझर -पान्हा आणणें (Matth. ix., 36); propose उद्धू -गोष्ट -विचार काढणें; rouse by persuasion वळवणें, मनावणें, बधवणें.—*i.* चालणें, ठाण बदलणें, हलणें: a ship *moves* rapidly; चेतणें, क्षोभ पावणें; जागा पालटणें, राहण्याचें स्थल पालटणें; उद्धू काढणें; about फिरणें, फिरकणें.—*n.* चलन *n*, स्थलांतर *n*; at chess डाव, खेळ. -LESS *a.* स्थिर, अचल. -MENT हालणें *n*, स्थलांतर *n*; emotion चित्तवृत्ति *f*, क्षोभ; manner of moving गति *f*; slow in मंदगति *f*; that which imparts motion गति देणारा, चालक: the wheel-work of the clock is called its m.; *Mus.* ग्राम, ताल.—MOVEABLE *a.* चालाया सारखा, चल, जंगम; changing from one time to another वेळोवेळ किंवा वेळ बदलणारा (feasts).—*n. pl* goods जिंदगी *f*, जंगम माल.—MOVER हलवणारा, सारक, चालक; उद्धू काढणारा.—MOVING *p. a.* स्थानांतर करणारा, गामी, in comp.: m. in the

air आकाशगामी; affecting चित्तवेधक, मनोवेधक (address). -LY *ad.* करुणा -द्रव येईसा.

MOW *v.** cut down with a scythe इळ्यानें -कोयतीनें कापणें; cut the grass from -चें -आंतील गवत कापणें: to m. a meadow कुरण कापणें; cut down indiscriminately काटाकाटी क. [down, off].—*n.* pile of hay or sheaves of grain deposited in a barn सुडी *f*, उडवी *f*, उडवें *n*;—of jawári कात्रा. -BURN *v. i.* heat and ferment in the mow सुडी उबवणें.

MUCH* *a.* पुष्कळ, बहुत, फार.—*n.* पुष्कळपणा, बाहुल्य *n*; to mention much of पुष्कळ वाखाणणें.—*ad.* पुष्कळ, बहुत, फार; as much as जितपत; how much कितपत.

MUCK *Icel.* dung in a moist state ओलें खत *n*; mass of decaying matter घाण *f*, राड *f*, चेंदा. -SWEAT मोठा घाम; to be in a m. घामाच्या धारा लागणें. -WORM खतकिडा, शेणकिडा.

MUCUS (*L.*) a vicid fluid secreted by the mucous membrane इंद्रियमल, श्लेष्मा, मल;—of the throat कफ;—of the bowels आंव *f*;—of the nose शेंबूड.—MUCILAGE ओला डींक, चीक, बलक.—MUCILAGINOUS *a.* चिकण, चिकट.—MUCOUS *a.* कफादि मलाचा; चिकण, चिकचिकीत; secreting a slimy substance कफादि मलउत्पादक.

MUD *Ger.* चिखल, राड *f*.—*v.* गढूळणें, खंवदळणें. -DLE *v.* गढूळ -खडूळ क.; stupefy गुंग क., निशा आणणें. -DY *a.* चिखलाचा; besmeared with mud चिखलानें भरलेला; dull मजीत, मलूल.—*v.* गढूळ क., चिखलानें भरणें; मजीत क. -DINESS गढूळपणा, गदळपणा; intellectual dulness बुद्धिमांद्य *n*, जाड्य *n*. -WALL कच्ची -मातीची भिंत *f*.

MUFFLE *v. Ger.* wrap up in something that conceals वेष्टणें, झाकणें, गुंडाळणें; as the face टापसी बांधणें, घुंगट घेणें, बुरखा घेणें; wrap with something that dulls, or renders sound inaudible नाद कोंडे असा बांधणें -वेष्टणें; conceal लपविणें, छपविणें [up].—*i.* तोंडच्या तोंडांत बोलणें, गुटमळणें.—MUFFLER बुरखा, घुंगट *n*, टापर *f*.

MUG *Ir.* पेला. -GISH -GY *a. W.* ओला, दमसर (straw); warm and unelastic उबेचा, उबाऱ्याचा, उकाड्याचा (air); to be m. उकडणें, गुदमदणें, शिजणें.

MULBERRY *Ger.*—the tree तुतीचें झाड *n*;—the fruit तूत *n*, तुतें *n*.

MULCT (*mulcta*) दंड, गुन्हेगारी *f*.—*v.* दंड क., गुन्हेगारी घेणें; to deprive of हरण क.;—a state खंडणी घेणें [in].

MULE (*mulus*) खेंचर *n*; [a plant or vegetable produced by impregnating the pistil of one species with the pollen of another]. -TEER खेंचरवाला -हाक्या.

MULL *v.* (*mollire*, to soften) मसाला घालून कढवणें -ऊन क. (wine).

MULLER (*molere*, to grind) बत्ता, वरवंटा, दस्ता.

MULLET (*mullus*) एक जातीचा मासा आहे, बोई *H.*, ओवसी *f*. ?

MULTIFARIOUS *a.* (*multus*, many) नानाविध बहुविध, अनेक प्रकारचा.—MULTIFORM *a.* बहुरूप, नानारूप.

MULTIPED *a.* (*-pes, pedis*, foot) बहुत पायांचा, बहुपाद.

MULTIPLE (*-plicare*, to fold) गुणाकार.—MULTIPLICABLE *a.* गुणायाजोगा, गुणनीय, गुण्य.—MULTIPLICAND गुण्यांक, गुण्य.—MULTIPLICATE *a.* अनेक, बहुत.—MULTIPLICATION act of multiplying वाढवणें *n*, अधिक करणें *n*, वृद्धि *f*; *Math.* गुणाकार; cross m.

तेढा गुणाकार; compound m. विविध गुणाकार.—MULTIPLICITY बहुतपणा, पुष्कळपणा, बाहुल्य *n*; m. of meanings अर्थबाहुल्य *n*.—MULTIPLIER गुणक, गुणकांक; one who multiplies वाढविणारा, वृद्धि करणारा.—MULTIPLY *v.* वाढविणें, वृद्धि क.; *Math.* गुणणें [from, by].—*i.* वाढणें, वृद्धि होणें; increase in extent and influence विस्तारणें, बळावणें (Acts xii., 24).

MULTITUDE (do.) बहुतपणा, पुष्कळपणा; assemblage समुदाय, मेळा, जमाव; a great m. भरणा, गाडा, डोंगर; the m. दुनिया *f*, आलमदुनिया *f*.—MULTITUDINOUS *a.* बहुत, पुष्कळ; manifold अनेकविध, पुष्कळ प्रकारचा.

MUM *a. Ger.* मोना, मुका, निःशब्द; to sit m. मुद्द बसणें.—*int.* चुप्प, निमुट, मटकन.

MUMBLE *v. Ger.* mutter ओठांत -गुटमळत बोलणें; eat with lips closed लुबलुब खाणें, ओंठ हलवून खाणें; chew softly चघळून खाणें.—*i.* गुणगुणणें; utter words with grumbling धुसधुसणें, फुसफुसणें.

MUMMER *Ger.* मुखवटा घालून खेळणारा.—MUMMERY मुखवट्याचा खेळ -तमाशा.

MUMMY (*Per. mûm, môm,* wax) dead body embalmed and dried after the manner of the ancient Egyptians मसाला भरलेलें मेत *n*, सुगंधद्रव्यरक्षित मेत *n*; to beat to a m. मलीदा -चेंदामेंदा क., कुट्टा काढणें, कणीक तिंबणें.

MUMPS *pl. Ger.* a peculiar and specific unsuppurative inflammation of the parotid glands गालगुंड *n*, कर्णमूल *n*.

MUNCH *v. i.* (*manducare,* to chew) चघळून खाणें, चघळणें.

MUNDANE *a.* (*mundus,* the world) इहलोकचा, ऐहिक; m. egg ब्रम्हांड *n*.

MUNICIPAL (*municeps,* a free citizen, fr. *munia,* official duties, *capere,* to take) pertaining to a corporation or city कसब्याचा, सनदी गांवच्या प्रकरणांतला, 'म्युनिसिपाल'; belonging to a state, kingdom, or nation राज्यसंबंधी, मुलखी, देशी.—MUNICIPALITY जिल्हा.

MUNIFICENT *a.* (*munus,* gift, *facere,* to make) उदार, हाताचा सढळ.—MUNIFICENCE उदारपणा, औदार्य *n*.

MUNITION *F.* दारू गोळा वगैरे लढाईचें सामान *n*, युद्धसाहित्य *n*, जंगी सामान *n*.

MURAL *a.* (*murus,* wall) भिंतीचा; resembling a wall भिंती सारखा; perpendicular उभा, सुती.

MURDER* (*Skr. mri.*) act of killing a human being with malice prepense or aforethought, expressed or implied खून, हत्या *f*.—*v.* खून -हत्या -नरहिंसा क. -ER खून करणारा, खुनी, in comp. हत्यार: पितृह०. -OUS *a.* घातकी, खुनी; bloody हिंसक, हिंस्र (rapine); fond of murder हिंसाप्रिय (tyranny); premeditating murder हिंसाबुद्धि, घातकी (intent).

MURK, MURKY* *a.* अंधारीचा, ओंधट, काहूर आलेला.

MURMUR (*L.*) low, confused and indistinct sound, as that of running water खळखळ *f*, कलकल *f*, गुणगुण *f*; complaint half-suppressed, or uttered in a low, muttering voice कुरकुर *f*, मुरमुर *f*, धुसफुस *f*.—*v. i.* खळखळणें, खळखळत चालणें -वाहणें, गुणगुणणें; कुरकुरणें, धुसफुसणें, कुरकुर -फुसफुस क.

MUSCLE (*musculus*) an organ of motion in animal bodies सांवर *n*, *f*, स्नायु.—* शिंपींतला किडा -मासा.—MUSCULAR *a.* स्नायुसंबंधी, स्नायूचा; well furnished with muscles मांसल, मासाळ, गाठळ, बेडकीचा; strong घट्ट, जोरदार.

Muse *v. F.* think closely ध्यान -चिंतन क.; to be in a m. ध्यानांत -विचारांत असणें; be absent-minded भान नसणें, भानावर -देहावर नसणें [on, upon].—*n.* ध्यान *n*, चिंतन *n*; (*musa*) one of the nine fabled goddesses who preside over literary, artistic, and scientific matters and labors वाक्देवता *f*, सरस्वती *f*.

Museum (*L.*) a collection of natural scientific, or] literary curiosities, or of works of art चमत्कारिक पदार्थसंग्रह, 'म्युझियम' *f*.

Mushroom *F.* कुत्र्याचें मूत *n*, अळंबें *n*, छत्री *f*; kinds of—चुर्ड्यें *n*, चितळें *n*, गवतें *n*, *n*, कुबळें, &c.

Music (*musica*) succession of sounds so modulated as to please the ear, or a combination of simultaneous sounds in accordance or harmony सुस्वर, ताल, वाद्यघोष; vocal and instrumental m. संगीत *n*, गाणें बजावणें *n*; the art or science संगीतविद्या *f*, -शास्त्र *n*; playing on a musical instrument गाणें बजाविणें *n*, गायन *n*. -al *a.* संगीतशास्त्र संबंधी, सुस्वरविद्येचा; सुस्वर, सुश्राव्य, गोड (a sentence); producing music सुस्वर उत्पन्न करणारा; m. glasses जलतरंग; m. instrument वाद्य *n*.—**Musician** गाणारा, गवयी; वाद्य वाजविणारा, वाजंत्री.

Musk (*muscus*, *Skr. mushaka*, testicle) कस्तुरी *f*. -deer कस्तुरीमृग. -melon खरबूज *n*. -rat चिचुंद्री *f*.

Musket (*muska*, a fly) बंदूक *f*. -eer बरकंदाज.

Muslin *Ar.* मलमल *f*.

Musquito, See **Mosquito**.

Musrole (*morsus*, bite) nose-band of a horse's bridle मुखपट्टा.

Must* *v. i.* पाहिजे, लावणें, भागपडणें, भाग असणें.

Must *v.* (See **Moist**) उबट क.—*i.* उबटणें.—*n.* बुरा.—**Musty** *a.*—to be m. उतरणें (wines).

Mustache *F.* मिशी *f*.

Mustard *F.*—the plant मोहरी *f*, राई *f*;—the seed मोहरी *f*, राई *f*; white m. पांढरी मोहरी *f*; black m. काळी मोहरी *f*; Sinapis dichotoma शिरस; oil extracted from it शिरसेल *n*; the m. of Scripture पिलु *n*; the oil extracted from its fruit किकणेल *n*.

Muster *v.* (*monstrare*, to show) collect and show जमा करून दाखविणें, गोळा क.; assemble, as troops for parade, inspection, exercise, &c. फौजेची पाहणी क. -मोजदाद घेणें, किंवा कवायतीसाठीं फौज उभी क.; [to m. troops into service, to inspect and enter them in the muster-roll, according to which they receive pay for for the last time, and are dismissed]; to m. up मिळविणें [up].—*n.* हजिरी घेणें *n*, हजिरी *f*; to pass m. रुजू होणें, पसंत पडणें. -book, -roll हजिरीपट, इसमवारी *f*.

Mute *a.* (*mutus*) silent मुका, निःशब्द, अनुत्तर; dumb मुका; *Gram.* स्वरहीन, ज्याचा उच्चार होत नाहीं तो;—said of certain letters.—*n.* मुकें माणुस *n*; [person employed by undertakers to stand before the door of a house in which there is a corpse]; *Gram.* स्वरसहितोच्चार्य व्यंजन *n*.

Mutilate *v.* (*mutelus*, maimed) cut off a limb or essential part of अंगच्छेद क., व्यंग -पंगु क.; retrench छाटणें, कापणें.—**Mutilation** अंगच्छेदन *n*, अंगच्छेद; व्यवच्छेद, काटणी *f*, कापणी *f*.

Mutiny *F.* insurrection against consituted authority, part. military or naval

authority फौजेंतील बंड *n*, दंगा, बेदा; tumult गडबड *f*, धादल *f*.—*v*. बंड क., धन्यावर उठणें -फिरणें -फितणें.—MUTINOUS *a*. बंड -दंगेखोर.—MUTINEER फौजेंत बंडकरणारा.

MUTTER *v. i.* (*muttire*) utter words with a low voice and compressed lips, with sullenness or in complaint मुटमुटणें, बुटबुटणें, कुरकुरणें, तोंडच्या तोंडात बोलणें; sound with low rumbling voice गडबडणें, गडगडणें.—*t*. ओंठांत-तोंडांत बोलणें;—as prayers, &c. inarticulately जप क., जपणें.

MUTTON *F*. मेंढराची -बकऱ्याची सागुती *f*, 'मटन' *n*.

MUTUAL *a*. (*mutare*, to change) परस्पर, परस्परांचा, एकमेकाचा. -ITY परस्परता *f*, अन्योन्यभाव. -LY *ad*. परस्परें, एकमेकांस.

MUZZLE *F*. snout मुसकट *n*, मुसकाड *n*;—of a tube, &c. तोंड *n*;—of a gun मोहरी *f*; fastening for the mouth which stops biting मुस्कें *n*.—*v*. -चें तोंड -मुस्कें बांधणें; fondle with the mouth तोंडानें कुरवाळणें; prevent hurting इजा -दुखापत न होऊं देणें. —*i*. तोंड जवळ आणणें.

MY* *pron*. माझा, आपला. -SELF *pron*. आपण, मी.

MYRIAD (*Gr*. *murios*, numberless) number of ten thousand दहाहजार, अयुत *n*; immense number लाखो, कोट्यावधि, ढीग.

MYROBALAN (*myrolalanum*) सुकविलेला आंवळा, आंवळकटी *f*; beleric m. बेहडा; yellow or chebulic m. हिरडा, हरडा.

MYRRH *Ar*. बोळ.

MYRTLE *Per*. मटली *f*; the common m. विलायती मेंदी *f*.

MYSTERY (*Gr*. *mustérion*) profound secret गूढ *n*, रहस्य *n*, मर्म *n*; enigma कोडें *n*; trade धंदा; [*pl*. kind of secret religious celebrations to which none were admitted except those who had been initiated by certain preparatory ceremonies].—MYSTERIOUS *a*. गूढ, गहन, अगाध, ज्याविषयीं कांहीं तर्क होत नाहीं असा.—MYSTIC *a*. गूढ, गहन; involving some secret meaning गूढ अर्थाचा, लाक्षणिक; m. letter बीजाक्षर *n*; m. verse बीजमंत्र, मंत्र.

MYTHIC *a*. (*Gr*. *muthos*, fable) पुराणकथित, कल्पित, पुराणोक्त, भाकडकथेचा.—MYTHOLOGY, science treating of myths, or of legendery religious popular fables पुराणशास्त्र *n* -विद्या *f*; collective body of popular legends and fables respecting the supernatural actions of gods, divinities and heroes पुराण *n*, कथा *f*, देवताख्यान *n*, देवादिकांच्या कथा *f pl*, -चीं चरित्रें *n pl*.—MYTHOLOGICAL *a*. पुराणांतला, देवतादि कथाविषय.

N

NADIR *Ar*. point in the lower hemisphere opposite to the zenith अधोबिंदु, स्वस्तिक *n*, *m*; lowest point अधोभाग.

NAG* घोडें *n*, तट्टु *n*.

NAIL* नख *n*;—of a bird नख *n*, नखी *f*; —of iron, &c. खिळा, मेख *f*; a measure of length सवादोन इंचाचें एक मेज *n* आहे; on the nail हातावर, रोख; to pay on the n. नगद देणें; hit the n. on the head निशाण -टिपण साधणें.—*v*. खिळा मारणें; खिळा मारून बंद क., खिळणें; trap सापळ्यात धरणें.

NAKED* *a*. (*Skr*. *nagna*) उघडा, नागवा; unarmed उघडा, निःशस्त्र, असज्ज; plain स्पष्ट, उघडा; without exaggeration, excuse, &c. शुद्ध, केवळ, नुस्ता; bare ओका, बोडका; with the n. eye नुस्त्या डोळ्यानें, दुर्बीण वगैरेच्या सहाया वांचून; n. flooring कडेपाट.

-NESS नागवेंपण *n*, उघडेंपण *n*; the genetials उत्पत्तीचें अंग *n*, उपस्थ *n*.

NAME* (*nomen, Skr. náman*) title by which any person or thing is known, understood, or spoken of नांव *n*, नाम *n*, संज्ञा *f*; reputation नांव *n*, आबरू *f*, कीर्त्ति *f*; celebrity नांवलौकिक, प्रख्याति *f*; remembrance आठवण *f*, याद *f*, नांव *n*; race जात *f*: enemies of his n.; person असामी *f*, व्यक्ति *f*; *Gram*. नाम *n*; [Christian n. the name a person receives by baptism, as distinguished from *surname*]; in n. नांवाचा, निमित्ताचा; proper n. विशेषनाम *n*; n. given to a child with reference to its horoscope नांवरस *f*; to call *names* नांवें ठेवणें, शिव्या देणें; giving a n. to a new-born child नामकरण *n*; to take a n. in vain व्यर्थ नांव घेणें; नांवानें शपथ घेणें; bearing the n. of नामधारी; family n. आडनांव *n*, उपनाम *n*; n. given at nativity जन्मनांव *n*; to preserve one's good n. नांव -पागोटें संभाळणें; bad n. बदनाम *n*, कुकीर्त्ति *f*; to pass under the n. of नांवाखालीं मोडणें, नांवावर विकणें.—*v*. नांव देणें -ठेवणें; mention by name नांव घेणें -काढणें; call हाकमारणें, बोलावणें; nominate नांव ठेवणें; कामावर नेमण्या करितां नांव सांगणें [to n. the n. of Christ, to make profession of faith in him]. -LESS *a*. निनाव्या, अनामिक; not noted अप्रसिद्ध, सांदीकोंदीचा (dwelling). -LY *ad*. ह्मणजे. -SAKE नांवकरी, आपल्या नांवाचा, स्वनामी.—NAMING नांवदेणें *n*; नामकरण *n*; ceremony of n. a child बारसें *n*; नांवघेणें *n*, नामोच्चारण *n*.

NAP* झोंपेचा चुटका, डुलकी *f*.—*v*. डुकली घेणें -खाणें; to be in a careless secure state निश्चिंत राहणें, झोंप घेणें.—* down on cloth फूल *n*.

NAPE* back part of the neck मानेचा कांटा -कळस; [a piece of wood to support the pole of a waggon].

NAPHTHA *Ar*. नखतेल *n*.

NAPKIN *F*. cloth used for wiping or drying the mouth, esp. at the table रुमाल, तोंडपुसणें *n*, 'न्यापकिन.'

NARCOTIC *a*. (*Gr. narké* numbness) causing stupor गुंगी आणणारा, मदकारी; relieving pain, and producing sleep उपशमनकारी, निद्राजनक.—*n*. मदकारी -गुंगीचें औषध *n*; as a poison उपविष *n*.

NARD* (*Skr. nalada*, fr. *nala*, perfume, *da*, giving) जटामांसी *f*, नार्द.

NARRATE *v. F*. सांगणें, कथणें, निरूपण क. —NARRATION कथन *n*, निरूपण *n*; story कथा *f*, गोष्ट *f*, वृत्तांत. — NARRATIVE *a*. कथेचा, कथेसंबंधी; giving a particular or continued account तपशिलाचा, शिस्तवार, बयादवार; story-telling कथा-गोष्टी सांगणारा. —*n*. कथा *f*, गोष्ट *f*, वृत्तांत.—NARRATOR कथनकरणारा, कथक; of legends कथेकरी.

NARROW* *a*. of little breadth अरुंद, बारीक; straitened अडचणीचा, संकोचित; contracted in mind अप्रशस्त मनाचा, एककली -मार्गी; selfish कृपणबुद्धि; close जवळचा, थोडक्या अंतराचा (shot, escape); scrutinizing बारीक दृष्टीचा, सूक्ष्म, पक्का.—*v*. अरुंद क.—*i*. संकोचित होणें, बारकावणें. -LY *ad*. थोडक्या रुंदीनें; संकोचानें; बारकाईनें; बारीक दृष्टीनें, सूक्ष्म विचारानें; थोडक्यात, थोड्यात: I had n. escaped from death मरतां मरतां वांचलों. -NESS अरुंदपणा, अरुंदी *f*; अडचण *f*, संकोच; बारकाई *f*, सूक्ष्मता *f*; कृपणपणा, किरमाडीपणा; तारंबळ *f*, अडचण *f*. -MINDED *a*. कृपणबुद्धि, किरटा, किरमाडी.

NARAVELIA ZEYLONICA (*L.*) नरवेल *f*, ज्योतिष्क (*Sanskr*).

Nasal *a.* (*nasus*, the nose) नाकाचा, नस्य; *Gram.* अनुनासिक, सानुस्वार (letter).—*n.* अनुनासिक वर्ण.

Nascent *a.* (*nasci*, to be born) beginning to exist or grow नुकताच वाढणारा.—*n.* state of a gas संयुक्तस्थिती पासून वेगळे पडताक्षणींची ग्यासाची स्थिति *f*.

Nasty *a. Ger.* offensively filthy घाणेरडा; indecent बिभत्स, घाणेरडा, अभद्र.

Natal *a.* (*nasci*, to be born) जन्माचा, जन्म संबंधी, जन्म, in comp.: *n.* hour जन्मकाल.

Nation (*do.*) body of inhabitants of a country united under the same government देश, प्रजा *f*; people, as distinguished from those of different descent, language, or institutions लोक, जात *f*, राष्ट्र *n*. -**al** *a.* लोकांचा, राष्ट्राचा, देशाचा, देशीय; attached, esp. to one's own country स्वदेशप्रिय, स्वदेशाभिमानी; n. custom देशाचार; n. pride देशाभिमान, जात्याभिमान; general साधारण, सर्वसामान्य (calamity, custom). -**ity** लोकपणा, जातित्व *n*; स्वदेशाभिमान; जात *f*, राष्ट्र *n*, देश. —**Native** *a.* pertaining to one's birth जन्माचा, मूळचा; belonging to the place in which one is born जन्मदेशाचा, स्वदेशीय, in comp. स्व, जन्म: n. land स्वदेश, जन्मदेश; conferred by birth जन्मापासून मिळालेला, जन्मप्राप्त -सिद्ध, जन्मार्जित (rights); indigenous देशाचा, देशी, मुलकी (language); produced by nature मूळचा, स्वाभाविक, स्वभावसिद्ध (metal).—*n.* देशीय जन, 'नेटिव.' —**Nativity**, birth जन्म, उत्पत्ति *f*; time of birth जन्मकाल; place of birth जन्मभूमि *f*; horoscope जातक *n*; astrological record of it जन्मपत्रिका *f*; name given at one's n. जन्म -नक्षत्रनाम *n*.

Nature (*do.*) sum of qualities and attributes which make a thing what it is, as distinct from others स्वभाव, धर्म, जातिस्वभाव, प्रकृति *f*; sort प्रकार, जात *f*; established or regular course of things रीत, *f*, सृष्टिक्रम, मार्ग; existing system of things सृष्टि *f*, जग *n*; personified sum and order of causes and effects प्रकृति *f*, माया *f*, शक्ति *f*; natural affection स्वभाव, स्वभावधर्म, प्रकृतिगुण;—of mind प्रकृति *f*, तब्यत *f*; conformity to that which is natural, as distinguished from that which is artificial स्वभावसादृश्य *n*, स्वरूप *n*; nakedness नग्नावस्था *f*; intellect बुद्धि *f*, ज्ञानशक्ति *f*; vital qualities and energies शक्ति *f*, जिव्हाळा, जीवनशक्ति *f*; good n. सद्भाव, सुशील *n*; ill n. दुर्भाव, दुःशील *n*; in a state of n. नग्न, दिगंबर; causing or relieving n. शौच *n*, मलविसर्ग; to go to ease n. परसाकडे -शौचास जाणें; to leave to n. प्रकृतीवर टाकणें -असूं देणें (a disease, &c).—**Natural** *a.* जातीचा, स्वभावाचा, मूळचा, अंगचा (growth, color); मार्गाचा, सोयीचा, यथाक्रम, उघड (consequence, death); सृष्टीचा (law, history); conformed to truth or reality यथार्थ, सत्य, अकृत्रिम (action); resembling the object imitated वस्तुसादृश्य, हुबेहूबचा (portrait); bastard दासीचा, अनौरस (child); pertaining to, derived from, or formed by, the lower or animal nature, as contrasted with the higher or moral powers, viewed as being themselves spiritual, or as the organs of the divine spirit प्रापंचिक, दैहिक, संसारिक, भौतिक (1 Cor. ii. 14); not forced सरळ, साहजिक *n*; death आपमरण *n*, आपलें मरण *n*; n. history स्थावरजंगमविद्या *f*; n. theology सृष्टिजन्य ईश्वरज्ञान *n* -विद्या *f*; n. day अहोरात्र *f*; n. philosophy पदार्थविज्ञान *n*.—*n.* जन्माचा

खुळा, यथाजात वेडा, मूढ. -IST सिद्धपदार्थविज्ञानी. -IZE *v.* render easy and familiar by custom and habit सराव पाडणें, अभ्यासाखालीं आणणें; confer the rights and privileges of native subjects on देशाचा क., देशीय मंडळींत घेणें; make one's own आपलासा क. (foreign words). -LY *ad.* स्वभावानें, प्रकृतीनें, जन्मतः, मार्गानें, रीतीनें.

NAUGHT* कांहींच नाहीं; for n. उगीच, फुकट; to set at n. धिक्कार क., न मानणें.—NAUGHTY *a.* wicked दुष्ट, वाईट; mischievous खोडकर, उत्पाती, व्रात्य.

NAUSEA(*L.*) मळमळ *f*, ओकारी *f*, शिसारी *f*.—NAUSEATE *v.* शिसारी -किळस आणणें; reject with disgust कंटाळून -धुस्कारून टाकणें. —*i.* कंटाळा -वीट -किळस येणें.—NAUSEOUS *a.* ओकारवाणा, कंटाळवाणा, घाणेरडा.

NAUTICAL *a.* (*navis*, ship) नौका चालविण्याचा, नौकाचालनविद्येचा; pertaining to seamen नावाड्यांचा, खलाशांचा.—NAVAL *a.* गलबताचा, अर्मारी, नाविक; consisting of ship नौकामय, जहाजांचा.—NAVIGABLE *a.* गलबत जायाजोगा, नौकागम्य.—NAVIGATE *v. i.* गलबतानें जाणें -येणें, सफर क.—*t.* गलबतांत बसून समुद्रा वरून जाणें -येणें; steer, direct, or manage in sailing गलबत चालवणें -चळवणें -हकारणें.—NAVIGATION सफर *f*, नौकापर्यटन *n*; the art नौकाचालन -नयनविद्या *f*, नाविकविद्या *f*, गलबत चालविण्याची विद्या *f*; vessels गलबतें *n pl*; [inland n., conveyance by boats or vessels in the interior of a country]. —NAVIGATOR गलबतानें जाणारा -येणारा, समुद्रगामी; one who is skilful in the art of navigation नौकाचालनविद्या जाणणारा; one who directs the course of a ship नावाडी, नौकाचालक.—NAVY (*Skr. naus*) fleet of ships गलबतें *n pl*, तारवें *n pl*, नौकासमूह; whole of the ships of war belonging to a nation or ruler, considered collectively अर्मार *n*, युद्धनौकासमूह.

NAVE* (*Skr. nâbhi*) मांदळा, तुंबा, पिंडी *f*.

NAVE (*navis*, ship) देवळाचा मध्यभाग.

NAVEL* बेंबी *f*, नाभी *f*.

NAY* *ad.* no नाहीं; not only so इतकेंच नाहीं, असें केवळ नाहीं.—*n.* नाकार, नन, नन्ना *f*.

NEAP (*napus*) pole of a cart गाडीची दांडी *f*; prop for the front of a cart शिपाई.—*a.** खालचा, नीच; n. tide शुक्ल पक्षाचे आरंभीची आणि शेवटची भरती *f*, भांग *n*; to be at the n. भांग पडणें.

NEAR* *a.* not far distant जवळचा, समीपचा; not distant in place जवळ, नजीक; not distant in time जवळ; closely related जवळचा, जवळच्या नात्याचा; close to one's interests, affections, &c. जिवाचा, जिव्हाळ्याचा, अंतरंगीचा, दाटीचा (a friend); not rambling अटोप्याचा, यथामत: a version n. the original; next to the driver or drivers अल्याडचा, खालाकडला: the n. ox; direct सरळ, नीट (road); close-fisted चिकट, हाताचा जड [to].—*ad.* जवळ, समीप, निकट, आरता: come n. me; almost बहुतकरून, जवळ, प्रायः [to].—*v.* -च्या जवळ येणें; अधिक अधिक जवळ येणें.—*i.* जवळ येणें.—*prep.* जवळ, नजीक [to]. -LY *ad.* जवळ; जवळच्या नात्याचा, जवळचा; बहुतकरून, प्रायः; within a little थोडक्यांत; कृपणपणानें. -NESS जवळपणा, समीपता *f*, सान्निध्य *n*; जवळचें नातें *n*, जवळचा संबंध, परिचय, स्नेह; बारीक नजर *f*, चिकटपणा, कार्पण्य *n*. -SIGHTED *a.* जवळच्या नजरेचा, गजनेत्री.

NEAT* गुरें ढोरें *n pl.*

NEAT *a.* (*nitidus*) clean चकपक, ठाकठीक, नीटनेटका; chaste सुरेख, नीटनेटका, सुघटित

झीलदार (dress, style); free from admixture निरा, शुद्ध, निर्भेळ (wine); adroit पक्का, बिलंद, पटाईत (thief); net निवळ, निका (profit). -LY ठाकठिकीनें, चाकचोपीनें. -NESS ठाकठिकी *f*, चकपक *f*; साजरेपणा, नेटकेपणा, निटाई *f*; सफाई *f*, खुमास *f*, सुरेखी *f*.

NEBULA (*L.*, *Skr. nabhas*, sky) तारासमूह; white spot, or slight opacity of the cornea पडदा, भुरि *f*, शुक्लपटल *n*.—NEBULOUS *a*. मेघाच्छादित, अंधारी आलेला.

NECESSARY *a*. (*necesse*) such as must be आवश्यक, अनिवार्य; death a n. end; requisite अगत्याचा, गरजेचा, आवश्यक, पाहिजे: a certain kind of temper is n. to the pleasure of our minds; acting from necessity दैवाधीन, दैवपर: whether man is a n. or free agent is a question much discussed; is n. पाहिजे, व्हावा; was n. पाहिजे होता; to be n. लागणें, पाहिजे [to, for]. —*n*. अगत्याची गोष्ट *f*; *pl* साहित्य *n*, सामोग्री *f*; n. of life अन्नपाणी *n*, अन्नवस्त्र *n*, पोटगी *f*; privy शेतखाना, शौचकूप.—NECESSARIAN, NECESSITARIAN, one who advocates the doctrine of philosophical necessity अदृष्टवादी, दैववादी.—NECESSARILY *ad*. अगत्यपूर्वक, आवश्य, आवश्यमेव; दैववशें करून, दैवाधीनतेनें.—NECESSITATE *v*. अवश्य -भाग पाडणें, प्राप्त क.; oblige बलात्कार -जुलूम क.—NECESSITOUS *a*. आवश्यक, जरूरीचा; pinching अडचणीचा, तंचाईचा, कंगाल (circumstances).—NECESSITY गरज *f*, जरूरी *f*, आवश्यकता *f*; indigence दारिद्र *n*, तारांबळ *f*, अनुपपत्ति *f*; a requisite गरज *f*, अगत्य *n*, प्रयोजन *n*; *pl* साहित्य *n*, सामोग्री *f*; fatality दैवाधीनता *f*, दैव *n*; to yield to n. काळावर दृष्टि ठेवून जाणें; n. has no law भुकेलें गुरूं वळचण ओढतें.

NECK* मान *n*, गरदन *n*;—of a vessel गळा; —of land पट्टी *f*; to turn out n.-and-crop पाळें मुळें खणून टाकणें; on the n. of पाठोपाठ, पाठीवर; stiff n. हट्ट; to break the n. of मान मोडणें; to harden the n. कठीण मन क., हट्टी होणें. -CLOTH गळेबंद, कंठवस्त्र *n*. -LACE माळ *f*, कंठमाळा *f*, हार; kinds of गरसळी *f*, सरी *f*, कंठी *f*, &c.

NECROMANCY (*Gr. nekros*, a dead body, *menteia*, divination) the art of foretelling future events by communication with the dead पिशाचविद्या *f*, प्रेतसिद्धि *f*, कुविद्या *f*.—NECROMANCER स्मशानमंत्र जपणारा, प्रेतसिद्धिकर्त्ता.

NECTAR (*L.*) drink of the gods अमृत *n*, सुधारस; honey and other sweetish secretions of the glands of plants मधु *n*, मद, मकरंद.—NECTARY पुष्पांतील मधूची जागा *f*.—NECTARIAN *a*. अमृततुल्य, सुधामय.

NEED*, state that requires supply or relief गरज *f*, जरूरी *f*, अगत्य *n*; poverty गरीबी *f*, तारंबळ *f*, अनुपपत्ति *f*; to supply one's n. गरज क. -चालवणें.—*v*. गरज असणें -लागणें —*i*. पाहिजे, नको; for this word, as an auxiliary, पाहिजे is a good rendering and with negative construction नको: वाघ आला तर भ्यालें पाहिजे, शेळी आली तर भ्यायास नको. -FUL *a*. जरूरीचा, आवश्यक; गरजवंत, गिरिपदार. -LESS *a*. निष्कारण, निरर्थक [for, to].—NEEDY *a*. गरीब, कंगाल, महाग; n. of food अन्नास महाग.

NEEDLE*, a small pointed instrument for sewing सुई *f*; a small steel pointer in a mariner's, surveyer's, or other compass होका इ० यंत्राचा कांटा; eye of a n. नेडें *n*, नाक *n*; point of a n. सुईचें टोंक *n*, सूच्यग्र *n*. -WORK शिवणकाम *n*; embroidery कशीदा.

NEFARIOUS *a.* (*nefas*, impious) अति दुष्ट, महापातकाचा, अघोर.

NEGATION (*negare*, to say no) act of denying नाकार, अस्वीकार, निषेध; *Logic.* आभाव; universal n. संसर्गाभाव; relative n. अन्योन्याभाव.—NEGATIVE *a.* निषेधाचा, नकाराचा, नचा; opposed to positive अभावसूचक -रूप; having the power of stopping बंद करण्याच्या शक्तीचा, निषेध द्वारां प्रतिबंधक (voice); *Alg.* ऋण.—*n.* नाकाराचा शब्द, निषेधार्थक शब्द; proposition by which something is denied नास्तिपक्ष, आभावपक्ष, निषेधसूचक पक्ष; withholding of ascent निषेधशक्ति *f*, प्रतिबंध सामर्थ्य *n.*—*v.* नाहीं ह्मणून बंद क., निषेध क.; disprove खोटा करून दाखविणें. -LY *ad.* नाहीं ह्मणून, नकारानें; नास्तिपक्षानें, निषेधपक्षानें.

NEGLECT *v.* (*nec*, not, *legere*, to gather) not to treat with due attention हयगयी -अनास्था -आळस क., विसरणें; slight उपेक्षा -अनमान -अव्हेर क. [of].—*n.* उपेक्षा *f*, हयगयी *f*; अव्हेर, हेळसांड *f*; omission of civility अनादर, अवज्ञा *f*.—NEGLIGENCE गाफीलपणा, हयगयी *f*, प्रमाद; उपेक्षा *f*, अव्हेर; a negligent act गफलत *f*, चूक *f*.—NEGLIGENT *a.* गफलती, गाफील, विसराळू; उपेक्षा -अव्हेर करणारा [of]. -LY *ad.* हयगयीनें, गाफीलपणानें; उपेक्षापूर्वक, अनमान करून.

NEGOTIATE *v.* (*nec*, not, *otium*, leisure) procure by mutual intercourse and agreement परस्पराच्या अनुमतानें मिळविणें; sell विकणें.—*i.* transact business वहिवाटणें, काम चालवणें; hold intercourse with another respecting a treaty, league, or convention तहाचें वगैरे बोलणें चालवणें -लावणें, -बोलाचाली क. [for, with].—NEGOTIATION बोलणें चालणें *n*, घडवाघडव *f*, बोलीचाली *f*; trading देवघेव, उदीम, व्यापार; transaction of business between nations व्यापार; mutual intercourse of governments by their agents, in making treaties, &c. तह वगैरेचें बोलणें *n*, पैगम.—NEGOTIATOR बोलणें चालणें करून घडविणारा, वकील, कारभारी; दलाल, विकरी करून देणारा;—of matrimonial alliances घटक.—NEGOTIABLE *a* वहिवाटायाजोगा; चालविण्या -विकण्याजोगा (a note).

NEGRO *Port.* सिद्दि, हबशी.—NEGRESS हबशीण *f*, सिद्दीण *f*.

NEIGH* *v.* खिंकाळणें, हिसणें.

NEIGHBOUR* person who lives near one शेजारी; one of the human race मनुष्य, माणूस; female n. शेजारीण *f*.—*a.* जवळचा, शेजारचा.—*v.* -च्या जवळ असणें -राहणें. -HOOD शेजारीपणा, शेजारपणा; vicinity शेजार, जवळचा प्रदेश; inhabitants who live in the vicinity of one another शेजारीपाजारी *pl*, अडोशीपडोशी *pl*; the law of n. शेजारधर्म; from the n. शेजारून; in the n. शेजारीं, आसपास; village in the n. of भोंवरगांव. -ING *a.* जवळचा, आसपासचा, शेजारचा. -LY *a.* शेजारधर्मास योग्य, शेजारधर्माचा, भाईबंदीचा.—*ad.* शेजारधर्मानें, भाईचारानें.

NEITHER* *pron.* or *a.* कोणताही नाहीं, एकही नाहीं.—*conj.* आणिही नाहीं.

NEOLOGY (*Gr. neos*, new, *logos*, word) भाषेंत नवीन शब्द चालू करणें *n*, नूतन शब्दसेवन *n*; new doctrine नवें मत *n*, नवा उपदेश.

NEOPHYTE (*Gr. -phoutos*, grown) नवा शिष्य; नवा झालेला ख्रिस्ती; नूतनअभ्यासी, नवा शिष्य, नवशिक्या.

NEPHEW* (*Skr. naptri*) son of a brother पुतण्या;—of a sister भाचा.—NEPOTISM

भाचे व पुतणे यांजवरची ममता *f*; undue attachment to relations आप्तांचा ओढा.

NERVE (*nervus*) physical force शरीराची बळकटी *f*, जोर *n*; organ of sensation and motion in animals ज्ञानतंतु, मज्जातंतु; firmness of mind धीर *n*, धैर्य *n*; to strain every n. दांतीं बळ धरणें, जोर मारणें, अंग मोडून श्रम क. -खपणें.—*v*. जोर देणें -आणणें: fear *nerved* his arm [with]. -LESS *a*. निर्बळ, दुर्बळ, पोचट.—NERVOUS *a*. मज्जातंतूचा, मज्जातंतुसंबंधी; characterized by strength in sentiment or style कडकडीत, कटावाचा (writer); मज्जातंतूच्या विकाराचा (fever); weakly अशक्त, भित्रा, कंपशील. -NESS बळकटी *f*, जोर;—of a composition, speech, &c. कटाव.

NEST* (*Skr. nída*) place in which birds hatch and rear their young कोटें *n*, घरटें *n*; abode, as of thieves, &c. आलाडा, घर *n*, अड्डा; to feather one's n. घर भरणें, उखळ पांढरें क.—*v. i*. कोटें-घरकुंडा करून राहणें.—*t*. कोट्यांत घालणें; -च्या करितां कोटें क. —NESTLE *v*. पाळणें, लालनपालन क.; घरकुंडा करून राहणें.—*i*. सुखेंकरून नांदणें, सुखवास क. [in].—NESTLING घरकुंड्यांतलें पिलूं *n*.

NET* instrument for catching birds and fish, or wild beasts जाळें *n*, पाश; snare सांपळा, पाश, जाळें *n*;—to carry or hold fruit अखी *f*, अखा. -WORK जाळीचें -जाळीदार -खिडकीदार काम *n*.

NET *a*. *F*. निवळ, निका, ठाम.

NETHER* *a*. खालचा, खालला. -MOST *a*. सर्वांखालचा.

NETTLE* खाजकोलती *f* -कुयली *f*.—*v*. चिथवणें, संतापविणें. -RASH पित्ताच्या बारीक गांधी *pl*, पित्तांबी *f*, उदर्द.

NEURALGIA (*Gr. neuron*, nerve, *algos*, pain) a disease, the chief symptom of which is very acute pain exacerbating or intermitting, which follows the course of a nervous branch, extends to its ramifications, and seems therefore to be sealed in the nerve चंचलवायु.

NEUTER *a*. (*ne*, not, *uter*, either) मध्यस्थ, तिऱ्हाईत, उभयपक्षा वेगळा; *Gram*. नपुंसक (gender); अकर्मक (verb).—*n*. तिऱ्हाईत, उदासीन; animal of neither sex हिजडा, हिजडी *f*, हिजडें *n*, षंढ.—NEUTRAL *a*. उदासीन, तिऱ्हाईत; neither very good nor bad मध्यम, सरासरी. -ITY मध्यस्थपणा, तिऱ्हाईतपणा. -IZE *v*. निःशक्त -निर्वीर्य क.; destroy the effect or peculiar properties of मारणें, गुण -धर्म नाहींसा क.

NEVER* *ad*. at no time कधीं नाहीं; not in the least अगदीं नाहीं; not नाहीं; n. before पूर्वीं कधीं नव्हता; n. so कसाही. -THELESS *ad*. तरी, तथापि, तत्रापि.

NEW* *a*. (*Skr. nawas*) having existed, or having been made but a short time नवा, नवीन, ताजा (coat, book); strange नवका, अपूर्व, नवा (metal); starting anew नवसर, आरंभीचा, नुकताच चालू झालेला; said of anything that recurs periodically (week, moon, year); not ancient नव्या काळचा, नूतन (man); not worn out नवाच, न वापरलेला, कोरा; not habituated नवा, अनोळखी, अपरिचित, अनभ्यस्त; newly come नवा आलेला; n. land नवेंरान *n*, n. moon अमावास्या *f*. -ISH *a*. नवट, कांहींसा नवा. -LY *ad*. नवा, नुक्ता; नव्यानें, नव्या रीतीनें; with a new form नव्या रूपानें, नव्या डौलानें. -NESS नवेपणा, नवेंपण *n*, ताजेपणा; recent change नवा फेरफार; want of practice अनभ्यास, अपरिचय. —NEWS, recent account ताजी -नवी बातमी *f* -खबर *f*; tidings समाचार, बातमी *f*,

वर्त्तमान *n*; any n.? कांहीं नवल विशेष? -MONGER बात्या, गप्पीदास, खबऱ्या. -PAPER वर्त्तमानपत्र *n*.

NEXT* *a*. nearest in place अगदीं जवळचा, बाजूचा; nearest in time जवळचा; adjoining in a series -च्या मागला, दुसरा, लागोपाठचा; nearest in degree, rank जवळचा; the n. world परलोक; n. time दुसऱ्या खेपेस -वेळीं [to].—*ad*. नंतर [to].

NIB* point टोंक *n*, अग्र *n*; bill of a bird चोंच *f*; —of a pen लेखणीचा टांक; handle of a scythe विळ्याचा दांडा -ची मूठ *f*. -BLE *v*. कुरतुडणें, कुरकुटणें.—*i*. डसणें, चावणें; find fault दोष लावणें, नांव ठेवणें [at].

NICE *F*. *a*. delicious गोड, रुचिकर, मिष्ट; agreeable आवडता, मनोरम, चांगला, रम्य (party); wrought by skilful workman नाजूक, कळाकुसरीचा, बारीक (point); characterized by exactness सुती, रेखला, बराबर, तंतोतंत (proportion); overscrupulous खंतखोर, कांक्षेखोर; apprehending slight differences बारीक पाहणारा, सूक्ष्मदर्शी, कुशाग्रबुद्धि. -LY *ad*. बारीक दृष्टीनें; चांगला, सुंदर, खूप, नीट: a feat is n. done. -TY बारीक दृष्टि *f*, सूक्ष्म शोध; खंत *f*, कांक्षा *f*; बारकाई *f*, सूक्ष्मता *f*; गोडी *f*, चव *f*, लज्जत *f*; मिजास *f*, नाजकाई *f*, नाजुकपणा; टापटीप *f*, चापचोपी *f*; खुमास *f*, खुबी *f*, छान *f*, सुंदरपणा; delicate management युक्ति *f*, कौशल्य *n*, लाघव *n*; a delicacy खाण्याचा नाजूक पदार्थ, पक्वान्न *n*, चीज *f*, मेवा मिठाई *f*.

NICHE *F*. कोनाडा, देवळी *f*.

NICK *Icel*. ऐनवेळ *f*, अणीबाणी *f*, संधि *f*.—* कोनाडा, करकोंचा, पावडा; *Print*. कातरा, सड. —*v*. कातरे -सड पाडणें; fit into बसविणें, जमविणें, जम बसविणें.

NICKNAME *F*. & *E*. ढोंगमताचें नांव *n*, उपाधिनाम *n*.— *v*. निंदेचें नांव देणें -ठेवणें.

NIECE *F*. daughter of a brother पुतणी *f*; —of a sister भाची *f*.

NIGGARD *Ger*. कृपण मनुष्य, मारवाडी.—*a*. किरमाडी, हाताचा जड, कवडीचुंबक. -LY *a*. कृपण, किरटा, दृढमुष्टि; sparing अल्पव्ययी, बारीक दृष्टीचा, काटकसऱ्या.

NIGH* *a*. near जवळचा, समीपचा; intimate सलगीचा, स्नेहाचा [to].— *ad*. जवळ, समीप; almost बहुतकरून [to].—*prep*. जवळ [to].

NIGHT* (*Skr. nakta*) time from sunset to sunrise रात्र *f*, रात *f*; darkness अंधार; ignorance अज्ञानांधकार, अज्ञानतिमिर; adversity विपत्ति *f*; death मरण *n*; in the n. अकस्मात्, एकाकीं; to-n. आजरात्रीं, रात्रीं; day and n. अहोरात्र *f*; sitting up at n. जागरण *n*, उजागरा. -CAP निजतांना घालायाची टोपी *f*. -CART हलालखोराची गाडी *f*. -FALL सायंकाळ, प्रदोष. -FIRE भूतकोलीत *n*. -INGALE the Indian n. बुलबुल, बुलबुलपक्षी. -LY *a*. रात्रीचा, रात्रीचे वेळेचा; प्रतिरात्रीचा.—*ad*. रात्रीं, रात्रीस. -MARE a sensation in sleep as of the pressure of a weight on the chest or stomach, and of an impossibility of motion, speech or respiration, from which one wakes after extreme anxiety, in a troubled state of mind कुस्वप्न *n*, अजीर्णप्रयुक्त स्वप्न *n*. -SHADE—the prickly रिंगणी *f*;—the Malbar मयाळ *f*. -WALKING झोंपेंत चालणें; बदकामा कारितां रात्रीं रस्त्यांत फिरणें.

NIHILITY (*nihil*, nothing) नाहींपणा, नास्तित्व *n*, शून्यता *f*.

NIMBLE* *a*. चपळ, चंचल, अंगचपळ.—NIMBLY *ad*. जलदीनें, चलाखीनें.

NINE* *a*. (*Skr. navam*) नऊ. -FOLD *a*. नऊपट. -TEEN *a*. एकोणीस. -LY *a*. नव्वद. —NINTH *a*. नववा.—*n*. नवमांश.

NIP* *v*. pinch चिमटा घेणें; remove by pinching खुडणें, खुटणें; cut off the end of बो-

खडणें, बोखे तोडणें; destroy नासणें, मोडणें; —as by frost करपवणें, जाळणें; to be *nipped* करपणें [off].—*n.* चिमटा. -PERS *pl.* चिमटा, गावी *f.*

NIPPLE* स्तनाची बोंडी *f*, कुचाम *n.*

NIT* लीख *f*, ऊचें अंडें *n.*

NITRE (*Gr. nitron*) सोरा; n. of potash यवक्षार;—of silver काडीखार. -NITROGEN a gaseous element, forming nearly four-fifths of common air, and incapable of supporting life नैत्रोजिन वायु. -NITROUS *a.* सोऱ्याचा, सोऱ्यासारखा.

NO* *ad.* (*Skr. na*) नाहीं.—*a.* कोणी नाहीं, कांहीं नाहीं.—*n.* नकार; a negative vote नकार-संमति *f.* -BODY कोणी नाहीं. -WAY *ad.* कोणत्याही प्रकारानें नाहीं, कसाहीं नाहीं. -WHERE *ad.* कोठेंही नाहीं.

NOBLE *a.* (*nobilis*) exalted मोठा, थोर, उमदा, प्रगल्भ (heart); grand भव्य, उत्कृष्ट, आलीजाहा, नामी (edifice); high-born कुलीन, मोठ्या कुळांतला, नामदार (personage);—as metals, &c. अशराफ *Hind.*—*n.* -HEARTED *a.* उदार मनाचा, महामनस्क. -MAN उमराव, बडालोक, अमीर उमराव.—NOBILITY कुलीनपणा, खानदानी *f*; dignity of a nobleman अमीरी *f*; those who are noble बडे लोक *pl*, अमीर लोक *pl.*—NOBLY *ad.* मोठया मनानें; splendidly छानदारीनें; मोठ्या कुळांत जन्मलेला (born).

NOCENT *a.* (*nocere*, to hurt) अपकारक, अपकारशील, बाधक (qualities).

NOCTURNAL *a.* (See NIGHT) रात्री संबंधी, रात्रीचा; रात्रीं अन्न मिळविणारा, रात्रीं अन्न मिळविण्याच्या संबधीचा (birds).

NOD *v. i. W.* incline the upper part with a quick motion झुलणें, झुकणें; incline the head with a quick motion डोकें-मान हलविणें -डोलवणें; be drowsy डुकल्या खाणें [to].—*i.* डोलवणें, हलवणें; signify by a nod मान डोलवून खुणावणें, खुणावणें; make a motion of assent, or of salutation मान डोलवणें, मान्य होणें; सलाम क.—*n.* झोका, हेलकावा; डुकली *f*; खूण *f*, इशारत *f*, शिरसंकेत.—NODDLE टाळकें *n*, डोकें *n*, नारळ.

NODE (*nodus*) knot गांठ *f*; *Med.* a swelling सूज *f*; *Astron.* उपग्रह; ascending n. राहु; descending n. केतु.

NOISE (*noxa*, hurt) sound आवाज, ध्वनि, शब्द, नाद; clamor कहा, गलबा; frequent talk गवगवा; to make a n. in the world नाव -कीर्त्ति गाजविणें, नांवाचा डंका वाजविणें; to make a n. about हाकाटी क.—*v.* गाजवणें, बोभाटा क.; to be *noised* abroad गाजणें, वाजणें. [about].—NOISOME *a.* अपकारक, बाधक (winds); disgusting कंटाळवाणा; offensive to the smell दुर्गंध, हिडीस, घाणेरडा. [to].—NOISY *a.* मोठ्या शब्दाचा, महानाद; गलबल्याचा, दणक्याचा, कडाक्याचा (procession); full of noise गजबजीत, गजगजीत, गाजता (town).

NOMAD (*Gr. nomos*, pasture) कुरणासाठीं हिंडत फिरणाऱ्या लोकां पैकीं.—& -IC *a.* पशुचारणजीवी.

NOMENCLATURE (*nomen*, name, *calare*, to call) a dictionary शब्दकोश; terminalogy पारिभाषिक शब्दकोश.

NOMINAL *a.* (See NAME) नांवाचा, नामसंबंधी; existing in name only नांवाचा, केवळ नांवाचा, नामधारी, नांवापुरता.—NOMINATE *v.* नाव ठेवणें; appoint नेमणें, नेमणूक क. [for].—NOMINATION नेमणें *n*, नेमणूक *f*; power of nominating नेमण्याचा अधिकार, नियोजनाधिकार.—*n. Gram.* प्रथमा *f*, कर्त्ता [for]. —NOMINATOR योजणारा, नेमणारा.—NOMINEE नेमलेला, नियोजित, नियुक्त.

NON-ACCEPTANCE अस्वीकार, अपरिग्रह.

NON-AGE बालदशा *f*, अप्रौढदशा *f*.

NON-ATTENDANCE गैरहजिरी *f*, अविद्यमानता *f*.

NON-COMPLIANCE कबूल न करणें *n*, नाकबुली *f*, अस्वीकार.

NON-CONFORMIST अननुरोधी, अननुसारी; one who does not conform to an established church देशस्थापित राजधर्मविरोधी.

NON-CONDUCTOR ज्यांतून वीज किंवा उष्णता बाहेर जात नाहीं तो पदार्थ.

NON-DESCRIPT *a*. (*-descriptus*, described) अवर्णित, ज्याचा वर्ग लाविता येत नाहीं असा, विलक्षण.—*n*. विलक्षण पदार्थ, अवर्णित वस्तु *f*, अगडबगड *n*.

NONE* *a*. & *pron*. कोणी नाहीं, एकही नाहीं; not any अगदीं -सुतरां -कांहीं नाहीं.—NON-ENTITY, non-existence नाहींपणा, अभाव; thing not existing शून्य *n*, अवस्तु *f*. -EXISTANT *a*. न असणारा, अविद्यमान.

NON-PLUS (*-lus*, more) state in which one is unable to proceed or decide गोंधळ, घोळ, पेंच.—*v*. गोंधळांत पाडणें -घालणें निरुत्तर क., पछाडणें, मेख मारणें, कुंठित क.

NON-RESISTANCE अप्रतिकार.—NONSENSE कांहीं-चें बाहीं *n*, लटरफटर *n*, बडबड *f*; trifles सटरफटर *n*, अगडबगड *n*.—NONSENSICAL *a*. निरर्थक, अचावचां, बाष्कळ; to talk n. झकमारणें.

NONSUIT *v*. दावा रद्द क. -ED वादांत हरलेला.

NOOK *Ir*. कोपरा, कोन.

NOON (*nona*, the ninth hour) दुपारची वेळ *f*, दोनप्रहर; at n. दुपारीं; height of n. उभी -टळटळती दुपार *f*.—*a*. दुपारचा, माध्याह्निक. -ING दुपारची वामकुक्षी *f*; a repast at noon दुपारचा फराळ.—NOON-TIDE दोनप्रहरचा, दुपारचा.—*n*. दुपार *f*, दोनप्रहर.

NOOSE *Ir*. सरफांस, निसरगांठ *f*; n. for the neck गळफांस; n. to entangle in नागपाश.

NOR* *conj*. हेंही -तेंही नाहीं, न.

NORMAL *a*. (*norma*, rule) नेमाप्रमाणें, नियमित; n. school पंतोजी तयार करण्याची शाळा *f*, 'नार्मल स्कूल' *n*.

NORTH* उत्तरदिशा *f*.—*a*. उत्तर, उत्तर दिशेकडचा, उत्तरेकडचा. -EAST ईशानी दिशा *f*.—*a*. ईशानी कडचा, पूर्वोत्तर. -ERLY *a*. उत्तरेचा.—*ad*. उत्तरेकडे; in a northern direction उत्तरेकडचा -ला, उत्तराभिमुख; proceeding from the northern point उत्तरेकडून निघणारा. -ERN *a*. being in the north उत्तरेस असणारा, उत्तरस्थ; in a direction towards the north उत्तर दिशेकडचा (course). -ING—of the sun उत्तरायण *n*. -POLE, -STAR उत्तर ध्रुव. -WARD उत्तरेकडे. -WEST वायव्य दिशा *f*.—*a*. वायव्य दिशेकडचा. -WIND उत्तरेकडचा वारा, उत्तरवायु, उतरण *f*.

NOSE* (*Skr*. *nâsâ*) the organ of smell नाक *n*; power of smelling वास घेण्याची शक्ति *f*; scent वास; snout मुसकाड *n*, मुसकट *n*; to blow the n. नाक शिंकरणें; to bore the n. नाक टोंचणें; to lead by the n. नाकीं वेसण घालणें; follow your n. नाकासमोर जा; to put one's n. out of joint नाक कापणें; to measure noses भेटणें, गांठ पडणें; to take pepper in the n. नाकांतले केंस जळणें; having the n. cut नकटा; to bleed at the n. नाक फुटणें; to thrust one's n. into लांडा -लुबरा कारभार क. -GAY फुलांचा झुबका -गुच्छ. -RING नथ *f*.—NOSTRIL नाकपुडी *f*.—NOZZLE सोंड *f*, तोंड *n*.

NOSOLOGY (*Gr*. *nosos*, disease, *logos*, discourse) science of diseases रोगनिदानशास्त्र *n*.

NOSTRUM (*nos*, we) quack medicine जडीबुट्टी *f*, वल्ली *f*, औषध *n*.

NOT* *ad*. नाहीं.

NOTCH *D*. nick खड, कात्रा, खांड *f*; as cut in

a tree, made in a wall, &c., for the foot पावडा; as cut to facilitate breaking तोड f; as made for or worn by a rope करकोंचा.

NOTE (*nota*) a mark खूण f, निशाणी f, चिन्ह n; mark to call attention इशारत f; memorandum टिपण n, टीप f; a brief remark टीप f, टीका f; short letter चिट्ठी f, 'नोट' f; promissory n. चिट्ठी f, दस्तऐवज; bank n. 'नोट' f, ब्यांकनोट' f; *Mus.* tune सूर, स्वर; notice धोरण n, लक्ष n; reputation आबरू f, प्रतिष्ठा f, नांव n.—*v.* लक्ष देणें, ध्यान देणें -लावणें; टिपणें, टाचणें, मांडणें; टीका लिहिणें क. -BOOK स्मरणवही f.—NOTED *a.* प्रसिद्ध, महशूर, विख्यात.—NOTABLE *a.* लक्षांत ठेवण्याजोगा, स्मरणीय; प्रसिद्ध, विख्यात; smart हुशार, चलाख; plain स्पष्ट, उघड; a n. housewife सुगरण f. [for].—NOTARY करारनामे वगैरे कागदपत्रांवर शिक्का करणारा, दबीर.—NOTATION अंकन n; *Mus.* numerical n. प्रस्तर.—NOTICE नजर f, दृष्टि f; heed लक्ष n, अवधान n, ध्यान n; intelligence बातमी f, खबर f, सूचना f, इशारत f; writing containing formal, customary, or presented information प्रसिद्धिपत्र n, जाहिरात f, 'नोटिस' f; respectful treatment आदरसत्कार, सन्मान, संभावना f.—*v.* पाहणें, लक्षांत आणणें; pay attention लक्ष देणें, धोरण ठेवणें -राखणें; make observation on -विषयीं लिहिणें -बोलणें, गोष्ट काढणें: the plant deserves to be *noticed* in this place; treat with attention and civilities आदरसत्कार -संभावना क. -ABLE *a.* लक्षांत ठेवण्याजोगा, लक्ष्य.—NOTIFICATION जाहिरात f, जाहीरनामा; कळवणें n, ज्ञापन n, सुचवणें n, सूचना f; paper giving notice जाहिरात f, जाहीरनामा.—NOTIFY *v.* make known कळवणें, जाहीर क.; give notice to सुचवणें, खबर देणें [to].

NOTHING* not anything कांहीं नाहीं; nonentity नास्तित्व n, अभाव; not any thing of account किंमत f, कथा f, केवा (Is. xli., 24); trifle हलकी गोष्ट f, कःपदार्थ f; a mere n. परसांतली भाजी f; for n. फुकट, फुकटवारी; to go for n. फोकलीस जाणें; to make n. of तृणवत मानणें; to serve for फुकट -पोट बांधून चाकरी क.—*ad.* कांहींच नाहीं, अगदीं नाहीं.

NOTION (*noscere*, to know) idea कल्पना f, तर्क, ग्रह; opinion मत n, बुद्धि f; high *notions* पत्राज f, मिजास f; तोरा, आढ्यता f; intention बेत, मनोदय. -AL *a.* कल्पित, काल्पनिक, कल्पनेचा (things); fanciful छांदिष्ट, तऱ्हेवाईक, लहरी.

NOTORIOUS *a.* (See NOTE) प्रसिद्ध, विख्यात जगजाहीर; in an ill sense डंका वाजलेला, बाजार महशूर -निरख; to be n. डंका वाजवणें, दिवा लावणें [for].—NOTORIETY प्रसिद्धि f, उघडीक f, लौकिक; in an ill sense बोंभाटा, बभ्रा, धांडोरा.

NOTWITHSTANDING *prep.* असें असतांही, तथापि, तरी.

NOUGHT, See NAUGHT.

NOUN (*nomen*) *Gram.* नाम n; n. of agency कर्तृवाच्य n; n. animate प्राणिवाचक; abstract n. भाववाचक; gentile n. जातिवाचक; instrumental n. कारणवाच्य; simple n. भाववाच्य; verbal n. क्रियावाचक.

NOURISH *v.* (*nutrire*) feed and cause to grow पोसणें, पाळणें, वाढविणें; encourage धैर्य -दिलासा देणें; comfort सांत्वन -समाधान क.; instruct शिकविणें, बोध क. -ER पालनपोषण करणारा; that which nourishes पौष्टिक. -ING *a.* पौष्टिक, धातुपोषक. -MENT पालन n, प्रतिपालन n; food अन्न n, भक्ष्य n, आहार.

NOVEL *a.* (*novus*, new) नवा, नवका; strange नवा, अद्भुत.—*n.* कल्पित कथा f, गोष्ट f, कादं-

बरी *f*, 'नाव्हेल' *n*. -TY नवेपणा, नूतना *f*; new thing अपूर्व वस्तु *f*, नवल *n*, कौतुक *n*; विलक्षणता *f*, अपूर्वता *f*, नवलाई *f*. -IST कादंबरी लिहिणारा.

NOVEMBER (*novem*, nine) इंग्रजी सालाचा अकरावा महिना, कार्तिक-मार्गशीर्ष.

NOVICE (*novus*, new) नवशिका, नवीन अभ्यासी; [one newly received into the church, 1. Tim. iii., 6].—NOVICIATE नवशिकेपणा; time of probation नवशिकेपणाचा काळ, नूतनाभ्यासकाळ.

NOW* *ad*. at the present time आतां, सांप्रत, हल्लीं; in present circumstances असें असतां, तर; n. and then केव्हां केव्हां, कधींमधीं; till n. एथपावेतों, अद्याप. -ADAYS *ad*. सांप्रतकाळीं, आजकाल.

NOWAY, -WAYS, -WISE *ad*. कोणत्याही प्रकारें नाहीं, कसाही नाहीं, सर्वथैव नाहीं.—NOWHERE, See under No.

NOXIOUS *a*. (*nocere*, to harm) वावडा, अपकारक, दुष्ट [to].

NUCLEUS (*nux*, nut) गर, गीर lit. fig.; any thing about which matter is collected समुच्चायास्पद, हृदय *n*.

NUDITY (*nudus*) नागवेपणा, नग्नता *f*; the nude human figure नग्नमूर्त्ति *f*, दिगंबर.

NUGATORY *a*. (*nugax*, jesting) हलका, पोकळ, व्यर्थ, निरर्थक.

NUISANCE (*nocere*) उपद्रव, पीडा *f*; *Law*, that which annoys or incommodes पीडा करणारी वस्तु *f*, पीडा *f*, उपाधि *f* [to].

NULL *a*. (*nullus*, none) व्यर्थ, निर्जीव, रद्द, पोकळ. -IFY *v*. मोडणें, रद्द -बातल क.

NUMB* *a*. सुस्त, जड, सुना, बधिर.—*v*. बेशुद्ध -सुना क.

NUMBER (*numerus*) assemblage made up of distinct things expressible by figures संख्या *f*, सुमार, गणती *f*, गणणा *f*; multitude समुदाय, मेळा, समूह; *Poet*. *pl* कविता *f*; *Gram*. वचन *n*; *Math*. अंकडा, अंक; what n.? किती? an odd n. विषमसंख्या *f*; even n. समसंख्या *f*.—*v*. मोजणें, गणणें, आंकडा घालणें; लेखणें, मानणें, मोजणें; amount to गोळाबेरीज होणें, एकंदर मिळून भरणें. -LESS *a*. असंख्य, अगणित.—NUMBERS the fourth book of the Pentateuch गणना नामक जुन्या करारांतलें एक पुस्तक *n*.—NUMERAL अंकडा, अंक; *Gram*. संख्यावाचक.—*a*. संख्येचा, संख्या संबंधी; संख्यावाचक (letter).—NUMERATION अंकाची मांडणी *f*, संख्यापरिमाण *n*.—NUMERATOR गणणारा, गणक; *Arith*. अंश.—NUMERICAL *a*. संख्येचा, संख्येसंबंधी; अंकड्याचा, अंकात्मक; identical तोच, एकरूप.—NUMEROUS *a*. मोठ्या संख्येचा, पुष्कळ, बहुत; musical सुस्वर गायनाचा.

NUN (*nonna*) a woman devoted to a religious life, who lives in a cloister or nunnery, secluded from the world, under a vow of perpetual chastity विरक्तस्त्री *f*, गोसावीण *f*. -NERY गोसाविणींचा मठ.

NUNCIO (*novus*, new) messenger दूत, जासूद; [ambassador from the pope to a king].

NUPTIAL *a*. (*nuptiæ*, marriage) लग्नसंबंधी, वैवाहिक; constituting marriage विवाहात्मक; *pl* लग्न *n*, विवाह.

NURSE (*nutrire*, to nourish) one who nourishes प्रतिपाळ करणारा, पाळक; woman who has the care of young children मुलें संभाळणारी बायको *f*, आया *f*; woman who suckles an infant not her own दाई *f*, थानकरीण *f*, दूधकरीण *f*; woman who has the care of sick persons रोग्याची सेवा -संभाळ करणारी स्त्री *f*, बिमारदार *f* *Hind*.; to put to n. दाईच्या स्वाधीन क.; wet n. दाईपिलाई *Hind*. —*v*. संभाळणें, राखणें; पालनपोषण क.; रोग्याची चाकरी-शुश्रुषा क. [up, in, at].—NURSERY

मुलांची खोली *f*, बालगृह *n*;—of young trees रोपांची जागा *f*; fostering place पालनस्थान *n*.—NURSLING तान्हें मूल *n*.—NURTURE food आहार, भक्ष्य *n*; education शिक्षा *f*, शिकविणें *n*, शिक्षण *n*.—*v*. पालनपोषण क.; शिकवणें, सुशिक्षित क.

NUT* टणक कंवचीचें फळ *n*, सकवच फळ *n*. -CRACKER अडकिता. -MEG जायफळ *n*. -SHELL कंवची *f*.

NUTRIMENT (See NURSE) भक्ष्य *n*, आहार; पौष्टिक पदार्थ.—NUTRITION भक्ष्य *n*, आहार, जीवन *n*; पौष्टिक पदार्थ.—NUTRITIOUS *a*. पौष्टिक, धातुपुष्ट.

NYMPH (*nympha*) *Myth*. goddess of the forests, or waters वन किंवा जलदेवता *f*; maiden कुमारिका *f*, तन्वंगी *f*.

O

O *int*. अरे, रे; in respect अहो, हे, हो.

OAK* एक वृक्ष आहे, सिंदूरवृक्ष.

OAKUM* जुने दोरीचा काथा.

OAR* वल्हें *n*; blade of an o. चपणी *f*; staff of an o. पतिंगा.—*v*. वल्हें मारणें.

OASIS *Ar*. वाळवंटातील ओलाव्याची जागा *f*.

OAT* एक धान्य आहे.

OATH* a solemn affirmation or declaration, made with an appeal to God for the truth of what is affirmed शपथ *f*, आण *f*; careless and blasphemous use of the name of the Divine Being, or any thing divine or sacred, either by way of appeal or as a profane exclamation or ejaculation]; to administer an o. शपथ देणें -घालणें; to substantiate by o. क्रिया क.; to take an o. शपथ वाहणें -खाणें -घेणें -क. -BREAKING शपथभंग, क्रियानाश.

OBDURACY (-*durare*, to harden) मनाचा कठीणपणा, पापनिग्रह.—OBDURATE *a*. पश्चात्ताप न होणारा, अनुतापपराङ्मुख, हट्टी.

OBELISK (*Gr*. *obelos*, a spit) मनोरा, सूच्याकारस्तंभ; *Print*.† या प्रकारची खूण *f*.

OBEY *v*. (-*audire*, to hear) give ear to ऐकणें, मानणें; submit to the government of अधिकारांत -सत्तेंत -कह्यांत वागणें; yield to the impulse, power, or operation of वश होणें; comply with the order of हुकूम बजावणें, आज्ञा पाळणें.—OBEDIENCE आज्ञापालन *n* -धारण *n* -सेवन *n* [to].—OBEDIENT *a*. आज्ञेंत वागणारा, आज्ञाधारक -पालक, आज्ञांकित, हुकमी [to].—OBEISANCE नमस्कार, नमन *n*; profound o. साष्टांग नमस्कार.

OBJECT *v*. *i*. (-*jacere*, to throw) अडचण सांगणें, तकरार -दिकत घेणें.—*t*. bring into opposition आडवा आणणें; offer in opposition आडवा क., दोषरूपानें पुढें क. [to, against]; reproach with दोष लावणें, हिणावणें.—*n*. that with which the mind is occupied in the act of knowing विषय; in comp. गोचर, पात्र *n*: इंद्रियगोचर, कृपापात्र; that to which the desire is directed आशय, अर्थ, हेतु, अभिप्राय; *Gram*. कर्म *n*.—OBJECTION शंका घेणें *n* -काढणें *n*; शंका *f*, आशंका *f*, हरकत *f*, बाध. -ABLE *a*. आशंका घेण्याजोगा, बाध्य.—OBJECTIVE *a*. वस्तूचा, विषय संबंधी; *Metaph*. outward बाहेरचा, मनाच्या बाहेरचा, स्थूल; *Gram*. कर्मपद विषयक.

OBLATE *a*. (*oblatus*) दोहों बाजूंस चपटा.

OBLATION (*offerre*, to offer) बळी, देवोपहार.

OBLIGE *v*. (-*ligare*, to bind) constrain by moral or legal force बांधणें, भाग पाडणें, नाप्राप्त क.; bind by some favor rendered उपकारानें बांधणें; do a favor to -वर कृपा -मेहरबानी क. [by, in, with].—OBLIGATION अवश्य कर्त्तव्यता *f*, उपकार.—OBLIGATORY *a*. आवश्यक, नाप्राप्त [on].—OBLIGED आभारी -उपकारी झालेला;—by a favor उपकारबद्ध;

भाग पडलेला.—OBLIGING *a.* उपकारशील -बुद्धि, परोपकारी.

OBLIQUE *a.* (*obliquus*) slanting तिरकस, तिरपा; underhand उपरोधिक, उपरोधाचा, वक्र; collateral बाजूच्या नात्याचा, शाखा संबंधी; o. case, *Gram.* कारक विभक्ति *f*; o. speech वक्रोक्ति *f*; o. vision वक्रदृष्टि *f*.—OBLIQUITY तिरकेपणा, वांक, वक्रता *f*; deviation from moral rectitude चळ, विपथगमन *n*.

OBLITERATE *v.* (*litera*, letter) blot out पुसून टाकणें, बोळा फिरवणें; wear out झिजवणें, जीर्ण क. (ideas); reduce to a very low state मंद -हलका क. (pulse) [from, with].—OBLITERATION लोप करणें *n*, लोप; extinction लोप, संहार, समूळनाश.

OBLIVION (*oblivisci*, to forget) विस्मृति *f*, विसर; amnesty गुन्ह्याची माफी *f*, सूट *f*; in o. नांवनट; to bury in o. -वर माती टाकणें -धूळ लोटणें; to fall into o. सांडणीस पडणें; to cast into o. सांडणीस टाकणें.—OBLIVIOUS *a.* विसर -विस्मृति पाडणारा; forgetful विसराळू, विसऱ्या [of].

OBLONG *a.* (*-longus*, long) लांबोडा, दीर्घचतुरस्र.

OBLOQUY (*-loqui*, to speak) language that casts contempt on men or their actions निंदा *f*, अपवाद, गर्हा *f*.

OBNOXIOUS *a.* (*noxius*, hurtful) liable to censure दोष ठेवण्याजोगा, दोषपात्र; odious नावडता, अप्रिय, वीट येण्याजोगा; liable योग्य, पात्र, वश्य, अधीन; o. to punishment दंडयोग्य -पात्र;—to disease रोगाधीन [to].

OBSCENE *a.* (*obscenus*) offensive to chastity and delicacy अभद्र, बिभत्स, अवाच्य (language, picture);—of person विचकट, तोंडाचा फटकळ; filthy मळीण, हिडीस; inauspicious अशुभ, अमंगळ, अभद्रसूचक (birds).—OBSCENITY विचकटपणा, बीभत्सपणा; lewdness बदफैली *f*, दुर्भाषण *n*, दुरुक्ति *f*.

OBSCURE *a.* (*obscurus*) dark निस्तेज, निबिड; abstruse गूढ, खोल, दुर्बोध (inscription); living in darkness अंधारांत राहणारा (bird); retired आडवळणाचा, कुशीचा (place); unnoticed अप्रसिद्ध, सांदीकोंदीचा (person); not clear अस्पष्ट, अव्यक्त, पुसट, चुटपुट (view).—*v.* अंधक -मळकट -तेजहीन क.; अवघड -कठीण दुर्बोध क. [by, with].—OBSCURITY अंधकपणा, पुसटपणा; गूढता *f*, गहनता *f* अप्रसिद्धि *f*, अल्पप्रतिष्ठा *f*.

OBSEQUIES *pl.* (*-sequi*, to follow) प्रेतकर्म *n*, -क्रिया *f*, क्रिया *f*, प्रेतसंस्कार, मूठमाती *f*, मरतीक *n*.—OBSEQUIOUS *a.* आर्जवी, खुशामती [to].

OBSERVE *v.* (*-servare*, to keep) be on the watch respecting पाहणें, लक्षिणें, निरेखणें; regard with religious or ceremonious care पाळणें, करणें, आचरणें; utter as a remark बोलणें, ह्मणणें; obey मानणें, ऐकणें, पाळणें [with, from].—*i.* बोलणें, ह्मणणें; लक्ष देणें, लक्षांत ठेवणें.—OBSERVER लक्ष लावून -निरखून पाहणारा; पाळणारा, करणारा: an o. of the Sabbath; लक्ष्यपूर्वक अवलोकन करायास शिकलेला; पाळणारा, राखणारा: he is a strict o. of his word; पाळणारा, आचरणारा, चालविणारा: an o. of old customs.—OBSERVANCE पाहणें *n*, निरेखणें *n*; rule of practice नेम, विधान *n*; व्रत -नियम पालन *n*, आचरण *n*, अनुष्ठान *n*; one who is liberated from ceremonial *observances* and worldly restraints अवधूत.—OBSERVANT *a.* पाहणारा, लक्ष लावणारा, नजरबाज; पाळणारा, मानणारा; आचरणारा, करणारा; आज्ञापालक, आज्ञांकित [to].—OBSERVATION पाहणें *n*, निरेखणें *n*; निरीक्षा *f*, अवलोकन *n*; बोलणें *n*, भाषण *n*, चर्चा *f*; पालन *n*, आचरण *n*; *Science*, आकाशांतील ग्रहादिकांचा यंत्रांनीं वेध घेणें *n*, -हवा वगैरे मापणें *n*;

religious o. व्रत *n*, नियम.—OBSERVATORY तारांगण *n*, वेधशाला *f*.

OBSOLETE *a*. (*-solere,* to use) उपयोगांतून गेलेला, रद्द, माजी, लुप्त (words, observances).

OBSTACLE (*-stare,* to stand) अडथळा, अटकाव, नड *f*, विघ्न *n*, [to].—OBSTERIC *a*. प्रसवकर्म संबंधी -कर्ममोचनविषयक.

OBSTINATE *a*. (*do.*) stubborn हट्टी, दुराग्रही; not easily subdued or removed खिळणीचा, जडलेला, दुःसाध्य (fever, cough) [in]. -LY *ad*. हट्ट -खळ घेऊन, दाटून, बळेंच.—OBSTINACY, fixedness in opinion or resolution that cannot be shaken at all, or not without great difficulty दृढता *f*, धैर्य *n*, निग्रह; a fixedness that will not yield to persuasion, arguments, or other measure हट्ट, दुराग्रह, हेका, खळ.

OBSTREPEROUS *a*. (*-strepere,* to make a noise at) गलबल्या, बोलभांड.

OBSTRUCT *v*. (*struere,* to pile up) block up बंद क., बुजवणें, कोंदणें; impede आडवणें, प्रतिबंध -अटकाव क. [in, by]. -ION प्रतिबंध क. *n*; विघ्न *n*, अटकाव, प्रतिबंध, नड *f*.

OBTAIN *v*. (*-tenere,* to hold) मिळवणें, संपादणें [from, by].—*i*. subsist असणें; become prevalent चालणें, चालू होणें, प्रचारांत येणें. -ABLE *a*. मिळवायाजोगा, लभ्य, प्राप्य. -ED संपादित, प्राप्य, उपार्जित.

OBTRUDE *v*. (*trudere,* to thrust) बळेंच देणें, पदरीं घालणें -बांधणें; one's self आपलें घोडें पुढें ढकलणें, पुढें पुढें क. [on, upon].—*i*. न बोलावतां जाणें, घुसणें.—OBTRUSION बळेंच घालणें *n* -देणें.—OBTRUSIVE *a*. बळेंच घालणारा -पुढें करणारा.

OBTUSE *a*. (*-tundere,* to strike) blunt बोथट, बोथा, बिनअणीचा; dull जड, मंदमति; o. angle विशालकोन.

OBVIATE *v*. (*-viare,* to go) निवारणें, टाळणें, चुकवणें [by].—OBVIOUS *a*. उघड, स्पष्ट [to].

OCCASION (*-cadere,* to fall) occurrence घटना *f*; opportunity समय, प्रसंग, अवसर, वेळ; incident गोष्ट *f*, वृत्त *n*; need कारण *n*, प्रयोजन *n*; accidental cause निमित्त *n*, कारण *n*, उपाधि *f*.—*v*. कारण -निमित्त होणें; produce उद्भवणें, उत्पन्न क. [by]. -AL *a*. कधींमधींचा, अनित्य; नैमित्तिक, प्रासंगिक; produced by accident आगंतुक (origin). -LY *ad*. कधीं कधीं, केव्हां केव्हां; प्रसंगानें, प्रसंगानुरूप -सार.

OCCIDENTAL *a*. (*do.*) western पश्चिमेचा-कडला (climate); setting after the sun सूर्यामागून अस्त पावणारा (planet); possessing inferior hardiness, brilliancy, or beauty न्यून -कठिन तेज -प्रभ (gems).

OCCIPUT (*-caput,* head) मस्तकाचा पृष्ठभाग.—OCCIPITAL *a*. मस्तकाचा, पृष्ठभागाचा, शिरपृष्ठ संबंधी.

OCCULT *a*. (*-colere,* to till) गूढ, गुप्त, अप्रसिद्ध (guilt); o. sciences, those imaginary sciences of the middle ages which related to the supposed action or influence of occult qualities, or supernatural powers, as alchemy, magic, necromancy, and astrology चोरविद्या *f pl*.

OCCUPY *v*. (*-capere,* to take) hold वहिवाटणें, धरून -बाळगून असणें, बाळगणें; take possession धरून ठेवणें, अटपणें, गुंतवणें, आपलासा क.: the better apartments were already *occupied*; cover or fill; व्यापणें, भरणें, अटवणें; the camp *occupies* five acres of ground;—one's self खपणें, राबणें, गुंतणें; to be *occupied* रमणें; follow, as a business उद्योग -व्यवहार -व्यापार क. [by, with].—*t*. व्यापार -व्यवसाय क.; वहिवाटणें.—OCCUPANT

a. वहिवाटणारा, भोगणारा.—OCCUPANCY वहिवाट *f,* भोग.—OCCUPATION अटपणें *n;* कबज *n,* व्यापणें *n;* वहिवाट *f,* भोगवटा; employment धंदा, उद्योग, काम *n.*—OCCUPIER वहिवाटणारा.

OCCUR *v. i.* (*-currere,* to run) be found here and there अढळणें, सापडणें, पाहण्यांत येणें; meet or come to the mind आठवणें, मनांत येणें [to]. -RENCE घडणें *n,* उपस्थिति *f;* event गोष्ट *f,* वृत्त *n.*

OCEAN (*Gr. okos,* quick, *nacin,* to flow; *Skr. ogha,* stream) समुद्र, सागर; one of the large bodies of water into which the great ocean is regarded as divided महासागर; immense expanse सागर, अर्णव: o. of trouble.—*a.* समुद्राचा (stream). -IC *a.* समुद्राचा, सागर संबंधी; found in the ocean समुद्रांतला, समुद्रांत मिळणारा; formed in the ocean समुद्रांत झालेला, समुद्रोद्भव समुद्रोत्पन्न.

OCHRE, OCHER (*ochra*) काव *f,* गेरू *f.* -OUS *a.* गेरूचा, कावेचा; गेरूच्या रंगाचा.

OCTAGON (*Gr. octo,* eight, *gonia,* corner) अष्टकोन, अष्टकोनाकृति *f.* -AL *a.* अष्टकोन.

OCTAVO (*octo,* eight) अष्टपत्री पुस्तक *n;* अष्टपत्री पुस्तकाचा साचा.

OCTOBER (*do.*) इंग्रजी सालाचा दाहावा महिना, आश्विन -कार्तिक.

OCTOGENARY *a.* (*octogeni,* eighty each) ऐशीं वर्षांचा.

OCULAR *a.* (*oculas,* the eye) डोळ्यांचा, प्रत्यक्ष (proof); o. deception नजरभूल *f.*—OCCULIST डोळ्यांचा वैद्य, नेत्रवैद्य.

ODD *a. Sw.* not paired with another विजोड, विलग; not included with others फुटकळ, किरकोळ; not even विषम, विषम संख्येचा; peculiar विलक्षण, चमत्कारिक, अपरूप (phenomenon); queer तऱ्हेवाईक, विलक्षण. -ITY एकचिन्ह *n,* कौतुक *n,* एक प्रकार; विलक्षण गोष्ट *f,* नवल *n.*—ODDS *sing. & pl.* न्यूनाधिक *n,* विषमता *f;* advantage वर्चस्व *n,* उपराळा; o.-and-ends ऐलपैल सामान *n;* सटरफटर *n.*

ODE (*L.*) गीत *n,* कविता *f,* गजल *f.*

ODIOUS *a.* (*odi,* to hate) द्वेषपात्र -योग्य; causing hate द्वेषकारक -जनक; offensive ओंगळ, त्रासदायक (sight) [to].—ODIUM द्वेष; offensiveness वाईटपणा, त्रासदायकत्व *n.*

ODOR (*L.*) वास, गंध; fragrant o. सुगंध, सुवास; bad o. दुर्गंध, घाण *f;* to be put in bad o. मर्जीतून उतरणें. -IFEROUS *a.* सुवासिक सुगंधिक (flowers); bearing scent सुगंधवाहक, सुवासिक (gales).

ŒSOPHAGUS (*Gr.*) गळा, अन्नमार्ग -गति *f.*

OF* (*Skr. apa*) belonging to चा *m,* ची *f,* चें *n;* from पासून; noting subjection to, connection with चा *m,* ची *f,* चें *n,* कडे, विषयीं, संबंधी; denoting the material of anything चा *m,* ची *f,* चें *n;* o. late अलीकडेस; o. old पूर्वी.—OFF *ad.* from, noting distance लांब, दूर; noting departure: he went o. तो निघून गेला;—the action of separating: to cut o. कापून टाकणें; to take o. काढून टाकणें; from, not toward बाहेर, सोडून: to look o.; badly o. अनुपपन्न; well o. चार पैसे बाळगून, घरचा सुखी; o.-and-on धरून, सोडून, धरसोडीनें; to be o. करार मोडणें; बेत सोडणें; to come o. निभावणें, वाचणें, बचावणें; घडणें, होणें; to get o. उतरणें, निभावणें; to go o. बार होणें, सुटणें; निघून जाणें; सोडणें; to be o. मागें सरणें, हात काढणें. -*prep.* निराळा, वेगळा; o. the ground भुईसांड; o. the road एकीकडे.—*a.* पलीकडचा, बाहेरचा, दूरचा, आगल्या: the o. ox in a team.

Offal *n.* (*off* & *fall*) waste meat उष्टें *n*, उच्छिष्ट *n*; putrid meat कुजकें मांस *n*; refuse गाळसाळ, खेर *f*, गाळ, निवड *f*.

Offend *i.* (*-fendere*, to thrust) displease मर्जी मोडणें, नाखुश क., रुसवणें; shock चिळस आणणें, कंटाळा -त्रास देणें (the eye, conscience); cause to fall पडायास लावणें; cause to sin पापांत पाडणें, पाप करायास लावणें (Matth. v., 29-30) [by, in, against]. —*t.* पाप क., आज्ञा मोडणें (Jam. ii., 10); to o. against -चा अपराध क. -ER अपराधी, गुन्हेगार.— Offensive *a.* राग आणणारा, चिरडीचा, तुटक (words); कंटाळवाणा, त्रासकारक, ओंखट (smell, sound); used in attack मारक, मारू (weapon); invading चढाईचा, आगळिकीचा (war).

Offer *v.* (*-ferre*, to bear) present for acceptance or rejection पुढें ठेवणें -क.; present in words सांगणें, पुढें क., दाखवणें: I o. thee two things; undertake पत्करणें, हातीं घेणें; present, as an act of worship वाहणें, अर्पिणें; sacrifice बळी देणें, अर्पिणें [up]; bid, as a price बोलणें, सांगणें, घे ह्मणणें;—as a reward देऊं करणें; to o. violence बळजोरी -जबरी -बलत्कार क. [to, for]. —*i.* येणें, पुढें होणें, उपस्थित होणें; declare a willingness पुढें होणें, सरसावणें, तयार -सिद्ध होणें: he *offered* to go मी जाईन ह्मणून बोलला; make an attempt यत्न करून पाहणें.—*n.* पुढें करणें *n*, निवेदन *n*; बोलणें *n*, सांगणें *n*; ह्मटलेलें मोल *n*, मागणें *n*. -ING बलीदान *n*.

Office (*-facere*, to do) duty काम *n*, कर्त्तव्य *n*, धर्म; public charge अधिकार, हुद्दा, असामी *f*; place of business कचेरी *f*, "हपीस" *n*; company whose place of business is their office व्यापाराची मंडळी *f*, पेढी *f*; *pl* kitchens, pantries, &c. पडशाळा *f pl*; *Eccl.* service appointed for a particular occasion पद्धति *f*, विधानमाला *f*; kind *offices* उपकार *pl.* [for].—Officer कामदार, हुद्देदार, अधिकारी; military o. लष्करी अमलदार, सरदार, 'हपिसर.'— Official *a.* अधिकाराचा, अमलाचा; सरकारि नात्याचा, सरकारी, अधिकारमयुक्त (report). o. order दप्तरी हुकूम.—*n.* खालचा -दुय्यम हुद्देदार. -LY *ad.* अधिकार परत्वें; सरकारी नात्यानें.— Officiate *v.* काम -अधिकार क. -चालवणें; perform the appropriate official duties of another बदलीचें काम चालवणें -क.— Officious *a.* लुडबुड्या, चोमड्या, लांडा कारभारी.

Offspring (*off* & *spring*) संतान *n*, संतति *f*.

Oft, **Often*** *ad.* वारंवार, वेळोवेळ, बहुत वेळां.

Ogle *v.* (*oculus*, the eye) डोळे मोडून पाहणें, डोळे मोडणें, तिरप्या डोळ्यानें पाहणें.—*n.* कटाक्ष, नेत्रपल्लवी *f*.

Oh *interj.* आ, आय.

Oil* तेल *n*, तैल *n*; fixed o. स्थिरतेल *n*; volatile o. उडणारें तेल *n*.—*v.* तेल लावणें -माखणें -चोपडणें; to be *oiled* तेलकटणें. -CAKE पेंढ *f*. -CLOTH मेणकापड *n*, तेलकापड *n*. -COLOR तेल्यारंग, तेलाचा रंग. -MAN तेली. -NUT -TREE उंडी *f*, उंडीचें झाड *n*.—Oily *a.* तेलाचा, तेलासारखा, तेल्या (appearance); fatty गुळगुळीत, तेलकट (man);—a smell मेणकट, तेलकट; supple आर्जवी, तोंडदेख्या

Ointment (*ungere*, to anoint) उटणें *n*, माखण *n*.

Old* *a.* not young ह्मातारा, जुना, वृद्ध; not new जुना (garment); formerly existing पूर्वीचा, पूर्वकालिक, जुना, प्राचीन (custom, law); a year o. एक वर्षाचा; experienced जाणता, पक्का, पुरा, जुना (offender); long cultivated बहुत दिवस वहिवाटलेला

-राबलेला (land); worn out जीर्ण, जुना, वापरलेला (clothes); wise शहाणा, जाणता, चाणाख्य (head); wanting in the mental vigor or other qualities belonging to youth खप्पड, खलड, थेरडा; old-fashioned जुन्या तऱ्हेचा -चालीचा; रिवाजाचा, चालीचा; jolly आनंदाचा, उल्लासाचा, सुखाचा; of o. मागेंच, फार दिवस झाले; पुरातन काळापासून; o. age म्हातारपण *n*, वृद्धापकाळ; उतारवय *n*; o. bachelor जन्मसन्यासी, निंब; of o. school जुन्या शाळेचा, जुन्या मताचा पंथाचा; O. Testament, that part of the Bible which contains the collected works of the inspired writers previous to Christ जुनाकरार. -NESS जुनेपणा; जीर्णत्व *n*; बहुकालित्व *n*; म्हातारपण *n*. -WIFE वटवटणारी म्हातारी *f*.

OLEAGINOUS *a.* (*olea,* olive) चिकण, स्निग्ध.

OLIBANUM *Ar*. गंधाबिरोजा.

OLIGARCHY (*Gr. oligos,* few, *archein,* to rule) government of a small number अल्पजनप्रभुत्व *n*.

OLIVE (*oliva*) जेतून झाड *n*.

OMEN (*L.*) prognostic प्रश्न, शकुन; sign चिन्ह *n*, लक्षण *n*.—OMINOUS शकुन संबंधी; auspicious शुभसूचक; inauspicious अशुभसूचक, अभद्र लक्षणाचा, अभद्र.

OMENTUM (*L.*) पोटाचा पडदा, अंत्रवेष्टन *n*, मेदोधरा *f*.

OMIT *v.* (*mittere,* to send) drop गाळणें, सोडणें, सांडणें; neglect उपेक्षा -हयगई -आळस क. [from].—OMISSION सोडणें *n*, वगळणें, *n*, वर्जन *n*; that which is omitted कसर *f*, तफावत *f*, अंतर *n*.

OMNIPOTENT *a.* (*omnis,* all, *potens,* powerful) सर्वशक्तिमान; the O. सर्वशक्तिमान ईश्वर.—OMNIPOTENCE -CY, सर्वशक्ति *f*, अनंतशक्ति *f*.

OMNIPRESENT *a.* (-*præsens,* present) present in all places at the same time सर्वव्यापी, विश्वव्यापक, सर्वगत.—OMNIPRESENCE विश्वव्यापकता *f*.

OMNISCIENT *a.* (-*scire,* to know) having universal knowledge or knowledge of all things सर्वज्ञ, सर्वसाक्षी, त्रिकालज्ञ.—OMNISCIENCE the quality of being omniscient;—an attribute peculiar to God सर्वज्ञता *f*, सर्वज्ञान *n*.

OMPHALOTOMY (*Gr. omphalos,* the navel, *tomas,* cutting) नाभिछेदन *n*.

ON* *prep.* at, or in contact with, the surface of a thing and supported by it वर: o. the floor; toward and to the surface of वर, पाठीवर, पृष्ठतलावर: the rain falls o. the earth; upon; denoting the acting by contact with the surface of any thing वर: to play o. a harp; besides शिवाय, खेरीज, वर: loss o. loss; at or near स, ला, शीं, पाशीं, जवळ: o. each side; the fleet is o. the coast; reliance upon वर: to depend o. a person for assistance; at or in the time of स, ला, ई: o. the Sabbath we abstain from labor; at the time of स, ला, ई: o. public occasions; toward वर: have pity o. me; at the peril of: o. thy life तुझ्या जिवावर; by virtue of वर: he promised o. his word; to the account of वर, कडे: o. us be all the blame; in consequence of वर, नंतर: o. the ratification of the treaty; in reference to कडून: o. our part expect punctuality; to put shoes o. the feet पायांत जोडा घालणें; to put a ring o. the finger बोटांत अंगठी घालणें; concerning विषयीं, संबंधी, स, ला: he had come o. some business; o. a sudden एकाएकीं; o. fire जळत; जळत, रागांत; o. high उंचावर; o. the alert हुशारींत, सावध; o. the way वाटेंत, चालत; o. the wing उडत; जात;

to go o. foot पायीं जाणें; o. one occasion एकदां; o. another occasion दुसरेदां; to set o. foot आरंभणें, चालू क.—*ad.* in progress पुढें, म्होरे : move o.; forward, in succession पुढें, परंपरेनें: from father to son, from the son to the grandson, and so o.; in continuance पुढें : say o., sing o.; to go o.;—speaking, singing बोलत -गात चालणें -राहणें; adhering धरून, चिकटून : he is neither o. nor off, that is, he is not steady; attached to the body स, ला, वर : his clothes are not o. (डोईस पागोटें, अंगांत अंगरखा, अंगावर धोतर). *-interj.* चला, चल. -LOOKER तमासगीर, तमाशा पाहणारा -SET, -SLAUGHT हल्ला, चाल *f*; at the first o. पहिले तिडकेस -धडाक्यास -हिरिरीस. -WARD *a.* पुढें गेलेला, अग्रसर, अग्रगामी (course); improved सुधरलेला, आढलेला, वर्द्धित.— & WARDS पुढें.

ONE* *a.* single एक, एकच (Gen. xli., 25); single in number एक; any o. कोणी एक, कोणी; o. another एकमेक; undivided एक, एकच : the church is therefore o. though the members may be many; single in kind एक -एकाच जातीचा : o. plague was on you all; noting diversity एक : बोलणें एक आणि करणें एक; such a o. अमूक, अमका, फलाणा; all o. एकून एकच; every o. जो तो; o. by o. एक एक; many a o. कित्येक; at o. एकीनें; in o. मिळून, जथून; o. day कोणी एक दिवशीं, कधीं तरी; only o. एकच, अनन्य; having o. only refuge अनन्य गति.—*n.* person मनुष्य, माणूस; the figure एकडा; *one's* self आपण; *one's* own आपला. -NESS एकी *f*, एकपणा, ऐक्य *n.*—ONCE *ad.* at one time एकदां : o. in two years; formerly मागें, पूर्वी : I had o. some foolish notions; ever कधीं : when wilt thou give thy Redeemer the possession of your soul? when shall it o. be? at o. एकदम, लागलाच, एकदांच; एकेवेळीं, एका तडक्यानें, एकदम : they all moved at o.; लागलाच, तेव्हांच, खडोखड : go at o.; all at o. एकदम, एकठोक; एकाएकीं, अकस्मात. —ONLY *a.* one alone एकच, केवळ; by itself एकच, एकुलता : an o. child; distinguished above all others एक, सर्वांहून श्रेष्ठ, सर्वोत्कृष्ट : the o. art.—*ad.* केवळ, मात्र, शुद्ध, निखालस; entirely अगदीं, निस्तुक, निपट, फक्त : he being o. wicked. -SIDED *a.* एकतर्फी, एकपक्षी (statement); unfair गैरवाजवी; partial पक्षपाताचा.

ONEROUS *a.* (*onus,* a load) जड, भारी.

ONION (*unio,* oneness) कांदा. -EYED *a.* आसवांनीं भरलेल्या डोळ्यांचा.

ONTOLOGY (*Gr. onta,* the things which exist, *logos,* discourse) doctrine or science of beings प्राणिमात्राचा विचार, भूतमात्रविचार.

ONYX (*L.*) गोमेद.

OOZE* soft mud गाळ, राबडी *f*, राड *f*; soft flow पाझर, निचरा.—*v. i.* पाझरणें, निचरणें. [out].—*t.* पाझरविणें, थेंबथेंब पाडणें, गळती लावणें.

OPAL (*opalus, Skr. upula,* a rock, stone) क्षीरस्फटिक.

OPAQUE *a.* (*opacus*) not transparent किरणप्रतिबंधक, प्रकाशाभेद्य; dark न्यूनप्रभ, निष्प्रभ.—OPACITY प्रकाशाभेद्यता *f*; प्रकाशहीनत्व *n.*

OPEN* *a.* not shut up उघडा, मोकळा (door, road); not private सर्वांचा, सार्वजनिक, चौघांचा (library, letter); exposed उघडा (letter); expanded उघडा, खुला, विकसित (flower, hand); frank मोकळ्या मनाचा, खळबळीत, निष्कपट; generous उदार, प्रगल्भ; clear स्पष्ट, मोकळा, उघडा (plans); unobstructed मोकळा, चालू (river, canal);

not balanced चालू, ओढता (account); attentive उघडा, सावचित्त, सावध (eyes); not deaf उघडा, ऐकायाजोगा (Ps. xxxiv., 15); not covered over उघडा, उघड्या तोंडाचा (vessel): free to be discussed वाद करायास मोकळा, प्रतिबंधरहित (question); easily enunciated उदात्त (vowels); o. seam, joint, &c. उसू; in the o. air उघड्यावर; in o. उघडपणीं; in o. day दिवसा ढवळ्यां; o. to all comers मुक्तद्वार [to].—*v.* उघडणें; मोकळा क.; प्रसरणें, उमलविणें;—tumor, &c. फाडणें, फोडणें, चिरणें;—a vein सोडणें, काढणें; explain अर्थ सांगणें, फोड क., उलगडणें; used reflexively, फुटणें, बोलणें, वदणें: the king *opened* himself to some of his council that he was sorry for the earl's death; begin प्रारंभ -सुरू क., उपक्रम काढणें (a discussion, fire upon an enemy);—a road, passage, &c. पाडणें, करणें, मोकळा क.; split भेगलविणें, तडकविणें;—as a letter फोडणें, उघडणें;—one's mind पोट फोडणें, मन मोकळें क.—*i.* मोकळा होणें, उघडणें, उकलणें, उमलणें; चालू होणें; bark on view of the game शिकार पाहून भोकणें. -ING उघडी जागा *f*; a hole भोंक *n*, छिद्र *n*, रंध्र *n*; a breach भगाड *n*, भोंक *n*; आरंभ, उपक्रम: the o. of a speech. -HEARTED *a.* मनाचा मोकळा, शुद्धमति. -HANDED *a.* उदार, उदारहस्त. -LY *ad.* उघडपणें, प्रसिद्धपणें. -MOUTHED *a.* तोंड वासलेला, आ पसरलेला; greedy खादाड, बुभुक्षित. -NESS उघडेपणा; प्रसिद्धपणा, प्रसिद्धि *f*; मनाचा मोकळेपणा, खळबळीतपणा, सरळ स्वभाव; mildness, as of the weather हवेची शितळाई *f*. -सौम्यता *f*.

OPERA (*opera*, pains, work) संगीत *n*.

OPERATE *v. i.* (do.) act कार्य क., चालणें, क्रिया -व्यापार क.; produce effect गुण क., लागू -चालू होणें; *Surg.* शस्त्रक्रिया क., शस्त्रोपचार क., कापणें, चिरणें, फोडणें इ०.—*t.* चालविणें, चालू क. (machine); गुण क. [with, in].—OPERATION कृति *f*, चेष्टा *f*, खेळ *f*, व्यापार; mode of action रीत *n*, कृति *f*; शस्त्राचा उपचार, शस्त्रक्रिया *f*; influence वजन *n*, भार; काम *n*, कार्य *n*, कृत्य *n*: military *operations*.—OPERATIVE *a.* कर्मकारी, क्रियाकारी (principles); efficacious गुणकारी, कार्यसाधक, गुणावह.—*n.* laboring man कामकरी, मोलकरी, गडी, मजूर.—OPERATOR करणारा, कार्यकर्त्ता; *Surg.* शस्त्रवैद्य [in, for].—OPEROSE *a.* कष्टाचा, श्रमाचा, डोईफोडीचा (proceedings).

OPTHALMY (*Gr. ophtahlmos*, the eye) नेत्ररोग, अभिष्यंद.

OPIATE, See under OPIUM.

OPINE *v. i.* (*opinari*) विचार क.—OPINION, a mental conviction of the truth of some statement founded on a low degree of probable evidence मत *n*, समजूत *f*; judgment समज, विचार, बुद्धि *f*; good esteem खातर *f*, खातरी *f*; *Law*, the formal decision of a judge न्यायजाचा ठराव; public o. बहुमत *n*, लोकमत *n*; regard to public o. लोकलज्जा *f*. [of, on]. -ATE *a.* मतवादी, दुराग्रही. -ATIVE *a.* स्वमताभिमानी, दुराग्रही.

OPIUM (*L.*) अफू *f*, अफीम *f*.—OPIATE झोंपेचें औषध *n*.—*a.* निद्राकारी -जनक.

OPPONENT, See under OPPOSE.

OPPORTUNE *a.* (*-portus*, the port) समयोचित, प्रसंगोचित, समर्पक, योग्य [for]. -LY *ad.* प्रसंगोपात्त, प्रसंगास, वेळेस; to come o. प्रसंगास येणें. -NESS समयौचित्य *n*, समयानुकूल्य *n*.—OPPORTUNITY समय, प्रसंग, वेळ *f*.

OPPOSE *v.* (*-ponere*, to put) set opposite समोर -आडवा ठेवणें; set against आडवा आणणें, अडती -मोडा घालणें; strive against

भिडणें, ळढणें, विरोध क., स्पर्द्धा क.; resist effectually चालूं न देणें, कुंठित क. [to, by in, for, with].—OPPONENT विरोधी, वैरी; वादी, पूर्ववादी; प्रतिपक्षी, प्रतिवादी.—OPPOSITE *a.* facing समोरचा, सन्मुख; hostile विरोधी, प्रतिकूळ; contrary उलटा, विपरीत [to].—*n.* शत्रु, प्रतिपक्षी; विपक्ष, विपर्यास.—OPPOSITION आडवा येणें *n*, विरोध, प्रतिरोध; obstacle अडथळा, विघ्न *n*, अटकाव; contrariety विपर्यय, व्यत्यय; the collective body of opposers प्रतिपक्ष; repugnance विरुद्धता *f*, विरुद्धभाव.

OPPRESS *v.* (*-premere*, to press) दाबणें; press severely, unjustly, or cruelly काचणें, पीडणें, जाचणें; sit or lie heavy upon उरावर छातीवर बसणें: excess of food *oppresses* the stomach [with, by]. -ION जुलूम, जबरदस्त *f*; state of being oppressed जाच, काच; sense of heaviness भार, जड वाटणें *n*, जाड्य *n*; injustice अन्याय, जुलूम; misery दुःख *n*, कष्ट *pl*. -IVE *a.* जुलमी, जबरदस्त (taxes); जड, भारी कठीण, जबर (grief); जुलमाचा, जबरदस्तीचा (commands.)

OPPROBRIOUS *a.* (*-probrum*, reproach) निंदक, अपवादक, कुटाळीचा (words); despised तुच्छ, निंद्य (name) [to].—OPPROBRIUM, reproach mingled with contempt धिःकारयुक्त निंदा *f*, हेटाळणी *f*.

OPTATIVE *a.* (*optare*, to wish for) इच्छासूचक.—OPTION निवडण्याचा अधिकार; preference अधिक आवड *f*, चहा *f*; wish इच्छा *f*, मर्जी *f*, खुशी *f*. -AL *a.* खुशीचा, इच्छेचा; खुशीवर ठेवलेला -सोडलेला, इच्छाधीन.

OPTIC -AL *a.* (*Gr. optomai*, to see) दृष्टीसंबंधी, नजरेचा; relating to the organ of sight चक्षुरिंद्रियाचा, नेत्रेंद्रियाचा (nerve); relating to the science of optics दर्शनानुशासनशास्त्र संबंधी.—OPTICS दर्शनानुशासन *n*.

OPULENT *a.* (*ops*, *opis*, power) मातबर, श्रीमान, धनसंपन्न.—OPULENCE संपत्ति *f*, श्रीमंती *f*, मातबरी *f*.

OR* *conj.* अथवा, किंवा, नाहीं तर.

ORACLE (*orare*, to speak) answer of a god or some person reputed to be a god, among the heathen to an enquiry made respecting some affair of importance शकुन, प्रश्न, प्रसाद; deity who was supposed to give the answer शकुनाचा देव, प्रसाददेव; place where the answer is given गाभारा, शकुनस्थान *n*; *pl* communications, revelations, or messages delivered by God to prophets ईश्वरी प्रगटविणें *n*, ईश्वराकडून आलेला निरोप, दृष्टांत; the entire Sacred Scriptures ईश्वरोक्त शास्त्र *n* (Heb. v., 12); *Jewish Antiq.* the sanctuary, or most holy place in the temple, in which was deposited the ark of the covenant गाभारा (1 Kings vi., 19); one who communicates a divine command, an angel, a prophet ईश्वराची आज्ञा कळविणारा, दूत, भविष्यवादी इ०; person whose opinion is to be regarded with great authority ठोक्याचा माणूस, खऱ्या बत्तीशीचा माणूस; wise sentence or decision of great authority अभियुक्त वचन *n*, प्रसाद -आप्तवचन *n*; to consult gods and *oracles* देवीं धर्मीं विचारणें; to give an answer,—an o. thus consulted कौल -प्रसाद देणें; to give a favorable answer,—an o. उजवी देणें; to give an unfavorable answer डावी देणें.—ORACULAR, ORACULOUS *a.* प्रसाद -कौल देण्याचा; like an oracle देव -प्रसादवाणीतुल्य.

ORAL *a.* (*os*, *oris*, the mouth) तोंडचा, तोंडजबानीचा: o. answer तोंडजाब; o. inter-

course तोंडच्या तोंडीं व्यवहार; o. statement तोंडजबानी *f*. -LY *ad*. तोंडजबानीनें.

ORANGE *Ar*.—the tree नारंगी*f*, नारिंग *n*.—the fruit नारिंग *n*.

ORATION (*orare*, to speak) वक्तृत्व *n*, पांडित्य *n*.—ORATOR वक्ता, पंडित, बृहस्पति.—ORATORY सभापांडित्य *n*; eloquence शब्द -वाक्-चातुर्य *n*; a place of prayer esp. a chapel or small room set apart for private devotions प्रार्थनागार.

ORB (*orbis*) a globe गोल, गोलक; one of the celestial spheres आकाशगोल, सूर्य, चंद्र इ०; the eye नेत्रगोल; orbit कक्षा *f*, फेरी *f* (ग्रहाची). -IT कक्षा *f*, ग्रहपथ.

ORCHARD* फळांची बाग *f*, फलवृक्षवाटिका *f*, उपवन *n*.

ORDAIN *v*. (*ordo*, order) व्यवस्था क., स्थापणें, लावून देणें; set apart for an office नेमणें, योजणें, अधिकृत क.; introduce into the office of the Christian ministry, by the laying on of hands, or other appropriate forms ख्रिस्ती धर्माधिकाराची दीक्षा देणें.—ORDER regular arrangement क्रम, बेत, व्यवस्था *f*; proper condition सुस्थिति *f*, व्यवस्था *f*, बंदोबस्त : the muskets are all in good o.; fit appearance रंग, रूप *n*; customary mode of procedure रीत *f*, पद्धति *f*, क्रम, परिपाठ; regular government बंदोबस्त : preserve good o. in community; regulation कायदा : the rules and *orders* of a legislative house; command आज्ञा *f*, हुकूम, ताकीद *f*; commission to make purchases or supply goods मालखरिदी करण्याची किंवा पुरविण्याची वरदी *f*, मुखत्यारी *f*; a direction or order to pay money वरात*f*, वरातचिठ्ठी *f*, रोखा, 'आर्डर'*f*; free pass परवाना, दस्तक *n*; rank वर्ग, मत *f*: o. of nobles; religious fraternity मार्ग, पंथ, आश्रम; [*Episcopal Church*. office of the Christian ministry; to take *orders* that is, to become deacon or priest]; [*Arch*. one of the five principal methods, recognized by the ancients for constructing and ornamenting the columns of an edifice]; *Zool*. one of the well-marked divisions of a class गण, वर्ग; inverted o. व्यतिक्रम; directed o. अनुलोम; contrary to the natural o. प्रतिलोम; that is in regular and in reverse o. उलटापालटा, अनुलोम, विलोम; that is in o. रीतीचा, मार्गाचा; that is in good o. चांगला, नीट, यथास्थित (articles, affairs, &c.); as an animal ताजातवाना; to be in good o. नीट -साबीत -यथास्थित असणें; to get out of o. बिघडणें; head of a religious o. महंत; general o. वट -सदर हुकूम; made or done to o. फर्माशी; under the o. of कह्यांत; written o. लेखी हुकूम, हुकूमनामा; in o. साठीं, स्तव; o. of the day, *Legis. bodies* कायदे कौन्सलांत अमुक दिवशीं करायाचीं नेमलेलीं कामें *n pl*; natural o. of words अन्वय [for].—*v*. रचणें, व्यवस्था क.; हुकूम देणें धर्माधिकाराची दीक्षा देणें; regulate चालवणें, वागवणें. -LY *a*. बेतबाताचा, व्यवस्थेचा (proceeding); बेतबातानें चालणारा, ठाकठिकचा, व्यवस्थित (a person); being on duty कामावरचा, 'आर्डरली' (officer).—*ad*. क्रमानें, बेतानें.—*n*. चिठ्ठीचपाटी नेणारा लष्करांतील कामदार, 'आर्डरली'; o. sergeant नकीब.—ORDINAL *a*. क्रमसूचक -वाचक.—*n*. क्रमवाचक संख्या *f*.—ORDINANCE कायदा, दस्तूर, कानू *m*, *f*;—of religion अनुष्ठान *n*, कर्म *n*, विधि.—ORDINARY *a*. चाली प्रमाणें, दस्तुरमाफक (forms of law); of common rank साधारण, मध्यम, प्राकृत (reader); usual नित्याचा,

साधारण (conversation) inferior रासवट, हलका; plain साधा, साधारण रूपाचा (face). —*n.* [*Law.* an officer who has original jurisdiction in his own right, and not by deputation; an ecclesiastical judge; *Naval Usage,* the establishment of the shipping not in actual service: a ship laid up in o.]; eating-house भटारखाना; that which is in common use रोज वापरायाचें सामान *n*; in o. नित्याचा, नित्यांतला; चाकरीवरचा, चाकरीवर नेमलेला: a physician in o.; [an ambassador in o. is one constantly resident at a foreign court].—ORDINATION स्थापणें *n*, नेमणें *n*, स्थापना *f*; योजना *f*, नेमणूक *f*; धर्माधिकारदीक्षा *f*; ख्रिस्ती धर्माधिकारदीक्षा *f*; o. of Providence घटितार्थ.—ORDNANCE तोफ *f pl*, तोफखाना.

ORDEAL* a form of trial to determine guilt or innocence, practiced by the rude nations of Europe, and still practiced in many parts of the East;—by fire तप्तदिव्य *n*, अग्निपरीक्षा *f*; to come safe out of an o. दिव्यास उतरणें; to take a piece of metal out of heated oil as an o. रवा काढणें; to undergo an o. दिव्य क.; severe trial कठीण परीक्षा *f*, अंत (*v.* पाह), कसोटी *f*; some of the forms of o. among the Hindus are: तुल, जल, अग्नि, विष, तंडुल, तप्तमाष, फाल, तुलसी.

ORDURE *F.* गू, विष्ठा *f*, मल.

ORE* (*Skr. ajas*) metal in its fossil state कच्ची -अशोधित -अशुद्ध धातु *f* (metal).

ORGAN (*organum*) instrument of action साधन *n*, उपकरण *n*, इंद्रिय *n*;—of action कर्मेंद्रिय *n*;—of sense or perception ज्ञानेंद्रिय *n*;—of the mind अंतरिंद्रिय *n*; means of communication द्वार *n*, साधन *n*, मार्ग; wind instrument मुखवाद्य *n*, वाद्य *n*. -IC *a.* इंद्रियाचा, इंद्रियसंबंधी; इंद्रियविशिष्ट -संपन्न, जीवनसाधनविशिष्ट (structure of the body). -ISM इंद्रियविशिष्ट रचना *f*; an organized being इंद्रियविशिष्ट प्राणी. -IST वंशवाद्य वाजविणारा. -IZE *v.* इंद्रियवान -जीवसाधनविशिष्ट क.; arrange in parts, each having a special function, act, office, or relation जमाविणें, बेत बसविणें;—as government, army, &c. कामदार नेमून बंदोबस्त क., सैन्य उभारणें -रचणें इ०.—ORGANIZATION इंद्रियविशिष्ट क. *n*; बंदोबस्त, व्यवस्था *f*;—of the body शरीर -अवयवरचना -घटना *f*. —ORGANIZED संस्थापित, घटित, कल्पित; इंद्रियविशिष्ट.

ORGASM (*Gr. organ,* to swell) उकळी *f*, ऊत, कढ: o. of the flood;—of the spirit आवेश, उकळी *f*, ऊत.

ORIENT *a.* (*oriri,* to rise) उदय पावणारा, उदयमान (sun); eastern पूर्व, पूर्वेकडला; bright तेजवान, चकचकीत, सप्रभ.—*n.* पूर्व *f*, पूर्व दिशा *f*; पूर्वेकडले देश *pl*. -AL *a.* पूर्वेचा, पूर्व देशीय, पूर्व देशस्थ.—*n.* पूर्व देशांतला -एशिया खंडांतला राहणारा; पूर्वेकडल्या भाषा जाणणारा, प्राक्देशीय भाषापंडित.

ORIFICE (*osoris,* mouth, *facere,* to make) तोंड *n*, मुख *n*, दार *n*, भोंक *n*, छिद्र इ०.

ORIGIN (*oriri,* to rise) मूळ *n*, आरंभ, मुळारंभ; source उगम, उत्पत्तिस्थान *n*; birth जन्म, पैदास *f*; cause कारण *n*, हेतु. -AL *n.* मूळ *n*, आरंभ; archetype मूळप्रत *f*, आदर्श; text मूळग्रंथ, असल *n*; one who has new and striking ideas नवी योजना करणारा, अपूर्वयोजक -कल्पक (writer).—*a.* मूळचा, आरंभीचा; primitive प्रथमचा, आद्यकालिक; not translated मूळचा, असल, आद्यलिखित -रचित; अपूर्वकल्पक, हुनरी (genius); o. sin, *Theol.* the first sin of Adam आदामाचें पहिलें पाप *n*, hence, either the

imputation of Adam's sin to his posterity, or a natural corruption and tendency to sin, inherited from him मूळचें पाप *n*, स्वाभाविक पाप *n*. -LY *ad.* मुळा पासून, पहिल्यानें, आरंभीं ; मूळ ग्रंथकर्त्यांनें, मूळच्या कर्त्यांनें. -ITY अस्सल -अव्वलपणा ; अपूर्व कल्पना *f* -युक्ति *f* -शक्ति *f*, इ०. -ATE *v.* उत्पन्न -उपस्थित क. [with, in].—*i.* उत्पन्न होणें, उद्भवणें, उठणें.—ORIGINATOR उत्पन्न -आरंभ -उपस्थित करणारा, उत्पादक.

ORIOLE (*aurum*, gold) a bird,—the Indian पावशा, पावशा गुगूळ.

ORION (*L.*) a constellation मृगशीर्ष.

ORNAMENT (*ornare*, to adorn) शोभा *f*, अलंकार, भूषण *n*; trinket डागिना, नग.—*v.* शोभविणें, भूषित क. [with]. -AL *a.* शोभविणारा, शोभेचा.—ORNATE *a.* सुंदर, मंडित;—a style अलंकृत, प्रौढ, सालंकार, बनावट.

ORNITHOLOGY (*Gr. ornis*, bird, *logos*, discourse) पक्षीवर्णनविद्या *f*.

ORPHAN (*orphanos*) आईबापा वेगळा, पोरका, मातृपितृहीन.; bereaved of one parent एकांगी उणा, मातृहीन किंवा पितृहीन, आईपोरका किंवा बापपोरका. -AGE पोरकेपणा; house for orphans अनाथ मुलांचें घर *n*, अनाथबालगृह *n*.

ORPIMENT *F.*—yellow हरताळ ;—red रक्तधातु *f*; golden colored o. पन्याहरताळ.

ORRERY (named after the Earl of *Orrery*) ग्रहांची गति दाखविणारें यंत्र *n*, ग्रहगतिसूचक यंत्र *n*.

ORIS (probably corrup. for *Iris*)—the root वेखंड *n*.

ORT *Ger.* उष्टें *n*, उच्छिष्ट *n*.

ORTHODOX *a.* (*Gr. orthos*, right, *doxa*, opinion) sound in Christian faith ख्रिस्ती धर्मानुसार; according to the doctrines of Scripture ख्रिस्ती शास्त्रांतील उपदेशा प्रमाणें ; यथाशास्त्र.—ORTHODOXY सतपथ, सन्मार्ग; यथाशास्त्रता *f*, सत्पथानुयायिता *f*.

ORTHŒPY (*Gr. epos*, a word) शुद्ध उच्चार.

ORTHOGRAPHY (*Gr. graphein*, to write) शुद्ध लिहिणें *n*; *Gram.* वर्णविचार.

OSCILLATE *v. i.* (*oscillum*, a swing) हेलकावे -झोंके खाणें -घेणें [between].—OSCILLATION हेलकावा, झोका.

OSIER *F.* वाळुंज *n*, वाळुंजाचें झाड *n*.

OSSEOUS *a.* (*os*, bone) हाडांचा, अस्थिमय ; हाडा सारखा.—OSSICLE हडकी *f*, हडूक *n*. —OSSIFY *v. i.* हाड -अस्थि होणें.—*t.* अस्थिमय क.—OSSIFIC *a.* अस्थिकर -कारक. —OSSIFICATION हाड होणें *n*, अस्थिभवन *n*. —OSSIVOROUS *a.* हाडखाऊ, अस्थिभोजी (quadrupeds).—OSSUARY, place where the bones of the dead are deposited अस्थ्यागार *n*.

OSTENT (*ostendere*, to show) देखावा, दर्शन *n* ; token चिन्ह *n*, लक्षण *n*.—OSTENSIBLE *a.* दिसण्याचा, दिसण्यांतला ;—as implying insincerity वरकरणी, वरपंकी, कोरडा, बाह्याकाराचा.—OSTENTATION प्रतिष्ठा *f*, मिरवणूक *f*, डामडौल, आव;—as fraudulent दंभ, स्तोम. —OSTENTATIOUS *a.* डामडौलाचा, आवाचा ; pretentious ढोंगी, दांभिक, अडुबाज.

OSTEOLOGY (*Gr. osteon*, bone, *logos*, discourse) अस्थिवर्णनविद्या *f*.

OSTRICH *F.* शहामृग.

OTHER* (*Skr. anya*) not the same दुसरा, इतर; opposite पलीकडला; the *others* दुसरे *pl*, वरकड *pl*; on the o. side पलीकडे ; each o. परस्पर ; the o. day परवा, कांहीं दिवसामागें; every o. day एक दिवसाआड ; the o. world परलोक; other's wealth परधन *n*. -WISE *ad.* दुसऱ्या रीतीनें; नाहीं तर.

OTTER* पाणमांजर *n*.

OUGHT, See AUGHT.

Ounce (*uncia*, a twelfth) (साखर, तूप, वगैरे तोलायाच्या) पौंडाचा सोळावा भाग, अडीच तोळे *pl.*; (औषध तोलायाच्या) पौंडाचा बारावा भाग, 'औन्स'; चित्त्यासारखें एक जनावर आहे.

Our* *pron.* आमचा, आपला. -SELF, -SELVES आम्ही, आपण, स्वतः.

Oust *v. F.* बाहेर काढून टाकणें, बाहेर काढणें [from].

Out* *ad.* without बाहेर; not at home बाहेर; in a state of disclosure उघडा, बाहेर, प्रसिद्ध: the secret is o.; in a state of extinction विझालेला: the fire is o.; in a state of exhaustion खपलेला; to be o. खपणें, उडणें, सरणें: the wine is o.; to be o. of fifty pounds; not in office निराळा, रिकामा, कामावेगळा; that is o. of employment रिकामा, बेरोजगार; to the end पार, सगळा, शेवट -अखेरपर्यंत: to sleep o. the whole morning; hear me o.; audibly मोठ्यानें: to laugh o.; not in the hands of the owner मालकाच्या हातांत नसलेला: the land is o. upon a lease; in error चुकींत, भ्रमांत: to be o. घसरणें, फसणें, चुकणें: wicked men are strangely o. in the calculating of their own interest; away निघ, चल: o. with the dog; o.-and-o. अगदीं, साफ, धडधडीत; o. of पासून, जवळून; आंतून, बाहेर: plants grow o. of the earth; (Prov. iv., 23); मुळें, स्तव, नें: a thing is done o. of envy; मुळावरून: to copy o. of Horace; o. of the house घराबाहेर; to be o. of favor मर्जीतून उतरणें; to be delivered o. of afflictions दुःखांतून सुटणें; o. of all rule सर्व नेमावेगळा; he goes o. of his way तो वाट सोडून जातो; o. of place भलत्याच जागीं, अप्रासंगिक; the mouth is o. of taste तोंडाची रुचि बिघडली आहे; the instrument is o. of tune तें वाद्य बिघडलें आहे; to be o. of sight दृष्टीआड होणें, अदृश्य होणें; o. of reach अगम्य; o. of hand लागलाच, तक्षणीं; to be o. of print विकत न मिळणें (a book); o. of season अकालिक, अवकाळीं; o. of fashion लोकव्यवहारविरुद्ध, चालीविरुद्ध; o. of temper किरकिऱ्या, रिपरिप्या; रागावलेला, संतापलेला; o. of tune बेसूर, बेताल, कर्कश; चिढलेला, खिजलेला.—*n.* बेरोजगारी मनुष्य; a nook कोन, कोपरा. -BALANCE *v.* दुसऱ्यापेक्षा वजनांत अधिक भरणें. -BRAVE *v.* शेरास सवाशेर होणें, अधिक धीट होणें. -BREAK जोरानें बाहेर फुटणें *n*, फुटणें *n*, स्फोट. -CAST *a.* जातिभ्रष्ट, बहिष्कृत, अपांक्त.—*n.* बहिष्कृत केलेला मनुष्य, चांडाळ; a vagabond भटक्या. -CRY आरड *f*, बोंब *f*, बोभाटा; clamor गलबला, गोंगाट; popular o. लोकापवाद. -DO *v.* मागें -पाठीमागें टाकणें, चढ क., कान कापणें. -DOOR *a.* घराबाहेरचा.—*ad.* घराबाहेर, बाहेर. -ER *a.* बाहेरचा, बाहेरल्या बाजूचा, बहिर्वर्त्ती; o. part बहिर्भाग; o. door बहिर्द्वार *n.* -FIT प्रवासाचें साहित्य *n* -सामान *n*; सफरीवर जाण्याची जहाजाची तयारी *f* -सामग्री *f* [for]. -GO *v.* पलीकडे जाणें, -च्याहून अधिक जाणें, -ला मागें टाकणें; excel वरचढ होणें, मागें पाडणें; circumvent फसविणें, कान कापणें.—*i.* संपणें.—*n.* खर्च, व्यय, जावक. -GOING बाहेर जाणें *n*; खर्च, व्यय. -GROW *v.* वाढीनें मागें टाकणें -पाडणें; -हून वाढीस चढणें; become too large to make use of वाढून अडस -दाट होणें; to o. clothing. -HOUSE पडशाळा *f.* -LANDISH *a.* परदेशचा, दूरदेशचा; barbarous हेंगाडा, रानगडा, अडाणी (speech, behavior). -LAST *v.* दुसऱ्यापेक्षा अधिक टिकणें. -LAW person excluded from the benefit of the law, or deprived of its protection राजरक्षणबाह्य.—*v.* राजरक्षणाबाहेर ठेवणें -क. -LAY खर्च, व्यय; that which is laid out पसारा.—*v.* खर्च क.; ex-

pose मांडणें, पसारा टाकणें. -LET वाट *f*, दार *n*, मार्ग. -LINE मर्यादेची -बाहेरची रेघ *f*, बाह्य-रेखा *f*; sketch आकार, रूपरेखा *f*, आराखडा, बेत. -LIVE *v*. पाठीमागें वाचणें, -जगणें; to live better, or to better purpose अधिक चांगल्या अर्थासाठीं वाचणें. -NUMBER *v*. गणतींत -संख्येंत मागें टाकणें. -OF DOOR *a*. घराबाहेरचा, वाऱ्यावरचा (exercise). -RAGE *v*. जुलूम -बलात्कार क.—*n*. कहर, जुलूम, अनर्थ. -RAGEOUS *a*. अनर्थाचा, कहराचा; furious कावराबावरा, तग्रव्यग्र. -REACH *v*. मागें टाकणें, पलीकडे जाणें. -RIDER, servant on horseback who attends a carriage जिलीबीचा स्वार. -RIGHT *ad*. immediately तत्काल, तेव्हांच, खडोखडी; utterly अगदीं, साफ, निस्तुक. -ROOT *v*. मुळासुद्धां उपटून टाकणें. -RUN *v*. धांवण्यांत मागें टाकणें. -SIDE बाहेरचें किंवा बाहेरील आंग *n*, बहिर्भाग; the utmost परमावधि, कड *f*, शेवट;—of an inclosure बाहिःप्रदेश, बाहेरची जागा *f*.—*a*. बाहेरला -चा, बाह्य. -SKIRT शींव *f*, सीमा *f*, पालव. -STANDING वसूल न झालेला, उगवायाचा (debt). -STRIP *v*. मागें टाकणें -सांडणें. -WARD *a*. बाहेरचा, वरचा, बाह्य; adventitious नवा आणलेला, आगंतुक (honor); tending to the outward way बाहेर निघणारा, बाहेरच्या कलाचा. -WEIGH, See OUTBALANCE. -WIT *v*. फसवणें, पागोटें घेणें, तोंडाला पानें पुसणें. -WORK *Fort*. बाहेरचा कोट, बाहेरकोट.

OVAL *a*. (*ovum*, egg) अंडाकार, अंडाकृति.—*n*. अंडाकार, अंडाकृति *f*. -SHAPED अंडाकार.—OVARY *Anat*. organ of a female animal in which the eggs are formed अंडाशय. *Bot*. that part of the pistil which contains the seed बीजाशय.

OVEN* भट्टी *f*.

OVER* *prep*. (*Skr*. *upari*) above वर: clouds o. head; across पार, पलीकडे, वर: a dog leaps o. a stream; upon the whole surface वरून, वर, भर: to wander o. a field; above, denoting superiority अधिक, आगळा, वर: the advantages which the Christian world has o. the heathen; advantage o. प्राधान्य *n*, वर्चस्व *n*, अधिकत्व *n*, प्रमुखता *f*; above in authority वर (Gen. xli., 40); with care काळजीनें; वर (Ps. cxlv., 9); during the whole time वर, भर, सार्यंत: to keep any thing o. night; above the top of वर, वरून: the water is o. the shoes.—*ad*. from side to side अधिक, पार; on the opposite side पलीकडे, पार: the boat is safe o.; from one to another by passing एकाकडून दुसऱ्याकडेस: to deliver o. goods to another; from one country to another, by passing एका देशाहून दुसऱ्या देशास: to carry any thing o. to France; above the top वर, शिखरावर, वरून, भरून (Luke vi., 38); beyond a limit अधिक, आगळा (Ex. xvi., 18); throughout पार, सगळा, सार्यंत; to read o. a book; o. again फिरून, दुसऱ्यानें; o. against समोर, सन्मुख; o. and above अधिक, आगळा; to be o. राहणें, उरणें; to give o. सोडणें, पुरे क.; आशा सोडणें.—*a*. वरचा: o. shoes. -ACT *v*. अधिक -अतिशय क. -AWE दाब, दरारा, धाक.—*v*. धाक बसविणें -घालणें. -BALANCE उपराळा.—*v*. अधिक वजन होणें. -BEAR *v*. दाबणें, दपटणें. -BEARING *a*. दपटणारा; tending to repress or subdue by insolence दांडगाईचा, उदमस्तीचा. -BOARD *ad*. गलबताच्या बाजूवरून पाण्यांत. -CAST *v*. झांकणें, आच्छादणें, धुंद क.; to rate too high अधिक किंमत क. -CHARGE *v*. अधिक ओझें घालणें; fill with too much powder and ball, as a gun अधिक -जास्ती बार भरणें; make an excessive charge against -च्या हिशेबांत अधि

मोल -किंमत -खर्च सांगणें -मांडणें -लिहिणें. -COME *v.* subdue जिंकणें, पराजय क.; surmount पार पाडणें, खालीं घालणें, मोडणें. —*i.* जय मिळविणें. -DO *v.* अधिक क.; fatigue दमविणें, भागविणें; boil, bake, or roast too much अधिक उकडणें -शिजविणें -भाजणें. -FLOW *v.* बुडवणें, जलमय क.—*i.* वरून -उफाटून चालणें -वाहणें, वरसांड होणें. -GROW *v.* वाढून -रुजून व्यापणें -व्यापून टाकणें; grow beyond -हून किंवा -पेक्षां वाढणें. -GROWN *a.* पुष्कळ -फार वाढलेला. -HAUL *v.* draw over वर ओढणें, वरून ओढणें; turn over for an examination चाळून -शोधून पाहणें, धुंडणें; examine again पुनः पाहणें -शोधणें. -HEAR *v.* सहज ऐकणें, कानीं पडणें, बोलणारास नकळतां ऐकणें -ऐकूं येणें. -HEAT *v.* फार तापविणें. -JOY अत्यानंद, परमानंद. -JOYED अत्यानंदी [with]. -LAND *a.* जमिनीवरचा, खुश्कीचा (journey). -LAY *v.* cover superficially मढवणें, मढणें; smother with close covering पांघरूण घालून गुदमारणें -घुसमटवणें (an infant); overcast झांकणें, धुंद क.; press दडपणें, दाबणें [with]. -LEAP *v.* पार उडणें. -LOAD *v.* अधिक ओझें घालणें -लादणें. -LOOK *v.* -च्या उंच -वर असणें: to o. the sea; inspect देखरेख -चवकशी क. -ठेवणें; pass by वगळणें, गाळणें; pardon पोटीं घालणें, क्षमा क.; to look o. the shoulder of खांद्यावरून पहाणें. -MUCH *a.* अतिशय, पुष्कळ, फार.—*ad.* फारच, अतिशय. -NIGHT अवशेची रात्र *f*; last night कालची रात्र *f*. -PASS *v.* पार -उतरून जाणें; overlook अंतरणें, उपेक्षणें. -PERSUADE *v.* बळेंच -भीड घालून समजावणें, गळघालणें. -PLUS उरवण *f*, शिलक *f*, उपराळा. —*a.* उरलेला, फाजील, अवशिष्ट. -POWER *v.* जिंकणें, पाडणें, चालेनासा क.; affect with power that cannot be borne व्याकूळ क., जेरीस आणणें [with]. -RATE. -PRIZE *v.* किंमती -योग्यतेपेक्षां अधिक मानणें. -REACH *v.* फसवणें, डोयीवरून हात फिरवणें, ठकवणें; पलीकडे -पार पोंहचणें. -RIDE *v.* ride beyond the strength of the horse शक्तिपलीकडे घोड्यास दामटणें; trample down पायाखालीं तुडवणें, उपमर्द क.; annul रद्द क.: this law *overrides* all previous acts. -RULE *v.* अधिकाराच्या बळानें चालवणें; *Law*, annul रद्द क., मागें सारणें. -RUN *v.* व्यापणें, भरणें, वेढणें; overcome by invasion स्वारी करून जिंकणें; outrun धांवण्यांत मागें टाकणें, अटपून मागें टाकणें. -SEE *v.* देखरेख -चौकशी क. -SEER देखरेख -चौकशी करणारा, चौकदनीस, 'ओवरसियर.' -SET *v.* उपडा -पालथा क.; subvert मोडणें, लयास नेणें, पाडणें. -SIGHT देखरेख *f*, चौकशी *f*; an overlooking नजरचूक *f* -भूल *f*, दृष्टिदोष. -SLEEP *v.* अति झोंप घेणें. — *i.* फारवेळ निजणें. -SPREAD व्यापणें, वेढणें, ग्रासणें, आच्छादणें, भरणें. -STEP उलंघन-आक्रमण क. -STOCK *v.* अधिक -जास्त बेगमी क., भरपूर भरून ठेवणें, भरपूर क. -TAKE *v.* अटपणें, गांठणें; catch धरणें; take by surprise अकस्मात -एकाएकीं गांठणें -येऊन पडणें [by, with]. -TASK *v.* अधिक काम सांगणें, जिवाआगळें काम सांगणें. -THROW *v.* upset उलथा -पालथा क.; defeat utterly पाडाव -पराभव क., मोडणें, मारणें, बुडविणें, नाश -विध्वंस क.—*n.* मोड, पराजय, पाडाव; नाश, भंग, विध्वंस. -TURN, See OVERTHROW.—*i.* उलंडणें, कलथणें. -VALUE, See OVERRATE. -WEENING *a.* पत्राजीचा, फुशारकीचा. -WHELM *v.* crush underneath चिरडणें, दडपणें, दाबून टाकणें; immerse and bear down गर्क -गडप क. -WISE अतिशाहणा. -WORK *v.* शक्तिपलीकडे -जिवापलीकडे काम क. -करून घेणें, फार राबणें -राबवणें, भुसडा पाडणें. -WROUGHT *a.* अति संस्कृत -परिष्कृत; कामानें भरलेला: o. with gold भरजरी. -ZEALOUS *a.* अत्युत्कंठित, अत्यासक्त.

OVERT *a.* (*operire,* to cover) उघड, राजरो-

शीचा, प्रसिद्धपणाचा. -URE proposal उद्गू, बोलणें *n*; *Mus.* पूर्वरंग, प्रस्तावना *f*.

OVIFORM, See under OVAL.

OWE* *v.* be obliged or bound to pay कर्ज -देणें लागणें, ऋणी असणें, लागणें; be obliged for -विषयीं उपकारी -आभारी असणें [to].—OWING यायाचा, येणें, द्यायाचा, देणें; consequential -मुळें झालेला -आलेला; in comp. मूलक, प्रयुक्त, चा: the fever is o. to fasting; imputable as to an agent चा, योगानें, योगें: his recovery is o. to his physician [to].

OWL* घुबड *m n.*

OWN *a. O. E.* belonging to चा; my o. माझा; peculiar खासगत, पदरचा, आत्म, स्वीय, स्व; o. office, duty स्वकर्म *n*, स्वधर्म; o. advantage स्वार्थ, आत्महित *n*; one's o. secret गूज *n.*—*v.* hold as property मालकी -सत्ता असणें, धनीपणा ठेवणें; acknowledge possession of अंगीकारणें, पत्करणें, आपला ह्मणणें: o. me for your son; confess पदरीं घेणें, कबूल क. (a fault). -ER अंगीकारणारा; आपला ह्मणणारा; rightful proprietor धनी, मालक, मालधनी. -SHIP धनीपणा, मालकी *f*, स्वामित्व *n*.

OX* (*Skr. ukshan*) बैल, वृषभ.

OXYGEN (*Gr. oxus,* sharp, acid, *genein,* to bring forth) प्राणवायु, 'आक्सिजन.'

OYSTER*—the animal कालव *n*;—the shell शिपला.

P

PABULUM (*L.*) food अन्न *n*, खाद्य *n*; fuel सरपण *n*.

PACE (*passus*) step पाऊल *n*, कदम *n*, पावडा; gait चाल *f*, पाऊल *n*, गति *f*; degree of celerity in walking चालण्याची चपळाई *f*;—of horses चाल *f*; some *paces* are सात्रक -तुरुक -टणक चाल *f*; to keep p. with पाऊल बरोबर टाकणें -चालवणें, कदम बराबर चालणें; running p. धांवचाल *f*.—*v. i.* चालणें, जाणें; मंदगतीनें चालणें, हळू चालणें, पाऊल टाकीत -मोजीत चालणें; चालीनें चालणें.—*t.* पावलें घालून मोजणें.

PACIFIC *a.* (*pax, pacis,* peace, *facere,* to make) सामदामाचा, सामोपचाराचा, सामोपचारक (words); शांत, शांतीचा, स्वस्थतेचा (state). -ATION शमन *n*, उपशमन *n*, शांति *f*; समेट, संधिकरण *n*; कलहशांति *f*, मिलाफ, संधि.—PACIFY *v.* calm शांतवणें, सांतवन क.; restore peace to स्वस्थ -स्वस्थता -शांति क., थंड क.: to p. countries in contention [with].

PACK *Ger.* bale गठ्ठा, बस्ता, गाठोडें *n*;—of cards गंजिफा, जोड;—of hounds झुंड *f*, कळप;—of thieves चांडाळचौकडी *f*, चोरांची टोळी *f* -चा गट.—*v.* stow away within दडपून भरणें, भरणें; place together and prepare for transportation बांधणें, आवळणें, बांधाबांध क.; compose by iniquitous collusion चांडाळचौकडी मिळविणें, संगनमत क.; dispatch घाईनें -लगबगीनें पाठवणें -फेंकणें, पिटणें.—*i.* -चा गठ्ठा बांधणें -आवळणें; वाईट कामासाठीं जथणें; घाईनें -तडक -लगबग जाणें. -AGE गठ्ठा, बस्ता, गाठोडें *n*; charge for packing बांधणावळ *f*. -CLOTH बासन *n*, वेष्टन *n*, लिफाप. -ET पुडका, पुडा, पुडकें *n*; dispatch -vessel डाकेचें गलबत *n.*—*v.* पुडका -पुडकें बांधणें -क.; डाकेच्या गलबतांतून पाठविणें. -HORSE पडताळ्याचा -कंठाळीचा तट्टू, पाठाळ *n*. -ING दट्टया; *Masonry* भर *f*. -NEEDLE दाभण. -SADDLE मूठ *f*, खोगीर. -THREAD सुतळी *f*, सडा.

PAD* road पायवाट *f*; easy-paced horse नरम चालीचा घोडा; highway man वाटमाऱ्या.—(?) गादी *f*, तक्या; —for a horse खोगीर.—*v. i.* धिमेधिमे -हळूहळू चालणें.—*t.* पायानें चालणें, पायीं चालणें; trample तुड-

वर्णे; beat smooth or level ठोकून गुळगुळीत क., चोपणें [with].

PADDLE *Ger.* oar वल्हें *n*, हातवल्हें *n*; broad part of an oar चपणी *f*;—of a weapon मेख *f*.—*v. i.* वल्हें मारणें, वल्हवणें; play in water पाण्यांत डुबकणें -खेळणें; handle or finger about हातचाळा क., हातळणें.

PADDOCK* frog बेडूक; small inclosure under pasture वाडी *f*, वाडगें *n*;—for deer मृगशाला *f*.

PADLOCK* कुलूप *n*, टाळें *n*.

PAGAN (*paganus*, peasant) one who worships false gods खोट्या देवाची भक्ति करणारा; one who is neither a Christian, a Mohamedan, or a Jew मूर्त्तिपूजक. -ISM मूर्त्तिपूजकांचा धर्म, मूर्त्तिपूजा *f*.

PAGE (*pagere*, to make, compose, fix) पृष्ठ *n*, पान *n*.—(*Gr. pais*, a servant) हुजऱ्या, खासबरदार, खवास, अंतिक.—*v.* पानांवर -पृष्ठांवर अंकडा -मांडणें -घालणें.

PAGEANT* show तमाशा, खेळ; fleeting show पाण्यावरचा बुडबुडा, घटकेचें घड्याळ *n*, काजव्याचा उजेड; statue in show तमाशातली बाहुली *f*, सागडबाहुली *f*.—*a.* थाटमाटाचा, शोभेचा, टामटुमीचा. -RY थाटमाट, डौल; तमाशा.

PAGODA *Per.* मूर्त्तीचें देऊळ *n*, देऊळ *n*; a coin होन.

PAIL* डोल, पीप *n*; to rain by *pails*ful मुसळधारा लागणें.

PAIN* punishment suffered or denounced शिक्षा *f*, दंड; bodily distress दुःख *n*, पीडा *f*, वेदना *f*; uneasiness of mind मनःपीडा *f*, क्लेश *pl*, दुःख *n*; labor कष्ट, श्रम, मेहनत *f*; throes of travail वेण *f*, तिडीक *f*, प्रसूतिवेदना *f pl*; *pains* of death प्राणांत वेदना *f pl*; sharp, lancinating p. कळ *f*, तिडीक *f*, उसण *f*; acute p. शूळ; pungent p. चुरचूर *f*; shooting p. धमक *f*, चमक *f*; *pains* of hell यातना *f pl*, यमयातना *f pl*.—*v.* दुःख देणें; क्लेश -दुःख देणें, पीडा क. [with]. -FUL *a.* दुःखाचा, वेदनेचा; कष्टाचा, क्लेशाचा; requiring labor श्रमाचा, कठीण, मेहनतीचा (service) [to].

PAINT *v.* (*pingere*) color रंग देणें, रंगविणें; form in colors, a likeness of रंगानें चित्र काढणें, रंगाचें चित्र काढणें; depict वर्णण क., वर्णणें.—*i.* चित्र काढणें, चितरणें; तोंडास किंवा अंगास रंग लावणें: she *painted* half an inch thick. -ER चितारी, रंगारी. -ING रंगाचीं चित्रें काढणें *n*, चित्रलीपि *f*; रंग देणें *n*, रंगरेजी *f*; picture चित्र *n*, रंगित चित्र *n*; art of painting चित्रविद्या *f* -कर्म *n*.

PAINTER *Ir.* a rope at the bow of a boat पाग.

PAIR (*par*) couple जुळें *n*, जुळी *f*; two things suiting one another जोडा, जोडी *f*.—*v.* जोडणें, जोडी क.; जुळी -जुळें क.—*i.* जुटणें, जुळणें; जमणें, बनणें, जुगणें.

PALACE (*palatium*) royal house राजगृह *n*, राजवाडा, राजमंदिर *n*; splendid place of residence वाडा *n*, हवेली *f*, महाल.—PALATINE *a.* राजवाड्याचा, राजमंदिर संबंधी.

PALANQUIN *Hind.* पालखी *f*.

PALATE (*palatum*) roof of the mouth टाळू *f*, टाळा; taste रुचि *f*, लजत *f*; mental relish अभिरुचि *f*, आवड *f*.

PALE *a.* (*pallere*, to be or look pale) wan पांढरा, फिकुट, म्लान; light फिका, निस्तेज.—*n.** picket कठड्याचा गज; limit मर्यादा *f*, हद्द *f*; fence कुंपण *n*; limited territory प्रांत, समर्याद प्रदेश. -NESS फिकुटपणा, काळवंडी *f*; फिकेपणा, उभरंगपणा.—PALLID *a.* फिका, निस्तेज.—PALISADE कठडा, लकडीकोट.—*v.* कुडणें कठडा घालणें [round].

PALINDROME (*Gr. palin*, back, *dramein*, to turn) a word verse, or sentence that is the same when read backward or forward अनुलोम विलोम (शब्द, श्लोक इ०): *madam*.

PALL (*pallium*, cover) mantle शेला, उपरणा, उपवस्त्र *n*; large black cloth thrown over a coffin खेंडा, प्रेतवस्त्र *n*.

PALLET (*palea*, chaff) निजायाचें फटकूर *n*, गोदडी *f*.

PALLIATE *v.* (*palliare*) cover with excuse बाहणा सांगणें, निमित्त -सबब सांगून झांकणें, पांघरूण घालणें; mitigate हलका क., उपशमन क. [by].

PALM (*palma*) inner part of the hand तळहात, तळवा, करतल, हाताचा तळवा; [a measure of length equal to four inches]; a tree ताड; victory जय; branch or leaf of the palm ताडाची झावळी *f*, ताडपत्र *n*.—*v.* the hollowed p. खोबळा; the hollowed *palms* joined अंजुली *f*.—*v.* handle हातांत घेणें, हातबोट लावणें; conceal in the palm of the hand हातांत -मुठींत लपविणें; impose by fraud दगलबाजीनें ठेवविणें -पदरीं घालणें, टोपी -गंडा घालणें [off]. -ER, -WORM सुरवंट, कुसरूड. -ISTER हात पाहणारा, हस्तसामुद्रिक. -ISTRY the pretended art or practice of divining or telling fortune by lines and the marks on the palm of the hand हस्तसामुद्रिक *n*; trick performed with the hand हातचलाखी *f*, हस्तलाघव *n*.

PALPABLE *a.* (*palpare*, to touch softly) perceptible by the touch स्पर्शगोचर, स्पर्श्य; plain स्पष्ट, उघड, प्रत्यक्ष; gross स्थूळ, वळवळीत, धडधडीत, ढळढळीत (error).

PALPITATE *v. i.* (*palpitare*) धडकी भरणें, धडधडणें, धगधगणें.—PALPITATION स्फुरण *n*, धुगधुगी *f*, धकधक *f*.

PALSY (See PARALYSIS) अर्धांगवायु, पक्षवायु.—PALSIED *a.* वारागेलेला, पक्षघाती.

PALTRY *a. Ger.* हलका, नुकसान, गैरी, नादान.

PAMPER *v.* (*pampinus*, a vine-leaf) खायास घालून माजवणें, लाड पुरवणें, पोसणें, धन पुरविणें [with].

PAMPHLET *F.* चोपडी *f*, वही *f*. -EER चोपड्या लिहिणारा.

PAN* shallow, open dish थाळा; part of a flint-lock which holds the priming that communicates with the charge काना, रंजकीचा पेला; the brain-pan कपाळ *n*, टाळकें *n*; frying-p. तवा, कढई *f*, इ०, तळणी *f*, 'फ्रैपान'; to flash in the p. रंजकविणें. -CAKE धिरडें *n*, ढेबरें *n*, मालपोवा इ०.

PANACEA (*Gr. pan*, all, *akeiomai*, to heal) remedy for all diseases त्रैलोक्य चिंतामणि, सर्वौषधीचूर्ण *n*.

PANCREAS (*Gr. -kreas*, flesh) a gland situated at the bottom of the stomach लिबलिब *n*.

PANDECT (*Gr. -decheomai*, to take) complete treatise on a science शास्त्रसंहिता *f*.

PANDER (*Gr.* from *Pandarus*) कुंटण्या, भडवा.—*v. i.* कुंटणगिरी क.

PANDICULATION (*pandere*, to spread out) आंगमोडा, आंगपिळा -पिळणी *f*.

PANE *F.* distinct compartment खण, पूड *n*; plate of glass भिंग *n*, तावदान *n*, ताव.

PANEGYRIC (*Gr. pan*, all, *aguris*, assembly) स्तुति *f*, प्रशंशा *f*, स्तोत्र *n*, गुणवर्णन *n*.—PANEGYRIST स्तुतिपाठक, स्तुति करणारा.

PANEL, PANNEL*, a board having its edges inserted in the groove of a surrounding frame कवाडांतला खण -चकला, लांकडी तावदान *n*; roll of the names of jurors पंचांचे नांवनिशीची याद *f*.

Pang* a momentary and violent pain तिडीक *f,* कळ *f,* वेण *f*; paroxysm of extreme distress दुःखाचें भरतें *n* -लहर *f.*

Panic (*Gr. panikos*) धडकी *f,* हैबत *f,* धसका. —*a.* कल्पित, व्यर्थ (fear). -STRUCK *a.* धसका -धडकी बसलेला.

Pannel (*pannus,* a cloth) खोगीर.

Pannier (*panis,* bread) bread-basket रोवळी *f*; basket carried on a horse पेटारा.

Pant *v. i. W.* gasp धापणें, धापा देणें; be overpowered with eagerness, desire, or longing जीव टांगला असणें, नितातणें.

Pantaloon *F.* इजार *f,* पायजामा.

Pantheism (*Gr. pan,* all, *theos,* a god) the doctrine that the universe, taken or conceived of as a whole, is God जगदीश्वरमत *n,* अद्वैतमत *n.*—Pantheist अद्वैतवादी.—Pantheistic *a.* अद्वैतमताचा, अद्वैतमत संबंधी.—Pantheon सर्वदेवालय *n,* सर्वदेवसभा *f*; a work in which all the divinities worshipped by a people are treated of सर्वदेवपुराण *n*; the whole body of divinities worshipped by a people एक देशाचे सर्व देव *pl,* देवगण. ?

Panther (*L.; Skr. pundarika*) बिब्यावाघ, बिबळ्यावाघ.

Pantile (*pan & tile*) a tile with curved or hollow surface नळा.

Pantry (*panis,* bread) फराळाची कोठडी *f.*

Pap (*papilla*) a nipple of the breast स्तनाग्र *n,* थानाची बोंडी *f*; teat स्तन *n.*—Papilary *a.* स्तनाग्र संबंधी.

Pap (*papa*) a soft food for infants मुलाची लापसी *f*; pulp of fruit गर, गीर. -PY *a.* बिलबिलीत, मऊ.

Papa *L.* बा, बाबा, 'पापा.'

Papal *a.* (*papa,* the pope) पोपाचा, पोपा संबंधी; proceeding from the pope पोपापासून निघालेला, पोपाचा.—Papacy पोपाचा अधिकार -चें राज्य *n*; line of the popes पोपांची माळका *f,* पोपावळी *f,* पोपपरंपरा *f.*

Papaw *Malya,* पोपिया *f,* पोपै *f.*

Paper (*papyrus,* paper reed) a substance formed into thin sheets for writing on कागद; a sheet of such substance कागद, ताव; an essay निबंध; document दस्तऐवज, कागद *n*; settlement p. व्यवस्थापत्र *n*; piece of paper कागद, कागदाचा तुकडा; newspaper वर्त्तमानपत्र *n,* कागद; bills of exchange, bank-notes, &c. हुंडी वगैरे कागदपत्र *pl*; hangings printed or stamped भिंती शृंगारण्याचे -ला लावायाचे कागद *pl*; waste p. रद्दी *f,* गवाळ *n*; clean p. कोराकागद; p. blank at the back पाठकोरा का.—*v.* कागद लावणें, कागदानें शृंगारणें, कागदानें मढवणें -झांकणें. -KITE वावडी *f,* पतंग.

Par (*L.*) बराबरी *f,* समता *f*; to be at p. बराबर होणें.

Parable (*Gr. para,* beside, *ballein,* to throw) a fable or allegorical relation or representation of something real in life or nature, from which a moral is drawn for instruction दाखला, दृष्टांत, दृष्टांतरूप कथा *f.*—Parabolical *a.* दृष्टांतरूप. -LY *a.* दृष्टांतानें, दृष्टांतेंकरून.

Parabola (*L.*) *Geom.* समकक्षछिन्न *n.*—Parabolical *a.* बाणाकार.

Parade (*parrare,* to prepare) pompous exhibition आव, थाटमाट, डौल; military display कवाईत *f,* 'परड' *f*; place where such display is held कवाइतीची -परडेची जागा *f*; procession मिरवणूक *f,* स्वारी *f,* यात्रा *f,* वरात *f*; to make empty p. डौल मिरविणें.—*v.* मिरवणें, डौल दाखवणें; कवाईत करवणें.—*i.* मिरवत जाणें, मिरवणें; कवाईत करण्यास मिळणें, -ची कवाईत होणें.

Paradigm (*Gr. para,* beside, *deiknunai,* to show) *Gram.* उदाहरणार्थ लिहिलेलीं धातूचीं सर्व रूपें *n pl.,* धातुरूपमालिका *f.*

Paradise (*Heb.; Skr. paradésa,* the best land) the garden of Eden, in which Adam and Eve were placed immediately after the Creation एदेन बाग; place of bliss सौख्यलोक *n,* आनंदभुवन *n* -लोक; heaven आकाश *n,* स्वर्ग.

Paradox (*G. para,* beside, *doxa,* opinion) something false in appearance but true in fact जी गोष्ट खरी असून दिसण्यांत खोटी भासती ती *f,* असत्याभास.

Paragon *F.* model कित्ता, नमूना; model by way of distinction, implying superior excellence धेंड *n,* मकरण *n,* प्रस्थ *n.*

Paragraph (*Gr. para,* besides, *graphein,* to write) कलम *n,* प्रकरण *n;* new p. खेरीज कलम *n;* p. added as a postscript ताजाकलम *n.*

Parallel *a.* (*Gr. -allelon,* of one another) *Geo.* समांतर; like सारखा, सम, सदृश [to, with]—*n.* समांतररेषा *f;*—of latitude अक्षवृत्त *n;* सारखेपणा, बरोबरी *f;* comparison बरोबर पाहणें *n,* तुलना *f* [to].—*v.* समांतर क. -राखणें; उपमा -तुलना -बरोबरी क.; be equal to बरोबरीस उतरणें, बराबरी येणें, सम असणें. -ogram *Geo.* समांतरबाजूचौकोन *n,* दीर्घचतुरस्त्र *n.*

Paralogism (*Gr. -logos,* discourse) false argument अयुक्ति *f,* सिद्धांताभास, मिथ्या हेतु.

Paralysis (*Gr. -luein,* to loosen) अर्धांगवायु, पक्षवायु.—**Paralyze** *v.* नबळेपणा आणणें, चलनवलनशक्ति नाहींशी क.—**Paralytic** *a.* अर्धांगीं वायु झालेला, पक्षघाती, वातरोगी, सुनबहिरा.?

Paramount *a.* (*par & amount,* upward) वर्चढ, श्रेष्ठ, प्रधान; p. sovereign सम्राट्.

Paramour *F.* सोयरा, यार, जार.

Parapet (*-pectes,* the breast) छातीएवढी भिंत *f,* वरवंडी *f.*

Paraphernalia (*Gr. -pherne,* dowry) articles which a wife brings with her at her marriage, or which she possesses beyond her jointure, and which remain at her disposal after her husband's death स्त्रीधन *n;* ornaments अलंकार *pl,* भूषणें *n pl;* trappings मिरवणुकीचा पोषाक, साज.

Paraphrase (*Gr. -phrasein,* to speak) टीका *f,* व्याख्या *f,* विवरण *n.*—*v.* व्याख्या -टीका क.

Parasite (*Gr. -sitein,* to feed) one who frequents the tables of the rich, and earns his welcome by flattery परान्नरुचि, परान्नपुष्ट, उंडीबकाल, तुकडमोड्या; *Bot.* a plant obtaining nourishment immediately from other plants, to which it attaches itself, and whose juices it absorbs बांडगूळ *n,* बांधें *n;* [*Zool.* an animal which lives during the whole or part of its existence on the body of some other animals, as lice, &c].—**Parasatical** *a.* खुशामती, आर्जवी; बांडगुळाचे जातीचा.

Parasol (*F. parer,* to ward off, *L. sol,* the sun) बायकांची लहान छत्री *f,* अफताबी *f.*

Parboil *v. F.* अर्धकच्चा शिजवणें -रांधणें. -ed अर्धशिजा; as rice, pulse अर्धबोबडा.

Parcel *F.* bundle पुडकें *n,* पुडा; portion गठा, पुडा, अंश, भाग; quantity रास *f,* ढीग; —of land ठिकें *n,* फाळी *f.*—*v.* वाटणें, वांटणी क. [out].

Parch *v. Rus.* scorch भाजणें, हुरपळणें; shrivel with heat वाळवून चिरमुटणें; सुरकुत्या पाडणें; *parched* rice पोहे *pl;*—grams फुटाणे *pl.*

Parchment (*pargamena*) skin of a sheep or goat dressed and rendered fit for writing on चर्मपट -पत्र *n.*

Pardon *v.* (*-donare,* to give) forgive क्षमा -माफी -माफ क.; remit सोडणें, सूट देणें : I p. thee thy life.—*n.* क्षमा *f*; माफी *f*, सूट *f.* मुक्ति *f.* -ABLE *a.* क्षमा करण्याजोगा, क्षम्य; सोडायाजोगा, मोचनीय [for].

Pare *v.* (*parare,* to prepare) cut off, as the extremities of a thing तासणें, छाटणें; —as an orange साळणें, सोलणें;—as a horse's hoof नख काढणें -कापणें [away, down, off].—**Paring** तासणी *f*, छाटणी *f*; shoe-makers p.-knife रांपी *f.*

Parent (*parere,* to beget) a father or mother बाप किंवा आई *f*; source मूळ *n*, कारण, *n*, आई *f*, खाण *f*, बाप, योनि *f*: idleness is the p. of vice; *pl* आईबापें *n pl.* -AGE कुळी *f*, जन्म. -AL *a.* आईबापांचा; becoming parents आईबापांस योग्य; p. affection अपत्य -पुत्रस्नेह.

Parenthesis (*Gr. entithenai,* to put in) sentence inserted in a sentence कुंडलींतलें वाक्य *n*, प्रक्षिप्त वाक्य *n*; sign of a parenthesis ( ) कुंडली *f.*

Parhelion (*Gr. helios,* the sun) a mock sun or meteor, appearing in the form of a bright light near the sun मिथ्या सूर्य, सूर्याभास.

Pariah (from Tamul *pareyer, parrior,* or Hind. *pahâriyâ,* a mountaineer) one belonging to the lowest and most despised class in parts of India परवारी, महार, धेड इ०; an outcast जातिभ्रष्ट [p. dogs, native dogs without masters or home].

Parish (*Gr. oikos,* house) उपाध्याची पांढर *f*, -चा प्रदेश.—*a.* उपाध्याचे पांढरीचा; maintained by the parish उपाध्याच्या पांढरींतून ज्याचें पोषण होतें तो, पौरोहित्यप्रदेश प्रतिपाळित. -IONER पांढरींत राहणारा.

Parity (*paris,* equal) सारखेपणा, समता *f*, साम्य *n.*

Park*, inclosure for chase शिकारखाना, शिकारगा *H.*, क्रीडावन *n*, मृगयाभूमि *f*;—for walking, riding, &c. रमणा;—of artillery तोफखाना.

Parley *v. i. F.* converse संभाषण क.; confer with an enemy युद्धामध्यें शत्रूशीं बोलणें. [with, about].—*n.* संभाषण *n*, बोलाचाल *f*; शत्रूसीं सल्ल्याचें वगैरे बोलणें *n*, सल्ल्याचें भाषण *n.*—**Parliament**, the grand assembly of the three estates of the United Kingdom of Great Britain and Ireland 'पार्लमेंट' सभा *f.* -ARY *a.* पार्लमेंटाचा; पार्लमेंटानें ठरवलेला; पार्लमेंटाच्या रिवाजा प्रमाणें.

Parlor (do.) बसायाची खोली *f*, दिवाणखाना.

Parochial *a.* (See **Parish**) उपाध्येपणाचे देशाचा, पांढरीसंबंधी.

Parole *F.* word वचन *n*, शब्द;—of a prisoner of war युद्धांत धरलेल्या शत्रूचें वचन, *n*, कौल *n*, बोली *f*; *Mil.* इशारत *f*, इशारा. —& **Parol** *a.* तोंडचा, मुखजबानी.

Paronychia (*Gr.*) *Med.* नखरूड *n.*

Paroxysm (*Gr. -oxus,* sharp) भरतें *n*, लहर *f*, उचल *f* (रोगाचें वगैरे).

Parricide (*pater,* father, *cædere,* to kill) बाप किंवा आई मारणारा, पितृ किंवा मातृहत्या करणारा, पितृघ्न किंवा मातृघ्न.

Parrot *F.* रावा, पोपट; red-ringed p. राघू.—**Paroquet** पोपट, हिरामण.

Parry *v.* (*parare,* to prepare) ward off टाळणें, चुकवणें, वारणें (a blow); evade चुकवाचुकव -टाळाटाळ क. (payment).

Parse *v.* (*pars,* part) व्याकरण क., वाक्याचें व्याकरण क.

Parsimony (*parcere,* to spare) covetousness कृपणपणा, कार्पण्य *n*, किरटेपणा; frugality

काटकसर *f*, अल्पव्यय.—PARSIMONIOUS *a.* कृपण, हाताचा जड; काटकसऱ्या, दक्ष.

PARSLEY *F.* अजमोदा.

PARSON (*parsona*) priest of a parish पांढरीचा उपाध्या, ग्रामपुरोहित; clergyman धर्मोपाध्या, धर्माध्यापक.

PART (*pars*) portion भाग, अंश; piece तुकडा, खंड; division विभाग, भाग, अवयव; member प्रकरण *n*, अंग *n*, विषय;—in the payment of debts, rents, &c. खिस्त; share वांटा, हिसा; *pl* बुद्धि *f*, गुण *pl*; concern अंग *n*, हात, संबंध; side बाजू *f*, पक्ष, वांटा: he takes his brother's p.; allotted duty काम *n*, स्वकर्म *n*, धर्म; *Drama*, सोंग *n*; for my part मजकडून; in p. कांहीं वाट्यानीं, कांहीं अंशीं; for the most p. बहुधा; वारंवार; on the p. of निसबत.—*v.* वांटणें, वांटून देणें; फोडणें, तुकडे क.; वेगळा -निराळा क.; stand between मध्यें पडणें, मध्यस्थी क.—*i.* तुटणें, सुटणें, अलग -विभक्त -वियुक्त -वेगळा होणें; with सोडणें, जाऊं देणें. -LY *ad.* कांहींसा, किंचित, थोडा बहुत. -NER विभागी, वांटेकरी; a consort बायको *f* किंवा नवरा, जन्माचा सोबती; *Law*, भागीदार, सर्कती, पातीदार [with, in, of]. -SHIP भागीदारी *f*; सरकत *f*, पाती *f*.—PARTY faction फळी *f*, तट; plaintiff or defendant पक्षकार, वादी किंवा प्रतिवादी; a social assemblage बैठक *f*, जेवणास -चहास वगैरे बोलावलेली मंडळी *f*; detachment टोळी *f*, तुकडी *f*, 'पार्टी' *f*; part तरफ *f*, बाजू *f*, पक्ष; single person असामी, मनुष्य; company टोळी *f*, जूट *f*. -COLORED *a.* चित्रविचित्र (flower);—as a horse अबलक;—as a bullock बांडा. -FENCE, -WALL दोन घराच्या मधली भिंत *f*, छाटदिवाल *f H*.—PARTISAN तरफदार, पक्षकार.

PARTAKE *v.* (*part* & *take*) वांटा असणें.—*i.* दुसऱ्या बरोबर वांटा घेणें -असणें -पावणें [in, of]; -चा गुण स्वभाव -हुद्दा असणें.

PARTERRE *F.* an ornamental garden नजरबाग.

PARTIAL *n.* (See PART) inclined to favor one party more than another तरफदार, पक्षपाती;—of judgments, &c. तरफदारीचा, पक्षपाताचा; not general एकपक्षी, एकदेशी, एकांगी (eclipse, deluge, &c.) [to]. -ITY पक्षपात, तरफदारी *f*; special fondness आवड *f*, अभिरुचि *f*, चहा *f*: p. for poetry [for]. -LY *ad.* पक्षपातानें; कांहीं वांटें, अंशतः, एकपक्षी.

PARTICIPATE *v.* (*partis*, part, *capere*, to take) See PARTAKE [in, of].—PARTICIPATION वांटा, हिस्सा [in].—PARTICIPATOR भागीदार, विभागी.—PARTICIPIAL *a. Gram.* कृदंतरूप.—PARTICIPLE *Gram.* कृदंत *n.*

PARTICLE (*pars*, part) minute part कण, लेश, रज; *Gram.* अव्यय *n*; extremely minute *particles* अणुरेणु *pl.*— PARTICULAR *a.* not general असाधारण, असामान्य; individual विशेष, भिन्न, निराळा: each plant has its p. nutriment; notable विशेष, लोकोत्तर, अधिक विशेष (news); minute सूक्ष्मदर्शी, कचें -बारीक पाहणारा;—of statements, accounts, &c. तपशीलवार, कच्चा, सविस्तर; nice खंतखोर, खोडकर: p. in diet; p. person अमुक, अमका; it is nothing p. तादृश नव्हे; p. duty विशेष धर्म p. occasion समयविशेष.—*n.* विशेष गोष्ट *f*, विशेष *n*; individual जन, असामी *f*; in p. विशेषेंकरून, विशेष [in]. -ITY असाधारणता *f*; विशेषता *f*, विशेषभाव; minute detail तपशील *f*, बयान *f*, विस्तार; that which is particular विशेष गोष्ट *f*. -IZE *v.* तपशीलवार बोलणें -सांगणें. -LY *ad.* विशेषेंकरून; तपशीलवार.

PARTISAN, See under PART.

PARTITION (*pars*, part) division विभाग, वांटणी *f*; separation वियोग, विरह; that

which divides पडदा, व्यवधान *n*; place parted off खण, खिमा, पूड *n*; that by which a partition is made आडभिंत *f*, पडदा, कूड.—*v.* खण क. -पाडणें, पडदा घालणें [of, off, from].

Partner, See under Part.

Partridge (*perdix*) तितर, तित्तिर, कवडा.

Parturient *a.* (*parere*, to bring forth) कोनी निघणारी, बाळंत होणारी, प्रसवणारी.—**Parturition** प्रसव, प्रसूति *f*.

Pass *v. i.* (See Pace) go जाणें, चालणें; undergo transition पालटणें, बदलणें; be current चालणें, पटणें (coins); be received in opinion पसंत पडणें, मान्य होणें (for); be spent जाणें, गुजरणें, लोटणें (time); happen घडणें, होणें; die मरणें, गतहोणें, जाणें; go by a certain necessary step पर्यायानें -पायरीनें जाणें; surpass वर्चढ होणें; to p. away, off, over नाहींसा होणें, टळणें, ओसरणें;—on पुढें जाणें -चालणें; to let p. सोडणें, सोड क.; to p. into हळूहळू पालटणें; पर्यायानें होणें; -on, upon -ला घडणें;—वर येणें; लागणें; ठराव क.—*t.* go beyond, over, through पार -पलीकडे जाणें; omit उपेक्षणें, गाळणें, सोडणें; as time spent घालवणें, क्रमणें;—pleasantly करमणें, गमत क.;—painfully काढणें, कंठणें;—under shifts and expedients लोटणें, ढकलणें;—idly कालवंचना क.; be carried through पसार-रुजू -सादर क. (bill); utter जाणें, बोलणें, निघणें: thy word is *passed;* achieve सिद्धीस नेणें, घडविणें; enact करणें, पसार क. (a law); cause to proceed चालवणें, पोंहचता क.; put in circulation चालवणें (money); take notice of लक्ष देणें -लावणें, मनावर घेणें; by, over पोटीं घालणें, क्षमा क.;—off, on, upon ठकविणें, फसवणें; a law पसार -ज्यारी क. [from, to]—*n.* passage रस्ता, वाट *f*; narrow passage खिंड *f*, बारी *f*;—over a hill घाट, घाटी *f*; passport परवाना, दस्तक *n*, रहदारी चिठ्ठी *f*, 'पास' *f*; push in fencing हूल *f*, ढुसणी *f*; condition अवस्था *f*, दशा *f*; to bring to p. घडवणें, बनून आणणें; to come to p. होणें, घडणें. -able *a.* capable of being passed जायाजोगा, गमनार्ह; current पटायाजोगा, चालायाजोगा; tolerable कामचलाऊ, बराच, असाच. -age जाणें *n*, चलन *n*, गमन *n*; ओलांडणें *n*, अतिक्रम, क्रांति *f*; journey, as by water, carriage, &c. प्रवास; fare वाटेचें भाडें *n*; ship's p. नोर; liberty of passing जाण्याची मोकळीक *f*; death मरण *n*, गति *f*; way वाट *f*, रस्ता; a hall मधलें घर *n*, माजघर *n*; incident गोष्ट *f*, घडलेली गोष्ट *f*: in thy *passages* of life; reception स्वीकार, अंगीकार: this book will have a fair p.; part of a book or text स्थल *n*; enactment ठराव: the p. of a law;—as between houses गल्ली *f*, बोळ; of p. भ्रमण -देशांतर करणारा (birds). -enger मार्गस्थ, वाटेनें जाणारा, वाटसरू;—in a vehicle उतारू. -ing *a.* श्रेष्ठ, उत्कृष्ट. -word वरदीचा -खुणेचा शब्द.

Passion (*pati, passus*, to suffer) दुःखसहन *n*, भोग *n*; the suffering of Christ ख्रिस्ताचें दुःखसहन *n*; mental feeling मनोविकार, भाव, रस; feeling or emotion in which the subject is moved by an impulse beyond control मनःक्षोभ -स्ताप; anger राग; love प्रीति *f*, शृंगाररस; eager desire आस्था *f*, उत्कंठा *f*, उत्साह; pursuit engaged in with fondness व्यसन *n*, वेड *n*, छंद, नाद: poetry became to him a p.; the *passions* षड्रिपु *pl*; absence of p. विराग, वैराग्य *n*; of subdued *passions* जितेंद्रिय; a fit of p. रागाचा झटका, तेष; to fly into p. पित्त खवळणें [for]. -ate *a.* रागीट, तापट; उत्कंठित, आवेशी, आवेशाचा; हौसेचा. -ately *ad.* रागानें; उत्साहानें, उत्कंठेनें.—**Passible** *a.*

सुखदुःखयोग्य क्षम.—PASSIVE *a.* not active निर्व्यापार, निश्चेष्ट; suffering सोसणारा, सोसीक, सहिष्णु; *Gram.* कर्मणि. -FLOWER कंगोरी *f.*

PASSOVER (*pass, over*) यहुदी लोकांचा एक सण आहे, वल्हांडण सण; वल्हांडण सणाचा यज्ञपशु. See Ex. xii.

PASSPORT *F.* परवाना, दस्तक रहदारी.

PAST *p. a.* गेलेला, गत, गतकालचा.—*prep.* पुढें, पलीकडे; नंतर, वर, पसार.—*ad.* जवळून, वरून, पुढून.

PASTE (*pastus*, pasture) खळ *f,* चिकी *f*; p. of iron rust, &c. शाई *f.*—*v.* खळ लावून -खळीनें चिकटविणें.—PASTRY पिठाचे पदार्थ, *pl* मिष्टान्नें *n,* पिष्टान्नें *n pl.* -BOARD पुष्टिपत्र *n.* -COOK हलवाई, पक्वान्नें करणारा.

PASTERN *F.* part of a horse's leg between the fetlock joint and the hoof नेवर.

PASTIME (*pass, time*) खेळ, करमणूक *f.*

PASTOR (*passere*, to pasture) shepherd मढक्या, मेंढपाळ; minister of the gospel having the charge of a church and congregation ख्रिस्ती मंडळीचा धर्मोपदेशक, पाळक. -AGE पाळकाचें काम *n.* -AL *a.* मेंढक्यांचा (life); मेंढक्यांच्या रहाणीचा -स्थितिरितीचा -च्या संबंधी (poem); पाळकाचा, पाळका संबंधी; p. tribe पशुचारणजीवी लोक. -ATE पाळकाचें काम *n.*—PASTURAGE, business of feeding cattle गुरेंचराई *f*; grazing-ground चरण *n,* गायरान *n*; grass for feed चारा, चरण *n.*—PASTURE *v.* चारणीस -चारायाला घालणें.—*i.* चरणें.—*n.* कुरण *n,* गायरान *n*; चारा, चार *f.*

PAT *a. D.* योग्य, उचित, समर्पक (allusion)—*ad.* नेमका, टापासरटीप, ठीक.— *n. Ger.* a light, quick blow, or stroke, with the fingers or hand थापटी *n,* थाप *n,* थापड *f*; a small flatish lump वडी *f,* चपटी *f,* थापटी *f.*—*v.* थापडणें, थापटणें [with, on].

PATCH *n. Ger.* piece of cloth sewed on a garment to repair it ठिगळ, कपा; small piece of any thing used to repair a breach गावडी *f,* पुस्ती *f*; small piece of silk used to cover a defect on the face, or to heighten beauty टिकली *f,* पट्टी *f*; small piece of ground जमिनीचा तुकडा, ठिकें *n.*—*v.* ठिगळ लावणें; repair clumsily तागडणें, तुकडे जोडणें; टिकले लावून शृंगारणें; up तुकड्यातांकड्यांचा क. [with]. -WORK ओबडधोबड -तुकड्यातांकड्यांचें काम *n,* तागडकाम *n.*

PATE *Ger.* the head डोसकें *n,* टकलें *n,* नारळ; [skin of a calf's head].

PATELLA (*L.*) *Anat.* गुडघ्याची वाटी *f.*

PATENT *a.* (*patere*, to be open) उघड, स्पष्ट; appropriated by letters patent सनदेचा, सनदी.—*n.* an official document conferring a right or privilege on some person, for a term of years, the exclusive right to an invention सनद *f,* फरमाना. -EE सनद मिळालेला, सनददार. -LEATHER रोगण चढविलेलें -रोगणी कातडं *n.*

PATERNAL *a.* (*pater*, father) बापाचा, पित्याचा, पितृ; fatherly बापासारखा, पितृतुल्य (admonition); derived from a father बापापासून मिळालेला, पितृप्राप्त; hereditary वडिलोपार्जित, पिढीजाद.—PATERNITY पितृधर्म, पितृत्व *n,* बापपणा.

PATERNOSTER (*L.* our Father) the Lord's prayer प्रभूची प्रार्थना *f.*

PATH* (*Skr.* path) road वाट, रस्ता, मार्ग, पंथ; foot-way पायवाट *f,* पाऊलवाट *f*; fig. course of action वाट *f,* रहाटी *f,* रीत *f,* मार्ग (Ps. xxv., 10); the right p. सत्पथ, सन्मार्ग; —of the planets कक्षा *f* [to, through].

PATHOS (*Gr.* pathein, to suffer) करुणारस, राग, कारुण्य *n.*—PATHETIC *a.* द्रव आणणारा, मनोवेधक, करुणारसाचा.

Pathology (*Gr. pathos,* suffering, *logos,* speech) *Med.* the science which has for its object the knowledge of disease रोगनिदानशास्त्र *n*, निदान *n*.

Patient *a.* (*pati,* to suffer) bearing सोशिक, सहनशील; not hasty धीर, थिराचा, धिमा; passive recipient कर्मपात्र, कर्माश्रय; diseased person under medical treatment वैद्याचें कूळ *n*, रोगी मनुष्य. -ly *ad.* निमुटपणें, गम खाऊन; सोशिकपणानें, धैर्य धरून; थिरानें, धिमाईनें.—Patience, the suffering of afflictions, pain, toil, calamity, provocation, or other evil, with a calm unruffled temper सहनशीलता *f*, शांति *f*, सोशिकपणा; act or quality of waiting long for justice or expected good without discontent दम, धैर्य *n*, सबुरी *f*, धीर; perseverance दीर्घ उद्योग -प्रयत्न [with, in].

Patriarch (*Gr. patro,* father, *archos,* a chief) father and ruler of a family मूळ पुरुष, कुलाधिपति; [app. to heads of families in ancient history, esp. in biblical and Jewish history; *Eastern Churches,* a dignitary superior to the order of archbishops]. -al *a.* मूळ पुरुष संबंधी, मूळ पुरुषाचा, गोत्रपतीचा; subject to a patriarch पेत्रिआर्कच्या अधिकारा खालचा. -ate पेत्रिआर्काचें काम *n* -चा प्रांत; पेत्रिआर्काची जागा *f* -गादी *f*.

Patrician (*patres,* fathers) कुलीन पुरुष.—*a.* मोठ्या कुलांतला, कुलीन, खानदानीचा.

Patrimony (*pater,* father) right or estate inherited from one's ancestors पितृप्राप्त अधिकार किंवा धन *n*, वतनवाडी *f*, बापरोटी *f*, इत्यादि; Church estate or revenue देवळाचें उत्पन्न *n*.—Patrimonial *a.* वतनाचा, वतना विषयींचा, वतनी; पितृप्राप्त, वडिलोपार्जित.

Patriot (*patria,* one's native country) person who loves his country, and zealously supports and defends it and its interest स्वदेशभक्त, स्वदेशहितकारी, स्वदेशाभिमानी. -ism स्वदेशप्रीति *f*, स्वदेशाभिमान. -ic *a.* स्वदेशहिताचा, स्वदेशनिष्ठ, स्वदेशासक्त.

Patrol *F.* guard which goes the rounds of a camp or garrison लष्करी गस्त *f*, छोटी गस्त *f*. *H.*—*v.* गस्त घालणें.—*i.* भवतालें फिरणें, गस्तांसाठीं फिरणें [about, round].

Patron *a.* and *n.* (*pater,* father) one who countenances, supports, or protects पोशिंदा, पोषक, पुरस्कर्ता;—of the poor and humble प्रणतवत्सल. -age हिमाईत *f*, आश्रय, पालण *n*. -ize *v.* आश्रय देणें, हातीं धरणें, पक्षघेणें;—in a unfavorable sense काखेस -बगलेस मारणें [by]. -ess यजमानीण *f*, पोषणकरणारीण *f*; रक्षणकरणारीण *f*.

Patronymic (*Gr. patros,* father, *onoma,* name) पितृप्राप्त नाम *n*.

Patten *F.* खडावा.

Patter *v. i.* (See Pat) पटपट -सटसट पडणें. —*t.* पटपट पाडणें; repeat in a muttering manner, as prayers जपणें, जप क.; to p. flash, to speak the dialect of thieves, &c. चकारी भाषा बोलणें.—*n.* टपटप -पटपट शब्द.

Pattern (See Patron) model proposed for imitation नमूना, सांचा, फर्मा; specimen मासला, वानगी *f*; quantity of cloth sufficient for a garment अंगरखा वगैरे एका वस्त्रा पुरतें कापड *n*.

Paucity (*paucus,* few) थोडेपणा, अल्पसंख्या *f*; smallness of quality थोडेपणा, कमीपणा, न्यूनता *f*: p. of blood.

Pauline *a.* (from *Paulus,* Paul) पौलस नामक मनुष्याचा; पौलसाचा -पौलसानें लिहिलेला, पौलसाचा, पौलसलिखित (epistles).

Paunch (*pantex*) the belly पोट *n*; the first and largest stomach of a ruminant quadruped रंवथ करणाऱ्या जनावराचा पहिला व सर्वांहून मोठा कोथळा.

Pauper (*L.*) भिकारी, भिक्षुक, नादार. -ism भिकारपण *n,* भिक्षुकी *f,* नादारी *f.*

Pause (*pausa*) temporary stop खंड, विराम, महकुबी *f*; suspense दुग्धा *f*; a temporary cessation of the voice in reading and speaking विराम; a point विरामचिन्ह *n*; *Mus.* थाक *f,* अवसान *n.*—*v.i.* मध्यें राहणें -थांबणें, खोळंबणें, विसंबणें [for, at].

Pave *v.* (*pavire,* to beat down) lay with stone or brick फरसबंदी -चिरेबंदी किंवा वीटबंदी क.; prepare the way for वाटपाडणें, रस्ता क. मार्ग मोकळा क., [with]. -ment फरसबंदी *f,* चिरेबंदी *f.*

Pavilion (*papilio,* a butterfly and a tent) डेरा, तंबू; *Arch.* घुमटाच्या आकाराचें घर *n*; a flag बावटा; *Anat.* auricle of the ear बाहेरील कान.

Paw *W.* पंजा.—*v.* scrape with the fore-foot टापरणें; handle roughly हाताळणें, घुसडणें, गुबडणें.

Pawn *F.* गहाण *n.*—*v.* गहाण ठेवणें.—(*padis,* foot)—in chase प्यादें *n.* -broker गहाणाचा व्यापारी.

Pay *v.* (*pacare,* to pacify) satisfy as another person, for service rendered वेतन -मजुरी -पगार देणें; discharge one's obligation to फेडणें, वारणें, देणें; punish शासन क.; off फेडणें, चुकवणें; on देणें, ओपणें (blows); out ढिला सोडणें -क., सोडणें : to p. out more cable [to].—*i.* फेडणें, निस्तरणें; for भरून देणें; खर्च देणें; -चा दंड -गुन्हेगारी देणें.—*n.* पगार, रोजमुरा, दरमहा; extra p. to public servants or soldiers भत्ता. -able *a.* देण्याजोगा, देय; suitable to be paid देण्यास योग्य, देण्यास लायक: thanks are a tribute p. by the poorest [to]. -ment देणें *n*; फेड *f*; reward वेतन *n.* -roll बटवडे पत्रक *n.* -master देणारा; पगार वांटणारा, सबनीस, 'पेमास्तर.'

Pea* वाटाणा.

Peace (*pax, pacis,*) state of quiet स्वस्थता *f,* स्वास्थ्य *n,* स्वस्थपणा; freedom from war सख्य *n,* सला, संधि; public tranquility देश -लोकसौख्य *n*; quiet of conscience मनश्शांति *f,* शांति *f,* चित्तस्वास्थ्य *n*; harmony ऐक्य *n,* सख्य *n,* मिलाफ; at p. शांतीनें; सल्यानें; to hold one's p. चुप -उगा राहणें, मौन्य धरणें; to make one's p. सला -समेट क. -able *a.* स्वस्थ, निरुपद्रव, शांत, थंड; शांतिशील -प्रिय. -ful *a.* शांतीचा, शांत. -maker समेट करणारा, कळमिटव्या. -offering शांत्यर्पण *n,* शांतिहोम. -officer शरीफ, कान्स्टेबल इ० प्रकारचा सरकारी हुद्देदार.

Peacock* मोर, मयूर.—**Peahen** लांडोर *f.*

Peak* a point टोंक *n,* अग्र *n*; point of a hill पर्वताचें शिखर *n.*

Peal *F.* दणका, धडाका; a set of bells tuned to each other घंटानाद.—*v.* दणदणणें, कडकडणें.

Pear* the prickly p. निवडुंग *n, m*; the flat-jointed prickly p. फड्यानि०.

Pearl* मोती *n,* मुक्ताफल *n*; a jewel रत्न *n,* दाणा; lack lustre खरडा; mother of p. मोतीशिंप *f*; artificial p. कागदी मोती *n,* फुगा.—**Pearly** *a.* मोत्याचा; मोत्यासारिखा (dew).

Peasant (*pagus,* the country) शेतखण्या, नागऱ्या.—*a.* गांवढळ, गंव्हार. -ry रयत *f,* शेतकरी लोक *pl.*

Pebble* गोटा, खडा, गुंडा.

Peck* *v.* strike with the beak चोंचीनें मारणें; pick up with the beak चोंचीनें वेंचणें -टिपणें; strike with a pointed instrument अणीनें टोचणें -बोचणें [at].

Pectoral *a.* (*pectus, pectoris,* breast) उराचा, छातीचा; relating to the disease of the chest छातीचे रोगाचा; p. medicine

कासम *n.*—*n.* दम्यावरचें -दम्याचें औषध *n*, कासम *n*.

Peculate *v. i.* (*peculium*, private property) सरकारचा पैका खाणें, तनाखोरी क.—Peculation तनाखोरी *f*.

Peculiar *a*. (do.) of private possession and use आपला, खासगत, खुद्द ; particular विशेष, असाधारण.—*n*. आपला माल, स्वस्व *n*. [to]. -ity खासगतपणा ; असाधारणता *f*; विशेष धर्म -गुण.

Pecuniary *a*. (*pecunia*, property in cattle, *pecus*, cattle) relating to money पैक्याचा, द्रव्याचा ; consisting of money धन -द्रव्यरूप, पैक्याचा, द्रव्य in comp.: p. mulct द्रव्यदंड.

Pedagogue (*Gr. pais*, a boy, *agein*, to lead) पंतोजी, शिक्षक ; a pedant पंडिताचा डौल मारणारा, पंडितंमन्य.—Pedant विद्येचा डौल मारणारा, पंडितंमन्य. -ry पोकळ पांडित्य *n*, विद्येचा डौल.

Pedestal (*pes, pedis*, foot) base of a column खांबाचा बुंधा, तळखडा ;—of a lamp चाडें *n*, पडघी *f*.—Pedestrial *a*. पायाचा-चरणाचा.—Pedestrian पायीं चालणारा, पदाति, पदाचारी.

Pedicle (do.) फुलाचा देंठ.

Pedigree *F*. line of ancestors पिढी *f*, वंशावळ *f*; account of register of a line of ancestors वंशचरित्र *n*.

Pedlar, -ler, Peddler (do.) फेरीवाला, बिछायती, फिरस्ता.—Peddlery फेरीवाल्याचा धंदा ; goods of a pedler बिछायती माल.

Pedo-baptism (*Gr. paidos*, child, *baptism*, baptism) लहान मुलाचा बाप्तिस्मा.—Pedo-baptist लहान मुलाचा बाप्तिस्मा करावा असें मत बाळगणारा ; लहान मुलांचा बाप्तिस्मा करणारा.

Peel (*pilus*, a hair) साल *f*, त्वचा *f*.—*v*. साल काढणें, सोलणें ; strip, as the skin of an animal कातडें काढणें, छिलणें ; plunder लुटणें, नागवणें [off].—*i*. साल निघणें : it *peels* easily.—*F*. उलथणें *n*, कलथा.

Peep *v. i.* (*pipilare*, to begin, to appear) दिसणें, दिसूं लागणें ; chirp चिवचिव क.; look forth from concealment डोकावून पाहणें [at].—*n*. चिवचीव *f*; चोरनजर *f* -दृष्टि *f*; p. of day प्रभात *f*; p. hole चोरखिडकी *f*, झरोका.

Peer (*par*, equal) बरोबरीचा, तोलाचा ; associate सोबती ; nobleman बडालोक, उमराव, 'पीर.' -age अमिराची -बडे लोकांची पदवी *f*; the body of peers बडेलोक *pl*. -less *a*. अनुपम, निरुपम, सर्वोत्कृष्ट.

Peer *v. i.* (See Appear) दिसणें ; look narrowly, curiously, or sharply न्याहाळून पाहणें, हेरणें, निरखून -टक्कारून पाहणें.

Peevish *a*. *F*. किरकिऱ्या, कटकट्या. -ness जिकीर *f*, खिसखीस *f*.

Peg* खुंटी *f*;—of an instrument खीळ *f*, खुंटी *f*; a p. lower एक पायरी कमी -खालीं (उतरणें).—*v*. मेख -खुंटी मारणें -मारून बांधणें -अडकवणें; restrict अटकाव क., दाबांत ठेवणें.

Pelf (*pilare*, to rob, *facere*, to make) money पैका, पैसा ; illicit gains हरामाचा पैसा, अन्यायोपार्जित द्रव्य *n*.

Pelican (*Gr*.) पानकोळी.

Pellet (*pila*, a ball) गोळी *f*, गोटी *f*.

Pellicle (*pellis*, skin) तवंग, कोश, सूक्ष्म पटल *n*.

Pellitory (*paries*, wall) अकलकाढा -रा.

Pellmell *ad*. गोंधळ -गर्दी करून, घोळक्यानें.

Pellucid *a*. (*per*, very, *lucidus*, clear) स्वच्छ, निर्मळ, प्रसन्न.

Pelt *Ger*. चामडें *n*, कातडें *n*, चरसा.—*v*. *F*. strike with something thrown सडकणें, सडकावणें, फेंकून मारणें [with].—*n*. टोला, तडाखा.

PELVIS (*L.*, a basin) *Anat.* lower part of the abdomen खालचें पोट *n*, बस्तीप्रदेश, ओंटी *f*.

PEN (*penna*) लेखणी *f*; errors of the p. कलमकुचराई *f*.—*v*. लिहिणें. -KNIFE चाकू. -MAN कलमबहादर, लेखणीचा पुरा; an author ग्रंथकर्ता. -SHIP लिहिण्याचें कसब *n*; chirography लेखन *n*, अक्षर *n*; good p. कलमसफाई *f*, मुक्ताफल *n*.

PEN* *v*. कोंडणें, कोंडवाड्यांत घालणें [up].—*n*. कोंडवाडा.

PENAL *a*. (*pœna*, punishment) दंडप्रकरणाचा, दंडाचा; subject to penalty दंडास योग्य, दंडालायक, दंडाधीन, दंडनीय. -TY दंड, शिक्षा *f*; forfeiture अट *f*, अडती *f*.

PENANCE (See PAIN) तप *n*, प्रायश्चित्त *n*; bodily p. देहदंड; to perform p. तप क., प्रायश्चित्त क.; mortal p. देहांत प्रायश्चित्त *n*.

PENATES *pl*. (*L*.) [household gods of the ancient Italians]; कुलदेवतें *n pl*, आराध्यदेवता *f. pl*.

PENCHANT (*F*.) decided taste चटक *f*.

PENCIL (*penis*, a tail) brush of a painter चितान्याचें कलम *n*;—for writing on slate दगडी लेखणी *f*, 'पेनसिल' *f*;—lead p. शिस्याची पेनसिल *f*; *Opt*. collection of rays of light किरणांचा समूह, अंशुजाल *n*.

PENDANT (*pendere*, to hang) लोंबणारा पदार्थ लोलक; ornament hanging at the ear भोंकर *n*, लोलक; a hanging appendage झुबका, झुमका, झिळमिळी *f*.—PENDENT *a*. लोंबणारा, लटकणारा.—PENDING *a*. भिजत पडलेला, चालता, खरकटा (suit).—PENDULOUS *a*. लोंबता, लटकता.—PENDULUM लोलक.

PENETRATE *v*. (*penetrare*) enter into भेदणें, वेधणें, प्रवेश क.; affect मनास लावणें, मन वेधणें; comprehend समजणें, बोध होणें [through, into].—*i*. शिरणें, शिरकणें; अर्थभेद होणें.—

PENETRABLE *a*. भेदायाजोगा, भेद्य, भेदनीय.—PENETRABILITY भेद्यता *f*, प्रवेश्यता *f*.—PENETRATION भेदणें *n*, भेदन *n*; acuteness सूक्ष्म -तीक्ष्ण -कुशाग्रबुद्धि *f*.

PENINSULA (*pœne*, almost, *insula*, island) द्वीपकल्प *n*.—PENINSULAR *a*. द्वीपकल्प संबंधी; inhabiting a peninsula द्वीपकल्पवासी.

PENITENT *a*. (*pœnitere*, to repent) sincerely affected by a sense of guilt, and resolving on amendment of life पश्चात्तापी, अनुतापी.—*n*. ज्यास पश्चात्ताप झाला आहे तो; पश्चात्तापी मनुष्य -स्त्री *f*.—PENITENCE पश्चात्ताप, अनुताप.—PENITENTIARY, one who prescribes penance प्रायश्चित्त सांगणारा; a penitent पश्चात्तापी; one who does penance प्रायश्चित्त घेणारा, तपस्वी; place of penitence प्रायश्चित्तालय *n*; house of correction in which offenders are confined for punishment and reformation, and compelled to labour तुरुंग, कारागृह *n*.

PENNANT (*penna*, feather) पताका *f*, फरारा.

PENNY* आठ पईंच्या किमतीचें एक नाणें आहे, दोन फदे *pl*, 'पेनी'; a small sum दमडी *f*, टोली *f*, अधेला; money पैका, टका. -WISE लहान -बारीक गोष्टींमध्यें कसर पाहणारा; p. and pound foolish इळा मोडून खिळा करणारा; a p. in the pound जळत्या घरचा वासा.—PENNILESS रंक, कंगाल, गरिब.

PENSILE *a*. *pendere*, to hang) लोंबणारा, लंबमान.

PENSION (*pensio*, a pay) पगार; allowance for past services बैठापगार, 'पेनशन' *n*; p. granted by Government to the family of a soldier or servant who has died in its service बाळपरवेशी *f* [for].—*v*. बैठापगार करून देणें.-ER पेनशनदार, पेनशनर; [a student of the second rank in the Universities of Cambridge, England, and Dublin, who is not dependant on the foundation for support, but pays for his food].

Pensive *a. F.* thoughtful ध्यानस्थ; सचिंत; expressing thoughtfulness with sadness चिंताक्रांत, उदास, दिलगीर.

Pent *a.* कोंडलेला [up].

Pentachord (*Gr. pente,* five, *chordè,* cord) पंचतारी वाद्य *n.*

Pentagon (*Gr. -gonia,* angle) पंचकोणाकृति *f.*

Pentapetalous *a.* (*Gr. -petalon,* petal) पंचपाकळी, पंचदळ.

Pentecost (*Gr. pentekosté,* fifty) यहुदी लोकांचा एक सण आहे, पन्नासाव्या दिवसाचा सण.

Penthouse (*pendere,* to hang down) पडवी *f.* —**Pentice** पडसाळ *f,* एकपाखी पडवी *n.*

Pentile, See **Pantile.**

Penultimate *a.* & *n.* (*pæne,* almost, *ultimus,* the last) शेवटल्या वर्णामागचा, उपान्त्य.

Penumbra (*-umbra,* shade) अपूर्ण -खंड छाया *f.*

Penury *penuria* गरीबी *f,* कंगाली *f,* अनुपपत्ति *f.*—**Penurious** *a.* कृपण, हाताचा जड; थोडा, भिकार (crop).

Peon (*H. piyadah*) चपराशी, पट्टेवाला, शिपाई; —at chess प्यादें *n.* प्यादा.

People (*populus*) body of persons who compose a community लोक *pl*; population प्रजा *f,* रयत *f*; folks लोक *pl,* माणसें *n pl,* आलमदुनिया *f*; the vulgar कुणबी माळी *pl,* तेली तांबोळी *pl.*—*v.* वसाहत क., वसवणें [with].

Pepper* (*Skr. pippali*) black p. मिरें *n*; red p. मिरची *f*; long p. पिंपळी *f.*—*v.* sprinkle with pepper -वर मिरपूड टाकणें-पसरणें; cover with wounds जखमांनीं भरणें. -box मिरपुडीची डबी -बाटली *f.* -mint,—the plant पुदीना;—the essence पुदिन्याचा अर्क, 'पेपरमेंट' *n.*

Peptic *a.* (*Gr. peptein,* to cook) पाचक. अग्निवर्धक, दीपक.—*n.* पाचक औषध *n.*

Per *prep.* (*Lat.*) दर, प्रति, गणिक : p. man.

Peradventure *ad.* कदाचित्, नजाणो, दैववशात्.

Perambulate *v.* (*-ambulare,* to walk) हद्दी हद्दीनें फिरणें -जाणें, फेरी घालणें, फिरणें, —**Perambulation** फेरी *f,* परिभ्रमण *n*; वर्षांतून एकदां सिमेची पाहणी *f,* सालाबाद शीव पाहणी *f.*—**Perambulator** भ्रमण करणारा, फिरणारा; instrument for measuring distances अंतर मोजण्याचें यंत्र *n*; carriage for a child, propelled from behind मागून लोटण्याची मुलाची गाडी *f.*

Perceive *v.* (*-percipere,* fr. *per* and *capere,* to take) obtain knowledge of through the senses -चें इंद्रियज्ञान होणें, पहाणें, जाणणें, समजणें; take intellectual cognizance जाणणें, समजणें, बोध होणें; be affected by लागणें, स्पर्श होणें, भेदणें.—**Perceivable** *a.* इंद्रियगोचर, समजण्या -उमजण्याजोगा; स्पर्श्य. —**Perceptible** *a.* पहायाजोगा, इंद्रियगोचर -गम्य.—**Perceptibility** इंद्रियगोचरता *f.*—**Perceptibly** *ad.* पहायासारखा -जोगा; समजेसा, कळेसा.—**Perception** पहाणें *n,* इंद्रियानें घेणें *n,* समजणें *n,* इंद्रियग्रह; बोध, समज, faculty of perceiving जाणीव *n,* चैतन्य *n.* —**Perceptive** *a.* ज्यास समजण्याची शक्ति आहे तो, ग्राहक.—**Percipient** *a.* ग्राहक, सचेतन, विषयग्रहणक्षम.

Perch (*pertica*) पोल, काठी *f*; measure of length containing 5½ yards काठी *f*; [fortieth part of an acre]; roost अड्डा.—*v. i.* पाखरा सारखें बसणें, वसणें.

Perchance *ad.* नजाणो, कदाचित्.

Percolate *v.* (*-colare,* to strain) गाळणें-शोधणें.—*i.* गळणें, पाझरणें, निवरणें.

Percussion (*quatere,* to shake) act of striking अपटणें, आदळणें *n*; effect of violent collision धक्का, आघात.

Perdition (*-dare,* to give) entire loss नाश, विनाश, सत्यनाश; utter loss of the soul, or of final happiness in a future state अधोगति *f,* नरकवास, आत्म्याचा नाश.

Peregrinate *v.* (*-agri,* a field) फिरणें, देशभ्रमण -देशाटन क.—**Peregrination** परिभ्रमण *n,* देशाटन *n,* प्रवास.

Peremptory *a.* (*peremtorious,* final) express निखालस, साफ, खसखसीत; authoritative अधिकाराचा, प्रभुसम्मित; dogmatical मतवादी, हटवादी.—**Peremptorily** *ad.* निक्षून, खसखसीत, तुकडा मोडून.

Perennial *a.* (*-annus,* year) lasting through the year बारमाही, वर्षजीवी; perpetual अक्षयी, बारमाही, सतत, निरंतर; continuing more than two years दोन वर्षांहून अधिक वांचणारा, वर्षद्वयाब्दिकजीवी.—*n.* दोन वर्षें वांचणारें झाड *n.*

Perfect *a.* (*facere,* to make) brought to completeness पुरा, पूर्ण; complete समग्र, सकल, पूर्ण; without blemish अव्यंग, निर्दोष; complete in moral excellences संपन्न, पूर्ण, गुणसंपन्न; p. tense पूर्णभूतकाळ.—*v.* पुरा -पूर्ण क.; निपुण -निष्णात -प्रवीण क. -**ion** सिद्धि *f,* पूर्णता *f,* पुरेपणा; प्रवीणता *f,* नैपुण्य *n,* सर्वोत्कृष्टता *f,* सर्वसंपन्नता *f;* excellent quality उत्तम -परम गुण, गुण. -**ly** *ad.* अगदीं, पुरता, पुरतेपणीं.

Perfidy (*-fidus,* faithful) विश्वासघात, दगा, कपट *n.*—**Perfidious** *a.* खोटा, बेइमानी, दगेबाज, दगलबाज.

Perforate *v.* (*forare,* to bore) भोंक -छिद्र पाडणें.—**Perforation** वेधणें *n,* विंधणें *n*; the hold bored भोंक *n,* वेज *n,* रंध्र *n,* वेध.

Perform *v.* (*fourn,* to complete) carry through पार -शेवटास नेणें, करणें; accomplish साधणें, संपादणें, करणें; fulfil पुरा -पूर्ण -सत्य क., फेडणें (duty, office, vow).—*i.* act सोंग घेणें, सोंगाची संपादणी क.; play upon a musical instrument वाजवणें, बजावणें, खेळणें. -**able** *a.* साध्य, साधनीय; संपादनीय. -**ance** संपादणी *f,* संपादन *n*; act कर्म *n,* क्रिया *f,* कृति *f;* theatrical p. सोंग *n,* नाटक *n.* -**er** करणारा, कर्त्ता; सोंग आणणारा नट.

Perfume (*-fumus,* smoke) fragrance सुवास, सुगंध, परिमळ; substance that emits scent which affects agreeably the organs of smelling सुगंधी पदार्थ-द्रव्य *n*;—for the person उटी *f,* उटणें *n.*—*v.* सुवास इ० लावणें, सुवासित क.—**Perfumer** गंधी, गांधी, अतार [with].—**Perfumery** गंधीसामान *n,* सुगंधद्रव्यादि.

Perfunctory *a.* (*-fungi,* to perform) वरवरचा, चालढकलीचा, वरपंगी.—**Perfunctorily** *ad.* चालढकल -गडबडगुंडा करून.

Perhaps *ad.* (*per & haps*) कदाचित्, कोण जाणे, नजाणो: p. he will come आला तर कदाचित् येईल.

Pericardium (*L.*) the membranous sac which incloses the heart हृत्कोश.

Perigee (*Gr. peri,* near, *gé,* earth) *Astron.* नीच *n,* नीचस्थान *n.*

Peril (*periri,* to try) भय *n,* संकट *n,* जोखीम *n,* धोका; p. of life प्राणसंकट *n.*—*v.* जोखमांत -धोक्यांत घालणें -पाडणें. -**ous** *a.* धोक्याचा, जोखमाचा, भयाचा.

Period (*Gr. peri,* round, *hodos,* way) portion of time as limited and determined by some recurring phenomenon काळाची ठेप *f,* वेळ *f,* मुदत *f*; cycle संवत्सरचक्र *n*; interval of time अवकाश; complete sentence पूर्णवाक्य *n,* फक्किका *f*; *Print.* full stop पूर्णविरामचिन्ह *n.* [.]; p. of twelve years तप *n*;—of sixty साठी *f*; — of

five वर्षपंचक *n*; p. of life वय *n*; in auspicious p. कालवेला *f*, काळवेळ, कुमुहूर्त; fixed p. बंदी मुदत *f*; unfixed p. कच्ची मुदत *f*. -ICAL *a*. नेमलेल्या काळाचा, नियतकालिक; happening by revolution फेरीनें होणारा, फेरीचा, परिवर्त्तनाचा.—*n*. नियमित काळीं निघणारें पाक्षिक -मासिक -त्रैमासिक पुस्तक *n* -पत्र *n*, इ०.

Periphery (*Gr. pherein*, to bear) घेरा, परिधि; —as of a drum, &c. गाडा.

Periphrase, Periphrasis (*Gr. phrasein*, to speak) use of more words than are necessary to express the idea बोलण्याचा फेरा, गिरकांडा, द्राविडी प्राणायाम.

Perish *v. i.* (-*ire*, to go) be destroyed नाश पावणें, नष्ट होणें, बुडणें; die मरणें, प्राणास मुकणें; decay gradually सडणें, नासणें, गळणें, झडणें [by]. -ABLE *a*. नाशवंत, नश्वर; p. goods नासकें केणें *n*.

Peritoneum (*L.*) *Anat.* पोटाचा पडदा, अंत्रवेष्टन *n*.

Periwig *F.* केशाचा लहान टोप.

Perjure *v.* (-*jurare*, to swear) render guilty of perjury खोटी शपथ वाहविणें, खोट्या शपथेचा दोषी क.; deceive by oaths and protestations खोट्या आणाभाका घेऊन फसाविणें.—**Perjury** खोटी शपथ *f*; crime of swearing falsely खोटी शपथ घेतल्याचा -केल्याचा अपराध -दोष.

Perk *v. i. W.* नटणें, नखरा क.—*a*. नखरेबाज, मिजाजखोर.

Permanent *a*. (-*manere*, to remain) नेहमीचा, निश्चित, मुकरर, नित्य. -LY *ad*. जाथू, कायम, नित्य, मुकरर.—**Permanency** शाश्वती *f*, स्थिरता *f*.

Permeate *v.* (-*meare*, to go) भेदून -मुरून पार जाणें.—**Permeable** *a*. भेदून जायाजोगा, भेदनगम्य, व्याप्य.—**Permeation** व्याप्ति *f*, भेदन *n*, प्रवेश.

Permiscible *a*. (-*miscere*, to mix) मिसळायाजोगा, मिश्रणीय.

Permit *v.* (-*mittere*, to let go) देणें; give leave of -ची परवानगी -रजा -मोकळीक देणें; grant leave to -ला परवानगी देणें.—*n*. परवाना, परवानगीचिठी *f*, दस्तक *n*. -TANCE हुकूम, परवानगी *f*.—**Permission** परवानगी *f*, आज्ञा *f*, हुकूम; full and free p. मुभा *f*, मुक्तद्वार *n*.—**Permissive** *a*. आज्ञादायक, परवानगी देणारा (will); granted दिलेला, परवानगी दिलेला (freedom).

Permutation (-*mutare*, to change) अदलाबदल, विनियम; *Math.* अंकपाश.

Pernicious *a*. (-*necare*, to kill) अपकारक, वाईट, दुष्ट, हिंसक.

Perpendicular *a*. (-*pendere*, to hang down) नीट, उभा, सरळ, सुती; *Geom.* समकोनपाती [to].—*n*. लंब, लंबक. -LY *ad*. नीट, सरळ, लंबरूपानें. -ITY नीट -उभेपणा, सरळपणा.

Perpetrate *v.* (-*patrare*, to perform) (वाईट) काम क., गुन्हा क., गुन्हेगार होणें.

Perpetual *a*. (*perpetuus*, continuous) नेहमीचा, नित्याचा, नित्य. -LY *ad*. नित्य, निरंतर, सतत, हमेशा.—**Perpetuate** *v*. शाश्वत -नित्य -निरंतर -सतत चालेसा क., सदोदित राहेसा क.—**Perpetuity** शाश्वती *f*, सातत्य *n*.

Perplex *v.* (-*plectere*, to plait) make intricate घोटाळा क., गुंतवणें, गुरफटणें; embarrass गोंधळवणें, घोटाळ्यात पाडणें -घालणें, तारंबळ क.; vex त्रास -उपद्रव देणें [with]. -ITY गुरफटा, गोंधळ, गुंताडा; धांदल *f*, तारंबळ *f*, पंचाईत *f*, विचार.

Perquisite (-*quærere*, to seek for) a gift or allowance in addition to fixed wages शिवाय -अवांतर प्राप्ति *f*, दस्तुरी *f*; p. of hereditary village हक, कर.

Persecute *v.* (*-sequi,* to follow) persue in a manner to injure, vex, or afflict छळणें, जाचणें, गांजणें ; afflict, harrass or punish for adherence to a particular creed or system, or religious principles, or to a mode of worship धर्मासाठीं -मतासाठीं -भक्तीसाठीं पाठलाग क. -छळणें -छळ क. [with, for].—**Persecution** जाच, काच, छळ, पाठलाग, उपद्रव.—**Persecutor** छळ करणारा, छळणारा, छळक.

Persevere *v. i.* (*perseverus,* very strict) persist in any business or enterprise undertaken कामांत -उद्योगांत टिकून राहणें, टिकणें, दीर्घप्रयत्न क.; not to give over what is undertaken दम धरणें, पाठपिच्छा न सोडणें [in, with].—**Perseverance** उद्योग, दीर्घप्रयत्न, आग्रह ; दम, धीर, नेट ; *Theol.* continuance in, or conservation of, the Christian character, and the consequent favor of God ख्रिस्ती सद्गुणांत व ईश्वरी कृपेंत टिकून राहणें *n* ;—of the saints भक्तांचा टिकाव.

Persist *v.* (*-sistere,* to stand) चिकटून -दम धरून राहणें [in]. -**ency** दीर्घ प्रयत्न, व्यवसाय ; आग्रह. -**ent** *a.* स्थिर, दीर्घप्रयत्नी, व्यवसायी ; आग्रही, चिकट.

Person (*persona,* mask) *Drama.* character सोंग *n,* रूप *n* ; part or character which any one sustains नातें *n,* संबंध, अंग *n;* body शरीर *n,* आंग *n* ; a living soul व्यक्ति *f* ; a living human being माणूस, मनुष्य *n,* गडी ; *Gram.* पुरुष ; attendance on the p. शरीरशुश्रूषा *f,* खिजमत *f* ; in person साक्षात्, प्रत्यक्ष, जातीनें, खुद ; in one's own p. स्वतः. -**able** *a.* सुरेख, देखणा. -**age** individual distinguished by rank, social position or reputation थोर -संभावित -प्रतिष्ठित मनुष्य; exterior appearance रूप *n,* आकार, डौल ; character assumed सोंग *n.* -**al** *a.* व्यक्तिसंबंधी पुरुषांचा किंवा बायकांचा ; रूपाचा ; स्वरूपाचा (charms) ; peculiar or proper to private concerns खासगत, खासगी; done in person आंगचा, जातीचा, खुद ; applying to the character and conduct of individuals in a disparaging manner लावून बोलण्याचा, घालून पाडण्याचा; *Gram.* पुरुषवाचक; *Law.* p. estate जंगममाल, अस्थावर मिळकत *f* ; p. pronoun पुरुषवाचक सर्वनाम *n.* -**ity** व्यक्ति *f,* स्वत्व *n.*; लावून बोलणें *n* -लिहिणें *n.* -**ly** *ad.* व्यक्तीनें, व्यक्तितः ; साक्षात्, प्रत्यक्ष, खुद, साक्षात्, जातीनें : to be p. present. -**ate** *v.* सोंग -वेष -मिष वेणें.—**Personation** वेष धरणें *n,* वेषधारण *n.*—**Personify** *v.* अचेतनावर सचेतन धर्मांचा आरोप क.—**Personification** सचेतन धर्मारोप, पुरुषभावारोप ;—of time कालमूर्ति *f,* कालपुरुष *f* ;—of justice धर्ममूर्त्ति *f,* साक्षात् धर्म ; —of wealth लक्ष्मी *f* ;—of poverty आकाबाई *f.*

Perspective *a.* (*-specere,* to look) यथार्थदर्शन -चित्रलेखन विद्येसंबंधी.—*n.* a glass through which objects are viewed दुर्बीण *f* ; the art of drawing objects on a plane so as to make them appear in their relative situation हुबेहुब चित्र काढण्याची विद्या *f,* यथास्थानदृष्ट चित्रलेखनविद्या *f.*—**Perspicacious** *a.* quick-sighted कुशाग्र -तीक्ष्णदृष्टि ; of acute discernment तीक्ष्णबुद्धि.—**Perspicuity** clearness निर्मळता *f,* स्वच्छता *f* ; easiness to be understood सुबोधपणा, सुबोधता *f.*—**Perspicuous** *a.* निर्मळ, स्वच्छ, प्रांजळ ; बाळबोध, सुबोध, व्यक्त.

Perspire *v. i.* (*-spirare,* to breathe) sweat घाम येणें-निघणें-सुटणें ; to be evacuated insensibly through the excretories of the skin रोमरंध्रांतून पाझरणें, स्रवणें.—*t.* रोमरंध्रांनीं सोडणें -विसर्जन क. —**Perspiration** घाम येणें *n,* घर्मस्राव ; sweat घाम, घर्म.

Persuade *v.* (*-suadere,* to advise) influence by argument or entreaty मनावणें,

मन वळविणें, मथवणें, समजावणें; convince by argument खात्री -समजूत क.—PERSUASION समजूत *f*, खात्री *f*, समजी *f*; मनावणी *f*, बधवणूक *f*; a creed or belief पंथ, संप्रदाय, मत *n*.—PERSUASIVE *a*. समजूत करणारा, मनावणारा, समजुतीचा.

PERT *a*. *W*. lively चपळ, चलाख; bold धीट, उद्धट. -LY *ad*. चपळाईनें; धिटाईनें. -NESS चलाखी *f*, चापल्य *n*; धिटाई *f*, उद्धटपणा.

PERTAIN *v. i.* (*-tenere*, to hold) belong -चा असणें; relate संबंध असणें -लागणें [to].—PERTINACIOUS *a*. obstinate हट्टी, दुराग्रही; steady निग्रही, नेटाचा, चिकट [in].—PERTINACITY हट्ट, दुराग्रह; नेट, धीर, दम.—PERTINENT *a*. समयोचित, समर्पक [to].

PERTURB -ATE *v*. (*-turbare*, to disturb) agitate संतापवणें, क्षोभवणें; confuse घोटाळा क. -ATION संताप, क्षोभ, तळमळ *f*; घोटाळा, गोंधळ.

PERUSE *v*. (*-uti*, *uses*, use) लक्ष लावून वाचणें, वाचणें.—PERUSAL *a*. वाचणें *n*, पठण *n*; —of a Purán पारायण *n*.

PERVADE *v*. (*-vadere*, to go) पार जाणें, भेदणें; spread through व्यापणें, वेढणें, ग्रासणें.—PERVASION व्याप्ति *f*, आक्रमण *n*.—PERVASIVE, PERVADING *a*. व्यापक, व्यापी; *pervading* the world जगद्व्यापी; p. all things सर्वव्यापी.—PERVADED व्याप्त [by].

PERVERT *v*. (*-vertere*, to turn) फिरवणें, उलटविणें; corrupt कुमार्गात आणणें, भ्रष्ट क., बिथरणें [from, to].—*n*. बिघडलेला -भ्रष्ट झालेला मनुष्य.—PERVERSE *a*. हेंकट, हेकेखोर, करनकर; devious वाकडा, वक्र, कुटिल; cross खोडकर, व्रात्य, द्वाड [in].

PERVIOUS *a*. (*-viâ*, a way) admitting passage भेद्य, प्रवेशनीय; capable of being penetrated by the mental sight शोधनीय, अर्थगम्य [to].

PEST (*pestis*) plague मरी *f*, धाम *f*; anything destructive व्याधि *f*, पीडा *f*. -ER *v*. पिडणें, छळणें; encumber खोडा -लोढणें घालणें; दाटी करून अवघडविणें [with].—PESTIFEROUS *a*. मरगी उत्पन्न करणारा, मरीचा; अपकारक, विषकारक; noxious to peace, to morals, or to society उपद्रवकारक, कुचाळ, कुटाळ.—PESTILENCE मरी *f*. धाम *f*, मरगी *f*.

PESTLE (*pistare*, to pound) मुसळ *n*, बत्ता, दस्ता; p. and mortar खलबत्ता.—*v*. मुसळानें -दस्त्यानें कुटणें.

PET *F*. रागाचा झटकारा.—*F*. लाडका, बगलबिल्ली *f*.—*v*. लाड क. -TISH *a*. चिरडखोर, तिरसट.

PETAL (*Gr*. *petalon*, leaf) पाकळी *f*, दल *n*. -OUS *a*. सदल, पाकळ्यांचा.

PETITION (*petere*, to beg) request विनंती *f*; prayer to the Supreme Being प्रार्थना *f*;—to a person or organized body having to grant the request अर्जी *f*, विनंतीपत्र *n*; paper containing such a request अर्जी *f*, याद *f*, अर्ज, अर्जदास्त; a p. to amend or amplify a preceding p. अर्जीमरमत.—*v*. अर्जी -विनंती क. -ER अर्जदार.

PETRIFY *v*. (*petra*, rock, *facere*, to make) दगड -पाषाण क.; make callous कठीण -निष्ठुर -पाषाणमय क.; fix स्तब्ध -काष्ठवत् क., थिजवणें.—*i*. पाषाणत्व पावणें, दगड होणें.—PETRIFACTION पाषाणीकरण *n*, पाषाणपरिणाम; पाषाण झालेला पदार्थ, कृत्रिमपाषाण.—PETROLEUM (*-oleum*, oil) मातीचें तेल *n*.

PETTICOAT *F*. लंघा, घागरा.

PETTIFOGGER *F*. हलका -छोटेखानी वकील.

PETTY *a*. *F*. small लहान; inferior हलका, क्षुद्र, येरशेर.

PETULANT *a*. (*petere*, to fall upon) peevish चिरडखोर, तिरसट; wanton छांदिष्ट,

लहरी.—PETULENCE तिरसटपणा, तिरतिरेपणा, खिसखीस *f*.

PEW *F*. inclosed seat in a church देवळांत बसायाची कठड्याची जागा *f*.

PEWTER *F*. जस्त *n*; जस्ताचीं भांडीं *n pl*.

PHAETON (*Phaethon*) एक प्रकारची गाडी *f*, 'फेटन' *f*.

PHALANX (*Gr*.) फौजेची एक प्रकारची रचना *f*, सेनाव्यूह, गट्ट.

PHANTOM (*Gr*. *phantacein*, to make visible) छाया *f*, आभास *f*; ghost भूत *n*, प्रेत *n*.

PHARISEE (*Heb*. *pârash*, to separate) यहुदी लोकांच्या एका पथांतील मनुष्य, परोशी.—PHARISAICAL *a*. परोशी लोकांचा, दांभिकभक्तीचा.

PHARMACY (*Gr*. *pharmakon*, medicine) औषधें तयार करण्याची विद्या *f*, औषधक्रिया *f*.—PHARMACOPÆIA औषधें तयार करण्याच्या विषयावरचा ग्रंथ, औषधक्रियाकल्प.

PHARYNX (*Gr*.) upper part of the gullet below the larynx सप्तपथ.

PHASE (*Gr*. *phasis*) appearance दर्शन *n*;—of the moon चंद्राचा प्रकाशित भाग, कला *f*.

PHENIX *F*. [a bird fabled to exist single, and to rise again from its own ashes, and hence used as an emblem of immortality].

PHENOMENON (*L*.) appearance देखावा, दर्शन *n*; unusual appearance अद्भुतदर्शन *n*, चमत्कार; any thing visible दृष्टिविषय.

PHIAL (*phiala*) शिशी *f*, कुपी *f*.

PHILANTHROPHY (*Gr*. *philos*, loving, friend, *anthropos*, man) जनप्रीति *f*; benevolence toward the whole human family लोकोपकारबुद्धि *f*, परनिष्ठा *f*.—PHILANTHROPIST परोपकारी, जगन्मित्र.

PHILIPPIC (*Gr*. *Philippikos*, belonging to Philip) discourse or declamation abounding in acrimonious invective निर्भर्त्सनात्मक भाषण *n*.

PHILOLOGY (*Gr*. *-philos*, loving, *logos*, speech) शब्दविद्या *f*, शब्द -भाषाशास्त्र *n*.—PHILOLOGIST भाषाशास्त्रज्ञ.

PHILOSOPHY (*Gr*. *-sophia*, wisdom) love or search after wisdom ज्ञानाची प्रीति *f* किंवा शोध; explanation of the reasons of things तत्वज्ञान *n*, विज्ञान *n*, ज्ञान *n*; moral p. नीतिशास्त्र *n*; natural p. पदार्थविज्ञान *n*; logical p. तर्कविद्या *f*, न्यायशास्त्र *n*; particular system or theory तत्वज्ञानाचा सिद्धांत -उपपत्ति *f* -मत *n*.—PHILOSOPHER तत्वज्ञानी, तत्वबोधक; *philosopher's* stone परीस.—PHILOSOPHIC *a*. तत्वज्ञानाचा, विज्ञानाचा, ज्ञानाचा (pride); skilled in philosophy तत्वज्ञाननिपुण.—PHILOSOPHIZE *v*. तत्वविचार क.—PHILOSOPHIST, See SOPHIST.

PHILTER (*Gr*. *philein*, to love) potion or charm intended to excite love वशीकरण औषध *n* किंवा मंत्र.—*v*. वश क., मोहिनी घालून वश क.

PHLEBOTOMY (*Gr*. *phlebos*, a vein, *temein*, to cut) शिरा तोडणें *n*, शिरावेध.

PHLEGM (*phlegma*, flame) watery humor of the body कफ, श्लेष्मा; dullness सुस्ती *f*, थंडाई *f*, जाड्य *n*. -ATIC *a*. कफाचा, कफविषयींचा; कफकारक, कफोत्पादक (meat); कफमय, कफाचा;—constitution कफप्रकृति *f*; cold थंड, -सुस्त (temper).

PHONICS (*Gr*. *phoné*, sound) ध्वनिशास्त्र *n*.

PHOSPHORUS (*Gr*. *phos*, light, *phorein*, to bring) the morning star शुक्र; an elementary substance एक तत्व आहे, 'फासफरस.'

PHOTOGRAPHY (*Gr*. *photos*, *graphein*, to write) science of the action of light on bodies पदार्थांवर प्रकाशाच्या क्रियेची विद्या *f*; art of producing pictures of objects by the action of light on chemically prepared surfaces; or the art of receiv-

ing and fixing on such surfaces the images formed by the camera 'फोटोग्राफी' -ची विद्या *f*, सूर्यकिरणाच्या योगानें चित्र काढण्याची विद्या *f*.

Phrase (*Gr.*) *phrasein*, to speak) short, pithy expression वाक्य *n*, म्हण *f*, चुटका; mode of speech भाषणसंप्रदाय. -ology बोलण्याची धाटणी *f* -धरती *f*.

Phrenetis (*L.*) inflamation of the brain, attended with acute fever and delirium सन्निपातज्वर; frenzy उन्माद, वेड *n*.

Phrenology (*Gr. phrenos*, mind, *logos*, discourse) the theory that the mental faculties are shown on the surface of the head or skull कपालसामुद्रिक *n*, कपाललक्षणविद्या *f*; [the science of the special functions of the parts of the brain].

Phthisis (*Gr.*) क्षयरोग.

Phyllanthus longifolius हरपररेवडी *f*; P. Niruri भुईअंवळी *f*.

Physic (*Gr. phusis*, nature) art of healing diseases वैद्यक्रिया *f*, वैद्यकी *f*; remedy for diseases औषध *n*, औषध उपचार; a purge जुलाबाचें औषध *n*, जुलाब.—*v*. औषध उपचार क., औषध पाणी देणें.—*pl* science of natural objects सिद्धपदार्थविज्ञान *n*. -al *a*. सिद्धपदार्थविज्ञान संबंधी; corporeal शरीराचा, मूर्त्त, भौतिक; natural स्वाभाविक.—Physician वैद्य; one who heals moral diseases पापहारक वैद्य, प्राणाचार्य.

Physiognomy (*Gr. -gnomon*, a judge) art or science of discerning the character of the mind from the features of the face मुखसामुद्रिक *n*; the countenance, with respect to the temper of the mind मुख *n*, तोंडवळा, मुद्रा *f*.

Physiology (*Gr. -logos*, a discourse) the science which treats of the functions of animals and plants प्राणी आणि वनस्पति यांचे गुणधर्म जाणण्याची विद्या *f*, प्राणिगुणधर्मशास्त्र *n*.

Piazza *It*. covered walk supported by columns छावणीचा रस्ता, मंडप पथ.

Pick* *v*. peck at, like birds with their bills बोचणें, टोंचणें; pull off with the fingers खुडणें, तोडणें, खुटणें; clean by picking from निसणें, निवडणें; take up by a quick, pointedly directed movement वेंचणें, टिपणें; cull निवडणें; collect जमा क., उचलणें; up कोरणें (the teeth); उकरणें (the nose); सळईनें -खिळ्यानें उघडणें (a lock); सहज चालतां चालतां मिळवणें, उचलणें, सांपडणें, गवसणें;—a quarrel कज्जा उकरणें -विकत घेणें;—a hole in one's coat छिद्र -दोष पाहणें.— *i*. eat slowly चाखतमाखत खाणें; do any thing nicely चोख -बारकाईनें क.; steal चोरणें.—*n*. a sharp pointed tool कोरणें *n*; a tooth p. दातकोरणें *n*; an iron tool पिकांव *n*; choice निवड *f*, आवड *f*. -axe पिकांव *n*. -back *ad*. पाटकुळी. -ing खुडणें *n*, खुडणी *f*; खाणें *n*, हरामखोरी *f*; *pl* अवांतर प्राप्ति *f* -मिळकत *f*; illicit p. खाद *f*. -lock कुलूप काढायाची सळई *f*; person who picks locks सळईनें कुलपें उघडणारा. -pocket खिसेकातरू -कातरणारा, भामट्या.

Picket *F*. stake मेख *f*, खुंटा; guard placed before an army छबीना, वलावा; punishment which consists in making the offender stand with one foot on a pointed stake मेखेवर उभा करण्याची शिक्षा *f*.—*v*. खुंट्यांनीं -शीं खिळवणें; fence with narrow, pointed boards मेखांनीं कुडणें.

Pickle *D*. solution of salt and water in which fish and meat may be preserved खार, खारवणी *f*; any article of food which has been preserved in vinegar लोणचें *n*; troublesome child व्रात्य -त्रासदायक पोर; to be in a p. गळ्हाट्यांत पडणें,

चवचव होणें, फटफजिती होणें.—*v.* लोणचें-खार घालणें -क.; imbue highly any thing bad निसविवणें; a *pickled* rouge चोराचा अर्क.

PICNIC *F.* an entertainment carried by a party on an excursion of pleasure into the country वनभोजन *n*, रानजेवण *n*.

PICTURE (*pingere,* to paint) that which is painted चित्र *n,* तसबीर *f*; art of printing चित्रविद्या *f*; image प्रतिमा *f,* रूप *n*. —PICTORIAL *a.* चित्राचा, चित्रयुक्त, चित्रलिखित.—PICTURESQUE *a.* चित्रा सारखा, चित्रवत् -सदृश;—a country पर्वत, वन, नदीमिश्रित देश.

PIE *D.* एक पकान्न आहे.—*F.* एक पक्षी आहे. -BALD *a.* चित्रविचित्र, अबलक, कबरा.

PIECE *F.* fragment तुकडा, कुटका; portion भाग, वांटा, अंश; individual article डाग, डागिणा, नग; gun तोफ *f*; musket बंदूक *f*; coin नाणें *n*; a p. दर असामीस, प्रत्येकास; of a p. एकसारखा; of one p. एकसलग, अखंड; a p. of song गाण्याची चीज *f* -चा चुटका;—of work काम *n*;—of composition ग्रंथ, प्रबंध; *pl* तुकडेताकडे *pl*; चाराचुरा; to break in *pieces* तुकडे तुकडे -चुरा क.; to fall to *pieces* कोसळणें, ढासळणें, निखळणें (a building, &c.); ओघळणें, सुटणें (wreath, &c.); *apiece* तुकडे तुकडे करून; p. learning टाणाटोणा.—*v.* तुकडा जोडणें, सांधा देऊन वाढविणें; patch ठिगळ देणें; join जोडणें. -LESS *a.* अखंड, सलग, बिनजोड. -MEAL *ad.* तुकडे तुकडे करून, खंडशः; by piece थोडे थोडे, अंशतः.—*a.* तुकड्याचा केलेला.—*n.* तुकडा, कुटका. -WORK खंडकाम *n*.

PIER* column to support the arch of a bridge मनोरा, धिरा, पुलाचा खांब; mole projecting into the sea धक्का.

PIERCE *v. F.* thrust into or transfix with a pointed instrument टोंचणें, भोंसकणें; penetrate शिरकवणें, भेदणें, प्रवेश क.; touch, as the affections लागणें, मनास लागणें, चित्त वेधणें; dive into, as a secret or purpose रहस्य पाहणें, गुज समजणें, मनातील आशय जाणणें [through].—*i.* रुतणें, बोचणें, शिरणें; रहस्य समजणें.—PIERCING *a.* टोंचणारा, वेधक, भेदक; biting कडक, कडकडीत (cold); thrilling कर्कश, किर्र (sound).

PIETY (*pietas*) filial reverence मातापितृभक्ति *f*; affectionate reverence of friends, or country देशबांधवप्रीति *f,* स्वदेशभक्ति *f*; reverence of the Supreme Being and love of his character ईश्वरभक्ति *f,* धर्मनिष्ठा *f,* धर्मशीलता *f*.—PIETISM भक्तीचें देव्हारें *n,* पोम *n*.—PIETIST भक्तीचा अभिमानी, भक्तीचें पोम बाळगणारा, दांभिक.

PIG *D.* young sow डुकराचें पोर *n,* डुकुरलें *n*; [an oblong mass of cast iron or other metal, as first extracted from the ore, and weighing from 50 to 250 lbs]. -HEADED हेंकड, तेडा, बांका. -STY डुकरवाडा.

PIGEON *F.* कबुतर *n,* कपोत; milky white p. कागदी कबुतर *n*; grey colored p. पारवा. -HEARTED *a.* भित्रा, भ्याड. -HOUSE खुराडें *n,* खबुतराचें घर *n*. -HOLE खुराड्याचें दार *n*; little opening or division in a case for papers घर *n,* खण, पूड *n*.

PIGMENT (*pingere,* to paint) रंग; [wine that is highly spiced and sweetened with honey].

PIGMY (*Gr. pugmé,* fist) बुटबैंगण *n,* वामनमूर्त्ति *f*.

PIKE *F.* spear भाला, बर्ची *f*. -MAN बर्चीवाला, भालेकरी, शूलपाणि. -STAFF भालेकाठी *f*.

PILASTER (*pila,* pillar) चौकोनी खांब, चौधारी खांब, चतुष्कोनस्तंभ.

PILE (*pila,* ball) heap रास *f,* ढीग, गंज; a mass regularly formed by rows and layers थर, शेज; mass designed for a

special use, as for burning a corpse सरण *n*, चिता *f*; edifice इमारत *f*, वाडा; as of pitchers, shot, &c. उतरंड *f*, डाळा; *pl* मूळव्याधि *f*, मूळव्याध *f*.—(*pila*, pillar) large stake driven into the earth रोवलेला खांब, मेढ *f*, खुंट.—*v*. रास -ढीग क.; खुंट रोवणें -पुरणें; [to p. arms or muskets, to place three guns together in such a manner that they may stand upright steadily] [up, on].

PILE (*pilus*, hair) केंस, सड; nap फूल *n*.

PILFER *v. i. F.* भुट्टेचोरी क., उपटणें, उचलणें, ताव देणें, -वर हात -पट्टा मारणें. -ER भामट्या, भुट्टेचोर.

PILGRIM (*peregrinus*, a foreigner) traveller प्रवासी, मुशाफर, पांथिक; one who travels to a distance from his own country to visit a holy place, or to pay his devotion to the remains of dead saints यात्रेकरू, तीर्थकरू. -AGE यात्रा *f*, तीर्थाटन *n*; periodical p. वारी *f*; one that performs it वारकरी; p. to Benares काशीयात्रा *f*.

PILL (*pila*, ball) औषधाची गोळी *f*, गोळी *f*. —*v. F.* लुटणें, नागवणें. -AGE लूट *f*.—*v*. लुटणें, बुचाडणें, धुऊन नेणें.

PILLAR (*pila*) column खांब, स्तंभ; that which resembles a pillar स्तंभाकार वस्तु *f*, सोट, लोळ: a p. of smoke or fire; a character which resembles such a pillar in stability and strength धीरपुरुष, धीर, आश्रय, खांब, हात.

PILLORY *F.* खोडा; हात आणि मान अडकविण्याचा खोडा, हात -मानखोडा.

PILLOW *F.* उशी *f*, तक्या, लोढ *n*. —*v*. उशीवर टेंकणें, टेंकणें, ओटंगणें. -CASE उशीची गवसणी *f*.

PILOT *F.* one who steers a ship जहाजास वाट दाखवून बंदरांत आणणारा, किंवा बंदरा बाहेर नेणारा, बंदरवाटाडी; guide वाटाडी, सारथी.—*v*. जहाजास वाट दाखविणें; अडचणींतून वाट दाखवून नेणें. -AGE बंदरवाटाड्याचें वेतन *n* -ची दस्तुरी *f*.

PIMENTO *Sp.* Myrtus p. कंकोळ.

PIMP *F.* कुंटन *f*, भडवा.

PIMPLE* पुळी *f*, पुटकुळी *f*.

PIN (*pinna*, pinacle) peg खुंटा, खुंटी *f*; small pointed instrument for fastening clothes टांचणी *f*; linch-p. चाकाची -आंसाची खीळ *f*, bolt खीळ *f*, सळई *f*; a trifle काडी *f*, कवडी *f*, नखभर माती *f*; *Med.* obscurity of vision dependent upon a speck in the cornea सडी *f*.—*v*. टांचणी -खीळ लावणें -घालणें, टांचणीनें अडकविणें [up, to].

PINCH *v. F.* squeeze between the ends of the fingers चिमटणें, चिमटा घेणें; squeeze between two hard bodies चेंगरणें, चिरडणें; distress अडचणींत -कातरींत घालणें -आणणें; the belly पोट मारणें -बांधणें, उपासमारा क.; as clothes दाटणें, अडस होणें.—*n*. चिमटी, चिमखुरा;—of snuff, &c. चिमूट *f*, चिमटी *f*; अडचण *f*, संकट *n*, चिमटा; to be *pinched* अडचणींत पडणें.—PINCHERS *pl.* चिमटा, सांडस.

PINE (*pinus*) एक वृक्ष आहे, देवदारू. -APPLE the plant अननस *f*;—the fruit अननस *n*.

PINE* *v. i.* languish झुरणें, खितपणें, धुपणें, झिजणें; languish with desire खंत घेणें -धरणें, टाहो -छंद घेणें.—*t*. झिजवणें, झुरवणें; -ची खंत धरणें -घेणें -बाळगणें; bemoan in silence आंतलें आंत -मनांत दुःख क.

PINION (*pinna*, feather) पंख *n*; joint of a bird's wing पंखाचा सांधा; band for the arms मुसक्या बांधण्याची काढणी *f*; a smaller wheel with teeth working into the teeth of a larger wheel मोठ्या चाकाच्या दात्यांत फिरणारें लहान चाक *n*.—*v*.

पंख बांधणें; cripple by cutting off the first joint of the wing पंखाचा सांधा कापून लंगडा -लुला क.; मुसक्या बांधणें, चतुर्भुज क.; chain सांखळणें, सांखळीनें बांधणें [down].

PINK *D.* a color गुलाबी -प्याजी रंग; [a plant and its flower] श्वेतरक्त वर्ण anything supremely excellent श्रेष्ठ, उत्कृष्ट, असल. —*v.* लहान लहान भोंकें पाडणें. -EYED *a.* लहान डोळ्यांचा, गजनयन.

PINNACLE (*pinna,* feather) high spiring point शिखर *n,* कळस;—of a building गृहशिखर *n.*—*v.* कळस -शिखर बांधणें.

PINT* १२ औंस किंवा २० तोळे म्हणजे एक पैंट; half a quart अर्धी बाटली *f.* दीडपाव.

PIONEER *F.* one who goes before to clear the way for others दुसऱ्या करितां पुढें जाऊन वाट तयार करणारा, अग्रगामी;—of an army बेलदार, 'पायनेर.'

PIOUS *a.* (*pius*) having affectionate or filial reverence for parents पितृभक्तिशील -परायण; having reverence and love toward the Supreme Being धार्मिक, भक्तिवान, धर्मशील, ईश्वरसेवा -धर्मनिष्ठ; proceeding from religious feeling भक्तिभावाचा, धर्मनिष्ठेचा, भक्तिमूलक; practised under the pretence of religion धर्माच्या निमित्तानें केलेला, ढोंगाचा, दांभिक भक्तीचा. -LY *ad.* भक्तिबुद्धीनें, ईश्वरनिष्ठेनें.

PIPE* wind instrument of music पांवा, वेणु; long tube नळी *f*;—as a conductor of water पन्हळ, नळ, नळी *f*;—for smoking tobacco हुक्का, चिलीम *f n,* चुट्टा; cask पींप *n.*—*v.* पांवा वाजवणें. -CLAY खडू *f,* शाडू *f.* —PIPER पांवा वाजविणारा, मुरलीधर.

PIQUE *F.* feeling of annoyance or resentment awakened by a social slight or injury चीढ *f,* रुसवा; keenly felt desire खुरखूर *f,* खंत *f*; nicety बारीक गोष्ट *f.*—*v.* चिथवणें, चिरडीस आणणें; stimulate अभिमानास घालणें, हटास पेटवणें;—one's self upon अभिमान -बाणा बाळगणें.—PIQUANT *a.* stimulating to the tongue खमंग, चणचणीत; pungent चरमरीत, खारटतुरट (railleries).—PIQUANCY चणचणीतपणा, चरमरीतपणा.

PIQUET, See PICKET.

PIRATE (*Gr. peira,* to attempt) robber in the high seas समुद्रावरचा -समुद्रांतला लुटारू, चांचा; ship employed in piracy चांच्याचें -लुटारू गलबत *n*; one who infringes the law of copyright, or publishes the writing of other men without permission ग्रंथ -विद्याचोर.—PIRACY समुद्रावरचा दरवडा, चांचेपणा.—PIRATICAL *a.* चांच्याचा; चांचेपणा करून मिळवलेला.

PISCES (*piscis,* a fish) *Astron.* मीन रास *f.*—PISCIVOROUS *a.* मासे खाणारा, मत्स्याहारी, मत्स्यभक्षक.

PISH *int.* छीः, छ, छत्, फीस्.

PISMIRE *D.* मुंगी *f.*

PISS *v. i. D.* मुतणें.—*n.* मूत *m, n.*

PISTACHIO *Per.* पिस्ता.

PISTIL (*pistillum,* pestle) *Bot.* फुलांतील केसर, मध्य -स्त्रीकेसर.

PISTOL *F.* तमंच्या, 'पिस्तूल' *n.*

PISTON (*pinsere,* to pound) दट्टा.

PIT* large deep hole in the ground खळगा, खाडा, खांच *f*; hell नरक; grave प्रेताची खांच *f,* शवगर्ता *f*; snare for wild beasts, made by concealing a hole in the ground सावजें धरण्याचा खळगा; whatever ensnares सांपळा, फांस; hollow place under the arm काख *f,* बगल *f*; hollow of the stomach शिंप *f,* उराची खळगी *f*; mark left on the flesh by a postule of the small-pox देवीचा वण; lowest place in a theatre where spectators assemble अंगण *n*; as in a stone,

wood, &c. खोंच f;—as of chalk, stone, clay, &c. खाण f.—v. खळ्या -खाचा पाडणें. -A-PAT धडधड, धसधस, बाकबूक f, माटमूट f. —ad. बाकबूक, धडधड, &c. -COAL खनिज कोळसा. -FALL pit slightly covered for concealment, and intended to catch wild beasts and men चोरखळी f.

PITCH* राळ f.—v. राळ लावणें; blacken काळें क. -DARK a. (अंधार) गडत.

PITCH F. point टोंक n; degree of elevation उंचीचें मान n, महत्त्वमान n;—of a note or voice गळा, सूर, स्वर; slope उतरण f; a fall पडणें n, पतन n; highest p. पराकाष्ठा f, कळस; to such a p. एथवर -पावेतों.

PITCH* v. throw झुगारणें, फेंकणें;—a tent देणें, उभा क.;—tune सूर धरणें; fix the price of किंमत बसविणें; *pitched* battle, battle in which the hostile forces have a fixed position ठाणावरची लढाई f.—i. light उतरणें, बसणें, तळ देणें; fall headlong डोईकडून पडणें; fix choice पसंत क., निवडून घेणें: to p. upon the best course of life; encamp डेरा -तळ -तंबु देणें, राहुटी ठोकणें. -FARTHING a play in which copper coin is pitched into a hole गलकवड्या f pl, अगलइयाप (H). -FORK a. fork used in throwing hay or sheaves of grain in loading or unloading खाचेरा, टोंचणी f.

PITCHER F. घागर f, घडा, मडकें n.

PITH* the soft, spongy substance in the centre of many plants and trees गर, मोख, गीर; marrow मगज, मेंदू; strength बळ, बळकटी f; essence सार, n तत्व n, कस. -LESS a. गरावेगळा; निसत्व, फुसका, पोकळ.—PITHINESS बळकटी f, तेज n, सत्व n.—PITHY a. गाभाचा, गिराचा; जिवट, कसदार, रसिक (word).

PITTANCE F. charity, gift धर्मादाय; allowance of food, bestowed in charity सिधा, शेरपीठ n, मोताद f; any small allowance हलकी मोताद f; small quantity थोडा भाग, अल्पांश.

PITY (*pietas*) the feeling or suffering of one person, excited by the distress of another दया f, करुणा f, काकळूत f; ground of pity दयेस कारण n, दयाहेतु.—v. दया क., कींव -काकळूत येणें [for].—PITEOUS a. काकळुतवाणा, दीनवाणा; compassionate दयाळू.—PITIFUL a. कृपाळू, दयाळू, कनवाळू, (James v., 11); काकळुतवाणा, बापुडवाणा (condition); contemptible हलका, फुसका, नाकारा.—PITILESS a. निर्दय, दयाहीन.

PIVOT F. a pin on which any thing turns काटा.

PLACABLE a. (*placere*, to please) सांतवन करण्यास योग्य, सांत्वनीय; willing to forgive क्षमाशील.

PLACARD F. प्रसिद्ध ठिकाणीं (बाजारांत, चावडीवर वगैरे) चिकटवलेला -लावलेला जाहीरनामा. —v. प्रसिद्ध स्थळीं जाहीरनामा लावणें; post, as a libel निंदेचा जाहीरनामा लावणें.

PLACE F. open space मोकळी जागा f, मैदान n; broad way in a city चव्हाटा; site जागा f, ठिकाण n; rank जागा f, पदवी f; official post जागा f, असामी f, काम n; elegant dwelling वाडा, महाल, स्थान n; village, town, or city गांव: are you a native of this p.? country मुलूख, देश; stronghold गढी f, बंदोबस्ताची जागा f; opportunity प्रसंग, सवड f; passage of a written or printed document स्थळ n (Acts viii. 12); vacated space रिकामी -खाली जागा f, जागा f; reception; implying the making room for पैस जागा करणें n, जागा f; *Astron*. position in the heavens, as of a heavenly body स्थान n; to give p. जागा देणें; वाट देणें; दबणें, हात टेंकणें; to take p. घडणें; to take the p. of

-ची जागा घेणें, -चा बदली होणें-राहणें; in the first p. पहिल्यानें, मुळीं, पहिलें; in the second p. दुसऱ्यानें; in the next p. पुनः,अणखी; in this p. एथें, ह्या ठिकाणीं -जागीं; out of p. भलत्याच जागीं, अन्यस्थळीं; पदच्युत; in one p. एकत्र.—*v.* ठेवणें, स्थापणें; put in an office जागीं -जाग्यावर नेमणें, ठेवणें, नेमणें; put out at interest व्याजीं -व्याजावर ठेवणें; ascribe लावणें, आरोपणें: I *placed* them to a wrong motive.

PLACENTA (*L.*) *Anat.* the soft spongy disk which connects the mother with the fetus in the womb वार *f.*

PLACID *a.* (*placere,* to plead) शांत, सौम्य, सुमनस्क. -ITY सौमनस्य *n,* सौम्यता *f.*

PLAGIARY (*plagium,* kidnapping) thief in literature ग्रंथचोर, काव्यचोर.—PLAGIARISM ग्रंथचौर्य *n.*

PLAGUE (*plaga,* a blow) afflictive evil or calamity अनर्थ, अरिष्ट *f*; pestilence मरी *f,* मरगी *f,* धाम *f*; vexation पीडा *f,* खटराग *f,* पलिस्त *n,* कंटक.—*v.* मरीनें पिडणें; जाचणें, गांजणें [with, by].

PLAIN *a.* (*planus*) flat सपाट, सारखा; open साफ, उघडा; evident स्पष्ट, व्यक्त, उघड; simple साधा, साधारण रूपाचा, मध्यम (countenance); unsophisticated साधा, भोळा, बाळबोध (people); open सरळ बुद्धीचा, धोपट मार्गाचा, सरळ (character); not rich साधा (diet); not ornamented साधा (pattern of cloth).—*n.* level land मैदान *n,* पटांगण *n,* माळ; field of battle रणांगण *n,* रणभूमि *f.*—*v.* सपाट क. -DEALING उघड -धोपट मार्ग.—*a.* धोपटमार्गी, धोपटमार्गाचा, खरा, साबडा (man). -LY *ad.* साधे रीतीनें, साफ, स्पष्ट; खणखणीत, धडधडीत, निष्कपट.—PLAINT complaint रड *f,* फिर्याद *f*; private memorial tendered to a court पूर्वपक्ष -वाद. -IFF वादी, पूर्ववादी. -IVE *a.* बापुडवाणा, किलवाणा; indicative of grief दुःख -खेदसूचक.

PLAIT *W.* fold चुणी *f,* निरी *f,* घडी *f*; braid वेणी *f.*—*v.* चुणणें, निऱ्या क.; वेणी घालणें, विणणें [together].

PLAN *F.* draught बेत, नमुना, नकशा; scheme मसलत *f,* कल्पना *f,* तजवीज *f,* उपाय.—*v.* कल्पना -मसलत क.; बेत -नकाशा काढणें [out].

PLANE *a.* (*planus*) सपाट, समतल.—*n. Geom.* क्षेत्र *n,* तल *n,* पातळी *f*; inclined p. उतरण *f*; tool for smoothing boards रंधा, रोखणें *n*; bead-p. रंधागोलची *f.*—*v.* सारखा -सपाट क.; रंधणें, रंधा फिरविणें.

PLANET (*planeta*) a heavenly body which revolves round the sun ग्रह. -ARY ग्रहाचा; consisting of planets ग्रहमय, ग्रहांचा (system); *Astrol.* under the influence of a planet ग्रहवश, ग्रहाच्या दशेंतला (hour); having the nature of a planet ग्रहधर्मक, ग्रहाच्या गुणाचा; revolving फिरणारा, फिरता; produced by planets ग्रहांपासून झालेला (plague). -STRICKEN, -STRUCK *a.* ग्रहदशा लागलेला, ग्रहपीडित.

PLANK (*planca*) फळी *f,* फळें *n,* तक्ता.—*v.* पाटणें -तक्तपोसी क.

PLANT (*planta*) a vegetable झाड *n,* वनस्पति *f*; young tree रोंप, रोपा.—*v.* put in the ground and cover, as seed for growth लावणें, रोपणें, रुझत घालणें, बीं लावणें -पेरणें; set in the ground for growth, as a young tree लावणें, रोपा लावणें; furnish with plants झाडें लावणें, बाग क. (a garden); settle वसाहत क., वसवणें (a colony); introduce and establish the principles of चालू क., स्थापणें: to p. Christianity among the heathens; set firmly रोवणें, पुरणें, नेमणें (a post); point रोखणें, लावणें (a cannon). -ATION place planted बाग, बन *n,* वाफा *n*;—of vegetables मळा;—of cocoanut or beetlenut trees आगर *n*;—of sugarcane, &c. थळ *n*; colony वसा-

हतf. -ER लावणारा, लावणी करणारा; रोवणारा, पुरणारा; one who owns a plantation फडकरी, बागवान -वाला, थळकरी.

PLANTAIN (*plantago*)—the tree केळf, केळीचें झाड n;—the fruit केळें n.

PLASH *D.* डबका, डबकें n.—PLASHY *a.* डबक्याचा, पाणथळाचा.

PLASTER* composition used to cover walls or cast figures गिलावा; *Med.* मलमपट्टी *f*, 'पलास्तर' *n*.—*v.* गिलावा क., लेप देणें; मलम लावणें, पलास्तर मारणें [over].—PLASTIC *a.* having the power to give form to a mass of matter आकार -रूप देणारा, घडवणारा: the p. hand of the Creator; capable of being moulded वळण घेण्याजोगा, वळविण्याजोगा (material).

PLAT *F.* विणकाम *n*.—*v.* विणणें, गुंफणें.—(*Gr. platus*) piece of flat even ground तक्ता, वाफा. -FORM सपाटीचा -भुईचा नकाशा; flat floor raised above the ground माळा, मंचक, 'प्लॅटफार्म'; *Mil.* मोर्चा.

PLATE (*Gr. platus*, broad) flat piece of metal पत्रा, तगट *n*; dishes, cups, &c., wrought in gold or silver रुपेरी सामान *n*, चांदीचीं -सोन्याचीं भांडीं वगैरे; metallic ware which is plated मुलाम्याचीं भांडीं *n pl*; small shallow vessel तबक *n*, ताट *n*, पितळीf, थाळी *f*;—of wood or earth परळ *n*;—of China बसी *f*; piece of metal on which anything is engraved कोरींव पत्रा; impression from an engraved piece of metal कोरींव पत्र्यावरून छापलेली प्रतf; printed picture छापलेलें चित्र *n*.—*v.* मुलामा चढवणें, रुपेरी -सोनेरी लेप देणें; beat into thin flat pieces ठोकून पातळ पत्रे क. [over].—PLATTER परातf;—of wood or earth परोळ *n*, परळ *n*.

PLATINA *Sp.* एका प्रकारची धातु आहे.

PLAUDIT (*plaudere*, to praise) शाबासकी *f*, वाहवा *f*.—PLAUSIBLE *a.* शाबासकी देण्याजोगा; superficially pleasing तोंडावर गोड, लाववी; specious वरघडीचा, देखणाऊ, वरपंकी चांगला (doctrine); using specious arguments लाघवी, गोडगोड गोष्टी सांगणारा (a man).—PLAUSIBLY *ad.* चांगला, पसंत वाटायाजोगा.

PLAY* *v. i.* sport खेळणें, क्रीडा क; trifle गमणें, खेळणें, रमणें; contend in a game खेळणें; gamble जुगार खेळणें; perform on a musical instrument वाजवणें, वाद्य वाजवणें; act खेळणें, चालणें, व्यापार क.: engines p. against a fire; personate a character सोंग घेणें, सोंग घेऊन खेळणें -बतावणी क., -होऊन with another verb: to weep and p. the woman बायको होऊन रडणें; wanton खेळणें, नाचणें.—*t.* खेळवणें, चालवणें; वाद्य वाजवणें, बजावणें; सोंग आणणें, संपादणी -बतावणी क.; खेळणें (a game).—*n.* any exercise or series of actions intended for pleasure, amusement, or diversion खेळ; amusement करमणूकf, क्रीडा *f*, गमत *f*, खेळ; practice of contending for victory डाव, खेळ, हात; action क्रिया *f*, चेष्टा *f*, व्यापार; dramatic composition नाटक *n*; motion व्यापार, चलन *n*; room for free motion अवकाश, सवड *f*, अवसर; dramatic show नाटक *n*, खेळ, तमाशा. -BOOK नाटक *n*, चंपू. -DAY सुटीचा दिवस, सुटी *f*. -ER खेळणारा; सोंगआणणारा, सोंगाड्या; वाजविणारा, वाजंत्री. -FELLOW खेळगडी, सवंगडी. -FUL *a.* खेळकर, मौज्या. HOUSE नाटकशाळा *f* -गृह *n*. -MATE खेळगडी, सवंगडी.

PLEA (*placere*, to please) that which is advanced in pleading निमित्त *n*, कारण *n*, सबब *f*; *Law* उत्तरवाद, प्रतिवादीचा जबाब, उत्तर *n*; lawsuit खटला, कज्जा; urgent prayer आग्रहाची प्रार्थनाf, मिन्नत *f*.—PLEAD *v. i.* पक्ष धरून बोलणें; urge reasons for

or against a thing पुरावा देणें, दाखविणें; *Law,* तकरार क. -सांगणें, वादीस उत्तर देणें; खटला चालविणें.—*t.* प्रमाण-पुरावा देणें, प्रमाणार्थ पुढें क. -सांगणें; प्रतिपादन क.; वाद -खटला चालविणें. -ER पक्ष धरून बोलणारा, वाद सांगणारा; वकील, 'प्लीडर.' -INGS *pl.* वादी प्रतिवादी यांची तकरार *f.*

PLEASE *v.* (*placere*) gratify संतोषविणें, खुष -रंजन क.; satisfy समाधान -संतोष क.; to be *pleased* in or with मान्य -पसंत क., आवडणें [by, with].—*i.* चहाणें, आवडणें, मर्जीस येणें -उतरणें;—in entreaty or courtesy कृपा करून: p. to give me my book.—PLEASANT *a.* गोड, चांगला, मनोरम; cheerful आनंदी, रंगेला, विनोदी (fellow). -LY *ad.* आनंदानें, खुशालीनें. -RY थट्टा *f,* मस्करी *f,* विनोद; lively talk मस्करीचें भाषण *n,* विनोदोक्ति *f.*—PLEASING *a.* सुखकर, संतोषकारक, मनोरंजक.—PLEASURE, gratification of the senses or of the mind सुख *n,* आनंद, संतोष; frivolous or dissipating enjoyment ख्यालखुशाली *f,* ऐषआराम; sensual gratification विषयसुख -भोग; sexual p. अंगसुख *n*; choice मर्जी *f,* खुशी *f*; favor मेहेरबानी *f.* -GROUND ऐषआरामाची -विलास करण्याची जागा *f,* रमणा, क्रीडास्थळ *n.*—PLEASURABLE *a.* (See PLEASING).

PLEBIAN (*pleb, plebis,* common people) साधारण लोकांतला एक; साधारण लोक *pl.*—*a.* साधारण लोकांचा.

PLEDGE *F.* a pawn गहाण *n*; anything given as security for the performance of an act तारण *n,* हडप *n*; surety जामीन; hostage ओल *f.*—*v.* गहाण ठेवणें -लावून देणें; तारण ठेवणें; ओलीस लावणें-ठेवणें -देणें [to, for, against].

PLEIADES (*L.*) *Astron.* कृत्तिका नक्षत्र *n.*

PLENARY *a.* (*plenus*) पुरा, पूर्ण; [p. indulgence, (*R. C. Church*) an entire remission of penalties due to all sins; p. inspiration, inspiration in which there is no mixture whatever of error].—PLENITUDE पूर्णता *f,* पूर्त्ति *f*; abundance समृद्धि *f,* विपुलता *f,* चंगळ *f*; redundancy of blood and humors in the animal bodies रक्तधातुपुष्टि *f.*

PLENIPOTENT *a.* (*-potens,* potent) पूर्ण शक्तिमान. -IARY person invested with full power to transact any business कुल कारभारी; an envoy to a foreign court furnished with full power to negotiate a treaty कुल मुकत्यार वकील.—*a.* कुल अकत्याराचा.

PLENTY (*plenus,* full) पुष्कळपणा, समृद्धि *f*; abundance सुकाळ, चंगळ *f,* सुबत्ता *f* [of, for].—*a.* पुष्कळ, बहुत, विपुळ.—PLENTEOUS, PLENTIFUL *a.* बहुत, पुष्कळ, भरपूर.

PLEONASM (*Gr. pleos,* full) redundancy of words in speaking or writing शब्दबाहुल्य *n.*

PLETHORA (*Gr. plethoria*) fulness of habit अतिपुष्टि *f,* रक्तातिशय.

PLIABLE, PLIANT *a.* (*plicare,* to play) flexible लवचीक, मृदु; flexible in disposition नरम, चलमति, मृदु.—PLIANCY, PLIABILITY लवचीकपणा, मृदुता *f*; नरम स्वभाव, चलमति *f.*

PLICATION (*plicare,* to fold). See FOLD.

PLIGHT* *v.* गहाण ठेवणें (word, faith, honor). —*n.* गहाण *n*; condition अवस्था *f,* गति *f*; exposed condition घाण *f,* दशा *f,* अवस्था *f,* हाल *pl*; miserable p. फटफजिती *f,* बुरे हाल *pl.*

PLOD *v. i. Gael.* travel with steady laborious diligence रेंरें करून जाणें -चालणें -शिकणें; drudge खपणें, कष्ट क.—*t.* कष्टानें चालणें.

PLOT *D.* जमिनीचा तक्ता-वाफा.—* scheme बेत, आकार; conspiracy कूट *n,* कंत्राड *n,* कट; design मसलत *f,* तजवीज *f,* युक्ति *f*;—of a poem, play, &c. वस्तु *f,* जमीन *f,* सांखळी

f; secondary p. प्रतिमुख *n*.—*v. i.* कंत्राड -लचांड क. -रचणें; तजवीज -मसलत क.—*t.* तजवीज -युक्ति क. [out].

PLOUGH *D.* नांगर.—*v.* नांगरणें, फोडणें;—for the first time उखळणें;—second time दुसारणें; to cross p. बेरणें. -BOY आगल्या, नांगऱ्या. -ING नांगरकी *f*, नांगरणी *f*, जोत धरणें *n*; —for the first time उखळ *f*, उखळी *f*; —second time दुसारणी *f*. -LAND नांगरवट *f*, नांगरड *f*. -MAN नांगऱ्या, जोत्या. -SHARE नांगराचा फाळ -दांत.

PLUCK* *v.* pull with sudden force हिसकावणें; pull off उपटणें, उपटून काढणें; strip by plucking बुचाडणें, बुचाडून (पिसें) काढणें (a fowl);—as fruits, vegetables, &c. खुडणें, तोडणें; up, out, &c. उपटणें, उपटून काढणें.—*n.* heart, liver, and lights of an animal जनावराचें काळीज, अंतडीं वगैरे; spirit जीव, पाणी *n*, दम.

PLUG *D.* दट्टा, बूच.—*v.* दट्टा लावणें -बसवणें, बूच मारणें [up].

PLUM* a fruit आलुबुखार; a raisin मनूक, बेदाणा; sum of £10,000 लाख रुपये *pl.* -CAKE एक पक्वान्न आहे.

PLUMB, PLUMMET (*plumbum*, lead) sounding lead बुडीद *n*, गळ;—of masons, carpenters, &c. ओळंबा, लंबक; weight वजन *n*; piece of lead used by children to rub their paper for writing मोहरा.

PLUMBAGO (*L.*)—Zeylamia चित्रक.

PLUME (*pluma*) feather पीस *n*, पर *n*; ornamental feather तुरा, कलगी *f*.—*v.* adjust the feathers of पिसें निटावणें -सुधारणें; strip off feathers पिसें उपटणें; adorn with feathers or plumes पिसांनीं किंवा तुऱ्यांनीं सजवणें -शृंगारणें; pride (one's self) अकड -शेखी -तोरा मिरवणें, आढ्यता बाळगणें.—PLUMAGE पिसारा.

PLUMP *a.* *Ger.* fat लठ्ठ, गुबगुबीत, भरदार, पुष्ट; complete पुरा, पक्का: a p. lie; p. and sleek

तुंद. -LY *ad.* निखालस, निक्षूण, साफ;- to refuse p. वाटाण्याची अक्षत लावणें.

PLUNDER *v.* *Ger.* लुटणें, नागवणें, बुचाडणें.—*n.* लूट *f*. -ER लुटारू.

PLUNGE *v.* *F.* immerse बुडवणें; baptize by immersion बुडवून बाप्तिस्मा देणें [in].—*i.* बुडी -डुबकी मारणें; fall or rush, as into distress संकटांत पडणें, आगींत उडी टाकणें. —*n.* बुडी *f*, डुबकी *f*; आगींत उडी *f*.

PLURAL *a.* (*plus*, more) अनेक, बहुत; p. number अनेक वचन *n*. -ITY अनेकत्व *n*. बहुत्व *n*. -LY *ad.* अनेक वचनांत.

PLUS (*L.*) *Alg.* अधिक, धन; याची ही + खूण *f*.

PLUTO (*L.*) god of the infernal regions; the Indian P. यम.

PLUTUS (*L.*) god of wealth; the Indian P. कुबेर.

PLY *v.* (*plicare*) lay on लावणें, लागोपाठ मारणें, लगावणें; employ diligently दामटणें, चोपून काम घेणें; practice diligently चालवणें, झटून क. [from, to, for].—*i.* work steadily खपणें, नेटानें काम क., झटणें; make regular trips खेपा टाकणें, येरझारा क.—*n.* fold चुनी *f*, निरी *f*; bent बांक, कल.

PNEUMATIC, -AL *a.* (*Gr. pnein*, to blow) consisting of air वायुमय; pertaining to air वायूचा; moved by means of air वायूचा, in comp. वायु: वायुयंत्र *n*; fitted to contain air वायु राहण्यास योग्य, वायूचा.—*n.* *pl* the branch of science which treats of air वायुशास्त्र *n*.

POACH *v.* *F.* cook, as eggs, by breaking them into a vessel of boiling water अर्धशिजा -बोंबडा क.; pocket and convey away by stealth, as game पारध चोरून नेणें; plunder लुटणें; stab, as fish भोसकणें, भाल्यानें भोसकणें.

POCK* देवीचा -कांजणीचा फोड. -HOLE देवीचा व्रण.—POCKY *a.* देवींच्या व्रणांचा, फोडेला.

Pocket *F.* a small bag in a garment खिसा; —as of a purse, bag, &c. पुड *n,* कप्पा.—*v.* खिशात -पिशवींत घालणें -लपविणें; take clandestinely चोरणें, हातमारणें, तावदेणें; to p. an insult, affront गिळणें, पोटात घालणें. -**book** खिशांत ठेवायाची वही *f,* टिपणवही *f,* 'पाकेट बुक' *n.* -**knife** खिशांत ठेवायाचा चाकू. -**money** खाऊचा पैसा.

Pod *W.* शेंग *f.*

Pœdaria *a.*—fœtida हरणवेल *f,* जीवंती *f* (*Sanskr.*).

Poem (*poema*) कविता *f,* काव्य *n.*—**Poesy,** art of composing poems कवित्व *n,* कविताशक्ति *f;* poetry कविता *f.*—**Poet,** author of a poem कवि, काव्यकर्त्ता; one skilled in making poetry कवन करण्यांत कुशल, काव्यकुशल, कवि; p. laureate, poet employed to compose poems for the birthdays of a prince, or other special occasions राजकवि, राजाच्या पदरचा कवि; a ready p. शीघ्रकवि. -**ess** कविता करणारीण *f,* कवयत्री *f.* -**ic,** -**al** *a.* कवितेचा, कविते संबंधी; expressed in poetry कवितारूप, श्लोकबद्ध; possessing the peculiar beauties of poetry काव्यरसाचा, रसिक.—**Poetry** कविता *f,* कवन *n;* imaginative composition कल्पित कवन *n;* art of writing verse कविता विद्या *f,* काव्यरचना *f.*

Poignant *a.* (*pungere,* to prick) pungent तिखट, तीक्ष्ण; acutely painful तीक्ष्ण, भेदक, तीव्र, अति वेदनाकारक.—**Poignancy** तिखटपणा, तीक्ष्णता *f.*

Point (do.) sharp end of a piercing instrument टोंक *n,* अग्र *n,* अणकुची *f,* कोंच *f;* mark made by the end of a sharp instrument टोंकानें केलेली खूण *f;* mere spot clearly indicated परमाणु, बिंदु: a p. in space; promontory भूशलाका *f,* टोंक *n;* critical moment टिपण *n,* अणी *f;* mark बिंदु; punctilio बारीक -सूक्ष्म गोष्ट *f;* degree पर्याय, पायरी *f;* a peculiarity विशेष गुण -गोष्ट *f* -लक्षण *n:* good or bad *points* of a man, horse, &c.; single subject विषय, प्रकरण *n,* गोष्ट *f; Geom.* बिंदु; punctuation विरामचिन्ह *n;* object लक्ष *n,* धोरण *n;* to know the world, not to love her, is thy p.; subject of discussion वादाचाविषय -गोष्ट *f,* विषय; wit खोंच *f,* नोक *f,* खुबी *f;* moment क्षण; that is on the p. of उन्मुख; on the p. of death मरणोन्मुख; to be on the p. of टेंकणें; highest p. पराकाष्ठा *f,* सीमा *f,* कळस; lowest p. कडेची पायरी *f;* to such a p. एथवर-पर्यंत; a particular p. टूक *f;* a sore p. वर्म *n;* striking p. खुबी *f,* टूम *f;* a weak p. नागवें *n;* if you look at it on this p. असें पाहिलें असतां; that is to the p. प्रासंगिक.—*v.* sharpen अणी काढणें -क., शेवटणें; aim रोखणें, धरणें, नेमणें (a sword); direct attention toward लक्ष लावणें; विरामचिन्ह घालणें -क.;—a wall, &c. दरजा गिरी क., दरजा भरणें; out बोटानें दाखविणें.—*i.* बोट क. -दाखविणें, रोख -नेम असणें; दरजा भरणें. -**blank** *ad.* खुणेकडे -कडचा; plain खरमरीत, खसखसीत. -**ed** टोंकाचा, अणीदार; नोकदार, खोंचीचा. -**edly** *ad.* विशेष उद्देशानें -लक्षानें, नोकझोकीनें. -**er** बोटानें दाखविणारा; [variety of dog trained to stop, and with his nose point out the game to sportsmen]. -**less** *a.* बोथट, बुळा; खडाखडी, खसखसीत, निर्भीड (remark).

Poise (*pendere,* to weigh) वजन *n;* balance, कांटा, तराजू *f, m;* equipoise समतोल; a thing suspended on a poise कांट्यावर धरलेली वस्तु *f.*—*v.* वजन क., तोलणें; कांट्यावर धरणें; समतोल क.; examine, as by a balance कांट्यांत घालून -जोखून पाहणें -अजमासणें.

Poison (*potio,* a drink) any substance which, introduced into the animal

organization, is capable of producing a morbid, noxious, or deadly effect upon it विष *n*; any thing infectious or malignant विष *n*, रोग: the p. of pestilential diseases; that which destroys moral purity or health भ्रष्टकारक वस्तु *f*, विष *n*: the p. of sin; mineral and vegetable p. स्थावर विष *n*; animal p. जंगम विष *n*; application or use of p. विषप्रयोग; taking p. विषभक्षण -सेवन *n*; drinking p. विषप्राशन *n*; curing p. विषघ्न.—*v*. विष देणें-घालणें; बिघडणें, नासणें; —one's self विष खाणें; to be *poisoned* विखारणें; to p. the ears of कान फुंकणें, [with]. -OUS *a*. विषाचा, विखारी, जहरी.

Poke* खिसा, कप्पा; to buy a pig in a p. पाण्यात म्हैस आणि वर मोल.—*D. v.* भोसकणें; —as an ox ढुंदाडणें, ढोसणें.—*i*. चाचपणें, चापसणें; at ढुसकणें.—POKER, instrument for stirring the fire खोरणें *n*, उकरणें *n*.

Pole (*polus*) one of the extremities of an axis, in which a sphere revolves कण्याचें टोंक *n*;—of the earth ध्रुव; heavens आकाश. -STAR ध्रुवतारा.—POLAR *a*. ध्रुवाचा, ध्रुवाकडला -चा. -ITY विवक्षित शक्ति दाखविण्याचा धर्म.

Pole* long staff दांडा, काठी *f*, सोट;—of a tent खांब;—of a palanquin दांडी *f*;—of a carriage दांडी *f*, 'पोल';—with a crook to pull down pods, fruits, &c. अकडी *f*, शेकाटी *f*; measure of length of five and a-half yards काठी *f*. -AXE फरशी *f*, फरस.

Polemic, -AL *a*. (*Gr. polemos*, war) controversial वादाचा, वादात्मक (treatise); disputatious वादकरणारा, मतिवादी, तकरारी (writer).—POLEMICS वाद; धर्मसंबंधी वाद; धर्मसंबंधी वादाची विद्या *f*, धर्मवादशास्त्र *n*.

Police (*Gr. polis*, city) government of a city or town शहरची -गांवची बंदोबस्ती *f* -व्यवस्था *f*; internal regulation and government of a kingdom or state राज्याचा -देशाचा बंदोबस्त; body of civil force by which a city or country is regulated पोलीसचें लष्कर *n*, गांवखान्याचें लष्कर *n*, पोलीस *n*; p. station पोलिसाचें ठाणें *n*, चौकी *f*.—POLICY, the art of government राजनीति *f*, राज्य चालविण्याची युक्ति *f*; dexterity of management चतुराई *f*, हतोटी *f*; prudence in the management of affairs काम करण्याची चतुराई *f*, व्यवहारचातुर्य *n*—POLITIC *a*. राजनीतीचा, नीतिज्ञ, नीतिकुशल; sagacious in promoting a policy मतलबी, कारस्थानी; prudent शहाणा, समजदार; cunning हिकमती, कावेबाज. -AL *a*. राजकारभाराचा, राजनीतीचा; लोकांचा, देशाचा; public सरकारी, सरकारी नात्याचा (character); p. economy व्यवहारशास्त्र *n*. —POLITICIAN *n* राजनीतिकुशल, राजनीतिज्ञ; a man of artifice लागलाव्या, कवायती, कारस्थानी.—POLITICS, science of government राजनीति *f*, राजशासनविद्या *f*; political trickery कारस्थान *n*.—POLITY राज्यव्यवस्था *f* -नियम, नीति *f*, बंधारण *n*.

Polish *v*.(*polire*) make smooth and glossy जिल्हई देणें, उजळणें; make elegant and polite सभ्य -शिष्ट क. [up, with].—*n*. सफाई *f*, जिल्हई *f* ओप *f*; सभ्यता *f*, प्रौढि *f*, सौजन्य *n*. -ER उजळणारा, ओपदेणारा, सफाई आणणारा;—of weapons or tools शिकलकर. —POLITE *a*. elegant in manners सभ्य, शिष्ट; courteous आदरशील, सत्कारी. -NESS शिष्टता *f*, सभ्यता *f*, सौजन्य *n*; गृहस्थपणा, रीतरवेस *f*. -LY *ad*. सभ्यपणानें, शिष्टपणानें, ताजीम देऊन.

Poll *Ger*. the head of a person डोई *f*, डोसकें *n*; register of heads, that is, of persons डोईपट्टी *f*, माणुसपट्टी *f*; [entry of the names of electors who vote for civil officers; election of civil officers; place

where an election is held].—*v.* खडसणें, डुंखणें;—the head, &c. कँस कापणें -कातरणें; fleece लुचाडणें, नागवणें, लुटणें; enter, as polls, in a list मत देणारांचीं नांवें पटावर दाखल क.; [to p. a jury, to examine each member of the party individually as to his concurrence in a verdict which has been rendered by them.] -ARD tree having its top cut off डुंखन *n*, डुंखन *n*; stag that has cast his horns मुंढा काळवीट; clipped coin कापलेलें नाणें *n*. -TAX डोईपट्टी *f*, जिजिया.

POLEN (*L.*) फुलांतला बुका, पराग, रज *n*.

POLLUTE *v.* (*polluere*) make foul मळविणें, मळीण क.; defile morally मळीण -भ्रष्ट क., बिघडणें;—ceremonially विटाळविणें, बाटवणें, अशुद्ध -ओवळा क.; violate by illegal sexual commerce भ्रष्ट -खराब क. [with].—POLLUTION मळविणें *n*; अपवित्रता *f*, मळ; बाट, भ्रष्टाकार; [*Med.* emission of semen, or spern, at other times than in sexual intercourse].

POLLUX (*L.*) *Astron.* पुनर्वसु नक्षत्र *n*.

POLTROON *F.* भित्रा, फटलंडी, भागुबाई *f*.

POLYANDRY (*Gr. polus*, many, *andros*, man) एकाच वेळेस अनेक नवरे असणें *n*, बहुभर्तृत्व *n*.

POLYGAMY (*Gr. -gamos*, marriage) एकाच वेळीं अनेक बायका करण्याची चाल *f*, बहुपत्नीत्व *n*, अनेक बायका *f pl*.—POLYGAMIST ज्यास अनेक बायका आहेत तो; advocate for polygamy बहुपत्निवादी.

POLYGLOT *a.* (*Gr. glotta*, tongue) पुष्कळ भाषांचा, बहुभाष.—*n.* a man knowing many languages बहुभाषज्ञ; a book containing several versions of the same text बहुभाषग्रंथ; [the text of one of the versions in a proper polyglot, printed by itself].

POLYGON *a.* (*Gr. gonos*, angle) बहुकोण.

POLYMATHY (*Gr. mathein*, to learn) अनेक विद्याज्ञान *n*.

POLYPARIOUS *a.* (*Gr. polos*, many, *L. parere*, to produce) बहुत उपजविणारा, बहुप्रसव.

POLYTHEISM (*Gr. -theos*, god) doctrine of a plurality of gods or invisible beings superior to man, and having an agency in the government of the world बहुदेवमत *n*.—POLYTHEIST बहुदेवमतवादी.

POMEGRANATE (*pomum*, a fruit, *granatus*, grained)—the tree डाळिंब *f*, डाळिंबी *f*;—the fruit डाळिंब *n*, अनार *n*.

POMFRET सरगुटलें *n*, सरंगा; black p. हलवा.

POMMEL (*pomum*, a fruit) बोंड *n*, गोंडा, &c. —*v.* कुदळणें, बडवणें, कुंदी काढणें, बुंदकणें.

POMP (*pompa*) grand procession समारंभाची -थाटमाटाची स्वारी *f*; show of magnificence डामडौल, थाटमाट. -OUS *a.* थाटमाटाचा, छानदारीचा, समारंभाचा; boastful बढाईचा, शेखीचा. -NESS थाट, थाटमाट, डौल, बढाई *f*, पत्राज *f*.

POND* तळें *n*, तलाव. डबकें *n*.

PONDER *v.* (*pondus*, a weight) विचार क., चिंतणें; मनांत ठेवणें.—*i.* -वर विचार -चें चिंतन क. [on, upon, over]. -ABLE *a.* वजन करायाजोगा; तुलनीय. -OUS *a.* वजनदार, जड, भारी; important वजनदार, भारी, ऐवट.

PONIARD *F.* कटार *f*, जंब्या.

PONTIFF (*pons*, a bridge, *facere*, to make, because the first bridge over the Tiber was constructed and consecrated by the high priest) मुख्य धर्माधिकारी, महा धर्माध्यक्ष; the pope रोमन क्याथोलिक धर्माधिकारी, 'पोप'; Mahomedan p. खलीफ, इमाम; Hindu p. शंकराचार्य, जगद्गुरु.—PONTIFICAL *a.* मुख्य धर्माध्यक्षाचा.

PONTOON (*pons*, a bridge) पूल बांधण्याची नाव *f*.

PONY (from *puny*) तट्टू *n*.

POOL* small collection of fresh water supplied by a spring, or occurring in the course of a stream कुंड *n*; puddle डबरा, डबकें *n*.

Pooh *int.* थत्, फु.

Poop (*puppis*) गलबताचा मागला भाग.

Poor *a.* (*pauper*) destitute of property गरीब, दरिद्री, निर्धन; *Law.* नादार, गरिब; lean रोड, भुकिस्थ (horse); of little value भिकार, फुसका, कवडीमाल (coat, house);—as soil भुकड, भरड;—as diet रुखा, रुक्ष; worthy of pity बापडा, बिचारा; wanting in strength अशक्त, नुकसान, नवळा (health); valueless हलका, क्षुल्लक, पोकळ, व्यर्थ (excuse); the p. गोरगरीब *pl.* -BOX गरिबासाठीं पैसा टाकण्याची पेटी *f*, धर्मपेटी *f*. -HOUSE धर्मशाळा *f*, भिक्षागृह *n.* -LAWS गरिबांचें पोषण करण्याचे कायदे *pl.* -LY *ad.* गरिबाच्या रीतीनें, गरीबीनें; with little or no success निर्फळ, व्यर्थ, यशावांचून; without excellence or dignity रंगावांचून, भारदस्ती वाचून; meanly नीच -अधमवृत्तीनें.—*a.* काहींसा रोगी, आजारी, अस्वस्थ.

Pop *D.* खुट वाजलेला अवाज.—*v. i.* फटकन-सटकन-तटकन चालणें.—*t.* झटकन-पटकन टाकणें -काढणें: to p. the question; cause to pop, as corn उलवणें, उतटवणें; off सटकणें, झटकणें, उडणें.—*i.* फुट-फट वाजणें; झटकन शिरणें किंवा बाहेर निघणें; झटकन फिरणें. —*ad.* फटकन, सटकन. -GUN फटकळी *f*, नेपटी *f*.

Pope (*papa*, father) the bishop of Rome, the head of the R. C. church रोमन क्याथोलिक मंडळीचा धर्माध्यक्ष, क्याथोलिक धर्माधिकारी, 'पोप.' -DOM पोपाचा हुद्दा; पोपाचा अम्मल-अधिकार.—**Popish** *a.* पोपाचा; रोमन क्याथोलिक मंडळीचा -धर्माचा (ceremonies).

Popinjay *F.* राघू, पोपट.

Poplar (*populus*) हिवराचें झाड *n.*

Poppy* खसखसीचें झाड *n.* -HEAD पोस्त *n*, पोस्तबोंड *n.*

Populace (*populus*) साधारण लोक *pl*, कुणबी माळी *pl.*—**Popular** *a.* सामान्य -साधारण लोकांचा; suitable to common people लोकोपयोगी (instructions); inferior हलका, साधारण (figs); beloved by people लोकप्रिय, लोकांस आवडता (governor); prevailing among the people साधारण, सामान्य, लोकांत चालू असलेला, प्रवृत्त, चालू (disease).—**Popularity** लोकांची प्रीति *f*, लोकप्रियता *f*, जनप्रीति *f*; desire of p. लोकरंजनेच्छा *f*.—**Popularly** *ad.* लोकरूढीनें, व्यवहारांत.—**Populate** *v.* वसाविणें, वस्ती क.—**Population** प्रजावृद्धि *f*; the whole people of a country प्रजा *f*, वस्ती *f*, लोक *pl.*—**Populous** *a.* दाट -भर वस्तीचा. -NESS भरवस्ती *f*, आबादानी *f*.

Porcelain *It.* चिनी भांडीं *n pl*; p. clay चिनीमाती *f*.

Porch (*porta*, a gate) देवढी *f*, ढेलज *f*; —before a temple सभामंडप.

Porcupine (*porcus*, swine, *spina*, thorn) साायाळ *f*, साळू *f*.

Pore (*porus*) a minute orifice in an animal membrane रोमरंध्र *n*; minute opening सूक्ष्म रंध्र *n.*—**Porous** *a.* रंध्र -छिद्रयुक्त, सच्छिद्र.—**Porosity** वैरल्य *n*, विरविरीतपणा, सच्छिद्रता *f*.

Pore *v. i. Ger.* डोळे लावून पाहणें, डोळेफोड क. [over].

Pork (*porcus*, swine) डुकराचें मांस *n.*

Porpoise (*porcus piscis*, hog-fish) गाधा, घड्याळ मासा, ढोण.

Porridge *F.* kind of food prepared by boiling vegetables in water, with or without meat घाटा; [often made, in America, by boiling meal, flour, &c., in water, or in milk and water, to the consistency of thin paste].—**Porringer** कटोरा, वाटी *f*.

Port (*portus,*) बंदर *n*; p. clearance रवानगी चिठ्ठी *f*; (*porta*) गलबता वरील तोफेची बारी *f*, जंगी *f*.— (*portare,* to carry) चाल *f*, वर्त्तणूक *f*.— (from *Oporto*) एक जातीचें मद्य आहे, 'पोर्ट वैन' *f*; गलबताची डावी बाजू *f*.—* दार *n*, दरवाजा.—*v*. [*Mil.* hold, as a musket, in a standing direction upward across the body, so that its breech is in front of the right hip, and the barrel in front of the left shoulder: to p. arms]; डावीकडे सुकाणू फिरविणें. -ABLE *a*. capable of being borne सहज नेण्याजोगा, सहज हातांत घेऊन जाण्याजोगा, सुटसुटीत (bed); sufferable साह्य, सोसायाजोगा (pain). -AGE नेणें *n*, वाहणें *n*; price of carriage हेल, हमाली *f*; [sailor's wages when in port; amount of a sailor's wages for a voyage; a narrow tract of land over which merchandise, &c., is carried on between two bodies of navigable water]. -AL दरवाजा, दार *n*; framework of the gate दाराची चौकट *f*. -ER द्वारपाळ, देवढीवाला; हेलकरी, हमाल; एक प्रकारचें मद्य *n*, 'पोर्टर' *f*. -LY *a*. having a dignified mien देखणा, गौरवशाली, ढबदार, भारदस्त; corpulent ढमाल, स्थूल. -FOLIO, case for loose papers कागद ठेवण्याचें वेष्टन *n*, जुगदान *n*, पोवखंड *n*; collection of prints, designs, &c. तसबिरी, नकाशे इ० चा संग्रह; office and functions of a minister of state प्रधानाचा हुद्दा आणि कारभार *n*. -MANTEAU, bag, usually made of leather for carrying apparel and other furniture on journeys प्रवासांत बराबर नेण्याची कातड्याची थैली -पेटी *f* वगैरे, जामदानी *f*. -HOLE जहाजाची जंगी *f*. -TOWN बंदरी गांव, बंदर *n*, उतारपेंठ *f*. -WINE एक प्रकारचें मद्य *n* आहे, 'पोर्ट वैन' *f*.

Portend *v*. (-*tendere,* to stretch) पुढचें अगोदर सुचवणें, दर्शविणें, दाखवणें, चिन्ह दाखवणें.—PORTENT दुश्चिन्ह *n*, अपशकुन. -OUS *a*. अरिष्ट -अभद्रसूचक.

Portico (*porticus*) ढेलज *f*, द्वार *n*, मंडप.

Portion (*pars,* part) अंश, विभाग; allotment हिस्सा, वांटा; part of an inheritance द्रव्यांश, ऋक्थभाग; part of an estate given to a child लेंकराचा वांटा, दूधभात, बालपरवेशी *f*; wife's fortune स्त्रीधन *n*.—*v*. वांटणी क.; —a maiden हुंडा देणें.

Portray *v*. (-*trahere,* to draw) तसबीर -चित्र काढणें; describe वर्णन-निरूपण क., वर्णणें. —PORTRAIT तसबीर *f*, चित्र *n*.

Pose *v*. (*pausa,* a pause) puzzle कुंठित क., कोंडणें, निरुत्तर क.; question with a view to puzzling कुंठित करण्यासाठीं प्रश्न विचारणें, कोडें घालणें [with].

Position (*ponere,* to place) altitude अंगस्थिति *f*, ठाण *n*; situation स्थान *n*, स्थिति *f*; ground which any one takes in an argument प्रमाण *n*, आधार; to be in a false p.; thesis पूर्वपक्ष, प्रतिज्ञा *f*; social rank पदवी *f*, दरजा; *Mil*. space of ground जागा *f*, ठाण *n*, भूमि *f*.—POSITIVE *a*. real खरा, वास्तविक (good); absolute निखालस, ठाम, खचीत; clearly expressed साफ, स्पष्ट (promise); not admitting any doubt खसखसीत, चरचरीत, साफ (commands); settled by arbitrary appointment नियोगसिद्ध -प्रयुक्त; overconfident मताभिमानी, मताग्रही; *Gram*. p. degree मूळकोटि *f*; *Chem*. धन; *Alg*. धन. -LY *ad*. साफ, स्पष्ट; खचीत, खरोखर: the witness testified p. in regard to a fact.

Possess *v*. (-*sedere,* to sit) occupy in person पासीं -जवळ असणें; have the legal title to स्वामित्व -सत्ता असणें; take charge of ताब्यांत -कबजांत -हस्तगत करून घेणें; enter into and influence, as an evil spirit लागणें, भरणें, संचरणें;—of or

with सत्ता -अधिकार देणें; inform कळविणें: I have *possessed* your grace of what I purpose;—as a thought, passion, &c. घेरणें, वेढणें, ग्रस्त क. -ION बवळ -पदरीं असणें *n*, कबजा *n*; भोगवटा, वहिवाट *f*; thing possessed माल, स्व *n*; भूतसंचार -बाधा *f*, भूतावेश, उपद्रव; *pl* मालमत्ता *f*, वित्त *n*. -IVE *a*. *Gram*. संबंधवाचक, संबंधी (case). -ER बाळगणारा; धनी, मालक, स्वामी; वहिवाटणारा, भोक्ता.

POSSET *v*. *W*. निरजणें, जमवणें.

POSSIBLE *a*. (*posse*, to be able) liable to happen संभव व्हायाजोगा, घडायाजोगा; barely able to be, but highly improbable शक्य.—POSSIBILITY शक्यता *f*, संभावना *f*, संभव.—POSSIBLY *ad*. कदाचित; कोणत्याही शक्तीनें.

POST (*ponere*, to place) pillar खांब, स्तंभ; —of a door बाही *f*; office काम *n*, हुद्दा; military station लष्करी ठाणें *n*, ठाणें *n*.—*F*. टपाल *n*, डाक *f*.—*v*. *i*. डाकोडाक जाणें, डाकमार्गानें जाणें; travel with speed कुच -दरकुच जाणें.—*v*. advertise जाहिरात देणें; advertise opprobriously नावाचा धाडोरा पिटविणें, डंका वाजविणें, वरात काढणें: to p. one for cowardice; set ठेवणें, बसविणें (a sentinel); put in the mail डाकेंत -टपालांत घालणें -टाकणें (a letter); carry, as an account, from the journal to the ledger खतावणी क. [off, away]. -AGE डाकेचें हासील *n*. -BAG तांबरी *f*. -HASTE *ad*. डाकोडाक, मोठ्या जलदीनें: he travelled p. -MASTER डाकेचा कारभारी, 'पोस्ट मास्तर.' -OFFICE टपाल -ची कचेरी *f*, 'पोस्ट हपीस' *n*.

POST-DATE *v*. (*post*, after, and *Eng*. *date*) अगाऊ -पुढील तारीख लिहिणें -घालणें.

POST-DILUVIAN *a*. नोहाचे जलमलया नंतरचा, मलयोत्तरकालीन.

POSTERIOR *a*. (*L*.) later पाठीमागचा, नंतरचा; behind in position मागचा, मागला.—*n*. *pl* गुदप्रदेश, कुले *pl*, इ०.—POSTERITY संतान *n*, संतति *f*; opposed to ancestors पुढले लोक *pl*, पुत्रपौत्रादि परंपरा *f*.

POSTERN (*post*, after) मागलेंदार *n*, दिंडी *f*, चोरखिडकी *f*.

POSTHUMOUS *a*. (-*humus*, ground) born after the death of the father or taken from the dead body of the mother बाप मेल्यावर झालेला अथवा आई मेल्यावर तिच्या पोटातून काढलेला (child); published after the death of the author ग्रंथकर्त्ता मेल्यावर -च्या मागून प्रसिद्ध झालेला (works); continuing after one's decease मेल्या नंतर -मागें -मागून चालणारा -उरणारा -राहणारा (character).

POST-MERIDIAN *a*. (*post*, after, and *meridian*) दोनप्रहरा नंतरचा, अपराण्हकालिक.

POSTPONE *v*. (*ponere*, to put) दिवसगतीवर -लांबणीवर टाकणें [to, till].

POSTSCRIPT (-*scriptum*, written) ताजा कलम *n*.

POSTULATE *v*. (*postulare*, to demand) position assumed without proof स्वीकृत पक्ष.

POSTURE (*ponere*, to place) attitude ठाणमाण *n*, आसन *n*, बैठक *f*, शरीरस्थिति *f*; position स्थिति *f*, अवस्था *f*.

POSY (See POESY) motto लेख, वचन *n*.—of a ring मुद्रेवरचा लेख, मुद्रालेख; nosegay तुरा.

POT *F*. vessel for boiling meat, &c. भांडें *n*, पात्र *n*;—for holding water, &c. घागर *f*, घडा. -TAGE मासाची कढी *f*. -BELLY ढेर *n*, दोंद *n*. -BELLIED *a*. ढेऱ्या, ढेरपोट्या, ढेबरा. -HERB शाकभाजी *f*. -HOOK, -HANGERS [a hook on which pots and kettles are hung over the fire]; *pl*. scrawled letter मांजरा -कुत्र्याचे पाय *pl*. -SHERD खापर *n*, खापरखुंटी *f*. -TER कुंभार. -TERY कुंभारकाम *n*, मातीचीं भांडीं *f pl*.; place where earthen vessels are manufactured कुंभाराचा कारखाना.

POTABLE *a.* (*potare,* to drink) प्यायाजोगा, पेय.—POTATION पानोत्सव, पानसमारंभ; एक जातीचें पेय आहे.—POTION पिण्याचें औषध *n.*

POTASH (*pot & ashes*) एक जातीचा क्षार आहे.

POTATO *F.* बटाटा; sweet p.—the fruit रताळू *n*;—the plant रताळी *f.*

POTENT *a.* (*potis,* able) बळकट, जोरदार; having authority, control, or dominion प्रतापशाली, पराक्रमी, बलाढ्य (prince);—as medicine, drink, &c. जालीम, कडक, जलाल; having great influence वजनदार, भारी.—POTENCY पराक्रम; तेज *n*, जहाली *f.* —POTENTATE अधिपति,नरपति.—POTENTIAL *a.* existing in possibility not in act संभाव्य, संभावनीय; *Gram.* विधिलिङ्; p. mood शक्यरूप *n.*

POUCH* small bag पिशवी *f,* थैली *f;* bag of a bird पक्ष्याचे गळ्यांतील पिशवी *f*;—of a monkey गालफड *n.*—*v.* पिशवींत -शिलकेंत टाकणें; swallow, said of fowls गिळणें, गट क.

POULTRY *F.* कोंबडीं, बदकें *n pl,* वगैरे.—POULTERER कोंबडीविक्या.

POULTICE (*Gr. poltos*) पिकवण *n,* लब्दा, 'पोटीस' *n.*

POUNCE (*pumex*) रेती *f,* वाळू *f* (कागदावर घालायाची).—*v.* कागदावर रेती घालणें -टाकणें.

POUNCE *v. i.* (*pungus,* a fist) झांप -झडप घालणें [on, upon].

POUND* a weight पक्या अर्ध्या शेराचें एक वजन आहे; a coin दहा रुपयांचें एक नाणें आहे, 'पौंड.'

POUND* *v.* कुटणें, कांडणें, बडीवणें;—rice, &c. सडणें, कांडणें [down].

POUND* सरकारी कोंडवाडा, चुकार गुरांची कोंडी *f.*

POUR *v. W.* cause to flow ओतणें, सोडणें, धार पाडणें; emit सोडणें, ओतणें; utter वदणें, बोलणें; throw in profusion ओतणें वृष्टि क.; forth, out पाऊस पाडणें, वृष्टि क. भडभडवणें; in भरणें, ओतणें; off रिचवणें. —*i.* धार लागणें, भळभळ वाहणें; as rain ढासळणें, मुसळधार -धोधोधो पडणें -लागणें; rush लोटणें, धार पडणें; forth पेंव -बीळ फुटणें.

POUT *v. i. W.* look sullen फुगणें, फुगून बसणें, मुरमुसणें; protrude बाहेर येणें (the lips).

POVERTY (See POOR) गरीबी *f,* दारिद्र *n*; deficiency of resources तंचाई *f,* क्रोतेपणा, कार्पण्य *n*; p. of language शब्दकार्पण्य *n.*

POWDER (*pulvis*) dust भुगा, पीठ *n,* बुकणी *f,* पूड *f*; *Med.* चूर्ण *n*; gunpowder बंदुकीची दारू *f.*—*v.* भुगा क. -पाडणें; sprinkle with powder भुग्याचें -पिठाचें शिंपणें क.; sprinkle with salt खारवणें, मीठ घालणें [down]. -HORN शिंगडा. -MAGAZINE दारूचें कोठार *n.*—POWDERY *a.* भुसभुसीत, पिठाळ.

POWER (*potis,* able) शक्ति *f,* जोर *n,* बळ *n*; authority सत्ता *f,* अधिकार; influence चाल *f,* चलती *f,* वजन *n*; potency तेज *n,* बळ *n,* सत्त्व *n*; military or naval force सैन्य *n,* सेना *f*;—of an engine बळ *n*: horse p.; mental ability गुण, शक्ति *f*: the p. of reasoning; legal authority सत्ता *f,* मुखत्यारी *f,* अखत्यार; a government सरकार *n*; *Math.* वर्ग, घात; *Gram.* प्रयत्न : p. of consonant; momentum वेग; p. of attorney मुखत्यारपत्र *n* -नामा; natural or moral p. शक्ति *f,* बळ *n,* आवांका; according to one's p. यथाशक्ति *f*; in the p. of आहारीं; to have p. हात चालणें; p. of utterance वाक्शक्ति *f*; to fall into the p. of -च्या तावडींत सांपडणें; season of p. चालता काळ; under the p. of वश, आधीन. -FUL *a.* बलकट, बलवान; प्रबल, सबल, दृढ; गुणकार,

जालीम, तेजस्वी. -LESS *a.* निर्बल, शक्तिहीन, निरूपाय, लाचार.

Pox* small p. देवी *f*, फोड्या *f pl*; chicken p. कांजण्या *f pl*; cow-p. गोस्तनशीतला *f pl*; venereal disease दुःख *n*, गरमी *f*.

Practice (*Gr. praktikos,* practical) habit अभ्यास, वहिवाट *f*, राबता; constant use वहिवाट *f*, रूढि *f*, वापर; actual performance आचरण *n*, अनुष्ठान *n*, सेवा *f*; exercise of a profession आचरण *n*, सेवन *n*, वृत्ति *f*;—of medicine चिकित्सा *f*, वैद्यक्रिया *f*; artifice युक्ति *f*, कावा: he sought to have it by p.; *Arith.* द्वादशांश गुणाकार; military p. शस्त्राभ्यास; ball p. गोळीबार; attainable by p. अभ्यासगम्य; skill acquired by p. कसरत *f*; to be in general p. प्रचार -प्रघात असणें.—*v.* परिपाठ -अभ्यास ठेवणें;—profession or art करणें, आचरणें. —*i.* राबता -सवयी ठेवणें -असणें; धंदा -उद्योग चालवणें -क.; कावा -कृत्रिम चालवणें.—**Practicable** *a.* साध्य, सवघड, सोपा; उपयोगाचा, चालायाजोगा, चालू [for].—**Practical** *a.* कर्माचा, क्रियेचा; useful उपयोगाचा, व्यवहाराच्या -वहिवाटीच्या कामाचा, व्यवहार्य (purposes); derived from practice अभ्यासक्षम, अभ्यासाचा, सराव्याचा (skill); evincing practice व्यवहारज्ञ, कर्मज्ञानी (man). -LY *ad.* व्यवहारांत, व्यवहारप्रकरणांत; अभ्यासानें.—**Practitioner** धंदा -उद्योग करणारा; medical p. वैद्य; चिकित्सक; सवयीनें -राबत्यानें करणारा; artful person कसबी कारागिर.

Praise (*pretium*) commendation for worth तारीफ *f*, प्रशंसा *f*, स्तुति *f*; joyful tribute of gratitude or homage rendered to the Divine Being ईश्वरउपकारस्तुति *f*, उपकारस्तवन *n*, स्तोत्र *n*, कवन *n* (Ps. xl. 3); object of praise स्तुतिपात्र, स्तुतीस कारण *n*, स्तुतीचा विषय (Deut. x. 21). —*v.* स्तव -स्तुति क., स्तवणें, गुणानुवाद गाणें [for]. -WORTHY *a.* स्तुतियोग्य, स्तुत्य, प्रशंसनीय.

Prance *v. i. Ger.* spring, as a horse in high mettle नाचणें; ride ostentatiously दिमाखानें -तोऱ्यानें घोड्यावर बसणें -मिरवीत जाणें; strut नटत -नखऱ्यानें चालणें [about, along, off, away].—**Prank** चाळे *pl*, चेष्टा *f pl*, ढंग *pl*.—*v.* टाकटिका -चटोपटी क.

Prate *v. i. Ger.* वटवट -बडबड क., गप्पा मारणें, तोंड सोडणें [about].—*n.* बडबड *f*, वटवट *f*, गप्पा *f pl*.—**Prattle** मुलांचा किलकिलाट, बालशब्द -भाषण *n*.—*v. i.* बडबड क. [about].

Prawn झिंगा मासा.

Pray *v. i.* (*precari*) entreat विनंती क., मागणें; address the Supreme Being with adoration देवाची -परमेश्वराची प्रार्थना क., प्रार्थना क. [to, for].—*t.* -ची प्रार्थना -विनंती क. -ER विनंती *f*, अर्जी *f*; ईश्वरप्रार्थना *f*, प्रार्थना *f*, -BOOK प्रार्थनापद्धति *f*. -FUL *a.* भजननिष्ठ, भजनशील.

Preach *v. i.* (*prædicare,* cry in public) pronounce a public discourse on a religious subject, or from a text of Scripture धर्मोपदेश -उपदेश क.; give earnest advice on moral or religious grounds बुद्धिवाद सांगणें, उपदेश क.—*t.* proclaim or publish in religious discourses -चा उपदेश क., उपदेशांत सांगणें, -चें घोषण क. (Is. lxi. 1); speak in favor of वाटचें -पक्षाचें -तर्फेचें बोलणें [on, upon, about]. -ER धर्मोपदेशक, उपदेशक. -ING उपदेश, धर्मोपदेश, घोषण *n*.

Preamble *v.* (*præambulus,* walking before) प्रस्तावना *f*, उपोद्घात [to].

Precarious *a.* (*precis,* a prayer) depending on the will of another अन्याधीन, परस्वाधीन; held by a doubtful tenure डळमळीत, अनिश्चित.

Precaution (*-cavere*, to be on one's guard) सावधगिरि *f*, पुढचा विचार; measure taken beforehand to ward off evil पूर्वीच करून ठेवलेला बंदोबस्त -उपाय, अनिष्ट-निवारणोपाय, तरतूद *f*, तजवीज *f*.

Precede *v*. (*-cedere*, to) पुढें -अगोदर जाणें -येणें; go before in rank सन्माना विषयीं पहिला -अग्रगण्य असणें.—**Precedence** पुढें जाणें *n*, अग्रगमन *n*; पहिला मान *f*, अग्रमान *n*; superiority वर्चस्व *n*, प्राधान्य *n*.—**Precedent** *a*. पूर्वीचा, मागला.—*n*. मागला दाखला, मागलें उदाहरण *n*, मामूल, शिरस्ता [for].

Precentor (*-canere*, to sing) सूरकरी, म्होरक्या गाणारा, अग्रगायक.

Precept (*-capere*, to take) विधि, नियम, आज्ञा *f*, सूत्र *n*. -ive *a*. विधीचा, विधिरूप, विधायक: p. parts of the Scriptures. -or शिक्षक, अध्यापक, गुरु, वस्ताद;—in religion आचार्य, पाठक, गुरु.

Precession (See Precede) *Astron*.—of the equinox अयनांश.

Precinct (*-cingere*, to gird) हद्द *f*, शींव *f*, पालव.

Precious *a* (*pretium*, price) बहु मोलाचा, किमतीचा; very valuable अमोल्य, उंची, उत्कृष्ट; p. metals सोनें *n* आणि रुपें *n*; p. stone जवाहिर *n*, मणि, पाषाण.

Precipice (*-caput*, head) कडा, कड *f*, डगर *f*. —**Precipitance** उतावळी *f*, जलदी *f*, घाई *f*.—**Precipitant** *a*. falling headlong मुसांडी मारणारा, अधोधावी; adopted with haste उतावळीचा, जलदीचा, कच्चे मसलतीचा; hasty उतावळीचा, घाईचा.—**Precipitate** *v*. डोईकडून फेंकणें -टाकणें; cast down from a steep declivity कड्यावरून टाकणें; घाई -उतावळी क.; throw to the bottom of a vessel, as a substance in solution तळीं बसविणें, सांका पाडणें.—*i*. डोईकडून पडणें; घाई क.; तळीं -निवळी बसणें [from, into]. -ly *ad*. उतावळीनें, घाईनें.—**Precipitation** डोई कडून टाकणें *n*; घाई करणें *n*; घाई *f*, उतावळी *f*.—**Precipitous** *a*. कडा तुटलेला, उभा; उतावळा.

Precise *a*. (*-cædere*, to cut) not uncertain ठास, ठाम, खचीत; overstrictly adhering to बेतबात्या, ठाकठीक करणारा; exact बरोबर, मुती, मोजलेला. -ly *ad*. ठास, बरोबर, तंतोतंत, थेट; टापटिपीनें, बेतबातानें.—**Precision** ठाम -ठासपणा, खचीतपणा; रेखलेपणा, टापटीप *f*.

Preclude *v*. (*-cludere*, to shut) आड -आडवा येणें, आडवणें, प्रतिबंध क. [from].—**Preclusion** बंदी *f*, प्रतिबंध; बाहेर ठेवणें *n*.

Precocious *a*. (*-coquere*, to cook) आगसलेला, अपूर्णकालपक्व; having the faculty developed more than is natural or usual at a given age बालपक्व, बालप्रौढ, प्रौढबुद्धि (child).—**Precocity** अपूर्णकालपक्वता *f*; बालप्रौढि *f*.

Preconceive *v*. पूर्वी -अगोदर मनात आणणें -समजणें.—**Preconception** पूर्वकल्पना *f*. अग्रबुद्धि *f*, पूर्वतर्क.

Preconcerted *a*. पूर्वसंकेताचा, पूर्वी योजलेला.

Precursor (*-currere*, to run) पूर्वचिन्ह *n* -लक्षण *n*.

Predatory *a*. (*præda*, prey) लुटीचा, लुटारू, लुटाऱ्याचा (party); ravenous बुभुक्षित, हवरा, अधासी (appetite).

Predecessor (*-decedere*, to go away) मागला, माजी (कामदार, अधिकारी).

Predestine, **Predestinate** *v*. (*-destinare*, to determine) पूर्वी योजणें, नेमणें.—**Predestination** पूर्वयोजना *f*. पूर्वसंकल्प; *Theol*. the purpose of God from eternity respecting all events ईश्वरनियमित पूर्वयोजना *f*, ईश्वरी संकल्प; *Hindu theol*. अदृष्टवाद.

Predetermination पूर्वीचा ठराव, पूर्वसंकल्प.

Predicate *v.* (See Preach) बोलणें, सांगणें. —*n.* वाच्य *n*, अभिधेय *n*.—Predicament class जात *f*, बिल्हा, वर्ग; condition दशा *f*, अपेष्टा *f*; category पदार्थ.

Predict *v.* (*-dicere*, to say) भाकीत -भविष्य सांगणें [of]. -ion भविष्यकथन *n*, भाकणूक *f*; prophecy भविष्य *n*, भाकीत *n*.

Prediliction (*diligere*, to love) अगोदरची प्रीति *f* -ओढ *f*, पूर्वींची आवड *f*, हौस *f*.

Predispose *v.*—the mind पूर्वी वळवणें, कल -झोंक देणें;—the body अगोदर सिद्ध -तयार क. [to, for].—Predisposition पूर्वींचा कल, प्रवृत्ति *f*; पूर्वींची तयारी *f*; p. to disease रोगसुभेद्यता *f*, रोगग्राह्यदशा *f* [for].

Predominate *v. i.* (*-dominari*, to rule) प्रबल असणें, वर्चस्व पावणें [over, in].—Predominance जोरा, बळकटी *f*, प्राबल्य *n*, वर्चस्व *n*, चलती *f*, प्राधान्य *n* [over].

Preeminent *a.* वर्चढ, श्रेष्ठ, मुख्य; surpassing others in evil and bad qualities सवाई [in].—Preeminence वर्चस्व *n*, प्राधान्य *n*, श्रेष्ठता *f*.

Preemption *F.* दुसऱ्याचे अगोदर विकत घेण्याचा अधिकार.

Preengage *v.* अगोदर -पहिल्यानें गुंतवून -बोली करून ठेवणें. -ment पूर्वींची बोली *f* -चा करार.—Preexist *v. i.* पूर्वी असणें. -ence पूर्वी असणें *n*, पूर्वस्थिति *f*, पूर्वभूति *f*, पूर्वसत्व *n*.

Preface (*-fari*, to speak) प्रस्तावना *f*, परिभाषा *f* [to].—*v.* प्रस्तावना लिहिणें.—*i.* प्रस्तावनारूपानें ह्मणणें -सांगणें [by, with]. —Prefatory *a.* प्रस्तावनारूप, पारिभाषिक.

Prefect (*-facere*, to make) अधिकारी, सुभेदार.

Prefer *v.* (*-ferre*, to bear) offer देणें, पुढें ठेवणें; advance वाढवणें, चढवणें, असामी -जागा देणें; regard or honor before another अधिक -विशेष चहाणें, पसंत क. [to]. -able *a.* अगोदर घेण्याजोगा, उत्तम, पसंत. -ence अधिक आवड *f*, चहा *f*; पसंत केलेला मनुष्य किंवा वस्तु *f*; in p. to this ह्याला सोडून -च्या अगोदर.

Prefix *v.* मागें लावणें-जोडणें [to].—*n. Gram.* उपसर्ग.

Pregnant *a.* (*-genere*, to beget) being with young, as a female गरोदर, गर्व्हार; full of consequence सार्थ, सफल; p. signification गर्भित अर्थ [with].—Pregnancy गर्भारपणा.

Prejudge *v.* चौकशीचे पूर्वी ठरवणें, पूर्वी निवाडा -निश्चय करून ठेवणें.—Prejudice, opinion formed without due examination अविचाराचें मत *n*, दुराग्रह, अविचारबुद्धि *f*; bias against मनाची गांठ *f* -चा पीळ, अट *f*; injury नुकसानी *f*, धक्का [against].—*v.* विषयीं पीळ-बांक आणणें -पाडणें; नुकसानी -खराबी क.; वळवणें, तोल देणें: suffer not any beloved study to p. your mind so far as to despise all other learning [against]. —Prejudicial *a.* अपकारक, बाधक.

Prelate (See Prefer) मुख्य धर्माध्यक्ष (बिशप, आर्चबिशप इ०);—often, with the words derived from it, used invidiously in Eng. ecclesiastical history by dissenters, respecting the Established Church system.—Prelacy मुख्य धर्माध्यक्षाची पदवी -जागा *f*.

Preliminary *a.* (*-liminaris*, belonging to a threshold) मुळारंभीचा, आरंभीचा, उपक्रमाचा.—*n.* उपक्रमाचा -प्रारंभीचा विषय -गोष्ट *f*, गणपतिपूजन *n*; *pl* पूर्वपीठिका *f* [to].

Prelude (*-ludus*, play) musical strain introducing the theme पूर्वरंग; something which indicates a future event रूप *n*, लक्षण *n*, रंग [to].

Premature *a.* काळाचे पूर्वी पिकलेला, कालपूर्वपक्व; too early काळाचे पूर्वींचा, अपूर्णकाल (birth); arriving or received without

due authentication कच्चा, प्रमाणा वांचून घेतलेला [in].

PREMEDITATE *v.* पूर्वीं कल्पिणें -योजून ठेवणें.—*i.* पूर्वीं मनन -विचार क.

PREMIER *a.* (*primus,* the first) मुख्य, सर. —*n.* मुख्य प्रधान, वजीर.

PREMISE *v.* (*-mittere,* to send) मुख्य विषयाचे पूर्वीं सांगणें -लिहिणें; used previously अगोदर कामास लावणें -उपयोग क. [by].— *n.* *Logic,* प्रतिज्ञा *f,* पूर्वपक्ष, साधन *n pl*; *Law,* घरदार *n,* वतनवाडी *f,* सत्तेची जागा *f,*

PREMIUM (*L.*) reward इनाम *n,* नजर *f,* बक्षीस *n*; something offered for the loan of money, generally signifying a sum in advance of the capital मनोती *f*; at p. वरभावानें [on, for].

PREMONISH *v.* (*-monere,* to remind) पूर्वीं सांगणें, ताकीद क.—PREMONITION पूर्वसूचना *f,* पूर्वीची ताकीद *f,* पूर्वरूप *n.*

PREOCCUPY *v.* पहिल्यानें धरणें -भोगवटा क.; prepossess अगोदर मन वळवणें, अगोदर मनांत भरणें [with].—PREOCCUPATION पहिला भोगवटा, पूर्वभोग.

PREORDAIN *v.* पूर्वीं नेमणें -स्थापणें.

PREPARE *v.* (*-parare,* to make ready) तयार -सिद्ध क.; fit योग्य -लायक क., सुधारणें [for, with].—*i.* तयारी क.; सिद्ध असणें; तजवीज -तरतूद क. -ठेवणें [for.]—PREPARATION तयारी *f,* सिद्धता *f*; लायकी *f,* योग्यता *f*; मशागत *f,* मरामत *f*; preparatory measure तरतूद *f,* तजवीज *f,* उपाय;—of food पक्वान्न *n,* पदार्थ;—of medicine कल्प, पाक, रसायण *n,* रांधा.—PREPARATIVE, PREPARATORY *a.* तयारीच्या कामाचा, तयारीच्या उपयोगाचा; previous पहिला, पूर्वीचा, आरंभीचा.

PREPONDERANCE (*-pondus,* a weight) अधिक वजन *n,* भाराधिक्य *n*; superiority of influence प्राधान्य *n,* भारी वजन *n,* प्रभाव. —PREPONDERATE *v. i.* अधिक भारी असणें; प्रधान -प्रबळ -वजनदार असणें.—*t.* -हून अधिक भारी असणें [in, over].

PREPOSITION (*-ponere,* to put) *Gram.* उपसर्ग, शब्दयोगी अव्यय *n.*

PREPOSSESS *v.* preoccupy पूर्वीं -अगोदर धरणें, आपला क.; bias पूर्वीं -अगोदर मन वळविणें, चित्त ओढणें [for, in favor]. -ION पूर्वभोग, पूर्वधारण *n*; अग्रबुद्धि *f,* पूर्वग्रह, पूर्वीची समजूत *f* -चा कल.

PREPOSTEROUS *a.* (*-posterus,* latter) inverted in order विपरीत क्रमाचा, विपरीत, उलटा; contrary to nature or reason उलटा, विपरीत, वांकडा, बुद्धि -युक्तिविरुद्ध.

PREPUCE (*præputium*) the foreskin टोपी *f,* बोंडी *f,* अग्रत्वक *f.*

PREREQUISITE पूर्वीं -अगोदर असायाचा पदार्थ -विषय -गोष्ट *f.*—*a.* अगोदर असायाचा, पूर्वावश्यक, पूर्वापेक्षित.

PREROGATIVE (*-rogare,* to ask) हक, विशेष अधिकार.

PRESAGE (*-sagire,* to perceive acutely) prognostic पूर्वलक्षण *n,* चिन्ह *n,* सूचना *f*; foreknowledge पूर्वज्ञान *n*; presentiment पूर्वबोध, भान *n* [of].—*v.* पूर्वीं दर्शविणें -दाखविणें; -चा पूर्वबोध असणें [to].

PRESBYTER (*Gr. presbus,* old) *Anc. Church,* an elder having authority to instruct and guide in the church ख्रिस्ती मंडळींतला वडील; *Church of Eng.* one ordained to the second order in the ministry;—called also *priest* उपाध्या, 'प्रेसबितर.' -IAN *a.* प्रेसबितर संबंधी, प्रेसबितराचा.—*n.* [one who maintains the validity of ordination and government by presbyters; one who belongs to a church governed by presbyters]. —PRESBYTERY a body of elders in the Christian church वडील वर्ग; *Presbyterian Church,* a judicatory consisting

of all the pastors within a certain district, and one ruling elder, a layman from each parish or church, commissioned to represent the church in conjunction with the minister प्रेसबितरी सभा *f*; [the presbyterian religion; *Arch.* that part of the church reserved for the officiating priests].

Prescient (*-scire,* to know) भविष्यज्ञानी.—**Prescience** भविष्यज्ञान *n*, पूर्वज्ञान *n*.

Prescribe *v.* (*-scribere,* to write) direct नेमणें, नेमून देणें, हुकूम क.; *Med.* औषध घ्यायाला सांगणें, औषध देणें, औषधोपचार सांगणें [to, for].—**Prescription** नियम, नेम, विधि; औषध -उपचारविधि, चिकित्सालेख, उपचारपत्र *n*; *Law,* the claim of title to a thing by virtue of immemorial use and enjoyment जुन्या वहिवाटीचा हक्क, जुनी वहिवाट *f*, जुना भोगवटा.—**Prescriptive** *a.* जुन्या वहिवाटीचा, प्राचीन भोगवट्याचा, चिरकालभुक्त.

Present *a.* (*-esse,* to be) being at hand जवळ, हाजीर, विद्यमान; now existing प्रकृत, प्रस्तुतचा, चालू; neither ended nor yet to begin चालता, सांप्रतचा, चालू: the p. year; सालमजकूर *n*; being now in view, or under consideration चालता, हातांतला, उपस्थित (business); immediate तात्कालिक, समयसूचक, तयार, रोकडा (wit); propitious अनुकूल, प्रसन्न, ऐकणारा: a god so p. to my prayer; p. tense वर्त्तमानकाळ [at, in].—*n.* वर्त्तमान -विद्यमानकाळ: at this p.; *pl. Law,* बक्षीसपत्र *n*, सनद *f*, मुखत्यारपत्र *n*, इ०; gift देणगी *f*, बक्षीस *n*;—to superiors नजर *f*, नजराणा;—to Brahamins दक्षिणा *f*;—to a visitor at parting बिदागी *f*;—to a teacher गुरुदक्षिणा *f*;—to servants पोस्त *n*;—at marriages अंदण *n*; at p. सांप्रतकाळीं, आतां; in p. एकदम, लागलाच. —*v.* place in the presence of a superior हजीर -रुजू -नमूद क., भेटवणें, मुलाखत क.: to p. an envoy to the king; exhibit to view or notice दाखविणें, कळविणें, सांगणें; deliver or give in a ceremonious manner समारंभानें देणें, भेट देणें, नजर क.: to p. a sword to a knight; grant देणें, दान क.; nominate to an ecclesiastical benefice धर्मोपदेशकाच्या वृत्तीवर नेमणें; lay before a public body for consideration, as before a legislature, a corporation, &c. अर्ज क., सभेपुढें ठेवणें (a petition, memorial); point रोखणें: to p. a musket to the breast of another; [to p. arms, *Mil.* to hold them out in token of respect, as if ready to deliver them up] [to, with]. **-ation** रुजू क. *n*, भेट क. *n*; हजीर होणें *n*; मुलाखत *f*, भेट *f*; दाखवणें *n*, प्रदर्शन *n*, दर्शन *n*; अर्पिणें *n*, समर्पण *n*, निवेदन *n* [the act of offering a clergyman to the bishop or ordinary for institution in a benefice]; the right of presenting a clergyman धर्मवृत्तिनियोजनाधिकार; cross p. (of the fœtus) आडवें येणें *n*, मूढगर्भ [to]. **-ee** धर्माध्यापकवृत्तीवर नेमलेला. **-ly** *ad.* at once एकदम, एकदांच; instantly लागलाच, तत्क्षणीं; after a little time अमळशानें, लवकर, कांहीं वेळानें.—**Presence,** state of being present विद्यमानता *f*, हजिरी *f*; nearness समीक्षता *f*, सानिध्य *n*; neighbourhood to one of superior rank हुजूर; person of a superior rank हुजूर; mein रूप *n*, आकार, चर्या *f*: a graceful p. bespeaks acceptance; p. of mind देहभान *n*, सावधगिरी *f*, फाम *f*; p. chamber दिवाणखाना, हुजूर; that waits in the p. of हुजऱ्या; to suffer to be in one's p. जवळ उभा क.; in the p. of समक्ष, पुढें; in your p. तुझे हुजूर -समक्ष.

Preserve *v.* (*-servare,* to save) keep or save from injury or destruction राखणें,

रक्षण -बचाव क., वांचवणें, बचावणें; season and prepare for preserving मुरब्बा क., रापविणें; maintain in a sound state जतन क., जपून ठेवणें; [to p. game to prevent from killing it].—*n.* मुरब्बा; शिकारीसाठीं पक्षी वगैरे राखण्याची जागा *f*, मृगयाभूमि *f* [from, for].—PRESERVER राखणारा, रक्षक, पालक; संभाळणारा, जतन करणारा; मुरब्बा करणारा.—PRESERVATION राखणें *n*, रक्षण *n*, बचाव; जतन *f*, संगोपन *n*.—PRESERVATIVE *a.* रक्षक, तारक [against].—*n.* रक्षण *n*, राखण *n*, कवच *n*.

PRESIDE *v. i.* (-*sedere*, to sit) be set for the exercise of authority मुख्य -प्रधान असणें, अध्यक्ष असणें; exercise superintendence देखरेख क. [over].—PRESIDENCY अध्यक्षता *f*, अधिकार; office of president अध्यक्षपद *n*, अधिपत्य *n*, नायकी *f*; term during which a president holds his office अध्यक्षाची कारकीर्द *f*, अध्यक्षता चालविण्याची मुदत *f*; jurisdiction of a president अध्यक्षाचा इलाखा, खातें *n*.—PRESIDENT अध्यक्ष, नायक;—of an assembly सभाध्यक्ष, सभापति.

PRESS *v.* (*pressare*) compress दाबणें, चेपणें; squeeze पिळणें, पिळून रस काढणें; embrace आलिंगणें, कवटाळणें; urge on दपटणें, दामटणें, निकड -नेट लावणें; enforce आग्रह -निकड क., आग्रहानें सांगणें; force into service वेठीस -बिगारीस धरणें, बळेंच चाकरीस ठेवणें; crowd दाटी क.; *pressed* service वेठ *f*, बिगार *f*.—*i.* पुढें -रेटून जाणें; दाटी क., खेटणें; on, upon उरावर -छातीवर बसणें; to p. hard upon नेटणें, भिडणें. —*n.* machine for pressing दाबण्याचें यंत्र *n*; cotton p. गिरणी *f*; machine for printing छापण्याचें यंत्र *n*, 'प्रेस'; act or business of printing and publishing छापण्याची -छापून प्रसिद्ध करण्याची विद्या *f*, किंवा काम *n*; publications issued from the press छापलेलीं पुस्तकें *n pl*, वगैरे; a free p. is a great blessing to a free people; a licentious p. is a curse to society; a case for the safe keeping of articles पुस्तकें वगैरे ठेवायाचें कपाट *n*, 'प्रेस'; दाबणें *n*, चेपणें *n*, दडपणें *n*; दपटशाहा, निकड *f*; नेट, जोर; गिचडी *f*, दाटी *f*, रगडा; आग्रह, नेट; sugar p. चरक;—for oil घाणा; liberty of the p., the free right of publishing books, pamphlets, or papers, without previous restraint or censorship, subject only to punishment for libelous, seditious, or morally pernicious matters छापण्याची मोकळीक *f*. -GANG [a detachment of seamen to impress men into the naval service]. -ING *a.* निकडीचा, जरुरीचा. -MAN छापणारा, 'प्रेसमन.' -URE दाब, चेपणी *f*; ताण, निकड *f*; ओझें *n*, नेट, जोर; रगडा, कामाचा कचका.

PRESTIGE *F.* fascination नजरबंदी *f* मोह; influence coming from past success छाप *f*.

PRESTO *ad. It.* लवकर, झटकन.

PRESUME *v.* (-*sumere*, to take) प्रमाणावांचून घेणें -समजणें, पूर्वी अनुमान क.—*i.* be over-confident पोकळ अवसान -उमेद भरणें; reach beyond proper restraint धिटाई -आगळीक -अतिक्रम क., डोईवर चढणें; be arrogant अभिमान -आढ्यता -शेखी बाळगणें-मिरवणें [from].—PRESUMPTION, belief upon incomplete proof अटकळ *f*, तर्क, अनुमान *n*; strong probability संभव, संभावना *f*; आगळीक *f*, धिटाई *f*; अभिमान, अहंकार; पोकळ अवसान *n*, उमेद *f*.—PRESUMPTIVE *a.* अटकळीचा, अनुमानाचा, तर्काचा; [p. heir, one who would inherit an estate if the ancestor should die with things in their present state; but whose right of inheritance may be defeated by the birth of a nearer heir before the death

of the ancestor].—PRESUMPTUOUS *a.* अभिमानी, मगरूर; proceeding from excess of confidence अभिमानाचा, पोकळ हमेदीचा; wilful दाटून केलेला, दाटबळाचा; overventuresome आचाट बुद्धीचा, धिटाईचा.

PRESUPPOSE *v.* पूर्वी कल्पिणें -धरणें.

PRETEND *v.* (*-tendere,* to stretch) show hypocritically सोंग -मिष घेणें -दाखवणें; hold out falsely निमित्त -बाहणा क. -सांगणें; lay a claim to बाणा -बिरीद -अभिमान बाळगणें. —*i.* बिरीद -बाणा बाळगणें. -ER ढोंग करणारा, ढोंगी; निमित्त -मिष सांगणारा; बिरीद बांधणारा, अभिमानी; p. to religion ढोंगी साधु, भोंदू, साधुमन्य;—to sovereignty तोतया, राज्याभियोगी [to].—PRETENCE सोंग *n,* ढोंग *n,* मिष *n*; निमित्त *n,* बाहणा; दावा, हक्क [for]. —PRETENSION दावा, हक्क; to set up p. to -चें बिरीद -कंकण बांधणें; -चा अभिमान -आढ्यता बाळगणें, शेखी मिरवणें [to].

PRETERIMPERFECT *a.* (*prœter* & *imperfect*) पूर्ण भूतकाळ.

PRETERITE (*-ire,* to go) भूतकाळ.

PRETERNATURAL *a.* स्वभाव नेमा बाहेरचा, विलक्षण, अद्भुत.

PRETERPERFECT *a.* पूर्ण भूतकाळ.

PRETERPLUPERFECT *a.* प्राक् पूर्णभूत, भूतकाळाच्या पूर्वींचा.

PRETEXT (*-texere,* to weave) निमित्त *n,* बाहणा; सोंग *n,* ढोंग *n* [for].

PRETTY* *a.* pleasing by delicacy or grace सुंदर, देखणा, सुरेख; foppish अकडबाजीचा, नखरेदारीचा; mean नीच, हलका, अधम (trick).—*ad.* कांहींसा, बराच.

PREVAIL *v.i.* (*valere,* to be strong) overcome जय पावणें, चालणें, प्राबल्य होणें -असणें -चालणें (Ex. xvii. 11); be in force चालू -चलती असणें, प्रवृत्ति -प्रघात -परिपाठ असणें; with, up मनावणें, वळवणें [on, upon]. -ING चालू, चालता, प्रसिद्ध, प्रकारांतला (opinion); efficacious गुणकारक, फलदायक, लागू होणारा, गुणाकारी (prayer).—PREVALENCE चलती *f.* प्रचार, प्रघात, पाठ, जोर, बल *n,* प्राबल्य *n*;—of odor or effluvia धमक *f.* — PREVALENT, See PREVAILING.

PREVARICATE *v.* (*-varicare,* to straddle) होय नाहीं क., शब्द फिरवणें [in].—PREVARICATION धरसोड *f,* होय नव्हे *f,* अकडंतिकडं *n.*

PREVENT *v.* (*-venire,* to come) बंद क., निवारणें, वारणें [from]. -ION बंदी *f,* निवारण *n.* -IVE *a.* निवारक, प्रतिबंधक.

PREVIOUS *a.* (*-via,* the way पहिला, अगोदरचा, पूर्वींचा, पूर्व, in comp. [to]. -LY *ad.* अगोदर, पूर्वी.

PREY (*prœda*) plunder लूट *f*; food obtained by violence शिकार *f,* पारध *f,* भक्ष; ravage नासधूस *f*; beast of p. हिंस्रपशु, शिकारी जनावर *n.*—*v.i.* शिकार क., भक्ष मिळवणें; खाणें, धुपवणें, झुरवणें;—upon, on लूट -नासधूस क. [on, upon].

PRICE (See PRAISE) the sum of money at which a thing is valued किंमत *f,* मोल *n*; current value दर, भाव, निरख; estimation किंमत *n,* केवा; adjustment of the p. निरखबंदी *f*; officer who regulates the p. at which articles are sold in a public market निरखदरोगा; officer who fixes or records the prices of articles निरख्या. -CURRENT बाजारभावाची याद *f,* निरखपट्टी *f,* निरखनामा. -LESS *a.* मोठ्या किंमतीचा, भारी, अमोल्य; हलका, कवडीमाल.

PRICK* *v.* pierce टोंचणें, बोचणें; fix by the point बोचून अडकविणें -बसविणें; mark by puncture टिंब देणें, खूण क.; goad खुपसणें, टोंचणें, आगर लावणें; sting, as with remorse खोंचणें, भेदणें, चुरचूर लागणें; affect with a sharp pain खुपणें, सलणें;—ears

उभा क., टीकारणें, उभारणें; to p. up the ears कान देऊन -लक्ष्य लावून ऐकणें; render acid अंबट क.—*i.* टोंचणें, बोचणें; अंबणें, अंबट होणें; aim at रोखणें, नेम धरणें.—*n.* कांटा, टोंचणी *f*; puncture टोंच *f*, टोंची *f*; चुरचुर *f*, हळहळ *f*. -ER टोंचणी *f*, आर *f*, कांटा; टोंचणारा; सलणारा, &c. -ING टोंचणें *n*, सलणें *n*, &c.; sensation of sharp pain चिणचीण *f*;—of the eyes खुपरी *f*. -LY *a.* कांटेरा, कांटयांचा, सकंटक. -LY HEAT घामोळें *n.* -LY-PEAR फडया -फडें-निवडुंग *n.*—PRICKLE कांटा, कंटक.

PRIDE* an unreasonable conceit of one's own superiority, which manifests itself in lofty airs, distant reserve, and often in contempt of others गर्व, दिमाख, अभिमान, ताठा; noble self-esteem स्वाभिमान, गुणाभिमान; proud behavior गर्वाची -दिमाखाची चाल *f*; that of which one is proud भूषण *n*, अभिमानपात्र; show डौल थाट, आडंबर: military p.; loftiness उंची *f*; excitement of sexual appetite in a female beast माज, उधान *n* [in].—*v.* to p. one's self अभिमान -गर्व बाळगणें -धरणें -क.

PRIEST (See PRESBYTER) *Christian Church.* an elder ख्रिस्ती मंडळींतला वडील; a minister धर्मोपदेशक, पाद्री; [*Lat.* & *Gr. Churches*, one who is authorized to consecrate the host and to say mass]. *Protestant Episcopal Church*, a presbyter 'प्रेसबितर'; one who belongs to the intermediate order between bishop and deacon उपाध्या, आचार्य; one who officiates at the altar, or performs the rites of sacrifice याजक, उपाध्या; a p. of the Bráhamanical caste ब्राह्मण; family p. कुलाचार्य, पुरोहित; spiritual p. गुरु, आचार्य. -CRAFT उपाध्याचे डावपेच *pl*, भटाचे खेळ *pl*. -ESS होत्री *f*, पुजारीण *f*, भक्तीण *f*. -HOOD उपाध्येपण *n*, पौरोहित्य *n*, याज्ञिकी *f*; order of priests याजकवर्ग, उपाध्ये मंडळी *f*. -LY *a.* याज्ञिकीचा; उपाध्यास योग्य. -RIDDEN *a.* भट्टाधीन, भट्टांकित, उपाध्यायवश.

PRIM *a.* (*primus*, first) ठाकठिक्या, बातबेत्या, टापटिप्या.—PRIME, first in order of time पहिला, प्रथम; original मूळचा, असल, मुद्दलचा: p. cost ऐन किंमत *f*; first in rank, &c. मुख्य, सर, अव्वल (minister); first in excellence उत्कृष्ट, उत्तम, अव्वल, असल (wheat); blooming तरुण, भरज्वानीचा, प्रौढ.—*n.* प्रथमारंभ; पहाट *f*, प्रातःकाळ; तारुण्य *n*, यौवन *n*; तारुण्यदशा *f*, ज्वानी *f*, नवती *f*, भर; best part शेलका पदार्थ, उत्तमांश.—*v.* as a firearm रंजक -काना भरणें; lay the first color in painting upon पहिला रंग भरणें -लावणें -देणें: to p. a wall.—PRIMARY *a.* पहिला, मूळचा; मुख्य, प्रधान.—PRIMATE मुख्य उपाध्या.—PRIMER लेंकरांचें पहिलें पुस्तक *n*, पहिली पोथी *f*.—PRIMITIVE *a.* पहिला, प्रथमचा, आद्यकालिक (state); radical असाधित, अव्युत्पन्न; imitating the supposed gravity of old times पहिले -जुन्या चालीचा, आद्यकालानुसारी.—PRIMEVAL *a.* (*-ævum*, age) मूळचा, पहिला, आद्यकालिक.

PRIMOGENITOR (*-genitura*, father) आद्यमूल पुरुष.—PRIMOGENITURE वडीलपणा, जेष्ठत्व *n*; जेष्ठपणाचा हक्क; *Eng. Law*, exclusive right of inheritance which belongs to the eldest son or daughter जेष्ठपणाचा वारसा -हक्क.

PRIMROSE (*-rosa*, rose) वसंतकुसुम *n.*

PRINCE (*primus*, first, *capere*, to take) sovereign राजा, प्रभु; son of a king राजपुत्र, शहाजादा; subordinate sovereign मांडलिक राजा. -LY *a.* राजासारखा, नृपवत; dignified प्रतापवान, प्रतापशाली, वैभवशाली; becoming a prince राजास योग्य, राजकीय, बादशाही (gift); of highest rank

राजकुळांतला -पदवीचा.—PRINCESS राजकुमारी *f*, राजकन्या *f*, शहाजादी *f*, बेगम *f*; consort of a prince राजभार्या *f*, राजपत्नी *f*, राणी *f*; female prince राणी *f*, राज्ञी *f*. —PRINCE'S METAL कांसें *n*.

PRINCIPAL *a*. (do.) मुख्य, प्रधान, श्रेष्ठ.—*n*. मुख्य, सरदार, नायक;—of a college विद्यालयाध्यक्ष, 'प्रिन्सिपाल';—of a convent आश्रमगुरु; capital भांडवल *n*, मुद्दल *n*. -ITY राज्य *n*; मांडलिक राज्य *n*, सुभा; a prince राजा, अधिकारी. -LY *ad*. मुख्यत्वेंकरून, बहुतकरून.—PRINCIPLE origin कारण *n*, बीज *n*, मूल *n*; fundamental truth or tenet मूलतत्त्व *n*, सूत्र *n*, तत्त्व *n*, परिभाषा, मूलपीठिका *f*; settled rule of action धडा, धारा *f*;—of human nature धर्म, गुण, स्वभाव; *Chem*. तत्त्व *n*.—*v*. रेघ ओढून काढून देणें.

PRINT *v*. (*premere*, to press) छापणें, ठसा -मुद्रा मारणें; take an impression of ठसा उठवणें, छाप घेणें;—by means of a press छापणें, छापून काढणें; multiply by the press छापून संख्या वाढविणें, छापणें, पुष्कळ प्रती छापणें; form an impression upon -वर छाप -ठसा उठवणें, छापणें: to p. calico [from].—*n*. mark made by impression छाप, ठसा; impression of types ठसा, छाप, अक्षर *n*: a small p.; that which is produced by printing छापलेला कागद वगैरे; newspaper वर्त्तमानपत्र *n*; printed cloth छीट *n*, छापलेलें कापड *n*; that which impresses its form on any thing ठसा, छाप: a butter p. -ER छापणारा, छापमारणारा; पुस्तकें वगैरे छापणारा, 'प्रिंटर.' -ING छापणें *n*; छापण्याची विद्या *f*, -कला *f*. -ING-HOUSE, -OFFICE छापखाना. -ING PRESS छापण्याचें यंत्र *n*, प्रेस.

PRIOR *a*. (*L*.) अगोदरचा, पूर्वींचा, अग्र; p. possession पूर्वभुक्ति *f*; p. existence प्रागभाव; p. and subsequent पूर्वापर [to].—*n*. superior of a priory मठाधिपति, महंत. -ITY आद्यता *f*, अग्रता *f*, पूर्वता *f*;—in rank, &c. अग्र -श्रेष्ठ पद -मान [of].—PRIORY मठ, आश्रम.

PRISM (*prisma*) *Geo*. चतुर्भुजाकृति *f*; optical glass 'प्रिजम' *n*.

PRISON* बंदीखाना, कैदखाना, तुरुंग; in p. बंदींत. —*v*. तुरुंगांत घालणें -टाकणें. -ER बंदीवान, कैदी; a captive युद्धांत धरलेला कैदी; state p. राजप्रकरणांतला कैदी; a p. at large नजरकैदी.

PRISTINE *a*. (See PRIOR) मूळचा, पहिला, आद्य.

PRIVATE *a*. (*privus*, single) belonging to one's self खासगत, खासगीचा, खुद, आत्म, स्वकीय (property); secluded एकांतीचा, एकांत (prayer); secret गुप्त (intelligence); not official खासगत, घरगुती नात्याचा, सरकारी नव्हे असा, घरचा, अधिकाराचा नव्हे असा; p. apartment खासमहाल, अंतर्महाल; p. judgment आपला विचार, स्वबुद्धि *f*; p. door चोरदार *n*, अंतर्द्वार *n*; p. room अंतःशाला *f*; p. parts उपस्थ *n*, गुह्य *n*; p. consultation खलबत *n*; in p. एकांतीं, पडद्यांत; to live in p. or retirement from business घरीं बसणें; p. person सुखवस्तु गृहस्थ.—*n*. शिपाई, प्यादा. -LY *ad*. एकांतीं; पडद्यांत; खुद, जातीनें, घरगुती नात्यानें.—PRIVACY एकांतवास; पडदा; place of retirement एकांताची जागा *f*, एकांतस्थळ *n*, एकांत; secrecy गुप्तता *f*, गुप्तपणा.—PRIVY *a*. खासगत, खुद, निसबतीचा (coffer); गुपचिपीचा, लिकाचोरीचा (attempt); एकांताचा, एकीकडचा, आडोशाचा (chamber); privately knowing आंतून जाणता, सामील, माहीतगार, भेद्या; p. council राजमंत्र्यांची एकांत सभा *f*, 'प्रिविकौन्सल' *n* [to].—*n*. *Law*, भागीदार, साथी; a necessary house शौचखाना, शौचकूप. —PRIVILY *ad*. गुपचीप, चोरून.—PRIVITY

गुप्तज्ञान *n*; आंतली माहिती *f*, भेद; गुह्य *n*, गौप्य *n*; *pl* उपस्थ *n*, गुह्यस्थान *n*.

PRIVATION (do.) negation अभाव, राहित्य *n*; destitution अन्नवस्त्राचे हाल *pl*, अबाळ *f*, ददात *f*.—PRIVATIVE *a*. हानिकारक, नाशकारक; अभावसूचक, अभावात्मक.—*n*. अभावशब्द; *Gram*. नपद *n*.

PRIVILEGE (-*lex*, law) peculiar right or advantage विशेष अधिकार, अधिकार, हक्क. —*v*. हक्क देणें; exempt माफी क., सूट देणें.

PRIZE *v*. (See PRICE) rate किंमत -मोल ठरविणें; value highly उत्कृष्ट -उत्तम मोलाचा मानणें -समजणें [for].—*n*. something captured लूट *f*; award of a contest इनाम *n* बक्षीस *n*; any thing worth striving for परीस, निधि; that which is won in a lottery सोडतींत मिळालेली जिन्नस *f*, सोडत *f*; *Law*, any thing captured by a belligerent using the right of war लढाईत मिळवलेली -सांपडलेली लूट *f*, युद्धजितद्रव्य *n*. -FIGHTING शर्यतीची -पणाची कुस्ती *f*.

PROBABLE *a*. (*probare*, to try) having more evidence for than against संभवण्याजोग्या, संभाव्य.—PROBABLY *ad*. बहुतकरून, बहुधा.—PROBABILITY likelihood संभावना *f*; something probable संभवण्याजोगी -संभाव्य गोष्ट *f*, रंग.

PROBATE (do.) proof of a will मृत्युपत्राचा दाखला, 'प्रोबेट'; right of proving wills मृत्युपत्र खरें करून दाखविण्याचा अधिकार. —PROBATION trial परीक्षा *f*; [examination of a student for a degree; the year of novitiate which a person must pass in a convent, to prove his virtue and his ability to bear the severities of the rule; the state of man in the present life in which he has the opportunity of proving his character, and being qualified for a happier state]. -ARY *a*. परीक्षेचा, परीक्षेच्या उपयोगाचा. -ER उमेदवार, परीक्षा देणारा, 'प्रोबेशनर.'—PROBE *v*. examine, as a wound, ulcer or some cavity of the body, by the use of an instrument thrust into the part सळई -शस्त्र घालून पाहणें; scrutinize खोदून -खणून पाहणें -पुसणें, खोदखोदून विचारणें [with].—*n*. घाव, क्षत पाहण्याची सळई *f*, क्षतशोधनी *f*, शलाका *f*.

PROBITY (*probus*, good) सत्य *n*, इमान *n*, खरेपणा, नेकी *f*.

PROBLEM (*Gr*. -*ballein*, to throw) question proposed for solution वाद, प्रश्न; *Math*. कृत्य *n*. -ATICAL *a*. संशयाचा, संदिग्ध.

PROBOSCIS (*Gr*. -*boskein*, to graze)—of an elephant सोंड *f*;—of a hog मुसकांड *n*.

PROCEED *v*. *i*. (-*sedere*, to move) चालणें, पुढें जाणें; continue जाणें, चालणें, चालू असणें; issue निघणें, उत्पन्न होणें: light *proceeds* from the sun; act by method रीतीनें -क्रमानें -रहाणीनें चालणें; promote a design तजवीज -उपाय चालविणें; *Law*, commence and carry on a legal process खटला चालविणें; have effect लागू होणें [from, to, with, on, upon]. -ING काम *n*, कृत्य *n*; legal p. मुकदमा, खटला; the *proceedings* of a society मंडळीच्या कामाची प्रसिद्ध केलेली हकीकत *f*.—PROCEDURE चाल *f*, गति *f*, गमन *n*; काम *n*, करणी *f*, क्रिया *f*; चाल *f*, वहिवाट *f*, रहाणी *f*, ओळ *f*; manner of proceeding रीत *f*, रहाळ *f*, संप्रदाय; progress चालणें *n*, क्रम, गति *f*, पाऊल report of p. हकीकतनामा; legal p. व्यवहार. —PROCESS act of moving forward धाव *f*, प्रवृत्ति *f*; natural exercise of appropriate functions स्वाभाविक क्रिया *f*, वळण *n*: p. of nature; course ओळ *f*, धारा, रहाटी *f*; progress गति *f*, क्रम;—of time कालगति *f*; in p. of time कालेंकरून, कांहीं

दिवस लोटल्यावर; *Law,* व्यवहार, खटला; *Anat.* protuberance ढंचवटा. -SION चाल *f,* गति *f,* गमन *n*; issuing निघणें *n,* निर्गम, निर्गति *f*; retinue स्वारी *f,* यात्रा *f,* छबीना; marriage p. वरात *f,* वरघोडा; to go in p. मिरवत जाणें; funeral p. प्रेतयात्रा *f,* मसणबोळावा.

PROCLAIM *v.* (*-clamare,* to call or cry out) publish abroad जाहीर -प्रसिद्ध क.;—officially, by beat of drum दौंडी -डांगोरा पिटणें [to].—PROCLAMATION जाहीरनामा; डांगोरा, दौंडी *f*; a p. by beat of drum of general security to all who submit in the case of captured town or country अभयडिंडिम *n.*

PROCLIVITY (*-clivus,* hill) मनाची ओढ *f,* प्रवृत्ति *f.*

PROCRASTINATE *v.* (*-cras,* to-morrow) दिवसगतीवर लोटणें, उशीर लावणें.—PROCRASTINATION कालक्षेप, विलंब, उशीर, आज उद्यां, ढकलाढकली *f.*

PROCREATE *v.* (*-creare,* to create) उत्पन्न क., जन्म देणें [from].—PROCREATION उत्पत्ति *f,* जनन *n.*—PROCREATIVE *a.* जननशक्तीचा, प्रजोत्पादक.

PROCTOR (*-curare,* to take care) वकील; [an officer who attends to the morals of the students, and enforces obedience to the college regulations].

PROCUMBENT *a.* (*-cumbere,* to lie down) पालथा, उपडा.

PROCURE *v.* (*-cura,* care) bring into possession मिळविणें, संपादणें; effect साधणें, घडवणें [for].—*i.* कुंटणकी क.—PROCURABLE *a.* मिळायाजोगा, उपलभ्य; easily p. सुलभ्य, सुसाध्य.—PROCURER मिळवणारा, संपादणारा; भडवा, कुंटण्या.—PROCURESS कुंटण *f,* कुंटीण *f.*

PRODIGAL *a.* (*-agere,* to drive) wasteful उधळ्या, उडाऊ; lavish उधळेपणाचा, अपव्ययी, धोताल (expenses.) -ITY उधळेपणा, उधळपट्टी *f,* अतिव्यय.

PRODIGY (*-dicere,* to say) portent उत्पात, अद्भुत *n*; any thing out of the ordinary course of nature, and so extraordinary as to excite wonder सृष्टिक्रमा बाहेरची -अद्भुत गोष्ट *f*; a production out of the ordinary course of nature विलक्षण सृष्टि *f*; a p. of learning धेंड *n,* प्रस्थान *n.*—PRODIGIOUS *a.* विलक्षण, चमत्कारिक; huge अफाट, बेसुमार.

PRODUCE *v.* (*-ducere,* to lead) bring forward पुढें क. -ठेवणें -उभा क. (a witness, evidence); exhibit दाखविणें, दृष्टीस पाडणें; bear फळ देणें, पीक देणें, उपजविणें: the earth *produces* trees; cause to happen करवणें, घडवणें, उत्पन्न क.: clouds p. rain; manufacture कसबानें -कारागिरीनें तयार क., कमावणें; extend वाढवणें, लांबवणें; *Geom.* विस्तारणें, वाढवणें [from, by].—*i.* उपजणें, देणें.—*n.* फळ *n,* उत्पन्न *n,* पैदास *f*; p. of the soil as assessed in kind, not in money ऐन जिन्नस.—PRODUCT उपज, उत्पन्न *n*; *Arith.* गुणाकार, इच्छाफळ *n*; effect परिणाम, फळ *n.*—PRODUCTION बाहेर काढणें *n*; देणें *n,* उपजविणें *n*; उत्पत्ति *f,* उपज, पैदास *f,* जनन *n*; thing produced उपज, फळ *n,* उत्पन्न *n*;—of art, intellect, &c. कृत्य *n,* कृति *f*; book ग्रंथ, पुस्तक *n,* कवन *n,* निबंध इ०.—PRODUCED उत्पन्न;—from seed उद्भिज;—fr. egg अंडज;—fr. the womb जरायुज.—PRODUCTIVE *a.* उत्पन्न करणारा, उत्पादक; fertile पिकाऊ, मातबर, सुपीक;—a business, labor चोला, जिवट, किफायती, फलप्रद; as used of the working classes (of society) or member (of a family) जोडता, कमावता, मिळवता [of].

PROFANE *a.* (*profanus,* before or without the temple, fr. *fanum,* temple) not sacred प्राकृत, प्रापंचिक, धर्मप्रकरणा निराळा (history, place); unholy अपवित्र;— ceremonially

अशुद्ध, विटाळलेला; blasphemous देवनिंदक, धर्मनिंदक.—*v.* बाटवणें, विटाळणें: to p. the Sabbath; अपमान -निंदा क.: to p. the name of God. -LY *ad.* देवनिंदाबुद्धीनें, धर्मलंडाईनें.

PROFESS *v.* (*-fateri*, to own) make open declaration of उघडपणें बोलणें -बोलून दाखवणें; confess publicly प्रसिद्धपणें स्वीकारणें -कबूल क.; set up a claim to -वर दावा सांगणें; pretend आढयता -अड्डा -बाणा बाळगणें; —art or business धंदा -उद्योग क. [to]. -EDLY *ad.* सांगून, धडधडीत सांगून, बोलून चालून. -ION अंगीकार, स्वीकार; calling धंदा, उद्योग, वृत्ति *f*; collective body of persons engaged in a calling एकाच धंद्याचे लोक *pl*, धंदा, पेशा; pretence बाणा, वृत्ति *f*; empty p. वऱ्हाड गोष्टी *f*, प्रभात मेघाडंबर *n*; to make great p. of अड्डा -बाणा बाळगणें -धरणें; Military p. शिपाईबाणा, शस्त्रवृत्ति *f*; Medical p. वैद्यकी *f*, चिकित्सावृत्ति *f*. -NAL *a.* उद्योगाचा, धंद्याचा; रोजगारी, धंदेवाईक. -OR तोंडानें कबूल होणारा, स्वीकारणारा; —of the Christian religion ख्रिस्ती धर्मानुसारी, ख्रिस्ती; one who publicly teaches any branch of science or learning गुरु, पाठक, अध्यापक, 'प्रोफेसर.' -SHIP पाठकाची पदवी *f*.

PROFFER *v.* (*-ferre*, to bring) वाहणें, अर्पणें, द्यायास काढणें [to].—*n.* सांगणें, म्हणणें, पुढें ठेवणें *n*.

PROFICIENT *a.* (*-facere*, to make) निपुण, प्रवीण, व्युत्पन्न, संपन्न.—PROFICIENCY निपुणता *f*, व्युत्पत्ति *f*, प्रवेश [in].

PROFILE (*-filum*, thread) एका बाजूनें काढलेलें -एकडोळी चित्र *n*.

PROFIT (See PROFICIENT) gain नफा, मिळकत *f*, उत्पन्न *n*; benefit फायदा, लाभ, हित *n*.—*v.* हित -बरें क.—*i.* लाभणें, हित -फायदा होणें; bring good हिताचा -हितावह होणें [by, from]. -ABLE *a.* नफ्याचा, किफायतीचा, फलदायक; उपयोगी, उपयुक्त, हितकारक. -ABLY *ad.* नफेवार, किफायतवार; उपयोग व्हाया -घडायाजोगा. -ING नफा, हित *n*.

PROFLIGATE *a.* (*-fligere*, to strike) दुराचरणी, व्यसनी, फंदी.—PROFLIGACY सोदेगिरी *f*, लुच्चाई *f*, बदफैली *f*.

PROFOUND *a.* (*-fundus*, the bottom) deep खोल, ओंड; intellectually deep गूढ, गहन, पारंगत, व्युत्पन्न (scholar); humble नम्र, नम्रतेचा; p. obeisance साष्टांग नमस्कार; deeply felt अति, फार, गहन; p. sleep गाढ -घोर निद्रा *f* [in]. -ITY खोलपणा; गूढपणा, गहनता *f*, प्रवीणता *f*, अभिनिवेश.

PROFUSE *a.* (*-fundere*, to pour) सढळ हाताचा, ढसाळ; copious समृद्ध, बहुल, अतिविपुल; extravagant उडाऊ, उधळ्या [of, in].—PROFUSION सढळपणा, मोकळा हात; समृद्धि *f*, बाहुल्य *n*; रेळचेळ *f*, चंगळ *f*, लूट *f*.

PROGENY (*-gignere*, to (beget संतान *n*, संतति *f*.—PROGENITOR कुळपुरुष, पूर्वज.

PROGNOSIS (*Gr. gignoskein*, to know) *Med.* रोगपरीक्षा *f*, रोगनिदान *n*, पूर्वरूपज्ञान *n*.—PROGNOSTIC पूर्वलक्षण *n* -चिन्ह *n*.—*a.* भविष्यसूचक.—PROGNOSTICATE *v.* पूर्वी सुचविणें, दाखविणें.

PROGRAMME (*L.*) पूर्वलेख, सूचीपत्र *n*.

PROGRESS (*-gradi*, to step) advance गति *f*, गमन *n*, क्रमण *n*;—in learning विद्यावृद्धि *f*, विद्याभ्यास;—in business बढती *f*, वाढ *f*;—toward perfection सुधारणूक *f*, संवृद्धि *f*; a journey of state स्वारी *f*, मोठ्या माणसाची फेरी *f*.—*v.* See ADVANCE. -ION *Arith.* श्रेढी *f*; *Geom.* गुणोत्तर *n*. -IVE *a.* पुढें चालणारा, अधिकाधिक, वर्द्धमान; सुधरणारा, वाढते दशेचा, चढत्या कळेचा.—LY. *ad.* क्रमशः, क्रमानें; चढत्या कळेनें -क्रमानीनें.

Prohibit *v.* (*-habere,* to have) forbid मना -बंद क॰; hinder अडथळा -अटकाव क. [from]. -ED निषिद्ध, निवारित. -ION मनाई *f,* निषेध, प्रतिबंध. -ORY *a.* निषेधक, मनाईचा.

Project *v.* (*-jacere,* to throw) टाकणें, सोडणें; scheme योजणें, कल्पना क. ; delineate रेखणें, अंकणें (a map). —*i.* पुढें येणें [from].—*n.* कल्पना *f,* तजवीज *f,* युक्ति *f*; idle scheme झेंगट *n,* लचांड *n.* [for]. -ILE *a.* पुढें ढकलणारा, दूरवेधी.—*n.* दूरवेधी शस्त्र *n.* -ION पुढें टाकणें *n,* प्रक्षेपण *n*; part jutting out, as of a building घराचा बाहेर आलेला भाग; बेत, तजवीज *f*; नकाशा, आराखडा. -OR योजक, कल्पक;—of a wild project लचांडखोर, कचाट्या, लचांडी॰

Prolapsus (*L.*) *Med.* falling down of a part through the orifice with which it is naturally connected भ्रंश; p. ani गुदभ्रंश; p. uteri गर्भाशयभ्रंश.

Prolegomenon (*Gr.*) परिभाषा *f,* मूळपीठिका *f.*

Prolepsis (*Gr. lambanein,* to take) पूर्वग्रहण *n,* अग्रग्रहण *n*; error in chronology, when an event is dated before the actual time: पूर्वमिती *f,* मागली तारीख *f.*

Prolific *a.* (*-proles,* offspring, *facere,* to make) पुष्कळ संतति होणारा, बहुप्रसव; productive फलदायक, बहुफलद [of].

Prolix *a.* (*-laxus,* loose) long लांब, दीर्घ; tedious चेंगट, दीर्घसूत्री;—as a discourse चरपटपंजरीचा, अति विस्तीर्ण, मारुतीच्या पुच्छा सारखा [in]. -ITY चरपटपंजरी *f,* चरबटपणा; चेंगटपणा, दीर्घसूत्र *n.*

Prologue (*Gr. legein,* to say) प्रस्तावना *f,* प्रवेशक (नाटकांत) [to].

Prolong *v.* (*-longus,* long) लांबविणें, वाढविणें; put off to a distant time लांबणीवर -लांबच्या मुदतीवर टाकणें.

Promenade (*-minare,* to drive animals) a walk for amusement or exercise विहार, सहल *f,* रपेट *f*; place for walking विहारस्थल *n,* रमणा.

Prominent *a.* (*-minere,* to jut) standing out बाहेर आलेला, उंच (a figure on a vase); conspicuous ठळक, स्पष्ट, टळटळीत (a feature of countenance); eminent मुख्य, इतराहून विशेष (character); a p. person मुख *n,* मोहोरा, नाक *n.*—**Prominence** उंचपणा; ठळकपणा; प्रधानता *f,* प्राधान्य *n*; protuberance उंचवटा.

Promiscuous *a.* (*-miscere,* to mix) mingled क्रमहीन, भेळीचा; indiscriminate तारतम्य -विचारहीन; p. intercourse एकमंगळ, एकबाट, जंगमढवळें *n.* -LY *ad.* एक -सरसकट; एकबाट.

Promise *n.* (*-mittere,* to send) a declaration, written or verbal, made by one person to another, which binds the person who makes it to do or forbear a specified act वचन *n,* भाक *f,* बोली *f*; *Law,* करार, वायदा; ground of hope आशा *f*; bestowal of what is promised वचन खरें क. *n,* वचना प्रमाणें देणें *n.* (Acts i. 4); hollow p. झोकपट्टीचें बोलणें *n*; pledge for performance of a p. भाक *f*; p. on oath आणभाक *f*; true to one's p. वचनाचा खरा, sure, unfailing p. सत्यप्रतिज्ञा *f,* एकवचन *n,* रामबाण; to redeem one's p. भाक खरी क.—*v.* वचन देणें, प्रतिज्ञा क.; afford reason to expect आशा लावणें -उत्पन्न क.: the clouds p. rain.—*i.* वचन देणें, बोली क. [to, for]. -BREACH वचन -प्रतिज्ञाभंग. -BREAKER वचनघातकी -बुडव्या. -KEEPER वचनाचा खरा, सत्यप्रतिज्ञ.—**Promising** *a.* होतकरू, रूपास यायाजोगा.—**Promissory** *a.* वचनाचा, बोलीचा; p. note रोखा, वायदेचिठी *f.*

Promontory (*-mons, montis,* mountain)

Geog. भुईंचें जें उंच टोंक समुद्रात गेलें असतें तें *n*, भूशलाका *f*.

PROMOTE *v.* (*-movere.* to move) advance वाढवणें, पुरस्कार -सहाय क., पुस्ती देणें; elevate वाढवणें, सरफराजी क., मोठें काम -पदवी देणें (Prov. iv. 8) [from, to].—PROMOTER पुरस्कर्ता, सहायकर्ता इ०.—PROMOTION पुरस्कार; पदवृद्धि *f*, सरफराजी *f*, बढती *f*.

PROMPT *a.* (*-emere,* to take) ready and quick to ask as occasion demands तडक, चलाख, खडखडीत;—of acts, speech, payment रोकडा, रोखठोक, खडाखडीचा [at].—*v.* incite उचलणें, चढवणें, उत्तेजन देणें; suggest सुचवणें; [assist, as a speaker, when at a loss, by pronouncing the words forgotten or next in order] [to]. -ITUDE उठाउठी *f*, शिताबी *f*, जलदी *f*; रोखठोकपणा, रोकडेपणा *f*.

PROMULGATE *v.* (*promulgare*) जाहीर -प्रसिद्ध क.—PROMULGATION प्रसिद्धि *f*, प्रसार.

PRONE *a.* (*pronus*) flat in the face उपडा, पालथा; not erect अधोमुख; headlong उतरता, खालीं, डोक्याकडून; inclined कला-चा, झोंकाचा, तयार, जोगा, प्रवण, शील: p. to fall पतनशील. -NESS कल, झोंक [to].

PRONG *D.* कांटा, सुळा.

PRONOUN (*-nomen,* name) सर्वनाम *n*.—PRONOMINAL *a.* सर्वनाम संबंधी.

PRONOUNCE *v.* (*-nunciare,* to announce) utter articulately उच्चारणें, बोलणें; utter formally, officially, or solemnly रीती प्रमाणें -अधिकारपरत्वें किंवा सत्यस्मरून बोलणें, ठराव बोलून दाखवणें: the court *pronounced* sentence of death on the criminal; affirm खचीत -निश्चयपूर्वक सांगणें.—PRONUNCIATION उच्चार.

PROOF* any effort, process, or operation designed to establish or discover a fact or truth परीक्षा *f*, कसोटी *f*; that degree of evidence which convinces the mind of the certainty of truth or fact, and produces belief प्रमाण *n*, दाखला; firmness or hardness that resists impression, or yields not to force खंबीरपणा, सुदृढता *f*; firmness of mind मनाचा खंबीरपणा, दृढनिश्चय, स्थिरता*f*, मनस्थैर्य *n*; act of testing the strength of alcoholic spirits मद्याचा कस पाहणें *n*; *Print.* a trial impression from types, an engraved plate, &c., taken for correction छापलेल्या मज-कुराचा खरडा, 'प्रूफ' *n*; *Arith.* ताळा, पड-ताळा; to put to the p. कसोटीस लावणें,परी-क्षा पाहणें -घेणें.—*a.* अभेद्य, अविकार्य, खंबीर [against].

PROP *v. D.* टेका -धिरा देणें [up, with].—*n.* टेका, धिरा, आधार.

PROPAGATE *v.* (*propagare*) continue or multiply by generation or successive production उत्पत्ति परंपरेनें चालवणें -वाढवणें, अवलाद वाढवणें; cause to spread or extend वाढवणें, पसरणें; extend the knowledge of -ची माहिती-चें ज्ञान वाढवणें -फैलावणें -प्रसार क.; generate उत्पन्न -जनन क.—*i.* संतति -अवलाद वाढणें.—PROPAGATION संत-तीची वृद्धि *f*, वेलविस्तार *f*; of beasts वाढा; विस्तार, प्रसार, फैलाव.

PROPEL *v.* (*pellere,* to drive) पुढें लोटणें -ढक-लणें; पुढें चालविणें, धावविणें [by, with].

PROPENSE, See PRONE.—PROPENSITY ओढ *f*, प्रवृत्ति *f*, कल, ओढा [to].

PROPER *a.* (*proprius*) own आपला, खासगत, खुद्द; peculiar आपला, स्वीय, आत्मीय, आत्म: our p. humanity; suitable योग्य, उचित, ठीक; according to usage संप्रदायशुद्ध (a word); not common विशेष (noun); p. duty स्वधर्म; p. nature स्वभाव; p. to be done कर्त्तव्य *n*, करणीय; p. to be eaten खाद्य; p. to be spoken वाच्य; not p. to be

spoken अवाच्य. -LY *ad.* योग्य, उचित, ठीक, बरावर; strictly बारीक विचार केला असतां, वस्तुतः.—PROPERTY, that which is proper to any thing स्वभाव, धर्म, विशेष लक्षण *n*; peculiar quality गुण, विशेष गुण; acquired quality उपार्जित गुण, गुण; ownership सत्ता *f*, मालकी *f*, धनीपणा, स्वामित्व *n*; shall man assume a p. in man? possession मालमत्ता *f*, माल, जिंदगी *f*; a piece of land with the appurtenant buildings जमीन व तिच्या लगतचीं घरें *n*, इमले इ०; essential p. वस्तुशक्ति *f*; latent p. मर्म *n*; articles of p. इस्ताद *f*; fixed p. स्थावरधन *n*, स्थावर *n*; movable p. अस्थावरधन *n*; landed p. भूमिधन *n*; p. in cattle गोधन *n*; public p. गणद्रव्य *n*; p. belonging to a temple देवस्व *n*;—to a Brahmin ब्रह्मस्व *n*; possessing p. धनी; heir to p., possessor of p. धनाधिकारी, मालधनी; ancestral p. क्रमागत *n*; self-acquired p. स्वयमार्जित *n*; accidental p. आगंतुक *n*; p. held in common साधारण *n*; divided p. विभक्त *n*; undivided p. समरास *f*; essential p. अनुगत धर्म.

PROPHECY (*Gr. -phanai,* to say) भविष्य *n*, भाकीत *n*; *Script.* a book of prophecies भविष्यवादाचें पुस्तक *n*; history इतिहास; public interpretation of Scripture शास्त्राचा सभेंत अर्थ सांगणें *n*; preaching उपदेश; instruction शिकविणें *n*, बोध करणें *n*.—*v.* भविष्य सांगणें-क. -बोलणें.—PROPHET, a foreteller भविष्य -भाकीत सांगणारा, भविष्यवक्ता; *Script.* a person illuminated, inspired, or instructed by God to speak in his name or announce future events, as Moses, Elijah, Isaiah, &c. भविष्यवादी; interpreter दुभाषी, अर्थ सांगणारा. -ESS भविष्यभाषिणी -वादिनी *f*. -IC *a.* भविष्यसूचक; भविष्याचा.

PROPITIATE *v.* (*propitiare*) appease and render favorable प्रसन्न -अनुकूल क., आराधणें [by, with]. —PROPITIATION आराधना *f*, समाधान *n*, सांत्वन *n*; *Theol.* the influence or effects of the death of Christ in appeasing the divine justice, and conciliating the divine favor ईश्वराच्या न्यायाचें समाधान करून त्याची कृपा प्राप्त करून देणारें असें ख्रीस्ताच्या मरणाचें फळ *n*; atonement प्रायश्चित्त *n*; ceremonies in p. शांति *f*; course of ceremonies in p. अनुष्ठान *n* [for].—PROPITIATORY *a.* शांतिकारक, प्रसन्नकारक, आराधक.—PROPITIOUS *a.* अनुकूल, प्रसन्न, अभीष्ट [to]; शुभ (season).

PROPONENT (*-ponere,* to put) पूर्वपक्षी, पूर्ववादी.

PROPORTION (*-portio,* part) arrangement of parts अंगसंयोग, आकारशुद्धि *f*, परिमाण *n*, बेत; share हिस्सा, वाटा; symmetry जम, जवा, मेळ; *Arith.* अनुपात; in p. हिस्सेरसीनें; simple p. त्रैराशिक *n*; double p. पंचराशिक *n* [to, between].—*v.* जम बसवणें, जवा -मेळ बसवणें. -AL -ATE *a.* बेताचा, प्रमाणाचा, परिमित, माफक [to].

PROPOSE *v.* (do.) offer for consideration, discussion, acceptance, or adoption उहू काढणें, बोलणें, पुढें ठेवणें, घ्यायास काढणें; to p. to one's self मनांत बेत क.—*i.* lay schemes बेत क.; offer one's self in marriage -शीं लग्न करायास तयार असणें, लग्नाचें बोलणें लावणें [to].—PROPOSAL कर्तव्य सूचना *f* -प्रतिज्ञा *f*, उहू, उल्लेख; design बेत; terms अट *f*, अड *f*.—PROPOSITION उल्लेख, उपन्यास, सूचना *f*, उहू; *Geom.* सिद्धांत; *Logic.* प्रतिज्ञा *f*, पूर्वपक्ष; *Gram.* वाक्य *n*.—PROPOUND, See PROPOSE [to].

PROPRIETOR, PROPRIETARY *F.* धनी, मालक;—of land जमीनदार, मिरासदार.—PROPRIETY, suitableness to an acknowledged or correct standard or rule यथायोग्यपणा, औचित्य *n*, शिस्तवारी *f*;—of conduct विनय, मर्यादा *f*.

Prorogue *v.* (*-rogare*, to ask) postpone लांबच्या मुदतीवर नेणें -सोडणें -लोटणें : to p. death; protract लांबवणें: he *prorogued* his government; continue from one session to another एका बैठकीं पासून दुसऱ्या बैठकी पर्यंत चालू ठेवणें; adjourn तहकूब ठेवणें -क. [from, to].

Proscribe *v.* (*-scribere*, to write) put out of the protection of law कायद्याच्या रक्षणा बाहेर ठेवणें; doom to destruction मरणाधीन क., मरणाची शिक्षा ठरवणें; denounce and condemn as dangerous and not worthy of reception अपात्र -वाईट म्हणून -ठरवून निषेधणें [for].

Prose (*prorsa*) common language of men गद्य *n*, गाथा *f*.—*v.* speak tediously चावटाई क., चवळ बोलणें.—**Prosaic** *a.* गद्यरूप, गद्यात्मक; चावट, चरपटपंजरीचा.

Prosecute *v.* (*-sequi*, to follow) पाठीस -पिच्छास लागणें; *Law*, pursue with the intention of punishing शिक्षा करण्याच्या हेतूनें फिर्याद क., खटला उभा क.; continue पुढें चालवणें -हाकणें [for].—**Prosecution** फिर्याद; See the verb.—**Prosecutor** फिर्यादी; सरकार तर्फे खटला चालवणारा, 'प्रासिक्युटर.'

Proselyte (*Gr. pros*, toward, *eludon*, to come) See Convert [from, to].

Prosody (*Gr. odé*, song) that part of grammar which treats of verse छंदशास्त्र *n*.

Prospect (*-specere*, to look) दृष्टि *f*, दृष्टिपात, दर्शन *n*; landscape दृष्टी पुढला प्रदेश, दृष्टिगोचर देश; a look out पाहण्याची जागा *f*; anticipation धोरण *n*, लाग, रंग, सुमार; expectation आशा *f*, अपेक्षा *f* [from, of]. -ive *a.* पुढील धोरण पाहणारा, भावी कालापेक्षक; respecting the future पुढचा, भावी, पुढील कालसंबंधी (benefit). -ly *ad.* पुढल्या काळाचे धोरणानें, पुढील काळास अनुलक्षून.—**Prospectus** (*L.*) plan of a proposed literary work ग्रंथकर्तव्यसूचकपत्र *n*, सूचनापत्रक *n*, पुस्तक छापण्याची जाहिरात *f*.

Prosper *v.* (*-sperare*, to hope) सफळ -सार्थक क.—*i.* सफळ होणें, सिद्धीस जाणें;—in business, &c. चढती कमान असणें, निभणें, उदय होणें; जिंकणें, यश पावणें -येणें [in, with]. -ity समृद्धि *f*, सिद्धि *f*; उत्कर्ष, भरभराट; flush of p. संपत्तीचा ऊत; high tide of p. ऐन दौलत *f*, दौलतीचा भर; season of p. ऊर्जितकाळ, चढती कळा *f*;—of a town, &c. आबादानी *f*, सुबत्ता *f*. -ous *a.* कृतार्थ, कृतकृत्य, यशस्वी (man); ऊर्जितकाळाचा, भरभराटीचा, समृद्ध (trade); आबाद, आबादान (town).

Prostitute *v.* (*-statuere*, to put) offer, as a woman, to a lewd use भाडीस देणें -लावणें, -ची भाड खाणें; devote to base or unworthy purposes नीच कामास लावणें [for, to].—*n.* कसबीण *f*, वेश्या *f*.—**Prostitution** कसब *n*, कसबिणीचा धंदा, वेश्यावृत्ति *f*; नीच कामास लावणें *n*; earnings of letting out to p. भाड *f*; p. who has been married or dedicated to Shiva and waits upon the idol बसवी *f*.

Prostrate *v.* (*-sternere*, to spread or stretch out) lay flat जमीनदोस्त -चीत क. (trees); demolish नाश -भंग -विध्वंस क. (a village, justice); to p. one's self in reverence नमस्कार घालणें, पाया पडणें;—the strength शक्ति क्षीण क., लुंघवणें.—*a.* भुईवर पडलेला, जमीनदोस्त, चीत; साष्टांग नमस्कार घातलेला, साष्टांग, प्रणत, चरणागत; क्षीणशक्ति, नष्टशक्ति [at].—**Prostration** निजवणें *n*, पाडणें *n*; साष्टांग, प्रणिपात, नमस्कार;—of strength क्षीण, उठवण *f*;—of spirits विषाद, ग्लानि *f*.

Protect *v.* (*-tegere*, to cover) राखणें, रक्षण क., संभाळणें [from, against]. -ion संरक्षण *n*,

पालन *n*, बचाव; that which protects आश्रय, आश्रा, छत्र *n*; a passport अभयपत्र *n*, दस्तक *n*. -IVE *a*. OR *n*. रक्षक, रक्षणारा, पालन करणारा, प्रतिपालक.

PROTEST *v. i.* (*-testari*, to testify) affirm in a public or formal manner निश्चयानें प्रतिज्ञेनें बोलणें; make a solemn declaration (usually a written one) expressive of opposition प्रतिज्ञापूर्वक प्रतिकूल होणें, नाहीं ह्मणणें, प्रतिज्ञापूर्वक असंमति लिहून देणें, [against].—*t*. प्रतिज्ञापूर्वक सांगणें.—*n*. प्रतिज्ञापूर्वक भाषण *n*, प्रतिज्ञापूर्वक निषेध; प्रतिज्ञापूर्वक असंमति लेख. -ANT अस्वीकारवादी; a Christian who protests against the doctrines and practices of the Roman Catholic Church रोमीय मतविरोधी, 'प्राटेस्टंट.'—*a*. निषेध करणारा, असंमति दाखविणारा; प्राटेस्टंट लोकांचा.

PROTOTYPE (*protos*, first, *tupos*, type) मूलरूप *n*, प्रतिमा *f*, मूल *n*.

PROTRACT *v.* (*-trahere*, to draw) लांबवणें, वाढवणें; defer लांबणीवर टाकणें.

PROTRUDE *v.* (*-trudere*, to thrust) पुढें -बाहेर काढणें -ढकलणें -लोटणें.—*i*. पुढें -बाहेर येणें -पडणें [from].—PROTRUSION पुढें येणें *n*, बहिस्सरण *n*.

PROTUBERATE *v. i.* (*tuber*, a hump) फुगणें, बाहेर येणें.—PROTUBERANCE फुगीरपणा, सुजलेलेपणा.—PROTUBERANT *a*. बाहेर आलेला, उंच, फुगीर.

PROUD* *a* feeling or manifesting pride गर्विष्ट, अभिमानी, अहंकारी; arrogant मगरूर, दिमाखदार, उन्मत्त; ready to boast अभिमानी, बढाईखोर: p. of one's country; excited by the animal appetite उन्मत्त, विषयांध, मदाक्रांत; splendid छानदार, शोभिवंत (temple); *Med.* p. flesh, a fungus growth or excrescence of flesh on a wound मुडदार -मेलेलें मांस *n*.

PROVE* *v.* test पारखणें, ताडणें, पाहणें, पडताळणें; evince स्थापणें, शाबूत -सिद्ध क.; verify पटविणें, खरा करून देणें (a will); suffer सोसणें: she great woes did p.; experience अनुभवणें [from, by].—*i*. पटणें, निघणें, उतरणें, दिसून येणें: a medicine *proves* salutary; प्रतितीस -अनुभवास येणें, होणें: the report *proves* to be true. -ED सिद्ध, स्थापित; परीक्षित.

PROVENDER (*-videre*, to see) दाणा, चारा, वैरण *f*.

PROVERB (*-verbum*, word) an old and common saying ह्मण *f*, वडिलांची ह्मण *f*, न्याय; enigma आहणा, उखाणा; by-word निंदेचें वचन *n*, निंद्योक्ति *f*; book of *Proverbs*, a canonical book of the Old Testament, containing great variety of wise maxims, rich in practical truths, and excellent rules for the conduct of all classes of men (ख्रिस्ती शास्त्रांतील) नीतीचें पुस्तक *n*, नीति *f*. -IAL *a*. ह्मणीचा, ह्मणींत आलेला; ह्मणीसारखा, न्यायरूप.

PROVIDE *v.* (*-videre*, to see) procure before hand तरतूद -तजवीज -तयारी करून ठेवणें -क.; furnish पुरवणें, साहित्य -सामुग्री क., भरती क. [for, against]; stipulate संकेत -ठराव क. —PROVIDED *conj.* on condition जर.—PROVIDENCE foresight दीर्घदृष्टि *f*, दूरवर नजर *f*; the foresight and care which God exercises over his creatures ईश्वराची पालनकृति *f*, ईश्वराची आपल्या प्राण्यांविषयींची काळजी *f*, परवरदिगारी *f H.*; God, regarded as exercising forecast, care and direction, for and on his creatures अनागतविधाता, परवरदिगार *Hind.*; *Theol.* a manifestation of the care and superintendence which God exercises over his creatures ईश्वरी सूत्र -तंत्र *n*; an event in which the care or design of God is directly seen and shown ईश्वरी करणी *f*, ईश्वरी सूत्रानें घडून आले-

ली गोष्ट *f*; providence in the management of one's concerns दक्षता *f*, शहाणपण *n*.—Provident *a*. दीर्घदर्शी, परिणामदर्शी. -ial *a*. ईश्वरी करणीचा -तंत्राचा. -ly *ad*. ईश्वरी करणीनें -सूत्रानें.—Provision तरतूद *f*, तजवीज *f*, तयारी *f*; stock of food अन्न *n*, अन्नसामग्री *f*, अन्नाची बेगमी *f*; things provided सामान *n*, साहित्य *n*; previous agreement पूर्वीचा संकेत -ठराव, पूर्वीची कबुलात *f*; special enactment in a statute ठराव; temporary arrangement कच्ची व्यवस्था *f*; undressed p. सिधा [for].—*v*. अन्नाची बेगमी करून ठेवणें -क., अन्न भरून ठेवणें [with]. -al *a*. चालते कामाचा, गरजेचा, समयानुरूप (government, regulation).—Proviso (*L*.) शरत *f*, संकेत.

Province (*-vincere*, to conquer) portion of an empire प्रांत, सुभा; a tract देश, प्रदेश; proper office or business of any one काम *n*, स्वकर्म *n*, अधिकार; division in any department of knowledge or speculation प्रकरण *n*, खातें *n*, अंग *n*; region which comes under the supervision or direction of any special person अधिकारा खालचा -पाहणी खालचा देश -प्रांत. —Provincial *a*. सुभ्याचा, प्रांताचा, in comp. देश: p. dialect देशभाषा *f*; appended to the principal kingdom or state राज्यास जोडलेला, राज्याखालचा (dominion); not polished असभ्य, गांवढळ, गांवरानी (airs); pertaining to an ecclesiastical province धर्माध्यक्षाच्या प्रांताचा, उपाध्येपणाच्या देशाचा, पाढरीचा (synod).—*n*. प्रांतांतला राहणारा, देशस्थ; *R. C. Church*, a monastic superior मठाधिपति, महंत. -ism देशभाषा *f*, ग्राम्यभाषा *f*; देशभाषेचा शब्द -ची शैली *f*.

Provoke *v*. (*-vocare*, to call) arouse उत्तेजन देणें, चेतविणें; arouse to anger चिथावणें, चाळवणें, खिजवणें [to, against, by]. —Provocation चेतवणें *n*, उत्तेजन *n*, चेष्टा *f*; चिडवणी *f*, खिजवणी *f*.—Provoking *a*. चिथावणारा, रागास -चिरडीस आणणारा, क्रोधोत्पादक.

Provost (*-ponere*, to set) chief ruler अधिकारी, अध्यक्ष: the p. of a college; chief magistrate of a city शहरचा मुख्य कोतवाल, मुख्य माजिस्त्रेट: the p. of Glasgow.

Prow *F*. गलबताचा पुढला भाग, मोहरा *H*.; एक प्रकारचें गलबत *n* आहे.

Prowess (*probus*, good) पराक्रम, पुरुषार्थ, प्रौढि *f*, पुरुषत्व *n*.

Prowl *v. i*. (*-prædari*, to plunder) शिकारीसाठीं फिरणें, पारधीचें लागावर फिरणें [about, round].—*t*. भ्रमणें, फिरणें, भटकणें. -er शिकारीसाठीं फिरणारा, पारधी, व्याध.

Proximate *a*. (*proximus*, the next) जवळचा, लगत्याचा, समीपस्थ; p. cause उपादान *n*.—Proximity लगत *f*, लगता, सान्निध्य *n*.—Proximo *L*. पुढल्या महिन्याचा दिवस.

Proxy (See Proctor) वांटचा, बदल्या, प्रतिनिधि; by p. प्रतिनिधीकडून, बदलीकडून -नें [for].

Prude (*probus*, good) woman of affected or oversensitive modesty or reserve मुरके मारणारी बायको *f*, लाजेचा आव घालणारी स्त्री *f*.

Prudent *a*. (See Provident) sagacious in adapting means to ends विवेकी, विचारशील, दीर्घदर्शी, शहाणा (man); विचाराचा, हिताहित विवेकाचा (conduct); economical बेतबात्या, काटकसऱ्या, बेतानें खर्च करणारा, दक्ष (woman); बेताचा, काटकसरीचा (expenditure) [in]. -ial *a*. समजदारीचा, सविवेक, शहाणपणाचा; discretionary मुखत्यारीचा; advisory मसलत देण्याच्या अधिकाराचा (council).—*n. pl* ज्या गोष्टींस शहाणपणाची गरज लागते त्या *f pl*; शहाणपणाची खूण *f*. -ly *a*. मागला पुढला विचार पाहून, समजुतीनें.

—PRUDENCE wisdom applied to practice शहाणपण *n*, समजदारी *f*, विवेक; caution evinced in forethought पूर्वापार विचार, मागला पुढला विचार, तजवीज *f*.

PRUNE *v. F.* lop कलम -खसी क., छाटणें; trim दुरुस्त -नीट -चकपक क.— PRUNING -HOOK, -KNIFE कोयता *f*.

PRUNE (*prunum*, plum) अलुबुखार *n*.

PRY *v. i.* (prob. contrd. fr. *per-eye*, to look through) निरखून -न्यहाळून पाहणें [into].

PSALM (*psalmus*) a sacred song स्तोत्र *n*, गीत *n*; one of the hymns by David and others, collected into one book as a part of the Hebrew Scriptures दाविदाचें गीत *n*. -IST स्तोत्रकार -कर्त्ता; [a title particularly applied to David and other authors of the Scriptural Psalms]. -ODY स्तोत्रगान *n*, पंचपदी *f*; गीतसंग्रह.—PSALTER गीतांचें पुस्तक *n*.—PSALTERY तंतुवाद्य *n*.

PSEUDO *a*. (*Gr.*) मिथ्या, खोटा; p. poet मिथ्या कवि.

PSHAW *int.* छी, छत्, थत्.

PSYCHOLOGY (*Gr. psuché*, the soul, *logos* discourse) आत्मतत्वविद्या *f*, अध्यात्म विषय

PUBERTY (*puber*, adult) तारुण्य *n*, वय *n*, उमेद *f*; to attain p. वयांत येणें; not attained to p. अप्राप्त यौवन *n*; attained to p. प्राप्त यौवन *n*.—PUBESCENCE यौवनावस्था *f*, तारुण्य *n*.—PUBESCENT *a*. वयांत आलेला, प्राप्त यौवन.

PUBLIC *a*. (*populus*, people) लोकांचा, चौघांचा, सार्वजनिक; p. good लोकहित *n*; relating to a nation, state, or community देशाचा, राष्ट्राचा, लोकांचा, जातीचा; notorious प्रसिद्ध, उघड, जनजाहीर (report); open to common use लोकोपयोगी, लोकांस वापरायाचा, सार्वजनिक (road); public law देशाचा कायदा; p. stores लष्करी सामान *n* -खटलें *n*; [p. works, all fixed works built by civil engineers for public use, as railways, docks, canals, &c.; military and civil engineering works constructed at the public cost]; p. benefit लोकोपकार; p. business लोकव्यवहार; p. property गणद्रव्य *n*; p. feeling लोकचित्त *n*; p. opinion लोकमत *n*; regard to p. opinion लोकलज्जा *f*.—*n*. लोक *pl*, जन *n*, सर्व जन *pl*; in p. चौघांत, उघड, लोकांत; in p. and in private एकांतीं लोकांतीं, जनींवनीं; for the benefit of the p. लोकोपकारार्थ; p.-house खाणावळीचें घर *n*. -LY *ad*. सर्व लोकांकडून, लोकांच्या नांवानें; प्रसिद्ध, चौघांत, उघड.—PUBLICAN, collector of tribute जकातदार; one licensed to sell spirits (सरकारांतून परवाना मिळालेला) दारूविक्या, कलाल.—PUBLICATION प्रसिद्धि *f*, प्रगटीकरण *n*; act of offering a book or writing to the public by sale or gratuitous distribution विकण्या किंवा वांटण्या करितां बुक वगैरे काढणें *n*; that which is published or made known; esp. any pamphlet or book offered for sale or to public notice प्रसिद्ध केलेलें पुस्तक *n*, वगैरे, —PUBLICITY प्रसिद्धि *f*, परिस्फोट.—PUBLISH *v*. प्रसिद्ध -जाहीर -उघड क.; पुस्तक वगैरे प्रसिद्ध क. -काढणें, छापणें; put into circulation चालवणें, प्रसार क.;—abroad, far and wide गाजवणें, बोभाटा क., चौघांत सांगणें, पसरणें [to, in]. -ER प्रसिद्ध करणारा; छापून प्रसिद्ध करणारा, पुस्तक वगैरे काढणारा; one who utters, passes, or puts into circulation counterfeit paper खोटा कागद चालविणारा.

PUCKER *v. Eng.* मुरडणें, सुरकुत्या पाडणें; *puckered* seam चीण *f* [up].

PUDDING (*botulus*, a sausage) एक प्रकारचें मिष्टान्न *n* आहे, 'पुडिंग' *n*.

PUDDLE* डबकें *n*, डबरा, डोहरा.—*v*. गढूळणें, गढूळ क.; make thick or close with clay,

sand, and water, so as to render impervious to water चिकण माती वगैरेनें पाणी न जाईसा पक्का क., जलाभेद्य क.; [subject to the process of puddling, as iron, to convert it from the condition of cast iron to that of wrought iron].—*i.* गढूळणें, ढवळून गदळ क.

Puerile *a.* (*puer*, a child) पोरकट, छचोर.—Puerility पोरकटपणा, हलकेपणा, छचोरी *f.*

Puerperal *a.* (*puer*, child, *parere*, to bear) बाळंतपणाचा, प्रासुतिक, बाळंत, in comp.: बाळंतरोग.

Puff *D.* a sudden and single emission of breath from the mouth फुंक *f,* फुंकर, श्वास; a small gust झटकारा, भबकी *f,* भबका; a certain kind of light pastry एक प्रकारचें पक्वान्न *n,* आहे; a substance of loose texture used to sprinkle powder on the hair or skin 'पौडरपफ्'; an exaggerated or empty expression of praise, esp. one in a public journal फुशारकी *f,* बढाई *f,* फुशारकीचा लेख.—*v. i.* फुंक मारणें; breathe with vehemence सुसकारा -धापा टाकणें -देणें, दम लागणें; swell with air तट फुगणें, तरतरणें; assume importance फुलणें, गर्वानें फुगणें, चण्याच्या झाडावर चढणें.—*t.* फुगवणें, फुगीर क.; चण्याच्या झाडावर चढवणें; बढाई क., पोम वाढवणें, चढवणें.

Pugilist (*pugnus*, the fist) ठोसे मारणारा, मुष्टियोद्धा.

Puisne *a. F. Law,* खालच्या पदवीचा, दुय्यम.

Puissant *a.* (*posse*, to be able) पराक्रमी, प्रतापी, प्रौढप्रताप.—Puissance पुरुषत्व *n,* पुरुषार्थ, पराक्रम, प्रौढप्रताप.

Pull* *v.* draw ओढणें, ताणणें, खेंचणें; tear फाडणें, तुकडे तुकडे क.; pluck तोडणें, खुडणें; move by pulling ओढून चालविणें -हलविणें, ओढीत नेणें (a bell, a boat); down उसकटणें, मोडणें, तोडणें; नम्र क., गर्वहरण क.; off काढणें, काढून घेणें; खुडणें, तोडणें; उसकटणें; out काढणें; up उपटणें, काढणें; मुळासुद्धां उपटून काढणें, निर्मूळ क.—*i.* खेंचणें, ओढणें, झटका मारणें; apart उसकटणें; up लगाम ओढून धरणें; थांबणें, उभा राहणें.—*n.* ओढा, जोर, नेट; भांडण *n,* घिसघिस *f,* ओढाताण *f.*

Pulmonary *a.* (*pulmo*, a lung). फुप्फुस संबंधी, फुप्फुसाचा (disease).

Pullet (*pullus*, chicken) तरणी कोंबडी *f.*

Pulley* कप्पी *f,* कप्पींतलें चाक *n*; p. block मणी.

Pulp (*pulpa*) a moist, slightly cohering mass लपका;—of a bone मगज;—of fruit गर, गीर; material of which paper is made खळ *f,* चिंध्या *f pl,* वगैरे कागद करण्याचा मसाला. -ous, Pulpy *a.* दळदार, गुबगुबीत, मासाळ; soft मऊ, गिलगिलीत.

Pulpit (*pulpitum*) उपदेशपीठ *n,* व्यासपीठ *n,* 'पुलपीट' *n.*

Pulse (*pellere*, to beat) throbbing of the heart or blood vessels, esp. of the arteries काळजाचें किंवा धमणीचें उडणें *n,* नाडीस्फुरण *n,* नाडीचा ठोका; vibration झोका, झोला, आंदोलन *n*; to feel the p. नाडी पाहणें; fig. मन पाहणें, खडा टाकून पाहणें.—*i.* नाडी उडणें.—Pulsation हृदयाचें -नाडीचें उडणें *n,* नाडीस्फुरण *n*; आघात, ठोका; आंदोलन *n*; throb उडणें *n,* धडकी *f,* धुसधुस *f,* स्फुरण *n.*

Pulse (*puls*) कडदण *n,* काठण *n*; split p. डाळ *f*; p. water कढण *n.*

Pulverize *v.* (*pulvis*, powder) बुकणी -चुरा -चूर्ण क.—*i.* बुकणी -पीठ होणें.

Pump *F.* बंब.—*v.* बंबानें (पाणी वगैरे) काढणें -सोडणें; elicit by artful questions चाळून काढणें, खणून -उकरून काढणें.

Pumpion, Pumpkin (*pepo*)—the plant भोपळी *f,* कोहळी *f*;—the fruit कोहळा, भोपळा; dark green p. काळी भोपळी *f,* देवडांगर *n*; its fruit काळा भोपळा, देवडांगर *n*; long white p. दुधी भोपळी *f*; its fruit दुध्या -पांढरा भोपळा.

Pun* an expression in which a word is capable of different meanings श्लेषोक्ति *f,* श्लेषालंकार [upon].

Punch *Hind.* drink composed of water sweetened with sugar, with a mixture of lemon juice and spirit एक प्रकारचें शरबत *n* आहे.

Punch *v.* (*pungere,* to prick) perforate with an instrument भोंक -घर पाडणें;—out काढणें, फोडणें (eyes); poke, with the fist ढोसणें, गुद्दा मारणें;—with the elbow कोपरबुकी मारणें.—*n.* टिचणी *f,* पोगर; गुद्दा, ठोसा; कोपरखळी *f.*

Punch, Punchinello (*pullicenus,* a chicken) See Buffoon.

Punctual *a.* (*punctus,* point) exact बारीक पाहणारा, सुती, बेतबात्या; adhering to the exact time of an appointment वक्तशीर, समयपालक, वेळेस येणारा -जाणारा; precise in observing an engagement संकेत -वचननिष्ठ; occurring, made, or returning at the appointed time वेळच्या वेळीं -यथाकाळीं येणारा -घडणारा -देणारा -केलेला -करायाचा (payment) [to]. -ity वक्तशीरपणा, समयरक्षण -पालन *n.* -ly *ad.* वेळीं, वेळेस, यथाकाळीं, समय साधून.—Punctuate *v.* (ग्रथांत किंवा लिहिण्यांत) विरामचिन्ह देणें -क.—Punctuation अवसान -विरामचिन्ह देणें *n.*—Punctuatious *a.* शिष्टाचाराच्या बारीक गोष्टी पाहणारा, बारीक पाहणारा [in].—Puncture *v.* टोंचणें, बोचणें, डोंचणें [with]. —*n.* डोंचणी *f*; टोचा, टोची *f.*

Pungent *a.* (*pungere,* to prick) तिखट, तीक्ष्ण, तीव्र; biting तिखट, जलाल, झणझणीत (radish); acute तिखट, तीव्र, कडक (pain); severe खरमरीत, कडक, चरचरीत (discourse).—Pungency तिखटपणा, तीव्रता *f,* तेज *n,* इ०.

Punish *v.* (*pœna,* penalty) afflict with pain, loss, or calamity for a crime (अपराध्यास) शिक्षा -दंड -शासन क.; afflict with pain, &c., with a view to amendment सुधारण्याच्या हेतूनें शिक्षा क. -लावणें, ताडण क. इ०; reward with pain or suffering inflicted on the offender;—said with reference to the crime (अपराधास) शिक्षा -दंड इ० क. [with, for]. -able *a.* शिक्षेस योग्य, शिक्षणीय, शासनीय. -ment शिक्षा *f,* शासन *n,* पारिपत्य *n.*—Punitive *a.* दंडाविषयींचा, शिक्षेचा (law).

Puny *a. F.* लहान, चिनकुला, क्षुद्र.

Pupil (*pupa,* girl) डोळ्यांतली बाहुली *f,* तारा *f*; one under the care of an instructor शिष्य, विद्यार्थी; a person under the care of a guardian बाल. -age शिष्यावस्था *f,* शिष्यत्व *n*; बालत्व *n,* पोरपण *n.*

Puppet (*pupa,* doll) पुतळी *f,* बाहुली *f*; one managed by the will of another टिकयाचा धनी, बाहुलें *n.* -man, -master, player बाहुलेभोरपी, कळसूत्री. -show बाहुलेभोरीप *n,* कळसूत्राचा खेळ.

Puppy (*pupus,* boy) whelp कुत्रीचें पिलू *n*; one who has so little self-respect as to fawn and cringe upon others थुंकीझेल्या.—Pup पिलूं *n.*—*v. i.* विणें, पिलें देणें.

Purblind *a.* (*pore,* and *blind*) दृष्टीनें अधू-मंद.

Purchase *v. F.* obtain मिळवणें, संपादणें; buy विकत घेणें, खरिदी क. [of, from, for, with]. —*n.* विकत घेणें *n,* क्रय, खरिदी *f*; thing purchased खरिदी *f,* सौदा; mechanical hold or power जोर, नेटावा.—Purchaser खरिददार, विकत घेणारा, गिऱ्हाईक.

Pure *a.* (*purus*) free from mixture चोख, स्वच्छ, निर्भेळ (gold); clear स्वच्छ, निर्मळ, नितळ (water); free from moral defilement शुद्ध, निष्कळंक, साफ; ceremonially clean सोवळा, पवित्र; mere शुद्ध, केवळ, नुस्ता (compassion);—as speech शुद्ध, अपशब्द-राहित; genuine असल, चोख, खरा;—as a woman पुरुषास्पृष्टा; p. in heart शुद्धमति. -**ly** *ad.* निवळ, शुद्ध, निखालस.—**Purify** *v.* शुद्ध -निर्मळ क.; मळी काढणें, शोधणें; पवित्र -शुद्ध क.; सोवळा -शुद्ध क.; [free from improprieties or barbarism (a language)] [from, with].—**Purification** शुद्धिकरण *n*; शुद्धि *f*, शुद्धता *f*; पवित्रीकरण *n*; पवित्रता *f*, शुद्धि *f*.—**Purifier** शुद्धकरणारा.—**Purity** निर्मळपणा, स्वच्छता *f*; पवित्रता *f*, शौच्य *n*; सोवळेपणा; शुद्धाचार; चोखपणा, दिलपाकी *f*, चित्तशुद्धि *f*; निर्भेळ -चोखपणा; अपशब्दराहित्य *n*, भाषेचा चोखपणा इ०; ceremonial p. अंगशुद्धि *f*.

Purge *v.* (*purgare*, to make clean) स्वच्छ क., साफ क.; operation as, or by means of, a cathartic medicine, or in a similar manner ढाळ-रेच देणें, मळशुद्धि क.; clear from guilt निर्दोष -निष्पाप क. (Ps. li. 7); wash away धुवून टाकणें -साफ क. (Ps. xix. 7) [from, with].—*i.* शुद्ध होणें; जुलाब होणें, मलशुद्धि क., ढाळ होणें.—*n.* ढाळ, जुलाब; जुलाबाचें औषध *n*, ढाळक *n*, जुलाब.—**Purgative** *a.* शोधक; ढाळक, रेचक, सारक.—*n.* ढाळ, जुलाब; mild and gentle p. सुखढाळ.—**Purgatory** *R. C. Church*, a place or state believed to exist, after death, in which the souls of persons are purified, or in which they expiate such offences committed in this life as do not merit eternal damnation. After this purgation from the impurities of sin, the souls are believed to be received into heaven 'परगेतोरी' *f*.

Purl *v. i. Sw.* flow with a gentle noise झुळझुळ वाहणें; mantle, as in a glass फेंसाळणें, उतणें.—*n.* embroidered and puckered border चुनीदार जरीकिनार *f*; gentle murmur खळखळ *f*, झुळझूळ *f*; malt liquor एक प्रकारची दारू *f*.

Purloin *v. F.* steal चोरणें; steal from books ग्रंथांतून चोरणें [from].

Purple *a.* (*purpureus*) exhibiting a color composed of red and blue जांभळा; regal राजकीय; blood-red आरक्त, आरक्तवर्ण.—*n.* जांबळा रंग.—*v.* जांबळा रंग देणें.

Purport *F.* तात्पर्य *n*, हांशील *n*, भाव.—*i.* अर्थ असणें, बोधवणें, जाणवणें.

Purpose *v.* (See **Propose**) that which a person sets before himself as an object to be reached or accomplished उद्देश, आशय, मतलब; of unfailing p. सत्यसंकल्प; to no p. व्यर्थ, वृथा; to what p. कशाला; on p. मुद्दाम, तात्पुरचा, मुजरत.—*v.* संकल्पणें, धरणें, उद्देशणें. -**ly** *ad.* बुद्ध्या, बुद्धिपुरस्सर, जाणून बुजून.

Purr *v. i.* घुरघुरणें.

Purse (*bursa*, skin) a small bag, the opening of which is made to draw up closely, used to carry money in पिशवी *f*, हमिणी *f*, कसा; treasury खजीना, पोतें *n*; sum of money offered as a prize तोडा, इनाम *n*; long or heavy p. दौलत *f*, पैका; empty p. गरीबी *f*; [sword and p. the military power and wealth of a nation].—**Purser** paymaster of a ship गलबतावरचा सबनीस -पोतनीस.

Purslane (*porcilaca*) घोळ *f*, घोळीची भाजी *f*.

Pursue *v.* (*pro*, forward, *sequi*, to follow) पाठीमागून जाणें -चालणें; chase पाठीस लागणें; proceed along with a view to some end or object आचरणें, सेवणें, धरणें (a course); continue चालणें: a stream

pursues its course; prosecute चालवणें: to p. war; imitate अनुकरण क., कित्ता -वळण घेणें; persecute छळ क., पाठीस लागणें; to p. with dire purpose हात धुवून पाठीस लागणें; to p. intently and devotedly नादीं लागणें -भरणें [for, with, from, to].—PURSUANCE लाग,अनुसंधान *n*; अनुसरण *n*; in p. of प्रमाणें,अनुरूप-सार.—PURSUANT *a.* अनुरूप, प्रमाणें.—PURSUIT पाठीस लागणें *n*, पाठलाग: the p. of game; अनुसेवन *n*, आचरण *n*, अनुष्ठान *n*, व्यवसाय: the p. of knowledge; व्यापार, उद्योग, व्यवसाय: mercantile p.; यत्न, व्यवसाय: give over further p. of it.

PURVEY (See PROVIDE) See CATER.—[for]. -ANCE अन्नसामग्री *f*. -OR अन्न पुरविणारा, बाकनीस.

PUS (*L.*) पू.—PURULENT *a.* पुवाचा; पुवानें भरलेला.

PUSH *v.* (*pulsare*) press against with force ढकलणें, लोटणें, रेटणें; butt टक्कर देणें, हुंडारणें; press or urge forward दपटणें, नेट -ताण देणें; embarrass by arguments कुंठित क., घोटाळ्यात पाडणें; importune गळ घालणें, आग्रह क.—*i.* दुसकी -हुंदडा मारणें; in घुसणें, रिघणें, शिरणें; on रेटून -रगडून जाणें.—*n.* धक्का, रेटा; घसरा, उडी *f*; emergency प्रसंग, निकड *f*, वेळ *m,f*.

PUSILLANIMITY (*pusus*, a little boy, *animus*, mind) भित्रेपणा, नामर्दी *f*.—PUSILLANIMOUS *a.* भित्रा, नामर्द, भागूबाई *f* (a person); भित्रेपणाचा, नामर्दीचा (counsels).

PUSS, PUSSY (*pusa*, a little girl) मॉं, भंगी *f*, म्यांव *f*.

PUSTULE (*pus*, matter) पुटकुळी *f*, पुळी *f*; eruption into *pustules* पुरळ.—PUSTULATE *v. i.* पुरळ येणें.—*a.* पुरळा सारख्या फोडांनीं भरलेला.—PUSTULOUS *a.* पुरळानें भरलेला.

PUT *v. D.* place ठेवणें, घालणें, मांडणें; offer पुढें क. (a case); —a question घालणें; away दूर क., टाळणें, वारणें; divorce दूर क., टाकणें, सोडणें; about हेरे घेणें (a ship); down मांडणें, घालणें; मानहानि क.; विझवणें; दाबणें, मोडणें; forth बाहेर ढकलणें; पुढें क.; लांबवणें, लांब क. (the hand); the leaves of a tree येणें; दाखविणें, खर्चणें (strength); —a riddle घालणें; प्रसिद्ध क., बाहेर काढणें, (a book); forward बढती क., वाढवणें; मदत क.; पुढें सारणें: to p. forth the hands of a clock to a late hour; in आंत घालणें, शिरकवणें; प्रयासानें चालू क.; जहाज बंदरांत आणणें; *Law,* रीती -कायद्या प्रमाणें कोडतापुढें रुजू क.; कोडताच्या दप्तरांत ठेवणें; off उतरणें, काढून ठेवणें (a robe); मोड क., आशाभंग क.: we might p. him off with this answer; टाळा -झोला देणें; ढकलणें, लोटणें: to p. off the care of salvation to further opportunities; चालवणें (a counterfeit note); हकारणें (a boat); on घालणें, परिधान क., पांघरणें,नेसणें (a garment);—as wings लावणें; —as the shape of a man (रूप) धारण क. -घेणें; दोष लावणें (II. Kings xviii. 14); फसविणें; *Law,* टेकणें, अवलंबून राहणें; —on the crown of समाप्त -पुरें क.; out टाकणें, बाहेर घालणें (an intruder); निवणें, काढणें (a bud); व्याजावर -नें ठेवणें (funds); रागास पेटवणें, चाळवणें; असंतुष्ट क., मर्जी मोडणें, रुसविणें; लांब क., पुढें क. (the hand); काढणें, प्रसिद्ध क. (a pamphlet); चुकविणें, भुलवणें: to p. one out in reading; *Law,* उघडणें: to p. out lights, *i.e.*, to open or cut windows खिडक्या पाडणें -क. -लावणें; *Med.* सांधा उखळणें, संधिभंग क. (the ankle); p. over अधिकारावर नेमणें; हातीं सत्ता देणें: to p. a general over a division of an army; पाठविणें: I p. you over to my mother; दिवसगतीवर लोटणें, लांबणीवर घालणें -टाकणें (a cause);—the hand to हात घालणें, हातीं धरणें; चोरी क.; to जोडणें, मिळवणें: to p.

one sum to another; जोखमांत घालणें, उघडा ठेवणें: to p. the fate of an army to a battle;—to a stand थांबविणें, बंद -उभा क.;—to death ठार मारणें, मारणें; together मिळवणें, जोडणें;—to it संकटांत -अडचणींत पाडणें;—to trial, or on trial कसोटीस लावणें, परीक्षा क.; trust in भरवसा ठेवणें; up सोसणें, पोटांत घालणें (injuries); विकायास ठेवणें, मांडणें (goods); सांचवणें, सांठवणें; दृष्टिआड किंवा बाजूस ठेवणें: p. up that letter; रचणें, लावणें, जुळणें; चेतवणें, खिजवणें [to]; आटपणें, लावून ठेवणें; गांठोडें बांधणें, गुंडाळणें.—*i.* गलबताचा रोंख फिरवणें; उगवणें, फुटणें, येणें (a bud); in बंदरांत येणें; दावा सांगणें: to p. in for a share of profits; off हाकारणें (a ship);—to sea हाकारणें; up बिऱ्हाडास उतरणें, उतरणें; up with सोसणें, साहणें; गरज क.: to p. up with bad fare.

PUTATIVE *a.* (*putare*, to suppose) मानलेला, लोकांनीं मानलेला: the p. father of a child.

PUTRID *a.* (*putere*, to stink, *Skr. pûy*) कुजलेला, सडलेला, कुजका.—PUTRIFY *v. i.* कुजणें, सडणें.—*t.* सडवणें, कुजवणें.—PUTREFACTION सडकेपणा, नासकेपणा; सडकी -कुजकी वस्तु *f*, शेण *n*, घाण *f*.

PUTTY *F.* लांबी *f*, लुकण *n*.

PUZZLE *v. Ger.* घोटाळ्यांत घालणें -पाडणें, कुंठित क. [with].—*i.* घाबरणें, भुलणें, चकीत होणें.—*n.* घोटाळा, घोळ, पंचाईत *f*; enigma कूट *n*, गूढ *n*, कोडें *n*.

PYRAMID (-*pyramis*) मनोरा.—*a.* मनोऱ्याच्या आकाराचा, निमुळता, गोपुच्छाकार, चिंचोळा.

PYRE (*pyra*, fire) सरण *n*, चिता *f*.—PYRITES fire stone सुवर्णमुखी *f*; -iron p. नीलमृत्तिका *f*.

PYROSIS (*Gr.*) *Med.* a disease of the stomach अजीर्णांश.

Q

QUACK *v. i. D.* cry like a duck बदका सारखें ओरडणें; boast आव घालणें, बढाई क.; act as a quack बाडी वैद्यकी क.—*n.* बदकाचा आवाज, हंसनाद; बाडीवैद्य, नाकाडोळ्याचा वैद्य; आव घालणारा, बढाईखोर.—*a.* बाडीवैद्याचा. -ERY वैदकीचें पोम *n*; पोम *n*, टाणेटोणे *pl.*

QUADRANGLE (*quatuor*, four, *angulus*, angle) चतुष्कोन; a square or quadrangular court surrounded by buildings चौक, चौसोपी *f*.—QUADRANGULAR *a.* चौकोनी, चौरस, चतुष्कोन.

QUADRANT (*quadrans*, a fourth part) *Geom.* वर्तुलपाद, त्रीजा *f*; instrument for measuring altitude सूर्य -तुरीययंत्र *n*.—QUADRATIC *a.* चौकोनी; q. equation वर्गसमीकरण *n*.

QUADRENNIAL *a.* (-*annus*, year) comprising four years चार वर्षांचा, चौसाली; occurring once in four years चार वर्षांनीं होणारा, चौसाली.

QUADRILATERAL *a.* (-*latus*, *lateris*, side) चौबाजू, चतुर्भुज.—*n.* चतुर्भुजाकृति *f*.

QUADRUPED *a.* (-*pes*, *pedis*, foot) चार पायांचा, चतुष्पाद.—*n.* चार पायांचा प्राणी, चतुष्पाद प्राणी, पशु.

QUADRUPLE *v.* (-*plicare*, to fold) चौपट क. -वाढवणें.—*a.* चौपट, चतुरगुण.—*n.* चौपट रकम *f*, चौपटी *f*.

QUAFF *v. F.* गटगट पिणें, ढोसणें.

QUAGGY* *a.* दलदलीत, थलथलीत.—QUAGMIRE रुतण *f*, रुपण *f*, दलदल *f*.

QUAIL* *v. i.* खचणें, मेंटे बसणें, हातपाय गाळणें, कंबर बसणें, धीर सोडणें.—*n.* लावापक्षी.

QUAINT *a.* (*comptus*, adorned) चापचोप, चापचोपीचा; odd विलक्षण, तऱ्हेवाईक, मौजेचा.

QUAKE* *v.* shake with fear, cold, or emotion कांपणें, थरथरणें, कंप सुटणें; shake

either from not being solid, or from violent convulsion कांपणें, हलणें, लटलटणें, थरारणें, डुलडुलणें [with, at].—*n.* कंप, कांपें *n.*—QUAKER कांपणारा, कंपमान ; [one of the religious sect the members of which are called *Friends*].

QUALITY (*qualis*, how constituted, such) character बरेवाईटपणा, गुणावगुण; rank पदवी *f*; assumed part सोंग *n*, वेष; distinguishing property गुण, लक्षण *n* धर्म; acquired trait उपार्जितगुण, गुण; high rank श्रेष्ठपद *n*; superior birth कुलीनता *f*; possessed of good *qualities* गुणवान, गुणी; bad q. दुर्गुण, अवगुण; people of q. बडेलोक *pl.*—QUALIFY *v.* make such as is required पाहिजे तसा क.; fit, as for a place of office, &c. योग्य -लायक क.; soften नरम क., नरमावणें (rage); modulate स्वरभेद क., खांचखोंच घेणें; restrict आळा बांधणें -घालणें, हद्द क.; modify हलका -नरम -माफक क. (a statement) [by, with, for].—QUALIFICATION योग्यता *f*, लायकी *f*, उपयुक्तता *f*; मर्यादा *f*, आळा; गुण [for].—QUALIFIED *a.* योग्य, लायक, गुणी; माफक; मर्यादित [for].

QUALM* sudden fit of sickness at the stomach उमासा, उमाळा; uneasiness of conscience चुणचुण *f*, खरखर *f*. -ISH *a.* कळमळ आलेला -सुटलेला; to feel q. कळमळणें, मळमळ सुटणें.

QUANTITY (*quam*, how) measure परिमाण *n*, परिमिति *f*; *Gram.* मात्रा *f*; *Math.* राशि *f*; considerable amount बहुत, पुष्कळ, रास *f*, ढीग; known q. व्यक्तराशि *f*; unknown q. अव्यक्तराशि *f*; negative q. क्षय; figurate q. क्षेत्रराशि *f*; settled q. मोताद *f*, रतीब; small q. मात्रा *f*.—QUANTUM मोताद *f*, नेमणूक *f*.

QUARANTINE *F*. space of forty days चाळीस दिवसांची मुदत *f*; [time during which a ship, suspected of infection, is obliged to forbear intercourse or commerce].

QUARREL (*queri*, to complain) भांडण *n*, तंटा, कलह; to pick a q. दाटून कज्जा काढणें, कज्जा विकत घेणें.—*v. i.* भांडणें, तंटा क.; be at variance बिघाड -वांकडें -वैमनस्य असणें; find fault फाटा फोडणें, आडफाटा घेणें.—*t.* -च्या बराबर -शीं भांडणें; compel by a quarrel भांडून घेणें, भांडून (करायास, द्यायास इ०) लावणें: to q. a man out of his estate [with, about, for]. -SOME *a.* भांडखोर, कज्जेखोर -दलाल, भंड.

QUARREL (*quadrum*, a square) a glazier's diamond कांच कापायाचा हिरा, हिरकणी *f*.

QUARRY (do.) खाण *f*, खाणी *f*.

QUART (*quartus*, *quarta*, fourth) the fourth part of a gallon साधारण काळ्या बाटलीचें माप *n*.—QUARTAN चौथ्या दिवसीं येणारा चातुर्थिक (fever).

QUARTER (do.) a fourth part चौथा हिस्सा-वांटा, चतुर्थांश; fourth part of a hundred weight अठ्ठावीस पौंड किंवा पक्के चौदा शेर *pl*; one limb of a quadruped पशूची तंगडी *f*: the hind q.; term of study in a seminary, college, &c.; properly a fourth part of the year मासत्रय, त्रिमास; a cardinal point दिशा *f*; a region प्रदेश; division of a town वाडा, महला, पेठ *f*; place of lodging बिऱ्हाड *n*, वस्ती *f*; place of lodging for soldiers or officers शिपायांचें बिऱ्हाड *n*; merciful treatment shown to an enemy जीवदान *n*, प्राणदान *n*, दया *f*; q. of a cake, certain fruits, &c. चतकोर;—of a rupee पावली *f*;—of a q. less पाऊण;—of a q. more सवा; from all *quarters* चहूंकडून; to ask q. शरणजाणें, जीवदान मागणें, दांतीं तृण धरणें; close q. बाहुयुद्ध *n*; give or show *quarters* to शत्रूस जीवदान देणें.—*v.* चार वांटे क.; separate into parts, regions, or compartments वांटणी क.; furnish with shelter

or entertainment बिऱ्हाडास ठेवणें (soldiers) [out].—*i.* बिऱ्हाडास राहणें, उतरणें. -DECK [that part of the deck of a ship which extends from stern to the mainmast]. -LY *a.* तिमाही, तीनमाही, त्रैमासिक. —*ad.* तीन तीन महिन्यांनीं.—*n.* तीन तीन महिन्यांनीं निघणारें पुस्तक *n.* -MASTER, officer who regulates the quarters and provisions of soldiers बिनीवाला.—QUARTO *a.* चार पानांचा, चतुष्पत्रक, चतुष्पत्री.—*n.* चतुष्पत्री सांच्याचें पुस्तक *n.*

QUARTZ *Ger.* कांचमणी, गार *f.*

QUASH *v.* (*quassare,* to shake) crush चिरडणें, ठेंचणें; subdue मोडणें, जिंकणें; extinguish suddenly and entirely पाणी ओतणें, विझवणें.

QUAVER *v.* *Ger.* shake कांपणें; shake the voice कंप घेणें (गाण्यांत किंवा वाद्य वाजविण्यांत) —*n.* कंप, फिरकी *f.*

QUAY *F.* घाट, धक्का.

QUEEN*, consort of a king राजपत्नी *f,* राजभार्या *f,* राणी *f*; a woman who is the sovereign of a kingdom राणी *f,* राज्ञी *f*; sovereign of a swarm of bees मधमाशांची राणी *f*; *Chess.* वजीर, प्रधान; q. dowager राजाची विधवा राणी *f*; q. mother राजमाता *f*; *Queen's* evidence [the accomplice in a crime who is admitted for the crown against his accomplices]; *queen's* metal, [an alloy imitating silver, composed of nine parts of tin and one part each of lead, antimony, and bismuth].

QUEER *a.* *Ger.* विलक्षण, तऱ्हेवाईक, अपरूप.

QUELL* *v.* crush मोडणें, दाबणें; quiet शांत -उपशमन क.

QUENCH* *v.* extinguish विझवणें;—as a lamp मालवणें, विझवणें; allay शमवणें, शांत क., घालवणें, भागवणें (thirst) [with, by].

QUERULOUS *a.* (*queri,* to complain) पिरपिऱ्या, रडगाणें लावणारा; रडगाण्याचा, किरकिरीचा (tone)

QUERY (*quærere,* ask) प्रश्न, सवाल.—*v.* प्रश्न विचारणें -क. -घालणें [about, on].—QUEST शोध, सुगावा; request विनंति *f.* -ION, inquiry विचारपूस *f,* शोध; dispute वाद, भांडण. *n*; debate वादविवाद; formal investigation चौकशी *f,* तपास; query प्रश्न; subject of investigation तपासायाची गोष्ट *f* -चा खटला; point in q. प्रस्तुतविषय; out of the q. बाहेर, अशक्य, अयोग्य, नालायक; past q. खचीत, निःसंशय; to call in q. तकरार -दिक्कत घेणें.—*v.* पुसणें, विचारणें; पुस्तापास -विचारपूस क. (a witness); doubt of -चा संशय -दिक्कत घेणें -धरणें [about, on]. —*i.* प्रश्न क. -घालणें; प्रश्न घालून वाद क. -ABLE *a.* शंका येण्याजोगा, संदिग्ध, संशययुक्त.

QUIBBLE *v. i.* *W.* evade the point in question by artifice, play upon words, caviling, or any conceit आडफांटा फोडणें, आडवेंवेढे घेणें [about].—*n.* आडफांटा, आडवेंवेढे *pl.*

QUICK* *a.* alive जिता, जिवंत; brisk जलद, चपळ; swift जलदीचा, शीघ्र; q. with child गर्भवति [at, in].—*ad.* जलद, जलदीनें, लवकर; चपळाईनें, त्वरेनें.—*n.* the part of the body which is sensitive to pain जिव्हाळी *f,* वर्म *n*; that which causes keen feeling वर्मी, मर्मभेदी; to the q. जिव्हारीं; to be touched to the q. वरमणें; to touch to the q., lit. fig. जिव्हारीं लागणें, झोंबणें. -EN *v.* जिवंत क.; incite उत्तेजित क.; hasten त्वरा क.; -LIME चुनखडा. -LY *ad.* जलद, त्वरेनें, चपळाईनें; लवकर; going q. शीघ्रगामी. -NESS जलदी *f,* त्वरा *f*; चपळाई *f,* चलाखी *f,* शिताबी *f*; हुशारी *f*; pungency of taste तीक्ष्णता *f,* तिखटपणा. -SAND रुपणीची पुलण *f,* रेवण *f,*

रुतण *f.* -SET *a.* living plant set to grow लावणीचा रोपा, रोप, कलम, मेढा, खुंट. -SIGHTED *a.* तीक्ष्ण -सूक्ष्मदृष्टि. -SILVER पारा, रसधातु *f.* -WITTED *a.* शीघ्र -तीक्ष्ण-बुद्धि.

QUIET *a.* (*quietus*) being in a state of rest स्थिर, निश्चल; free from alarm स्वस्थ, निर्वेध; gentle गरीब, सालस, निरुपद्रविक; without agitation स्वस्थ, शांत, निवांत, निर्वेध.—*n.* स्वस्थपणा, स्वस्थता *f*; निरुपद्रवता *f*, चैन *f*, निर्भयता *f*.—*v.* थांबवणें, स्थिर क.; pacify शमवणें, शांत क. (pain, grief) [by, with]. -ISM चित्तशांति *f*; the system of the quietists, who maintained that religion consists in an internal rest or repose of the mind, employed in contemplating God, and submitting to his will शांति -निवृत्तिमार्ग. -IST निवृत्तिमार्गी. -LY *ad.* स्थिर, निश्चळ, चुप, उगा; स्वस्थ, निवांत; सावकाश, सावकाशानें, हळूच. -UDE, See QUIET *n.*

QUILL *Ger.* पीस *n*, पर *n*;—of a porcupine साळपीस *n*, साळीचा कांटा;—of weavers कांडी *f*;—as used for writing लिहिण्याचें पर *n*, 'कुईल पेन' *n*; a pen लेखणी *f*; to carry a good q. चांगलें लिहिणें. -DRIVER खरडघाशा, कारकून.

QUILLET *W.* शब्दश्लेष *n.*

QUILT (*culcita*, a bed) रजई *f*, लेप;—of patch work गोदडी *f*.—*v.* रु भरणें, रु भरून शिवणें; गोदडी सारखें शिवणें.

QUINCE *F.* Bengal q. श्रीफल *n*; q. seed मोगली बेदाणा, बेदाणा.

QUININE *F.* एक औषध आहे, 'कोयनान' *n.*

QUINSY (contrd. fr. *squinancy*) inflammation of the throat गलांडकुर; malignant q. गंडमाळा *f*, घाटसर्प.

QUINTESSENCE (*quinta, essentia*, fifth essence) सार, पंचमसार, उत्तमसार *n*, कस.

QUINTUPLE (*quintus*, fifth) पांचपट, पंचगुण.—*v.* पांचपट क., पांचांनीं गुणणें.

QUIRE (*quatuor*, four) a collection of paper containing twenty-four sheets each having a single fold दस्ता.

QUIRK *Ger.* a quibble आडफांटा, आढेवेढे *pl*, बोलण्याची लपेट *f*; flight of fancy चुटका, कल्पनेचा तरंग, लहर *f*.

QUIT *v. F.* acquit सोडणें, दोषमुक्त क.; conduct वागणें; discharge, as an obligation or duty फेडणें, कर्त्तव्य क.; to forsake सोडणें, त्यागणें, वर्जणें; carry through करणें, बजावणें, पार नेणें; to q. cost फेडणें, भरपाई क. -देणें; to q. scores फिटंफाट क., बाकी पूज क.—*a.* मोकळा, ऋणमुक्त, उपकारमुक्त; to be *quits* उतराई होणें, -ची बराबरी होणें [of, from].

QUITE *ad. F.* entirely केवळ, अगदीं; considerably बराच: q. young.

QUIVER *F.* case for arrows भाता, तुणीर.—*v.* डकडकणें, लटलटणें, हलणें;—through cold, &c. कांपणें, हुडहुडणें, कुडकुडणें.

QUORUM (*L.*) such a number of members as is competent to transact business सभासदांची काम चालवाया पुरती संख्या *f*, 'कोरम' *n.*

QUOTA (*quot*, how many) वर्गणी *f*, वांटणी *f*, हिस्सेरसी *f*.

QUOTE *v.* (do.) cite, as a passage from an author दुसऱ्या ग्रंथकर्त्याचें वाक्य घेणें -बोलून -लिहून दाखविणें, अवतरण क.; *Com.* name the current price of -चा भाव सांगणें [from].—QUOTATION अवतरण *n*, उपन्यास; mark of q. अवतरण चिन्ह *n*; बाजारभाव, पेठ *f*.

QUOTH* q. I बोललों; q. he बोलला.

QUOTIENT (See QUOTA) भाग, भागाकार.

R

RABBI *Heb.* गुरु.

Rabbit *D.* ससा.

Rabble *D.* जंगमढवळें *n*, बाजारबुणगें *n*.

Rabid *a.* (*rabidus*, fr. *rabies*, rage) पिसा, वेडा (dog); पिसाळलेल्या कुत्र्याचा.

Race *F.* descendants of a common ancestor वंश; family, tribe, people, or nation believed or presumed to belong to the same stock गोत *n*, गोत्र *n*, कूळ *n*, जात *f*; founder of a r. प्रवर; company जमाव, मेळा, मंडळी *f*; smack छटा, वास, हात, लज्जत *f*; disposition स्वभाव, गुण; root कांडी *f*, कांडें *n*, कुडें *n*: r. of ginger.—**Racy** *a.* रसिक, सुरस, मजेदार, खुबीदार (wine, language).

Race* course गति *f*, गमन *n*; process पद्धत *f*, पर्याय; rapid course शीघ्रगति *f*, धाव *f*, दौड *f*; contest of speed धांवण्याची शर्यत *f*; rapid current of water प्रवाह, ओघ.—*v. i.* धांवणें, दौड मारणें; शर्यतीसाठीं धांवणें [with, for, along].—*t.* धांवविणें. -course धांवण्याची जागा *f*, धांव *f*, धावनभूमि *f*. -ginger कुद्याची सुंठ *f*. -horse शर्यतीचा घोडा.—**Racer** धांवणारा; शर्यतीनें धांवणारा.

Rack* wooden frame for hay गव्हाण *f*; engine of torture यातनायंत्र *n*; extreme pain तीव्र वेदना *f*, यातना *f*; distaff चरखी *f*; quick amble (घोड्याची) सात्रक चाल *f*; to put to the r. यातना क.—*v. i.* सात्रक चालीनें चालणें.—*t.* stretch ओढणें, ताणणें; यातनायंत्रावर घालणें; यातनायंत्रांत घालून शरीराचे सांधे उखळणें; पिडणें, यातना क.; exhaust जेरीस आणणें, बेजार क.; to r. one's brains कपाळकूट क. [with].

Racket (*rete*, net) गलबला, कल्लोळ, कलकलाट; [a broad wooden shoe for a horse, to enable him to step on marshy or soft ground]; bat used at tennis एक प्रकारच्या खेळांतला दांडू.

Radiate *v. i.* (*radius*, ray) issue and proceed in direct lines from a point or surface, as heat or light केंद्रापासून नीट -समोर निघणें; issue in rays, as light किरणद्वारा येणें, किरण पडणें; shine प्रकाशणें.—*t.* केंद्रापासून पाडणें -सोडणें [from].—*a.* किरणांचा, किरणमय.—**Radiance** प्रभा *f*, दीप्ति *f*.—**Radiant** *a.* चकचकीत, तेजोमय, देदीप्यमान [with].—**Radiation** किरणांचें निघणें *n*, किरणस्फुरण *n*; केंद्रापासून नीट निघणें *n*.—**Radius** *L. Geom.* व्यासार्द्ध *n*, त्रिजा *f*; *Ant.* हाताची कांब *f*.

Radish (*radix*, root) मुळा.

Radical *a.* (do.) मुळाचा; आरंभींचा, मूळचा; मूळचा, जातीचा (word).—*n.* मूळ शब्द किंवा मुळाक्षर *n*; one who advocates a radical reform मुळापासून सुधारणूक करणारा.

Raffle *v. i. F.* सोडत काढणें, सोडत काढण्यासाठीं फांसा टाकणें [for].—*n.* एक प्रकारची सोडत आहे.

Raft *D.* a float made by fastening pieces of timber together तराफा, तर *f*. -er वासा.

Rag (*Gr. rhakos*) a piece of cloth torn off चिंधी *f*; *pl.* mean or tattered attire चिंध्या *f pl*, चिंध्या झालेलीं वस्त्रें *n pl*; a fragment तुकडा, चिंधोटी *f*. -ged *a.* फाटका, चिरफळे गेलेला; चिंध्या नेसलेला; rugged खडबडीत, उखरवाखर; [r.-school, a free school for poor children, where they are taught and in part fed]; r. garment जीर्ण -जर्जर वस्त्र *n*.—**Ragamuffin** गोदडशाहा, अधम, नीच.

Rage (*rabere*, to rave) violent anger accompanied with furious words, gestures, or agitation संताप, क्रोध, प्रकोप, तैष; extreme violence वेग, जोर, तडाखा; eager passion वेड *n*, पिसें *n*, छंद.—*v.* जळफळणें, जळणें, संतापणें; अनर्थ -कहर -गजप प्रलय मांडणें -क. [with, for].

Raid* स्वारी *f*, दौड *f*.

Rail *Ger*. गराद *f*, कठडा; आगगाडीच्या रस्त्यावरील कांब *f*, 'रेल' *f*.—*v*. कठडा क. -बसविणें -घालणें [in]. -ING कुडण *n*, कठडा. -ROAD, -WAY लोखंडी रस्ता -सडक *f*, 'रेलवे' *f*. -CAR लोखंडी सडकेवरली गाडी *f*, आगगाडी *f*, अग्निरथ.

Rail *v. i. F*. use insolent and reproachful language निंदणें, शिव्या देणें, तोंड सोडणें, फडफडणें [at, against]. -ING अपमानाचें -निंदात्मक भाषण *n*, निंदा *f*.

Rail* a woman's upper garment स्त्रीच्या पोशाकाचें वरचें वस्त्र *n*.

Raillery, See under **Rally**.

Raiment *F*. वस्त्र *n*, पांघरूण *n*, चिरगूट *n*; food and r. अन्नवस्त्र *n*.

Rain*, water falling in drops from the atmosphere पाऊस, पर्जन्य; r. during sunshine नागवा पाऊस; pelting r. फटकाऱ्याचा पाऊस; soaking r. भिजपाऊस; brisk and passing r. शिडशिडी *f*; heavy r. मुसळधार *f*; r. which brings blight upon the crops रोगवणी *n*; the *rains* पावसाळा, पाऊसकाळ; to r. cats and dogs मुसळधार पाडणें.—*v. i*. पाऊस पडणें -लागणें.—*t*. पाऊस पाडणें, वृष्टि क.; to r. spittingly पिरपिरणें [down, on, upon]. -BOW मेघ -इंद्रधनुष्य *n*. -GAUGE पाऊस मोजण्याचें -पर्जन्यमापक यंत्र *n*. -WATER पावसाचें पाणी *n*, वृष्टिजल *n*.—**Rainy** *a*. पावसाचा, पर्जन्याचा, झडीचा.

Raise* *v*. cause to rise उठवणें, उचलणें; exalt उंच क., वाढविणें, सरफराजी क., उंच पदावर बसवणें : to r. to office; intensify बळावणें, चढवणें (the voice);—the price किंमत वाढवणें; give life to जिवंत क., उठवणें (Acts xxvi. 8); set up उभा क., उभारणें; awaken जागा -जागृत क.; incite to tumult दंगा उठवणें, दंगा करायास चेतविणें; originate उठवणें, उडवणें, पिकवणें (reports); collect जमा क., मिळविणें (money, troops, &c.); grow पिकवणें, उत्पन्न क. (wheat); procure to be bred ताणा वाढविणें (oxen, sheep); up उत्पन्न क. (Deut. xviii. 18); utter बोलणें, वदणें; to r. a cry आरोळी मारणें -ठोकणें; cause to rise, as by the effect of leaven फुगवणें (bread); *Law*, create or constitute करणें: to r. a use; to r. a siege वेढा उठवणें; to r. a blockade नाकेबंदी उठवणें.

Raisin *F*. बेदाणा, खिसमीस *n*.

Rake* an instrument for collecting hay, or for breaking and smoothing the earth दाताळें *n*, दाता.—*Ger*. सोदा, व्यसनी, रांडबाज.—*v*. दाताळ्यानें गोळा क.; -वर दातळें फिरवणें -फिरवून साफ क.; scrape together खरडून गोळा क.; ransack धुंडाळणें; pass over with violence or rapidity जोरानें -त्वरेनें ओसरणें -ओलांडून जाणें; up विस्तवावर राख घालणें.—*i*. खरडणें; कातरीत जाणें; lead a dissolute, debauched life दुराचरण -बदफैली -सोदेगिरी क., दुर्व्यसनांत जन्म घालवणें [up, together, in].—**Rakish** *a*. सोदा, बदफैली, व्यसनी.

Rally *v. F*. फौजेची थाराथार क., फौज सावरणें; reunite; पुनः मिळवणें, जमवाजमव क. [round, from].—*i*. सावरासावर होणें, पूर्वस्थितीवर येणें; मिळणें, जमणें.

Rally *v. i*. (See **Rail**) थट्टामस्करी -उपहास क.—**Raillery** मस्करी *f*, उपहास.

Ram* male sheep मेंढा, एडका; *Astron*. मेषराशि *f*; engine for battering walls भिंतीस धक्का देण्याचें यंत्र *n*.—*v*. drive with violence ठासून घालणें, चोंदणें, ठासणें; fill by driving ठासून भरणें;—hard कचकावणें [down, in]. -MER ठासून भरणारा; instrument for driving down मोगरा, धुंबा; ramrod गज. -ISH, -MY *a*. एडक्यासारखा; rank माजलेला; strong scented उग्र, उग्रट. -ROD बंदुकीचा -तोफेचा गज.

Ramble *v. i. Ger.* wander इकडे तिकडे फिरणें, रमणें, हिंडणें; grow without constraint फोपावणें, अफाट वाढणें; in speech चाचरणें, रानघेणें [about].—*n.* फेरफटका, सहल *f*, विहार. —**Rambler** इकडे तिकडे हिंडणारा, विहारी, भटक्या, हिंडफि-या.

Ramify *v.* (*ramus*, branch, *facere*, to make) शाखा-भाग क.—*i.* शाखा होणें -पडणें, फांटे फुटणें. —**Ramification** फांद्या फुटणें *n*; शाखा *f*, फणगडा; विभाग, खंड.

Rampancy* माज, ऊत.—**Rampant** *a.* माजलेला, मातलेला, माजाचा, मर्यादातीत; to get r. माजणें, उतणें, उफणणें.

Rampart *F.* किल्ल्याची भिंत *f*, तट, प्राकार; —of a city शहरपन्हा.

Rancid *a.* (*rancidus*, to be rancid) खवट, खवचट (oil, butter). -ity खवचटपणा, कुईटपणा.—**Rancor**, deepest malignity or spite चुरस *f*, हाडवैर *n*, दीर्घद्वेष. -ous *a.* द्वेषी, खुनसी, द्रोहबुद्धि.

Random* *a.* नेमावांचूनचा, बेशिस्त, भलता, संधानहीन; at r. नेमावांचून, शिस्त धरल्यावांचून, सैरावैरा, भलतीकडे.

Range *v. F.* set in a row ओळीनें ठेवणें; dispose in a classified order वर्ग -प्रत लावणें; pass over पार -पलीकडे जाणें: teach him to r. the ditch; pass in a direction parellel to or near बाजूनें किंवा कडेनें जाणें: to r. the coast.—*i.* फिरणें, हिंडणें; have range टप्पा -मारा असणें: the shot *ranges* four miles; ओळीनें -रांगेनें पंक्तींत बसणें, प्रत -रांग लागणें: the front of a house *ranges* with the street; -च्या कडेनें -बाजूनें जाणें: to r. along the coast [about, over].—*n.* ओळ *f*, कतार *f*, रांग *f*, हार *f*: a r. of buildings; प्रत *f*, पायरी *f*, वर्ग, विल्हा; step of a ladder पावटा; extended cooking apparatus of cast iron set in brick work, and containing pots, oven, &c. पाकोपकरणपंक्ति *f*; reach पोंहोच *f*, आटोका; horizontal distance to which a shot or other projectile is carried टप्पा, पल्ला, मारा; region of country in which cattle may wander and pasture रमणा, गुरें चरण्याची जागा *f*, चरण *n*; that which may be ranged over रमणा, विहारस्थान *n*.—**Ranger** फिरणारा, विहारी, परिभ्रमक; keeper of a forest बनकरी, अरण्यरक्षक; one of a body of mounted troops घोडेस्वार.—**Rank**, line ओळ *f*, कतार *f*, हार *f*, रांग *f*; line of soldiers शिपायाची रांग *f*, दंड; grade पदवी *f*, पायरी *f*, दरजा; permanent social class वर्ग, गण, प्रत *f*: the lowest *ranks* of men; high degree मोठी पदवी *f*, दरजा: a man of rank; degree of dignity बहुमानाची पदवी *f*.—*v.* हार लावणें; वर्ग -विल्हे लावणें; व्यवस्थेनें लावणें, बेतानें ठेवणें.—*i.* क्रमानें राहणें -असणें; पदवी -दरजा असणें; उंच दरजांत मोडणें -मोजला जाणें.

Rank* *a.* luxuriant in growth उफाड्याचा, माजलेला; violent भारी, जबर, पराकाष्ठेचा; very rich and fertile मातबर, सुपीक (land); rancid खवचट, कुईट; strong scented वासट, उग्रट; excessive अतिशय, फार, कडक, जलाल.—**Rankle** *v. i.* सलणें, खुपणें.

Ransack *v. Icel.* search thoroughly धुंडाळणें, शोधणें, हुडकणें; plunder लुटणें.

Ransom *F.* release from captivity, bondage, or the possession of an enemy सुटका *f*, मुक्ति *f*, उद्धार, बंदखुलास; money paid for the redemption of a prisoner, or for goods captured by an enemy खंड, खंडणी *f* [from, for].—*v.* खंड देऊन सोडविणें, -चा खंड देणें [for, with].

Rant *Ger.* बडबड *f*, वटवट *f*, व्यर्थ भाषण *n*. —*v.* बडबड क. [about].

Rap* *v.* knock ठोकणें, फडफडवणें; snatch away हातमारणें, रगडणें, रपाटणें; affect with rapture तन्मय -तल्लीन क.; out, utter with sudden violence कडकावणें, धस्कावून बोलणें.—*i.* -वर ठोकणें, ठोठावणें, थाप मारणें: to r. on the door.

Rapacious *a.* (*rapere,* to snatch away) लुटारू, हाताळ; accustomed to seize for food हिंसक, हिंस्र (tiger).—**Rapacity** लुटारूपणा, अपहारबुद्धि *f*; लुटालूट *f*.

Rape (*rapa*)—the seed घोडराई *f*.

Rape* robbery हरण *n*, अपहरण *n*, लुटणें *n*; violence done upon a woman हटसंभोग, जुलमाचा स्त्रीसंभोग; [fruit plucked from the cluster; the refuse of raisins used in making wine].

Rapid *a.* (do.) very swift जलद, शीघ्र, चपळ (stream); advancing with haste जलद वाढणारा; of r. growth उफाड्याचा.—*n.* the part of a river where the current moves with more celerity than is common धार *f*. -ity जलदी *f*, त्वरा *f*; त्वरेची वाढ *f*, वृद्धि *f*. -ly *ad.* त्वरेनें, लवकर.

Rapine* लुटालूट *f*, झांबडाझांबड *f*; violence जबरी *f*, जुलूम.

Rapture*, state of being rapt, or carried away from one's self by agreeable excitement अत्यानंद, अल्हाद, हर्षावेश [with].—**Rapturous** *a.* अत्यानंदाचा, परमानंदाचा, हर्षकारक.

Rara Avis (*L.*) rare bird; something seldom met with उंबराचें फूल *n*.

Rare *a.* (*rarus*) thin विरळ, पातळ (atmosphere); thinly scattered तुरळक, तुटक, विखरलेला; unusual असाधारण, असामान्य (event); seldom met with दुर्लभ, अपूर्व. दुर्मीळ (thing); unusually excellent अत्युत्कृष्ट, सर्वोत्कृष्ट (work). -ly *ad.* विरळा, क्वचित.—**Rarefy** *v.* पातळ -विरळ क.—**Rarity** विरळपणा, दौर्लभ्य *n*; पातळपणा, सूक्ष्मता *f*; सरसपणा; अपूर्वाई *f*; thing valued for its scarcity दुर्मीळ -अपूर्व वस्तु *f*.—**Rarefaction** पातळ होणें *n* -क. *n*, द्रवीकरण *n*. **Rareshow** रस्तोरस्तीं फिरवून दाखविण्याचा तमाशा.

Rascal* सोदा, लुच्चा, शठ, काशीकर; [a lean beast, esp. a lean deer]. -ity लुच्चेगिरी *f*. -ly *a.* सोदेशाई, सोदेगिरीचा.

Rase *v.* (*radere,* to scrape) erase खोडणें, रद्द क.; overthrow मोडणें, चीत क.; raze पाडणें, जमीनदोस्त क.—*i.* जमीनदोस्त होणें; पराजय पावणें, चीत होणें.

Rash *a.* *D.* hasty उतावळा, अविचारी; uttered or undertaken with too much haste or too little reflection कच्चे मसलतीचा, अविचाराचा (words, measures). -ly *ad.* उतावळीनें, अविचारानें. -ness अविचार, उतावळेपणा.—*n.* *F.* पुरळ, कोंडा, दद्रु.

Rasp *D.* किसणी *f*.—*v.* किसणें [off].

Rat* उंदीर; round and tapering mass of hair, or similar material, used by ladies to give fulness to their natural hair गंगावन *n*, केंसरी *f*, अगूळ *m, f, n*, इ०; one who deserts his party स्वपक्षत्यागी; to smell a r. वास येणें, संशय येणें.

Ratan *Malay.* वेत, वेत्र; walking-stick made of ratan वेतकाठी *f*, छडी *f*.

Rate *v.* *Sw.* खडकावणें, खरडपट्टी काढणें [for].

Rate (*rata*) fixed allowance नेमणूक *f*, चंदी *f*, मोताद *f*; price दर, भाव, धारण *f*; tax पट्टी *f*; standard धडा, प्रमाण *n*, मान *n*; at the r. of प्रमाणें, -च्या मानानें; a book of *rates* निरखनामा.—*v.* दर -भाव ठरवणें; estimate मोजणें, गणणें [at].—**Ratify** *v.* बहाल -मंजूर -मुकरर क.

Rather* *ad.* preferably उत्तम, बरें (Job vii. 15); somewhat अमळ, कांहींसा; to

the contrary of what is just before proposed or said उलटा (Mark v. 26); more correctly speaking नीट -खरें म्हटलें असतां: this is an art which does mend nature, change it r.

RATIO (*L.*) मान *n*, परिमाण *n*, प्रमाण *n*. —RATION शेर, सिधा, रतीब, मोताद *f*, 'रासन' *n*, भत्ता.— RATIONAL *a*. relating to reason बुद्धि -तर्कसंबंधी; having reason बुद्धिसंपन्न, तर्कज्ञ; agreeable to reason सयुक्तिक, युक्तिसिद्ध, यथार्थ (conduct, man). -IST, one who proceeds in his disquisitions and practice wholly upon reason कारणवादी; one who relies on his reason as the sole or the supreme authority in matters of religion, and rejects supernatural guidance and aid बुद्धिशास्त्रवादी, निःशास्त्रवादी, चार्वाक; [a disbeliever in the supernatural origin of the Christian religion]. -ISM हेतुवाद; बुद्धिशास्त्रवाद, चार्वाकमत *n*. -ITY ज्ञानशक्ति *f*, चिद्शक्ति *f*, बुद्धि *f*; reasonableness युक्ति *f*, सयुक्तिकपणा. -LY *ad*. युक्तीनें, बुद्धीनें, यथार्थ.— RATIOCINATION अनुमान -तर्क काढणें *n*.—RATIONALE, a detail with reason उपपत्ति *f*.

RATSBANE (*rat & bane*) उंदीर मारायाचें -उंदराचें विष *n*, सोमल वगैरे.

RATTLE *v. i. D.* make a sharp noise rapidly repeated खडखडणें, गडगडणें, फडफडणें;—as a dry pod, &c. खुळखुळ -खडखड वाजणें; speak eagerly and noisily कचकावून -भडभड -लबलब बोलणें;—as the throat घरघरणें, खरखरणें.—*t*. खळखळविणें, खळखळ वाजविणें; scold फडफडविणें, फडझडती काढणें -घेणें.—*n*. दणका, कडकडाट; खळखळ *f*, खळखळाट; वटवट *f*, बडबड *f*; *pl* घरघर *f*; instrument with which a rattling sound is made खुळखुळा; jabberer वटवटया, घणघणघंटा *f*. -SNAKE एक प्रकारचा विखारी सर्प आहे.

RAVAGE *v*. (*rapere*, to ravish) नासधूस क., सप्पा उडवणें.—*n*. नासधूस *f*, विनाश, उच्छेद.

RAVE *v. i.* (*rabere*) wander in mind or in intellect वेडावणें, चळणें; talk irrationally चावळणें, बरळणें; be furious, as a mad man चवताळणें, कावराबावरा होणें;—as in fever बाचळणें, बडबड क.; rush like a mad man घसरणें, धावणें; on, upon, of -चें वेड -छंद लागणें.—*t*. वेडांत बडबडणें, बरळणें [about].

RAVEL *v. D.* untwist उलगडणें, पीळ काढणें; entangle गुतागुत क.—*i*. उलगडणें, उकलणें.

RAVEN* डोंबकावळा; rapine लुटालूट *f*, झांबड *f*; food obtained by violence जबरीनें -लुटीनें मिळविलेलें अन्न *n*.—*v. i.* वखवखणें, खाखावणें, धाधावणें.—*t*. obtain by violence जबरीनें घेणें, झोंबाडून घेणें; devour with great eagerness गपागप -गपगपा खाणें. -OUS *a*. अधाशी, वखवख्या, खायखाय सुटलेला. -NESS खायखाय *f*, वखवख *f*.

RAVINE *F*. deep and narrow hollow, usually worn by a stream or torrent of water नाला, ओहोळ, घळण *f*; a mountain cleft दरा, खोरा.

RAVISH *v*. (*rapere*) seize and carry away by violence हरणें, हरण क., बळकावणें, हिरावणें; transport अति आल्हादित क., फार संतोषी क.; have carnal knowledge of, as a woman, by force, and against her consent जुलमाचा स्त्रीसंभोग क., हटसंभोग क. [with]. -MENT हरण *n*, बळकावणें *n*, हिरावणें *n*;—of the senses चित्तहरण *n*, मनोहरण *n*; स्त्रीवर जुलूम करणें *n*, हटसंभोग.

RAW* *a*. not cooked कच्चा, हिरवा, अपक्व; inexperienced कच्चा, कोवळा, अल्लड (soldier); immature कच्चा (counsel); not spun कच्चा (silk); not mixed निरा, निर्भेळ, इरसाल (spirits); not tanned न कमावलेला, कच्चा (hides); deprived of skin कातडी

निषालेला, सोललेला, चोळवटलेला (sore); chilly सरद, सरदीचा, शिलटीचा (air); raw from a burn, &c. भाता -भोत निषालेला. —*n.* चोळवटलेला फोड. -NESS कच्चेपणा, हिरवेपणा; सर्दी *f*, शिळट *f*; hasty manner घाई *f*, धांदल *f*, उतावळेपणा.

Ray (*radius*) a single element of light or heat propagated continuously किरण *n*; pencil of *rays* अंशुजाल *n*; vision दृष्टि *f*; intellectual light बुद्धिप्रकाश.

Raze, See **Rase**.—**Razor** वस्तरा; *razors* of a boar रानडुकराच्या दाढा *f pl.* -STROP पलाटणें *n.*

Reach* *v.* extend ताणणें, पसरणें; thrust out लांबवणें, लांब क.; hand over हातीं देणें, हातोपातीं पोंचविणें; obtain by stretching forth the hand हात लांब करून घेणें -मिळविणें; pierce भेदणें, टोचणें, लागणें; stretch out as far as -पर्यंत पोंचणें, पावणें : his hands r. the river; arrive at पोंचणें, पावणें; before this letter *reaches* your hand; gain मिळवणें, संपादणें [for, to, after].—*i.* पोंचणें, पावणें, लागणें, ठेपणें; after, at मिळवायास झटणें.—*n.* पोंहोच *f*, अटोका, अवांका; विस्तार, मर्यादा *f*; fetch डाव, पेंच; the r. of the eye नजरेचा टप्पा; a strait portion of a stream or river नदीचा अरुंद भाग; the coast is full of creeks and *reaches*; beyond the r. of the understanding बोधातीत; within r. अटोक्यांतला, पोंहचींतला, गम्य, ग्राह्य; that is out of one's r. बेलाग. In expressing the use of r. great use is made of पर्यंत: कारकुनाचें ज्ञान लेखणीपर्यंत; सरड्याची धांव कुंपणापर्यंत.

React *v.* उलटून -पुनः क.—*i.* उलट -प्रतिकार क. -ION प्रतिकार; *Med.* depression or exhaustion of vital force consequent on over-exertion, or over-stimulation अति श्रमाची ग्लानि *f*; [*Politics.* backward tendency from revolution, reform, or progress].

Read* *v.* go over, as characters or words, and utter aloud, or recite to one's self inaudibly वाचणें, पठन क.; take in the sense of, as of language, whether written, or printed वाचणें, अर्थ समजणें; comprehend समजणें, ओळखणें, जाणणें : who is't can r. a woman? discover by indication लक्षणावरून -रूपावरून समजणें : in his face he *reads* great magnanimity; to r. mentally, to one's self मनांत वाचणें, पाहणें; to r. out मोठ्यानें वाचणें; to r. through साद्यंत -शेवट पर्यंत वाचणें, पारायण क.—*i.* वाचणें : they r. in the book of the law of God; be studious पढणें, अध्ययन -पठन क.; learn by reading पुस्तकांत वाचणें, वाचून समजणें, ग्रंथावरून समजणें : I have r. of a king who put a judge to death for an iniquitous sentence; appear in reading वाचतांना दिसणें, लागणें, असणें; the passage *reads* thus in the early manuscripts.—*a.* (*pron.* red) पढीक, विद्वान. -ABLE *a.* वाचायाजोगा, पठनीय, स्पष्ट; worth reading वाचायाजोगा, वाचायाच्या योग्यतेचा. -ER वाचणारा, वाचक; one whose distinctive office is to read prayers in a church प्रार्थनापाठक, पाठक; one who reads lectures on scientific subjects पाठक; proof-reader प्रूफ वाचणारा, 'रीडर.' -ING वाचणें *n*, पठन *n*; study of books अध्ययन *n*, विद्याभ्यास; lecture पाठ; public recital म्हणणें *n*, पठन *n*; version पाठ, पाठभेद, पाठांतर *n*; suspension of r. अनध्याय; false r. अपपाठ. —*p.a.* वाचणारा, वाचण्याचा, अभ्यासी. -ING, -ROOM पठनशाला *f*, पाठशाला *f*, 'रिडिंग रूम' *f*.

Ready* *a.* prepared at the moment तयार, सिद्ध, हजीर; willing राजी, खुशी, तयार, उत्सुक (Acts xxi. 13); dexterous कुशल, दक्ष, फरडा, निपुण (writer); quick शीघ्र, जलद (temper); opportune अनुकूल, सोयी-

चा, समयोपयुक्त (weapon); near जवळचा, हातचा, निकट (way); easy सोपा, अनायासाचा (way); on the point of उन्मुख: r. to go गमनोन्मुख;—as knowledge, &c. जाग्रत, कडकडीत;—of understanding सुजाण;—at an answer हाजीरजबाब; to make r. तयार क., सजवणें; r. money रोकड *f*, नगद *f*, नगदी *f* [for, with, at, in].—*ad.* तयार, सिद्ध. -MADE *a.* तयार, आयता, सिद्ध. -WITTED *a.* हजरजबाबी, जाबसाली.—READILY *ad.* सहज, अनायासानें, सुखरूप; खुशीनें, संतोषानें.—READINESS तयारी *f*, सिद्धता *f*; जलदी *f*, चपळाई *f*, शीघ्रता *f*; willingness खुशी *f*, संमति *f*, संतोष.

READMIT *v.* पुनः घेणें, पुनः आंत घेणें [to].

REAL *a.* (*res, rei*, a thing) actually being or existing खरा, वास्तविक, तथ्य (life); genuine असल, खरा (wine); not affected निष्कपट, अकृत्रिम, खरा (dignity); *Law*, pertaining to things fixed, permanent, or immovable, as to lands and tenements स्थावर; r. property स्थावरधन *n*; [r. presence, *R. C. Church.* the actual presence of the body and blood of Christ in the Eucharist, or the conversion of the substance of the bread and wine into the real body and blood of Christ]. -ITY खरेपणा, वास्तविकपणा. -IZE *v.* खरें क.; convert from imaginary into actual कृतींत -व्यवहारांत आणणें; accomplish सिद्धीस -शेवटास नेणें (a project); impress upon the mind as actual खरा भासविणें; make one's own in experience आत्मसंबंधांत -आत्मानुभवांत धरणें -आपला क.: r. all its fine scenes; convert into real property मोडून स्थावर धन क., टके क., विकणें, मोडणें; gain मिळवणें;—as monies, profits उत्पन्न -वसूल क., उगवणें; to be *realized* उभा होणें -राहणें.—*i.* पैका उभा होणें. -LY *ad.* खरा, वास्तविक.—

REALIZATION कृतींत आणणें *n*, साधणें *n*, साधन *n*; r. of an object अर्थसिद्धि *f*.

REALM (*regalis*, royal) राज्य *n*; province प्रांत, देश.

REAM *D.* कागदाचें वीस दस्ते *pl*, 'रीम' *n*.

REANIMATE *v.* फिरून जीव आणणें, फिरून जिवंत क., जीव घालणें.—REANIMATION पुनर्जीवदान *n*, संजीवन *n*.

REAP* *v.* cut with a sickle, as grain पीक कापणें, कापणी क.; receive as a reward भोगणें, पावणें, फळ पावणें; clear of a crop by reaping शेताची कापणी क. (a field) [from, with].—*i.* कापणी क. -ER कापणारा, कापणी करणारा. -ING-HOOK इळा, कोयती *f*.

REAR *F.* back part मागली बाजू *f*, पश्चिम भाग;—of an army पिछाडी *f*; in the r. पिछाडीस; to cast in the r. मागें सांडणें. -GUARD पिछाडीची टोळी *f*. -WARD मागला भाग, शेवट; पिछाडीची टोळी *f*.

REAR* *v.* bring up, as young लहानाचा मोठा क., वाढविणें; educate विद्या शिकविणें [up].

REASON (*ratio*, fr. *reri*, to reckon) a thought or a consideration, as bearing on a determination or an opinion हेतु, कारण *n*; efficient cause of actual occurrences or phenomena कारण *n*; proof कारण *n*, प्रमाण *n*; excuse निमित्त *n*, कारण; the faculty or capacity of the human mind by which it is distinguished from the inferior animals बुद्धि *f*, तर्कशक्ति *f*; justice रास्तपणा, उजूपणा, न्याय; propriety समर्पकता *f*, लायकी *f*, युक्ति *f*; the truths and laws by which the universe is supposed to be constructed and governed नीति *f*, सृष्टि चालविण्याचे नीतीचे नेम *pl*; by r. of -च्या मुळें; in r. न्यायानें; without r. हकनाहक, दाटून, विनाकारण [of, for, in].—*v. i.* तर्क क.; debate वाद-

विवाद क.; with समजूत क., समजुतीचें बोलणें क., बुद्धिवाद सांगणें. — *t.* घाटाघाट क., वाटावाट क.; समजूत क. [on, upon, about, against, with]. -ABLE *a.* तर्कशक्ति ज्यास आहे तो, तर्कशक्तिसंपन्न, सज्ञान, ज्ञानविशिष्ट: man is a r. being; governed by reason विचाराधीन, विचारानें चालणारा, विचारी; within due limits नेमस्त, सुमाराचा; just वाजवी, रास्त [in]. -ABLY *a.* वाजवी रीतीनें, वास्तविक पाहिलें असतां; सुमाराचा, बेताचा. -ING तर्क करणें *n*, तर्कवितर्क; course of argument तर्कप्रबंध.

REBEL (*bellum*, war) बंडवाला, राजद्रोही.—*a.* बंडाचा, बंडावलेला.—*v. i.* take up arms traitorously against the state or government बंड -बेदा क., सरकारावर उठणें [against]. -LION, open and avowed renunciation of the authority of the government to which one owes allegiance बंड *n*, दंगा, बलवा; open resistance to lawful authority स्वामीद्रोह, धन्यावर उठणें *n*. -LIOUS *a.* बंडखोर, दंगेखोर; बंडाचा, दंग्याचा.

REBOUND *v. i.* उलटणें, उसळणें, उलटखाणें [from, with].—*t.* मागें हटविणें.—*n* उलट *f*, उसळी *f*.

REBUFF *n.* दाब, दडपणें *n*; beating back मागें पिटविणें *n* -हटविणें *n*; sudden check दाब, दडपण *n*; refusal नाकार, निषेध, अमान्यता *f*; to give a r. तोंडावर मारणें; to meet with a r. तोंडांत खाणें.

REBUKE *v.* (*L.* and *F.*) reprove वाग्दंड क., शब्दाचा मार देणें; check दाबणें, दडपणें; admonish धमकावणें, दटावणें [for, with, by].—*n.* शब्ददंड, वाग्दंड; दाब, दडपण *n*; धमकी *f*, दटावणी *f*, दबावणें *n* [for].

REBUT *v.* (*L.* and *F.*) मागें हटवणें; *Law*, (वादांत) जाब -प्रत्युत्तर देणें [with, by].—*i.* जाब -उत्तर देणें.

RECALL *v.* माघारा बोलावणें [from].—*n.* माघारें बोलावणें *n*, पुनरानयन *n* [from].

RECANT *v.* (*-cantare*, to sound) फिरवणें, बदलणें (words).—*i.* बोलणें फिरवणें, परतणें. -ATION उलट बोलणें *n*, बोलला बोल परतून घेणें *n*.

RECAPITULATE *v.* (*-capitulum*, chapter) संक्षेपानें फिरून सांगणें, सारांश सांगणें.—RECAPITULATION मागल्या बोलण्याची गोळाबेरीज *f*, अनुवाद, उपसंहार.

RECEDE *v. i.* (*-cedere*, to go back) माघार घेणें, मागें हटणें; मागें घेणें;—from a promise, &c. परतणें, फिरणें [from].—*t.* परत देणें; grant to a former possessor पहिल्या मालकास देणें.—RECESS, a moving back मागें फिरणें *n*; withdrawing from public business or notice घरीं बसणें *n*, एकांतवासांत राहणें *n*, काम -रोजगार सोडणें *n*; seclusion एकांतवास: in the r. of the jury they are to consider the evidence; remission or suspension of business कामाची तहकुबी *f*, खंड; niche कोनाडा, कोपरा; private abode एकांतवास: this happy place our sweet r.; secret or abstruse part गहन -गूढ भाग -अंग *n*; the difficulties and *recesses* of science [from]. -ION मागें हटणें *n*; माघार *f*; परत देणें *n*.

RECEIVE *v.* (*-capere*, to take) घेणें, पावणें, स्वीकारणें;—as an opinion मान्य -कबूल क.;—as a custom, tradition, &c. पाळणें, आचरणें (Mark vii. 4);—as a guest आदर -आतिथ्य क. (Acts xxviii. 2); contain सांठवणें, मावून घेणें (1 Kings viii. 64); suffer सोसणें: he can r. no harm; take, as goods from a thief, knowing them to be dishonestly obtained जाणून बुजून चोरीचा माल घेणें.—RECEIVER घेणारा; चोरीचा माल घेणारा; vessel for receiving and containing gases ग्राहकपात्र *n*.—RECEIPT घेणें *n*; capa-

city घेण्याची शक्ति *f*, ग्राहकशक्ति *f*; place of receiving (जकात वगैरे) घेण्याची जागा *f*, नाका (Matth. ix. 9); acknowledgment of payment पावती *f*; that which comes in जमा *f*, आमदानी *f*, आदाय;—of revenue आमदानी *f*. [for].—RECIPE -च्या आकृतीची याद *f*.—RECEPTACLE पात्र *n*, बारदान *n*, आशय; *Bot*. पुष्पाधार; r. of food अन्नाशय;—of water जलाशय [for].—RECEPTION घेणें *n*, गृहण *n*, अंगीकार; सत्कार, संभावना *f*, आगतस्वागत *n*.—RECEPTIVE *a*. घेणारा, ग्राहक, ग्राहकशक्तिक्षम.—RECIPIENT घेणारा, ग्राहक; आधार, आशयपात्र.—*n*. घेणारा, ग्राहक.

RECENT *a*. (*recens*) नवा, नूतन, ताजा. -LY *ad*. हल्लीं, नुक्ता.

RECEPTION, See under RECEIVE.

RECIPROCAL *a*. (*reciprocus*) परस्पराचा, एकमेकाचा, अन्योन्य; alternative एकामागून एक येणारा, आळीपाळीचा, अन्योन्यानुगामी. -LY *ad*. परस्पर, एकमेकाकडून.—RECIPROCATE *v*. परस्पर देणें -घेणें; to r. assistance प्रत्युपकार क.—*i*. आळीपाळीनें होणें -घडणें.—RECIPROCATION अदलाबदल *f*, विनियम.

RECITE *v*. (*-citare*, to call) ह्मणणें, पठन क.: to r. the words of an orator; narrate सांगणें, कथन क.—RECITAL ह्मणणें *n*, पठन *n*; कथन *n*, वर्णन *n*; सुलावणी *f*; story कथा *f*, आख्यान *n*.—RECITATION ह्मणणें, *n*, सांगणें *n*; delivery before an audience of something prepared before hand, or of a piece committed to memory उल्लेख, अनुवाद; alternate r. by two parties, of the lines of a poem चर्चा *f*.

RECKLESS* *a*. निर्धास्त, बेपरवा [of]. -NESS साहस *n*.

RECKON* *v*. count गणणें, मोजणें; esteem मानणें, लेखणें, मोजणें (Luke xxii. 37).—*i*. सुमार बांधणें -क.; settle हिशेब बसविणें; for -चा हिशेब -मोजबा देणें; on -वर भरवसा ठेवणें, टेकणें; with हिशेब घेणें -पाहणें -तपासणें. -ING मोजदाद *f*, गणणा *f*, गणती *f*; हिशेब, देणेंघेणें *n*; खात्याची रुजवात *f*, झडती *f*; infliction of deserved punishment दंड -शिक्षा लावणें *n*, दंड, शिक्षा *f*; मानणें *n*, लेखणें *n*, पाड; you make no r. of duty.

RECLAIM *v*. सुधारणें, ताळ्यावर -मार्गावर आणणें: it is the intention of Providence in its various expression of goodness to r. mankind; tame पाळणें, माणसाळवणें (animals); claim back हक्कानें परत मागणें -घेणें (land); rescue from being wild, desert, waste, submerged, or the like लागवड क., सुधारणें, उजरणें, समुद्र वगैरे पासून घेणें [from, by].

RECLINE *v.i*. (*-clinare*, to lean) टेकणें, ओठंगणें; lean to one side or sideways आडवा पडणें, निजणें [upon].

RECLUSE (*-claudere*, to shut) a person who lives in retirement or seclusion from intercourse with the world, as a hermit or monk एकांतवासी, वानप्रस्थ; one of a class of religious devotees who live in single cells, usually attached to monasteries मठवासी, मठांतल्या खोलींत राहणारा, सन्यासी.

RECOGNIZE *v*. (*-cognoscere*, to know) ओळखणें; admit with a formal acknowledgment मान्य -कबूल क.: to r. a consul [by, from].—RECOGNISANCE, -ZANCE ओळखणें *n*, ओळख *f*; *Law*, an obligation of record entered into before some court of record or magistrate duly authorized, with condition to do some particular act, as to appear at the same or some other court, to keep the peace, or pay a debt मुचलका, करारनामा.—RECOGNITION ओळखणें *n*, ओळख *f*; मान्य -कबूल क. *n*.

RECOIL *v*. (*-culus*, the posteriors) fall back मागें हटणें -सरकणें; shrink चपापणें;—as a gun झाडणें, हिसकणें [from].

Recollect *v.* आठवणें, स्मरण होणें; one's self जीव शुद्धीवर आणणें. -**ion** स्मरण *n*, स्मृति *f*, आठवण *f*; स्मरणशक्ति *f*.—**Reminiscence,** आठवणींतील गोष्ट *f*.

Recollect *v.* पुनः गोळा -जमा क.

Recommence *v.* पुनः आरंभ क. [by, with].

Recommend *v.* commend to the favorable notice of another दुसऱ्यापाशीं शिफारस -तारीफ क.; make acceptable मान्य -पसंत क.; commit सोपणें, हवालीं क. (Acts xiv. 10); advice as an action, practice, measure, remedy, &c. सल्ला -मसलत देणें, विचार -उपाय -तजवीज सांगणें [to, for]. -**ation** शिफारस *f*, तारीफ *f*; that which recommends to favor कृपाकारण -हेतु; letter of r. भलावण *f*.

Recompense *v.* (See **Compensate**) भरून देणें, प्रतिदान क.; pay for तोटा भरून देणें, बदला देणें [for].—*n*. प्रतिदान *n*, प्रतिफल *n*; बक्षीस *n*; तोटा भरून देणें *n*, नुकसानी *f* [for].

Reconcile *v.* (-*consiliare*, to unite) मिलाफ -समेट क., समजी पाडणें (2 Cor. v. 20); make consistent ताळा -मेळ बसविणें, एकवाक्यता क.; bring to acquiescence, content, or quiet submission स्वाधीन -वश -राजी क.: to r. one's self to afflictions; settle ताळा पाडणें, मेळ बसविणें [with, to]. -—**Reconciliation** समजूत *f*, समेट, संधि; ताळा, मेळ, जवा, एकवाक्यता *f* [with, to].

Recondite *a.* (-*condere*, to bring together) secret खोल, गहन (studies); secret गुप्त, खोल (causes of things).

Reconnoiter, -tre *v.* (See **Recognise**) नजरपाहणी क., हेरणें, टेहळणें.

Record *v.* (*recordari*, to remember, from *cor, cordis*, the heart) लिहून ठेवणें, दप्तरांत मांडणें -दाखल क.—*n*. लेख, पट; a book of *records* दप्तर *n*. -**er** दप्तरदार; the chief judicial officer of some cities मुख्य न्यायाधीश, 'रिकार्डर.'

Recount *v.* सविस्तर -तपशीलवार सांगणें [to].

Recourse धांव *f*, आश्रय, अवलंबन *n*; परत जाणें *n* -येणें *n*.

Recover *v.* (-*capere*, to take) फिरून -पुनः मिळवणें; retrieve सावरणें, मिळवणें: to r. lost time; restore from sickness, faintness, &c. बरा -निरोगी क.; reach पोंहचणें, पावणें: if we r. the forest; *Law*, gain as a compensation नुकसानी भरून पावणें [from].—*i*. बरा -निरोगी होणें, सावरणें, उतरणें; उजरणें, निटावणें, सुधारणें; *Law*, succeed in a law suit वाद जिंकणें; to begin to r. जगत्या पंथास लावणें, जीव धरणें. -**able** *a*. पुनः मिळवायाजोगा, पुनर्लभ्य.—**Recovery** रोगापासून सुटका *f*, रोगमुक्ति *f*, सावरणें *n*; पुनःप्राप्ति *f*; आरोग्य, *n* स्वास्थ्य *n*, सावर [of, from].

Recover *v.* पुनः झांकणें, नव्यानें झांकण घालणें -आच्छादणें [with].

Recreant *a.* (-*credere*, to believe) cowardly भित्रा, भ्याड; apostate क्रियानष्ट, धर्मभ्रष्ट, फितूर.

Recreate *v.* पुनः जीव देणें -आणणें; refresh ताजा क., विश्रांति देणें [from]; amuse मन रंजविणें, करमणूक क. [with].—**Recreation** विसांवा, विश्रांति *f*; पुनर्नवीकरण *n*.

Recriminate *v.* उलटा आळ घेणें, उलटा दोष लावणें, प्रत्यारोप क. [upon, by].

Recruit *v.* (-*crescere*, to grow) सावरणें, स्थितीवर आणणें; reinvigorate पुनः शक्ति देणें; supply with new men, as an army नवे शिपाई ठेवणें, भरती क. [with].—*i*. सावरणें, स्थितीवर येणें; शिपाई जमवणें, भरती क.—*n*. पुरवठा, भरती *f*; नवा शिपाई, 'रिक्रुट.'

Rectangle (*rectus*, right, *angulus*, angle) समकोणाकृति *f*, समकोण.—**Rectangular** *a*. समकोण, समचतुरस्र.

RECTIFY *v.* (*-facere,* to make) नीट क., सुधारणें; refine by repeated distillation सत्वशुद्धि क. [by].

RECTILINEAL, -AR *a.* (*-linea,* line) सरळ रेषांचा, सरळ रेखामय.

RECTITUDE (*rectus,* right) सरळपणा, खरेपणा, सचोटी *f*; law of r. नीति *f*; path of r. सत्पथ; to deviate from the path of r. पाऊल वांकडें टाकणें -पडणें.

RECTOR (do.) a clergyman धर्मोपदेशक; headmaster of a public school शाळेचा मुख्य शिक्षक, सर पंतोजी, 'हेड मास्तर.'

RECTUM (do.) मोठ्या अंतड्याचा शेवटचा भाग, उंदुक, चुस्ता *H.*

RECUMBENT *a.* (*-cubare,* to lie down) आडवा झालेला, पासल घेतलेला; idle आळशी; reposing विसांवा घेत बसलेला -पडलेला, लवंडलेला.

RECUR *v.i.* (*currere,* to run) come back परत येणें; come again to mind आठवणें, सुचणें, सई होणें; occur at a stated interval नेमलेल्या वेळीं घडणें -येणें -होणें: the fever will r. to-night; resort आश्रय धरणें -क. [to]. -RENCE पुनः घडणें *n*, पुनरागमन *n.* -RENT *a.* पुनः येणारा; वारंवार येणारा, पुनर्वर्ती.

RED* *a.* (*Skr. rohita*) तांबडा, लाल, आरक्त; dusky r. पोवळा; dark r. अरुण; deep r., flaming r. तांबडालाल, लालभडक, लालबुंद; r. lead शेंदूर; r. ocher काव *f*, गेरू *f*; [r. tape, tape used in public offices for tying up documents, &c.; hence official formality].—*n.* तांबडा रंग, रक्तवर्ण. -COAT लाल डगल्याचा शिपाई, शिपाई. -DEN *v.* तांबडा क.—*i.* तांबडा होणें. -DISH *a.* तांबूस, तांबसर. -HOT *a.* तापून लाल झालेला, अग्निवर्ण, लाल: the iron has become r. लोखंड लाल झालें आहे. -NESS तांबडेपणा, लाली *f.* -SORREL घोळ *f*, घोळीची भाजी *f.*

REDEEM *v.* (*-emere,* to buy) परत विकत घेणें; recall, as an estate, or to regain, as mortgaged property, by paying what may be due by force of the mortgage सोडविणें, गहाण सोडविणें; receive back by paying the obligation, as any promissory note, bond, or other evidence of debt, given by the state, by a company or corporation, or by an individual पैसा देऊन खत -रोखा वगैरे परत घेणें -सोडवणें; ransom from captivity खंड देऊन सोडवणें; *Theol.* rescue and deliver from the bondage of sin and the penalty of God's violated law तारणें, उद्धरणें, उद्धार क.: Christ has *redeemed* us from the curse of the law, being made a curse for us (Gal. iii. 13); compensate भरून देणें, तोटा भरून देणें, भरणें [from, with]. -ER खंड देऊन सोडविणारा; विकलेला परत घेणारा; तारणारा, त्राता; the Saviour of the world, JESUS CHRIST जगाचा तारणारा, प्रभु येशू ख्रीस्त, जगदुद्धार.—REDEMPTION खंड देऊन सोडविणें *n*; विकलेला परत घेणें *n*; तारणें *n*, तारण *n*, उद्धार (Eph. i. 7); सुटका *f*, मोकळीक *f*; गहाणमाल -जिंदगी सोडवणें *n.*

REDOLENT *a.* (*-olere,* to emit a smell) सुवासाचा, सुगंधी.

REDOUBLE *v.* दुणावणें, दुप्पट क.; multiply वाढवणें.—*i.* दुणावणें, दुप्पट होणें; वाढणें.

REDOUBT *F.* बाहेरकोट, पडकोट.

REDOUBTABLE *a. F.* धिमा, शूर, मतापसिंह.

REDOUND *v. i.* (*undare,* to rise in waves) roll back as a flood मागें लोटणें; come back परत येणें, उलटणें; have effect परिणामीं लागू होणें, गुण येणें -होणें -असणें, फळ येणें: the honor done to the Christian religion ultimately *redounds* to God, the author of it; be in excess अति -अतिशय होणें; remain over and above पुरून उरणें [to].

REDRESS *v.* remedy उपाय -तजवीज क.; re-

lieve of any thing unjust or oppressive दाद देणें [by].—*n.* दाद *f* [for].

Reduce *v.* (*-ducere,* to lead) convert फिरवणें, रूपांतर क. : to r. a substance to powder -ची पूड क.;—to ashes राख क.;—to poverty भिकेस लावणें -मिळवणें; bring under rules नेमाखालीं -कायद्याखालीं आणणें, लावणें : to r. men to tribes; bring to an inferior state with respect to size, rank, quantity, value, &c. कमी क., उतरणें, छाटणें (expenses; the intensity of heat); subdue जिंकणें, पराजय क.; bring into a certain order, arrangement, &c. वर्ग -मत लावणें : to r. animals to a class; *Arith.* रूप देणें; separate, as a metal, from other substances with which it is combined धातु शोधणें -शुद्ध क.; *Surg.* restore to its proper place or condition जागच्या जागीं -पूर्वस्थितीवर आणणें (a dislocation) : to r. figure, design, or draught लहान सांच्यावर धरणें -मत क.; to r. a fortification किला हस्तगत क.; to r. to the ranks जमादार, हवालदार वगैरेच्या पायरी वरून (गैरवर्त्तणुकीमुळें) शिपायाच्या पायरीवर आणणें, -ला शिपाई क. [from, to].—**Reducible** *a.* कमी करायाजोगा; रूपांतर करण्याजोगा.—**Reduction** कमी करणें *n*; काटाकाट *f*; भांजणी *f*; पराजय करणें, &c. [from, to].

Redundant *a.* (See **Redound**) अधिक, अतिशय; using more words than are necessary अधिक शब्दांचा उपयोग करणारा, अप्रयोजक (author) [in].—**Redundance** अधिकाई *f*, आधिक्य *n*.

Reduplicate *v.* दुप्पट क.; *Gram.* अक्षर द्वित्त क., द्विरुक्ति क.—**Reduplication** दुप्पट *f*; द्वित्त *n*; word formed by r. प्रतिशब्द.

Re-echo प्रतिध्वनि.

Reed* वेत; writing r. बोरू; arrow made of a reed वेताचा तीर; pipe पोंवा, वेणु.

Reef *D.* खराबा, पाण्यांतला खडक.*—of a sail शिकी *f*.

Reek* वाफ *f*, धूर.—*v. i.* वाफ -धूर निघणें -घेणें [with].—**Reeky** *a.* धुराचा, धूममय.

Reel* a frame turning on an axis and on which yarn, thread, &c., are wound चरक.—*v. i.* झोकांडी -भिरकांड्या खाणें. [about].—*t.* चरकावर गुंडाळणें [around]. -**yarn** रिलाचा धागा.

Reenforce, -**inforce** *v.* कुमक पाठविणें, बळजोरी आणणें, पुरावा -पाठबळ देणें; लष्कराची -लढाऊ गलबतांची कुमक क. [by, with]. -**ment** कुमक *f*, पुरावा; additional force कुमकेस पाठविलेलें लष्कर *n*, लष्कराची कुमक *f*, कुमक *f*.

Refer *v.* (*-ferre,* to bear) send back परत पाठविणें; give in charge हवालणें, सोंपणें; direct, deliver, as for treatment, decision, information, &c. वागवायाला -करायाला -पुसायाला -ठराव करायाला धाडणें -लावणें -सांगणें; pass over to another tribunal for decision ठरावा करितां दुसऱ्या कोर्टाकडे पाठविणें; assign to as a class, a cause, a motive, reason, or ground of explanation -चा हेतु दाखविणें, कारण लावणें -सांगणें. [from, to].—*i.* appeal अर्जी क.; have respect by intimation लक्ष -धोरण असणें, सुचविणें; पुसायाला -पाहायाला -चौकशीला पाठविणें; लागणें, लागू होणें. -**able** *a.* लावायाजोगा, पुसायाजोगा. -**ee** तिऱ्हाईत. -**ence** सोंपणें *n*, हवालणें *n*, हवाला; संबंध, धोरण *n*; सूचना *f*; one of whom inquiries can be made as to the integrity, capacity, &c. of another दुसऱ्याविषयीं विचारपूस -चौकशी करण्याचें ठिकाण *n* -ची जागा *f*; a passage in a work to which the reader is referred from another passage संबंधदर्शक स्थळ *n*; *Law,* तिऱ्हाइताकडे निवाडा करणें *n* -सोंपणें *n*; in r. to विषयीं, संबंधी; containing r. सापेक्ष.

Refine *v.* purify मळ छाटणें, शोधणें, साफ क.; reduce, as metals from the ore धातु शोधणें; polish सुधारणें, सजवणें, शिष्ट, साजरा क. (manners, language, taste).—*i.* निवळणें, स्वच्छ होणें, गाळ (खाली) बसणें; चोखट -चोखाळ असणें. -ment शोधन *n,* शुद्धि *f*; सुधारणूक *f*; सभ्यता *f,* सौजन्य *n*; नाजकाई *f,* सूक्ष्मता *f*;—of manners शिष्टाचार, विनय;—of mind मनशुद्धि *f.*

Reflect *v.* (*-flectere,* to bend) cause to return after striking upon any surface परावर्त्तन क. (light); give back an image of प्रतिबिंब पाडणें.

> Nature is the glass *reflecting* God,
> As by the sea *reflected* is the sun.
>
> Young.

—*i.* through, back परावर्त्तन होणें; revert परत प्राप्त होणें; contemplate मनन -चिंतन क.; cast reproach शब्द -बोल लावणें [on]. -ed प्रतिबिंबित, परावर्त्तित; to be r. परावृत्त; r. image प्रतिछाया *f* -बिंब *n.* -ion प्रतिबिंब पाडणें *n,* परावर्त्तन *n*; चिंतन *n,* मनन *n,* विचार; प्रतिबिंब *n* -रूप *n*; the angle of r. परावर्त्तनकोन; शब्द, बोल, दोष. -or किरण किंवा उष्णता परावर्त्तन होण्यासाठीं जो कांहीं उजळ पदार्थ लावितात तो, 'रिफ्लेक्टर.' -ive *a.* प्रतिबिंब पाडणारा, परावर्त्तक; मननशील, गंभीर, विचारशील.

Reflux ओहट *f,* ओहटी *f.*

Reform *v.* पुनः क.; put into a new and improved form सुधारणें, नीट क. [by].—*i.* सुधारणें, वाटेवर -मार्गावर येणें. -ation सुधारणूक *f,* सुधारणा *f*; [*Eccl. Hist.* the important religious movement commenced by Luther at the beginning of the sixteenth century, which resulted in the separation of the Protestant Church from the Romish see]. -ed सुधारलेला; [said of the church formed as the result of the Reformation]. -er सुधारणारा; [one of those who commenced the reformation of religion in the sixteenth century, as Luther, Melancthon, Zuinglius, and Calvin].

Refract *v.* (*-frangere,* to break) वांकवणें, वांकडा क. (the rays of light). -ion वांकडा करणें *n,* वक्रीकरण *n* -भवन *n,* वक्रगति *f.* -ory *a.* दांडगा, शिरजोर, अडेल.

Refrain *v.* (do.) राहवणें, थाबवणें, आटोपणें. —*i.* राहणें, थाबणें [from].

Refresh *v.* ताजा क.; विश्रांति देणें; शीण -भाग उतरणें, श्रम हरण क. [with]. -ed विश्रांत, ताजा, तवाना. -ing *a.* विसावा देणारा, श्रांत, श्रांतिहर. -ment विसावा, विश्रांति *f*; slight repast उपाहार, फळार.

Refuge (*-fugere,* to flee) shelter from danger or distress आश्रय, आस्रा, शरण *n*; that which shelters आश्रय, आस्रा, शरण *n*; expedient उपाय, इलाज, युक्ति *f*; having but one r. अनन्यगति; come for r. शरणागत; seeking r. शरणार्थी [for, from]. —Refugee शरणागत, शरणार्थी.

Refulgent *a.* (*-fulgere,* to shine) चकचकीत, तेजस्वी [with].—Refulgence, -cy चकचकी *f,* कांति *f,* तेज *n.*

Refund *v.* परत देणें -क.; पुनः भरणें, पुनः भांडवल जमविणें [to, by].

Refuse *v. F.* deny नाकारणें, नाहीं ह्मणणें; reject नको -नलगे ह्मणणें;—flatly, bluntly, &c. तुकडा तोडून देणें.—*a.* टाकाऊ, गाळवट, खेर, रद्दी.—*n.* गाळ, खेर *f,* केर. -al नाकार, नकार, अनंगीकार.

Refute *v.* (*-futare,* to argue) मोडणें, खंडणें, खंडन क. [by].—Refutation खंडन *n,* मोड; r. and establishment खंडनमंडन *n.*

Regain *v.* फिरून पावणें -मिळवणें.

Regal *a.* (*rex, regis,* a king) राजाचा, राजकीय, राजसंबंधी. -ITY बादशाही *f,* राजत्व *n,* नृपत्व *n.* -IA (*L.*) राजचिन्हें -लक्षणें *n pl*; बादशहाचा लवाजमा, सलतनात *f*; insignia of an office or order पदचिन्हें *n pl.* -LY *ad.* राजाच्या रीतीनें, राजास शोभेसा.

Regale *v. F.* संतुष्ट -खुश -तृप्त क.; one's self पारणें फेडणें, हौस पुरवणें, धण पुरवणें.—*i.* चंगळ, घमंडी क. [on, upon, with.]

Regard *v. F.* observe पाहणें, नजर लावणें, टेहळणें; pay attention to लक्ष लावणें, विचार क.; pay respect to मानणें, लेखणें, चांगला मानणें, मान देणें, पाळणें (Rom. xiv. 6); treat वागवणें, -शीं वागणें : he *regarded* me with kindness [with, as, for].—*i.* मानणें.—*n.* प्रीति *f,* स्नेह; लक्ष *n,* अनुसंधान *n*; मानणें *n,* मान, मान्यता *f*; पाळणें *n,* पालन *n*; नजर *f,* भीड *f,* मुलाजा; view दृष्टि *f,* नजर *f,* विचार; in r. to विषयीं [for]. -ING *prep.* विषयीं. -LESS *a.* बेफिकीर, निश्चित, विरक्त [of].

Regenerate *v.* (*-generare,* to beget) दुसऱ्यानें जन्मविणें, पुनर्जन्म देणें; *Theol.* change the heart and affections from enmity to the love of God नवें अंतःकरण देणें.—*a.* दुसऱ्यानें जन्म पावलेला, नवा उत्पन्न, द्वीज, नवें अंतःकरण पावलेला.—**Regeneration** पुनर्जन्म, पुनरुत्पत्ति *f*; नवीन अंतःकरण *n,* द्वीजत्व *n*: He saved us by the washing of r. and renewing of the Holy Ghost (Tit. iii. 5).

Regent *a.* (*regere,* to rule) अधिकारी, अधिकाराचा; queen r. अधिकार -राज्य चालविणारी राणी *f.*—*n.* अधिकारी; one invested with vicarious authority प्रतिनिधि; one who governs a kingdom in the minority, absence, or disability of the sovereign राजप्रतिनिधि; r. of the quarters दिक्पाल.—**Regency** प्रतिनिधीचा अमल; राजप्रतिनिधीचा अमल; body of men entrusted with vicarious government राजप्रतिनिधि मंडळी *f* -मंडळ *n.*

Regicide (*rex, regis,* king, *cædere,* to kill) राजघातक -हिंसक; murder of a king राजहत्या -हिंसा *f.*

Regimen (*regere,* to guide) system of order व्यवस्था *f,* पद्धति *f*; regulation of diet पथ्य *n.*

Regiment (do.) पलटण *n, f,* 'रिजमींट' *n, f.* -AL *a.* पलटणीचा. -ALS *pl.* पलटणीचा पोशाग, बाणगुंमी *f.*

Region (do.) country देश, प्रांत, मंडळ *n*; neighbourhood आसपासचा देश, प्रांत (Matth. iii. 5); sky दिशा *f*;—of the body प्रदेश, चक्र *n,* मंडळ *n*; the lower r. अधोलोक -भुवन *n*; upper r. ऊर्ध्वलोक; centre of a r. मध्यदेश;—of the head मस्तकमंडळ *n.*

Register *v.* (*-gerere,* to carry back) a written account or entry लेख, पट, जापता; an official record दप्तर *n,* 'रजिस्टर' *n*; officer who keeps records दप्तरदार; [parish r. book in which are recorded the baptisms of children, and the marriages and burials of the parish].—*v.* बार क., नोंदणें, रजिस्टर क.; दप्तरांत लिहिणें -मांडणें.—**Registrar** दप्तरदार, 'रजिस्ट्रार.'—**Registry** लिहून ठेवणें *n,* नोंदणी *f,* बारनिसी *f*; बारनिसीचें हेंपीस *n,* -कचेरी *f*; लिहून ठेवलेल्या गोष्टी *f pl* -ली हकीकत *f.*

Regret *v.* (*-queritari,* to complain vehemently) be sorry for खेद क., दुःख क., रडणें; repent पश्चात्ताप क.; lament the loss of -ची चुरचुर -रुखरुख -हुरहुर वाटणें.—*n.* दुःख *n,* खेद; पश्चात्ताप; चटपट *f,* चुरचुर *f,* [for].

Regular *a.* (*regere,* to guide) conformed to a rule यथाशास्त्र -विधि, कायदेशीर; agreeable to established customary forms संप्रदायशुद्ध, सांप्रदायिक; governed by rules

नेमानें चालणारा, नेमाचा, नियमनिष्ठ (person); instituted according to established form विधिस्थापित, मार्गाचा, रीतीचा, साखसुरत; orderly सुरळीत, यथाक्रम; periodical नियमानें येणारा -होणारा -घडणारा इ०, नियतकालिक, नित्य; r. troops, troops of a permanent army [in]. -ITY कायदेशीरपणा, ससूत्रता *f*; नेमानें वागणें *n*, नेमनिष्ठा *f*; बेतबात, व्यवस्था *f*, सुरळीतपणा, क्रम. -LY *ad.* कायद्या प्रमाणें, यथामार्ग -विधि; बेतबातानें, पद्धतवार; नेहमीं, नित्य.—REGULATE *v.* नेमानें -बेतानें चालविणें; put in good order ताळ्यावर -बेतावर आणणें, सुधरणें; subject to governing principles or laws कायद्यांत ठेवणें -आणणें, अनुशासणें [by].—REGULATION बेतानें चालणें *n*, अनुशासन *n*; rule prescribed for management or government कायदा, कानू *f*; व्यवस्था *f*, बंदोबस्त.—REGULATED व्यवस्थित, अनुशासित; well r. सुव्यवस्थित; ill r. अव्यवस्थित.—REGULATOR बेतावर आणणारा, सुधरणारा; कायदा बांधणारा -करणारा, अनुशास्ता *f*; यंत्राची गति -वेग नीट अटोक्यांत ठेवणारी कळ *f*, 'रेग्युलेटर.'

REGULUS (*L.*) *Astron.* मघानक्षत्र *n*.

REHEARSE *v.* (*re* and *hearsay*) recite पाठ म्हणणें, म्हणून दाखविणें; tell सांगणें; repeat in private for experiment and improvement, before a public representation तयारी करितां म्हणणें.—REHEARSAL पठन *n*, पाठ, अनुवाद; कथन *n*; तयारीचें म्हणणें *n*, भाव्यनुकरण *n*.

REIGN (*rex, regis,* king) राज्य *n*, अमल, शक; time during which a king, queen, or emperor possesses the supreme authority कारकीर्द *f*, राज्य *n* [over].—*v. i.* राज्य क., अमल -सत्ता चालविणें; prevail प्रबळ असणें, प्रचार -चलती असणें, चालणें: diseases r. in summer; rule अधिकार -सत्ता चालविणें (Rom. vi. 12).

REIMBURSE *v. F.* भरूनदेणें, परत क.; खजिन्यांत भरणें -परत क., भरणें: to r. the expenses of a war [for].

REIN (*-tenere,* to hold) strap of a bridle लगामाची दोरी *f* -वादी *f* अनीन *f*; government अधिकार, आवर, नियमन *n*; to hold a tight r. लगाम आवळ धरणें; to hold with a slack r. सईल दोरी देणें; to give the *reins* to लगाम सोडणें; without r. बेलगाम *n*.

REINDEER* एक जातीचा हरण आहे, 'रेन्दीर.'

REINS *n. pl.* (*renes*) lower part of the back कमर *f*; kidneys मूत्रपिंड, गुर्दे *n*; inward impulses अंतर्याम *n* (Prov. xxiii. 16).—RENAL *a.* गुर्द्याचा, मूत्रपिंडाचा (arteries).

REINSTATE *v.* फिरून नेमणें, बसवणें.

REITERATE *v.* फिरून -पुनः पुनः -वारंवार बोलणें -क., उगाळणें, खरावणें.—REITERATION उगळणी *f*, उजळणी *f*, पौनःपुन्य *n*.

REJECT *v.* (*-jacere,* to throw) वर्ज क., टाकणें, नापसंत -रद्द क.; refuse to receive अनंगीकार क., नाकारणें; refuse to grant नाकबूल क., अमान्य क. (a request). -ION टाकणें *n*, परित्याग; नकारणें *n*, नाकार, अनंगीकार.

REJOICE *v. F.* खुष -खुशी -आनंदीत क.—*i.* आनंद पावणें -क. [at, with, in].—REJOICING आनंदन *n*; public r. उत्सव, उत्साह.

REJOIN *v.* पुनः जोडणें -मिळवणें; meet or fall in again with पुनः भेटणें, गांठ पडणें.—*i.* उलटजाब -प्रत्युत्तर देणें; *Law,* answer, as the defendant to the plaintiff's replication वादीच्या उत्तरास प्रतिउत्तर देणें. -DER प्रतिउत्तर *n*, उत्तर *n*; प्रतिवादीचें प्रत्युत्तर *n*; defence an r. उत्तर प्रत्युत्तर *n*.

RELAPSE *v. i.* (*-labi,* to fall) परतणें; fall back उलटणें;—from a state of moral condition दुराचाराकडे उलटणें, फिरून बिघडणें;—from a state of convalescence उलटखाणें -घेणें, दुखणें परतणें.—*n.* उलट *f*, उलट

परतणी *f*, माघार *f*; पुनर्धर्मत्याग; पुनर्रोगग्रस्तता *f* [from].

RELATE *v.* (*-ferre*, to bring or bear) सांगणें, निवेदणें, कथन क. [to].—*i.* संबंध -नातें असणें, लागणें, लागू असणें.— RELATION सांगणें *n*, बयान *n*, हकीकत *f*; कथन *n*; connection संबंध, नातें *n*; connection by consanguinity एकशरीरसंबंध, सगोत्रता *f*; a relative गोत्री, भाऊबंध, आप्त, संबंधी, सोयरा; in r. to -संबंधी.—RELATIVE *a.* संबंधी, विषयक; not absolute सापेक्ष; implying relation अन्योन्य संबंधी; *Gram.* संबंधी (pronoun) [to].—*n.* भाऊबंध, आप्त, संबंधी; संबंधी सर्वनाम *n.* -LY *ad.* अन्यापेक्षेनें.

RELAX *v.* (*-laxare*, to loose) सईल -ढिला क.; make less severe नरम -हलका क.; remit in respect to strenuousness ढिला -सईल क.; ease विसांवा -विश्रांति देणें: conversation *relaxes* the mind; loosen कोठा मोकळा -ढिला क.: medicines r. the bowels [in, from]—*i.* ढील -सैल होणें; ढिला पडणें, थंडावणें; विसांवा पावणें. -ATION सैलावणें *n*; ढिलेपणा; विसांवा, विश्रांति *f*; ढिलेपणा, लघुकोष्ठता *f*, प्रसरण *n*.

RELAY *F.*—of horses, runners, &c. डाकेचा टप्पा -चौकी *f*; r. stage or station डाक *f*, चौकी *f*.

RELEASE *v.* (See RELAX) सोडणें, सुटका क., बंदखुलास क.; let go, as a legal claim दावा सोडणें; relieve from pain, trouble, &c. दुःखांतून सोडविणें.—*n.* सुटका *f*, मोकळीक *f*; सोडचिठ्ठी *f*, बेदावेपत्र *n* [from].—RELEASED मुक्त, विमुक्त;—from obligation ऋणमुक्त, वचनमुक्त.

RELENT *v. i.* (*lentus*, pliant, slow) दया -कळवळा येणें [from]. -LESS *a.* कठोरहृदय.

RELEVANT *a. F.* प्रसंगोचित, समयोचित, समर्पक (argument) [to].—RELEVANCY प्रासंगिकता *f*, प्रासंगोचित्य *n*.

RELIANCE, See under RELY.

RELIC (*reliquere*, to leave behind) शेष *n*, शिलक *f*; a corpse प्रेत *n*, शव *n*; memorial यादगारी *f*, आठवणूक *f*: *relics* of youthful days.—RELICT विधवा *f*.

RELIEVE *v.* (*-levare*, to raise) lift up उचलणें; put in relief उठाव क.; alleviate शमन -दुःखपरिहार क.; help सहाय -मदत क.;—a sentinel, &c. बदलणें,बदली क.; to r. one's need -ची गरज चालविणें; to right नीट क., दाद देणें, इनसाफ क. [from, by, with].—RELIEF दुःखशमन *n*, श्रमपरिमार्जन *n*; दुःखपरिहार; दाद *f*, इनसाफ; आराम, चैन *n*, विसांवा; बदली *f*, पाहऱ्याचा पालट; person relieving बदली, बदल्या; मदत *f*; [the projecture of a figure above or beyond the ground in which it is formed]. See BAS-RELIEF [from, for].

RELIGION (*relegere*, to gather again, or from *religare*, to bind fast) recognition of God as an object of worship, love, and obedience ईश्वरभक्ति *f* -सेवा *f*, भक्ति *f*, a system of faith and worship धर्म, मार्ग, मत *n*; establishment of r. धर्मसंस्थापना *f*; extinction of r. धर्मोच्छेद. *Obs. Religion*, as distinguished from *Theology*, is subjective, designating the feelings and acts of men which relate to God; while *Theology* is objective, and denotes those ideas of God which man entertains respecting the God whom he worships, esp. his scientific and systematic views of God. As distinguished from *morality*, *religion* denotes the influences and motives to human duty which are found in the character and will of God, while morality describes to man the duties to man, to which true religion always influences.—RELIGIOUS *a.* धर्माचा, धर्म संबंधी, धर्म-

प्रकरणाचा, in comp. धर्म,दैव; godly भक्तिमान, धार्मिक; dutiful आज्ञाधारक, सेवातत्पर. -LY *ad.* भक्तिबुद्धीनें -भावानें; पूज्यबुद्धीनें; धर्ममार्गानें; conscientiously नेकीनें, इमानानें : a promise r. observed. -NESS धार्मिकपणा, धर्मशीलता *f*.

RELINQUISH *v.* (*-linquere*, to leave) सोडणें, मागें टाकणें; give up सोडणें, त्याग क.; renounce a claim to हक्क -वारसा सोडणें. -MENT त्याग, उत्सर्ग; r. of right, title to सत्तानिवृत्ति *f*.

RELISH* *v.* take or eat with pleasure गोडीनें खाणें, गोड लागणें, रुचणें, भावणें, आवडणें; give a pleasing flavor to स्वाद -गोडी आणणें -देणें.—*i.* गोड असणें -लागणें; स्वाद -छटा येणें -मारणें.—*n.* रुचि *f*, गोडी *f*, चव *f* [for].

RELUCTANCE (*luctari*, to struggle) कंटाळा, त्रास, नाखुशी *f*.—RELUCTANT *a.* नाराजी *f*, नाखुशी *f*. -LY *ad.* नाखुशीनें.

RELY *v. i.* (*re* & *lic*) विश्वास -भरवसा ठेवणें [on, upon].—RELIANCE विश्वास, भरवसा, इतबार.

REMAIN *v.i.* (*-manere*, to stay) be left after other things have been removed or destroyed उरणें, राहणें, शिलक असणें; stay behind while others withdraw मागें राहणें, उरणें, वांचणें (Gen. vii. 23); last राहणें, टिकणें, तगणें; sojourn राहणें, मुकाम क.—*n. pl* प्रेत *n*; productions, esp. literary works of one who is dead मेलेल्याचा ग्रंथ -लेख. -DER बाकी *f*, शेष *n*; प्रेत *n*; *Math.* बाद, बाकी *f*, अंतर *n*.

REMAND *v.* (*-mandare*, to commit) परत -माघारा पाठविणें [to].

REMARK *v.* (See MARK) take notice of लक्ष-लावणें, चित्तदेणें; express in words or writing, as observed or noticed कोणत्याही गोष्टीविषयीं जें ज्याला वाटतें तें बोलून दाखविणें -बोलणें, चर्चा क.—*n.* पाहणें *n*, अवलोकन *n*, निरीक्षा *f*; चर्चा *f*, व्याख्या *f*, लेख, 'रिमार्क,' शेरा; a censorious r. टीका *f* [on, upon]. -ABLE *a.* लक्षांत ठेवायाजोगा; प्रख्यात, प्रसिद्ध. -LY *ad.* लक्षांत ठेवण्याजोगा, फार, विलक्षण.

REMARRY *vc.* पुनः लग्न क., पुनर्विवाह क.; पुनः लग्न होणें.—REMARRIAGE दुसरें लग्न *n*, पुनर्विवाह.

REMEDY (*-mederi*, to heal) उपाय, तजवीज *f*, इलाज; that which cures a disease उपाय, उपचार; mild r. सामोपचार; violent r. राक्षसी उपाय; external r. बाह्योपचार; internal r. अभ्यंतरोपचार; *Law*, दाद लागण्याचा कायदेशीर उपाय [for].—*v.* उपाय -इलाज क.; रोग बरा -परिहार क. [by].—REMEDIABLE *a.* परिहार करायाजोगा, उपायसाध्य, परिहार्य.—REMEDIAL *a.* उपायाचा, इलाजाचा.—REMEDILESS *a.* निरुपाय, उपाय -गतिहीन.

REMEMBER *v.* (See MEMORY) recall आठवणें, स्मरणें; keep in mind आठवण धरणें -राखणें, मनांत -ध्यानांत ठेवणें [for]. -ANCE आठवण *f*, स्मरण *n*; memorial आठवणूक *f*, यादगिरी *f*; power of remembering स्मरणशक्ति *f*; period over which one's power to bring to mind extends आठवणीचा काळ, आठवणूक *f*; rushing into r. स्फुर्ति *f*. -ANCER स्मरण करणारा, स्मारक; [an officer in the Exchequer of England, whose business is to put the judges of that court in remembrance of such things as are to be called on or dealt in for the Sovereign's benefit.]

REMIND *v.* आठवण -स्मरण देणें [of].

REMINISCENCE (*reminisci*, to recollect) स्मरण *n*, स्मृति *f*. See MEMORY.

REMIT *v.* (*-mittere*, to send) परत पाठविणें; give up सोडणें, माफ क., सूट देणें; relax ढिला -सईल क., जोर कमी क.; forgive क्षमा -माफ क.; transmit to a distance, as money

हुंडी करून पाठविणें, पैका -हुंडी पाठविणें [to]. —*i.* हलकावणें, मंदावणें, उतरणें;—fever, &c. उतार पडणें, उतरणें. -TANCE पाठविलेला पैसा, हुंडी *f*, 'रिमिटन्स' *n*. -TENT *a*. सतत, विषम; r. fever विषमज्वर.—REMISS *a*. ढिला, हयगयीचा, सुस्त [in]. -ION ढिलाई *f*, सुस्ती *f*; माफी *f*, क्षमा *f*, सोड *f*, सूट;—of a distemper उतार; r. and exacerbation उतारचढ;—of sin पापक्षमा *f* -मोचन *n*;—of study अनध्याय, अवकाश.

REMNANT *a*. & *n*. (See REMAIN) शेष *n*, बाकी *f*;—of cloth फडकें *n*, चिरगूट *n*, चिंधी *f*.

REMONSTRATE *v*. (*-monstrare*, to show) तकरार क., कान उघडणें.—REMONSTRANCE दोन गोष्टी सांगणें, कान उघडणें -झाडणें *n*.

REMORSE (*-mordere*, to bite) keen pain excited by a sense of guilt चुरचूर *f*, खरखर *f*, खेद [for]. -LESS *a*. निर्दय, कठीण.

REMOVE *v*. (See MOVE) उठवणें, उचलणें, घेऊन जाणें; displace जागा पालटणें, स्थलांतर क.; take away दूर -परिहार क., घालवणें (a disease); carry from one court to another एका कोर्टांतून दुसऱ्या कोर्टांत नेणें (a cause or suit by appeal);—from a post जाग्यावरून काढणें -दूर क. [from, to]. —*i*. जागा पालटणें, स्थलांतर होणें.—*n*. स्थलांतर *n*, स्थानभेद; step in any scale of gradation पायरी *f*; act of putting a horse's shoes on different feet खोलबंदी *f*. [from].—REMOVAL स्थानांतर करणें *n*; स्थानपालट, स्थानांतर *n*; परिहार, निरसन *n*; दूर करणें *n*, दूरीकरण *n*;—of obstacles विघ्ननाशन *n*;—of ignorance अज्ञानखंडन *n*.—REMOVED काढलेला, उठवलेला; दूर केलेला, घालवलेला; remote दूरचा, लांबचा; (a dwelling); r. from office स्थानभ्रष्ट, पदच्युत. REMOVER काढणारा, स्थलांतर करणारा; in comp. नाशक,घ्न, अंतक: रोगांतक, रोगघ्न, &c.—REMOTE *a*. दूरचा, लांबचा; foreign परका; separate वेगळा; primary मूळचा, अलग [from].

REMUNERATE *v*. (*-munerare*, to give) बक्षीस देणें.—REMUNERATION देणगी *f*, प्रतिफल *n*. —REMUNERATIVE *a*. फल देणारा, बक्षीस देणारा.

RENAL, See under REINS.

RENCOUNTER (*re* & *counter*) meeting of two persons or bodies भेटाभेट *f*, ठेप *f*; combat कचाकची *f*, चकमक *f*, झमाझमी *f*.

REND* *v*. tear asunder फाडणें, चिरणें, टरकावणें; split चिरणें, दुभागणें, विभागणें (1 Kings xi. 11) [into].

RENDER *v*. (*-dare*, to give) return परत देणें -क.; inflict, as a retribution शासन लावणें, सूड उगवणें -घेणें; give देणें; contribute करणें, पुरवणें (service);—as an account हिशोब -झडती देणें; cause to do करवणें: to r. a fortress more secure; translate भाषांतर क.; boil down and clarify कढवून निवळ क.; plaster roughly अस्तरगारी क. [to]. -ING भाषांतर *n*; गिलाव्याचा पहिला थर घालणें -रचणें *n*; अस्तरगारी *f*.

RENDEZVOUS *F*. meeting जमाव; place of meeting संकेतस्थल *n*, जमण्याची जागा *f*, अड्डा.

RENEW *v*. नवा क.; restore to former freshness ताजा क., उजरणें; begin again पुनः आरंभ क.; do over again पुनः -नव्यानें -परतून क.; furnish again पुनः पुरवठा क., पुरवणें; *Theol*. make new spiritually नवें मन देणें, नवा स्वभाव देणें (Rom. xii. 2).—*i*. नवा होणें; पुनः आरंभणें. -AL नवा करणें *n*, नवीकरण *n*, जीर्णोद्धार; फिरून करणें *n*, पुनरारंभ.

RENOUNCE *v*. (*-nunciare*, to announce) disclaim टाकणें, सोडणें, नाकारणें (a title); reject, as a connection or possession

टाकणें, सोडणें, त्याग क., नांव सोडणें. -MENT. —RENUNCIATION आंगाबाहेर टाकणें *n*; अस्वीकार, नाकार; त्याग, उत्सर्ग, परित्याग;—of the world सर्वसंगपरित्याग, सन्यास, संसारत्याग.

RENOVATE *v.* (-*novare*, to make new) See RENEW.

RENOWN (-*nomen*, name) नांव *n*, कीर्त्ति *f*. -ED नामांकित, कीर्त्तिमान, प्रख्यात [for].

RENT* भाडें *n*;—of land धारा, सारा, वसूल. -AL, -ROLL तहशील *f n*, तनखा, वसूल बाकीची याद *f*, जमाबंदी *f*. -ER भाड्यानें -साऱ्यानें लावणारा; the tenant who takes an estate on rent भाड्यानें घेणारा, भाडेकरी; सारेकरी, धारेकरी.

RENT (See REND) चीरफळा.

REPAIR *v.* (-*parare*, to prepare) restore to a good state after injury or decay दुरुस्त क., सुधारणें.—as a house डागडुजी -'रिपेर' क.; supply loss भरणें, भरून देणें, तोटा भरणें.—*n.* डागडुगी *f*, 'रिपेर' *f*, सुधारणूक *f*, जीर्णोद्धार; keep in r. मरामत -उस्तवारी राखणें; to look after the *repairs* of मोडतोड पाहणें.—REPARATION डागडुजी करणें *n*; डागडुजी *f*; amends फेडणें *n*; प्रतिकार, वजपा, मोबदला [for].

REPAIR *v. i.* (-*rapatriare*, to return to one's country) जाणेंयेणें -येणेंजाणें क.

REPARTEE *F.* समयोचित्त उत्तर *n*, हजीरजबाब.

REPAST (*pascere*, to feed) भोजन *n*, जेवण *n*; meal अन्न *n*, आहार.

REPAY *v.* परत देणें -क., फेडणें; make return फेड क., प्रतिदान क.

REPEAL *v.* (-*appeler*, to call) रद्द क., मोडणें. —*n.* मोडणें *n*, भंग, लोप, उच्छेद.

REPEAT *v.* (-*petere*, to attack) फिरून -दुसऱ्यानें -उलटून क., दुसारणें; say again फिरून ह्मणणें; rehearse ह्मणणें, पाठ ह्मणणें [to]. -EDLY *ad.* वारंवार, पुनःपुनः—REPETITION पुनरावृत्ति *f*, दुसारणी *f*, पुनः -दुसऱ्यानें क. *n*; दुसऱ्यानें बोलणें *n*, पुनरुक्ति *f*; पठन *n*, अनुवाद.

REPEL *v.* (-*pellere*, to drive) मागें सरणें -लोटणें, हटवणें; oppose आडवा येणें, वारणें, निवारणें [from].

REPENT *v. i.* (-*pœnitere*, to make repent) feel pain, sorrow, or regret for what one has done or omitted to do पश्चात्ताप -खेद पावणें -क.; change the mind or course of conduct on account of regret or dissatisfaction with what has occurred मन -बुद्धि फिरवणें, वर्त्तन पालटणें; *Theol.* be sorry for sin as morally evil and to seek forgiveness पापाविषयीं खेद क., पश्चात्ताप क. (Luke xiii. 3).—*t.* -विषयीं दुःख क. [of]. -ANCE पश्चात्ताप, अनुताप [for]. -ANT *a.* & *n.* पश्चात्तापी, अनुतापी.

REPERCUSSION (See PERCUSSION) उलटविणें *n*, प्रतिसारण *n*.

REPERTORY (-*parere*, to procure) कोठी *f*, कोठार *n*.

REPETITION, See under REPEAT.

REPINE *v. i.* (*re* & *pine*) मनांत झुरणें, खंत घेणें, चुरमुरणें [at].

REPLACE *v.* पहिल्या जागीं -जागच्या जागीं ठेवणें, पूर्वस्थितीवर ठेवणें; repay परत देणें, भरणें; substitute an equivalent for बदला देणें; supply the want of -ची गरज पुरवणें [by, with].

REPLENISH *v.* (-*plenus*, full) पुनः भरणें; fill completely तंतोतंत भरणें, भरणें [with].

REPLETE *a.* (-*plere*, to fill) पूर्ण, परिपूर्ण [with]. —REPLETION पूर्णता *f*, परिपूर्ति *f*; *Med.* fullness of blood अतिपुष्टि *f*, रक्तवृद्धि *f* -बाहुल्य *n*.

REPLY *v.* (-*plicare*, to fold) उत्तर देणें; *Law*,

प्रतिवादीच्या उत्तराला उत्तर देणें [to].—*n.* उत्तर *n,* जाब; प्रत्युत्तर *n;*—in judicial proceedings उत्तरवाद; an evasive r. टाळाटाळीचें उत्तर *n,* उत्तराभास.

Report *v.* (*-portare,* to bear) bring back, as an answer जाब आणणें -नेणें; relate what one has discovered, as a person sent to examine, explore, or investigate वाका -हकीकत सांगणें -लिहिणें पाठविणें; tell सांगणें, बोलणें, कळवणें; give a formal or official account of हुद्याच्या नात्यानें खबर देणें, रपोट क.; make minutes of, as a speech, or the doings of a public body टिपण घेणें; to be *reported* वाजणें; to r. one's self आपल्या वरिष्ठाचे चाकरी करिता हाजर असणें. —*n.* वाका, अहवाल, हकीकत *f,* 'रपोट'; rumor बातमी *f,* अवाई *f;* reputation आबरू *f,* कीर्त्ति *f,* लौकिक (Acts x. 22); sound आवाज;—of a gun बार, आवाज; record of a judicial opinion निवाडापत्रक *n,* अभिप्राय, 'रपोट'; sketch of a speech, or a public meeting सभेंतील भाषणाचा साराश, 'रपोट'; written r. हकीकतनामा *f;* loud r. धडाका; false r. कंडी *f,* नीळरांप *f;* flying r. हूक *f;* idle *reports* बाजारी -गटारी बातमी *f;* to spread a r. बातमी फुंकणें, पेरणें [of, on, upon, to]. -er अकबरनवीस, वार्त्तिक; वर्त्तमानपत्राचा बातमीदार, 'रिपोर्टर.'

Repose *v.* (See Pause) lay at rest निजविणें, विसांवा देणें; place in confidence भरवशानें -विश्वासानें ठेवणें, हातीं सोपणें [on, upon, in].—*i.* निजणें, आंग टाकणें, लवंडणें; विश्वासावर राहणें, भरवशानें -वर राहणें.—*n.* आराम, विश्रांति *f;* झोंप *f;* rest of mind सुख *n,* चैन *n* [from].—**Reposit** *v.* lay up सांठवणें, साचवणें; lay up for safety जतनेस ठेवणें, पाळणें.—**Repository** सांठवण *n,* निधान *n,* निधि.

Reprehend *v.* (*prehendere,* to lay hold of) दोष लावणें [for]—**Reprehensible** *a.* दोष लावायाजोगा, दूषणीय.—**Reprehension** दोष, ठपका, शब्द, बोल.

Represent *v.* exhibit दाखविणें, दर्शविणें; delineate वर्णन क.; *Drawing,* चित्र काढणें -काढून दाखविणें; personate सोंग घेणें: to r. Ganpati; supply the place of स्थानीं -जागीं उभा राहणें, प्रतिनिधि होणें; stand in the place of, in the right of inheritance वारसाच्या जागीं राहणें -असणें; give one's own impression and judgment of -च्या विषयीं स्वमत -विचार दर्शविणें; serve as a sign of दर्शविणें, सूचक होणें -असणें: mathematical symbols r. quantities;—as a case सांगणें, निवेदन क., वाका सांगणें; [present a second time by a transcript of what was originally presented to the mind] [to, by]. -ation दाखविणें *n,* दर्शविणें *n;* वर्णणें *n,* वर्णन *n;* चित्र *n;* सोंग *n,* वकिली *f,* प्रतिनिधित्व *n;* प्रतिमा *f;* r. against गिला *n.* -ative *a.* प्रदर्शक, प्रतिरूपक; वांटचा, प्रतिनिधीचा.—*n.* प्रतिनिधि, वकील [for, of].

Repress *v.* दाबणें, दडपणें; restrain आवरणें, निग्रह क.; आटोपणें [by].—**Repressive** *a.* नियामक, निग्रहकारी, दाबाचा.

Reprieve *v.* (*-probare,* to prove) delay the punishment of शिक्षेची तहकुबी क.; relieve for a time क्षणभर विसांवा देणें -चैन पाडणें.—*n.* शिक्षेची तहकुबी *f;* मरणाच्या शिक्षेची तहकुबी *f;* दम, अवसर, आराम [from].

Reprimand *v. F.* तोंडची शिक्षा क., धमकी देणें.—*n.* तोंडची शिक्षा *f,* धमकी *f,* शब्दमार, वाग्दंड [for].

Reprint *v.* पुनः छापणें [from].—*n.* दुसरी छापणी *f.*

Reprisal (*-prehendere,* to take) act of taking from an enemy by way of retaliation प्रत्यापहार; act of retorting on an

enemy by inflicting suffering or death on a prisoner taken from him, in retaliation for an act of inhumanity प्रतिपीडन *n*; that which is reprised अपहार [for].

Reproach *v.* (*-prope,* near) abusive reflections निंदा *f,* अपवाद; shame लज्जा *f,* ठपका; object of blame, censure scorn, or derision निंदास्पद, ठपका, लाज *f* [for, with]. -ful *a.* निंदेचा, निंदात्मक; लाजिरवाणा, लज्जाप्रद.

Reprobate *v.* (*-probare,* to prove) नापसंद क., नाकारणें; abandon to punishment without hope or pardon सोडणें, टाकणें.—*a.* देवाधर्मानें टाकलेला, माणसांतून उठलेला.

Reprove (do.) तोंडची शिक्षा क., शब्दाचा मार देणें; reprimand बोल -शब्द लावणें [for].—Reproof बोल, शब्दमार, वाग्दंड.

Reptile *a.* (*repere,* to creep) सरपटत चालणारा; grovelling हलका, अधम, नीच.—*n.* पायाखालचा जीव, सरपटत चालणारा जीव, उरोगामी.

Republic (*res,* a thing, an affair, *publicus,* public) a state in which the sovereign power is exercised by representatives elected by the people लोकसत्तात्मक राज्य *n,* लोकाधिपत्य *n.* -an *a.* लोकाधिपत्याचा, बहुनायकीचा; लोकप्रभुत्वानुसारी (manners).

Repudiate *v.* (*-pudere,* to be ashamed) reject नाकारणें; divorce बायकोला सोडचिठ्ठी देणें disclaim आंगावेगळें -बाहेर टाकणें (debt) [for].—Repudiation त्याग, परित्याग.

Repugnance (*-pugnare,* to fight) विरुद्ध -वांकडेपणा; reluctance नाखुशी *f,* कंटाळा.—Repugnant *a.* वांकडा, प्रतिकूल; नाखुश, नाराजी, विमुख [to].

Repulse *v.* (*-pellere,* to drive) मागें सारणें, हटवणें.—*n.* प्रतिसारण *n,* हटवणूक *f.*—Repulsion प्रतिसारकशक्ति *f* -गुण; प्रतिसारण *n,* मागें सारणें *n.*—Repulsive *a.* प्रतिसारक, निवारक; त्रासजनक -कारक; cold अप्रीतिजनक, निःस्नेह, कोरडा, थंड (manners).

Repute *v.* (*putare,* to count) मोजणें, गणणें,—*n.* आबरू *f,* प्रतिष्ठा *f*; credit derived from public opinion नांव *n,* कीर्त्ति *f.*—Reputable *a.* आबरूचा, प्रतिष्ठित; कीर्त्तिप्रद, यशस्कर.—Reputation आबरू *f,* प्रतिष्ठा *f,* नांव *n.*

Require *v.* (*quærere,* to seek) demand मागणें, हक्कानें मागणें; make necessary गरज असणें -लागणें, अगत्य पाडणें [of]. -ment सत्तेचें मागणें *n,* मागणी *f*; गरज *f,* जरूरी *f,* अगत्य *n.*—Request *v.* विनंती क., मागणें, प्रार्थणें [of].—*n.* विनंती *f,* अर्जी *f,* प्रार्थना *f*; that which is asked for मागितलेली वस्तु *f,* इच्छा *f,* मागणें *n*; state of being desired or held in such estimation as to be sought after अपेक्षा *f,* इच्छा *f,* आकांक्षा *f*: knowledge and fame are in great r.—Requisite *a.* जरूरीचा, अगत्याचा, अवश्यक; to be r. लागणें, पाहिजे, असणें.—*n.* अगत्याची गोष्ट *f,* अवश्यक वस्तु *f.*—Requisition मागणें *n,* मागणी *f*; [a formal demand made by one state or government upon another for the surrender of a fugitive from justice]; that which is required by authority मागणें *n,* मागणी *f.*

Requite *v.* (*re* & *quit*) फेडणें, परत क., देणें [for].—Requital प्रतिक्रिया *f,* फेडणें *n*;—in a bad sense प्रतिदंड, प्रतिकार, वजपा.

Rescind *v.* (*-scindere,* to cut) रद्द क., माजी पाडणें, मोडणें.—Recission रद्द करणें *n,* खंडन *n,* उच्छेद.

Rescript (*-scribere,* to write) आज्ञापत्र *n,* राजाज्ञा *f.*

Rescue *v.* (*-excutere,* to drive out) सोडविणें, उद्धरणें, बचाव क.—*n.* सोडवणूक *f,* सुटका *f,* तारण *n,* बचाव; [*Law.* the forcible retaking or taking away, against law, of things

lawfully distrained; also the forcible liberation of a person from an arrest] [from].

Research शोधणें *n*, शोध, परीक्षा *f*, विवेचन *n* [into].

Resemble *v*. (*-similis*, like) उपमा -तुलना क.; be like to सारखा -बराबर असणें.—Resemblance सारखेपणा, सादृश्य *n*; likeness प्रतिरूप *n*, प्रतिमा *f*, उपमा *f* [to, between].

Resent *v*. (*-sentire*, to feel) take ill वाईट वाटणें -मानणें, मनावर घेणें; express resentment by word or action वाईट वाटलेलें बोलून किंवा करून दाखविणें. -ful *a*. अकसी; शीघ्रकोपी, तापट. -ment राग, संताप, क्रोध.

Reserve *v*. (*-servare*, to keep) ठेवणें, राखणें, पुढल्या कामासाठीं -खर्चासाठीं ठेवणें; retain ठेवणें, राखणें, पोटांत ठेवणें, बाळगणें.—*n*. राखलेला पदार्थ, सांठा, उपराळा;—of an army राखून ठेवलेली फौज *f*, फाजल *f* (*H*.); backwardness लाज *f*, भीड *f*, संकोच, पडदा; ठेवणें *n*, राखणें *n*; in r. उपराळ्यास, सांठ्यास; to lay by as r. घर ह्मणून ठेवणें [for].—Reservation ठेवणें *n*, राखणें *n*; withholding from disclosure मनांत ठेवणें *n*, गांठ *f*; सांठवण *f*, सांठपा; *Law*, a clause in an instrument in which some new thing is reserved out of the thing granted, and not *in esse* before सवड *f*, फट *f*; to speak without r. मन मोकळें करून बोलणें; to make a r. बोली सोडवणें.—Reserved संकोचवृत्ति, आंतल्या गांठीचा, खोल मनाचा, मख्ख. -ness संकोच.—Reservoir पाण्याचा खजीना -चें सांठवण *n*, टांकें *n*.

Reside *v. i*. (*-sedere*, to sit) राहणें, वसणें, नांदणें; inhere धरून -अधिष्ठून असणें, आंत राहणें: in such acts, virtue and duty r. [at, in].—Residence नांदणूक *f*, वस्ती *f*, रहिवास, अधिष्ठान *n*; an abode वस्ती *f*, ठिकाण *n*, घर *n*.—Resident *a*. राहणारा, वस्ती करणारा, रहिवासी, in comp. वासी, स्थ: वनवासी, ग्रामस्थ.—*n*. राहणारा मनुष्य; a public minister who resides at a foreign court परराज्याच्या दरबारांत राहणारा वकील, 'रसिडेंट.'—Residency, See Residence; official dwelling of a government official in India 'रसिडेन्सी' *f*.—Residue बाकी *f*, शेष *n*, उरलेला अंश, ऊर *f*; the balance of a debt or account बाकी *f*, शिलक *f*, शेंपूट *n*, खरकटें *n*.—Residual *a*. बाकीचा.

Resign *v*. (*-signare*, to sign) give up सोडणें, त्यागणें;—as an office सोडणें, राजीनामा देणें; withdraw as a claim सत्तानिवृत्ति क. [to]. -ation त्याग, परित्याग, राजीनामा; state of being resigned मान्यतावृत्ति *f*; r. to the will of God ईश्वराच्या करण्यास -इच्छेस मान्य असणें *n*, ईश्वराज्ञा मान्यतावृत्ति *f*.

Resin (*resina*) राळ *f*, धूप. -ous *a*. राळेचा, राळेच्या गुणाचा.

Resist *v*. (*-sistere*, to stand) विरोध -प्रतिकार क., अडती घालणें; oppose आडवा येणें, विरोध क., प्रतिकूळ होणें: God *resisteth* the proud.—*i*. अडथळा क., आडवा येणें. -ance अडती *f*, हरकत *f*, विरोध, प्रतिकार; unlawful or violent r. दंडेली *f* [against]. -ible *a*. विरोध करायाजोगा. -less *a*. अनिवार्य.

Resolve *v*. (*-solvere*, to loosen) द्रव -रस क.; reduce to the constituent elements मूळ तत्वें निराळीं क.; dissolve and reduce to a different form मोडून -विसर्जन करून वेगळें रूप देणें: the house *resolved* itself into a committee; disentangle उलगडा क., अर्थ सांगणें (a riddle); convince खातरी -समजूत क.; express, as an opinion, by resolution and vote ठराव क., ठरविणें; *Math*. solve, as a problem उलगडा क.; find the answer to -चें उत्तर काढणें -मिळवणें; *Med*. disperse

or scatter, as an inflammation or tumor बसवणें, जिरविणें, भिनविणें [on, upon]. —*i*. द्रवणें, रस होणें; जिरणें, मुरणें, मावळणें (a fever, tumor); संकल्प -निश्चय क. [into].—*n*. धैर्य *n*, धीर, नेट; ठराव, निश्चय, संकल्प.—RESOLUBLE *a*. वितळायाजोगा, द्रवनीय.—RESOLUTE *a*. धिराचा, नेटाचा, दृढनिश्चयी, निग्रही [against]. -NESS दम, धैर्य *n*, नेट.—RESOLUTION धैर्य *n*, नेट, हिमत *f*; ठराव, निश्चय, संकल्प; firm r. वज्र -दृढसंकल्प; r. of government सरकारचा ठराव.—RESOLVABLE *a*. रस होण्यासारखा, द्रवनीय, मूळतत्वें निराळीं होण्यासारखा; उलगडण्यासारखा.—RESOLVENT द्रावकपदार्थ, द्रावण.

RESORT *v*. *i*. *F*. repair जाणें, येणें; have recourse आश्रय धरणें -क., उपाय क. [to].—*n*. जाणें *n*, येणें *n*, आश्रय धरणें *n*; a haunt बसण्याचा अड्डा, बैठक *f*, जाण्यायेण्याची -बसण्याची जागा *f*; last r. निदानीचा उपाय.

RESOUND *v*. घुमणें, दणदणविणें, गाजणें; spread the fame of कीर्त्ति पसरणें, गाजविणें.—*i*. दणदणणें, घुमणें; गाजणें, पसरणें; sound loudly लांबवर आवाज जाणें; his voice *resounded* far; echo प्रतिध्वनि होणें -उठणें [with].—*n*. प्रतिध्वनि, नाद.—RESONANT *a*. प्रतिध्वनि करण्याजोगा, घुमण्याजोगा, अनुनादी, सनाद. — RESONANCE अनुनाद, प्रतिनाद, प्रतिध्वनि.

RESOURCE *F*. resort गति *f*, युक्ति *f*, उपाय, आश्रय; *pl* pecuniary means पैका, द्रव्यबल *n*, अर्थ; गत्यंतर *n*, अन्यगति *f*; having no other r. अनन्यगति; having no r. गतिहीन, निरुपाय; last r. निदानीचा -शेवटचा उपाय.

RESPECT *v*. (-*specere*, to look) relate to लागणें, लागू होणें, संबंध असणें; regard मानणें, सन्मान राखणें [for].—*n*. संबंध, धोरण *n*; मान, सत्कार, आदर, भीड *f*; that which respects to any person or thing प्रकरण *n*, बाबद *f*, गोष्ट *f*; r. of persons भेददृष्टि *f* -भाव; with respect to विषयीं, संबंधी; *pl* मुजरा, सलाम, रामराम; to pay one's *respects* दर्शन घेणें, मुजरा -सलाम क. [for]. -ABLE *a*. अब्रूचा, अब्रूदार, प्रतिष्ठित, संभावित; moderate in degree of excellence or in number, but not despicable बरासा -च, जमेस धरायाजोगा, सरासरी, मध्यम. -FUL *a*. मर्यादेचा, भिडेचा, मर्यादशील, आदबखोर. -FULLY *ad*. मर्यादेनें, आदरपूर्वक -पुरस्सर. -IBILITY अब्रू *f*, प्रतिष्ठा *f*, इजत *f*, मर्यादा *f*; family r. कुलमर्यादा *f*. -ING *prep*. विषयीं. -IVE *a*. साक्षेप, ससंबंध; each to each आपापला, ज्याचा त्याचा, in comp. स्वस्व. -LY *ad*. ज्याचा त्यानें.

RESPIRE *v*. *i*. (-*spirare*, to breathe) श्वास -दम टाकणें, दम घेणें.—RESPIRATION श्वास, उश्वास, प्राण.—RESPIRATORY *a*. श्वासोश्वासाचा, श्वासोश्वास संबंधी (organs).

RESPITE (See RESPECT) postponement तहकुबी *f*; pause विसावा, अवकाश, विराम; *Law*, reprieve शिक्षेची तहकुबी *f* [from]. —*v*. तहकूब क.; विसावा देणें; शिक्षेची तहकुबी क.

RESPLENDENT *a*. (*splendere*, to shine) चकचकीत, तेजस्वी, प्रकाशमान [with].

RESPOND *v*. *i*. (-*spondere*, to promise) उत्तर -जबाब देणें; suit मिळणें, जमणें, जुळणें; render satisfaction तोटा भरून देणें, भरणें: the defendant is held to r. in damages. [to].—*t*. तोटा भरून देणें.—*n*. [a short anthem interrupting the reading of a chapter which is not to proceed until the anthem is ended]. -ENT *Law*, प्रतिवादी -पक्षी; जुळणारा, बेताचा;—one who maintains a thesis in reply प्रत्युत्तर देणारा, स्थापन -मंडन करणारा. -ENCE उत्तर देणें *n*.—RESPONSE उत्तर *n*;—in disputation समाधान *n*, उत्तर *n*, प्रतिवाद;—in a litany

उत्तरवाक्य *n.* [to]. — RESPONSIBLE *a.* जबाबदार, मोसबेदार [for].—RESPONSIBILITY जबाबदारी *f,* जामीनकी *f,* जिम्मा *f,* मोसबा.—RESPONSIVE *a.* उत्तर देणारा; जुळणारा, जमविणारा: the vocal lay r. to the strings.

REST* state of quiet or repose स्थिरता *f,* निवांतपणा, शांति *f,* निश्चलता *f;* cessation from motion or labor विसांवा, आराम, विश्रांति *f;* tranquillity सुख *n,* समाधान, चैन *n,* शांति *f,* स्वस्थता *f;* that on which any thing rests or leans for support आधार, धीर, धिरा; a place where one may rest विसांव्याची जागा *f,* विश्रांतिस्थान *n;*—for porters धक्का, ओटा, तक्या इ०; sleep निद्रा *f,* निद्रावस्था *f;* death मरण *n;* देहावसान *n;* *Poet.* and *Mus.* a short pause in reading अवसान *n,* यति *f;*—as of a lance आधार, नेटावा, घोडा, लाग; to feel at r. सुखास -चैन पडणें; to lie down to r. निजणें.—*v. i.* आराम क., झोंप घेणें; स्थिरावणें, स्थिर होणें, थांबणें; स्वस्थ -सुखी -शांत असणें, सुख वाटणें; विसंबणें, विसांवा घेणें -पावणें, बसणें; आधार -आश्रय क., टेकावा असणें, राहणें: a column *rests* on its pedestal; अवसान पावणें, मरणें; rely टेकून राहणें, टेकणें, विश्वास ठेवणें: to r. on God's promises; to r. with -च्या हातीं देणें; it *rests* with him to decide [on, upon, in, from].—*t.* शांत -स्वस्थ क., बसवणें; ठेवणें, टेकणें. -LESS *a.* अशांत, शांतिहीन, बेआराम, व्याकूळ; passed in inquietness तळमळीचा, बेआरामीचा: the patient has had a r. night रोग्याला रात्रभर डोळ्यास डोळा लागला नाहीं -चैन पडलें नाहीं; hard कठीण, अडचणीचा; discontented with one's lot, residence, &c. आपल्या भोगास -स्थितीस कंटाळलेला; not satisfied to be at rest चुळबुळ्या, चंचळ, घालमेल्या: a r. prince; disposed to be turbulent धांदल्या, धुमाळ्या, बंडखोर: a r. subject; sleepless निद्राहीन. -LESSNESS असमाधान *n,* तळमळ *f,* बेआरामी *f,* हळहळ *f;* चुळबुळ *f,* उठबैस *f,* चंचळपणा; घालमेल *f,* चडफड *f;* निद्राराहित्य *n.*

REST (*restare,* to stay back) शेष *n,* बाकी *f;* the remainder वरकड -बाकीचे -अवांतर जिनस -मनुष्यें इ०.—*v. i.* राहणें, उतरणें [with]. -OFF, IVE *a.* अडेल, खलेल. -NESS दंडेली *f,* खलेली *f,* अडेलपणा.

RESTITUTION (*statuere,* to put) परत देणें *n,* प्रतिदान *n;* तोटा भरून देणें *n;* पूर्वस्थितीवर आणणें *n,* उद्धार.

RESTORE *v.* (*restaurare*) bring back from the state of ruin निटावणें, पूर्वस्थितीवर आणणें, उजरणें; give or bring back, as that which has been lost (गमावलेला) परत देणें -आणणें; bring back to health or strength बरा -निरोगी क.; give in place of or as satisfaction for बदला -भरून देणें. [from, to, buy, with].—RESTORATION परत देणें *n,* प्रतिदान *n;* सुधारणें *n,* सुधारणूक *f,* जीर्णोद्धार; पुनःस्थापन *n,* पूर्वस्थितिस्थापन *n,* [to].—RESTORATIVE *a.* पूर्वस्थितीवर आणणारा; तेजोदायक. —*n.* तेजोदायक, तेजवर्धक औषध *n,* तेजबल *n.*

RESTRAIN *v.* (*stringere,* to draw together) आकळणें, आवरणें, दाबांत ठेवणें; confine अटकेंत ठेवणें -घालणें, बांधणें; withhold माघारा ठेवणें, राखणें, न देणें; abridge संक्षेप क. [from, by]. -ABLE *a.* आकळायाजोगा, आकलनीय, दमनीय. -ED आकळलेला, नियत, संयत, निगृहीत;—in desire जितेंद्रिय, बद्धकाम. -ER आकळणारा, नियामक, निरोधक.—RESTRAINT आकळणें *n;* आकलन *n,* नियमन *n;* आटोप, दाब, अवरोध, लगाम; self-r. आत्मसंयम;—of speech, action, &c. भीड *f,* संकोच, दाब; to feel under r. भीड पडणें -असणें, संकोच वाटणें; that

which restrains, as a law, a prohibition आसेध: r. of time कालासेध; r. of place स्थानासेध; a r. अटक *f*, दडपण *n*, आडकाठी *f*.—RESTRICT *v.* मर्यादा -हद्द क., आळा बांधणें: to r. a patient to a certain diet रोग्यास पथ्यावर ठेवणें [to]. -ED निबद्ध, परिमित;—as a word मितार्थ, योगरूढ. -ION मर्यादा *f*, आळा; आडकाठी *f*, अटकाव, दडपण *n*.

RESULT *v. i.* (*resultare*, to leap back) proceed निघणें, येणें, फळ होणें, होणें; end in परिणाम -शेवट होणें; *Logic* सिद्ध होणें [in, from].—*n.* फळ *n*, परिणाम; सिद्धांत, निश्चितार्थ; उपपत्ति *f*. -ING प्रयुक्त, उत्पन्न, प्रभव: pain r. from sin पापप्रयुक्त दुःख.

RESUME *v.* (-*sumere*, to take) परत घेणें; begin again पुनः आरंभ क., चालवणें.—RESUMABLE *a.* परत घ्यायाजोगा.—RESUMPTION परत घेणें *n*, प्रत्याहार;—of a grant दत्तापहार; [*Law*, taking again into the king's hands such lands or tenements as he had granted to any man on false suggestions].

RESUME *F.* सार, उपसंहार, सारार्थ, गोश्वारा.

RESURRECTION (-*surgere*, to rise) पुनः उठणें *n*; rising again from the dead मरून पुनः उठणें *n*; the future state पुनरुत्थिति *f*.

RESUSCITATE *v.* (-*suscitare*, to raise) revive, esp. to recover from apparent death फिरून जिवंत -सजीव क., जिवांत जीव आणणें -घालणें: to r. a drowned person; to r. withered plants.—*i.* जिवांत जीव येणें, पुनः जिवंत होणें, सजीव होणें.

RETAIL *v. F.* cut up and dispose of in small parcels फुटकळ -किरकोळ विकणें; sell in small portions थोडें थोडें सांगणें. -ER किरकोळ -फुटकळ विकणारा, घेवारी, फडकरी.

RETAIN *v.* (-*tenere*, to hold) ठेवणें, धरणें, राखणें; keep in pay पदरीं -जवळ ठेवणें, मुशारा देऊन -चाकरीस ठेवणें [in]. -ER ठेवणारा, राखणारा; a servant पदरचा माणूस, आश्रित; body *retainers* परिवार, सेवकवर्ग. -ING धारण *n*, धृति *f*. -TIVE *a.* धारणशक्तिविशिष्ट, दृढ (memory). -TION ठेवणें *n*, धारण *n*; धारणाशक्ति *f*, धारणा *f*; custody राखण *f*, रखवाली *f*; [*Law*, right of withholding a debt or of retaining property until a debt due to the person claiming this right be duly paid].—RETINUE स्वारी *f*, जिलीब *f*, इतमाम, खटलें *n*; light r. सडीस्वारी *f*.

RETALIATE *v.* (-*talis*, such) उलट -परत क., फेडणें, सूड उगवणें (injuries) [upon].—RETALIATION फेड *f*, उसणें फेडणें *n*, प्रत्युपकार, वाईटा बदल वाईट फेडणें *n*, सूड [for].

RETARD *v.* (-*tardare*, to delay) उशीर लावणें, खोळंबा -खोटी क., मंद -ढिला क.: to r. the march of an army; to r. the motion of a ship; to put off लांबणीवर टाकणें, उशिरानें क., दिवसगतीवर लोटणें: to r. a rupture between nations.

RETENTION, See under RETAIN.

RETICLE *F.* लाहान जाळें *n*; [net work dividing a telescope glass into equal squares].—RETIFORM *a.* जाळ्याचा आकाराचा, जाळीदार.—RETINA (*L.*) डोळ्याचा एक पडदा आहे.

RETIRE *v. i. F.* draw back or away मागें सरणें -हटणें -होणें -जाणें; go from company or from a public place into privacy सभेंतून -मंडळींतून उठून जाणें, निघून जाणें; retreat from danger संकटापासून निघून जाणें, पळणें; withdraw into private life घरीं बसणें, रोजगार सोडणें; recede मागें सरणें -हटणें: the sea *retires* in bays [from, with]. -MENT मागें सरणें *n*; घरीं बसणें; एकांतवास; एकांतवासाचें स्थल *n*.—RETIRED मागें सरलेला; घरीं बसलेला; sequestered आडवळणी, एकांताचा;—of

persons साबडा, भिडस्त, संकोचवृत्ति; a r. spot आडवळण *n.*

Retort *v.* (*-torquere,* to turn) bend or curve back वळविणें, पीळ देणें; return, as an argument उलट -परत देणें; reverberate प्रतिध्वनि क. [in, upon].—*i.* उलटून बोलणें -सांगणें.—*n.* उलट गोष्ट *f,* फेरजबाब, जाबसाल, प्रत्युत्तर *n*; *Chem.* वक्रयंत्र *n.*

Retrace *v.* (*re & trace*) परत जाणें -येणें; —one's steps मागें परतणें, मागें पाऊल टाकणें; trace back पत्ता लावणें; trace over again गिरवणें; reverse फिरवणें: to r. one's proceedings.

Retract *v.* (*-trahere,* to draw) draw back, as claws नखें आंत घेणें; recant बोलणें परत घेणें -फिरवणें.—*i.* बोलणें परत घेणें. -ion बोलणें फिरवणें *n*, बोलला बोल परत घेणें *n*, उक्तत्याग.

Retreat *v. i.* (do.) मागें सरणें -हटणें; retire from an enemy शत्रूपुढून पळणें; शत्रूस पाठ दाखविणें; retire एकांत -अज्ञात वासांत जाणें, आश्रय धरणें [from].—*n.* मागें जाणें *n*, माघार *f*; एकांतस्थान *n*, शत्रूपासून पलायन *n*, पळणें *n*; मागें जाण्याची खूण *f* -इशारत *f*; *Mil. & Naval* संध्याकाळचा तंबूर; *Rom. Cath. Ch.* एकांतीच्या भक्तीची वेळ *f.*

Retrench *v. F.* कापणें, कमी क., तोडणें, छाटणें; furnish with a retrenchment चर खणणें -बांधणें.—*i.* कमी खर्चावर राहणें. -ment कमी करणें *n*, तोडणें *n*; काटाकाटी *f*, काटकसर *f*; चर, खंदक.

Retribution (*-tribuere,* to bestow) प्रतिक्रिया *f*, प्रतिफळ *n*, फळ *n*; reward and punishment, as distributed at the general judgment जगाच्या न्यायकाळीं मिळणारें कर्मफळ *n.*—**Retributive** *a.* प्रतिफलदायक.

Retrieve *v. F.* पुनः मिळवणें; bring back परत -माघारां आणणें; repair सुधारणें, नीट क. [from, by].

Retrograde *v.* (*retro,* back, *gradi,* to step) परत जाणें -येणें, परतणें, उलटणें.—*a.* परतणारा, प्रतिगामी; contrary उलटा, विपरीत; *Astron.* वक्रगति, वक्र. —**Retrogression** परत जाणें *n*, व्यत्क्रिम; वक्रगति *f.*

Retrospect *v.* (*-specere,* to look) मागें परतून पाहणें.—*n.* मागें पाहणें *n*, गतावलोकन *n*, मागचा विचार. -ive *a.* मागला पाहणारा, गतावलोकी, अनुदर्शी; having reference to what is past मागल्यास लागू पडणारा, गतकालापेक्षक.

Return *v. i.* (*-tornare,* to turn) परत -माघारां -फिरून येणें -जाणें; come again, as a visitor परतून भेटायास येणें, परत येणें; appear again after an interval कांहीं वेळानें -राहून -थांबून पुनः दिसणें -येणें, परत येणें: seasons r.; reply उत्तर देणें; retort उलटून दोष लावणें -वर घालणें.—*t.* परत आणणें; परत पाठविणें -क.; repay परत देणें, फेड क. (money); परतजाब देणें; report खबर देणें, कळवणें, जाहीर क.; report officially सरकारांत खबर देणें, सरकारी नात्यानें -अधिकारपरत्वें याद करून -तक्ता भरून पाठविणें; convey into official custody or depository सरकारी कोठींत -तिजोरींत वगैरे भरणें -नेणें.—*n.* परत जाणें *n*, पुनरागमन *n*, पुनरावृत्ति *f*; परतणें *n*, उलटणें *n*, परतणी *f*; उलट *f*, माघार *f*, प्रतिगमन *n*; परत करणें *n*, परतणी *f*; परत देणें *n*, प्रतिदान *n*, फेड *f*; उलटजाब, प्रत्युत्तर *n*; हकीकतनामा, 'रिटर्न' *n*; tabular r. तक्ता, 'रिटर्न' *n*; r. hire परत भाडें *n*; blank r. डौलपत्र *n*; profit on labor प्राप्ति *f*, मिळकत *f*, उपज [from, to]. -able *a.* परत करण्याजोगा -देण्याजोगा; [*Law,* legally required to be returned, given or rendered].

Reunite *v.* फिरून -पुनः जोडणें [with]. —*i.* पुनः मिळणें.—**Reunion** पुनर्योग; an assembly of familiar friends मित्रांची मंडळी *f*, बैठक *f*, मेळा, सभा *f*, इ०; पुनः मिळणें *n*, पुनर्मेलन *n*, मिलाफ.

Reveal *v.* (*-velare*, to vail) उघडा क., पडदा -झाकण काढणें; show दाखविणें; disclose प्रसिद्ध क., फोडणें, सांगणें; communicate that which could not be known or discovered without divine or supernatural instruction ईश्वरी प्रेरणेनें -उपदेशानें प्रगट क. -कळविणें [to, by]. **-ation** प्रगट करणें *n*, प्रगटीकरण *n*; प्रगट केलेली गोष्ट *f*; the act of revealing divine truth ईश्वरी ज्ञान *n*, उपदेश *f*, इ० प्रगट क.; that which is revealed by God to man ईश्वरानें प्रगट केलेली गोष्ट *f*, ईश्वरोक्त शास्त्र *n*, ईश्वरीवाचा *f*, शास्त्र *n*; the last book of the sacred canon, containing the prophecies of St. John प्रगटविण्याचें पुस्तक *n*, प्रगटविणें *n*.

Revel *v. i.* (See **Rebel**) बहर -मौजा मारणें, धुमाळी -चैन क., धणंगणें.—*n.* चैन *n*, धुमश्चक्री *f*, बहर *f*. **-ry** घमंडी *f*, दिवाळी *f*, चंगळ *f*, रंग.

Revenge *v.* (See **Vindicate**) inflict punishment in vindication of सूड घेणें -उगवणें; inflict injury for, in a spiteful, wrong, or malignant spirit सूड घेणें, वैर उगवणें, दावा साधणें, वजपा काढणें [upon].—*n.* सूड उगवणें *n*, प्रतिफल *n*, सूड [for]. **-ful** *a.* अकसखोर, खुनसी, काळा साप, कृष्णसर्प.

Revenue (*-vinire*, to come) that which returns from an investment उत्पन्न *n*, वसूल, आदा; reward बक्षीस *n*, फळ *n*; a rich r. of praise; annual produce of taxes, customs, &c., which a nation or state collects and receives into the treasury for public use जमाबंदी *f*, वसूल, महसूल; arrears of r. सनदबाकी *f*; assignment for pay on the r. तनखा वरात or वरात *f*; collection of the r. कमावीस or कमाविसी *f*, कमावीसदारी *f*, तहसील *f*, खोतकी *f*; collection of r. due from the ryots तळाटी -ठी *f*; collectors of r. कमावीसदार, वसूलदार, खोत; extra r. खेरीज जमा *f*; fixed and regular r. ऐन जमा *f*, ऐन जमाबंदी *f*; full r. भरवसूल; general abstract of r. तरजमा *f*; gross r. भरजमा *f*, भरवसूल; maximum of the r. कमाल *n*; of or belonging to the r. महसुली; one employed in collection of r. वसुली or वसुल्या; remission of r. सूट *f*, एहसान *n*; r. and disbursements जमाखर्च; r. from the soil काळीचा वसूल, काळीचा पैका; r. police शिबंदी *f*; r. survey पाहणी *f*; r. surveyor पाहणदार or पाहणीदार; r. survey-report पाहणी खरडा; settlement of the r., assessment of the lands, &c. जमाबंदी *f*; shares out of the r. which belong to the head-officers बाबती *f pl*; sum in commutation of r. in kind तसर *n*; that has an assignment on the r. वरातदार; that yields good r. वसुली; that yields full r. भरवसुली; to collect r. वसूल करणें; settlement of *revenues* by instalments खिस्तबंदी *f*; r. year फसली साल *n*.

Reverberate *v.* (*verberare*, to lash) echo प्रतिध्वनि क., पडसाद उठवणें; reflect, as light or heat परावर्तन क.; send back मागें पाठविणें: flame *reverberated* in a furnace. —*i.* प्रतिध्वनि होणें; मागें हटणें -सरणें [with].

Revere *v.* (*-vereri*, to fear) पूज्यबुद्धीनें मानणें, भीड धरणें, मान राखणें [for].—**Reverence** पूज्यबुद्धि *f*, श्रद्धा *f*, भीड *f*, सत्कार; act of revering नमस्कार, प्रणाम, अभिवंदन *n*; a person entitled to be revered पूज्य-शिष्ट जन -पुरुष; [a title applied to priests or ministers]; to do r. नमस्कार क. [for] *v.*

पूज्यबुद्धीनें मानणें, भीड राखणें [by, for].—REVEREND *a.* पूज्य, शिष्ट, मान्य, बुद्रुख; [this word often employed as a title of respect given to the clergy; a clergyman is styled r.; a bishop, right r.; an archbishop most r.; in England, a dean is styled very r].—REVERENT *a.* भिडेचा, भिडस्त, आदरयुक्त (words); नम्र, आदरशील. -IAL *a.* पूज्यबुद्धीचा, पूज्यबुद्धीनें मानणारा, अदब राखणारा, अदबशीर: r. esteem of sacred things. -LY *ad.* आदरबुद्धीनें, आदरानें, भिडेनें, मर्यादेनें.

REVERT *v.* (-*vertere*, to turn) परतवणें, उलटवणें [to]—*i. Law*, return to the proprietor मालकाकडे परत येणें.—REVERSE *v.* परत फिरवणें, फिरवणें; change totally उलटा क., बदलणें; turn upside down पालथा क., उफराटणें; subvert पाडणें, मोडणें; confound घालमेल क.; *Law*, overthrow by a contrary decision फिरवणें, रद्द क.; [to r. an engine, to cause it to perform its revolutions or action in the opposite direction].—REVERSION returning of an estate to the grantor or his heirs पहिल्या देणाराकडे किंवा त्याच्या वारसाकडे परत जाणें *n*; right to future possession उत्तराधिकार. -ARY *a.* उत्तरभोग्य, अन्य भोगोत्तरप्राप्य. —REVIEW *v.* मागें पाहणें; go over and examine पाहणें, चौकसी क.; reconsider फिरून पाहणें -विचार क.; make a formal or official examination of the state of -ची पाहणी -चौकशी क.;—a book, &c. गुणदोष काढणें, गुणदोष विवेचन क.—*i.* पाहणी क. —*n.* फिरून पाहणें *n*, उलट पाहणी *f*, पुनर्विचार; पाहणी *f*, चौकशी *f*; गुणदोष विचार -विवेचन *n*; inspection of troops under arms लष्कराची पाहणी *f*, 'रवी' *f*; a periodical pamphlet containing examinations or analysis of new publications गुणदोषविवेचक पुस्तक *n*, 'रिव्यु' *f*.

REVILE *v.* (*re* & *vile*) treat with opprobrious and contemptuous language निंदा क., निंदणें.—REVILER निंदक, कुटाळ, निंदाखोर.

REVISE *v.* (-*videre*, to see) फिरून पाहणें, तपासणें: review, alter, and amend तपासून नीट क. -शुद्ध क.—REVISAL तपासणी *f*, शोध. —REVISER तपासणारा, शोधणारा, तपासनीस; ग्रंथ तपासणारा, 'रिवैजर.'—REVISION तपासणी *f*, शुद्धि *f*, शोध; that which is revised तपासलेली गोष्ट *f*, शोधलेलें पुस्तक *n*, वगैरे.

REVIVE *v. i.* (-*vivere*, to live) मरून उठणें, जिवंत -सजीव होणें, जिवांत जीव येणें; recover from a state of neglect, oblivion, obscurity, or depression जीव धरणें, सावरणें, फिरून उपस्थित होणें, उजेडीं येणें.—*t.* सजीव क., जिवांत जीव घालणें; जीव आणणें, उचलउठावणी क. [by, with].—REVIVAL संजीवन *n*; पुनर्जीवन *n*; सावरणें *n*, सावर, पुनःसंस्थिति *f*; renewed interest in religion after indifference and decline धर्मसंजीवन *n*.

REVOKE *v.* (-*vocare*, to call) रद्द क., फिरवणें.

REVOLT *v. i.* (*revolvere*, to roll back) फिरणें, उलटणें; renounce allegiance or subjection फितणें, फितूर होणें, बदलणें, उलटणें; to be grossly shocked धडकणें, धडकी -दचका बसणें [against, from].—*n.* फितवा, फितूर.—REVOLUTION फिरवणें *n*, आवर्त्तन *n*; return पाळी *f*, प्रदक्षिणा *f*; rotation परिभ्रमण *n*; —of a planet गति *f*; a fundamental change in political organization राज्याची उलटापालट *f*, उलथापालथ *f*, राज्यक्रांति *f*, राज्यांतर *n*, गर्दी *f*;—of Nadir Shah नादीरगर्दी *f*;—of Bhavoo भाऊगर्दी *f*.

REVOLVE *v. i.* (-*volvere*, to roll) फिरणें, परिभ्रमण क.—*t.* फिरवणें, परिभ्रमण करविणें; —in the mind मनांत घोळणें, मथणें [around]. —REVOLVER फिरणारा; एक प्रकारचें पुष्कळ बारांचें पिस्तुल आहे, 'रिवाल्वर' *n*.

Reward *v. F.* give in return, whether good or evil परत -उलट देणें;—in a good sense बक्षीस देणें.—*n*, प्रतिदान *n*, उलट देणें *n*, इनाम, *n*, बक्षीस *n*, देणगी *f* [for, of].

Rhapsody (*Gr. rhaptein*, to sew, *odé* a song) विसंगत -असंबद्ध भाषण *n*, पांटीभर बोलणें गुंजभर अर्थ.

Rhetoric (*Gr. rheo*, I speak) art of composition वाक्यरचनाविद्या *f*; art of elegant and accurate composition in prose अलंकारशास्त्र *n*; art of speaking with propriety, elegance, and force अलंकारिक व रसभरित शब्दांनीं भाषण करण्याची विद्या *f*, सुभाषित *n*, वक्तृत्व *n*.—**Rhetorical** *a.* अलंकारिक; अलंकारशास्त्र संबंधी.—**Rhetorician** अलंकारशास्त्रज्ञ.

Rheumatism (*Gr. rhein*, to flow) a painful inflammation affecting muscles and joints of the human body वातरोग; chronic r. proceeding from affection of the bowels आमवायु; r. attended with fever वातपित्त; acute r. उग्रवायु; r. of the loins कटिवात, उसण *f*, शिलक भरणें *n*; r. in the joints संधिवात; to be affected with r. फुटणें (हात -पाय).—**Rheumatic** *a.* वातरोगाचा.—**Rheumy** *a.* चिपडा, पिचका.

Rhinoceros (*Gr. rhinos*, the nose, *kepas*, a horn) गेंडा.

Rhomb (*rhombus*) *Geo.* विषमचतुरस्र.

Rhubarb *Ar.* रेवाचिनी *f*.

Rhyme*, harmony of language भाषेचा ताल -मेळ; poetry कविता *f*, काव्य *n*; correspondence of sound in poetry यमक *n*; a word answering in sound to another word यमक *n*; neither r. nor reason ताळ नाहीं तंत नाहीं.—*v. i.* यमक मिळणें -होणें; कविता -कवन क.—**Rhythm** (*Gr. rhuthmos*) ताल.—**Rhythical** *a.* तालबद्ध.

Rib*, one of the long bones inclosing the thoracic cavity फासळी *f*, बरगडी *f*;—of leaf दांडा, हीर;—of an umbrella शलाका *f*. -**wort** इसपगोल.

Ribald *a. F.* तोंडाचा फटकळ, तोंडशिनळ.—**Ribaldry** अभद्र -शिवरें -पचकळ बोलणें *n* -भाषण *n*.

Riband, Ribbon (*rubens*, red) फीत *f*, 'रिबन' *f*; shred चिंधी *f*.

Rice *F.* the grain in the husk भात *n*, साळ *f*;—as husked तांदूळ;—as boiled भात; r. with milk खीर *f*.

Rich* *a.* wealthy मातबर, श्रीमंत, धनवान्; abounding आढ्य, संपन्न, मय, प्रचुर, all in comp.: विद्यासंपन्न, गुणसंपन्न, &c.; fruitful पिकाऊ, मातबर (soil);—as a dish रसरसीत, मसालेदार, पक्वान्नाचा; bright घवघवीत, भडक (color); full of sweet and harmonious sounds मधुर, सुस्वर; abounding in beauty शोभिवंत, छान, देखणा (landscape); abounding in humor विनोदाचा, ख्याली (incident); r. from birth गर्भश्रीमंत; to get r. उखळ पांढरें होणें [in]. -**es** संपत्ति, दौलत *f*, धन *n*, ऐश्वर्य *n*; lust of r. धनलोभ; puffed up by r. मालमस्त; r. of unrighteousness पापधन *n*. -**ly** *ad.* बहुत धनानें, बहुत पैसा देऊन; पुरतेपणीं, पुष्कळ; थाटानें, शोभा येईसा; truly खरोखर; fully पुरा, खूब. -**ness** श्रीमंती *f*, सधनता *f*; रसरसीतपणा, मिष्टता *f*; मातबरी *f*; विपुलता *f*, भरपुरी *f*; भडक *f*, घवघवीतपणा; शोभा *f*, तेज *n*.

Rick* गंज, ठिकी *f*;—of unthreshed corn सुडी *f*, उडवी *f*.

Rickets* *pl.* कुटिलवात.—**Rickety** *a.* कुटिलवाताचा; feeble in the joints लटपटीत, डळमळीत, खिळखिळा; to be r. लटलटणें, डकडकणें, लडबड हलणें.

Rid* *v.* सोडवणें, मोकळा क.; to get r. of टाळणें, वाट देणें, मोकळा होणें [of]. -DANCE सोडवणूक *f*, सोडवण *f*; वेंचणी *f* (Lev. xxiii. 22); सुटका *f*, मुक्ति *f*.

Riddle* मोठी चाळण *f*, घोळणा.—*v.* चाळणें, घोळणें; make many holes in चाळण क.: a house *riddled* with shot.

Riddle*, enigma उखाणा, आहणा, कूट *n*; anything puzzling कूट *n*; to find out a r. उखाणा जिंकणें.

Ride* *v. i.* be carried on the back of any animal (घोडा, गाढव इ०) बसणें, स्वार होणें, -बसून जाणें; be borne in a carriage गाडींत बसून जाणें; be borne in or on fluid तरंगणें, पोहणें, तरणें; manage a horse well घोड्यावर मांडी -आसन साधणें; sit बसणें [from, to].—*t.* -वर बसणें; manage insolently at will मगरुरीनें मनास वाटेल तसें चालवणें, दामटणें, दपटणें.—*n.* घोड्यावरची रपेट *f* -सहल *f*; a road for riding घोडेवाट *f*.— Rider घोड्यावर बसणारा, स्वारी *f*, स्वार; one who breaks a horse चाबुकस्वार; an addition to a manuscript or other document, inserted after its completion, on a separate piece of paper पुरवणी *f*.

Ridge*, back पाठ *f*;—of a hill कणा, दांडा, रांग *f*;—of a roof पाटेस; as raised on a plantation to stop water कांडोळें *n*, दंड; r. pole आढें *n*.—*v*. दांड घालणें; wrinkle सुरकुती पाडणें. -TILE डापा.

Ridicule *v.* (*-ridere*, to laugh) हासणें, थट्टा -उपहास क. [for, by].—*n.* हसें *n*, थट्टा *f*, टेर *f*.—Ridiculous *a.* हसायाजोगा, उपहासास्पद.

Rife *a.* चालू, चलतीचा, प्रवृत्त [with].

Rifle *v. F.* carry off हिरावून नेणें, हरण क., हिरावणें; plunder लुटणें.—*n.* एक प्रकारची बंदूक *f*, 'रैफल' बंदूक *f*.

Rig* *v.* सजवणें, सज्ज क. -GING—of a ship दोरखंडें *n pl.*

Right* *a.* straight उजू, नीट, सरळ (way); upright उभा, सरळ, खरा (a beam); conformed to the constitution of man and the will of God खरा, नेक, सत्य, यथार्थ; fit उचित, योग्य, लायक; unquestionable खचीत, निःसंशय: they manifested themselves to be r. barbarians; not wrong खरा, वास्तविक: you are r. तुम्ही बोलतां -करितां इ० तें खरें आहे; most favorable अनकूळ, उजू, सोयीचा (side); not left उजवा (hand); being on the same side as the right hand उजवीकडला, उजव्या हातचा, दक्षिण; well regulated सुव्यवस्थित, बंदोबस्ताचा; [being on the right hand of a person whose face is toward the mouth of a river]; designed to be placed or worn outward सुफराटा, सुलटा, उजू: the r. side of a piece of cloth; winding to the r. दक्षिणावर्त्ती; r. ascension विषुवांश; r. line सरलरेखा *f*; r. angle काटकोन; r. and left सव्यापसव्य.—*ad.* नीट, ठीक, बरोबर, यथामार्ग; खरा, यथार्थ; नीट, समोर, धडक, धोपट (Prov. iv. 25); in a great degree फारच, अति (sorry); [very;—prefixed to titles: r. honorable; r. reverend]. —*n.* that which is right or correct न्याय, नीति *f*, उजूपणा; freedom from falsehood खराई *f*, खरेपणा; adherence to truth सत्यनिष्ठा *f*; a just judgment न्याय, इनसाफ, दाद *f*; integrity प्रमाणिकपणा; that to which one has a claim हक, हकमाल; legal power अधिकार, सत्ता *f*; a sheriff has a r. to arrest a criminal; claim दावा, हक; all *rights* कुलबाब *f*; immunity माफी *f*, सूट *f*; उजवी बाजू *f*, उजवें अंग *n*; सुफराटी बाजू *f*; one's own r. स्वाधिकार; might makes r. फांसा पडेल तो डाव राजा करील तो न्याय; to set to r. नीट क., सुधारणें; बंदोबस्तानें चालवणें.

—*v. t.* निटावणें, सुफराटणें, न्याय क., दाद देणें. —*i.* निटावणें, सुफराटणें. -FUL *a.* हक्कदार (heir); सत्तेचा, हक्काचा (property); रास्त, यथान्याय, वाजवी, in comp. धर्म (war). -HAND उजवा हात. -LY *ad.* नीट, उजू, बरोबर, न्यायानें; यथायुक्त, यथामार्ग; दुरुस्त, खरा. -NESS उजूपणा, सरळपणा : r. of a line; यथान्यायता *f*, लायकी *f*, न्याय.—RIGHTEOUS *a.* न्यायी, नीतिमान; holy पवित्र, पुण्यशील. -NESS न्यायीपण *n*, नेकी *f*, रास्तपणा; *Theol.* the work of Christ, which is the ground of justification ख्रीस्ताचें पुण्य *n*.

RIGID *a.* (*rigidus*, to be stiff) ताठ, ताठर; severe करडा, खरमरीत, जालीम;—account, &c. काडीकाडीचा, तिळानतिळाचा. -ITY ताठपणा, ताठरपणा; करडेपणा, जालीमपणा.—RIGOUR ताठपणा; करडेपणा, कठोरपणा;—as of heat or cold कडाखा, कडका; *Med.* as in the cold fit of fever कांटा, कांटे; sternness कठोर -कडकडीतपणा; stiffness of opinion कडकडीत मत *n*;—of temper करडी प्रकृति *f*. -OUS *a.* करडा, उग्र; कठोर, निष्ठुर; कडक, कडख्याचा (cold); minute काडीनकाडीचा, कवडी कवडीचा (account).

RILL (*rivulus*, a small brook) ओहळ, उपळी *f*.

RIM* कांठ, किनारा.

RIND* साल *f*, त्वचा *f*, सालपट *n*.

RING*, a circle कडें *n*, चक्र *n*, वेढा; as an ornament for the wrist तोडा; finger r. अंगठी *f*, मुद्रिका *f*, वळें *n*;—of metal कडी *f*, कडें *n*, वाळा; a circular group of persons घेरा, वेढा, कचोळें *n*;—of grass, cloth, &c. चुंबळ *f*, आहरा;—at top playing रिंगण *n*; as of a bullock turning a mill भोंवार *f*; r. binding mallets, rammers, &c. मांडळ *f*, वसूं *n*;—of wire for the nose or ear वाळी *f*;—for the toe जोडवें *n*;—for the hand of a female पाटली *f*, चुडा;—of a male कडें *n*;—of a drum, sieve, nose-ring, &c. गाडा.—*v.* घेरा -वेढा घालणें; अंगठी -वाळी इ० घालणें;—a horse चक्रावर -मंडळावर धरणें. -BOLT, an iron bolt, with an eye at its head, and a ring through the eye हलकी *f*. -LEADER मोहरपी, पुढाईत. -LET झुलूप *n*. -WORM गजकर्ण *n*, दाद *f*, दद्रु.

RING* *v.* cause to sound, as a metalic body वाजवणें, घणघणावणें; produce by ringing, as a sound वाजवून नाद उत्पन्न क., नाद क.; repeat often, loudly or earnestly खणकावणें, शिरा ताणून -ठोठावून बोलणें; [to r. in or out, to usher, attend on, or celebrate, by the ringing of bells; to r. out the old year and r. in the new].—*i.* वाजणें, झणझणणें;—the ear झणझणणें, भणभणणें; be filled with a report or talk घुमणें, दणदणणें.—*n.* झणकार, झणत्कार.

RINSE* *v.* wash lightly विसळणें, धुणें;—as clothes खंगाळणें, खळबळणें; cleanse by the introduction of water, as hollow vessels खंगाळणें, विसळणें;—as the mouth गुळणा क. [out].

RIOT *F.* wanton or unrestrained behavior दंगा, हंगामा, गर्दी *f*; wild festivity धुमाळी *f*, धुमश्चक्री *f*; to run r. बावचळणें, वायकळणें, माजणें.—*v. i.* गर्दी -दंगा क. -उठवणें -माजवणें; धुमाळी -धुमश्चक्री क. [in]. -OUS *a.* धुमाळीचा, धुमश्चक्रीचा (Luke xv. 13); गर्दीचा, दंग्याचा, पुंडाईचा (assembly, proceeding).

RIP* *v.* tear or cut open चिरणें, फाडणें, विदारणें; open up उसवणें, उस्तरणें; discover उघाडीस आणणें, विचका क.;—faults उखाळ्या पाखाळ्या काढणें [off].

RIPE* *a.* ready for reaping पिकलेला, पक्व; advanced to the state of fitness परिपक्व,

तयार, झालेला (cheese); to be r. as a fruit पिकणें, होणें; matured पिकलेला, पक्व (tumor); perfected सिद्ध, परिपूर्ण, निपुण, निष्णात (scholar);—in years पोक्त, प्रौढ, वृद्ध; —prepared तयार, सिद्ध: things are r. for war; resembling ripened fruit in ruddiness and plumpness लाल व भरदार, ताबूस व गुबगुबीत (lips).—RIPEN v. पिकवणें; पूर्णतेस आणणें, परिपक्व क.—i. पिकणें; पूर्णतेस येणें; as mangoes, tamarind, &c. गुळमटणें, पाडास येणें -लागणें;— a field of corn, &c. काळसरणें. -NESS पक्वपणा, पक्वता f, पक्वदशा f; प्रौढी f, पोक्तपणा;—of a crop पीक n.

RIPPLE v. i. Ger. खळखळणें, खळखळ वाहणें. —n. खळखळ f, खळाळी f.—RIPPLINGLY ad. खळखूळ, खळखळ, खळकण.

RISE* v. i. ascend वर जाणें, वर चढणें; ascend or float in a fluid तरंगणें; grow upward वर -उंच वाढणें, वाढणें: a tree *rises* a hundred feet; become erect उठणें, उभा राहणें: to r. from a chair, or from a fall; leave one's bed उठणें, निजून उठणें; tower up उंच चढणें -दिसणें: the Alps r. far above the sea; slope upward चढणें, चढण लागणें: a path *rises* in this direction;— a heavenly body उगवणें, उदय पावणें -होणें;—a river, &c. चढणें, फुगणें, पाणी चढणें; increase in value or price, &c. दर -भाव -मोल चढणें -वाढणें; swell सुजणें, फुगणें (a boil); increase in intensity वाढणें, चढणें, बळावणें, जोर होणें (heat, the voice, debt); be promoted चढणें, वाढणें, मोठा होणें; come to mind आठवण -स्मरण -स्फूर्ति होणें, सुचणें: a thought *rose* in me; come to hands हातीं लागणें -येणें: there chanced to r. to my hand a book; revive मरून उठणें, सजीव होणें (Cor. i. 20); close a session सभा उठणें -बरखास -विसर्जन होणें; issue निघणें, उगम होणें, उद्भवणें (a river); break into rebellion उठणें, फिरणें, बंड क.—n. उभें राहणें n, उत्थान n; वर चढणें n, आरोहण n, ऊर्ध्वगमन n; चढती f, वृद्धि f, उदय; उगवणें n, उदय; मूल n, उगम, आरंभ; चढण f, चढाव; चढ, तेजी f.—RISING चढणारा, चढता, चढते कळेचा; वाढणारा, वर्द्धमान: चढत्या वयाचा; उगवणारा, उदयमान.—n. उठणें n, उत्थान n; पुळी f, फोड;—of measles, small-pox, &c. उगवण n.

RISIBLE a. (*ridere*, to laugh) हसणारा, हसनसमर्थ; हास्यजनक, हसूं येण्याजोगा.

RISK F. जोखीम n, भय n, धोका; to run a r. तवकल क.; at all *risks* जरूर.—v. जोखमांत -धोक्यांत घालणें -पाडणें.

RITE (*ritus*) act of performing divine or solemn service, as established by law, precept, or custom अनुष्ठान n, व्रत n, विधि, संस्कार.—RITUAL a. विधीचा, क्रिया संबंधी; संस्काराचा.—n. संस्कारपद्धति f -शास्त्र n.— RITUALIST क्रियावान, अनुष्ठानी, कर्मठ.

RIVAL v. (*rivalis*, belonging to a brook) बराबरी -स्पर्धा क., झुंजणें, लढणें.—n. & a. स्पर्द्धा करणारा, प्रतिस्पर्द्धी. -RY स्पर्द्धा f, चढाचढी f, हेवा.

RIVE* v. चिरणें, फाडणें, छेदणें.—i. चिरणें, फाटणें, तडकणें.

RIVER (*ripa*, a bank) नदी f; copious flow ओघ, पूर, नदी f: *rivers* of blood; bank of a r. नदीतीर n; the mouth of a r. नदीमुख n; bed of a r. पात्र n; watered by *rivers* नदीमातृक; a sacred r. गंगा f; r. of heaven सुरनदी f;—of hell वैतरणी f.— RIVULET ओहळ, नाला, ओढा.

RIVET v. F. fasten with a rivet खिळा ठोकून -मारून बोळवणें, खिळ्यानें खिळणें -जोडणें; fasten firmly पक्की क., न हालेसा क.; clinch बोळवणें, वळवणें.—n. दोहों शेवटांनीं बोळपलेला खिळा, चुरसा.

ROAD* रस्ता, वाट *f*, मार्ग ; —for ships नांगरवाडा ; to be on the r. वाटचालणें ; to take to the r. वाटमारणें, रस्त्यावर लुटणें ; public r. हमरस्ता, राजमार्ग. -STEAD नांगरवाडा.

ROAM *v. i. F.* रमणें, फिरणें, भटकणें, भ्रमणें [about].—*n.* भ्रमण *n*, हिंडणें *n*, विहार, परिचार.

ROAN *a. F.* having a bay color चिताडा (horse).

ROAR* *v. i.* cry with a full, loud, continued sound ओरडणें, आरोळी मारणें ; as a beast डरकाळी फोडणें, गरजणें ; as in pain ओरडणें, केंकणें, आक्रंदणें ; cry in anger डरकावणें, डरकाळी फोडणें, गुरकावणें ; make a loud confused sound, as wind, waves, cannon, passing vehicles, &c. दणाणणें, गरजणें, गडाडणें, धडधडणें ; laugh out loudly and continuously मोठ्यानें -खदखदां हासणें ; make a loud noise on breathing, as horses having a certain disease घोरणें [out].—*n.* डरकणें *n*, डरकणी *f*, डरकाळी *f* ; ओरडणें *n*, आरोळी *f* ; गडगडाट, गर्जना *f*, दणका. -ING *a.* डरकणारा, डरक्याफोडणारा ; गरजणारा, दणदणीत ; ओरडणारा, आरोळी मारणारा.

ROAST *v. F.* prepare, as meat, by exposure to heat भाजणें ; parch भाजणें, होरपळणें (coffee) ; banter severely हुरेरवडी उडवणें. —*n.* भाजण *n*, भाजप *n*.—*a.* भृष्ट.

ROB *v. Ger.* plunder लुटणें ; take away by force हिरावणें, छिनावून घेणें ; steal from चोरणें. -BER लुटारू. -BERY, *Law*, the felonious taking of money or goods from the person of another, or in his presence, against his will, by force, or by putting him in fear लुटणें *n* ; जबरीची चोरी *f*, चोरी *f*, लूट *f* ; gang r. दरोडा ; highway r. वाटमारा.

ROBE *F.* जामा, झगा ; r. of honor presented by a king, &c. खिलात *f* ; r. and turban bestowed in honor शेलापागोटें *n*, शिरपाव.—*v.* पोशाक घालणें, वस्त्रें नेसवणें.

ROBIN *Ger.* एक गाणारा पक्षी आहे.

ROBUST *a.* (*robustus*) hard धट्टाकट्टा, जोरदार, बळकट ; rough दांडगा ; requiring vigor मेहनतीचा, बळाचा, दांडगा, घसमर (employment).

ROCK *F.* a large mass of stony material खडक, धोंडा, दगड ; refuge आश्रय : (2 Sam. xxii. 2) ; r. in the sea खराबा, कांडा ; sheet of r. कातळ, खडक ; ledge of r. दांडा, खडक ; flat r. in the sea कासा ; a projecting r. बिंडा ; to cause the r. to flow दगडास पाझर आणणें ; r. salt शेंदेलोण *n* ; r. oil मातीचें तेल *n*.—ROCKY *a.* खडकाचा, खडकाळ ; खडका सारखा, कठीण, निर्दय, in comp. पाषाण.

ROCK* *v.* move backward and forward as a body resting on a support beneath डोलवणें, झोका -झोके देणें ; put to sleep by rocking पाळणा हालवून निजविणें [to and fro]. -ING *a.* डुलडुल हलणारा, डळमळीत ; r. stone उलटा दगड.—*i.* डुलणें, डगमगणें. -ET बाण, तारा.

ROD* (*Skr. ridh*, to grow) a long twig काठी *f*, दांडा ; instrument of punishment काठी *f*, छडी *f*, दंड ; sceptre छडी *f*, वेत्र ; instrument for measuring काठी *f* ; race कूळ *n*, जात *f* ; a measure of length containing 16½ feet काठी *f*.

RODOMONTADE *F.* अरेरावकी *f*, तीनतेरा गोष्टी *f pl*.

ROE *Ger.* माशाचीं अंडीं *n pl*.

ROE* हरणी *f* ; buck हरण *n*, *m*.

ROGUE *F.* a knave सोदा, लुच्चा, ठक ; vagabond भटक्या, उडाणटप्पू ; way गुलाम, गुंड. -RY लबाडी *f*, सोदेगिरी *f*, लुच्चेगिरी *f*, गुलामगिरी *f*.

ROLL *v.* (*rotulus*, a little wheel) लोटणें, लोटून नेणें ; make to revolve फिरवणें ; wrap round on itself गुंडाळणें, लपेटणें ;—cakes, &c. लाटणें, वळणें ; along, over, in लोळवणें ;

—the eyes चाळवणें, फिरवणें [round, off, away, in].—*i.* लोटणें, लोटत चालणें -जाणें; हेलकावा -झोके खाणें; be formed into a cylinder or ball वळकटी -गुंडाळी होणें; लाटणें : the paste *rolls* well; wallow लोळी येणें, लोळणें : a horse *rolls;*—as time लोटणें;—as in pain वळवळणें;—over and over on the ground लोळणें, गडबडणें;—as a boat डुलणें, झोके खाणें;—as in dogged resistance लोळण घेणें.—*n.* वळकटी *f*, गुंडाळी *f*;—as of a mortar लाट *f*, लाटणी *f*; a document written on a piece of parchment, paper, &c. पट, फर्द; register तक्ता, याद *f*; small loaf of bread made from dough rolled up into a cake before baking लाट्या, लाटा; of tobacco चुट्टा, विडी *f*, चिरुट; uniform beating of a drum which strikes so rapid as scarcely to be distinguished by the ear ताशेरा;—of the betel-leaf पट्टी *f*, विडा;—of tape, rope, &c. भेंडाळें *n*, पेंडोळें *n*;—of thread, &c. कोपरी *f*, कडी *f*;—of paper, cloth सुरळी *f*. -ER लोटणारा;—for cakes लाटणी *f*, लाटणें *n*;—for levelling ground लाट *f*, 'रोळ';—as of a mortar लाट्या, लाट *f*; bandage पट्टी *f*. -ING लोटणें *n*, डुलणें *n*; लोटांगण *n*, लोळण *n*, लोळी *f*; proceeding (to a place of pilgrimage, temple, &c.) by r. one's self over and over लोटांगण *n*. -ING-PIN लाटणी *f*, लाटणें *n*.

ROMAN *a.* (from *Roma*, Rome) रोम शहरचा; रोमी लोकांचा; रोमन क्याथॉलिक धर्माचा; printing उभा, नीट (letters).—*n.* रोम शहरचा राहणारा; *pl* प्राचीन ख्रिस्ती रोमच्या मंडळींतला. -ISM रोमन क्याथोलिक मत *n*. -IST रोमन क्याथोलिक धर्मावलंबी. -IZE *v.* रोमन क्याथोलिक मताचा क. -कडे फिरवणें.— ROMISH *a.* रोमन क्याथोलिक पंथाचा.

ROMANCE *F.* पुराण *n*, कादंबरी *f*.—*v. i* पुराण इ० सांगणें.—ROMANTIC *a.* अद्भुत रसाचा, विलक्षण (notions, taste); अद्भुतप्रिय, अद्भुत वृत्तीचा (person).

ROMP *v. i. F.* खिदडणें, धांगडधिंगा माजविणें, धिंगाणा घालणें [about].—*n.* धिंगाणा, धमशान *n*, धुमश्चक्री *f*; a rude girl who indulges in boisterous play घोडगी *f*, घोडी *f*, भोपळदेवता *f*.

ROOD *Ger.* fourth part of an acre जमीन मोजण्याची काठी *f*, काठी *f*, 'रूड' *f*.

ROOD* ख्रिस्तप्रतिमायुक्त वधस्तंभ, क्रूस.

ROOF*, cover of a house छावणी *f*;—of thatch छप्पर *n*;—of tiles कवलार *n*; flat r. of earth धाबें *n*;—of the mouth टाळू *f* -लु *f*.—*v.* छावणी -छप्पर घालणें, शाकारणें [in]. -ING छावणी *f*, शाकारणी *f*.

ROOK* कावळा.—*v.* ठकविणें, चोरी क. -ERY कावळ्यांचीं घरें बांधण्याची जागा *f*; [an overcrowded dilapidated building or cluster of buildings].

ROOM*, space which has been set apart to any purpose जागा *f*, स्थळ *n*; apartment कोठडी *f*, खोली *f*; fit occasion प्रसंग, संधि, सवड *f*; place unobstructed मोकळी जागा *f*; make r. पैस, जागा दे -सोड -कर; place left by another रिकामी झालेली जागा *f*, जागा *f*, स्थान *n*; inner r. गर्भागार; suit of *rooms* वठाण *n*; upper r. माडी *f*; to make r. जागा घेणें, वाट देणें; want of r. अनवकाश [for]. -INESS ऐसपैसपणा, जाग्याची प्रशस्ती *f*; प्रशस्तपणा.— ROOMY *a.* ऐसपैस, अघळपघळ, प्रशस्त.

ROOST* पांखराची रात्रीस बसायाची काठी -जागा *f*, अड्डू.—*v. i.* अड्डूवर बसणें, थाऱ्यावर बसणें [on].

ROOT *Sw.* that part of a plant which is fixed on the earth मूळ *n*, पाळ *n*, मुळी *f*; edible or esculent root मूळ *n*, कंद; progenitor पूर्वज, मूळपुरुष; original मूल, बुंध *n*,

बीज *n*; bottom बुडखा; primary cause मूल-आदिकारण *n*; radical word प्रकृति *f*, शब्दयोनि *f*;—of a verb धातु;—of a number मूल *n*;—of a square or cube पद *n*; cube r. घनमूळ *n*; square r. वर्गमूळ *n*; ramification of r. पाळ *n*; to take r. मुळावणें; fig. पाळें घेणें, पाळें मुळें भूमींत जाणें; turn out r. and branch पाळें मुळें खणून काढणें; aquatic r. पानकांदा; bulbous r. कांदा; *roots* and samples of medicinal virtue जडीबुट्टी *f*; having for its r. मूलक : पापमूलक दुःख *n*.—*v*. मूळ जडवणें -रोवणें, बद्धमूल क., गच्च बसवणें; out or up उपटणें, उपटून काढणें.—*i*. मुळें धरणें, मुळावणें, रुतणें.

Root* *v. i.* turn up the earth with the snout, as swine मुसकांडानें माती खणणें -खणून काढणें, उकीर काढणें; fawn servilely जीजी क., थुंकी झेलणें.—*t*. उकरणें, उकीर काढणें.

Rope*, large cord दोरी *f*, चऱ्हाट *n*, दोर; halter काढणी *f*, नाडा; a row or string consisting of number of things united बुडी *f*, वेणी *f*; large thick r. सोल *n*; piece of r. दोरखंड *n*. -dancer भोरपी, नाडेभोरपी, कोल्हाटी. -maker कंजारी वगैरे दोरी करणारा. -walk, a long covered walk, or a long building over level ground where ropes are manufactured करदोडी *f*.

Rose (*rosa*)—the bush गुलाब, गुलाबाचें झाड *n*;—the flower गुलाबाचें फूल *n*; China r. जासवंद *f*; dog r. सफेद गुलाब, शेवंती *f*; extract of *roses* अत्तर *n*; no r. without a thorn धान्य तेथें घुशी निधान तेथें विवशी. -apple—the plant or fruit जांब, गुलाबी जांब, साखरी जांब. -ate *a*. गुलाबी रंगाचा (bower); full of roses गुलाबांचा (beauty) -bay कन्हेर *f*. -colored *a*. गुलाबी रंगाचा, गुलाबी. -water गुलाबपाणी *n*.—Rosy *a*. गुलाबी रंगाचा; गुलाबा सारखा; लाल; charming मनोहर, सुंदर.—Rosary, bed of roses गुलाबाचा वाफा; a string of beads for counting prayers जपमाळ *f*.

Rot* *v. i*. कुजणें, सडणें.—*t*. कुजविणें, सडविणें. —*n*. एक रोग आहे, सडी *f*. -gut, dilute and sour liquid आंबट खळा, आंबट खळगट *n*. -ten *a*. कुजका, सडका; treacherous कुजका, मनाचा कुजका; used of ground खस्ती -ness कुजकेपणा, सडकेपणा.

Rotate *v. i.* (*rotare*, to turn round like a wheel) वाटोळा फिरणें, केंद्राभोंवतीं फिरणें; [go out of office and be succeeded by another or by others].—*t*. फिरवणें, फिरेसा क.—*a*. चक्राकार (corolla).—Rotation चक्रगति *f*; succession पाळीपाळीनें येण्याजाण्याचा क्रम, पाळी *f*, रहाटगाडगें *n*; in r. पाळीनें, क्रमानें.—Rotatory *a*. चक्रगतीचा; पाळीनें येणारा जाणारा.—Rote घोकणें *n*, घोकणी *f*.

Rotund *a*. (*rota*, a wheel) वाटोळा, वर्तुल. -ity वाटोळेपणा, वर्तुलता *f*, वर्तुलाकार, गोलाकार.

Rough* *a*. not smooth खरबरीत, खरखरीत; not polished किजबिडीत, भरड, धोबड (a gem); boisterous खवळलेला, वादळाचा, तुफानाचा (the sea); shaggy गेंदी, भोंगळ (dress, appearance); rude दांडगा, असभ्य, रगड्या (temper); harsh उग्र, कणेर, असुरी (measure, remedy); offensive to the ear कर्कश, कर्णकटु (sound); —to the taste रुखा, खट्टा (wine);—to the touch चरचरीत, चरबट; tempestuous वादळाचा, तुफानाचा (wind, weather); r. draft कच्चा खरडा; r. work झोडपट्टी *f*, रगडपट्टी *f*, धोबड काम *n*. -cast *v*. भरडणें, खरडून ठेवणें, आकारास आणून ठेवणें.—*n*. खरडा, आराखडा. -draw *v*. खरडणें, बेतणें, आकारणें, अंकणें,

-HEW *v.* सडकणें (timber); form rudely खरडणें, कच्चा आकार काढणें. -HEWN *a.* सडकलेला, सडकीव. -LY *ad.* खरखरीत, खडबडीत; सरासरी, सुमारानें; कठोरपणानें, निष्ठुरतेनें. -NESS खरबरीतपणा, किचबिडीतपणा; धसकेपणा, रांठपणा; उग्र -कठोरपणा; क्षुब्धता *f.* -RIDER चाबुकस्वार. -SHOD *a.* कांट्याचे नालांचा (horse); to ride r. रगडणें, झपाटणें, लाटणें.

ROUND *a.* (See ROTUND) circular चक्राकार, वाटोळा, वर्तुल; globular गोळाकार, वाटोळा; cylindrical दीर्घवर्तुल, गोलदार: the barrel of a musket is r.; curved कमानदार, अर्धचंद्रकार, बांकदार (an arch); full ठोक, घाऊक (number); large मोठा, बराच (sum); positive साफ, निखालस (assertion); exactly r. वाटोळा गरगरीत; a number that ends with a cypher and may be divided by ten without a remainder शुन्यांतक संख्या *f*; r. trot तुरूकचाल *f* (घोड्याची).—*n.* कडें *n*, चक्र *n*, मंडल *n*, वेढा; periodical revolution प्रदक्षिणा *f*, फेरा, आवृत्ति *f*; a series of duties which must be performed in turn, and then repeated फेरी *f*, आवर्त्तन *n*, रहाटगाडगें *n*; a circular dance चक्राकार नृत्य *n*, वाटोळा नाच; that which goes round a whole circle or company जें सर्व सभेच्या -मंडळीच्या भोंवता जातें तें: a r. of applause; rotation as in office पाळी *f*, बारी *f*; step of a ladder पावका, पायरी *f*;—of a guard फेरी *f*, गस्त *f*, 'रोंद' *n*; secret round चोरगस्त *f*; [*Mil.*, a general discharge of fire-arms by a body of troops in which each soldier fires once];—of a rope वेढा, वळसा; [r. of beef, a cut of the thigh through and across the bone; r. of cartridges and balls, one cartridge to each man]. —*ad.* गिरकांडा मारून, गरगरा; सभोंवता, चहूंकडे, फेऱ्यानें, फेराखाऊन; to go r. फेराखाणें -मारणें -घेणें; the whole year r. बारमास -माही; to look r. मुरडून -पाठीमागें पाहणें; to r. the head मुरडणें, तोंड फिरवणें; to come r. fig. बदलणें, वळणें.—*prep.* वरून, सभोंवता; आसपास, भोंवताला: to go r. the city.—*v.* वाटोळा -गोल क.: to r. a coin; पुरा क.; वाटोळा डौल देणें; move about आसपास फिरणें; to make full, smooth, and flowing भरदार -गोलदार क.: to r. periods in writing.—*i.* वाटोळा होणें. -ABOUT *a.* फेऱ्याचा, गिरकांड्याचा; ample विस्तीर्ण (sense). -HOUSE कान्स्टेबलाची चौकी *f.* -NESS वाटोळेपणा, गोलाकार -कृति *f.*

ROUSE* *v.* wake जागा क., उठवणें; excite जागा क., उत्तेजन देणें, चेतवणें; awaken into activity, as the attention जागृत -प्रबोधित -प्रबुद्ध क.; agitate क्षोभविणें, क्षुब्ध क., खळबळविणें; startle बिचकावणें, डचकावणें [up]. —*i.* उठणें, जागा होणें.

ROUT* *Ger.* clamorous multitude बाजारबुणगें *n*, कतवार *n*; uproar गलबला, गोंगाट.

ROUTE (*rumpere*, to break) दाणादाण *f*, पट्टाभूळ *f*, फौजेचा मोड.—*v.* मोड क., उधळणें, उडवणें.

ROUTE *F.* वाट *f*, रस्ता; r. by land स्थलमार्ग; r. by water जलमार्ग; en r. वाटेनें जात असतां.—ROUTINE नित्यपाठ, परिपाठ, नित्यकर्म *n*, रोजचें काम *n*.

ROVE *v. i.* (See ROB) हिंडणें, भटकणें, हिंडत फिरणें [about, over].—ROVER भटक्या, हिंडणारा, हिंडफिऱ्या; a fickle person ओढाळ; robber पुंड.

ROW*, file ओळ *f*, पंगत *f*, पंक्ति *f*, रांग *f*; —of flowering plants ताटी *f*, ताटवा;—of houses चाळ *f*; in rows हारोहार, हारीनें.

ROW* *v.* वल्हवणें, वलवून नेणें; वलवून पलीकडे नेणें. -ER वल्हेकरी. -LOCK part of the gunwale where the oar rests खुंट.

Row *F.* धादल *f,* गर्दी *f,* गोंधळ ; to kick up a r. दणका माजवणें.

Rowel (*rota,* a wheel) a little wheel of a spur, formed with sharp points कांटा, कांट्याची फिरकी *f;* seton पोत *f.*

Royal *a.* (See **Regal**) राजाचा, राजकीय, बादशाही, in comp. राज (family) ; becoming king or queen राजालायक, राजास किंवा राणीस शोभणारा, बादशाही ; magnificent अलिजाहा, उमदा, थोर ; r. attendant राजसेवक; r. city राजधानी *f* ; r. dignity राजप्रताप ; r. insignia राजलक्षण *n* -चिन्ह *n* ; r. mansion राजमंदिर *n* ; r. family राजकुल *n.* -ist राजाचा अभिमानी, राजाचा पक्ष बाळगणारा. -ty राजकी *f,* राजत्व *n,* बादशाही *f* ; kingdom राज्य *n* ; majesty राजा, नृप ; ensigns of r. छत्रचामर *n,* शिक्केकटार *f.*

Rub *v. W.* move with pressure घासणें, चोळणें, घर्षणें ; wipe पुसणें ; smear माखणें, चोपडणें ; polish साफ क., ओप -जिल्हई देणें [over] ; down मळणें, चोळ -मालीश क. (a horse); off घासणें, खरडणें, खरडून काढणें (rust); out पुसणें, खोडणें (a letter, stain) ; up घासणें, उजळणें ; उठवणें, जागा क. (the memory).—*i.* घांसून जाणें, लागणें ; through रेटून जाणें, जसें तसें करून जाणें ; निभावणें, पार पडणें : to r. through the world.—*n.* घासणी *f,* मळणी *f,* मर्दन *n* ; घसरा, घष्टा, घर्षण *n* ; अडचण *f,* हिसका, धक्का. -ber घासणारा ; पुसणारा, घांसून -घष्टा देऊन जाणारा ; stone to smooth and polish (paper, metals) मोहरा, घोटा ;—for a horse हातणी *f.* -bish कचरा, केर, गाळ ; r. and filth हिडीस *n,* हेंदर *n* ;—as of a fallen building or wall मलमा. -stone घोटा ; a whet-stone निष्णा.

Ruby (*ruber,* red) a precious stone माणीक *n,* लाल ; redness लाली *f* ; a blotch फोडाचें चकंदळ *n* ; [a size of printing type smaller than nonpareil].—*a.* रक्त -लोहीतवर्ण.

Rudder* सुकाण *n* -णू *n.*

Ruddle* गेरू *f.*—**Ruddy** *a.* तांबूस, लाल ; —of a lively flesh color or the color of the human skin in high health तुळतुळीत, तुकतुकीत, टवटवीत *n.*

Rude *a.* (*rudis*) rough दांडगा, उद्धट, असभ्य ; coarsely executed धोबड, भसाडा, धसाडा, रटाला ; uncivil रानटी, अशिक्षित, रांगडा ; barbarous रानटी, जंगली ; unskilful अनाडी, कच्चा, नाकसबी. -ly *ad.* रानटीपणानें ; धटाईनें, धिंगामस्तीनें, दांडगाईनें, मुरवतीवांचून ; धोबड, कच्चा. -ness रानटीपणा, दांडगेपणा ; धटाई *f,* धिंगामस्ती *f* ; धोबडपणा, भसाडेपणा ; अनाडीपणा.

Rudiment (do.) मूलतत्व *n,* बीज *n* ; *pl* मूळपीठिका *f,* आरंभ, उपक्रम. -al, -ary *a.* मूलतत्वाचा, मुळारंभाचा.

Rue* *v. i.* रडणें, पस्तावा क.—*t.* रडविणें, दुःख देणें ; -च्या करितां रडणें -शोक क. -ful *a.* रडका, रडकुंडा ; r. countenance रडती -रोती सुरत *f* ; knight of the r. countenance रडता राऊत.

Rue*—the plant सताप ;—the leaves सतापाचा पाला.

Ruffian *F.* दांडगा, हमामदांडगा, काटक, सोरट.

Ruffle *v. Ger.* wrinkle सुरकुत्या घालणें -पाडणें ; disturb the surface of गढुळणें, क्षोभविणें, खवदळणें ; agitate व्याकुल -क्षुब्ध क. (the mind) ; throw together in a disorderly manner पसारा पाडणें [by].—*n.* चुणी *f,* सुरकुत्या *f pl* ; अस्वस्थता *f,* व्यग्रता *f.*—**Ruffled** *a.* सुरकुत्या घातलेला -पाडलेला ; चोळवटलेला, गुधडलेला ; व्यग्र, उद्विग्न, क्षुब्ध.

Rug* नमदा.

Rugged* *a.* rough खडबडीत, उंचसखल; shaggy केसटीचा, झिपऱ्या (bear); austere कठीण, कडक, करडा (temper); stormy वादळाचा, तुफानाचा (winds); harsh कर्कश (sound); surly दाष्ट, खाष्ट (looks); violent दांडगा, उद्धट (conduct).

Ruin (*ruere,* to fall with violence) destruction नाश, बिघाड, ध्वंस; *pl.*—of buildings चुराडा, खिंडार *n,* ढिगार; defeat भंग, पराजय; that which promotes injury अनर्थ, अपाय;—of fortune, estate, affairs, &c. सत्यानाश, वाटोळें *n,* खराबी *f,* पाटावरवंटा; to fall into r. मोडणें, मोडकळीस येणें. —*v.* मोडणें, मोडून टाकणें, धुळीस मिळवणें; नाश क., बुडवणें; नाश -सत्यानाश -खराबी क.; भिकेस लावणें, वाटोळें क. [by, with]. -ous *a.* घातक, नाशक; मोडकळीस आलेला, पडका, मोडका; ओसाडीच्या ढिगाचा.

Rule (*regula*) instrument by which lines are drawn रेखाटणी *f* -णें *n,* 'रूल' *f*; regulation विधि, नेम, कायदा; that which is settled by custom शिरस्ता, दस्तूर; behavior चाल *f,* रीत *f*; government अम्मल, राज्य *n*; mastery सत्ता *f,* हुकुमत *f,* धनीपणा; *Math.* राशि *f*: r. of three त्रैराशिक *n*; *Gram.* नियम, रीत *f*; standard परिमाण *n,* प्रमाण *n,* धडा; foreign r. परचक्र *n*; to bring under r. सुतास लावणें -आणणें; to keep one's r. बेतावर बसणें; to lay down *rules* for रेघ काढून -ओढून देणें; according to r. यथाविधि; r. of action कर्मविधि.—*v.* अंकणें, रेखटणें; अम्मल -अधिकार चालवणें; अनुशासणें; ठरविणें [over, with, by].—*i.* अम्मल -प्रभुत्व क. -चालवणें -असणें; *Com.* maintain असणें, राहणें: prices r. lower than formerly.—**Ruler** आंखणी *f,* रेखाटणी *f,* 'रूलर' *f*; स्वामी, प्रभु, राजा, राणी *f*; अधिपति, शास्ता, नियंता.

Rum *F.* एक प्रकारची दारू आहे.

Rumble *v. i. Ger.* गडगडणें, दडदडणें;—the belly पोटांत गुडगुडणें.—*n.* गडगडाट.

Ruminate *v.* (*rumen,* the throat) chew the cud रंवथ क.; meditate ध्यान -मनन क. [upon].—**Rumination** रंवथ *n*; ध्यान *n,* मनन *n,* चिंतन *n.*

Rummage *v. i.* (*-mutare,* to change) धुंडाळणें, चाळाचाळ क., हुडकणें, उचलाउचल क.

Rumor (*L.*) flying report अफवा *f,* कंडी *f,* आवई *f,* उडत बातमी *f*; report of a fact गोष्ट *f,* खबर *f* (Luke vii. 17).—*v.* आवई उडविणें -पसरणें [about].

Rump *Ger.* ढुंगण *n,* चौक; sinking in of the r. (of a cow, goat, &c., at calving) खोलगटणें, शेपलडी पडणें.

Rumple* *v.* सुरकुत्या पाडणें, चुरमुटणें, गुधडणें. —*n.* सुरकुती *f.*

Run* *v. i.* go with a lighter or more rapid gait than by walking धांवणें, धांवत येणें -जाणें, पळणें; retreat or fly away पळणें, पळून जाणें; steal off पोबारा क. -म्हणणें, गच्छंती क.; contend in a race पैजे करितां धांवणें; pass चालणें, गुजरणें (time); flow गळणें, वाहणें, निझरणें; turn, as a wheel फिरणें; spread पसरणें: the fire *ran* along upon the ground; reach पोंचणें: the memory of which *runneth* not to the contrary; go back and forth from place to place, as a stage coach जाणेंयेणें क., जाऊन येणें, जाता येता असणें, खेप टाकणें -क.; be kept in action चालू असणें, चालणें: an engine *runs* night and day; have a course गति -धांव असणें: a line *runs* east and west; to be in form thus, as a combination of words असा मायना असणें: the king's style *runneth* 'Our Sovereign Lord, the King'; to be popularly known लोकांस माहीत असणें, लोकप्रसिद्ध अ.: men give their own names by which they r. a great while in Rome; have growth

वाढणें, वाढ असणें: boys and girls r. up rapidly; tend वळणें, कलणें: man's nature *runs* to herbs; unite मिळणें, एकहोणें, मिळून जाणें: colors r. in washing; go in company संगतीं -बरोबर जाणें: certain covenants are said to r. with the land; continue without falling due चालू -लागू असणें: a note has thirty days to r.; discharge pus, as an ulcer बरबरणें, वाहणें, लस -पू वाहणें; to let r. जाऊं देणें, सोडणें, ढिला क.; after पाठीस लागणें; मिळविण्याचा यत्न क., शोध क.; at शिंगानें ढुसण्यासाठीं अंगावर धांवणें -घसरणें; away पळून जाणें, पळणें; away with घेऊन पळून जाणें; स्त्रीस घरांतून पळवून नेण्याला सहाय क.; जोरानें ओढीत -पळवीत नेणें, पळणें: the horse *ran* away with the carriage; in or into रुतणें, रुपणें, रोवणें; —in trust उचापत -उधार -काढणें, कर्ज क.; in with मिळणें, मान्य होणें; on चालू असणें; बडबड -वटवट चालणें; क्रम चालू असणें; ठोमणे मारणें; [*Print.* to be continued in the same line, without making a break]; out खपणें, संपणें; पसरणें, फैलावणें; over ओसंडणें, -वर सांडणें, वरून जाणें: a cup *runs* over; वरवर पाहणें; -वरून गाडी -घोडा जाणें: to r. over a child; up फुगणें, पूर येणें; वाढणें, चढणें (account);—off with a paramour married woman हात धरून जाणें;—a man with a woman काढणें, काढून नेणें;—a road, range of a hill, &c. वाहणें, लागणें, चालणें; —a damp paper, ink, &c. फुटणें, चरणें, पसरणें [from, to].—*t.* धांवविणें, पळविणें, दवडणें; मनांत वागविणें -आणणें: to r. the world back to its first original; भोसकणें, ढुसकणें; खुपसणें; ओढून आणणें (Acts xxvii. 41); fuse वितळणें; shape डौल -घाट देणें: to r. bullets; ओढणें, काढणें (a line); smuggle जकात टाळून -चोरीनें (माल) आणणें; hazard जोखमांत टाकणें;—a seam धावता दोर घालणें; down थकेपर्यंत पाठीस लागणें, पाठीस लागून थकविणें; down -नावें बोंब ठोकणें, हाकाटी मारणें; मोडणें, दाबणें; hard खणपटीस -गळीचिपीस बसणें; out बाहेर ढकलणें; परिणामास -शेवटास नेणें; उडवणें, उधळणें (an estate); through उधळणें, उडवणें; up वाढणें, चढणें (account).—*n.* धांवणें *n*, धांव *f*, दौड *f*; धारा, क्रम, रीत *f*; prevalence चलती *f*, प्रचार; pressure on a bank for payment of its notes बँकेवर नोटी वटावण्याचा मारा -ची उडी *f*; [the aftermost part of a ship's bottom; the distance sailed by a ship; a voyage] extent of a r. धांव *f*; at a r. एका तडाक्यानें; in the long r. शेवटीं, अखेरीस, परिणामीं. -AGATE, -AWAY पळपट, पळका. -NER धांवणारा, धांवमारणारा; पळणारा, पळका; courier कासीद, जासूद; shooting spring पागोरा. -NING *a.* धांवरा, धांवता; धांवण्याच्या कामाचा (horse); successive लागोपाठचा पाठोपाठचा: to sow land two years r.; flowing सरळ, सुरळीत (hand); वाहणारा, बरबरीत (a sore); [r. fight, a battle in which one party flees and the other pursues, but the party fleeing keeps up the contest; r. fire, a constant fire of musketry or cannon; r. title, *Print.*, the title of a book that is continued from page to page on the upper margin].

RUNNET* विरजण *n.*

RUPEE (*Skr. rupya*, silver) रुपया.

RUPTURE (*rumpere*, to break) भेद, स्फोट; state of being broken फूट *f*, स्फोट; breach of peace, either between individuals or nations फूट *f*, बिघड, स्नेहभंग; *Med.*, hernia अंतरगळ, अंत्रवृद्धि *f*; *ruptured* gut पोटाळा.—*v.* तोडणें, फोडणें.—*i.* फुटणें.

RURAL *a.* (*ruris*, the country) खेड्यापाड्याचा, बाहेरगांवचा, ग्राम्य; pertaining to farming शेतकीचा, कृषिकर्मांचा.

Rush* लव्हाळा, नागरमोथा; the merest trifle काडी *f*, कसपट *n*.—**Rushy** *a.* लव्हाळ्याचा.

Rush* *v. i.* move or drive forward with vehemence झपाट्यानें -रपाट्यानें चालणें; enter with undue eagerness शिरणें, घुसणें, रिघणें; at, on, upon अंगावर तुटून पडणें, घसरणें; in दपटून शिरणें, घुसणें; forward, headlong, through मुसंडी मारणें.

Rust*, crust which forms on the surface of metals मोरचा, मळ, किट्ट;—of iron जंग, तांब *f*;—of copper कलंक; any foul matter contracted बुरसा, बुरा.—**Rusty** *a.* जंगलेला, तांबलेला; impaired by inaction or neglect of use मळीण, मजीत, वापर -राबता नसल्यामुळें बिघडलेला.

Rustic *a.* (See **Rural**) खेडेगांवचा; rude रानटी, असभ्य, गांवढळ (manners); plain साधा, गांवरानी (dress); simple साधा, भोळा, साबडा.—*n.* खेडेगांवचा राहणारा, शेतखप्या, कुणबी.—**Rusticity** गांवढळपणा, गव्हारपणा.

Rustle* *v. i.* सरसरणें, सरसरत जाणें, खडबडणें.—*n.* खडबड *f*, खडखड *f*, खडखडाट.

Rut *F.*—in animals माज, उधान *n*, भर;—of elephants, camels, &c. मस्ती *f*;—of mares, she-asses हात्याण *n*; to be in r. माजास -मस्तीस येणें.

Rut (See **Route**) चाकारी *f*.

Ruthless* *a.* निर्दय, कठोर.

Rye* गव्हा सारखें एक धान्य आहे.

Ryot *Ar.* प्रजा *f*, रयत *f*.

S

Sabbath *Heb.* विश्रामवार, रविवार, शाब्बाथ.

Sable *a. Ger.* सेबल नामक जनावराच्या लवेच्या रंगाचा; काळा.

Sabre *F.* वांकडी तलवार *f*, तेगा.

Saccharine *a.* (*Skr. sharkara*) साखरेचा, शर्कराधर्मक.

Sacerdotal *a.* (*sacerdos*, a priest, from *sacer*, holy) याजकाचा, यज्ञकर्माचा; s. office याज्ञिकी *f*; s. thread यज्ञोपवीत *n*.

Sack* पोतें *n*, थैला, गोणी *f*; double s. कंटाळ *f*, गोणी *f*; saddle s. पडशी *f*; plunder, as of a town गांवलूट *f*.—*v.* पोत्यांत घालणें; लुटणें. -**cloth** तरट *n*, गोणताट *n*. -**ful** *a.* गोणीभर.

Sackbut *F.* अलगुजें *n*.

Sacrament (*sacer*, sacred) a solemn religious ordinance संस्कार; the Lord's Supper प्रभुभोजन *n*. -**al** *a.* विधीचा, संस्कार संबंधी; विधीनें बांधलेला, संस्कारबद्ध.

Sacred *a.* (do.) set apart to religious use देवास वाहिलेला, पवित्र; religious धर्माचा, धर्मसंबंधी (history); made holy पवित्र केलेला, देवाधर्माचा, पवित्र (place); venerable पूज्य, पूजनीय (name); inviolable अलंघ्य, अलंघनीय (secrets); consecrated संस्कृत, वाहिलेला (temple) [to]. -**ness** पवित्रपण, पवित्रता *f*; अनुल्लंघनीयता *f*: the s. of marriage vows.

Sacrifice *v.* (do.) make an offering of अर्पणें; immolate on the altar of God, either as an atonement for sin, or to procure favor, or to express thankfulness यज्ञ -होम क., बळी देणें; give up for the sake of देणें, -साठीं बदल देणें [to, for].—*n.* अर्पण *n*; यज्ञ, होम, बळी; परित्याग, उत्सर्ग, समर्पण *n*; fire for s. होमाग्नि; pit for s. यज्ञकुंड *n*; place of s. यज्ञशाला *f*; officiating priest at s. याजक; his wife यज्ञपत्नी *f*; s. fire होमाग्नि; god of s. यज्ञेश्वर, यज्ञपुरुष; suitable for s. यज्ञोपकरणी; plot for s. वेदी *f*, स्थंडिल *n*;—of one's self आत्मनिवेदन *n* -समर्पण *n*.—**Sacrificial** *a.* यज्ञाचा, यज्ञसंबंधी; s. grass कुश *n*, दर्भ.

SACRILEGE (do.) धर्मादायाची चोरी *f*, देवस्वापहार.—SACRILEGIOUS *a.* देवस्वापहाराचा; profane देवनिंदक.

SAD* *a.* dull निस्तेज, काळा (color); serious गंभीर; affected with grief उदास, खिन्न, खेदयुक्त; afflictive दुःखाचा, अनिष्टाचा (accident); downcast तोंड उतरलेला, रडका, रडवा;—of a s. countenance दीनवदन, म्लानमुख. -DEN *v.* उदास -खिन्न क. -LY *ad.* उदासपणानें, दिलगिरीनें; दुःख वाटायाजोगा, भारी. -NESS उदासपणा, दिलगिरी *f*; उदासीनता *f*, औदासीन्य *n*; रडकेपणा, मुखमालिन्य.

SADDLE*, a seat placed on a horse's back जीन, खोगीर;—of a camel जहाज *n*, कजावा; [a piece of meat containing a part of the back of an animal with the ribs on each side; as a s. of mutton]; frame of a s. खोड *n*; foretie of s. गळबंद; sitting cloth over s. गाशा; side of s. छाप *f*.—*v.* खोगीर घालणें -ठेवणें; fix a charge or burden upon ओझें घालणें: to be *saddled* with the expense of bridges. -BACKED *a.* जीनपाठीचा. -BAG पडशी *f*, खोगीर. -BOW खोड *n*. -CLOTH गाशा. -GIRTH तंग. -HORSE स्वारीचा घोडा.—SADDLER जीनगर. -RY जिनाचें सामान *n*; जीनगराचा धंदा, जीनगरी *f*.

SAFE *a.* (*servare,* to save) free from injury निर्भय, बिनधोक; secure from harm सुरक्षित, धड, शाबूत; conferring safety निर्भय, आसऱ्याचा, अभयजनक (harbor) [from].—*n.* निर्भयस्थान *n*; a chest for securing provisions from noxious animals पिंजरा, भाळी *f*; [a fire-proof chest containing money, valuable paper, &c.] [for]. -CONDUCT, convoy वलावा, पावणी *f*; a warrant to pass अभयपत्र *n*. -GUARD protection बचाव, संरक्षण *n*; passport अभयपत्र *n*, कौल; a guard to protect a traveller ताकीददार, वलावा; [an outer petticoat to save a woman's clothes on horseback]. -LY *ad.* निर्भय, खुशाल, सुखरूप; सलामत, धक्का लागल्या वांचून, अचानक; in close custody बंदोबस्तानें, न जाईसा: to keep a prisoner s. -NESS, -TY निर्भयता *f*, निरुपद्रवता *f*; सुरक्षितपणा, शाबूतपणा *n*; आश्रय; place of s. निर्भयस्थान *n*. -LAMP अभयदीपिका *f*.

SAFFLOWER (*saffron & flower*)—the plant करडई *f*, कुसुंब;—the seed करडई *f*; oil expressed from the seed of s. करडेल *n*.

SAFFRON *Ar.* केशर, कुंकुम *n.*—*a.* केशरी, केशरी रंगाचा.

SAG* *v. i.* झुकणें, कलणें, खचणें.—*t.* झुकवणें.

SAGE (*salvia*) Salvia Bengalensis कापूरकचरा -री *f*.

SAGE *a.* (*sapere,* to be wise) शहाणा, चतुर, प्राज्ञ; proceeding from wisdom शहाणपणाचा.—*n.* ज्ञानी, सिद्ध पुरुष, पूर्णबोध; holy s. मुनि, ऋषि. -LY *ad.* शहाणपणानें, चातुर्यानें.—SAGACIOUS *a.* चतुर, शहाणा, तीक्ष्णबुद्धि. -LY *ad.* शहाणपणानें. -NESS शहाणपण *n*, चातुर्य *n.*—SAGACITY चातुर्य *n*, हुशारी *f*, दीर्घदृष्टि *f*, शहाणपण *n*.

SAGITTAL *a.* (*sagitta,* arrow) तिरा सारखा, बाणा सारखा.—SAGITARIUS (*L.*) धनु *n*, धनुरास *f*, धन *f*.

SAGO *Malay.* सागू, सागूचे तांदूळ *m pl*; grain s. सागू, सागूदाणा.

SAIL*, the sheet by which the wind impels a ship शीड *n*, अवजार *n*; a ship गलबत *n*, जहाज *n*; a journey upon the water पाण्यावरून जाणें *n*, जलपर्यटन *n*, सफर *f*; to set s. शीड हकारणें; to strike s. शीड उतरणें; sheet of a s. दमाण *n*; lower end of a s. yard घोंस; s. furled on its yard वात *f*.—*v.* शिडानें -जलमार्गानें जाणें; set sail शीड उभारणें; move smoothly through the air हवेंतून सरपटत जाणें

—*i.* गलबत हकारून जाणें; उडणें; गलबत हकारणें -चालवणें. -CLOTH चिवटा, पडम *n.* -ING समुद्रगमन *n.* -OR खलाशी, दर्यावर्दी. -YARD शीडकाठी *f,* परभाण *n.*

SAINT (*sanctus,* sacred) a holy person पवित्र पुरुष, साधु, संत, भक्त. -ESS संतीण *f.* -LINESS साधुत्व *n,* संतपणा; to assume s. कानात तुळसी घालणें.

SAKE* कारण *n,* हेतु; for the s. of साठीं, करितां.

SAL (*L.*) क्षार; s. ammoniac नवसागर.—SALINE *a.* खारट, खारा, लवणगुणक, मिठाचा.

SALARY (*salarium,* salt-money, the money given to Roman soldiers for salt, which was a part of their pay, from *sal,* salt) पगार, वेतन *n*; annual pay वर्षाचा पगार, साल *n.*

SALE* विकरी *f,* विकरा, खप; ready-money s. नगद विक्री *f*; for s. विकाऊ, विकायाचा; to set to s. विकायास मांडणें; deed of s. फरोक्त खत *n.* the first s. बोहणी *f.* -ABLE *a.* विकायाजोगा, क्रेय.—SALESMAN दलाल.

SALEP *Ar.* सालंमिश्री *f.*

SALIENT *a.* (*salire,* to leap) उडणारा, उडी मारित चालणारा; projecting बाहेर आलेला; prominent ठळक, मुख्य (traits).

SALIVA (*L.*) थुंकी *f,* लाळ *f,* मुखरस.—SALIVAL *a.* थुंकयाचा.—SALIVATE *v. Med.* तोंड आणणें -देणें.—SALIVOUS *a.* थुंकयाचा, लाळेचा.

SALLOW* *a.* पिकुट, पिकुटलेला, निस्तेज; to get s. पिकुटणें; s. hue of the countenance काळवंडी *f,* पिकटी *f.* -NESS पिंवळी छाया *f,* पिकुटपणा, पांडुवर्ण.

SALLY (See SALIENT) उडी *f,* उड्डाण *n*; —of anger or ardor उसळी *f,* वेग, आवेश, झटका;—of humor, wit, &c. लहर *f,* स्फुरण *n*; act of levity विलास, चापल्य *n*: the excursion was esteemed but a s. of youth;—*v. i.* छापा घालण्यासाठीं बाहेर पडणें [forth, out, from]. -PORT खिडकी *f,* चोरखिडकी *f.*

SALMON (*salmo*) एक जातीचा मासा आहे.

SALOON *F.* रंगमहाल, सदर *f.*

SALT* मीठ *n,* लवण *n,* क्षार; flavor चव *f,* स्वाद; piquancy चणचणीतपणा, मीठमिरची *f*; a dish for salt at table निमकदाणी *f*; a sailor खलाशी; *Chem.* क्षार; *pl.* marshes flooded by the tide खाजण *n* खार *f*; black s. काळें मीठ *n,* पादेलोण *n*; mineral s. रस, उपरस; water in which s. has been dissolved मिठवणी *f*; rock-s. सेंदेलोण *n,* सैंधव *n*; sochal s. संचळ *n,* संचळखार; to become impregnated with s. खारावणें; caste whose occupation is to prepare s. मिठागरी.—*a.* खारा, खारट (water); खारींतला, खारा (fish).—*v.* मीठ घालणें, खारा -खारट क. -CELLAR निमकदाणी *f.* -ED मीठ घातलेला, खारावलेला. -LESS *a.* अळणी. -MARSH खाजण *n.* -MINE मिठाची खाण *f.* -PAN, -PIT मिठागर *n.* -NESS खारटपणा; मिठाची रुचि *f.* -PETRE सोरा, सोराखार, सोरमीठ *n*; purified s. कलमी सोरा. -WORK मिठागर *n.*—SALTY *a.* खारट तुरट.

SALUBRIOUS *a.* (*salvus,* safe) शरिरास चांगला, आरोग्यजनक, निरोगी, पथ्यकर. -NESS, SALUBRITY शरिरास हितकारकपणा, आरोग्यजनकता *f.*—SALUTARY *a.* पथ्यकर; promotive of public safety लोकरक्षणाचा; contributing to some beneficial purpose परोपकाराचा, हितकारक (design) [for].

SALUTE *v.* (*salus,* health) address with expression of kind wishes कुशल प्रश्न क., क्षेम कुशल पुसणें; greet सलाम -नमस्कार -रामराम क., अभिवंदन क.; greet with a kiss चुंबन घेऊन सलाम क.; greet with a wave of the hand हात उचलून सलाम क. [with].—*n.* सलाम, नमस्कार, रामराम;

चुंबन *n*; *Mil.*, a discharge of cannon or small arms in honor of some distinguished personage, or on the anniversary of some festival;—sometimes also performed by lowering the colors or beating the drums सलामीची तोफ *f* -सरबत्ती *f* -चा तबूर -डंका इ०. -ATION सलाम, नमस्कार, कुरनिशात *f*; s. by, and to, Musalmans, &c. सलाम; s. by, and to, Gujaratis जयगोपाळ; s. by, and to, Byragis जयसीताराम.

SALVATION (*salvare*, to save) तारणें *n*, त्राण *n*, रक्षण *n*; *Theol.* redemption of man from the bondage of sin and liability to eternal death, and the conferring on him everlasting happiness तारण *n*, उद्धार, उद्धरगति *f*; deliverance from enemies सोडवणूक *f*, सुटका *f*; means of s. तारणोपाय; way of s. through devotion भक्तिमार्ग;—through works कर्ममार्ग;—through knowledge ज्ञानमार्ग;—through meditation योगमार्ग.

SALVE* मलम, लेप.

SALVO (*L.*) पकड *f*, सोडवण *f*, खिडकी *f*; to make a s. खिसा -फट. राखणें, सवड ठेवणें.

SAME* *a.* not different तोच, हाच (Ps. cii. 27); similar सारखा, सम, समान; just mentioned सदरहू, पूर्वोक्त, मशारनिल्हे; of the s. form समरूप; of the s. kind समजातीय, एकजातीय; of the s. age समवयस्क; the s. time समकाल. -NESS एकपणा, ऐक्य *n*; साम्य *n*, सारखेपणा.

SAMIEL *Ar.* प्राणघेणारी उष्णवाऱ्याची झळई *f*.

SAMPHIRE *F.* हदवेल *f*.

SAMPLE (See EXAMPLE) उदाहरण *n*; मासला, नमुना; a s., as a bundle of grass, a single fruit, a log of wood set aside from the mass in counting or weighing the whole to mark the completion of the total at each pause, and then counted to test the total सळई *f*.—SAMPLER मासला दाखविणारा; मासला, वानगी *f*.

SANCTIFY *v.* (*sanctus*, holy, *facere*, to make) पवित्र क. (Gen. ii. 3); make free from sin निष्पाप क., पवित्र क. (John xvii. 17); make efficient as the means of holiness पवित्रता उत्पन्न होण्यास साधन -कारणीभूत क., पवित्रतेचें साधन क.; give sanction to मंजूर -कायम क. [with, by].—SANCTIFICATION पवित्रीकरण *n*; पापनाशन *n*, पवित्रता *f*, अंतःशुद्धि *f* (2 Thess. ii. 13); consecration वाहणें *n*, अर्पण *n*, निवेदन *n*.—SANCTIMONY भक्तीचें ढोंग *n*, बकध्यान *n*, दांभिकपणा.—SANCTIMONIOUS *a.* दांभिक, बकध्यानी.—SANCTION, approbation and acceptance मान्यता *f*, ग्रहण *n*; support आश्रय, आधार, प्रमाण *n*; anything done or said to enforce the will, law, or authority of another मंजुरी *f*, 'सांक्शन' *n*.—*v.* पसंत -कबूल क., मानणें; confirm मंजूर -बहाल -कायम क.; आश्रय -आधार देणें.—SANCTITY पवित्रता *f*, अंतःशुद्धि *f*; inviolability अनुल्लंघ्यता *f*: the s. of an oath.—SANCTUARY, inner part of a temple गाभारा; sacred place पवित्रस्थळ *n*; a church भजनालय, देवालय *n*; a sacred and inviolable asylum अलंघनीय पवित्र आश्रयस्थान, निर्भयस्थान *n*, शरण *n*; [the most retired part of the temple at Jerusalem, called the *Holy of Holies*, in which was kept the ark of the covenant, and in which no person was permitted to enter except the high priest, and that only once a year, to intercede for the people; also, the most sacred part of the tabernacle; also, the temple at Jerusalem].

SAND* वाळू *f*, रेती *f*; वाळूचें मैदान *n*; a moment पळ *n*, क्षण. -BAG रेतीचा थैला.—

[BLIND *a.* having a defect of sight causing the appearance of small particles flying before the eyes]. -FLY केंबरें *n*, घुंगरटें *n*, केमूर *n*. -GLASS वाळूचें यंत्र *n* -घड्याळ *n*, वालुकायंत्र *n*.—SANDY *a.* रेतीचा, वाळूचा; वाळवंट, रेवसळ; वाळूच्या रंगाचा.

SANDAL (*Gr. sanidos,* a board) वहाण *f*, चपल *f*.

SANDALWOOD *Ar.* (*Skr. tshandana*) चंदन; red s. रक्तचंदन.

SANE *a.* (*sanus,* safe) healthy निरोगी, धडधाकट; not disordered in intellect सावध, हुशार, शुद्धीवर असलेला.—SANITY शुद्धि *f*. सावधपणा.

SANGUINARY *a.* (*sanguis,* blood) बहुरक्तपाताचा, रक्ताच्या पुराचा (battle); bloodthirsty खुनी, हिंसक, रक्तप्रिय.—SANGUINE *a.* रक्तवर्ण (flower); plethoric रक्तातिशयाचा (bodily temperament); ardent आस्थेवाईक, हौसदार (temper); confident उमेदवार, मोठ्या उमेदीचा: s. of success.—SANIES (*L.*) रगतपू, लस *f*.—SANIOUS *a.* रगतपुवाचा, लसीचा (matter); excreting serous matter लसीचा, पूयरक्तस्रावी (ulcer).

SANITARY *a.* (*sanus,* healthy) आरोग्य रक्षणाचा (regulation).

SAP* रस, चीक, द्रव. -LESS *a.* निरस, विरस, असार. -LING रोपा, माडा. -PINESS ओलेपणा, रसाळपणा. -PY *a.* रसभरित, रसरसीत; कोवळा, कच्चा; weak in intellect कोवळ्या बुद्धीचा.

SAP* *v. F.* पाया खणून -ढासळून पाडणें; *Mil.* सुरंग पाडणें.—*n.* सुरुंग. -PER सुरंग्या, 'स्यापर.'

SAPID *a.* (*sapere,* to taste) चवदार, स्वादिष्ट. -ITY चव *f*, रुचि *f*.—SAPIENCE शहाणपण *n*, चतुराई *f*.—SAPIENT *a.* चतुर, शहाणा; would be wise दीडशहाणा.

SAPOTA *Sp.* common s. कंवठ *n*.

SAPANWOOD *Sp.* पतंग, पतंगाचें लांकूड *n*.

SAPPHIRE *Ar.* इंद्रनीलमणि.—*a.* नीलाचा, नीलमय.

SARCASM (*Gr. sarkos,* flesh) a keen, reproachful expression ठोमणा, टोला, छद्म *n*, छद्मी भाषण *n*.—SARCASTIC *a.* छद्मी, वर्मी, ठोमण्याचा, व्यंगोक्तीचा. -ALLY *ad.* टोला -ठोमणा मारून -देऊन, उपरोधानें, व्यंगोक्तीनें.

SARCOMA (*Gr. sarkos,* flesh) *Med.* अवाळूं *n*, वाळूक *n*, गळूं *n*.

SARCOPHAGAN (*Gr.-phagein,* to eat) मांसभक्षक, मांसभोजी.

SARDINE, SARDIUS *F.*, a precious stone आरक्तक.

SARDONYX *L.* a gem गोमेद.

SARSAPARILLA, the Indian s. अनंतमूळ *n*.

SASH *F.* खिडकीच्या कांचेची चौकट *f*.

SASH (?) कमरबंद, कांच्या.

SATAN *Heb.* the devil, or prince of darkness सैतान. -IC, -AL *a.* सैतानाचा, सैतानी.

SATCHEL *F.* थैली *f*, पिसवी *f*.

SATELLITE (*satelles*) a secondary planet उपग्रह; an obsequious dependent परान्नभोजी, शेपूट *n*.

SATE, SATIATE *v.* (*satis,* enough) तृप्त क.; धण पुरविणें; surfeit अति तृप्त क., ओकारी -वीट आणणें, मिठी बसविणें [with].—*a.* धालेला, परितृप्त.—SATIETY अति तृप्ति, टेर *f*, ओकारी *f*, मिठी *f*.

SATIN (*seta,* thick, stiff hair) अतलस *n*, साटीन *f*.

SATIRE (*sat, satis,* enough) a composition generally poetical, holding up vice or folly to reprobation निंदेचा पवाडा, दुराचरणोपहासक कविता *f*; keenness and severity of remark उपरोधिक भाषण *n*, टोला, ठोमणा [on].—SATERIC, -AL *a.* उपहासक, निंदात्मक; निंदा करणारा, निंदक (person).—SATIRIZE *v.* निंदा क.

SATISFY *v.* (*satis*, enough, *facere*, to make) तृप्त क., पुरवणें, समाधान क.; convince खातरजमा क.; pay off फेडणें, देणें, वारणें (debt, claim) [by, with].—SATISFACTION तृप्ति *f*, संतोष; खातरी *f*, निशा *f*, समाधान *n*; compensation नुकसानी *f*, नुकसानी बदल पैसा वगैरे देणें *n*, फेड *f*; that which satisfies पूर्त्ति *f*, क्षमासाधन *n*.—SATISFACTORY *a.* समाधान करणारा, मनाजोगा; खातरीचा; फेड करणारा.—SATISFIED *a.* तुष्ट, संतुष्ट, पर्याप्त; खातरी झालेला, गतसंदेह; to be s. पोट भरणें, धण पुरणें; संतुष्ट होणें; खातरी होणें -असणें.

SATURATE *v.* (*satur*, full of food) पुरा भिजवणें, उमळविणें, कणानकण भिजवणें [with].

SATURDAY* शनवार, शनिवार.

SATURN (*Saturnus*) शनि; मूर्त्तिपूजक लोकांचा एक जुना देव होता. -ALIA (*L.*) होळीसारखा एक रोमन लोकांचा सण होता.

SATYR (*satyrus*) एक कल्पित वनदेवता *f* आहे.

SAUCE (*sal*, salt) तोंडीं लावणें *n*, कालवण *n*. —*v.* make poignant खरमरीत -चणचणीत क.—SAUCER वाटी *f*, रिकाबी *f*, तबकडी *f*.—SAUCY *a.* उद्धट, दांडगा; मगरूर, उद्धटपणाचा, दांडगेपणाचा, मगरुरीचा (looks).—SAUCINESS धिटाई *f*, दांडगेपणा, औद्धत्य *n*, मगरुरी *f*.

SAUNTER *v. i. F.* रमणें, रमत रमत फिरणें, झुलणें.

SAVAGE *a.* (*silva*, wood) रानांतला, जंगली, वन्य, वन, in comp. (beast); untamed अशिक्षित, असभ्य, रानटी; cruel क्रूर, निर्दय. —*n.* रानटी माणूस; क्रूर माणूस, खाटीक, कसाब, राक्षस.

SAVANT *F.* गुणग्राहक, पंडित, विद्वान.

SAVE *v.* (*salvare*, from *salvus*, safe) बचावणें, रक्षण क.: to s. a house from the flames; lay up सांठवणें, संग्रह क., ठेवणें (money); be in time for संभाळणें, टिपण साधणें: just *saving* the time; prevent निवारणें, टाळणें, to s. appearances फड संभाळणें; *Theo.* तारणें, उद्धरणें; hinder from being lost वाचविणें, उरवणें, राखणें [from, by, in].—*i.* शिलकेंत -स पाडणें, खर्च कमी क.—*prep.* शिवाय, खेरीज.—SAVING *a.* काटकसऱ्या, अल्पव्ययी. -*prep.* शिवाय.—*p. a.* नफ्याचा; काटकसरीचा. —*n.* काटकसर करून उरवलेला पैसा वगैरे, शिलक *f*, सांटपा इ०; reservation संकोच, पडदा.—SAVINGS-BANK पैसा शिलकेस टाकण्याची पेढी *f*.—SAVIOR तारणारा; JESUS CHRIST, the Redeemer येशू ख्रीस्त, तारणारा.

SAVOR (*sapor*), taste रुचि *f*, स्वाद, लज्जत *f*; odor वास, गंध.—*i.* वास, गंध -चुणुक मारणें [of].—SAVORY *a.* मजेदार, स्वादिष्ट, खमंग. —SAVORINESS मजेदारी *f*, चव *f*, गोडी *f*.

SAW* करवत *m, f*; double s. आढ्याकरवत.—*i.* करवतणें, अरकसणें, करवतीनें कापणें [off, away, asunder]. -DUST (करवतीनें कापलेल्या लांकूड वगैरेचा) भुसा, भुसकट *n*. -YER करवत्या, अरकशी; *sawyer's* work चिरकाम *n*. -FILE करवत घांसायाची कानस *f*. -FISH पोक मासा. -PIT अरकशी उभा राहण्याची खाच *f*.

SAY* *v.* utter in words बोलणें, ह्मणणें; repeat ह्मणणें, पाठ ह्मणणें (a lesson); be determined in mind as to -विषयीं निश्चय क., सांगणें: it is hard to s. what it is; announce as an opinion मत देणें; it is said असें ह्मणतात, लोक ह्मणतात; that is to s. ह्मणजे; s. in the imp. मला सांग, बोल [to, for, about]. -ING बोलणें *n*, ह्मणणें *n*; a proverb ह्मण *f*, आहणा.

SCAB* *Med.* incrustation over a sore or wound खपला, पापुद्रा, खपली *f*;—of cattle खवडे *pl.* -BED, -BY *a.* खपल्यांनीं भरलेला, खवड्यांचे रोगाचा.

SCABBARD *O. E.* म्यान *n*, मेण *n*.

Scaffold *F.* माचोळा, माळ, मंचक;—of a building पराची *f*, माळा; a stage for the execution of a criminal अपराध्यास फांसी देण्याचा माळा.—*v.* माळा -पराची बांधणें; sustain पाळणें, आश्रय देणें.

Scald* दारना. -head खवडे *pl.*

Scale*, thin lamina खरपुडा *f*, पापुद्रा;—of a fish, &c. खवल *n*, माशाचा खवला; incrustation deposited on the inside of a vessel in which water is heated साका —*v. i.* पापुद्रा -खवला निघणें.—*t.* खवलें काढणें (a fish); पापुद्रा काढणें; [*Gun.*, clean, as the inside of a cannon, by the explosion of a small quantity of powder.]

Scale (*scala*) a ladder शिडी *f*; *Math.* श्रेढी *f*; *Mus.* ग्राम; relative dimensions, without difference in proportion of parts प्रमाण *n*, स्केल' *n*: a map on a s. of an inch to a mile; regular gradation चढती -उतरती पायरी *f*, दरजा; on a small s. लहान प्रमाणावर, लहान; on a large s. मोठ्या प्रमाणावर, मोठा; to reduce to a small s. संपुष्टांत आणणें.—*v.* शिडी लावून चढणें; पायरी पायरीनें चढणें.

Scale*, balance तराजू *f*, तागडी *f*; dish of a balance पारडें *n*; *pl. Astr.*, the sign of the Balance तूळरासीची खूण *f*, तुला *f*.

Scalp (*scalpere*, to cut) माथ्याची कातडी *f*. —*v.* माथ्याची कातडी काढणें.

Scalpel (do.) शस्त्रवैद्याची सुरी *f*, -चें शस्त्र *n*.

Scamp *F.* सोदा, लुच्चा, गुलाम.

Scamper *v. i.* (do.) run with a speed पळणें, पळकाढणें; hasten to escape निसटणें, सटकणें, झुकणें.

Scan *v.* (*scandere*, to climb) scrutinize शोध -छडा लावणें -काढणें; go through with, as a verse, marking and distinguishing the feet of which it is composed छंदाच्या मात्रा गणणें -मोजणें.

69 D

Scandal (*scandalum*) offence caused or experienced लाज *f*, शरम *f*; defamatory speech or report चुगली *f*, चहाडी *f*; reproachful aspersion अपवाद, निंदा *f*; imputed disgrace शरम *f*, डाग, कलंक. -ize *v.* कलंक -काजळी लावणें, तुफान घेणें; कंटाळा -त्रास देणें -आणणें. -ous *a.* कंटाळा आणण्याचा, त्रासदायक; लाजीरवाणा, लज्जाकारक; चुगलीचा, चाहडीचा.

Scant* *v.* limit हद्द -आळा बांधणें; cut short आखूड -लहान क.—**Scanty** *a.* थोडा, अपुरता, अल्प.—**Scantily** *ad.* थोडा, चुटपुटा, अपुरता.—**Scantiness** थोडेपणा, उणेपणा, कोताई *f*.

Scapula (*L.*) खांदा, स्कंध.

Scar* डाग, चट्टा, वण, चटका.—*v.* डाग -चट्टा पाडणें [with].

Scarce *a.* (*excerpere*, to pick out) थोडा, अल्प, स्वल्प, महागाईचा; rare विरळा, दुर्लभ, दुर्मिळ. -ly *ad.* विरळा, क्वचित; कष्टें -श्रमें करून, जुलमानें.—**Scarcity** थोडेपणा, कमतीपणा, चणचण *f*; विरळपणा, दुर्लभता *f*.

Scare *v. Scot.* बुजवणें, डचकवणें, भिववणें [with, by, from]. -crow बुजणें *n*, तोडगा, भेडसावणें *n*.

Scarf* उपवस्त्र *n*, अंगवस्त्र *n*; girl's s. ओढणी *f*.—*v.* उपवस्त्र घेणें. -skin बाहेरली कातडी, बाह्यत्वक् *f*.

Scarify *v.* (*Gr. skariphos*, a pointed instrument) फांसण्या टाकणें -मारणें -घालणें; stir the surface soil of पाळ्या घालणें (a field).

Scarlet *F.* orange-red color सिंदुरवर्ण, शेंदऱ्यारंग; cloth of a scarlet color शेंदऱ्या रंगाचें वस्त्र *n*.—*a.* शेंदऱ्या रंगाचा, लाल; s. fever ज्या तापांत आंग लाल होतें तो लोहितांगज्वर.

Scate, See **Skate**.

SCATH* तोटा, नुकसान *n*, चट्टा.—*v*. तोटा -हानि क. -LESS *a*. बेनुकसान, शाबीत, सलामत, अविक्षत.

SCATTER* *v*. strew about विखरणें, पसरणें, पेरणें ; disperse फांकवणें, उधळणें, फांकाफांक क.; set thinly पातळ -विरळ घालणें -लावणें ; frustrate मोडणें, निष्फळ क., वाताहत क. (hopes, plans) [about, among].—*i*. फांकणें, पांगणें, फांकाफांक होणें. -ED विखरलेला, प्रसृत, प्रकीर्ण ; उधळलेला, विक्षिप्त ; पातळ लावलेला, विरळ, विसकळीत.

SCAVENGER* झाडू, हलालखोर, रस्ते झाडणारा.

SCENE (*scena*) stage रंगभूमि *f* -शाला *f*; part of a play प्रवेश ; curtain of the theatre नाटकगृहांतील पडदा ; assemblage of objects presented to the view at once देखावा, दृष्टिपात विषय ; place of occurrence, exhibition, or action जागा *f*, भूमि *f*, स्थल *n*. -RY देशाची रचना *f*, -चें स्वरूप *n*, देखावा, जलतृणवृक्षादि संस्था *f*;—of a theatre रंगभूमीची गृहवृक्षादि रचना *f*;—of war रणभूमि *f*, समरंगण *n*

SCENT *v*. (*sentire*) वास लावणें -देणें ; वास घेणें. [with].—*n*. वास, गंध ; sense of smell घ्राणेंद्रिय *n*; course of pursuit मागमूस ; s. of सुवारा.

SCEPTIC, SKEPTIC (*Gr. skeptikos*, thoughtful) one who is yet undecided as to what is true संदिग्धमति, अविश्वासी ; *Theol.*, a person who doubts the existence and perfections of God, or the truths of revelation नास्तिक, ईश्वरोक्त शास्त्र न मानणारा, चार्वाक. -AL *a*. अविश्वासी, संदिग्ध मानस.—SCEPTICISM अविश्वास, संशय, संदिग्ध मत *n* ; नास्तिक मत *n* ; ईश्वरोक्त शास्त्रावर अविश्वास.

SCEPTRE (*Gr. skeptron*, staff) a royal mace राजवेत्र *n* ; royal authority राजाधिकार.—SCEPTERED राजदंडधारी.

SCHEDULE (*Gr. schede*, a tablet, a leaf) जाबता, फेरिस्त *n*, याद *f*.

SCHEME (*Gr. schema*, form) plan बेत, नकशा ; project उपाय, कल्पना *f*, इलाज ; wild s. कचाट *n*, लचांड *n*.—*v*. युक्ति -तजवीज क., उपाय काढणें -क.

SCHISM (*Gr. schisma*) division भेद, तट, फळी *f*; [specifically, permanent division or separation in the Christian Church, occasioned by diversity of opinions or any other reason.] -ATIC *a*. मतभेदक, शाखाभेद संबंधी.—*n*. मतभेदी, शाखाभेदी.

SCHOOL (*Gr. scholé*) place where leisure is enjoyed, leisure time given to literary study, place of instruction शाळा *f*; exercises of instruction पाठशाळा *f*, धडा ; seminary for theology during the middle ages अध्ययनशाला *f*; assemblage of scholars पाठशाला *f*, शिष्यसमूह ;—system of doctrines शिक्षासंप्रदाय, शालासंप्रदाय ; disciples of a teacher शिष्यसमूह, शाला *f*; a sect in philosophy, theology, and science शाखा *f*, शालासंप्रदाय ; difference of s. शाखाभेद ;—of a good s. शालाशुद्ध ; s. of philosophy दर्शन *n*.—*v*. शाळेंत शिकविणें ; reprove तोंडची शिक्षा क., वाग्दंड क., धमकावणें. -BOY शाळेंत जाणारा मुलगा, विद्यार्थी. -FELLOW शाळेचा सोबती, गुरुबंधु. -HOUSE शालागृह *n*, शाळा *f*. -ING शिक्षण *n*, अध्ययन *n* ; शिक्षावेतन *n*, गुरुदक्षिणा *f*, शाळेची फी *f*, फसकी *f*. -MASTER पंतोजी, 'मास्तर.'—SCHOLAR विद्यार्थी, शिकणारा, शिष्य ; one engaged in the pursuits of learning विद्यार्थी, विद्याव्यासंगी, विद्यानुयायी ; a savant पंडित, विद्वान. -SHIP विद्वत्ता *f*, पांडित्य *n* ; maintenance for a scholar विद्यार्थ्यांचा पगार -ची पोटगी *f*, 'स्कालरशिप

f.—SCHOLASTIC *a.* पाठशाळेचा, पाठशाळा संबंधी; पाठशाळेंतला; pedantic विद्येच्या डौलाचा, पांडित्यदर्शक.—SCHOLIAST टीकाकार, ग्रंथावर टिपण लिहिणारा.—SCHOLIUM टीका *f*, भाष्य *n*.

SCHOONER *D.* दुकाठी गलबत *n*.

SCIATIC *a.* (*sciatica*) कमरेचा, कटी संबंधी. —SCIATICA कमरेचें दुःख *n*, कटिशूल.

SCIENCE (*scire*, to know) knowledge ज्ञान *n*, विद्या *f*; a branch of knowledge विद्या *f*, शास्त्र *n*, उपशास्त्र *n*; study of s. विद्याभ्यास; sacred s. श्रुति *f*, ज्ञान *n*; profane s. उपविद्या *f*; s., considered as wealth विद्याधन *n*.—SCIENTIFIC *a.* विद्येच्या -शास्त्राच्या नियमा प्रमाणें, विद्यासूत्रानुसारी.

SCIMITAR *F.* कटार *f*, तेगा.

SCINTILLATE *v. i.* (*scintilla*, a spark) थिणग्या उडवणें; sparkle चकचकणें, लकलकणें [with].

SCIOLIST (*scius*, knowing) पुस्तकावरून ओरखडलेला, खंडपंडित.

SCION *F.*, scion कलम *n*; a descendant अंकुर, कोम, वंशज;—of a plantain tree मोनवा, मोना.

SCIRRHUS (*L.*) मांसग्रंथि *f*; flat s. of the spleen or liver खापरी *f*.—SCIRRHOUS *a.* गांठीचा, गांठाळ.

SCISSION (*scindere*, to cut) कापणें *n*, छेदन *n*, खंडन *n*.—SCISSORS *pl.* कातर *f*.

SCOFF *v. i. D.* उपहास -निंदा -छिथू क. [at]. -ER निंदक, छिथू करणारा.

SCOLD *v. i. Ger.* खरडपट्टी काढणें, खडसून बोलणें [for].—*n.* कैकया *f*, कैदासीण *f*, ताटका *f*. -ING दपटणें *n*, मुंडण *n*, खरडपट्टी *f*, दटावणी *f*.

SCOOP *D.* a large ladle पळा, पळी *f*; a hollow खळी *f*, खळगी *f*; [a surgeon's instrument].—*v.* कोरणें, पोखरणें, उकरणें; पळीनें वाढणें -घालणें -काढणें [out].

SCOPE (*scopos*) aim धोरण *n*, संधान *n*, अभिप्राय; room जागा *f*, अवकाश, मोकळेपणा, अवसर; length लांबी *f*.

SCORCH *v.* (*ex*, *cortex*, bark) burn superficially भाजणें, होरपळणें; affect painfully with heat तळतळविणें.—*i.* पोळणें, जळणें; तळतळणें.

SCORE*, notch खड, कातरा; bill कर्जाऊ दिलेल्या पैशाची किंवा उचापतीची याद *f*; account देणें घेणें *n*, खातें *n*; number of twenty विसा *f*, खंडी *f*, कोडी *f*; account कारण *n*, हेतु; by the s.—selling कोडीनें -कोडीवर; on the s. of बाबद, सबब; by *scores* खंडीवारी; running up a s. उकडा, रतीब; on that s. त्यापेक्षां -पक्षीं.—*v.* कातरे पाडणें; mark with lines रेखटणें, रेघा ओढणें; set down a debt मांडणें, बोट ओढणें; out खोडणें.

SCORN (*cornu*, horn) extreme and passionate contempt तिरस्कार, तिटकारा; object of extreme disdain तिरस्कारास्पद. —*v.* तिरस्कार क., धिक्कारणें [for]. -ER धिक्कार करणारा, निंदक. -FUL *a.* निंदाखोर, तिरस्कारी.

SCORPIO (*L.*) विंचू; *Astron.* वृश्चिकरास *f*.— SCORPION विंचू; [a kind of whip armed with points like a scorpion's tail (Kings xii. 11)]; tail of a s. नांगी *f*, नांगा.

SCOT*, portion of money assessed or paid वर्गणी *f*, पट्टी *f*; fine दंड, द्रव्यदंड. -FREE *a.* दंडावेगळा -निराळा; clear मोकळा, मुक्त, सुटा, अजीबात.

SCOT* स्काटलंड देशाचा राहणारा.—SCOTCH *a.* स्काटलंड देशचा; स्काच लोकांचा.

SCOTCH *v. Eng.* खांदा -टेका देणें;—a wheel उटाळें लावणें.

SCOTCH *Gael.* फांसण्या टाकणें -मारणें.—*n.* फांसण्या *f pl.*

SCOUNDREL *Ger.* a man without honor or virtue लुच्चा, हरामी, मात्रागमनी.

SCOUR* *v.* clean by friction घासणें, चोळणें, उजळा देणें; purge violently धुणें, पोटांतला मळ काढणें (the bowels); pass swiftly over -वरून झपाट्यानें जाणें.

SCOURGE (-*corium,* leather) चाबूक, कोरडा; punishment शिक्षा *f,* दंड.—*v.* फटके मारणें; शिक्षा क. (Heb xii. 6) [for, with.]

SCOUT *F.* हेर, बातमीदार, गुप्त दूत.—*v.* हेरणें, टेहळणें; sneer at हेडसावणें, धुतकारणें, उडवणें [at, from].

SCOWL *v. i. Ger.* wrinkle the brows as in frowning कपाळास आढ्या घालणें; look angry डोळे वटारणें [upon].

SCRABBLE *v. i. D.* खरडणें, विरखडणें, खिरबिड्या काढणें -ओढणें.

SCRAGGY *a. Ir.* lean कृश, रोड; rough खरबरीत.

SCRAMBLE *v. i. D.* go on all-fours मेटेखुट्यानीं -हातपाय टेंकून जाणें -चालणें -चढणें; struggle with others for something thrown on the ground झोंबाझोंबी -झटापटी -घेबेमार क.; to be *scrambled* for -वर मिठ्या -उड्या पडणें [for, with, among].

SCRAPE* *v.* rub the surface with a sharp or rough instrument खरडणें, खुरवडणें; remove by rubbing खरडून काढणें; acquire penuriously जथणें, जमवणें, कवडी कवडी जोडणें; grate harshly over खरडणें, तासणें, भादरणें; up, out उकरणें;—upon a grater किसणें.—*i.* घासणें, चोळवटणें; कर्कश शब्द क., करकरणें.—*n.* घर्षण *n,* घसरा; करकर; *f,* कर्कश शब्द; perplexity लचांड *n,* कुलंगडें *n,* कचाट *n.*—SCRAP तुकडा, कुटका;—of paper चिटोरा, चकती *f.* -BOOK गाबाळग्रंथ. -ER खरडणारा; किसणी *f;*—of fruits खवणी *f;*—for the feet वज्री *f;*—for the tongue जिभी *f;* one who plays awkwardly गबतकाप्या, गवत्या, खरडघाशा; one who saves penuriously कवडीचुंबक.—SCRAPINGS खरवड *f,* कीस;—of a dish of food निपूट *f,* शिपूट *f,* निरपण *n*

SCRATCH *v. Ger.* tear the surface वरखडणें, ओरखडा काढणें; tear by the nails बोचकरणें, बोचकुरा घेणें; dig with the claws नखानें उकरणें, खरडून काढणें; allay an itching खाजवणें.—*n.* बोचकरा, नखोरा; superficial mark चरा, ओरखडा.

SCRAWL *v. i.* (See SCRABBLE) ओरखडणें, गिचमीड लिहिणें, भरडणें; over चितारणें, रेघोट्या काढणें.—*n.* ओरखडा, गिचमीड *f.* -INGLY *ad.* खशावशा, गिचमीड.

SCREAM* *v. i.* किंकाळी फोडणें, किंकळणें, ओरडणें [out].

SCREEN *F.* पडदा, अंतर्धान *n;* a long, coarse sieve चाळण *f,* [for].—*v.* झाकणें, बचावणें आड येऊन बचावणें; चाळणें, चाळून वेगळें क. [from, by.]

SCREW *F.* a cylinder grooved spirally मळसूत्र *n,* पेंच, 'स्क्रू'; miser कृपण, पिळून काढणारा -घेणारा; worn out horse घोडकें *n,* पंचकल्याण; female s. नवरी *f,* मादी *f;* male s. नर, मादा.—*v.* मळसूत्रानें बसवणें; मळसूत्रानें फिरवणें; to squeeze पिळणें, पिळून काढणें; distort पीळ -पिळे देणें, मुरडणें, वक्र क.

SCRIBE *v.* (*scribere,* to write) लिहिणारा, लेखक; notary चिटणीस, दबीर; *Jewish Sac. Hist.,* a writer and a doctor of the law शास्त्री.—SCRIBBLE *v. i.* बिरखुड्या-रेघोट्या काढणें.—*i.* घाईनें लिहिणें,भरडणें, खरडणें. —*n.* बिरखुड्या *f pl,* रेघोट्या *f pl,* कुतऱ्याचे पाय *pl.*—SCRIP, piece of paper containing a writing चिट्ठी, कागद; certificate of stock भांडवलाचा दाखला.—SCRIPT [*Print.* a kind

of type made in imitation of handwriting: *This line is printed in s.*]

Law, an original document लेख, दस्तऐवज. —SCRIPTURE लेख; the books of the Old and New Testament पवित्र शास्त्र, बैबल *n*; a passage from the Scriptures शास्त्रलेख, शास्त्रातील स्थळ *n*; the s. of the Hindus are वेद, शास्त्र *n*, and पुराण *n*.—SCRIPTURAL *a.* शास्त्रा प्रमाणें, यथाशास्त्र (doctrine); contained in the Scriptures शास्त्रांतला, शास्त्रीय

SCRIP *Sw.* पिशवी *f*, झुगदान *n*.

SCRIVENER (See SCRIBE) one whose occupation is to draw contracts करारनामे लिहिणारा; one whose business is to place money at interest व्याजबट्टा करणारा, सराफ.

SCROFULA (*scrofa*, a breeding sow) गंडमाला *f pl.*

SCROLL *F.* writing formed into a roll गुंडाळी *f*, वळी *f*, पट.

SCROTUM (*L.*) अंडकोश, वृषण *n*; enlargement of s. अंडवृद्धि *f*, अंतर्गळ.

SCRUB *D.* a mean fellow गांवाची खरवड *f*, पायपोस -खेटरखाऊ; worn out brush खराटा. -BY *a.* भिकार.

SCRUPLE (*scrupulus*, a small, sharp stone, anxiety) [a weight of twenty grains]; a very small quantity गुंज *f*, रती *f*; doubt शंका *f*, दिक्कत *f*, विकल्प [about].—*v. i.* शंका धरणें, मनांत किंतु आणणें.—*t.* -विषयीं शंका घेणें: to s. the truth of an account [about]. -OUS *a.* संशयी, कांक्षाखोर, सकांक्ष, दिकतखोर; exact सुती, रेखला, तवताक, बारीक पाहणारा. -LY *ad.* संशय आणून; बारीक दृष्टीनें.

SCRUTINIZE *a.* (*scruta*, trash) search closely तपासणें, शोधणें, पारखणें, सुलावणें; examine into critically विवेकानें पाहणें, गुणदोषपरीक्षा क., न्याहळणें [into].—SCRUTINY चौकशी *f*, चिकित्सा *f*, तपास; निरेखणें *n*, निरीक्षा *f*; हेरणी *f*.

SCUFFLE*, struggle with close embrace झोंबाझोंबी *f*, झटापटी *f*, धकाधकी *f*; a fight मारामारी *f*.—*v. i.* झटापटी -झोंबाझोंबी चालणें [about].

SCULK *v. i. D.* लपणें, छपणें;—from duty, &c. काम चुकवणें.

SCULL, See SKULL.

SCULPTOR (*sculpere*) खोद -खोदींव काम करणारा. —SCULPTURE खोदींव काम *n*, खोद -नकस काम *n*, खोदगिरी *f*.—SCULPTURED खोदींव.

SCUM *Ger.* that which rises to the surface of liquor मळी *f*, साई *f*, फेंस; refuse खरवड *f*, रेंदा, गाळ;—of metals गू.—*v.* मळी काढणें -छाटणें.—*i.* मळी येणें -जमणें.

SCURF*, dry scab or mealy crust formed on the skin कोंडा, भुसा.—SKURFY *a.* कोंड्याचा, भुस्याचा.

SCURRILOUS *a.* (*scurra*, buffoon) तोंडाचा फटकळ, शिवरा (fellow); containing low abuse शिवीगाळीचा, शिवरा (language). —SCURRILITY फटकळ -शिवरेपणा; दुर्भाषण *n*, दुरुक्ति *f*.

SCURVY *v.* (See SCURF) नाविक रक्तपित्त *n*. —*a.* नाविक रक्तपित्ताचा; vile शिटाऊ, हटाऊ.

SCUTTLE*, a broad shallow basket शिपतर *n*, शिबुटलें *n*.

SCUTTLE *F.* a small opening in the deck of a ship, large enough to admit a man, and with a lid for covering it; a like hole in the side or bottom of a ship गलबताचें गवाक्ष *n*, झरोका, खिडकी *f*, इ०.—*v.* गलबताच्या तळाला वगैरे भोंकें -खिडक्या पाडणें; [to sink, as a ship by making holes through the bottom].

SCYTHE* कोयता, विळा.

Sea*, one of the larger bodies of salt-water less than an ocean, found on the earth's surface समुद्र; the ocean महासागर -समुद्र; at full s. भरतीस, ऐन; half s. over अर्धा झिंगलेला; to go to s. खलाशाचें काम क. -BANK समुद्रतीर. -BOAT जौळी तारूं *n*. -BORN *a*. समुद्रांत जन्मलेला, समुद्रोत्पन्न. -BREEZE समुद्रावरचा वारा, मतलई *f*. -COAST समुद्रकांठ -किनारा. -ENCIRCLED, -GIRT *a*. समुद्रवेष्टित -वलयांकित. -FARING *a*. दर्यावर्दी, सफरी, नाविक. -FIGHT नौकायुद्ध *n*. -FISH खारे पाण्यांतला मासा, समुद्रमत्स्य. -GOD वरुण. -GREEN *a*. समुद्रवर्ण. -GULL समुद्रकुकुट -कोंबडा. -MAN खलाशी. -PORT बंदर *n*, बंदरी गांव *n*. -ROBBER चांचा. -SALT समुद्राचें मीठ *n*, समुद्रलवण *n*. -SHORE समुद्रकिनारा, समुद्रतीर; —road by the s. बंदरवाट *f*. -SICK *a*. गलबत लागलेला; to be s. गलबत -समुद्र लागणें. -SNAIL खुबा, खुबी *f*. -WORTHY *a*. जौळी, समुद्रगमनयोग्य (ship).

Seal (*signum*, mark) stamp मोहोर *f*, शिका; impression मोहोर *f*; great s. of a state मोर्तब *n*, शिक्का.—*v*. शिका मारणें, मोहर क.; बंद क., लाख लावणें (a letter); keep close गुप्त ठेवणें [with]. -ING-WAX लाख *f*.

Seal* एक पाण्यांतलें जनावर आहे.

Seam*, joining oftwo edges शिवण *f*, सांधा, जोडा; raised s. लेाढ *f*; raised strip along a s. दांड; to open at the s. उधडणें,उसवणें; as between planks, layers of a wall, &c. दरज *f*, फट *f*; filling of the *seams* दरजगिरि *f*; scar वण, माव *f*.—*v*. जोडणें, सांधणें; चर -चट्टा पाडणें; दांड भरणें [with]. -LESS *a*. बिन शिवणीचा. -STRESS शिवणकरीण *f*.—**Seamy** *a*. सांध्याचा, जोडाचा.

Sear* *v*. burn भाजणें, हुरपळणें, हुरडणें; cauterize डागणें, चरका देणें (the skin); wither वाळवणें, सुकवणें [with].—*a*. वाळलेला, वाळका.

Search *v*. (*circum*, around) examine by inspection शोधणें, पाहणें, झाडावेणें; enquire after विचारपूस क., शोधणें, तलास क.; probe सळई घालून (घाव) पाहणें; examine अजमासणें, खोदणें, परीक्षा क.; out उमगणें; सुगावा लावणें -काढणें [for, through].—*n*. झाडा, झडती *f*, शोध; परीक्षा *f*, निरीक्षा *f*; शोध, सुगावा [for]. -ER शोधणारा, शोधक; officer of the customs झाडेकरी. -ING *a*. शोधक, भेदक, बारीक, सूक्ष्म, घोळून चाळून पाहण्याचा; पास्तपुस्तीचा.

Season (*serere*, to sow) one of the four divisions of the year ऋतु; fit time अवसर, प्रसंग, सुगी *f*, हंगाम;—of the products of the earth घात *f*; a time कांहींवेळ; proper conjecture योग, मुहूर्त; cold s. हिंवाळा; hot s. उन्हाळा; rainy s. पावसाळा; autumnal s. शरत्काल, शरदृतु; close of the s. सरता पालव; height of the s. ऐन हंगाम; in s. and out of s. वेळीं अवेळीं; wrong s. अकाळ, अवकाळ [for].—*v*. prepare तयारी क.; habituate सवयी लावणें, राबवणें [by]; prepare by drying or hardening निरडणें, रापवणें, पक्का क. (timber, &c.); fit for taste मसाला लावणें -घालणें, स्वादिष्ट क., मीठमिरची घालणें [with]. -ABLE *a*. वेळेवरचा, प्रसंगाचा, वक्तशीर, समयोचित. -ABLENESS समयानुरूप्य *n*, कालानुकूलता *f*.—**Seasonably** *ad*. यथाकालीं, प्रसंगोपात. -ING मसाला, मेतकूट *n*; something added to enhance the pleasure of enjoyment मीठमिरची *f*, मसाला, तिखटमीठ.

Seat*, place or thing upon which one sits आसन *n*, बैठक *f*, बसक *f*; place occupied by anything स्थान *n*, पीठ *n*, जागा *f*, घर *n*; post of authority जागा *f*, हुद्दा; abode स्थान *n*, वस्ती *f*; something made

to be sat on or upon, as a chair, bench, &c. चौरंग, बाक *f*, खुर्ची *f*, पाट इ० ; that part of a thing in which a person sits बूड *n*, तळ *n*, गादी *f*, बसक *f*; a sitting बैठक *f*, आसन *n*; things spread to sit on बिछाईत *f*, बैठक *f*; chief s. at assemblies, &c. अग्रस्थान *n*; easy s. सुखासन *n*; s. on horseback मांड *f*, आसन *n*; to get or form a s. मांड जमणें -बसणें; s. of enjoyment सुखास्पद *n*; s. of the blood रक्ताशय *n*. [for].—*v*. बसवणें, बसायास देणें; install पदारूढ क., स्थापणें, बसवणें; assign a seat to जागा देणें -नेमणें: to s. persons in a church; fix मजबूत बसवणें, रोवणें; repair by making the seat new नवें बूड घालणें -बसाविणें [in, on].

Secant (*secare*, to cut) *Geom*. छेदनरेषा *f*.

Secede *v. i.* (*cedere*, to go) संगत सोडणें, बाहेर पडणें, वेगळा होणें.—**Seceder** वेगळा होणारा, विभक्त.—**Secession** फुटणें *n*, विभक्त होणें *n*, फूट *f*.

Seclude *v*. (*claudere*, to shut) वेगळा -निराळा -बाहेर ठेवणें; withdraw into solitude एकांतीं राहविणें -बसविणें; one's self एकांतीं राहणें -बसणें; exclude बंद क., आंत न येऊं देणें [from].—**Seclusion** एकांतवास.

Second (*secundus*, from, *sequi*, to follow) immediately following the first दुसरा; next in value, power, excellence, dignity, or rank दुसरा, दुसऱ्या प्रतीचा -दराचा -योग्यतेचा.—*n*. one who follows or comes after मागून येणारा; backer पाठिंबा, पाठराखणारा, सारथि; sixtieth part of a minute or degree विकळा *f*, 'सेकंद.'—*v*. मागून येणें; पाठ -बाजू राखणें; संभाळणें, मदत क.;—as a motion or proposal अनुमोदन देणें. -**ary** *a*. subordinate अप्रधान, गौण; खालच्या दराचा -किमतीचा. -**hand** *a*. not new आडजुना; not original, received from another मधला, दुसऱ्याचा, उच्छिष्ट.—*n*. possession obtained by transfer from a previous owner अन्योपभुक्त अर्थ. -**hand** सेकंदचा कांटा. -**rate** *a*. दुसरे -मध्यम प्रतीचा. -**ly** *ad*. दुसरा, दुसऱ्यानें. -**sight**, power of seeing things future दिव्यचक्षु -दृष्टि *f*.

Secret *a*. (*secernere*, to separate) hid गुप्त, गुह्य; private एकांताचा, आडवळणाचा; hidden गुप्त, गूढ, अस्पष्ट (things).—*n*. गुप्त गोष्ट *f*, रहस्य *n*, गूज *n*; mystery मर्म *n*, गूज *n*;—as of a piece of mechanism मर्म *n*, किल्ली; *pl* गुह्य *n*; in s. एकांतवासांत, चोरून. -**ly** *ad*. गुप्तपणें, चोरून, लपून छपून.—**Secrecy** गुप्तपणा -भाव; एकांतवास; forbearance of disclosure मौन *n*, अभाषण *n*, गौप्य -गुह्यरक्षण *n*.—**Secretary**, a person employed to write orders, letters, &c. चिटनीस; Persian s. मुनशी; chief s. मीरमुनशी; an officer whose business it is to superintend and manage the affairs of a particular department of Government प्रधान, फडनवीस, 'सेक्रेटरी.' —**Secrete** *v*. separate वेगळा क. -काढणें; conceal लपविणें, छपविणें, चोरणें [from]. —**Secretion** वेगळा करणें *n*, पृथक्करण *n*; the matter secreted, as mucus रक्तानें वेगळा केलेला पदार्थ, मळ;—of the nose शेंबूड;—of the throat कफ;—of the bowels मल; promoting the animal s. धातुवर्द्धक. —**Secretory** *a*. धातुवर्द्धक, मलोत्पादक (vessels).

Sect (*secare*, to cut) पंथ, मार्ग, मत *n*, शाखा *f*; difference of s. शाखाभेद. -**arian**, -**ary** *a*. शाखामार्गाचा, शाखामार्गानुयायी. -**ion** कापणें *n*, छेदन *n*, परिच्छेद; a division भाग, भेद;—of a book अध्याय, पर्व *n*, खंड *n*;—of a chapter कलम *n*, बाब *f*; *Geom*. मार्ग. -**al** *a*. भागाचा, खंडाचा.

Secular *a.* (*seculum*, a generation) शत वर्षांनीं येणारा (year); pertaining to an age काळाचा, युगाचा; pertaining to this present world ऐहिक, इहलोकचा; pertaining to things not spiritual व्यावहारिक, सांसारिक, प्रापंचिक; s. person संसारी, खटलेवाईक. -ity प्रपंचबुद्धि *f*, प्रपंचदृष्टि *f*. -ize *v*. प्रपंचाच्या उद्योगास लावणें (a church property).

Secundine *a.* (*secundus*, second) the after-birth वार *f*, गर्भवेष्टण *n*.

Secure *a.* (*-cura*, care) निर्भय, निःशंक; careless निश्चित, निष्काळजी; sure खचीत, निश्चित; safe निर्भय: s. from fortune's blows [from, in].—*v*. निर्भय क., बंदोबस्त -रक्षण क., खचीत क.; confine effectually बंदोबस्तांत -न पळेसा ठेवणें (a prisoner);—as a door बंदोबस्तानें लावणें -बंद क.; get possession of स्वाधीन करून -ताब्यांत घेणें, मुकरर क. -ly *ad*. निर्भयपणें, निश्चित; खुशाल, सलामत, निर्भय.—Security निर्भयपणा, निश्चितपणा; निष्काळजीपणा उपेक्षा *f*, गाफीलपणा; भयराहित्य *n*, निर्भय *n*; protection रक्षण *n*, त्राण *n*; pledge जामिनी *f*, निशा *f*, तारण *n*, हमी *f*; surety जामीन, जामीनदार, प्रतिभू;— for goods or money मालजामीन; s. bond, paper जामीनकतबा -पत्र *n*.

Sedan *F*. नालकी *f*, नरयान *n*.

Sedate *a.* (*sedare*, to calm) स्थिर, शांत, गंभीर. -ness गंभीरपणा, स्थैर्य *n*.—Sedative *Med*. शमन *n*, उपशमन *n*.—*a*. शांतिकारक, उपशमक.

Sedentary *a.* (*sedere*, to sit) accustomed to sit much or long बहुत वेळ बसायाची सवयी लागलेला, बसकाम्या; requiring much sitting बसकीचा, बैठकीचा, बैठा (employment); passed for the most part in sitting बसून घालवलेला -खर्च केलेला, अव्यायामी (life).—Sederunt (*L*.) a sitting, as of a court or other body बैठक *f*.

Sediment (do.) गाळ, गदळ. -ary *a*. गाळाचा, मळाचा.

Sedition (*seditio*, *se*, *sed*, aside, *itio*, a going) दंगा, बंड, बंडावा.—Seditious *a*. दंग्याचा, बंडाचा, फितुराचा (behavior); tending to excite sedition दंग्याची, दंगा उत्पन्न होण्या -करण्याजोगा (words); बंडखोर, दंगेखोर (citizens).

Seduce *v*. (*-ducere*, to lead) entice to evil फितवणें, भुलथाप देऊन बहकविणें, सन्मार्गभ्रष्ट क.; induce to surrender chastity फुसलावून पातिव्रत्यभंग करायास लावणें [from, by].—Seducer फितवणारा, भुलथाप देणारा; स्त्रीस फुसलावून घरांतून काढणारा -भ्रष्टकरणारा.—Seduction फुसलावणें *n*, भुलवणें *n*, प्रतारण *n*; स्त्रीसंग्रहण *n*, सतीत्वनाश.—Seductive *a*. भुलविणारा, प्रलोभक, भुलथाप देण्याचा.

Sedulous *a*. (*sedere*, to sit) उद्योगी, व्यासंगी, परिश्रमी [in]. -ly *ad*. श्रम -मेहनत घेऊन -करून, श्रमपूर्वक.

See (*sedes*, a seat) बिशपाची मुख्य जागा *f*; पोपाची मुख्य जागा *f* -गादी *f*; बिशपाच्या किंवा पोपाच्या अधिकारांतील प्रांत.

See* *v*. perceive by the eye पाहणें; understand समजणें, जाणणें, पाहणें; take care of संभाळणें, हुशार राहणें, पाहणें: (Gen. xlv. 24); visit भेटणें, भेटायास जाणें; fall in with गांठपडणें, भेटणें, पाहणें (Matth. v. 8); make acquaintance with ओळख क.; experience अनुभवणें (John viii. 51); off घालविणें, बोळविणें.—*i*. दिसणें, दृष्टि असणें; समजणें, भेद जाणणें [into, through]; जपणें, संभाळणें [to]; to s. about a thing -चा विचार क. -ing, that जेव्हां. -er पाहणारा; भविष्य पाहणारा, भविष्यवादी.

Seed*—of plants बीज *n*, बीं *n*; *Physiol*., sperm धातु *f*, रेत *n*, वीर्य *n*; original मूळ *n*, बीज *n*, उद्भव: the *seeds* of virtue; the

principle of production बीज *n*; progeny संतान *n*, बीज *n*, वंश : the s. of David; race कुल *n*, वंश, प्रजा *f*;—of stone fruits अठळी *f*, अठी *f*; failure or extinction of s. बींबूड *n*, निर्वंश.—*v. i.* जुनावणें, बीं भरणें; to shed the s. बीं टाकणें.—*t.* बीं पेरणें. -LING रोप. -PEARL रेजा मोतीं *n*, दाण्यासारखें बारीक मोतीं *n*. -PLOT रोपांचा वाफा. -TIME पेरण्याचा समय -ची घात *f*. -VESSEL बीजवेष्टन *n* -कोश.—SEEDY *a.* बहुबीज, बीजमय; old and worn out जुना, जीर्ण, फाटका तुटका (coat).

SEEK* *v.* शोधणें, पाहणें; inquire for तलाश -शोध क.; ask for मागणें, याचना क. [for, out, after].—*i.* पाहणें, शोध क. (Is. xxxiv. 16); endeavor यत्न क.; after मागें लागणें; for -चा शोध क.; to s. शोधायाचा : a work of this sort is to s.

SEEM* *v. i.* दिसणें, वाटणें, भासणें. -INGLY *ad.* दिसण्यांत, बाहेरून. -LINESS, grace रूप *n*, लावण्य *n*; fitness लायकी *f*, योग्यता *f*. -LY *a.* देखणा; योग्य, उचित, लायक.

SEESAW (prob. a redup. of *saw*) ओढाओढी *f*, झुलाझुली *f*, झोकाझोकी *f*.

SEETHE* *v.* शिजवणें.—*i.* शिजणें, उकडणें.—SEETHER भांडें *n*, हांडी *f*, पातेलें *n*, बहुगुणें *n*, इ०.

SEGMENT (*secare*, to cut) *Geom.* वर्तुलखंड *n*.

SEGREGATE *v.* (*-grex*, flock) वेगळा क. [from].—*i.* वेगळा होणें.—SEGREGATION वियोग, पृथक्करण *n*.

SEIGNIOR (*Sp. L. senior*, elder) स्वामी, धनी, महाराज, 'शिनोर.'

SEINE* मासे धरण्याचें मोठें जाळें *n*, पाग, महाजाल *n*.

SEIZE *v. F.* grasp suddenly धरणें, पकडणें; take possession of by force बळकावणें, दपटणें; invade suddenly घेरणें, पछाडणें : a fever *seizes* a patient; *Law*, sequestrate जप्त क.; reach पोंचणें, पावणें, सर्द क.: she could not s. the high bank; on, upon झोंबाडणें, पटकावणें; स्वाधीन करून घेणें [on, upon].—SEIZURE धरणें *n*, ग्रहण *n*; बळकावणें *n*, हरण *n*; जप्ती करणें *n*, जप्ती *f*.

SELDOM* *ad.* क्वचित्, विरळा ; s. to be found दुर्लभ; s. to be seen दुर्दर्श.

SELECT *v.* (*legere*, to gather) निवडणें, निवडून घेणें [from].—*a.* निवडक, उत्कृष्ट, शेलका. -ION निवडणें *n*, छानणें *n*; that which is selected निवड *f*, वेंचा; collection of things culled संग्रह, सार.

SELF* *a.* same तोच, हाच;—as conjoined with a pron. आपण, खुद, जातीनें.—*n.* आत्मा, स्व ; upon one's own s. अंगावर; to be beside one's s. देहावर -शुद्धीवर नसणें; to come to one's s. देहावर येणें; to spare one's s. आंग राखणें -चोरणें; selfishness स्वार्थ. -ABUSE आत्मनिंदा *f*. -ACTING *a.* स्वतः चालणारा -करणारा. -COMMAND आत्मसंयम, दम. -CONCEIT मीपणा, अभिमान. -DECEIT आत्मवंचना *f* -प्रतारणा *f*. -DEDICATION आत्मनिवेदन *n*. -DEFENCE आत्मरक्षण *n*. -DENIAL आत्मसंयम *n*. -DESTRUCTION आत्मघात -हत्या *f*. -DEVISED *a.* स्वकल्पित. -DEVOTED *a.* आत्मनिवेदित. -DEVOTION आत्मसमर्पण *n*. -EDUCATED *a.* आपल्या आपण शिकलेला, आत्मशिक्षित. -ENJOYMENT आत्मसुख *n*, अंतःसुख *n*. -ESTEEM अहंमति *f*, अहंकार. -EVIDENT *a.* स्वतः प्रमाण -सिद्ध. -EXAMINATION, an examination or scrutiny into one's own state, conduct, and motives, particularly in regard to religious affections and duties आत्मपरीक्षा *f*. -EXISTENCE स्वतःसिद्धि *f*, स्वयंभव. -EXISTENT *a.* स्वयंभू, स्वतःसिद्ध : God is the only s. being. -GOVERNMENT आत्मनियमन *n*, आत्मसंयम *n*; democracy लोकराज्य *n*. -IMPORTANCE

मीपण *n*, अहंकार. -INTEREST स्वार्थबुद्धि *f*, स्वार्थ, आत्महित *n*. -INTERESTED *a*. स्वार्थी, स्वार्थदृष्टि. -ISH *a*. आपलें हित पाहणारा, आपलपोट्या. -KNOWLEDGE आत्मज्ञान *n*, -बोध. -LOVE अहंमति *f*, अहंकार. -MOVED *a*. स्वयंवह. -MURDER आत्महत्या *f* -घात. -OPINIONED, -OPINIONATED *a*. स्वमताभिमानी, स्वाभिमानी. -POSSESSED *a*. स्वस्थचित्त, अव्यग्रचित्त. -PRAISE आत्मस्तुति *f* -प्रशंसा *f*. -PRESERVATION आत्मरक्षण *n*. -RELIANCE आपणावर भरवसा, आत्मनिष्ठा *f*. -RESPECT स्वाभिमान, आपल्या आबरूची दरकार *f*. -RESTRAINED *a*. आत्मनियमित. -RESTRAINT आत्मनिग्रह -संयम. -RIGHTEOUS *a*. आपणच आपणास पुण्यवान -न्यायी मानणारा, साधुमन्य. -SAME *a*. तोच, हाच. -SUBDUED *a*. जितेंद्रिय. -SUFFICIENCY स्वाभिमान, स्वास्थ्य *n*. -SUFFICIENT *a*. स्वाभिमानी; haughty मगरूर, दिमाखदार. -SUPPORTED *a*. ज्याचा खर्च त्यांतूनच उत्पन्न होतो तो. -WILL स्वइच्छा *f*; obstinacy हट्ट, दुराग्रह. -WILLED *a*. स्वच्छंद, स्वतंत्र, आपढंगी.

SELL* *v*. dispose of in return for some thing, esp. for money विकणें; betray विश्वासघातानें स्वाधीन क. -गळा कापणें; cheat फसविणें [to, for].—*i*. विकणें, खपणें; घेवदेव -विक्री क. -ER विकणारा, विक्या, वाला, in comp. मासेविक्या, भाजीवाला.

SEMBLANCE (*simulere*, to imitate) form रूप *n*, डौल, आकार; likeness सारखेपणा, सादृश्य *n*.

SEMEN (*L.*) रेत *n*, वीर्य *n*.

SEMI (*L.*) निमा, अर्धा, अर्ध, निम. -BREEVE अर्धस्वर. -CIRCLE अर्धवर्तुल *n*; अर्धवर्तुलाकार. -DIAMETER अर्धव्यास. -LUNAR *a*. अर्धचंद्राकार. -METAL उपधातु *f*. -TONE मूर्च्छना *f*. -TRANSPARENT *a*. अर्धपारदर्शक. -VOWEL अर्धस्वर.

SEMINAL *a*. (*semen*, seed) बीजाचा, बीजसंबंधी; contained in seed बीजांतला, बीजस्थ; s. fluid धातु *f*, वीर्य *n*.—**SEMINARY** विद्याशाला *f*, पाठशाला *f*.

SENATE (*senatus*, fr. *senex*, *senis*, old) an assembly of councillors मंत्रिसभा *f*, शिष्टसभा *f*; a state council राज्यकारभार पाहणारी सभा *f*, प्रधानसभा *f*; [the governing body of the university]. -HOUSE सभास्थान *n*; राजसभेची जागा *f*.—**SENATOR** राजसभासद; सभासद. -IAL *a*. सभेचा, राजसभेचा; राजसभासदास योग्य.

SEND *v*. despatch पाठवणें, धाडणें (a messenger); give motion to पाठवणें, धाडणें (a letter); inflict भोगवणें, लावणें (cursing); throw फेंकणें, टाकणें, सोडणें (a ball, an arrow); bestow देणें; to s. forth, out उपजविणें, उत्पन्न क.; सोडणें: flowers s. forth their fragrance.—*i*. पाठविणें, निरोप पाठविणें; for बोलावणें, बोलावयास पाठविणें.

SENIOR *a*. (*senix*, *senis*, old) वडील, ज्येष्ठ more advanced in office वरचा, वरिष्ठ, वरच्या पायरीचा, पदवीनें मोठा.—*n*. वडील; वरिष्ठ. -ITY वडीलपणा, ज्येष्ठत्व *n*, वडलाई *f*; वर्चस्व *n*, थोरपणा.

SENNA *Ar*. सोनामुखी *f*.

SENNIGHT (*seven* and *night*) अठवडा: on Tuesday s. पुढल्या मंगळवारीं.

SENSE (*sentire*, to perceive) perception by the bodily organs इंद्रियज्ञान *n*, इंद्रियजन्य ज्ञान *n*, इंद्रियबोध; perception through the intellect ज्ञान *n*, बोध; faculty of sense इंद्रिय *n*: the s. of feeling; understanding बुद्धि *f*, ज्ञान *n*, समज; opinion मत *n*, बुद्धि *f*: I speak my private s.; meaning अर्थ: the true s. of words; moral perception बऱ्या वाईटाचा -नीति अनीतीचा समज, समज; common s. बुद्धि *f*, अ-

कल *f*; internal s. अंतर्ज्ञान *n*; evident to s. प्रत्यक्ष सिद्ध; the five *senses* पंचेंद्रियें *n pl*; object of s. इंद्रियविषय; pleasure of s. विषयसुख *n*; subduing the *senses* इंद्रियदमन *n*; perceptible by the *senses* इंद्रियगोचर; to lose one's *senses* वेड लागणें, बुद्धिभ्रष्ट होणें. -LESS *a*. अचेतन, चैतन्यहीन, जड: the body when dead is s.; अचेतन, नष्टचेतन, जड: the s. grave feels not your sorrows; stupid बुद्धिहीन, मतिहीन, निर्बुद्ध; foolish वेडेपणाचा, मूर्खपणाचा (actions); unconscious गैरसावध, गुंग, निचेत.—SENSATION, impression made upon the mind through the medium of organs of sense इंद्रियजन्य ज्ञान *n*, वेदना *f*, इंद्रियबोध; state of excited feeling गवगवा, चिवचीव *f*, गडबड *f*.—SENSIBILITY, quality of being sensible देहभान *n*, शुद्धि *f*, सावधगिरि *f*, कलना *f*: a frozen limb loses its s.; acuteness of sensation or of perception शीघ्रग्राहकत्व *n*, सूक्ष्म चैतन्य *n*, जाणतेपणा; quick emotion or feeling दरद *n*, कोवळें मन *n*; delicacy नाजूकपणा: the s. of a balance; experience of sensations वेदना *f*, चैतन्य *n*: this adds greatly to my s.—SENSIBLE *a*. capable of being perceived by the senses समजायाजोगा, इंद्रियगोचर: air is s. to the touch; capable of receiving impression विषयग्रहणक्षम, जाणता, विषयग्राही: would your cambric were as s. as your finger; sensitive शीघ्रग्राहक -चेतन (thermometer); cognizant माहितगार, जाणता: a man cannot think at any time, waking or sleeping without being s. of it; having moral perception बुद्धिमान -संपन्न, बरें वाईट जाणणारा: if thou wert s. of courtesy; intelligent समजदार, सूज्ञ, दाणा, समजूतदार, बुद्धिवान, अकलवंत (man);—of speech, &c. शहाणपणाचा, समर्पक, सुयुक्त;—of flesh गोडा;—of pain दुखरा, नाजूक, कोमल;—of feeling दरदी, जाणता; s. of kindness उपकारज्ञ, उपकारजाणता [to, of].—SENSIBLY *ad*. समजाया -ध्यानांत आणायाजोगा; शहाणपणानें, समर्पक, सयुक्तिक.—SENSITIVE *a*. sentient सचेतन, विषयग्राही (soul); having quick and acute sensibility शीघ्रग्राहक -चेतन;—to impressions upon the mind and feeling कोमलमनाचा, कोमलांतःकरण; pertaining to sensation इंद्रियज्ञानाचा, इंद्रियज्ञानसंबंधी; s. plant लाजाळू *n*.—SENSUAL *a*. इंद्रियाचा, विषयाचा (powers); carnal विषयी, विषयलुब्ध -लंपट (pleasure). -IST विषयी, विषयासक्त, गुलहौसी. -ITY विषयासक्ति *f*, विषयीपणा, विषयबुद्धि *f*.—SENTIENT *a*. इंद्रियज्ञानविशिष्ट, चैतन्ययुक्त: man is a s. being.

SENTENCE (*sentire*, to think) opinion मत *n*, संकल्प; dogma मत *n*; *Law*, judgment शिक्षेचा हुकूम, कोर्टाचा ठराव, शासन *n*, दंडनिर्णय; maxim सूत्र *n*, म्हण *f*; *Gram*. वाक्य *n*.—*v*. शिक्षेचा हुकूम क. -सांगणें, शिक्षा ठरविणें [to, for].—SENTENTIOUS *a*. म्हणीचा, सूत्रमय, न्यायप्रचुर (style).

SENTIMENT (do.) thought कल्पना *f*, तर्क; opinion मत *n*, अभिप्राय; feeling भाव, रस. -AL *a*. रसिक, रसमय; affecting feeling रसानुकारी, रसाचा ढोंगी. -ITY रसाचें ढोंग *n* -प्रेम *n*.

SENTINEL, SENTRY (*sentina*, bottom of a ship, where the filthy water collects, and which the *sentinator* was obliged to watch) पाहरेकरी; s. box रणछत्री *f* (*H*).

SEPARATE *v*. (*-parare*, to prepare) disunite वेगळा क., तोडणें, तूट पाडणें; lie between मध्यें -आड येणें (Rom. viii. 35); set apart वेगळा ठेवणें [from, into].—*i*. वेगळा होणें, वियोग होणें.—*a*. वेगळा, निराळा, पृथक्, अलग; disunited from the body देहापासून

वेगळा झालेला, विदेही. -LY *a.* वेगळा, निराळा, अलाहिदा.—SEPARATION वेगळा करणें *n*; वियोग, फूट *f*; divorce सूटपत्र *n*, सोडचिठ्ठी *f*.

SEPTEMBER (*septem*, seven) इंग्रेजी सालाचा सातवा महिना, भाद्रपद-आश्विन.

SEPTENIAL *a.* (*-annus*, year) सात वर्षे राहणारा, सप्तवार्षिक; सात वर्षांत एकदां येणारा.

SEPULCHRE (*sepelire*, to bury) कबर *f*; —of a sany´asi समाधि *f*;—over a spot where a body has been burned छत्री *f*, थडगें *n*.—SEPULTURE मूठमाती *f*, मेतकर्म *n*.

SEQUEL (*sequi*, to follow) उत्तरार्ध, शेषभाग, शेष *n*: the s. of a history; consequence परिणाम, शेवट, अंत.—SEQUENCE, succession अनुक्रम, हार, माळका *f*; sequel परिणाम, शेवट.

SEQUESTER, SEQUESTRATE *v.* (*L.* a depositary) take possession of property for the benefit of creditors जप्त क.; set apart वेगळा ठेवणें -क.: to s. one's self वेगळा राहणें; एकांतवासांत राहणें.—SEQUESTRATION जप्ती *f*; s. before judgment कच्ची जप्ती *f*; एकांतवास.

SERAGLIO *It.* जनानखाना, अंतःपुर *n*, रंगमहाल.

SERAPH *Heb.* an angel of the highest order पहिल्या प्रतीचा दूत.

SERENADE (*serus*, late) संध्याकाळचें संगीत *n*.

SERENE *a.* (do.) clear and calm निवळ, नितळ, स्वच्छ (sky); calm शांत, संत (soul). -NESS, SERENITY निवळपणा, स्वच्छता *f*, निरभ्रता *f*; शांति *f*, प्रसन्नता *f*, सौमनस्य *n*.

SERF (*servus*) शेतकी करणारा दास.

SERGEANT, SERJEANT (*servire*, to serve) *Mil.* हवालदार, 'सारजंट'; [a lawyer of the highest rank, and answering to the *doctor* of the civil law].

SERIES (*L.*) a succession of things माळा *f*, मालिका *f*, क्रम, हार *f*; order क्रम, परंपरा *f*. —SERIAL क्रमिक पुस्तक *n*.—*a.* क्रमाचा, क्रमिक; *Bot.* ओळींचा, हारींचा.

SERIOUS *a.* (*serius*) solemn गंभीर, भरकूम, गंभीर वृत्ति; not jesting बिन थट्टेचा, खरोखर; important भारी, मोठा, भारदस्तीचा; attended with danger जोखमाचा, भयाचा. -LY *ad.* गंभीरपणानें -मनानें; थट्टेवांचून, न हांसता. -NESS गंभीरपणा, गांभीर्य *n*, भरकुमी *f*.

SERMON (*sermo*, a discourse) धर्मोपदेश, धर्मकथन *n*, 'सर्मन' *n*, *f*, उपदेश, वाझ (*H*).

SEROUS *a.* (*serum*) thin पातळ, पाण्यासारखा; रक्ताच्या पाण्यासारखा, रक्ताच्या पाण्याचा.

SERPENT (*serpere*, to creep) snake साप, सर्प; fig. a subtle or malicious person कपटी -दुष्ट माणूस, कृष्णसर्प; a sort of fire work चिचुंदरी *f*. -INE *a.* सापासारखा, सर्पाकार; winding नागमोडीचा.

SERRATE *a.* -ED *p. a.* (*serra*, a saw) करवतकाठी, कातरकुतर.

SERRUM (*L.*) रक्ताचें पाणी *n*; s. of milk दुधाचें पाणी *n*, चोथापाणी *n*.

SERVE *v.* (*servire*) work for सेवा -चाकरी क.; minister to पुरवणें, निर्वाह -निभाव क.; supply with food वाढणें, घालणें; perform the service of -ची चाकरी क., बदली राहणें; treat वागवणें, वहिवाटणें; for कामास पडणें; out वाटणें, वाटून देणें; to s. the time समय पाहून वागणें [with].—*i.* चाकरी क. -असणें; गुलामगिरी क.; अंकित -ताबेदार असणें; चालणें, जमणें; कामास -उपयोगास पडणें.—SERVANT चाकर, सेवक; one in a state of subjection ताबेदार, बंदा, अंकित; a person of base condition गुलाम, नीच -हलका मनुष्य; s. of servants दासानुदास; table s. वाढपी, वाढणारा; body s. खिजमतगार; relation between master and s. सेव्यसेवकभाव.— SERVER सेवा करणारा, सेवक; salver तबक

n, पितळी *f*. -MAID दासी *f*, चाकरीण *f*, सेवकीण *f*.—SERVICE चाकरी *f*, सेवा *f*; the deed of one who serves चाकरी *f*, काम *n*; office of devotion अनुष्ठान *n*, क्रिया *f*, कर्म *n*: burial s. मेतक्रिया *f*; divine s. भजन *n*, सेवा. *f*; duty काम *n*, चाकरी *f*, रोजगार; that is out of s. बेकार, बेरोजगार -री; absence of s. बेकारी *f*; military duty लष्करी चाकरी *f*, शिपाईगिरी *f*; benefit उपयोग, काम *n*; profession of respect uttered or sent सलाम, रामराम, मुजरा; order of dishes at table भोजनपात्रें *n pl*; s. of a writ, *Law*, हुकूमनामा बजावणें; s. of an attachment जप्ती क.; s. of an execution हुकूमनामा बजावणें *n*; to see s. *Mil.* शत्रूची गांठ पडणें. -ABLE *a*. कामाचा, उपयोगाचा; चालायाजोगा, कामास पडायाजोगा [to].—SERVILE *a*. slavish गुलामगिरीचा, दास्याचा; cringing खुशामतीचा, आर्जवी.—SERVILITY आर्जवीपणा, गुलामगिरी *f*, खुशामत *f*; दास्य *n*, गुलामगिरी *f*.—SERVITUDE दास्य *n*, दास्यत्व *n*, गुलामगिरी *f*; चाकरी *f*.

SESAME, SESAMUM *Ar*. तीळ; black s. काळातीळ; white s. हवरा, हवरी *f*; s. oil तिळेल *n*; s. water तिलोदक *n*.

SESSION (*sedere, sessum*, to sit) बसणें *n*; sitting of a court, council, legislature, &c. बैठक *f*, सभा *f*, 'सेशन' *n*; time during which a court, &c., meet सभाकाल, बैठक *f*, 'सेशन' *n*.

SET* *v*. seat ठेवणें, मांडणें, बसवणें; attach to ठेवणें, लावणें, बसवणें: s. your affections on things above (Col. iii. 2); put in a condition ठेवणें, घालणें (Deut. xxviii. 1); लावणें: he *sets* him thinking; fix firmly घट्ट बसविणें, स्थिर क.; determine नेमणें, ठरवणें, fix in the ground रोवणें, लावणें, पुरणें; fix in metal कोंदण क., जडणें; convert into curd दहीं क.: to s. milk for cheese; assign ठेवणें, लावणें, ठरवणें (price); regulate वागवणें, चालवणें, वर्त्तवणें: he *sets* his judgment by his passion;—a razor धार लावणें -पाजवणें;—a clock लावणें, चालू क.;—a sail उभारणें;—a dislocated limb बसवणें; stake at play पैज मारणें; fit with music सूर लावणें, सुरावर लावणें; stud जडणें, जडित -खचित क.; point out the seat of, as birds, &c., to a hunter;—said of dogs शिकारीची जागा दाखविणें; about लावणें, योजणें, घालणें, जुंपणें (an undertaking); against विरोधी उभा क., आडवा आणणें: to s. one thing against another; a-going चालू क.; apart वेगळा क.; राखून ठेवणें; aside एकीकडे ठेवणें; वर्जणें, गाळणें; at defiance तुच्छ मानणें, तृणवत् मानणें;—at ease स्वस्थ -शांत क., चैन पाडणें, शमविणें: to s. the heart *at ease*;—at naught तुच्छ -हलका मानणें (Prov. i. 25);—a trap, a snare, or gin सांपळा -फांस मांडणें -लावणें;—at work कामास -कामावर लावणें; चालू क. before पुढें क., दाखविणें; पुढें क., खायास काढणें;—as food वाढणें; by गाळणें, वर्जणें; मानणें, गणणें; down कागदावर मांडणें, लिहिणें, नोंदणें; सांगणें; स्थापणें, नेमणें; दाबणें, दडपणें (a disputant);—eyes on पाहणें, दृष्टि नजर लावणें; forth दृष्टीस पाडणें; प्रसिद्ध क.; forward पुढें चालवणें; वृद्धि क., वाढवणें; free मोकळा क., सोडणें; in मार्गास लावणें: please to assist and s. me in; चालू क., आरंभणें; in order नीट क., व्यवस्था लावणें: milk वर साई येण्याकरिता भांड्यात दूध उघडें ठेवणें; विरजण घालणें, दहीं क.; off वेगळा काढणें -ठेवणें; शोभवणें, शोभा देणें; on, upon उठावणी क., छू क.; कामास- लावणें; -वर लक्ष लावणें;—one's self against विरुद्ध -आडवा उभा क.;—on fire आगलावणें, पेटविणें; चेतवणें, संतापवणें;—on foot चालू क., उभारणें;

out नेमून देणें, वांटून देणें; शृंगारणें, नटवणें: an ugly woman in a rich habit, s. out with jewels, nothing can become; दाखविणें; over देखरेख करायास -चौकसीस ठेवणें; नेमणें, लावून देणें; नेणें, पार नेणें; right नीट -शुद्ध क., सुधारणें;—the fashion रीत -रहाटी लावणें;—the teeth on edge आंबवणें; to लावणें, जोडणें; up उभा क., उभारणें; वाढवणें, वृद्धि -बढती क.; उभारणें, स्थापणें, घालणें (a manufactory, school); दृष्टीस पडेसा ठेवणें; स्वर चढवणें, गळा काढणें; पुढें क., काढणें (opinion); उदयास -रूपास आणणें: this good fortune quite s. him up; *Print.* खिळे जुळणें, अक्षरें जुळणें, छापण्या करितां मजकूर जुळणें.—*i.* pass below the horizon अस्तास जाणें, बुडणें, मावळणें; plant लावणें; strike root रुजणें, मूळधरणें; congeal गोठणें, थिजणें घट्ट होणें; have a certain direction in motion वळण -ओढ लागणें (a current); apply one's self प्रवृत्त -उद्युक्त होणें, लागणें, झटणें, (करीत -मारीत) सुटणें; about चालू क., forward पुढें चालणें, चालू होणें; in चालू होणें, आरंभ होणें, बसणें (rain, fever); थिरावणें, बसणें; off निघणें; [*Typo.* soil the next sheet, when another sheet comes in contact with it before it has time to dry]; on, upon वाट चालूं लागणें; काम करायास प्रवृत्त होणें; हल्ला क., चढून जाणें; out निघणें, चालणें, वाट धरणें; up काम चालू क.; संसारास लागणें, संसारांत बसणें; to लावणें, घसरणें;—for one's self अड्डा -चंग बाळगणें.—*p. a.* स्थापित, ठेवलेला, मांडलेला; रोवलेला, लावलेला; जडलेला, जडित, खचित; regular नेमाचा, बेताचा (battle, discourse);—in opinion नेटाचा, निर्धाराचा, दृढनिश्चय.—*n.* जोड, संच, सांचा; जमात *f*, थवा, झुंड *f*; वळण *n*, झोंक, मार्ग;—of rogues चंडाळचौकडी *f*; कलम *n*, रोप; पेंज *f*, डाव. -OFF, an offset कोंब; decoration शोभा *f*, अलंकार; *Law*, उलट दावा. -TEE बांक, मंचक. -TER ठेवणारा, मांडणारा, स्थापक; जडणारा, जड्या; बसून पारध दाखवणारा कुत्रा. -TING मांडणें *n*, स्थापणें *n*; मांडणूक *f*, स्थापना *f*; मावळणें *n*, अस्त; कुत्र्याकडून पक्षी धरवणें *n*; जडाव, जडण *f*; कोंदण *n*; झोंक, वळण *n*, धार *f*; the hardening of plaster or cement गिलावा जमणें *n* -बसणें *n*. -TLE *v.* make firm स्थिरावणें, थारावणें, बसवणें; establish in life जोडणें, जडवणें, सोयीस लावणें; establish in pastoral office पाळकाच्या कामावर स्थापणें (a minister); still बसवणें, स्थिरावणें; clear of dregs and impurities निवळ क., स्वच्छ क., गाळ बसवणें (काफीचा);—of roads, &c. बसवणें; clear weather *settles* the road; render close घट्ट क. -बसवणें: to s. the contents of a bag by shaking it; determine ठराव -फैसला -निवाडा क.; adjust तोडणें, वारणें, चुकवणें, मिटवणें (disputes, debts); colonize वसाहत क., वसवणें: the French first *settled* Canada; on, upon नेमणूक करून देणें [at, on, in].—*i.* बसणें, थिरावणें, खालीं बसणें; निवळणें, गाळ बसणें; घरदार क., सोयीस -थाऱ्यास लागणें; तळ घालून बसणें, थाराधरणें; जडणें, घटणें (in an office, a disease, habit); धरणें (the wind); तोडजोड क., चुकवणें, तुटणें: he has *settled* with his creditors. -MENT स्थिरावणें *n*, स्थिरता *f*; थाऱ्यास लावणें *n*, प्रतिष्ठा *f*; नेमणें *n*, नेम, ठराव, in comp. बंदी (जमाबंदी *f*): s. of revenue to be paid by the farmer to Government बंदोबस्त; निर्णय, निवाडा, फैसला; चुकवणें *n*, तोड *f*, फैसला; *Law*, jointure granted to a wife स्त्रीधन *n*, बाईलवांटा; *Law*, राहण्याची जागा *f*, ठाणें *n*; right growing out of residence राहण्याच्या वहिवाटी वरून उत्पन्न झालेला हक्क

permanent s. बंदोबस्त दवामी (*H.*); temporary s. बं० मियादी (*H.*); deed of s. बंदोबस्ती परवाना -सनद *f* (*H.*); summary s. बं० सरासरी (*H*).—SETTLER स्थिरावणारा, स्थिर करणारा; वसाहत करणारा; old s. भुम्या.

SETACEOUS *a.* (*seta*, bristle) सडाचा, राठ केंसाचा (tail).

SETON (do.) पोथ -त *f*, वात *f*.

SEVEN* *a.* सात; a child born in s. months सातमाशा.—*n.* साताचा अंकडा; s. stars सप्तर्षी. -FOLD *a.* सातपट, सातवार, सप्तगुण. —*ad.* सातपट, सातसवाईनें. -NIGHT सप्तक *n*, आठवडा. -TEEN *a.* सत्रा.—*n.* सत्रांची संख्या *f* -चा अंकडा. -TEENTH *a.* सत्रावा. —*n.* सत्रावा भाग.—SEVENTH *a.* सातवा. —*n.* सातवा भाग, सप्तांश.—SEVENTIETH *a.* सत्तरावा.—*n.* सत्तरावा भाग.—SEVENTY *a.* सत्तर.—*n.* सत्तराची संख्या *f*.

SEVER *v.* (*separare*) divide तोडणें, छेदणें, फोडणें; separate निराळा -वेगळा क.; keep apart वेगळा ठेवणें; *Law*, disunite वियुक्त -वेगळा -विभक्त क. (an estate) [from]. -AL *a.* वेगवेगळा, निरनिराळा, भिन्न (part); single एक एक; diverse कित्येक, कांहींएक, अनेक (persons); appropriate आपला, अपापला, स्व. -ALLY *ad.* वेगवेगळा, निरनिराळा; to be jointly and s. bound in a note, bond, &c. जतीमतीनें. -ANCE वेगळा करणें *n*, वियोग, भंग, खंड, छेद; *Law*, विभक्त करणें *n*, वांटणी *f*.

SEVERE *a.* (*severus*) austere उग्र (look); rigid कडक, प्रखर, तीव्र (punishment); sharp कठीण, अवघड, तीव्र, जबर (pain); as cold, heat कडक, कडकडीत, फार; दुःसह (test).—SEVERITY कडकपणा, सख्तपणा; करडेपणा, निष्ठूर्य *n*; कडाखा; दुःसहता *f*; भारीपणा, जबरपणा (punishment).

SEW* *v.* शिवणें, दोरा घालणें; up शिवून बंद क., शिवून टाकणें: to s. up the mouth of a bag.—*i.* शिवणकाम क., शिवणें. -ING शिवणकाम *n*, शिवणें *n*; cost of s. शिवणावळ *f*; s. material शिवण *n*.

SEWER* मोरी *f*, नाला.

SEX (*sexus*) distinction between male and female लिंगभेद, स्त्रीपुरुषभेद; gender लिंग *n*, जात *f*; womankind स्त्रीजाति *f*. -UAL *a.* स्त्रीपुरुषधर्माचा -भेदाचा; s. intercourse मैथुन *n*, स्त्रीपुरुषसंग.

SEXTANT (*sex*, six) *Math.* वृत्तषडांश; an instrument of reflection for measuring angular distances between objects, esp. at sea सूर्ययंत्र *n*.

SEXTON (*sacer*, sacred) मेताचा खाडा वगैरे खणणारा एक ख्रिस्ती देवळाचा चाकर आहे; देवळाचा चाकर.

SHABBY *a.* *D.* ragged जुना, पुराणा, फाटका; clothed with ragged garments चिंध्या पांघरलेला, गोदडशाई; mean भिकार, भिकारचालीचा, पाजी.

SHACKLE* *v.* chain बेडी घालणें, सांखळीनें बांधणें, तांगडणें; join by a link कडीनें गोवणें, अडकवणें; impede अडथळा क., मोडा घालणें, आड येणें.—*n.* बेडी *f*; बंधन *n*, पायबंद; खोडा, मोडा; link कडी *f*, दुवा.

SHADDOCK *Malay.* चकोत्रा.

SHADE*, obscurity caused by the interception of light सावली *f*, छाया *f*; darkness अंधार, काळोख: the s. of night; protection आश्रा, छाया *f*; a shadow कवडसा, काडोसा; the soul after its separation from the body प्रेत *n*, विदेही आत्मा, अपछाया *f*; degree or variation of color कस, अंश; screen पडदा; very minute difference छाया *f*, सूक्ष्म भेद. -GLASS s. फाणस *n*, *m*.—*v.* सावली -छाया पाडणें -क.; अंधार पाडणें, काळोख

क.—SHADY *a.* छायेचा, सावलीचा.—SHADOW छाया *f*, सावली *f*; imperfect representation छाया *f*; आश्रय, आसरा; अंधार; phantom आभास, छाया. *f*;—that cast by the style or gnomon of a dial प्रभा *f*; s. of death मरणाची छाया *f*, भयंकर अंधार;—of the earth भूभा *f*.—*v.* छाया पाडणें, उजेड धरणें; आसरा देणें रक्षण क.; अंधार पाडणें; attend as closely as a shadow चिकटून -लगटून -धरून -बरोबर असणें.—SHADOWY *a.* छायेचा; कमी तेजाचा, न्यूनतेजस्क; unsubstantial अवास्तविक, छायात्मक, स्वप्नवत्, मायिक.

SHAFT*, a body of a long cylindrical shape दांडा: arrow बाण;—of a carriage दांडा, दांडी *f*; the middle s. of a cart, if there be three डोमल *n*; handle of a weapon मूठ *f*, दांडा.

SHAGGY* *a.* hairy केंसटीचा, झिपऱ्या; rugged खरबरीत.

SHAKE* *v.* agitate हलवणें, कंपित क., कांपवणें; depress the courage of धैर्य खचविणें, मान मोडणें, कंबर बसविणें; give a tremulous note to कंप -सराटा घेणें (a note in music);—a cloth, &c. झटकणें;—liquids in a vessel हिंसळणें, हिंदुळणें; to s. hands with हात हलवणें, भेट किंवा निरोप घेणें.—*i.* हलणें, डुलणें;—as a liquid in a vessel डचमळणें;—as with laughter झुलणें;—tremulously कांपणें, लटलटणें, डगडगणें; shiver थरथरणें, थरथरा कांपणें.—*n.* हलवणें *n*, हिंदळाहिंदळ *f*; झटका, झटकारा; धक्का, हबका; हिसका; डुलणें *n*, अंदोलन *n*; कंप, थरथरा; *Mus.* कंप, गिरकी *f*; in a s. त्रुटींत, झटक मारून.—SHAKER हलवणारा इ०.—SHAKING कंप, अंदोलन *n*.—SHAKY *a.* डुलडुलीत, अस्थिर, कंपित.

SHALLOW* *a.* not deep उथळ; not profound वरवर बुद्धीचा, अल्पबुद्धि. -BRAINED *a.* उथळ बुद्धीचा, अल्पमति. -NESS उथळपणा; उथळ बुद्धि *f*, अल्पमति *f*; मूर्खपणा.

SHAM *a. Ger.* ढोंगाचा, कपटाचा.—*n.* ढोंग *n*, मीस *n*, बहाणा.—*v.* सोंग घेणें -क.; ठकवून बळेंच पदरीं बांधणें, गंडा घालणें; ape नकल उतरणें.—*i.* फसविणें, ठकविणें.

SHAMBLES* *pl.* सागुतीचा बाजार, खाटकाचा -खाटीक बाजार.

SHAME*, a painful sensation excited by a consciousness of guilt, or of having done something which injures reputation; or of the exposure of that which nature or modesty prompts us to conceal लाज *f*, लज्जा *f*, शरम *f*; decency लज्जा *f*, मर्यादा *f*; dishonor अपमान, अप्रतिष्ठा *f*; cause of shame लज्जाकारण *n*, लज्जास्पद; secrets गुह्य *n*, लाज *f*, for s.! तुला लाज वाटावी; to put to s. लाजविणें, खालीं पाहायास लावणें, पाण्यापेक्षां पातळ क.; to take s. to one's self लाजणें, शरमणें; to throw off all sense of s. लाज सोडणें, नाक कापून हातांत घेणें, नाक मुठींत घेणें.—*v.* लाजवणें, ओशाळा क.—*i.* लाजणें, शरमणें, ओशाळणें [by, with]. -FACED *a.* लाजाळू, लाजरा. -FUL *a.* लाजीरवाणा, लाजेचा, लज्जाकर; indecent लाजेचा, शरमेचा, लज्जामद (sight). -LESS *a.* निलाजरा, निर्लज्ज, बेशरम.

SHAMPOO *v. Hind.* मुटकणें, रगडणें.

SHANK*, bone of the leg पायाचे हाडाची नळी *f*, नडगी *f*.

SHAPE* *v.* make करणें, घडणें, रचणें; give form to घडणें, डौल -आकार देणें, बनावणें; regulate बेतानें चालवणें, व्यवस्था क.—*n.* आकार, डौल, घडण *f*; figure रूप *n*, आकृति *f*, आकार. -LESS *a.* बेडौल, बेढब. -LY *a.* वळणशुद्ध, डौलदार, नेटका.

SHARD*, shell of an egg कंवची *f*;—of a snail गोगलगाईचें घर *n*, शिंप *f*.

Share*, portion वांटा, हिस्सा ;—of a mercantile concern पाती *f*, भांडवलाचा भाग, 'शेर'; —of a property divided वांटा, भाग.—*v.* वांटणें, वांटणी करून देणें; partake with another वांटून घेणें -देणें [out, into, in].—*i.* वांटा घेणें -मिळणें -असणें. -HOLDER पातीदार, भागीदार, हिस्सेदार.—SHARER वांटेकरी ; विभागी.

Share* नांगराचा फाळ.

Shark (*carcharus*) तंतु, नक्रराज, 'शार्क' मासा.

Sharp* *a.* having a very thin edge तिखट धारेचा, तेजदार, जलद, पाणीदार; terminating in a point अणीदार, टोंकदार; having a fine point तिखट अणीचा, बोचेरा, तीक्ष्ण; acute जलद, तिखट ;—of sounds कर्कश ; acid अंबट, तुरट ;—of language तिखट, कठोर, मर्मभेदक ;—pain, &c. तिखट, प्रखर, जबर इ० ;—of cold, &c. कडक, तीक्ष्ण ; —of sayings, &c. नोकदार, चरमरीत; smart जलद, हुशार, चुणचुणीत ;—a sense जलद, सूक्ष्म, तिखट. -CUT *a.* ठळक, सुरेख, सुबक. -EDGED तिखट धारेचा. -EN *v.* धार देणें -लावणें, पाणी देणें; तिखट -बोचेरा क.; खरमरीत -चरमरीत क. इ०. -ER धूर्त; उचल्या, उपट्या. -LY *ad.* चलाखीनें, हुशारीनें, झपाट्यानें, कडाक्यानें इ०. -NESS तिखटपणा, तेज *n*; हुशारी *f*, चतुराई *f*; जलदपणा, तिखटपणा ; तीव्रता *f*, ठणका ; कर्कशपणा इ०. -SET *a.* खादाड, खाखा सुटलेला. -SIGHTED *a.* कुशाग्रमति, सूक्ष्मदृष्टि *f*; नजरबाज, काकदृष्टि, डोळस (an eagle). -WITTED *a.* तीक्ष्ण -सूक्ष्म -शीघ्रबुद्धि.

Shatter* *v.* break at once into pieces तुकडे तुकडे -चुराडा क.; derange बुद्धिभ्रष्ट क., वेड लावणें [into].—*i.* फुटणें, चुराडा होणें.—*n.* चुरा, तुकडा.

Shave* *v.* cut or pare off by a razor हजामत क.;— the head डोई क.; —beard दाढी क. ; pare तासणें ; fleece मुंडणें, बोडणें, हजामत क. [off].—SHAVING धळपा, ढपला ; *pl* सालपा.

Shawl *Per.* शाल *f*.

She* *pron.* ती.

Sheaf* पेंढी *f*, जुडी *f* कवळी *f*; a stack or pile of *sheaves* सुडी *f*.—*v.* पेंढ्या बांधणें.

Shear* *v.* कातरणें, भादरणें.—*n. pl.* कातर *f*. -ING कातरणें *n*, कातरणी *f*; proceeds of the act or operation of clipping by shears कातरा ; a sheep which has been sheared once पहिल्या कातरणीचें मेंढरूं *n*.

Sheath*, a case कोश ;—of a sword म्यान *n* ;—of a fiddle, drum, &c. गवसणी *f*, गिलेफ.—*v.* म्यानांत -गवसणींत घालणें ; furnish with a sheath म्यान चढविणें -घालणें ; cover or line मढवणें, वेष्टणें.

Shed* *v.* emit पाडणें, सांडणें, वाहविणें (blood); let fall गाळणें, सांडणें (leaves); cause to flow off without penetrating ढाळणें, वाहविणें, उतरून जाणें : a light roof is said to s. water.

Shed *Sw.* पडवी *f*, पडसाळ *f*, छप्पर *n*.

Sheep* मेंढा, मेंढी *f*, मेंढरूं *n*; a weak, silly fellow गायतोंड्या, मेंग्या मारवाडी the people of God, as being under the government and protection of Christ, the great Shepherd देवाचे लोक *pl*, ख्रीस्ताचा कळप. -COT, -FOLD मेंढवाडा. -ISH *a.* लाजरा, गायतोंड्या, मेलतोंड्या. -'S-EYE नेत्रकटाक्ष. -SHEARING मेंढीची लोकर कातरणें *n*; लोकर कातरण्याची वेळ *f*; लोकर कातरण्याचा सण. -WALK मेंढरान *n*.

Sheer* *a.* separate वेगळा, निराळा ; mere केवळ, नुस्ता ; thin पातळ, विरळ ; perpendicular उभा, उभट.—*v.* वाट सोडून -बाजूनें जाणें : a horse *sheers* at a stone.

Sheet*, a broad piece of cloth used as a part of bed furniture चदर *f*;—of paper

ताव *n*, पान *n*, दुट्टा;—of metal पत्रा, तकट *n*; a broad expanse of water जलाशय, जलमय *n*.

SHEET *Ger.* a rope fastened to the lower corners of a sail वासरूं *n*.

SHELF*, a board fixed on supporters for holding anything तक्ता, फळी *f*, घडवंचीची फळी *f*, 'शेल्फ' *n*; shoal भाटी *f*. —SHELVING *a.* उतरता, ढळता.

SHELL*, a hard outside covering कवची *f*, कवटी *f*, कवच *n*;—of an animal कवची *f*, घर *n*;—of the seeds of plants टरफल *n*; framework regarded as not complete सांगाडा, खटारा: the s. of a house; lyre विणा; bomb कुलपी गोळा; conch s. शंख; oyster s. शिंपला, कालव *n*;—of a tent कलंदरा.—*v.* सोलणें, फोलणें: to s. almonds बदाम फोडणें; separate from the ear कणसांतून काढणें, सोलणें; कुलपी गोळे टाकणें; गोळ्यांचा भडमार क.—*i.* कवची -साल पडणें -गळणें; टरफलांतून निघणें -बाहेर पडणें. -FISH शिंपींतला मासा, खुबा, खुबी *f*, खुबडी *f*, इ०.

SHELTER *Prov. Eng.* that which covers or defends from injury आश्रय, आसरा, थारा; one who protects आश्रय देणारा, आश्रयदाता, आसरा; the state of being covered and protected आश्रय, आश्रा, निवारा. —*v.* आश्रा देणें;—one's self आश्रयास जाणें, आश्रय धरणें; disguise लपविणें, सोंग घेणें, रूप -वेष पालटणें: some s. passion under friendship's name [from, by, with]. -LESS *a.* निराश्रय, अनाश्रय, निराश्रित.

SHEPHERD (*sheep & herd*) मेंढक्या, मेंढपाळ; the pastor of a church (ख्रिस्ती मंडळीचा) पाळक. -ESS मेंढकी *f*, मेंढे राखणारीण *f*.

SHERIFF* नाजर, 'शरीफ.'

SHIELD*, a piece of defensive armor ढाल *f*; shelter रक्षण *n*, पांघरूण *n*; a person who defends रक्षणकर्त्ता, आश्रयदाता (Gen. xv. 1).—*v.* राखणें, रक्षण क. [from, with].

SHIFT* *v.* change बदलणें, पालटणें; transfer from one place to another जागा पालटणें, स्थलांतर क.; change, as clothes बदलणें, वस्त्रांतर क.; dress in fresh clothes नवीं वस्त्रें पांघरविणें; about भलतीकडे फिरणें; off लांबणीवर टाकणें, पुढें ढकलणें.—*i.* स्थान -दिशा -रोख बदलणें; वस्त्रें बदलणें, वस्त्रांतर क.; निर्वाह क., चालवणें, गुजराण क.; with गरज क., चालीवर घेणें [from, to].—*n.* उपाय, युक्ति *f*, तोड *f*; fraud कुलंगडें *n*, सोडवण *f*, सवड *f*; a shirt खमीस *n*.

SHILLING* अर्ध्या रुपायाच्या किमतीचें एक नाणें आहे, 'शिलिंग.'

SHIN* नडगी *f*, नळी *f*.

SHINE* *v. i.* give light प्रकाशणें, उजेड पाडणें: (2 Cor. iv. 6); be bright चकचकणें, झळकणें, चमकणें; be glossy, as silk तकतकणें, तुळतुळणें; be gay, splendid, or beautiful चमकणें, विराजणें: so proud she *shined* in her princely state; be eminent or conspicuous शोभणें, तेज पडणें: to s. in courts; to cause the face to s. upon प्रसन्न होणें [on, upon, forth].—*n.* fair weather ऊन *n*, उघाडी *f*; रोषनाई *f*, कांति *f*, प्रभा *f*.—SHINING *a.* प्रकाशमान, तपणारा; तेजस्वी, लकलकीत; तेजशाली, पुण्यशाली, विद्याशाली; विराजमान, विराजित.

SHINGLE *Ger.* plank तक्ता, फळी *f*, रीप *f*; gravel रेंव *f*, वाळू *f*, कंकर.

SHINGLES (*cingulum*, a girdle) सर्पिणी *f*, दादर.

SHIP* तारूं *n*, जहाज *n*, गलबत *n*, नौका *f*;—of burden काबाडी गलबत *n*;—of war जंगी जहाज *n*, आरमार *n*; bottom of a s. पठार *n*; side of s. बोडद *n*.—*v.* तारवावर भरणें -चढवणें; engage for service on

board of a ship गलबतावर चाकरीस ठेवणें: to s. seamen; receive on board of a ship तारवावर घेणें: to s. a sea; to s. off पाण्यावरून -जलमार्गानें पाठवणें: to s. off convicts. -BOARD *ad.* जहाजावर, गलबतावर. -MASTER मालीम, नाखवा;—of a small vessel तांडेल. -MATE गलबतावरच्या कामाचा सोबती, खलाशी. -PING तारवें *n pl*, गलबतें *n pl.*—*a.* गलबतांचा, तारवठी. -WRECK तारूं फुटणें *n*, तारूफूट *f*, नौकाभंग. -WRIGHT जहाज बांधणारा, नौकाकार.

SHIRE* प्रांत, परगणा.

SHIRK *v. Ger.* slink away चाकरी चुकवणें, अंग -काम चोरणें; solicit or obtain from in a mean manner दांत विचकणें.—*n.* कामचोर.

SHIRT *D.* खमीस *n*, आंतली बंडी *f.*

SHIVER *v. D.* तुकडे तुकडे -चुरा क.—*n.* चूर, चुरा.

SHIVER *v. i. D.* quake कांपणें, हुडहुडी भरणें, कंप सुटणें; fall at once into many small pieces तुकडे तुकडे -चुरा होऊन पडणें.—*n.* कंप, शिसारी *f*, हुडहुडी *f.* -ING *p. a.* कांपणारा, कंपित.—*n.* हुडहुडी *f*, शिसारी *f*, कांपरें *n.*

SHOAL*, crowd घोळका, झुंड *f*: s. of people, of fish; a sand-bank भाट *f*, भाटी *f.*

SHOCK *F.* collision धक्का, हिसका; offence धडकी *f*, धस *f*, दचका; *Ger.*, pile of sheaves सुडी *f*, गंज [to].—*v.* धक्का देणें -मारणें; धडकी बसवणें, त्रास देणें: advise him not to s. a father's will; सुडी -गंज रचणें.—*i.* धक्का बसणें; सुडी रचणें. -ING *a.* धडकी बसवणारा, त्रासकारक; अकटोविकट, अघोर.

SHOE*, covering for the foot, usually of leather जोडा, चर्मी जोडा; wooden *shoes* पादुका *f pl*; horse-shoe नाल; a drag for a carriage-wheel ढकली *f.*—*v.* नालबंदी क.; नाल बसवणें. -BLACK (विलायतेकडे) जोडे साफ व काळे करणारा. -MAKER चांभार, मोची.

SHOOT* *v.* (*Skr. tskud*, to send) let fly, as an arrow सोडणें, मारणें; discharge सोडणें, मारणें (a gun); strike with any thing shot (बंदुकीनें -गोळीनें -बाणानें) मारणें (a bird); hurl फेंकणें, झुगारणें: a pit into which the dead-carts had nightly *shot* corpses by scores; put forth बाहेर काढणें: a plant *shoot* out a bud; fit by planing किंकऱ्यानें -रंध्यानें बसता क. -बसवणें; pass rapidly through or under झटकन -वेगानें मधून -खालून -पार जाणें; propel सरसावणें, पुढें क.; variegate चित्रविचित्र क.—*i.* बंदूक -बार वगैरे मारणें -सोडणें, अंकुर फुटणें; feel a shooting pain तिडीक उठणें, उसण भरणें, ठणकणें; grow वाढणें, उफाटणें; वेगानें जाणें, तिरासारखें जाणें; spread over पसरणें, भरणें; jut पुढें येणें.—*n.* अंकुर, कोंब; a young branch ढाळी *f*, फोक; सुटणें *n*, बार होणें *n.* -ING बंदूक-गोळीतीर मारणें *n*; फूट *f*, तिडीक *f*, शिलक *f*, ठणका.

SHOP*, a building in which goods are sold by retail दुकान *n*; a building in which mechanics work दुकान *n*, शाळा *f*, कारखाना, साळ *f.*—*v. i.* जिन्नस विकत घेण्याकरितां दुकानांत जाणें, बाजार क. -KEEPER दुकानदार. -KEEPING दुकानदारी *f.* -LIFTER उचल्या, भामट्या. -LIFTING भामटेपणा.

SHORE* कांठ, किनारा.

SHORE *D.* टेका, पुस्ती *f*, तीर.

SHORT* *a.* not long अखूड, तोकडा; not protracted थोडक्या काळाचा -दिवसांचा, अल्पकालिक (absence); insufficient उणा, कमी, अपुरा, थोडका (supply of water); inadequately supplied उणा, कमी, अल्प; to be s. of provisions अन्नाची तूट पडणें; defective उणा, कोंता: an account which

is s. of the truth; near at hand जवळ-चा; narrow अल्प, थोडा (understanding); brief संक्षेपाचा, संक्षिप्त (answer); crisp खमंग, कुडकुडीत; brittle तुटीर, फुटीर: iron is made cold-s. that is, brittle when cold, by the presence of phosphorus; and hot-s. or red-s., by the presence of sulphur;—a vowel लघु, ऱ्हस्व; to be s. of तोटा असणें, कमी पडणें, तूट येणें -पडणें; —of stature लहान, ठेंगणा;—as breathing दम्याचा, धाप्या; in s. एकूण; to come s. चुकणें, अंतर पाडणें; to cut s. कमी क.;—a matter तटका तोडून टाकणें, तुकडा तोडून देणें; to fall s. चुकणें, अंतर पडणें; to stop s. एकाएकीं उभा राहणें; मध्येंच थोपणें -खुंटणें; at a s. notice थोडक्या मुदतींत, ताबडतोब; at s. sight थोडक्या मुदतीचा (a bill).—*n.* सार *n,* सारांश; *pl.* part of ground grain sifted out which is next finer than the bran सोजी *f*; in s. सारांश, थोडक्यांत; the long and s. सगळा, अवघा.—*ad.* थोडक्यांत. -BREATHED *a.* थोड्या दमाचा, अल्पप्राण; having short life अल्पायु. -COMING तूट *f*, बूड *f*; neglect of duty तफावत *f*, अंतर *n.* -EN *v.* लहान -थोडा -कमी क.; contract अखुडणें, अवटरणें.—*i.* आखूड -कमी होणें, अवटरणें, अखुडणें. -HAND संक्षेप अक्षरानें लिहिण्याची रीत *f*. -LIVED *a.* अल्पायु. -LY *ad.* थोडक्यांत, अल्प विस्तारानें; लवकर, थोडके वेळानें. -NESS थोडेपणा, अल्पता *f*; थोडा काळ, थोडी मुदत *f*; उणेपणा, न्यूनता *f*; अखूडपणा, लहानपणा, ठेंगणेपणा; संक्षेप, अल्प विस्तार. -SIGHT उलटी बाहुली *f*, जवळची नजर *f*; कोता विचार, अल्पदृष्टि *f*. -SIGHTED *a.* उलट्या बाहुल्यांचा; अल्पबुद्धि; अदूरदर्शी; अविचारी. -WINDED *a.* दमेकरी, दम्या.

SHOT*, a ball गोळा, गोळी *f*; small s. छरा; reach of flight टप्पा, पल्ला, मारा: a musket s. गोळीचा टप्पा; arrow s. भरतीर; a marksman निशाण मारणारा.—*v.* गोळीबार भरणें (guns).

SHOULDER* खांदा; *pl.* खांदा, खांदाडी *f*; support आधार, आश्रा; the foreleg of an animal dressed for market फरा; to lend a s. बाही -खांद देणें; changing the *shoulders* खांदेपालट; upon the *shoulders* of, fig. आंगावर, गळ्यांत, माथ्यावर; to take upon one's own *shoulders* डोयीवर -अंगावर घेणें.—*v.* खांद्यावर घेणें; push with the shoulder बकांदा मारणें. -BELT पडदाळें *n.* —BLADE फरा, बकाट *n.*

SHOUT* *v. i.* ओरडणें, पुकारणें, आरोळी मारणें -क. [out, at].—*n.* आरोळी *f*, पुकारा;—of joy or triumph जयशब्द -घोष -ध्वनी, गजर, जयजयकार.

SHOVE* *v.* ढकलणें, रेटणें, लोटणें [against, away, by, down, off, up].—*n.* ढकला, रेटा. —SHOVEL खोरें *n.*—*v.* खोऱ्यानें उचलणें, जमा क.; gather in heaps रास -गोळा क. [up, out, in, away].

SHOW* *v.* exhibit दाखवणें, नजरेस पाडणें: cause to see कळविणें, दाखवणें: I am come to s. thee what shall come in future days; teach शिकवणें, बोध क., दाखवणें (Ex. xviii. 20); conduct वाट दाखवणें, नेणें: to s. a person into a parlor; manifest दाखविणें, उघड -स्पष्ट क.: I will s. my duty by my care; confer करणें (mercy, favor); forth दर्शविणें, प्रसिद्ध क.; off, छानमारणें, विराजणें. —*i.* दिसणें; become शोभणें; off छानमारणें, विराजणें.—*n.* appearance दिसणें *n*, दर्शन *n*; spectacle तमाशा, खेळ; parade आव, आडंबर, थाटमाट: semblance रूप *n*, आकार; pretext निमित्त *n*, सोंग *n*, बाहणा *n.* -MAN तमासगीर, तमाशेवाला.— SHOWY *a.* देखणा, देखाऊ, दर्शनी, टुमदार.

SHOWER*, fall of rain or hail, of short duration (पावसाची, गारांची) सर *f*, वृष्टि *f*;

that which resembles a shower वृष्टि *f*, पाऊस, वर्षाव.—*v.* पाऊस -वृष्टि पाडणें, वृष्टि-वर्षाव क. [down]. -BATH, a bath in which water is showered upon the person, by some contrivance from above शिरःस्नान *n*, धारायंत्र *n*.—SHOWERY *a*. सरीचा, उघड-झापीचा; वृष्टीपासून झालेला (arch).

SHRED*, strip चिंधी *f*, चिंधोटी *f*; piece तुकडा.

SHREW *Ger*. कर्कशा *f*, कैदासीण *f*, केकसामावसी *f*.—SHREWD *a*. sagacious शहाणा, धूर्त, चाणाक्ष्य, हुशार (man); displaying a sagacious judgment शहाणपणाचा, चतुराईचा (remark).

SHRIEK *v. i. Sw*. किंकळणें, किंकाळी फोडणें -मारणें [out].—*n*. किंकाळी *f*, किंकळी *f*.

SHRIKE (from *shriek*) a bird.—crested s. टीव *f*.

SHRILL *a*. (do.) कीर्र, कर्कश, किरकिऱ्या, बारीक.—*v. i*. कर्कश शब्द क.; have an acute and piercing effect कांटा -शिसारी येणें.

SHRIMP*, a small crustaceous animal झिंगा कोळंबी *f*; a little wrinkled man झुडतर *n*.

SHRINE*, a case in which something sacred is deposited देव्हारा, संपुष्ट *n*; a sacred place पुण्य -पवित्रभूमि *f*, तीर्थ *n*.

SHRINK* *v. i*. shrivel अखूडणें, अवटरणें, चिरमुटणें; recoil, as in fear, horror, or distress कच खाणें, माघार घेणें, कचकणें.—*t*. अखूड क. [up, away, from, into.]

SHRIVEL *v. i*. (?) चिरमुटणें, अखूडणें, सुरकुत्या पाडणें.—*t*. सुरकुत्या पाडणें, चिरमुटावणें [up].

SHROUD* *f*, garment वस्त्र *n*; (कुंची, घोंगडें *n*, टापसी *f* इ० प्रकारचें); dress of the dead प्रेतवस्त्र *n*, खेंडा, कफण *n*; shelter आश्रा, आश्रय [for].—*v*. कफण घालणें, प्रेतवस्त्रानें गुंडाळणें; रक्षण क.; veil बुरखा -पडदा घालणें, झांकणें [up, in].

SHRUB* कांटेरी झाड *n*, झुडूप *n*, शेवरी *f*, शेवर; करवंद इ० झाडें.

SHRUG* *v. i*. नाक मुरडणें -मोडणें.

SHUDDER *v. i. Ger*. कांपणें, थरारणें, सिसारी येणें.

SHUFFLE* *v*. push from one to another लोटणें, ढकलून देणें; confuse घालमेल -गलत -गफलत क.; remove or introduce by artificial confusion गफलतीनें काढणें किंवा घालणें;—cards घोळणें; off लोटणें, झोकादेणें; up गडबडविणें, गडबडगुंडा क.—*i*. झुलवाझुलव -टालमटोला क. -चालवणें -मांडणें;—cards घोळणें, चाळणें;—in gait or walk लटपटत चालणें.—*n*. गोंधळणें *n*, ढवळणें *n*; अकडमतिकडम *n*, छक्केपंजे *pl*.—SHUFFLING टालमटोल्या, झोकाझोकीचा इ०.

SHUN* *v*. avoid वर्जणें, सोडणें, टाकणें; keep clear off जवळ न राहणें, दुर राहणें; escape चुकवणें, टाकणें.—SHUNT *v*. turn off to one side बाजूस वळविणें; put off upon one कोलणें.

SHUT* *v*. close मिटणें, झांकणें, बंद क.; prohibit मनाई -निषेध क.; out आंत येऊं न देणें; in कोंडणें; off बाहेर ठेवणें; together जोडणें; up बंद क.; कोंडणें; समाप्त क., अटपणें; तोंड -पुंगी बंद क., कुंठित क.—*i*. लागणें, मिटणें, बंद होणें. -TER झडप *n*, ढांपण *n*.

SHUTTLE*, instrument with which a weaver shoots the cross threads धोटें *n*. -COCK, -CORK चेंडू; the play चेंडूफळी *f*.

SHY* *a*. coy लाजाळू, बुजट, भित्रा; cautious सावध, हुशार; reserved संकोची, आंतल्या गांठीचा.—*v. i*. बुजणें, चमकणें [at].—*n*. घोड्याचें बिचकणें *n*.

SIBILANT *a*. (*sibilare*, to hiss) ज्यांत सकार फार येतो तो, सकारी, ऊष्म (letter).

SICK* *a*. inclined to vomit ओकायाजोगा, ओकायास आलेला: I feel s. माझें पोटांत or मला कळमळतें disgusted कंटाळा -वीट -त्रास

आलेला : s. of flattery; indisposed दुखणाईत, रोगी, आजारी; to be s. of -ची ओकारी -चा कंटाळा येणें. -EN *v.* आजारी क., दुखण्या पडणें; कंटाळा आणणें [of, with, by].—*i.* कंटाळा येणें, मन विटणें; ओकारी -कळमळ येणें; become languish ग्लानि येणें. -LY *a.* दुखणेकरी, आजारी, रोगी; रोगाचा, रोगी (climate); म्लान, ग्लान, कलाहीन: the moon grows s. at the sight of the day. -NESS रोग, दुखणें *n*, आजार; रोगदशा *f*, रोगीपणा, दुखणें *n*; वमनेच्छा *f*, ओकायास येणें *n*, ओकारी *f*.

SICKLE* विळा, कोयती *f*.

SIDE*, margin of a surface बाजू *f*, किनारा, कांठ, कड *f*; any part or position viewed as opposite to or contrasted with another बाजू *f*, अंग *n*, हात: this s.; one-half of the body बाजू *f*, कूस *f*, अर्धांग *n*, अंग *n*; declivity, as of a hill उतरण *f*, डोंगराची कड *f*; party पक्ष, बाजू *f*, तड *f*; favor नजर *f*, मर्जी *f*, कैवार; by the s. of जवळ; a line of descent traced through one parent पक्ष; to choose *sides* पक्ष निवडणें; to take *sides* पक्ष -कैवार घेणें; from all *sides* चहूंकडून; from s. to s. आरपार; fair s. दर्शनी अंग *n*; opposite s. प्रतिपक्ष; one who takes a s. पक्षपाती; one's own s. स्वपक्ष; being on the right s. सुफराटा; —on the wrong s. उफराटा; s. of a roof पाख.—*a.* बाजूचा, कडचा; indirect आडकुसीचा, आडबाजूचा.—*v. i.* पक्ष धरणें, कैवार घेणें. -LING *ad.* बाजूनें, बाजूकडून. -SADDLE बायका बसावयाचा घोड्याचा जीन. -VIEW कटाक्ष, अपांगदृष्टि *f*. -WAYS, -WISE *ad.* बाजूकडे, बाजूनें, एका बाजूनें.

SIDERAL *a.* (*sidus*, a star) तारांचा, नक्षत्रविषयक; measured by the apparent motions of the stars नक्षत्रमानाचा (day).

SIEGE (*sedes*, a seat) फौजेचा गराडा -वेढा; to raise a s. वेढा उठवणें.

SIEVE* चाळण *f*, चाळणी *f*;—for washing vegetables, rice, &c. रोवळा.—SIFT *v.* गाळणें, चाळणें, छानणें; grain, &c., in a fan घोळणें, पाखडणें, वेंचणें; examine चाळणें, कसणें, घोळणें.

SIGH* उसासा, सुसकारा.—*v. i.* उसासा देणें -टाकणें; lament दुःख क.—*t.* -च्या विषयीं दुःख क.; उसासा देऊन (दुःख वगैरे) दर्शविणें.

SIGHT* पाहणें *n*, दर्शन *n*; the power of seeing पाहण्याची शक्ति *f*, दृष्टि *f*; open view दर्शन *n*; examination परीक्षा *f*, निरीक्षा *f*, अवलोकन *n*, चौकसी *f*; to take s. नेमधरणें; after s. सकृद्दर्शनीं; at s. पत्रदर्शनीं; error of s. नजरभूल *f*; in the s. of देखतच्या दिसण्यांत; to be in s. दिसणें, दृष्टीस पडणें; to give a s. of देखावा दाखविणें; s. of a gun माशी *f*.—*v.* पाहणें; निरेखणें. -ED *a.* दृष्टीचा: long s. -LESS *a.* अंधळा, नेत्रहीन. -LY *a.* देखणा, दर्शनी, सुदर्शन.

SIGN* (*signum*) token खूण *f*, लक्षण *n*, चिन्ह *n*; miracle चमत्कार; memorial खूण *f*, यादगारी *f*; signal संकेत, इशारा, खूण *f*; —of the zodiac राशि *f*; s. manual हस्ताक्षर *n*, सही *f*; [*Eng. Law*, the royal signature superscribed at the top of bills of grants and letters-patent].—*v.* सही क. -घालणें; खूण क. [with].—SIGNAL इशारा, इशारत *f*.—*a.* विशेष, नामी, मोठा. -IZE *v.* गाजवणें, मिरवणें; communicate with by means of a signal खुणेनें कळविणें;—one's self कीर्त्ति -नांव मिळवणें -संपादणें.—SIGNATURE सही *f*, स्वदस्तुर. —SIGNET मुद्रा *f*, मुद्रिका *f*.—SIGNIFY *v.* make known by sign खुणेनें कळविणें -सांगणें, खूण क.; indicate सुचवणें, कळविणें; mean अर्थ -आशय दाखविणें [to, by]. भारदस्ती -मुजाखा असणें.—SIGNIFICANCE अर्थ, अभिप्राय; भारदस्ती *f*, मुजाखा.—SIGNIFICANT *a.* अर्थाचा, अर्थयुक्त, अर्थसूचक;

expressive सांकेतिक, दर्शक, सूचक.—SIGNIFICATION अर्थ, अभिप्राय.

SILENT *a.* (*silere,* to be silent) perfectly quiet निःशब्द, निवांत; indisposed to talk मुका, मौना, उगा; calm शांत, स्तब्ध. -LY *ad.* उगा, गुपचूप; सामसूम, स्तब्ध.—SILENCE *v.* तोंड बंद क., उगा क.

SILK* रेशीम *n*; रेशमाचें कापड *n*; raw s. कच्चें रेशीम *n*.—*a*. रेशमाचा, रेशमी. -COTTON-TREE शेंवरीचें झाड *n*, सांवर. -EN *a*. रेशमाचा, रेशमी; soft मऊ, नरम; dressed in silk रेशमाचा पोशाक ल्यालेला. -WEAVER रेशमाचें कापड विणणारा, खत्री. -WORM रेशमाचा किडा, कोळीसरा.—SILKY *a*. रेशमाचा; मऊ, नरम; pliant अस्थिरबुद्धि, नरम, चलमति.

SILL*—of a door or window दरवाजाच्या किंवा खिडकीच्या चौकटीची खालची बाजू *f*, शिला *f*.

SILLY* *a*. मूर्ख, वेडगळ, भोळा; वेडेपणाचा, वेडेचाराचा (action).

SILVER* रुपें *n*; silver money रुप्याचें नाणें *n*, नाणें *n*; German s. खोटें रुपें *n*; native s. खाणींतलें रुपें *n*.—*a*. रुप्याचा, चांदीचा; precious मोलवान, चांदीचा; white रुप्याचा, शुभ्र, रौप्यवर्ण; bright चकचकीत, लकलकीत; sweet गोड (slumber); soft and clear मृदु आणि स्पष्ट, मंजूळ आणि मधुर (voice).—*v*. रुप्यानें मढीवणें, रुप्याचें पाणी देणें, रुपेरी मुलामा चढवणें; रुप्या सारखा चकचक क.; पांढरा -शुभ्र क.: his head was *silvered* over with age. -SMITH रौप्यकार, चांदीचें काम करणारा, सोनार.

SIMILAR *a*. (*similis,* like) सारखा, बराबर, सम [to]. -ITY सारखेपणा, साम्य *n*, सादृश्य *n*. -LY *ad*. त्याप्रमाणें, सारखा, तसाच.—SIMILE दाखला, दृष्टांत, उपमा *f*.—SIMILITUDE सारखेपणा, सादृश्य *n*; likeness आकार, रूप *n*, प्रतिमा *f*; comparison उपमा *f*, तुलना *f*.

SIMIOUS *a*. (*simia,* ape) माकडाचा, माकडा सारखा, मर्कटप्राय.

SIMMER *v. i. Eng*. boil gently, or with a gentle hissing चरचरणें, सणसणणें, चटचटणें.—*t*. मंदाग्नीवर शिजवणें -उकडणें.

SIMONY (from *Simon* Magus, see Acts viii.) the crime of buying or selling ecclesiastical preferment धर्माध्यापकाची वृत्ति विकत घेण्याचा किंवा देण्याचा अपराध.

SIMPER *v. i. Ger*. वेड्या प्रमाणें किंवा दिमाखानें गालीं हसणें.

SIMPLE *a*. (*simplex*) single शुद्ध, निर्भेळ (sound); plain साधा (dress); sincere भावार्थी, निष्कपट, भोळा; clear स्पष्ट, उघड (statement); unaffected साधेपणाचा, साधा, उजू, सुरळीत (manners); foolish भोळा, सावडा, भोळसर; *Chem*., elementary तत्वाचा, तत्वरूप -मय, एकाकी (substance); *Bot*., entire अखंड, सबंध (stem); [s. contract; *Law,* any contract, whether verbal or written, which is not of record or under seal].—*n*. शुद्ध -निर्भेळ पदार्थ; a medicinal plant औषधि *f*, औषधि वनस्पति *f*. -MINDED *a*. मनाचा भोळा, भावार्थी. -NESS साधेपणा, शुद्धता *f*, निर्भेळपणा इ०. -TON वेडा, भोळाशंकर -नाथ.—SIMPLICITY शुद्ध -निर्भेळपणा; भावार्थ, खरेपणा; सरळ -बाळबोधपणा.—SIMPLIFY *v*. साधा क.; स्पष्ट क., अर्थ सांगणें, उमजाविणें, सोपा करून सांगणें, सोपा क.—SIMPLY *ad*. निखालस, नुस्ता; फक्त, केवळ, शुद्ध.

SIMULTANEOUS *a*. (*simul,* at the same time) एकवेळचा, एककाळचा, एककालिक. -LY *ad*. एकाच वेळीं, एकसमयावच्छेदेंकरून, एकदम.

SIN*, transgression of the law of God पाप *n*, पातक *n*, अन्याय *n*: sin offering पापार्पण *n*.—*v*. depart voluntarily from the path of duty prescribed by God to man

पाप क.; trespass उलंघन -अपराध क. [against]. -NER पापी, दुष्ट. -FUL *a.* पापी, पातकी; पापाचा, दुष्कर्मांचा (action). -LESS *a.* निष्पाप, निष्कलंक, निर्दोष.

SINCE* *prep.* & *ap.* from the time of पासून, नंतर; ago मागें, झाला, गेला; *conj.* जेव्हां; ज्या अर्थी.

SINCERE *a.* (*sine*, without, *cera*, wax, as if app. orig. to pure honey) pure शुद्ध, निर्भेळ; real खरा, वास्तविक, निष्कपट. -LY *ad.* मनोभावानें, जिवाभावानें.—SINCERITY खरेपणा, निष्कपटपणा; भावार्थ, शुद्ध भाव.

SINCIPUT (*L.*) टवळी *f*, टाळू *f*.

SINE (*sinus*, a curve) *Geom.* ज्या *f*.

SINECURE *a.* (*sine*, without, *cura*, care) बैठा रोजगार -चाकरी *f*; the stipend of a s. बैठा पगार.

SINEW*, tendon स्नायु; strength बळ *n*.—SINEWY *a.* स्नायूचा, स्नायुमय; बळकट, जोरदार.

SING* *v. i.* utter sounds with musical inflections गाणें, गायन क., चालीवर -स्वरावर म्हणणें; utter sweet sounds, as birds गाणें, मधुर स्वर काढणें; make a small, shrill sound झणझणणें, सणसणणें; celebrate something in poetry गाणें, वाखाणणें, पोवाडा गाणें, कवन करून वर्णणें;—a bee, top, &c. गुंगणें, गोंगावणें; —bad singing गद्धे -कुत्ते मल्हार; to s. badly तारे तोडणें.—*t.* गाणें, गाऊन वाखाणणें. -ER गाणारा, गवई.

SINGE* *v.* burn slightly वरवर भाजणें, होरपळणें, पोळणें.

SINGLE *a.* (*singulus*) one only एक, एकला, एकटा; individual विशेष, भिन्न, निराळा; alone एकला, एक; unmarried अविवाहित, सडा, सडी *f*; not twisted with others एकेरी, एकपदरी (thread); performed by one person एकानें केलेला, एकाचा (combat); pure शुद्ध, निर्भेळ; sincere खरा, भावार्थी, अनन्य (heart).—*v.* निवडणें, निवडून घेणें [out, out from]. -HANDED *a.* एकटा, एकाकी. -HEARTED *a.* एकनिष्ठ, एकचित्त, अनन्यवृत्ति. -NESS एकेरीपणा; एकले -टेपणा.—SINGLY *ad.* एकेरी; एकटा; एकएक.—SINGULAR *a.* एकटा; existing by itself अनुपम, अपूर्व, एक, अद्वितीय; uncommon असाधारण, विशेष; *Gram.*;—a number एकवचन *n*; eminent प्रसिद्ध, मख्यात, नामांकित, एक; language (address, or mention) in the s. number एकेरा शब्द; odd तऱ्हेवाईक, विलक्षण (zeal). -ITY एकटेपणा; असाधारणता *f*, अनुपमता *f*, अद्वितीयता *f*; विलक्षणपणा, एकाडपणा, तऱ्हेवाईकपणा.

SINISTER *a.* (*L.*) left डावा; inauspicious अशुभ, अभद्र; dishonest कपटाचा, कुटिल (aims).

SINK* *v. i.* fall gradually उतरणें, गळणें, घसरणें;—in water बुडणें;—into mud, &c. रुतणें, रुपणें; decrease in volume ओसरणें उतरणें (a river); fall in बसणें, खचणें, to be impressed ठसणें, बिंबणें, भरणें; —spirits खचणें, गळणें;—money बुडणें, थकणें, डुलणें.—*t.* नाश क., बुडविणें; make by digging खणणें (a well); conceal लपविणें (money); keep out of sight दृष्टिआड ठेवणें, चोरणें (truth); lower in value उतरणें (price of goods); reduce in amount कमी क., फेडणें, उतरणें (debt). —*n.* नाला, मोरी *f*.

SINUS (*L.*) a bay खाडी *f*; *Surg.* नाडीव्रण; नाडी *f*.

SIP* *v.* drink in small quantities चाखत चाखत पिणें; to s. water religiously आचमन घेणें; extract काढणें, काढून घेणें: a bee *sips* nectar from the flowers; drink out of -आंतून पिणें.—*i.* चाखत पिणें, घोट -भुरका घेणें.—*n.* घोट, भुरका.

Sir *F.* महाराज, साहेब, खुदावंत; [a knight or baronet].—**Sire** महाराज; father बाप.

Siren (*L.*) मोहक स्त्री *f*, मोहिनी *f*.

Sirius (*L.*) लुब्धक तारा.

Sirrah *Ir.* माणसाच्या लेका -कांद्या, अरे, बेटया.

Sirup *Ar.* शिरा, पाक.

Sister* (*Skr. swasri*) बहीण *f*; one of the same kind or of the same condition बहीण *f*, जोडी *f*: s. fruits. -HOOD बहीणपण *n*, भगिनीत्व *n*; community of women or sisters स्त्रीमंडळी *f*, स्त्रीसमाज. -IN-LAW, wife's sister मेहुणी *f*; husband's sister नणंद *f*: brother's wife भावजय *f*. -LY *a*. बहिणीचा -सारखा (kindness).

Sit* *v.i.* (*Skr. sad*) rest upon the hunches बसणें; perch पक्ष्या प्रमाणें बसणें, बसणें; rest बसणें; lie बसणें: a burden *sits* heavily upon him; fit बसणें, जमणें: a coat *sits* well; incubate बसणें, पाखर घालणें: the partridge *sitteth* on eggs, and hatcheth them not; hold a session बैठक -सभा बसणें -होणें; to s. at meat जेवायास -पानावर -मेजावर बसणें; down बसणें, खालीं बसणें; वेढा घालायास आरंभ क.: the enemy *sat* down before a town; बसणें, थिरावणें; उगा राहणें, तृप्त -संतुष्ट होणें, समाधान पावणें; to s. for a portrait आपली तसबीर काढून घेण्याकरितां चितार्‍याच्या पुढें बसणें; up उठणें, उठून उभा राहणें (Luke vii. 15); बसणें, बसून राहणें: to s. up late at night [on].—*t.* keep the seat upon बैठक संभाळणें, चिकाटी देऊन बसणें. -TING *n*. बैठक *f*, बसणें *n*, बसणी *f*; a seat बैठक *f*, बसणी *f*, आसन *n*; a session सभाकाळ, बैठक *f*, इ०

Site (*sinere*, to lay down) situation जागा *f*, ठिकाण *n*, स्थळ *n*; a place fitted or chosen for any certain permanent use or occupation जागा *f*: a s. for a church.—**Situated** *a*. वसलेला, स्थित, ठेवलेला; अवस्थेचा, अवस्थापन्न; badly s. दुःस्थित [at, on].—**Situation** जागा *f*, स्थळ *n*; स्थिति *f*, अवस्था *f*, दशा *f*; office जागा *f*, असामी *f*: a s. under Government.

Six* *a*. (*Skr. shash*) साहा.—*n*. साहाचा अंक; aggregate of s. छकडी *f*. -FOLD *a*. साहापट. -TEEN *a*. सोळा. -TEENTH *a*. सोळावा.—**Sixth** *a*. साहावा.—**Sixty** *a*. साठ.—*n*. साठाची संख्या *f*; साठाचा अंक.—**Sixtieth** *a*. साठावा.

Size (See **Assize**) bulk लांबीरुंदी *f*, परिमाण *n*, आकारमान *n*.—*v*. लहान मोठा पाहून रचणें -मांडणें, शेज लावणें.—*n*. *W*. एक प्रकारची पातळ खळ *f*; *Med.* रक्ताचा तवंग.

Size *W*. डकवण *n*, खळ *f*, चिकटवण *n*.—*v*. चिकटवणें, खळणें.

Skein *F*. कुकडें *n*.

Skate *D*. बर्फावरून घसरत -झपाटयानें चालत जाण्याचा जोडा.—*v. i.* बर्फावरून चालत -घसरत जाणें.

Skeleton (*Gr.*) bony structure in its natural relation हाडांचा पिंजरा, अस्थिपंजर, सांपळा; a very thin person सुकटा माणूस, कागदीज्वान; compages सांगाडा, खटारा, सांपळा.

Skeptic, See **Sceptic**.

Sketch *D*. अंकणें *n*, अंकणी *f*;—of a subject अराखडा, मसुदा.—*v*. अंकणें, बेत -नकाशा काढणें -क. [out, in, off].

Skewer *D*. सळई *f*, शलाका *f*.

Skiff *F*. लहान होडी *f*, डिंगी *f*.

Skill*, knowledge ज्ञान *n*, बुद्धि *f*; familiar knowledge with dexterity युक्ति *f*, हिकमत *f*, कौशल्य *n*, कसब *n* [in]. -FUL, -ED *a*. कुशल, कसबी, चतुर, निपुण, सुगर [at, in].

SKIM *v. Ger.* clear off from the surface छाटणें, छाटून काढणें; take off by skimming मलई -साई काढणें; pass near the surface of सरपटणें, -च्या वरून -सरसून -सरपटत जाणें [over, along].—*i.* सरपटत जाणें.—*n.* साई *f,* मलई *f.* -MER झारा, शिबें *n.* -MILK साई काढलेलें दूध *n.* -MING साई काढणें *n.*—SCUM साय *f,* मलई *f*; refuse खरवड *f.*

SKIN*, the external membraneous envelope of animal bodies चामडें *n,* कातडें *n,* चर्म *n,* कातडी *f,* चामडी *f*; the skin of an animal separated from the body कातडें *n,* चरसा, आधोळ; bark of a plant साल *f,* त्वचा *f*; exterior coat of fruits and plants सालपट *n,* टरफल *n.*—as of certain fruits, a sore, &c. कोशेटा;—of a tiger व्याघ्रांबर *n.*—*v.* कातडें -त्वचा -साल काढणें, सोलणें.—*i.* कातडें येणें: a wound *skins* over; [produce, in recitation or other school exercise, the work of another for one's own]. -DEEP *a.* वरवरचा, वरकमी. -FLINT कवडीचुंबक, लोहचुंबक. -NY *a.* कातड्याचा; wanting flesh सडसडीत, पातळ, सुकटा, हडक्या.

SKIP *v. Icel.* सोडणें, वगळणें, गाळणें.—*i.* उडी मारणें, ठिकणें; over वगळणें, गाळणें. [from, off, away, to].—*n.* उडी *f,* कुदी *f.*

SKIRMISH *O. E.* गोळागोळी *f,* चकमक *f.*—*v.* फटकाफटकी -गोळागोळी होणें -चालणें [with].

SKIRT*, the lower and loose part of a garment घेर, घोळ, झोळ; edge of any part of dress पदर, शेव; edge कांठ, किनारा, कड *f,* शेव.—*v.* शींव -शिमा असणें -धरणें. —*i.* शिवेवर असणें.

SKITTISH* *a.* shy बुजरा; frisky नाचऱ्या, कुलुल्या.

SKULK* *v.i.* lurk दडणें, लपणें; absent from duty कामावरून गैरहाजीर राहणें, काम चुकविणें [about, away, off, in, out].

SKULL *D.* कंवटी *f,* कवची *f,* करटी *f.*

SKY *D.* आभाळ *n,* आकाश *n,* अंतराळ *n*: the s. is overcast आभाळ आलें. -COLORED *a.* अस्मानी रंगाचा, अस्मानी, नीलवर्ण. -LARK कुकुडकुंभा, भारद्वाज. -LIGHT झारें *n,* धारें *n,* गवाक्ष *n.* -ROCKET बाण.

SLAB *W.* शिला *f,* शीळ *f*;—of a handmill तळी *f*;—for grinding condiments, medicaments, &c. पाटा.

SLABBER *v. i. Ger.* लाळ गाळणें -टाकणें.—*t.* लाळीनें ओला क. -भरविणें. -ER लाळगाळ्या, लाळ्या.

SLACK* *a.* not tense ढिला, सैल; not holding fast खिळखिळीत, खिळखिळ्या; remiss ढिला, मळमळीत, सुस्त, गैंदी: s. in duty; slow मंद, सुस्त, धिमा (pace). -EN *v.* ढिला -सैल -ढील क.; जोर -वेग कमी क.; slake भिजवणें, विरवणें (lime).—*i.* ढिला -सैल होणें; सुटणें, मोकळा होणें, विरणें (lime); languish ग्लानि येणें, लुंघणें. -NESS ढिलेपणा, शैथिल्य *n*; आळस, मंदाई *f,* सुस्ती *f.*

SLAKE *v. Icel.* quench विझविणें;—as thirst भागवणें; slack विरवणें, उमलविणें (lime). —*i.* विझणें.

SLAM *v. Icel.* धडकन -आदळून लावणें -बंद क. (a door).

SLANDER *F.* false tale or report maliciously uttered, and tending to injure the reputation of another चहाडी *f,* चुगली *f,* बालंट *n,* आळ; reproach कलंक, निंदा *f.*—*v.* तोहमत आणणें, आळ घेणें, चुगली -चहाडी क. -ER चुगलीखोर, चहाड, बालंट्या. -OUS *a.* चुगलीचा, कुभांड्या, अपवादक (word); चुगली सांगणारा, चुगलीखोर, तुफानी.

SLANT *a. Sw.* तिर्कस.—*v.i.* तिर्कस जाणें -फिरणें,

उतरता असणें.—*t.* उतरता क., ढाळ देणें.—*n.* ढाळ, उतार.

Slap *Ger.* चपराक *f*, थापड *f*, चापटी *f* [at, on].—*v.* चपराक देणें -मारणें -भडकावणें.

Slash *v. Icel.* धसकावणें, चपाचप तोडणें.—*n.* तरवार इ० चा वार -ची चीर -फाळा.

Slate *F.* a kind of stone which readily splits into plates एक जातीचा मऊ दगड आहे, स्लेटीचा दगड; a thin plate of stone चीप *f*; a tablet for writing upon दगडी पाटी *f*, 'स्लेट' *f*.—**Slaty** *a.* कप्याचा, चिपाचा.

Slattern *Ger.* a woman who is negligent of her dress or house आडव्या सुडक्याची बायको *f*, भोंगळी बायको *f*, जोगम्मा *f*; to dress as a s. उभें नेसणें -लावणें.

Slaughter *Icel.* extensive and unnecessary destruction of human life कत्तल *f*, काटाकाटी *f*, कंदन *n*; act of killing as a matter of business कापणें *n*, मारणें *n*, वध: s. of oxen for market.—*v.* काटणें, कत्तल उडवणें, काटाकाटी क.; कापणें, मारणें, कंदन क. -**house** जनावरें कापण्याची जागा *f*.

Slave *D.* a person who is held in bondage to another दास, गुलाम, बंदा; one who has lost the power of resistance दास, गुलाम: a s. to passions; one who labors like a slave गुलाम, भाडेकरी, हाडाचे मणी करणारा, खप्या, कबाडकष्ट करणारा; female s. दासी *f*, बटीक *f*, कुणबीण *f*.—*v. i.* कबाडकष्ट -गुलामगिरी क.; deal in slaves गुलामाचा व्यापार क. -**ry** दास्यत्व *n*, गुलामगिरी *f*.—**Slavish** *a.* गुलामाचा; such as becomes a slave गुलामा सारखा, गुलामास योग्य; servile खुशामतीचा, आर्जवी; laborious कष्टाचा, कबाडकष्टाचा.—**Slaver** गुलामाच्या व्यापाराचें जहाज *n*; गुलामाचा व्यापार करणारा.

Slaver *Ger.* लाळ *f*.—*v. i.* लाळ पडणें -गळणें; लाळीनें भरणें [at].

Slay* *v.* मारणें, जिवें मारणें, प्राण घेणें. -**er** मारणारा, वधकरणारा.

Sledge*, the hammer घण; *D.* a carriage drawn without wheels बिन चाकांची गाडी *f*; a vehicle moved on low wheels ठेंगण्या चाकांची गाडी *f*.

Sleek *a.D.* smooth गुळगुळीत, साफ, सफाईदार.

Sleep* *v. i.* take rest by a suspension of the voluntary exercise of the powers of the body and mind, and an apathy of the organs of sense निजणें, झोंप घेणें; be careless झोंप घेणें, डोळेझाक क., निष्काळजी -निश्चिंत असणें; to be dead मरणें, महानिद्रा लागणें (1 Thes. iv. 14); be in repose स्वस्थ राहणें, पडणें, झोंप घेणें: a question *sleeps* for the present; to s. composedly सावकाश निजणें.—*n.* निद्रा *f*, नीज *f*, झोंप *f*; s. in which the subject turns round and round चक्रीझोंप *f*. -**er** निजणारा; a lazy person आळशी, अजगर; a sound s. कुंभकर्ण [a piece of timber or stone on or near the level of the ground, for the support of some superstructure]. -**ing** झोंप आलेला, निद्रायमाण, निद्रिस्त; occupied for sleeping निजायाचा, निजण्याचा (a car on a railway); s. partner पोटगडी.—*n.* निद्रावस्था *f*. -**iness** झोंपाळूपणा; drowsiness झोंपेची गुंगी *f*, सुस्ती *f*.—**Sleepy** *a.* झोंपाळू, निद्रालु; tending to induce sleep निद्राकर, झोंप आणणारा; overcome by sleep झोंपेची तार आलेला, झोंपेनें घेरलेला, निद्राग्रस्त.

Sleet*, fall of hail or snow mingled with rain गाराचा -स्नोचा पाऊस.

Sleeve* बाही *f*, अस्तनी *f*; to laugh in one's s. पदर लावून गालच्या गालीं हसणें.

Sleight *Icel.* हस्तलाघव, हातचलाखी *f*; s. of hand हातचलाखीचा खेळ.

Slender *a. D.* thin पातळ, सडपातळ, बारीक; weak निर्बळ, फुसका, अशक्त (constitu-

tion); slight थोडा, हलका, अल्प (hope); moderate थोडा, सुमाराचा (intelligence); inadequate थोडा, अपुरता, कोता (pittance); simple साधा (diet).

SLICE *Ger.* thin, broad piece फाक *f*, कापटी *f*, चिरोटी *f*, फोड *f*; piece cut off धपली *f*, टिवळी *f*.—*v.* फाकी क., कापणें, फोडी पाडणें [off].

SLIDE* *v. i.* slip घसरणें, निसरणें; move over snow with a glib, uninterrupted motion बर्फावरून घसरत जाणें; fall पडणें; pass inadvertently घसरणें, चुकून जाणें.—*t.* लोटणें, सारणें; चोरून शिरकवणें, खुपसणें (a word) [off, from, to, along, over].—*n.* घसरड *f*.

SLIGHT *a. Ger.* small बारीक, पातळ, किरकोळ; slender हलका, लहान, फुसका, अलबेला (structure); inconsiderable हलका, कळेनकळेसा (pain).—*n.* contempt अव्हेर, अनादर; neglect उपेक्षा *f*, कानाडोळा, अवगणना *f*.—*v.* तुच्छ मानणें, अनादर क.

SLIM *a. Ger.* पातळ, किरकोळ, बारीक.

SLIME* गाळ, रेबड *f*.—*v.* गाळानें भरणें, रेबडी लावणें [over].—SLIMY *a.* गाळाचा, रेबडीचा; viscous चिकचिकीत, गळगळीत; रेबडीनें भरलेला.

SLING *Ger.* instrument for throwing stones, consisting of a strap and two strings गोफण *f*; a kind of hanging bandage round the neck, in which a wounded arm is sustained ओळंबें *n*;—as for a vessel शिंकें *n*;—for a weight or load नवघण;—for a basket शिंकरणी *f*.—*v.* गोफणीनें मारणें; शिंकाळणें.

SLINK* *v.* steal away चोरून जाणें; miscarry, as a beast गाभटणें [off].

SLIP* *v. i.* slide निसरणें, निसटणें; fall into error चुकणें, घसरणें; sneak चोरून निघून जाणें, झुकांडी देणें [away]; enter by oversight चुकीनें -नजरचुकीनें शिरणें; to be lost गमावणें.—*t.* सारणें, सरकावणें; हरवणें, घालवणें; omit गाळणें, सोडणें; cut कापणें, तोडणें, छाटणें (branches); let loose सोडणें, मोकळें क. (a hound); throw off अंगाबाहेर टाकणें -काढणें: a horse *slips* his bridle; miscarry गाभटणें; on अंगांत अडकवणें (a coat).—*n.* घसरणें *n*, घसरा, चळ, ढळ; a twig separated from the main stock कलम *n*, फांदी *f*; string by which a dog is held कुत्र्याची दोरी *f*; a long narrow piece पट्टी *f*;—of cloth पट्टा *f*, चिंधोटी *f*;—of bamboo कांब *f*, कांबीट *f*;—of metal कांब *f*;—of land पट्टी *f*, चिरोटी *f*; fault चूक *f*, चळ, ढळ; to give the s. झुकाटी देणें. -KNOT सरक -निसर -शेसगांठ *f*. -PER पायपोस, पैजार, मोचा. -RY *a.* घसरता, निसरडा; बुळबुळीत (substances); not affording firm confidence चंचळ, अस्थिर (promise); liable to slip घसरायाजोगा; a s. place घसरड *f*.—SLOP गरगट *n*, ढपळवणी *f*.

SLIT* चीर *f*, भेग *f*.—*v.* चिरणें, उभा कापणें; make a fissure in चीर -भेग पाडणें [up].

SLOAT *Ger.* a narrow piece of timber which holds together large pieces करळी *f*.

SLOOP *Ger.* एककाठी जहाज *n*.

SLOP *Ir.* puddle डबकें *n*, डबरा; mean liquor गरगट *n*, शंखवणी *f*; *pl.* मळकट पाणी *n*.

SLOPE*, a direction downward उतार, ढाळ; acclivity चढण *f*, चढाव.—*v.* ढाळ देणें, उतार क. [off, down, from].—*i.* उतरता होणें.—SLOPING *a.* उतरता, ढाळता.

SLOTH*, laziness आळस, सुस्ती *f*; an animal एक जनावर आहे, पर्णमृग. -FUL *a.* सुस्त, आळशी, मंद.

SLOUCH *v. i. D.* मुंडी -मान खालीं करून चालणें.—*t.* खालीं क., पाडणें, लोंबवणें.

Slough* दलदल *f*, रुतण *f*, कर्दम.—**Sloughy** दलदलीचा.

Slough *Ger*. the cast skin of a serpent मेंग *f*, कात *f*; *Med*., the part that separates from a foul sore जळमट *n*, गलितमांस *n*.—*v*. मेंग टाकणें; जळमटें, खपली वगैरे निघणें [off].—**Sloughy** *a*. जळमटांचा.

Sloven *a*. *Ger*. नेभळ, भोंगळ. **-liness** नेभळेपणा, गेंदीपणा, गाबाळीपणा. **-ly** *a*. भोंगळ, गेंदा, गेब्रत्या; not neat हइगईचा, भांत्रळ्या.

Slow* *a*. not quick in motion धिमा, मंदगति, मंद; late उशिरानें होणारा, दीर्घकालिक; not prompt मंद, जड, मठ: s. of speech; not hasty धिमा, गंभीर विचाराचा (Prov. xiv. 29); behind in time मागचा, विलंबित, हळू चालणारा, मंद (watch); not advancing मंद, हळू वाढणारा (growth); having no wit स्थूलबुद्धि, मंद. **-ly** *ad*. हलक्यानें, मंद, हळुहळु. **-ness** मंदपणा, मंदाई *f*, मंदगति *f*; जडपणा, सुस्ती *f*, बुद्धिमांद्य *n*, मंदबुद्धि *f*; सावकाशी *f*, धिमाई *f*.

Slubber *v*. *D*. do lazily, imperfectly, or coarsely गडबडगुंडा क., ढकलणें, दपटणें; daub चोपडणें, लथडणें, लेपटणें; work *slubbered* over बिगार *f*, बिगारकाम *n*.

Sluggard *a*. *D*. आळशी, अजगर, आर.—**Sluggish** *a*. सुस्त, मंद, जड.

Sluice *D*. flood-gate उचडी *f*, सांड *f*, सांडवा.

Slumber* *v*. *i*. sleep lightly हलकी झोंप -डुकली घेणें; sleep निजणें; to be in a state of inactivity निचेष्ट -उगी -स्तब्ध बसणें, झोंप घेणें.—*n*. हलकी झोंप *f*, कुतरझोंप *f*; झोंप *f*.

Slur *v*. *D*. soil बट्टा -काळें -कलंक लावणें; pass lightly उडत उडत -छपावून सांगणें.—*n*. कलंक, डाग, काळोखी *f*; imposition ठकवणूक *f*, फसवणूक *f*.

Slut *D*. जोगम्मा *f*, हिडशी बायको *f*.

Sly *a*. *D*. skilful चतुर, धूर्त; cunning कावेदार, मतलबी, धूर्त.

Smack* *v*. *i*. kiss with violence मिटक्या मारून मुका घेणें; have a taste वास -लज्जत मारणें -असणें;—with the lips मिटकी मारणें.—*t*. मिटकी मारून मुका घेणें; crack कडकावणें, तडतडावणें (a whip) [with].—*n*. वास, लज्जत *f*; मिटक्याचा मुका; फटकारा, कडाखा; slap चपराक *f*, चापटी *f*.

Small* *a*. not large लहान; insignificant हलका, क्षुल्लक (subject); little in amount or degree थोडा, अल्प, हलका; weak बारीक, एकेरा (voice).—*n*.—of the back बगड *n*, चौक. **-ness** लहानपणा; थोडकेपणा, हलकेपणा; बारीकपणा इ०. **-pox** देवी *f pl*, फोड्या *f pl*.

Smart *Ger*. local pain स्थाइक दुःख *n*, वेदना *f*; pungent pain of mind चटका, मनस्ताप.—*a*. तीक्ष्ण, तिखट; quick चंचळ, चलाख, चपळ; energetic झपाट्याचा, तडाख्याचा, कडक; witty नोकदार, खुबीचा, मार्मिक (reply); dashy चकपक, छानदार, ठाकठीक;—of persons चलाख, जलद, हुशार.—*v*. *i*. दुखणें, चुरचुरणें, चुणचुणणें; to be punished शिक्षा भोगणें -पावणें, चटका लागणें (Prov. xi. 15); to cause to s. for भोगणें, जाणवणें [with]. **-ly** *ad*. चलाखीनें, झपाट्यानें; चकपक, छानमारून, चापून चोपून. **-ness** तिखटपणा, तीक्ष्णता *f*; चलाखी *f*, झटपट *f*; सफाई *f*, हुशारी *f*; कडाखा, सपाटा; चापचोपी *f*, छान *f*; नोक *f*, खुबी *f*.

Smash *v*. *Ger*. चकणाचूर क. -करून टाकणें —*n*. चकणाचूर, चुराडा.

Smatter *v*. *i*. *Ger*. talk superficially वरवर बोलणें; smack लज्जत -वास मारणें. **-er** पुस्तकांवरून ओढलेला, तोंडपिट्या, खंडीखंडी पंडित. **-ing** ओरखडलेलें ज्ञान *n*, खंडपाडित्य *n*, वरवरची माहितगारी *f*.

Smear* *v.* daub लिंपणें, माखणें; soil कलंक लावणें [over].

Smell *v. Ger.* perceive by the nose हुंगणें, वासवेणें; to s. out हुंगणें, वासानें शोधून काढणें; to s. a rat माशी शिंकणें [of, to].—*i.* वास असणें -येणें; have a particular tincture वासमारणें.—*n.* वास, गंध; ill-s. घाण *f,* कुवास; good s. सुगंध, सुवास; the power or sense of s. घ्राणेंद्रिय *n.* -FEAST परान्नरुचि. -ING घ्राणेंद्रिय *n.* -ING-BOTTLE वासाची -वास घेण्याची कुपी *f.*

Smelt *v. D.* रस क., गाळणें. -ER रस करून गाळणारा, धावड.

Smile *v. i. D.* (*Skr. smi,* to laugh) गालीं हसणें, मंदहास्य क.; be propitious प्रसन्न होणें, फुलणें, खुलणें; sneer हसणें, नाक मुरडणें; look gay and joyous उल्हासी -आनंदी दिसणें: *smiling* spring; *smiling* countenance हास्यवदन *n,* प्रसन्नमुख *n,* मंदस्मित वदन *n* [on, at].

Smite* *v.* strike मारणें, हाणणें, प्रहार क.; kill जिवें मारणें; put to rout in battle युद्धांत मोड क.; blast करपवणें; affect with passion मोहणें, मोहित क.; afflict दुःख देणें: off छेदणें, कापून टाकणें; out पाडणें, तोडणें (tooth).

Smith* घड -ठोककाम करणारा; iron s. लोहार; gold s. सोनार; copper s. कासार.—**Smithy** घडकामाचें दुकान *n,* लोहारसाळ *f,* इ०.

Smoke*, the exhalation, visible vapor, or substance that escapes from a burning body धूर, धूम्र; that which resembles smoke, as vapor or watery exhalations धूर, धुई *f,* धुकें *n*; a volume of s. धुराटी -डी *f.*—*v.i.* धूर निघणें; rage धुमसणें, धुसधुसणें, संतापणें; raise a dust by rapid motion (धांवत -जलद चालतांना) धूळ उडवणें -उधळणें; to s. tobacco तंबाखू पिणें -ओढणें; suffer भोगणें, सोसणें: some of you shall s. for it. —*t.* धुरावणें, धुरी -धूर देणें; तंबाखू ओढणें.—**Smoky** *a.* emitting smoke धुराचा, धुरकट (fires); filled with smoke धुरानें भरलेला, धुरकटलेला, धुईचा (atmosphere); tarnished with smoke धूर लागलेला, धुरकट, धुरानें काळा झालेला (rafters).

Smooth* *a.* not rough गुळगुळीत, नितळ (glass); glossy गुळगुळीत, तुळतुळीत, मऊ (hair); gently flowing सुरळीत, सरळ, संथ -झुळझुळा -सुळसुळा वाहणारा (stream); not harsh मृदु, गोडीगुलाबीचा, गोड; flattering आर्जवाचा, गोड (discourse); even सारखा, सपाट, बराबर; not obstructed निर्विघ्न, सोपा, सरळ.—*v.* गुळगुळीत क.; सारखा -बराबर क.; सोपा -सुरळीत क.; palliate हलका -कमी क. (fault).—*i.* आर्जव क. -LY *a.* सुरळीत, सरळ; गोडीगुलाबीनें, गोडगोड बोलून. -NESS गुळगुळीतपणा, सफाई *f*; सारखेपणा, सपाटी *f*; मऊपणा; लाघव *n,* लाडीगोडी *f.* -TONGUED *a.* गोडबोल्या.

Smother* *v.* destroy the life of by suffocation दम -श्वास कोंडून मारणें; stifle दाबणें, दडपणें (a fire); suppress दाबणें, लपवून -दडपून ठेवणें, गिळणें (displeasure) [up].—*i.* गुदमरणें, घुसमटणें; burn slowly धुमसणें, हळुहळु जळणें.

Smoulder *v. i. D.* धुमणें, धुमसणें.

Smuggle* *v.* import or export secretly and without paying duty जकात चुकवून व चोरून (माल) आणणें किंवा नेणें; convey, or introduce, clandestinely चोरून नेणें -आणणें [away, in, out, through].

Smut*, dirt of soot, lampblack मस *f,* मशेरी *f*;—of corn अंगारा, काजळी *f*; obscene language विचकट -बीभत्स भाषण *n.* —*v.* मस लावणें, काळा क.; तांबारा पाडणें; tarnish कलंक लावणें [with].—*i.* मस जमणें

-होणें. -TY *a.* मस लागलेला, मसकट; काजळी -अंगारा लागलेला, कोळपलेला; निचकट, बीभत्स.

SNAFFLE *Ger.* सुतळ्या लगाम.

SNAIL*, the animal गोगलगाई *f*, पिकळी *f*; a slow moving person मुंगीच्या पायांनीं चालणारा, मदाड.

SNAKE* साप, सर्प. -STONE सर्प -नागमणी. —SNAKY *a.* सापाचा; cunning धूर्त्त.

SNAP *v. Ger.* break at once कटकन मोडणें, तटकन तोडणें; strike with a sharp sound पटकन मारणें; bite suddenly एकदम डसणें; break upon suddenly with sharp, angry words तुटून -घसरून अंगावर येणें; crack फटकारा मारणें; off तटकन तोडणें, लचका काढणें;—the fingers चुटकी वाजवणें.—*i.* तटकन मोडणें; तोंड टाकणें, डसायाला धांवणें -क.; खेंकणें, खेंकावणें [off].—*n.* चुटकी *f*, चटकी *f*, फटकारा. -PISH *a.* डसरा, डसका, चावरा; खिसखिश्या, चिरडखोर, तिडतिडा.

SNARE *D.* trap सांपळा, फास: fig. सांपळा, फास.—*v.* फाशांत धरणें -पाडणें [with, by].

SNARL *v. i. D.* growl गुरगुरणें, गुरकावणें; speak roughly खेंकणें, खेंकावणें [at].

SNATCH *v. D.* seize hastily झोंबाडणें, हिसकून घेणें, झडप मारणें; seize and transport away धरून नेणें, पार क. [at, up, from].—*n.* हिसडा, आसडा, झोंबाडा.

SNEAK* *v.* steal away privately गुपचुप-चोरून निघून जाणें; crouch जीजी क., थुंकी झेलणें (along, about, off, in, into, out, away). —*n.* थुंकी झेलणारा, आर्जवी. -ING आर्जवी, जीजी करणारा.

SNEER *v.i. Pr. Eng.* show contempt by turning up the nose, or by a particular cast of countenance नाक वर क. -मुरडणें; show contempt by a covert expression झिटकारून -लावून -खोंचून बोलणें, ठोमणा मारणें. —*n.* नाकझाडणी *f*, लावून बोलणें *n*, उपरोध.

SNEEZE* *v. i.* शिंकणें, शिंक येणें.—*n.* a sudden and violent ejection of air, chiefly through the nose, with an audible sound शिंक *f*.

SNIFF *v. i. Ger.* सूं सूं क., नाकानें श्वास घेणें.

SNIP *v. D.* cut off कातरणें, कातरून घेणें; pilfer बुटेचोरी क.

SNIPE *D.* पाणलव्हा -लावा.

SNIVEL* *v. i.* नाक वाहणें, शेंबूड वाहणें -गळणें; cry or whine as children धुसमुसणें, पिरपिर लावणें, रडून शेंबूड गाळणें. -ER शेंबड्या, मुसमुसणारा.

SNOOD *Scot.* अगूळ *n, m, f*.

SNORE* *v. i.* घोरणें.

SNORT* *v. i.* खेसणें, फुरफुरणें.

SNOT* शेंबूड. -TY *a.* शेंबड्या, बरबरीत.

SNOUT *Ger.* long projecting nose of a beast जनावराचें तोंड *n*, मुसकट *n*; nose of a a man नाकाड *n*;—in contempt मुसकड *n*.

SNOW* बर्फ *n*, हीम *n*, 'स्नो.'—SNOWY *a.* बर्फासारखा, पांढराफटफटीत; abounding with snow हिमप्रचुर.

SNUB *v. D.* दटावणें, दबकावणें, धमकावणें. -NOSED *a.* नकटा, फेंपट्या नाकाचा.

SNUFF *Ger.* the burnt part of a candlewick गूल *m, f*, काजळी *f*, कोजळी *f*; powdered tobacco तपकीर *f*.—*v. i.* कोजळणें; inhale श्वासा बरोबर घेणें; take offence नाक मुरडणें, रुसणें. -BOX तपकिरीची डबी *f*. -ER हुंगणारा; *pl.* कोजळी झाडण्याची कातर *f*. गुलतराश *f* (*H*).—SNUFFLE *v. i.* नाकांत बोलणें, गुणगुणणें.

SNUG* *v. i.* चिकटून निजणें, कुशींत शिरणें.—*a.* —of places सुटसुटीत, अटपसार, अटपता, सुबक;—of persons चिकटलेला, लगटलेला.

SO* *ad.* in that manner तसें, त्याप्रमाणें; in like manner असा, याप्रमाणें; very फार, इतका; s. forth इत्यादि; s. much as इतका;

s.-and-s. असा तसा, माफक; s. that इतकें कीं; s. then तर मग.—*conj.* असें असता.

SOAK* *v.* steep भिजवणें, भिजूं घालणें; drench चिंबभिजवणें; draw in by the pores शोषणें, शोषून घेणें [through, in].—*i.* भिजत पडणें; मुरणें, जिरणें, भिनणें.

SOAP* साबू, साबण. -BERRY रिठा.—SOAPY *a.* साबणा सारखा; मऊ, गुळगुळीत; साबण लावलेला.—SUDS *pl.* साबणाचें पाणी *n.*

SOAR *v. i.* (*-aura,* the air) उडणें, उंच -वर जाणें, tower in thought उंच विषय धरणें -घेणें [over, above].—*n.* उड्डाण *n.*

SOB* *v.i.* रडणें, स्फुंदणें.—*n.* हुंदका, स्फुंदन *n,* रुदन *n* [for].

SOBER *a.* (*sobrius*) temperate in the use of spirituous liquors बेतानें पिणारा, मितपाशी; not drunk सावध, अमल न चढलेला, हुशार : the sot may at times be s.; not mad विचारशील, स्थिर; self-controlled नियतवृत्ति, नियमी; not proceeding from passion विचाराचा; serious गंभीरवृत्ति.—*v.* अंमल -कैफ उतरणें, शुद्धीवर आणणें.—*i.* शुद्धीवर येणें, कैफ उतरणें. -LY *ad.* अंमला वांचून, कैफा वांचून; थंडाईनें, विचारपूर्वक. -MINDED *a.* स्थिर, विचारवान. -NESS.—SOBRIETY बेताचें पिणें *n,* मितपाशन *n;* सावधपणा, बिनअमलीपणा; स्थिरबुद्धि *f,* गांभीर्य *n,* विचारशीलता *f.*

SOCIABLE, SOCIAL *a.* (*socius,* a companion) सोबतीचा भुकेला, स्नेहबुद्धि; मंडळीचा, संगतीचा; familiar खेळीमेळीचा, स्नेहाचा. -NESS, -ITY स्नेहबुद्धि *f,* मिलाफीपणा.—SOCIETY सोबत *f,* संगत *f;* community मंडळी *f,* पंगती *f,* पंगत *f,* लौकिक.

SOCK (*soccus,* a light shoe) पायाचा मोजा, पायमोजा.

SOCKET (do.) घर *n,* उथळें *n,* खुरशी *f;*—for a post तोळंबा.

SOD *Ger.* गवताळ -गवती जमीन *f;* a s. गवताच्या मुळासगट माती *f.*

SODA (*salsus,* salt) एक प्रकारचा क्षार आहे; subcarbonate of s. पापडखार; impure carbonate of s. सज्जीखार.

SODOMITE, inhabitant of Sodom सदोम गांवचा राहणारा; one guilty of sodomy गुदमैथुन करणारा, गुदमैथुनाचा दोषी; a male that submits to the crime of s. गंडिया.—SODOMY गुदमैथुन *n.*

SOFA *Ar.* 'कोच' *f,* 'सोफा', मंचक.

SOFT* *a.* not firm in resisting नरम, मऊ; not rough सफाईदार, बारीक (silk); agreeable to perceive or feel मृदु, मंद (air); pleasing to the eye दृष्टिरम्य, सुंदर (hues); mild सौम्य, मृदु, करुणार्द्र (form); not rough in sound मंजुळ, मधुर, हलका; *Gram.* घोषवत, सघोष (a letter); effeminate मनाचा कोंवळा, नरम, मळमळीत; easy हलका, हलक्या हाताचा; not tinged with salts, so as to decompose soap गोडा (water); easily wrought सुवड, नरम (iron); quiet शांत (slumbers).—*ad.* हळू, सावकाश; -EN *v.* मऊ -नरम क.; mollify बेताचा -सुमारमाफक क.; make tender पाझरविणें, द्रवविणें [down].—*i.* मऊ -नरम होणें; पाझरणें, नरमावणें : the heart *softens* at the sight of woe. -LY *ad.* हलक्यानें, हळू, हलका; मंजुळ वाणीनें. -NESS मऊपणा, नरमपणा; फुसफुसीतपणा; मनाची नरमाई *f;* मंदत्व *n,* मार्दव *n;* मंजुळता *f,* मधुरता *f,* माधुर्य *n;* सौम्यपणा.

SOIL* *v.* make dirty on the surface मळवणें; tinge with anything extraneous डागपाडणें; manure खत घालणें [with, by].—*n.* मळ; डाग.

SOIL *v. F.* गुरांस पुष्कळ खायास घालून जुलाब देणें.

Soil (*solum,* the upper stratum of the earth) माती *f*, काळी *f*, धरत्री *f*, जमीन *f*; country देश; manure खत *n*; inferior s. बरडजमीन *n*; white s. पांढर *f*, पांढरी *f*; red s. तांबड *f*.

Soil (*sus,* a hog) a marshy or miry place to which a hunted boar resorts for refuge पारधी पाठीस लागलेल्या डुकराची आसऱ्याची जागा *f*; [streams or water sought for by any other game, as deer].

Soiree *F.* an evening party संध्याकाळची (मिळालेली) मंडळी *f*.

Sojourn *v. i. F.* कांहीं दिवस राहणें.—*n.* मुकाम; प्रवास, देशांतरवास. -er कांहीं दिवस राहणारा, प्रवासी, उपरी. -ing प्रवास; मुकाम.

Solace *v.* (*solari,* to comfort) अश्वासन -धीर देणें; allay सांत्वन -समाधान -शमन क. [with].—*n.* सुख *n*, चैन *f*, आराम; सांत्वन *n*, समाधान *n*.

Solanum (*L.*) s. macrohizon डोरली *f*; s. Jacquini डोरली रिंगणी *f*; s. insanum डोरली वांगी *f*; its fruit डोरलें वांगें *n*.

Solar *a.* (*sol,* the sun) सूर्याचा, सूर्य संबंधी, सौर; measured by the progress of the sun सौर, सौरमानाचा (year); produced by means of the sun सूर्याच्या योगानें -उन्हानें उत्पन्न केलेला, in comp. सूर्य (salt).—*n.* a garret room माळी *f*, माळा.

Solder (*solidus,* firm) कस्तूर *n*, *m*. डाक.—*v.* कस्तूर क., डाक लावणें, झाळणें.

Soldier (*solidus,* a piece of money, the pay of a soldier) a man engaged in military service शिपाई, सैनिक; a private in military service शिपाई, 'सोजर'; a brave warrior योद्धा, वीर. -ly *a.* शिपाईगिरीचा, शिपाईगिरीस लायक.—Soldiery शिपाई लोक *pl*, लष्कर *n*; irregular s. शिबंदी *f*.

Sole*, bottom of the foot तळवा, पायाचा तळवा, तळपाय; bottom of a shoe जोड्याचा तळ; bottom of anything तळ, बूड *n*.—*v.* तळ लावणें -घालणें.

Sole (*solea*) a fish लेफ *n*, *m*.

Sole *a.* (*solus*) एकटा -ला; *Law,* single एकटा, सडा, अविवाहित. -ly *ad.* एकटा, एकाकी.

Solecism (*Gr. soloikos,* speaking incorrectly) अप्रयोग, अशुद्ध प्रयोग.

Solemn *a.* (*solemnis,* that which takes place every year) marked with religious rites and pomps धर्मसंस्कार -विधिपूर्वक; serious गंभीर, भरकूम; filled to awaken serious reflections धाक बसायाजोगा, दराऱ्याचा, इभ्रतीचा, गंभीरपणाचा; *Law,* made in form रीति प्रमाणें केलेला, कायदेशीर, यथाविधि, दस्तुरमाफक. -ity गंभीरपणा, गांभीर्य *n*; धाक, जरब *f*, इभ्रत *f*; धर्म -देवकार्य *n*, उत्साह; कायदेशीरपणा, यथाशास्त्रता *f*. -ize *v.* समारंभानें -यथाविधि -यथाशास्त्र क.; उत्साह -समारंभ क. (a feast); गंभीर क., गंभीरपणा आणणें (the mind).

Solicit *v.* (*sollicitus,* wholly moved) ask with earnestness विनवणें, विनंती क.; seek मागणें, याचना क. (a favor); invite बोलावणें [of, from]. -ation विनवणी *f*, विनंती *f*; याचना *f*; बोलावणें *n*, आमंत्रण *n*. -or मागणारा, याचक, विनवणारा; *Law,* वकील. -ous *a.* चिंतेचा, काळजीचा, चिंताक्रांत -युक्त [about, for]. -ude चिंता *f*, काळजी *f*, घोर.

Solid *a.* (*solidus*) hard घट, अप्रवाही; not hollow भरींव; cubic घन; strong बळकट, खंबीर, कठीण (wall); substantial ऐवजऐपतदार (man); impenetrable अभेद्य.—*n.* भरींव वस्तु *f*, घन पदार्थ; *Geom.* घन; contents of a s. घनफल *n*. -ity घट्टपणा, घनता *f*; भरींवपणा; बळकटपणा, बळकटी *f*; जीव, ऐवज: s. of arguments. -ify *v.* घट्ट क.—*i.* घट्ट होणें.

Soliloquy (*solus,* alone, *loqui,* to speak) आपल्याशीं बोलणें *n,* आत्मभाषण *n.*

Solitary *a.* (do.) living alone एकला राहणारा ;—reproachfully एकलकोंड्या ;—of places गैर वळणाचा -रावस्थाचा ; gloomy भणभणीत, भयाण, उदास ; single एकच, एकटा (instance).—*n.* एकला राहणारा, वनवासी.

Solitaire *F.* एकट्यानें खेळायाचा एक खेळ आहे.—**Solitude** एकांतवास, भणभणीतपणा, भणभणाट ; आडरान *n,* अरण्य *n.*

Solo *It.* एका गळ्यानें -एका वाद्यानें गायाचें गाणें *n* -वाजविणें *n,* एकाकी गीत *n* -स्वर.

Solstice (*sol,* the sun, *sistere* to cause to stand) *Astron.* सूर्याची उत्तर किंवा दक्षिण गति *f,* अयन *n* ; summer s. उत्तरायण *n* ; winter s. दक्षिणायन *n.*

Solve *v.* (*solvere*) dissipate द्रवविणें, द्रव क., वितळविणें ; explain उलगडा क., फोडणें (a problem).—**Soluble** *a.* द्रव करायाजोगा, द्राव्य; द्रव होण्याजोगा, विद्राव्य [in].—**Solubility** द्राव्यता *f* ; गलनीयता *f.*—**Solution** द्रव करणें *n,* द्रावण *n* ; द्रव झाल्यामुळें एकरूप होणें *n* ; पाणी *n,* in comp. वणी : मिठवणी *n* ; उलगडा ;—of a doubt संशयनिवृत्ति *f,* शंकासमाधान *n* ;—of a difficult verse श्लोकलापनिका *f.*—**Solvency** कर्ज फेडण्याची लायकी *f.*—**Solvent** *a.* द्रवकरणारा, द्रावक ; able to pay all just debts कर्ज फेडण्यास लायक, दार ; sufficient to pay all debts कर्ज फेडण्या पुरता : the estate is s.—*n.* द्रावक रस.

Somber, -bre *a.* (*sub umbra,* under shade) dark काळासावळा ; gloomy उदास, भणभणीत.

Some* *a.* more or less कांहीं, अल्पस्वल्प (water); more or fewer कोणी, कित्येक : s. two or three persons ; small quantity कांहीं, थोडासा : s. miles away; certain कित्येक, कोणी : s. men believe one thing, and others another; a part कांहीं, थोडें, थोडा : we consumed s. of our provisions. -**body** कोणी एक, कोणी तरी. -**how** *ad.* जसें तसें करून, जसातसा, जेमतेम. -**thing** कांहीं : there is s. in the wind; कांहीं, किंचित : s. yet of doubt remains.—*ad.* कांहींसा. -**time** *ad.* केव्हांतरी, कधींतरी ; s. or other केव्हां नाहीं केव्हांतरी ; formerly पूर्वीं.—*a.* पूर्वींचा.—*pl. ad.* केव्हां केव्हां, कधीं कधीं. -**what** *ad.* कांहींसा, कांहीं, जरा, जरासा.—*n.* कांहीं, किंचित. -**where** *ad.* कोठें, कोठेंतरी.

Somersault, -set (*supra,* above, *saltus,* a leap) कोल्हाटी *f,* गोलांट *n.*

Somnambulist (*somnus,* sleep, *ambulare,* to walk) झोंपेंत चालणारा, निद्राचारी.—**Somnambulism** झोंपेंत फिरणें -चालणें *n,* निद्राभ्रमण *n,* निद्राचार.

Somniferous *a.* (*-ferre,* to bring) झोंप आणणारा, निद्राकारी.

Somniloquist *a.* and *n.* (*-loqui,* to speak) झोंपेंत बोलणारा, निद्रालापी.

Somnolent *a.* (*somnus,* sleep) झोंपाळू, निद्राळू —**Somnolency** निद्राळूपणा ; *Med.,* a state intermediate between sleeping and waking जागृतनिद्रा *f.*

Son* (*Skr. súnu,* from *sú,* to beget) a male child पुत्र, लेंक, मुलगा ; a male descendant पुत्रसंतान *n,* पुत्र, नंदन ; a pupil शिष्य, पुत्र ; a native of some specified place देशीय, पुत्र: *sons* of India ; produce of anything उपज : earth's tall *sons,* the cedar, oak, and pine ; [Jesus Christ, the Savior ;—called the S. of God, and the S. of man : the Father sent the *Son* to be the Savior of the world, 1 John iv. 14].—a legitimate s. औरस ; a s. lawfully adopted दत्त ; s. of a pregnant bride सहोड ; —of one's slave girl शिंदापोरगा. -**in-law** जांवई, जामात. -**less** *a.* निपुत्र, निपुत्रिक. -**ship** पुत्रपणा, पुत्रत्व *n.*

Song*, that which is sung गाणें *n*, गायन *n*; a ballad गीत *n*; poem कविता *f*, कवन *n*; object of derision तिरस्कारपात्र *n*; a mere trifle कवडीमाल. -**ster** गाणारा, गवयी; a bird that sings गाणारें पांखरूं *n*, गायक पक्षी. -**stress** गाणारीण *f*.

Sonnet (*sonus*, sound) लघुकविता *f*, ख्याल, धुपद, टप्पा इ०.

Sonorous *a*. (*sonare*, to sound) वाजणारा, नादाचा, सनाद खणखणीत, वाजता, डोर: metals are s. bodies; loud-sounding डोर, आवाजदार, गंभीर ध्वनिकर (voice).

Soon* *ad*. in a short time थोडक्या वेळानें, थोडक्यात, लवकर, इतक्यात; early लवकर; readily खुशीनें, संतोषानें: I would as s. go as stay जसा मी जाईन, &c.

Soot* घेरोसा, मस *f*, धुरकट *n*.—**Sooty** *a*. घेरोसा बसलेला, काळा, मळकटलेला.

Soothe* *v*. flatter मठारणें, थापटणें; assuage सांतवणें, उपशमन क.; please खुशी क. [by].—**Soothing** शांतवन *n*, उपशमन *n*; समजी *f*.

Sop*, anything steeped and softened in any liquid भिजवलेला तुकडा (भाकर इ०); anything given to pacify गूळखोबरें *n*.

Sophism, **Sophistry** (*Gr. sophos*, wise) [the doctrine or avowed mode of reasoning practised by a sophist]; any fallacy designed to deceive सिद्धांताभास, आभास. —**Sophist** [one of a class of men who taught eloquence, philosophy, and politics in ancient Greece, and who, by their fallacious but plausible reasoning, puzzled inquirers after truth, weakened the faith of the people, and drew upon themselves general hatred and contempt]; a fallacious reasoner सिद्धांताभासवादी, आभासवादी.

Soporific *a*. (*soper*, a heavy sleep, *facere*, to make) झोंप आणणारा, निद्राकारी.

Sorcerer (*sors, sortis*, a lot) जादूगीर -वाला, चेटकी. -**ess** जादुगिरीण *f*.—**Sorcery** जादू *f*, बीरमंत्र, चेटक *n*.

Sordes (*L*.) मळ, कीट.—**Sordid** *a*. base नीच, हलका, अधम; covetous कृपण, किरटा; कद्रु.

Sore* *a*. painful दुखापत झालेला, दुखरा; tender, as the mind मनांत दुखवलेला, वरमलेला; severe भारी, कठीण, जालीम.—*n*. an ulcer क्षत *n*, व्रण, खवंद *n*; a place in an animal body where the skin and flesh are ruptured or bruised, so as to be tender or painful दुखापत झालेली जागा *f*, दुःख *n*; grief दुःख *n*. -**ly** *ad*. फार, अतिशय, भारी. -**ness** भारीपणा, कठीणपणा, दुखरेपणा.

Sorrel* चुका, चुक्याची भाजी *f*.—*a*. *F*. तेल्याबोर, कुमाईत (horse).

Sorrow* खेद, दुःख *n*, शोक [for, at]—*v*. *i*. दुःख -खेद क. -वाटणें. -**ful** *a*. दुःखी, दिलगीर, खेदयुक्त; producing sorrow दुःखाचा, दुःखदायक-प्रद (accident); expressing grief दुःखसूचक -दर्शक.—**Sorry** *a*. दुःखी, खिन्न, कष्टी, श्रमी; melancholy उदास, भणभणीत; poor किलवाणा, नाकारा (excuse, grain); to be s. दुःख वाटणें; पश्चात्ताप होणें; s. article नासकें केणें *n*, दमडीच्या मोलाचा.

Sort (*sors, sortis*, a lot) a kind जात *f*; manner रीत *f*, तऱ्हा *f*; degree of any quality प्रत *f*; pair जोड; *pl*. [*Print*. letters, points, marks, &c., that are either deficient or redundant in quantity].—*v*. प्रत लावणें; निवडणें, वेचणें; conjoin जोडणें, रचणें [out, with].—*i*. जमणें, जुळणें; have success सिद्धीस जाणें, यश येणें.

Sot* दारूबाज, कैफी, अमली, छाकटा.

Soul*, the spiritual, rational, immortal

part in man आत्मा, जीव, प्राण seat of real life or vitality जीव, चैतन्य *n*; energy जीव, तेज *n*, हिय्या, पाणी *n*; the leader पुढारी, प्रमुख; a human being जीव, मनुष्य; a disembodied spirit विदेही आत्मा; knowledge of s. आत्मज्ञान *n*; the whole s. सर्वात्मा, सर्वभाव, जीवभाव.

Sound* *a.* entire धड, अव्यंग, निकोप, अभंग, साबित; healthy निरोगी, धडाखडा; firm बळकट, खबरदार, मजबूत; founded in truth बरोबर, समर्पक, सयुक्तिक, न्यायाचा (argument, reasoning); heavy भारी, जबर (strokes, beating); fast गाढ, गरद, भारी (sleep); founded in right and law यथान्याय, रास्त (justice); without blemish निर्दोष, निखोड, बिनचूक (words); orthodox खऱ्या मार्गाचा, सत्पथवर्त्ती, यथाशास्त्र. -LY *ad.* मनापासून; गाढ, गरद; रगडून, कचकावून. -NESS निरोगीपणा; मजबुती *f*, साबुती *f*; सत्यत्व; सत्पथानुसरण *n*; जीव, बळकटी *f*, ऐवज; गाढपणा, निबिडपणा, निबिडता *f*; निखोडपणा, निर्दोषत्व *n*.

Sound*, the air-bladder of a fish भोत *n*.

Sound*, the cuttle-fish समुद्रफेण.

Sound* उथळ -अरुंद सामुद्रधुनी *f*.—*v.* तळ -पाणी मोजणें; test मन पाहणें, पुसून -खडा टाकून पाहणें.—*i.* गळानें -गळ टाकून तळ पाहणें.

Sound (*sonus*, noise) नाद, आवाज, ध्वनि, शब्द; empty noise पोकळ आवाज; deep s. गंभीरनाद; prolonged s. दीर्घनाद; confused s. कलकल *f*, कलकलाट.—*v. i.* आवाज होणें, वाजणें; ध्वनि क.; be conveyed in sound गाजणें, वाजणें (1 Thes. i. 8).—*t.* वाजवणें, आवाज काढणें; utter audibly ऐकूं येईसें बोलणें (a note); order by sound आवाज करून (तुतारी -करणा वगैरे वाजवून) हुकूम देणें (a retreat); celebrate by sounds गाजविणें, डंका वाजविणें (one's name or deeds). -ING *a.* वाजवणारा, सनाद. BOARD [a board or structure with a flat surface, suspended behind or over a pulpit to give distinctness and effect to a speaker's voice].

Soup *F.* मास वगैरेचा रसा, 'सूप' *n*, सूप *n* (*Sanskr.*)

Sour* *a.* acid अंबट; rancid खवट, खवचट peevish दाष्ट, खट्याळ, तुसडा; expressing discontent हिमटा, हिमट.—*v.* अंबट क.; खट्टु क.—*v. i.* अंबट होणें (the teeth or palate); अंबणें, खट्टु होणें.

Source (*surgere*, to spring up) उगम, उद्भव, मूल *n*, झरा, खाण *f*, आगर *f*, घर *n*; a spring झरा.

Souse *v. F.* डुबकन डुबविणें [in].—*i.* झडप घालणें.

South* दक्षिण दिशा *f*, दक्षिण *f*; दक्षिणे कडचा देश, दक्षिण *f*.—*a.* दक्षिण दिशेचा, दक्षिणे कडचा, दक्षिण.—*v. i.* दक्षिणेकडे फिरणें -जाणें; पूर्वेपासून किंवा पश्चिमेपासून दक्षिणेकडे फिरणें, दक्षिणायन होणें; to come to the meridian मध्यान्हीस येणें;—said chiefly of the moon.—*ad.* दक्षिणेकडे, दक्षिणाभिमुख. -EAST आग्नेयी *f*, आग्नेयी दिशा *f*. -EASTERLY, EASTERN *a.* आग्नेयी दिशेचा -कडचा- -ERLINESS दक्षिणाभिमुखता *f*. -ERLY, -ERN *a.* दक्षिणेचा; दक्षिणेकडचा; दक्षिणेकडून येणारा. -ERNLY *ad.* दक्षिणेकडे. -ERNMOST *a.* फार दूर, दक्षिणेकडचा. -ERNWOOD दवणा. -WARD *ad.* दक्षिणेकडे. -WEST नैर्ऋति *f*.—*a.* नैर्ऋतीचा.

Sovereign *a.* (*super*, above) chief मुख्य, प्रधान, सर, श्रेष्ठ; utmost पराकाष्ठेचा, महा, परम (influence).—*n.* प्रभु राजा किंवा राणी *f*; दाहा रुपयांच्या किंमतीचें सोन्याचें नाणें आहे. -TY मुख्य सत्ता *f* -अधिकार.

Sow* (*Skr. sukar*) डुकरीण *f*.

Sow* *v.* scatter, as seed, upon the earth पेरणें; spread abroad पेरणें, फैलावणें; besprinkle शिंपडणें. -ER पेरणारा.

Space (*spatium*, room) जागा *f*; interval अंतर *n*, अवकाश; quantity of time मुदत *f*, कालावधि, कालमर्यादा *f*, अवधि *m f*; distance between lines ओळीच्या मधलें अंतर *n*, 'इस्पेस.'—**Spacious** *a*. ऐसपैस, अघळपघळ; पसरट, अफाट, लांबरुंद (plain).

Spade* खोरें *n*, कुदळ *f*.

Span*, the space from the end of the thumb to the end of the little finger when extended वीत *f*; brief portion of time अल्पकाल.—*v*. वितीनें मोजणें [round].

Spancel *Ger*. a rope to tie a cow's hind legs भाला *f*.

Spangle *Ger*. चमकी *f*, टिकली *f*.—*v*. चमक्या -टिकल्या लावणें -जडणें [with].

Spaniel *F*. शिकारी कुत्रा.

Spanish *a*. स्पेन देशांतला.—*n*. स्पेन देशांतील लोकांची भाषा *f*.

Spar *D*. सोट, सोटा; बडगा; वासा इ०.

Spar*—calcarious सफ़ेद सुरमा; crystalized mineral बिलोर *n*.

Spar* *v*. *i*. fight with prelusive strokes हातफळी खेळणें -चालणें; dispute भांडणें, वाद क. [with, at].

Spare* *v*. use frugally हात राखून -आवरून खर्चणें -खर्च क.; part with reluctantly नाखुशीनें देणें -सोडणें; dispense with देणें; forbear सोडणें, माफ क.; treat tenderly दयेनें वागविणें; save राखणें, रक्षण क. [from].—*a*. scanty थोडा, अपुरा; superfluous फाजतु, अत्रब, शिलकीचा; lean रोडका, कृश (men).—**Sparing** *a*. हात राखून खर्च करणारा, काटकसऱ्या; थोडा, in comp. अल्प, मित (diet); कांहीं, थोडा.

Spark*, small particle of fire ठिणगी *f*, थिंगळी *f*; a sparkle चमकी *f*; gay man नट, नटवा, छानछोक; lover सोयरा, यार; a small portion कण, लेश.—**Sparkle** *v*. *i*. ठिणग्या निघणें; झगझगणें, लखलखणें, चमकणें [with].—*n*. चमकी *f*.—**Sparkling** *a*. झकझकीत, लखलखीत.

Sparrow* चिमणा, चिमणी *f*.

Spasm (*Gr*. *spaein*, to draw) पेटका, गोळा, बेडकी *f*, वळ. -**odic** *a*. बेडक्यांचा, गोळ्यांचा.

Spatter *v*. (See **Spit**) sprinkle शिंपडणें; defame कलंक लावणें [about].

Spavin *F*. घोड्याच्या पायावरचें वांरूळ *n*.

Spawn* मांशाचीं अंडीं *n pl*; अंडीं घालणें -टाकणें *n*.

Spar *D*. a long beam कडी *f*, खांड *n*, सर; *Naut*. डोलकाठी *f*, वगैरे.

Speak* *v*. *i*. express thoughts by words बोलणें, म्हणणें, उच्चारणें; express opinions मत दर्शविणें, बोलणें; dispute बोलणें, वाद क., भांडणें; utter thoughts in a public assembly सभेंत बोलणें; make mention सांगणें, उल्लेख काढणें; sound नाद क., वाजवणें: make all your trumpets s.; with बोलणें, संभाषण क.; to s. quickly चुरचुर बोलणें.—*t*. बोलणें, तोंडावाटें काढणें, उच्चारणें; celebrate प्रसिद्ध क., गाजविणें (deeds); converse in बोलणें: to s. Latin; address बोलणें: he will s. thee fair; exhibit दाखविणें: let heavens wide circuit s. the Maker's high magnificence; express silently or by signs खुणांनीं दाखविणें, खुणावणें; communicate देणें, बोलणें: to s. peace to the troubled soul [to, of, about]. -**er** बोलणारा; वक्ता; one who is the mouthpiece of others दुसऱ्याच्या वाटचा बोलणारा, मुख *n*. -**ing** बोलणें *n*.—**Speech** वाणी *f*, वाचा *f*; language भाषा *f*, बोली *f*; harangue अलंकारिक भाषण *n*, सभापांडित्य *n*; cleverness of s. वाक्चातुर्य *n*; elegance of s. शब्दलालित्य *n*; covert s. व्याजोक्ति *f*; bad s. दुरुक्ति *f*, दुर्भाषण *n*;

goddess of s. सरस्वति *f*, वाग्देवी *f*; part of s. *Gram*. शब्द. -LESS *a*. मुका, मोना, वाचाहीन; silent कुंठित, निरुत्तर.

SPEAR*, lance भाला, बरची *f*, शूल; spire सुळक्याचें शिखर *n*.—*v*. भाला मारणें -भोसकणें [with].—*i*. सुळक्या प्रमाणें वर येणें. कोंब फुटणें. -HEAD भाल्याची फाळ *f*. -MAN भालेकरी, शूलपाणी. -STAFF भालकाठी *f*.

SPECIAL *a*. (*species*, kind) जातीचा, प्रकारचा; particular विशेष, असाधारण; designed for a particular purpose मुद्दामचा, मुजरतचा, विशेष (an act of Parliament); limited मर्यादित, विशेष कारणाचा -विषयाचा (dictionary); chief in excellence उत्कृष्ट, लोकोत्तर. -LY *ad*. विशेषेंकरून, मुद्दाम, मुजरत. -ITY जातीयता *f*, जातित्व *n*; विशेषता *f*. असाधारणत्व *n*.—SPECIES जात *f*, प्रकार.—SPECIE सोनेंनाणें *n*, नगदी ऐवज.—SPECIFY *v*. तपशीलवार सांगणें -बोलणें -लिहिणें, प्रदर्शित क.—SPECIFIC *a*. विशेष, असाधारण; विशेष जातीचा; *Med*. हुकमी, हटकून -अवश्य गुण करणारा, अचूक; a s. medicine रामबाण; s. gravity विशेष गुरुत्व *n*.—*n*. उत्तम -हटकून गुण आणणारें औषध *n*.—SPECIMEN (*specere*, to look) मासला, नमुना, वानगी *f*.—SPECIOUS *a*. showy देखणाऊ, दर्शनी; plausible देखणाऊ, वरपंकी, वरघडीचा, सत्याभासाचा; s. argument लाघवी भाषण *n*.

SPECK*, spot ठिपका, डाग; very small thing कण;—in the eye फूल *n*.—SPECKLE *v*. ठिपका -डाग पडणें [with]. -LED *a*. ठिपकेदार, चित्रविचित्र.

SPECTACLE (*specere*, to behold) show तमाशा, खेळ, चमत्कार; *pl*. glasses to assist the sight उपनेत्र *n*, चश्मा; a sight पाहण्याचा पदार्थ, दृष्टिविषय.—SPECTATOR मौज पाहणारा, तमासगीर; beholder पाहणारा, द्रष्टा.—SPECTRE भूत *n*, प्रेत *n*, छाया *f*.—SPECTRUM *L*. दृश्यवस्तु *f*; [*Opt*., the several colored and other rays of which light is composed, separated by the refraction of a prism or other means, and exhibited either as spread out on a screen or by direct vision].

SPECULATE *v*. (do.) contemplate तर्क-कल्पना क.; *Com*., traffic with a view to great profit उलेंढालें -व्यापार उदीम क. [in, on].—SPECULATION तर्क, कल्पना *f*; उलेंढालें *n*.—SPECULATIVE *a*. विचारशील, मननशील; imaginary काल्पनिक, मानासिक; उल्याढाल्याचा, उलेंढालें करणारा.—SPECULATOR उलेंढालें करणारा, खटपट्या; कल्पक, परिकल्पक.

SPEECH, See under SPEAK.

SPEED* *v*. *i*. make haste त्वरा क.; prosper यश पावणें, चालणें.—*t*. त्वरा करवणें; hasten to a conclusion घाईनें शेवटास नेणें; kill ठार क. -मारणें.—*n*. त्वरा *f*, वेग; जलदी *f*, शिताबी, झटपट *f*; सिद्धि *f*, यश *n*.—SPEEDY *a*. त्वरित, शीघ्रगति; जलदीचा, त्वरेचा.

SPELL*, charm मंत्र, भारणी *f*; brief period अल्पकाळ, चुटका, त्रुटि *f*.—*v*. शब्दाचे वर्ण जोडणें; read वाचणें; मंत्र घालणें, भारणें [over]. -ING वर्णरचना *f* -न्यास.

SPEND* *v*. lay out खर्चणें; waste उडवणें, उधळणें, फन्ना क.; pass, as time काढणें, घालवणें, नेणें, खर्चणें; wear away भागवणें, शिगवणें [on, upon, for].—*i*. खर्चणें, खर्च क.; खपणें, उडणें, होणें. -THRIFT उडाऊ, दिवाळखोर.

SPERM (*sperma*) animal seed धात *f*, वीर्य *n*, शुक्र *n*; spawn माशाचीं अंडीं *n pl*. -ATIC *a*. धातीचा, शुक्राचा. -ATOCELL *Med*. a swelling of the spermatic vessel भेरगा, भेलगा.

SPHERE (*sphera*) globe गोल, वर्तुल *n*; province विषय, प्रकरण *n*, इलाखा; employment काम *n*; circuit of action, knowledge, or influence टप्पा, पोंच *f*, अटोका.—SPHERICAL

a. गोल, वाटोळा, वर्तुलाकार (body); गोलाचा, वर्तुलाचा; planetary ग्रहाचा.—SPHERICS, doctrine of the spheres गोलाध्याय, गोलशास्त्र *n.*—SPHEROID, body like a sphere गोलकल्प; oblate s. चपटगोल; prolate s. अंडाकारगोल, अंडगोल. -AL *a.* गोलकल्प, गोलप्राय.—SPHERULE लघुगोल, सूक्ष्मगोल; सूक्ष्मगोल कण, बारीक गोळा -गोळी *f.*

SPICE (*species*) मसाला; fig. धुणुक *f*, चुणुक *f.*—*v.* मसाला घालणें, चणचर्णात क.—SPICY *a.* मसाल्याचा; मसालेदार, खमखमीत, खमंग.

SPIDER *D.* कांतीण *f*, कोळी, सुतेरा.

SPIKE (*spica*, a point) a sort of large nail खिळा, खीळ *f*, मेख *f*; an ear of corn कणीस *n*; a shoot कोंब.—as of a plantain tree मोना;—as of a top, goad, &c. आर *f*, आरी *f.*—*v.* खिळा मारणें -ठोकणें; खिळे बसविणें, खिळा मारून भोंक -तोंड बंद क.: to s. cannon. -NARD, an aromatic plant जटामांसी *f*; a fragrant essential oil नार्द *n.*

SPILL* *v.* suffer to fall or run out सांडणें, गाळणें, ओघळविणें; shed सांडणें, पाडणें, वाहवणें;—through shaking हिसळणें, उचंबळणें;—through turning over लवंडणें. —*i.* सांडणें, लवंडणें, गळणें इ०.

SPIN* *v.* draw out and twist into threads कांतणें, सूत काढणें; whirl चक्रावर धरणें, गरगरा फिरवणें (a top); spend by delays रेंगणें, रेंगत गमावणें: to s. out the day in idle ness; shape as metal, by revolving as in a lathe, and pressing against it with a roller or hand-tool चरकावर धरणें, चरकावर धरून डौल देणें [round, about].—*i.* सूत काढणें; भोंवणें, फिरणें; issue in a thread or small current तार निघणें; बारिक धार -चिरकांडी उडणें. -DLE चाती *f*, चात *n*; the tip or end of a plough which receives the plough नांगरखुंट *n.* -SHANKED, -SHANKS *a.* लांबटांग्या. -TREE मालकंगणी *f.* -NER सूत कांतणारा. -NING-WHEEL चरकी *f*, चरक; -STER सूत कांतणारिण *f*; *Law*, अविवाहित स्त्री *f.*

SPINE (*spina*) backbone पाठीचा कणा -दांडा; thorn कांटा; shin पायाचे पुढची नळी *f*, नडगें *n*; ridge कड *f*, कांठ.—SPINAL *a.* पाठीचे कण्याचा.

SPIRE (*spira*) winding line नागमोड *f*; steeple सुळका, शिखर *n*, कळस; blade of grass पात *n*;—of flame अग्निशिखा *f*, जोत *f.*

SPIRIT (*spirare*, to breathe) श्वास; life जीव, प्राण; soul आत्मा; energy पाणी *n*, हिमत *f*, रग *f*, धमक *f*; human soul after it has left the body कुडींतून निघालेला -विदेही आत्मा, आत्मा; a ghost भूत *n*, पिशाच *n*, प्रेत *n*; one who is lively जिवट, चपळ; disposition of the mind स्वभाव, प्रकृति *f*; mettle उत्साह, अवसान *n*, जीव, पाणी *n*; alcohol *f*, दारू *f*, मद्य *n*; liquid produced by distillation अर्क, आसव *n*; real meaning अर्थ, आशय, भावार्थ; Holy S. *Theol.* the Spirit of God, or the Third Person of the Trinity पवित्र आत्मा; rectified s. मद्यार्क; the Supreme S. परमात्मा; that is in good *spirits* रंगेल, रंगेला, खुशमर्जी; that is in low *spirits* दिलगीर, खिन्न; proof s. मंद मद्यार्क; s. of the times युगधर्म. -ED हिमतदार;. तलख, रगदार इ०; स्वभावाचा, प्रकृतीचा, बुद्धीचा इ०, in comp. स्वभाव (उग्र स्वभाव). -LESS *a.* उदास, खिन्न; मेणचट, निर्वीर्य; dead मेलेला, मृत. -UAL *a.* अमूर्त्त, निराकार (being); not temporal धर्मकृत्याचा -प्रकरणाचा (functions); mental मानसिक, आत्मिक; pertaining to the moral feelings आत्मसंबंधी, आधिदैविक; proceeding from the Holy Spirit पवित्रआत्म्याचा; pure शुद्ध; divine ईश्वरी, दिव्य; s. mani-

festation of the Deity आत्मसाक्षात्कार ; holy पवित्र, पारमार्थिक. -ITY अमूर्ति *f*, निराकार-पणा, आत्मस्वरूपता *f*; परमार्थिकपणा, वैराग्य *n*; empty assumption of s. कोरडें वैराग्य *n*. —SPIRITUOUS *a*. जलाल, तीव्र, जालीम; tenuous बारीक, पातळ, सूक्ष्म.

SPIT *D*. iron prong on which meat is roasted मास भाजण्याची लोखंडी शीग *f*, शुल, सुळा; saliva थुंकी *f*, पींक.—*v*. सुळावर घालणें, गोवणें; थुंकणें [with].—*i*. थुकणें, थुंकी टाकणें; तडतडणें; rain शितोडणें, थुईथुई येणें [out, forth, at, on]. -BOX पिंगदाणी *f*. -TLE थुंका, थुंकी *f*.

SPITE *D*. दावा, अकस [against].—*v*. अकसानें -चुरसीनें -मनोभंग क. -FUL *a*. अकसखोर, दावेदार, खुनसी.

SPLASH *v*. *D*. शितोडे उडविणें [about].—*i*. हिसळणें, उसळणें.

SPLEEN (*splen*) the milt पाणथरी *f*, तिल्ली *f*; anger राग; fit of anger रागाचा झटका, तेष. —SPLENETIC *a*. चिरडखोर.—SPLENIC *a*. प्लिहा संबंधी, पाणथरीचा.

SPLENDENT *a*. (*splendere*, to shine) तेजस्वी, तेजोमय.—SPLENDID *a*. शोभिवंत, कांतिमान, तेजोमय; grand शोभिवंत, भव्य, फक्कड, छानदार, बादशाही, मोठा (palace); heroic शौर्याचा, प्रतापाचा (victory).—SPLENDOR कांति *f*, तेज *n*; शोभा *f*, थाटमाट.

SPLICE *v*. *D*. गांठ दिल्यावांचून जोडणें, सांधणें.

SPLINTER *Ger*. a piece split off ढलपा, कपचा; *Surg*. भाली *f*, सांपळी *f*;—as entered into the flesh हीर, सराटा, सल *n*.

SPLIT *v*. *D*. cleave चिरणें, फाडणें, विदारणें; break into parts, as by discord फूट क., बिघाड पाडणें.—*i*. चिरणें, फाटणें; उखळणें, तडकणें.—*p*. *a*. चिरलेला, फोडींव, विदारित; —as reeds, sticks पिचका, पिंजट.—*n*. चीर *f*, फूट, भेग *f*, तडा.

SPOIL *v*. (*spoliare*) plunder, लुटणें; seize by violence जबरीनें घेणें; corrupt बिघडणें, नाश क.;—as children लाडकावणें.—*i*. लूट क.; बिघडणें, नासणें.—*n*. लूट *f*; slough of a serpent कात *f*, भेंग *f*. -ER लुटणारा; बिघडणारा, नाशकरणारा.

SPOKE* चाकाची आर *f*, आरी *f*.

SPOKESMAN (See SPEAK) बोलणारा, मोहोरप्या.

SPONGE*, a porous or fibrous substance, regarded as of the nature of a compound animal, found adhering to rocks, shells, &c., under water 'इस्पंज.'—*v*. स्पंजानें पुसणें -पुसून टाकणें; स्पंजानें साफ क. [off].—SPONGER परान्नरुचि -जीवी, परभाग्योपजीवी, उंडीबकाल, तेलंगभट.

SPONSOR (*spondere*, to engage one's self) surety जामीन; a god-father or god-mother धर्मपिता किंवा माता *f* [for].

SPONTANEOUS *a*. (*sponte*, of free will) आत्मसंतोषाचा, स्वसंतोषाचा; produced without human labor सहज उत्पन्न, सहज (growth of wood); proceeding from internal impulse स्वाभाविक, स्वतःसिद्ध, स्वय (motion). -LY *ad*. आपखुशीनें; आपोआप, एऱ्हवीं.—SPONTANEITY आपखुशी *f*, स्वसंतोष.

SPOOL *D*.—of a weaver गणा, सूतकांडी *f*.

SPOON* चमचा, पळी *f*. -FUL *a*. चमचाभर. -MEAL चमच्यानें खाण्याचें अन्न *n*.

SPORT *Ger*. play खेळ, लीला *f*, क्रीडा *f*, मौज *f*; mockery थट्टा *f*, मस्करी *f*; game शिकार *f*.—*v*. *i*. खेळणें, रमणें; पारध क.; trifle खेळणें, रमणें, माशा मारीत बसणें [with]. -ER खेळ करणारा, कौतुकी, खिलाडू; पारधी. -FUL *a*. मौजी, खेळकर; थट्टेनें केलेला, क्रीडेचा, थट्टेचा (productions). -IVE *a*. मौजी, खेळकर, खिलाडू. -SMAN शिकारी, पारधी.

SPOT *D*. speck डाग, ठिपका; blemish डाग, कलंक; place स्थळ *n*, जागा *f*, स्थान *n*; small part of a different color from the

ground upon which it is ठिपका, बिबट *n.*; —on the body लसें *n*, डाग, ठिकें *n*; upon the s. जागचे जागीं.—*v.* डाग -ठिपके पाडणें; बट्टा लावणें [with]. -LESS *a.* निष्कलंक, निर्दोष. -TED, -TY *a.* ठिपके पाडलेला, ठिपक्यांचा, चित्रविचित्र, बुट्टेदार.

SPOUSE (*sponsus, sponsa*) नवरा किंवा बायको *f*.

SPOUT *D.* pipe नळी *f*, पन्हळ *f*; projecting mouth of a vessel तोटी *f*; waterspout धोधाना, झोत *f*.—*v.* चिरकांडी उडवणें, फवारा टाकणें; mouth तोंड सोडणें, डौलानें बोलणें [out, up].—*i.* भळभळ सुटणें -वाहणें; डौलानें बोलणें.

SPRAIN *v.* (See EXPRESS) लचकणें.—*n.* लचक *f*, उसण *f*.

SPRAWN *v. i. D.* lie with the limbs stretched out हातपाय पसरून पडणें -निजणें, पाय खोडणें; spread irregularly, as vines, plants, or trees वाकडातिकडा पसरणें -फैलावणें; move when lying down लोळणें, गडबडा लोळणें.

SPRAG*, twig डाहळी *f*, टहाळी *f*; water flying in small particles शितोडा, तुषार, तुसार, फवारा.

SPREAD* *v.* extend पसरणें, फैलावणें, विस्तारणें; extend so as to cover something अंथरणें, पसरणें, टाकणें; divulge प्रगट क., फोडणें; propagate फैलावणें, पसरणें (a disease); emit सोडणें (fragrance); disperse पसरणें, विखरणें (manure); prepare मांडणें (पानें टाकणें -वाढणें), मेज घालणें, तयार क. (table) [out, over].—*i.* पसरणें, फैलावणें; —as an ulcer चरणें;—as branches, horns, &c. फांकणें;—report, &c. पसरणें, लांबणें; —as odors सुटणें, भडकणें.—*n.* विस्तार, फैलावा, पसारा, प्रसार.

SPRIG*, twig डाहळी *f*; lad पोर.

SPRIGHTLY *a.* (See SPIRIT) आनंदी, उल्हासी, आल्हादी.

SPRING* *v. i.* leap उडी मारणें; issue with speed and violence उसळणें, उडणें, जोरानें निघणें; start suddenly from a covert झडप -झेंप मारणें -घालणें; fly back उसळणें, उलटणें; bend वांकणें; shoot up फुटणें, उगवणें, निघणें; grow रुजणें, वाढणें; at उडणें, -वर उडी टाकणें; forth उडी टाकणें; in घुसणें, शिरणें; on, upon झडपणें, झडप टाकणें [out, back, forth, up, off, over, at, on, upon].—*t.* उडविणें;—a mine उडवणें; cause to open उघडणें, फोडणें; split चिरणें (mast); cause to close suddenly एकाएकी बंद क., मिटणें; bend वांकविणें; to s. a leak जहाजास गळती लागणें, झरा लागणें.—*n.* उडी *f*, उसळी *f*; elastic power लवचीकपणा; elastic body कळ *f*, कमान *f*; fountain झरा; origin झरा *f*, खाण *f*, जिव्हाळा; cause मूळ, झरा, उगम; vernal season वसंतऋतु, वसंत; the celebration of the return of s. वसंतोत्सव. -TIDE समुद्राची मोठी भरती *f*, उधान *n*.

SPRINKLE* *v.* scatter in drops शिंपणें, शिंपडणें; wash धुणें; purify शुद्ध -स्वच्छ क.—*i.* शिंपडणें, शितोडा टाकणें;—as rain थुई थुई पडणें.—*n.* शिडकाव, शितोडा.—SPRINKLING शिंपणें *n*, सिंचन *n*, प्रोक्षण *n*; शितोडा, छांटे *pl*.

SPRITE (See SPIRIT) भूत *n*, प्रेत *n*, छाया *f*.

SPROUT* *v. i.* shoot अंकुर फुटणें, मोड येणें; shoot into ramifications फांद्या फुटणें; grow वाढणें [out].—*n.* अंकुर, कोंब; scarcely evolved shoot डिरी *f*, बोंखरी, आंकरी *f*.

SPRUCE *a. Ger.* चाकचोप, लकलकीत, साखसुरत.

SPUR*, instrument having a rowel or little wheel, with sharp points, worn on a horseman's heels to prick a horse in order to hasten its speed आर *f*, कांटा; incitement उचल *f*, उत्तेजन *n*;—of a cock नांगी *f*, नखी *f*.—*v.* आर टोचणें; उत्तेजन देणें, पेटवणें, चेतवणें; कांटा चढवणें -लावणें: a *spurred* boot [upon, on].

SPURIOUS *a.* (*spurius*) not genuine खोटा नकली; adulterate भेळीचा, मिसळीचा; bastard रांडेचा, पोटकरणीचा.

SPURN* *v.* reject with disdain धिःकारणें, झिडकावून टाकणें; kick लात मारणें [from].—*n.* धिःकार, तिरस्कार, छी *f*, थू *f*.

SPURT, See SPRIT.

SPUTTER (See SPOUT) spit, as in rapid speaking लवकर बोलतांना बोलण्यांत थुंका उडणें; fly off in particles तिडतिडणें, तटतटणें.

SPY (See ESPY) हेर, बातमीदार, गुप्तदूत [on].—*v.* हेरणें, पाहणें, हेरून काढणें [out].—*i.* पाहणें हेरणें.

SQUABBLE *v. i. Sw.* भांडणें, कलागत -कटकट क.—*n.* कटकट *f*, कलागत *f*.

SQUALID *a.* (*squalere*, to be foul) हिडीस, ओंगळ, बुरसा.

SQUALL *v. i. Sw.* टाहो फोडणें, किंकाळी मारणें [out].—*n.* टाहो, किंकाळी *f*; s sudden and violent gust of wind वाऱ्याचा झटका झपाटा, घुगी *f*.

SQUANDER *v. Ger.* उधळणें, उडवणें, फुंकणें, दवडणें [away]. -ER उधळ्या, उडाऊ.

SQUARE *a.* (*quadra*) having four equal sides and four right angles समचतुष्कोन, चौकोनी; just नीट, खरा, बराबर; even बराबर: to make the account s. तोंड मिळवणें; *squaring* an account खातेमिळवणी *f*; s. root वर्गमूळ *n.*—*n.* चौकोन, समचतुष्कोन; a square piece चौरस तुकडा, चौकट *f*; a pane of glass भिंग *n*, तावदान *n*; area of four sides चौक; an instrument for forming angles गुणा, काटकोना;—of troops कोट; *Geom.* मूल *n*, वर्ग;—as in tables of figures कोष्टक *n*, घर *n*;—as on cloth चौकडी *f*.—*v.* चौकोनी -चौरस क., चौपाटणें; वर्ग -द्विघात क.; turn squarely, as in dislike, anger रागानें -रुसून -कंटाळून फिरवणें, मुरडणें (shoulders); adjust सुधारणें, तोडणें, मिळवणें, बसवणें (account).—*i.* मिळणें, जमणें; at बकरकुदीवर येणें.

SQUASH *v. F.* चेंदणें, चेंदमेदा क.—*n.* रेवडी *f*, शेणसडा, शेण *n.*—SQUASHY *a.* गलगलीत, बिलबिलीत.

SQUAT *v. i. It.* उकडवा बसणें [on].—*a.* उकडवा; चपटा, चापट, थबकट, बसका;—the nose चपटा, फेंदरा.—*n.* उकडवा बसणें *n*, उकडूमांडी *f*. ?

SQUEAK, SQUEAL *v. i. Sw.* किंकाळी फोडणें, किंकळणें.

SQUEAMISH *a.* (See QUALMISH) मळमळ सुटलेला; fastidious चोखनळ, खंतखोर; easily disgusted तिरस्कारी.

SQUEEZE* *v.* press between two bodies चेंगरणें, चिरडणें; oppress जाचणें, गांजणें, तेल काढणें; force between close bodies जोरानें शिरकवणें -घालणें; out पिळून काढणें -घेणें; crush कुसकुरणें, चिवडणें [with].—*i.* खेटून -दाटून जाणें, दाटणें.—*n.* चेंचणी *f*, चेंचणें *n*, चिरडा.

SQUIB, *Eng.* फटाकडी *f*.

SQUILL (*squilla*) रानकांदा.

SQUINANCY (*synanche*) See, QUINCY.

SQUINT *a. D.* तिरवा -का पाहणारा, काणा.—*v. i.* तिरवें पाहणें [at].—*n.* तिरकें पाहणें *n*, काणी नजर *f*. -EYED *a.* काणा.

SQUIRE, See ESQUIRE.

SQUIRREL (*Gr. skia*, shade, *oura*, tail) खडी *f*, खार *f*; flying s. पंख्या.

SQUIRT *v. Ger.* पिचकारी मारणें -सोडणें [out, at].—*n.* चिरकांडी *f*, पिचकारी *f*, चिपनळी *f*, पिचकारी *f*.

STAB *v. Ger.* pierce with a pointed weapon भोंसकणें, दुसणें; kill by the thrust of a pointed instrument सुरी वगैरेनें भोंसकून ठार मारणें; injure secretly or by slander अब्रू-

वर गुप्त घाला घालणें (reputation.)—*i.* ढुसणें, ढुसणी मारणें [at, with].—*n.* ढुसकी *f*, ढुसणी *f*; wound with a sharp pointed weapon भोसका.

Stable *a.* (*stare*, to stand) fixed मजबूत, बळकट, खंबीर; durable टिकाऊ; constant स्थिर, धीर.—*n.* तबेला, पागा *f*, अश्वशाला *f*. -boy मोतद्दार, पोरगा.—**Stability** मजबुती *f*, बळकटी *f*; टिकाऊपणा; स्थिरता *f*, धैर्य *n*.

Stack *D.* गंज, गंजी *f*, उडवी *f*;—of corn with the ears सुडी *f*;—of kadabá, grass वळई *f*.—*v.* गंज क. -रचणें; उडवी रचणें -घालणें; [s. of arms, *Mil.*, a number of muskets set up together, with the bayonets crossing one another, forming a sort of conical pile].

Staff*, long piece of wood सोटा, सोडगा, दांडा; stick used in walking काठी *f*, दंड; pole borne as an ensign of authority छडी *f*, काठी *f*, वेत्र, वेत;—as of a flag, &c. काठी *f*, दांडा; [*Mil.*, an establishment of officers in various departments attached to an army, or to the commander of an army]; a corps of executive officers connected with some large establishment, who act in carrying out its designs कारभारी मंडळ *n*, कामदार मंडळी *f*: a newspaper has its editorial and reporting s.

Stag *Icel.* काळवीट.

Stage *F.* raised floor मंचक, माळा;—of the theatre रंगभूमि *f* -शाला *f*, भूमिका *f*; drama नाटक *n*; distance between two places of rest on a road मजल *f*, टप्पा; degree of advancement in a journey मजल *f*; step of a process मजल *f*, पर्याय, ठेप *f*; station डाक *f*, चौकी *f*, टप्पा; *stage*-coach डाकेची गाडी *f*. -coach डाकेची गाडी *f*. -player सोंगाडी, नाटकी.

Stagger *v. i. D.* reel झोके खाणें, झुकत चालणें; cease to stand firm डगमगणें, डळमळणें; hesitate संशय धरणें, नानूं कांकूं क., आशंकणें, डगणें [about, in, off, by].—*t.* झोके खावविणें; विचार करायास लवणें, मनांत शंका उत्पन्न क.

Stagnant *a.* (*stagnum*, a piece of standing water) कोंडलेला, जमलेला, सांठलेला (lake); dull मंद.—**Stagnate** *v. i.* स्थिर होणें, गति; खुंटणें; मंद होणें, मंदावणें: commerce *stagnates*.

Stain *v.* (*tingere*, to tinge) blot डाग पाडणें; tinge रंग भरणें -देणें; impress with figures in colors different from the ground छाप मारणें, छिटुकणें इ०; tarnish बट्टा -कलंक लावणें; cause to seem inferior by comparison तुलना करून उणा आहेसा भासविणें-दाखविणें [with].—*n.* डाग, ठिपका; रंग; रंगाचा छिटका, छाप इ०; बट्टा, कलंक, डाग.

Stair*, one step of a series पायरी *f*; *pl.* series of steps जिना, दादर; below s. खालच्या मजल्यांत, खालीं; flight of s. जिना, शिडी *f*; up s. माडीवर, वर.

Stake*, post fixed in the ground खुंट, खुंटा, डांभा, मेख *f*;—for impaling criminals शूल; a pledge पण, पैज *f*;—at dice, &c. वळती *f*; piece of timber bifurcated मेढ *f*; to fasten to a s. मेखलणें, डांभणें; to be at s. पैज असणें; -वर असणें: my life is at s. प्राणावरची गोष्ट आहे.—*v.* खुंटा -मेख मारणें -पुरणें; पण वालणें -मांडणें.

Stale *a. Ger.* vapid from age फिका, पाणचट (beer); not new शिळा, बासा (bread); worn out जीर्ण; trite उष्टा, उच्छिष्ट.

Stale* *v. i.* मुतणें;—said of horses and cattle.

Stalk* *v.i.* walk with high and proud steps उताणा -छाती काढून चालणें: walk in a sly manner चोरून -लपून चालणें.

STALK* देंठ, डेंख, तांत; dry s. of kadbá चिपाड *n*; s. of leguminous plants कांड *n*.

STALL* (*Skr. sthal*, to stand) station ठाण *n*, ठिकाण *n*; stable ठाण *n*, गोथनळ *f*, गोठा, गुरें बांधण्याची जागा *f*; bench or shade where anything is exposed to sell दुकान *n*, चौरंग, पाल *n*, इ० [for].—*v*. गुरांस ठाणांत बांधणें; plunge into mire so as not to be able to proceed चिखलांत रुतविणें. -MAN मेणबाजारी.

STALLION* वळू घोडा.

STALWART, -WORTH* *a*. बळकट, धीट, घमशान.

STAMEN (*L*.) the filament and anther of a flower फुलांतील केंसर, पुष्पकेशर, तंतु; the male organ of flowers नरतंतु, उपकेशर; foundation पाया, आधार.—STAMIN, first principle of anything मूलतत्व *n*, बीज *n*; *pl*. whatever gives strength and solidity दम, पाणी *n*, जीव, कस *n*.

STAMMER* *v. i*. तोतरें -अडखळत -लागत बोलणें. -ER तोतरा.

STAMP *v. D*. strike downward with the foot पायानें ठोकणें -अपटणें; impress with some mark छापणें, शिक्का मारणें; form by impression छापणें, बेटणें, ठश्यानें करणें;—coins शिक्का मारणें -पाडणें [with, in, on].—*i*. भुई आपटणें, पायानें अपटणें.—*n*. ठसा, छाप, शिक्का; impression छाप, शिक्का, ठसा; form रूप *n*, आकार; postage s., receipt s. टपालची -पावतीची टिकिट *f*, 'स्टांप'; character छाप *f*, लक्षण *n*, गुण: the Bible bears the s. of a divine origin; of the right s. हाडाचा खरा; authority अधिकार, सत्ता; current value भाव, किंमत *f*, दर.

STANCH *v*. (See STAGNATE) राहविणें, थांबवणें, बंद क. (blood) [with].—*i*. बंदहोणें, राहणें. —*a*. धीर, स्थिर, मजबूत, सत्वधीर, खंबीर.

STANCHION *F., Arch*., a piece of timber in the form of a stake used for support मोरवा.

STAND* *v*. remain at rest in an erect position उभा राहणें -असणें; rest on the feet उभा रहाणें -असणें;—continue upright उभा राहणें -असणें;—said of a tree; remain firm on a foundation उभा -खंबीर असणें (an edifice); hold a place जागीं -स्थळावर असणें, असणें: Paris *stands* on the Seine; halt उभा राहणें, थांबणें: I charge thee, s.; endure टिकणें, तगणें, राहणें, निभणें; be acquitted सुटणें, निरपराधी ठरणें: readers by whose judgment I would s. or fall; be steady स्थिर असणें, तळ -ठाण धरून राहणें (Esth. viii. 11); maintain moral rectitude सन्मार्गांत राहणें; maintain a position, order, or rank पायरी -दरजा संभाळणें: Christian charity *stands* first in the rank of gracious affections; be in some particular state असणें, स्थितींत असणें: sacrifices which *stood* only in meats and drinks; stagnate जमून -सांचून राहणें -असणें (water); *Law*, be as it is जसाचा तसा असणें; continue in force चालू असणें; appear in court कोर्टांत हजीर होणें; against अडथळा क., आडवा येणें; by जवळ उभा राहणें; तमाशा -मौज पाहत उभा असणें; हजीर असणें; एकीकडे असणें; अवमानून वगळणें -ठेवणें; धरून -चिकटून राहणें, न सोडणें: I will s. by my friend to the last; -च्या आधारावर असणें: this reply *standeth* by conjecture; fast राहणें, तळ धरणें, स्थिर -अढळ राहणें; firmly on -ची खातरी होणें; for उभा राहणें, उमेदवार असणें: how many s. for consulships; पक्षधरणें, वाटचा होणें -असणें: I s. wholly for you; दाखवणें, दर्शवणें, ठिकाणीं असणें; off दूर राहणें; मान्य -कबूल न होणें; स्नेह न जोडणें, दूर राहणें, -शीं सहवास न क.; टळटळीत -उठाव दिसणें; on एका रस्त्यावर -मार्गावर चालणें; one in लागणें, खर्च लागणें, पडणें: the coat *stands* him in ten rupees;

out बाहेर येणें, उमटणें; विरोध क., हट्टानें -दुराग्रहानें मान्य न होणें; to चिकटून -धरून असणें राहणें -बसणें; संगतवार -अनुसरून -लागून असणें: it *stands* to reason; together जमणें, मिळणें; under सोसणें, टिकणें; up उभा राहणें, उठून उभा राहणें; बोलायास -काम करायास उठणें; up for उभा राहणें, पक्ष -कैवार घेणें -धरणें; upon काळजी बाळगणें -धरणें; भिस्त बांधणें, अभिमान बाळगणें: we highly esteem and s. much upon our birth; with मिळणें, जमणें.—*t*. सोसणें, साहणें; withstand आडवें येणें, विरोध क.; admit मान्य होणें, कबूल क.:—fire शत्रूच्या गोळीच्या भडमारा खालीं टिकणें;—it आपली जागा -पक्ष मत संभाळणें -धरणें;—one's ground आपली जागा -लें ठाण संभाळणें; trial परीक्षेस -कसोटीस टिकणें -उतरणें.—*n*. ठाणें *n*, ठिकाण *n*; अड्डा, अखाडा; थांबणें *n*, तहकुबी *f*;—as for water-pots, &c. घडोंची *f*, घोडा;—for a lamp, &c. ठाणवी *f*, बसक *f*, चौकी *f*;—of a great gun फड; a small table टिपई *f*, 'स्टयांड'; to come to a s. खुंटणें, थकणें, उभा राहणें. -ARD, flag निशाण *n*, बावटा, पताका, *f*, झेंडा; rule प्रमाण, धडा; [proportion of weight of fine metal and alloy established by authority].—*a*. मोलाचें, किमतीचें; not of the dwarf kind उंच जातीचा (tree). -BEARER निशाणवाला -दार. -ING उभा राहणारा, उभा, खडा; टिकणारा, टिकाऊ; s. color पक्का रंग; stagnant साचलेला (water); ठरलेला, काईम (rules).—*n*. उभा राहणें *n*; स्थान *n*, उभें राहाण्याची जागा *f*; टिकाव, स्थिति *f*; पदवी *f*; power to stand उभें राहण्याची शक्ति *f*; of long s. बहुत दिवसांचा. -ISH कलमदान *n*. -POINT मूळ *n*, आधार. -STILL तटस्थपणा, गतिभ्रंश.

STANZA (do.) श्लोक, कडवें *n*.

STAPLE* *a*. principal commodity of a country उदिमाचा मुख्य जिन्नस; raw material पोक्ता जिन्नस; thread of wool, cotton, &c. सूत *n*; loop of iron कोयंडा.—*a*. विशेष उदिमाचा, व्यापाराचा.

STAR* (*Skr. stri, tárá* for stárá) तारा, चांदणी *f*, नक्षत्र *n*; *Astron*. ग्रह; asterisk, as on cloth, &c. फुली *f*;—as on the forehead of a bullock, &c. चांद; fixed s. नक्षत्र *n*; falling s. उल्का *f*; falling of a s. उल्कापात; polar s. ध्रुव; s. under which one is born जन्मनक्षत्र *n*.—*v*. फुल्या -टिकल्या लावून शोभवणें. -BOARD उजवें बोडद *n*. -GAZER शकुन्या जोशी, तारे पाहून भाकीत सांगणारा. -LIGHT ताराप्रकाश, नक्षत्रप्रभा *f*. -LESS *a*. नक्षत्रहीन (night). -RY *a*. नक्षत्रांचा, नाक्षत्र (light); नक्षत्रमय -व्याप्त; s. sky नक्षत्रमंडळ *n*; resembling stars ताऱ्यां सारखा (eyes); s. host नक्षत्रगण.

STARCH *Ger*. खळ *f*, कलफ.—*v*. खळ लावणें.

STARE* *v. i*. टक लावून -डोळे पसरून पाहणें [at].

STARLING* शाळुंकी *f*, मैना *f*.

STARK *ad*. अगदीं, केवळ, शुद्ध; सळनळीत, उभा (naked).—*a*. केवळ, शुद्ध.

START *v. i. Ger*. move suddenly, as with a spring or leap, from surprise, pain, &c. उचकणें, बिचकणें; wince अंग चोरणें; begin चालू होणें, निघणें; after मागें लागणें, मागून जाणें; against विरोध क.; for उभा राहणें, उमेदवार असणें; up उसळणें, एकाएकी उचकून उठणें.—*t*. उचकविणें, चमकविणें; चालू क., वाटेस लावणें; दवडणें, पिटणें; dislocate सांधा उखळणें (a bone); produce suddenly to view पटकन पुढें आणणें, उहू काढणें -फोडणें (a subject) [at].—*n*. चमक *f*; निघणें *n*, चालणें *n*; a fancy हुक्की *f*, लहर *f*, उकळी *f*.—STARTLE *v. i*. उचकणें, बुजणें, चपापणें.—*t*. उचकवणें, बुजवणें, बिचकवणें [with, by, at].—*n*. धक्का, धडकी *f*, धडक *f*.

STARVE* *v. i.* perish or die with cold हिंवानें -थंडीनें मरणें; perish with hunger उपाशीं -उपासानें -भुकेनें मरणें; want गरज लागणें, तोटा -आभाव असणें, उणा पडणें.—*t.* उपाशीं मारणें; थंडीनें मारणें; उपाशीं मारून -अन्न-पाण्याची बंदी करून जिंकणें: to s. a garrison by surrender; deprive of force निर्बळ -बलहीन क.—STARVATION उपासमार, उपास, उपासमर *f,* उपाशीं मारणें *n.*

STATE (*status,* a standing) condition स्थिति *f,* अवस्था *f,* दशा *f*; grandeur थाट, डौल, डामडौल; ruling power or body सरकार *n,* हुजूर *n*; political body राज्य *n,* संस्थान *n*; s. paper सरकारी कागदपत्र *n*; s. affairs राजकार्य *n,* राज्यप्रकरण *n*; natural s. प्रकृति, स्वभाव; s. carriage रथ; s. trial राज्यप्रकरणी अपराध्याची चौकशी *f*; s. prisoner सरकारी -सरकारविरुद्ध अन्याय केलेला कैदी; s. bed राजशय्या -मंचक.—*v.* सांगणें, निवेदन क. -LINESS थाट, डौल, इतमाम. -LY *a.* डौलाचा, थोर, थाटाचा.—*ad.* डौलानें, थाटानें. -MENT कलमवार लिहिणें *n,* कलमबंदी मजकूर सांगणें *n,* निवेदन *n,* कथन *n*; representation made हकीकत *f,* बयान *n,* कैफियत *f,* वाका;—as of costs, profits, &c. आकार. -ROOM दिवाणखाना, सदर *f.* -SMAN, a man versed in the art of government राजकार्यधुरंधर, राजनीतिकुशल, राजकारस्थानी; one employed in public affairs राज्यकारभारी, राज्यकारभारांतील असामी *f.*—STATED *a.* नेमलेला, नियमित.—STATION, place where anything stands जागा *f*; स्थळ *n,* ठिकाण *n*; place where railroad trains regularly come to a stand आगगाडीची थोप *f,* 'स्टेशन' *n*; place where the police of any precinct is assembled when not on duty पोलीसाचें ठाणें *n,* पोलीस स्टेशन *n,* गेट *n*; office जागा *f,* असामी *f*; rank पदवी *f,* दरजा; high station मरातब;—of bearers, &c. अड्डा, अखाडा, फड.—*v.* बसवणें, नेमणें, नेमणूक क. [at.] -ARY *a.* स्थिर, अचल, अढळ; not improving अवर्द्धमान. -ER कागद, पेनें, शाई वगैरे विकणारा. -ERY कागद शाई वगैरे लिहिण्याचें सामान *n,* 'स्टेशनरी' *f.* -MASTER ठाणेदार, स्टेशनमास्तर *n.*—STATISTIC, -AL *a.* देशस्थितिरीति संबंधी.—STATISTICS, a collection of facts arranged and classified, respecting the condition of the people in a state, their health, longevity, domestic economy, arts, property and political strength, &c. देशावस्था *f,* देशस्थितिरीति प्रकरण *n.*

STATICS (*Gr. statike*) पदार्थांच्या वजनाची विद्या *f,* भार -गुरुत्वविवरण *n.*

STATUE (*stare,* to stand) मूर्त्ति *f,* पुतळा.—*v.* पुतळा उभा क.; -चा पुतळा क.—STATUARY मूर्त्ति खोदणें *n*; one who makes statues मूर्त्तिकार; collection of statues मूर्त्तिसंग्रह -समुच्चय.—STATURE शरिराची उंची *f,* शरिराची काठी *f.*

STATUTE (do.) कायदा, कानू, ठराव. -BOOK कायद्याचें पुस्तक *n* -बूक *n.*—STATUTORY *a.* कायद्याचा, कायद्यानें स्थापलेला, विधिस्थापित.

STAVE *D.* thin, narrow piece of wood, of which casks are made पिंपें करायाची फळी *f*; a metrical portion कडवें.—*v.* फोडणें, तोंड -भोंक पाडणें (a cask).

STAY *v. i.* (See STAND) राहणें, थांबणें; continue टिकणें, तगणें, चालणें; dwell राहणें, वस्ती क.; rely टेकणें, विश्वासणें; wait for खोळंबणें, वाट पाहणें.—*t.* राहविणें, थांबविणें; खोळंबा क., ठेवून घेणें; थोपविणें, धिरा देणें, संभाळणें.—*n.* स्थिति *f,* टिकाव; राहणें *n,* वस्ती *f,* वास्तव्य, *n*; खोळंबा, खोटी *f*; rope, &c., to steady ओढा, तणावा; टेका, धिरा, ओठंगण *n*; *pl.* kind of waistcoat stiffened with whalebone or other material worn by women एक प्रकारची कांचोळी *f.*

STEAD*, place which another had -ची जागा *f,*

-चें ठिकाण; bedstead खाट *f*, पलंग; in the s. of जागीं, ऐवजीं; to stand in s. -च्या कामीं -उपयोगीं पडणें; that is in the s. of वांटचा, होता. -FAST *a.* स्थिर, अचल; resolute निश्चयाचा, धिराचा, दृढनिश्चय. -FASTLY *ad.* निश्चयानें, धिरानें. -NESS अचलता *f*, स्थिरता *f*; नेट, निग्रह, मनस्थैर्य *n.*—

STEADY *a.* स्थिर, अचल; निश्चयाचा, धिराचा; uniform एकधोरणी -तंत्री -सुती -मार्गी, साळसूद.—*v.* स्थिर क., स्थिरावणें.—*i.* स्थिर होणें -राहणें -असणें, थिरावणें; move steadily थंडाईनें -धिमेपणानें चालणें.

STEAL* *v.* take by theft चोरणें, चोरी क.; withdraw privily चोरपायांनीं निघून जाणें; win by address or gradual and imperceptible means चोरणें, हरणें; heart-*stealing* चित्तचोर; accomplish in a concealed manner चोरीनें क., चोरून लपून -लिकाचोरीनें क. [from].—*i.* चोरी क.; चोरपायांनीं -लपून जाणें. -ING चोरी *f*, चौर्य *n*; *pl* चोरीचा माल.

STEALTH चोरी *f*, चौर्य *n*; by s. चोरून. -ILY *ad.* चोरीनें, चोरून.—STEALTHY *a.* चोरीचा, चोरून केलेला.

STEAM*, water in the gaseous state वाफ *f*; mist formed by condensed vapor धुकें *n*, धुई *f*.—*v. i.* वाफ टाकणें -सुटणें -निघणें; move by the agency of steam वाफेच्या योगानें चालणें -फिरणें; rise in steamlike vapor धूर चढणें, वाफेसारखें वर चढणें.—*t.* वाफारा देणें -घेणें, वाफणें. -BOAT, -ER वाफेचें जहाज *n*, आगबोट *f*. -ENGINE वाफेचें यंत्र *n*.

STEALITE *F.* मालू, खडी *f*.

STEED* घोडा, वारू, लढाईचा घोडा, रणघोडा.

STEEL*, kind of iron तिखें *n*, पोलाद *n*; instrument made of steel तिख्याचें -पोलादी हातेर *n*; hardness कठीणपणा, तिखें *n*, कठीणता *f*; *Med.* एक औषध आहे.—*v.* धार -पाणी देणें -लावणें; कठीण क., निर्दय -कठोर क.; cause to resemble steel, as in smoothness, polish, or other qualities पोलादासारखा गुळगुळीत -साफ वगैरे क. -TRAP लोखंडी सापळा. -YARD तुळई *f*, तूळ *f*.

STEEP *v. D.* भिजत -भिजूं घालणें.—*a.* उभ्या चढाचा [in].—*n.* डगर *f*, कडा, उभासूळ.

STEEPLE* सुळक्याचें शिखर *n*.

STEER* *v.* govern आवरणें, दाबांत ठेवणें; guide मार्ग दाखविणें;—as a vessel सुकाणूनें चालवणें.—*i.* सुकाणूनें चालणें -फिरणें.—*t.* pursue a course अनुसरणें, रस्ता -मार्ग धरणें, उपाय क. [from, for, to, by]. -AGE सुकाणूनें गलबत चालवणें *n*. -SMAN सुकाणदार, सुकाण्या.

STELLAR *a.* (*stella*, star) ताऱ्यांचा, नक्षत्रांचा, नाक्षत्र; full of stars नक्षत्रांनीं भरलेला, नक्षत्रमय -प्रचुर.

STEM,* body of a tree कांड *n*, कांडें *n*, खोड *n*;—of a plant देंठ, ताट *n*;—of a fruit or flower देंठ, डेंख; a descendant वंश, संतति *f*.—*v.* resist a current उभा -समोर -तोडत जाणें, ओघावर -धारेवर जाणें; oppose आडवा येणें, गतिरोध क., प्रतिबंध क.

STENCH* घाण *f*, दुर्गंधि *f*.

STEP* *v. i.* advance or recede by movement of the foot or feet पाऊल टाकणें -ठेवणें; walk a little distance चार पावलें चालून जाणें -येणें; walk slowly, gravely, or resolutely धिमेपणानें -हळू चालणें, भरकूम चालणें -पाऊल टाकणें; aside चार कदम चालून जाणें; retire from company मंडळींतून उठून जाणें; back मागल्या गोष्टीची आठवण क., मागें पाहणें, विचार क.; forth पुढें सरकणें -चालणें -येणें; in, into आंत येणें -जाणें; enter for a short time थोड्या वेळा करितां आंत जाणें, क्षणभर आंत येणें -जाणें: I just *stepped* into the house; obtain posses-

sion without trouble श्रमावांचून -सहज -आयता मिळणें : to s. into an estate; out लांब पाऊल टाकणें, भरकदम चालणें.—*n.* pace पाऊल *n*, पांवडा, कदम *n*; stair पायरी *f*, पायठणी *f*; space passed by the foot in walking or running पाऊल *n*, कदम *n*; small space or distance पाऊलभर वाट *f*, चार पावलांचें अंतर *n*; gradation पायरी *f*, पर्याय; progression चढ, बढती *f*; footstep पाऊल *n*, पद *n*; gait चालण्याची गति *f*, ढब *f*, पाऊल *n*; measure उपाय, तजवीज *f*; round of ladder शिडीची पायरी *f*, पावटा; *pl.* passage रस्ता, वाट *f*;—in dancing, fencing, &c. पाऊल *n*, पावटा; flight of *steps* शिडी *f*, जिना; first s. towards an object प्रथम चरण; s. by s. क्रमानें, पर्यायानें, पायरी पायरीनें, क्रमशः; wide s. ढेंग *n*. -BROTHER सावत्रभाऊ. -DAUGHTER सावत्र मुलगी *f*. -FATHER सावत्र बाप. -MOTHER सावत्र आई *f*, सापत्न माता *f*. -SON सावत्र मुलगा. -STONE पायरीचा धोंडा.

STERILE, STERILITY (*sterilis*) See BARREN.

STERLING *a. O. E.* इंग्लिश नाण्याचा; genuine चोख, हाडाचा खरा; s. money of the realm पोतेचाल *f* -चलन *f*.

STERN* *a.* austere निष्ठुर, कडवा, करडा (look); immoveable अचल, दृढ, खंबीर, स्थिर (virtue);—of countenance निष्ठुर मुद्रेचा.

STERN*, hind part of a ship वराम *n*.

STERNUM (*L.*) उराचें हाड *n*, उरोस्थि *n*.

STEW *v. F.* मंदागीवर -मवागीनें शिजवणें.—*n.* मंदागीवर शिजविलेला पदार्थ; confusion बचबच *f*, फटफजिती *f*; to be in a s. डगमगणें.

STEWARD* (घरचा) कारभारी, मोदी, कोठणीस, वाकनीस. -SHIP दिवाणगिरी *f*, कारभारीपणा, कोठनिसी *f*.

STICK*, a rod काठी *f*, छडी *f*; branch of a tree फांदी *f*, काठी *f*;—for fuel काडी *f*; a little s. काटूक *n*; s. of sealing wax लाखेची कांडी *f*;—for beating on tabors टिपरी *f*, टिपरूं *n*; the bass-beating s. of the tabor called sambal डंका; the treble beating s. आकडी *f*; stab दुस्सी *f*, दुसकी *f*; *Print.*, an instrument on which types are composed in words, and the words arranged to the required length of the line 'इस्टिक' *f*.—*v.* दुसणें, खुपसणें; cause to remain by piercing खोंचून ठेवणें, खोवणें, घालणें, चढवणें; set लावणें, बसवणें; fix on a pointed instrument खुपसून -टोंचून ठेवणें; make to adhere चिकटवणें, डकवणें; out बाहेर -पुढें क. [with, on, into].—*i.* चिकटणें, डकणें, अडकणें; अडकून राहणें, फसणें, थकणें: a carriage *sticks* in the mud; cause difficulties or scruples कांक्षा आणणें, फणगडे फोडणें; adhere closely in friendship and affection स्नेहानें लगटून -चिकटून राहणें, -शीं जडून राहणें; at कांकूं -नानूं क., घुटमळणें; by चिकटून राहणें; स्थिर -खंबीर राहणें; out बाहेर येणें -निघणें; to चिकटून राहणें.—

STICKLE *v. i.* आग्रह -हट्ट धरणें.—STICKY *a.* चिकट, चिकण, चिकचिकीत.

STIFF* *a.* rigid ताठ, ताठर; not soft nor hard कडक, कडकडीत, खडखडीत (paste); violent जोराचा, भारी, प्रचंड (gale); obstinate हट्टी, ताठ, दुराग्रही; formal आदराच्या आढ्यतेचा, खळबळीतपणा वेगळा, कोरडा (behavior). -NESS ताठपणा, ताठा; खडखडीतपणा; अप्रशस्तपणा; लवणभंजना निराळेपणा, ताठा. -EN *v.* ताठ क.; घट्ट क.—*i.* ताठ होणें; घट्ट होणें; हट्टी -कठीण होणें. -HEARTED, -NECKED *a.* हट्टी, ताठ मानेचा.

STIFLE *v. Icel.* choke दम -श्वास कोंडणें; quench विझवणें (flame); suppress दाबणें, गिळणें, पिणें (grief, a story, convictions).

STIGMA (*Gr. stigein*, to prick, to brand)

डाग, लास; mark of infamy कलंक, डाग. -TIZE *v.* डाग -कलंक लावणें [with].

STILL* *v.* stop थांबविणें, बंद क.; silence चूप -उगा क.; appease शांत -थंड क., शांतवणें [by, with].—*a.* निवात, निर्वात; स्थिर, अचल; निरुपद्रव, निवांत (a place).—*ad.* to this time अजून, आज पावेतों, अद्याप; always सर्वदा, नेहमी; by an additional degree अणखी; nevertheless तथापि, तरी; after that त्यानंतर, अणखी, मग. -BORN पोटांत मेलेला, मृतजात; a s. child मूढ गर्भ. -NESS सामसूम *n*, निवांतपणा; निरुपद्रवता *f*, स्वस्थता *f*.

STILL (See DISTILL) भबकारा, दारू -अर्क काढण्याचें यंत्र *n*.—*v.* अर्क काढणें; थेंबथेंब पाडणें.

STILT *D.* घोडेकाठी *f*, घोडा.

STIMULATE *v.* (*stimulus*, a goad) excite चेतवणें, उद्दीपन क., उत्तेजन देणें; *Med.* चेतना आणणें -वाढवणें [with, by, to].—STIMULANT *a.* उत्तेजक.—*n.* चेतना आणणारा; दीपक औषध *n*.

STING* *v.* pierce with a sting नांगी मारणें, डसणें, दंश क.;—as conscience चुरचुरणें, खवखव लागणें;—as speech झोंबणें;—as a scorpion ठणकाविणें; to s. to the quick वरमणें [by, with].—*n.* a short point with which some animals are armed नांगी *f*, कांटा; the thrust of a sting into the flesh दंश, डक; remorse चुरस *f*, चुरचुर *f*; point of an epigram दंश, नोक *f*, खोंच *f*.

STINGY* *a.* कृपण, हिमटा.

STINK* *v. i.* घाण -वास मारणें -येणें.—*n.* घाण *f*, दुर्गंधी *f*; intense s. दर्प, उग्रघ्राण *n*.

STINT* *v.* मोतादीवर ठेवणें, मेजलेला देणें;—the belly पोट बांधणें, उपास पाडणें [to, in].—*n.* मोताद *f*, मर्यादा *f*, इयत्ता *f*.

STIPEND (*stips*, *stipis*, gift, *pendere*, to pay out) नेमणूक *f*, मुशारा, वेतन *n*, पगार. -IARY *a.* वेतनी, पगारी.

STIPULATE *v. i.* (*stips*, *stipis*, a gift) ठराव -संकेत क. [for, with].—STIPULATION बोली *f*, वायदा, करार.

STIR* *v.* move हलवणें, चालवणें, सारणें; agitate चेतवणें, खाजवणें; up कालवणें, ढवळणें; चेतवणें, पेटवणें (strife); त्वरा क., गति वाढवणें [from, with].—*i.* हलणें, वळणें; खेळत -चालता असणें.—*n.* हालचाल *f*; गडबड *f*, हूल *f*, धामधूम *f*.

STIRRUP* रिकिबी *f*.

STITCH* *v.* form stitches in टाकेमारणें; unite जोडणें.—*n.* टांका, टांचा; local, sharp pain हूक *f*, उसण *f*, लचक *f*; double s. टीपदोरा; running s. उभादोरा; space between two double furrows in ploughed ground बीद *f*?

STOCK*, trunk कांड *n*, कांडें *n*, खोड *n*, सोट; post खांब, सोट; a stupid person टोणपा; handle दांडा, मूठ *f*, बुंधा;—of a musket दस्ता, कुंदा; race घराणें *n*, वंश, बुडखा, खुंट; capital पुंजी *f*, भांडवल *n*, मुद्दल *n*; share of a company सार्वजनिक भांडवलाचा हिस्सा; *pl.* shares of public debt सरकारानें घेतलेल्या कर्जाचे हिस्से *pl*; store बेगमी *f*, सांठपा; wealth in cattle गुरेंढोरें *n pl*, गोधन *n*; *pl*—for the feet and hands of criminals खोडा; हातखोडा, पायखोडा; dead s. शेतकीचीं आउतें *n pl*; paper s. कागद करायाचा मसाला; private s. घरभांडवल *n*, गांठचा पैसा; scanty s. तुटपुंजी *f*; common s. गणद्रव्य *n*; s. in hard cash नगदीभांडवल *n*;—of a good s. थळीचा, खाणीचा;—of horned beasts थळ, थळी *f*.—*v.* lay up बेगमी क., सांठवणें; store भरणें, गुरवणें; suffer to retain milk for twenty-four hours or more previous to sale, as cows दूध तुंबविणें -जमविणें. -ADE लकडकोट, मेढेकोट. -STILL *a.* गपचीप -चूप; to sit s. मौन्य धरून बसणें

नंदीसारखा धोंड्यासारखा -(दगडाच्या) देवासारखा बसणें.

STOCKING* पायमोजा.

STOICK (*Gr. stoa*, porch) person not easily excited उदास, विरक्त, थंड; [a disciple of the philosopher Zeno, who founded a sect, and taught that men should be free from passion, unmoved by joy or grief, and submit without complaint to the unavoidable necessity by which all things are governed]. -ISM औदासीन्य *n*.

STOLE*, robe झगा, जामा; sucker ताणा; a shoot कोंब.

STOLID *a*. (*stolidus*) मूर्ख, टोणपा, मठ.

STOMACH (*Gr. stoma*, a mouth) the principal organ of digestion कोठा, पोट *n*, जठर *n*; appetite भूक *f*, क्षुधा *f*; desire इच्छा *f*, भूक *f*, वांच्छा *f*.—*v*. पोटीं घालणें, गिळणें (an affront). -IC, -AL *a*. रोचक, पाचक; कोठ्याचा, जठरसंबंधी.—*n*. *Med*. रोचक *n*, रोचक औषध *n*. -PUMP, a small pump or syringe with a flexible tube, for drawing liquids from the stomach, or for injecting them into it].

STONE*, mass of concreted, earthy, or mineral matter दगड, धोंडा; gem रत्न *n*, पाषाण, मणि; a monument erected to preserve the memory of the dead कबरेचा धोंडा; *Med*., calculous concretion in the kidneys or bladder मूतखडा; nut of a stone fruit अठळी *f*, अठी *f*; weight of fourteen pounds सातशेरी *f*; testicle अंड, आंड; torpidness and insensibility सुन्नेपणा, बधिरत्व *n*; philosopher's s. परीस; round rolling s. गुंडा; smooth roundish s. गोटा, गोटी *f*; s. for grinding condiments, &c. पाटा, शिळा *f*, सहाण *f*; to leave no s. unturned चहूंकडे दगड टाकून पाहणें.—*v*. दगड मारणें, धोंडमार क.; आंठ्या -ब्या काढणें; face with stones तोंडीं दगड बसविणें: to s. a well. -BLIND *a*. निपट अंधळा. -BOW गलूल. -CHATTER जंगली चिमणी *f*. -CUTTER धोंडफोड्या, पाथरवट. -FRUIT आंठीचें फळ *n*. -HAMMER सुबकी *f*, सुंबा. -HEARTED *a*. पाषाणहृदय. -HORSE वळू-अंडील घोडा. -PIT चिरेखाण *f*. -'S-CAST, THROW हातगुंड्याचा टप्पा. -WORK दगडी काम *n*, चिरेबंदी *f*, फरसबंदी *f*.—STONY *a*. दगडाचा, दगडी; खडकाळ (ground); कठीण, निर्दय, दगडा सारखा (heart).

STOOL*, seat without a back पाट, पिढें *n*, चौरंग, मोडा, बसक इ०; discharge from the bowels ढाळ, झाडा.

STOOP*, *v*. *i*. bend ओणवणें, वाकणें, लवणें; submit नमणें, वश होणें, हार घेणें; condescend नम्रता धरणें, अभिमान सोडणें; swoop झेंपझडप घालणें; alight from the wing उतरणें, बसणें.—*t*. वाकवणें, लववणें [down, forward]. —*n*. लवणें *n*, नमणें *n*; नम्रता *f*; झडप *f*, झेप *f*.

STOP *v*. *D*. close बंद क.; obstruct खुंटवणें, अटकावणें, अडथळा क. (a way); shut in कोंडणें; restrain आवरणें, प्रतिबंध क.; suspend तहकूब क. [by, with].—*i*. थांबणें, उभा राहणें; राहणें, अटकणें.—*n*. उभें राहणें *n*, ठेप *f*, मुकाम; खोळंबा, खोटी *f*; गतिरोध; प्रतिबंध, अटकाव; cessation अवसान *n*, मोडा, मोडती *f*; mark of punctuation विरामचिन्ह *n*. -PAGE अटकाव, बंदी *f*. -PER उभा राहणारा; अटकाव करणारा; that which closes a hole in a vessel दट्टा, गुडदी *f*, बूच. -COCK पाणी सोडायाची तोटी *f*. -PLE दट्टा, बूच.

STORAX (*L*.) शिलापुष्प *n*, शिलारस.

STORE*, hoard सांठा, कुणगा, संग्रह; abundance समृद्धि *f*, चंगळ *f*, रेलचेल *f*; a warehouse वखार *f*, कोठार *f*, कोठी *f*; *pl* सामान

n, साहित्य *n*, 'स्टोर' *n*; in s. सांठ्यास, संपर्हीं.—*v*. सांठा -बेगमी करून ठेवणें; supply पुरवणें; कोठींत -वखारींत ठेवणें [with]. -HOUSE वखार*f*, कोठी *f*. -KEEPER कोठनीस, वखारदार, 'स्टोर किपर.'

STORK* करकोंचा पक्षी; whitenecked s. कौरव.

STORM*, tempest वादळ *n*, तुफान *n*; commotion धांदल *f*, गडबड *f*, दंगा; adversity विपत्ति *f*, संकट *n*; assault on a fortification हल्ला, छापा.—*v*. हल्ला क. -करून घेणें [with].—*i*. कडकडणें, जळफळणें, तडफडणें; कडाख्यानें -जोरानें वाहणें -पडणें (wind, rain, &c).—STORMY *a*. वादळाचा, तुफानाचा; रागाचा; तडाख्याचा, कडाख्याचा, धांदलीचा.

STORY*, narration कथन *n*, बयाद *f*; history वृत्तांत, कथा *f*; short narrative गोष्ट *f*, कथा *f*, चुटका; fictitious narrative कहाणी *f*, कथा *f*, नकल *f*; idle s. बात *f*, गप *f*; —as in excuse तपसील, बयाणा. -TELLER कथेकरी, गोष्टी सांगणारा.

STORY ? मजला, तळ, खण; of one s. एकमजली; of two s. दुमजला -ली.

STOUT *a*. *D*. strong बळकट, भक्कम; robust धट्टाकट्टा, धडाखडा; bold निट, धारिष्टाचा; obstinate हट्टी, दुराग्रही.

STOVE* चूल *f*.

STOW* *v*. तजविजीनें -सोयीनें भरणें -ठेवणें -घालणें [away]. -AGE तजविजीनें भरणें *n*; room for stowing कोठार *n*.

STRADDLE* *v*. *i*. पाय फांकून -फेंगडा चालणें -उभा राहणें.

STRAGGLE* *v*. *i*. rove इकडेतिकडे -रानोमाळ फिरणें -चालणें; shoot too far in growth अफाट-उफाड्यानें वाढणें; be dispersed फांकणें, पसरणें [about].—STRAGGLER सुटा, तुटक, अलग; पांगून -फटकून चालणारा -चाललेला; भटक्या, उनाड.

STRAIGHT* *a*. नीट, सरळ.—*ad*. तेव्हांच, लागलाच. -EN *v*. नीट -सरळ -उजू क.; reduce to difficulties संकटांत -पेचांत -अडचणींत घालणें -पाडणें. -FORWARD *a*. धोपट, नीट. -LY *ad*. नीट, सरळ. -WAY *ad*. तेव्हांच, लागलाच, तत्क्षणींच.

STRAIN *v*. (*stringere*, to bind tight) stretch ताणणें, ओढणें; put to the utmost strength ताण बसांवणें -देणें; make tight तटतटीत क., ताणणें; filter गाळणें, छानणें; sprain लचकविणें, लचक भरवणें [by, with].—*i*. गळणें, पाझरणें; नेट क., कुंथणें.—*n*. नेट, ताण; लचक *f*; tendency वळण *n*, धोरण *n*; prolonged musical note दीर्घसूर; manner of conduct रहाळ *f*, रीत *f*, पर्याय.

STRAIT *a*. (*strictus*, tight) तंग, दाट; narrow अरुंद, अवघड; difficult कठीण, अवघड.—*n*. *Geog*. खाडी *f*, सामुद्रधुनी *f*; अडचण *f*, संकट *n*. -EN *v*. संकटांत -अडचणींत घालणें; तंग -अरुंद क. -LY *ad*. अडच, दाट; अवघड रीतीनें, दाट रीतीनें; सखत. -ENED *a*. अडचणीचा, ओढगस्त; to be s. अवघडणें. -NESS अडचण *f*, संकोच; अरुंदपणा; तंग -अटसपणा, दाटपणा;—of purse, affairs, ओढ *f*, ओढगस्ती *f*, गिरिबदारी.

STRAKE* धांव *f*.

STRAND*, shore कांठ, किनारा, तीर; one of the twists of a rope वेंढ, वेंट *f*, *m*, पदर. —*v*. कांठावर -किनाऱ्यावर चढणें (a ship); दोरीचा पदर तोडणें.—*i*. किनाऱ्यावर आपटणें -आदळणें -चढणें.

STRANGE *a*. (*extraneous*, externally) परदेशचा, विदेशी; not domestic बाहेरचा, परका, दुसऱ्याचा (things); new नवा; this made David admire the law of God at that s. rate; odd विलक्षण, विचित्र, ताजूब, तऱ्हेवाईक: he is s. and peevish; wonderful चमत्कारिक, अपूर्व, विलक्षण: I perceive s.

alteration in me.—STRANGER परदेशी; परका, तिऱ्हाईत, अनोळखी; guest पाहुणा; *Law*, one not privy to an act, contract, or title अजाण, अपरिचित, तिऱ्हाईत; a mere intruder आगंतुक, घरघुशा.

STRANGLE *v.* (*strangulare*) suffocate गळा दाबून मारणें; suppress दडपणें, चेपणें [by, with].

STRANGURY (*stranx*, drop, *ouron*, urine) a difficulty in discharging urine मूत्रावरोध, मूत्रकृच्छ्र.

STRAP*, slip of leather वादी *f*;—for sharpening knives, razors, &c. थापटणें *n*, पलाटणें *n*.—*v.* वादीनें मारणें, वादीचा -वादीमार देणें; वादीनें -पट्टीनें बांधणें; पलाटणें, वादीवर घांसून धार आणणें.

STRATAGEM (*Gr. stratos*, an army, *agein*, to lead) व्यूह, कृप्ति *f*, उपाय, युक्ति *f*.

STRATH *Gael.* थड *f* (गंगथड).

STRATUM (*L.*) थर, पदर, पडदा.—STRATIFY *v. i.* थर होणें -जमणें -बसणें.

STRATUS (*L.*) a form of clouds in which they are arranged in horizontal band or layer खर *f*.

STRAW*—of wheat काड *n*;—of rice पेंढा, तस *n*;—of legumes काड *n*; trifle काडी *f*, कणपट *n*, तनसडी *f*; it matters not a s. पायपोस तुटला.

STRAY *v. i.* (*extra*, without, *vagare*, to ramble) भटक्या मारीत फिरणें, भटकणें; deviate चुकणें, रस्ता सोडणें [away, about, from, to].—*a.* चुकार, बहकलेला, चुकलेला.—*n.* चुकार गुरूं *n*.

STREAK*, a line or long mark of a different color from the ground रेघोटी *f*, रेघ *f*.—*v.* विचित्र रंगाची पट्टी -रेघोट्या काढणें, विचित्र रंगाच्या पट्या काढणें, -पट्यांनीं रंगविणें [with].

STREAM*, current of water or other stream ओघ, धार *f*, प्रवाह;—on the earth, as a river or brook नदी *f*, ओढा, ओहळ;—as of rain or from a vessel धार *f*, पन्हळी *f*; tendency वळण *n*, ओढ *f*: the s. of opinions.—*v. i.* वाहणें, प्रवाह चालणें, लोटणें; radiate तेज फांकणें; extend ताणणें, पसरणें [from, forth, out]. -ER निशाण *n*, बावटा, -LET ओहळी *f*, मुतरी *f*.

STREET* गांवांतील रस्ता, मार्ग. -WALKER बाजारबसवी *f*.

STRENGTH*, ability बळ *n*, जोर *n*, शक्ति *f*; firmness जोर, मजबुती *f*, बळकटी *f*, कस, ऐवज;—of liquors, &c. तेज *n*, कस, दम; on or upon the s. of जोरावर, बळावर. -EN *v.* बळकट क., जोर आणणें; दृढ क., बळकटी देणें -आणणें; धीर -धैर्य देणें [by, with].—*i.* बळावणें, बळ धरणें.

STRENUOUS *a.* (*strenuus*, hard) उद्योगी, परिश्रमी; उद्योगाचा, परिश्रमाचा [in].

STRESS (from *distress*) force जोर, नेट; stretch ताण, ओढा.

STRETCH* *v.* extend लांब क., ताणणें, लांबवणें (a rope); expand पसरणें, विस्तारणें (wings); reach out पोंहचणें; make tense ताणणें, ताठ क.; strain ओढणें, ओढून -खेंचून आणणें (a muscle); exaggerate ओढणें; ओढून ताणून क. -आणणें: to s. the truth [out, to, forth].—*i.* पसरणें, पोंहचणें; सुटणें, पघळणें सैल होणें; मीठमिरची लावून सांगणें, फुगवणें —*n.* struggle तिडीक *f*, बळ *n*, नेट; ताण *f*, ओढ *f*; course धोरण *n*, वळण *n*; पोंच *f*, आवाका. -ER ओढणारा, ताणणारा; litter डोली *f*, पाळणा, तिरडी *f*, इ०; one of the rods in an umbrella ताणा.

STREW* *v.* scatter विखरणें, विखरून टाकणें; spread abroad पसरणें, फैलावणें (reports); cover by scattering something over अंथरणें, भरणें, विखरून भरणें, पसरणें [about, over].

Striated *a.* (*stria*) रेषांचा, रेषामय; खांचणींचा.

Strict *a.* (*strictus*) tight ताठ ; exact, सुती, ठाम, रेखलेला : rigorous कडकडीत, खणख्या, सक्त. -ure गुणदोष व्याख्या *f* -विवरण *n*; *Med.*, contraction गांठ *f*, चर्मतरंग.

Stride* ढेंग *n*, टांग *f*.—*v. i.* ढेंगा टाकणें, ढेंग टाकणें, ढेंग टाकत चालणें [over].—*t.* ढेंग टाकून पार जाणें, ओलांडणें.

Strife, See under **Strive**.

Strike*, *v.* hit with force मारणें, ठोकणें, हाणणें; give, as a blow प्रहार क., ठोका -ठोसा -टोला मारणें; · impress छापणें, पाडणें (coin); thrust in आंत लोटणें -ढकलणें, घुसविणें, शिरकवणें; punish मारणें, शासन क.; cause to sound पिटणें, वाजवणें; lower उतरणें, खालीं पाडणें -क. (a sail, tent, flag); impress strongly चकित -चक्क -दंग क. : to s. with wonder, alarm, dread; make and ratify काईम क.;—as a bargain टाळी देणें; level, as a measure of grain, salt, &c. सपाट माप क.; run on, as a ship कांठावर जहाज चढविणें -आदळणें -आपटणें; affect in some particular manner वाटणें, लागणें, भासणें, दिसणें; [—a jury; *Law*, to constitute a special jury, ordered by a court, by each party striking out a certain number of names from a prepared list of jurors, so as to reduce it to the number of persons required by law];—an account बाकी -आढावा काढणें;—hands with हात हालवणें, हातास हात देणें -मिळवणें; करार -बोली क.; off हिशेबांतून खोडून टाकणें; बाद क.; *Print.* छापणें, छापून काढणें : to s. off a thousand copies of a book; मारणें, उडवणें, छेदणें : to s. off a man's head with a cimeter; खोडून -छाटून -तोडून टाकणें, छेकणें, फांटा देणें : to s. off what is superfluous; out घांसून -घर्षणानें उत्पन्न क. -पाडणें, चकमकीनें पाडणें : to s. out sparks by steel; खोडणें, काढून टाकणें; काढणें, योजणें, कल्पणें (a plan); sail शीड गुंडाळणें -पाडणें -उतरणें; थांबणें, बंद क.; up वाजवूं लागणें, गाऊं -खेळूं -वाजवूं लागणें.—*i.* लागणें, धक्का बसणें; आदळणें, आपटणें; वाजणें; जमिनीवर चढणें; quit work in order to compel an increase, or to prevent a reduction of wages हरताळ पाडणें, कमी पगारामुळें काम सोडणें इ०; [lower a flag in token of respect, or to signify a surrender of the ship to an enemy]; break forth उदयास येणें, उगवणें : to s. into reputation; for एकाएकीं कामास लागणें -उद्युक्त होणें; in एकाएकीं आंत शिरणें -घुसणें; मावळणें, जिरणें (an eruption); मध्यें पडणें, मध्यें हात घालणें; in, with बाजू -पक्ष धरणें -मिळणें; out भटकणें; झांप -झेंप टाकणें; up वाद्य वाजवायास लागणें. —*n.* fullness of measure भरमाप *n*; कामाची बंदी *f*, हरताळ.—**Striking** *p.a.* affecting with strong emotions वेधक; surprising चमत्कारिक, विस्मयकारक.—**Stroke** ठोका, टोला, प्रहार;—with a stick फटका;—of calamity धक्का, चपेटा, गजब, घाला;—of deceit झोका, छकडा *f*; touch हात, कसब *n*, छाप *f*, लाघव *n*: the boldest *strokes* of poetry;—in writing रेघ *f*, रेषा *f*; devious s. फटकार, फरकडा; touch of the pen or pencil टांक *n*; the sound of the clock घड्याळाचा ठोका;—of a swimmer झांप *f*, झेंप *f*.—*v.* वर हात फिरवणें, कुरवाळणें, गोंजारणें [down].

String*, small rope दोरी *f*, सुतळी *f*; ribbon फीत *f*; thread on which anything is filed हार *f*, माळ *f*; line of things माळ *f*, सर, हार *f*, कतार *f*;—of pearls लड *f*, लडी *f*, माळ *f*;—of a musical instrument तार *f*, तंतु; fibre, as of a plant शीर *f*, दोर, हीर; tendon of an animal body शीर *f*, नाडी *f*; cord of a bow चिल्ला, गुण; concatination of things सर, हार, माळ *f*, जाल *n*; s. of words शब्दजाल *n*;—as of drawers

नाडा, नाडी *f.*—*v.* ओवणें, गोवणें ; तार लावणें -चढवणें ; make tense ताणणें, ताठ क. ;—*a.* a bow गुण चढवणें. -ED तारायुक्त, तंत्री, ताराचा ; single s. एकतारी (a musical instrument).—STRINGY *a.* ताराचा, तंतुमय ; दोराळ, दोर झालेला (root).

STRINGENT *a.* (*stringere*, to bind tight) कडक, कडकडीत (code).

STRIP* *v.* tear off काढणें, उस्कटणें, उस्तरणें, उघडणें : to s. clothes from a man's back ; peel सोलणें, साल काढणें ; make naked नागवणें, उघडा क. ; bereave नागवणें, बुचाडणें ; uncover उघडा क. ; press out the last milk of, at a milking चिटणें, निचडून काढणें ; pare off the surface of, as land, in strips जमिनीच्या पट्या पाडणें [of, off, away].—*n.* पट्टी *f*, चिंधोटी *f*. -LING पोरगा, पोंगडा.—STRIPE पट्टा, पट्टी *f* ; stroke of a lash फटका, फटकारा.—*v.* फटके मारणें.—STRIPED पट्याचा, पटाईत.

STRIVE *v. i. D.* make efforts झटणें, उद्योग क. ; contend झुंजणें, विरोध क. ; against, compete स्पर्धा -बरोबरी क. [with, against].—STRIFE भांडण *n*, लटपट *f*, झटापट *f* ; स्पर्धा *f*.

STROKE, See under STRIKE.

STROLL *v. i. Ger.* रपेट -सहल क. [about, away, around].—*n.* सहल *f*, रपेट *f*, फेरफटका.

STRONG*, *a.* having physical force बळकट, बलिष्ठ, जोरदार ; solid मजबूत, कणखर, भक्कम (a thing) ; well fortified बंदोबस्ताचा, बळकट (fort) ; powerful पराक्रमी, बलिष्ठ (army, nation) ; having great wealth पैकेपूर, मातबर, ऐवजदार (company) ; violent प्रचंड, जोराचा, भारी (wind) ; robust दृढ, बळकट, सुदृढ, घस्मर (constitution) ; forcible जोराचा, बळकट, दृढ (argument) ; ardent तल्लख, कडक, कसदार (medicine, tea) ; intoxicating मादक, तल्लख (liquor) ; bright तेजदार, ठळक, चकचकीत (color) ; affecting the taste चरचरीत, चरमरीत, उग्र (flavor) ; solid जड, भारी (meat) ; firm स्थिर, बळकट : custom grows s. by time ; vehement जोराचा, पराकाष्ठेचा, आक्रोशाचा (crying) ;—cloth, thread, &c. धनवट, धडोतीचा. -HOLD गढी *f*, किल्ला ; निर्भयस्थान *n.* -LY *ad.* बळकट, जोरानें, मजबुतीनें ; eagerly आस्थेनें, आवेशानें, कळकळीनें.

STROP, See STRAP.

STRUCTURE (*struere*, to construct) बांधा, रचना *f*, घडण *f* ; edifice इमारत *f*, इमला.

STRUGGLE *v. i. Ger.* strive with contortions of the body तडफडणें, धडफडणें ; use great efforts बळ क., झोंबाझोंबी क., धोशा पाडणें ;—with difficulties, &c. गचकल्या खाणें.—*n.* [with, against, for]. तडफड *f*, धडफड *f*, आपटाआपट *f* ; झोंबाझोंबी *f*, धोशा, गटंगळ्या *f pl.*

STRUMPET (*stuprare*, to debauch) कसबीण *f*, बाजारबसवी *f*, उष्टीपत्रावळ *f*.

STRUT *v. i. D.* नखरा क., नटत -ठमकत -पत्राजीनें -उराडा काढून चालणें [about].—*n.* नखरा, अकड *f*, ठमका.

STUB* खुंट *n*, खोड *n*. -BY *a.* आडव्या आंगाचा, गिड्डा, चेंडू ; टिल्लू.

STUBBLE *D.* गहूं वगैरे धान्याचा सड.

STUBBORN* *a.* refractory अडेल, हट्टी, दुराग्रही ; stiff ताठ ; persevering धिराचा, निश्चयाचा. -NESS हट्ट, दुराग्रह.

STUCCO *It.* चुन्याचा गिलावा, संदला.

STUD*, ornamental nail चमकी *f*, गुलमेख *f* ; ornamental knob गुलमेख *f*.—*v.* चमक्या -गुलमेखा जडणें, जाडित क.

STUD* घोड्यांची पागा *f*.

STUDY (*studere*) application of mind to books and learning विद्याभ्यास, व्यासंग,

अभ्यास; meditation मनन *n*, विचार, चिंतन *n*; contrivance युक्ति *f*, तजवीज *f*, उपाय; any particular branch of learning that is studied शिकण्याचा -अभ्यासाचा -अध्ययन विषय; apartment devoted to study शिकण्याची खोली *f*; [*Fine Arts*, a work undertaken for improvement in the art, and often left incomplete].—*v. i.* शिकणें, अभ्यास क.; विचार -मनन क.; be zealous झटणें, तिडकेनें क.—*t.* शिकणें, अध्ययन क.; विचार क.; arrange by previous thought पूर्वी विचार -तजवीज करून ठेवणें; commit to memory पाठ क.—STUDENT शिकणारा, विद्यार्थी.—STUDIED *a.* शिक्षित, अभ्यासित; पढीक, विद्वान; पूर्वयोजित -रचित. —STUDIOUS *a.* अभ्यासी, व्यासंगी, उद्योगी; विद्याभ्यासी, विद्याव्यसनी. -NESS विद्याव्यासंग; उद्योग, व्यासंग, व्यवसाय.

STUFF *Ger.* cloth कापड *n*; material वस्तु *f*, द्रव्य *n*; essence तत्त्व *n*; nonsense भलतेंच, बडबड *f*; worthless matter ऐलपैल *n*, इळाखिळा; medicine औषध *n*.—*v.* crowd दाटी क., कोंदणें; fill full ठासून भरणें; obstruct कोंदणें, बंद क., बुजवणें; fill the skin of, for the purpose of preserving as a specimen गवत -मसाला वगैरे भरून ठेवणें.—*i.* कचकावून -रगडून -दपटून जेवणें. -ING पुरण *n*, भरण *n*; seasoning for meat पुरण *n*, मसाला.

STUMBLE *v. i. Ger.* trip in walking अडखळणें, ठेंचळणें; err चुकणें, घसरणें; light on by chance अवचित सापडणें -मिळणें -भेटणें [about, down].—*t.* अडखळवणें, ठोकर खायास लावणें; confound गोंधळविणें, घोटाळ्यांत पाडणें.—*n.* ठेंच *f*, ठोकर *f*.—STUMBLING-BLOCK, -STONE अटकाव, अडखळण *n*.

STUMP *D.* stub खुंट *n*, खोड *n*;—of a limb थोट *n*, बोटूक *n*.—*v.* lop तोडणें, छाटणें.—*i.* दणदण चालणें.—STUMPY *a.* गिड्डा, ठेंगू; थोंटा, लांडा.

STUN* *v.* make senseless by a blow ठोक्यानें मूर्च्छित -बेसावध क.; overpower the sense of hearing -च्या कानठळ्या बसविणें; surprise completely चकित -दंग क. [with, by, at].

STUNT* *v.* वाढ खुंटवणें, खुरट क. [in].—*n.* खुरट -खुजेपणा; खुरट जनावर *n*, खुजा.

STUPID *a.* (*stupidus*) very dull जड, मंद, मूर्ख; heavy गुंग, सुस्त, धुंद; formed without skill ढोबळा, ठोसर (things). -ITY जडपणा, मंदबुद्धि *f*, बेकुबी *f*; गुंगी *f*, धुंदी *f*, सुस्ती *f*;—STUPEFY *v.* जड -मंद -गुंग क.; गुंगी आणणें [by, with].—STUPEFACTION धुंदी *f*, गुंगी *f*, भूल *f*.— STUPEFACIENT *a.* गुंगी आणणारा.—*n. Med.* गुंगी आणणारें औषध *n*.—STUPENDOUS *a.* चकभूल करणारा, आश्चर्यकारक; of astonishing magnitude मोठा, महान्, अचाट, अवाढव्य.—STUPOR (*L.*) गुंगी *f*, धुंदी *f*; जडबुद्धि *f*, जाड्य *n*, बेकुबी *f*.

STURDY *a. F.* obstinate हट्टी, दुराग्रही, हेकड; violent जोराचा, बळकट (stroke); strong धटमूट, धटिंगण, दांडगा (lout); stout बळकट, दांडगा (tree).

STUTTER *v. i. Ger.* तोतें बोलणें [in].

STY* डुकरखाना -वाडा -वाडी *f*.—*v.* डुकरखान्यांत कोंडणें.

STY* रांजणवाडी *f*, आंजुरली *f*.

STYLE (*stylus*) mode of expressing thought in language, whether oral or written वाणी *f*, धाटी *f*, धरती *f*, लवक *f*, ढब *f*; fashion रीत *f*, चाल *f*, मोळा; title किताब, प्रतिष्ठा *f*, नांव *n*; mode of presentation, esp. in music or any of the fine arts कवितेची -गाण्याची सरणी *f* -थाटी *f*; —of a dial शंकु;—of a flower बोंड *n*, पोंगी *f*;—for writing लेखणी *f*; pointed iron

सळई *f*, शलाका *f*.—*v*. झणणें, नाव -किताब देणें.—STYLISH *a*. छानदार, विराजित.

STYPTIC *a*. (*stypticus*) रक्त बंद करणारा, रक्ता-वरोधी.—*n*. *Med*. रक्त बंद करणारें औषध *n*.

STYRAX (*L*.)—liquid शिलारस.

SUAVITY (*suavis*, sweet ; *Skr*. *svâdu*) गोडी *f*, गुलाबी *f*, मधुरता *f*, माधुर्य *n*.

SUBACID *a*. (*sub* & *acid*) अंबटगोड, मधुराम्ल. —*n*. मधुराम्ल पदार्थ.

SUBALTERN (*sub*, under, *alternus*, one after another) हाताखालचा मनुष्य किंवा कामदार.

SUBAQUEOUS *a*. (-*aqua*, water) पाण्याखालचा ; *Geol*., formed under water पाण्याखालीं झालेला -जमलेला (deposits).

SUBDIVIDE *v*. पोटभाग क., लहान लहान भाग क. [into].—SUBDIVISION वाटणीची वाटणी *f*, पोट वाटणी *f*, अंशांश.

SUBDUE *v*. (*ducere*, to lead) bring under जिंकणें, ताब्यांत आणणें, वश क., हस्तगत क. (enemies) ; overcome जिंकणें, मोडणें (opposition); tame वळवणें, वठणीस आणणें; soften हलका -नरम क. (ferocity); break, as land लागवडीस आणणें, बेनणें [by].

SUBJACENT *a*. (-*jacere*, to lie) खालचा, अधोवर्त्ती; being in a lower situation, though not directly beneath खालचा.

SUBJECT *a*. (do.)placed under खालचा;placed under the rule of हुकमी, खालचा, अधीन; liable जोगा, अधीन, वश: a country s. to extreme heat; to be s. unto -च्या आज्ञेंत -हुकमांत -स्वाधीन असणें.—*n*. one who lives under the dominion of another प्रजा *f*, रयत *f*, दुसऱ्याच्या अधिकारांतला -राज्यांतला मनुष्य -ताबेदार ; that on which any operation is performed पात्र *n*, अधिष्ठान *n*; *Gram*.—of a verb कर्त्ता ;—of a proposition साध्य *n* ;—of a predicate अनुवाद्य *n*; topic विषय, प्रकरण *n*, अर्थ ; the mind मन *n*: thinking s.; [dead body for the purposes of dissection].—*v*. खालीं -अमलांत आणणें; जिंकणें, वश क.; स्वाधीन -शत्रु -योग्य क.; make subservient कामास -उपयोगास लावणें; cause to undergo भोगायास -सोसायास लावणें [to]. -ION ताबेदारी *f*, पारतंत्र्य *n*, अधीनता *f*; योग्यता *f*, वशता *f*. -IVE *a*. विषयसंबंधी; मनासंबंधी, मनाचा; अधिकरणसंबंधी. -MATTER विषय, मस्ताव.

SUBJOIN *v*. खालीं जोडणें, दुमान्यास लावणें. —SUBJUNCTIVE *a*. खालीं जोडलेला -लिहिलेला; *Gram*. संशयार्थ (mood).

SUBJUGATE *v*. (-*jugum*, a yoke) जिंकणें, वश क.

SUBLET *v*. पोट भाड्यानें देणें [to].

SUBLIMATE (*sublimis*, high)—white रसकापूर.—SUBLIMATION फूल काढणें *n*.

SUBLIME *a*. (do.) उंच ; grand उंच, मोठा, उमदा, नामी ; elate अत्यानंदित, आल्हादित.—SUBLIMITY उंची *f*, थोरवी *f*, थोरी *f*;—of place उंची *f*;—of nature मोठी *f*, पोक्तपणा, भरकुमी *f*, उमदेपणा;—of language भाषणाची मोठी *f*;—of feeling consisting of a union of astonishment and awe at the contemplation of great scenes and objects वचक *f*, दरारा, भय *n*, इबरत *f*.

SUBLUNAR, -RY *a*. चंद्राखालचा; pertaining to this world इहलोकचा, ऐहिक, प्रापंचिक.

SUBMARINE *a*. समुद्रांतला.

SUBMAXILLARY *a*. (-*maxilla*, jaw-bone) glands लालोत्पादक पिंड *pl*.

SUBMERGE *v*. (*mergere*, to plunge) बुडवणें, मज्जन क.—*i*. बुडणें.—SUBMERSION बुडवणें *n*, मज्जन *n*.

SUBMIT *v*. (*mittere*, to send) yield वश असणें, आज्ञेंत राहणें -वागणें, मान्य होणें; refer दुसऱ्यावर सोपणें -घालणें -ठेवणें : to s. a question to the court.—*i*. दबणें, वश होणें, हार

येणें; आज्ञेंत -हुकमात राहणें [to].—SUBMISSION वश होणें n, शरण जाणें n; ताबेदारि f, अधीनता f, आज्ञांकितपणा; confession of error अपराध कबूल क. -पदरीं घेणें.—SUBMISSIVE a. हुकूमबंदा, हुकमी, आज्ञांकित, विनयी.

SUBORDINATE a. (*ordinare*, to arrange) खालचे पायरीचा, खालचा; गौण, अप्रधान.—SUBORDINATION खालची पायरी f; गौणता f, अप्रधानता f.

SUBORN (*-ornare*, to furnish) cause to take a false oath खोटी शपथ घ्यायास लावणें, पैसा देऊन बनवणें; procure by indirect means वांकड्या मार्गानें मिळवणें.

SUBPŒNA (*-pœna*, punishment) *Law* कोडताचें साक्षीसमन n.

SUBSCRIBE v. (*-scribere*, to write) write underneath खालीं लिहिणें; sign with one's own hand स्वदस्तूरची सही क., सही क. -घालणें; attest by writing one's name beneath सही घालणें: clerks s. copies of records; promise to give, by writing one's name सही घालून देणें -कबूल क., वर्गणीदार होणें;—a sum of money पट्टीवर लिहिणें, वर्गणी घालणें [for, to].—*i.* कबूल -मान्य होणें; पुस्तक, वर्त्तमानपत्र इ० चा -ला वर्गणीदार होणें.—SUBSCRIBER सही करणारा; पट्टीवर लिहिणारा, वर्गणीदार.—SUBSCRIPTION सही करणें n; सही f, हस्ताक्षर n, स्वदस्तूर; वर्गणी f, पट्टी f, टीप f.

SUBSEQUENT a. (*-sequi*, to follow) मागून झालेला, मागचा, नंतरचा; मागून होणारा [to].—SUBSEQUENCE अनुगमन n, मागून येणें n.

SUBSERVE v. उपयोगास -कामास पडणें.—SUBSERVIENT a. उपयोगी, उपयुक्त [to].

SUBSIDE v. (*-sidere*, to settle) बसणें, खालीं जाणें, थिरावणें; become tranquil शांत होणें, उतार होणें;—as a swelling ओसरणें, उतरणें, जिरणें [to, into].—SUBSIDENCY बसणें, n, थिरावणें n, उतार, उपशमन n; ओसरि उतरणें n.—SUBSIDIARY a. कुमकेचा, सहकारि [to].—SUBSIDY कुमक f, पुरावा; aid in money पैक्याची कुमक f.

SUBSIST v. i. (*sistere*, to stand) असणें; continue राहणें, चालणें; be maintained with food and clothing निर्वाह -गुजारा चालणें; वाचणें, जगणें [on, upon].—*t.* सामग्री पुरवणें; अन्नाचा पुरावा क., खायास घालणें. -ENCE अस्तित्व n, असणें n; उपजीविका f, निर्वाह, गुजारा.

SUBSTANCE (do.) real or existing essence पदार्थ, वस्तु f, द्रव्य n; essential import तत्व n, तत्वार्थ; matter वस्तु f, द्रव्य n, मूर्त्ति f; estate ऐवज, ऐपत f, संपत्ति f; *Theol.*, the divine essence ईश्वरी तत्व n.—SUBSTANTIAL a. वास्तविक, खरा (good); ऐपतदार, गबरु, खंबीर (free-holder); stout ऐवजदार, घसमर, दलदपट, घट्ट, ठोंसर (cloth); मूर्त्तिमंत, मूर्त्त (agent). -LY *ad.* तत्वतः, वस्तुतः, खरोखर.—SUBSTANTIATE v. प्रतिपादणें, पुरवून -खरा करून देणें [by].—SUBSTANTIVE a. विशेष द्रव्यवाचक (verb).—*n.* नाम n, नांव n, विशेष्य n.

SUBSTITUTE v. (*-statuere*, to put) बदलीं देणें, -ठेवणें.—*n.* बदल्या, वांटचा, बदली [for].—SUBSTITUTION बदल -मोबदला देणें n; बदली f; [*Theol.*, the doctrine that Christ suffered vicariously, being substituted, as it were, for the sinner, and that his sufferings were expiatory]. -AL, -ARY a. बदलीचा.

SUBSTRATUM (*-sternere*, to strew) खालचा -तळचा थर; *Agric.*, the subsoil खालची माती f.—*Metaph.*, basis अधिकरण n, आधार.

SUBTERFUGE (*-fugere*, to flee) सोडवण n, फट f, खिडकी f.

SUBTERRANEAN, -EOUS *a.* (-*terra,* earth) जमिनींतला, भुईतला; s. passage तळवाट *f,* सुरुंग; a s. cavity भुंयार *n.*

SUBTILE *a.* (-*tela,* a web) thin बारीक, सूक्ष्म (air); delicate नाजूक, बारिक, तलम (line); acute तीक्ष्ण, तीव्र (pain); discerning सूक्ष्म -कुशाग्रबुद्धि; cunning धूर्त्त, चतुर, कावेबाज.—SUBTILITY बारिकपणा, बारकाई *f,* सूक्ष्मता *f;* कुशाग्रबुद्धि *f;* नाजकाई *f,* बारकाई *f;* धूर्त्तता *f,* कावेबाजी *f.*—SUBTLE *a.* शहाणा, चतुर, कुशळ; कावेबाज, धूर्त.

SUBTRACT *v.* (-*trahere,* to draw) काढणें, घेणें; deduct बाद -वजा क. [from]. -ION काढून घेणें *n; Math.* वजाबाकी *f.*

SUBURB (-*urbs,* a city) शहरा बाहेरची वाडी *f,* शिवार *n,* शहरपन्हा, वाडी *f,* उपनगर *n* [of, to].

SUBVERT *v.* (-*vertere,* to turn) पाडणें, मोडणें, लयास नेणें; corrupt बिघडणें, भ्रष्ट क. [by]. —SUBVERSION नाश, मोड, विध्वंस, लय. —SUBVERSIVE *a.* नाश -ध्वंसकारक.

SUCCEED *v.* (-*cedere,* to go) take the place of जागीं- स्थानीं- ठिकाणीं येणें, जागा घेणें; follow in order मागें -क्रमानें येणें; come after नंतर- पुढें येणें [in, at].—*i.* जागीं-ठिकाणीं येणें; ascend the throne after the removal or death of the occupant -च्या मागून गादीवर बसणें; obtain the object desired यश -जय मिळविणें, साधणें, फलप्राप्ति होणें, लाभणें, मनोरथ सिद्धीस जाणें; be acceptable मान्य -पसंत होणें.—SUCCEDANEUM (*L.*) बदली, वांटचा, बदल्या, अनुकल्प.—SUCCESS सिद्धि *f,* यश *n,* बरकत *f;* जय, फते *f,* सिद्धि *f.* -FUL *a.* शेवटास गेलेला, सफळ (affairs); विजयी, यशस्वी, कृतार्थ (person). -ION अनुक्रम, परंपरा *f,* क्रम; series हार *f,* माळका *f,* परंपरा *f*: s. of kings, events; lineage वंशावळी *f;* power or right to enter upon the office, rank, position, &c., held by another उत्तराधिकार, दायाधिकार. -AL *a.* पारंपरिक. -IVE *a.* लागोपाठचा, पाठोपाठचा. -IVELY *ad.* एकामागें एक, अनुक्रमानें. -OR स्थानीं -जागीं झालेला -आलेला; उत्तराधिकारी.

SUCCINT *a.* (-*cingere,* to gird) संक्षिप्त, थोडक्यांत आणलेला. -LY *a.* थोडक्यांत, संक्षेपानें.

SUCCOR *v.* (-*currere,* to run) मदतीस धावणें, मदत क., हात देणें.—*n.* मदत *f,* सहाय *n.*

SUCCULENT *a.* (*sugere,* to suck) रसरसीत, रसभरित, कसदार.—SUCCULENCE रसाळपणा.

SUCCUMB *v. i.* (-*cubare,* to lie down) दबणें, वांकणें [to].

SUCH* *a.* of that kind तसा, तसला; of this kind असा, असला; certain अमका, फलाणा.

SUCK* *v.* draw in with the mouth चोखणें; draw milk from, with the mouth स्तनपान क., लुंचणें, दूध पिणें; swallow up गिळणें, गरक क.; in शोषणें, शोषण क.; out चोखून रिकामा क.; up शोषणें.—*i.* स्तनपान क.; शोषणें इ०.—*n.* चोखणें *n,* चोषण *n;* थानचें दूध *n.* —SUCKLE *v.* दूध -थान पाजणें.—SUCKLING तान्हा, थानचा, अर्भक *n, m.*—SUCTION चोखणें *n,* चोषण *n.*

SUDDEN* *a.* happening without previous notice एकाएकींचा, आकस्मिक; hastily prepared घाईनें तयार केलेला, घाईचा; quick जलद, त्वरित.—*n.* अकस्मात झालेली गोष्ट *f;* on s. एकाएकीं, अकस्मात. -LY *ad.* एकाएकीं, अकस्मात.

SUDORIFIC (-*sudare,* to sweat) घाम आणण्याचें औषध *n.*—*a.* स्वेदोत्पादक, घाम आणणारा.

SUDS* *pl.* साबणाचें पाणी *n.*

SUE* *v. i.* entreat विनंती क.; prosecute फिर्याद क. [to, for, at].—SUIT, endeavor यत्न, प्रयत्न; courtship लग्नार्थ स्त्रीचो आराधना *f,* -चे आर्जव *pl;* process at law खटला, मुकदमा, वाद; company of attendants परि-

वार, इतमाम, जिलीब *f*; set जोड, रंग, 'सूट' *n*;—of cloth जोड;—of cards बाजू *f*, रंग; to bring s. फिर्याद क., खटला चालविणें; original s. असल मुकदमा [to, for]. —*v.* fit साजणें, मिळणें, जमणें, बसणें; please मर्जीस उतरणें, उतरणें, पटणें, पसंत असणें; become शोभणें, साजणें.—*i.* जम -जवा बसणें, जुगणें, मिळणें. -ABLE *a.* लायक, योग्य [for, to]. -NESS योग्यता *f*, लायकी *f*; जम, जुवा. -OR विनंती करणारा; अर्जदार, फिर्यादी; लमासाठीं मागणी घालणारा -मागणारा.—SUITE स्वारी *f*, जिलीब *f*; series हार *f*, कतार *f*, माळका *f*: s. of rooms.

SUET (*sebum*) गुर्दावरची चरबी *f*.—SUETY *a.* चरबीचा; चरबी सारखा.

SUFFER *v.* (*-ferrere*, to bear) feel or endure with pain, annoyance, and the like दुःख -त्रास सोसणें -भोगणें; sustain सोसणें, टिकणें, निभावणें; be affected by सोसणें, खाणें, बसणें (damages); permit परवानगी देणें, जाऊं -होऊं देणें (Lev. xix. 17) [for, by, from, in].—*i.* दुःख -त्रास -क्लेश भोगणें; undergo punishment शिक्षा भोगणें; नुकसान -तोटा होणें;—a limb or member दुखवणें. -ABLE *a.* सोसायाजोगा, सहनीय. -ANCE सोसणें *n*, कंठणें *n*, भोग; patience सहनता *f*, सोसणूक *f*, क्षमा *f*; परवानगी *f*, अमतिबंध, कानाडोळा; misery दुःख *n*, कष्ट; bearing of pain दुःख भोगणें *n* -कंठणें *n*, भोग. -ER दुःख भोगणारा, दुःखी, कष्टी, श्रमी; सोसणारा, भोगणारा; होऊं देणारा, सहन करणारा इ०. -ING दुःख *n*, क्लेश, व्यथा *f*; दुःखानुभव, दुःखभोग.—*a.* दुःखी, दुःख भोगणारा.

SUFFICE *v. i.* (*-facere*, to make) पुरणें, पुरे होणें.—*t.* पुरे -तृप्त क. [for].—SUFFICIENCY पुरेपणा, पर्याप्ति *f*, पुरवठा; ability शक्ति *f*, योग्यता *f*, लायकी *f*; competence निर्वाहा पुरतें -त्यागभोगा पुरतें धन *n*; ample stock सामग्री *f*, बेगमी *f*; conceit अहंता *f*, मीपणा. —SUFFICIENT *a.* पुरा, पुरेसा, पर्याप्त; योग्य, लायक; amply s. पुष्कळ, विपुल [for]. -LY *ad.* पुरे, बस, पुरा.

SUFFOCATE *v.* (*faux, faucis*, the throat) श्वास -दम कोंडणें किंवा कोंडून मारणें; extinguish विझवणें (fire) [by, with].—SUFFOCATION दम कोंडणें *n*; कोंडमारा, श्वासावरोध.

SUFFRAGE (*suffragium*, vote) सम्मति *f*, अनुमति *f*.—SUFFRAGAN *a.* सहायकारी: a s. bishop.—*n.* सहायकारी बिशप.

SUFFUSE *v.* (*-fundere*, to pour) व्यापणें, भरणें. —SUFFUSION व्याप्ति *f*, व्यापणें *n*.

SUGAR *O. E.* (*Skr. sarkara*) साखर *f*; that which resembles sugar in taste साखरेसारखा गोड पदार्थ, साखर *f*; flattery गोडगोड गोष्टी *f pl*, साखर *f*, आर्जव, गूळखोबरें *n*.—*v.* साखर घालणें -पसरणें, साखरेंत घालणें, इ०; गोडगोड गोष्टी क., साखर पसरणें, वरपंगी बोलणें [with]. -CANDY खडीसाखर *f*. -CANE ऊंस. -MILL गुऱ्हाळ *n*, चरक. —SUGARY *a.* साखरेचा, गोड, मिष्ट; साखरेच्या सारखा; fond of sugar साखरेचा आवडता, गोडखाऊ; in comp. साखर.

SUGGEST *v.* (*-gerere*, to carry) introduce indirectly to the thoughts सुचवणें; insinuate व्यंगोक्तीनें सुचवणें, दर्शविणें [to]. -ION सूचना *f*; that which is suggested सुचविलेली गोष्टी *f*, सूचना *f*; *Law*, information without oath बिनशपथेची जबानी. *f*. -IVE *a.* सूचनेचा, सूचनात्मक.

SUICIDE (*sui*, of one's self, *cædere*, to kill) the act of designedly destroying one's life, committed by a person of years of discretion and of sound mind आत्महत्या *f*; one guilty of self-murder आत्महत्या करणारा, आत्महत्यारा, आत्मघातकी.—SUICIDAL *a.* आत्मघाताचा, आत्मघातक.

SUIT, See under SUE.

SULKY* *a.* दुर्मुखलेला.—SULKS *pl.* खळ *f*, फुरगुट *n, m*; to take the s. हट्टास पेटणें, खळ घेणें.

SULLEN *a. O. E.* dismal काळोखीचा, अंधारीचा; malignant दुष्ट; cross दुर्मुखलेला; obstinate कुचर, घुम्या.

SULLY *v.* (See SOIL) मळवणें, मळीत क.; tarnish कलंक -डाग लावणें.

SULPHER (*L.*) गंधक; roll s. नळ्यागंधक. -OUS *a.* गंधकाचा; गंधकाच्या गुणाचा; गंधकयुक्त.—SULPHATE —of copper मोरचूत.

SULTRY* *a.* उकाड्याचा, गदमदण्याचा; उष्ण, गरम; to be s. गदमदणें, उकडणें.

SUM (*summa*) aggregate जमा *f*, बेरीज *f*; amount रकम *f*; substance सारांश, अर्थ, एकंदरी *f*; *Arith.* उदाहरण *n*, हिशोब.—*v.* एकंदर -गोळबेरीज क.; up उपसंहार क. -MARY संक्षेप, सारांश, उपसंहार.—*a.* संक्षेपाचा, संक्षिप्त; अटपसार, अटपता (proceedings). -MARILY *ad.* संक्षेपानें; थोडक्या काळांत, लागलाच, ताबडतोब.

SUMMER* उन्हाळा, ग्रीष्मकाल;—s. friend सुखाचा -शाळु सोबती. -HOUSE बंगला, बारादारी *f*.

SUMMER *F.* दारकस *f*, दारपटी *f*.

SUMMIT (*summus*, highest) कळस, शिखर *n*; highest degree पराकाष्ठा *f*, सीमा *f*, हद्द *f*, कळस, शिखर *n*: the s. of fame.

SUMMON *v.* (*summonere*, to give a hint) call बोलावणें; cite by authority सत्तेनें बोलावणें; up उत्तेजित क.; call upon to surrender स्वाधीन होण्यास -शरण येण्यास सांगणें [to, for, up] *n.*—*pl.* सरकारी बोलावणें *n*, तलबनामा, 'समन्स' *n*, 'समान' *n.*

SUMPTUOUS *a.* (*sumptus*, cost) खर्चाचा; बहु मोलाचा; magnificent भडक, भळभळीत; s. dinner चमचमीत -चंगीळ जेवण *n.*

SUN* (*Skr. sûrya*, fr. *svar*, heaven) सूर्य; whatever resembles the sun in splendor and importance सूर्य, तेजोराशि; sunshine ऊन *n*; under the s. पृथ्वीवर, इहलोकीं.—*v.* उनांत ठेवणें -टाकणें -घालणें, सूर्यपुट देणें; orbit of the s. सूर्यमंडल *n*; the region of the s. सूर्यलोक; ray of the s. सूर्यकिरण *n*; worshipper of the s. सूर्योपासक, सौर. -BEAM सूर्यकिरण *n.* -BLINK तिरीप *f.* -BURNT *a.* उनानें काळवटलेला. -DAY आदितवार, रविवार; the Christian Sabbath ख्रिस्ती लोकांचा शाब्बाथ.—*a.* शाब्बाथ वाराचा. -DIAL छायायंत्र *n*, शंकुयंत्र *n.* -FLOWER सूर्यफूल *n.* -NY *a.* उनानें केलेला; उनानें रंगवलेला; सूर्यतप्त. -RISE सूर्योदय; the east उगवत *f*, पूर्व *f*. -SET सूर्यास्त; evening संध्याकाळ *f*; the west पश्चिम *f*, मावळत *f*. -SHINE ऊन *n*, निबर *n*; illumination प्रकाश, उजेड, रोशनाई *f*. —*a.* प्रकाशाचा, उनाचा; सूर्या सारखा, तेजःपुंज. -STONE अग्निगर्भ, सूर्यकांत. -STROKE उनाचा चटका, झळ *f*; उनाच्या चटक्यानें होणारा रोग.

SUNDER* *v.* तोडणें, वेगळा क. [in, from].—SUNDRY *a.* अनेक प्रकारचे, नाना प्रकारचे.—SUNDRIES *pl.* परचुरण *n*, किरकोळ.

SUP* *v.* घोट घेणें [up].—*i.* रात्रीचें जेवण क. [on, off]. -PER रात्रीचें जेवण *n*; Lord's s., the memorial sacrament of the communion प्रभुभोजन *n.*

SUPERABOUND *v.* (*super* & *abound*) बहुत -पुष्कळ असणें [in, with].—SUPERABUNDANT *a.* अतिशय, अधिक.—SUPERABUNDANCE विपुलता *f*, पुष्कळपणा; ऊरपूर *f*, महापूर *f*.

SUPERANNUATED *a.* म्हातारपणानें थकलेला, थकलेला, वयातीत: to be s. साठळणें.—SUPERANNUATION अति वयस्कता *f*, वार्धक्य *n*, साठी *f*.

Superb *a.* grand (*superbus*) मोठा, नामी, भव्य ; elegant छानदार, भडक, झळक; showy देखाऊ, छानदार.

Supercargo कबाडी गलबताची देखरेख करणारा.

Supercilious *a.* (*-cilium*, eyelid) haughty दिमाखदार, तोरेदार; दिमाखाचा, माजुरी. -ness दिमाख, तोरा, बदमस्ती *f*, पीळ.

Supereminent *a.* सर्वश्रेष्ठ, अतिश्रेष्ठ, सर्वोत्कृष्ट.

Supererogatory *a.* (*-erogare*, pay out money from the public treasury after asking the consent of the people) अत्याचाराचा, कर्तव्यातिरिक्त, पाहिजे त्यापेक्षां अधिक केलेला.

Superficial *a.* (*-facies*, make) lying on the surface वरचा, वरल्या अंगाचा ; बाहेरील ; shallow उपरटप्पी (scholar).—**Superficies** वरलें -बाहेरचें अंग *n* ; *Civil Law*, everything on the surface of a piece of ground or of a building, so closely connected by art or nature as to constitute a part of it जमीन व तिजवरचीं झाडें वगैरे, घर व त्यावरची माडी वगैरे.

Superfine *a.* फार बारीक, तलम (cloth).—**Superfluous** *a.* (*-fluere*, to flow) अधिक, जास्त, फाजील, उपराळ.—**Superfluity** अधिकाई *f*, आधिक्य *n* ; something that is beyond what is wanted गरजे बाहेरची वस्त *f* -गोष्ट *f*, जिची गरज नाहीं ती वस्तु *f*, फालतु जिन्नस *f*, *m*.

Superhuman *a.* मनुष्यकृतीच्या पलीकडचा, अमानुष, अतिमानुष्य ; s. power विभूति *f*, अमानुषशक्ति *f*.

Superincumbent *a.* वर पडलेला, उपरिस्थ.

Superinduce *v.* ओढून वर आणणें -मिळवणें : long custom of sinning *superinduces* upon the soul new and absurd desires.

Superintend *v.* पाहणें, चौकशी क. ठेवणें. -ence देखरेख *f*, चौकशी, पाहाणी *f*. -ent देखरेख करणारा, पाहणीदार, चौकसनीस, 'सुपिरिंटेंडेंट.'

Superior *a.* (*super*, above) वरच, वरला ; higher in rank or office वरचे पदवीचा -पायरीचा, वरिष्ठ, श्रेष्ठ ; higher in excellence सरस, अधिक, श्रेष्ठ, उंच ; beyond the power or influence of अनधीन, अस्वाधीन, -च्या वर, पलीकडे, अवश ; s. planets, planets more distant from the sun than the earth बहिर्वर्त्ती.—*n.* वडील, श्रेष्ठ जन, जेष्ठ ; —of a convent महंत, आश्रमगुरु. -ity वरचा अधिकार, वरची पदवी *f* ; वर्चस्व *n*, सरशी *f*, प्राधान्य *n*, श्रेष्ठत्व *n* ; प्राबल्य *n*, चढ.

Superlative *a.* (*-ferrelatum*, to carry) परमावधीचा, सर्वोत्कृष्ट, पराकाष्ठेचा ; *Gram.* परमावधिवाचक ; s. degree पराकाष्ठा कोटी *f*. [to].

Supernatural *a.* वरचा (regions); celestial आकाशीय, अलौकिक, अद्भुत, अमानुष.

Supernumerary *a.* (*numerus*, a number) नेमणुकी बाहेरचा, जास्ती, फालतु, जास्त ; s. expense उपराळ -फाजील खर्च.

Superpose* *v.* (*-ponere*, to place) -वर ठेवणें.

Superscribe *v.* (*-scribere*, to write) -वर लिहिणें ; -वर पत्ता लिहिणें : to s. a letter. —**Superscription** -वरचा लेख -पत्ता.

Supersede *v.* (*sedere*, to sit) replace -च्या जागीं दुसरा ठेवणें ; make void माजी -रद्द क. ; suspend कामावरून अमानत क., दुसरा पाठवून कामावरून काढणें [in, by].

Superstition (*superstitio*, a standing still over or by a thing; hence wonder, dread, esp. of the divine or supernatural) ignorant and irrational worship of the Supreme Deity अज्ञानभक्ति *f*, अन्यथा भक्ति *f* ; excessive exactness in religious practice अति भक्ति *f*, कुभक्ति *f*, अत्याच्यार, भक्तिवेड *n* ; worship of false gods खोटे देवाची भक्ति *f* ;

false religion खोटा धर्म, अन्यथा -मिथ्या धर्म; belief in omens and prognostics शकुनभोळेपणा, शकुनादिकावर विश्वास.—SUPERSTITIOUS *a.* अत्याचारी, भक्तीचा वेडा; अतिश्रद्धामूलक; शकुनभोळा.

SUPERSTRUCTURE पायावरची इमारत *f*, जमिनीच्या वरचा इमला; वरचा थर.

SUPERVENE *v. i.* (*-venire*, to come) अणखी येणें, नवा येणें; happen घडणें, होणें.—SUPERVENIENT *a.* नवा आलेला.

SUPERVISE *v.* (*-videre*, to see) पाहणें, देखरेख -चौकसी क.—SUPERVISOR पाहणारा, देखरेख करणारा, चौकसनीस.

SUPINE *a.* (*super*, above) उताणा, उलथा; indolent सुस्त, निरुद्योगी.—*n. Gram.* कारक *n.* क्रियावाचक नाम *n.*

SUPPLANT *v.* (*-planta*, sole of the foot) remove by stratagem युक्तीनें -डोईवर पाय देऊन पाडणें; overthrow मोडणें, पाडणें, खालीं पाडणें, मोड क. [in].

SUPPLE *a.* (*-plicare*, to fold) pliant लवचीक, लवका, नरम; flattering आर्जवी, तोंडदेखला; compliant नरम.—*v.* लवचीक क.; नरम क.

SUPPLEMENT (See SUPPLY) पुरवणी *f*, पुरवणीबंद; that which completes पुरवठा *f*, भर *f*, भरती *f*. -ARY *a.* पुरवणीचा, भरतीचा.

SUPPLIANT *a.* (*supplex*, kneeling down) प्रार्थना -विनंती करणारा; expressive of humble supplication दैन्यवाणा, दीन प्रार्थनेचा, विनंतीचा; s. for protection शरणार्थ.—SUPPLICATE *v.* प्रार्थणें, विनवणें, पाय धरणें; entreat for -साठीं प्रार्थना क., मागणें; s. abjectly पदर पसरणें, मिन्नतवारीनें मागणें [for].—SUPPLICATION प्रार्थना *f*, विनंती *f*; मिन्नतवारी *f*, विनवणी *f*.

SUPPLY *v.* (*plere*, to fill) पुरवणें, पुरवठा क.; take the place of -ची जागा घेणें, -बाटचें काम क. [with, to].—*n.* पुरवणी *f*, पुरावा; matter supplied भर *f*, भरती *f*, पुरवठा, बेगमी *f*, साहित्य *n*, भरणा; [*pl.* amount of money provided, as by Parliament or Congress, to meet the annual national expenditures: to vote s.]

SUPPORT *v.* (*-portare*, to carry) bear by being under वाहणें, धरणें, नपडूं देणें, आधार हात -आश्रा देणें; sustain सोसणें, साहणें; assist मदत क., संभाळ क., पाठबळ देणें; maintain पोसणें, पाळणें (a family); carry on चालवणें, चालता ठेवणें (war, government); verify खरा करून देणें, पुरावा करून देणें; uphold by aid मदत क., पुस्ती देणें; अनकूल असणें, अनुमोदन देणें; attend, as an honorary assistant: a chairman *supported* by a vice-chairman;—spirit, courage, &c. दम -धैर्य -अवसान देणें [in, by.]—*n.* धरणें *n*, संभाळणें *n*; आधार, सांभाळ; सहाणें *n*, सोसणूक *f*; निर्वाह; पालन *n*, पोषण *n*; आधार, पाठबळ *n*, आश्वासन *n*; उपजीविका *f*, जिनगी *f* [for]. -ABLE *a.* धारण करायाजोगा; सोसण्याजोगा. -ER आधार देणारा, चालवणारा; पालक, पोषक, पालनवाला; पाठ देणारा, पाठिंबा, सारथी; स्थापना -पुष्टी करणारा. -LESS *a.* निराधार, निराश्रित.

SUPPOSE *v.* (*-pausare*, to pause) lay down without proof अटकळ क., मानणें; imagine कल्पिणें, मनांत आणणें; require to exist or be true आहेसा दाखवणें, गर्भित असणें, दर्शवणें: the existence of things *supposes* the existence of a cause of things.—SUPPOSITION कल्पना *f*, अटकळ *f*, भावना *f*, कल्पित गोष्ट *f*; doubt संशय.

SUPPRESS *v.* (*-premere*, to press) मोडणें, नाहींसा क.; conceal दडपणें, दाबणें, छपविणें; stop बंद क.;—an emotion गिळणें, पिणें. -ION मोडणें *n*, ध्वंस; छपावणी *n*, दाबादाबी *f*; as of urine मूत्रस्तंभन *n*, मूत्रावरोध.

SUPPURATE *v. i.* (*-pus*, matter) पिकणें, पुलणास

येणें.—SUPPURATION पुवळणी *f*, पुवाळणी *f*. —SUPPURATIVE *a.* पिकवणारा.

SUPREME *a.* (*supremus*) highest in authority मुख्य, श्रेष्ठ, वरिष्ठ; most excellent सर्वोत्कृष्ट; utmost पराकाष्ठेचा, बेहद्द (folly). —SUPREMACY मुख्य अधिकार, प्राधान्य *n*, वरिष्ठता *f*.

SURD (*surdus*) *Alg.* करणी *f*.

SURE *a. F.* confident beyond doubt निभ्रांत, निःसंशय; certain खचीत, निश्चयाचा; of certain actions अचूक; to be s. खचीत, निःसंशय; तर बरिक, बरें. -LY *ad.* खचीत निखालस. -TY खचित -निश्चितपणा; security जामीन, जिम्मेदार; monied s. मालजामीन; s. for a s. आडजामीन;—for good and peaceable conduct फिलजामीन;—for the personal appearance of any one when required to attend हाजीर जामीन, दर्शनप्रतिभू; a s. for confidence, one who engages for the general honesty and responsibility of another प्रत्ययप्रतिभू; a s. for the repayment of a loan or fulfilment of an engagement दानप्रतिभू; a s. who engages to give up property belonging to the debtor if he fails to pay the debt द्रव्यार्पणप्रतिभू. -SHIP जामीनकी *f*.

SURF *F.* कांठावर फुटणारी लाट *f*.

SURFACE (*F. sur, L. super, & face*) वरचा -बाहेरला भाग, पृष्ठभाग; outward appearance रूप *n*, बाहेरील देखावा, बाह्यरूप *n*; s. of the earth भूतल *n* -पृष्ठ *n*; on the s. वर.

SURFEIT *v. F.* ओकारी येईतों खावविणें -अवायास -खायास घालणें; ओकारी येई तोंपर्यंत खाणें [with].—*n.* टेर *f*, चेल *f*, उपट *f*.

SURGE (*surgere*, to rise) मोठी लाट *f*.

SURGEON *O. E.* शस्त्रवैद्य; veterinary s. अश्ववैद्य.—SURGERY शस्त्रवैद्यकी *f*.—SURGICAL *a.* शस्त्रवैद्याचा -वैद्यकीचा.

SURLY *a. Ger.* sour दाष्ट, खाष्ट, खट्याळ.

SURMISE *v.* (*mettre*, to put) संशय -वहीम आणणें.—*n.* अंदेशा, वहीम.

SURMOUNT *v. F.* overcome पार पडणें, निभावणें; excel मागें टाकणें, चढ -तोड क.

SURNAME (*sur & name*) आडनांव *n*, उपनांव *n*, कूळ *n*; [*surnames* originally designated occupation, estate, place of residence, or some particular thing or event that related to the person: Robert *Smith*, William *Turner*]. [in, at, by] नांव *n*.—*v.* आडनांव देणें -ठेवणें.

SURPASS *v.* मागें टाकणें, चढ -तोड क.

SURPLICE (*-pellicum*, a robe) उपाध्याचा झगा.

SURPLUS (*-plus*, more) ऊर *f*, शिलक *f*, उपराळा.—*a.* फाजील, वर राहिलेला.

SURPRISE *v.* (*-prendere*, to take) take unawares एकाएकीं गांठणें, अकस्मात घेरणें; strike with wonder चकवणें, दंग क.; confuse घोटाळ्यांत पाडणें [by, with, in, at].—*n.* विस्मय *n*, आश्चर्य *n*; एकाएकीं गांठणें *n*. —SURPRISING *a.* चमत्कारिक, विस्मय -आश्चर्य उत्पन्न करणारा (patience). -LY *a.* आश्चर्य वाटण्याजोगा.

SURRENDER *v.* (*-rendre*, to render) yield to the power of another स्वाधीन -हवालीं क., सोडणें; yield to any influence वश -स्वाधीन होणें.—*i.* स्वाधीन -हवालीं होणें [to, up]. —*n.* त्याग, परित्याग, अधीनता *f*; शरण येणें *n*.

SURREPTITIOUS *a.* (*-rapere*, to snatch away) खोटा, कपटाचा, कृत्रिम.

SURROUND *v.* (*sur & round*) वेढा -घेरा घालणें, वेष्टणें [by, with]. -ING *a.* वेढणारा, वेष्टक; चहूंकडला, आसपासचा, भोंवतालचा,

SURTOUT *F.* वरून घालायाचा अंगरखा.

SURVEILLANCE (*-vigilare*, to watch) पाहरा, चौकी *f*, नजरबंदी *f*, नजरकैद *f*, दृष्टीची कैद *f*.

SURVEY *v.* (*-videre*, to see) पाहणें, निरखणें; examine with reference to condition,

value, &c. पाहणें, तपासणें; measure land, &c. पैमाशी क., जमीन मोजणें.—*n.* पाहणें *n*, टेहळणी *f*, अवलोकन *n*; पाहणी *f*, तपासणी *f*; पैमाशी *f*, जमीनमोजणी *f*. -ING जमीन मोजण्याची विद्या *f*. -OR पाहणारा, चौकसनीस; जमीन मोजणारा, 'सर्वेयर.'

SURVIVE *v.* (*vivere,* to live) मागें -पाठीमागें जगणें -वांचणें.—*i.* जगणें, वांचणें, टिकणें.—SURVIVAL मागें वांचणें *n*.—SURVIVOR मागें वांचणारा; *Law* उत्तराधिकारी.

SUSCEPTIBLE *a.* (*-capere,* to take) ग्राहक, ग्रहणसमर्थ; tender कोमळ, कोंवळा;—as of disease or injury गोडा, दुखरा, कोंवळा [of, to].—SUSCEPTIBILITY ग्राहकत्व *n*, ग्रहणशक्ति *f*.

SUSPECT *v.* (*-specere,* to look) imagine to exist कल्पना क.; imagine to be guilty upon slight evidence or without proof वहीम -अंदेशा येणें; doubt संशय -भ्रांति असणें [of, for].—SUSPICION वहीम, वहमा; सशंय, भ्रांति *f*.—SUSPICIOUS *a.* संशयखोर, संशयी; indicating suspicion संशय आणणारा, वहिमाचा, संदेहजनक; doubtful शंकित, साशंक; liable to suspicion संशय येण्याजोगा, संदेहशील.

SUSPEND *v.* (*-pendere,* to hang) टांगणें, लोंबत ठेवणें; make to depend ठेवणें, गुंतवणें, अडकवणें: God hath *suspended* the promise of eternal life on the condition of faith and obedience; cease for a time तहकूब -महकूब क., थांबविणें; hold in a state undetermined तरंगत -मोहगम ठेवणें; debar from any privilege, from the execution from an office, or from the enjoyment of income तूर्त कामावरून -अधिकारावरून दूर क., अमानत ठेवणें, 'सस्पेंड' क.; to s. respiration दम कोंडणें -छाटणें [from, for].—SUSPENSE दुग्धा *f*, अनिश्चय; तहकुबी *f*, महकुबी *f*.—SUSPENSION टांगणें *n*, लोंबत ठेवणें *n*; तहकूब क., ठेवणें *n*, तहकुबी *f*; अमानत क. *n*, अमानती *f*.

SUSTAIN *v.* (*-tenere,* to hold) धरणें, संभाळणें; support पोसणें, पाळणें; suffer सोसणें, भोगणें; sanction मंजूर -कबूल क.: the court *sustains* the action; prove खरा -स्थापित क. [by, in].—SUSTENANCE उपजीविका *f*, अन्न *n*, पोटगी *f*, भक्ष.—SUSTENTATION संभाळ; आश्रय; अन्नसामोग्री *f*.

SUTLER *D.* फौजेबराबर चालणारा वाणी, लष्करी बनिया, *Hind.*

SUTURE (*suere, sutum,* to sew) शिवणें *n*; seam शिवण *f*, संधि, चाळा;—of the cranium कपालसंधि, चाल *f*.

SWAB *D.* बोळा *f*.—*v.* बोळ्यानें झाडणें -साफ क. -पुसणें [up].

SWADDLE* *v.* गुंडाळणें, लपेटणें [up].—SWADDLING-CLOTH बाळंतें *n*.

SWAGGER* *v. i.* मोठाल्या गोष्टी सांगणें, तोरा मिरवणें, ताल तोडणें [about, in, off].

SWALLOW* पाकोळी *f*? निळवी?

SWALLOW* *v.* take into the stomach गिळणें, ग्रासणें; absorb खाणें, गडप क., जिरवणें; up, receive implicitly अविचारानें -डोळे झांकून खरा मानणें -घेणें; गिळणें, उतरणें; appropriate खाणें, गिळंकृत क., डल्ला मारणें; occupy आटोपणें, व्यापणें (time); consume, खर्चणें; engage completely ग्रासणें, वेढणें, गडप क.;—words, letters, &c., in speaking खाणें [up].—*n.* throat अन्नमार्ग, गळा; voracity खादाडपणा; as much as is or can be swallowed at once घोट, बकाणा. -WORT मांदारवृक्ष, अर्क; gigantic s. रुई *f*.

SWAMP* दलदल *f*, पाणथळ *f*, रुतण *f*.

SWAN* राजहंस.

SWARD* गवती जमीन *f*.

Swarm* (*Skr. swar,* to sound) large number of small animals or insects घुंगट *n,* पेंव *n,* लोळ, थवा; any great number झुंड *f,* समुदाय, टोळी *f,* [with].—*v. i.* घोंघों क.;—bees, flies घूंघूं क., गोंगावणें; throng and move busily बुचबुचणें, लसलसणें, सुळसुळाट क. (maggots, fleas, &c.); be thronged गजबजणें, गजगजीत असणें, पेंव फुटणें.

Swarthy* *a.* काळसर, काळवट.

Swath*, line of grass or grain cut by the scythe in mowing पात *f.*

Swathe* *v.* गुंडाळणें, लपेटणें, वेष्टणें [with, in]. —*n.* वेष्टण *n,* लपेटणें *n.*

Sway *v. D.* wield with the hand पेलणें, तोलणें, वाहिवाटणें, चालवणें; govern अमल -अधिकार क.; cause to incline झोंक देणें, कल देणें, मन वळवणें [with, over, by].—*i.* have weight कल -तोल -भार असणें -पडणें; lean कलणें, झुकणें.—*n.* वजन *n,* भारदस्ती *f*; अमल, अधिकार; कल, झोंक.

Swear* *v. i.* utter an oath शपथ वाहणें -घेणें; *Law,* give evidence on oath शपथेवर साक्षी देणें; use the name of God profanely देवाचे नांवानें व्यर्थ शपथ वाहणें, देवाचें नांव व्यर्थ घेणें.—*t.* शपथ घालणें -घेणें; शपथ घेऊन साक्षी ठेवणें [into, to, at].

Sweat* (*Skr. svedas*) moisture excreted from the skin घाम, घर्म; moisture issuing from any substance पाझर, निचरा, तेल *n*; toil कष्ट, मेहनत *f,* घाम.—*v. i.* घाम येणें -सुटणें;—copiously डगडगणें, दरारणें; निचरणें, पाझरणें, रेळणें; काबाडकष्ट -घाम येईतों काम क., हाडाचे मणी-रक्ताचें पाणी क.—*t.* घाम आणणें, स्वेदन क.; पाझरविणें; [to s. coin, remove a portion of a piece of coin, as by shaking it in a bag, so that the friction wears off some of the metal, and so that the diminution of the value is not readily perceived].

Sweep* *v.* clean by brushing झाडणें, केर काढणें; carry along or off by a long brushing stroke or force वाहवणें, लोटून नेणें: a flood *sweeps* away a bridge; carry off many at a stroke सप्पा उडवणें, धोशा पाडणें, झाडून नेणें; observe rapidly, as parts of a surface वरवर पाहणें, नजर चाळवणें [out, from, up, with].—*i.* सपाट्यानें चालणें -जाणें; pass with pomp डौलानें मिरवणें, मिरवत जाणें.—*n.* झपाटा, झटकारा; compass of a stroke अटोका, पोंहोंच *f*: a long s.; sweeper झाडू, झाडूवाला; large oar पतिंगा. -ER झाडणारा; झाडू, भंगी, हलालखोर. -INGS *pl.* गदळ, गाळ.

Sweet* *a.* saccharine साखरेचा, गोड, मिष्ट; fragrant सुवासिक, मधुर (odor); melodious सुस्वर, गोड, मधुर (voice); beautiful सुंदर, प्रसन्न (face); not salt गोड, गोडा, मिठा (water); not stale ताजा (butter); soft मऊ; obliging बोलून चालून गोड, उपकारी (manners).—*n.* गोड पदार्थ; *pl.* मिठाई *f*; सुख *n,* गोडी *f*: the *sweets* of domestic life; a darling जीवप्राण, प्राणसखा. -EN *v.* गोड क. [with].—*i.* गोड होणें. -FLAG वेखंड *n.* -GUM TREE, the balsam शिलारस. -HEART प्रिय, प्यार. -ISH *a.* गोडसर. -MEAT मिठाई *f,* खाऊ. -NESS गोडी *f,* मिष्टपणा, माधुर्य *n*; गोडीगुलाबी *f,* सौजन्य *n.* -POTATO,—the plant रताळी *f*; —the root रताळूं *n.* -ROOT जेष्ठीमद *f.* -SCENTED *a.* सुवासाचा, सुवासिक. -SOP शिताफळा सारखें एक फळ आहे.

Swell* *v. i.* grow larger सुजणें, फुगणें, वाढणें;—as a river फुगणें, तुंबणें, फुगा येणें; —with anger फुगणें;—with pride फुगणें, चढणें, ताठणें;—with grief उमासा येणें; heave खळबळणें, उसळणें (billows); be enlarged वाढणें, जमणें, चढणें (debt); be turgid फुगणें, ताठणें, तमतमणें (words)

—*t*. सुजवणें, फुगारा आणणें; फुगवणें, तुंबवणें; चढवणें, माजवणें; फुगवणें, वाढवणें [up, with].—*n*. सूज *f*, फुगारा; हुंडका, उमाळा; नदी वगैरेचा फुगा; खळबळाट. -ING सूज *f*; हुंडका, उसासा, उमाळा; फुगारा, फुगवणी *f*.

SWELTER* *v. i*. उन्नणें, डगडगणें.

SWERVE *v. i. D*. चळणें, भकणें [from, to].

SWIFT* *a*. rapid चपळ, जलद; ready तयार, सिद्ध; speedy जलदीचा. -FOOT *a*. जलद चालणारा, पायसूट. -LY *ad*. जलदी, जलदीनें, लवकर, त्वरेनें. -NESS जलदी *f*, चलाखी *f*, त्वरा *f*.

SWIM* *v. i*. float तरणें, तरंगणें; move progressively in water by means of the hands and feet, or of fins पोहणें, पोहून जाणें; be dizzy भोंवणें, फिरणें, तिरमिरणें: the head *swims*; be overflowed जलमय होणें, पाण्यानें भरणें, पोहणें: the earth *swims* in rain; abound रेळचेळ असणें, न्हाणें, पोहणें: they now s. in joy.—*t*. पोहणें, पोहून जाणें; immerse in water that the lighter parts may swim बुडविणें: to s. wheat for seed; cause or compel to swim पोहून नेणें, पोहायास घालणें: to s. a horse across a river. -MER तरंगणारा, पोहणारा. -MING तरंगणें *n*; पोहणें *n*; घेरी *f*, तिरमिरी *f*. -LY *ad*. तडाख्यानें, धडकून.

SWINDLE *v. D*. उपटणें, मुंडवणें, धुतारणें [out, of].—SWINDLER धुताऱ्या, उपट्या, उचल्या.

SWINE* डुकर *n*.

SWING* *v*. vibrate झोका घेणें -खाणें; practice swinging झोपा घेणें -खेळणें.—*t*. झोपा काढणें, झोके देणें; फिरवणें, खेळवणें, हालवणें: he *swings* his tail.—*n*. झोका, झेंप *f*, आंदोलन *n*;—as of a whip झपाटा, फटकारा, झटका; swinging line, seat, bed, &c. झोंपाळा, चौफाळा;—as erected at fairs रहाट पाळणा;—to swing devotees बगाड *n*; bent वेग, ओघ, भर; free अस्खलित गति *f*.

SWISS *F*. स्विट्झरलंड देशचा राहणारा; स्विस् भाषा *f*.—*a*. स्विट्झरलंड देशचा; स्विस् लोकांचा.

SWITCH* डाहळी *f*, छडी *f*, शिपटी *f*.—*v*. छडीनें मारणें.

SWIVEL*, a ring which turns upon a pin फिरकी *f*; a small cannon which turns in a socket फिरकीची तोफ *f*, जेजाल *f*.

SWOON* मूर्च्छा *f*, कलम *f*.—*v. i*. मूर्च्छा येणें [away].

SWOOP (See SWEEP) झेंप *f*, झडप *f*.—*v*. झडप घालणें; catch up झेलणें; take with a sweep झेंप घालून घेणें [away, up].

SWORD* तलवार *f*, खड्ग *n*; belt of a s. पडदळें *n*; hilt of a s. परज *n*. -BLADE तलवारीचें पान *n*. -FISH एक जातीचा मत्स्य आहे. -LAW तलवारीचा अंमल; जबरीचा अंमल, जुलूम. -PLAYER पट्टा खेळणारा. -SMAN तलवार बाळगणारा; तलवारबहादूर.

SYCAMORE *Heb*. अंजिराच्या जातीचा एक मोठा वृक्ष आहे.

SYCOPHANT (*Gr. sukon*, a fig, *phainein*, to show) आर्जवी, खुशामती.—SYCOPHANCY आर्जव, खुशामत *f*.

SYLLABLE (*syllaba*) अक्षर *n*.—SYLLABIC *a*. अक्षरसंबंधी, अक्षराचा.—SYLLABUS सारांश, गोषवारा, सार *n*.

SYLLOGISM (*syllogismus*) *Logic* अवयवघटित वाक्य *n*.—SYLLOGISTIC *a*. अवयवघटित वाक्याचा -संबंधी.

SYLVAN *a*. (*silvea*, *sylva*, a wood) रानटी, जंगली, वन्य; woody अरण्यमय, वृक्षमय, —*n*. वनदेवता *f*.

SYMBOL (*symbolus*) sign चिन्ह *n*, निशाणी *f*, खूण *f*; a letter which is significant अर्थसूचक अक्षर *n*; summary of the articles of religion धर्मसिद्धांतसार *n*. -IC, -AL *a*. खुणेचा, लाक्षणिक, सांकेतिक, मदर्शक, रूपक.

SYMMETRY (*Gr. sun*, with, *metron*, measure).

आकारशुद्धि *f*, अंगसंयोग, वळणशुद्धपणा.—SYMMETRICAL *a.* आकार -वळणशुद्ध, साखसुरत, सुभट.

SYMPATHY (*Gr. -pathos*, suffering) conformity of temperament प्रकृतीचा सारखेपणा, प्रकृतिसाम्य *n*, साधर्म्य *n*; commisseration दुसऱ्याचें दुःख -दरद जाणणें *n*, कळवळा. [with].—SYMPATHETIC, -AL *a.* समदुःखी. —SYMPATHIZE *v. i.* दुसऱ्याचें दुःख जाणणें, कळवळा येणें; समगुण -साधर्म्य असणें [with].

SYMPTOM (*Gr. ptoma*, a fall) खूण *f*, लक्षण *n*, चिन्ह *n*; *Med.* लक्षण *n*.

SYNAGOGUE (*Gr. sun*, with, *agein*, to lead) a congregation of Jews met for the purpose of worship यहुदी लोकांची भजनसभा *f*; a place where the Jews meet for worship यहुदी लोकांची मशीद *f*, -चें भजनालय *n*, -सभास्थान *n*.

SYNCOPE (*L.*) *Gram.* मधल्या अक्षराचा लोप; *Med.*, a fainting fit मूर्च्छा *f*, मूर्च्छना *f*, कलम *f*.

SYNECDOCHE (*L.*) *Rhet.*, a figure or trope by which the whole of a thing is put for a part, or a part for the whole, the genus for the species or the species for the genus लक्षणा *f*.

SYNOD (*Gr. -hodos*, a way) सभा *f*, मजलस *f*; धर्मप्रकरणी सभा *f*, धर्मव्यवस्थापक सभा *f*.

SYNONYME (*Gr. onoma*, name) पर्याय शब्द, उपशब्द.—SYNONYMOUS *a.* एकार्थक.

SYNOPSIS (*Gr. -opsis*, a sight) गोश्वारा, साराश; तक्ता, पत्रक *n*.

SYNTAX (*Gr. -tassein*, to put in order) *Gram.* वाक्यरचना *f*, पदयोजना *f*.

SYNTHESIS (*Gr. -thesis*, a placing) the putting of two or more things together, as in compound medicines संयोजन *n*, मीलन *n*, एकीकरण *n*; *Chem.*, the uniting of elements to form a compound तत्वाचें एकीकरण *n*, तत्वमीलन *n*; [*Logic*, the combination of separate elements of thought into a whole, as of simple into complex conceptions, species into genera, individual propositions into systems]; [*Surg.*, the operation by which divided parts are united].

SYRINGE (*Gr. surinx*, pipe) पिचकारी *f*, चिपनळी *f*.—*v.* पिचकारी मारणें; wash and cleanse by injection from a syringe पिचकारीनें धुणें -साफ क.

SYRUP, See SIRUP.

SYSTEM (*Gr. sun*, with, *histemi*, to place) scheme बेत, व्यवस्था *f*; method क्रम, पद्धत *f*, परिपाठ; totality of parts in the body, performing the same or an analogous or a connected function देहप्रकृति *f*, प्रकृति *f*, भाव, शरिर *n*. -ATIC, -AL *a.* बेताचा, व्यवस्थित; सृष्टिक्रमाचा. -ATIZE *v.* क्रम बांधणें -लावणें, व्यवस्था क. -ATIST व्यवस्था करणारा -लावणारा.

SYSTOLE (*Gr. -stellein*, to set) contraction of the heart and arteries for expelling the blood and carrying on the circulation हृत्पिंडसंकोच; *Gram.* दीर्घ अक्षर ऱ्हस्व करणें *n*.

T

TABASHEER *Per.* तवकीर *n*.

TABBY *a. Per.* बांडा, कसरा.—*v.* बांडा रंगवणें.

TABERNACLE (*taberna*, a shed, or hut) a slightly built or temporary habitation छप्पर *n*, खोपी *f*, मांडव इ०; a tent तंबू, राहुटी *f*; *Jewish antiq.*, a portable structure of wooden framework covered with curtains, which was carried through the wilderness in the Israelitish exodus as a place of sacrifice and worship मंडप; a place of worship भजनालय *n*.—*v.* राहणें, वस्ती क.: Christ *tabernacled* in the flesh.

TABLE (*tabula*, a board) पाटी *f*;—of metal

पत्रा; inscription कोरींव लेख, ताम्रपट, शिलालेख इ०; synopsis तक्ता, पत्रक *n*; *Math.* कोष्टक *n*; an article of furniture चवरंग, मेज *n*, 'टेबल' *n*; entertainment भोजन *n*, जेवण *n*, मेजवानी *f*; company assembled round a table पंगत *f*, भोजनमंडळी *f*; the board on which draughts is played पट; the game itself सारिपाट;—of a hill पठार *f*, तबकडी *f*; *Astron.* कुंडली *f*, the Lord's t. प्रभुभोजन *n*; to serve *tables* गरिबांस अन्न देणें -वाटणें; to turn the *tables* कालचक्र फिरवणें; t. expenses भोजनखर्च.—*v.* पत्रक -तक्ता क. -CLOTH मेजावरची चादर *f*, 'टेबल क्लाथ' *n*. -LAND डोंगरसपाटी *f*, माची *f*, पठार *n*, संथळ *n*. -SPOON मेजावरचा चमचा -ची पळी *f*.—TABLET, a small table लहान मेज *n*, बाजवट *n*; a flat surface for writing, engraving on पाटी *f*, पत्र *n*; *pl.* a kind of pocket memorandum book खिशांत ठेवायाची स्मरणवही *f*; a medicine in square form औषधाची वडी *f*.—TABULAR *a.* पत्रकाच्या -तक्त्याच्या तऱ्हेचा, तक्त्याच्या आकाराचा; तक्त्यांत मांडलेला.

TABOR *Ar.* मृदंग, पखवाज, तबला.—*v. i.* मृदंग वाजविणें. -INE खंजिरी *f*.

TACHYDROMUS ASIATICUS (*Gr. tachus*, fast, *dromos*, a running) a bird पोरचाळवणी *f*.

TACIT *a.* (*tacere*, to be silent) अर्थसिद्ध, ध्वनित, फलित. -LY *ad.* अर्थात, उगाच राहण्यानें. -URN *a.* अबोल्या, मौना, अल्पभाषी; t. person मुकाक्षसोबा, मुकी मण्यार *f*. -ITY अबोलेपणा, मौन्य *n*.

TACK *D.* a small, short, sharp-pointed nail चूक *f*, गुलमेख *f*.—*v.* टांचे -टांके मारणें; fasten जोडणें, जडणें; change the course of, as a ship हेरे घेणें, वाली येणें [to, up, on, together] -LING, cordage दोरखंडें *n pl*, दोर; harness सामान *n*, सरंजाम.

TACT (*tangere*, to touch) युक्ति *f*, कसब *n*, छाप *f*, शिताबी *f*. -IC,-AL *a.* कवाईतीचा.—*n. pl.* कवाईत *f*, सैन्यरचनेची विद्या *f*. -ILE *a.* स्पर्श करायाजोगा, स्पर्शनीय, स्पर्श्य.

TADPOLE (*pullus*, a young animal) बेडकीचें पोर *n*, बेडकुली *f*, बेंडकुळी *f*.

TAFFETA *Per.* तापता.

TAIL*, the part of an animal which terminates the body behind शेंपूट *n*, पुच्छ *n*; the back, lower, or inferior part of anything शेवट, शेव; anything hanging long शेंपूट *n*, शेंडी *f*; a train of attendants जिलीब *f*, लवाजिमा, शेंपूट *n*; a downy appendage to certain seeds तुरा; the t. of a comet धूमकेतूचें पुच्छ *n*; -ची शेंडी *f*; to turn t. मुठींत नाक धरणें, शेंपूट खालीं घालणें; to bristle up the t. शेंपूट फिदारणें; to hang at the t. कासेस लागणें, दुमची पुरवणें.

TAILOR *F.* शिंपी, दरजी. -BIRD a species of—सुगरण *f*.

TAINT *v.* (*tingere*) stain कलंक लावणें, दूषित क.; corrupt बिघडणें, खराब क.; infect रोग लावणें; imbue, as with some extraneous matter which alters the sensible qualities of the substance विजातीय पदार्थ घालून गुण बदलणें [with].—*i.* दूषित होणें बिघडणें; लागणें, नासणें (meat).—*n.* दोष, विटाळ, बाध; कलंक, काळें *n*, काळवटी *f*. -ED दूषित; रोगन दिलेला -लावलेला;—as meat लागरा, लागट, लागलेला; कलंक लावलेला, सकलंक.

TAKE* *v.* lay hold of धरणें, पकडणें; obtain possession of by force घेणें, सर्द क., जिंकणें (a city); charm मोहणें, मोहित क. (Prov. vi. 25); elect निवडणें, निवडून घेणें: the sparrow *takes* a bush; require लावणें, लागणें, खाणें, घेणें: it *takes* so much cloth to make a coat; this man always *takes* time before he passes his judgmen

picture तसबीर काढणें -उतरणें; assume आपणावर घेणें: *I take* the liberty to say; accept घेणें, स्वीकारणें, ग्रहण क.; partake of घेणें, खाणें, पिणें, सेवन क. (food, a glass of wine); leap उडी मारून जाणें, उडणें (a fence); submit to ग्रहण क., मान्य होणें, वश होणें; endure सोसणें (a joke); allow कबूल क., मानणें: to t. a thing for granted; this I t. to be the man's motive; to t. men for spies; receive घेणें, खाणें, मारणें; to t. well गोड करून घेणें;—as breath, leave, revenge, &c. घेणें; to t. advantage of एकाएकीं गांठणें; सवड साधणें; to t. aim नेम धरणें; to t. air फुटणें, बाहेर पडणें, षट्कर्णी होणें; along नेणें;—arms हत्यारें घेऊन उठणें, लढाईस उठणें; away नेणें, घेऊन जाणें, हिरावणें, हरवणें;—breath थांबणें, दम -विसांवा घेणें;—care संभाळणें, जपणें;—care of पाहणें, देखरेख क., दिमतींत असणें;—down कमी क.; उतरणें, काढणें (pride); गिळणें, घेणें, पिणें (a potion); लिहून -टिपून -टांचून ठेवणें, मांडणें (a man's words); हला क., -चढून जाणें;—effect लागू होणें, -गुण क.;—fire पेटणें, आग लागणें; from -पासून हरण क.; -चें घेणें; बाद -वजा क.; कमी -उणा क.; [-ground to the right or left, *Mil.*, to extend the line to the right or left];—heart मन मिळवणें; धीर धरणें, धीर -दिलासा मिळणें;—heed संभाळणें, जपणें, सावध असणें;—heed to संभाळणें;—hold of धरणें, पकडणें;—horse स्वार होणें, घोड्यावर बसणें; in कोंडणें, कुडणें; फसवणें; घोटाळ्यांत पाडणें; उमजणें, समजणें; गुंडाळून बांधणें, वळकटी -सुरळी क. (a sail); घेणें, आंत घेणें: a leaky vessel will t. in water; घेणें, वेळच्या वेळेस घेणें -पावणें (a newspaper);—in hand हातीं घेणें -धरणें;—in vain व्यर्थ बोलणें -घेणें (Ex. xx. 7.);—leave निरोप -आज्ञा घेणें;—notice पाहणें, लक्ष देणें; चर्चा क., बोलणें;—oath शपथ घेणें; off काढणें, उतरणें (a load); काढणें (one's hat); कापणें, कापून काढणें (a limb); नाश क., प्राण घेणें (life); व्यर्थ -रद्द क., खोडणें (the force of an argument); परत घेणें -बोलावणें; अंग काढणें; पिणें, घेणें (a glass of wine); विकत घेणें, खरेदी क.; नक्कल -ठाकी उतरणें (models); नकल क., सोंग आणणें, बतावणी क.; on अंगावर घेणें, -वर घेणें (responsibility); सोंग घेणें;—one's own course आपल्या इच्छेप्रमाणें चालणें -क.; out बाहेर काढणें, काढणें; वेगळा क.; वजा क.; काढणें, साफ क. (a stain from cloth);—a paper, &c. वर्गणीदार होऊन घेणें, घेणें;—part वांटून घेणें, विभागून घेणें; part with -शीं मिळणें;—place घडणें, घडून येणें, होणें; लागू होणें;—root रुजणें, मूळ धरणें; मुळावणें, स्थापित होणें;—sides पक्ष -बाजू धरणें;—the air वाऱ्यावर फिरणें, हवा खायास जाणें;—the field लढाईस जाणें, लढाई चालू क.;—to heart मनास लागणें, मनावर घेणें; up उचलणें; विकत घेणें; उसनें घेणें; उधार घेणें (goods); चालू क.; *Surg.* पट्टीनें बांधणें, पट्टी बांधणें; घेणें, खाणें, गुंतवणें (time); धरणें, पकडणें (a thief); कबूल क., विश्वासणें; निषेध क., कान उघडणें; झेलणें, धरणें; व्यापणें, वेढणें, अटपणें, घेणें, गुंतवणें (room); उचलणें, पत्करणें, हातीं धरणें आदरणें, पत्करणें (practice, opinion); लागणें, घेणें: this dictionary has *taken* up six years; पक्ष कैवार घेणें, कर बसविणें; देणेंघेणें क., व्यवहार क.: to t. up a note at the bank; up arms लढाई चालू क., लढूं लागणें;—upon one's self आपणावर घेणें, पत्करणें; आपल्या कामीं लावणें; आपणास लावून घेणें, आपल्यावर घेणें (punishment).—*i.* fix or be fixed जडणें, लागणें, लागू होणें: the infection did not t.; gain reception चालणें, पटणें, मान्य

होणें: if the thing should t.; go जाणें, घेणें: the fox *took* to the hedge; after मागून जाणें, अनुसरणें, वळण घेणें; सारखा असणें, वळणावर -मोडणीवर जाणें; in with आश्रय धरणें; on सोंग घेणें; to सोकणें, सोकावणें; up वाटणें.—*n.* the quantity of fish captured at one catch एका खेपेस धरलेले मासे *pl*; [*Print.*, the quantity of copy taken in hand by a compositor at one time].—TAKING घेणें *n*, स्वीकार, ग्रहण *n*; धरणें *n*, अपहार; agitation तळमळ *f*, त्रेधा *f*, गडबड *f*.

TALC *Ar.* अभ्रक; calx of t. अभ्रक भस्म *n*; yellow t. पिंवळा अभ्रक.

TALE*, story गोष्ट *f*, कथा *f*, कहाणी *f*; reckoning गणती *f*, माप *n*, हिशेब; to be as a t. that is told नकल होणें; with full t. फडाचे मापानें, भरमापानें. -BEARER चुगल्या, चुगलीखोर, चहाड.

TALENT (*Gr. talanton*, a balance, *Skr. tul*, to bear, weigh) साडेसव्वीस शेरांचें एक वजन आहे; २४३.७॥ रु० च्या किमतीचा तोडा -नाणें *n*; intellectual ability गुण; *pl* बुद्धि *f*, अक्कल *f*, प्राज्ञा *f*. -ED गुणी, बुद्धिमान.

TALISMAN *Ar.* ताईत, कवच *n*, पत्र *n*.

TALK *v. Sw.* speak freely बोलणें: to t. French; speak बोलणें, भाषण क.: to t. nonsense; consume in talking बोलण्यात खर्चणें -गमावणें -दवडणें: to t. away an evening; over -विषयीं बोलणें (a matter).—*i.* बोलणें, गोष्ट क.: I will not t. with you; confer बोलणें, मसलत क.; prate वटवट -बडबड क., बकणें; of सांगणें, कथन क.; to बुद्धिवाद सांगणें, कान झाडणें, चार गोष्टी सांगणें -बोलणें: I will t. to my son respecting his conduct [about, of, with, to].—*n.* गोष्टी *f*, वार्ता *f*, संभाषण *n*; rumour गप *f*, बोलवा *f*; subject of discourse गोष्ट *f*, चर्चा *f*: this achievement is the t. of the whole town. -ATIVE *a.* बोलका, बहुभाष, वाचाळ, चावट. -ER बोलणारा, संभाषणकर्त्ता; वक्ता; वटवट करणारा, बडबड्या; mere t. तोंडचा शिपाई.

TALL *a. W.* उंच, उंच काठीचा -बांध्याचा.

TALLOW* चरबी *f*. -CANDLE चरबीची मेणबत्ती *f*. -CHANDLER चरबीच्या मेणबत्त्या विकणारा.

TALLY *F.* a stick with notches to mark numbers हिशेब ठेवण्या करिता खाडे पाडलेलें लांकूड *n*, सळई *f*; a match जोड, जवा.—*v. i.* जमणें, उतरणें, जुवा बसणें -मिळणें.—*t.* जमविणें, बसविणें [with].

TALLON *F.* पंजा, नख *n*.

TAMARIND *Ar.* the tree and fruit चिंच *f*.

TAMBOURINE *F.* डफ *n*, टमकी *f*, तंबुरी *f*.

TAME* *a.* domesticated माणसाळलेला, पाळलेला, पाळीव, ग्राम्य; subdued जिंकलेला; spiritless लेचापेचा, मेंगा, नामर्द; flat पचपचीत, पळपळीत (poem)—*v.* माणसाळणें, सवयीचा क.; वश क., वठणीस आणणें. -LY *ad.* नामर्दपणानें, मेंगेपणानें: to submit t. to oppression.—TAMABLE *a.* माणसाळावयाजोगा, वश करायाजोगा, वश्य.

TAMPER* *v. i.* meddle लुडबुडणें, बुचा-लांडाकारभार क.; practice secretly वळवण्या करिता -फितवण्या करिता संधान -उद्योग चालवणें [with].

TAN *v. F.* impregnate with bark कमावणें, रापवणें, तयार क. (leather); make brown काळा क.—*i.* काळसरणें, काळवटणें (the skin). -NER कातडें कमाविणारा, ढोर, चाम्हार. -PIT रावणी *f*, चांभाराची कुंडी *f*.

TANGENT (*tangere*, to touch) *Geom.* स्पर्शरेषा *f*; to fly off at a t. ओझरता जाणें.—TANGIBLE *a.* स्पर्श करायाजोगा, स्पर्शायाजोगा, स्पर्शनीय; capable of being realized मिळवायाजोगा, उत्पन्न करायाजोगा; readily apprehensible by the mind सहज समजा-

याजोगा, बुद्धिगम्य, सुगम.—TANGIBILITY स्पर्शाची योग्यता *f*, स्पर्शनीयता *f*.

TANGLE, See ENTANGLE—*n*. गुतागुत *f*, गुरफाटा, गळफाटा.

TANK (*stagnum*) तळें *n*.

TANTALIZE *v. F.* torment or tease by presenting pleasures which cannot be reached छळवणें, चालवणें, झुलवणें, आशेस लावणें [with, by].—TANTALIZATION चाळवणी *f*, झुलवणी *f*.

TANTAMOUNT *a.* (*tantus*, so much, and *amount*) बरोबर, समतोल -भाव [to].

TAP *v. F.* थापटणें, थोपटणें, थाप मारणें [with, at].—*n*. थाप *f*, थापटी *f*;—of the hand, upon a tabor छाप *f*, हात, थाप *f*.

TAP* *v*. पाणी दारू वगैरे पातळ पदार्थ काढण्या करितां (पिप, झाड, फोड इ० ला) भोंक -तोंड पाडणें.—*n*. भोंक *n*, तोंड *n*; पिपांतून दारू काढण्याची नळी *f*; a plug दट्टा, दट्ट्या; liquor which is measured out, as through a tap पिप वगैरेच्या तोंडांतून मोजून काढलेली दारू *f*. -ROOT मुळवा.

TAPE* फीत *f*, नवार *f*; लांब जंत, नाडीतंतु.

TAPER* बारीक मेणबत्ती *f*; a tapering form निमुळता आकार, गोपुच्छाकार.—*a*. निमुळता, चिंचोळा, शुंडाकृति.—*v.i*. बारकावणें, चिंचोळा असणें [off].

TAPESTRY (*tapete*) बुट्टीदार कापड *n*.

TAR* डांबर; a sailor खलाशी.—*v*. डांबर लावणें.

TARDY *a.* (*tardus*, slow) धिमा, सुस्त, मदाड, मंद; late मागस, मागून आलेला.—TARDINESS धिमेपणा, मंदाई *f*.

TARE *O. E.* निदण *n*.

TARE *F.* आभंड *n*, बारदान *n*.

TARGET*, a small shield ढाल *f*; a mark for marksmen to fire at in their practice निशाण *n*; t. practice चांदमारी *f*.

TARIFF *Ar*. जकातीचा निरखनामा.

TARNISH *v. F.* sully विटवणें, मळवणें, मजीत क.; destroy the purity of कलंक -बट्टा -डाग लावणें.—*i*. विटणें, मळणें, मजीत होणें.

TARRY *v. i. W.* stay behind मागें राहणें, राहणें; delay खोळंबणें, खोटी होणें, खोळंबून राहणें; abode राहणें, वस्ती क. [for, at, in].—*t*. खोळंबवणें, थांबवणें.—TARRIER थांबणारा, खोळंबा करणारा.

TARSAL *a. F.* घोट्याचा, गुडघ्याचा.

TARSUS (*L.*) घोटा.

TART* *a.* sour अंबट; sharp खरमरीत, चरमरीत (reply).

TART *a. F.* एक प्रकारचें पक्वान्न आहे.

TARTARUS (*Gr.*) *Gr. Myth.* यमलोक, नरक.

TASK (*taxare*, to rate) business imposed by another सोंपलेलें -माथीं मारलेलें काम *n*, तोडून -वांटून दिलेलें काम *n*; business काम *n*; burdensome employment जड-अवघड-भारी काम *n*, जिकीर काम *n*; a lesson धडा; to take to t. धमकावणें, निषेध क., शब्दमार देणें.—*v*. काम नेमून देणें; oppress with severe burden पाठीवर धोंड देणें, काचणें. -MASTER काम नेमून देणारा, धडा घालून देणारा; overseer पाहणी करणारा, मुकदम.

TASSEL (*taxillus*, a little die) गोंडा, झुबका.

TASTE *v. F.* try by the touch of the tongue चाखणें, रुचि पाहणें, चव घेणें, स्वाद घेणें, जाणणें; try by eating a little मासल्या करितां खाणें-चाखणें, थोडेसें खाऊन पाहणें; essay अजमासणें, अनुभव घेणें, चाखणें, स्वाद जाणणें; partake of सेवन क., चव घेणें.—*i*. [of] चव घेणें; have a smack स्वाद असणें, वास -गंध -छटा येणें -मारणें.—*n*. स्वाद, रुचि *f*, चव *f*, चट *f*, गोडी *f*; intellectual relish अभिरुचि *f*, गोडी *f*; nice perception रसज्ञान *n*, रस, रसिकता *f*; small portion given as a specimen वानगी *f*, मासला; style शैली *f*, रीत *f*,

घाटणी *f*: the music composed in good t. [for]. -FUL *a*. रुचिकर, मजेदार, चवदार; exhibiting good taste मौजेचा, खुबीदार, छानदार, मजेदार. -LESS *a*. बेचव, निरस, फिका.

TATTLE *v. i. D.* prate बाता -गप्पा छाटणें, बकणें; tell tales चहाडी सांगणें, मुखरस पाघळणें [of, about].—TATTLER बाता छाटणारा, बडबड्या; चहाडखोर, चोंबडा.

TATTOO *v.* (?) गोंदणें.—*n.* गोंदलें *n.*

TAUNT *v. F.* लावून -खोचून बोलणें, ठोंमणा मारणें [with]. -ER लावून -टोचून बोलणारा. -ING ठोमणा, बोंचणी *f*. -LY *ad.* घालून पाडून, खोचून, उपरोधानें.

TAURUS (*L.*) वृषभरास *f*.

TAUTOLOGY (*Gr. tauto,* the same, *logos,* speech) पुनरुक्ति *f*, चर्वित चर्वण *n.*

TAVERN (*tabula,* a board) an inn पोचखाना, खाणावळीचें घर *n*; liquor-shop कलालाचें दुकान *n*, पिठें *n.*

TAW*, a marble to play with बट.

TAWDRY *a.* (from *St. Audrey*) दिखाऊ, पोशाकी, अहेरी.

TAWNY *a. F.* पिंगट, कपिल.

TAX (*taxare,* to value) a levy of any kind made upon property for the support of a government सरकारदेणें *n*, कर, दस्त, पट्टी *f*; a disagreeable duty खटखट *f*, पीडा *f*, लचांड *n*; charge दोष, बोल; t. on boats नजर गलबत *n*; house t. घरपट्टी *f*, उंबर, सारा; land t. सारा; *taxes* in money, not in kind नक्तीबाब *f*; t. on exports and imports जकात *f*; t. on shop-keepers and artificers of a village मोहतरफा.—*v.* कर -दस्त -पट्टी बसवणें; बोल लावणें, दोष ठेवणें: to t. a man with pride; [fix, or determine judicially, as the amount of cost on actions in court] [at, for, with]. -ABLE *a.* सान्याचा, कर बसविण्या -घेण्याजोगा (estate). -ATION कर -पट्टी बसवणें *n*, अमाबंदी *f*. -ER कर बसविणारा. -FREE *a.* गैर दस्त, दस्तीबाद.

TEA *Chin.* the leaves of a shrub चहा; decoction of the dried leaves of tea in boiling water चहा, चहापाणी *n*; the evening meal, at which tea is usually served संध्याकाळचें भोजन *n*, चहा. -CUP चहाचा प्याला. -POT चहादाणी *f*. -PLANT चहाचें झाड *n*, -चा रोप. -POY अंडणी *f*, तिवयी *f*.

TEACH* *v.* impart the knowledge of शिकविणें, पढवणें;—in an ill-sense शिकविणें, कान फुंकणें, बीर भरणें; conduct through a course of studies शिकवणें, चालवणें (a school); accustom सवयी लावणें (Jer. ix. 5).—*i.* शिकवणें, शिक्षकाचें काम क., पंतोजीपणा क. -ER शिक्षक, शिकविणारा, पंतोजी, 'टीचर'; spiritual t. गुरु, आचार्य; t. of any of the arts वस्ताद. -ING शिकविणें *n*; उपदेश, शिक्षा *f*.—TEACHABLE *a.* शिकवायाजोगा -सारखा, शिक्षणीय; docile सुशिष्य; सालस, गरीब.

TEAK (*Malbar, theka*) सागवान, साय, सायाचा वृक्ष.

TEAL *D.* पाणकोंबडा; cotton t. गिरजा *f*.

TEAM* जोत *n*, सांगड *f*.

TEAR* आसूं *n*, अश्रु *m, n*, नेत्रोदक *n*; flood of *tears* अश्रुधारा *f*; *tears* of affection प्रेमाश्रु *pl*;—of joy हर्षाश्रु *pl.* -DROP अश्रुबिंदु, टीप *n.*

TEAR* *v.* rend फाडणें, चिरणें, विदारणें; lacerate ओरखडणें, बोचकरणें; shatter तुकडे तुकडे -चुराडा -चकणाचूर क.: a state *torn* by factions; pull with violence तोडणें, ओढाताण क., ओढणें (the hair); up, off, away उपटणें, उचकटणें, उखळणें (a floor) [down, up, out, away, off, from].—*i.* rush with

violence धडकाऊन जाणें -चालणें; rage तड-फडणें, धडफडणें.—*n.* चीर *f*, फाळा, भेग *f*.

Tease* *v.* comb, as wool, or flax पिंजणें; scratch, as cloth in dressing for the purpose of raising a nap कापडावर फूल उठवण्या करितां खरवडणें; vex गांजणें, छळणें, आचणें [by, with].

Teasel* बिलोरी धोत्रा.

Teat* आंचूळ *n*, आसड *n*; blind t. खुंट.

Technical *a.* (*Gr. techne*, an art) पारिभाषिक, लाक्षणिक, विशेष विद्येसंबंधी (phrases). -**ity** पारिभाषिकत्व *n*, लाक्षणिकत्व *n*.

Tedious *a.* (*tædet*, it disgusts) wearisome कंटाळा -त्रास येण्याजोगा; slow चेंगट, दीर्घसूत्री. -**ness** चेंगटाई *f*, चेंगट -चावटपणा, दीर्घसूत्र *n*.

Teem* *v. i.* bear प्रसविणें, विणें;—as a plant फळ देणें; conceive गर्भ धरणें; be full प्रचुरमय असणें,भरणें, ऊत येणें: his mind *teeming* with schemes [with].—*t.* प्रसविणें, विणें.

Teens *pl.* (from *teen*, ten) [the years of one's age having the termination *teen*, beginning with thirteen, and ending with nineteen]: the young lady is in her *teens* ती तरुण बाई विशीच्या आंत आहे.

Teeth (*pl.* of *tooth*) दांत *pl.*—*v. i.* दांत फुटणें -येणें. -**ing** दांत येणें *n*, दंतस्फोट.

Tegument (*tegere*, to cover) आवरण *n*, वेष्टन *n*. कातडी *f*, कोश, टरफल *n*, इ०.

Telegraph (*Gr. téle*, far, far off, *graphein*, to write) विद्युत् -तारायंत्र *n*, टेलिग्राफ.—*v.* तारायंत्रांतून बातमी पाठविणें [to].—**Telegram** तारायंत्रांतून पाठविलेली -आलेली बातमी *f*, तार *f*.

Telescope (*Gr. -skopein*, to view) दुर्बीन *f*. **Telescopic,-al** *a.* दुर्बिनीचा; दुर्बिनींतून दिसणारा (stars); दूरचा -दूर पाहणारा, दूरदृष्टि (eye).

Tell* *v.* count मोजणें, गणणें; utter बोलणें, सांगणें, उच्चारणें; publish कळवणें, सांगणें, बाहेर काढणें (Gen. xii. 18); teach शिकवणें; inform खबर देणें, सांगणें: promised to t. me of; discover सांगणें, शोधून काढणें, उमगणें: the colors are so blended that I cannot t. where one ends and the other begins; to t. off मोजणें.—*i.* सांगणें, हिशेब देणें; take effect गुण येणें, कळून येणें; to t. heavily in the end अवघड -कठीण जाणें; to t. off चुगली क. -सांगणें. -**tale** चुगलीखोर.

Temerity (*temere*, by chance) उतावळी *f*, घाई *f*, अविचार.

Temper *v.* (*tempus*, time) qualify, as by an ingredient मिसळून नेमस्त -बेताचा क., माफक क.; mollify नरमगरम क.; adjust बराबर -दुरुस्त -नीट क.; bring to a proper degree of hardness कठीण क. (iron); to t. hot water by pouring in cold विसळणें, विसळ घालणें [with, by].—*n.* मिसळीचा, नेमस्तपणा, मिसळ *f*; temperament प्रकृति *f*, देहस्वभाव; disposition प्रकृति *f*, मर्जी *f*, कदर *f*; moderation शांति *f*, संयम *n*; irritation चिडवणी *f*, खंवडाळणी *f*;—of metal पाणी *n*. -**ament** प्रकृति *f*, स्वभाव, तब्यत *f*; bilious t. पित्तप्रकृति *f*;—of equable t. समधात. -**ance**, habitual moderation in regard to the indulgence of the natural appetites and passions नेमस्तपणा, नियमितपणा, संयम *n*, नियंतृत्व *n*;—in eating नेमाचें -मोतादीचें खाणें *n*, मिताहार, अल्पाहार;—in drinking नेमाचें पिणें *n*, मितपान *n*. -**ate** *a.* नेमस्त, नियमित, नियतवृत्ति; मितभोजी, मिताहारी; मितपानी, नेमानें पिणारा; not excessive परिमित, सौम्य (climate, heat); not violent शांत, थंड, सौम्य थंडाईचा (speech, language). -**ature**, degree of heat or cold उष्णशीतमान *n*, ऊनथंडीचें

प्रमाण *n* : the t. of the air ; constitution तब्यत *f*, प्रकृति *f*.

TEMPEST (*tempestas*) वादळ *n*, तुफान *n*. -OUS *a*. वादळाचा, तुफानाचा, तुफानी.

TEMPLE (*templum*, a space marked out, a temple) देऊळ *n*, देवालय *n*.

TEMPLE (See TEMPER) कानपट्टी *f*, आंख.—TEMPORAL *a*. आंखाचा, कानपट्टीचा.

TEMPORAL *a*. (do.) काळाचा, काळसंबंधी; pertaining to the present world ऐहिक, प्रापंचिक; civil or political राज्यसंबंधी, मुलकी (power).—TEMPORARY *a*. दोन दिवसांचा, चालता, हंगामी, क्षणिक, क्षणभंगुर.—TEMPORIZE *v. i*. काळ -रंग -समय वागणें, समय पाहून वागणें, समयानुसरण क. [with].

TEMPT *v*. (*tentare*, to stretch) try यत्न क., झटणें; instigate चेतवणें, उठावणी क.; put to trial पारखणें, परीक्षा क.; entice to evil मोह घालणें, भुलवणें [with, by, to]. -ATION मोहणें *n*, मोह *n*, पापमोह; परीक्षा *f*, पारख *f*; state of being tempted परीक्षेची अवस्था *f*. -ER मोह घालणारा, मोहक; परीक्षक, पारखणारा, पारखी. -ING *a*. आकर्षक, मोहक. (pleasures).

TEN* *a*. दाहा.—*n*. दहांचा आंकडा, दहांची संख्या *f*, दहं *n*. -FOLD *a*. दहापट, दसपट.—TENTH दहावा. -LY *ad*. दहाव्यानें.

TENABLE *a*. (*tenere*, to hold) राखायाजोगा, धरून ठेवण्याजोगा, रक्षणार्ह; maintainable स्थापायाजोगा, चालायाजोगा, प्रतिपाद्य [by].—TENACIOUS *a*. holding fast चिकट, चिकटून -लगटून राहणारा; adhesive चिकट; holding stoutly to one's opinion or purpose चिकट, चिवट, आग्रही, दृढसंकल्प; t. of memory धारणाशक्तिविशिष्ट; of t. memory आठवणीचा बळकट; t. of life दुर्मर, जिवट. -NESS चिकटपणा, चिकटाई *f*.—TENACITY चिकटपणा, चिकटाई *f*; धारणा *f*, धारणाशक्ति *f*; आग्रहीपणा, निग्रह, चिकटपणा.—TENANT, *Law*, one who holds property of another आसामी *f*, कूळ *n*, सारेकरी, रयत *f*; a t. having no right of occupancy उपरी;—of a building भाडेकरी; occupant राहणारा; t. at will मनकुरी रयत *f*.—*v*. भाड्यानें राखणें घेणें. -RY रयत *f*, रयतावा.—TENANCY, भोगवटा, अधिकार, भोग; भाड्याचें घर *n*.

TEND *v*. (See ATTEND) राखणें, पाहणें, समाचार घेणें; be attentive लक्ष देणें.—cattle or sheep राखणें, वळणें, चारणें.—*v. i*. move in a certain direction झुकणें, कल असणें, वळणें; aim रोख -धोरण -लक्ष असणें; contribute सहाय देणें -असणें -होणें [to, towards]. -ENCY कल, झोंक, ओढा, तोल, प्रवृत्ति *f*. -ER *v*. द्यावयास काढणें, पुढें ठेवणें; offer in words देऊं म्हणणें, तोंडानें देऊं म्हणणें.—*n*. म्हटलेलें मोल proposal for performing a service advertised for कामकरण्याची अर्जी *f*, 'टेंडर' *n*; [a small vessel employed to attend a large one, for supplying her with provisions, &c.; a car attached to locomotives, to supply them with fuel and water].

TENDER *a*. (*tener*) delicate कोमळ, कोंवळा (plants); easily pained दुखरा, कोमळ, नरम (body); delicate सुकुमार, नाजूक, कोमल (a woman); weak and feeble अशक्त, दुर्बळ; youthful तरुण, कोमल, कोंवळा : children are t.; compassionate दयाळू, दयार्द्र; dear आवडता, प्रिय; careful to save inviolate, or not to injure जपणारा, सावध, आस्थेवाईक: the civil authority should be t. of the honor of God and religion; gentle कोमलांतःकरण, कोमलचित्त; apt to give pain दुःखप्रद (subject); pathetic रसिक, मनोवेधक, द्रव आणणारा (expression). -HEARTED *a*. मनाचा कोंवळा, कोमलहृदय. -NESS कोमळपणा, नाजुकाई *f*, मृदुता *f*; हळवटपणा, नरमपणा; चित्ताची कोमलता *f*, कृपा *f*, करुणा *f*.—See the adj.

Tendon (*tendere*, to stretch) शीर *f*, स्नायू-च्या शेंड्याकडचा रज्वाकार दृढकार, संधि-बंधन *n*.

Tendril *F*. पागोरा, ताणा, तंतु.

Tenement (See **Tenable**) house घर *n*, मकान *n*; *Law*, वतन *n*, मिरास *f*.

Tenesmus (*L*.) हगवणीची मुळमुळ *f*.

Tenet (*tenere*, to hold) मत *n*, सूत्र *n*: religious *tenets*.

Tenon (do.) कुसूं *n*, कूस *f*.

Tenor (do.) general course of thought विचाराचा रोख -चें धोरण *n*; purport अर्थ, आशय; *Mus*. मध्यसवन *n*; [a person who sings the tenor]; character गुण, लक्षण *n*; *Law*, exact copy of a writing, set forth in the words and figures of it यथामूलमत *f*, असल बरहुकूम नकल *f*, उतारा.

Tense (*tempus*, time) *Gram*. काळ.

Tense *a*. (*tendere*, to stretch) ताणलेला, ताठ. —**Tension** ताठलेपणा, ताठा, ताण.

Tent (do.) तंबू, डेरा; *Surg*.—for a wound बत्ती *f*; rope of a t. ओढण *f*, तणावा; wall of a t. कनात *f*; porch of a t. तयारी *f*. -**er**, -**hook** ताणण्याची अंकडी *f*; to be on the *tenters* जीव ओळकुंब्यात असणें, चिमट्यात सापडणें, दुग्धा असणें.

Tenuity (*tenuis*, thin) पातळपणा, बारीकपणा, सूक्ष्मता *f*; rareness कमीपणा, कमताई *f*, दुर्मिलता *f*: t. of blood.—**Tenuous** *a*. पातळ, बारीक, सूक्ष्म.

Tenure (*tenere*, to hold) right of holding, as property सत्ता *f*, स्वत्व *n*; manner of holding lands, tenements, &c. स्वत्वप्रकार. सत्ताप्रकार, कबज *n*; deed of t. पट्टा, सनद *f*.

Tepid *a*. (*tepere*, to be warm) कोमट, सोमट, मंदोष्ण, सोमाळा. -**ity** कोमटपणा, कोमटाई *f*.

Term (*termen*) limit मर्यादा *f*, सीमा *f*; limited time मुदत *f*, वायदा; a word शब्द, वाक्य *n*, संज्ञा *f*, नाम *n*; *pl*. conditions संकेत, प्रतिज्ञा *f*, अड *f*, अट *f*, शर्यत *f*; session न्यायाधिशाची बैठक *f*, न्ययसभेचा काल; *Logic*—of a syllogism अवयव;—of an arithmetical series पद *n*; first s. आदिपद *n*; last t. अंत्यपद *n*; to bring to *terms* कबूल करविणें; वाटेवर आणणें; to make *terms* करार -कबुलात क.; stated t. बंदी मुदत *f*; *pl*. बोलण्या चालण्याचा भाव; good t. with रहस्य *n*, बनाव; मैत्री *f*, सौमनस्य *n*, सूत *n*; ill t. वाकडें *n*, वैमनस्य *n*, वितुष्ट *n*; person on ill t. with वाकडा; lowest t. निदान *n*. —*v*. बोलणें, -ला नाव देणें -चें नांव ठेवणें.

Termagant *F*. केकसामावसी *f*, कैदासीण *f*, कैकया *f*.

Termes *pl*. (*L*.) वाळवी *f*, उदई *f*.

Terminate *v*. (See **Term**) limit हद्द -सीमा घालणें -बांधणें; end संपवणें, शेवट क. [by, with, at, in].—*i*. संपणें, समाप्त होणें, उरकणें.—*n*. हद्द *f*, सीमा *f*, खूण *f*.—**Termination** अंत, शेवट, अवधि; *Gram*. अंत्य वर्ण. —**Terminus** (*L*.) मर्यादा *f*; extreme point at either end of a piece of railway आगगाडीच्या रस्त्याची थोप *f*.

Terrace (*terra*, the earth) a raised bank of earth ओटा; the flat roof of a house माळवद *n*, धाबें *n*.

Terrestrial *a*. (do.) पृथ्वीचा, पृथ्वीवरचा; t. animals भूचर, स्थलचर; consisting of the earth मातीचा, पार्थिव, मृन्मय (globe); sublunary भूलोकचा, इहलोकचा; belonging to land जमिनीचा, खुश्कीचा: the t. parts of the earth.—**Territory** अमलातला देश, मुलूख.—**Territorial** *a*. अमलातल्या देशाविषयींचा, मुलकी.

Terror (*terrere*, to frighten) धास्ती *f*, भय *n*, दरारा; cause of fear भयाचें कारण *n*, भय *n*, भयहेतु.—**Terrible** *a*. भयंकर, भयानक;

excessive भारी, जोराचा, ज़बरदस्त: t. coldness of the weather [to].—TERRIFY *v.* भेडावणें, भिवविणें, भय घालणें [by, with].—TERRIFIC *a.* भयंकर, भयानक.

TERSE *a.* (*tergere*, to rub off) elegantly concise नीट, नेटका, संस्कृत (language).

TERTIAN *a.* (*tertianus*) तिजांतरा, त्र्याहिक. —*n.* तिजांतरा ताप, त्र्याहिकज्वर.

TEST (*testa*, earthen vessel) a vessel in which refiners try metals मूस *f*; trial परीक्षा *f*, कसोटी *f*; means of trial कसोटी *f*, परीक्षासाधन *n*; touchstone कसोटी *f*, वरकल *m f n*; ground of admission or exclusion परीक्षा *f*, कसोटी *f*; distinction विचार, भेद; *Chem.*, a substance employed to detect any unknown constitute of a compound, by causing it to exhibit some characteristic property कसोटी *f*, परीक्षासाधन *n.*—*v.* परीक्षा क., पारखणें, कसोटीस लावणें: to t. gold सुलावणें.

TESTACEOUS *a.* (*testa*, a shell) शिंपल्याचा, शंखविशिष्ट; t. animal शंखनासी जीव; t. powders, *Med.* शंखभस्म *n.*

TESTAMENT (*testis*, a witness) a will मृत्युपत्र *n*; [one of the two general divisions of the canonical books of Sacred Scriptures]; Old T. जुना करार; New T. नवा करार. -ARY *a.* मृत्युपत्र संबंधी; bequeathed by will मृतलेखदत्त.—TESTATE *a.* मृत्युपत्र केलेला; a person is said to die t. मृत्युपत्र करून मरणें.—TESTATOR मृत्युलेख करणारा.

TESTER (*testa*, the skull) पलंगाचें छप्पर *n*;—over a pulpit, tomb, &c. छत्री *f.*

TESTICLE (*testis*) अंड, आंड; enlargement of the *testicles* कोश -अंडवृद्धि *f*, अंतर्गळ; having testicles अंडील.

TESTIFY *v. i.* (*testis*, a witness, *facere*, to make) साक्ष -शाहिदी देणें (John ii. 25); *Law*, make a solemn declaration under oath प्रतिज्ञेवर लिहून देणें -सांगणें इ० (Num. xxxv. 30); declare a charge दोष लावणें (Ps. i. 7.)—*t.* साक्ष भरणें -देणें; प्रतिज्ञा क., प्रतिज्ञेवर सांगणें [to].—TESTIMONY, a solemn declaration or affirmation made for the purpose of establishing or providing some facts साक्ष *f*, प्रतिज्ञापूर्वक साक्ष *f*; affirmation साक्ष *f*, पुरावा; profession कबुलात *f*; witness साक्षी; the whole divine revelation ईश्वरी शास्त्र *n* (Ps. xix. 7).—TESTIMONIAL खातरीचा कागद -लेख -पत्र *n*, आब्रूपत्र *n*, 'सर्टिफिकिट' *n.*

TESTY *a. F.* खिसखिशा, तुसडा, खडतर, दाष्ट.

TETE-A-TETE *F.* भाषण *n*, संभाषण *n*, तोंडास तोंड *n*; [a form of sofa for two persons, so curved that they are brought face to face while sitting on different sides of the sofa].

TETHER *W.* चारणीची दोरी -सडक *f*, काढाडणी *f.* —*v.* चरायासाठीं दोरी लावून बांधणें.

TETRARCH (*Gr. tetra*, four, *archos*) लहानसा -चौथाईदार राजा.

TETTER*, a vesicular disease of the skin दाद *f.*

TEXT (*textus*, texture) a discourse or composition on which a note or commentary is written मूळग्रंथ, मूळ *n*; a verse or passage of Scripture as the subject of discourse, or in proof of a doctrine प्रतीक *n*, विधि, वचन *n*, शास्त्रवाक्य *n.* -UAL *a.* वचनांतील, वाचनिक. -URE, act of weaving विणणें *n*; that which is woven विणलेलें कापड *n*, विणपें *n*; connection of threads विणकर *f*, वीण *f*, सूतपोत *n*; disposition of parts रचना *f*, जुळणी *f*; of strong t. धनवट; of fine t. तलम, तलमसुती; of coarse t. जाडसुती, भरडसुती.

THAN* *conj.* पेक्षां, हून.

THANK* उपकार स्वीकार, कृतज्ञतादर्शन *n*; *pl* उपकारस्तुति *f.*—*v.* express gratitude to for a favor उपकार मानणें -दाखविणें, आभार

मानणें [for]. -FUL *a.* उपकारी, आभारी, कृतज्ञ. -FULLY *ad.* कृतज्ञतापूर्वक, उपकार मानून. -FULNESS उपकारीपणा, कृतज्ञता *f.* -LESS *a.* अनुपकाराचा, कृतघ्न. -WORTHY *a.* उपकार मानण्यास योग्य; meritorious लायक, योग्य.

THAT* *pro.* तो, ती *f*, तें *n*; which जो, जी *f*, जें *n*.—*conj.* जें, कीं.

THATCH* छप्पर, शाकारणी *f.*—*v.* शाकारणी -छप्परबंदी क., छप्पर घालणें. -ER छप्परबंद.

THAW* *v. i.* melt वितुळणें, पाझरणें (ice); become so warm as to melt ice and snow बर्फ वितळे इतकी उष्णता होणें (weather).—*n.* बर्फाच्या -गोठलेल्या पाण्याचा पाझर.

THE* *art.* तो, ती *f*, तें *n*, हा.

THEATRE (*Gr. theatron*) playhouse नाटकगृह *n*; a place of action or exhibition भूमि *f*, आखाडा, फड, रंगभूमि *f.*—THEATRICAL *a.* नाटकाचा, नाटक संबंधी.

THEE* *pron.* तुला; of t. तुझा.

THEFT* चोरी *f*, चौर्य *n*; a petty t. भुरट्टेचोरी *f.*

THEIR* *pron.* त्यांचा; ह्यांचा.

THEISM (*Gr. theos*, God) belief or acknowledgment of the existence of a God, as opposed to *atheism* आस्तिक्य *n*, ईश्वर -आस्तिकवाद.—THEISTIC, -AL *a.* आस्तिक्य संबंधी, ईश्वरवादाचा.

THEIST आस्तिक, ईश्वरवादी.

THEME (*Gr. thema*) subject विषय, प्रकरण *n*; a short dissertation composed by a student निबंध, अल्पप्रबंध.

THEN* *ad.* at that time तेव्हां, त्या वेळीं -समयीं; afterward मग, नंतर (Matt. v. 24); therefore यास्तव; at another time दुसऱ्या वेळीं: now and t. कधीं कधीं; till t. तोंपर्यंत.—*conj.* तर, तरी, ह्मणजे, तसें झालें असतां, तर: if all this be so, t. man has a natural freedom.

THENCE* *ad.* from that place तेथून, तेथपासून, तिकडून; from that time तेव्हां पासून त्या वेळेपासून; for that reason तसें झालें असतां, ह्मणून, तशांत. -FORTH *ad.* तेव्हांपासून. -FORWARD *ad.* त्यापासून पुढें.

THEOCRACY (*Gr. theos*, God, *kratein*, to rule) government of a state by the immediate direction or administration of God ईश्वरकर्तृक राज्य *n.*—[THEOCRASY (*Gr. -crasis*, a mixing) a mixture of the worship of different gods, as of Jehovah and idols]. — THEOGONY (*Gr. -genos*, birth) देवोत्पत्ति *f*, देवसर्ग.

THEOLOGY (*Gr. -legein*, to speak) the science of God and his relation to his creatures ईश्वरविद्या *f*, अध्यात्मविद्या *f*; *Hind.* t. ब्रह्मविद्या *f* -ज्ञान *n*, वेदांत.—THEOLOGIAN परमार्थज्ञानी, ईश्वरविद्यावेत्ता; ब्रह्मज्ञानी.—THEOLOGICAL *a.* परमार्थविद्या -ईश्वरविद्या विषयक, ईश्वरविद्येचा; वेदांताचा

THEORY (*Gr. theorein*, to look at) speculation कल्पना *f*, अनुमान *n*, तर्क; exposition of the general principles of any science उपपत्ति *f*, शास्त्रार्थ, बीजनिर्देश; science distinguished from the art विद्या *f*, शास्त्र *n.*—THEORETICAL *a.* काल्पनिक, मनोमय, मानसिक.—THEORIST कल्पना काढणारा, उपपत्ति लावणारा.—THEORIZE *v. i.* कल्पना -तर्क काढणें -बसवणें -बांधणें -रचणें.

THERAPEUTICS *sing.* & *pl.* (*Gr. therapeuein*, to heal) *Med.* औषधाची योजना *f*, योजना *f.*

THERE* *ad.* तेथें, तिकडे; here and t. इकडे तिकडे, जागोजाग. -ABOUT, -ABOUTS *ad.* near that place आसपास, आगेंमागें, आरतांपरतां; nearly सुमारें, त्या सुमारास: ten men or t. -AFTER *ad.* त्यानंतर, नंतर, तदनंतर; according to त्याप्रमाणें. -AT *ad.* त्या ठिकाणीं; on that account त्यामुळें. -BY *ad.* त्यावरून, त्यामुळें. -FORE *ad.* ह्मणून, मुळें, स्तव, सबब, करितां. -FROM *ad.* त्यापासून. -IN *ad.* त्यांत (त्याजागीं -वेळीं -गोष्टींत -बाबतींत). -INTO *ad.* त्या जागीं

-स्थळीं, त्यांत. -OF *ad.* तेथचा, तेथील (Gen. ii. 17). -ON *ad.* त्यावर, ह्यावर. -OUT *ad.* त्यावरून, त्यांतून. -TO *ad.* त्याला; ह्याला. UPON *ad.* त्यावर, त्यावरून; at once लागलाच. -WITH *ad.* त्यासुद्धां -सहित (Phil. iv. 11).

THERMOMETER (*Gr. thermé*, heat, *metron*, measure) शीतोष्णमापक यंत्र *n.*

THESIS (*L.*) a position or proposition which a person advances and offers to maintain, or which is actually maintained by argument पक्ष, प्रतिज्ञा *f*, सिद्धांत; theme विषय; [an essay presented by a candidate for a diploma].

THEY* *pron.* ते;—used indefinitely माणसें *pl*, लोक *pl*; t. say लोक ह्मणतात.

THICK* *a.* dense दाट (vapors); turbid गढूळ, गदळ (water); close दाट, गच्च (people); following in quick succession एका मागून -एकावर एक येणारा, दाट: favors came t. upon him; *Geom.* घन; having more depth or extent from one surface to its opposite than usual दाट, जाड (paper, cloth, plank);—voice दाटलेला, घोगरा; dull मंद, बहिरट: t. of hearing; intimate सलगीचा, खेळीमेळीचा; closely set दाट, घन, गच्च.—*n.* भर, ऐन *f*, जोर, in comp. भर: भर लढाई the t. of the fight. -LY *ad.* दाट, गच्च, जवळ जवळ; in quick succession पाठोपाठ, लागोपाठ. -EN *v.* जाड -घट्ट क., अटवणें, थिजवणें.—*i.* अटणें, आळणें, जमणें; दाटी होणें, दाटणें; become quick and animated तडखा -कडाखा होऊं लागणें, वितणें, जमणें. -ING मिळण *n*, मिळवण *n.* -ET झाडी *f*, जाळी *f*, झुडूप *n.* -NESS जाडपणा, जाडी *f*; स्थूलता *f*; दाटी *f*, दाटपणा; गाढपणा, निबिडपणा: the t. of trees; जाडी *f*, घनत्व *n*: t. of a board; मंदपणा, मांद्य *n*, जडपणा, जाड्य *n.* -SET *a.* अटस, घट्ट.

THIEF* चोर; a petty t. भुरट्याचोर.—THIEVISH *a.* चोरटा, चोरीच्या स्वभावाचा; चोरा सारखा; चोरीचा; चोर: t. practices चोरचाळे *pl.* —THIEVE *v. i.* चोरी -चोरचाळे क. [from].

THIGH* मांडी *f*, जांघ *f*.

THILL* गाडीची दांडी *f*, शेलें *n.* -HORSE धुरेचा घोडा, धुरकरी.

THIMBLE* अंगुस्तान *n.*

THIN* *a.* not thick पातळ, बारीक (paper); rare पातळ (milk); not close पातळ, तुरळ, क.: the grass is t.; not full बारीक, रोड, शुष्क, कृश, क्षीण (ears of corn); lean बारीक, कृशांग, पातळ आंगी, किडकिडीत: some animals are naturally t.; fine बारीक, सूक्ष्म (sound); flimsy विरविरीत, झिरझिरीत.—*v.* बारीक -पातळ क.; पातळ -विरळ क. -LY *ad.* पातळ, बारीक; विरळ, तुरळक, विसकळ. -NESS पातळपणा, बारकाई *f*; सूक्ष्मता *f*, इ०.—See the adj.

THINE* *pron.* तुझा.

THING* inanimate object वस्तु *f*, पदार्थ; a separate being, whether animate or inanimate व्यक्ति *f*, वस्तु *f*; event गोष्ट *f*; something कांहीं एक, कांहीं अंश; affair गोष्ट *f*, विषय, पदार्थ; *pl* चीज *f*, वस्त *f*, सामान *n*, वस्त्रपात्र *n.*

THINK* *v. i.* exercise the mind मनोव्यापार क., चिंतणें; remember आठवण क.: I would have sent the books, but I did not t. of it; reflect चिंतणें, विचार -ध्यान क. (Mark xiv. 72); form an opinion वाटणें, समजणें, भासणें: I t. it will rain to-morrow; intend मनांत येणें -असणें: I *thought* to promote thee to great honor; presume अभिमान बाळगणें, समजणें (Matt. iii. 9);—much of मानणें, लेखणें [of].—*t.* कल्पणें, मनांत आणणें, कल्पना क.; मानणें, लेखणें, मोजणें; design योजणें, बेत क. -ING विचारवंत, बुद्धिविशिष्ट. —*n.* विचार, कल्पना *f*; चिंतन *n*, चिंतना *f*.

THINK* *v. i.* दिसणें, भासणें, वाटणें: *methinks.*

THIRD* *a.* ordinal of three तिसरा; तिसऱ्या भागाचा.—*n.* तृतीयांश, तिसरा वांटा -भाग; [the sixtieth part of a second of time; *Law*, the third part of the estate of deceased husband which, by some local laws, the widow is entitled to enjoy during her life]. -LY *ad.* तिसऱ्यानें.

THIRST*, vehement desire for drink तहान *f*, तृषा *f*; eager desire सोस *f*, हव्यास, तृषा *f*; drought अवर्षण *n*, कोरड *n*, शोष.—*i.* for तहान लागणें; सोस -हव्यास लागणें: my soul *thirsteth* for the living God [for, after].—THIRSTY *a.* तहानेला, तहान लागलेला, तृषाक्रांत; parched शुकिस्त, निर्जल (Ps. lxiii.); हव्यासी, सोसी.

THIRTEEN* *a.* तेरा.—*n.* तेराचा आंकडा.—THIRTEENTH *a.* तेरावा; तेराव्या भागाचा. t. lunar day त्रयोदशी *f*.—*n.* तेरावा भाग.

THIRTY* *a.* तीस.—*n.* तिसाची संख्या *f*.—THIRTIETH *a.* तिसावा.—*n*, तिसावा भाग.

THIS* *pron.* हा, ही *f*, हें *n*.

THISTLE* उंटकटारा, कांटे धोत्रा इ० प्रकारचें कांटेझाड *n*, कांटाळी *f*?

THITHER* *ad.* तिकडे; hither and t. इकडे तिकडे.

THONG* वादी *f*, कातड्याची पट्टी *f* -चा पट्टा.

THORAX (*L.*) ऊर, छाती *f*, वक्षस्थल *n*.—THORACIC *a.* छातीचा, उराचा (arteries).

THORN*, a sharp process from the woody part of a plant कांटा, कंटक; a tree armed with thorns कांटेंझाड *n*, कंटकवृक्ष; trouble कांटा, सल *n*. -APPLE धोत्रा.—THORNY *a.* कांट्याचा, कांटेरा; जाचाचा, त्रासाचा, जिकिरीचा.

THOROUGH* *a.* passing through आरपार जाणारा -गेलेला, साद्यंत; complete पुरा, पूर्ण, पक्का (poet). -FARE हमरस्ता, रहदारीचा रस्ता; frequented street आल्या गेल्याचा -वहाता रस्ता. -LY *ad.* पुरतेपणीं, पक्केपणीं. -PACED *a.* पक्का, पुरा.

THOU* *pron.* (*Skr. tvam*) तूं.—*v.* अरेतुरे -हुमरीतुमरी क.—*i.* अरेतुरे म्हणणें.

THOUGH* *ad.* and *conj.* जरीं; as th. जसें काहीं, जणूं काहीं.

THOUGHT*, act of thinking मनन *n*, चिंतन *n*. विचार; serious consideration ध्यान *n*, मनन *n*, विचार; idea कल्पना *f*, तर्क, भास; intention मनांतील गोष्ट *f*, मनोदय, मनोगत *n*, कल्पना *f*. (Ps. lvi.5); concern काळजी *f*, चिंता *f*; evil t. कुकल्पना *f*; speed of t. मनोवेग; beyond t. अचिंत्य. -FUL *a.* विचारवान -शीलवत; ध्यानस्थ, मननशील, चिंतायुक्त, सचिंत. -FULNESS विचारीपणा, विचारशीलता *f*; ध्यानशीलता *f*, ध्याननिष्ठा *f*. -LESS *a.* अविचारी, निश्चित, निष्काळजी; stupid मूर्ख, विवेकहीन, अविचारी.

THOUSAND* *a.* हजार, सहस्र; consisting of a great number लाख, लक्ष, सहस्र; one of a t. लाखाचा मनुष्य, हजारांत एक.—*n.* सहस्र; by thousands हजारों, सहस्रशः.

THOWL*, a rowlock खुंट.

THRALDOM* गुलामगिरी *f*, दासत्व *n*.

THRASH* *v.* beat out grain from झोडणें, मळणी क., मळणें; beat soundly with a stick or whip झोडणें, चोपणें [out].—*i.* मळणी क.; drudge काबाड काम -कष्ट क., दगडफोड क. -ING-FLOOR खळें *n*.

THREAD*, a small twist of cotton drawn out to considerable length दोरा, धागा, सूत *n*; filament,—as of a flower तंतु, तार *f*; a line of gold or silver तंतु, तार *f*; something continued in a course सूत *n*, संविधान *n*, अनुसंधान *n*; spiral part of a screw वेढा; sacred t. of the Hindu जानवें *n*, यज्ञोपवीत *n*; t. investiture मुंज *f*, मुंजीबंधन *n*.—*v.* ओवणें, गोवणें; pass through, as a narrow way अरुंद वाटेनें पार जाणें.

THREAT* भेडावणें *n,* भेडसावणें *n,* धमकी *f.* -EN *v.* भय -धाक घालणें -दाखवणें, भेडसावणें, भेडावणें; exhibit the appearance of something evil or unpleasant as approaching to or towards रंग -राग -डौल दाखवणें: the clouds t. us with rain [with]. -ING भयमदर्शक -सूचक.

THREE* *a.* (*Skr. tri*) तीन.—*n.* तिनाचा आंकडा, तिनाची संख्या *f.* -FOLD *a.* तिप्पट, तिहेरी, त्रिगुण. -SIDED तिबाजू.

THRENODY (*Gr. threnos, odé,* song) a song of lamentation मरशा.

THRESH, See THRASH [out].

THRESHHOLD*, ground under a door दारवठा, उंबरा; outset आरंभ, उपक्रम.

THRICE* *ad.* तिनदां, त्रिवार, तीन वेळां; repeatedly वारंवार.

THRIFT* *a.*—See under THRIVE.

THRILL* *v.* pierce टोंचणें, वेधणें.—*i.* झणझणणें, घणघणणें, सणसणणें, भिरभिरणें: a sharp sound *thrills* in the ear;—as in the body शिसारी -शिरशिरी येणें [with, through]. —*n.* शिसारी *f,* शिरशिरी *f,* स्फुरण *n.*

THRIVE* *v. i.* prosper भरभराट असणें, जमणें, रंगास चढणें; grow पोसणें, जीवधरणें, वाढणें [upon,with].

THROAT*, fore part of the neck गळा, घसा, कंठ; pharynx घसा; up to the t. आकंठमर्याद.

THROB *v. i.* (*Gr. thorobein,* to make a noise) उडणें, ठणकणें; palpitate ऊर उडणें, धडकी बसणें [with].—*n.* ठणका, स्फुरण *n.*

THROE*, extreme pain अतिवेदना *f;* anguish of travail in childbirth वेण *f,* प्रसूतिवेदना *f.*—*v. i.* वेदना देणें, तिडका येणें.

THRONE (*thronus*) royal seat गादी *f,* सिंहासन *n,* राजासन *n,* तक्त *n;* sovereign power राज्याधिकार, गादी *f;* an exalted personage आर्य, महाराज.—*v.* गादीवर बसवणें; मोठ्या पदावर बसवणें, पदारूढ क.

THRONG* जमाव, दाटी *f.*—*i.* दाटी -भीड होणें; जमून येणें [in, together].—*t.* दाटी क.; दाटी करून -खेटून त्रास देणें.

THROUGH* *prep.* from end to end पार, आरपार; within आंत; by means of करून, करवी, मारफत; over the whole surface of भर, आतून: to ride t. the country; in the way of passage मधून, वाटेंतून: to run t. a thicket, as a deer; from beginning to end पहिल्या पासून शेवट पर्यंत, साद्यंत, भर: t. the year.—*ad.* आरपार, पार; पहिल्या पासून शेवट पर्यंत, साद्यंत: to read a letter t.; to the end शेवटास, कडेस: to carry a project t.; to drop t. तुकडे तुकडे होऊन पडणें; नाश पावणें; to fall t. सुटणें, पडणें. -OUT—of time शेवट पर्यंत, भर, पर्यंत;—of space एथून तेथून, साद्यंत, भर.

THROW* *v.* hurl झोंकणें, झुगारणें, फेंकणें; overturn in wrestling चीत -जमीनदोस्त क.; venture at dice फासा टाकून पाहणें, फांसा टाकणें; cast टाकणें, गाळणें; drive by violence आपटणें, आदळणें: a vessel *thrown* upon a rock; away घालवणें, दवडणें, उधळणें (time, money); वर्ज्य क., टाकणें; back उलट जाब देणें; वर्जणें, नाकारणें; by एकीकडे -सांदीकोंदीस टाकणें (a garment); down पाडणें, पाडून टाकणें (a wall); मान हलका क.; in आंत सोडणें, घालणें; दुसऱ्यापाशीं ठेवणें; अजमासानें घालणें; सोडणें, टाकणें; off काढणें, उतरणें; दूर क., टाकणें, सोडणें: to t. all sense of shame; on लादणें;—one's self down अंगटाकणें, निजणें, लवंडणें;—one's self on ओठंगणें, टेंकणें; out सुचवणें, दर्शवणें (an observation); बाहेर टाकणें, फेंकणें; up सोडणें, टाकणें; ओकणें, उलटी क. [at, against, from, through].—*n.* टाकणें *n,* प्रक्षेप;—of dice डाव; distance which a missile is or may be thrown टप्पा, पल्ला.

Thrum *Icel.* वस्त्राच्या दशा *f pl.*—*v.* तारा तोडणें, अनाडीपणानें वाजवणें [on, upon].

Thrush*—the bird मदनसारिका *f*; *Med.*, minute ulcers covered with a curd-like exudation, found in the mouth मुखमौक्तिक *n.*

Thrust* *v.* push ढकलणें, रेटणें; drive in खुपसणें, खोचणें; away ढकलणें, ढकलून देणें; in खोचून देणें; on पुढें चालवणें, रेटणें; one's self घुसणें, शिरणें; through भोसकणें, ढुसकणें; together दडपणें, चेपणें [with].—*i.* ढुसकी मारणें; आंत शिरणें, पुढें ढकलणें.—*n.* धक्का, धडकी *f*; खुपसणी *f*; ढुसणी *f*.

Thumb* हाताचा अंगठा; one under the t. of छापा खालचा गृहस्थ.—*v.* soil with the thumb or the fingers अंगठ्याचा डाग पाडणें; handle awkwardly अडाणी रीतीनें हातांत धरणें, हातळणें; play with the fingers बोटें चाळविणें: to t. over a tune.

Thump *Ger.* धपका, धपाटा.—*v.* धपकन मारणें, अपटणें; बुकलणें, कुमलणें [with].—*i.* धप्पा देणें, थडकणें; धपकन पडणें -अदळणें -अपटणें [on].

Thunder*, sound which follows the flash of lightning गडगडाट, मेघगर्जना *f*, मेघनाद; loud noise गर्जना *f*, गडगडाट.—*v. i.* गर्जणें, गर्जना क.; गडगडणें, गडबड क.—*t.* धडकावून -खणकावून बोलणें [at]. -bolt वीज *f*, वज्र *n.* -storm विजेचा पाऊस. -struck दंग, थक्कीत, चकित.

Thursday* बृहस्पति -त वार, गुरुवार.

Thus* *ad.* in this manner असा, याप्रमाणें; to this degree इतका.

Thwart* *ad.* आडवा.—*v.* मोडा घालणें, अडथळा क., आडवा येणें [in, by].—*i.* move across आडवा जाणें -फिरणें.

Thy *pron. O. E.* तुझा. -self तूंच, आपण.

Tiara (*L.*) मुगूट, किरीट.

Tibia (*L.*) नडगी *f*, नळी *f*.

Tick *F.* गोचीड; (prob. from *ticket*) उचापत *f*, उधार *n.*—*v. i.* उचापत देणें, उधार देणें. *D.* टिकटिक वाजणें -शब्द क.—*n.* टिकटिक शब्द.

Ticket *F.* written token चिट्टी *f*, दाखला; lable चिट्टी *f*, चकती *f*; as appended to show number and price अंकपट्टी *f*, बीज *n*; as in a lottery टीप *f*, 'टिकीट' *n*, *f*; a certificate or token of right of admission to a place of assembly, or to enter and be carried in a public conveyance दाखलेचिट्टी *f*, 'टिकीट' *f*, *n*: a railroad t.; a theatre t.—*v.* चिट्ट्या मारणें -लावणें; टिकिटीवरून ओळखणें; टिकीट देणें [with].

Tickle* *v.* touch lightly and cause to laugh गुदगुली क.; please by slight gratification थोडक्यांत खुश क. [by, with]. —*i.* गुदगुली होणें; गुदगुली क.—Ticklish *a.* ज्यास गुदगुल्या लवकर होतात तो; unfixed डळमळीत, लटपटीत; difficult कठीण (times).

Tide*, flux and reflux of the sea भरती *f*, ओहटी *f*; current ओघ, प्रवाह: t. of blood; tendency कल, झोंक: time's t. कालदशा *f*; high t. समा; spring t. उधाण *n*; neap t. भांग.—Tidy *a.* चकपक, साखसुरत, ठाकठीक.—Tidiness चापचोपी *f*, चकपक *f*.—Tidings खबर *f*, बातमी *f*, वार्ता *f*.

Tie* *v.* bind बांधणें, बांधून टाकणें, तांगडणें; knit गोवणें, ओवणें; fold गुंडाळणें, बांधणें, लपेटणें; restrain आवरणें, बांधणें, गोवणें; down बांधून ठेवणें, तांगडणें; up जखडणें, तांगडणें;—with a knot गांठ देणें -मारणें [with, to].—*n.* बंद, बंधन *n*, पाश; obligation moral or legal गांठ *f*, नातें *n*, धागादोरा;—as of husband and wife of the soul and body रेशमाची गांठ *f*; knot of hair बुचडा;—as of a necklace गळसरीचा दोरा.—Tied बद्ध, बांधलेला.

TIFFIN *P. E.* फराळ, उपहार, 'टिफिन' *f.*

TIGER (*tigris*) वाघ, व्याघ्र; tiger's skin व्याघ्रचर्म *n.*—TIGRESS वाघीण *f.*

TIGHT *a.* not loose ताठ, तंग; close घट्ट, गच्च, दाट;—as a garment तंग, अटस, अवळ; compact सुटसुटीत, अटोपसार, घट्ट; neat नीट, नीटनेटका. -EN *v.* अवळून बांधणें, अवळणें, ताणणें. -NESS ताठा, ताठपणा, ताण; तंग -अवळ -घट्टपणा; parsimoniousness कृपणपणा, चिकूपणा; stringency तंगचाई *f*: t. of the money market.

TILE* कऊल *n,* कौल *n.*—*v.* कौलें लावणें, शेकारणें [in].—TILING कौलार *n,* खपरेल *n;* tiles कवलें *n pl.*

TILL* *v.* नांगरणें. -AGE नांगरणी *f,* शेती *f,* लागवड *f.* -ER नांगरणारा, शेतकरी.

TILL* *prep.* पर्यंत, पावेतों; t. now आजपर्यंत.

TILT*, covering over the head भुरका, भुरकी *f;* covering for a cart, boat, &c. भुरका, पाल *n,* चांदवा, छत *n,* इ० ; the military exercise भालेकरोली *f;* thrust ढुसणी *f,* खुपसणी *f.*—*v.* कलंडणें, कलंडून ओतणें; ढुसणें, खुपसणें; घणानें ठोकणें, घण मारणें [up, over].

TIMBER* इमारती -सुतारकामी लांकूड *n;*—of a house लांकडीकाम *n,* लांकूड *n.*

TIMBREL *Sp.* डफ *n,* खंजिरी *f.*

TIME*, portion of duration काळ, वेळ *m,f;* a proper time प्रसंग, वेळ *f*: there is a t. for every purpose; unmeasured duration काळ: space and t.; duration of one's life आयुष्य *n*: your t. is not your own; it belongs to God, to religion, to mankind; age काळ, युग *n*: ancient t.; allotted period वेळ, समय, मुदत *f,* अवधि *f*: the t. of life is short; delivery प्रसूतकाळ, वेळ *f,* दिवस *pl*: she was within one month of her t.; repetition वेळ, वेळा *f,* वार (दोनवेळां, त्रिवार); state of things at a particular period काल, दिवस *pl*: good *times,* hard *times;* at a certain t. एकदां, कोण्याएका काळीं; present life इहलोक -जन्म t. or eternity; tune ताल, गत *f; Gram.* काल; in the course of t. कालेंकरून, कालगतीनें; lapse of t. कालगति *f,* कालचक्र *n;* spirit of the t. कालमाहात्म्य *n,* युगधर्म; to kill t. काल लोटणें -ढकलणें; to spend t. rightly सत्कालक्षेप क.; for a long t. बाढवेळ; given t. नियमित काल; of t. immemorial कै काळचा, काळोकाळचा; the three *times* (past, present, and future) कालत्रय, कालत्रयीं; in the three *times* त्रिकाल; *times* are changed कालचक्र फिरलें, दिवस मागें पाहतात; up to that t. तावत्काल; to take one's t. सावकाशीवर घेणें; in good t. सुवेळीं, वेळेवारीं; unseasonable t. अवकाळ, गैरहंगाम; to consider t. and season वेळ अवेळ पाहणें; according to the t. समयानुसार; at some t. or other कधीं तरी; at *times* कधीं कधीं, कधींमधीं; hard *times* कठीण दिवस *pl,* कडू काळ; from t. to t. वारंवार, वेळोवेळां; to have t. पावणें; in t. and tune तालसुरीं; mean or common t. मध्य *n,* घन *n;* beat t. with a song तालधरणें: *Mus.,* quick द्रुत *n,* ओघ; slow t. ठाय *f;* with reference to repetition पट, गुण: five *times* पांचपट.—*v.* वेळ अवेळ पाहणें, वेळेवार क.; regulate as to time वेळ सांगणें -नेमणें -बांधणें; ascertain the t. of -ची वेळ मोजणें; measure, as in music ताल धरणें [to]. -HONORED *a.* फार दिवसांचा म्हणून प्रतिष्ठित मानलेला. -KEEPER घड्याळ *n,* कालयंत्र *n;* a person who keeps, marks, or regulates the time, as of the departure of conveyances घड्याळजी ! 'टैम कीपर';—in musical performances ताल धरणारा, तालकरी. -LY *a.* वेळेवरचा, वक्तशीर.—*ad.* वेळे-

वारीं, समयास, वेळेस. -SERVER काळ -रंग पाहून चालणारा, समयानुसारी, कालानुरोधी. -SERVING *a.* समयानुसरण *n.* -TABLE वेळापत्रक. *n,* 'टैम टेबल' *n.*

TIMID *a.* (*timere,* to fear) भित्रा, बुजरा, भ्याड. -ITY भित्रेपणा.—TIMOROUS *a.* भित्रा, भ्याड. भयशील ; भयाचा.

TIN*, the metal कथील *n* ; thin plates of iron covered with tin कल्हईचे लोखंडी पत्रे *pl,* टीन *n* ; money पैका, पैसा.—*v.* कल्हई क. -लावणें.

TINCAL *Hind.* टांकणखार.

TINCTURE (*tingere,* to tinge) a shade of color छटा, वास, लकेर *f*; *Med.* अर्क.—*v.* छटा -चुणूक -लकेर आणणें -देणें; imbue the mind of मनात भरणें [with].—TINGE *v.* छटा -लकेरी आणणें -देणें, -युक्त क. [with].—*n.* छटा, लकेरी *f,* धुनक *f*; color छाया *f,* रंग.

TINDER* पेटवणें *n,* चेतवणें *n,* गूल *m,f.*

TINGLE *v. i. W.* feel a kind of thrilling sensation भणभणणें, झणझणणें, सणसणणें; feel a short thrilling pain चुरचुरणें,सळकणें, चुणचुणणें; have a slight pricking sensation मुंग्या येणें, रवरव-हुळहूळ सुटणें,खाज सुटणें [with].—TINKLE *v. i.* किणकिणणें, छणछण वाजणें.—TINKER जुनीं भांडीं विकणारा.

TINSEL *F.* shining material made for ornamental purposes खोटा कलाबतू, तोई *f*; बेगड इ० ; something having a false lustre बेगडी डागिणा.

TINT (*tingere,* to dye) *v.* रंग -छटा देणें [with].—*n.* रंग, छटा, लकेरी *f,* धमक *f.*

TINY *a. W.* चिंगुला, चिमकुला, चिमणा.

TIP *D.* अणी *f,* अणकुची *f,* बोंडी *f,* अग्र *n.* —*v.* अणीवर लावणें -चढवणें; टोपण -शेंबी बसविणें : to t. anything with gold [with]. —*Ger.* टिचणें, टिपणें. -CAT इटीदांडू.

TIPPLE *v. Ger.* दारू पिणें, निशाबाजी क.—

TIPPLER दारूबाज, छाकटा.—TIPPLING-HOUSE कलालाचें दुकान *n.*—TIPSY *a.* झिंगलेला, मस्त ; झिंगल्या सारखा झालेला, झोकें खाणारा.

TIRE*, head-dress मुगूट ; attire पोशाक, आभरण *n* ; iron band of a wheel धांव *f.*

TIRE* *v.* दमवणें, श्रमवणें [with].—*i.* दमणें, थकणें, श्रमणें.—TIRED श्रमलेला, भागलेला, श्रांत. -SOME *a.* श्रमाचा, कष्टाचा ; tedious कंटाळा आणायाजोगा, त्रासदायक, जिकिरीचा, किचर.

TISSUE *F.* cloth interwoven with gold or silver जरीकापड *n* ; connected series जाळें *n,* सुताडें *n,* रचना *f,* ग्रंथ : a t. of lies ; *Anat.* शरीररचना *f.*—*v.* रचणें, विणणें.

TIT *Icel.* small horse तट्टू *n* ; in contempt, a woman बायरू *n* ; a small bird लहान पक्षी, पांखरूं *n* ; -t.-for-tat टीपास टीप, यमकाला यमक.

TITHE* दहावा हिस्सा, दशमांश.—*v. i.* दहावा हिस्सा देणें.—*t.* दहावा हिस्याचा कर बसविणें -घेणें (Luke xi. 42).

TITILLATE *v.i.* (*titillare*) गुदगुल्या होणें.

TITLE (*titulus*) name नांव *n* ;—of a book ग्रंथनाम *n* ; appellation of dignity किताब *n,* प्रतिष्ठानांव *n,* नांव *n* ; claim दावा, हक, सत्ता *f* ; t.-deeds कबाला, सनदा, खतें वगैरे कागदपत्र *n pl.*—*v.* नांव ठेवणें -देणें. -PAGE ग्रंथाच्या नांवाचें पत्र *n,* मलपृष्ठ *n,* 'टैटल पेज' *n,* मुखपत्र *n.*

TITTLE-TATTLE *Ic.* बकबक *f,* वटवट *f.*

TITULAR *a.* (See TITLE) नांवाचा, नामधारी (a king).

TO* *prep.* noting access स, ला, पाशीं, जवळ, कडे;—nearness to कडे, जवळ, पाशीं, प्रत : he is rising *to* wealth ;—extent पावेतों, तों, पर्यंत, तोंवर : to beat one *to* death ; they met us *to* the number of one hundred ;

—comparison हून, पेक्षां ताडून -लावून पाहिलें असतां: all that they did was piety *to* this;—addition अणखी, शिवाय, खेरीज: wisdom he has, and *to* his wisdom courage; accord प्रमाणें, सारखा: she has a husband *to* her mind;—apposition -शीं, वर: they engaged hand *to* hand; accompaniment वर: she sang *to* his guitar; *to*-day आज; *to* and fro इकडे तिकडे; मागें पुढें; *to* the face तोंडावर, समक्ष, रुबरू; *to* wit ह्मणजे; समजणें; as *to* विषयीं, संबंधी;—as a sign of a verb स, ला, साठीं.

TOAD* मोठा बेडूक, चामडेड़ेरक. -STOOL कुतऱ्याचें मूत *n*, अळंबें *n*.

TOAST *v.*(*torrere,* to parch) भाजणें, भाजन क.; warm thoroughly गरम क., शेक देणें: to t. the feet; drink to the health, or in honor of -चें कुशल चिंतून किंवा -च्या सन्मानार्थ दारू पिणें.—*n.* विस्तवावर भाजलेली रोटी *f*, 'तोस्त'; [the name of any person, esp. a person of distinction, in honor of whom health is drunk; anything considered worthy to be commemorated in a similar way].

TOBACCO (*Sp. tabaco,* from the Indian *tabaco,* the tube or pipe in which the Inydians smoked the plant, transferred by the Spaniards to the herb itself) तंबाखु *f*.

TO-DAY* *ad.* आज, आजच्या दिवसास -सीं.—*n.* आंजचा दिवस.

TODDY *Hind.* ताडी *f*.

TOE* पायाचें बोट *n*; great t. पायाचा अंगठा; little t. पायाची करंगळी *f*; space between *toes* बेचक *n*; t. ornament जोडवें *n*.

TOGETHER* *ad.* in the same place एकत्र, एका ठिकाणीं; in the same time एकेवेळेस, बराबर; in or into union संगें, संगतीं, बराबर, सुद्धां; in concert एकमतानें, मिळून; t. with संगें, संगतीं, सहवर्त्तमान [with].

TOGGLE *Ger.* सुरसा.

TOIL* *v. i.* कष्ट -मेहनत क., खपणें [for, at].—*t.* कष्टविणें, श्रमविणें.—*n.* कष्ट, श्रम, मेहनत *f*. -SOME *a.* कष्टाचा, श्रमाचा, मेहनतीचा.

TOKEN*, sign खूण *f*, लक्षण *n*, चिन्ह *n*; memorial of friendship स्नेहाची ओळख *f*, यादगिरी *f*, आठवणूक *f*; [*Print.*, ten quires of paper].

TOLERATE *v.* (*tollere,* to lift up) suffer to be or to be done without prohibition परवानगी -मोकळीक देणें, मनाई न क., सहन क., नको न ह्मणणें (opinions, practices).—TOLERATION, TOLERANCE परवानगी *f*, अप्रतिबंध, मोकळीक *f*.—TOLERABLE *a.* supportable सोसायाजोगा, सहनीय, सह्य; moderately good चालायाजोगा, कामचलाऊ, माफक (translation).—TOLERABLY *ad.* बरा, बराच.—TOLERANT *a.* परवानगी देणारा, अडथळा न करणारा, सहिष्णु.

TOLL* जकात *f*, दस्तुरी *f*; t. -gatherer नोकदार, जकातदार; t. paid by ships on clearing out of a port पाग. -BOOTH जकातीचा नाका, जकातकट्टा, दस्तुरी *f*.

TOLL *v. W.* राहून राहून घांट वाजविणें: to t. the funeral bell.—*i.* राहून राहून (घांट) वाजणें.—*n.* राहून राहून होणारा नाद, सावकाशीचा नाद.

TOMB *F.* grave प्रेताची खांच *f*, प्रेताचा खाडा, शवगर्ता *f*; monument erected to the memory of the dead थडगें *n*, कबर *f*, समाध *f*. -STONE कबर *f*.

TO-MORROW (*to & morrow*) उद्यां, उदईक *f*.—*n.* उद्यांचा दिवस.

TOM-TIT (*Tom & tit*) एक लहान पक्षी आहे.

TOM-TOM, *Hind.* टिमकी *f*.

TONE (*tonus,* sound) नाद, स्वर, आवाज; accent स्वर; *Mus.* मूर्च्छना *f*; *Med.* सुभावना *f*, सद्भावना *f*, प्रकृतीचा ताळ; temper तब्यत

f, प्रकृति *f*; tenor बोलण्याचा रोख -चें धोरण *n*, शैली *f*; general style धाटणी *f*, धाटी *f*: a low t. of morals; prevailing color of a picture चित्राचा मुख्य रंग; to recover one's healthy t. from sickness, anger, hatred, &c. प्रकृति ताळ्यावर येणें.—TONIC *a.* स्वराचा; increasing strength शक्तिवर्द्धक; *Med.* रोचक, अभिवर्द्धक.—*n. Med.* दीपन *n*, पाचक औषध *n*; *Mus.*, the key-tone or first tone of the scale अंशस्वर; quarter t. श्रुति *f*; half t. स्वरांश.

TONGS *pl.* सांडस, चिमटा, गावी *f*.

TONGUE*, the member जीभ *f*, जिव्हा *f*, रसना *f*; speech बोलणें *n*, भाषण *n*: much t. and much judgment seldom go together; power of articulate utterance वाचा *f*, वाचाशक्ति *f*, वाणी *f*; language बोली *f*, भाषा *f*; mother t. जन्मभाषा *f*; words शब्द *pl.*, बोलणें *n*, तोंड *n* (1 John iii. 18); a nation, as distinguished by language देश, लोक;—of flame or fire आगीचा लोळ, आगीवळा, झोत;—of a bell लोळा, लोळी *f*;—of a balance कांटा; to hold the t. तोंडास खीळ घालणें; to bridle the t. तोंड आटोपणें; tip of the t. जिव्हाग्र *n*; root of the t. जिव्हेचा कांदा; projection on the side of a board which fits into a groove कुसूं *n*; narrow strip of land, projecting from the main into a sea or a lake भूशलाका *f*; taper part of anything चिंचोळा भाग, गोपुच्छ *n*.—*v. i.* बोलणें; वटवट -बडबड क. -TIED *a.* बांधलेल्या जिभेचा, बद्धजिव्ह.

TONSIL (*tonsillæ*) अमृतकळा *f pl.*

TONSURE (*tonsura*) डोई क. *n*, केंस काढणें *n*; t. of the head of a child to form the shendi चौल *n*;—the ceremony जावळ *n*, जायवळ *n*.

TOO* *ad.* over फार, फारच, अति; also ही, पण, देखील.

TOOL*, instrument of manual operation हत्यार *n*, आऊत *n*, शस्त्र *n*; any instrument of use साधन *n*, उपकरण *n*, हत्यार *n*: person used as an instrument by another person,—a word of reproach हातगुंडा, ससाणा, कुत्रा.

TOOTH* दांत, दंत;—of a comb, wheel, &c. दांत, दाता; a prong कांटा; taste रुचि *f*, चव *f*: these are not dishes for thy dainty *tooth*; to show the *teeth* धमकावणें, धमकी दाखवणें; to cast in the *teeth* तोंडावर अपमान क.; to do in the *teeth* of नाकावर पाय देणें; to the teeth of तोंडावर. -ACHE दंतशूळ, दांतदुखी *f*. -BRUSH दांत घांसायाची कुंची *f*, दांतवण *n*, इ०. -PICK दांतकोरणें *n*. -POWDER दारशिणा, दांतवण *n*.

TOP*, highest part शेंडा, माथा, शिखर *n*, अग्र *n*; utmost degree कळस, सीमा *f*; highest rank वरची पायरी *f*, पदवी *f*, मुख्य -अग्रस्थान *n*: at the t. of one's class; chief person प्रमुख, शिरोमणि, अग्रगण्य: the t. of zealots; crown of the head टकल *n*, माथा; upper part of the plant शेंडा, माथा; t. of a mountain शिखर *n*.—*Ger.* भोंवरा; humming t. जंगीभोंवरा; a dint struck on a t. घुमा; the swift spinning of a t. upon one spot निधा.—*v.* वर उचलणें; rise to the top of माथ्यावर चढणें; surpass वरचढ होणें, मागें टाकणें; crop बोखा -डिचक्या तोडणें (trees); off पुरा क., कळस क.—*i.* उंच असणें; वर्चस्व असणें [by]. -KNOT बुचडा. -MOST *a.* अगदी वरचा, अग्रतम. -SY-TURVY *ad.* उलथा पालथा, उलटा सुलटा, खालवर.

TOPAZ (*topazon*, *Skr. tapus*, fire) a mineral पुष्पराग.

TOPIC (*topica*) विषय, प्रकरण *n*. -AL *a.* विषयाचा, प्रकरणाचा; local एकेदशी, विशेष स्थानाचा.

TOPOGRAPHY (*Gr. topas*, place, *graphein*, to describe) स्थानवर्णन *n*, विशेष स्थलवर्णन *n*.

TORCH *F.* मशाल *f,* दिवटी *f,* टेंभा. -BEARER मशालजी.

TORMENT *F.* अति पीडा *f,* यातना *f,* तीव्र वेदना *f.*—*v.* यातना देणें, पीडा क.; tease छळणें, गांजणें [with, by, for].

TORNADO *Sp.* तुफान *n,* प्रभंजन.

TORPID *a.* (*torpere,* to be stiff) numb बहिरा, सुना, निचेत; dull मंद, सुस्त.—TORPOR सुनेपणा, बधिरपणा; मंदपणा, सुस्ती *f.*

TORRENT (*torrens,* boiling) a violent or rapid stream मुसंडा, झोत, लोंढा; rapid flow ओघ, धार *f,* धारा *f*: t. of vices and follies.

TORRID *a.* (*torrere,* to parch) उनानें वाळलेला -करपलेला, रुक्ष (plain); dried with heat उनानें वाळलेला -करपलेला (plain); t. zone उष्ण कटिबंध.

TORT (*tortus,* twisted) *Law,* a wrongful act for which an action will lie अपकृत्य *n.*

TORTOISE (*tortus,* crooked) कांसव *n,* कूर्म *n.* -SHELL कचकडा, कांसवाची पाठ *f* -पाठीचें हाड *n.*

TORTURE (*torquere,* to twist) extreme pain अति दुःख *n,* वेदना *f,* व्यथा *f,* यातना *f,* हाल *pl*; severe pain inflicted judicially कठीण शिक्षा *f,* राखेचा तोबरा, मिरच्यांची धुरी *f* इ०—*v.* शरिरास फार दुःख -यातना देणें, हाल क.; अति क्रूर -भारी शिक्षा क., उरावर धोंड देणें, टिपऱ्या लावणें, चरकांत घालणें इ० [by, with].

TOSS *v. W.* throw with the hand टाकणें, उडवणें, फेंकणें;—the head कोलणें, वर क.; cause to rise and fall खालींवर क.: to be *tossed* on the waves; agitate खवळणें; harrass त्रास देणें, छळणें, कष्टी क., भागवणें; keep in play खेळवणें, चाळवणें.—*i.* तळमळणें, तडफडणें;—in passion धडफडणें, तडफडणें; to t. up, to throw a coin into the air and wager on what side it will fall छापतराजू खेळणें.—*n.* कोलणें *n,* फेंकणें *n*; उडवाउडव *f,* उलथापालथ *f.* -ING तळमळ *f,* तडफड *f*; t. and stamping wildly आदळआपट *f,* अदळाअदळ *f.*

TOTAL *a.* (*totus,* all) सर्व, सगळा; entire पूर्ण, पुरा, अखंड.—*n.* बेरीज *f,* जुमला, एकंदर आकार; grand t. of an account मखलाशी *f.* -ITY एकंदर जमा *f,* आकार; समग्रता *f,* परिपूर्णता *f.* -LY *ad.* अगदी, बिलकुल, तमाम.

TOTTER* *v. i.* vacillate डकडकणें, डळमळणें, लटपटणें; झोकत -झोके खात चालणें; shake कांपणें, लटलटणें [about].

TOUCH *v.* (*tangere*) come in contact with स्पर्श क., हात लावणें, शिवणें; perceive by the sense of feeling स्पर्शणें, स्पर्शज्ञान होणें: nothing but body can be *touched;* reach पावणें, पोंचणें: to t. the shores; concern संबंध असणें, लागणें: the quarrel *toucheth* none but thee alone; handle slightly हात -बोट लावणें, स्पर्श क.; meddle with हात घालणें: I have not *touched* the books; melt वेधणें, द्रवणें, कळवळा आणणें: the father was *touched* with what he said; make an impression on ठसा उठवणें, छाप मारणें: it is so hard that the file will not t. it; play on छडणें, वाजविणें: they *touched* their harps; perform, as a tune राग गाणें; afflict दुःख देणें, छडणें: we have not *touched* thee; up ओजवणें, सुधारणें [with].—*i.* लागणें, शिवणें, भिडणें: two spheres t. only at points; treat anything slightly in discourse गोष्ट -उहू काढणें [on, up]; at ओरवा -बंदर क.—*n.* contact स्पर्श; the sense of feeling स्पर्शेंद्रिय *n,* स्पर्श; power of exciting the affections चित्तवेधक -वेधण्याची शक्ति *f,* रस, भाव; emotion रस, भाव; stroke चटका, तडाखा; censure बोल, शब्द; single stroke on a drawing हात; feature स्वरूप *n*; act of the hand on a musical instrument वाद्यावर बोटांचा

-हाताचा चाळा; musical notes स्वर *pl*, मातृका *f pl*; a little धुनुक *f*, छाया: I have a *t.* of your conscience; hint सूचना *f*; taste पारख *f*, परीक्षा *f*, कस. -HOLE—of a fire-arm काना, कान, कोरप *n*. -STONE कसोटी *f*; —for gold वरकल *f*. -WOOD चेतवण *n*, पूड *f*. —TOUCHY *a*. चिरडखोर, शीघ्रकोपी; to be t. फुटाण्या सारखा उडणें.

TOUGH* *a*. not brittle वातड, चिवट; as wood, grass, &c. चिकण, निबर, टणक; tenacious चिवट, लोंचट; strong कणखर, टणक.

TOUR (*tornus*, turner's wheel) going round प्रदक्षिणा *f*; journey in a circuit परिभ्रमण *n*, फेरा, पर्यटण *n*. -IST पर्यटण करणारा, परिभ्रमणकारी.

TOURNAMENT *F*. mock fight भालेकरोली *f*.

TOW* तागाचें बुरकुल *n*.—*v*. दोरी लावून ओढणें. [along]. -AGE दोरी लावून ओढणें *n*.

TOWARD *prep*. (*to* & *ward*) कडे; with respect to विषयीं, वर, कडे.

TOWEL *F*. हातपुसणें *n*, रुमाल, फडकें *n*.

TOWER*, high building वाड्यावरला बंगला, महाल; citadel किल्ला;—of a castle बुरूज; —of a church, &c. घुमट, शिखर *n*.—*v.i.* दुसऱ्याहून वर -उंच होणें, -च्या वर चढणें [above].

TOWN* गांव *m n*, शहर *n*; the old t. कसबा; the walls or defences of a t. शहरपन्हा; the police, guards, &c., appointed to protect a t. शहरपन्हा. -CLERK कुळकरणी. -HALL सरकारवाडा, कचेरी *f*. —TOWNSMAN गांवकरी.

TOY *D*. plaything for children खेळणें *n*, खेळ; trifle खेळ, हलकी गोष्ट *f*; old story जुनी कहाणी *f*.—*v*. खेळणें, गमणें [with].

TRACE (*trahere*, to draw) track माग, छडा; vestige मागमूस, ठिकाणा.—*v*. follow by the track of थांग लावणें, छडा काढणें; mark out अंकणें, बेतणें; to t. letter of a copy in learning to write गिरवणें, घोटाळणें [out].

TRACHEA (*L*.) श्वासनळी *f*, नरडें *n*.

TRACK (See TRACE) माग, छडा; वाट *f*, रस्ता; —of a thing dragged, of a snake, &c. फरकंड *f*, फरपट *f*.—*v*. मार्ग काढीत जाणें; दोरीनें जहाज ओढणें [with].

TRACT (do.) region मैदान *n*, देश; short treatise अल्पप्रबंध, निबंध; a short treatise on practical religion धर्म संबंधी विषयाची चोपडी -निबंध, 'ट्राक्ट' *n*; length लांबी *f*, विस्तार: t. of time. -ABLE *a*. docile हुकमी, कह्यात वागण्याजोगा, वठण्याजोगा; feasible घडायाजोगा, साध्य.

TRADE (do.) commerce व्यापार, उदीम; occupation धंदा, व्यवहार, उद्योग; custom चाल *f*, रीत *f*, वहिवाट *f*: thy sin's not accidental, but a t.; company of men engaged in the same occupation धंदा, पेशा.—*v. i*. उदीम -व्यापार क. [for, with, in.] TRADER, TRADESMAN व्यापारी, उदमी.—TRADEWIND, a wind in the torrid zone, and often a little beyond it, which blows from the same quarter throughout the year; so called because of great advantage to navigators, and hence to trade].

TRADITION (*trans*, over, *dare*, to give) unwritten or oral delivery of opinions, doctrines, practices, rites, and customs from father to son, or from ancestors to posterity पूर्वी पासून चालत आलेलीं वाडवडिलाचीं मतें, चाली, विधि, आचार इ०, पूर्वसांप्रदाय; knowledge or belief transmitted without the aid of written memorials दंतकथा *f*; *Theol*., that body of doctrine and discipline, or any article thereof, supposed to have been put forth by Christ or his apostles and not committed to writing ख्रिस्ताचा किंवा त्या-

चे मेषितांचा परंपरागत चालत आलेला उपदेश, गुरुक्रम (2 Thes. ii. 15). -AL, ARY *a.* पूर्वीपासून चालत आलेला, परंपरागत -प्राप्त. -LY *ad.* लोकालोकीं, कर्णोपकर्णी, परंपरेनें.

TRADUCE *v.* (*trans*, across, *ducere*, to lead) तुफान -तोहमत -आळ घेणें -घालणें.

TRAGEDY (*Gr. tragos*, a goat, *odé*, a song, either from the oldest tragedies being exhibited when a goat was sacrificed, or because a goat was the prize, or because the actors were clothed in goat-skins) a drama that has a fatal issue दुःखपरिणामक नाटक *n*; a fatal and mournful event दुःखपरिणामक गोष्ट *f.*—TRAGICAL *a.* दुःखपरिणामक नाटक संबंधी; दुःखपरिणामक, दुरंत, दुःखाच्या शेवटाचा, ज्याचा शेवट दुःखानें होतो किंवा झाला असा.

TRAIL *v. D.* draw along the ground फरपटीत नेणें -ओढणें; tread down, as grass, by walking through चालतांना पायांखालीं तुडवणें, तुडवणें [along].—*i.* फरफटत जाणें; grow to great length, esp. when tender and creeping upon the ground, as a plant जमिनीवर वाढत जाणें, ताणा वाढणें.—*n.* ओढ *f*, फरकांडा; scent left on the ground by the animal pursued वास, वासाचा माग.

TRAIN (*traha*, a drag) that which draws along ओढण *f*; trap सांपळा; that which is drawn along ओढ *f*;—of a gown गोंशा, झोळ, घोळ; tail of a bird सोगा; retinue जिलीब *f*, स्वारी *f*, खटलें *n*; series माळ *f*, शेज *f*, रांग *f*: the t. of ills; process अनुक्रम, पर्यायक्रम; line of gunpowder, laid to lead fire to a charge दारूची ओळ *f*, रंजक *f*; connected line of carriages on a railroad तांडा, कतार *f*, 'ट्रेन' *f*;—of artillery तोफखाना, तोफा *f pl*; t. of reasoning तर्कप्रबंध.—*v.* draw along ओढणें, फरफटणें; allure मोहणें; discipline शिकवणें, वळण लावणें; break, as oxen पेटविणें, वठणीस -वळणीस आणणें; up शिकवणें, वळण लावणें;—a horse, &c. शिकवणें, तालीम देणें. -ING शिक्षा *f*, अनुनयन *n*; वठवणें *n*, पेटवणी *f*.

TRAIT (*trahere*, to draw) mark लक्षण *n*, चिन्ह *n*; touch कसब *n*, हात, वस्तादी *f*.

TRAITOR (*tradere*, to betray) one guilty of treason राजद्रोही, फितुरी माणूस, फितूर; betrayer विश्वासघातकी. -OUS *a.* राजद्रोही; विश्वासघातकी; विश्वासघाताचा, दगलबाज.

TRAMMEL *F.* जाळें *n*, पाश; a kind of shackles used for regulating the motions of a horse, and making him amble खोडा, लोंढणें *n*, बेडी *f*.—*v.* अडकविणें, पायांत खोडा घालणें -गुतवणें [with, by].

TRAMP *v. D.* tread तुडविणें; cleanse, as clothes, by treading upon them in water कुचलून धुणें.—*i.* पाय झिजवणें, धांवाधांव क.—TRAMPLE *v.* तुडवणें, मर्दणें, खुंदलणें [down, under, on, upon].

TRANCE (*trans*, across, *ire*, to go) state in which the soul seems to have passed out of the body into another state of being, or to be wrapt into visions समाधि *f*, तन्मयावस्था *f*, देहातीत वृत्ति *f*; *Med.*, catalepsy फेंपरें *n*, अपस्मार.

TRANQUIL *a.* (*tranquillus*) स्वस्थ, शांत. -IZE *v.* स्वस्थ -शांत क. [by, with]. -ITY शांतपणा, शांति *f*, स्वस्थता *f*, निरुपद्रवता *f*.

TRANSACT *v.* (*trans*, across, *agere*, to act) करणें, वाहिवाटणें, चालवणें. -ION वहिवाट *f*, आचरण *n*, निर्वाह; affair गोष्ट *f*, कार्य *n*, काम *n*; *Law*, adjustment of a dispute between parties by mutual agreement आपसांत तोडजोड *f* -समजी *f*.

TRANSCENDENT, -AL *a.* (-*scandere*, to climb) वरिष्ठ, श्रेष्ठ, उत्कृष्ट; going beyond the bounds of human knowledge मनुष्यज्ञानाच्या पलीकडचा, अमानुष.

Transcribe *v.* (*-scribere*, to write) मत क., नकल उतरणें [from, to].—**Transcript** नकल *f*, मत *f*.

Transfer *v.* (*-ferre*, to bear) एका जाग्यापासून दुसऱ्या जाग्यावर नेणें, स्थलांतर क., बदली क., बदलणें; make over the possession of सोंपणें, हवालणें, स्वाधीन क.; remove from one substance to another एका पदार्था वरून दुसऱ्यावर नेणें -उतरणें : to t. drawings to a lithographic stone [from, to]. -able *a.* स्थलांतर करण्याजोगा, बदलण्याजोगा ; negotiable एका पासून दुसऱ्यास देण्याजोगा, व्यवहार्य.

Transfigure *v.* (*-figurare*, to, from) रूप बदलणें, रूपांतर क.—**Transfiguration** रूप पालटणें *n*, रूपांतर *n*.

Transfix *v.* आरपार भोसकणें -टोचणें, वेधणें [with].

Transform *v.* रूपांतर क.; transmute द्रव्यांतर क. : to t. lead into gold ; *Theo.*, change the disposition and temper of, from a state of enmity to God and his law into the image of God, or into a disposition and temper conformed to the will of God पापी स्वभाव बदलणें, पवित्र क. (Rom. xii. 2); [*R. C. Ch.*, change, as the elements, bread and wine, into the flesh and blood of Christ]; among the mystics, change, as contemplative soul, into a divine substance, by which it is lost or swallowed up in the divine nature ईश्वरी तत्वांत मिळवणें, ब्रह्मरूप क. ; सरूपता -मुक्ति देणें; *Math.* रूप देणें [from, to]. -ation रूपांतर इ० क.; रूपांतर *n*; द्रव्यांतर *n* ; स्वभावांतर *n*, नवा स्वभाव होणें *n*, पवित्रीकरण *n*.—See the verb.

Transfuse *v.* pour, as liquor, out of one vessel into another एका पात्रांतून दुसऱ्या पात्रांत ओतणें; *Med.*, transfer, as blood, from the veins or arteries of one animal to those of another एका माण्याच्या शिरांतील रक्त दुसऱ्याच्या शिरांत नेणें -घालणें [from, to].

Transgress *v.* (*gradi*, to pass) उल्लंघणें, ओलांडणें, अतिक्रम क. [in].—*i.* हुकूम -आज्ञा मोडणें -तोडणें. -ion उल्लंघन *n*, अतिक्रमण *n*, अतिक्रम. -er मर्यादा उल्लंघणारा, मर्यादेचें अतिक्रम करणारा; अपराधी, अन्यायी : the way of the t. is hard (Prov. xiii. 15).

Transient *a.* (See Trance) fleeting थोडा वेळ राहणारा, क्षणिक, चंचल ; imperfect अपूर्ण.—**Transit** आरपार जाणें *n* ; *Astron.* क्रांति *f*, संक्रमण *n*; conveyance नेणें *n*: t. of goods through a country. -duty रहदारी *f*, जकात *f*.—**Transition** संक्रमण *n*, संक्रांति *f*; स्थलांतर *n*.—**Transitive** *a.* सकर्मक.—**Transitory** *a.* क्षणभंगुर, क्षणिक, चंचल.

Translate *v.* (See Transfer) स्थलांतर क., जागा पालट क.; cause to remove from one part of the body to another शरिराच्या एका भागावरून दुसऱ्या भागावर नेणें (a disease); transform रूपांतर क.; remove, as by death मृत्युद्वारां नेणें; change to another condition, position, or office स्थित्यंतर -स्थलांतर-पदांतर क.: by faith Enoch was *translated*, that he should not see death (Heb. xi. 5); render into another language भाषांतर क. [from].—*i.* भाषांतर क. ; भाषांतराच्या कामांत गुंतणें -असणें -लागणें.—**Translation** स्थलांतर *n*; भाषांतर *n*, तरजुमा.—**Translator** भाषांतर करणारा -कर्त्ता.

Translucent *a.* (*-lucere*, to shine) स्वच्छ, नितळ, निर्मळ; पारदर्शक.

Transmarine *a.* समुद्रा पलीकडचा.

Transmigrate *v.* देशांतर क.–*i.* pass from one body or state into another देहांतर पावणें, जन्मांतर पावणें, दुसऱ्या जन्मास जाणें [from, to].—**Transmigration** देहांतर *n* ; the

passing of the soul into another body, according to the opinion of Pythagoras देहांतर *n*, जन्मांतर *n*, पुनर्जन्म, जन्ममरण *n*.

TRANSMIT *v.* (*-mittere,* to send) पाठविणें, धाडणें, पोंचवणें; suffer to pass through पार जाऊं देणें: metals t. electricity [from, to].—TRANSMISSION पाठवणें *n*, प्रेरण *n*.

TRANSMUTE *v.* (*mutare,* to change) द्रव्यांतर क., जात्यांतर क. [from, to].—TRANSMUTATION द्रव्यांतर *n*, जात्यांतर *n*.

TRANSPARENT *a.* (*-parere,* to appear) उजेडास वाट देणारा, पारदर्शक, प्रकाशभेद्य; clear निवळ, नितळ.—TRANSPARENCY प्रकाश-किरण-भेद्यता *f*; निवळपणा, स्वच्छता *f*.

TRANSPIRE *v. i.* (*-spirare,* to breathe) become public फुटणें, प्रसिद्ध होणें, बाहेर पडणें; happen घडणें, होणें.

TRANSPLANT *v.* remove and plant in another place एका ठिकाणाहून काढून दुसऱ्या ठिकाणीं लावणें, लावणी क.; remove and settle in another place दुसऱ्या ठिकाणीं नेऊन बसवणें [from, to]. -ATION रोपलावणी *f*, लावणी *f*; स्थलांतर *n*.

TRANSPORT *v.* (*-portare,* to carry) नेणें, वाहणें; carry into banishment हद्दपार क.; काळ्या पाण्यावर पाठवणें, देशपार क.; ravish with pleasure परमानंदित क.;—with ecstasy देहातीत वृत्ति क., देहभान उडवणें [from, to, for, with].

TRANSPOSE *v.* (*-ponere,* to put) जाग्याची उलटापालट क., स्थलांतर क. [from, to].—TRANSPOSITION जाग्याची अदलाबदल *f*, स्थानविनियम, स्थलांतर *n*.

TRANSUBSTANTIATION (*-substania,* substance) द्रव्यांतर *n*; [*Rom. Cath. Theol.*, the doctrine held by Roman Catholics that bread and wine in the eucharist is converted into the body and blood of Christ].

TRANSVERSE *a.* (*-vertere,* to turn) आडवा, वांकडा.

TRAP*, instrument for catching game फांस, सांपळा; stratagem डावपेंच, कचाट *n*; the play इटीदांडू [for].—*v.* सांपळ्यांत धरणें; पेंचांत धरणें, पकडणें [with, by, in]. —*i.* सांपळा मांडणें *i.* -लावणें. -DOOR चोपदार *n*. -PINGS *pl.* मिरवणुकीचा पोशाक; घोड्याचा साज. -STICK दांडू, दांडा.

TRAP *Sw.* a heavy igneous rock एक जातीचा जड पाषाण आहे, काळदगड.

TRAPA BISPINOSA (*L.*) अतिकेशर.

TRAPEZIUM (*L.*) *Geom.* विषमचतुरस्र.

TRASH *Ger.* that which is worthless ऐलपैल *n*, खेर *f*; loppings of trees फांटीं *n pl.*—*v.* फांद्या तोडणें -साळणें.

TRAVAIL *v. i. F.* labor with pain कष्ट क., खपणें; suffer the pangs of childbirth प्रसूतिवेदना सोसणें, वेणा देणें.—*n.* श्रम, कष्ट; प्रसूतिवेदना *f*, वेण *f*.

TRAVEL *v.i.* (do.) walk चालणें; journey प्रवास -देशाटन क.; pass जाणें [from, to, for, in, by, with, through].—*t.* देशपर्यटन क.—*n.* मुशाफरी *f*, देशाटन *n*, प्रवास, फेरी *f*; *pl.* account by one who travels, of occurrences and observations made during a journey देशाटन वृत्तांत: a book of t. -LER मुशाफर, पांथस्थ, वाटसरू; देश फिरणारा, प्रवास करणारा.

TRAVERSE *a.* (See TRANSVERSE) आडवा.—*ad.* आडवा.—*v.* फिरणें, कंठणें; आडवा येणें, अटकाव क.; survey carefully पाहणी क., न्याहळणें, चौकसीनें पाहणें.

TRAY* तबकडी *f*, ताट *n*, खुमचा, तबक *n*, इ०; —of wood काठवट *f*.

TREACHEROUS *a. F.* विश्वासघातकी, दगलबाज; —to the state फितुरी *f*, निमकहराम. —TREACHERY विश्वासघात, दगलबाजी *f*, फितुरी *f*, दगा.

Treacle (*theriaca*) काकवी *f,* बेरी *f.*

Tread* *v. i.* set the foot पाय ठेवणें, पाऊल टाकणें : fools rush in where angels fear to t.; walk or go जाणें, चालणें ; copulate, as birds जुळणें; on, upon तुडविणें ; मागोमाग जाणें, लागोपाठ जाणें: year *treads* on year [on, upon, with].—*t.* वरून चालणें ; press with the feet तुडवणें, पायानीं मळणें; crush under the foot पायाखालीं चिरडणें.—*n.* मळणी *f* ; पाऊल *n* ; gait चालण्याची ढब *f, f,* पावठा, पाऊल *n,* गति *f* ; पक्ष्यांचें जुळणें *n.* **-mill** गिरणी *f.*

Treason (*tradere,* to give up) राजद्रोह, फितूर. **-able** *a.* राजद्रोहाचा (act); सरकारासीं दुश्मनी करणारा, राजद्रोही (person).

Treasure (*thesaurus*) wealth accumulated धन *n,* भांडार *n,* द्रव्य *n* ; abundance विपुलता *f,* रेलचेल *f,* महामुरी *f* ; that which is very much valued रत्न *n,* निधान *n,* दाणा, परीस ; hidden or reserved t. डबुकलें *n,* गुप्तधन *n,* निधान *n,* डल्ला.—*v.* संचय क., द्रव्यसंचय क., जोडणें [up].—**Treasurer** खजीनदार; पोतनीस, कोशाधीश, भांडारी.—**Treasury** जामदारखाना, खजीना, पोतें *n,* भांडार *n,* 'तिजोरी' *f* ; t. bags of Government पोतें *n* ; settlement of the accounts of the t. पोतेझाडा.

Treat *v.* (*tractare,* to draw violently) handle चालवणें, वागवणें: to t. prisoners ill is the character of a barbarian; discourse on विषयावर बोलणें; entertain मेजवानी क. (a company) [with, to]; manage in the application of remedies उपचार-उपाय -चिकित्सा क.; subject to some action -वर क्रिया चालवणें;—carefully जोगवणें, संभाळणें; —considerately, leniently वागवून -संभाळून घेणें ;—honorably सन्मान -संभावना क.; —roughly कुदळणें, गुधडणें, हेटाळणी क., खरडपट्टी काढणें [with, to].—*i.* विषय-प्रकरण चालवणें -सांगणें -लिहिणें [on, in]; negotiate तहाचें बोलणें क. [with, for]; मेजवानी क.—*n.* मेजवानी *f.* **-ment** वागवणें *n,* वागणूक *f,* वहिवाट *f* ; उपचार, चिकित्सा *f,* क्रिया *f* ; औषधपाणी *n.*—**Treatise** ग्रंथ, प्रबंध, निबंध.—**Treaty** तह, ठराव.

Treble *a.* (*trilpex*) तिप्पट, तिहेरी, त्रिगुण; *Mus.* तृतीय सवनाचा, किनरा.—*n.* तृतीय सवन *n,* उच्च सवन *n,* किनरी *f,* टीप *f,* टिपेचा सूर. —*v.* तिप्पट क.—*i.* तिप्पट होणें.

Tree* (*Skr. taru*) झाड *n,* वृक्ष; genealogical tree वंशवृक्ष.—*v.* झाडावर चढायास लावणें, झाडाकडे हांकून लावणें: the dog *trees* a squirrel; झाडावर ठेवणें : to t. a boat.

Tremble *v. i.* (*tremere*) लटलटणें, कांपणें, डळडळणें ;—from fear, cold, &c. कांपरें सुटणें, हुडहुडी भरणें.—**Tremendous** *a.* भयंकर; dreadful जोराचा, जबर, अनर्थाचा (wind). —**Tremor** कांपरें *n,* थरकांप, थरथराट —**Tremulous** *a.* डळडळीत, कंपित, सकंप.

Trench *F.* खंदक,चर.—*v.* खंदक खणणें ; खळ्या -पाळ्या पाडणें. **-er** काथवट *f* ; food अन्न *n,* गोडगोड जेवण *n,* सुग्रास.

Trepidation (*trepidus,* trembling) कांपरा, थरकांप, शहारे *pl.*

Trespass *v.* (*trans,* over, and *pass*) pass over the boundary line of another's land दुसऱ्याच्या हद्दींत जाणें, -ची हद्द ओलांडणें ; enter unlawfully upon the land of another कायद्याविरुद्ध दुसऱ्याच्या जमिनीवर जाणें ; go too far अतिक्रमण क.; transgress हुकूम तोडणें ; offend अपराध -आगळीक क. [on, upon].—*n.* सीमोल्लंघन *n* ; अतिक्रमण *n,* अपराध, आगळीक *f,* अन्याय ; criminal t. अन्यायाची आगळीक *f.*

Tret *F.* an allowance in weight for waste or refuse कडता, कसर *f,* कांटा इ०.

Trial (See **Try**) See under **Try** [for].

Triangle (*tres,* three, *angulus,* angle) त्रि-

कोण, त्रिकोणाकृति.—TRIANGULAR *a.* त्रिको-णी, तिकोनी, त्रिकोण.

TRIBE (*tribus*) family कूळ *n*, वंश; a nation of savages रानटी लोक -लोकाचें गोत *n*; class वर्ग, जात *f*, गण.

TRIBULATION (*tribulare*, to press) क्लेश, दुःख *n*, संकट *n*, विपत्ति *f*.

TRIBUNAL (*L.*) seat of a judge न्यायाधिशाची गादी *f*, न्यायासन *n*, धर्मासन *n*; court of justice न्यायसभा *f*, कचेरी *f*, अदालत *f*.

TRIBUTE (*tribuere* to bestow) payment made in acknowledgment of submission खंडणी *f*, कारभार; personal contribution made in token of services rendered, or as that which is due or deserved देणगी *f*, इनाम *n*, बक्षीस *n*.—TRIBUTARY खंडणी -करभार देणारा, खंडणीदार.—*a.* खंडणी देणारा; inferior खालचा, गौण; yielding supplies of anything पुरविणारा, पुरवठा करणारा (streams).

TRICE *Sp.* पळ *n*, क्षण, त्रुटी *f*; in a t. क्षणांत, पळ मात्रांत, डभाडभी.

TRICK *D.* stratagem युक्ति *f*, हिकमत *f*; cunning contrivance कुलंगडें *n*, कंत्राट *n*; mischievous behavior खोड *f*, मस्ती *f*, चाळा; antic माकडचेष्टा *f pl*; पोरचेष्टा *f pl*; artifice कळा *f*, युक्ति *f*, गुरुकिल्ली *f*.—*v.* फसविणें [with, by, in].

TRICK *v. W.* सजवणें, नटवणें [out, out in].

TRICKLE *v.i. Ger.* ओघळणें, पाझरणें [down, off, along].

TRIDENT (*tri*, & *dens*, tooth) त्रिशूल -ळ.

TRIDUAN *a.* (*tri*, & *duis*, day) तीन दिवस राहणारा, त्र्याहिक.

TRIENNIAL *a.* (*-annus*, year) तीन वर्षे राहणारा-वर्षांचा; happening every three years तीन तीन वर्षांनीं होणारा, तिसाली, त्रैवार्षिक.

TRIFLE* *v. i.* खेळणें, गमणें, माशा मारीत बसणें [with].—*n.* हलकी -क्षुल्लक गोष्ट *f*, कसपट *n*, कःपदार्थ.—TRIFLING *a.* हलका, लहान, अल्प, एरशेर.

TRIFOLIATE *a.* (*tri*, *folium*, leaf) तिपानी, त्रिपर्ण, त्रिदल.

TRIFORM *a.* त्रिविध.

TRIFURCATED *a.* तीन बेचक्यांचा.

TRIGGER *Ger.* बंदुकीची कळ *f*, लबलबी *f*; t. guard पालखी *f* (*H*).

TRIGONOMETRY (*Ger. trigonon*, triangle, *metron*, measure) त्रिकोणमिति *f*.

TRILL *D. Mus.*, a shake or quiver of the voice in singing सराटा.—*v.* सराटा घेऊन गाणें, अळविणें.—*i.* कंप घेणें; trickle झुळझुळ वाहणें.

TRILLION (*tri*, *millio*) the number represented by a unit with eighteen cyphers annexed मयुत धन.

TRIM* *v.* निटावणें, दुरुस्त क., चकपक क.;—a boat सारख्या वजनाचा -समतोल -भार क.; clip सालणें, छाटणें [with, out].—*ad.* चकपक, नीट; t. and tidy नीटनेटका, साफसफा. -MER नीट करणारा; a time-server काल पाहून चालणारा; one who fluctuates between parties, so as to appear to favor either दोहों दरडींवर हात ठेवणारा. -MINING वस्त्रास लावलेली फीत *f*, डाल *f*, इ०.

TRINITY (*trinitas*, fr. *trini*, three each) *Theol.*, the union of the three persons (the Father, the Son, and the Holy Spirit) in one Godhead, so that all the three are one God as to substance, but three persons as to individuality देवत्रयैकत्व *n*.

TRINKET* डागिणा, नग, वस्त *f*.

TRINOCULOUS *a.* (*tri*, *oculus*, eye) त्रिनयन, तीन डोळ्यांचा.

Trinomial *a.* (*Gr.* *-nemein,* to distribute) *Math.* त्रिपद *n.*

Trio (*tres, tria,* three) त्रिकूट *n,* तिरकूट *n.*

Trip *v. i. D.* move lightly चमकत -ठुमकत चालणें ; take a brief or sudden journey फेरी क., येरझार -खेप क. ; make a false step चुकून पाऊल पडणें ; fail चुकणें, घसरणें, ठोकर खाणें ; stumble अडखळणें, ठोकर खाणें, ठेंच खाणें.—*t.* उलथून पाडणें, ठोकर मारून पाडणें ; catch धरणें, पकडणें [up].—*n.* ठोकर *f,* ठेंच *f;* अडखळण *n* ; catch by which a wrestler supplants his antagonist पेंच ; empty t. हेलपाटा, हिसका [round, about].

Tripartite *a.* (*-pars, partis,* part) तीन भागाचा, त्रिखंड, त्रिभाग.

Tripe *F.* अंतर्डें *n.*

Tripetalous *a.* (*Gr.* *-petalon,* a leaf) त्रिदल.

Triphthong (*Gr.* *-phoggos,* voice) a combination of three vowels in a single syllable, forming a single or compound sound त्र्यक्क *n.*

Triple *a.* (*triplex*) तिप्पट, तिपदरी ; of three strings तिपेडी, तिसुती.—*v.* तिप्पट क.—**Triplicate** *a.* तिप्पट, तिहेरी.—*n.* दोन कागदा-पदार्थी सारखा तिसरा कागद -पदार्थ.

Tripod (*Gr.* *-podos,* a foot) तिवयी *f,* अडणी *f.*

Trisyllable *a.* त्र्यक्षरी शब्द, तीन अक्षरी शब्द.

Trite *a.* (*terere,* to rub) जुना, उष्टा, शिळा, बासा.

Triturate *v.* (do.) वाटणें, उगाळणें.

Triumph (*triumphus*) joy for success जयाचा आनंद, जयानंद, जयोत्सव ; victory जय, विजय [over].—*v.* जय मिळवणें, जयजयकार क., टाळ्या वाजविणें. **-al** *a.* जयाचा, जयसमारंभाचा, in comp. जय, विजय (arch). **-ant** *a.* जयोत्सव करणारा ; जय पावलेला, जयवंत, विजयी, विजयशाली (church); [church t., the church in heaven, enjoying a state of triumph ; her warfare with evil being over ;—distinguished from *Church militant*].

Triumverate (*tres, trium,* three, *vir,* a man) त्रिकूट *n,* त्रय *n.*

Trivet (*tri, pedis,* a foot) तिवई *f.*

Trivial *a.* (*-viâ,* way) हलका, क्षुल्लक, क्षुद्र. **-ity** हलकेपणा, क्षुद्रता *f.*

Triweekly *a.* अठवड्यांतून तिनदां निघणारा -होणारा (newspaper).

Troche (*trochæus*) a foot of two syllables गल, गलपद *n.*

Trogon भृंगराज.

Troll *v. Ger.* roll लोटणें, फिरवणें, लोटून जाणें, लोटणें ; send about भोंवताला पाठविणें (a drinking vessel) ; entice मोहणें, भुलवणें ; fish in मासे धरणें [round].—*i.* लोटत जाणें ; [fish with a rod whose line runs on a wheel or pulley, or by drawing the hook through the water] [for]. **-op** भटकणारा ; नगरभवानी *f,* भटकभवानी *f;* a slut नेभळी बायको *f.*

Troop (*turba,* a crowd) मंडळी *f,* जमाव, थवा; *pl.* लष्कर *n,* सेना *f,* दळ *n* ; cavalry रिसाला, 'तुरूप';—of monkeys साईर ;—of pilgrims, beggars, &c. पोवा, झुंड *f.* **-er** घोडेस्वार, बारगीर ; a t. stationed on guard at a court of justice सदर बारगीर.

Trope (*tropos*) a figure of speech which changes a word from its primary sense रूपकालंकार, रूपक *n.*

Trophy (*Gr.* *tropé,* a turn) जयाची निशाणी *f,* जयचिन्ह *n.*

Tropic (do.) दक्षिणोत्तरायनांची सीमा *f,* अयनांतर *n* ;—of Cancer दक्षिणायन *n* ;—of Capricorn उत्तरायन *n.* **-al** *a.* क्रांतिवृत्तांतला.

Trot *v. i. F.* move with a jolting pace दुडकी चालीनें चालणें, दुडदुड चालणें ; run धांवणें

[about, along, off, to].—*t.* तुरकी -दुडकी चालीवर घोडा चालविणें.—*n.* दुडकी चाल *f.*

Trouble *v.* (*turba*, a disorder) disturb गोंधळ क., हलवणें, गढुळणें; afflict दुःख -कष्ट देणें; give occasion for labor to श्रम -तसदी देणें: I will not t. you to deliver the letter [with, by, in].—*n.* कष्ट, क्लेश, विपत्ति *f*; that which afflicts पीडा *f*, त्रास, उपद्रव; to take the t. श्रम घेणें -क.; तसदी घेणें. -some *a.* जाच करणारा, उपद्रवकारक, श्रमकारक, त्रासकारक; जिकिरीचा, खडतर (work). -ous *a.* संकटाचा, अरिष्टाचा.

Trough*—wooden डोण *f*, कोटंबा;—for watering cattle टाकी *f*, डोण *f*.

Trowel (*trua*, a ladle) करणी *f*, थापी *f*.

Trowsers *pl. F.* इजार *f*, पायजमा, तुमान *f*.

Troyweight *F.* सोनें रुपें इ० तोलायाचें वजन *n*.

Truant *a. F.* उनाड, ढंडगा.

Truce*, armistice मुदतीचा तह, लढाईची तहकुबी *f*; intermission of action खंड, खाडा, तूट *f*; short quiet थोडासा विसांवा, अवसर, दम.

Truck *v. F.* अदलाबदली क. [with].—*n.* अदलाबदली *f*, विनियम; अदलाबदली करायाचा माल.

Truck (*Gr. troxos*, a wheel) a small wooden wheel not bound with iron बिनधावेचें लांकडी चाक *n*; [a low carriage for carrying goods, stone, and other heavy articles; a swiveling carriage; t. system, the practice of paying workmen in goods instead of money].

Truckle* *v. i.* नाक घांसणें, दातीं तृण धरणें; पदर पसरणें [to].

Trudge* *v. i.* go on foot पायीं चालणें -जाणें, travel with labor तंगड्या तोडीत जाणें, पाय फांसटणें [on, along].

True* *a.* conformable to fact खरा, सत्य; exact असल बरहुकूम, यथाभत (copy); faithful खरा, इमानी, प्रमाणिक (friend); genuine असल, खरा, चोख (Christian); unadulterated निर्भेळ, चोख;—as wood निबर. -hearted *a.* खरा, निष्कपट, सात्विक. -ly खरोखर, वास्तविक; मनापासून; यथातथ्य; बरोबर.—**Truth** खरेंपण *n*, सत्य *n*; real state of things खरी गोष्ट *f*, खरा मजकूर; fidelity विश्वासूपणा, इमान *n*; practice of speaking truth खरें बोलण्याची सवयी *f*: he is a man of t.; honesty प्रमाणिकपणा, सचोटी *f*; an established principle, fixed law, &c. सत्य सिद्धांत, सत्य*n*, सत्यता*f* (John xvii. 17); in t. खरोखर, वस्तुतः; [to do t., to practice what God commands]. -ful *a.* सत्यशील; विश्वसनीय. -ness खरेपणा, खरेंपण *n*.

Trump, *F.* करणा, तुतारी *f*.—*v.* करणा वाजविणें -फुंकणें; proclaim गाजवणें, फुंकणें [to]. -er तुतारी वाजवणारा, करणेकरी. -flower सागरगोटी *f*; seed of the t. गजगा, सागरगोटा; root of the t. पाहाडमूळ *n*.

Trump *v. F.* फसवणें, धत्तुरा दाखवणें, हातावर तुरी देणें. -ery कवडीमाल, खेर *f*.

Trunk (*truncus*) stem of a tree कांड *n*, खोड *n*; body of an animal धड *n*; main body पोट *n*, मुख्य भाग; chest पेटी *f*, संदूक *f*; watercourse पन्हळ; proboscis of an elephant सोंड *f*;—of an insect सोंड *f*, तोंड *n*; headless t. धड *n*, कबंध *n*.

Truss *F.* bundle गट्ठा, बिंडा; *Surg.*—for hernia दाब.—*v.* घट्ट बांधणें, आवळणें.

Trust*, assured resting of the mind on the integrity, veracity, justice, and friendship, or the sound principle of another person विश्वास, भरवसा; worthy of t. विश्वासपात्र; violation of t. विश्वासघात; credit given खातरी *f*, पत *f*; assured

anticipation भरवसा, उमेद *f*; charge जिम्मा *f*, हवाला; tick उचापत *f*, उधार *n*; to buy upon t. उधार घेणें -आणणें; on t. हातावर, उधार; to sell upon t. उधार देणें. —*v*. विश्वासणें, भरवसा ठेवणें; सोंपणें, हवालणें; विश्वासणें, विसंबणें; माल उधार देणें -विकणें [in, with, to].—*i*. विश्वास धरणें, भरवसा ठेवणें; विश्वास-आशा-उमेद धरणें -बाळगणें; उधार विकणें, उधार देणें; in, to विश्वास-भरवसा ठेवणें: trust in the Lord and do good (Ps. xxxvii. 3). -EE जिम्मेदार, निसबतदार. -FUL *a*. विश्वास ठेवण्याजोगा, विश्वासयोग्य, विश्वासू.—TRUSTY *a*. खातरजमेचा, खात्रीचा.

TRY *v*. *F*. examine परीक्षा-पारख क.; purify, as metals शोधणें; put to the test कसणें, कसून पाहणें; examine judicially तपासणें, चवकसी क.; experience अनुभव-मचीति घेणें, -पाहणें; attempt हातीं घेणें, यत्न-उद्योग करून पाहणें; on घालून -नेसून पाहणें (a garment); to t. the eyes ताटकळवणें, ताटकळणें [into, by, at, in].—*i*. उद्योग-यत्न क. -करून पाहणें.

TUB *D*. पिप *n*.

TUBE (*tubus*) pipe नळी *f*, नळ, नळकांडें *n*; conduit पन्हळ, नळ; a vessel of animal body or plants नाडी *f*, धमनी *f*, शीर *f*, इ०. -ROSE गुलछडी *f*.—TUBULAR *a*. नलिकाकृति.

TUBERCLE (*tuber*) फोड, गांठ *f*, ग्रंथि *f*.—TUBERCULOUS *a*. गांठाळ, गांठीचा, ग्रंथिमय.

TUCK *W*. a long narrow sword तेगा? fold in a garment दुमड *f*, मुरडण *n*, चुणी *f*.—*v*. खोंचणें, खोवणें, मुरडून खोवणें; कापडांत गुंडाळून ठेवणें: to t. a child into a bed.

TUESDAY* मंगळवार.

TUFT *F*. bunch झुपका, पुंजका, गोंडा; cluster झुपका, घोंस;—of trees बेट *n*.—*v*. गोंड्यानीं शृंगारणें; वेगळाले झुपके क. -ED *a*. झुपकेदार, गोंडेदार, गोंडस.

TUG* *v*. श्रमानें-कष्टानें ओढणें.—*i*. कष्ट-श्रम क.

TUITION (*tueri*, to see) guardianship राखण *f*, रखवाली *f*; instruction शिकवणी *f*. शिक्षा *f*; payment for instruction शिकविण्या बदल पगार, शिकविणावळ *f*, गुरुदक्षिणा *f*.

TUMBLE* *v*. *i*. roll लोळणें, गडबडणें; roll down ढकलत -लोटत -गडबडत जाणें-कोसळणें; play mountebank tricks कोल्हाटी मारणें, कोल्हाटखेळ क.—*t*. पाडणें, लोटणें, ढकलून पाडणें, ढासळणें; rumple चुरगळणें.—TUMBLER ढकलणारा, लोटणारा; कोल्हाटी, गोपाळ; drinking glass कांचेचा पेला, 'टंब्लेर' *n*, 'ग्लास'; a variety of domestic pigeon लोटण *n*, गिरेबाज *n*.

TUMBRIL *F*. छकडा, छकडी गाडी *f*.

TUMID *a*. (*tumere*, to swell) सुजलेला, फुगलेला; bombastic ढबीचा, डौलाचा, आवाचा, फुगीर (style).

TUMOUR (do.) गलांड *n*, उबाळूं *n*, गळूं *n*, बेंड *n*;—on the spine देंटपुळी *f*.

TUMULT (do.) commotion गडबड *f*, गलबल *f*, दंगा; agitation क्षोभ, खळबळ *f*. -UOUS *a*. गडबडीचा, धांदलीचा (assembly); disorderly अव्यवस्थित (flight); violent तडाख्याचा, जोराचा, कडाक्याचा, दणक्याचा (speech).

TUNE (See TONE) स्वर, आवाज; *Mus*. सूर, तान *f*, चाल *f*; the state of giving the proper sound स्वरांचा मेळ, मिलाफ, स्वरैक्य *n*; harmony मिलाफ, जम, ऐक्य *n*.—*v*. लावणें, स्वर मिळवणें-जमवणें. -FUL *a*. सुस्वर, गोड.

TUNIC *a*. (*tunica*) integument वेष्टण *n*, आवरण *n*, पापुद्रा; [*R.C. Ch.*, a long under-garment worn by the officiating clergy].

Tup *Prov. Eng.* a ramp टपूर.

Tunnel *F.* an artificial subterraneous; passage बोगदा -सुरंगाची वाट *f*, विवरमार्ग; funnel गळणें *n*, नरसाळें *n*; opening of a chimney for the passage of smoke धुराड्याचें तोंड *n*.—*v*. गळणीच्या आकाराचा क.; बोगदा पाडणें, विवर क.

Turban *Per.* पागोटें *n*.

Turbid *a.* (*turba*, tumult) गढूळ, गदळ, खडूळ. —**Turbulence** दांडगाई *f*, धांदल *f*, धुंडाई *f*. —**Turbulent** *a.* बंडखोर, दांडगा, धांदल्या.

Turf*, sod गवताचा भुईतळ; -ची ज़मीन *f*; race-ground शर्यतीची जागा *f*; horse-racing घोड्याची शर्यत *f*, पैज *f*; lump of t. गवताचा गड्डा -पेंढ.

Turgid *a.* (*turgere*, to swell) See **Tumid**.

Turkey विलायती कोंबडा, 'टर्की' *f*.

Turmeric *F.* हळद *f*; scented t. अंबेहळद *f*; clove of t. हळकुंड *n*.

Turmoil (*turn*, & *moil*) trouble तळमळ *f*, संताप, ताप; harassing labor खटपट *f*, दगदग *f*, अट्टाहास.

Turn*, *v.* form in a lathe कातणें; shape डौल देणें, घडणें; cause to move upon a centre फिरवणें, भोंवडणें (a wheel, the head); cause to present a different side uppermost उलथणें, उलटणें, पालटणें (a board); direct otherwise फिरवणें, वळवणें, मुरडणें, कल देणें (the eyes, a horse, the attention); change from a given use फिरवणें, दुसऱ्या कामास लावणें, बदलणें: God will make these evils the occasion of greater good, by *turning* them to our advantage; transform रूप बदलणें, रूपांतर क.: to t. a worm into a winged insect; translate भाषांतर क.: to t. Greek into English; convert मन फिरवणें, बदलणें, -चा करणें: to t. a Hindoo to a Christian; to be turned of—च्या पलीकडे जाणें; to t. a corner कोपऱ्यास वळणें; aside वळणें, बाजूस फिरणें; to t. as milk, wine, &c. आंबवणें, आंबट क.; away चाकरीवरून काढणें, दूर क., घालवणें; निवारणें, टाळणें (evil); back परत क. -देणें; down घडी क., दुमडणें;—in the mind मनांत घोळणें, विचार क.; off घालवणें, हांकून लावणें; कमी क.; फिरवणें, वळवणें (the thoughts); पुरे क.—one's coat पक्ष बदलणें;—one's money or goods व्यापारांत मिळवणें -कमावणें -वाढणें; out काढून देणें, रद्द क.; चरणीस घालणें -सोडणें (cattle); उत्पन्न क., लाधणें; over पक्ष बदलणें; हवालणें, सोंपणें (business); पुस्तकाचीं पानें चाळणें: to t. over a concordance; उलथणें, उलटणें, पालथा क. -पाडणें; to t. tail बेअदबी क., हेलना क.; to t. the back पळणें, पाठ दाखविणें -देणें; हिडसून टाकणें; to t. die फांसा उलटा टाकणें, नशीब फिरणें; to t. the edge of धार बसवणें; to t. the head of डोकें फिरवणें, वेड भरणें; to t. the scale तोल जास्ती क.; to t. the stomach of पोटांत कळमळ क.; to आश्रय धरणें; पाहणें, -कडे जाणें; upon परत टाकणें—*v. i.* फिरणें, भोंवणें; उलटणें, पतरणें, फिरणें: to t. from the road; बदलणें, मन फिरणें, बुद्धि पालटणें: to t. Mohamedan; रूप -धर्म -गुण पालटणें, द्रव्यांतर होणें, होणें: wood *turns* to stone लांकडाचा दगड होतो; चाकावर फिरणें; आंबणें, आंबट होणें; पोटांत कळमळणें -ढवळणें; [*Obstretics*, bring down the feet of a child in the womb, in order to facilitate delivery]; above तोंड फिरवणें: away मार्ग सोडणें; निघून जाणें; in आंत वांकणें -जाणें; बिऱ्हाडास -जेवणास आंत जाणें -उतरणें; निजायास जाणें; off फिरणें, फुटणें, वळणें: the road *turns* off to the left; on, upon उलट जाब देणें; अवलंबून राहणें; टणटण उडणें -बोलणें; out उखळणें, जाग्यावरून हालणें, पडणें, निघणें (a bone); बाहेर येणें; उठणें,

निजून उठणें; बाहेर पडणें, फुटणें, निघणें (a matter); over उलटणें, उलटा होणें;—from sickness चळवळणें; to t. to account कामास पडणें; up बाहेर पडणें, निघणें, उमगणें.—*n.* फिरणें *n*; परिभ्रमण *n*; फेरा, फेरी *f*; पालट, विकार: the *turns* of passions; bend विळखा, वेढा, वळसा; successive course पाळी *f*, पालट, बारी *f*: your *turn* will come to laugh at you again; opportune deed उपकार; ill t. वाईट *n*; convenience सोई *f*; डौल, आकार, वळण *n*;—of mind मनाचा कल, -झोंक; निराळी तऱ्हा *f* -प्रकार; one round of a rope वेढा, वळसा; *pl. Med.* ऋतु, रज *n*; by *turns* पाळीपाळीनें, आळीपाळीनें; to take a t. आढी येणें, विळखा घालणें; to make a t. वळणें; t. of life, *Med.* ऋतु बंद होण्याचा काळ. -COAT रंग पाहून चालणारा, दुरोखी, स्वपक्ष सोडणारा. -ER फिरविणारा; चरक -चाक फिरविणारा, कांतारी; लोटण कबूतर *n*; कसरती, पेहलवान. -ING वळसा, बांक; सन्मार्गापासून सुटणें *n*, विचलन *n*; कातणें *n*, कातीव काम करणें. -PIKE, -STILE, a revolving frame in a foot-path, preventing the passage of horses or cattle but admitting that of persons वेडें *n*.

TURNIP* सलगम *n*.

TURPENTINE (*terebinthus*, of the turpentine tree) देवदाराचें तेल *n*, नखतेल *n*, 'टरपेंतेल' *n*.

TURPITUDE (*turpis*) हलकेपणा, छिछोरीपणा, छिछोरी *f*.

TURRET (*turris*, tower) मनोरा.

TURTLE *F.* कांसव *n*, कूर्म *n*. -DOVE कबुतर *n*.

TUSK* सुळा दांत, सुळा; elephant's t. हस्तिदंत.

TUTELARY *a.* (*tueri*, to watch) राखणारा, रक्षण करणारा, रक्षक; t. deity आराध्य दैवत *n*, इष्टदेवता *f*.—TUTOR शिकविणारा, शिक्षक; *Law*, guardian पालनकर्त्ता.—*v.* शिकवणें; दिमतीस -दिमत असणें.

TWANG *v. i. Ger.* झणझण वाजणें.—*t.* झणझणा वाजविणें.—*n.* झणत्कार, झणत्कारा; nasal sound नाकांतला उच्चार -शब्द -स्वर, गेंगाणें -गुणगुण बोलणें *n*.

TWATTLE *v. i. Ger.* बडबडणें, वटवट क.

TWEEZERS *pl. F.* केंस वगैरे उपटण्याचा चिमटा.

TWELVE* *a.* बारा.—*n.* बाराचा अंकडा, बाराची संख्या *f*. -MONTH बारा महिने *pl*, वर्ष *n*; during t. बारमहा; of a t. बारमाही.—TWELFTH *a.* बारावा, बारा वाट्यांतलं एक.—*n.* बारावा भाग, द्वादशांश.

TWENTY* *a.* वीस.—*n.* विसाचा अंकडा; विसाची संख्या *f*.

TWICE* *ad.* दोनदां, दोनवेळ; doubly दुप्पट, बेवार; t. born द्विज.

TWIG* डाहळी *f*, टहाळी *f*, शिपटी *f*, फोक.

TWILIGHT*—of evening तिनीसांज *f*;—of morning पाहट *f*, धुंदूक *f*, झुंजुमुंजु *n*; imperfect t. फुटकी तीनसांज *f*; height of t. भर तिनीसांजा *f pl*, कातरवेळ *f*.

TWIN* जुवळ, जुळा, आवळा जावळा; *pl. Astr.* मिथुन रास *f*; t. pair जोडपें *n*.

TWINE* *v.* twist together पिळणें, पीळ घालणें; wind about वेष्टणें, वेढणें.—*i.* घट्ट बसवणें; वेढा घालणें, वेष्टून जाणें.—*n.* वेढा, वेष्टन *n*, पिळा; सुतळी *f*, सडा.

TWINKLE* *v. i.* डोळा उघडणें, उघडझाप क., मिचकणें; sparkle लकलकणें, चमकणें.—*n.* quick motion of the eye स्फुरण *n*, निमेष, निमिष; time of a wink चिपडी *f*, पलख *n*.

TWIRL* *v.* गरगरां फिरवणें.—*i.* गिरकांडी देणें -मारणें, गरगरां फिरणें.—*n.* गिरकांडी *f*, गिरटी *f*.

TWIST* *v. i.* contort पिळणें, पिळवटणें, मुरगळणें; pervert वळवणें, ओढणें, विपरीत क. (meaning); wind गुंडाळणें, लपेटणें; weave विणणें; form by convolution वळणें; form into thread सूत काढणें, सूत वळणें.

TWIT* *v.* नाकांत काड्या घालणें, ठोमणा मारणें.

TWITCH* *v.* हिसकणें, हिसका देणें.—*n.* हिसडा, हिसका.

TWITTER *v. D.* चिंवचींव -किलकील -चुंचुं क. —*n.* चिंवचींव *f,* किलकील *f,* चिमचीम *f.*

TWO* (*L. duo, Skr. dwi*) दोन ; in t. दोन तुकडे, द्विधा : c. in t.—*n.* दोहोंची संख्या *f*; दोहोंचा अंकडा. -FOLD *a.* दुप्पट; दोन प्रकारचा, द्विविध.—*ad.* दुप्पट. -EDGED दुधारी: the word of God is like a t. sword.

TYMPANITES (*L.*) वातोदर, कासव्या रोग ; to have t. पोटांत तडस भरणें.

TYPE (*typus*) stamp छाप, ठसा ; symbol खूण *f,* चिन्ह *n,* लक्षण *n*; figure of something to come प्रतिरूप -बिंब *n*; *Med.,* symptom भावना *f,* स्वरूप *n*; *Printing* ठशाचें अक्षर *n*; raised letter, &c., cast in metal ठशाचें अक्षर *n* वगैरे, टैप.

The following lines show some of the different types :—

Nonpareil.

I will put my spirit within you.—Ezk. xxxvi. 27.

Brevier.

Resist the devil and he will flee from you.—Jas. iv. 7.

Bourgeois.

The Lord is my portion, saith my soul.—Lam. iii. 24.

Long Primer.

Consider the wondrous works of God.—Job xxxvii. 14.

Small Pica.

Be ye doers of the word, and not hearers only, deceiving yourselves.—Jas. i. 22.

Pica.

God is angry with the wicked every day.—Ps. vii. 11.

English.

Christ died for the ungodly.—Rom. v. 6.

Great Primer.

Believe on the Lord Jesus Christ and thou shalt be saved.—Acts xvi. 32.

—TYPICAL *a.* लाक्षणिक, सांज्ञिक, सांकेतिक.—TYPIFY *v.* प्रतिरूपानें दाखवणें, सुचवणें.

TYPHUS (*Gr. tuphos,* smoke) सन्निपातज्वर.

TYPOGRAPHY (See Type) छापण्याची कळा *f,* खिळेछाप.

TYRANT (*Gr. turannus*) absolute ruler मुखत्यार राजा, स्वतंत्र राजा ; despotic and cruel ruler जुलमी राजा ; cruel master जुलमी धनी *f*; oppressor जबरी -जुलूम -जाच करणारा.—TYRANNY स्वतंत्र राज्य *n*; जुलमी -बेदाद-राज्य *n*; जुलूम,जबरदस्ती *f.*—TYRANNICAL *a.* जुलमी, जबरदस्त, जालीम, जुलमाचा, कहराचा (power).—TYRANNIZE *v. i.* जुलूम -जबरी -सखती क.; जाचणें, गांजणें, काचणें, पीडणें.

TYRO (*tiro,* a beginner) नवशिका, नूतनाभ्यासी.

TYTHE, See TITHE.

U

UBIQUITY (*ubique,* everywhere) व्याप्ति *f,* विश्वव्याप्ति *f,* सर्वसमीक्षता *f,* सर्वत्रता *f.*—UBIQUOUS *a.* सर्वत्र असणारा, सर्वव्यापक.

UDDER* (*Skr. ûdhar*) ओटी *f,* कास *f*; side of an u. पाखें *n.*

UGLY* *a.* deformed कुरूप, विद्रुप, बेडौल; ill-natured कुस्वभावाचा, कुबुद्धि.—UGLINESS कुरूपता *f,* बदसुरत *f*; कुस्वभाव.

ULCER (*ulcus*) *Med.* खट *n,* क्षत *n,*व्रण,फापर *n.* -ATE *v. i.* क्षत -व्रण पडणें.

ULTERIOR *a.* (*L.*) situated beyond पलीकडचा ; further पुढचा (demands).

ULTIMATE *a.* (*ultimus,* last) शेवटचा, अंतिम,

निदानींचा (repose); final शेवटचा, शेवटील (truths); constituent मूळ-कारणभूत (element). -LY *ad.* शेवटीं, सरते शेवटीं, परिणामीं. —ULTIMATUM (*L.*) निदानींचा शब्द, शेवटचें ह्मणणें *n*.

ULTRAMARINE *a.* (*ultra,* beyond, *marinus,* marine) समुद्रा पलीकडचा.

UMBER (*umbra,* shade) काव *f*?

UMBRA (*L.*) छाया *f*.—UMBRAGE छाया *f*; offence रुसवा, गैरमर्जी *f*.—UMBRAGEOUS *a.* छायेचा; छाया करणारा -देणारा (trees).—UMBRELLA छत्री *f,* छत्र *n*; u. borne over rájás, &c., in their procession अफतागिरी *f*.

UMPIRE (See Impair) तिऱ्हाईत, मध्यस्थ.

UNABLE *a.* अशक्त, असमर्थ.

UNACCENTED *a.* अनुदात्त, अस्वरित.

UNACCEPTABLE *a.* नापसंत, अमाह्य [to].

UNACCOMPLISHED *a.* शेवटास न गेलेला, अपुरा, कच्चा.

UNACCOUNTABLE *a.* not to be accounted for ज्याचें कारण सांगता येत नाहीं तो; mysterious गुढ, गहन; not responsible बिन मोसबी -जबाबदारीचा.

UNACCUSTOMED *a.* अनभ्यासी, अनभ्यस्त [to].

UNACQUAINTED *a.* गैर माहीत, गैर वाकब, अनभिज्ञ [to].

UNADVISED *a.* उतावळा, अविचारी, धसक्या; done without due consideration उतावळेपणाचा, अविचाराचा (measures).

UNAFFECTED *a.* निर्विकार; not real खरा, मनापासूनचा, अकृत्रिम (sorrow); destitute of affection गहींवर न आलेला, अजातद्रव, कठीण, विराग [by].

UNALTERABLE *a.* फिरवायास अयोग्य, अविकार्य.

UNANIMITY (*unus,* one, *animus,* mind) एकी *f,* ऐक्य *n,* एकमत *n*.—UNANIMOUS *a.* एकचित्त, एकदिल; formed with unanimity एकदिलाचा, एकोप्याचा, सर्वसंमताचा [in, for].

UNANSWERABLE *a.* दुरुत्तर, अनुत्तर, अखंडनीय.

UNAPPEASABLE *a.* असांत्वनीय, अशाम्य.

UNAPPROVED *a.* नापसंत, अमान्य.

UNAPT *a.* अनुपयोगी; अनुपयुक्त; dull मंदमति, जडबुद्धि [for].

UNARMED *a.* बिनहत्यार, उघडा, शस्त्रहीन, निरायुध.

UNASKED *a.* बिन पुसल्याचा -वांचूनचा, अयाचित [for].

UNASSUMING *a.* निरभिमानी, साळसूद, बिन दिमाखाचा, बाळबोध, साधा (manners).

UNATTAINABLE *a.* असाध्य, दुःसाध्य, अलभ्य

UNAUTHORIZED *a.* बिन हुकमी, हुकमा वांचूनचा, बिन सनदी.

UNAVAILING *a.* निरर्थक, निष्फळ.

UNAVOIDABLE *a.* अनिवार्य, अनिवार; necessary आवश्यक, अगत्याचा.

UNAWARE *a.* गैर माहीत; बेसावध, बेहोष [of].—UNAWARES *ad.* अकस्मात, एकाएकीं

UNBECOMING *a.* अयोग्य, अनुचित, अमर्याद गैरशिस्त [of].

UNBEGOTTEN *a.* न झालेला, अनुत्पन्न; eternal सनातन.

UNBELIEF अविश्वास; infidelity अश्रद्धा *f,* अभक्ति *f,* नास्तिक मत *n* [of].—UNBELIEVER अविश्वासी, अभक्त, नास्तिक.

UNBEND *v*. उतरणें, ढिला सोडणें -क., दोरी सोडणें (a bow); relax विसांवा देणें: to u. the mind from study.

UNBIASSED *a.* निष्पक्षपाताचा, उदासवृत्तीचा.

UNBIDDEN *a.* न सांगितलेला, हुकूम न दिलेला; spontaneous स्वतःसिद्ध, आपोआप; uninvited न बोलावलेला, अनामंत्रित, आगंतुक.

UNBLEMISHED *a.* निर्दोष, निष्कलंक, निर्दोष.

UNBLEST *a.* आशिर्वाद न पावलेला; wretched हतभाग्य, कपाळकरंटा, फुटक्या नशिबाचा [by].

UNBORN *a.* न जन्मलेला, अजात; future पुढला, पुढील (sorrow).

UNBOSOM *v.* विश्वासानें तोंडा बाहेर काढणें, पोटफोड क. [one's self].

UNBOUNDED *a.* अपार, अमर्याद (power); unrestrained अनिवार, बेकैद, बेलगाम (extravagance).

UNBRIDLED *a.* बिन लगामी, बेकैदी.

UNBUTTON *v.* गुंड्या काढणें -सोडवणें.

UNCEREMONIOUS *a.* बेमुरवतीचा; familiar खेळीमेळीचा, सलगीचा.

UNCERTAIN *a.* not certain अनिश्चित, संदेहयुक्त, संशयाचा (evils); insecure बेभरवशाचा, संकटांत, धोक्याचा: man, without the protection of a Superior Being is u. of everything that he hopes for; not sure of the direction बिन धोरणाचा, बेशिस्त, भलता, नेमावाचून; soon bent his bow, u. in his aim. -TY भ्रांतिवटपणा, संदेह, संशय, दुग्धा *f*.

UNCHANGEABLE *a.* निर्विकार, अविकारी.

UNCHARITABLE *a.* दोषदर्शी, दोष पाहणारा -पाहण्याचा (opinion).

UNCHASTE *a.* व्यभिचारी;—woman असाध्वी *f*, व्यभिचारिणी *f*.

UNCHRISTIAN *a.* ख्रिस्ती नव्हे तो; contrary to Christianity ख्रिस्ती धर्मा विरुद्ध, ख्रिस्तीधर्मबाह्य.

UNCIVIL *a.* रानटी, गव्हार; unpolite अशिष्ट, असभ्य, दांडगा [to].

UNCLE (*avunculus,* a maternal uncle) —paternal चुलता;—maternal मामा.

UNCLEAN *a.* मळका, मळीण; unholy अपवित्र, अशुद्ध;—ceremonially विटाळलेला, भ्रष्ट, अशुद्ध, अपवित्र, ओंवळा.

UNCLOTHE *v.* कापडें -वस्त्रें उतरणें -काढणें.

UNCOMELY *a.* न शोभेसा, अयोग्य (manners); असुंदर, साधारण, साधा (person).

UNCOMFORTABLE *a.* गैर सोयीचा, अडचणीचा, गैरलागी (seat); gloomy उदास, विषण्ण, उजाड (season).

UNCOMMON *a.* थोडा, विरळा; strange विलक्षण, असाधारण, अलौकिक (courage). -LY *ad.* फारच, अतिशय; क्वचित्, विरळ.

UNCONCERN अनास्था *f*.—UNCONCERNED *a.* निष्काळजी, बेपरवा, निश्चिंत.

UNCONDITIONAL *a.* बिन अटीचा, सरळ, अप्रतिबंधक.

UNCONNECTED *a.* अनन्वित, असंगत, विलग, विसंगत. -NESS अनन्वय, असंबंध.

UNCONQUERABLE *a.* अजिंक, अजेय.

UNCONSCIONABLE *a.* अयुक्तिक, अमर्याद, भलता -ती *f* -तें *n* (request); vast फार मोठा, अवजड.

UNCONSCIOUS *a.* अचेतन, निचेत, धुंद; अजाणता, अज्ञ; imperceptible इंद्रियागोचर, अव्यक्त [of].

UNCOURTEOUS *a.* बेमुरवत, बिन माणुसकीचा, असभ्य.

UNCOUTH *a.* अडाणी, हेंगाडा.

UNCOVER *v.* उघडणें, झांकण काढणें.

UNCREATED *a.* अनुत्पन्न, नित्य: God is u.; अद्याप उत्पन्न न झालेला (misery).

UNCTION (See ANOINT).—UNCTUOUS *a.* चिकण, स्निग्ध (earth).

UNCULTIVATED *a.* बिन लागवडीचा, पडीत, नाकीर्द; not civilized अशिक्षित, गव्हार, रानटी

UNDAUNTED *a.* निर्भय, निधाड, धीट.

UNDECAYING *a.* अविनाशी, अनश्वर, अक्षर.

UNDECEIVE *v.* भ्रांति उडवणें, डोळे -कान उघडणें.

UNDECIDED *a.* अनिश्चयाचा, निश्चय -ठराव -निवाडा न केलेला, अनिश्चित, डळमळीत. -LY अळमटळम, अनिश्चित.

UNDEFILED *a.* निर्मळ, आलिप्त, भ्रष्ट न झालेला, शुद्ध.

Undefinable *a.* अलक्ष्य, अनिर्वचनीय.

Undefined *a.* मोघम, संदिग्ध, अस्पष्ट.

Undeniable *a.* नाहीं -न म्हणायाजोगा, अबाधित.

Under* *prep.* (*Skr. antar*) below खालीं, खालतीं; in वारीं, खालीं (खेळण्यावारीं, कामावारीं); in relation to some thing or person that exceeds in rank or degree, in number, size, weight, &c. खालीं; there are several parishes u. twenty pounds; in relation to something that comprehends, that represents, that furnishes a cover, pretext, pretence, &c. निमित्तानें, मिषानें : u. the name of friendship; in subjection to ताब्यात, खालीं; less than खालीं, कमी.—*a.* खालचा; subordinate आड (आडगडी); हाताखालचा, उप (उपगुरु).

Underdo *v.* पाहिजे त्यापेक्षां कमी क.; cook insufficiently कच्चा शिजाविणें, बराबर न-शिजवणें, अर्धवाट क.

Undergo *v.* सोसणें, भोगणें, कंठणें.

Underhand *ad.* लपून छपून.—*a.* चोरीचा, लपंडावाचा, in comp. चोर.

Underlie *v.* खालीं असणें; be at the basis of -च्या मुळास असणें, -ला आधार असणें.

Underline *v.* -च्या खालीं रेघ काढणें -ओढणें.

Underling हाताखालचा, बगल्या.

Undermine *v.* पाया खणून काढणें -पाडणें -ढासळणें; ruin in an underhand way आंतून नाश क. गुप्त घाला घालणें.

Undermost *ad.* सर्वांच्या खालचा; सर्वांहून हलका, अति कनिष्ठ.

Underneath *ad.*, *prep.* खालीं.

Underprice *v.* हलकी -उणी किंमत क. -लावणें -समजणें.

Undersetter धिरा.

Undersign *v.* खालीं सही क.; the *undersigned* खालीं सही करणारा.

Understand *v.* (*under & stand*) apprehend समजणें, उमजणें; become informed of माहीतगार होणें, कळणें; imply गर्भित असणें, फलितार्थानें दाखवणें [from, by].—*i.* समज -बोध असणें; be informed by another दुसऱ्याकडून समजणें. -ING, knowledge बुद्धि *f*, ज्ञान *n*; harmony समजूत *f*, समजी *f*: to come to an u. with another; union of minds बनाव, रहस्य *n*, एकी *f*.

Undertake *v.* engage in उचलणें, हातीं घेणें, पत्करणें; take solemnly upon one's self प्रतिज्ञेनें -करारानें घेणें.—*i.* हातीं घेणें, पत्करणें; promise वचन देणें, कबूल क.; for जामीन राहणें -होणें.—**Undertaker** पत्करणारा, हातीं घेणारा; one who takes the charge and management of funerals प्रेतक्रियेची खटपट करणारा.—**Undertaking** पत्करणें *n*, पतकर; काम *n*, कार्य *n*, धंदा.

Undertenant पोटभाडेकरी.

Undervalue *v.* कमी किंमत क.; esteem lightly तुच्छ -हलका मानणें.

Underwood झाडझुडूप *n*, झाडी *f*.

Underwriter विमेदार, विमेकरी.

Undeserving *a.* नालायक, गैरलायक, अयोग्य, अपात्र.

Undesigning *a.* निष्कपट, निष्कृत्रिम.

Undesired *a.* अनपेक्षित.—**Undesirable** *a.* अनपेक्ष; विचार करायास अयोग्य.

Undetermined *a.* अनिश्चित, अळमळीत, न ठरलेला; not limited अमर्याद, अपार.

Undigested *a.* अजीर्ण, अपक्व, कच्चा.

Undisciplined *a.* अशिक्षित, गैरसाल.

Undisguised *a.* उघडा, बिन पडद्याचा, निष्कपट

Undisturbed *a.* निरुपद्रव, निष्कंटक, उपद्रवरहित; थंड, अव्यग्र, स्वस्थ.

Undivided *a.* अखंड, सलग, सबंध.

Undo *v.* reverse फिरवणें, उलटवणें; annul रद्द

क.; loose उघडणें, उकलणें, उलगडणें; ruin, as in reputation, morals, and the like नाश क., अब्रू वगैरेचा नाश क.; bring to poverty भिकेस मिळविणें; make void नाहींसा -न केलासा क. [by, with].

UNDOUBTED *a.* निस्संशय, निस्संशयाचा.

UNDRESS *v.* वस्त्रें -पांघुरणें -काढणें, पोशाक उतरणें; अलंकार उतरणें; *Med.* जखमेवरून मलम -पट्टी वगैरे काढणें.

UNDUE *a.* नालायक, गैरशिस्त, अयोग्य (proceeding); excessive बेसुमार, बेहद्द, अमर्याद: u. regard to the externals of religion; not due न द्यायाचा (a debt).

UNDULATE *v. i.* (*undula,* a little wave) हेलकावणें, हेलकावा खाणें.—*t.* हेलकावा देणें, हेलकावणें.—UNDULATION हेलकावा, उतारचढ; आंदोलन *n.*

UNDUTIFUL *a.* बेहुकमी, आज्ञा न मानणारा, दांडगा, स्वधर्मविमुख.

UNDYING *a.* न मरणारा, अमर: the u. soul; imperishable अविनाशी, अनश्वर.

UNEASINESS अस्वास्थ्य *n,* असुख *n,* असमाधान *n.*—UNEASY *a.* अस्वस्थ, असमाधानी, बेआराम; stiff in manners खळबळीतपणा वेगळा, आदराच्या डौलाचा, करडा, रांठ इ०.

UNEMPLOYED *a.* रिकामा, खाली, निरुद्योगी.

UNENLIGHTENED *a.* तेजहीन, हीनतेज; न सुधारलेला, अज्ञान, गव्हार.

UNENTITLED *a.* अनाधिकारी.

UNEQUAL *a.* उंचनीच, अधिकउणा, असम, विषम; inferior हलका; insufficient अपुरता, कोता, उणा [to]. -ED *a.* अप्रतिम, अद्वितीय, अपूर्व; inadequate असमर्थ, नालायक.

UNEQUIVOCAL *a.* स्पष्ट, व्यक्त; not of doubtful signification स्पष्ट, स्पष्ट अर्थाचा (words).

UNERRING *a.* अचूक; certain अचूकसंधानी, निभ्रांत [in].

UNESSENTIAL *a.* अनावश्यक, बिन जरुरीचा, गौण, अप्रधान.

UNEVEN *a.* उंचनीच; unequal असम, असदृश.

UNEXAMPLED *a.* अनुपम, अप्रतिम, अपूर्व.

UNEXCEPTIONABLE *a.* अबाध, निर्बाध, निर्दोष, चोख (character).

UNEXPECTED *a.* आकस्मिक, अकल्पित. -LY अकस्मात्, एकाएकीं.

UNEXPLORED *a.* अज्ञात, ज्याचा शोध केला नाहीं तो.

UNEXTINGUISHABLE *a.* न विझण्याजोगा, अशाम्य.

UNFADING *a.* अवीट, न विटणारा, न कोमणारा.

UNFAIR *a.* गैरवाजवी, खोट्या चालीचा, अप्रामाणिक [to].—UNFAITHFUL *a.* खोटा, बेइमान [to, in]. -NESS खोटेपणा, बेइमान *n;*—of a wife to her husband नवऱ्याशीं बेइमानी *f,* अपातिव्रत्य *n;*—of a husband to his wife बायकोशीं बेइमानीपणा.

UNFASHIONABLE *a.* लोकचालीविरुद्ध, लोकसंप्रदायविरुद्ध, गैर चालीचा -रीतीचा (dress, language).

UNFATHOMABLE *a.* तळ लागत नाहीं असा, अतळ, अगाध.

UNFAVORABLE *a.* अनिष्ट, अशुभ, अमंगळ; contrary उलटा, वांकडा; as wind समोरचा [to].

UNFEELING *a.* निर्दय, बेदर्द, कठीण, कठोर [to].

UNFEIGNED *a.* खरा, वास्तविक, निष्कपट.

UNFIT *a.* अयोग्य, अनुचित, नालायक, अनुपयुक्त. [for].—*v.* नालायक -अयोग्य क.

UNFIXED *a.* अनियमित, अनिश्चित.

UNFOLD *v.* उघडणें, उकलणें, पसरणें; reveal कळवणें, प्रगट क.

UNFORESEEN *a.* पूर्वी न पाहिलेला, अनपेक्षित [by].

UNFORGIVING *a.* असोशिक, दीर्घद्वेषी, अक्षम.

UNFORTUNATE *a.* हतभाग्य, दुर्दैवी (man); हतभाग्याचा, अपेशाचा, अरिष्टाचा (measures, affairs) [in]. -LY *a.* दुर्दैवें करून [for].

UNFOUNDED *a.* न स्थापलेला, अस्थापित ; न बांधलेला ; vain पोकळ, व्यर्थ (hopes) ; baseless निराधार, निर्मूळ, मिथ्या.

UNFRIENDLY *a.* अनिष्ट ; शत्रुभावाचा [to].

UNFRUITFUL *a.* निष्फळ (tree) ; barren वांझ, वंध्या (female) ; not producing good works व्यर्थ, वृथा, सत्कर्महीन (life) ; not fertile नापीक, भरड, रुक्ष (soil).

UNFURL *v.* (गुंडाळलेला) सोडणें, मोकळा क., सुरळी सोडणें (sails).

UNGAINLY* *a.* अडाणी, बेढब, बेसुरत (figures).

UNGENEROUS *a.* कृपण, अप्रशस्त मनाचा, हिमटा [to].

UNGIRD *v.* कंबरबंद सोडणें, कमर सोडणें.

UNGODLY *a.* अधार्मिक, देवनिंदक, दुष्ट ; polluted by sin भ्रष्ट, पापलिप्त.

UNGOVERNABLE *a.* अनिवार.

UNGRACEFUL *a.* बेढब, विशोभित [in].

UNGRACIOUS *a.* अनुपकारी, निर्दय ; unpleasant नावडता ; unacceptable अमान्य.

UNGRATEFUL *a.* कृतघ्न, अनुपकारी, निमकहराम ; unpleasing नावडता, अरुचिकर ; as sounds कर्कश [to].

UNGUENT (*ungere*, to anoint) उटणें *n*, उटी *f*.

UNHANDY *a.* आडमुठ्या, नाकसबी ; not convenient अडचणीचा, गैरसोयीचा (posture).

UNHAPPY *a.* असुखी, दुःखी ; children sometimes render their parents u. ; unlucky हतभाग्य, दुर्दैवाचा ; affairs have taken an u. turn ; calamitous अनर्थाचा, अरिष्टाचा, अशुभ [in].

UNHEALTHY *a.* रोगी ; habitually indisposed सदारोगी ; abounding with disease रोगाचा, रोगप्रचुर, रोगी (season) ; insalubrious रोगी, रोग आणणारा (climate) ; not resulting from health वाईट प्रकृतीचा -पासून झालेला.

UNHEARD *a.* न ऐकलेला, अश्रुत ; obscure सांदीकोंदीचा [of].

UNHESITATING *a.* बेशक, अकुंठित [in].

UNHINGE *v.* बिजागरी -सांधा उखळणें ; displace जाग्यावरून उचलणें -उठवणें ; render unstable अस्थिर -चंचल क. (the mind).

UNHORSE *v.* घोड्यावरून पाडणें ; घोड्यावरून उतरायास लावणें.

UNHURT *a.* दुखापत न झालेला, अनाहत ; नुकसानी शिवाय ; safe and sound सुरक्षित, सलामत [by].

UNICORN (*unus*, one, *cornu*, a horn) एकशिंगी कल्पित जनावर *n*.

UNIDIOMATICAL *a.* भाषणसंप्रदायविरुद्ध, अप्रशस्त.

UNIFORM (*unus*, one, *forma*, form) एका तऱ्हेचा -जातीचा ; not different सारखा, समान. —*n.* एका मंडळीचा धंद्याचे -लोकांचा शिपायांचा वगैरे सारखा पोशाक ; military u. बाणगुणी *f*. -ITY समरूपता *f*, समसमानता *f*, बराबरी *f*, साम्य *n*.

UNIMAGINABLE *a.* कल्पने बाहेरचा, अतर्क्य, कल्पनातीत, अचिंत्य.

UNIMPAIRED *a.* साबीत, शाबूद, अक्षत, धड, निकोप.

UNINFORMED *a.* गैरमाहीत, अज्ञान, अजाण.

UNINHABITED *a.* उजाड, निर्जन, ओस, बेचिराग.

UNINSPIRED *a.* ईश्वरी प्रेरणा न झालेला, ईश्वरानें न प्रेरलेला [by].

UNINSTRUCTED *a.* अशिक्षित, अनक्षर.

UNINTELLIGENT *a.* बुद्धीचा जड -मंद.

UNINTELLIGIBLE *a.* समजायास कठीण, दुर्बोध, दुर्ज्ञेय.

UNINVITED *a.* न बोलावलेला, अनाहूत [by].

UNION (*unus*, one) junction जोड, संबंध, संधि ; harmony एकी *f*, एकोपा, ऐक्य *n* ; con-

federation कट, कूट ; [hypostatical u. *Theol.*, the personal union of the divine and human natures in Christ, that is, so as to constitute one person with two natures] [with].

UNIQUE *a.* (do.) अनन्य, असाधारण, एकमात्र.

UNIT (do.) एक, एकांक ; एकं.—UNITARIAN, one who denies the doctrine of the Trinity अत्रैक्य तत्ववादी, 'युनितेरियन.'—*a.* युनितेरियन मताचा.—UNITE *v.* जोडणें, मिळवणें ; join by legal or moral bond जोडणें, एक क. [with, in, together, against].—*i.* मिळणें, एक होणें ; एकचित्त -मत होणें, जुटणें. —UNITED जोडलेला, संयुक्त ; एकचित्त. -LY *ad.* मिळून, मिळणीनें.

UNISON (-*sonus*, a sound) मेळ, मिलाफ, जम; *Mus.* स्वरांचा मेळ, एकताल.—UNITY एकपणा, ऐक्य *n* ; concord ऐक्य *n*, एकी *f*; *Poet.* and *Rhet.* विषयांचें ऐक्य *n*, मिलाफ, संविधान *n*.

UNIPAROUS *a.* (*unus*, one, *parere*, to bring forth) producing one at a birth एकप्रसू.

UNISON, See under UNIT.

UNIVERSE (*unus*, one, *vertere*, to turn) all created things viewed as constituting one system or a whole विश्व *n*, जग *n*, सकल सृष्टि *f*, सृष्टि *f*; pervading the u. विश्वव्यापक ; lord of the u. विश्वेश्वर; soul of the u. जगदात्मा.—UNIVERSAL *a.* सर्व ठिकाणचा, सर्वांचा, सार्वजनिक, सार्वत्रिक (good) ; total सर्व, अखंड, सगळा (frame); comprising particulars सामान्य, साधारण (terms) ; u. Church, the whole Church of God in the world यावत् ख्रिस्ती मंडळी *f*, सार्वत्रिक मंडळी *f*. -ITY सर्वव्यापकत्व *n* ; सर्वसाधारण्य *n*, सर्वांचा संबंध. -LY *ad.* सर्वत्र, सर्व ठिकाणीं ; सर्वांस, सर्वांनीं : God's laws are u. binding on his creatures.—UNIVERSITY, an assemblage of colleges established in any place with professors for instructing students in the science and other branches of learning, and where degrees are conferred पाठशाळा समाज, 'युनिवर्सिटी' *f*, शाळामंडळ *n* ; a universal school, in which are taught all branches of learning, or the four faculties of theology, medicine, law, and the sciences and arts सर्व विद्यालय *n*, 'युनिवर्सिटी' *f*.

UNJUST* *a.* अन्यायी, अधर्मी (man); अन्यायाचा, अधर्माचा, गैरवाजवी ; in comp. अन्याय (actions) [to].

UNKIND *a.* उपकारशत्रु ; निर्दय, स्नेहहीन, कठीण मनाचा [to]. -NESS अवकृपा *f*.

UNKNOWN *a.* अज्ञात, अनोळखीचा ; u. quantity अव्यक्तराशि *f* [to].

UNLADE *v.* ओझें उतरणें, भार काढणें ; ओझें -भरताड काढणें, रिकामा क. (Acts xxi. 3).

UNLAWFUL *a.* अशास्त्र, शास्त्रविरुद्ध ; an u. assembly, *Law* कायद्या विरुद्ध -बंडाळीची सभा *f* दंगल.

UNLEARNED *a.* अविद्वान्, अनक्षर ; not known अज्ञात ; not suitable to a learned man विद्वानास अयोग्य (verses).

UNLEAVENED *a.* बेखमिराचा, बेखमीर, न फुगलेला (bread).

UNLESS *conj.* (*un* & *less*) नाहींतर, वांचून, खेरीज, शिवाय.

UNLIKE *a.* निराळा, भिन्न. -LY *a.* न होण्याजोगा, असंभाव्य ; with neg. con. अगाध.

UNLIMITED *a.* अमर्याद, अपार ; undefined अलक्षित, साधारण, सामान्य [by].

UNLOCK *v.* कुलूप उघडणें -काढणें ; उघडणें, उघडा क.

UNLOOKED-FOR *a.* अतर्क्य, आगेवांचून, अनपेक्षित.

UNLUCKY *a.* हतभाग्य, दग्धहस्ती (man) ; दुर्दैवाचा, अपेशाचा (adventure); inauspicious अशुभ, अमंगळ, अभद्र (day) [in, at].

UNMAN *v.* emasculate वीर्यहीन क.; disheartened धैर्यहीन -हतवीर्य क.; deprive of men मनुष्यहीन क.;—a town उजाड क. -LY *a.* पुरुषास अयोग्य, नामर्दीचा; base नीच, अधम; cowardly भित्रा, गांडू.

UNMANNERLY *a.* गैरशिस्त, असभ्य, दांडगा, दांडगे चालीचा (a youth).

UNMARRIED *a.* अविवाहित, सडा, अवरठा;—woman सडी *f,* अनूढा *f.*

UNMASK *v.* पडदा -मुखवटा काढून रूप दाखविणें, उघडा क.

UNMEANING *a.* अर्थहीन, निरर्थक, पोकळ (words); not indicating intelligence बुद्धिहीन, मंद, जड.

UNMEASURABLE *a.* अपरिमेय, अपरिमित.

UNMEASURED *a.* अपरिमित, असंख्य, अपार [in].

UNMERCIFUL *a.* निर्दय, क्रूर; exorbitant भारी, जड (demands).

UNMINDFUL *a.* गाफिल, गैरसावध; careless बेफिकीर, निष्काळजी.

UNMINGLED *a.* बिन मिसळीचा, अमिश्रित, निर्मळ, निरा, शुद्ध.

UNMOLESTED *a.* निरुपद्रव, उपद्रवरहित.

UNMOOR *v.* गलबताचा नांगर काढणें.

UNNATURAL *a.* गैर रितीचा, मनुष्य धर्मास विरुद्ध; contrary to the laws of nature सृष्टिनियमा -धर्मा विरुद्ध, सृष्टिविरुद्ध; acting without the natural affection निर्दय, ममताहीन (a father).

UNNECESSARY *a.* बिनजरूरीचा, निष्कारण, अप्रयोजक, निराकारण.

UNNEIGHBOURLY *a.* शेजारधर्मास वांकडा, निर्दय, ममताहीन.

UNNERVE *v.* बळ-जोर मोडणें अशक्त, -नबळा क.

UNNUMBERED *a.* अगणित, असंख्य.

UNOBJECTIONABLE *a.* निर्बाध, अबाधित.

82 D

UNOBSERVED *a.* न पाहिलेला, अलक्षित [by].

UNOBTAINABLE *a.* दुर्लभ, दुर्मीळ.

UNOCCUPIED *a.* रिकामा, रिता, खाली.

UNOFFENDING *a.* निरुपद्रविक, गरीब.

UNORGANIZED *a.* निरवयव, घटना -रचना रहित, निरिंद्रिय: metals are u. bodies.

UNOSTENTATIOUS *a.* बिन डौलाचा, साधा.

UNPALATABLE *a.* अरुचिकारक, बेचव; disagreeable नावडता, अप्रिय [to].

UNPARDONABLE *a.* अक्षम्य *n,* माफी करण्यास अयोग्य.

UNPERCEIVED *a.* न पाहिलेला, लक्षांत न आलेला [by].

UNPERFORMED *a.* न केलेला, अकृत.

UNPHILOSOPHICAL *a.* अयुक्तिक.

UNPIN *v.* टांचणी काढणें, टांचण्या काढून मोकळा क. (a frock); खीळ -खुंटी -काढणें.

UNPLEASANT *a.* नावडता, अप्रिय.

UNPOLISHED *a.* असभ्य, अशिष्ट, रानटी; बिन नक्शीचा, साधा.

UNPOPULAR *a.* लोकांस न आवडण्या सारखा -नावडता.

UNPRACTICED *a.* गैरवहिवाटलेला, अनभ्यस्त, अनभ्यासी, नवा, कोरा.

UNPRECEDENTED *a.* अपूर्व, नवा, मागें न झालेला; ज्यास मागचा आधार -प्रमाण नाहीं तो.

UNPREJUDICED *a.* बिन पिळाचा -गांठीचा, साफ -मोकळ्या मनाचा [by].

UNPREMEDITATED *a.* अकल्पित, अचिंतित.

UNPRINCIPLED *a.* दुराचारी, बदफैल, बेचाल [in].

UNPRODUCTIVE *a.* नापीक (land); fruitless निष्फळ, बिन हाशिलाचा, निरर्थक; not profitable गैरफायद्याचा, बिन नफ्याचा, निरर्थक [of].

UNPROFITABLE *a.* बिन नफ्याचा, गैरफायदा, व्यर्थ, रिकामा.

UNPROPITIOUS *a.* अशुभ, अमंगळ.

UNPROTECTED *a.* उघडा, निराश्रित, अनाथ;—as a country बिन बंदोबस्ताचा, उघडा [by].

UNQUALIFIED *a.* नालायक, अयोग्य, अनधिकारी; not having taken the requisite oath or oaths शपथ न घेतलेला -वाहिलेला; unconditional बिन अटीचा, मोकळा, सरळ, प्रशस्त (praise).

UNQUENCHABLE *a.* अशाम्य, न विझण्याजोगा, अशमनीय.

UNQUESTIONABLE *a.* निस्संशय, निस्संदेह.

UNREASONABLE *a.* गैरवाजवीचा, अयुक्तिक; exorbitant अतिशय, बेसुमार, अति, फारच: u. love of life or money.

UNRELENTING *a.* कठोर, कडवा, निर्दय, कठीण; inflexibly rigid अति कठीण, करडा, कडक (rule).

UNREMITTING *a.* एकसारखा, न खोळंबता, सतत, अखंड (exertions).

UNRESERVED *a.* मोकळ्या मनाचा, खळबळीत, असंकोची; full पुरा, अनन्य, पूर्ण, अखंड (obedience) [in].

UNRESISTING *a.* अप्रतिकारक अनिवारक.

UNRESTRAINED *a.* बेबंद, बेलाग, अनावर; खळबळीत [by].

UNRIGHTEOUS *a.* अधर्मी, दुष्ट; unjust अन्यायाचा, अधर्माचा (sentence).

UNRIPE *a.* कोवळा, हिरवा, कच्चा [for].

UNRIVALLED *a.* अप्रतिम, अनुपम [in].

UNROLL *v.* गुंडाळी उकलणें, सोडणें (cloth); दाखविणें, दृष्टीस पाडणें.

UNROOF *v.* छप्पर काढणें, उस्तरणें.

UNRUFFLED *a.* संत, शांत.

UNRULY *a.* शिरजोर, दांडगा, बेहुकमी.

UNSAFE *a.* जोखमाचा, सभय.

UNSANCTIFIED *a.* अपवित्र; असंस्कृत, अप्रतिष्ठित.

UNSATISFACTORY *a.* बिन खातरीचा, नापसंतीचा. —UNSATISFIED *a.* अतृप्त, नाखुश.

UNSAVORY *a.* बेचव, पाणचट, निरस; disgusting *a.* कंटाळवाणा, त्रासदायक, ओंगळ.

UNSAY *v.* बोलणें, माघारें घेणें.

UNSCRIPTURAL *a.* अशास्त्र, शास्त्राविरुद्ध.

UNSEARCHABLE *a.* अतर्क्य, दुर्ज्ञेय, गूढ: the counsels of God are to us u.

UNSEASONABLE *a.* अवेळेचा, अवकालिक, अकालिक (hour); late उशिरानें आलेला, विलंबित; ill-timed कुवेळचा, भलत्याच वेळचा.

UNSEEMLY *a.* नालायक, अयोग्य; indecent अमर्याद, निर्लज्ज.

UNSEEN *a.* न पाहिलेला, अदृष्ट; invisible न दिसणारा, अदृश्य: the u. God.

UNSERVICEABLE *a.* कामांतून गेलेला, निकामी, निरुपयुक्त, रद्द.

UNSETTLED *a.* ठराव न झालेला, अस्थापित; बिन बंदोबस्ताचा, अव्यवस्थेचा; चंचल, अस्थिर.

UNSHOD *a.* अनवाणी.

UNSIGHTLY *a.* बेढब, विशोभित.

UNSHEATH *v.* म्यानांतून काढणें, तरवार उपसणें; to u. the sword लढाई क. -चालू क.

UNSKILFUL *a.* अडाणी, नाकसबी, अडमुठ.

UNSOCIABLE *a.* एकलकोंड्या, माणूसघाण्या.

UNSOUND *a.* नुकसान, फुसका (timber); infirm अधू, अशक्त (constitution); not orthodox अशास्त्र, पाखांडी (doctrines); dishonest अप्रामाणिक, खोटा, कुजका; not close पातळ, विरळ (cheese); not sincere कपटी, कपटाचा, कृत्रिमी (love); erroneous चुकीचा-भ्रांतीचा (agreement); not calm अस्वस्थ, तळमळीचा (sleep); questionable संशय धरण्याजोगा (credit) [in, of].

UNSPEAKABLE *a.* अनिर्वाच्य, सांगता येत नाहीं असा.

Unspotted *a.* बिनडाग, चोख, निष्कलंक, निर्मळ (reputation).

Unsteady *a.* चंचळ, क्षणिकबुद्धि, अस्थिर.

Unstring *v.* तारा काढणें -सोडणें (a harp); loosen ढील क.; take from a string दोरींतून -सरांतून काढणें (beads).

Unsubdued *a.* अजित, न जिंकलेला ; अजितेंद्रिय (passions).

Unsubstantial *a.* निर्जीव, पोकळ, निःसार ; not real खोटा, अवास्तविक.

Unsuccessful *a.* ज्याचें कार्य -सार्थक झालें नाहीं तो, अप्राप्तयश (person) ; निष्फळ, व्यर्थ (measures) [in, with, at].

Unsuitable *a.* नालायक, निरुपयोगी : timber u. for a bridge; proper अयोग्य, नालायक, अनुचित : a dress u. for a clergyman [for, to].

Untaught *a.* अशिक्षित, अशिष्ट [by].

Unthinking *a.* अविचारी, अविवेकी ; अविचाराचा.

Untidy *a.* अव्यवस्थित, भोंगळ, नेभळा [in].

Untie *v.* सोडणें, मोकळा क.; let loose सोडून देणें; loosen from coils वेंटाळें सोडविणें ; unfold मोकळा क., उलगडणें.

Until* *prep.* पर्यंत, पावेतों.

Untimely *ad.* अवेळीं, अकाळीं, काळापूर्वीं.

Untouched *a.* अस्पष्ट ; not affected by use कोरा, अचळ [by].

Untoward, Untractable *a.* शिरजोर, बेहुकमी, वाकडा, दंडेल.

Untrue *a.* असत्य, खोटा, मिथ्या.

Unusual *a.* रितीविगळा, गैर वहिवाटीचा, असाधारण, विरळ [for].

Unutterable *a.* अवाच्य, सांगतां येत नाहीं असा.

Unveil *v.* बुरखा -पदर काढणें.

Unviolated *a.* न मोडलेला, अभंग; न भ्रष्ट केलेला, शुद्ध [by].

Unwarrantable *a.* अधिकारा वांचूनचा, बिन सत्तेचा ; illegal बेकायद्याचा ; unjust अन्यायाचा, अधर्माचा ; improper अयोग्य, अनुचित.

Unwell *a.* असमाधानी, अस्वस्थ, कांहींसा आजारी.

Unwholesome *a.* वावडा, अपथ्य, अपथ्यकारक (food, air) ; pernicious अपकारक, अहितकारक, दुष्ट, वाईट (advice).

Unwieldy *a.* अटोपसार नव्हे तो, ऐवट, अवजड, बोजड [in].

Unwilling *a.* नाखुश, नाराजी, नाकबूल ; नाखुशीचा. -ness नाराजी *f*, नाखुशी *f*.

Unwise *a.* वेडा, मूर्ख ; वेडेपणाचा, अविचाराचा-मूर्खपणाचा (manners).

Unwittingly *ad.* न जाणतां, नसमजून, चुकून, he has u. injured himself.

Unworthy *a.* अयोग्य, अपात्र ; हलका, नीच [of].

Unwritten *a.* न लिहिलेला, तोंडचा, in comp. मुख ; blank कोरा.

Up* *ad.* वर, वरतीं ; out of bed निजून उठलेला ; in a state of approaching to the whole amount भर, शेर ; completely पुरा, पुरता, पूर्ण, अगदीं : to eat u. खाऊन टाकणें ; to burn u. जाळून फस्त क. ; u. let us go चला -उठा आपण जाऊं ; it is all u. with him तो आटपला -वारला ; the time is u. वेळ भरला, वेळ झाली -आली ; to blow u. फुगविणें, ताणणें ; खरडपट्टी काढणें, खूप घेणें ; to come u. with मागून येऊन पोंचणें, गाठणें ; पुरा पडणें, अटोपणें ; to draw u. रांगेनें -व्यवस्थेनें उभा क. -रचणें इ० ; u. and down खालींवर ; मागें पुढें.—*prep.* वर, वरतीं ; [u. the country, in a direction towards the head of a stream or river].

Upbraid* *v.* दोष लावणें -ठेवणें, निंदणें [with].

Upheave *v.* वर उचलणें.

UPHOLD *v.* वर उचलून धरणें; support आश्रय देणें, न पडूं देणें : honor shall u. the humble in spirit (Prov. xxix. 23); defend मंडन -प्रतिपादन क.; countenance पाठ राखणें, मेहेरबानी क.

UPHOLSTERY (corrup. from UPHOLDER) खुर्च्या, पलंग, मेज, वगैरे सामान पुरवणारा, बोहरी.

UPLAND माळजमीन *f,* पठार *n.*—*a.* माळजमिनीवरचा; माळजमिनीचा (pasture).

UPLIFT *v.* उचलणें.

UPON* *prep.* वर, वरता, वरतीं.—See ON.

UPPER* *a.* वरचा; वरचा, वरिष्ठ, श्रेष्ठ : u. house of a legislature. -HAND वरचढपणा, वर्चस्व *n.* -WORLD, atmosphere अंतराळ *n,* आभाळ *n*; heaven आकाश *n,* स्वर्ग *n*; this world in distinction from the *under world* पृथ्वी *f,* जग *n,* दुनिया.

UPRIGHT *a.* उभा, सडक; honest नेकीचा, उजू, रास्त, प्रमाणिक, न्यायी (conduct, man).

UPROAR*, great tumult गलबला, कल्ला, बंडाळी *f,* गलका (Acts xvii. 5).

UPROOT *v.* मुळासुद्धां -समूळ उपटणें, निर्मूळ क., अगदीं काढून टाकणें.

UPSET *v.* पालथा क., कलंडणें, लवंडणें.—*i.* उलटणें, कलंडणें, लवंडणें.—*a.* उलटलेला; विकायास ठेवलेला, विकाऊ.

UPSHOT* परिणाम, पर्यवसान *n,* शेवट.

UPSIDE वरली बाजू *f*; u. down उलटा, उफराटा.

UPSTART एकाएकीं श्रीमंत झालेला, आजकालचा.

UPTRAIN [a train on railways, which goes towards the main terminus].

UPWARD *ad.* वर, वरतीं, आकाशाकडे.—*a.* वरचा, उपरिस्थ.—UPWARDS *ad.* वर; वरच्या भागीं; अणखी; u. of -हून अधिक, -च्यावर: u. of twenty years.

URBAN *a.* (*urbs, urbis,* a city) शहरी, नागरिक, पौर. -ITY माणुसकी *f,* सौजन्य *n,* गृहस्थपणा.—URBANE *a.* शिष्ट, सभ्य, भला.

URCHIN (*ericius*) पोर, पोरटा, ठेंगू, चिटालिंग.

URGE *v.* (*urgere*) push निकट -नेट लावणें, ताण देणें; press upon attention गळीं पडणें, आग्रह क., गळ घालणें; follow closely लगोलग -पाठोपाठ जाणें [to, on].—URGENCY निकड *f,* जरुरी *f,* तांतड *f.*—URGENT *a.* निकडीचा, जरुरीचा, तांतडीचा. -LY *ad.* निकडीनें, तांतडीनें.

URINE (*urina, Skr. vári,* water) मूत *n, m.* विराखत *f,* मूत्र *n.*—URETER मूत्रपिंडापासून मूत्राशयास मूत्र नेणारी वाहिनी. *f.*—URETHRA मूत्राशयापासून मूत्रविसर्जन करविणारी वाहिनी *f,* मूत्रपथ.—URINARY *a.* मूत्राचा; मुतासारखा. मूत्रधर्मक; u. affection मूत्रदोष. —*n.* मुताट *n,* मुतरी *f.*

URN (*urna*) चंबू; a vessel in which the ashes of the dead were formerly kept चिताभस्मपात्र *n.*

URSA (*L.* a she-bear) अस्वल *n*; u. Major सप्तऋषि *pl.*

USE *v.* (*usus*) employ कामास -लावणें, वापरणें; practice अभ्यास -राबता -वहिवाट ठेवणें; treat -शीं वागणें -वर्त्तणें; take घेणें, सेवन क.; up खर्चणें, खलास क., कस -जोर -जीव न ठेवणें.—*i.* वहिवाट -चाल -सराव असणें.—*n.* वहिवाट *f,* वापर; अभ्यास, सराव, राबता; utility उपयोग, काम *n*; need गरज *f,* प्रयोजन *n,* काम *n*; custom चाल *f*; *Law,* profit of lands and tenements जमिनीचें उत्पन्न *n,* भाडें *n,* [for, of]. -FUL *a.* कामाचा उपयोगाचा, उपयुक्त, उपयोगी [for, to]. -FULNESS उपयोगीपणा, काम *n,* उपयुक्तता *f.* -LESS *a.* निरुपयोगी, अप्रयोजक, निकामी [for, to].—USAGE चाल *f,* वागणूक *f*; वहिवाट *f,* धारा *f*; customary use, as of a word in a particular sense शब्दाचा प्रचार

-ची रूढि *f*, रूढि *f*; family u. कुलाचार; u. of a country देशाचार;—of a people लोकाचार.—USUAL *a*. चालीचा, वहिवाटीचा, शिरस्त्याचा, सांप्रदायिक. -LY *ad*. बहुधा, बहुतकरून, प्रायः.

USHER *F*. officer whose business it is to introduce strangers, or to walk before a person of rank भालदार, छडीबरदार; officer or servant who has the care of the door of a court, hall, chamber, &c. परवानगीबरदार, द्वारपाळ; under-teacher उपशिक्षक, मालचाट्या.—*v*. मुलाखत -ओळख -भेट करविणें [in].

USUFRUCTUARY (*usus*, use, *fructus*, fruit) उत्पन्न खाणारा, भोक्ता.

USURP *v*. (*usus*, use, *rapere*, to seize) बळकावणें, दपटणें. -ATION बळकावणें *n*, आक्रमण *n*, अपहरण *n*;—of the throne राज्यापहरण *n*, गादी बळकावणें *n*. -ER बळकावणारा, दपटणारा.

USURY (See USE) interest व्याज *n*; exorbitant interest भारी व्याज *n*.—USURER व्याजबट्याचा व्यापार करणारा; व्याजखाऊ, जबर व्याज घेणारा -खाणारा.

UTENSIL (do.) implement आऊत *n*, शस्त्र *n*, हातेर *n*; vessel used in a kitchen भांडें *n*, हांडी *f*; culinary utensil हांडींभांडीं *n pl*.

UTERINE *a*. (*uterus*, the womb) गर्भाशयाचा; born of the same mother, but by a different father सहोदर.—UTERUS (*L*.) गर्भाशय.

UTILITY (*utilis*, useful) उपयोग, हित *n*, गुण: the u. of medicines [to].—UTILITARIANISM [the doctrine that the greatest happiness of the greatest number should be the end and aim of all social and political institutions; the doctrine that virtue is founded in utility; the doctrine that utility is the sole standard of morality].—UTILITARIAN [one who holds the doctrine of utilitarianism].

UTMOST* *a*. last सरशेवटचा; of the highest degree परम, परमावधीचा (happiness); u. limit परम मर्यादा *f*, परमावधि *f*; at the u. निदानीं, शेवटीं.—*n*. सरशेवट; पराकाष्ठा *f*, बेहद *f*.

UTTER* *a*. पुरा, पुरता, पूर्ण (ruin); absolute अगदीं, निखालस, साफ (refusal); mere केवळ, अगदीं: they are u. strangers to these thoughts. -LY *ad*. निखालस, अगदीं, साफ. -MOST *a*. अखेरचा, शेवटचा; परमावधीचा.—*n*. पराकाष्ठा *f*, परमावधि *f*.

UTTER *v*. *Ger*. speak उच्चारणें, बोलणें; divulge बोलणें, तोंडावाटे काढणें, फोडणें; put in circulation चालवणें, वापरणें (coin). -ABLE *a*. उच्चारायाजोगा, उच्चारणीय. -ANCE उच्चारण *n*, उद्गार, उल्लेख.

UVULA (*uva*, a grape) पडजीभ *f*, लोळा.

UXORIOUS *a*. (*uxor*, a wife) submissively or excessively fond of a wife बाईलबुद्ध्या, स्त्रीलंपट, स्त्रैण. -NESS बायकोचें वेड *n*, भार्यासक्ति *f*.

V

VACANT *a*. (*vacare*, to be empty) रिकामा, खालीं, रिता; unemployed रिकामा, फुरसतीचा; not filled with an incumbent खालीं, रिकामा (throne, post, &c.); thoughtless अविचाराचा, विचारशून्य; *Law*, abandoned फरारी (estate).—VACATE *v*. रिकामा -खालीं क. -करून देणें; annul रद्द क. (a charter).—VACANCY रिकामेपणा; रिकामी जागा *f*, शून्य स्थळ *n*, पोकळी *f*; leisure अवकाश, फुरसत *f*; gap खिंड *n*, भगाड *n*; place unfilled रिकामी जागा *f*, असामी *f*, जागा *f* [of, for].—VACATION रिकामा क. *n*; रद्द क. *n*; अवकाश, रिकामपण *n*; recess of courts, schools, &c. कोर्टांची -शा-

ळेची सुटी -बंदी *f*; सुटीचे दिवस *pl* -चा वेळ. —VACUIST, one who holds to the doctrine of a vacuum in nature शून्यवादी.—VACUITY शून्यता *f*; रिकामी जागा *f*, पोकळी *f*. —VACUOUS *a.* पोकळ, रिकामा.—VACUUM शून्य *n*, पोकळी *f*, निर्वात स्थळ *n*.

VACCINE *a.* (*vacca*, a cow) गाईचा, गव्य.—VACCINATE *v.* देवी काढणें.

VACILLATE *v.* (*vacillare*) waver झोके खाणें, डोलणें; fluctuate in mind नानूं -कांकूं क., घुटमळणें, गुरपटणें.—VACILLATION चंचलता *f*, धरसोड *f*.

VAGABOND *a.* (*vagus*, strolling) floating तरता, उडता, भटकता; wandering भटक्या, हिंडता, उडाणटप्पू, भटक्या.—VAGARY लहर *f*, हुकी *f*, तरंग, वेड *n*.—VAGRANT *a.* उडाणटप्पू, भटक्या; चंचल (course).—*n.* भटकत फिरणारा.—VAGRANCY उनाडकी *f*, उनाडपण *n*.

VAGINA (*L.*) योनि *f*.

VAGUE *a.* (*vagus*) indifferent मोघम, पळपळीत; unauthorized अप्रमाणाचा, निराधार, पोकळ, उडत (report).

VAIN *a.* (*vanus*) void पोकळ, रिता, निरर्थक (excuse); ineffectual व्यर्थ, वृथा, पोकळ, लटका (force); inflated बढाईखोर, पत्राजी, दिमाखी; showy दिखाऊ, दर्शनी; in v. व्यर्थ, फुकट; to take the name of God in v., use the name of God with levity or profaneness देवाचें नाम व्यर्थ घेणें [of]. -GLORIOUS *a.* दिमाखीचा, दिमाखदार, पत्राजी. -GLORY तोरा, पत्राज *f*, फुशारकी *f*, शेखी *f*. -LY *ad.* व्यर्थ, वावगा, वाया; रिता, पोकळ; दिमाखानें, अभिमानानें; foolishly मूर्खपणानें. -NESS पोकळपणा, व्यर्थता *f*; अभिमान, बढाई *f*.—VANITY व्यर्थता *f*, दिमाख, पोकळडौल; खोटेपणा, लटकेपणा; unsubstantial enjoyment खोटें -पोकळ सुख *n*; terms expressive of v. पाण्यावरचा बुडबुडा, काजव्याचा उजेड, दुपारची सावली *f*; idle show पोकळ बडिवार, रिकामी खटपट *f*; v. fair मायापुरचा बाजार.

VALE, VALLEY (*vallis*) दरी *f*, दरा, खोरें *n*; plain bordering on a river थड (गंगथड -डी).

VALEDICTION (*vale*, farewell, *dicere*, to say) जाते वेळचा निरोप घेणें *n*, विचारणें *n*, शेवटचा सलाम.—VALEDICTORY *a.* जाते वेळचा, निरोप घेण्याचा, शेवटचा सलाम करण्याचा -सलामीचा.

VALET *F.* हुजऱ्या, खिदमतगार.

VALETUDINARIAN *a. f, n.* (*valere*, to be strong) जन्मरोगी, सदारोगी, पिंडरोगी.

VALIANT *a.* (do.) पराक्रमी, शूर; पराक्रमाचा, वीर्याचा (actions).—VALOR पराक्रम, शौर्य *n*. -OUS *a.* पराक्रमी, शूर.

VALID *a.* (do.) weighty जोराचा, प्रबल, बळकट (argument); *Law*, having legal strength व्यवहाराचा, उपयोगी, व्यवहारोपयोगी. -ITY मजबुती *f*, बळकटी *f*, उपयोग.

VALUE (do.) worth योग्यता *f*, मान *n*, किंमत *f*, मोल *n*; import अर्थ; price किंमत *f*.—*v.* किंमत क. ठरवणें; गणणें, मानणें, लेखणें [at, for].—VALUABLE *a.* मोलवान, मोठे मोलाचा; योग्य, सन्माननीय (friend) [for].—VALUATION किंमत ठरवणें *n*; किंमत *f*, किंमतीचा आकार, (Bombay word) 'वलिसाव' *n*.

VALVE (*valva*, the leaf of a door) दुतलफीदार *n*; cover to open in one direction and close in another कळीचें दार *n*, जिव्हाळी *f*.

VAMP *v. F.* (जोडा) नवा जुना क.; दुरुस्त क., डागडुजी क. [up].

VAN *F.* फौजेची आघाडी *f* -चें तोंड *n*, बिनी *f*. -GUARD बिनी *f*.

VANE* वायुगतिदर्शक यंत्र *n*.

VANISH *v. i.* (*vanus*, empty) disappear

नाहींसा होणें, अदृश्य होणें, अंतर्धान पावणें; be lost नाश पावणें, नष्ट होणें [from, away].

VANITY, See under VAIN.

VANQUISH v. (*vincere*) subdue in battle लढाईत जिंकणें; defeat in any contest जिंकणें, मोड क., खंडन क. [by, in].

VANTAGE-GROUND F. वर्चस्व *n*, वर्चढ, वरकस *f*.

VAPID *a.* (*vapor*, steam) फिका, पाणचट, पचपचीत.

VAPOR (*L.*) an elastic fluid rendered aeriform by heat वाफ *f*; smoke धूर; vain imagination वृथा कल्पना *f*.—*v.* वाफ होणें; boast बढाई क., फुरफुरणें, तमतमणें. -OUS *a.* वाफेचा, बाष्पमय; flatulent वावडा, वातुल; unreal असत्य, लटका, खोटा.—VAPORY *a.* वाफेचा, बाष्पमय; peevish किरकिऱ्या, किटकिट्या.

VARICOSE *a.* (*varus*, bent, *Gr. kule*, tumor) रक्ताचे नाडीवर गांठ आलेला, शिराशोथ.

VANISH F. a glossy liquid substance रोगण *n*, लुकण *n*; glossy appearance तुकतुकी *f*; outside show लावा, अर्थवाद.—*v.* रोगण लावणें; लावालावी क., बनावणें, तिखट मीठ लावून सांगणें [with, over].

VARY *v.* (*variare*) फिरवणें,पालटणें; exchange अदलाबदल क.; diversify रूपांतर क.—*i.* फिरणें, पालटणें; अंतर -फरक -भेद असणें; alternate पाळीपाळीनें येणें, आळीपाळीनें घडणें; deviate अंतर -फरक असणें; disagree मतभेद पडणें -असणें [from].—VARIABLE *a.* पालटण्याजोगा; चंचळ, अस्थिर. -NESS चंचलता *f*, चांचल्य *n*.—VARIANCE भेद, फरक, अंतर *n*; dissension कलह, वांकडें *n*, वैमनस्य *n*, बेबनाव.—VARIATE *v.* बदलणें, वेगळा क. —VARIATION पालट, फेर, भेद; अंतर, तफावत *f*; *Gram.* रूपांतर *n*, प्रत्ययांतर *n*;—of time and place, to calculate for चालन *n*.—VARIEGATE *v.* चित्रविचित्र क.—VARIEGATION वैचित्र्य *n*, नानारंग.—VARIETY चित्रविचित्रपणा, विचित्रता *f*; भेद, अंतर *n*; नाना प्रकार *pl*; one of many different kinds प्रकार, तऱ्हा. —VARIOUS *a.* नाना प्रकारचा, तऱ्हेतऱ्हेचा, नानाविध. -LY *ad.* नाना प्रकारें -नें, परोपरी.

VASE (*vas, vasum*) a vessel of various forms and materials, for domestic purposes and anciently used for sacrificial uses पात्र *n*, भाजन *n*; चंबू, वाटी *f*, प्याला, गंगाळ *n*, तस्त *n*, इ०; [a solid piece of ornamental marble representing in form an ancient vase].—VASCULAR *a.* नाडीमय, नाडीचा (functions).

VASSAL F. a feudatory जाहागीरदार, मोकासदार; subject रयत *f*, प्रजा *f*, कूळ *n*; slave गुलाम. -AGE ताबेदारी *f*; रयतावा.

VAST *a.* (*vastus*) फार मोठा, अवजड; great in number पुष्कळ, मोठा (army); mighty भारी, बळकट (labor); great in importance मोठा, भारी (concern). -LY *ad.* फारच, अतिशय.

VAT* मोठें पिंप *n*; एक माप *n* आहे.

VAULT (*volvere*, to roll) a continued arch घुमट; a cell तळघर *n*, भुंयार *n*; a leap उडी *f*; v. of heaven नभोमंडळ *n*.—*v.* घुमटाकार क.; उडी मारणें; उडी मारून चढणें [over].

VAUNT *v.* (*vanus*, vain) फुशारकी -शेखी मिरवणें, वल्गना क. [of].—*n.* बढाई *f*,फुशारकी *f*.

VEAL (*vitulus*, a calf) गोवत्समांस *n*, गायीच्या वासराचें मांस *n*.

VEER *v. i. F.* तोंड -दिशा फिरवणें -बदलणें [about, round].

VEGETABLE (*vegetare*, to enliven) a plant औषधि *f*, वनस्पति *f*; esculent भाजी *f*, शाकभाजी *f*, तरकारी.—*a.* औषधीचा, वनस्पतीचा; भाजीपाल्याचा, भाजीचा.—VEGETATE *v.* मोड -अंकुर -कोंब फुटणें.—VEGETATION मोड फुटणें *n*. अंकुरोद्भव; vegetables in general गवत *n*, झाड *n*, हिरवळ *f*, तृणजाति *f*.

Vehement *a.* (*ve,* privation, *mens,* the mind) impetuous प्रचंड, जोराचा, झपाट्याचा (wind); very ardent आवेशी, खंदा, कडक.—**Vehemence** जोर *n,* बळ *n,* झपाटा, तडाखा; आवेश, तलखी *f.*

Vehicle (*vehere,* to carry) carriage वहन *n,* वाहन *n,* यान *n;* गाडी, पालखी वगैरे; a substance in which medicine is taken अनुपान *n;* that which is used as an instrument of conveyance or communication मार्ग, वाट *f,* उपायः a simple style forms the best v. of thought to a popular assembly.

Veil (*velum*) आडपडदा; screen पडदा; —to hide or protect the face मुखवस्त्र *n,* बुरखा, पदर इ०; disguise मुखवटा.—*v.* पडदा घालणें; लपविणें, छपविणें.

Vein (*vena*) *Anat.* शीर *f,* नाडी *f,* धमनी *f; Bot.,* small rib or the branchof the framework of leaves, &c. शीर *f,* दोरा; a cavity in the earth घळ *f,* बीळ *n,* खळगी *f,* इ० *f;* fissure चीर *f,* भेग *f;* peculiar temper तब्यत *f,* प्रकृति *f.*—**Venal** *a.* शिरांचा, शिरांतला (blood).—**Venose** *a. Bot.* शिराळ, शिरांनीं भरलेला.—**Venous** *a.* शिरांचा; शिरांतला, शिरांचा (blood);—*Bot.* शिराळ.

Velocity (*velox, velocis,* swift) rapidity वेग, त्वरा *f,* जलदी *f;* rate of motion गतिमान *n,* वेग, गति *f.*

Velvet (*villus,* shaggy hair) मखमाल *f.*—*a.* मखमाली, मखमालीचा.

Venal *a.* (*venus,* sale) to be bought for money पैशानें विकत घ्याया -मिळायाजोगा (services); mercenary लालुचखोर, लाचखोर (a judge).

Vend *v.* (*vendere*) विकणें [it is applicable only to small articles; we never say, to v. a farm or a horse]. -**er** विकणारा. -**ible** *a.* विकण्याजोगा, क्रेय.

Veneer *v. Ger.* फर्द जोडणी क.

Venerate *v.* (*venerari*) मान राखणें -ठेवणें -क.: we v. parents and elders.—**Venerable** *a.* मान्य, पूज्य, आर्य.—**Veneration** पूज्यबुद्धि *f,* मान्यता *f,* श्रद्धा *f;* मान, सन्मान.

Venereal *a.* (*venerius,* from *Venus,* goddess of love) relating to sexual intercourse संभोगाचा, मैथुनाचा; arising from sexual intercourse उपदंशाचा, गर्मीचा, वीसनखीचा (disease); adapted to the cure of venereal diseases गर्मीचा, गर्मीचा रोग बरा होण्याचा -करण्याचा (medicines); adapted to excite venereal desire कामोत्तेजक.—**Venery** रतिसुख *n,* संभोग.

Venery* (*venari,* to hunt) शिकार *f,* मृगया *f,* पारध *f.*

Venetian *a. F.* वेनिस शहराचा; v. blind खिडकीच्या झिलमिल्या *f pl.*

Vengeance (*vindicare* to avenge) प्रतिकार, प्रतिक्रिया *f;* to take v. सूड उगवणें [for]. —**Vengeful** *a.* अकसखोर, खुनशी.

Venial *a.* (*venia,* pardon) क्षमा करायाजोगा, क्षम्य (fault); allowed परवानगीचा, अनिषिद्ध, मोकळीक दिलेला; [v. sin, *Rom. C. Theol.,* a sin which weakens, but does not wholly destroy, sanctifying grace, like mortal or deadly sins].

Venison (*venari,* to hunt) हरणाचें मांस *n,* मृगमांस *n.*

Venom (*venenum*) poison विष *n,* जहर *n;* malice अकस, खून. -**ous** *a.* विखारा, जहरी, विषयुक्त.

Vent (*ventus*) दार *n,* वाट *f,* द्वार *n;* publication प्रसिद्धि *f,* फूट *f;*—of a fire-arm काना.—for water उघडी *f,* दार *n;* give v. to बाहेर सोडणें -जाऊं देणें; काढणें, ओतणें (anger); to take v. उघड होणें, फुटणें.—*v.* सोडणें, मोकळा क.—**Ventilate** *v.* वारा सोडणें -घेणें -देणें, वाऱ्याचा संचार होईसा क.;

winnow उफणणें, पाखडणें, असडणें; sift and examine चाळून पाहणें, हुडकणें.—VENTILATOR वारा आंत घेण्याची किंवा खराब हवा बाहेर काढून टाकण्याची युक्ति *f* -चें यंत्र *n*.

VENTRAL *a*. (*venter*, the belly) पोटाचा.—VENTRICLE हृदाचें विवर *n*.—VENTRILOQUISM, the art of speaking in such a manner that the voice appears to come, not from the person, but from some other place गारूडवाणी *f*.—VENTRILOQUIST गारूडवादी.

VENTURE (See ADVENTURE) hazard जोखीम *n*, खत्रा *f*; chance नशीब *n*, दैव *n*; at a v. तवकताल्यानें.—*v*. जोखमांत घालणें -पाडणें; नशीबावर टाकणें.—*i*. जोखीम पत्करणें -उचलणें [for]. -SOME *a*. साहसी, जोखीम उचलणारा; daring हिय्यादार, हिंमतदार.

VENUS (*L*.) the goddess of female beauty रति *f*;—the planet शुक्र.

VERACIOUS *a*. (*verax*) observant of truth सत्यवादी -भाषी -वचनी; true खरा, सत्य.—VERACITY खरेपणा, सत्यशीलता *f*.

VERANDA *Per*. ओसरी *f*, पडवी *f*, ओटी *f*.

VERB (*verbum*, a word) क्रियापद *n*; active v. सकर्मक क्रि० *n*; neuter v. अकर्मक क्रि० *n*; root of a v. धातु; table of *verbs* धातुपाठ. -AL *a*. बिनलेखी, तोंडचा, मुखजबानी (message, contract, testimony); शब्दास शब्द असा (translation); शब्दाचा, शाब्दिक (dispute); v. noun धातुसाधित नाम *n*. -LY *ad*. तोंडानें; शब्दशः. -ATUM (*L*.) अक्षरशः, शब्दशः.—VERBOSE *a*. शब्दविस्ताराचा, पाल्हाळाचा.—VERBOSITY शब्दविस्तार, पाल्हाळ.

VERDANT *a*. (*viridis*, green) हिरवळीचा, निळवटीचा, सबजीचा; raw कोवळा, कच्चा, कोवळ्या बुद्धीचा (youth).—VERDANCY हिरवेपणा; कोवळेपणा.

VERDURE (do.) हिरवळ *f*, निळवट *n*, हिरवें *n*.

VERDIGRIS *F*. कलंक, जंग.

VERDICT (*vere*, truly, *dictum*, a word) *Law*, जुरीचा अभिमाय -ठराव; decision ठराव, फैसला.

VERGE (*virga*, a rod) काठी *f*.

VERGE *v. i*. (*vergere*) tend towards झुकणें, कलणें; border upon किनाऱ्यावर येणें -असणें, -च्या घरांत असणें -येणें: he is *verging* on seventy [on, upon].—*n*. कांठ, किनारा, कड *f*.

VERITY (*verus*, true) खरेपण *n*, सत्य *n*; true assertion सत्यप्रतिज्ञा *f* -भाषण *n*.—VERITABLE *a*. खरा, सत्य.—VERIFY *v*. खरा -सत्य -शाबूत करून देणें; to be *verified* प्रचितीस येणें, पटणें [by].—VERILY *ad*. खरोखर, वास्तविक; खचीत, निश्चयानें.

VERMICELLI (*vermis*, a worm) शेवया *f pl*.—VERMICULAR *a*. क्रिमीसारखा, क्रिमिवत्.—VERMIFORM क्रिमिरूप.—VERMILION हिंगूळ;—the color हिंगळ्या -हिंगुळ्या रंग.—VERMIN किडा, कीड *f*, मुंगी *f*, जीव, ढेंकूण, पिसूं *n*, चिलट *n*, इ०.

VERNACULAR *a*. (*verna*, a native) देशीय, मुलकी, in comp. स्व, जन्म.—*n*. देशीय -देश -जन्मभाषा *f*, स्वभाषा *f*.

VERNAL *a*. (*ver*, spring) वसंताचा; वसंतऋतूंत होणारा, वसंतोद्भव, in comp. वसंत (flower); belonging to youth तारुण्याचा, यौवन.

VERONICA (*L*.) [a portrait of the face of our Savior on handkerchiefs].

VERSATILE *a*. (*versare*, to turn around) changeable चंचल, अस्थिर; turning with ease from one thing to another चपल बुद्धि, अष्टावधानी.—VERSATALITY चांचल्य *n*; चपलबुद्धि *f*, चापल्य *n*, चलाखी *f*.

VERSE (do.) metrical line चरण, पद *n*; metrical composition कविता *f*, कवन *n*, पद्य *n*; short division of a prose composition

ओवी *f*;—of a poem श्लोक, कडवें *n*, इ० ; blank v. मुक्तमास ; prose and v. गद्य पद्य *n*. —VERSED निपुण, निष्णात, अभिज्ञ, वाकब, तरबेत, हुशार [in].—VERSIFY *v. i.* पदरचना क.—*t.* श्लोकांत उतरणें, -चें कवन क., श्लोकबद्ध क.—VERSIFICATION काव्य -श्लोकरचना *f*.—VERSION भाषांतर करणें *n*; translation भाषांतर *n*, तरजुमा.

VERTEBRA (*L.*) मणका (पाठीचे कण्याचा).—VERTEBRAL *a.* मणक्याचा.

VERTEX (*L.*) कळस, माथा; zenith उच्च दिशा *f*, ऊर्ध्व.—VERTICAL *a.* डोक्यावरचा ; खमध्यस्थ ; upright उभा.

VERTIGO (*vertere*, to turn) तिरमिरी *f*, घेरी *f*, भोंवळ *f*.

VERY *a.* (*verax*, true) खचीत, खरा, सत्य, वास्तविक ; तोच, हाच : his v. friend.—*ad.* बहुत, फार, अति.—VERILY *ad.* सत्य, वास्तविक, खचीत.

VESICLE (*vesica*, a bladder) फोड, फुटकुळी *f*.—VESICULAR *a.* फुटकुळीचा ; hollow पोकळ.

VESPER (*L.*) the evening star शुक्र ; evening संध्याकाळ.—*n. pl.* रोमनक्याथोलिक लोकांचें संध्याकाळचें भजन *n*.

VESSEL (*vas*) भांडें *n*, पात्र *n*; a ship गलबत *n*, जहाज *n*; tube for containing and conveying blood or sap वाहिनी *f*, नाडी *f*.

VEST (*vestis*, a garment; *Skr. vâsas*; *vas*, to be clothed) जामा *f*, झगा; waistcoat बंडी *f*, 'वासकुट' *n*.—*v.* वस्त्र नेसाविणें ; अधिकाराचीं वस्त्रें नेसविणें -परिधान कराविणें ; *Law*, clothe with possession स्वामित्व -सत्ता देणें. -MENT. -URE वस्त्रमानरण *n*; पेराव, पोषाक.

VESTA (*L.*) रोमन लोकांची एक देवी होती ; एक ग्रह आहे.

VESTIBULE (*vestibulum*) देवडी *f*, ओटी *f*.

VESTIGE (*vestigium*) ठाव ठिकाणा, माग; footstep पदांक, पाऊल *n*.

VETCH (*vicia*) कुळीथ *n*, हुलगा.

VETERAN *a.* (*vetus*, *veteris*, old) फार वहिवाटलेला -वापरलेला, व्यवहारवृद्ध, जुना (soldier). —*n.* फार दिवसांचा -जुना शिपाई.

VEX *v.* (*vexare*, to shake) make angry by little provocations चाळवणें, खिजवणें, चिडवणें, संतापवणें, मर्जी मोडणें ; plague उपद्रव -त्रास देणें [with]. -ATION इतराजी *f*, नाखुशी *f*, चिरड *f*; उपद्रव, त्रास, इजा *f*, तसदी *f*. -ATIOUS *a.* चेतवणारा, संतापवणारा ; खडतर, खचरट. -ED खट्टु, खप्पा, नाखुशी ; बेजार, कष्टी ; to be v. त्रासणें.

VIAL (*Gr. phialê*) शिसी *f*, कुपी *f*.

VIAND (*vivere*, to live) पदार्थ, पक्वान्न *n*; delicate मिष्टान्न *n*, मिष्ट पदार्थ.

VIBRATE *v. i.* (*vibrare*) move to and for झुलणें, झोके खाणें; sound वाजणें, नादाविणें ; pass from one state to another एका स्थितींतून दुसऱ्या स्थितींत जाणें.—VIBRATION झोका, झोला ; undulation आंदोलन *n*.

VICAR (*vicarius*) deputy प्रतिनिधि; incumbent of appropriated benefice धर्मोपाध्या. -AGE धर्मोपाध्याची वृत्ति *f*.—VICARIOUS *a.* दुसऱ्याचे वाटचा, प्रतिनिधीचा (power) ; दुसऱ्या करितां केलेला -भोगलेला, बदलीचा : the v. work of the Great Deliverer; दुसऱ्या करितां भोगणारा -करणारा (agent).

VICE (*vitium*) defect ऐब *n*, खोड *f*; moral fault दुराचरण *n*, पापाचरण *n*, दुर्गुण, दुर्व्यसन *n*. —VICIOUS *a.* वाईट, दुराचारी ; व्यसनी, दुर्गुणी, खोडकर.—VITIATE *v.* भ्रष्ट क., बिघडणें ; cause to fail बातल -पोकळ -रहित क. [by].

VICE *F.* शेगडा ; hand v. हात शेगडा.

VICE-ADMIRAL (*vice*, instead of, & *admiral*) जहाजावरचा, दुय्यम अधिकारी.

VICEGERENT प्रतिनिधि, नायब.—*a.* प्रतिनिधीचा, प्रतिनिधीच्या अधिकाराचा.

Vice-president उपाध्यक्ष.

Viceroy *F. L. & Eng.* राजप्रतिनिधि, 'वैसराय', नवाब. -ALTY राजप्रतिनिधित्व *n*.

Vicinity (*vicinitas*) जवळपणा, नैकट्य *n*; neighbourhood शेजारचा -जवळचा प्रदेश, शेजार.

Vicissitude (*vicis*, change) पालट, फेरफार; alternation आळीपाळी *f*, अनुक्रम, अनुवृत्ति *f*; *vicissitudes* of life, fortune उलटापालट *f*, रहाटगाडगें *n*, संसारचक्राचा फेरा.

Victim (*victima*; fr. *viere*, to bind) a living being sacrificed to some deity, or in the performance of a religious rite बळी; a person or thing destroyed or sacrificed in the pursuit of an object, or gratification of a passion बळी, बळ *f*. [of, to].

Victor (*vincere*, to vanquish) जिंकणारा, विजयी, जयवंत [over, at]. -IOUS *a*. विजयी, जयवान, जयवंत (troops); productive of victory जयावह, जयकर, जयप्रद (day); indicating victory जयाचा, जयसूचक -दर्शक (wreaths) [in].—VICTORY जय, विजय, फत्ते *f*; proclamation of v. जयघोष; record of v. furnished by defeated party जयपत्र *n*; glory of v. जयश्री *f*; shout of v. जयघोष -ध्वनि -शब्द गजर, जयजयकार.

Victuals *pl*. (*victualis*, fr. *vivere*, to live) खाणें *n*, आहार, भक्ष्य *n*.—*v*. अन्नाची बेगमी करून ठेवणें.

Vie* *v. i*. स्पर्धा -बरोबरी क., सरलावणें [with]. —*t*. स्पर्धेनें क.; urge आग्रह -निकट लावणें.

View *v*. (*videre*) survey पाहणें, लक्ष लावणें, टेहळणें; consider विचार क.—*n*. पाहणें *n*, दृष्टि *f*, अवलोकन *n*; विचार, पाहणें *n*; reach of the sight दृष्टीचा टप्पा, दृष्टिपात; scene दृष्टीखालचा देश; opinion मत *n*, संमत *n*, समजूत *f*; design उद्देश, आशय, मतलब; appearance देखावा, दर्शन *n*; in one point of v. एकपक्षीं.

Vigil (*L*.) जागरण *n*; waking for religious exercises जागरण *n*, जागर. -ANCE उजागरा, जागरण *n*; watchful circumspection सावधगिरी *f*, हुशारी *f*. -ANT *a*. जागरूक, जागरा; सावध, हुशार, जागृत (1 Pet. v. 8.)

Vigor (*vigere*, to be lively) physical force बळ *n*, कुवत *f*; energy धमक *f*, दम, उत्साह; strength or force in animal or vegetable nature रस, कस, जोर, जीव, ऐवज. -OUS *a*. जोरदार, बळकट; चिवट, बिवट; धमकीचा, झपाट्याचा, दमाचा.

Vile *a*. (*vilis*) base वाईट, नीच, खराब, ओंगळ, गदळ (things); वाईट, दुष्ट, नीच खट (person).—VILIFY *v*. बदनामी क., कलंक -बट्टा लावणें.

Villa (*L*.) बागेंतला बंगला, हवेली *f*.

Village (do.) गांव *n*, खेडें *n*, खेडें गांव *n*; a v. of which the houses are scattered; also a detached v. फूट गांव; incidental v. expenses सादिलवार खर्च; a number of *villages* viewed collectively पुठा.—*a*. खेडेगांवचा, खेड्याच्या.—VILLAGER गांवकरी.

Villain (*villa*, a farm) सोदा, लुच्चा, हरामी. -OUS *a*. खट, खल, शठ; सोदेगिरीचा, लुच्चाईचा (action).—VILLAINY लबाडी *f*, लुच्चेगिरी *f*, सोदेगिरि *f*; सोदेगिरीचें काम *n*, लुच्चेगिरी *f*, हरामखोरी *f*.

Vincible *a*. (*vincere*, to conquer) जिंकण्याजोगा, जेय.

Vindicate *v*. (*vindicare*) assert स्थापणें, खरा करून देणें, पुरवणें; justify दोष उडवणें, न्यायी ठरविणें [from, by].—VINDICATION स्थापना *f*, प्रतिपादन *n*; स्थापणें *n*, पुरवणी *f*, दोषनिवारण *n*.—VINDICATIVE *a*. सूड उगविणारा; सूड उगविण्याचा.

Vine (*vinum*)—the plant द्राक्षाचा वेल, द्राक्षी *f*; creeper वेल, ताणा; vinegar शिरका. -YARD द्राक्षाचा मळा, द्राक्षमळा.—VINOUS

a. द्राक्षरसाच्या गुणाचा, द्राक्षाचे दारूचा (taste).

VIOL, VIOLIN *F.* सारंगी *f.* -IST सारंग्या.

VIOLATE *v.* (*violare*) injure जुलूम क., नाहक दुःख देणें; profane मोडणें, उल्लंघणें, भंग क.; ravish बाटविणें, बळजोरीनें भोगणें, हठसंभोग क.; [by].—VIOLATION बलात्कार, जुलूम; भंग, भंजन *n*, उल्लंघन *n*; हठसंभोग.—VIOLABLE *a.* मोडायाजोगा, उल्लंघनीय.—VIOLENCE जोर, वेग, तडाखा, नेट; बलात्कार, जबरी *f*; vehemence जोर, आवेश; जुलूम, हठसंभोग; personal v. दंडपारुष्य *n*.—VIOLENT *a.* जोराचा, वेगाचा, प्रचंड (wind); जुलमाचा, जबरीचा (deeds); अनर्थाचा, कहराचा; produced by force जबरीनें केलेला, जुलमाचा, जबरीचा; v. measures जुलम जास्ती *f*; v. death अपघाताचें मरण *n*.

VIOLET (*viola*) वनफशा.—*a.* लाल व निळ्या रंगाचा, रक्तनीळ.

VIPER (*vipera*, fr. *vious*, alive, *parere*, to bring forth) एक विखारी जातीचा सर्प; a malignant person दुष्ट, मनुष्य, कृष्ण सर्प.

VIRGIN (*virgo*) a woman who has had no carnal knowledge of man कुवार *f*, कुमारी *f*; *Astron.* कन्यारास *f*.—*a.* शुद्ध, चोख (gold); कुमारी योग्य; मर्यादशील, सलज्ज. -ITY कौमार्य *n*, कुंवारपण *n*.

VIRILITY (*vir*, a man) पुरुषपणा, पौरुष *n*; power of procreation पुरुषत्व *n*, चेतना *f*.

VIRTUE (*virtus*, strength) बळ *n*, शक्ति *f*; efficacy गुण, तेज *n*, सत्व *f*; worth गुण, सद्गुण; uprightness नेकी *f*, भलाई *f*; female chastity सतीत्व *n*; by v. of -परत्वें करून; path of v. सन्मार्ग.—VIRTUOUS *a.* सद्गुणी, नेकीचा, भला, सत्वशील; सती, साध्वी. v. person सज्जन; v. wife सती *f*, साध्वी *f*.—VIRTUAL *a.* कामाचा, गुणाचा; being in essence वस्तुसदृश, वास्तविक. -LY *ad.* कार्य -गुणदृष्टीनें.

VIRULENT *a.* (*virus*, poison) जालीम, जलाल, कडक; malignant खुनशी, दुष्ट भावाचा.—VIRULENCE जहाली *f*, तलखी *f*; दुष्ट भाव.

VISAGE (*visus*, a look) चेहरा, मुखवटा, रूप *n*.

VISCERA *pl.* of viscus (*L.*) आंतडीं *n pl*, पोटांतले अवयव *pl*.

VISCID *a.* (*viscum*, birdlime) चिकट, चिकचिकीत. -ITY चिकटपणा, चिकटाई *f*.

VISCOUNT (*vice*, in the place of, *comes*, a companion) a nobleman next in rank below an earl एक उमरावाची पदवी आहे, 'वैकौंट.'

VISCUS (*L.*) आंतडीं *n pl*, अंतरावय *pl*.

VISIBLE *a.* (*vidcre*, to see) पाहाया जोगा, दृष्टिगोचर, दृश्य; open उघड, उघडा [to].—VISIBILITY दृष्टिगोचरता *f*, उघडपणा.—VISION, act of seeing पाहणें *n*; actual sight दर्शन *n*; faculty of seeing दृष्टि *f*, नजर *f*; object of right दृष्टीचा विषय; supernatural, prophetic, or imaginary sight दृष्टांत, दर्शन *n*; phantom आभास, छाया *f*. -ARY *a.* मनःकल्पित, मानसिक (project); given to reverie लहरी, मनमान्या, छांदिष्ट, छांदसवृत्ति.

VISIT *v.* (do.) go or come to see पाहायाला -दर्शनाला -भेटीला जाणें -येणें, भेट घेणें; go for examination तपासायाला -पाहणी करायाला जाणें.—*i.* भेटीस जाणें -येणें.—*n.* भेटीकरितां जाणें *n*, दर्शनयात्रा *f*; पाहणी करायास जाणें *n*. -ATION भेट घेणें *n*; भेट *f*; ईश्वरी दृष्टांत, दर्शन *n*; retribution प्रतिक्रिया *f*, कर्म फळ *n*. ईश्वरीक्षोभ. -OR भेट घेणारा; पाहणी करणारा, चौकसनीस, 'विजिटर.'

VISOR (do.) मुखवटा, मुखटोप; the forepiece of a cap, projecting over, and protecting the eyes.

VISTA *It.* view through an avenue, or the trees, or other things that form the

avenue दुतर्फी झाडें वगैरेच्या मधला देखावा किंवा रस्ता.

VITAL *a.* (*vita*, life) जिवाचा, प्राणाचा (powers); necessary to life प्राणरक्षक, जीवनोपयोगी, in comp. प्राणः v. air प्राणवायु; living जिवंत, सजीव (spirits); being the seat of life जिव्हाळीचा, प्राण राहण्याचा; essential अगत्याचा, जरूरीचा, अवश्यकः a competence is v. to content. -ITY जीव, चेतना *f*, प्राणशक्ति *f*.—VITALS *pl.* जिव्हाळी *f*, मर्मस्थान *n*.

VITIATE (See under VICE).

VITRIOL (*vitrum*, glass) blue v. मोरचूत *f*; white v. सफेद मो०; green v. हिराकस.

VITUPERATE *v.* (*vitium*, a fault, *parare*, to prepare) दोष लावणें, बोल लावणें.—VITUPERATION दोष लावणें *n*; दोष, बोल.

VIVACIOUS *a.* (*vivere*, to live) उल्लासी, आनंदी. -NESS.—VIVACITY आनंद -उल्लासवृत्ति *f*, तेज *n*.—VIVID *a.* bright ठळक, उजळ (colors); lively लकलकीत, चकचकीत (imagination).—VIVIFY *v.* जीव देणें -घालणें, सजीव क.—VIVIPAROUS *a.* producing young in a living state जरायुज.

VIZ (contr. of *videlicet*) म्हणजे.

VOCAL *a.* (*vox*, *vocis*, voice) वाणीयुक्त; uttered by the voice वाचेचा, वाणीचा (prayer); sonorous सनाद. -LY *ad.* वाणीनें, शब्दानें.—VOCABLE शब्द.—VOCABULARY शब्दकोश, -संग्रह.—VOCATION, call बोलावणें *n*, आमंत्रण *n*; calling उद्योग, धंदा, वृत्ति *f*.—VOCATION *Gram.* संबोधन *n*.—*a.* बोलावण्याचा, हाक मारण्याचा; संबोधक.—VOCIFERATE *v. i.* गोंगाट -गलबला -कलकल क.—*t.* मोठ्यानें उच्चार क.—VOCIFERATION गलबल *f*, गोंगाट.—VOCIFEROUS *a.* गोंगाट्या, कलकल्या.—VOICE, sound uttered by the mouth आवाज, स्वर, कंठ; power of utterance वाचाशक्ति *f*, वाचा *f*;—in singing गळा, कंठ; language भाषण *n*; बोलणें *n*; vote मत *n*; *Scrip.*, command आज्ञा *f*, वाणी *f* (Deut. viii. 20); *Gram.* पद *n*; active v. परस्मैपद *n*; middle v. आत्मनेपद *n*; passive v. भाववाच्य *n*.

VOGUE *F.* वहिवाट, प्रचार *f*, प्रघात.

VOID *a.* (*viduus*, widowed) empty रिकामा, रिता, पोकळ; destitute रहित, शून्य, हीनः (Prov. xi. 13; Acts xxiv. 16); vain व्यर्थ, निर्जीव, फुसका, पोकळ, निरर्थकः lifeless idol, v. and vain; *Law*, of no legal force निरर्थक, रद्द, बातल [of].—*n.* शून्य *n*, पोकळी *f*.—*v.* रिकामा क., सोडणें, टाकणें, उत्सर्ग क. (excrements); रद्द -बातल -निकामी क. (an oath).

VOLATILE *a.* (*volare*, to fly) उडून जाणारा, वायुरूप होणारा, वायुरूपानें जाणारा; fickle चंचल, चंचळ स्वभावाचा (temper).

VOLCANO *It.* ज्वालामुखी *f*, ज्वलत्पर्वत.—VOLCANIC *a.* ज्वालामुखीचा (heat); ज्वालामुखीपासून उत्पन्न झालेला; ज्वालामुखीनें पालटलेला -विकार पावलेला.

VOLITION (*volo*, *velle*, to will) इच्छा *f*, मन *n*; exercise of the will योजना *f*, संकल्प; the power of willing इच्छा शक्ति *f*, संकल्प, संकल्पशक्ति *f*.—VOLITIVE *a.* इच्छेचा, संकल्पशक्तीचा, संकल्पयुक्त.

VOLLEY *F.* a flight of shot गोळ्यांचा पाऊस, -ची वृष्टि *f*, शिलक -ख *f*, सरबत्ती *f*; burst or emission of many things at once वृष्टि *f*, पात, लाखोली *f*, ताशेरा.

VOLUBLE *a.* (*volvere*, to roll) चपळ, लुबलुब हलणारा; fluent जिभेचा चपळ, जाबसाली, वाक्चपल.—VOLUBILITY चपळाई *f*; वाक्चापल्य *n*.—VOLUME, book पुस्तक *n*; part of a book पुस्तकाचा भाग, पुस्तक *n*, खंड *n*, कांड *n*, गुच्छ इ०; roll वेंटोळें *f*, भेंडोळें *n*;

—of a serpent वेटाळें *n*, पेंडोळें *n*;—of fire झोत, लोळ; dimensions आकार मान: the v. of an elephant's body.—VOLUMINOUS *a*. बहुत ग्रंथांचा; ग्रंथविस्ताराचा; बहुत ग्रंथ लिहिलेला; बहुत वेंटाळ्यांचा.

VOLUNTARY *a*. (*volo, velle*, to will) स्वतंत्र, इच्छेचा, इच्छेपासून निघालेला, ऐच्छिक (action); done by design संकल्पपूर्वक, संकल्पाचा, इरादाचा: if a man kills another by lopping a tree, it is not v. manslaughter; spontaneous आपखुशीचा, स्वसंतोषाचा, ऐच्छिक, काम्य (service); endowed with the power of willing इच्छावान्-विशिष्ट-संपन्न: man is a v. agent; subject to the will इच्छाधीन, वश: v. motions of an animal; *Law*, according to the will consent, or agreement of a party राजीखुशीचा, आत्मसंतोषाचा, स्वसंतोषाचा, कबुलाती -करारा प्रमाणें.—VOLUNTARILY *ad*. आपखुशीनें, स्वसंतोषानें, इच्छापुरस्सर.—VOLUNTEER आपल्या खुशीनें चाकरी करणारा; [*Mil*., one who enters into service voluntarily, but when in service is subject to discipline and regulations like other soldiers].—*v*. आपण होऊन देणें -करणें -घायास -करायास काढणें: to v. one's services [for].—*i*. आपण होऊन पुढें होणें, राजीखुशीनें (काम -चाकरी) पत्करणें: he *volunteered* in that undertaking.

VOLUPTUOUS *a*. (*voluptas*, pleasure) गुलहौसी, विषयी, चैनी, विषयासक्त, क्रीडासक्त; luxurious ऐषआरामाचा, विषयाचा.—VOLUPTUARY विषयलुब्ध -चैनी -हौसी मनुष्य, खादूनंदन.

VOMICNUT (*nux vomica*) कुचला, काजरा.

VOMIT *v*. (*vomere*) ओकणें, ओकून टाकणें -पाडणें [up].—*i*. ओकणें, वमन -उलटी होणें.—*n*. उलटी *f*, वांति *f*; *Med*., emetic उलटी *f*, उलटीचें औषध *n*. -IVE, -ORY *a*. उलटीचा. वमनकारक.

VORACIOUS *a*. (*vorare*, to devour) खादाड, अघाशी.—VORACITY अघाशीपणा, खायखाय, *f*, वखवख *f*.

VORTEX (*L*.) भोंवरा (पाण्यांतला).—VORTICAL *a*. भोंवऱ्या सारखा, चक्राकार (motion).

VOTARY (*vovere*, to vow) भक्त, उपासक, परायण [to].

VOTE (*votum*, a vow) मत *n*, संमति *f*.—*v. i*. संमति देणें [for, in, against].—*t*. संमतीनें निवडणें (candidate); समतीनें देणें -ठरवणें: Parliament *voted* them a hundred pounds; the legislature *voted* the resolution unanimously.

VOUCH *v.i*.(*vox, vocis*, voice) साक्षी -निशा देणें, खातरी देणें [for]. -ER दाखला, जाबता, दस्तऐवज; खात्रीनें देणारा. -SAFE *v*. कृपा -मेहरबानी करून देणें; permit to be done without danger सुखरूप होऊंदेणें, निर्विघ्न करूंदेणें.—*i*. कृपा क.; मेहेरबान होणें; अंगीं लहानपणा घेणें [to].

VOW (*vovere, votum*, to vow) a solemn promise made to God or to some deity नवस, संकल्प; promise of fidelity आण भाक *f*, वचन *n*; under a v. व्रतबद्ध, संकल्पबद्ध [to].—*i*. नवस क.—*t*. नवसानें देणें, नवसणें, वाहणें; asseverate सत्य स्मरून बोलणें.

VOWEL (*vox, vocis*, a voice) स्वर, मात्रा *f*. short v. ऱ्हस्वस्वर; long v. दीर्घस्वर.

VOYAGE *F*. जलपर्यटन *n*, -यात्रा *f*, सफर *f*. [from, to].—VOYAGER सफरी, जलपर्यटन करणारा, जलयात्रिक.

VULGAR *a*. (*vulgus*, the multitude) belonging to the common people साधारण लोकांचा, अडाण जातीचा, कुणबाऊ; mean हलकट, पाजी; plebian कुणबाऊ, कुणबी चालीचा (speech).—*n*. अडाणजात *f*, तेली तांबोळी. -ISM अडाण बोली *f*; अडाणी चाल *f*. -ITY अनाडीपणा, अशिष्टाचार, असभ्यता *f*.

Vulnerable *a.* (*vulnerare*, to wound) घाव घालायाजोगा, भेद्य; assailable हल्ला करायाजोगा; v. point मर्म *n*, वर्म *n* छिद्र *n*.

Vulture (*vultur*) गिधाड *n*, गृध्र.

W

Wabble *v. i. Ger.* डुलणें, डुलत फिरणें (a top).

Wad*, a little bundle, as of hay बिंडा, बिंडी *f*;—as of cloth under a load on the head चुंबळ *f*, आहरा;—of a gun जामीन. -DING बोळा, चोंदा;—for stuffing garment पुरणीचें चिरमूट *n*.

Waddle* *v. i.* डुलणें, डुलत चालणें, हंसगतीनें चालणें [along].

Wade* *v. i.* walk through water, mud, sand, &c. पाण्यांतून -रेतींतून -चिखलांतुन जाणें, पाय उतारानें जाणें; move with difficulty कष्टानें -श्रमानें जाणें -चालणें, रेंगत -रखडत चालणें [across, through].

Wafer *D.* a thin cake चांदकी *f*, पापडी *f*. —for letters चिकटायाची चांदकी *f*, वेफर' *n*; [a thin, leaf-like bread used by the Roman Catholics in the Eucharist].—*v.* वेफर लावणें -लावून बंद क.

Waft *v. D.* तरंगत -वाहत नेणें [across, over].—*i.* तरंगणें, वाहत जाणें.

Wag* *v.* हालवणें, डोलविणें.—*i.* हलणें, डुलणें. —*n.* मस्कऱ्या, हंडीबाग, थट्टेबाज. -TAIL परटाणि *f*, खंजन पक्षी.—**Wagery** थट्टेबाजी *f*, कौतुक *n*, मौज *f*.—**Waggish** *a.* मौज्या, विनोदी, थट्टेबाज.

Wage* *v.* plague पण क., पैज मारणें; venture जोखमांत घालणें; carry on, as a war लढाई चालवणें.—*n. pl.* पगार, मुशारा, वेतन *n* [of, for].—**Wager** पैज *f*, पण.—*v. t. & i.* पैज -पण क. -बांधणें -मारणें.

Wagon* (*Skr. vâha, vâhan*) गाडा, चौचाकी ओझ्याचा गाडा. -ER गाडेकरी, गाडाहांकणारा.

Wail *v. i. Ir.* आक्रांत क., गळा काढून रडणें [for].—*t.* शोक -दुःख क.—*n.* आक्रांत, आक्रोश, विलाप.

Wain* गाडा; *Astron.*, Charles's w. खाटलें बाजलें *n*, सप्त ऋषि *pl.* -SCOT भिंतीची तक्तपोशी *f*, पाटणी *f*.

Waist* कमर *f*, कंबर *f*, कटि *f*;—of a mountain, vessel, &c. पोट *n*. -BAND कमरपट्टा; upper part of breeches, trousers, &c. नफा. -COAT बंडी *f*, 'वास्कुट' *n*.

Wait *v. i. F.* stay in expectation वाट पाहणें, खोळंबून बसणें; tarry थांबणें, खोळंबणें; धीर धरणें; be in ambush दबा धरून राहणें; upon चाकरी -शुश्रूषा क.; समाचार घेणें [for].—*t.* -ची वाट पाहणें, आशा धरणें.—*n.* दबा; lie in w. लपून -दडून बसणें.—*pl* सकाळीं किंवा संध्याकाळीं गाणारे. -ER वाटपाहणारा, मार्ग प्रतिक्षा करणारा; धीर धरणारा, थांबणारा; चाकर, हुजऱ्या; salver अडणी *f*. -MAID दासी *f*, सैरंध्री *f*.

Waive* *v.* सोडणें, त्याग क., त्यागणें.

Wake* *v. i.* not to sleep जागणें; sit up late for festive purposes ख्यालीखुशाली करित; जागणें; जागरण क.; awake जागा होणें; be active उद्योगास -कामास लागणें.—*t.* जागा क., उठवणें; excite चेतवणें, जागा क.; revive सजीव -पुनः जिवंत क.; set up, or watch with at night, as a dead body मेता जवळ जागत बसणें [up].—*n.* जागरण *n*; track left by a vessel in the water सांखळी *f*; in the w. of लागोपाठ -माग. -FUL *a.* जागरूक, सावध, जागा, जागृत.

Walk* *v. i.* move along on foot चालणें, पायांनीं चालणें; take one's exercise सहल -रपेट क., फिरणें; be abroad बाहेर असणें, मोकळें फिरणें: when was it she last *walked*; behave वागणें वर्तणें, चालणें; in आंत जाणें, घरांत जाणें; to w. after the flesh,

Script. विषय वासना बाळगणें, पापांत चालणें (Rom. viii. 1); to w. after the spirit देवाच्या आत्म्याच्या बोधानें आणि प्रेरणेनें आणि देवाच्या शास्त्रा प्रमाणें चालणें, सद्धर्माचरणानें वागणें (Rom. viii. 1); to w. by faith शुभवर्त्तमानावर विश्वास ठेवून आणि तारणा करितां ख्रिस्तावर अवलंबून राहणें, विश्वासानें चालणें (2 Cor. v. 7); to w. in darkness अज्ञान, भ्रम व पाप यांत तळमळत राहणें (1 John i. 6.); to w. in the flesh प्रापंचिक बुद्धीनें वागणें (2 Cor. x. 3); to w. in the light सद्धर्माचरण क. (1 John i. 7); to w. through the fire कष्ट -हाल सोसणें -भोगणें (Is. xliii. 2); to w. with God *Script.* ईश्वराच्या आज्ञा मानून त्याच्या समागमें चालणें.—*t.* मध्यें -वर -आंत चालणें -फिरणें : to w. the streets; cause to walk slowly हलक्या धिम्या चालीनें चालवणें; lead, drive, or ride with a slow pace चालीनें -हलक्या चालीनें -हळुहळु नेणें -हांकणें.—*n.* चाल *f*, पायचाल *f*, चालणें *n*; सहल *f*, रपेट *f*; पाऊल *n*, चाल *f*; manner of walking चाल *f*, पाऊल *n*, चालण्याची रीत *f* -ढब *f*; space for walking रपेटीची जागा *f*, विहारस्थान *n*; habitual place of action कामाचा अड्डा, अखाडा, कारखाना, फड इ०; sphere प्रकरण *n*, इलाखा, काम *n*; चालवणूक *f*, चाल *f*. -ING-STICK काठी *f*, हातांत धरायाची काठी *f*.

WALL* भिंत *f*; *pl.* fortification तटबंदी *f*;—of a village, &c. गांवकुसूं *n*; partition-w. पडदी *f*;—of one brick in thickness शिती *f*, चिरणी *f*;—of slight sticks plastered over कूड;—of stones loosely thrown up गडगा;—of a tent कनात *f*;—of a fort तट, कोट; gable w. चांदई *f*.—*v.* भिंत बांधणें [in, round]. -EYE कैरा डोळा (घोड्याचा).

WALLET *F.* पडशी *f*, धोकटी *f*;—of beggars झोळी *f*, चौपदरी *f*.

WALLOW* *v.i.* (*Skr.vulg*, to move one's self) लोळणें; live in filth or gross vice दुर्व्यसनांत गर्क असणें -पोहोणें -लोळणें [about, in].

WALNUT* अक्रोड *n*.

WAN* *a.* फिका, पिकूट निस्तेज.—*v. i.* निस्तेज होणें -दिसणें.

WAND *D.* small stick फोकाटी *f*, छडी *f*; staff of authority वेत्र, छडी *f*, काठी *f*, दंड: rod used by conjurers कांडी *f*.

WANDER* *v. i.* rove हिंडणें, भटकणें, इकडे तिकडे फिरणें; go astray भटकणें, चुकणें, बहकणें;—in speech रान घेणें, चांचरणें, वाट सोडणें;—minds, eyes, &c. भ्रमणें, तरळणें, देहावर नसणें [about, away, over, from]. -ER हिंडणारा, परिचारक, फिरणारा; चुकार, भटक्या.

WANE* *v. i.* decrease लहान -उणा होणें; decline उतरणें, उतरता पाय -दशा लागणें;—as the moon कला उतरणें; क्षय होणें.—*n.* कलाक्षय, तेजोऱ्हास; उतार, उतरता पाया -दशा *f*, क्षय.

WANT*, state of not having नसणें *n*, अभाव, ठणठणाट; lack कमताई *f*, वाण *f*, तोटा; need गरज *f*, अगत्य *n*, अपेक्षा *f*; poverty गरिबी *f*, अबाळ *f*, अनुपपत्ति *f*, हाल *pl.*—*v.* जवळ -पासीं नसणें, अभाव असणें, गरज -अगत्य असणें -लागणें; wish इच्छिणें.—*i.* कमी पडणें, तोटा येणें-असणें; omit गाळणें, सोडणें, चुकणें; not to be present हाजर नसणें: the jury was full, *wanting* one. -ING उणा, कमी; गैरहाजीर; रहित, वेगळा, कमी, शून्य: I shall not be w. in exertion [in, of].

WANTON *W.* frolicsome छंदी, विलासी, ख्याली; loose बेढंगी, सोदा, लुच्चा; lewd इष्की, विषयलंपट;—*a.* female चंचळ, चपळ. -NESS इष्कीपणा, इष्कबाजी *f*; कामबुद्धि *f*; सोदेगिरी *f*, लुच्चेगिरी *f*; विलास, कौतुक *n*, क्रीडा *f*; बेकैदपणा, स्वेच्छा *f*, स्वैरगति *f*.—*v.* काम -विलास -चेष्टा क.; मौजा क.; खेळणें.

WAR*, state of opposition विरोध, वैर *n*; armed conflict of sovereign powers युद्ध *n*, लढाई *f*.—*v*. युद्ध क. [on, with, against]. -CHARIOT रथ. -FARE लढाई बिढाई *f*, युद्ध *n*. -CRY रणघोष -गजर. -LIKE *a*. लढाऊ, रणशूर; लढाईचा, जंगी, युद्धप्रकरणी. -RIOR योद्धा, शूर, वीर, भट.

WARBLE *v*. *Ger*. गाणें; modulate कंप घेणें, खांचखोंच घेऊन गाणें, लकेरी मारणें; कंपित क. —*i*. कंपित होणें; कंप घेऊन गाणें : some birds w.—*n*. कंप, लकेरी *f*, गाणें *n*.

WARD* *v*. watch राखणें, रक्षण क.; off टाळणें, वारणें, निवारणें [off, against].—*n*. guard पहारा; one whose business is to guard पहारेकरी; custody दिम्मत *f*, कैद *f*, परज *f*; person under a guard दिमतींतला मनुष्य, दिमती; minor under the care of a guardian बाल; division of a town पेठ *f*, वाडा, चकला, पुरा, महल्ला इ०; [division of a forest, division of a hospital]. -EN, -ER रखवालदार, अधिकारी. -ROBE, -ROOM, where clothes are kept जामदारखाना; closet for hanging up clothes पांघुरणें टांगून ठेवायाचें कपाट *n*; wearing apparel पांघुरणें *n*, वस्त्रें *pl*.

WARE* माल, सौदा, जिन्नस: China w. चिनाई भांडीं *f pl*, व०; hardware लोखंडी सामान *n*. -HOUSE वखार *f*.

WARY* *a*. सावध, हुशार.—WARILY *a*. सावधगिरीनें, हुशारीनें.

WARM* *a*. not cold ऊन, उष्ण, गरम (milk); subject to heat गरम (climate); ardent उत्साही, कडक, जहाल; passionate तापट, रागीट; rich मातबर, ऊबदार, गब्बर (householder).—*v*. ऊन क., तापवणें; ऊब -उष्णता आणणें; उत्साह -आस्था उत्पन्न क.; to w. before a fire शेकणें, ऊब आणणें [with, at].—*i*. गरम होणें, तापणें; आवेश येणें, तापणें, गरम होणें. -HEARTED मायाळू, स्नेहाळ. -LY *ad*. उत्कंठेनें, कळकळीनें; स्नेहानें, ममतेनें, पोटागीनें.—WARMTH उष्णता *f*, गरमी *f*; रागीटपणा, तापटपणा; उत्साह, आस्था *f*; तडाखा, झपाटा.

WARN* *v*. admonish बजावणें, सुचवणें, ताकीद देणें; give previous information to पूर्वी सुचवणें -जाणवणें [by, against, of]. -ING ताकीद *f*, सांगी *f*, पूर्वबोध; सूचना *f*, इशारत *f*.

WARP* ताणा, उभें सूत, *n*, उभी वीण *f*; to stretch the w. साळ घालणें.

WARRANT *v*. *F*. give assurance खातरी-निशा क. -देणें; support by authority शास्त्राचा -कायद्याचा आधार देणें, पुष्टि क.; declare with assurance खातरीनें सांगणें; *Law*, खातरी -निशा देणें.—*n*. आधार, आज्ञा, प्रमाण *n*; *Law*, अखत्यारपत्र *n*, हुकूमनामा, 'वारंट' *n*. -ABLE *a*. मान्य, योग्य, वाजवी.

WART* चामखीळ *m*, *f*.

WASH* *v*. cleanse by ablution धुणें, प्रक्षालणें, धुवून साफ क.; wet भिजवणें; waste by the force of water धुवून -धुपून नेणें (a road); out विसळणें; cover with a thin coat of color रंगाचा हात देणें; overlay with a thin coat of metal मुलामा -पाणी देणें; to w. gold माती रेती वगैरेंतून सोन्याचे कण धुवून काढणें.—*i*. अंग धुणें, स्नान क.; धुणीं, धुणें.—*n*. धुणें *n*; धुवायाचीं वस्त्रें *n pl*, धुणें *n*; quantity of clothes washed at once धुणीं *n pl*; marsh पाणथळ *n*, दलदल *f*; alluvium साई *f*, मळी *f*; waste liquor from a kitchen खरकटें पाणी *n*; lotion औषधी पाणी *n*; thin coat of metal पाणी *n*, मुलामा, ओप *f*, धूर;—of coloring substances, of pulse, &c. काट *n*, कढण *n*;—of earth गारा, रद्दा;—of cowdung शेणसडा;—for cattle and pigs खरकटवणी *n*; materials to wash or smear over लेप. -ER-MAN परीट, धोबी. -ER-WOMAN परटीण *f*. -POT

गंगाळ *n*, वगैरे.—WASHY *a.* पळपळीत, पचपचीत, फिका (tea).

WASP* कुंभारीण माशी *f.* -ISH *a.* चिरडखोर; कुंभारीण माशी सारखा, बारीक कमरेचा.

WASTE* *v.* destroy नासधूस क. wear away by degrees क्षीण -जीर्ण क., झिजविणें; squander उधळणें, उडवणें, वावगा खर्च क.—*i.* घटणें, अटणें, -ह्रास होणें, झिजणें; emaciate चोपणें, आंग टाकणें, रोडावणें.—*a.* झरवलेला, क्षीण; उजाड, वैराण, गलित, क्षीण;—land पडीत रान *n*; to lay w. उजाड -उद्ध्वस्त क., पाटा वरवंटा क.—*n.* खर्च, क्षय, -ह्रास; व्यर्थ खर्च, अपव्यय; w. of time कालापव्यय, कालहरण *n*; घस *f*, झीज *f*, तूट *f*; रान *n*, जंगल *n*, माळरान *n.* -BOOK कच्चा खर्डा, रोजकीर्द. -FUL *a.* उधळ्या. -ING *a.* क्षीण होणारा, क्षयपावणारा; झड्या, सड्या, क्षय करणारा, झडवणारा (disease).

WATCH*, guard चौकी *f*, पाहरा; watchman चौकीदार, जागल्या; post of a watchman चौकी *f*; place where he is posted चौकी *f*; period of the night प्रहर; period of the night in which one person, or one set of persons, stand as sentinels पाहरा; pocket time-piece घड्याळ *n*, 'वाच' *n*; to be on the watch टपणें, वाट पाहणें. —*v.* जागणें, जागा राहणें; चौकी पाहरा क.; be expectant वाट पाहत बसणें, वाट पाहणें; attend on the sick during the night रोग्यापाशीं जागत बसणें, रात्रीं रोग्याची शुश्रूषा क.—*i.* राखणें, रक्षण क., रखवाली क.; give heed to डोळा -नजर ठेवणें, जपणें, पाळत ठेवणें: to w. a rogue. -FUL *a.* जागा, जागता, जागृत. -HOUSE चौकी *f.* -MAN पाहरेकरी, जागल्या, रामोशी, गस्तकरी इ०. -WORD वर्दीचा शब्द. -MAKER घड्याळ करणारा; घड्याळ नीट करणारा, 'वाचमेकर.'

WATER* (*Skr. uda*, the sea) the fluid which descends from the clouds in rain, and which forms rivers, lakes, seas, &c. पाणी *n*, उदक *n*, जल *n*: a man who pretends to discover w. beneath the soil, and directs where to dig for it पानाडी; a body of water, standing or flowing जलाशय; a pond, stream, &c. तळें *n*, नदी *f*, ओढा इ०; urine मूत *m, n*, मूत्र *n*; luster of a diamond पाणी *n*, तेज *n*; boiling w. अधणाचें -कढत पाणी *n*;—in which the feet of a Brahmin have been washed, and which it is an act of merit to drink पादोदक *n*;—of irrigation derived from tanks, &c. अडवें पाणी *n*; to make w. मुतणें; *pl.* पाणमोट. *f.*—*v.* पाणी देणें -दाखवणें -पाजणें, पाण्यावर नेणें (cattle);—as land पाण्यानें भिजवणें, जलमय क., -ला पाणी सोडणें; calender कळप देणें, पाणी शिंपडून तजेली आणणें: to w. silk [with].—*i.* पाणी -पाझर सुटणें;—the eyes पाण्यानें भरणें, पाणी येणें;—the mouth तोंडाला पाणी सुटणें. -BEARER कुंभरास *f.* -CLOSET पायखाना, शेतखाना, शौचकूप. -COLOR पाण्यांत मिसळलेला रंग. -COURSER पाण्याचा पाट. -CRAKE उंचीवरून पाणी आणण्याचें यंत्र *n.* -CRAFT होड्या, पडाव, बोटी वगैरे. -CRESS एक पाणभाजी आहे. -CURE, *Med.* पाण्याचा उपचार. -DOCTOR पाण्याचा उपचार करणारा वैद्य, जलोपचारी वैद्य. -FALL पाण्याचा धोदा -धबधबा. -FOWL पाणकोंबडा. -GALL घळ *f.* -GOD जलदेवता *f*; the Indian w. वरुण. -HEN पाणकोंबडी *f.* -GRUEL पेज *f.* -INESS पाणचटपणा. -ING-CALL लष्करी घोड्यांस पाणी पाजायाची तुतारी *f.* -ING-PLACE पाणी घेण्याची -भरण्याची -पाजण्याची वगैरे जागा *f*; [place to which people resort for mineral water or for the use of water in any way]. -ING-TROUGH डोण *f.* -ISH *a.* पाणचट, पचपचीत; moist ओलसर, ओला. -LESS *a.* निर्जल, -LILY कमल *n.* -MAN पाणीवाला, पाणक्या. भिस्ती वगैरे; boatman होडीवाला; ferryman ताऱ्या. -MARK भरतीचे मर्यादेची खूण *f*;

letter, &c., wrought into paper during the process of manufacture कागदाच्या आंगचा ठसा, रेषा इ०. -MEADOW नदीच्या कांठचें कुरण *n.* -MELON—the plant कलंगडी *f*;—the fruit कलिंगड *n*, तरबूज *n. m.* -MILL पाणचक्की *f.* -PITCHER पाण्याची घागर *f*, घडा. -PLANT पाणझाड *n.* -POT झारी *f*, चंबू, कलश, लोटा;—of the ascetic, religious student कमंडलु *m, n.* -PROOF *a.* निगळता, जलाभेद्य. -SNAKE पाणसाप. -SPOUT पाण्यांतला भोवरा. -TIGHT *a.* निमूर, निगळता. -WHEEL रहाट, रहाटगाडगें *n*; आगबोटीचें पाण्यांत फिरणारें चाक *n.* —WATERY *a.* पाण्याचा, जलमय, जलरूप: fish, within their w. residence; पाणथळ, जलसंपन्न (land); vapid पाणचट, पचपचीत, घळघळीत (turnips); wet ओला, पाण्यानें भरलेला (eyes); thin पातळ, पाण्या सारखा (humors); of water पाण्याचा, जल; in comp.: w. god जलदेवता *f.*

WATTLE*, a twig फोकाटी *f*; a hurdle ताटी *f*, कूड; fleshy excrescence under the throat of a cock or turkey or a like substance on a fish कला.—*v.* फोकाटीनें बांधणें; कूड -ताटी बांधणें.

WAVE*, undulation हेलकावा, उतारचढ; billow लाट *f*; water पाणी *n*: I will furnish thee with fresh w.; unevenness चढउतार, उंचसखलपणा, उंच खोलपणा; a signal made with the hand हाताची खूण *f*, हस्तपल्लव.—*v.* फिरवणें, परजणें (a weapon); ओवाळणें, उतरणें, औक्षण क. -उतरणें (lamps, &c., around the head of an idol, &c.); beckon खुणावणें, पालवणें.—*i.* लहरा मारणें, हेलकावणें; fluctuate घोटाळणें, गुटमळणें. —WAVER *v. i.* लहरा मारणें, हेलकावणें; कांकूं क., गुटमळणें. -ING *a.* हेलकावणारा, झुलणारा; कांकूं करणारा.

WAX*, a fatty solid substance produced by bees मेण *n*; ear-wax कानाचा मळ;—for sealing letters, &c. लाख *f.*—*v.* मेण लावणें, मेणावणें. -CANDLE मेणबत्ती *f.* -CLOTH मेणकापड *n.* -EN *a.* मेणाचा; मेणासारखा; soft नरम, मेणचट.

WAX* *v. i.* increase in size एक एक कळा वाढणें: the *waxing* and the waning of the moon; become होणें, होत जाणें: to w. strong, cold, feeble, old.

WAY*, passage रस्ता, वाट, मार्ग; length of space वाट *f*, पल्ला, टप्पा, मजल *f*: a long w.; direction of motion वाट *f*, रोख धोरण, *n*, रस्ता; means उपाय, मार्ग, वाट *f*; manner रीत *f*, तऱ्हा *f*, प्रकार: the way of expressing one's ideas; regular course वाट *f*, रीत *f*, रहाळ *f* (Prov. iii. 17); by the w. विषयांतर करून, विषय सोडून; by w. of -च्या मार्गानें; covert w. चोरवाट *f*, झाकलेली वाट *f*; half w. अर्ध्या वाटेंत; in the family-w. गर्भार, गरोदर, पोटशी; in the w. वाटेंत, आडवा; milky -w. आकाशगंगा *f*; out of the w. बाजूस, एकीकडे; वांकडा, गैररस्त्यांत; right of w., *Law*, दुसऱ्याच्या जमिनी वरून जाण्या येण्या वा हक्क; to be under w. जहाज चालू असणें; to give w. मागें हटणें, हार घेणें, दबणें; जागा देणें; पदरीं घेणें, आपलें मत सोडणें; to go one's way आपल्या वाटेनें जाणें येणें; to go the w. of all the earth मरणें; to make one's w. संसारांत वाढणें; to make w. वाट सोडणें -क., वैस -जागा क.; *ways* and means वाट *f*, मार्ग, उपाय; वसूल उत्पन्न करण्याचे उपाय *pl*; *ways* of God ईश्वरी नियंतृत्व *n*, ईश्वराची सृष्टीवर राज्य करण्याची रीत *f.* -FARER, -FARING वाटसरू, पांथस्थ. -LAY *v.* वाट मारणें -पाडणें. -LAYER वाटपाड्या, वाटमाऱ्या. -SIDE रस्त्याची बाजू *f.* -WARD *a.* स्वच्छंदी, आपढंगी, अपगंड. —WARDNESS अपढंग, स्वच्छंदीपणा. -WISE मार्ग शोधून काढणारा, वाटाडी, वाटजाणता.

WE* *pron.* आम्ही, आपण.

WEAK* *a.* wanting physical strength अशक्त, दुर्बळ; sickly अशक्त, रोगी; feeble of mind मनाचा हलका, गलतान, बेकूब, फुटक्या मनाचा;—of sound किरकोळ, हलका, बारीक; watery फिका, मळमळीत (tea); as medicine निकस, हलका; not forcible निर्बळ, फुसका (argument). -EN *v.* निर्बळ -दुर्बळ क. -LY *a.* अशक्त, लुकसान, कमजोर (constitution).—*ad.* कमजोरीनें, अशक्तपणानें, हलक्या मनानें. -NESS अशक्तपण *n*, दुर्बळता *f*, दौर्बल्य *n*; गयाळपणा, बुद्धिमांद्य *n*; पोकळ -फुसकेपणा; defect छिद्र *n*, व्यंग *n*, उणें *n*. -SIDE मर्मस्थान *n*, मर्म *n*, नागवें *n*.

WEAL* कल्याण *n*, क्षेम *n*, कुशल *n*.

WEALTH* संपत्ति *f*, दौलत *f*.—WEALTHY *a.* धनवान्, श्रीमान्, मातबर.

WEAN* *v.* take from the breast or udder थानतोड क.; alienate, as the affections, from any object of desire विरक्त -उदास क., -वरून मन उठवणें -उडवणें [from, away].

WEAPON* शस्त्र *n*, हत्यार *n*, आऊत *n*.

WEAR* *v.* carry or bear upon the person अंगावर घालणें -घेणें, पांघरणें, परिधान क., घालणें, धारण क. (a coat, crown, sword); have an appearance of देखावा -रूप असणें, धारण क.: she *wears* a smile on her countenance; use up by carrying or having upon one वापरून -अंगावर घालून -नेसून फाडणें: to w. clothes rapidly; use up झिजविणें, झरवणें (Job xiv. 19); cause or occasion by friction or wasting घांसून -झिजवून पाडणें -क.: to w. a hole; off, out, away झिजवणें, झरवणें; out काढणें, लोटणें, घालवणें (days); कामा खालीं जीर्ण -जर्जर क.; to w. the breeches नवऱ्यावर अधिकार चालवणें.—*i.* झिजणें, झरणें, जर्जर होणें, जीर्ण होणें; लोटत जाणें; off झिजून जाणें, झिजणें; to w. weary कामानें -दगदगीनें त्रासणें -कंटाळणें.—*n.* चोळ, झीज *f*; w. and tear चोळ *f*, वरदळ *f*. -ER झिजवणारा; अंगावर -घालणारा -बांधणारा -घेणारा.

WEAR*, a dam in a river to stop and raise water for conducting it to a mill, for taking fish, &c. बांध, धरण *n*; fence of stakes or twigs set in a stream for catching fish खुंटे *pl*, जाळ्याचे खुंटे *pl*.

WEARY* *a.* tired दमलेला, शिणलेला, श्रांत; tiresome कंटाळवाणा, त्रासदायक; of कंटाळा आलेला, बेजार: to be w. of study [of].—*v.* दमवणें, शिणवणें; कंटाळा -त्रास आणणें, कष्टी बेजार क.—*i.* दमणें, श्रमणें; कंटाळा येणें, त्रासणें.—WEARINESS शीण, श्रम, अट्टाहास; कंटाळा, त्रास. -SOME *a.* कंटाळवाणा, श्रमवणारा, शीण आणणारा, कष्टप्रद, श्रमाचा, कष्टाचा.

WEATHER* (*Skr. wâ*, to blow) air with respect to its state as regards heat or cold, wetness or dryness, calm or storm, clearness or cloudiness, or any other meteorological phenomena हवा *f*: vicissitude of season ऋतूचा पालट, ऋतु; rainy w. पाऊसकाळ.—*v.* वाऱ्यावर घालणें, वाऱ्यांत ठेवणें; sustain निभावणें, सोसणें, पार क. [out]. -BEATEN *a.* ऊन -पाऊस सोसलेला. -COCK वाऱ्याची गति समजण्याचें यंत्र *n*, वायुगतिमापक यंत्र *n*; a fickle inconsistent person चंचल बुद्धीचा मनुष्य, वाऱ्या प्रमाणें पाठ फिरविणारा. -WISE हवेचा जाणता.

WEAVE* *v.* (*Skr. wap*) form by texture विणणें, वळणें; form, as cloth, by interlacing threads विणणें, कापड विणणें [together].—*i.* साळ्याचा धंदा क.—WEAVER विणणारा, कोष्टी, साळी.

WEB* विणलेली वस्त *f*, वीण *f*, सणंग *n*;—of the eye कवडा, पडदा, पट्टा. -FOOTED *a.* ज्याचीं पायाचीं नखें कातडीनें जोडलेलीं असतात तीं, जालपाद.

WED* *v.* marry लग्न क., परणणें, वरणें; join in

marriage लग्न करून देणें, लग्न क. -लावणें [with, to].—*i.* लग्न होणें.—WEDDING लग्न *n*, विवाह. -LOCK विवाहसंबंध.

WEDGE*, mass of metal लगड *f*, इंट *f*, गट; the mechanical power पाचर *f*.—*v.* पाचरीनें फोडणें -चिरणें; पाचर मारणें -बसवणें [in, up].

WEDNESDAY* बुधवार.

WEE *a. Ger.* लहान, चिमकुला, चिमणा.

WEED* रान *n*, गवत *n*.—*v.* बेणणें, खुरपणें; free from anything निवडणें, शोधणें;—a field of corn कोळपणें [out].

WEED*, a garment वस्त्र *n*; upper garment उपवस्त्र *n*, वरचें वस्त्र *n*; उपरणा इ०; article of dress worn in token of grief दुःखाचें -सुतकी वस्त्र *n*; *pl.* बायकांचे सुतकी पोशाक.

WEEK* अठवडा. -LY *a.* अठवड्याचा; दर अठवड्यास निघणारा -होणारा, मिळणारा (newspaper, allowance).—*ad.* दर अठवड्यास.—*n.* दर अठवड्यास निघणारें पत्र *n* -पुस्तक *n*.

WEEP* *v. i.* cry रडणें; shed tears आसवें, टिपें गाळणें -काढणें -आणणें; lament शोक क.; flow in drops थेंबथेंब वाहणें; drip थेंबथेंब गळणें, थबथबणें; droop म्लान होणें, गळणें: a *weeping* willow [for].—*t.* -चा शोक क.; अश्रु गाळणें. -ING रडणें *n*, रुदन *n*.

WEIGH* *v.* (*Skr. vah*) raise उचलणें, वर घेणें (anchor); examine by the balance जोखणें, तोलणें, वजन क.; be equivalent to in weight भरणें, उतरणें, वजन होणें; pay by weight वजन करून देणें -घेणें इ०, जोखून विकणें; ponder in the mind तोलणें, भवांकून -विचार करून पाहणें; down दडपणें, दाबणें.—*i.* वजनदार -भारी -जड असणें; वजनदार -भारदार असणें; वजन पडणें; press hard जाचणें, उरावर बसणें; to w. down आपल्याच भारानें बुडणें [with, by]. -ER तोलणारा, जोखणारा —WEIGHT भार, वजन *n*; quantity ascertained by the balance जोख *n*; standard of heaviness वजन *n*, तोल; ponderous mass ऐवट ओझें *n*, भार, ढेप *f*, गोळा, खोट *f*; mass to weigh with वजन *n*, वजनाचा धोंडा इ०; *Med.*, a sensation of heaviness over the whole body दडपण *n*, भार; importance भारदस्ती *f*, वजन *n*; moment बिशात *f*, विषय, कथा *f*.—WEIGHTY *a.* जड, भारी, वजनदार; भारदस्त, वजनदार, मोठा, गंभीर; मनावर घेण्यास -विचार करायास योग्य.

WEIR, See WEAR.

WELCOME* *a.* received with gladness स्वागताचा; grateful सुखप्रद, हितकारक, आनंदकारक; w. news क्षेम समाचार; free to have or enjoy gratuitously घेण्यास -उपभोगायास मोकळा: you are w. to the use of my library आपण खुशाल, &c.; to bid w. आगत स्वागत करून -स्नेहपूर्वक अंगीकारणें: you are w. आपण बरे आला [to].—*n.* आगत स्वागत *n*.—*v.* आगत स्वागत क., बरे आला असें ह्मणणें [to, by, with].

WELFARE *D.* happiness कल्याण *n*, क्षेम *n*, कुशल *n*, क्षेम कुशल *n*, बरें *n*; prosperity आबादानी *f*, सुबत्ता *f*.

WELL*, fountain झरा, कुंड *n*; a source उगम, खाण *f*; a pit sunk into the earth to such a depth as to reach a supply of water विहीर *f*;—with or without steps विहीर *f*, बारव *f*; common round w. without steps आड;—of masonry गजबाव *f*; [the lower part of a furnace, into which the metal falls]. -ROOM गमताड *n*, गमताडी *f*.

WELL* *a.* good in condition बरा; being in health बरा, स्वस्थ, निरोगी; happy सुखी, खुशाल; fortunate बरा, चांगला, भाग्यवान.—*ad.* बरें, ठीक, चांगलें; correctly दुरुस्त, नीट, बराबर; abundantly चांगला, पुष्कळ: the plain was w. watered everywhere; conveniently सोयीनें, नीट, सोयीवार; thoroughly

पुरतेपणीं, खूप, चांगला; as w. as ही; w. enough बरेंच; w. to do, w. off घरचा सुखी, खाऊन पिऊन सुखी, चार पैसे बाळगून. -BEING कल्याण *n*, क्षेम *n*, कुशल *n*. -BORN *a*. कुलीन. -BRED *a*. सुशिक्षित. -FAVORED *a*. देखणा, रूपवान -वंत. -KNOWN *a*. प्रसिद्ध, जगप्रसिद्ध -जाहीर. -MEANING *a*. भला, सज्जन, सद्धेतु. -NIGH *ad*. बहुतकरून, जवळ जवळ. -SPENT *a*. सद्व्ययित, चांगल्या कामीं खर्चलेला -लावलेला. -SPOKEN *a* सुभाषित; spoken with propriety सूक्त. -WISHER कल्याण चिंतणारा, शुभचिंतक.

WELTER* *v. i.* लोळणें [in].

WEN* *Med*. वाळूक *n*, अवाळूं *n*.

WENCH* रांड *f*, वेश्या *f*.—*v. i.* रंडीबाजी क. -ER रांडबाज, बदख्याल, इषकी.

WEST* पश्चिम *f*; पश्चिमेकडला देश.—*a*. पश्चिमेकडला, पश्चिम; पश्चिमेकडचे तोंडचा, पश्चिमाभिमुख. -WARD *ad*. पश्चिमेकडे, पश्चिमेस.

WET* *a*. containing water ओला, आर्द्र; rainy पावसाचा (season); very damp सर्द (weather);—of land चिबड.—*n*. पाणी *n*; ओलेपणा, ओलावा; पाणी पाऊस [with]. -NESS ओलेपणा, ओलावा, आर्द्रता *f*. -NURSE दाई *f*, थानकरीण *f*, दाईपिलाई *H*., उपमाता *f*.

WETHER* खशी केलेला मेंढा.

WHALE* मगरमासा, 'व्हेल' मासा.

WHARF* धक्का, घाट. -AGE धक्याची जकात *f*.

WHAT* *pron*. that which जो काय; interrogatively काय, कोणता, कोण. -EVER, -SOEVER जोजो, जीजी, जें कांहीं *n*.

WHEAT* गहूं; soil fit for w. गव्हाळ *f*; w. roughly ground सोजी *f*, सांजा; fine w. flour सोजी. -EN *a*. गव्हाची.

WHEEDLE* *v*. मठारणें, फुसलावणें [by, into].

WHEEL*, circular frame turning on an axis चाक *n*;—of a machine रहाट; potter's w. कुंभाराचें चाक *n*;—for spinning सुतकातायाचा रहाट.—*v*. गाडीवर घालून नेणें; cause to turn फिरवणें.—*i*. फिरणें, भोंवणें; change direction दिशा -रोख फिरविणें; go round in a circuit चक्कर देणें, प्रदक्षिणा क.; roll forward पुढें लोटत जाणें. -BARROW एका चाकाची -एकचाकी गाडी *f*. -WRIGHT चाक किंवा चाकाची गाडी करणारा.

WHEEZE* *v. i.* कफ श्वास सोडणें.

WHELM*, See OVERWHELM [with, in].

WHELP* पिलूं *n*, बच्चा, पेटा; youth, in contempt बच्चाजी.—*v. i.* विणें, पिलें देणें.

WHEN* *ad*. at what time केव्हां, कधीं; at the time that जेव्हां, ज्यावेळीं; after the time that नंतर, उपरांत; then तेव्हां, त्यावेळीं. -EVER, -SO, -VER *ad*. or *conj*. केव्हांजरी, कधींजरी.

WHENCE *ad*. *O. E.* from what place कोठून, कोणीकडून; indefinitely जेथून, जिकडून: grateful to acknowledge w. his good descends. -SOEVER *ad*. जेथून, जिकडून.

WHERE* *ad*. at what place कोठें, कोणत्या -जागीं स्थळीं; at which place जेथें, ज्या ठिकाणीं. -ABOUT *ad*. कोणीकडे, कोठें; about which ज्याविषयीं. -AS *conj*. since ज्याअर्थी, जेव्हां, ज्यापेक्षां; when in fact खरें म्हटलें असतां, वस्तुतः are not those found to be the greatest zealots who are most notoriously ignorant? w. true zeal should always begin with true knowledge. -AT *ad*. ज्याजवर, त्याजवर; at what कशाचा, कशानें: w. are you offended? -BY *ad*. जेणें करून, ज्याकडून; by what कशानें. -FORE *ad*. ज्या कारणानें, ज्यामुळें -स्तव -साठीं; why कां, कशाला. -IN *ad*. ज्यामध्यें, ज्यांत; in what कोणत्यांत, कशांत. -OF *ad*. ज्याचा, ज्याविषयींचा; *indef*. of what कशाचा, ज्या कशाचा; *inter*. कशाचा. -ON *ad*. ज्यावर. -SOEVER *ad*. जेथे जेथें, जेथें कुठें, जेथें. -UPON *ad*. त्यावरून; त्यानंतर, नंतर, मग. -EVER *ad*. जेथें-

जेथें, जेथेंकोठें, कोठेंही. -WITH *ad.* ज्याकडून, ज्यानें; with what कशानें.

WHERRY (See FERRY) तर *f*, डिंगी *f*.

WHET* *v.* sharpen पाजवणें, लावणें, शेवटणें, शिळेवर धरणें; excite उत्तेजित, क. उचलणें, उठवणें; stimulate प्रदीप्त क. (appetite) [with]. -STONE निसणा, शीळ *f*, साहाण *f*.

WHETHER* *ad.* किंवा नाहीं.

WHEY* दह्यांतलें पाणी *n*, ताक *n*.

WHICH* *pron.* relat. जो; demon. कोणता. -EVER *pron.* जो कोणता, जो.

WHIFF* झुरका, दम.

WHILE*, space of time वेळ, काळ; for a w. कांहींवेळ; all this w. एवढावेळ, हा वेळ पर्यंत; worth w. उपयोग -लाभ -फळ -हांसील असणें.—*ad.* इतक्यांत, त्यावेळेस, तेव्हां; as long as जों, जोंवर, जोंपर्यंत; though जरी. —*v.* कंष्टणें, घालवणें, क्रमणें, कालक्रमण क. [away]. -WHILST *ad.*, See WHILE.

WHIM *W.* लहर *f*, तरंग, हुकी *f*.

WHIMPER *v. i. Ger.* पिरपीर लावणें, कुसमुसणें.

WHIMSICAL *a.* (do.) छंदखोर, छंदी, लहरी.

WHINE *v. i.* (do.) पिरपिरणें, किरकिरणें.—*n.* पिरपीर *f*, किरकीर *f*, रड *f*.

WHIP* *v.* lash चाबूक मारणें; cause to rotate by lashing with a cord दोरीनें झटका मारून फिरवणें (a top); flog चाबूक -फटके मारून शिक्षा क.; apply that which hurts keenly to ठोमणा मारणें; thrash बडवणें, झोडणें (corn); wrap गुंडाळणें, घडी क., लपेटणें (about, around, over); jerk हिसका मारणें (into, out, up).—*i.* झटदिशीं निघून जाणें.—*n.* चाबूक; coachman गाडी हांकणारा; w. and spur मोठ्या त्वरेनें, जलदीनें, तातडीनें, लगबगीनें; cartman's w. आसूड.

WHIRL* *v.* गरगरां फिरवणें; गरगरां फिरवीत नेणें [about, around].—*i.* गरगरां फिरणें, घिरटी घालणें.—*n*, गिरकांडा, घिरटी *f*;—of business भरकांडा. -GIG भोंवरा, फिरकिरें *n*. -POOL पाण्यांतला भोंवरा. -WIND वावटळ *f*.

WHISK *Ger.* sweeping motion झटका, भरारी *f*, फटकारा; small besom कुंचा *f*, झाडू *f*.—*v.* झटका मारणें -मारित जाणें -चालणें; झाडणें, झटकणें. -ER कल्ला, गलमूछ.

WHISKY *Ger.* एक प्रकारची दारू *f*.

WHISPER* *v. i.* speak softly or under the breath कुजबुजणें; make a low, sibilant sound फुसफुसणें, फुसफुस शब्द क.; plot secretly खलबत, गुप्त मसलत क. [against] —*t.* कानीं लागणें, कानांत सांगणें, फुसफुस बोलणें to [with, of].—*n.* कुजबूज *f*, गुजगुज *f*.

WHIST *a. Ger.* चुप.—*n.* मुख्यानी खेळायाचा गंजिफ्याचा एक खेळ आहे.

WHISTLE* *v. i.* form a kind of musical sound by the breath शीळ वाजवणें -घालणें; make a shrill sound with a wind instrument शिटी वाजवणें;—a bullet, arrow, &c. सणसण वाजणें;—the wind सुंसुं वाजणें -वाहणें [to, with].—*n.* शीळ *f*, शिऊळ *f n*; instrument of whistling चिमणी *f*, शिटी *f*.

WHIT* लेश, कण, रती *f*.

WHITE* *a.* (*Skr. cveta*) having the color of pure snow पांढरा, शुभ्र, ढवळा, सफेत; pale निस्तेज, फिकट; pure निष्कलंक, शुभ्र, स्वच्छ; gray पांढरा, पलित, पिकलेला (hair); fortunate सुदैवाचा, भाग्याचा, शुभ (day); w. ant उधई *f*, वाळवी *f*; w. swelling गुडघी *f*; मोठ्या संधीच्या ठायीं महा पिडायुक्त जी सूज येते ती *f*, गुडघी *f*, इ०.—*n.* पांढरा रंग;—of eggs पांढरा बील;—of the eye कवडी *f*, पांढरें बुबूळ *n*; *pl. Med.* धुपणी *f*, खर *f*. -EN *v.* पांढरा क. [with, by, over]. —*i.* पांढरा होणें. -FACE घोड्याच्या कपाळावरचा पांढरा पट्टा, नाम, चांद इ०. -LEAD सफेता. -LIMED सफेती दिलेला, चुना लाव-

लेला. -LIVERED *a.* भित्रा, गांडू, भ्याड, भागूबाई *f.* -NESS पांढरेपणा, शुभ्रता *f.* -WASH सफेती *f.*—*v.* सफेती देणें -क.; पांढरा क., बाहेरून साजरा दिसेसा क.

WHITLOW नखुरडें *n.*

WHITHER* *ad.* कोणीकडे, कोठें.

WHITTLE* सुरी *f.*—*v.* चाकूनें सोलणें -छिलणें [away].

WHIZ* *v. i.* सूसूं वाजणें, सणसणणें [by]. —*n.* सणसणाट.

WHO* *pron. inter.* कोण; relat. जो. -EVER जो कोणी, हरकोणी, भलता कोणी.

WHOLE* *a.* सारा, अवघा, सर्व; unbroken अखंड (life); complete सगळा, पुरा; well धड, चांगला, बरा.—*n.* समुदाय, साकल्य *n*; upon the w. मिळून, एकूण, एकंदरीनें. -SALE *a.* ठोक, घाऊक.—*n.* ठोक विक्री *f.* -SOME *a.* पथ्यकर, हितकारक; शरीरास चांगला; conducive to good उपयुक्त, हितकारी, हिताचा [for].—WHOLLY *ad.* altogether पुरतेपणीं साफ, पुरा, पुरता; totally अगदी; बिलकुल, निखुक, निःशेष.

WHOOP* shout आरोळी, कुई *f,* पुकारा;—of monkeys हुप *f,* भुभुःकार.

WHORE* बाजारबसवी *f,* वेश्या *f.*—*v.* शिंदळकी क. -DOM शिंदळकी *f,* व्यभिचार; *Script.*, idolatry मूर्त्तिपूजा *f* (Hos. v. 34) [with]. -MONGER रांडबाज, बाहेर -बदख्याली.

WHY* *ad.* कां, कशाला; for which reason ज्यासाठीं.

WICK* वात *f*; a stout, coarse w. of cloth कांकडा.

WICKED* *a.* दुष्ट, पापी; पापाचा, अधर्माचा, दुष्ट, in comp. दुष्ट (acts). -NESS दुष्टपणा, दुष्टबुद्धि *f*; sin दुष्कर्म *n,* पाप *n,* पातक *n.*

WICKER *a. D.* डाहळ्यांचा, फोंकाचा.—*n.* डाहळी *f,* फोंक.

WICKET*, small door खिडकी *f,* दिंडी *f*; small gate like a framework फाकट *n,* फाटक *n.*

WIDE* *a.* broad रुंद; much extended पसरट; remote लांब, दूर.—*ad.* लांब, दूर -AWAKE *a.* सावध, हुशार. -NESS रुंदी *f,* विस्तार. -LY *a.* रुंद, विस्तारानें; लांब रुंद; very much फार, पुष्कळ.—WIDEN *v.* रुंद क., रुंदावणें.—*i.* रुंद होणें, रुंदावणें.—WIDTH रुंदी *f,* व्यास, विस्तार;—of cloth पन्हा.

WIDOW* (*Skr. vidhavâ, v. i.* without, *dhava,* husband) विधवा *f,* रांडकी *f,* बोडकी *f.*—*v.* विधवा क., रांडावणें; make desolate ओसपाडणें. -ER रांडका, विधुर. -HOOD रांडकेपणा, वैधव्य *n.*

WIELD* *v.* चालवणें, पेलणें, वहिवाटणें [with].

WIFE* *v.* -ची -बायको *f* स्त्री *f,* भार्या *f*; forsaken w. सांड *f.*

WIG *F.* टोप, केंसाचा टोप.

WILD* *a.* living in a state of nature रानटी, जंगली, वन्य, वन, रान, in comp.: रानगाई *f,* वनगाई *f*; growing without culture रानटी, जंगलांतला, वन, रान, in comp.: रानकेळ, वनवृक्ष; desert जंगली, रुक्ष, माळ (forest); savage जंगली, रानटी: w. natives of Africa; unruly दांडगा, अनिवार, बेबंद, बेताल;—of conduct बेबंद, अनिवार, अंधाधुंदीचा;—through fright or rage कावराबावरा, तग्रवग्र;—of certain fruits, timber रान; w. cat रानमांजर *n*;—fowl रानकोंबडी *f*;—honey रानमध *f.*—*n.* -ERNESS रान *n,* जंगल *n,* अरण्य *n.* -LY *ad.* दांडगेपणानें, रानटीपणाने; आपोआप, रानांत (उगवणें, रुजणें). -NESS जंगलीपणा, बेकैदपणा, अंधाधुंदी *f.*

WILE* कावा, कपट *n.* -NESS कावा, कावित्र *n,* कुलंगडें *n.*—WILY *a.* कावेबाज, कपटी, कंत्राण्या.

WILL*, the faculty of the soul by which it

is capable of chosing इच्छा *f*, मर्जी *f*; choice which is made निवडून घेतलेली गोष्ट *f* -वस्तु *f*; command हुकूम, आज्ञा *f*; testament मृत्युलेख; at will मनसोक्त; good w. मर्जी *f*, कृपा *f*; ill w. दुष्टभाव, वैर *n*; to have one's w. इच्छित वस्तु मिळणें, मना प्रमाणें होणें; w.-with-a-whisp भूतकोलित *n*.—*v*. इच्छिणें, इच्छा असणें; आज्ञा -हुकूम क.; ठराव -निश्चय क.; मृतपत्रानें व्यवस्था -बंदोबस्त क.—*i*. संकल्प-निश्चय क.; decide ठरवणें; मृत्युपत्रांत लिहून देणें. -ING *a*. खुशी, राजी, सिद्ध; खुशीचा, राजीचा. -LY *ad*. खुशीनें, स्वसंतोषानें. -NESS खुशी *f*, संतोष.—WILFUL *a*. हटखोर, हट्टी, दुराग्रही, आपढंगी. -LY *ad*. खळ -हट धरून.

WIMBLE *D*. बरमा.

WIN* *a*. gain by contest जिंकणें, मिळवणें; gain संपादणें, मिळवणें; gain over मन मिळवणें, मिळवणें [by, with, through, from, of, at].—*i*. जिंकणें, जय पावणें. -NING *a*. मनमिळाऊ; मन मिळविण्याचा (manners).

WINCE* *v*. *i*. अंग चोरणें -काढून घेणें [at].

WIND* (*Skr. wâ*, to blow) air naturally in motion वारा, वायु; air artificially put in motion वारा; breath श्वास, वायु; flatulence वात, वायु; direction in which the wind may blow वायूची दिशा *f* -चा रोख; empty efforts व्यर्थ यत्न, वृथा प्रयत्न, रिकामी खटपट *f*.—*v*. वाऱ्यावर टाकणें; follow by the scent वासावर जाणें. -BOUND *a*. वाऱ्यानें खुंटलेला-थबकलेला. -EGG वांझ अंडें *n*. -FALL, fruit blown down from a tree पड *f*, पडीचें फळ *n*; unexpected benefit घबाड *n*, घोंब *n*, आगंतुक लाभ. -GAUGE वाऱ्याचा वेग व भार मोजण्याचें यंत्र *n*, वायुभार -वायुवेगमापक यंत्र *n*. -MILL पवनचक्की *f*. -PIPE *f*, नरडें *n*, नळी *f*, श्वासमार्ग. -WARD *ad*. वाऱ्याकडे -समोर.—*a*. वाऱ्याकडचा.—*n*. वायूची दिशा *f*.—WINDY *a*. वाऱ्याचा; वायुमय, शून्य, पोकळ; tempestuous तुफानाचा; flatulent वातुळ (good).

WIND* *v*. twist गुंडाळणें, वेष्टणें; cause to form convolutions about anything वेढे -वेटाळे घालणें; govern आवरणें, अनुशासणें; up गुंडाळणें; आटोपणें; किल्ली -चावी देणें (a watch).—*i*. वेष्टणें, वेढून जाणें; bend वांकणें, वळणें; become coiled about anything वेटाळणें; assume a spiral form नागमोडीचें वळण घेणें. -ING वांकण *n*, वळण *n*, फेरा.—*a*. फिरकीचा, नागमोडीचा, वांकडा. -SHEET खेंडा, प्रेतवस्त्र *n*.

WINDOW (*wind-door*) खिडकी *f*. -BLIND खिडकीचा पडदा.

WINE* द्राक्षाची दारू *f*, द्राक्षामद्य *n*, 'वैन' *f*. -BIBBER मद्यपी.

WING *D*. the limb of a bird by which it flies पंख; flight उड्डाण *n*;—of an army फौजेची बाजू *f*;—of a house घराची बाजू *f*, पाखें *n*; on the w. उडत; on the *wings* of the wind पंख लावून.—*v*. पंख लावणें; उडणें; cut off the wing पंख कापणें. -ED *a*. पंखाचा, सपक्ष.

WINNOW* *v*. separate and drive off the chaff from by means of wind पाखडणें, उफणणें; examine तपासणें, निवडणें; fan पंख्यानें वारा घालणें; *winnowing* fan सूप *n* [out, from, by, with].

WINTER* हिंवाळा.—*v*. हिंवाळा काढणें -घालवणें [at, in].—WINTERY, WINTRY *a*. हिंवाळ्याचा, थंडीचा.

WIPE* *v*. clean by rubbing पुसणें, पुसून साफ क.; out पुसून टाकणें [with].

WIRE* तार *f*, तात.—*v*. तारेनें बांधणें; तारेंत ओवणें; तारेनें धरणें. -DRAW *v*. तार काढणें; draw by art or violence युक्तीनें -किंवा जबरीनें बाहेर काढणें -ओढणें.—WIRY *a*. तारेचा, तंतुप्राय; sinewy बळकट, जिवट (constitution).

WISE* *a*. having knowledge बुद्धिवान, ज्ञानी; judicious शहाणपणाचा, ज्ञानाचा; prudent

शहाणा, समंजस, समजीक; pious धार्मिक, भक्तिमान. -ACRE दीडशहाणा, चतुरशाबाजी. -LY *ad.* शहाणपणानें.—WISDOM शहाणपण *n*, बुद्धि *f*, अक्कल; erudition विद्या *f*, ज्ञान *n*, व्युत्पत्ति *f*.

WISE* रीत *f*, मार्ग.

WISH* *v. i.* have a desire इच्छा असणें, इच्छिणें; be disposed इच्छिणें, चिंतणें: to w. well to another's affairs; entertain hope or fear in respect to anything -ची इच्छा -आशा भय धरणें -बाळगणें: I w. that it may not prove a token of misfortune [for].—*t.* desire इच्छिणें, -ची इच्छा धरणें; express desires concerning -ची इच्छा दर्शवणें; imprecate शाप देणें, अनिष्ट चिंतणें (Ps. lx. 14).—*n.* इच्छा *f*; request विनंती *f*, अर्जी *f*; thing desired इच्छित वस्तु *f*, मनकामना *f*, मनोरथ. -FUL *a.* इच्छावान, आकांक्षी, इच्छु [for]. -ER इच्छिणारा, इच्छु, in comp.: हितेच्छु.

WISP *D.* गुंडाळा, गुंडाळी *f*.

WIT* *v. i.* जाणणें; to w. म्हणजे.

WIT*, intellect, बुद्धि *f*, चातुर्य *n*; power of the mind अकल *f*, शहाणपण *n*: to lose one's wits अकल गुंग होणें; person of eminent sense रसिक बोलणारा, बुद्धिकुशल मनुष्य. -TICISM नोकीचें -खुबीचें भाषण *n*, बोलणें *n*. -LY *a.* थट्टेबाज -खोर, नकल्या; रसिक, खुबीचा, नोकीचा (saying). -TICISM थट्टेचें किंवा खुबीचें बोलणें *n*.

WITCH* चेटकीण *f*, डांकीण *f*, डाखीण *f*. -CRAFT चेटक *n*, जादू *f*.

WITH *prep.* noting course, means, &c. कडून, करून, नें; w. a sword; under कडे, जवळ, पाशीं; on the side of बाजूवर, पक्षावर; in the company of संगतीं, बरोबर; noting appendage सुद्धां, सगट, सहवर्त्तमान; possession नें, स: w. love प्रीतिनें;—opposition शीं, सीं: dost thou quarrel w. me; amongst आंत, मध्यें; tragedy was originally w. the ancients, a piece of religious worship. -AL *ad.* देखील, सुद्धां, ही. -IN *prep.* आंत, आंतमध्यें. -OUT *prep.* out of बाहेर, बाहेरल्या बाजूस; beyond पलीकडे; except वांचून, शिवाय.

WITHDRAW* *v.* परत -माघारें घेणें [from, to].—*i.* जाणें, उठून -निघून जाणें.

WITHE*, twig डाहळी *f*; band made of twigs डाहळ्याचा वेंठ.—*v.* वेंठानीं -डाहळ्यानीं बांधणें.

WITHER* *v. i.* fade कोमेजणें, सुकणें, वाळणें; waste झिजणें, झिरणीस लागणें; perish नष्ट होणें, बुडणें: names that must not w. [away].—*t.* कोमेजवणें, सुकवणें; नष्ट क., बुडवणें; जीर्ण क.

WITHHOLD* *v.* restrain आटपता -लगामी धरणें -दाबणें; retain back राखणें, ठेवणें, न देणें.

WITHSTAND* *v.* आडवा येणें, अडवणें.

WITNESS*, testimony साक्ष *f*, साक्षी; that which furnishes evidence प्रमाण, *n*, साक्ष, *f* पुरावा, मुद्दा; one who is cognizant जातीनें -प्रत्यक्ष पाहणारा, प्रत्यक्षदर्शी; *Law*, one who gives testimony साक्षी, साक्षीदार.—*v.* जातीनें -प्रत्यक्ष पाहणें, पाहणें; साक्षी देणें -भरणें;—a bond, &c. -वर साक्ष घालणें.—*i.* साक्ष देणें -भरणें [to, by].

WIZARD* चेटकी, इलमी, मंत्री, पाहण्या.

WOE*, grief दुःख *n*, शोक; heavy calamity अरिष्ट *n*, विपत्ति *f*, अनर्थ; curse श्राप, शाप. -BEGONE *a.* दुःखी, दुखान्वित. -FUL *a.* दुःखी, कष्टी; अरिष्टाचा, अनर्थाचा; paltry नाकारा, फुसका, कोडीमाल.

WOLF* (*Skr. vrika*) लांडगा. -DOG धनगरी कुत्रा.

WOMAN*, the female of the human race grown to adult years बायको *f*, स्त्री *f*; a w. whose husband is living सौभाग्यवती

सवाशीण *f*; a female attendant चाकरीण *f*, सैरंध्री *f*; in comp. वाली, करीण: milk w. दुधवाली. -HOOD बायकोपण *n*, स्त्रीत्व, *n*. -ISH *a*. बायकोचा, स्त्रीजातीचा; effeminate बायक्या, बायल्या. -KIND बायकोची जात *f*, स्त्री जाति *f*. -LY *a*. बायकोस योग्य, बायको सारखा.

WOMB* पोट *n*, कूस *f*, गर्भाशय.

WONDER*, admiration आश्चर्य *n*, अचंबा, विस्मय *n*; cause of wonder आश्चर्य हेतु, आश्चर्यास कारण *n*; miracle चमत्कार, अद्भुत *n*.—*v*. आश्चर्य -वाटणें -मानणें, -क. [at]. -FUL, -OUS *a*. आश्चर्याचा, नवलाचा, चमत्कारिक. -LY *ad*. आश्चर्य वाटेसा. -STRUCK *a*. चक्क, चकित, दंग.

WONT* *v. i.* सवयी असणें. -ED *a*. सवयीचा, रिवाजीचा, चालीचा.

WOO* लग्नाच्या हेतूनें स्त्रीची आराधना क., प्रीति -ममता दाखवणें -लावणें.

WOOD*, forest रान *n*, जंगल *n*; substance of trees लांकूड *n*, काष्ठ *n*; timber इमारती लांकूड *n*; trees cut for the fire जळाऊ लांकूड *n*, सरपण *n*; idol formed of wood लांकडाची मूर्त्ति *f*. -COCK कुक्कुट-रानकोंबडा. -CUT लांकडावर कोरलेलें चित्र *n*. -CUTTER, -MAN लांकूडतोड्या -DRINK, decoction of medicinal wood काष्ठकषाय. -ED *a*. झाडांचा, झाडीचा, झाडांनीं भरलेला, वृक्षमय (land). -EN *a*. लांकडाचा, लांकडी; clumsy आबडधोबड, आडमुठ्या, जाड. -ENGRAVING लांकडाचें कोरींव काम *n*, लांकडी खोदकाम करण्याची विद्या *f*; लांकडावर कोरलेलें चित्र *n*. -GOD वनदेवता *f*. -LAND शिवार *n*, बन *n*. -MAN बनकरी; पारधी; लांकूडतोड्या. -NYMPH वनदेवता *f*. -PECKER सुतारपक्षी. -PIGEON रानपारवा. -SORREL चुका; YELLOW W. आंबोती *f*. -WORK लांकडी काम *n*. -WORM लांकडांतील किडा. -WOODY *a*. लांकडाचा, लांकडी; झाडांचा, वृक्षमय.

WOOF*, threads that cross the warp in weaving वाणा; texture विणखर *f*, जमीन *f*, भुई *f*.

WOOL* लोंकर *f*, लव *f*. -COMBER लोंकर पिंजणारा. -EN *a*. लोंकरीचा, लोंकरी, ऊर्ण. -LY *a*. लोंकरीचा; लोंकरीसारखा. -FELL skin with the wool भोंत.

WORD*, spoken sign of a conception or idea शब्द; written character expressing such term शब्द; language भाषण *n*, बोलणें *n*; message बातमी *f*, खबर *f*, वर्त्तमान *n*; signal वरदी *f*, सूचना *f*; promise वचन *n*, भाक *f*; dispute भांडण *n*, कटकट *f*; short sentence वाक्य *n*; the Scripture considered as the revelation of God to man शास्त्र *n*, ईश्वरोक्त शास्त्र, ईश्वरी वाचा *f*, भगवद्वाक्य *n*; a w. चकार शब्द, ब्र; by w. of mouth तोंडानें, तोंडचा; compound w. संयुक्तशब्द; good w. स्तुति *f*, प्रशंसा *f*; in a w. सारांश, थोडक्यांत; in w. तोंडानें मात्र, शब्दानें (1 John iii. 18) [*The Word*, *Theol*., the second person in the Trinity before his manifestation in time by the incarnation]; to eat one's *words* बोलणें माघारें -परत घेणें, बोलला बोल परत घेणें; w. for w. शब्दशः, जशाचें तसें, यथातथ्य; for one w. एकवचनी; filthy w. अवाक्षर *n*; radical form of a w. प्रकृति *f*; war of *words* वाग्युद्ध *n*; bad words शिव्या *pl*, शिवरें भाषण *n*, दुरुक्ति *f*.—*v*. शब्दयोजना क. -बोलणें, बोलून दाखवणें [in, with]. -INESS शब्दविस्तार -बाहुल्य *n*. -ING वाक्यरचनेची शैली *f*. -LESS *a*. निःशब्द, मौन्य, मुका.—WORDY *a*. बहुत शब्दांचा, शब्दप्रचुर, बहुशब्दक.

WORK* *v. i.* exert one's self for a purpose काम क.; toil राबणें, कष्ट क., खपणें; act चालणें: a machine *works* well; be effective उपयोगीं -कामीं पडणें, गुणास येणें, लागू पडणें: all things w. together for good to them that love God (Rom. viii. 18); carry on

business काम -धंदा -चालवणें -क.: they w. in flax; move heavily रखडणें, रखडत, चालणें; ferment, as a liquid उतणें, खतखतणें; act on the stomach and bowels कळमळणें, पोटांत कालवणें, उमळणें, लागु होणें: purges w. best in warm weather; to w. at आंत गुंतणें, -च्या उद्योगांत असणें.—*t.* करणें, बनावणें, कमावणें, तयार -सिद्ध क.: to w. mortar; bring about घडवून आणणें, घडवणें; manage वहिवाटणें, चालवणें; embroider कशिदा काढणें; govern चालवणें, आवरणें, खेळवणें (a machine); [w. a passage, *Naut.*, to pay a passage by doing duty]; to w. double tides तीन दिवसांचें काम दोन दिवसांत क.; in, into विणणें, गांथणें; वाट क.; into favor पोटांत शिरणें, off हळुहळु काढणें -नेणें; out श्रमानें -यत्नानें साधणें -सिद्धीस नेणें: w. out your own salvation with fear and trembling (Phil.ii. 12); उलगडणें, सोडविणें, लापनिका क. (a problem); रिकामा क., खर्चणें, फडशा क. (a mine); up खवदळणें, चेष्टवणें, खाजवणें; -ला खर्चणें -लावणें, -आंत घालणें: they have *worked* up all the stock.—*n* काम *n*, उद्योग, धंदा; मेहनत *f*, कष्ट; that which is produced कार्य *n*, काम *n*, कृत्य *n*, करणी *f*; book ग्रंथ, पुस्तक *n*; *pl.* fortifications तटबंदी *f*; bridges, embankments, &c. पूल, धरण इ० बांधकाम *n*; कारखाना: iron *works*; वहिवाट *f*: what w. you have made; कशीदा, बुट्टी *f*; *pl. Theol.*, moral duties, or external performances, as a ground of pardon or justification सत्कर्म *n*, सत्क्रिया *f*, पुण्य *n*. -ABLE *a*. घडायाजोगा, घडण्याजोगा (a metal); काम चालविण्याजोगा, -वर काम करण्याजोगा (a mine). -ER करणारा, काम करणारा, in comp. कर्मी: professors of holiness, but *workers* of iniquity. -FELLOW कामभाऊ, जोडीदार. -HOUSE कारखाना; a poor-house धर्मशाळा *f*; [a house in which idle and vicious persons are confined to labor]. -ING DAYS कामकरायाचे दिवस *pl.* (शाब्बाथवार, व सुटीचे -सणाचे नाहींत असे). -ING-HOUSE धर्मशाळा *f*, अनाथगृह *n*. -ING POINT [that point of a machine at which the effect required is produced]. -MAN कामकरी, मोलकरी, बिगारी इ०; a skilful laborer कारागीर, कसबी. -MANLIKE *a*. कसबाचा, कुशल, सुघटित. -SHIP कारागिरी *f*, कसब *n*, कृति *f*, घटना *f*. -SHOP शिल्पशाळा *f*, कारखाना *f*, साळ *f*. -WOMAN कामकरीण *f*; शिवणकाम जाणणारी बायको *f*.

WORLD, the earth and its inhabitants, with their concerns जग *n*, दुनिया *f*; scene of life and actions प्रपंच, संसार; universe सृष्टि *f*, विश्व *n*, जग *n*; a planet ग्रह, भुवन *n*, जग *n*; general affairs of life संसार, प्रपंच, प्रवृत्ति *f*; mankind जग *n*, लोक *pl*, दुनिया *f*; earth and its affairs, as distinguished from heaven इहलोकवास, मृत्युलोक, भव, संसार; engrossment in the affairs of life मायामोह -जाळ *n*; practice of life लोकरीत *f*, जनाचार, लोकाचार, जनसंप्रदाय; great quantity डोंगर, गाडा, सागर; w. without end निरंतर; सर्वकाळ. -LING विषयी, प्रपंचासक्त मनुष्य, विषयरत. -LY *a*. इहलोकचा, संसाराचा, प्रापंचिक, प्रपंचरत, प्रपंचांत निमग्न (pleasures, honors); मनुष्याचा, मानवी, लोकांचा (maxims, actions).—*ad*. संसारीक दृष्टीनें, प्रपंचदृष्टया. -MINDED *a*. mindful of the affairs of present life, and forgetful of those of the future विषयबुद्धि, प्रापंचिक, संसारलुब्ध. -MINDEDNESS प्रपंचबुद्धि *f*, विषयासक्ति *f*, संसारिक वासना *f*. -WIDE *a*. जगांत पसरलेला, जगजाहीर (fame).

WORM* किडा, कृमि; *pl*. जंत *pl*, कृमि *pl*; remorse चुरचुर *f*, खेद; blind w. वाळा. -EATEN *a*. कीड लागलेला, किडका. -WOOD कडू दवणा.—WORMY *a*. किड्यांचा; किड्यासारखा, कृमीवत्.

Worn out *a.* (See **Wear**) जुना, जीर्ण, जरजर.

Worry *v. D.* harrass छळणें, गांजणें; tear and mangle कुतरओढ -छिन्नभिन्न क. [with, by].

Worse* *a.* more bad अधिक वाईट, दुष्टतर; more sick अधिक रोगी.—*ad.* अधिक वाईट चालीनें.—*v.* अधिक वाईट क.; जिंकणें, पराजित क. [in, by].—**Worst** *a.* सर्वांहून वाईट, दुष्टतम; to be *worsted* हार जाणें.

Worship* *v.* respect सन्मान देणें, आदर क.; pay divine honors to भजणें, पुजणें; honor with extravagant love and submission भजनीं लागणें, देव्हारा क., देव्हाऱ्यांत बसविणें [for, with, at].—*n.* पूजा *f,* भजन *n,* भक्ति *f*; a title of honor हजरत, खुदावंत. -**ful** *a.* पूज्य, आराध्य, आदरणीय, सन्मान्य, राजमान्य इ॰. -**er** भक्त, उपासक, पूजक.

Worsted (from *Worsted,* a town in England) लोंकरीचें सूत *n.*

Worth*, value किंमत *f,* माले *n*; value of moral qualities लायकी *f,* मान्यता *f,* गुण.—*a.* किंमतीचा; योग्य, जोगता : life is w. preserving; having wealth धनी, स्वामी, ऐपतीचा: he is w. twenty thousand rupees. -**less** *a.* बिन किंमतीचा, टाकाऊ, कवडीमाल, नाकारा.—**Worthy** *a.* चांगला, नेकीचा, भला; योग्य, जोगा, जोगता [of].—*n.* योग्य -भला मनुष्य, सज्जन.

Wound*, hurt जखम *f,* घाय, वार, दुखापत *f*; damage नुकसानी *f,* खराबी *f.*—*v.* जखम क., जखमी क. [with, by, in]. -**ed** जखमी, घायाळ.

Wrangle* *v. i.* कटकट -कलागत क. [with, about, for].—*n.* कटकट *f,* कलागत *f.*—**Wrangler** कटकट्या, कलागत्या.

Wrap *v.* (?) fold together गुंडाळणें, लपेटणें, घडी क.; cover by winding वेष्टणें, लपेटणें; involve गर्भित -ध्वनित क. -**per** वेष्टन *n,* बासन *n,* रुमाल; गुंडाळणारा, वेष्टणारा.

Wrath*, violent anger क्रोध, कोप, त्वेष, तैष, रोष; effects of anger रागाचा परिणाम; just punishment of a crime योग्य शिक्षा *f.* -**ful** *a.* रागावलेला, क्रोधायमान, कोपयुक्त. [at, with].

Wreak* *v.* सूड -द्वेष उगवणें [on, upon].

Wreath* माळ *f,* हार, गजरा;—of wild flowers वनमाळा *f.*—*v.* twist वळणें; encircle वेष्टणें, लपेटणें [with].

Wreck *D.* ruin नाश, विध्वंस; injury of a vessel by being cast on the shore, or on rocks, &c. तारूं फुटणें *n,* तारूंफूट *f,* नौकाभंग; ruins of a ship stranded फुटलेलें तारूं *n,* फूट *f.*—*v.* तारूं फोडणें; नाश -विध्वंस क. [on, upon].

Wrench* मुरगळा, पिळा, मुरडा.—*v.* मुरगळणें, पिरगळणें; sprain लचक भरवणें [away, from, out].

Wrest* *v.* extort by violence बलात्कारानें घेणें -काढणें, पिळणें; pervert ओढून ताणून काढणें -आणणें, विपरीत क. [from, out].

Wrestle* *v. i.* contend, as two persons by grappling together, and each striving to throw the other down कुस्ती क- -खेळणें, झोंबी खेळणें -घेणें; contend भांडणें, लढणें [with, against].—*n.* झोंबी *f,* कुस्ती, *f,* बाहुयुद्ध *n.*—**Wrestler** कुस्ती करणारा, जेठी, पैलवान, मल्ल.

Wretch*, miserable person कपाळकरंटा, अभागी, दैवाचा भोपळा; a vile knave लुच्चा, हरामी, पाजी. -**ed** *a.* दुःखी, कष्टी;—of person गिरिपदार, दरिद्री, भिकारी; paltry नादान, फुसका, गैरी; calamitous विपत्तीचा, हालअपेष्टेचा. -**ness** दुःख, कष्ट, क्लेश, हाल; दरिद्रीपणा, भिकारीपणा; नादानपणा, भिकारीपणा.

Wriggle *v. i. D.* वळवळणें, आळेपिळे देणें [about, to and fro].

Wright* कारागिर, करणारा, बांधणारा; ship w. जहाज बांधणारा.

WRING* *v.* twist and compress मुरगळणें, पिळवटणें, पिळणें; torment गांजणें, छळणें; distort पिळे देणें, मुरडणें; extort पिळून काढणें.

WRINKLE*, corrugulation सुरकुती *f*, चिरमी *f*; roughness खरबरीतपणा.—*v.* सुरकुत्या पाडणें; खरबरीत क.—*i.* सुरकत्या पडणें, सुरकुतणें [with, by, up].

WRIST* मणगट *n.*

WRITE* *v.* set down, as legible characters लिहिणें, काढणें; express in legible characters लिहून दाखविणें, लिहिणें; communicate by letter पत्र पाठविणें -लिहिणें, लिहिणें; compose, as an author ग्रंथ -पुस्तक लिहिणें -रचणें; engrave कोरणें, लिहिणें [to, with, on, upon].—*i.* लिहिणें, लिखणें; act as clerk लेखकाचें -कारकुनाचें काम -कारकुनी क.; पत्र लिहिणें किंवा पाठविणें, लिहिणें; पुस्तक लिहिणें.—WRITER लिहिणारा, लेखक; कारकून, लेखक, 'रैटर'; ग्रंथकार -कर्त्ता; नवीस, नीस, in comp.—of answers to petitions जबाबनवीस;—of accounts, of receipts and balances वासील बाकीनवीस. -SHIP कारकुनी *f.* —WRITING लिहिणें *n*, लिहिण्याचें काम *n*; अक्षर *n*, लिहिणें *n*, लिखित *n*; legal instrument लेखपत्र *n*, दस्तऐवज; a work पुस्तक *n*, ग्रंथ; inscription लेख.

WRITHE* *v.* वळणें, पिळा देणें [about].

WRONG* *a.* improper अयोग्य, नालायक, गैरशिस्त; incorrect अशुद्ध, चुकीचा; not physically right उलटा, उफराटा; erroneous खोटा, भ्रांतीचा.—*n.* अन्याय, अपराध, वाईट *n*; भ्रम, भ्रांति *f*, चूक *f*.—*ad.* अन्यायानें, अमार्गानें; गैररीतीनें, चुकून, भ्रांतीनें.—*v.* अन्याय -अपराध क.; अन्यायानें दोष लावणें. -FUL *a.* अन्यायाचा, अनीतीचा. -FULLY अन्यायानें, अधर्मानें.

WROTH* संताप, क्रोध.—*a.* रागावलेला, क्रुद्ध [against, with].

WROUGHT* *p. a.* केलेला, कृत; worked घडलेला, घडींव; excited चेतवलेला, चेष्टित, उत्तेजित.

WRY* *a.* वक्र, तिरपलेला, वांकडा; w. face वांकडें तोंड *n*; w. necked वांकडे मानेचा, वक्रग्रीव.

Y

YATCH *D.* क्रीडानौका *f*, ऐषआरामाची बोट *f*.

YAM *F.* कोनफळ *n*.

YARD* वार, 'यार्ड', पावणे दोन हात किंवा तीन फूट इ० एक या०.

YARD* वाडगें *n*, परसूं *n*, वाडा, आवार *n m.*

YARN*, woollen thread लोंकरीचें सूत *n*; single string of a cord पेड *n*; story कथा *f*, काहणी *f*; long y. कोळ्याचें सूत *n*, हनुमंताचें शेंपूट *n*; [a story spun out by a sailor for the amusement of his companions].

YAWL *D.* dingy होडकें *n*.

YAWN* *v.* gape जांभई देणें; open widely वासणें, विचकणें; be eager वखवख -खवखव सुटणें [at].

YE* *pron.* तुह्मी.

YEA* *ad.* होय.

YEAN* *v.* विणें.

YEAR* वर्ष *n*, साल *n*; *pl.* ह्मातारपण *n*; advanced in *years* वयोवृद्ध, वयस्क; beginning of the y. अवल साल *n*; last y. गतवर्ष *n*, सालगुदस्त; solar y. सौरवर्ष *n*; y. by y. सालीना; close of the y. अखेरसाल *n*; coming y. पेस्तरसाल *n*; according to the y. सालवार; for *years* वर्षानवर्ष; in the y. of an era सन [y. of grace, the first year of the Christian era]. -LY *a.* दर -प्रति वर्षाचा, वार्षिक; lasting a year एक वर्षजीवी -टिकणारा (a plant); accomplished in a year एक वर्षांत पुरा होणारा, वार्षिक: y. revolution of the earth.

YEARN* *v. i.* कळवळा येणें, जीव तुटणें [for].

YEAST* ताडी *f*, सुरामंड.

Yelk* आंड्यातील पिवळा बील.

Yell* *v. i.* किंकाळी मारणें -फोडणें.—*t.* किंकाळी फोडून सांगणें.—*n.* किंकळी *f*.

Yellow* *a.* पिवळा, हळदुवा.—*n.* पिवळा रंग, पीतवर्ण. -ISH *a.* पिवळट. -NESS पिवळेपणा.

Yelp* *v. i.* केंकळणें, केंकणें.

Yeoman* कुणबी, शेतकरी.

Yes* *ad.* होय.

Yeste* *a.* (*Skr. hyas*) कालचा. -DAY कालचा दिवस.—*ad.* काल, कालरोजीं; day before y. परवांचा दिवस. -NIGHT कालची रात्र *f*.—*ad.* कालच्या रात्रीं.

Yet* *ad.* besides अजून, अणखी; still तेव्हां देखील, तरी; hitherto आजपर्यंत; even तरी.—*conj.* तरी, तथापि, यद्यपि.

Yield* *v.* furnish उत्पन्न -उपज देणें, प्राप्ति देणें, पुरविणें; admit मान्य -कबूल क.; surrender स्वाधीन -हवालीं क., सोडणें.—*i.* दबणें, हात टेकणें, कचकणें; मान्य होणें; जागा देणें.—*n.* प्राप्ति *f*, उत्पन्न *n*. -ING नरम, नकार शून्य.

Yoke* (*Skr. yuga*) link कडी *f*, गांठ *f*, ग्रंथी *f*;—for the necks of oxen जूं *n*, जोकड *n*; a frame of wood fitted to a persons shoulders for carrying a pail,&c., suspended on each side कावड *f*; servitude दास्यत्व *n*, गुलामगिरी *f*, जूं *n*; couple जोडा, जोडी *f*.—*i.* जूं अडकविणें; जोडणें, जुंपणें [to, together, with]. -FELLOW, -MATE बरोबरीचा, सोबती, जोडीचा.

Yon* *a.* पलिकडचा. -DER *a.* पलिकडचा. *ad.* पलिकडे.

You* *pron.* तुह्मी, तूं.—YOUR, YOURS *pron.* तुझा, तुमचा. -SELF *pron.* तुह्मीच, आपण स्वतां.

Young* *a.* not long born नुकता जन्मलेला; juvenile तरुण, बाल; being in the first part of growth कोंवळा, लहान (plant); weak अशक्त; inexperienced कोंवळा, अजाणता.—*n.* पिलूं *n*, बच्चा; offspring collectively वेत *n*, वीण *f*, पिलें *n pl*. -STER बारवर्षा -सोळवर्षा; *pl.* पोरें बाळें *n pl*.

Youth* तारुण्य *n*, तरुणपणा; young man तरुण, जवान; young persons तरुण माणसें *n pl*, -मंडळी *f*. -FUL *a.* तरणा, तरुण; तरुणपणाचा, तारुण्याचा, तारुण्यावस्थेचा (days); suit able to the first part of life तरुणपणाचा, तारुण्यावस्थेस योग्य (sports); fresh नवा, ताजा.

Yule* नाताळाचा सण,

Z

Zany *F.* हंडीबाग, मस्कऱ्या, भांड.

Zarnich (SEE ARSENIC) native sulphuret of arsenic मनशीळ *m*, *n*.

Zeal (*zelus*) आस्था *f*, उत्कंठा *f*, कळकळ *f*, [for, against]. -OT अति आस्थेचा, अत्यासक्त. -OTRY अति आस्था *f*, वेड *n*, पिसें (धर्माचें, &c.). -OUS *a.* उत्सुक, उद्योगी, उत्कंठित [for, against].

Zedoary *F.* कचरा, वनहरिद्रा *f*.

Zenith *Ar.* the point of the heavens directly overhead खमध्य *n*, मध्यलग्न *n*, शिरोबिंदु, ऊर्ध्व दिशा *f*; height of success or prosperity बहर *f*, बहार *f*, संपत्तीचा कळस.

Zephyr (*Gr.*) झुळूक *f*, मंदवायु.

Zero* *Ar.* शून्य *n*.

Zest (*Gr. schistos*) चव *f*, रुचि, गोडी *f*.

Zigzag *F.*—of the road,—of a hill खडवें *n*.—*a.* वांकडा, वक्र, नागमोडीचा; z. lightening विद्युल्लता *f*.

Zinc *Ger.* जस्त *n*.

Zodiac (*zodiacus*) *Astron.* राशीचक्र -मंडल *n*. -AL *a.* राशीचक्रसंबंधी.

Zone (*zona*) girdle कंबरपट्टा, कटिबंध;—of the earth भूमेखला *f*, कटिबंध.

Zoography (*Gr. zoon*, an animal, *graphein*, to write) पशूचें वर्णन *n*, पश्वादिविवरण -वर्णन *n*.—**Zoographer** प्राणिवर्णनकर्त्ता.

Zoology (*Gr. -logos*, discourse) जीवजंतू-विद्या *f*, पश्वादिशास्त्र *n*.—**Zoological** *a*. पशुविद्यासंबंधी.—**Zootomy** (*Gr. temnein*, to cut) पश्वादिशवव्यवच्छेदन *n*.

Zoophyte (*Gr. zoon*, an animal, *phuton*, plant) [*Zool.*, one of a certain division of animals ;—a general term, applied to simple polyps, and compound individuals consisting of many polyps united together, as in most corals. They often branch like vegetation, and the polyps resemble flowers in form].

A Zoophyte.

Consider the Wondrous Works of GOD.